中国企业年鉴

2024

CHINA ENTERPRISE
YEARBOOK

中 国 企 业 年 鉴 编 委 会 / 编

企业管理出版社
ENTERPRISE MANAGEMENT PUBLISHING HOUSE

图书在版编目（CIP）数据

中国企业年鉴. 2024 / 中国企业年鉴编委会 编.

北京：企业管理出版社, 2025. 2. -- ISBN 978-7-5164-3146-7

Ⅰ. F279.2-54

中国国家版本馆CIP数据核字第2024XY2985号

书　　名：**中国企业年鉴** 2024

书　　号：ISBN 978-7-5164-3146-7

作　　者：中国企业年鉴编委会

责任编辑：徐金凤　崔立凯　黄　爽　田　天

出版发行：企业管理出版社

经　　销：新华书店

地　　址：北京市海淀区紫竹院南路17号　　　邮　　编：100048

网　　址：http://www.emph.cn　　　　　　　电子信箱：57814085@qq.com

电　　话：编辑部（010）68701322　经营部（010）68701192　发行部（010）68414644

印　　刷：北京博海升彩色印刷有限公司

版　　次：2025年2月第1版

印　　次：2025年2月第1次印刷

开　　本：889mm×1194mm　1/16

印　　张：36.5印张　彩插9印张

字　　数：1400千字

定　　价：680.00元

广告经营许可证：京海工商广字8127号

编　纂　说　明

一、《中国企业年鉴》（以下简称《年鉴》）于2011年在《中国企业管理年鉴》的基础上，更名改版，本卷为连续出版的第34卷。

二、《年鉴》是由国务院国有资产监督管理委员会主管，中国企业联合会、中国企业家协会组织编写的全国大型资料性年刊，是中国出版工作者协会年鉴工作委员会第一批认证的"中国年鉴资源全文数据库核心年鉴"。

三、《年鉴》继续由中国企业联合会、中国企业家协会会长王忠禹担任编委会主任；国务院国资委、全国人大财经委等领导同志担任编委会副主任。同时聘请了社会各界有关专家、学者、领导和企业家担任理事会成员、特约编委和特约撰稿人。

四、《年鉴》是中国国内迄今为止唯一一部反映和记录中国企业改革与发展历程的史鉴，融政策性、权威性和实用性于一体，从不同层面、多元视角、各个领域真实客观地记录中国企业改革、管理和发展的新成就和新经验，热情讴歌先进企业的骄人业绩和企业家的领军风采。

五、《年鉴》秉承"鉴往知来，服务现实，保存资料，惠及后代"的重要使命，奉行"时代性、系统性、权威性和连续性"的办刊方针，为中国的各类企业和企业家以及众多研究和关注中国企业改革发展的专家学者提供数据信息和参考资料。

六、《年鉴》（2024）共设9个篇章，即：A.重要经济文献；B.经济法律法规选编；C.企业发展概况；D.行业发展概述；E.企业管理综述；F.企业论坛；G.国民经济和社会发展统计资料；H.附录；I.图片资料。

七、本卷涉及全国性统计数据（暂未包括港澳台地区），数据截至2023年12月31日。国民经济和社会发展统计资料中的数据采用国家统计局公布的初步统计数据；由于统计口径、方法不尽相同，如有行业、地方的统计数据与上述数据不完全一致的情况，以国家统计局的数据为准。

八、本卷编辑工作得到了全体特约编委、特约撰稿人和中国企业联合会有关部门同志的热心帮助和鼎力支持，在此一并表示诚挚的谢意。

《中国企业年鉴》编辑部
2024年12月

知往鉴今

創新发展

二〇二〇年六月廿五日

王忠民

中国企业年鉴

China Enterprise Yearbook 2024

▲ **王忠禹出席2023中国500强企业高峰论坛**

　　2023年9月20—21日，第十届全国政协副主席，中国企业联合会、中国企业家协会会长王忠禹出席在安徽省合肥市举行的2023中国500强企业高峰论坛并作主旨报告。

中国企业年鉴

China Enterprise Yearbook 2024

▲ 朱宏任出席2023年全国企业管理创新大会

2023年4月13日，2023年全国企业管理创新大会在江苏省南京市召开。中国企业联合会、中国企业家协会党委书记、常务副会长兼秘书长朱宏任出席并发表讲话。

中国企业年鉴

China Enterprise Yearbook 2024

▲ 2023中国500强企业高峰论坛

2023年9月20—21日，2023中国500强企业高峰论坛在安徽省合肥市举行，中国500强企业代表、世界500强企业代表、政府有关部门领导、专家学者和媒体记者近千人出席了论坛。

▲ 2023年全国企业管理创新大会

2023年4月13日，由中国企业联合会主办，江苏省企业联合会协办的2023年全国企业管理创新大会在江苏省南京市举行。会议以"深入推进企业管理创新　加快建设世界一流企业"为主题，就企业如何完整准确全面贯彻新发展理念、深入推进管理创新、加快建设世界一流企业和推动企业高质量发展等热点话题进行经验交流和研讨。

▲ 全国企业文化年会（2023）

　　2023年12月15—16日，全国企业文化年会（2023）在四川省宜宾市举行。来自全国的企业家、专家学者、企业代表、媒体代表、各地企联和行业协会代表500多人参加年会。

▲ 2023管理咨询与培训年会

　　2023年11月28日，由中国企业联合会管理咨询工作委员会、中国企业联合会培训工作委员会主办，理臣中国有限公司承办的"2023管理咨询与培训年会"在福建省厦门市成功举行。本次会议以"咨询培训赋能企业高质量发展"为主题，聚焦行业新发展，碰撞行业新思路，论道行业新价值，构建行业新生态。

▲ **2023年全国企业诚信建设大会**

　　2023年12月，2023年全国企业诚信建设大会在福建省莆田市举行。会议围绕"加强社会信用体系建设　促进营商环境优化""加强企业诚信管理　建设诚信长效机制""福建企业诚信建设"等议题展开交流研讨，发布了中国企业联合会《企业诚信管理通则》团体标准，并公布了"2023年企业诚信建设实践案例"名单。

▲ **2023年全国企联组织劳动关系工作交流会**

　　2023年4月20日，2023年全国企联组织劳动关系工作交流会在江苏省苏州市举行。中国企业联合会、中国企业家协会党委书记、常务副会长兼秘书长朱宏任出席会议并作题为"深化和谐创建　助力经济社会持续健康发展"的主旨发言。会议围绕企联组织如何更好地参与劳动争议调处工作、发挥在和谐创建工作中的作用、进一步做好企业劳动关系和维权法律服务、进一步打造信用评价活动品牌等议题进行了深入沟通探讨。

中国企业年鉴

China Enterprise Yearbook 2024

编 委 会

主　任： 王忠禹　第十届全国政协副主席，中国企业联合会、中国企业家协会会长

副主任： 朱宏任　中国企业联合会、中国企业家协会党委书记、常务副会长兼秘书长

邵　宁　第十二届全国人大财经委副主任委员，国务院国有资产监督管理委员会原副主任，
中国企业联合会、中国企业家协会特邀副会长

黄海嵩　中国企业联合会、中国企业家协会驻会副会长

李　谠　中国女企业家协会会长　第十一届、十二届、十三届全国政协常委，
第九届、十届、十一届中国民建中央委员会副主席

彭华岗　中国企业改革与发展研究会会长，国务院国资委原党委委员、秘书长

许科敏　工业和信息化部原总经济师

委　员：（排序不分先后）

王　成	TCL科技集团首席运营官	伍晓绯	四川省企业联合会、四川省企业家协会秘书长
王巧林	中车株洲电力机车有限公司党委书记、董事长	邢志昂	安徽省企业联合会、安徽省企业家协会秘书长
王全洲	河北省企业联合会会长		
王松伟	河北鑫达集团副董事长、高级副总裁		
王忠明	全国工商业联合会原副秘书长	向文波	三一集团有限公司党委书记、轮值董事长
王永志	山东海化股份有限公司党委书记	庄德彬	黑龙江省企业联合会常务副会长兼秘书长
王建军	中国企业联合会企业文化工作部主任	刘永东	唐山国控集团有限公司党委书记、董事长
王显政	第十一届全国政协常委、中国煤炭工业协会会长	刘育才	中国商业企业管理协会会长
王德春	中国钢铁工业协会副秘书长	刘洪远	山西省企业联合会、山西省企业家协会常务副会长兼秘书长
尹同跃	奇瑞控股集团有限公司党委书记、董事长	刘小峰	陕西省企业家协会副秘书长
田立东	中国企业联合会会员工作部主任	刘炳宇	鞍钢集团矿业有限公司党委书记、董事长
田根哲	中国铁路总公司政策法规司司长	刘　鹏	中国企业联合会、中国企业家协会党委委员、副秘书长
史向辉	中国企业联合会、中国企业家协会党委委员、常务副秘书长	刘　波	中国企业联合会工会主席
史庭军	宁波开发投资集团有限公司党委书记、董事长	许　可	无锡市国联发展（集团）有限公司党委书记、董事局主席

孙海燕　泸州老窖集团有限责任公司党委委员、
　　　　常务副总裁、工会主席
孙淮滨　中国纺织工业联合会副会长
纪瑞东　中国航空工业集团沈阳飞机工业（集团）
　　　　有限公司董事长
李世江　多氟多新材料股份有限公司党委书记、
　　　　董事长
李朴民　中国人力资源开发研究会会长、
　　　　国家发展和改革委员会原秘书长
李建明　中国企业联合会、中国企业家协会
　　　　党委委员、副秘书长
李　玲　中国机械工业企业管理协会原常务副理事长
李　峰　云南省企业联合会会长
李振中　全国打击侵权假冒领导小组办公室原副主任
李　毅　工业和信息化部装备工业二司副司长
齐　辉　甘肃省企业联合会秘书长
杨　青　东风汽车集团有限公司董事长、党委书记
杨　昆　中国电力企业联合会党委书记、
　　　　常务副理事长
杨月华　湖南省企业和工业经济联合会会长
杨廷成　青海省企业联合会、青海省企业家协会
　　　　秘书长
杨如学　交通运输部档案馆馆长
杨宏彦　天津市企业联合会会长
杨连盛　广东省企业联合会、广东省企业家协会
　　　　原常务副会长
杨启贵　长江设计集团有限公司党委书记、董事长
杨昌斌　湖北交通投资集团有限公司党委书记、
　　　　董事长
孟庆胤　伊春鹿鸣矿业有限公司总经理
谷建忠　江西省企业联合会、江西省企业家协会
　　　　秘书长
邱思胜　湖北省企业联合会、湖北省企业家协会
　　　　原会长

何训班　国家工商行政管理总局商标评审委员会主任
冷明权　海南省企业联合会、海南省企业家协会
　　　　驻会常务会长兼秘书长
张文涛　中国企业联合会雇主工作部主任
张文彬　中国企业联合会企业创新工作部主任
张　强　辽宁省企业联合会、辽宁省企业家协会
　　　　秘书长
张世宏　内蒙古自治区企业联合会会长
张亚东　绿城中国控股有限公司董事会执行董事、主席
张金楼　青岛经济技术开发区投资控股集团
　　　　有限公司党委书记、董事长
张建利　北京市政协委员、北京企业联合会会长
韩　斌　中国企业联合会咨询与培训中心主任
张智刚　国家电网有限公司董事长、党组书记
陕　萍　盛世恒瑞建工集团有限公司党支部书记、
　　　　董事长
陆晓龙　云南省投资控股集团有限公司党委书记、
　　　　董事长
陈　静　企业管理出版社有限公司执行董事兼总经理
陈　平　习酒股份有限公司文化总监
陈　斌　新疆维吾尔自治区企业联合会、新疆维吾尔
　　　　自治区企业家协会执行副会长兼秘书长
陈学森　中国有色金属工业协会党委委员、副会长
邵红亚　中国企业联合会、中国企业家协会
　　　　党委副书记、纪委书记
武鸿麟　贵州省企业联合会、贵州省企业家协会
　　　　荣誉会长
林　平　达利丝绸（浙江）有限公司董事长
林　胜　福州市产业投资集团有限公司董事长
周　磊　山东省企业联合会、山东省企业家协会
　　　　秘书长
周育先　中国建材集团有限公司党委书记、董事长
郑　安　华能伊敏煤电有限责任公司总经理、
　　　　党委副书记

中国企业年鉴

China Enterprise Yearbook 2024

特约撰稿人

撰稿人：（排序不分先后）

马　超　中国企业联合会雇主工作部国际合作处
　　　　处长、正高级经济师

马百凯　中国石油和化学工业信息与市场部
　　　　统计处主管

王　辉　北京大学组织与战略管理系教授

王亚娟　国家统计局综合司

王华俊　中国有色金属工业协会

王海峰　国家发展和改革委员会对外经济研究所
　　　　研究员

牛爽欣　中国纺织工业联合会产业部

曲怡安　中国轻工业联合会办公室综合处
　　　　主任科员、新闻编辑中级工程师

刘　杨　中国建筑材料联合会行业工作部主任助理

刘　亮　中国电力企业联合会规划发展部综合处
　　　　副处长

刘绍娓　国务院国有资产监督管理委员会财务
　　　　监管与运行评价局副局长、一级巡视员

刘瑞鹏　中国煤炭工业协会咨询中心副主任科员

汤家轩　中国煤炭工业协会咨询中心主任

孙星寿　中国建筑材料联合会副秘书长、总经济师

孙博宇　国务院国有资产监督管理委员会
　　　　企业改革局三级主任科员

苏迎彬　中国钢铁工业协会信息统计部主任科员

李　兰　国务院发展研究中心公共管理与人力资源
　　　　研究所研究员

李晓佳　中国机械工业联合会统计与信息工作部
　　　　副主任

杨　梦　工业和信息化部网络安全产业发展中心
　　　　数据服务部数据分析师

杨东日　赛迪顾问股份有限公司高级副总裁

余　宏　中国煤炭工业协会咨询中心副主任科员

张　伟　人力资源和社会保障部政策研究司副处长

张　倩　中国纺织工业联合会产业部副处长

张　菲　商务部国际贸易经济合作研究院
　　　　外国投资研究所副主任、副研究员

张　爽　商务部国际贸易经济合作研究院
　　　　对外投资合作研究所助理研究员

张　琳　中国电力企业联合会规划发展部主任

张　博　国务院国有资产监督管理委员会
　　　　企业改革局副局长

郭　成　人力资源和社会保障部政策研究司副司长

陈　凯　中国物流与采购联合会研究室主任助理

陈　健　国家工业信息安全发展研究中心
　　　　工业经济所副所长

尚晓明　中国企业联合会办公室主任

金丽萍　北京大学组织与战略管理系博士研究生

特 邀 协 办 单 位

特邀协办单位：（排序不分先后）

国家电网有限公司

中国建材集团有限公司

中国石油化工集团有限公司

中国宝武钢铁集团有限公司

国家电力投资集团有限公司

青岛开发区投资建设集团有限公司

厦门金圆投资集团有限公司

贵州习酒投资控股集团有限责任公司

海信集团控股股份有限公司

特 邀 理 事 单 位

特邀理事单位：（排序不分先后）

云南省投资控股集团有限公司

湖北交通投资集团有限公司

福州市产业投资集团有限公司

唐山国控集团有限公司

中联重科股份有限公司

包头钢铁（集团）有限责任公司

东方润安集团有限公司

鞍钢集团矿业有限公司

伊春鹿鸣矿业有限公司

中国航空工业集团沈阳飞机工业（集团）有限公司

华能伊敏煤电有限责任公司

绿城中国控股有限公司

长江设计集团有限公司

海尔集团

中国北京同仁堂（集团）有限责任公司

太极集团有限公司

中国第一汽车集团有限公司

金澳科技（湖北）化工有限公司

山东海化股份有限公司

云南云天化股份有限公司

五粮液集团公司

安徽古井集团有限责任公司

无锡一棉纺织集团有限公司

国网江苏省电力有限公司无锡供电分公司

江西铜业集团（贵溪）防腐工程有限公司

宁波开发投资集团有限公司

青岛海发国有资本投资运营集团有限公司

特 邀 编 委 单 位

特邀编委单位： （排序不分先后）

东风汽车集团有限公司

奇瑞控股集团有限公司

TCL实业控股股份有限公司

三一集团有限公司

中车株洲电力机车有限公司

泸州老窖集团有限责任公司

广东恒健投资控股有限公司

无锡市国联发展（集团）有限公司

广州农村商业银行股份有限公司

阳光保险集团股份有限公司

青岛经济技术开发区投资控股集团有限公司

中建四局贵州投资建设有限公司

盛世恒瑞建工集团

天津港（集团）有限公司

福建省港口集团有限责任公司

中国企业年鉴

China Enterprise Yearbook 2024

增强信心　勇毅前行
加快建设世界一流企业

——在 2023 中国 500 强企业高峰论坛上的讲话

（代序）

中国企业联合会、中国企业家协会会长　王忠禹

从 2023 中国企业 500 强等各项榜单中可以看出，尽管面临复杂严峻的国际环境，遭受超预期疫情的冲击，我国大企业坚持稳中求进，积极践行新发展理念，在实现平稳增长的同时整体上进入更加重视发展质量的阶段。

一是展现出很强的发展韧性。2023 中国企业 500 强实现营业收入 108.4 万亿元，较上年增长 5.7%；实现净利润 4.3 万亿元，较上年减少 3.8%。同期美国 500 强和世界 500 强的营业收入增长了 12.8% 和 8.4%，净利润分别减少了 15.0% 和 6.5%。二是创新驱动发展态势更加巩固。2023 中国企业 500 强研发费用达到 1.6 万亿元，较上年增长 9.1%；研发强度创下 1.85% 的新高，持有发明专利数量达到 74.3 万件，较上年增加 10.5%。三是产业布局持续优化升级。先进制造业和现代服务业企业数量继续增加，新一代信息技术、新材料、清洁能源、新能源汽车等战略性新兴业务快速发展，对企业发展的贡献度进一步提高。四是履行社会责任表现更加突出。企业纳税和就业贡献稳中有增，特别是在统筹疫情防控和经济社会发展中，广大企业迎难而上，积极服务大局，为稳定经济大盘、保持社会稳定做出了突出贡献。取得这些成绩非常不容易，可以说是难能可贵。

今年是全面贯彻落实党的二十大精神的开局之年。党的二十大报告鲜明提出"以中国式现代化全面推进中华民族伟大复兴"，强调"弘扬企业家精神，加快建设世界一流企业"。我们常说，企业强则产业强，企业兴则产业兴。以中国 500 强为代表的大企业，更加自觉地将自身发展与现代化建设全局紧密地联系在一起，更多担负起加快建设一流企业的使命和任务，在推进高质量发展中发挥排头兵和主力军作用。

一、弘扬优秀企业家精神，以坚定信心引领企业发展

办好企业关键在人，在企业家。今年以来，全球经济增长放缓，多种风险不断加剧；我国经济运

行整体回升向好，同时面临新的下行压力，一些企业经营困难。对此，我们需要全面辩证地加以看待。要看到经济发展从来就不是一帆风顺的，经济恢复是一个波浪式发展的过程；也要看到我国经济潜力足、韧性大、活力强，具有多方面优势和条件，长期向好的基本面不会改变。特别是，我们有习近平新时代中国特色社会主义思想的指引，有党中央的坚强领导，有集中力量办大事的制度优势。党中央和国务院围绕扩内需、稳增长、防风险实施了一批有针对性的政策举措，启动了新一轮国企改革深化提升行动，出台了促进民营企业发展壮大的意见，这些都极大地增强了我们战胜困难的信心和勇气。

广大企业和企业家要以"事不避难、义不逃责"的使命担当，坚持问题导向，努力破解影响高质量发展的各种难题，积极创新竞争模式和发展模式；要强化战略思维，结合自身实际，主动与国际领先企业对标对表，补短板、扬优势，制定并大力实施世界一流企业建设方案；要持续深化改革，激发广大企业员工的积极性和创造性，凝聚起创新发展的强大力量，依靠顽强奋斗打开事业发展新天地。

二、坚持创新驱动发展，塑造国际竞争新优势

当前，世界范围内围绕先进产业和核心技术的竞争日趋激烈。我国大企业要切实发挥主体作用，增强紧迫感和使命感，持续加强研发投入，在事关国家前途和产业命运的核心技术上狠下功夫，争取重大突破，加快实现高水平科技自立自强。要以系统观念推动产业链和创新链的协同和融合，围绕产业链短板和创新链痛点进行重点布局，充分发挥科技创新的支撑作用，增强产业发展的内生动力。

国家电网瞄准全球电力科技制高点，在特高压输电、大电网安全、新能源并网等多个领域取得了世界性的创新成果。中国石化的库车绿氢示范项目贯通了绿氢生产、输送和利用全流程，标志着我国绿氢规模化工业应用实现了零的突破。这样的例子还有很多，其中蕴含的创新经验非常宝贵，对推动企业自主创新，塑造参与国际竞争新优势，有着很好的借鉴意义。

三、着力推动产业优化升级，发挥骨干引领作用

党的二十大提出了加快建设以实体经济为支撑的现代化产业体系的重大任务。我国大企业要找准自身功能定位，聚焦主责，坚守主业，切实增强核心功能；要积极布局战略性新兴产业，持续发力、久久为功，不断开辟新赛道，塑造发展新动能；要注重依靠数字技术，改造提升传统产业，丰富数字技术的应用场景，推进数字产业化，提升产业智能化水平；要大力发展服务型制造新业态新模式，推动现代服务业同先进制造业深度融合。

宝钢建成了全球第一个完全面向新能源汽车的高等级无取向硅钢专业产线，突破了硅钢"卡脖子"技术，为新能源汽车发展提供了坚实保障。中国航空工业自主研发的 C919 飞机，打破了波音和空客在我国商业航班市场的长期垄断，带动了新材料、现代制造、电子信息等领域技术的集群性突破。这些都是我国企业依托国内产业体系完整配套优势，推动产业优化升级的生动实践。

四、高度重视文化建设，厚植企业发展根基

先进企业文化是推动企业提高核心竞争力的无形力量。新形势下，我们要进一步增强文化自

党，坚定文化自信，坚持守正创新，充分发挥党建引领作用，坚持不懈推进企业文化建设，为体制创新、技术创新、管理创新提供强大支撑。

中国中车弘扬"产业报国、勇于创新、为中国梦提速"的中国高铁工人精神，构建了以"连接世界、造福人类"为使命，以"正心正道、善为善成"为核心价值观的企业文化理念体系。华为坚持聚焦主航道，坚持以客户为中心，以奋斗者为本，长期艰苦奋斗，形成了具有强大凝聚力和战斗力的企业文化，为企业持续发展提供了不竭的动力源泉。广大企业都要充分认识企业文化建设的巨大作用，为加快建设世界一流企业打下更为坚实的思想文化基础。

我国企业特别是500强企业，是在改革开放和社会主义现代化建设进程中不断发展壮大起来的，也必将随着中国式现代化的深入推进实现更大发展。让我们紧密团结在以习近平同志为核心的党中央周围，拥护"两个确立"，增强"四个意识"，坚定"四个自信"，做到"两个维护"，以奋发有为的精神状态，积极投身创建中国特色世界一流企业的伟大实践，以新气象新作为推动高质量发展取得新成效，为奋力谱写全面建设社会主义现代化国家新篇章、实现第二个百年奋斗目标做出更大贡献！

目 次

F 企业论坛

Ⅰ 图片资料

重点企业风采

卓越企业风采

优秀企业风采

重要经济文献

政府工作报告

——2024年3月5日在第十四届全国人民代表大会第二次会议上

国务院总理 李 强

各位代表：

现在，我代表国务院，向大会报告政府工作，请予审议，并请全国政协委员提出意见。

一、2023年工作回顾

过去一年，是全面贯彻党的二十大精神的开局之年，是本届政府依法履职的第一年。面对异常复杂的国际环境和艰巨繁重的改革发展稳定任务，以习近平同志为核心的党中央团结带领全国各族人民，顶住外部压力、克服内部困难，付出艰辛努力，新冠疫情防控实现平稳转段、取得重大决定性胜利，全年经济社会发展主要目标任务圆满完成，高质量发展扎实推进，社会大局保持稳定，全面建设社会主义现代化国家迈出坚实步伐。

——经济总体回升向好。国内生产总值超过126万亿元，增长5.2%，增速居世界主要经济体前列。城镇新增就业1244万人，城镇调查失业率平均为5.2%。居民消费价格上涨0.2%。国际收支基本平衡。

——现代化产业体系建设取得重要进展。传统产业加快转型升级，战略性新兴产业蓬勃发展，未来产业有序布局，先进制造业和现代服务业深度融合，一批重大产业创新成果达到国际先进水平。国产大飞机C919投入商业运营，国产大型邮轮成功建造，新能源汽车产销量占全球比重超过60%。

——科技创新实现新的突破。国家实验室体系建设有力推进。关键核心技术攻关成果丰硕，航空发动机、燃气轮机、第四代核电机组等高端装备研制取得长足进展，人工智能、量子技术等前沿领域创新成果不断涌现。技术合同成交额增长28.6%。创新驱动发展能力持续提升。

——改革开放向纵深推进。新一轮机构改革中央层面基本完成，地方层面有序展开。加强全国统一大市场建设。实施国有企业改革深化提升行动，出台促进民营经济发展壮大政策。自贸试验区建设布局进一步完善。出口占国际市场份额保持稳定，实际使用外资结构优化，共建"一带一路"的国际影响力、感召力更为彰显。

——安全发展基础巩固夯实。粮食产量1.39万亿斤，再创历史新高。能源资源供应稳定。重要产业链供应链自主可控能力提升。经济金融重点领域风险稳步化解。现代化基础设施建设不断加强。

——生态环境质量稳中改善。污染防治攻坚战深入开展，主要污染物排放量继续下降，地表水和近岸海域水质持续好转。"三北"工程攻坚战全面启动。可再生能源发电装机规模历史性超过火电，全年新增装机超过全球一半。

——民生保障有力有效。居民人均可支配收入增长6.1%，城乡居民收入差距继续缩小。脱贫攻坚成果巩固拓展，脱贫地区农村居民收入增长8.4%。加大义务教育、基本养老、基本医疗等财政补助力度，扩大救助保障对象范围。提高"一老一小"个人所得税专项附加扣除标准，6600多万纳税人受益。加强城镇老旧小区改造和保障性住房供给，惠及上千万家庭。

回顾过去一年，多重困难挑战交织叠加，我国经济波浪式发展、曲折式前进，成绩来之不易。从国际看，世界经济复苏乏力，地缘政治冲突加剧，保护主义、单边主义上升，外部环境对我国发展的不利影响持续加大。从国内看，经历三年新冠疫情冲击，经济恢复发展本身有不少难题，长期积累的深层次矛盾加速显现，很多新情况新问题又接踵而至。外需下滑和内需不足碰头，周期性和结构性问题并存，一些地方的房地产、地方债务、中小金融机构等风险隐患凸显，部分地区遭受洪涝、台风、地震等严重自然灾害。在这种情况下，政策抉择和工作推进面临的两难多难问题明显增加。经过全国上下共同努力，不仅实现了全年预期发展目标，许多方面还出现积极向好变化。特别是我们深化了新时代做好经济工作的规律性认识，积累了克服重大困难的宝贵经验。实践充分表明，在以习近平同志为核心的党中央坚强领导下，中国人民有勇气、有智慧、有能力战胜任何艰难险阻，中国发展必将长风破浪、未来可期！

一年来，我们深入学习贯彻党的二十大和二十届二中全会精神，按照党中央决策部署，主要做了以下工作。

一是加大宏观调控力度，推动经济运行持续好转。针对严峻挑战和疫后经济恢复特点，我们统筹稳增长和增后劲，突出固本培元，注重精准施策，把握宏观调控时、度、效，加强逆周期调节，不搞"大水漫灌"和短期强刺激，更多在推动高质量发展上用力，全年经济运行呈现前低中高后稳态势。围绕扩大内需、优化结构、提振信心、防范化解风险，延续优化一批阶段性政策，及时推出一批新政策，打出有力有效的政策组合拳。财政政策加力提效，加强重点领域支出保障，全年新增税费优惠超过2.2万亿元，增发1万亿元国债支持灾后恢复重建、提升防灾减灾救灾能力。货币政策精准有力，两次降低存款准备金率、两次下调政策利率，科技创新、先进制造、普惠小微、绿色发展等贷款大幅增长。出台支持汽车、家居、电子产品、旅游等消费政策，大宗消费稳步回升，生活服务消费加快恢复。发挥政府投资撬动作用，制定促进民间投资政策，能源、水利等基础设施和制造业投资较快增长。因城施策优化房地产调控，推动降低房贷成本，积极推进保交楼工作。制定实施一揽子化解地方债务方案，分类处置金融风险，守住了不发生系统性风险的底线。

二是依靠创新引领产业升级，增强城乡区域发展新动能。强化国家战略科技力量，加快实施重大科技项目。全面部署推进新型工业化。出台稳定工业经济运行、支持先进制造业举措，提高重点行业企业研发费用加计扣除比例，推动重点产业链高质量发展，工业企业利润由降转升。数字经济加快发展，5G用户普及率超过50%。深入实施新型城镇化战略，进一步放宽放开城市落户条件，增强县城综合承载能力，常住人口城镇化率提高到66.2%。强化农业发展支持政策，有力开展抗灾夺丰收，实施新一轮千亿斤粮食产能提升行动，乡村振兴扎实推进。完善区域协调发展体制机制，在落实区域重大战略方面推出一批新举措，实施一批重大项目，区域发展协调性、平衡性不断增强。

三是深化改革扩大开放，持续改善营商环境。出台建设全国统一大市场总体工作方案，清理一批妨碍公平竞争的政策规定。分别推出支持国有企业、民营企业、外资企业发展政策，建立政企常态化沟通交流机制，开展清理拖欠企业账款专项行动，加强违规收费整治。深化财税金融、农业农村、生态环保等领域改革。推动外贸稳规模、优结构，电动汽车、锂电池、光伏产品"新三样"出口增长近30%。完善吸引外资政策，拓展制度型开放。扎实推进共建"一带一路"高质量发展，与共建国家贸易投资较快增长。

四是强化生态环境保护治理，加快发展方式绿色转型。深入推进美丽中国建设。持续打好蓝天、碧水、净土保卫战。加快实施重要生态系统保护和修复重大工程。抓好水土流失、荒漠化综合防治。加强生态环保督察。制定支持绿色低碳产业发展政策。推进重点行业超低排放改造。启动首批碳达峰试点城市和园区建设。积极参与和推动全球气候治理。

五是着力抓好民生保障，推进社会事业发展。聚焦群众关切，办好民生实事。高度重视稳就业，出台支持企业稳岗拓岗政策，加强高校毕业生等重点群体就业促进服务，脱贫人口务工规模超过3300万。强化义务教育薄弱环节建设，做好"双减"工作，国家助学贷款提标降息惠及1100多万学生。落实新冠病毒感染"乙类乙管"措施，扎实做好流感、支原体肺炎等传染病防治。实施职工医保普通门诊统筹。加强社区综合服务设施建设，大力发展老年助餐服务。提高优抚标准。强化困难群众兜底保障。有效应对海河等流域特大洪涝灾害，做好甘肃积石山地震等抢险救援,加强灾后恢复重建。推动文化传承发展,旅游市场全面恢复。群众体育蓬勃开展,成都大运会、杭州亚运会和亚残运会成功举办,我国体育健儿勇创佳绩。

六是全面加强政府建设,大力提升治理效能。坚定维护以习近平同志为核心的党中央权威和集中统一领导,当好贯彻党中央决策部署的执行者、行动派、实干家。深入开展学习贯彻习近平新时代中国特色社会主义思想主题教育。坚持把政治建设摆在首位,全面提高政府履职能力。深入推进法治政府建设。提请全国人大常委会审议法律议案10件,制定修订行政法规25部,实施提升行政执法质量三年行动。自觉依法接受监督。认真办理人大代表建议和政协委员提案。注重调查研究,努力使政策和工作符合实际、贴近群众。优化督查工作机制。加强党风廉政建设和反腐败斗争。严格落实中央八项规定精神,持续纠治"四风",有力推进金融单位、国有企业等巡视整改工作。创新和完善城乡基层治理。扎实做好信访工作。狠抓安全生产和应急管理,开展重大事故隐患专项排查整治。推动完善国家安全体系。加强社会治安综合治理,有效打击电信网络诈骗等违法犯罪活动,平安中国建设取得新进展。

一年来,中国特色大国外交全面推进。习近平主席等党和国家领导人出访多国,出席金砖国家领导人会晤、亚太经合组织领导人非正式会议、东亚合作领导人系列会议等重大多双边活动。成功举办中国—中亚峰会、第三届"一带一路"国际合作高峰论坛等重大主场外交活动。推动构建人类命运共同体,落实全球发展倡议、全球安全倡议、全球文明倡议,深化拓展全球伙伴关系,在解决国际和地区热点问题中发挥积极建设性作用。中国为促进世界和平与发展作出了重要贡献。

各位代表!

过去一年取得的成绩,根本在于习近平总书记领航掌舵,在于习近平新时代中国特色社会主义思想科学指引,是以习近平同志为核心的党中央坚强领导的结果,是全党全军全国各族人民团结奋斗的结果。我代表国务院,向全国各族人民,向各民主党派、各人民团体和各界人士,表示衷心感谢!向香港特别行政区同胞、澳门特别行政区同胞、台湾同胞和

海外侨胞,表示衷心感谢!向关心和支持中国现代化建设的各国政府、国际组织和各国朋友,表示衷心感谢!

在肯定成绩的同时,我们也清醒看到面临的困难和挑战。世界经济增长动能不足,地区热点问题频发,外部环境的复杂性、严峻性、不确定性上升。我国经济持续回升向好的基础还不稳固,有效需求不足,部分行业产能过剩,社会预期偏弱,风险隐患仍然较多,国内大循环存在堵点,国际循环存在干扰。部分中小企业和个体工商户经营困难。就业总量压力和结构性矛盾并存,公共服务仍有不少短板。一些地方基层财力比较紧张。科技创新能力还不强。重点领域改革仍有不少硬骨头要啃。生态环境保护治理任重道远。安全生产的薄弱环节不容忽视。政府工作存在不足,形式主义、官僚主义现象仍较突出,一些改革发展举措落实不到位。有的干部缺乏担当实干精神,消极避责、做表面文章。一些领域腐败问题仍然多发。我们一定直面问题和挑战,尽心竭力做好工作,决不辜负人民期待和重托!

二、2024年经济社会发展总体要求和政策取向

今年是中华人民共和国成立75周年,是实现"十四五"规划目标任务的关键一年。做好政府工作,要在以习近平同志为核心的党中央坚强领导下,以习近平新时代中国特色社会主义思想为指导,全面贯彻落实党的二十大和二十届二中全会精神,按照中央经济工作会议部署,坚持稳中求进工作总基调,完整、准确、全面贯彻新发展理念,加快构建新发展格局,着力推动高质量发展,全面深化改革开放,推动高水平科技自立自强,加大宏观调控力度,统筹扩大内需和深化供给侧结构性改革,统筹新型城镇化和乡村全面振兴,统筹高质量发展和高水平安全,切实增强经济活力、防范化解风险、改善社会预期,巩固和增强经济回升向好态势,持续推动经济实现质的有效提升和量的合理增长,增进民生福祉,保持社会稳定,以中国式现代化全面推进强国建设、民族复兴伟业。

综合分析研判,今年我国发展面临的环境仍是战略机遇和风险挑战并存,有利条件强于不利因素。

我国具有显著的制度优势、超大规模市场的需求优势、产业体系完备的供给优势、高素质劳动者众多的人才优势，科技创新能力在持续提升，新产业、新模式、新动能在加快壮大，发展内生动力在不断积聚，经济回升向好、长期向好的基本趋势没有改变也不会改变，必须增强信心和底气。同时要坚持底线思维，做好应对各种风险挑战的充分准备。只要我们贯彻落实好党中央决策部署，紧紧抓住有利时机、用好有利条件，把各方面干事创业的积极性充分调动起来，一定能战胜困难挑战，推动经济持续向好、行稳致远。

今年发展主要预期目标是：国内生产总值增长5%左右；城镇新增就业1200万人以上，城镇调查失业率5.5%左右；居民消费价格涨幅3%左右；居民收入增长和经济增长同步；国际收支保持基本平衡；粮食产量1.3万亿斤以上；单位国内生产总值能耗降低2.5%左右，生态环境质量持续改善。

提出上述预期目标，综合考虑了国内外形势和各方面因素，兼顾了需要和可能。经济增长预期目标为5%左右，考虑了促进就业增收、防范化解风险等需要，并与"十四五"规划和基本实现现代化的目标相衔接，也考虑了经济增长潜力和支撑条件，体现了积极进取、奋发有为的要求。实现今年预期目标并非易事，需要政策聚焦发力、工作加倍努力、各方面齐心协力。

我们要坚持稳中求进、以进促稳、先立后破。稳是大局和基础，各地区各部门要多出有利于稳预期、稳增长、稳就业的政策，谨慎出台收缩性抑制性举措，清理和废止有悖于高质量发展的政策规定。进是方向和动力，该立的要积极主动立起来，该破的要在立的基础上坚决破，特别是要在转方式、调结构、提质量、增效益上积极进取。强化宏观政策逆周期和跨周期调节，继续实施积极的财政政策和稳健的货币政策，加强政策工具创新和协调配合。

积极的财政政策要适度加力、提质增效。综合考虑发展需要和财政可持续，用好财政政策空间，优化政策工具组合。赤字率拟按3%安排，赤字规模4.06万亿元，比上年年初预算增加1800亿元。预计今年财政收入继续恢复增长，加上调入资金等，一般公共预算支出规模28.5万亿元、比上年增加1.1万亿元。拟安排地方政府专项债券3.9万亿元、比上年增加1000亿元。为系统解决强国建设、民族复兴进程中一些重大项目建设的资金问题，从今年开始拟连续几年发行超长期特别国债，专项用于国家重大战略实施和重点领域安全能力建设，今年先发行1万亿元。现在很多方面都需要增加财政投入，要大力优化支出结构，强化国家重大战略任务和基本民生财力保障，严控一般性支出。中央财政加大对地方均衡性转移支付力度、适当向困难地区倾斜，省级政府要推动财力下沉，兜牢基层"三保"底线。落实好结构性减税降费政策，重点支持科技创新和制造业发展。严肃财经纪律，加强财会监督，严禁搞面子工程、形象工程，坚决制止铺张浪费。各级政府要习惯过紧日子，真正精打细算，切实把财政资金用在刀刃上、用出实效来。

稳健的货币政策要灵活适度、精准有效。保持流动性合理充裕，社会融资规模、货币供应量同经济增长和价格水平预期目标相匹配。加强总量和结构双重调节，盘活存量、提升效能，加大对重大战略、重点领域和薄弱环节的支持力度。促进社会综合融资成本稳中有降。畅通货币政策传导机制，避免资金沉淀空转。增强资本市场内在稳定性。保持人民币汇率在合理均衡水平上的基本稳定。大力发展科技金融、绿色金融、普惠金融、养老金融、数字金融。优化融资增信、风险分担、信息共享等配套措施，更好满足中小微企业融资需求。

增强宏观政策取向一致性。围绕发展大局，加强财政、货币、就业、产业、区域、科技、环保等政策协调配合，把非经济性政策纳入宏观政策取向一致性评估，强化政策统筹，确保同向发力、形成合力。各地区各部门制定政策要认真听取和吸纳各方面意见，涉企政策要注重与市场沟通、回应企业关切。实施政策要强化协同联动、放大组合效应，防止顾此失彼、相互掣肘。研究储备政策要增强前瞻性、丰富工具箱，并留出冗余度，确保一旦需要就能及时推出、有效发挥作用。加强对政策执行情况的跟踪评估，以企业和群众满意度为重要标尺，及时进行调整和完善。精准做好政策宣传解读，营造稳定透明可预期的政策环境。

完成今年发展目标任务，必须深入贯彻习近平经济思想,集中精力推动高质量发展。强化系统观念,把握和处理好重大关系,从整体上深入谋划和推进各项工作。坚持质量第一、效益优先,继续固本培元,增强宏观调控针对性有效性,注重从企业和群众期盼中找准工作着眼点、政策发力点,努力实现全年增长目标。坚持高质量发展和高水平安全良性互动,在坚守安全底线的前提下,更多为发展想办法、为企业助把力。坚持在发展中保障和改善民生,注重以发展思维看待补民生短板问题,在解决人民群众急难愁盼中培育新的经济增长点。从根本上说,推动高质量发展要靠改革。我们要以更大的决心和力度深化改革开放,促进有效市场和有为政府更好结合,持续激发和增强社会活力,推动高质量发展取得新的更大成效。

三、2024年政府工作任务

党中央对今年工作作出了全面部署,我们要深入贯彻落实,紧紧抓住主要矛盾,着力突破瓶颈制约,扎实做好各项工作。

(一)大力推进现代化产业体系建设,加快发展新质生产力

充分发挥创新主导作用,以科技创新推动产业创新,加快推进新型工业化,提高全要素生产率,不断塑造发展新动能新优势,促进社会生产力实现新的跃升。

推动产业链供应链优化升级。保持工业经济平稳运行。实施制造业重点产业链高质量发展行动,着力补齐短板、拉长长板、锻造新板,增强产业链供应链韧性和竞争力。实施制造业技术改造升级工程,培育壮大先进制造业集群,创建国家新型工业化示范区,推动传统产业高端化、智能化、绿色化转型。加快发展现代生产性服务业。促进中小企业专精特新发展。弘扬工匠精神。加强标准引领和质量支撑,打造更多有国际影响力的"中国制造"品牌。

积极培育新兴产业和未来产业。实施产业创新工程,完善产业生态,拓展应用场景,促进战略性新兴产业融合集群发展。巩固扩大智能网联新能源汽车等产业领先优势,加快前沿新兴氢能、新材料、创

新药等产业发展,积极打造生物制造、商业航天、低空经济等新增长引擎。制定未来产业发展规划,开辟量子技术、生命科学等新赛道,创建一批未来产业先导区。鼓励发展创业投资、股权投资,优化产业投资基金功能。加强重点行业统筹布局和投资引导,防止产能过剩和低水平重复建设。

深入推进数字经济创新发展。制定支持数字经济高质量发展政策,积极推进数字产业化、产业数字化,促进数字技术和实体经济深度融合。深化大数据、人工智能等研发应用,开展"人工智能+"行动,打造具有国际竞争力的数字产业集群。实施制造业数字化转型行动,加快工业互联网规模化应用,推进服务业数字化,建设智慧城市、数字乡村。深入开展中小企业数字化赋能专项行动。支持平台企业在促进创新、增加就业、国际竞争中大显身手。健全数据基础制度,大力推动数据开发开放和流通使用。适度超前建设数字基础设施,加快形成全国一体化算力体系,培育算力产业生态。我们要以广泛深刻的数字变革,赋能经济发展、丰富人民生活、提升社会治理现代化水平。

(二)深入实施科教兴国战略,强化高质量发展的基础支撑

坚持教育强国、科技强国、人才强国建设一体统筹推进,创新链产业链资金链人才链一体部署实施,深化教育科技人才综合改革,为现代化建设提供强大动力。

加强高质量教育体系建设。全面贯彻党的教育方针,坚持把高质量发展作为各级各类教育的生命线。制定实施教育强国建设规划纲要。落实立德树人根本任务,推进大中小学思想政治教育一体化建设。开展基础教育扩优提质行动,加快义务教育优质均衡发展和城乡一体化,改善农村寄宿制学校办学条件,持续深化"双减",推动学前教育普惠发展,加强县域普通高中建设。减轻中小学教师非教学负担。办好特殊教育、继续教育,引导规范民办教育发展,大力提高职业教育质量。实施高等教育综合改革试点,优化学科专业和资源结构布局,加快建设中国特色、世界一流的大学和优势学科,建强应用型本科高校,增强中西部地区高校办学实力。加强学生

心理健康教育。大力发展数字教育。弘扬教育家精神,建设高素质专业化教师队伍。我们要坚持教育优先发展,加快推进教育现代化,厚植人民幸福之本,夯实国家富强之基。

加快推动高水平科技自立自强。充分发挥新型举国体制优势,全面提升自主创新能力。强化基础研究系统布局,长期稳定支持一批创新基地、优势团队和重点方向,增强原始创新能力。瞄准国家重大战略需求和产业发展需要,部署实施一批重大科技项目。集成国家战略科技力量、社会创新资源,推进关键核心技术协同攻关,加强颠覆性技术和前沿技术研究。完善国家实验室运行管理机制,发挥国际和区域科技创新中心辐射带动作用。加快重大科技基础设施体系化布局,推进共性技术平台、中试验证平台建设。强化企业科技创新主体地位,激励企业加大创新投入,深化产学研用结合,支持有实力的企业牵头重大攻关任务。加强健康、养老、助残等民生科技研发应用。加快形成支持全面创新的基础制度,深化科技评价、科技奖励、科研项目和经费管理制度改革,健全"揭榜挂帅"机制。加强知识产权保护,制定促进科技成果转化应用的政策举措。广泛开展科学普及。培育创新文化,弘扬科学家精神,涵养优良学风。扩大国际科技交流合作,营造具有全球竞争力的开放创新生态。

全方位培养用好人才。实施更加积极、更加开放、更加有效的人才政策。推进高水平人才高地和吸引集聚人才平台建设,促进人才区域合理布局和协调发展。加快建设国家战略人才力量,努力培养造就更多一流科技领军人才和创新团队,完善拔尖创新人才发现和培养机制,建设基础研究人才培养平台,打造卓越工程师和高技能人才队伍,加大对青年科技人才支持力度。积极推进人才国际交流。加快建立以创新价值、能力、贡献为导向的人才评价体系,优化工作生活保障和表彰奖励制度。我们要在改善人才发展环境上持续用力,形成人尽其才、各展其能的良好局面。

(三)着力扩大国内需求,推动经济实现良性循环

把实施扩大内需战略同深化供给侧结构性改革有机结合起来,更好统筹消费和投资,增强对经济增长的拉动作用。

促进消费稳定增长。从增加收入、优化供给、减少限制性措施等方面综合施策,激发消费潜能。培育壮大新型消费,实施数字消费、绿色消费、健康消费促进政策,积极培育智能家居、文娱旅游、体育赛事、国货"潮品"等新的消费增长点。稳定和扩大传统消费,鼓励和推动消费品以旧换新,提振智能网联新能源汽车、电子产品等大宗消费。推动养老、育幼、家政等服务扩容提质,支持社会力量提供社区服务。优化消费环境,开展"消费促进年"活动,实施"放心消费行动",加强消费者权益保护,落实带薪休假制度。实施标准提升行动,加快构建适应高质量发展要求的标准体系,推动商品和服务质量不断提高,更好满足人民群众改善生活需要。

积极扩大有效投资。发挥好政府投资的带动放大效应,重点支持科技创新、新型基础设施、节能减排降碳,加强民生等经济社会薄弱领域补短板,推进防洪排涝抗灾基础设施建设,推动各类生产设备、服务设备更新和技术改造,加快实施"十四五"规划重大工程项目。今年中央预算内投资拟安排 7000 亿元。合理扩大地方政府专项债券投向领域和用作资本金范围,额度分配向项目准备充分、投资效率较高的地区倾斜。统筹用好各类资金,防止低效无效投资。深化投资审批制度改革。着力稳定和扩大民间投资,落实和完善支持政策,实施政府和社会资本合作新机制,鼓励民间资本参与重大项目建设。进一步拆除各种藩篱,在更多领域让民间投资进得来、能发展、有作为。

(四)坚定不移深化改革,增强发展内生动力

推进重点领域和关键环节改革攻坚,充分发挥市场在资源配置中的决定性作用,更好发挥政府作用,营造市场化、法治化、国际化一流营商环境,推动构建高水平社会主义市场经济体制。

激发各类经营主体活力。国有企业、民营企业、外资企业都是现代化建设的重要力量。要不断完善落实"两个毫不动摇"的体制机制,为各类所有制企业创造公平竞争、竞相发展的良好环境。完善中国特色现代企业制度,打造更多世界一流企业。深入实施国有企业改革深化提升行动,做强做优主业,增

强核心功能、提高核心竞争力。建立国有经济布局优化和结构调整指引制度。全面落实促进民营经济发展壮大的意见及配套举措,进一步解决市场准入、要素获取、公平执法、权益保护等方面存在的突出问题。提高民营企业贷款占比、扩大发债融资规模,加强对个体工商户分类帮扶支持。实施降低物流成本行动,健全防范化解拖欠企业账款长效机制,坚决查处乱收费、乱罚款、乱摊派。弘扬优秀企业家精神,积极支持企业家专注创新发展、敢干敢闯敢投、踏踏实实把企业办好。

加快全国统一大市场建设。制定全国统一大市场建设标准指引。着力推动产权保护、市场准入、公平竞争、社会信用等方面制度规则统一。深化要素市场化配置综合改革试点。出台公平竞争审查行政法规,完善重点领域、新兴领域、涉外领域监管规则。专项治理地方保护、市场分割、招商引资不当竞争等突出问题,加强对招投标市场的规范和管理。坚持依法监管,严格落实监管责任,提升监管精准性和有效性,坚决维护公平竞争的市场秩序。

推进财税金融等领域改革。建设高水平社会主义市场经济体制改革先行区。谋划新一轮财税体制改革,落实金融体制改革部署,加大对高质量发展的财税金融支持。深化电力、油气、铁路和综合运输体系等改革,健全自然垄断环节监管体制机制。深化收入分配、社会保障、医药卫生、养老服务等社会民生领域改革。

(五)扩大高水平对外开放,促进互利共赢

主动对接高标准国际经贸规则,稳步扩大制度型开放,增强国内国际两个市场两种资源联动效应,巩固外贸外资基本盘,培育国际经济合作和竞争新优势。

推动外贸质升量稳。加强进出口信贷和出口信保支持,优化跨境结算、汇率风险管理等服务,支持企业开拓多元化市场。促进跨境电商等新业态健康发展,优化海外仓布局,支持加工贸易提档升级,拓展中间品贸易、绿色贸易等新增长点。积极扩大优质产品进口。完善边境贸易支持政策。全面实施跨境服务贸易负面清单。出台服务贸易、数字贸易创新发展政策。加快内外贸一体化发展。办好进博

会、广交会、服贸会、数贸会、消博会等重大展会。加快国际物流体系建设,打造智慧海关,助力外贸企业降本提效。

加大吸引外资力度。继续缩减外资准入负面清单,全面取消制造业领域外资准入限制措施,放宽电信、医疗等服务业市场准入。扩大鼓励外商投资产业目录,鼓励外资企业境内再投资。落实好外资企业国民待遇,保障依法平等参与政府采购、招标投标、标准制定,推动解决数据跨境流动等问题。加强外商投资服务保障,打造"投资中国"品牌。提升外籍人员来华工作、学习、旅游便利度,优化支付服务。深入实施自贸试验区提升战略,赋予自贸试验区、海南自由贸易港等更多自主权,推动开发区改革创新,打造对外开放新高地。

推动高质量共建"一带一路"走深走实。抓好支持高质量共建"一带一路"八项行动的落实落地。稳步推进重大项目合作,实施一批"小而美"民生项目,积极推动数字、绿色、创新、健康、文旅、减贫等领域合作。加快建设西部陆海新通道。

深化多双边和区域经济合作。推动落实已生效自贸协定,与更多国家和地区商签高标准自贸协定和投资协定。推进中国—东盟自贸区3.0版谈判,推动加入《数字经济伙伴关系协定》《全面与进步跨太平洋伙伴关系协定》。全面深入参与世贸组织改革,推动建设开放型世界经济,让更多合作共赢成果惠及各国人民。

(六)更好统筹发展和安全,有效防范化解重点领域风险

坚持以高质量发展促进高水平安全,以高水平安全保障高质量发展,标本兼治化解房地产、地方债务、中小金融机构等风险,维护经济金融大局稳定。

稳妥有序处置风险隐患。完善重大风险处置统筹协调机制,压实企业主体责任、部门监管责任、地方属地责任,提升处置效能,牢牢守住不发生系统性风险的底线。优化房地产政策,对不同所有制房地产企业合理融资需求要一视同仁给予支持,促进房地产市场平稳健康发展。统筹好地方债务风险化解和稳定发展,进一步落实一揽子化债方案,妥善化解存量债务风险、严防新增债务风险。稳妥推进一些

地方的中小金融机构风险处置。严厉打击非法金融活动。

健全风险防控长效机制。适应新型城镇化发展趋势和房地产市场供求关系变化，加快构建房地产发展新模式。加大保障性住房建设和供给，完善商品房相关基础性制度，满足居民刚性住房需求和多样化改善性住房需求。建立同高质量发展相适应的政府债务管理机制，完善全口径地方债务监测监管体系，分类推进地方融资平台转型。健全金融监管体制，提高金融风险防控能力。

加强重点领域安全能力建设。完善粮食生产收储加工体系，全方位夯实粮食安全根基。推进国家水网建设。强化能源资源安全保障，加大油气、战略性矿产资源勘探开发力度。加快构建大国储备体系，加强重点储备设施建设。提高网络、数据等安全保障能力。有效维护产业链供应链安全稳定，支撑国民经济循环畅通。

（七）坚持不懈抓好"三农"工作，扎实推进乡村全面振兴

锚定建设农业强国目标，学习运用"千村示范、万村整治"工程经验，因地制宜、分类施策、循序渐进、久久为功，推动乡村全面振兴不断取得实质性进展、阶段性成果。

加强粮食和重要农产品稳产保供。稳定粮食播种面积，巩固大豆扩种成果，推动大面积提高单产。适当提高小麦最低收购价，在全国实施三大主粮生产成本和收入保险政策，健全种粮农民收益保障机制。加大产粮大县支持力度，完善主产区利益补偿机制。扩大油料生产，稳定畜牧业、渔业生产能力，发展现代设施农业。支持节水农业、旱作农业发展。加强病虫害和动物疫病防控。加大种业振兴、农业关键核心技术攻关力度，实施农机装备补短板行动。严守耕地红线，完善耕地占补平衡制度，加强黑土地保护和盐碱地综合治理，提高高标准农田建设投资补助水平。各地区都要扛起保障国家粮食安全责任。我们这样一个人口大国，必须践行好大农业观、大食物观，始终把饭碗牢牢端在自己手上。

毫不放松巩固拓展脱贫攻坚成果。加强防止返贫监测和帮扶工作，确保不发生规模性返贫。支持脱贫地区发展特色优势产业，推进防止返贫就业攻坚行动，强化易地搬迁后续帮扶。深化东西部协作和定点帮扶。加大对国家乡村振兴重点帮扶县支持力度，建立健全农村低收入人口和欠发达地区常态化帮扶机制，让脱贫成果更加稳固、成效更可持续。

稳步推进农村改革发展。深化农村土地制度改革，启动第二轮土地承包到期后再延长30年整省试点。深化集体产权、集体林权、农垦、供销社等改革，促进新型农村集体经济发展。着眼促进农民增收，壮大乡村富民产业，发展新型农业经营主体和社会化服务，培养用好乡村人才。繁荣发展乡村文化，持续推进农村移风易俗。深入实施乡村建设行动，大力改善农村水电路气信等基础设施和公共服务，加强充电桩、冷链物流、寄递配送设施建设，加大农房抗震改造力度，持续改善农村人居环境，建设宜居宜业和美乡村。

（八）推动城乡融合和区域协调发展，大力优化经济布局

深入实施区域协调发展战略、区域重大战略、主体功能区战略，把推进新型城镇化和乡村全面振兴有机结合起来，加快构建优势互补、高质量发展的区域经济格局。

积极推进新型城镇化。我国城镇化还有很大发展提升空间。要深入实施新型城镇化战略行动，促进各类要素双向流动，形成城乡融合发展新格局。把加快农业转移人口市民化摆在突出位置，深化户籍制度改革，完善"人地钱"挂钩政策，让有意愿的进城农民工在城镇落户，推动未落户常住人口平等享受城镇基本公共服务。培育发展县域经济，补齐基础设施和公共服务短板，使县城成为新型城镇化的重要载体。注重以城市群、都市圈为依托，促进大中小城市协调发展。推动成渝地区双城经济圈建设。稳步实施城市更新行动，推进"平急两用"公共基础设施建设和城中村改造，加快完善地下管网，推动解决老旧小区加装电梯、停车等难题，加强无障碍环境、适老化设施建设，打造宜居、智慧、韧性城市。新型城镇化要处处体现以人为本，提高精细化管理和服务水平，让人民群众享有更高品质的生活。

提高区域协调发展水平。充分发挥各地区比较优势,按照主体功能定位,积极融入和服务构建新发展格局。深入实施西部大开发、东北全面振兴、中部地区加快崛起、东部地区加快推进现代化等战略,提升东北和中西部地区承接产业转移能力。支持京津冀、长三角、粤港澳大湾区等经济发展优势地区更好发挥高质量发展动力源作用。抓好标志性项目在雄安新区落地建设。持续推进长江经济带高质量发展,推动黄河流域生态保护和高质量发展。支持革命老区、民族地区加快发展,加强边疆地区建设,统筹推进兴边富民行动。优化重大生产力布局,加强国家战略腹地建设。制定主体功能区优化实施规划,完善配套政策。大力发展海洋经济,建设海洋强国。

(九)加强生态文明建设,推进绿色低碳发展

深入践行绿水青山就是金山银山的理念,协同推进降碳、减污、扩绿、增长,建设人与自然和谐共生的美丽中国。

推动生态环境综合治理。深入实施空气质量持续改善行动计划,统筹水资源、水环境、水生态治理,加强土壤污染源头防控,强化固体废物、新污染物、塑料污染治理。坚持山水林田湖草沙一体化保护和系统治理,加强生态环境分区管控。组织打好“三北”工程三大标志性战役,推进以国家公园为主体的自然保护地建设。加强重要江河湖库生态保护治理。持续推进长江十年禁渔。实施生物多样性保护重大工程。完善生态产品价值实现机制,健全生态保护补偿制度,充分调动各方面保护和改善生态环境的积极性。

大力发展绿色低碳经济。推进产业结构、能源结构、交通运输结构、城乡建设发展绿色转型。落实全面节约战略,加快重点领域节能节水改造。完善支持绿色发展的财税、金融、投资、价格政策和相关市场化机制,推动废弃物循环利用产业发展,促进节能降碳先进技术研发应用,加快形成绿色低碳供应链。建设美丽中国先行区,打造绿色低碳发展高地。

积极稳妥推进碳达峰碳中和。扎实开展“碳达峰十大行动”。提升碳排放统计核算核查能力,建立碳足迹管理体系,扩大全国碳市场行业覆盖范围。深入推进能源革命,控制化石能源消费,加快建设新

型能源体系。加强大型风电光伏基地和外送通道建设,推动分布式能源开发利用,提高电网对清洁能源的接纳、配置和调控能力,发展新型储能,促进绿电使用和国际互认,发挥煤炭、煤电兜底作用,确保经济社会发展用能需求。

(十)切实保障和改善民生,加强和创新社会治理

坚持以人民为中心的发展思想,履行好保基本、兜底线职责,采取更多惠民生、暖民心举措,扎实推进共同富裕,促进社会和谐稳定,不断增强人民群众的获得感、幸福感、安全感。

多措并举稳就业促增收。就业是最基本的民生。要突出就业优先导向,加强财税、金融等政策对稳就业的支持,加大促就业专项政策力度。落实和完善稳岗返还、专项贷款、就业和社保补贴等政策,加强对就业容量大的行业企业支持。预计今年高校毕业生超过1170万人,要强化促进青年就业政策举措,优化就业创业指导服务。扎实做好退役军人就业安置工作,积极促进农民工就业,加强对残疾人等就业困难人员帮扶。分类完善灵活就业服务保障措施,扩大新就业形态就业人员职业伤害保障试点。坚决纠正性别、年龄、学历等就业歧视,保障农民工工资支付,完善劳动关系协商协调机制,维护劳动者合法权益。适应先进制造、现代服务、养老照护等领域人才需求,加强职业技能培训。多渠道增加城乡居民收入,扩大中等收入群体规模,努力促进低收入群体增收。

提高医疗卫生服务能力。继续做好重点传染病防控。居民医保人均财政补助标准提高30元。促进医保、医疗、医药协同发展和治理。推动基本医疗保险省级统筹,完善国家药品集中采购制度,强化医保基金使用常态化监管,落实和完善异地就医结算。深化公立医院改革,以患者为中心改善医疗服务,推动检查检验结果互认。着眼推进分级诊疗,引导优质医疗资源下沉基层,加强县乡村医疗服务协同联动,扩大基层医疗卫生机构慢性病、常见病用药种类。加强罕见病研究、诊疗服务和用药保障。加快补齐儿科、老年医学、精神卫生、医疗护理等服务短板,加强全科医生培养培训。促进中医药传承创新,加强中医优势专科建设。完善疾病预防控制体系。

深入开展健康中国行动和爱国卫生运动,筑牢人民群众健康防线。

加强社会保障和服务。实施积极应对人口老龄化国家战略。城乡居民基础养老金月最低标准提高20元,继续提高退休人员基本养老金,完善养老保险全国统筹。在全国实施个人养老金制度,积极发展第三支柱养老保险。做好退役军人、军属和其他优抚对象服务保障。加强城乡社区养老服务网络建设,加大农村养老服务补短板力度。加强老年用品和服务供给,大力发展银发经济。推进建立长期护理保险制度。健全生育支持政策,优化生育假期制度,完善经营主体用工成本合理共担机制,多渠道增加托育服务供给,减轻家庭生育、养育、教育负担。做好留守儿童和困境儿童关爱救助。加强残疾预防和康复服务,完善重度残疾人托养照护政策。健全分层分类的社会救助体系,统筹防止返贫和低收入人口帮扶政策,把民生兜底保障安全网织密扎牢。

丰富人民群众精神文化生活。深入学习贯彻习近平文化思想。广泛践行社会主义核心价值观。发展哲学社会科学、新闻出版、广播影视、文学艺术和档案等事业。制定推动文化传承发展的政策举措。深入推进国家文化数字化战略。深化全民阅读活动。完善网络综合治理,培育积极健康、向上向善的网络文化。创新实施文化惠民工程,提高公共文化场馆免费开放服务水平。大力发展文化产业。开展第四次全国文物普查,加强文物系统性保护和合理利用。推进非物质文化遗产保护传承。深化中外人文交流,提高国际传播能力。加大体育改革力度。做好2024年奥运会、残奥会备战参赛工作。建好用好群众身边的体育设施,推动全民健身活动广泛开展。

维护国家安全和社会稳定。贯彻总体国家安全观,加强国家安全体系和能力建设。提高公共安全治理水平,推动治理模式向事前预防转型。着力夯实安全生产和防灾减灾救灾基层基础,增强风险防范、应急处置和支撑保障能力。扎实开展安全生产治本攻坚三年行动,加强重点行业领域风险隐患排查整治,压实各方责任,坚决遏制重特大事故发生。做好洪涝、干旱、台风、森林草原火灾、地质灾害、地震等防范应对,加强气象服务。严格食品、药品、特

种设备等安全监管。完善社会治理体系。强化城乡社区服务功能。引导支持社会组织、人道救助、志愿服务、公益慈善等健康发展。保障妇女、儿童、老年人、残疾人合法权益。坚持和发展新时代"枫桥经验",推进矛盾纠纷预防化解,推动信访工作法治化。加强公共法律服务。强化社会治安整体防控,推进扫黑除恶常态化,依法打击各类违法犯罪活动,建设更高水平的平安中国。

各位代表!

新征程新使命,对政府工作提出了新的更高要求。各级政府及其工作人员要深刻领悟"两个确立"的决定性意义,增强"四个意识"、坚定"四个自信"、做到"两个维护",自觉在思想上政治上行动上同以习近平同志为核心的党中央保持高度一致,不断提高政治判断力、政治领悟力、政治执行力,把党的领导贯穿政府工作各方面全过程。要把坚持高质量发展作为新时代的硬道理,把为民造福作为最重要的政绩,努力建设人民满意的法治政府、创新政府、廉洁政府和服务型政府,全面履行好政府职责。

深入推进依法行政。严格遵守宪法法律。自觉接受同级人大及其常委会的监督,自觉接受人民政协的民主监督,自觉接受社会和舆论监督。加强审计监督。坚持科学、民主、依法决策,制定政策要遵循规律、广聚共识、于法有据。完善政务公开制度。全面推进严格规范公正文明执法。支持工会、共青团、妇联等群团组织更好发挥作用。发扬自我革命精神,持之以恒正风肃纪反腐,纵深推进党风廉政建设和反腐败斗争。政府工作人员要遵守法纪、廉洁修身、勤勉尽责,干干净净为人民做事。

全面提高行政效能。围绕贯彻好、落实好党中央决策部署,坚持优化协同高效,深入推进政府职能转变,不断提高执行力和公信力。坚持正确的思想方法和工作方法,勇于打破思维定势和路径依赖,积极谋划用好牵引性、撬动性强的工作抓手,在抓落实上切实做到不折不扣、雷厉风行、求真务实、敢作善为,确保最终效果符合党中央决策意图,顺应人民群众期待。巩固拓展主题教育成果,大兴调查研究,落实"四下基层"制度。加快数字政府建设。以推进"高效办成一件事"为牵引,提高政务服务水平。坚决纠治形式主义、官僚主义,进一步精简文件和会

议,完善督查检查考核,持续为基层和企业减负。落实"三个区分开来",完善干部担当作为激励和保护机制。广大干部要增强"时时放心不下"的责任感,并切实转化为"事事心中有底"的行动力,提振干事创业的精气神,真抓实干、埋头苦干、善作善成,努力创造无愧于时代和人民的新业绩。

各位代表!

我们要以铸牢中华民族共同体意识为主线,坚持和完善民族区域自治制度,促进各民族广泛交往交流交融,推动民族地区加快现代化建设步伐。坚持党的宗教工作基本方针,深入推进我国宗教中国化,积极引导宗教与社会主义社会相适应。加强和改进侨务工作,维护海外侨胞和归侨侨眷合法权益,汇聚起海内外中华儿女共同致力民族复兴的磅礴力量。

过去一年,国防和军队建设取得新的成绩和进步,人民军队出色完成担负的使命任务。新的一年,要深入贯彻习近平强军思想,贯彻新时代军事战略方针,坚持党对人民军队的绝对领导,全面深入贯彻军委主席负责制,打好实现建军一百年奋斗目标攻坚战。全面加强练兵备战,统筹推进军事斗争准备,抓好实战化军事训练,坚定捍卫国家主权、安全、发展利益。构建现代军事治理体系,抓好军队建设"十四五"规划执行,加快实施国防发展重大工程。巩固提高一体化国家战略体系和能力,优化国防科技工业体系和布局,加强国防教育、国防动员和后备力量建设。各级政府要大力支持国防和军队建设,深入开展"双拥"工作,巩固发展军政军民团结。

我们要继续全面准确、坚定不移贯彻"一国两制"、"港人治港"、"澳人治澳"、高度自治的方针,坚持依法治港治澳,落实"爱国者治港""爱国者治澳"原则。支持香港、澳门发展经济、改善民生,发挥自身优势和特点,积极参与粤港澳大湾区建设,更好融入国家发展大局,保持香港、澳门长期繁荣稳定。

我们要坚持贯彻新时代党解决台湾问题的总体方略,坚持一个中国原则和"九二共识",坚决反对"台独"分裂和外来干涉,推动两岸关系和平发展,坚定不移推进祖国统一大业,维护中华民族根本利益。深化两岸融合发展,增进两岸同胞福祉,同心共创民族复兴伟业。

我们要坚持独立自主的和平外交政策,坚持走和平发展道路,坚定奉行互利共赢的开放战略,倡导平等有序的世界多极化和普惠包容的经济全球化,推动构建新型国际关系,反对霸权霸道霸凌行径,维护国际公平正义。中国愿同国际社会一道,落实全球发展倡议、全球安全倡议、全球文明倡议,弘扬全人类共同价值,推动全球治理体系变革,推动构建人类命运共同体。

各位代表!

使命重在担当,奋斗创造未来。我们要更加紧密地团结在以习近平同志为核心的党中央周围,高举中国特色社会主义伟大旗帜,以习近平新时代中国特色社会主义思想为指导,坚定信心、开拓进取,努力完成全年经济社会发展目标任务,为以中国式现代化全面推进强国建设、民族复兴伟业不懈奋斗!

关于 2023 年国民经济和社会发展计划执行情况与 2024 年国民经济和社会发展计划草案的报告(节选)

——2024 年 3 月 5 日在第十四届全国人民代表大会第二次会议上

中华人民共和国国家发展和改革委员会

各位代表:

受国务院委托,现将 2023 年国民经济和社会发

展计划执行情况与 2024 年国民经济和社会发展计划草案提请十四届全国人民代表大会第二次会议审

查,并请全国政协各位委员提出意见。

一、2023 年国民经济和社会发展计划执行情况

　　2023 年是全面贯彻党的二十大精神的开局之年,是三年新冠疫情防控转段后经济恢复发展的一年。在以习近平同志为核心的党中央坚强领导下,各地区各部门坚持以习近平新时代中国特色社会主义思想为指导,全面贯彻党的二十大和二十届二中全会精神,深入开展学习贯彻习近平新时代中国特色社会主义思想主题教育,按照党中央、国务院决策部署,认真执行十四届全国人大一次会议审查批准的 2023 年国民经济和社会发展计划,落实全国人大财政经济委员会审查意见,顶住外部压力、克服内部困难,坚持稳中求进工作总基调,完整、准确、全面贯彻新发展理念,加快构建新发展格局,着力推动高质量发展,全面深化改革开放,加大宏观调控力度,着力扩大内需、优化结构、提振信心、防范化解风险,新冠疫情防控实现平稳转段、取得重大决定性胜利,我国经济波浪式发展、曲折式前进,总体回升向好,主要发展目标任务圆满完成,高质量发展扎实推进,全面建设社会主义现代化国家迈出坚实步伐。

　　全年国内生产总值(GDP)126.06 万亿元,增长 5.2%(见图 1、图 2);城镇新增就业 1244 万人,全国城镇调查失业率平均值为 5.2%(见图 3);居民消费价格(CPI)上涨 0.2%(见图 4);国际收支保持基本平衡,年末外汇储备规模为 32379.77 亿美元(见图 5)。

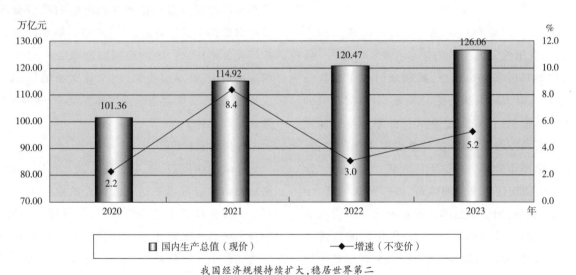

我国经济规模持续扩大,稳居世界第二

图 1　国内生产总值总量及增速

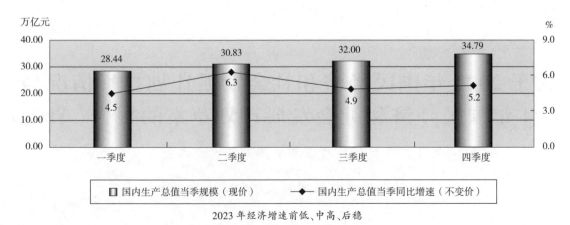

2023 年经济增速前低、中高、后稳

图 2　国内生产总值季度规模及增速

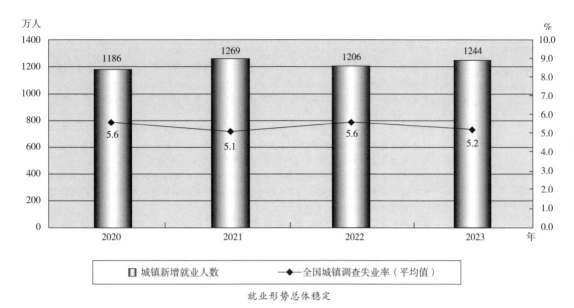

就业形势总体稳定

图 3 城镇新增就业人数和城镇调查失业率

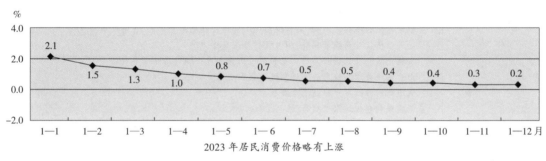

2023年居民消费价格略有上涨

图 4 居民消费价格同比涨幅

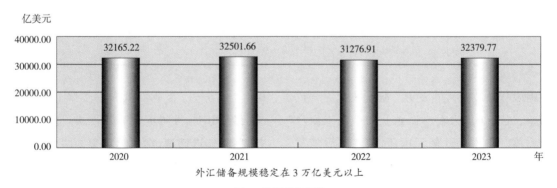

外汇储备规模稳定在 3 万亿美元以上

图 5 外汇储备规模

(一)加大宏观政策实施力度,组合政策效应持续显现

密切跟踪分析经济运行走势变化,宏观政策突出固本培元,系统打出一套"组合拳",分批次明确阶段性政策后续安排,常态化开展政策预研储备,有力有序推出了一系列务实管用的新政策举措,形成共促高质量发展合力。

专栏1　实施一系列宏观组合政策

序　号	项　目	内　容
1	明确阶段性政策后续安排	财税政策,包括将涉及小微企业和个体工商户的到期税费优惠政策统一延续到2027年年底、延续实施研发机构采购设备增值税优惠等政策
		金融等其他政策,包括延长普惠小微贷款支持工具期限、延续实施碳减排支持工具等
2	出台实施有针对性的新政策举措	增发国债1万亿元,专项用于支持灾后恢复重建和提升防灾减灾救灾能力
		保持流动性合理充裕,推动社会综合融资成本下降,2023年累计下调存款准备金率0.5个百分点,1年期和5年期贷款市场报价利率(LPR)分别下降0.2个和0.1个百分点
		通过下调金融机构外汇存款准备金率等,保持人民币汇率在合理均衡水平上基本稳定
		充分运用结构性货币政策工具,加大对国民经济重点领域和薄弱环节的支持;推进普惠金融高质量发展。实施活跃资本市场若干措施
		恢复和扩大消费,促进汽车、电子产品、家居、文化、旅游等领域消费;布局建设102个现代流通战略支点城市,推进骨干流通走廊建设
		指导山西、河北、贵州、青海、安徽、陕西、上海、西藏、北京、天津、山东、广西、云南、甘肃、江苏、浙江、海南等省份上调最低工资标准
		提高个人所得税有关专项附加扣除标准
		构建高质量充电基础设施体系,更好支持新能源汽车下乡和乡村振兴
		扩大地方政府专项债券投向领域和用作项目资本金范围
		积极稳步推进超大特大城市"平急两用"公共基础设施建设。在超大特大城市积极稳步推进城中村改造。规划建设保障性住房
		推动外贸稳规模优结构,实施推动加工贸易持续高质量发展16条改革措施
		进一步优化外商投资环境,加大吸引外商投资力度
		实施重点行业稳增长工作方案和制造业重点产业链高质量发展行动
		出台实施关于加快发展先进制造业集群的意见
		促进新能源汽车产业高质量发展
		开展专利转化运用专项行动
		实施先进制造业企业增值税加计抵减政策,提高集成电路、工业母机企业研发费用加计扣除比例等
		出台实施加大力度支持科技型企业融资行动方案
		开展清理拖欠账款专项行动
		优化调整稳就业政策措施,促进高校毕业生等青年就业创业
		落实建设全国统一大市场部署总体工作方案和近期举措
		优化营商环境;推动平台企业规范健康持续发展;取消和调整一批罚款事项
		促进民营经济发展壮大,进一步抓好抓实促进民间投资工作,建立与民营企业常态化沟通交流机制
		制定实施一揽子化债方案

一是财政货币政策协同发力。延续优化完善税费优惠政策,进一步加大对小微企业和个体工商户等的支持力度。增发1万亿元国债,聚焦灾后恢复重建和提升防灾减灾救灾能力,优先支持建设需求迫切、投资效果明显的项目。安排新增地方政府专项债券3.8万亿元,支持一批补短板、强弱项的基础设施和公共服务项目建设。全年新增税费优惠超过2.2万亿元。全国一般公共预算支出27.46万亿元,增长5.4%,民生、基层"三保"等重点领域支出得到较好保障。先后2次下调存款准备金率、2次下调公开市场操作和中期借贷便利(MLF)利率,保持流动性合理充裕,推动社会综合融资成本下降,1年期和5年期贷款市场报价利率(LPR)分别下降0.2个和0.1个百分点,企业贷款利率下降0.29个百分点。充分运用结构性货币政策工具,加大对支农支小、科技创新、先进制造、绿色低碳等重点领域支持力度。人民币汇率在合理均衡水平上保持基本稳定。2023年年末,广义货币供应量(M$_2$)余额和社会融资规模存量分别增长9.7%和9.5%。全年人民币贷款增加22.75万亿元,比上年多增1.31万亿元。

二是政策统筹进一步强化。加强新出台政策与宏观政策取向一致性评估,清理和废止有悖于高质量发展的政策规定,持续提升宏观政策的协同性、精准性、有效性。组织开展"十四五"规划实施中期评估,"十四五"规划《纲要》实施实现了时间过半、任务过半。

三是经济宣传引导进一步加强。积极宣传阐释习近平经济思想,加力做好经济形势和政策宣传解读,主动回应社会热点和舆论关切,及时做好解疑释惑,全方位、多角度讲好中国经济故事,旗帜鲜明唱响中国经济光明论。

(二)积极促消费扩投资,内需支撑作用明显增强

坚定实施扩大内需战略,把恢复和扩大消费摆在优先位置,大力促进有效投资,内需对经济增长的贡献率达到111.4%,其中最终消费支出贡献率为82.5%(见图6)。

一是消费潜力进一步释放。出台实施恢复和扩大消费的20条政策措施。稳定和扩大汽车、家居、电子产品等重点消费,延续和优化新能源汽车车辆购置税减免政策,加快推进充电基础设施建设,全国充电基础设施累计达859.6万台。加强消费者权益保护,持续优化消费环境。推动文化、旅游、餐饮等生活服务消费加快恢复,全年服务零售额增长20.0%,国内出游人次、居民出游花费分别增长93.3%和140.3%。全年社会消费品零售总额达到47.15万亿元,增长7.2%(见图7),其中,网上零售额达到15.43万亿元,增长11.0%。成功举办中国品牌日活动。开展"消费提振年"活动。加快国际消费中心城市培育建设。

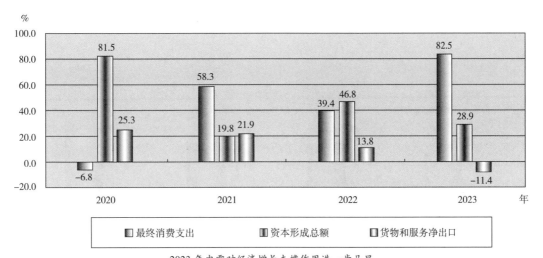

2023年内需对经济增长支撑作用进一步凸显

图6 三大需求对经济增长的贡献率

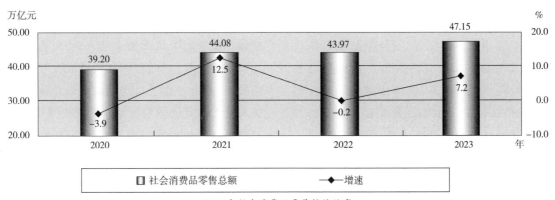

2023年社会消费品零售较快恢复

图7 社会消费品零售总额及增速

二是有效投资持续发力。积极发挥政府投资带动放大效应,制定中央预算内投资项目监管办法,加强和改进中央预算内投资计划管理。进一步扩大地方政府专项债券投向领域和用作项目资本金的行业范围,将保障性住房、城中村改造、普通高校学生宿舍等纳入专项债券投向领域。完善推进有效投资长效工作机制,强化用地、用海、用能、环评等要素保障,川藏铁路、西部陆海新通道、国家水网骨干工程等"十四五"规划 102 项重大工程以及其他经济社会发展重大项目取得重大进展。制定出台促进民间投资的 17 项措施,建立政府和社会资本合作新机制,鼓励民营企业参与特许经营项目,稳妥推进投贷联动试点合作,将消费基础设施等更多领域纳入基础设施领域不动产投资信托基金(REITs)发行范围。建立全国向民间资本推介项目平台,截至 2023 年年末,各地通过平台公开推介项目 6067 个,项目总投资规模 5.97 万亿元。持续向金融机构推送制造业中长期贷款项目,并推动扩大贷款投放。全年全国

固定资产投资(不含农户)50.30 万亿元,增长 3.0%。高技术产业投资增长 10.3%,基础设施、制造业投资分别增长 5.9%、6.5%,其中基础设施民间投资增长 14.2%,制造业民间投资增长 9.4%。

(三)大力强化创新驱动,高水平科技自立自强成效明显

深入实施创新驱动发展战略,加快形成支持全面创新的基础制度,加强科技发展规划、改革、政策等顶层设计,国家创新体系整体效能持续提升。全社会研究与试验发展(R&D)经费投入 33278.2 亿元,增长 8.1%,与国内生产总值之比达到 2.64%(见图 8);基础研究持续加强,基础研究经费投入占研发经费投入比重为 6.65%。

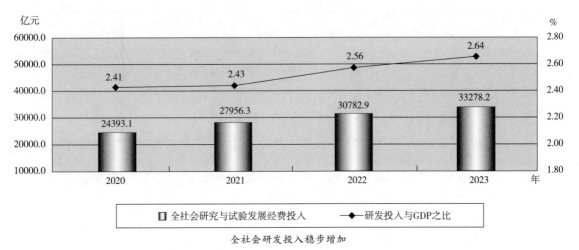

全社会研发投入稳步增加

图 8　全社会研究与试验发展经费投入及与 GDP 之比

一是国家战略科技力量持续强化。关键核心技术攻关新型举国体制不断完善,科技创新全链条政策衔接进一步加强。国家实验室体系建设有力推进。完善区域科技创新体系,统筹推进国际科技创新中心、区域科技创新中心建设,推动创新型省份和创新型城市建设。新建一批重大科技基础设施,接续实施国家重大科技项目。加快建设重点领域设施集群,原始创新策源功能不断强化。人工智能、量子信息、脑科学、农业生物育种等领域科技创新 2030-重大项目加快实施。科研院所管理改革深入推进。成功举办中关村论坛。

二是重大创新成果不断涌现。"揭榜挂帅""赛马"等组织机制进一步完善,取得一批重大科技创新

成果。神舟十六号顺利返航,神舟十七号成功发射,全球首枚液氧甲烷火箭成功入轨,可重复使用火箭加快研制试验,全球首颗高轨合成孔径雷达卫星成功发射,手机直连卫星走进消费级市场。奋斗者号载人潜水器完成极限深潜。国产大飞机 C919、国产首艘大型邮轮投入商业运营。全球首台 16 兆瓦海上风电机组并网发电,全球首座第四代核电站高温气冷堆示范工程投入商业运行。"中国天眼"探测到纳赫兹引力波存在的关键证据。"九章三号"量子计算机再度刷新光量子计算世界纪录,"祖冲之号""夸父"量子计算云平台上线。人工智能核心产业规模不断增长。截至 2023 年年末,我国境内有效发明专利量达到 401.5 万件,高价值发明专利占比超过四

成,成为世界上首个境内有效发明专利数量突破400万件的国家。

三是企业技术创新支持力度加大。出台强化企业科技创新主体地位的意见,实施企业技术创新能力提升行动方案。增加1000亿元支持企业技术进步专项再贷款额度,将符合条件的集成电路、工业母机企业研发费用加计扣除比例提高至120%,将符合条件行业企业的研发费用按100%加计扣除政策作为制度性安排长期实施。充分发挥国家新兴产业创业投资引导基金作用,持续有力支持新兴产业早中期、初创期创新型企业发展。

四是人才培养使用体制机制更加完善。落实关于完善科技激励机制的意见。启动重点领域紧缺人才自主培养行动。出台加强青年科技人才培养和使用的政策措施。深入推进科技人才评价改革试点。实施职业教育产教融合赋能提升行动,支持建设21个国家产教融合试点城市、45个国家产教融合创新平台、5000家以上产教融合型企业。

(四)加快建设现代化产业体系,实体经济根基持续巩固壮大

全面部署推进新型工业化,大力推进短板产业补链、优势产业延链、传统产业升链、新兴产业建链,提升供给体系质量,产业发展的接续性和竞争力不断增强。

一是传统产业加快转型升级。修订产业结构调整指导目录,出台加快传统制造业转型升级的指导意见,实施钢铁、有色、建材等重点行业稳增长工作方案,出台推动现代煤化工产业健康发展的政策措施,持续优化石化产业布局。滚动实施制造业核心竞争力提升行动计划,加快发展先进制造业集群,深入推进智能制造,出台强化制造业中试能力支撑行动方案。制定工业重点领域能效标杆水平和基准水平(2023年版)。加快构建优质高效服务业新体系,深化先进制造业和现代服务业融合试点。

二是战略性新兴产业蓬勃发展。完善支持战略性新兴产业高质量发展的政策体系,推动产业融合集群发展。新能源和未来能源、新一代信息技术、生物医药、商业航天和航空等新兴产业加快发展。北斗产业规模稳步增长,全面服务关键重点行业领域,加速成为公众消费产品标配应用。全国首个商业航天发射场加快建设。推动新能源汽车企业优化重组和做强做优,开展公共领域车辆全面电动化试点,新能源汽车产销量连续9年位居全球首位、全年销量占新车销量比重超过30%。人工智能、生物制造等未来产业有序布局。

专栏2 新兴产业快速发展

序号	项目	内容
1	新能源汽车	2023年我国新能源汽车产量和销量分别为958.7万辆和949.5万辆,增长35.8%和37.9% 电动化技术和智能驾驶、智能座舱等智能化技术应用达到领先水平 自主品牌企业发展壮大,我国新能源汽车销量中自主品牌占比约80% 2023年我国新能源汽车出口120.3万辆,增长77.6%,出口量稳居全球首位
2	动力电池	2023年我国动力电池销量和装车量分别完成616.3吉瓦时和387.7吉瓦时,增长32.4%和31.6%,连续7年位居全球首位。正极、负极、隔膜、电解液等关键材料全球市场份额超过70% 技术水平大幅提升,电池单体能量密度提升、成本下降、电池安全性、循环寿命等关键指标总体领先 全球竞争力显著增强,2023年全球动力电池装车量排名前十的企业中有6家中国企业 出口量快速增长,2023年我国动力电池出口127.4吉瓦时,增长87.1%
3	新能源和未来能源	新型异质结光伏电池、钙钛矿光伏电池转化效率不断刷新纪录。 全球首台16兆瓦海上风电机组创造单日发电量38.72万度的纪录 全球最大300兆瓦新型压缩空气储能系统关键装备完成开发 万吨级可再生能源制氢项目投产
4	新一代信息技术	消费电子产销规模居世界第一,其中手机产量15.7亿台,增长6.9% 截至2023年年底,全国移动电话用户总数达17.27亿户,固定互联网宽带接入用户总数达6.63亿户 超薄、柔性、透明显示和4K/8K超高清显示等领域取得明显进步,陆续推出多款全球首发产品,显示面板专利申请量全球占比达35%

续表

序 号	项 目	内 容
5	生物医药	启动人类细胞谱系、人类器官生理病理模拟、国家作物表型组学等一批重大科技基础设施和生物制造国家产业创新中心建设，实施癌症、心脑血管、呼吸和代谢性疾病等四类慢病防治研究等重大科技项目 2023年，批准注册上市创新药40个、创新医疗器械61个，国产创新药专利许可授权交易金额突破350亿美元，医药工业和医疗器械总产值达3.2万亿元 合成生物学等技术加速向医药、化工、农业、能源、材料等领域渗透，生物基材料等生物制造新产品不断涌现
6	商业航天和航空	环境减灾二号组网观测，卫星互联网试验卫星在轨测试，一批遥感、气象、物联网等商业卫星座初具规模 海南商业航天发射场一号工位竣工 北斗广泛应用于交通、农业、金融、能源等重点行业领域。北斗产品和服务已占我国导航产品市场的85%，北斗服务已拓展至全球一半以上的国家和地区，服务"一带一路"千万量级用户 截至2023年年底，国产支线客机ARJ21累计交付122架，载客突破1000万人次

三是数字经济加快发展。大力发展以数据为关键要素的数字经济，数字技术和实体经济融合发展扎实推进，数字经济核心产业增加值占国内生产总值比重持续上升。数字技术应用从辅助环节向核心环节拓展，数字化管理、平台化设计、网络化协同、个性化定制等新业态新模式不断涌现。深化产业数字化，组织实施数字化转型工程，支持一批数字化示范项目。发布平台企业典型投资案例，推动平台企业规范健康持续发展。

四是现代化基础设施体系更加完善。铁路网络进一步完善，"八纵八横"高速铁路主通道加快建设，已建成投产铁路里程15.9万公里，其中高速铁路4.5万公里。国家公路网持续完善，国家高速公路主线拥挤路段扩容改造、普通国道低等级路段提质升级加快实施。长江等内河高等级航道和京津冀、长三角、粤港澳大湾区世界级港口群等重大项目加快建设。支持中西部地区支线机场和西部地区枢纽机场建设。城市轨道交通和市域（郊）铁路建设有序推进。全国一体化算力网加快构建。建成全球规模最大、技术领先的第五代移动通信（5G）网络，宽带光纤网络加速布局。

专栏3　重大基础设施项目建设进展情况

序 号	项 目	内 容
1	铁路	沿海沿江战略骨干通道建设扎实推进，福州至厦门、汕头至汕尾高速铁路、龙岩至龙川铁路龙岩至武平段、沪（上海）宁（南京）沿江高速铁路建成通车，批复漳州至汕头、合浦至湛江、合肥至武汉高速铁路可行性研究报告。
2	公路	京（北京）雄（雄安）高速（G0424）北京段、京（北京）昆（昆明）高速（G5）蒲城至涝峪段、沪（上海）武（武汉）高速（G4221）无为至岳西段、呼（呼和浩特）北（北海）高速（G59）官庄至新化段、离石至隰县段、兰（兰州）海（海口）高速（G75）重庆至遵义段（贵州境）、黄瓜梁至茫崖（省界）高速公路（G0612）、银（银川）昆（昆明）高速（G85）彭阳至大桥村段、延（延吉）长（长春）高速（G1221）大浦柴河至烟筒山段等项目建成。深（深圳）中（中山）通道（G2518）实现主线贯通、北京东六环改造工程（G4501）入地隧道已贯通 国道G219待贯通路段、国道G318提质改造工程和国道G331建设加快推进
3	水运	长江中游武汉至安庆段6米深航道整治工程、长江下游江心洲至乌江河段航道整治二期工程等项目基本建成 小洋山北侧集装箱码头工程、深圳港盐田港区东作业区集装箱码头工程、海南洋浦区域国际集装箱枢纽港扩建工程、长江上游朝天门至涪陵河段航道整治工程等加快推进 三峡水运新通道、长江中游荆江河段航道整治二期工程等项目前期工作扎实推进

续表

序号	项目	内容
4	机场	大连新机场开工建设,厦门新机场、呼和浩特新机场建设扎实推进,乌鲁木齐、西安、广州、重庆、哈尔滨、昆明、济南、西宁、福州、兰州、合肥、太原、长沙、武汉、南宁等枢纽机场改扩建工程稳步实施 湖南湘西、河南安阳、四川阆中、山西朔州、西藏普兰等机场建成投运
5	水利	一批重大水利工程实现重要节点目标。广西大藤峡水利枢纽、河南贾鲁河综合治理工程主体工程完工,黑龙江关门嘴子水库、贵州凤山水库大坝封顶,黑龙江阁山水库、浙江朱溪水库、海南天角潭水利枢纽下闸蓄水,甘肃引洮供水二期全线通水,青海蓄集峡水利枢纽、湖北碾盘山水利水电枢纽投产发电 一批重大水利工程加快开工建设。湖北姚家平水利枢纽、四川凉山州米市水库、安徽凤凰山水库、北京城市副中心温潮减河工程、江西鄱阳湖康山蓄滞洪区安全建设等防洪工程,环北部湾广西水资源配置工程、河北雄安干渠、福建金门供水水源保障等供水工程,云南腾冲灌区等大型灌区工程开工建设
6	西部陆海新通道	贵阳至南宁高速铁路、隆黄铁路叙永至毕节段建成通车,黄桶至百色铁路开工建设 泉(泉州)南(南宁)高速(G72)桂林至柳州段改扩建、银(银川)百(百色)高速(G6911)巫溪至镇坪段等项目建成通车。贵(贵阳)北(北海)高速(G7522)贵阳至平塘(黔桂界)段开工建设 钦州港大榄坪港区9号、10号自动化码头工程建成投产,平陆运河加快建设
7	新型基础设施	我国已建成全球最大的光纤和移动宽带网络,算力总规模居全球第二位。累计建成5G基站337.7万个,具备千兆网络服务能力的端口达到2302万个。5G行业虚拟专网超2.9万个,5G移动电话用户达8.05亿户,5G用户普及率达到57%。 我国互联网协议第6版(IPv6)活跃用户数达7.78亿,物联网IPv6连接数达5.35亿,IPv6地址资源总量位居全球第一。融合基础设施加快发展,具有影响力的工业互联网平台超过340家,工业互联网覆盖全部工业大类 高海拔宇宙线观测站等3个国家重大科技基础设施投入运行,合肥先进光源等7个项目开工建设,梯次化建设格局有序推进。依托设施持续产出一批重大成果,全超导托卡马克装置(EAST)成功实现高约束模式等离子体运行403秒,创造世界纪录

(五)坚定不移深化改革,发展活力和动力持续释放

全国统一大市场建设堵点难点问题加快破解,"两个毫不动摇"要求进一步落实落细,营商环境稳步改善。

一是全国统一大市场加快建设。出台建设全国统一大市场总体工作方案,全面清理妨碍统一市场和公平竞争的政策措施,加强反垄断反不正当竞争监管执法,开展工程建设招标投标等重点领域专项整治,着力破除经营主体反映强烈的地方保护、市场分割等突出问题。全面实施市场准入负面清单制度,探索制定全国统一的市场准入效能评估指标体系,市场准入环境持续优化。深化公共资源交易平台整合共享,修订全国公共资源交易目录指引,开展数字证书跨区域兼容互认,提升公共资源市场化配置水平。加大重点区域营商环境建设力度,出台粤港澳大湾区国际一流营商环境建设三年行动计划。完善失信行为纠正后的信用信息修复制度。

二是推动各种所有制经济健康发展。启动实施国有企业改革深化提升行动,深入推进国有企业打造原创技术策源地,研究制定加强和改进国有经济管理的意见,推动国有经济布局优化和结构调整。出台促进民营经济发展壮大的意见及28条配套举措,围绕优化市场监管、增强金融支持、强化人力资源和社会保障举措出台专项政策,协同加大对民营经济的支持力度。按照党中央、国务院决策部署,在国家发展改革委设立民营经济发展局,发挥统筹协调、综合施策、促进发展的职能,协调推动助企惠企举措落地落实。建立部门与民营企业、外资企业、国有企业、制造业企业常态化沟通交流机制,有针对性地解决经营主体提出的具体诉求。支持更多企业加快建设世界一流企业。

三是重点领域和关键环节改革深入推进。支持重大改革试点探索创新,出台上海浦东新区综合改革试点实施方案,深入推进深圳综合改革试点,以清单批量授权方式赋予试点地区在重点领域和关键环节改革上更大自主权。深入推进能源、铁路、电信、

水利、公用事业等行业自然垄断环节独立运营和竞争性环节市场化改革,强化对经营自然垄断环节业务企业的监管。深化油气管网管理体制和运营机制改革,积极稳妥推进省级管网以市场化方式融入国家管网,提升"全国一张网"覆盖水平。加快建设全国统一电力市场体系,市场化交易电量占比超过60%,推动具备条件的电力现货市场转入正式运行,深化绿色电力市场建设。完善重要资源价格形成机制,建立煤电容量电价机制,完成第三监管周期输配电价改革,健全天然气上下游价格联动机制,首次分区核定跨省天然气管道运输价格,实施供热价格改革。股票发行注册制改革全面落地。推动数据要素市场化配置改革,强化公共数据资源开发利用,深化数据管理体制机制改革,组建国家数据局,构建国家数据管理体系。深化国防动员体制改革逐步到位,国防动员的顶层设计、能力建设有序开展,制度体系加快健全,人民防空建设管理不断规范完善,取消人防专用设备跨省域销售、安装限制。

（六）扩大高水平对外开放,国际经济合作和竞争新优势不断增强

加快打造更高水平开放型经济新体制,推进共建"一带一路"高质量发展,国际经贸投资合作开辟新篇章。

一是高质量共建"一带一路"取得丰硕成果。成功举办第三届"一带一路"国际合作高峰论坛,23个国家领导人和联合国秘书长应邀出席论坛,来自151个国家和41个国际组织的代表来华参会,形成458项合作成果。成功举办中国—中亚峰会,成立中国—中亚元首会晤机制。统筹推进标志性工程和"小而美"民生项目建设,中老铁路稳定高效运行,雅万高铁建成开通,非洲疾控中心等民生项目移交运营,鲁班工坊建设提质升级。数字经济、科技创新、绿色发展、卫生健康等新领域合作成果持续涌现。多边及区域框架下电子商务合作成效显著,"丝路电商"伙伴国增加至30个。中欧班列稳定畅通运行,通达欧洲25个国家的217个城市,全年累计开行1.7万列、运送货物190万标箱,分别增长6%和18%。国际产业与投资合作持续深化。在共建"一带一路"国家非金融类直接投资2240.9亿元,增长28.4%;与共建国家货物进出口19.47万亿元,增长2.8%,占外贸进出口比重提高至46.6%。创新开展共建"一带一路"十周年宣传。

专栏4　第三届"一带一路"国际合作高峰论坛合作成果

序 号	项 目	内 容
1	89项多边合作成果	2023年10月17—18日,以"高质量共建'一带一路',携手实现共同发展繁荣"为主题的第三届"一带一路"国际合作高峰论坛在北京成功举办,习近平主席出席论坛并引领性提出支持高质量共建"一带一路"八项行动,为扎实推进金色十年共建"一带一路"高质量发展指明了前进方向、提供了根本遵循。本届论坛共形成458项含金量高的合作成果,规模再创新高 高级别论坛成果7项,包括成立全球可持续交通创新联盟、发起绿色发展投融资合作伙伴关系、发起"一带一路"数字经济国际合作北京倡议等 专题论坛及企业家大会成果10项,包括举办全球数字贸易博览会、发起"一带一路"蓝色合作倡议、发布《"一带一路"廉洁建设成效与展望》等 政府间合作平台成果18项,包括发布《"一带一路"绿色投资原则2023—2026中长期规划》、发布《优化税收营商环境行动计划(2023—2025)》、成立丝绸之路旅游城市联盟等 非政府合作平台成果14项,包括发布构建数字丝路北京宣言、开展第二届国际传播"丝路奖"评选、举办丝绸之路国际电影节等 于2023—2024年举办的国际会议类成果40项,包括举办中欧班列国际合作论坛、举办第五届"丝路海运"国际论坛、举办良渚论坛等

序 号	项 目	内 容
2	369项务实合作成果	双边合作文件类成果96项,包括与洪都拉斯、阿根廷、毛里塔尼亚、塞尔维亚、埃及等国政府签署共建"一带一路"合作文件等
		与国际和地区组织合作文件类成果11项,包括与联合国、世界知识产权组织、世界气象组织签署可持续交通、知识产权、气象等方面合作文件等
		双边合作平台、中方发起合作项目及机制类成果47项,包括建立"一带一路"企业廉洁合规评价体系、中国—中亚五国交通部长会议机制等
		中方提出的制度性安排类成果奖3项,包括国家开发银行、中国进出口银行分别设立3500亿元融资窗口,丝路基金新增资金800亿元
		合作项目类成果98项
		民生及民心相通项目类成果83项,包括开展"一带一路"银行监管研讨班等
		发布白皮书和研究报告类31项,包括发布《共建"一带一路":构建人类命运共同体的重大实践》《坚定不移推进共建"一带一路"高质量发展走深走实的愿景与行动——共建"一带一路"未来十年发展展望》等

二是外贸外资稳中提质。出台外贸稳规模优结构、海外仓发展等政策措施,全年货物进出口41.76万亿元,增长0.2%,其中,新车出口491万辆、跃居世界首位,电动汽车、锂电池、光伏产品"新三样"出口增长近30%。出台加快内外贸一体化发展的若干措施。完成全面深化服务贸易创新发展试点,持续优化口岸营商环境。成功举办中国国际进口博览会、中国国际服务贸易交易会、中国进出口商品交易会、中国国际消费品博览会等重大展会。出台单方面免签、互免签证安排、加快恢复国际航班等便利中外人员往来的政策措施。出台进一步优化外商投资环境加大吸引外商投资力度的意见,开展"投资中国年"和国际产业投资合作系列活动,全流程推进标志性外资项目落地,全年实际使用外资金额1632.5亿美元。加强境外投资服务和监管,指导企业防范化解境外投资风险,境外非金融类直接投资1301.3亿美元,增长11.4%。

三是开放平台建设全面推进。推进实施自由贸易试验区提升战略,在上海等自由贸易试验区对接高标准国际经贸规则推进制度型开放,设立新疆自由贸易试验区。支持北京深化国家服务业扩大开放综合示范区建设,推出170余项新的试点举措。西部陆海新通道辐射范围拓展至18个省(自治区、直辖市)的70个城市,对外通达120个国家和地区的486个港口。

四是国际经贸合作务实开展。多双边经贸合作持续深化,与厄瓜多尔、尼加拉瓜、塞尔维亚签署自贸协定,与新加坡签署自贸协定进一步升级议定书。扎实做好《区域全面经济伙伴关系协定》高质量实施各项工作。扎实推进加入《全面与进步跨太平洋伙伴关系协定》和《数字经济伙伴关系协定》。坚定维护多边贸易体制,积极参与世界贸易组织改革,引领完成投资便利化协定谈判。

(七)扎实推进乡村振兴,农业农村现代化建设取得新进展

统筹推进乡村产业、人才、文化、生态、组织"五个振兴",全面推进乡村振兴的效力效能持续提高,宜居宜业和美乡村建设步伐加快。

一是脱贫攻坚成果不断巩固。进一步健全防止返贫动态监测和帮扶机制,开展防止返贫集中排查,脱贫人口和监测对象参加基本医疗保险的比例稳定在99%以上,及时排查解决农村住房安全隐患。持续加大脱贫人口就业支持力度,实施巩固易地搬迁脱贫成果专项行动,易地搬迁脱贫劳动力就业率保持在94%以上。通过实施以工代赈政策,全年累计吸纳带动250余万农村低收入群众就地就近务工。发挥东西部协作、对口支援、定点帮扶机制作用,加大有组织劳务输出,探索推广"企业+就业帮扶车间"等新模式。积极发展户用分布式光伏,拓宽农民增收渠道,覆盖农户累计超过500万户,户均年收入增长约2000元。开展新春行动、金秋行动等消费帮扶专项活动,全年直接采购和帮助销售欠发达地区农产品总额超过4000亿元。全年脱贫人口务工就业总规模达到 3396.9 万人。脱贫地区农村居民人均可支配收入 16396 元,实际增长 8.4%。

二是现代乡村产业体系加快构建。拓展农业多种功能,做好"土特产"文章,农村产业融合扎实推进。引导特色产业集聚升级,支持创建一批国家农村产业融合发展示范园和国家现代农业产业园,培育全产业链产值超百亿元的特色产业集群 139 个,新认证绿色、有机和名特优新农产品 1.5 万个。新创建一批农业现代化示范区,推动分区分类探索农业现代化发展模式。引导粮食加工企业改造提升技术装备,推动各地提升建设 1600 多个农产品加工园,认定第三批农业国际贸易高质量发展基地 106 个。促进农民合作社和家庭农场发展,累计培育县级以上农业产业化龙头企业超过 9 万家,对农业农村发展的服务带动效应持续增强。大力发展乡村文化产业和乡村旅游,确定一批文化产业赋能乡村振兴试点县,建设一批乡村旅游重点村镇,持续加大乡村旅游精品线路推介力度。

三是乡村建设和治理提升扎实推进。加快补齐乡村基础设施短板,实施新一轮农村公路建设和改造,加快推进城乡交通运输一体化发展,累计建设 28.9 万个村级寄递物流综合服务站,扎实开展农村供水水质提升专项行动,自来水普及率达到 90%。农村人居环境整治深入实施,生活垃圾得到收运处理的行政村稳定保持在 90% 以上,务实开展农村改厕"提质年"工作,扎实推进生活污水治理,黑臭水体治理成效巩固提升,全国畜禽粪污综合利用率达到 78.3%。出台加强农村医疗卫生体系等惠民政策,三级医院帮扶范围扩大到 940 个县的 1496 家县级医院。推广运用积分制、清单制、接诉即办、"村民说事"等务实管用乡村治理方式,加快提升乡村治理水平。

(八)持续增强区域城乡发展新动能,发展的协调性稳步提升

在落实区域协调发展战略、区域重大战略、主体功能区战略方面推出一批新举措,深入实施以人为本的新型城镇化战略,积极构建优势互补、高质量发展的区域经济布局和国土空间体系,区域城乡协调发展迈出新步伐。

一是区域发展协调性增强。出台支持高标准高质量建设雄安新区的政策措施,高校、医院、中央企业总部等北京非首都功能疏解项目加快在雄安新区落地建设,第二批北京市属行政企事业单位迁入城市副中心加快推进。制定进一步推动长江经济带高质量发展的政策措施,城镇污水垃圾、化工、农业面源、船舶和尾矿库污染治理工程系统推进,长江十年禁渔取得明显成效,Ⅰ—Ⅲ类水质断面比例达到 95.6%。粤港澳大湾区规则衔接、机制对接不断深化,交通等基础设施硬联通和职业资格互认等规则软对接走向深入,横琴、前海、南沙、河套等重大合作平台建设取得新突破。长三角一体化高质量发展走深走实,上海"五个中心"建设步伐加快,以长三角生态绿色一体化发展示范区为突破口的一体化发展体制机制不断完善。海南自由贸易港制度型开放步伐加快,"一线放开、二线管住"进出口管理制度试点稳步扩大。黄河流域重点工程加快实施,环境污染综合治理工程深入推进,流域涉水公园建设得到有效规范。

西部地区产业优化布局和转型升级统筹推进,出台推动内蒙古高质量发展的政策措施,贯彻落实支持贵州、广西、云南高质量发展的政策文件,支持西藏、新疆发展和对口援藏、援疆力度进一步加大。东北地区维护国家"五大安全"能力不断增强,制定进一步推动新时代东北全面振兴取得新突破的政策措施,研究制定科技创新、旅游发展、冰雪运动等领域政策规划。中部地区湘鄂赣、豫皖等跨省合作扎实推进,编制新时代洞庭湖生态经济区规划,先进制造业集群加快发展。东部地区发展质量和效益稳步提升,山东新旧动能转换进一步深化,支持福建探索海峡两岸融合发展新路、建设两岸融合发展示范区。海洋经济加快发展,现代海洋城市建设取得积极进展,海洋经济综合实力不断增强。

专栏5　区域协调发展战略实施情况

序号	项目	内容
1	京津冀协同发展	首批向雄安新区疏解的北京交通大学、北京科技大学、北京林业大学、中国地质大学(北京)等4所高校雄安校区,北京大学人民医院雄安院区开工建设。中国星网、中国中化、中国华能雄安总部加快建设 北京城市副中心三大文化建筑(艺术中心、城市图书馆、大运河博物馆)对公众开放 京津冀协同工作推进机制创新完善,通州区与三河、大厂、香河三县市一体化高质量发展示范区执行委员会揭牌。天津天开高教科创园积极融入京津冀协同创新体系 京津冀大气污染联防联控持续深化,京津冀及周边地区2023年细颗粒物(PM$_{2.5}$)平均浓度下降2.3%
2	长江经济带发展	长江干流水质连续4年全线保持Ⅱ类 长江保护法深入实施,修订完成《长江河道采砂管理条例》 重要支流保护修复和河湖水域岸线治理得到强化,太湖流域水环境综合治理和供水安全得到有效保障 白鹤滩—浙江特高压直流工程建成投运
3	粤港澳大湾区建设	稳步推进粤港澳大湾区国际科技创新中心建设,"深圳—香港—广州创新集群"连续4年蝉联全球创新指数第二。"港车北上""澳车北上"等要素跨境流动便捷举措加快实施。"湾区通"工程纵深推进,粤港澳三地投资贸易、资质标准、市场准入等方面堵点进一步打通 出台河套深港科技创新合作区深圳园区发展规划,制定横琴粤澳深度合作区总体发展规划、一揽子政策举措和鼓励类产业目录,出台前海深港现代服务业合作区总体发展规划 制定横琴粤澳深度合作区放宽市场准入特别措施,支持广州南沙放宽市场准入与加强监管体制改革的意见 横琴粤澳深度合作区建设扎实推进,2024年3月1日正式封关。前海全面深化改革开放提速,40余项制度创新成果陆续推出。南沙开发建设有序实施,港澳元素不断集聚。河套深港科创合作趋势良好,一批重点科研平台落地布局
4	长三角一体化发展	长三角强劲活跃的增长极功能不断巩固提升,区域整体实力和综合竞争力持续位居全国前列 长三角地区户籍证明、住房公积金提取等152项政务服务实现跨省市"一网通办" 出台虹桥国际开放枢纽进一步提升能级的政策措施、长三角生态绿色一体化发展示范区建设三年行动计划、新安江—千岛湖生态环境共同保护合作区建设方案 长三角港口资源整合和轨道互联互通加快推进
5	海南全面深化改革开放	进口商品"零关税"、离岛免税购物等政策进一步优化 "中国洋浦港"国际船籍港新注册船舶10艘、总数达43艘,国际航行船舶登记总吨位位居全国第二 三亚崖州湾南繁科技城涉种经营主体收入突破百亿元,深海科技城集聚海洋产业类企业近千家。全球首个商用海底数据中心项目一期竣工 境外高等教育机构在海南自由贸易港办学暂行规定出台实施,国内第一个境外高校独立办学机构——德国比勒费尔德应用科技大学正式成立
6	黄河流域生态保护和高质量发展	黄河流域Ⅰ—Ⅲ类水质断面比例为91.0%,干流水质连续2年全线保持Ⅱ类。水土流失治理面积新增301万平方公里 黄河保护法深入实施,黄河国家文化公园建设等规划出台,规范黄河流域各类公园建设的指导意见印发实施 黄河上游和"几字弯"地区大型风电光伏基地加快建设,陕甘宁三个百万吨级二氧化碳捕集利用项目加快推进 宁夏以落实"四水四定"为重点建设黄河流域生态保护和高质量发展先行区
7	西部开发	2023年,西部地区经济总量达到26.9万亿元、增长5.5%,规模以上工业增加值增长6.1%,均居四大板块之首 优化西部地区产业布局,推进沿边临港产业园区建设发展 西北地区特色优势产业发展壮大。新疆棉花产量占全国90%以上,油气生产当量保持全国首位。甘肃新能源装机总量突破5000万千瓦,占全省总装机比重为61.3%。青海推进钾、镁、锂盐湖资源利用,钾肥产量占全国77%
8	东北振兴	2023年,东北三省粮食生产实现"二十连丰",产量达2907.6亿斤,占全国20.9%,原油产量达4350.9万吨,占全国20.8%,粮食安全、能源安全保障能力持续巩固 黑龙江千万吨粮食增产计划、吉林千亿斤粮食产能建设工程深入实施 辽宁沿海经济带、长吉图开发开放先导区、哈大齐自主创新示范区建设深入推进、黑瞎子岛公路口岸建设加快

续表

序号	项目	内容
9	中部崛起	2023 年,中部地区经济总量达到 27 万亿元。粮食产量超过 4000 亿斤,为国家粮食安全作出重要贡献 出台新时代洞庭湖生态经济区规划 丹江口库区及上游地区保护治理工作深入推进,南水北调中线工程水质安全保障体系加快构建
10	东部率先	2023 年,东部地区以占全国 9.5% 的国土,聚焦了全国 40.1 的人口,创造了全国 51.7% 的生产总值、79.4% 的进出口额、56.5% 的地方财政收入,继续发挥我国经济发展的引擎作用
11	海洋强国	我国首次成为世界最大船东国、沿海港口和自动化码头等规模保持世界第一,海上风电累计装机容量位居全球首位,近岸海域水质优良(一、二类)比例为 85%,上升 3.1 个百分点 出台船舶制造业绿色发展行动纲要、加快推进深远海养殖发展的意见、加快推进现代航运服务业高质量发展的指导意见等政策文件。加快建设海洋领域国家实验室。深入实施雪龙探极、蛟龙探海等重大工程

二是区域战略融合发展取得积极成效。京津冀、长三角、粤港澳大湾区更好发挥高质量发展动力源作用,科技创新策源功能持续加强。内陆腹地战略支撑作用凸显,中西部和东北地区产业布局进一步优化。绿色协调联动发展格局初步形成,长江经济带、黄河流域地区强化生态环境保护跨域合作,生态环境保护强大合力加快形成,地区间横向生态补偿机制逐步完善,重点流域生态环境保护和修复取得新成就。持续加大对东北平原、黄淮海平原、长江中下游平原等粮食主产区的政策支持力度,中西部地区建成一批能源资源综合开发利用基地。跨区域大通道加快形成,西电东送、西气东输等重大工程扎实推进,陆海内外联动、东西双向开放新格局加快构建。全面推进革命老区重点城市对口合作,支持赣州、闽西革命老区高质量发展示范区建设,推动湘赣边区域合作示范区建设,印发新时代大别山革命老区协同推进高质量发展实施方案。扎实推进边境城镇、边境口岸、边境新村建设。

三是主体功能区战略深化落地。全面实施《全国国土空间规划纲要(2021—2035 年)》。24 个省级国土空间规划已经批复实施,部分县级行政区主体功能定位优化调整,城市化地区、农产品主产区、重点生态功能区数量总体稳定。市县级国土空间总体规划全面编制完成,国土空间详细规划全面开展修编。首次将生态保护红线实施情况纳入国家自然资源督察范畴并严格执法监管。完善城镇开发边界管理政策,引导城镇集约高效布局。建设国土空间规划实施监测网络,国家空间治理数字化转型迈出坚实步伐。

四是新型城镇化建设加快推进。稳妥有序推进户籍制度改革,城市落户条件进一步放宽放开,农民工在就业培训、权益维护、子女教育等方面享受的基本公共服务水平不断提升。超大特大城市加快转变发展方式扎实推进,城市核心功能定位进一步明确。深入推进成渝地区双城经济圈建设,10 个川渝毗邻地区合作平台全面建设,经济区与行政区适度分离等重点改革持续深化。有序培育现代化都市圈,12 个都市圈规划已出台实施。统筹利用各类资金支持县域经济发展、县城公共基础设施建设,促进农业转移人口就近城镇化。2023 年年末常住人口城镇化率达到 66.16%,比上年年末提高 0.94 个百分点。

(九)协同推进降碳、减污、扩绿、增长,绿色低碳转型取得新进展

统筹山水林田湖草沙一体化保护和系统治理,深入打好污染防治攻坚战,积极稳妥推进碳达峰碳中和,加快构建绿色低碳循环发展经济体系。

一是生态环境保护治理不断强化。召开全国生态环境保护大会,出台关于全面推进美丽中国建设的意见。举办首个全国生态日主场活动。扎实推进蓝天、碧水、净土保卫战,组织开展第三轮第一批中央生态环境保护督察,生态环境质量稳中改善,全国地级及以上城市细颗粒物($PM_{2.5}$)平均浓度为 30 微克/立方米,全国地表水 Ⅰ—Ⅲ 类水质断面比例为 89.4%、提升 1.5 个百分点,土壤重金属污染防治取得积极成效。健全生态环境分区管控体系。推动全面实行排污许可制。深入推进塑料污染全链条治理,实施"以竹代塑"发展三年行动。加快实施重要生态系统保护和修复重大工程,加强水土流失、荒漠化综合防治,完成水土流失治理面积6.3万平方公里,全国水土保持率达到72.5%,完成"三北"工程总体规划修编和六期规划编制。完成国土绿化任务1.26亿亩。

专栏6 生态环境治理取得新进展

序 号	项 目	内 容
1	深入打好污染防治攻坚战	出台空气质量持续改善行动计划。全年完成2.2亿吨粗钢产能全流程超低排放改造,北方地区冬季清洁取暖完成散煤治理200万户左右。 修订出台海洋环境保护法。出台加强入河入海排污口监督管理工作的实施意见及配套10项技术指南,深入推进排污口排查、监测、溯源、整治各项工作,累计排查入河排污口25万余个,约三分之一完成整改 全面实施124个土壤污染源头管控重大工程 稳步推进113个城市和8个特殊地区"无废城市"建设
2	加强生态保护修复监管	组织实施美丽中国建设首次正式评估 全面启动"三北"工程攻坚战,扎实推进重点区域生态保护和修复重大工程,持续推进重点流域水环境综合治理和可持续发展,加强洞庭湖、鄱阳湖、白洋淀、滇池、洱海、乌梁素海等重要湖泊水污染防治和水环境保护,推进福建木兰溪、吉林查干湖、安徽巢湖等重点河湖水生态治理修复。京杭大运河实现全线水流贯通 实施"绿盾2023"自然保护地强化监督,联合对65个自然保护地开展实地巡查,推动重点问题整改
3	维护生态环境安全	基本完成核与辐射安全隐患排查三年行动问题整治。全国辐射环境质量总体良好 深入开展突发环境事件风险隐患排查,及时妥善处置各类突发环境事件
4	加强环境基础设施建设	推动城乡医疗卫生和环境保护工作补短板强弱项,医疗废物集中处置能力超280万吨/年,医疗机构污水处理能力达440万吨/年 实施环境基础设施建设水平提升行动,出台推进建制镇生活污水垃圾处理设施建设和管理的实施方案 全国城市生活污水集中收集率预计达70.4%,污水处理率超98%,城市生活垃圾无害化处理率达99.9%,焚烧处理能力占比超72%

二是碳达峰碳中和积极稳妥推进。完善能源消耗总量和强度调控,原料用能和非化石能源不纳入能源消耗总量和强度控制。推动能耗双控逐步转向碳排放双控,开展全国及分省区能源活动碳排放核算。启动首批35个碳达峰试点城市和园区建设,稳步推开城市和产业园区减污降碳协同创新试点。积极推进以沙漠、戈壁、荒漠地区为重点的大型风电光伏基地建设,稳步推进大型水电、核电项目建设,有序推进抽水蓄能项目建设,因地制宜发展新型储能、氢能、生物质能。可再生能源发电装机首次超过总装机的50%,全年发电量近3万亿千瓦时;已投运新型储能装机规模超过3100万千瓦,比上年年末增长超过260%。加快工业、建筑等重点领域节能降碳改造,坚决遏制高耗能高排放低水平项目盲目上马,新

建绿色建筑面积占比由"十三五"末的77.7%提升至91.2%。积极参与全球气候治理。

三是发展方式绿色转型步伐加快。出台加快推动制造业绿色化发展的指导意见、绿色工厂梯度培育及管理暂行办法,发布2023年度绿色制造名单。深入实施国家节水行动,制定全面加强水资源节约高效利用等政策,推进非常规水资源利用,开展公共供水管网漏损治理,万元国内生产总值用水量下降6.4%。大力发展循环经济,完善退役风电、光伏设备循环利用政策制度,深入推进废旧家用电器、汽车、电子产品、钢铁、有色金属循环利用。扎实推进60个废旧物资循环利用体系重点城市和100个大宗固废综合利用示范建设。加强月饼、茶叶、生鲜农产品等重点领域商品过度包装治理。

专栏7　绿色低碳发展有序推进

序号	项　目	内　容
1	积极稳妥推进碳达峰碳中和	完善绿色低碳政策体系。建立健全碳排放统计核算制度,推动构建统一规范的产品碳足迹管理体系。开展31个绿色产业示范基地评估。开展绿色低碳先进技术示范工程建设开展国家碳达峰试点建设。 推进能源绿色低碳转型。推动煤炭清洁高效利用,我国实现超低排放的煤电机组超过10.5亿千瓦,占全国煤电总装机容量的90%以上。大力发展可再生能源,第一批大型风电光伏基地大部分项目已建成并网,第二批、第三批部分项目已核准开工。启动全国第一批农村能源革命试点县建设 推动建筑绿色低碳改造升级,累计建成节能建筑面积超300亿平方米,占城镇既有建筑面积比例超过64%。推进交通运输工具绿色转型 全国碳排放权交易市场第二个履约周期顺利收官,全年配额成交量2.12亿吨、成交额144.44亿元
2	扎实推进节能工作	出台关于统筹节能降碳和回收利用加快重点领域产品设备更新改造的指导意见、锅炉绿色低碳高质量发展行动方案,支持重点行业节能降碳改造和煤电"三改联动"项目 修订发布固定资产投资项目节能审查办法 进一步加强节能标准更新升级和应用实施。发布第16批能源效率标识产品目录,修订重点用能产品设备能效先进水平、节能水平和准入水平。 开展省级人民政府节能目标责任评价和"十四五"节能工作中期评估 举办第33届全国节能宣传周活动
3	深入开展节水节粮工作	出台关于进一步加强水资源节约集约利用的意见、关于加强非常规水源配置利用的指导意见、关于加强南水北调东中线工程受水区全面节水的指导意见、关于推广合同节水管理的若干措施、关于推进污水处理减污降碳协同增效的实施意见、实行水效标识的产品目录(第四批)及水嘴水效标识实施规则等 推进再生水、集蓄雨水、海水及海水淡化水、矿坑(井)水、微咸水等非常规水资源利用 在全国范围内首次开展食品浪费抽样调查
4	推动资源综合利用和循环经济发展	出台关于促进退役风电、光伏设备循环利用的指导意见 出台深入推进快递包装绿色转型行动方案,推广可循环快递包装 发布商务领域经营者使用、报告一次性塑料制品管理办法。建设"以竹代塑"应用推广基地 开展新能源汽车动力电池梯次利用产品认证工作,批准发布车用动力电池回收利用、再生利用等8项国家标准 发布国家工业资源综合利用先进适用工艺技术设备目录(2023年版),实施废铜铝加工利用、机电产品再制造行业规范条件

(十)加强经济安全能力建设,安全发展基础进一步夯实

坚定不移贯彻总体国家安全观,更加注重协同高效、法治思维、科技赋能、基层基础,国家经济安全水平不断提升。

一是粮食安全保障能力巩固提升。推动出台粮食安全保障法。严格落实粮食安全党政同责,出台省级党委和政府落实耕地保护和粮食安全责任制考核办法。粮食总产量再创历史新高、达到1.39万亿斤,连续9年保持在1.3万亿斤以上。开展全国粮油等主要作物大面积单产提升行动,粮食平均亩产389.7公斤,单产提高对增产的贡献率达到58.4%,大豆油料扩种成效明显。统筹划定耕地和永久基本农田、生态保护红线、城镇开发边界三条控制线,加强耕地保护,全国耕地总量下降态势得到初步遏制。

加强高标准农田建设和东北黑土地保护,提高高标准农田建设补助标准,稳步推进吉林、山东盐碱地综合利用试点,挖掘盐碱地等耕地后备资源潜力。加强化肥储备吞吐,保障春耕等重点时段农业用肥需求,完善农药储备管理制度。大力实施种业振兴行动,统筹支持种质资源保护、育种创新、品种测试、良种繁育基地等项目建设。加快先进农机研制推广,推进农机装备补短板和农业机械稳链强链。积极推进智慧农业建设,农业生产信息化率达到27.6%。

二是能源资源安全得到有效保障。稳步推进能源产供储销体系建设,用能高峰期和重要活动期间能源供应总体平稳。加强煤炭兜底保障能力,先进产能有序释放。加快支撑性调节性电源和跨省区重要输电通道建设,加大跨省区电力调配力度,深化电力需求侧管理,市场化需求响应能力进一步提升。支持油气领域加大勘探开发和增储上产力度,原油、

天然气产量持续增长，北方清洁取暖重点地区用能供应保障进一步强化。保障初级产品供给和价格稳定，加强铁矿石价格调控监管，国内矿山项目建设扎实推进，宁波舟山大宗商品储运基地建设稳步推进，海外矿产资源开发合作持续加强。加快构建大国储备体系，国家储备战略保障、宏观调控、应对急需能力持续增强。

三是产业链供应链韧性和安全水平稳步提升。支持集成电路、工业母机、基础软件等"卡脖子"领域关键核心技术攻关，扎实推进产业基础再造工程和重大技术装备攻关工程，一批攻关成果实现规模化应用。稳步推进国家物流枢纽、国家骨干冷链物流基地建设，实施国家综合货运枢纽补链强链，布局建设102个现代流通战略支点城市，构建"支点城市+骨干走廊"现代流通网络，在重点城市开展生活必需品流通保供体系建设，推进农村流通设施和业态全面融入现代化流通体系。国际产业链供应链合作不断深化。

四是数据安全能力建设持续推进。促进数据流通交易和开发利用，加快数据基础设施建设，推进数据领域核心技术攻关。强化数据安全治理，数据安全标准化体系建设日趋完善，5G、工业互联网、车联网等新型融合领域安全保障能力持续提升。

五是经济金融重点领域风险稳步化解。支持地方因城施策调整优化房地产市场调控措施，出台首套房"认房不认贷"、降低首套房和二套房首付比例及二套房贷款利率下限、支持金融机构满足房企合理融资需求等政策措施，扎实推进保交楼工作。稳妥处置地方债务风险，加快化解存量隐性债务和偿还政府拖欠企业账款，坚决防止新增隐性债务。稳妥处置大型企业集团相关金融机构风险，分类处置高风险中小金融机构。

六是安全生产和防灾减灾救灾力度加大。压实安全生产主体责任，健全食品药品、工业产品、特种设备安全责任体系，开展重大事故隐患专项排查整治行动，优化实施安全生产考核巡查，高效开展灾害事故应急响应。有力应对京津冀和东北地区严重暴雨洪涝灾害、甘肃临夏州积石山县地震灾害，保障群众生活必需品供应，灾后恢复重建、重点防洪治理工程、城市排水防涝能力提升行动等扎实推进。

（十一）切实办好民生实事，基本民生保障有力

落实以人民为中心的发展思想，加强重点群体就业帮扶，积极促进城乡居民增收，完善"一老一小"、教育、医疗等公共服务体系，推动人民生活水平持续提高。

一是就业优先政策落实落细。优化调整稳就业政策措施，出台支持企业稳岗拓岗政策，制定促进青年就业三年行动方案，实施高校毕业生等青年就业创业推进计划、就业服务攻坚行动、百万就业见习岗位募集计划，稳定事业单位和基层项目招聘规模，强化高校毕业生、退役军人、农民工以及就业困难人员等就业帮扶，实施专精特新中小企业就业创业扬帆计划。打造家门口就业服务站，推动公共就业服务下沉基层。推动返乡入乡创业，加大重点群体创业、技能培训等政策支持和配套设施建设力度。

二是城乡居民收入稳步提高。健全收入分配政策体系，全国居民人均可支配收入实际增长6.1%，城乡居民收入差距继续缩小。提高3岁以下婴幼儿照护、子女教育、赡养老人个人所得税专项附加扣除标准，延续全年一次性奖金单独计税、换购住房个人所得税退税等优惠政策。指导地方上调最低工资标准。退休人员基本养老金平均上调3.8%，提高城乡居民基础养老金最低标准。扎实推进共同富裕，支持浙江高质量发展建设共同富裕示范区。

三是健康中国建设扎实推进。深入开展健康中国行动和爱国卫生运动。推动公立医院高质量发展，支持国家区域医疗中心、省级区域医疗中心、县级医院建设，促进优质医疗资源扩容和区域均衡布局。完善疾控体系，提升公共卫生防控救治能力。落实新冠病毒感染"乙类乙管"措施，做好流感、支原体肺炎等传染病防治。优化全国药品和高值医用耗材集中带量采购政策。实施中医药振兴发展重大工程，促进中医药传承创新。

四是社会保障水平进一步提高。社会保险覆盖面稳步扩大，2023年年末全国基本养老、失业、工伤保险参保人数分别达到10.66亿人、2.44亿人、3.02亿人。稳妥实施企业职工基本养老保险全国统筹，个人养老金制度试点先行工作取得积极成效。持续

提升跨省异地就医结算服务,推进落实跨省异地就医结算政策,全年惠及群众就医 1.3 亿人次,减少群众垫付 1536.7 亿元。加快建设社会保险信用体系,推进社会保障卡应用。稳妥推进新就业形态就业人员职业伤害保障试点,截至 2023 年年末累计 731 万人纳入职业伤害保障范围。稳步推进保障性租赁住房、公租房和棚改安置房等建设,超额完成年度任务。加强低收入人口动态监测,持续做好分层分类社会救助工作,专项救助范围扩大到低保边缘家庭和刚性支出困难家庭。保障失业人员等困难群体基本生活。

五是公共服务体系持续完善。基本公共服务标准体系进一步健全,均等化水平持续提高。发布新版国家基本公共服务标准。推动义务教育优质均衡发展,强化义务教育薄弱环节建设,组织实施基础教育扩优提质行动计划、职业教育产教融合赋能提升行动、教育强国推进工程,加快完善教育基础设施条件。积极应对人口老龄化,出台实施发展银发经济

增进老年人福祉的意见,加强基本养老服务体系建设,大力发展老年助餐服务。健全生育支持政策体系,建设 48 个地市级托育综合服务中心,支持社会力量发展普惠托育服务,开展国家儿童友好城市建设。建立基本殡葬服务体系,加强公益性殡葬设施建设。加强文化遗产保护传承,推动文化遗产系统性保护。推进长城、大运河、长征、黄河、长江国家文化公园建设。推进实施国家文化数字化战略。深入实施中华文明探源工程、"考古中国"重大项目,支持三星堆博物馆新馆、殷墟遗址博物馆、汉魏洛阳城遗址博物馆、景德镇国家陶瓷文化传承创新试验区建设。普洱景迈山古茶林文化景观成功列入《世界遗产名录》。构建更高水平全民健身公共服务体系,推动体育公园建设管理和开放利用,促进户外运动设施建设和服务提升。成功举办成都大运会、杭州亚运会和亚残运会。推动城市社区嵌入式服务设施建设,促进家政服务业提质扩容,支持引导家政服务业员工制转型发展,持续推动家政进社区。

专栏 8　民生福祉不断增进

序　号	项　目	内　容
1	就业收入	加强就业援助,城镇失业人员再就业 514 万人、帮扶就业困难人员就业 172 万人 补贴性职业技能培训超过 1800 万人次。公共实训基地培训 149 万人次,增长 61% 城乡居民人均可支配收入比值从 2.45 缩小到 2.39
2	公共教育	出台关于构建优质均衡的基本公共教育服务体系的意见 2023 年九年义务教育巩固率、高中阶段教育毛入学率分别达到 95.7%、91.8%,普通高等教育本科招生数、研究生招生数分别达到 487.2 万人、130.2 万人 改善高校基本办学条件、支持一批高水平研究型大学一体推进学科建设、人才培养和科学研究
3	卫生健康	以基层为重点的医疗服务能力持续增强,县域内就诊率达到 94% 出台完善医疗卫生服务体系、推动疾控事业高质量发展、实施中医药振兴发展重大工程等系列政策举措 支持一批国家区域医疗中心和省级区域医疗中心建设,遴选 50 家建设单位纳入中西医协同"旗舰"医院建设试点项目储备库,新增 199 家县级医院达到三级医院医疗服务能力
4	文化旅游	全国博物馆共接待观众预计 12.4 亿人次,是 2022 年的 2.1 倍。每万人公共图书馆建筑面积预计超过 150 平方米 国内出游人次达到 48.9 亿,增长 93.3% 大运河水质和沿线城市人居环境明显改善
5	体育健身	全国共有体育场地 459.3 万个,体育场地面积 40.7 亿平方米,人均体育场地面积 2.89 平方米 实施全民健身设施补短板工程,2023 年新增体育公园 471 个 印发实施促进户外运动设施建设与服务提升行动方案(2023—2025 年)
6	一老一小	护理型床位占养老机构总床位的比重超过 60%,提前实现"十四五"目标,出台积极发展老年助餐服务行动方案 每千人口拥有 3 岁以下婴幼儿托位数预计达到 3 个 创建第一批 33 个全国婴幼儿照护服务示范城市,试点建设 54 个国家儿童友好城市

续表

序 号	项 目	内 容
7	兜底保障	出台国家基本公共服务标准(2023 版) 社会保障卡持卡人数 13.79 亿人,为 2577 万困难群体代缴城乡居民养老保险费。全年发放失业保险待遇 976 亿元 全国城市低保平均标准 786 元/人·月,农村低保标准 621 元人·月,全年共实施临时救助 742.3 万人次

2023 年经济社会发展主要预期目标圆满完成,经济发展、社会民生等预期目标完成情况较好;创新驱动发展成效明显,研发经费投入强度、数字经济核心产业增加值占比持续提高;绿色低碳转型深入推进,非化石能源占比稳中有升,主要污染物排放量继续下降;民生福祉不断增进,城镇新增就业超额完成任务,居民收入增长快于经济增长,基本公共服务进一步加强;粮食安全保障有力,原油、天然气产量持续增长。受出口增速回落、房地产销售和投资收缩、部分行业产能过剩等影响,一些行业生产恢复不及预期,工业增长与预期目标有一定差距。工业和民用领域能源消费增长较快,导致能耗强度下降和碳强度下降不及预期。

过去一年,国际环境变乱交织,地缘政治冲突加剧,外部变化对我不利影响持续加大;国内周期性和结构性矛盾叠加,多地遭受洪涝等严重自然灾害,经济工作的复杂性挑战性多年少有。面对异常复杂的国际环境和艰巨繁重的国内改革发展稳定任务,我国经济社会发展取得上述成绩来之不易。这是以习近平同志为核心的党中央运筹帷幄、坚强领导的结果,是习近平新时代中国特色社会主义思想凝心铸魂、科学指引的结果,是各地区各部门勇于担当、实干笃行的结果,是全党全国各族人民团结一致、不懈奋斗的结果。在此过程中,全国人大实行正确监督、有效监督、依法监督,全国人大代表依法参加行使国家权力,对经济社会发展工作提出很多很好的意见建议;全国政协加强政治协商、民主监督、参政议政,全国政协委员积极建言献策,在推动落实党中央重大决策部署上发挥了重要作用。

同时也要看到,世界百年变局加速演进,世界经济增长仍未恢复至疫情前水平,全球贸易投资增长乏力,风险点和动荡源显著增多,外部环境复杂性、严峻性、不确定性明显上升。经历三年新冠疫情冲击,国内经济恢复发展本身有不少难题,长期积累的深层次矛盾加速显现,很多新情况新问题接踵而至,包括有效需求仍然不足,居民扩大消费能力不足、意愿不强,房地产投资持续承压,民间投资信心仍需提振,国际贸易限制和摩擦可能增加稳定出口的压力;实体经济困难较多,产业创新能力有待提升,关键核心技术"卡脖子"问题仍然突出,部分新兴领域存在重复布局和投资过热问题,部分行业、中小企业和个体工商户生产经营仍较困难;一些领域风险防范化解压力较大,部分地方债务、金融等风险隐患依然突出,房地产发展新模式建立还需要一个过程;民生保障存在短板弱项,稳就业压力较大,部分人员就业困难与部分岗位招工难并存,居民增收困难较多,基本公共服务均等化水平需持续提升;安全生产和防灾减灾形势不容乐观,部分地方防灾减灾能力建设存在短板弱项,防控重特大事故的压力较大。

我们既要正视困难,更要坚定信心。从发展机遇看,求和平、谋发展仍然是世界各国人民的共同心愿,经济全球化仍是大势所趋,新一轮科技革命和产业变革正在重塑世界经济结构,全球政治经济格局调整中蕴藏着新的机遇,共建"一带一路"十年成果斐然,正在吸引越来越多国家深度参与,我国积极开展自贸协定谈判,参与世界贸易组织改革,在全球产业格局调整中抢抓机遇,有望不断拓展贸易投资合作空间。从有利条件看,我国具有显著的制度优势、超大规模市场的需求优势、产业体系完善的供给优势、高素质劳动者众多的人才优势,科技创新能力在持续提升,新产业、新模式、新动能在加快壮大,全面深化改革为发展注入新动力,宏观政策空间仍然较大,我国发展面临的有利条件强于不利因素,经济韧性强、潜力足、回旋余地广,支撑高质量发展的生产要素条件没有改变,经济回升向好、长期向好的基本趋势没有改变。

最为重要的是，我们有以习近平同志为核心的党中央的坚强领导，有习近平新时代中国特色社会主义思想的科学指引，有集中力量办大事的中国特色社会主义制度优势，全国上下贯彻落实习近平经济思想和党中央各项决策部署的自觉性、主动性、创造性进一步提高，干事创业的精气神进一步激发，将为推动高质量发展提供坚强保障。只要我们坚决贯彻落实党中央、国务院决策部署，善于在应对国际环境变化带来的风险挑战中趋利避害、化危为机，善于在复杂局面中把握主要矛盾和矛盾的主要方面，解决好发展中的"两难""多难"问题，就始终能够营造于我有利的发展环境，始终在激烈的国际竞争中立于不败之地，推动中国经济稳中有进、行稳致远。

二、2024 年经济社会发展总体要求、主要目标和政策取向（略）

三、2024 年国民经济和社会发展计划的主要任务（略）

经济法律法规选编

中华人民共和国反间谍法

（2014 年 11 月 1 日第十二届全国人民代表大会常务委员会第十一次会议通过　2023 年 4 月 26 日第十四届全国人民代表大会常务委员会第二次会议修订　2023 年 4 月 26 日中华人民共和国主席令第四号公布　自 2023 年 7 月 1 日起施行）

第一章　总　则

第一条　为了加强反间谍工作，防范、制止和惩治间谍行为，维护国家安全，保护人民利益，根据宪法，制定本法。

第二条　反间谍工作坚持党中央集中统一领导，坚持总体国家安全观，坚持公开工作与秘密工作相结合、专门工作与群众路线相结合，坚持积极防御、依法惩治、标本兼治，筑牢国家安全人民防线。

第三条　反间谍工作应当依法进行，尊重和保障人权，保障个人和组织的合法权益。

第四条　本法所称间谍行为，是指下列行为：

（一）间谍组织及其代理人实施或者指使、资助他人实施，或者境内外机构、组织、个人与其相勾结实施的危害中华人民共和国国家安全的活动；

（二）参加间谍组织或者接受间谍组织及其代理人的任务，或者投靠间谍组织及其代理人；

（三）间谍组织及其代理人以外的其他境外机构、组织、个人实施或者指使、资助他人实施，或者境内机构、组织、个人与其相勾结实施的窃取、刺探、收买、非法提供国家秘密、情报以及其他关系国家安全和利益的文件、数据、资料、物品，或者策动、引诱、胁迫、收买国家工作人员叛变的活动；

（四）间谍组织及其代理人实施或者指使、资助他人实施，或者境内外机构、组织、个人与其相勾结实施针对国家机关、涉密单位或者关键信息基础设施等的网络攻击、侵入、干扰、控制、破坏等活动；

（五）为敌人指示攻击目标；

（六）进行其他间谍活动。

间谍组织及其代理人在中华人民共和国领域内，或者利用中华人民共和国的公民、组织或者其他条件，从事针对第三国的间谍活动，危害中华人民共和国国家安全的，适用本法。

第五条　国家建立反间谍工作协调机制，统筹协调反间谍工作中的重大事项，研究、解决反间谍工作中的重大问题。

第六条　国家安全机关是反间谍工作的主管机关。

公安、保密等有关部门和军队有关部门按照职责分工，密切配合，加强协调，依法做好有关工作。

第七条　中华人民共和国公民有维护国家的安全、荣誉和利益的义务，不得有危害国家的安全、荣誉和利益的行为。

一切国家机关和武装力量、各政党和各人民团体、企业事业组织和其他社会组织，都有防范、制止间谍行为，维护国家安全的义务。

国家安全机关在反间谍工作中必须依靠人民的支持，动员、组织人民防范、制止间谍行为。

第八条　任何公民和组织都应当依法支持、协助反间谍工作，保守所知悉的国家秘密和反间谍工作秘密。

第九条　国家对支持、协助反间谍工作的个人和组织给予保护。

对举报间谍行为或者在反间谍工作中做出重大贡献的个人和组织，按照国家有关规定给予表彰和奖励。

第十条 境外机构、组织、个人实施或者指使、资助他人实施的,或者境内机构、组织、个人与境外机构、组织、个人相勾结实施的危害中华人民共和国国家安全的间谍行为,都必须受到法律追究。

第十一条 国家安全机关及其工作人员在工作中,应当严格依法办事,不得超越职权、滥用职权,不得侵犯个人和组织的合法权益。

国家安全机关及其工作人员依法履行反间谍工作职责获取的个人和组织的信息,只能用于反间谍工作。对属于国家秘密、工作秘密、商业秘密和个人隐私、个人信息的,应当保密。

第二章 安全防范

第十二条 国家机关、人民团体、企业事业组织和其他社会组织承担本单位反间谍安全防范工作的主体责任,落实反间谍安全防范措施,对本单位的人员进行维护国家安全的教育,动员、组织本单位的人员防范、制止间谍行为。

地方各级人民政府、相关行业主管部门按照职责分工,管理本行政区域、本行业有关反间谍安全防范工作。

国家安全机关依法协调指导、监督检查反间谍安全防范工作。

第十三条 各级人民政府和有关部门应当组织开展反间谍安全防范宣传教育,将反间谍安全防范知识纳入教育、培训、普法宣传内容,增强全民反间谍安全防范意识和国家安全素养。

新闻、广播、电视、文化、互联网信息服务等单位,应当面向社会有针对性地开展反间谍宣传教育。

国家安全机关应当根据反间谍安全防范形势,指导有关单位开展反间谍宣传教育活动,提高防范意识和能力。

第十四条 任何个人和组织都不得非法获取、持有属于国家秘密的文件、数据、资料、物品。

第十五条 任何个人和组织都不得非法生产、销售、持有、使用间谍活动特殊需要的专用间谍器材。专用间谍器材由国务院国家安全主管部门依照国家有关规定确认。

第十六条 任何公民和组织发现间谍行为,应当及时向国家安全机关举报;向公安机关等其他国家机关、组织举报的,相关国家机关、组织应当立即移送国家安全机关处理。

国家安全机关应当将受理举报的电话、信箱、网络平台等向社会公开,依法及时处理举报信息,并为举报人保密。

第十七条 国家建立反间谍安全防范重点单位管理制度。

反间谍安全防范重点单位应当建立反间谍安全防范工作制度,履行反间谍安全防范工作要求,明确内设职能部门和人员承担反间谍安全防范职责。

第十八条 反间谍安全防范重点单位应当加强对工作人员反间谍安全防范的教育和管理,对离岗离职人员脱密期内履行反间谍安全防范义务的情况进行监督检查。

第十九条 反间谍安全防范重点单位应当加强对涉密事项、场所、载体等的日常安全防范管理,采取隔离加固、封闭管理、设置警戒等反间谍物理防范措施。

第二十条 反间谍安全防范重点单位应当按照反间谍技术防范的要求和标准,采取相应的技术措施和其他必要措施,加强对要害部门部位、网络设施、信息系统的反间谍技术防范。

第二十一条 在重要国家机关、国防军工单位和其他重要涉密单位以及重要军事设施的周边安全控制区域内新建、改建、扩建建设项目的,由国家安全机关实施涉及国家安全事项的建设项目许可。

县级以上地方各级人民政府编制国民经济和社会发展规划、国土空间规划等有关规划,应当充分考虑国家安全因素和划定的安全控制区域,征求国家安全机关的意见。

安全控制区域的划定应当统筹发展和安全,坚持科学合理、确有必要的原则,由国家安全机关会同发展改革、自然资源、住房城乡建设、保密、国防科技工业等部门以及军队有关部门共同划定,报省、自治区、直辖市人民政府批准并动态调整。

涉及国家安全事项的建设项目许可的具体实施办法,由国务院国家安全主管部门会同有关部门制定。

第二十二条 国家安全机关根据反间谍工作需要,可以会同有关部门制定反间谍技术防范标准,指导有关单位落实反间谍技术防范措施,对存在隐患的单位,经过严格的批准手续,可以进行反间谍技术防范检查和检测。

第三章　调查处置

第二十三条　国家安全机关在反间谍工作中依法行使本法和有关法律规定的职权。

第二十四条　国家安全机关工作人员依法执行反间谍工作任务时,依照规定出示工作证件,可以查验中国公民或者境外人员的身份证明,向有关个人和组织问有关情况,对身份不明、有间谍行为嫌疑的人员,可以查看其随带物品。

第二十五条　国家安全机关工作人员依法执行反间谍工作任务时,经设区的市级以上国家安全机关负责人批准,出示工作证件,可以查验有关个人和组织的电子设备、设施及有关程序、工具。查验中发现存在危害国家安全情形的,国家安全机关应当责令其采取措施立即整改。拒绝整改或者整改后仍存在危害国家安全隐患的,可以予以查封、扣押。

对依照前款规定查封、扣押的电子设备、设施及有关程序、工具,在危害国家安全的情形消除后,国家安全机关应当及时解除查封、扣押。

第二十六条　国家安全机关工作人员依法执行反间谍工作任务时,根据国家有关规定,经设区的市级以上国家安全机关负责人批准,可以查阅、调取有关的文件、数据、资料、物品,有关个人和组织应当予以配合。查阅、调取不得超出执行反间谍工作任务所需的范围和限度。

第二十七条　需要传唤违反本法的人员接受调查的,经国家安全机关办案部门负责人批准,使用传唤证传唤。对现场发现的违反本法的人员,国家安全机关工作人员依照规定出示工作证件,可以口头传唤,但应当在询问笔录中注明。传唤的原因和依据应当告知被传唤人。对无正当理由拒不接受传唤或者逃避传唤的人,可以强制传唤。

国家安全机关应当在被传唤人所在市、县内的指定地点或者其住所进行询问。

国家安全机关对被传唤人应当及时询问查证。询问查证的时间不得超过八小时;情况复杂,可能适用行政拘留或者涉嫌犯罪的,询问查证的时间不得

超过二十四小时。国家安全机关应当为被传唤人提供必要的饮食和休息时间。严禁连续传唤。

除无法通知或者可能妨碍调查的情形以外,国家安全机关应当及时将传唤的原因通知被传唤人家属。在上述情形消失后,应当立即通知被传唤人家属。

第二十八条　国家安全机关调查间谍行为,经设区的市级以上国家安全机关负责人批准,可以依法对涉嫌间谍行为的人身、物品、场所进行检查。

检查女性身体的,应当由女性工作人员进行。

第二十九条　国家安全机关调查间谍行为,经设区的市级以上国家安全机关负责人批准,可以查询涉嫌间谍行为人员的相关财产信息。

第三十条　国家安全机关调查间谍行为,经设区的市级以上国家安全机关负责人批准,可以对涉嫌用于间谍行为的场所、设施或者财物依法查封、扣押、冻结;不得查封、扣押、冻结与被调查的间谍行为无关的场所、设施或者财物。

第三十一条　国家安全机关工作人员在反间谍工作中采取查阅、调取、传唤、检查、查询、查封、扣押、冻结等措施,应当由二人以上进行,依照有关规定出示工作证件及相关法律文书,并由相关人员在有关笔录等书面材料上签名、盖章。

国家安全机关工作人员进行检查、查封、扣押等重要取证工作,应当对全过程进行录音录像,留存备查。

第三十二条　在国家安全机关调查了解有关间谍行为的情况、收集有关证据时,有关个人和组织应当如实提供,不得拒绝。

第三十三条　对出境后可能对国家安全造成危害,或者对国家利益造成重大损失的中国公民,国务院国家安全主管部门可以决定其在一定期限内不准出境,并通知移民管理机构。

对涉嫌间谍行为人员,省级以上国家安全机关可以通知移民管理机构不准其出境。

第三十四条　对入境后可能进行危害中华人民共和国国家安全活动的境外人员,国务院国家安全主管部门可以通知移民管理机构不准其入境。

第三十五条　对国家安全机关通知不准出境或者不准入境的人员,移民管理机构应当按照国家有

关规定执行;不准出境、入境情形消失的,国家安全机关应当及时撤销不准出境、入境决定,并通知移民管理机构。

第三十六条 国家安全机关发现涉及间谍行为的网络信息内容或者网络攻击等风险,应当依照《中华人民共和国网络安全法》规定的职责分工,及时通报有关部门,由其依法处置或者责令电信业务经营者、互联网服务提供者及时采取修复漏洞、加固网络防护、停止传输、消除程序和内容、暂停相关服务、下架相关应用、关闭相关网站等措施,保存相关记录。情况紧急,不立即采取措施将对国家安全造成严重危害的,由国家安全机关责令有关单位修复漏洞、停止相关传输、暂停相关服务,并通报有关部门。

经采取相关措施,上述信息内容或者风险已经消除的,国家安全机关和有关部门应当及时作出恢复相关传输和服务的决定。

第三十七条 国家安全机关因反间谍工作需要,根据国家有关规定,经过严格的批准手续,可以采取技术侦察措施和身份保护措施。

第三十八条 对违反本法规定,涉嫌犯罪,需要对有关事项是否属于国家秘密或者情报进行鉴定以及需要对危害后果进行评估的,由国家保密部门或者省、自治区、直辖市保密部门按照程序在一定期限内进行鉴定和组织评估。

第三十九条 国家安全机关经调查,发现间谍行为涉嫌犯罪的,应当依照《中华人民共和国刑事诉讼法》的规定立案侦查。

第四章 保障与监督

第四十条 国家安全机关工作人员依法履行职责,受法律保护。

第四十一条 国家安全机关依法调查间谍行为,邮政、快递等物流运营单位和电信业务经营者、互联网服务提供者应当提供必要的支持和协助。

第四十二条 国家安全机关工作人员因执行紧急任务需要,经出示工作证件,享有优先乘坐公共交通工具、优先通行等通行便利。

第四十三条 国家安全机关工作人员依法执行任务时,依照规定出示工作证件,可以进入有关场所、单位;根据国家有关规定,经过批准,出示工作证件,可以进入限制进入的有关地区、场所、单位。

第四十四条 国家安全机关因反间谍工作需要,根据国家有关规定,可以优先使用或者依法征用国家机关、人民团体、企业事业组织和其他社会组织以及个人的交通工具、通信工具、场地和建筑物等,必要时可以设置相关工作场所和设施设备,任务完成后应当及时归还或者恢复原状,并依照规定支付相应费用;造成损失的,应当给予补偿。

第四十五条 国家安全机关因反间谍工作需要,根据国家有关规定,可以提请海关、移民管理等检查机关对有关人员提供通关便利,对有关资料、器材等予以免检。有关检查机关应当依法予以协助。

第四十六条 国家安全机关工作人员因执行任务,或者个人因协助执行反间谍工作任务,本人或者其近亲属的人身安全受到威胁时,国家安全机关应当会同有关部门依法采取必要措施,予以保护、营救。

个人因支持、协助反间谍工作,本人或者其近亲属的人身安全面临危险的,可以向国家安全机关请求予以保护。国家安全机关应当会同有关部门依法采取保护措施。

个人和组织因支持、协助反间谍工作导致财产损失的,根据国家有关规定给予补偿。

第四十七条 对为反间谍工作做出贡献并需要安置的人员,国家给予妥善安置。

公安、民政、财政、卫生健康、教育、人力资源和社会保障、退役军人事务、医疗保障、移民管理等有关部门以及国有企业事业单位应当协助国家安全机关做好安置工作。

第四十八条 对因开展反间谍工作或者支持、协助反间谍工作导致伤残或者牺牲、死亡的人员,根据国家有关规定给予相应的抚恤优待。

第四十九条 国家鼓励反间谍领域科技创新,发挥科技在反间谍工作中的作用。

第五十条 国家安全机关应当加强反间谍专业力量人才队伍建设和专业训练,提升反间谍工作能力。

对国家安全机关工作人员应当有计划地进行政治、理论和业务培训。培训应当坚持理论联系实际、按需施教、讲求实效,提高专业能力。

第五十一条 国家安全机关应当严格执行内部监督和安全审查制度，对其工作人员遵守法律和纪律等情况进行监督，并依法采取必要措施，定期或者不定期进行安全审查。

第五十二条 任何个人和组织对国家安全机关及其工作人员超越职权、滥用职权和其他违法行为，都有权向上级国家安全机关或者监察机关、人民检察院等有关部门检举、控告。受理检举、控告的国家安全机关或者监察机关、人民检察院等有关部门应当及时查清事实，依法处理，并将处理结果及时告知检举人、控告人。

对支持、协助国家安全机关工作或者依法检举、控告的个人和组织，任何个人和组织不得压制和打击报复。

第五章 法律责任

第五十三条 实施间谍行为，构成犯罪的，依法追究刑事责任。

第五十四条 个人实施间谍行为，尚不构成犯罪的，由国家安全机关予以警告或者处十五日以下行政拘留，单处或者并处五万元以下罚款，违法所得在五万元以上的，单处或者并处违法所得一倍以上五倍以下罚款，并可以由有关部门依法予以处分。

明知他人实施间谍行为，为其提供信息、资金、物资、劳务、技术、场所等支持、协助，或者窝藏、包庇，尚不构成犯罪的，依照前款的规定处罚。

单位有前两款行为的，由国家安全机关予以警告，单处或者并处五十万元以下罚款，违法所得在五十万元以上的，单处或者并处违法所得一倍以上五倍以下罚款，并对直接负责的主管人员和其他直接责任人员，依照第一款的规定处罚。

国家安全机关根据相关单位、人员违法情节和后果，可以建议有关主管部门依法责令停止从事相关业务、提供相关服务或者责令停产停业、吊销有关证照、撤销登记。有关主管部门应当将作出行政处理的情况及时反馈国家安全机关。

第五十五条 实施间谍行为，有自首或者立功表现的，可以从轻、减轻或者免除处罚；有重大立功表现的，给予奖励。

在境外受胁迫或者受诱骗参加间谍组织、敌对组织，从事危害中华人民共和国国家安全的活动，及时向中华人民共和国驻外机构如实说明情况，或者入境后直接或者通过所在单位及时向国家安全机关如实说明情况，并有悔改表现的，可以不予追究。

第五十六条 国家机关、人民团体、企业事业组织和其他社会组织未按照本法规定履行反间谍安全防范义务的，国家安全机关可以责令改正；未按照要求改正的，国家安全机关可以约谈相关负责人，必要时可以将约谈情况通报该单位上级主管部门；产生危害后果或者不良影响的，国家安全机关可以予以警告、通报批评；情节严重的，对负有责任的领导人员和直接责任人员，由有关部门依法予以处分。

第五十七条 违反本法第二十一条规定新建、改建、扩建建设项目的，由国家安全机关责令改正，予以警告；拒不改正或者情节严重的，责令停止建设或者使用、暂扣或者吊销许可证件，或者建议有关主管部门依法予以处理。

第五十八条 违反本法第四十一条规定的，由国家安全机关责令改正，予以警告或者通报批评；拒不改正或者情节严重的，由有关主管部门依照相关法律法规予以处罚。

第五十九条 违反本法规定，拒不配合数据调取的，由国家安全机关依照《中华人民共和国数据安全法》的有关规定予以处罚。

第六十条 违反本法规定，有下列行为之一，构成犯罪的，依法追究刑事责任；尚不构成犯罪的，由国家安全机关予以警告或者处十日以下行政拘留，可以并处三万元以下罚款：

（一）泄露有关反间谍工作的国家秘密；

（二）明知他人有间谍犯罪行为，在国家安全机关向其调查有关情况、收集有关证据时，拒绝提供；

（三）故意阻碍国家安全机关依法执行任务；

（四）隐藏、转移、变卖、损毁国家安全机关依法查封、扣押、冻结的财物；

（五）明知是间谍行为的涉案财物而窝藏、转移、收购、代为销售或者以其他方法掩饰、隐瞒；

（六）对依法支持、协助国家安全机关工作的个人和组织进行打击报复。

第六十一条 非法获取、持有属于国家秘密的文件、数据、资料、物品，以及非法生产、销售、持有、使用专用间谍器材,尚不构成犯罪的,由国家安全机关予以警告或者处十日以下行政拘留。

第六十二条　国家安全机关对依照本法查封、扣押、冻结的财物,应当妥善保管,并按照下列情形分别处理:

(一)涉嫌犯罪的,依照《中华人民共和国刑事诉讼法》等有关法律的规定处理;

(二)尚不构成犯罪,有违法事实的,对依法应当没收的予以没收,依法应当销毁的予以销毁;

(三)没有违法事实的,或者与案件无关的,应当解除查封、扣押、冻结,并及时返还相关财物;造成损失的,应当依法予以赔偿。

第六十三条　涉案财物符合下列情形之一的,应当依法予以追缴、没收,或者采取措施消除隐患:

(一)违法所得的财物及其孳息、收益,供实施间谍行为所用的本人财物;

(二)非法获取、持有的属于国家秘密的文件、数据、资料、物品;

(三)非法生产、销售、持有、使用的专用间谍器材。

第六十四条　行为人及其近亲属或者其他相关人员,因行为人实施间谍行为从间谍组织及其代理人获取的所有利益,由国家安全机关依法采取追缴、没收等措施。

第六十五条　国家安全机关依法收缴的罚款以及没收的财物,一律上缴国库。

第六十六条　境外人员违反本法的,国务院国家安全主管部门可以决定限期出境,并决定其不准入境的期限。未在规定期限内离境的,可以遣送出境。

对违反本法的境外人员,国务院国家安全主管部门决定驱逐出境的,自被驱逐出境之日起十年内不准入境,国务院国家安全主管部门的处罚决定为最终决定。

第六十七条　国家安全机关作出行政处罚决定之前,应当告知当事人拟作出的行政处罚内容及事实、理由、依据,以及当事人依法享有的陈述、申辩、要求听证等权利,并依照《中华人民共和国行政处罚法》的有关规定实施。

第六十八条　当事人对行政处罚决定、行政强制措施决定、行政许可决定不服的,可以自收到决定书之日起六十日内,依法申请复议;对复议决定不服的,可以自收到复议决定书之日起十五日内,依法向人民法院提起诉讼。

第六十九条　国家安全机关工作人员滥用职权、玩忽职守、徇私舞弊,或者有非法拘禁、刑讯逼供、暴力取证、违反规定泄露国家秘密、工作秘密、商业秘密和个人隐私、个人信息等行为,依法予以处分,构成犯罪的,依法追究刑事责任。

第六章　附　则

第七十条　国家安全机关依照法律、行政法规和国家有关规定,履行防范、制止和惩治间谍行为以外的危害国家安全行为的职责,适用本法的有关规定。

公安机关在依法履行职责过程中发现、惩治危害国家安全的行为,适用本法的有关规定。

第七十一条　本法自 2023 年 7 月 1 日起施行。

中华人民共和国海洋环境保护法

(1982 年 8 月 23 日第五届全国人民代表大会常务委员会第二十四次会议通过　1999 年 12 月 25 日第九届全国人民代表大会常务委员会第十三次会议第一次修订　根据 2013 年 12 月 28 日第十二届全国人民代表大会常务委员会第六次会议《关于修改〈中华人民共和国海洋环境保护法〉等七部法律的决定》第一次修正　根据 2016 年 11 月 7 日第十二届全国人民代表大会常务委员会第二十四次会议《关于修改〈中华人民共和国海洋环境保护法〉的决定》第二次修正　根据 2017 年 11 月 4 日第十二届全国人民代表大会常务委员会第三十次会议《关于修改〈中华人民共和国会计法〉等十一部法律的决定》第三次修正

2023年10月24日第十四届全国人民代表大会常务委员会第六次会议第二次修订 2023年10月24日中华人民共和国主席令第十二号公布 自2024年1月1日起施行）

第一章 总 则

第一条 为了保护和改善海洋环境，保护海洋资源，防治污染损害，保障生态安全和公众健康，维护国家海洋权益，建设海洋强国，推进生态文明建设，促进经济社会可持续发展，实现人与自然和谐共生，根据宪法，制定本法。

第二条 本法适用于中华人民共和国管辖海域。

在中华人民共和国管辖海域内从事航行、勘探、开发、生产、旅游、科学研究及其他活动，或者在沿海陆域内从事影响海洋环境活动的任何单位和个人，应当遵守本法。

在中华人民共和国管辖海域以外，造成中华人民共和国管辖海域环境污染、生态破坏的，适用本法相关规定。

第三条 海洋环境保护应当坚持保护优先、预防为主、源头防控、陆海统筹、综合治理、公众参与、损害担责的原则。

第四条 国务院生态环境主管部门负责全国海洋环境的监督管理，负责全国防治陆源污染物、海岸工程和海洋工程建设项目（以下简称工程建设项目）、海洋倾倒废弃物对海洋环境污染损害的环境保护工作，指导、协调和监督全国海洋生态保护修复工作。

国务院自然资源主管部门负责海洋保护和开发利用的监督管理，负责全国海洋生态、海域海岸线和海岛的修复工作。

国务院交通运输主管部门负责所辖港区水域内非军事船舶和港区水域外非渔业、非军事船舶污染海洋环境的监督管理，组织、协调、指挥重大海上溢油应急处置。海事管理机构具体负责上述水域内相关船舶污染海洋环境的监督管理，并负责污染事故的调查处理；对在中华人民共和国管辖海域航行、停泊和作业的外国籍船舶造成的污染事故登轮检查处理。船舶污染事故给渔业造成损害的，应当吸收渔业主管部门参与调查处理。

国务院渔业主管部门负责渔港水域内非军事船舶和渔港水域外渔业船舶污染海洋环境的监督管理，负责保护渔业水域生态环境工作，并调查处理前款规定的污染事故以外的渔业污染事故。

国务院发展改革、水行政、住房和城乡建设、林业和草原等部门在各自职责范围内负责有关行业、领域涉及的海洋环境保护工作。

海警机构在职责范围内对海洋工程建设项目、海洋倾倒废弃物对海洋环境污染损害、自然保护地海岸线向海一侧保护利用等活动进行监督检查，查处违法行为，按照规定权限参与海洋环境污染事故的应急处置和调查处理。

军队生态环境保护部门负责军事船舶污染海洋环境的监督管理及污染事故的调查处理。

第五条 沿海县级以上地方人民政府对其管理海域的海洋环境质量负责。

国家实行海洋环境保护目标责任制和考核评价制度，将海洋环境保护目标完成情况纳入考核评价的内容。

第六条 沿海县级以上地方人民政府可以建立海洋环境保护区域协作机制，组织协调其管理海域的环境保护工作。

跨区域的海洋环境保护工作，由有关沿海地方人民政府协商解决，或者由上级人民政府协调解决。

跨部门的重大海洋环境保护工作，由国务院生态环境主管部门协调；协调未能解决的，由国务院作出决定。

第七条 国务院和沿海县级以上地方人民政府应当将海洋环境保护工作纳入国民经济和社会发展规划，按照事权和支出责任划分原则，将海洋环境保护工作所需经费纳入本级政府预算。

第八条 各级人民政府及其有关部门应当加强海洋环境保护的宣传教育和知识普及工作，增强公众海洋环境保护意识，引导公众依法参与海洋环境保护工作；鼓励基层群众性自治组织、社会组织、志愿者等开展海洋环境保护法律法规和知识的宣传活动；按照职责分工依法公开海洋环境相关信息。

新闻媒体应当采取多种形式开展海洋环境保护的宣传报道，并对违法行为进行舆论监督。

第九条　任何单位和个人都有保护海洋环境的义务，并有权对污染海洋环境、破坏海洋生态的单位和个人，以及海洋环境监督管理人员的违法行为进行监督和检举。

从事影响海洋环境活动的任何单位和个人，都应当采取有效措施，防止、减轻海洋环境污染、生态破坏。排污者应当依法公开排污信息。

第十条　国家鼓励、支持海洋环境保护科学技术研究、开发和应用，促进海洋环境保护信息化建设，加强海洋环境保护专业技术人才培养，提高海洋环境保护科学技术水平。

国家鼓励、支持海洋环境保护国际交流与合作。

第十一条　对在海洋环境保护工作中做出显著成绩的单位和个人，按照国家有关规定给予表彰和奖励。

第二章　海洋环境监督管理

第十二条　国家实施陆海统筹、区域联动的海洋环境监督管理制度，加强规划、标准、监测等监督管理制度的衔接协调。

各级人民政府及其有关部门应当加强海洋环境监督管理能力建设，提高海洋环境监督管理科技化、信息化水平。

第十三条　国家优先将生态功能极重要、生态极敏感脆弱的海域划入生态保护红线，实行严格保护。

开发利用海洋资源或者从事影响海洋环境的建设活动，应当根据国土空间规划科学合理布局，严格遵守国土空间用途管制要求，严守生态保护红线，不得造成海洋生态环境的损害。沿海地方各级人民政府应当根据国土空间规划，保护和科学合理地使用海域。沿海省、自治区、直辖市人民政府应当加强对生态保护红线内人为活动的监督管理，定期评估保护成效。

国务院有关部门、沿海设区的市级以上地方人民政府及其有关部门，对其组织编制的国土空间规划和相关规划，应当依法进行包括海洋环境保护内容在内的环境影响评价。

第十四条　国务院生态环境主管部门会同有关部门、机构和沿海省、自治区、直辖市人民政府制定全国海洋生态环境保护规划，报国务院批准后实施。全国海洋生态环境保护规划应当与全国国土空间规划相衔接。

沿海地方各级人民政府应当根据全国海洋生态环境保护规划，组织实施其管理海域的海洋环境保护工作。

第十五条　沿海省、自治区、直辖市人民政府应当根据其管理海域的生态环境和资源利用状况，将其管理海域纳入生态环境分区管控方案和生态环境准入清单，报国务院生态环境主管部门备案后实施。生态环境分区管控方案和生态环境准入清单应当与国土空间规划相衔接。

第十六条　国务院生态环境主管部门根据海洋环境质量状况和国家经济、技术条件，制定国家海洋环境质量标准。

沿海省、自治区、直辖市人民政府对国家海洋环境质量标准中未作规定的项目，可以制定地方海洋环境质量标准；对国家海洋环境质量标准中已作规定的项目，可以制定严于国家海洋环境质量标准的地方海洋环境质量标准。地方海洋环境质量标准应当报国务院生态环境主管部门备案。

国家鼓励开展海洋环境基准研究。

第十七条　制定海洋环境质量标准，应当征求有关部门、行业协会、企业事业单位、专家和公众等的意见，提高海洋环境质量标准的科学性。

海洋环境质量标准应当定期评估，并根据评估结果适时修订。

第十八条　国家和有关地方水污染物排放标准的制定，应当将海洋环境质量标准作为重要依据之一。

对未完成海洋环境保护目标的海域，省级以上人民政府生态环境主管部门暂停审批新增相应种类污染物排放总量的建设项目环境影响报告书（表），会同有关部门约谈该地区人民政府及其有关部门的主要负责人，要求其采取有效措施及时整改，约谈和整改情况应当向社会公开。

第十九条　国家加强海洋环境质量管控，推进海域综合治理，严格海域排污许可管理，提升重点海域海洋环境质量。

需要直接向海洋排放工业废水、医疗污水的海岸工程和海洋工程单位，城镇污水集中处理设施的运营单位及其他企业事业单位和生产经营者，应当依法取得排污许可证。排污许可的管理按照国务院有关规定执行。

实行排污许可管理的企业事业单位和其他生产经营者应当执行排污许可证关于排放污染物的种类、浓度、排放量、排放方式、排放去向和自行监测等要求。

禁止通过私设暗管或者篡改、伪造监测数据，以及不正常运行污染防治设施等逃避监管的方式向海洋排放污染物。

第二十条 国务院生态环境主管部门根据海洋环境状况和质量改善要求，会同国务院发展改革、自然资源、住房和城乡建设、交通运输、水行政、渔业等部门和海警机构，划定国家环境治理重点海域及其控制区域，制定综合治理行动方案，报国务院批准后实施。

沿海设区的市级以上地方人民政府应当根据综合治理行动方案，制定其管理海域的实施方案，因地制宜采取特别管控措施，开展综合治理，协同推进重点海域治理与美丽海湾建设。

第二十一条 直接向海洋排放应税污染物的企业事业单位和其他生产经营者，应当依照法律规定缴纳环境保护税。

向海洋倾倒废弃物，应当按照国家有关规定缴纳倾倒费。具体办法由国务院发展改革部门、国务院财政主管部门会同国务院生态环境主管部门制定。

第二十二条 国家加强防治海洋环境污染损害的科学技术的研究和开发，对严重污染海洋环境的落后生产工艺和落后设备，实行淘汰制度。

企业事业单位和其他生产经营者应当优先使用清洁低碳能源，采用资源利用率高、污染物排放量少的清洁生产工艺，防止对海洋环境的污染。

第二十三条 国务院生态环境主管部门负责海洋生态环境监测工作，制定海洋生态环境监测规范和标准并监督实施，组织实施海洋生态环境质量监测，统一发布国家海洋生态环境状况公报，定期组织对海洋生态环境质量状况进行调查评价。

国务院自然资源主管部门组织开展海洋资源调查和海洋生态预警监测，发布海洋生态预警监测警报和公报。

其他依照本法规定行使海洋环境监督管理权的部门和机构应当按照职责分工开展监测、监视。

第二十四条 国务院有关部门和海警机构应当向国务院生态环境主管部门提供编制国家海洋生态环境状况公报所必需的入海河口和海洋环境监测、调查、监视等方面的资料。

生态环境主管部门应当向有关部门和海警机构提供与海洋环境监督管理有关的资料。

第二十五条 国务院生态环境主管部门会同有关部门和机构通过智能化的综合信息系统，为海洋环境保护监督管理、信息共享提供服务。

国务院有关部门、海警机构和沿海县级以上地方人民政府及其有关部门应当按照规定，推进综合监测、协同监测和常态化监测，加强监测数据、执法信息等海洋环境管理信息共享，提高海洋环境保护综合管理水平。

第二十六条 国家加强海洋辐射环境监测，国务院生态环境主管部门负责制定海洋辐射环境应急监测方案并组织实施。

第二十七条 因发生事故或者其他突发性事件，造成或者可能造成海洋环境污染、生态破坏事件的单位和个人，应当立即采取有效措施解除或者减轻危害，及时向可能受到危害者通报，并向依照本法规定行使海洋环境监督管理权的部门和机构报告，接受调查处理。

沿海县级以上地方人民政府在本行政区域近岸海域的生态环境受到严重损害时，应当采取有效措施，解除或者减轻危害。

第二十八条 国家根据防止海洋环境污染的需要，制定国家重大海上污染事件应急预案，建立健全海上溢油污染等应急机制，保障应对工作的必要经费。

国家建立重大海上溢油应急处置部际联席会议制度。国务院交通运输主管部门牵头组织编制国家重大海上溢油应急处置预案并组织实施。

国务院生态环境主管部门负责制定全国海洋石

油勘探开发海上溢油污染事件应急预案并组织实施。

国家海事管理机构负责制定全国船舶重大海上溢油污染事件应急预案,报国务院生态环境主管部门、国务院应急管理部门备案。

沿海县级以上地方人民政府及其有关部门应当制定有关应急预案,在发生海洋突发环境事件时,及时启动应急预案,采取有效措施,解除或者减轻危害。

可能发生海洋突发环境事件的单位,应当按照有关规定,制定本单位的应急预案,配备应急设备和器材,定期组织开展应急演练;应急预案应当向依照本法规定行使海洋环境监督管理权的部门和机构备案。

第二十九条 依照本法规定行使海洋环境监督管理权的部门和机构,有权对从事影响海洋环境活动的单位和个人进行现场检查;在巡航监视中发现违反本法规定的行为时,应当予以制止并调查取证,必要时有权采取有效措施,防止事态扩大,并报告有关部门或者机构处理。

被检查者应当如实反映情况,提供必要的资料。检查者应当依法为被检查者保守商业秘密、个人隐私和个人信息。

依照本法规定行使海洋环境监督管理权的部门和机构可以在海上实行联合执法。

第三十条 造成或者可能造成严重海洋环境污染、生态破坏的,或者有关证据可能灭失或者被隐匿的,依照本法规定行使海洋环境监督管理权的部门和机构可以查封、扣押有关船舶、设施、设备、物品。

第三十一条 在中华人民共和国管辖海域以外,造成或者可能造成中华人民共和国管辖海域环境污染、生态破坏的,有关部门和机构有权采取必要的措施。

第三十二条 国务院生态环境主管部门会同有关部门和机构建立向海洋排放污染物、从事废弃物海洋倾倒、从事海洋生态环境治理和服务的企业事业单位和其他生产经营者信用记录与评价应用制度,将相关信用记录纳入全国公共信用信息共享平台。

第三章　海洋生态保护

第三十三条 国家加强海洋生态保护,提升海洋生态系统质量和多样性、稳定性、持续性。

国务院和沿海地方各级人民政府应当采取有效措施,重点保护红树林、珊瑚礁、海藻场、海草床、滨海湿地、海岛、海湾、入海河口、重要渔业水域等具有典型性、代表性的海洋生态系统,珍稀濒危海洋生物的天然集中分布区,具有重要经济价值的海洋生物生存区域及有重大科学文化价值的海洋自然遗迹和自然景观。

第三十四条 国务院和沿海省、自治区、直辖市人民政府及其有关部门根据保护海洋的需要,依法将重要的海洋生态系统、珍稀濒危海洋生物的天然集中分布区、海洋自然遗迹和自然景观集中分布区等区域纳入国家公园、自然保护区或者自然公园等自然保护地。

第三十五条 国家建立健全海洋生态保护补偿制度。

国务院和沿海省、自治区、直辖市人民政府应当通过转移支付、产业扶持等方式支持开展海洋生态保护补偿。

沿海地方各级人民政府应当落实海洋生态保护补偿资金,确保其用于海洋生态保护补偿。

第三十六条 国家加强海洋生物多样性保护,健全海洋生物多样性调查、监测、评估和保护体系,维护和修复重要海洋生态廊道,防止对海洋生物多样性的破坏。

开发利用海洋和海岸带资源,应当对重要海洋生态系统、生物物种、生物遗传资源实施有效保护,维护海洋生物多样性。

引进海洋动植物物种,应当进行科学论证,避免对海洋生态系统造成危害。

第三十七条 国家鼓励科学开展水生生物增殖放流,支持科学规划,因地制宜采取投放人工鱼礁和种植海藻场、海草床、珊瑚等措施,恢复海洋生物多样性,修复改善海洋生态。

第三十八条 开发海岛及周围海域的资源,应当采取严格的生态保护措施,不得造成海岛地形、岸滩、植被和海岛周围海域生态环境的损害。

第三十九条 国家严格保护自然岸线,建立健全自然岸线控制制度。沿海省、自治区、直辖市人民政府负责划定严格保护岸线的范围并发布。

沿海地方各级人民政府应当加强海岸线分类保护与利用,保护修复自然岸线,促进人工岸线生态化,维护岸线岸滩稳定平衡,因地制宜、科学合理划定海岸建筑退缩线。

禁止违法占用、损害自然岸线。

第四十条 国务院水行政主管部门确定重要入海河流的生态流量管控指标,应当征求并研究国务院生态环境、自然资源等部门的意见。确定生态流量管控指标,应当进行科学论证,综合考虑水资源条件、气候状况、生态环境保护要求、生活生产用水状况等因素。

入海河口所在地县级以上地方人民政府及其有关部门按照河海联动的要求,制定实施河口生态修复和其他保护措施方案,加强对水、沙、盐、潮滩、生物种群、河口形态的综合监测,采取有效措施防止海水入侵和倒灌,维护河口良好生态功能。

第四十一条 沿海地方各级人民政府应当结合当地自然环境的特点,建设海岸防护设施、沿海防护林、沿海城镇园林和绿地,对海岸侵蚀和海水入侵地区进行综合治理。

禁止毁坏海岸防护设施、沿海防护林、沿海城镇园林和绿地。

第四十二条 对遭到破坏的具有重要生态、经济、社会价值的海洋生态系统,应当进行修复。海洋生态修复应当以改善生境、恢复生物多样性和生态系统基本功能为重点,以自然恢复为主、人工修复为辅,并优先修复具有典型性、代表性的海洋生态系统。

国务院自然资源主管部门负责统筹海洋生态修复,牵头组织编制海洋生态修复规划并实施有关海洋生态修复重大工程。编制海洋生态修复规划,应当进行科学论证评估。

国务院自然资源、生态环境等部门应当按照职责分工开展修复成效监督评估。

第四十三条 国务院自然资源主管部门负责开展全国海洋生态灾害预防、风险评估和隐患排查治理。

沿海县级以上地方人民政府负责其管理海域的海洋生态灾害应对工作,采取必要的灾害预防、处置和灾后恢复措施,防止和减轻灾害影响。

企业事业单位和其他生产经营者应当采取必要应对措施,防止海洋生态灾害扩大。

第四十四条 国家鼓励发展生态渔业,推广多种生态渔业生产方式,改善海洋生态状况,保护海洋环境。

沿海县级以上地方人民政府应当因地制宜编制并组织实施养殖水域滩涂规划,确定可以用于养殖业的水域和滩涂,科学划定海水养殖禁养区、限养区和养殖区,建立禁养区内海水养殖的清理和退出机制。

第四十五条 从事海水养殖活动应当保护海域环境,科学确定养殖规模和养殖密度,合理投饵、投肥,正确使用药物,及时规范收集处理固体废物,防止造成海洋生态环境的损害。

禁止在氮磷浓度严重超标的近岸海域新增或者扩大投饵、投肥海水养殖规模。

向海洋排放养殖尾水污染物等应当符合污染物排放标准。沿海省、自治区、直辖市人民政府应当制定海水养殖污染物排放相关地方标准,加强养殖尾水污染防治的监督管理。

工厂化养殖和设置统一排污口的集中连片养殖的排污单位,应当按照有关规定对养殖尾水自行监测。

第四章 陆源污染物污染防治

第四十六条 向海域排放陆源污染物,应当严格执行国家或者地方规定的标准和有关规定。

第四十七条 入海排污口位置的选择,应当符合国土空间用途管制要求,根据海水动力条件和有关规定,经科学论证后,报设区的市级以上人民政府生态环境主管部门备案。排污口的责任主体应当加强排污口监测,按照规定开展监控和自动监测。

生态环境主管部门应当在完成备案后十五个工作日内将入海排污口设置情况通报自然资源、渔业等部门和海事管理机构、海警机构、军队生态环境保护部门。

沿海县级以上地方人民政府应当根据排污口类

别、责任主体,组织有关部门对本行政区域内各类入海排污口进行排查整治和日常监督管理,建立健全近岸水体、入海排污口、排污管线、污染源全链条治理体系。

国务院生态环境主管部门负责制定入海排污口设置和管理的具体办法,制定入海排污口技术规范,组织建设统一的入海排污口信息平台,加强动态更新、信息共享和公开。

第四十八条 禁止在自然保护地、重要渔业水域、海水浴场、生态保护红线区域及其他需要特别保护的区域,新设工业排污口和城镇污水处理厂排污口;法律、行政法规另有规定的除外。

在有条件的地区,应当将排污口深水设置,实行离岸排放。

第四十九条 经开放式沟(渠)向海洋排放污染物的,对开放式沟(渠)按照国家和地方的有关规定、标准实施水环境质量管理。

第五十条 国务院有关部门和县级以上地方人民政府及其有关部门应当依照水污染防治有关法律、行政法规的规定,加强入海河流管理,协同推进入海河流污染防治,使入海河口的水质符合入海河口环境质量相关要求。

入海河流流域省、自治区、直辖市人民政府应当按照国家有关规定,加强入海总氮、总磷排放的管控,制定控制方案并组织实施。

第五十一条 禁止向海域排放油类、酸液、碱液、剧毒废液。

禁止向海域排放污染海洋环境、破坏海洋生态的放射性废水。

严格控制向海域排放含有不易降解的有机物和重金属的废水。

第五十二条 含病原体的医疗污水、生活污水和工业废水应当经过处理,符合国家和地方有关排放标准后,方可排入海域。

第五十三条 含有机物和营养物质的工业废水、生活污水,应当严格控制向海湾、半封闭海及其他自净能力较差的海域排放。

第五十四条 向海域排放含热废水,应当采取有效措施,保证邻近自然保护地、渔业水域的水温符合国家和地方海洋环境质量标准,避免热污染对珍

稀濒危海洋生物、海洋水产资源造成危害。

第五十五条 沿海地方各级人民政府应当加强农业面源污染防治。沿海农田、林场施用化学农药,应当执行国家农药安全使用的规定和标准。沿海农田、林场应当合理使用化肥和植物生长调节剂。

第五十六条 在沿海陆域弃置、堆放和处理尾矿、矿渣、煤灰渣、垃圾和其他固体废物的,依照《中华人民共和国固体废物污染环境防治法》的有关规定执行,并采取有效措施防止固体废物进入海洋。

禁止在岸滩弃置、堆放和处理固体废物;法律、行政法规另有规定的除外。

第五十七条 沿海县级以上地方人民政府负责其管理海域的海洋垃圾污染防治,建立海洋垃圾监测、清理制度,统筹规划建设陆域接收、转运、处理海洋垃圾的设施,明确有关部门、乡镇、街道、企业事业单位等的海洋垃圾管控区域,建立海洋垃圾监测、拦截、收集、打捞、运输、处理体系并组织实施,采取有效措施鼓励、支持公众参与上述活动。国务院生态环境、住房和城乡建设、发展改革等部门应当按照职责分工加强海洋垃圾污染防治的监督指导和保障。

第五十八条 禁止经中华人民共和国内水、领海过境转移危险废物。

经中华人民共和国管辖的其他海域转移危险废物的,应当事先取得国务院生态环境主管部门的书面同意。

第五十九条 沿海县级以上地方人民政府应当建设和完善排水管网,根据改善海洋环境质量的需要建设城镇污水处理厂和其他污水处理设施,加强城乡污水处理。

建设污水海洋处置工程,应当符合国家有关规定。

第六十条 国家采取必要措施,防止、减少和控制来自大气层或者通过大气层造成的海洋环境污染损害。

第五章 工程建设项目污染防治

第六十一条 新建、改建、扩建工程建设项目,应当遵守国家有关建设项目环境保护管理的规定,并把污染防治和生态保护所需资金纳入建设项目投资计划。

禁止在依法划定的自然保护地、重要渔业水域

及其他需要特别保护的区域,违法建设污染环境、破坏生态的工程建设项目或者从事其他活动。

第六十二条 工程建设项目应当按照国家有关建设项目环境影响评价的规定进行环境影响评价。未依法进行并通过环境影响评价的建设项目,不得开工建设。

环境保护设施应当与主体工程同时设计、同时施工、同时投产使用。环境保护设施应当符合经批准的环境影响评价报告书(表)的要求。建设单位应当依照有关法律法规的规定,对环境保护设施进行验收,编制验收报告,并向社会公开。环境保护设施未经验收或者经验收不合格的,建设项目不得投入生产或者使用。

第六十三条 禁止在沿海陆域新建不符合国家产业政策的化学制浆造纸、化工、印染、制革、电镀、酿造、炼油、岸边冲滩拆船及其他严重污染海洋环境的生产项目。

第六十四条 新建、改建、扩建工程建设项目,应当采取有效措施,保护国家和地方重点保护的野生动植物及其生存环境,保护海洋水产资源,避免或者减轻对海洋生物的影响。

禁止在严格保护岸线范围内开采海砂。依法在其他区域开发利用海砂资源,应当采取严格措施,保护海洋环境。载运海砂资源应当持有合法来源证明;海砂开采者应当为载运海砂的船舶提供合法来源证明。

从岸上打井开采海底矿产资源,应当采取有效措施,防止污染海洋环境。

第六十五条 工程建设项目不得使用含超标准放射性物质或者易溶出有毒有害物质的材料;不得造成领海基点及其周围环境的侵蚀、淤积和损害,不得危及领海基点的稳定。

第六十六条 工程建设项目需要爆破作业时,应当采取有效措施,保护海洋环境。

海洋石油勘探开发及输油过程中,应当采取有效措施,避免溢油事故的发生。

第六十七条 工程建设项目不得违法向海洋排放污染物、废弃物及其他有害物质。

海洋油气钻井平台(船)、生产生活平台、生产储卸装置等海洋油气装备的含油污水和油性混合物,应当经过处理达标后排放;残油、废油应当予以回收,不得排放入海。

钻井所使用的油基泥浆和其他有毒复合泥浆不得排放入海。水基泥浆和无毒复合泥浆及钻屑的排放,应当符合国家有关规定。

第六十八条 海洋油气钻井平台(船)、生产生活平台、生产储卸装置等海洋油气装备及其有关海上设施,不得向海域处置含油的工业固体废物。处置其他固体废物,不得造成海洋环境污染。

第六十九条 海上试油时,应当确保油气充分燃烧,油和油性混合物不得排放入海。

第七十条 勘探开发海洋油气资源,应当按照有关规定编制油气污染应急预案,报国务院生态环境主管部门海域派出机构备案。

第六章 废弃物倾倒污染防治

第七十一条 任何个人和未经批准的单位,不得向中华人民共和国管辖海域倾倒任何废弃物。

需要倾倒废弃物的,产生废弃物的单位应当向国务院生态环境主管部门海域派出机构提出书面申请,并出具废弃物特性和成分检验报告,取得倾倒许可证后,方可倾倒。

国家鼓励疏浚物等废弃物的综合利用,避免或者减少海洋倾倒。

禁止中华人民共和国境外的废弃物在中华人民共和国管辖海域倾倒。

第七十二条 国务院生态环境主管部门根据废弃物的毒性、有毒物质含量和对海洋环境影响程度,制定海洋倾倒废弃物评价程序和标准。

可以向海洋倾倒的废弃物名录,由国务院生态环境主管部门制定。

第七十三条 国务院生态环境主管部门会同国务院自然资源主管部门编制全国海洋倾倒区规划,并征求国务院交通运输、渔业等部门和海警机构的意见,报国务院批准。

国务院生态环境主管部门根据全国海洋倾倒区规划,按照科学、合理、经济、安全的原则及时选划海洋倾倒区,征求国务院交通运输、渔业等部门和海警机构的意见,并向社会公告。

第七十四条 国务院生态环境主管部门组织开

展海洋倾倒区使用状况评估,根据评估结果予以调整、暂停使用或者封闭海洋倾倒区。

海洋倾倒区的调整、暂停使用和封闭情况,应当通报国务院有关部门、海警机构并向社会公布。

第七十五条　获准和实施倾倒废弃物的单位,应当按照许可证注明的期限及条件,到指定的区域进行倾倒。倾倒作业船舶等载运工具应当安装使用符合要求的海洋倾倒在线监控设备,并与国务院生态环境主管部门监管系统联网。

第七十六条　获准和实施倾倒废弃物的单位,应当按照规定向颁发许可证的国务院生态环境主管部门海域派出机构报告倾倒情况。倾倒废弃物的船舶应当向驶出港的海事管理机构、海警机构作出报告。

第七十七条　禁止在海上焚烧废弃物。

禁止在海上处置污染海洋环境、破坏海洋生态的放射性废物或者其他放射性物质。

第七十八条　获准倾倒废弃物的单位委托实施废弃物海洋倾倒作业的,应当对受托单位的主体资格、技术能力和信用状况进行核实,依法签订书面合同,在合同中约定污染防治与生态保护要求,并监督实施。

受托单位实施废弃物海洋倾倒作业,应当依照有关法律法规的规定和合同约定,履行污染防治和生态保护要求。

获准倾倒废弃物的单位违反本条第一款规定的,除依照有关法律法规的规定予以处罚外,还应当与造成环境污染、生态破坏的受托单位承担连带责任。

第七章　船舶及有关作业活动污染防治

第七十九条　在中华人民共和国管辖海域,任何船舶及相关作业不得违法向海洋排放船舶垃圾、生活污水、含油污水、含有毒有害物质污水、废气等污染物,废弃物,压载水和沉积物及其他有害物质。

船舶应当按照国家有关规定采取有效措施,对压载水和沉积物进行处理处置,严格防控引入外来有害生物。

从事船舶污染物、废弃物接收和船舶清舱、洗舱作业活动的,应当具备相应的接收处理能力。

第八十条　船舶应当配备相应的防污设备和器材。

船舶的结构、配备的防污设备和器材应当符合国家防治船舶污染海洋环境的有关规定,并经检验合格。

船舶应当取得并持有防治海洋环境污染的证书与文书,在进行涉及船舶污染物、压载水和沉积物排放及操作时,应当按照有关规定监测、监控,如实记录并保存。

第八十一条　船舶应当遵守海上交通安全法律、法规的规定,防止因碰撞、触礁、搁浅、火灾或者爆炸等引起的海难事故,造成海洋环境的污染。

第八十二条　国家完善并实施船舶油污损害民事赔偿责任制度;按照船舶油污损害赔偿责任由船东和货主共同承担风险的原则,完善并实施船舶油污保险、油污损害赔偿基金制度,具体办法由国务院规定。

第八十三条　载运具有污染危害性货物进出港口的船舶,其承运人、货物所有人或者代理人,应当事先向海事管理机构申报。经批准后,方可进出港口或者装卸作业。

第八十四条　交付船舶载运污染危害性货物的,托运人应当将货物的正式名称、污染危害性以及应当采取的防护措施如实告知承运人。污染危害性货物的单证、包装、标志、数量限制等,应当符合对所交付货物的有关规定。

需要船舶载运污染危害性不明的货物,应当按照有关规定事先进行评估。

装卸油类及有毒有害货物的作业,船岸双方应当遵守安全防污操作规程。

第八十五条　港口、码头、装卸站和船舶修造拆解单位所在地县级以上地方人民政府应当统筹规划建设船舶污染物等的接收、转运、处理处置设施,建立相应的接收、转运、处理处置多部门联合监管制度。

沿海县级以上地方人民政府负责对其管理海域的渔港和渔业船舶停泊点及周边区域污染防治的监督管理,规范生产生活污水和渔业垃圾回收处置,推进污染防治设备建设和环境清理整治。

港口、码头、装卸站和船舶修造拆解单位应当按照有关规定配备足够的用于处理船舶污染物、废弃物的接收设施,使该设施处于良好状态并有效运行。

装卸油类等污染危害性货物的港口、码头、装卸站和船舶应当编制污染应急预案,并配备相应的污染应急设备和器材。

第八十六条 国家海事管理机构组织制定中国籍船舶禁止或者限制安装和使用的有害材料名录。

船舶修造单位或者船舶所有人、经营人或者管理人应当在船上备有有害材料清单,在船舶建造、营运和维修过程中持续更新,并在船舶拆解前提供给从事船舶拆解的单位。

第八十七条 从事船舶拆解的单位,应当采取有效的污染防治措施,在船舶拆解前将船舶污染物减至最小量,对拆解产生的船舶污染物、废弃物和其他有害物质进行安全与环境无害化处置。拆解的船舶部件不得进入水体。

禁止采取冲滩方式进行船舶拆解作业。

第八十八条 国家倡导绿色低碳智能航运,鼓励船舶使用新能源或者清洁能源,淘汰高耗能高排放老旧船舶,减少温室气体和大气污染物的排放。沿海县级以上地方人民政府应当制定港口岸电、船舶受电等设施建设和改造计划,并组织实施。港口岸电设施的供电能力应当与靠港船舶的用电需求相适应。

船舶应当按照国家有关规定采取有效措施提高能效水平。具备岸电使用条件的船舶靠港应当按照国家有关规定使用岸电,但是使用清洁能源的除外。具备岸电供应能力的港口经营人、岸电供电企业应当按照国家有关规定为具备岸电使用条件的船舶提供岸电。

国务院和沿海县级以上地方人民政府对港口岸电设施、船舶受电设施的改造和使用,清洁能源或者新能源动力船舶建造等按照规定给予支持。

第八十九条 船舶及有关作业活动应当遵守有关法律法规和标准,采取有效措施,防止造成海洋环境污染。海事管理机构等应当加强对船舶及有关作业活动的监督管理。

船舶进行散装液体污染危害性货物的过驳作业,应当编制作业方案,采取有效的安全和污染防治措施,并事先按照有关规定报经批准。

第九十条 船舶发生海难事故,造成或者可能造成海洋环境重大污染损害的,国家海事管理机构有权强制采取避免或者减少污染损害的措施。

对在公海上因发生海难事故,造成中华人民共和国管辖海域重大污染损害后果或者具有污染威胁的船舶、海上设施,国家海事管理机构有权采取与实际的或者可能发生的损害相称的必要措施。

第九十一条 所有船舶均有监视海上污染的义务,在发现海上污染事件或者违反本法规定的行为时,应当立即向就近的依照本法规定行使海洋环境监督管理权的部门或者机构报告。

民用航空器发现海上排污或者污染事件,应当及时向就近的民用航空空中交通管制单位报告。接到报告的单位,应当立即向依照本法规定行使海洋环境监督管理权的部门或者机构通报。

第九十二条 国务院交通运输主管部门可以划定船舶污染物排放控制区。进入控制区的船舶应当符合船舶污染物排放相关控制要求。

第八章 法律责任

第九十三条 违反本法规定,有下列行为之一,由依照本法规定行使海洋环境监督管理权的部门或者机构责令改正或者责令采取限制生产、停产整治等措施,并处以罚款;情节严重的,报经有批准权的人民政府批准,责令停业、关闭:

(一)向海域排放本法禁止排放的污染物或者其他物质的;

(二)未依法取得排污许可证排放污染物的;

(三)超过标准、总量控制指标排放污染物的;

(四)通过私设暗管或者篡改、伪造监测数据,或者不正常运行污染防治设施等逃避监管的方式违法向海洋排放污染物的;

(五)违反本法有关船舶压载水和沉积物排放和管理规定的;

(六)其他未依照本法规定向海洋排放污染物、废弃物的。

有前款第一项、第二项行为之一的,处二十万元以上一百万元以下的罚款;有前款第三项行为的,处十万元以上一百万元以下的罚款;有前款第四项行为的,处十万元以上一百万元以下的罚款,情节严重的，吊销排污许可证；有前款第五项、第六项行为之一的，处一万元以上二十万元以下的罚款。个人擅自在岸滩弃置、堆放和处理生活垃圾的，按次处一百元以上一千元以下的罚款。

第九十四条 违反本法规定，有下列行为之一，由依照本法规定行使海洋环境监督管理权的部门或者机构责令改正，处以罚款：

（一）未依法公开排污信息或者弄虚作假的；

（二）因发生事故或者其他突发性事件，造成或者可能造成海洋环境污染、生态破坏事件，未按照规定通报或者报告的；

（三）未按照有关规定制定应急预案并备案，或者未按照有关规定配备应急设备、器材的；

（四）因发生事故或者其他突发性事件，造成或者可能造成海洋环境污染、生态破坏事件，未立即采取有效措施或者逃逸的；

（五）未采取必要应对措施，造成海洋生态灾害危害扩大的。

有前款第一项行为的，处二万元以上二十万元以下的罚款，拒不改正的，责令限制生产、停产整治；有前款第二项行为的，处五万元以上五十万元以下的罚款，对直接负责的主管人员和其他直接责任人员处一万元以上十万元以下的罚款，并可以暂扣或者吊销相关任职资格许可；有前款第三项行为的，处二万元以上二十万元以下的罚款；有前款第四项、第五项行为之一的，处二十万元以上二百万元以下的罚款。

第九十五条 违反本法规定，拒绝、阻挠调查和现场检查，或者在被检查时弄虚作假的，由依照本法规定行使海洋环境监督管理权的部门或者机构责令改正，处五万元以上二十万元以下的罚款；对直接负责的主管人员和其他直接责任人员处二万元以上十万元以下的罚款。

第九十六条 违反本法规定，造成珊瑚礁等海洋生态系统或者自然保护地破坏的，由依照本法规定行使海洋环境监督管理权的部门或者机构责令改正、采取补救措施，处每平方米一千元以上一万元以下的罚款。

第九十七条 违反本法规定，有下列行为之一，由依照本法规定行使海洋环境监督管理权的部门或

者机构责令改正，处以罚款：

（一）占用、损害自然岸线的；

（二）在严格保护岸线范围内开采海砂的；

（三）违反本法其他关于海砂、矿产资源规定的。

有前款第一项行为的，处每米五百元以上一万元以下的罚款；有前款第二项行为的，处货值金额二倍以上二十倍以下的罚款，货值金额不足十万元的，处二十万元以上二百万元以下的罚款；有前款第三项行为的，处五万元以上五十万元以下的罚款。

第九十八条 违反本法规定，从事海水养殖活动有下列行为之一，由依照本法规定行使海洋环境监督管理权的部门或者机构责令改正，处二万元以上二十万元以下的罚款；情节严重的，报经有批准权的人民政府批准，责令停业、关闭：

（一）违反禁养区、限养区规定的；

（二）违反养殖规模、养殖密度规定的；

（三）违反投饵、投肥、药物使用规定的；

（四）未按照有关规定对养殖尾水自行监测的。

第九十九条 违反本法规定设置入海排污口的，由生态环境主管部门责令关闭或者拆除，处二万元以上十万元以下的罚款；拒不关闭或者拆除的，强制关闭、拆除，所需费用由违法者承担，处十万元以上五十万元以下的罚款；情节严重的，可以责令停产整治。

违反本法规定，设置入海排污口未备案的，由生态环境主管部门责令改正，处二万元以上十万元以下的罚款。

违反本法规定，入海排污口的责任主体未按照规定开展监控、自动监测的，由生态环境主管部门责令改正，处二万元以上十万元以下的罚款；拒不改正的，可以责令停产整治。

自然资源、渔业等部门和海事管理机构、海警机构、军队生态环境保护部门发现前三款违法行为之一的，应当通报生态环境主管部门。

第一百条 违反本法规定，经中华人民共和国管辖海域，转移危险废物的，由国家海事管理机构责令非法运输该危险废物的船舶退出中华人民共和国管辖海域，处五十万元以上五百万元以下的罚款。

第一百零一条 违反本法规定，建设单位未落实建设项目投资计划有关要求的，由生态环境主管

部门责令改正，处五万元以上二十万元以下的罚款；拒不改正的，处二十万元以上一百万元以下的罚款。

违反本法规定，建设单位未依法报批或者报请重新审核环境影响报告书（表），擅自开工建设的，由生态环境主管部门或者海警机构责令其停止建设，根据违法情节和危害后果，处建设项目总投资额百分之一以上百分之五以下的罚款，并可以责令恢复原状；对建设单位直接负责的主管人员和其他直接责任人员，依法给予处分。建设单位未依法备案环境影响登记表的，由生态环境主管部门责令备案，处五万元以下的罚款。

第一百零二条 违反本法规定，在依法划定的自然保护地、重要渔业水域及其他需要特别保护的区域建设污染环境、破坏生态的工程建设项目或者从事其他活动，或者在沿海陆域新建不符合国家产业政策的生产项目的，由县级以上人民政府按照管理权限责令关闭。

违反生态环境准入清单进行生产建设活动的，由依照本法规定行使海洋环境监督管理权的部门或者机构责令停止违法行为，限期拆除并恢复原状，所需费用由违法者承担，处五十万元以上五百万元以下的罚款，对直接负责的主管人员和其他直接责任人员处五万元以上十万元以下的罚款；情节严重的，报经有批准权的人民政府批准，责令关闭。

第一百零三条 违反本法规定，环境保护设施未与主体工程同时设计、同时施工、同时投产使用的，或者环境保护设施未建成、未达到规定要求、未经验收或者经验收不合格即投入生产、使用的，由生态环境主管部门或者海警机构责令改正，处二十万元以上一百万元以下的罚款；拒不改正的，处一百万元以上二百万元以下的罚款；对直接负责的主管人员和其他责任人员处五万元以上二十万元以下的罚款；造成重大环境污染、生态破坏的，责令其停止生产、使用，或者报经有批准权的人民政府批准，责令关闭。

第一百零四条 违反本法规定，工程建设项目有下列行为之一，由依照本法规定行使海洋环境监督管理权的部门或者机构责令其停止违法行为、消除危害，处二十万元以上一百万元以下的罚款；情节严重的，报经有批准权的人民政府批准，责令停业、关闭：

（一）使用含超标准放射性物质或者易溶出有毒有害物质的材料的；

（二）造成领海基点及其周围环境的侵蚀、淤积、损害，或者危及领海基点稳定的。

第一百零五条 违反本法规定进行海洋油气勘探开发活动，造成海洋环境污染的，由海警机构责令改正，给予警告，并处二十万元以上一百万元以下的罚款。

第一百零六条 违反本法规定，有下列行为之一，由国务院生态环境主管部门及其海域派出机构、海事管理机构或者海警机构责令改正，处以罚款，必要时可以扣押船舶；情节严重的，报经有批准权的人民政府批准，责令停业、关闭：

（一）倾倒废弃物的船舶驶出港口未报告的；

（二）未取得倾倒许可证，向海洋倾倒废弃物的；

（三）在海上焚烧废弃物或者处置放射性废物及其他放射性物质的。

有前款第一项行为的，对违法船舶的所有人、经营人或者管理人处三千元以上三万元以下的罚款，对船长、责任船员或者其他责任人员处五百元以上五千元以下的罚款；有前款第二项行为的，处二十万元以上二百万元以下的罚款；有前款第三项行为的，处五十万元以上五百万元以下的罚款。有前款第二项、第三项行为之一，两年内受到行政处罚三次以上的，三年内不得从事废弃物海洋倾倒活动。

第一百零七条 违反本法规定，有下列行为之一，由国务院生态环境主管部门及其海域派出机构、海事管理机构或者海警机构责令改正，处以罚款，暂扣或者吊销倾倒许可证，必要时可以扣押船舶；情节严重的，报经有批准权的人民政府批准，责令停业、关闭：

（一）未按照国家规定报告倾倒情况的；

（二）未按照国家规定安装使用海洋倾废在线监控设备的；

（三）获准倾倒废弃物的单位未依照本法规定委托实施废弃物海洋倾倒作业或者未依照本法规定监督实施的；

（四）未按照倾倒许可证的规定倾倒废弃物的。

有前款第一项行为的，按次处五千元以上二万元以下的罚款;有前款第二项行为的,处二万元以上二十万元以下的罚款;有前款第三项行为的,处三万元以上三十万元以下的罚款;有前款第四项行为的,处二十万元以上一百万元以下的罚款,被吊销倾倒许可证的,三年内不得从事废弃物海洋倾倒活动。

以提供虚假申请材料、欺骗、贿赂等不正当手段申请取得倾倒许可证的,由国务院生态环境主管部门及其海域派出机构依法撤销倾倒许可证,并处二十万元以上五十万元以下的罚款;三年内不得再次申请倾倒许可证。

第一百零八条 违反本法规定,将中华人民共和国境外废弃物运进中华人民共和国管辖海域倾倒的,由海警机构责令改正,根据造成或者可能造成的危害后果,处五十万元以上五百万元以下的罚款。

第一百零九条 违反本法规定,有下列行为之一,由依照本法规定行使海洋环境监督管理权的部门或者机构责令改正,处以罚款:

(一)港口、码头、装卸站、船舶修造拆解单位未按照规定配备或者有效运行船舶污染物、废弃物接收设施,或者船舶的结构、配备的防污设备和器材不符合国家防污规定或者未经检验合格的;

(二)从事船舶污染物、废弃物接收和船舶清舱、洗舱作业活动,不具备相应接收处理能力的;

(三)从事船舶拆解、旧船改装、打捞和其他水上、水下施工作业,造成海洋环境污染损害的;

(四)采取冲滩方式进行船舶拆解作业的。

有前款第一项、第二项行为之一的,处二万元以上三十万元以下的罚款;有前款第三项行为的,处五万元以上二十万元以下的罚款;有前款第四项行为的,处十万元以上一百万元以下的罚款。

第一百一十条 违反本法规定,有下列行为之一,由依照本法规定行使海洋环境监督管理权的部门或者机构责令改正,处以罚款:

(一)未在船上备有有害材料清单,未在船舶建造、营运和维修过程中持续更新有害材料清单,或者未在船舶拆解前将有害材料清单提供给从事船舶拆解单位的;

(二)船舶未持有防污证书、防污文书,或者不按照规定监测、监控,如实记载和保存船舶污染物、压载水和沉积物的排放及操作记录的;

(三)船舶采取措施提高能效水平未达到有关规定的;

(四)进入控制区的船舶不符合船舶污染物排放相关控制要求的;

(五)具备岸电供应能力的港口经营人、岸电供电企业未按照国家规定为具备岸电使用条件的船舶提供岸电的;

(六)具备岸电使用条件的船舶靠港,不按照国家规定使用岸电的。

有前款第一项行为的,处二万元以下的罚款;有前款第二项行为的,处十万元以下的罚款;有前款第三项行为的,处一万元以上十万元以下的罚款;有前款第四项行为的,处三万元以上三十万元以下的罚款;有前款第五项、第六项行为之一的,处一万元以上十万元以下的罚款,情节严重的,处十万元以上五十万元以下的罚款。

第一百一十一条 违反本法规定,有下列行为之一,由依照本法规定行使海洋环境监督管理权的部门或者机构责令改正,处以罚款:

(一)拒报或者谎报船舶载运污染危害性货物申报事项的;

(二)托运人未将托运的污染危害性货物的正式名称、污染危害性以及应当采取的防护措施如实告知承运人的;

(三)托运人交付承运人的污染危害性货物的单证、包装、标志、数量限制不符合对所交付货物的有关规定的;

(四)托运人在托运的普通货物中夹带污染危害性货物或者将污染危害性货物谎报为普通货物的;

(五)需要船舶载运污染危害性不明的货物,未按照有关规定事先进行评估的。

有前款第一项行为的,处五万元以下的罚款;有前款第二项行为的,处五万元以上十万元以下的罚款;有前款第三项、第五项行为之一的,处二万元以上十万元以下的罚款;有前款第四项行为的,处十万元以上二十万元以下的罚款。

第一百一十二条 违反本法规定,有下列行为之一,由依照本法规定行使海洋环境监督管理权的部门或者机构责令改正,处一万元以上五万元以下的罚款:

（一）载运具有污染危害性货物的船舶未经许可进出港口或者装卸作业的；

（二）装卸油类及有毒有害货物的作业，船岸双方未遵守安全防污操作规程的；

（三）船舶进行散装液体污染危害性货物的过驳作业，未编制作业方案或者未按照有关规定报经批准的。

第一百一十三条 企业事业单位和其他生产经营者违反本法规定向海域排放、倾倒、处置污染物、废弃物或者其他物质，受到罚款处罚，被责令改正的，依法作出处罚决定的部门或者机构应当组织复查，发现其继续实施该违法行为或者拒绝、阻挠复查的，依照《中华人民共和国环境保护法》的规定按日连续处罚。

第一百一十四条 对污染海洋环境、破坏海洋生态，造成他人损害的，依照《中华人民共和国民法典》等法律的规定承担民事责任。

对污染海洋环境、破坏海洋生态，给国家造成重大损失的，由依照本法规定行使海洋环境监督管理权的部门代表国家对责任者提出损害赔偿要求。

前款规定的部门不提起诉讼的，人民检察院可以向人民法院提起诉讼。前款规定的部门提起诉讼的，人民检察院可以支持起诉。

第一百一十五条 对违反本法规定，造成海洋环境污染、生态破坏事故的单位，除依法承担赔偿责任外，由依照本法规定行使海洋环境监督管理权的部门或者机构处以罚款；对直接负责的主管人员和其他直接责任人员可以处上一年度从本单位取得收入百分之五十以下的罚款；直接负责的主管人员和其他直接责任人员属于公职人员的，依法给予处分。

对造成一般或者较大海洋环境污染、生态破坏事故的，按照直接损失的百分之二十计算罚款；对造成重大或者特大海洋环境污染、生态破坏事故的，按照直接损失的百分之三十计算罚款。

第一百一十六条 完全属于下列情形之一，经过及时采取合理措施，仍然不能避免对海洋环境造成污染损害的，造成污染损害的有关责任者免予承担责任：

（一）战争；

（二）不可抗拒的自然灾害；

（三）负责灯塔或者其他助航设备的主管部门，在执行职责时的疏忽，或者其他过失行为。

第一百一十七条 未依照本法规定缴纳倾倒费的，由国务院生态环境主管部门及其海域派出机构责令限期缴纳；逾期拒不缴纳的，处应缴纳倾倒费数额一倍以上三倍以下的罚款，并可以报经有批准权的人民政府批准，责令停业、关闭。

第一百一十八条 海洋环境监督管理人员滥用职权、玩忽职守、徇私舞弊，造成海洋环境污染损害、生态破坏的，依法给予处分。

第一百一十九条 违反本法规定，构成违反治安管理行为的，依法给予治安管理处罚；构成犯罪的，依法追究刑事责任。

第九章 附 则

第一百二十条 本法中下列用语的含义是：

（一）海洋环境污染损害，是指直接或者间接地把物质或者能量引入海洋环境，产生损害海洋生物资源、危害人体健康、妨害渔业和海上其他合法活动、损害海水使用素质和减损环境质量等有害影响。

（二）内水，是指我国领海基线向内陆一侧的所有海域。

（三）沿海陆域，是指与海岸相连，或者通过管道、沟渠、设施，直接或者间接向海洋排放污染物及其相关活动的一带区域。

（四）滨海湿地，是指低潮时水深不超过六米的水域及其沿岸浸湿地带，包括水深不超过六米的永久性水域、潮间带（或者洪泛地带）和沿海低地等，但是用于养殖的人工的水域和滩涂除外。

（五）陆地污染源（简称陆源），是指从陆地向海域排放污染物，造成或者可能造成海洋环境污染的场所、设施等。

（六）陆源污染物，是指由陆地污染源排放的污染物。

（七）倾倒，是指通过船舶、航空器、平台或者其他载运工具，向海洋处置废弃物和其他有害物质的行为，包括弃置船舶、航空器、平台及其辅助设施和其他浮动工具的行为。

（八）海岸线，是指多年大潮平均高潮位时海陆分界痕迹线，以国家组织开展的海岸线修测结果为准。

（九）入海河口，是指河流终端与受水体（海）相结合的地段。

（十）海洋生态灾害，是指受自然环境变化或者人为因素影响，导致一种或者多种海洋生物暴发性增殖或者高度聚集，对海洋生态系统结构和功能造成损害。

（十一）渔业水域，是指鱼虾蟹贝类的产卵场、索饵场、越冬场、洄游通道和鱼虾蟹贝藻类及其他水生动植物的养殖场。

（十二）排放，是指把污染物排入海洋的行为，包括泵出、溢出、泄出、喷出和倒出。

（十三）油类，是指任何类型的油及其炼制品。

（十四）入海排污口，是指直接或者通过管道、沟、渠等排污通道向海洋环境水体排放污水的口门，包括工业排污口、城镇污水处理厂排污口、农业排口及其他排口等类型。

（十五）油性混合物，是指任何含有油份的混合物。

（十六）海上焚烧，是指以热摧毁为目的，在海上焚烧设施上，故意焚烧废弃物或者其他物质的行为，但是船舶、平台或者其他人工构造物正常操作中所附带发生的行为除外。

第一百二十一条　涉及海洋环境监督管理的有关部门的具体职权划分，本法未作规定的，由国务院规定。

沿海县级以上地方人民政府行使海洋环境监督管理权的部门的职责，由省、自治区、直辖市人民政府根据本法及国务院有关规定确定。

第一百二十二条　军事船舶和军事用海环境保护管理办法，由国务院、中央军事委员会依照本法制定。

第一百二十三条　中华人民共和国缔结或者参加的与海洋环境保护有关的国际条约与本法有不同规定的，适用国际条约的规定；但是，中华人民共和国声明保留的条款除外。

第一百二十四条　本法自 2024 年 1 月 1 日起施行。

中华人民共和国公司法

（1993 年 12 月 29 日第八届全国人民代表大会常务委员会第五次会议通过　根据 1999 年 12 月 25 日第九届全国人民代表大会常务委员会第十三次会议《关于修改〈中华人民共和国公司法〉的决定》第一次修正　根据 2004 年 8 月 28 日第十届全国人民代表大会常务委员会第十一次会议《关于修改〈中华人民共和国公司法〉的决定》第二次修正　2005 年 10 月 27 日第十届全国人民代表大会常务委员会第十八次会议第一次修订　根据 2013 年 12 月 28 日第十二届全国人民代表大会常务委员会第六次会议《关于修改〈中华人民共和国海洋环境保护法〉等七部法律的决定》第三次修正　根据 2018 年 10 月 26 日第十三届全国人民代表大会常务委员会第六次会议《关于修改〈中华人民共和国公司法〉的决定》第四次修正　2023 年 12 月 29 日第十四届全国人民代表大会常务委员会第七次会议第二次修订　2023 年 12 月 29 日中华人民共和国主席令第十五号公布　自 2024 年 7 月 1 日起施行）

第一章　总　则

第一条　为了规范公司的组织和行为，保护公司、股东、职工和债权人的合法权益，完善中国特色现代企业制度，弘扬企业家精神，维护社会经济秩序，促进社会主义市场经济的发展，根据宪法，制定本法。

第二条　本法所称公司，是指依照本法在中华人民共和国境内设立的有限责任公司和股份有限公司。

第三条　公司是企业法人，有独立的法人财产，享有法人财产权。公司以其全部财产对公司的债务承担责任。

公司的合法权益受法律保护,不受侵犯。

第四条 有限责任公司的股东以其认缴的出资额为限对公司承担责任;股份有限公司的股东以其认购的股份为限对公司承担责任。

公司股东对公司依法享有资产收益、参与重大决策和选择管理者等权利。

第五条 设立公司应当依法制定公司章程。公司章程对公司、股东、董事、监事、高级管理人员具有约束力。

第六条 公司应当有自己的名称。公司名称应当符合国家有关规定。

公司的名称权受法律保护。

第七条 依照本法设立的有限责任公司,应当在公司名称中标明有限责任公司或者有限公司字样。

依照本法设立的股份有限公司,应当在公司名称中标明股份有限公司或者股份公司字样。

第八条 公司以其主要办事机构所在地为住所。

第九条 公司的经营范围由公司章程规定。公司可以修改公司章程,变更经营范围。

公司的经营范围中属于法律、行政法规规定须经批准的项目,应当依法经过批准。

第十条 公司的法定代表人按照公司章程的规定,由代表公司执行公司事务的董事或者经理担任。

担任法定代表人的董事或者经理辞任的,视为同时辞去法定代表人。

法定代表人辞任的,公司应当在法定代表人辞任之日起三十日内确定新的法定代表人。

第十一条 法定代表人以公司名义从事的民事活动,其法律后果由公司承受。

公司章程或者股东会对法定代表人职权的限制,不得对抗善意相对人。

法定代表人因执行职务造成他人损害的,由公司承担民事责任。公司承担民事责任后,依照法律或者公司章程的规定,可以向有过错的法定代表人追偿。

第十二条 有限责任公司变更为股份有限公司,应当符合本法规定的股份有限公司的条件。股份有限公司变更为有限责任公司,应当符合本法规定的有限责任公司的条件。

有限责任公司变更为股份有限公司的,或者股份有限公司变更为有限责任公司的,公司变更前的债权、债务由变更后的公司承继。

第十三条 公司可以设立子公司。子公司具有法人资格,依法独立承担民事责任。

公司可以设立分公司。分公司不具有法人资格,其民事责任由公司承担。

第十四条 公司可以向其他企业投资。

法律规定公司不得成为对所投资企业的债务承担连带责任的出资人的,从其规定。

第十五条 公司向其他企业投资或者为他人提供担保,按照公司章程的规定,由董事会或者股东会决议;公司章程对投资或者担保的总额及单项投资或者担保的数额有限额规定的,不得超过规定的限额。

公司为公司股东或者实际控制人提供担保的,应当经股东会决议。

前款规定的股东或者受前款规定的实际控制人支配的股东,不得参加前款规定事项的表决。该项表决由出席会议的其他股东所持表决权的过半数通过。

第十六条 公司应当保护职工的合法权益,依法与职工签订劳动合同,参加社会保险,加强劳动保护,实现安全生产。

公司应当采用多种形式,加强公司职工的职业教育和岗位培训,提高职工素质。

第十七条 公司职工依照《中华人民共和国工会法》组织工会,开展工会活动,维护职工合法权益。公司应当为本公司工会提供必要的活动条件。公司工会代表职工就职工的劳动报酬、工作时间、休息休假、劳动安全卫生和保险福利等事项依法与公司签订集体合同。

公司依照宪法和有关法律的规定,建立健全以职工代表大会为基本形式的民主管理制度,通过职工代表大会或者其他形式,实行民主管理。

公司研究决定改制、解散、申请破产以及经营方面的重大问题、制定重要的规章制度时,应当听取公司工会的意见,并通过职工代表大会或者其他形式听取职工的意见和建议。

第十八条 在公司中,根据中国共产党章程的规定,设立中国共产党的组织,开展党的活动。公司应当为党组织的活动提供必要条件。

第十九条 公司从事经营活动,应当遵守法律法规,遵守社会公德、商业道德,诚实守信,接受政府和社会公众的监督。

第二十条 公司从事经营活动,应当充分考虑公司职工、消费者等利益相关者的利益以及生态环境保护等社会公共利益,承担社会责任。

国家鼓励公司参与社会公益活动,公布社会责任报告。

第二十一条 公司股东应当遵守法律、行政法规和公司章程,依法行使股东权利,不得滥用股东权利损害公司或者其他股东的利益。

公司股东滥用股东权利给公司或者其他股东造成损失的,应当承担赔偿责任。

第二十二条 公司的控股股东、实际控制人、董事、监事、高级管理人员不得利用关联关系损害公司利益。

违反前款规定,给公司造成损失的,应当承担赔偿责任。

第二十三条 公司股东滥用公司法人独立地位和股东有限责任,逃避债务,严重损害公司债权人利益的,应当对公司债务承担连带责任。

股东利用其控制的两个以上公司实施前款规定行为的,各公司应当对任一公司的债务承担连带责任。

只有一个股东的公司,股东不能证明公司财产独立于股东自己的财产的,应当对公司债务承担连带责任。

第二十四条 公司股东会、董事会、监事会召开会议和表决可以采用电子通信方式,公司章程另有规定的除外。

第二十五条 公司股东会、董事会的决议内容违反法律、行政法规的无效。

第二十六条 公司股东会、董事会的会议召集程序、表决方式违反法律、行政法规或者公司章程,或者决议内容违反公司章程的,股东自决议作出之日起六十日内,可以请求人民法院撤销。但是,股东

会、董事会的会议召集程序或者表决方式仅有轻微瑕疵,对决议未产生实质影响的除外。

未被通知参加股东会会议的股东自知道或者应当知道股东会决议作出之日起六十日内,可以请求人民法院撤销;自决议作出之日起一年内没有行使撤销权的,撤销权消灭。

第二十七条 有下列情形之一的,公司股东会、董事会的决议不成立:

(一)未召开股东会、董事会会议作出决议;

(二)股东会、董事会会议未对决议事项进行表决;

(三)出席会议的人数或者所持表决权数未达到本法或者公司章程规定的人数或者所持表决权数;

(四)同意决议事项的人数或者所持表决权数未达到本法或者公司章程规定的人数或者所持表决权数。

第二十八条 公司股东会、董事会决议被人民法院宣告无效、撤销或者确认不成立的,公司应当向公司登记机关申请撤销根据该决议已办理的登记。

股东会、董事会决议被人民法院宣告无效、撤销或者确认不成立的,公司根据该决议与善意相对人形成的民事法律关系不受影响。

第二章 公司登记

第二十九条 设立公司,应当依法向公司登记机关申请设立登记。

法律、行政法规规定设立公司必须报经批准的,应当在公司登记前依法办理批准手续。

第三十条 申请设立公司,应当提交设立登记申请书、公司章程等文件,提交的相关材料应当真实、合法和有效。

申请材料不齐全或者不符合法定形式的,公司登记机关应当一次性告知需要补正的材料。

第三十一条 申请设立公司,符合本法规定的设立条件的,由公司登记机关分别登记为有限责任公司或者股份有限公司;不符合本法规定的设立条件的,不得登记为有限责任公司或者股份有限公司。

第三十二条 公司登记事项包括:

(一)名称;

(二)住所;

（三）注册资本；

（四）经营范围；

（五）法定代表人的姓名；

（六）有限责任公司股东、股份有限公司发起人的姓名或者名称。

公司登记机关应当将前款规定的公司登记事项通过国家企业信用信息公示系统向社会公示。

第三十三条　依法设立的公司，由公司登记机关发给公司营业执照。公司营业执照签发日期为公司成立日期。

公司营业执照应当载明公司的名称、住所、注册资本、经营范围、法定代表人姓名等事项。

公司登记机关可以发给电子营业执照。电子营业执照与纸质营业执照具有同等法律效力。

第三十四条　公司登记事项发生变更的，应当依法办理变更登记。

公司登记事项未经登记或者未经变更登记，不得对抗善意相对人。

第三十五条　公司申请变更登记，应当向公司登记机关提交公司法定代表人签署的变更登记申请书、依法作出的变更决议或者决定等文件。

公司变更登记事项涉及修改公司章程的，应当提交修改后的公司章程。

公司变更法定代表人的，变更登记申请书由变更后的法定代表人签署。

第三十六条　公司营业执照记载的事项发生变更的，公司办理变更登记后，由公司登记机关换发营业执照。

第三十七条　公司因解散、被宣告破产或者其他法定事由需要终止的，应当依法向公司登记机关申请注销登记，由公司登记机关公告公司终止。

第三十八条　公司设立分公司，应当向公司登记机关申请登记，领取营业执照。

第三十九条　虚报注册资本、提交虚假材料或者采取其他欺诈手段隐瞒重要事实取得公司设立登记的，公司登记机关应当依照法律、行政法规的规定予以撤销。

第四十条　公司应当按照规定通过国家企业信用信息公示系统公示下列事项：

（一）有限责任公司股东认缴和实缴的出资额、出资方式和出资日期，股份有限公司发起人认购的股份数；

（二）有限责任公司股东、股份有限公司发起人的股权、股份变更信息；

（三）行政许可取得、变更、注销等信息；

（四）法律、行政法规规定的其他信息。

公司应当确保前款公示信息真实、准确、完整。

第四十一条　公司登记机关应当优化公司登记办理流程，提高公司登记效率，加强信息化建设，推行网上办理等便捷方式，提升公司登记便利化水平。

国务院市场监督管理部门根据本法和有关法律、行政法规的规定，制定公司登记注册的具体办法。

第三章　有限责任公司的设立和组织机构

第一节　设　立

第四十二条　有限责任公司由一个以上五十个以下股东出资设立。

第四十三条　有限责任公司设立时的股东可以签订设立协议，明确各自在公司设立过程中的权利和义务。

第四十四条　有限责任公司设立时的股东为设立公司从事的民事活动，其法律后果由公司承受。

公司未成立的，其法律后果由公司设立时的股东承受；设立时的股东为二人以上的，享有连带债权，承担连带债务。

设立时的股东为设立公司以自己的名义从事民事活动产生的民事责任，第三人有权选择请求公司或者公司设立时的股东承担。

设立时的股东因履行公司设立职责造成他人损害的，公司或者无过错的股东承担赔偿责任后，可以向有过错的股东追偿。

第四十五条　设立有限责任公司，应当由股东共同制定公司章程。

第四十六条　有限责任公司章程应当载明下列事项：

（一）公司名称和住所；

（二）公司经营范围；

（三）公司注册资本；

（四）股东的姓名或者名称；

（五）股东的出资额、出资方式和出资日期；

（六）公司的机构及其产生办法、职权、议事规则；

（七）公司法定代表人的产生、变更办法；

（八）股东会认为需要规定的其他事项。

股东应当在公司章程上签名或者盖章。

第四十七条　有限责任公司的注册资本为在公司登记机关登记的全体股东认缴的出资额。全体股东认缴的出资额由股东按照公司章程的规定自公司成立之日起五年内缴足。

法律、行政法规以及国务院决定对有限责任公司注册资本实缴、注册资本最低限额、股东出资期限另有规定的，从其规定。

第四十八条　股东可以用货币出资，也可以用实物、知识产权、土地使用权、股权、债权等可以用货币估价并可以依法转让的非货币财产作价出资；但是，法律、行政法规规定不得作为出资的财产除外。

对作为出资的非货币财产应当评估作价，核实财产，不得高估或者低估作价。法律、行政法规对评估作价有规定的，从其规定。

第四十九条　股东应当按期足额缴纳公司章程规定的各自所认缴的出资额。

股东以货币出资的，应当将货币出资足额存入有限责任公司在银行开设的账户；以非货币财产出资的，应当依法办理其财产权的转移手续。

股东未按期足额缴纳出资的，除应当向公司足额缴纳外，还应当对给公司造成的损失承担赔偿责任。

第五十条　有限责任公司设立时，股东未按照公司章程规定实际缴纳出资，或者实际出资的非货币财产的实际价额显著低于所认缴的出资额的，设立时的其他股东与该股东在出资不足的范围内承担连带责任。

第五十一条　有限责任公司成立后，董事会应当对股东的出资情况进行核查，发现股东未按期足额缴纳公司章程规定的出资的，应当由公司向该股东发出书面催缴书，催缴出资。

未及时履行前款规定的义务，给公司造成损失的，负有责任的董事应当承担赔偿责任。

第五十二条　股东未按照公司章程规定的出资日期缴纳出资，公司依照前条第一款规定发出书面催缴书催缴出资的，可以载明缴纳出资的宽限期；宽限期自公司发出催缴书之日起，不得少于六十日。宽限期届满，股东仍未履行出资义务的，公司经董事会决议可以向该股东发出失权通知，通知应当以书面形式发出。自通知发出之日起，该股东丧失其未缴纳出资的股权。

依照前款规定丧失的股权应当依法转让，或者相应减少注册资本并注销该股权；六个月内未转让或者注销的，由公司其他股东按照其出资比例足额缴纳相应出资。

股东对失权有异议的，应当自接到失权通知之日起三十日内，向人民法院提起诉讼。

第五十三条　公司成立后，股东不得抽逃出资。

违反前款规定的，股东应当返还抽逃的出资；给公司造成损失的，负有责任的董事、监事、高级管理人员应当与该股东承担连带赔偿责任。

第五十四条　公司不能清偿到期债务的，公司或者已到期债权的债权人有权要求已认缴出资但未届出资期限的股东提前缴纳出资。

第五十五条　有限责任公司成立后，应当向股东签发出资证明书，记载下列事项：

（一）公司名称；

（二）公司成立日期；

（三）公司注册资本；

（四）股东的姓名或者名称、认缴和实缴的出资额、出资方式和出资日期；

（五）出资证明书的编号和核发日期。

出资证明书由法定代表人签名，并由公司盖章。

第五十六条　有限责任公司应当置备股东名册，记载下列事项：

（一）股东的姓名或者名称及住所；

（二）股东认缴和实缴的出资额、出资方式和出资日期；

（三）出资证明书编号；

（四）取得和丧失股东资格的日期。

记载于股东名册的股东，可以依股东名册主张行使股东权利。

第五十七条　股东有权查阅、复制公司章程、股东名册、股东会会议记录、董事会会议决议、监事会会议决议和财务会计报告。

股东可以要求查阅公司会计账簿、会计凭证。股东要求查阅公司会计账簿、会计凭证的，应当向公司提出书面请求，说明目的。公司有合理根据认为股东查阅会计账簿、会计凭证有不正当目的，可能损害公司合法利益的，可以拒绝提供查阅，并应当自股东提出书面请求之日起十五日内书面答复股东并说明理由。公司拒绝提供查阅的，股东可以向人民法院提起诉讼。

股东查阅前款规定的材料，可以委托会计师事务所、律师事务所等中介机构进行。

股东及其委托的会计师事务所、律师事务所等中介机构查阅、复制有关材料，应当遵守有关保护国家秘密、商业秘密、个人隐私、个人信息等法律、行政法规的规定。

股东要求查阅、复制公司全资子公司相关材料的，适用前四款的规定。

第二节　组织机构

第五十八条　有限责任公司股东会由全体股东组成。股东会是公司的权力机构，依照本法行使职权。

第五十九条　股东会行使下列职权：

（一）选举和更换董事、监事，决定有关董事、监事的报酬事项；

（二）审议批准董事会的报告；

（三）审议批准监事会的报告；

（四）审议批准公司的利润分配方案和弥补亏损方案；

（五）对公司增加或者减少注册资本作出决议；

（六）对发行公司债券作出决议；

（七）对公司合并、分立、解散、清算或者变更公司形式作出决议；

（八）修改公司章程；

（九）公司章程规定的其他职权。

股东会可以授权董事会对发行公司债券作出决议。

对本条第一款所列事项股东以书面形式一致表示同意的，可以不召开股东会会议，直接作出决定，并由全体股东在决定文件上签名或者盖章。

第六十条　只有一个股东的有限责任公司不设股东会。股东作出前条第一款所列事项的决定时，应当采用书面形式，并由股东签名或者盖章后置备于公司。

第六十一条　首次股东会会议由出资最多的股东召集和主持，依照本法规定行使职权。

第六十二条　股东会会议分为定期会议和临时会议。

定期会议应当按照公司章程的规定按时召开。代表十分之一以上表决权的股东、三分之一以上的董事或者监事会提议召开临时会议的，应当召开临时会议。

第六十三条　股东会会议由董事会召集，董事长主持；董事长不能履行职务或者不履行职务的，由副董事长主持；副董事长不能履行职务或者不履行职务的，由过半数的董事共同推举一名董事主持。

董事会不能履行或者不履行召集股东会会议职责的，由监事会召集和主持；监事会不召集和主持的，代表十分之一以上表决权的股东可以自行召集和主持。

第六十四条　召开股东会会议，应当于会议召开十五日前通知全体股东；但是，公司章程另有规定或者全体股东另有约定的除外。

股东会应当对所议事项的决定作成会议记录，出席会议的股东应当在会议记录上签名或者盖章。

第六十五条　股东会会议由股东按照出资比例行使表决权；但是，公司章程另有规定的除外。

第六十六条　股东会的议事方式和表决程序，除本法有规定的外，由公司章程规定。

股东会作出决议，应当经代表过半数表决权的股东通过。

股东会作出修改公司章程、增加或者减少注册资本的决议，以及公司合并、分立、解散或者变更公司形式的决议，应当经代表三分之二以上表决权的股东通过。

第六十七条　有限责任公司设董事会，本法第七十五条另有规定的除外。

董事会行使下列职权：

（一）召集股东会会议，并向股东会报告工作；

（二）执行股东会的决议；

（三）决定公司的经营计划和投资方案；

（四）制订公司的利润分配方案和弥补亏损方案；

（五）制订公司增加或者减少注册资本以及发行公司债券的方案；

（六）制订公司合并、分立、解散或者变更公司形式的方案；

（七）决定公司内部管理机构的设置；

（八）决定聘任或者解聘公司经理及其报酬事项，并根据经理的提名决定聘任或者解聘公司副经理、财务负责人及其报酬事项；

（九）制定公司的基本管理制度；

（十）公司章程规定或者股东会授予的其他职权。

公司章程对董事会职权的限制不得对抗善意相对人。

第六十八条　有限责任公司董事会成员为三人以上，其成员中可以有公司职工代表。职工人数三百人以上的有限责任公司，除依法设监事会并有公司职工代表的外，其董事会成员中应当有公司职工代表。董事会中的职工代表由公司职工通过职工代表大会、职工大会或者其他形式民主选举产生。

董事会设董事长一人，可以设副董事长。董事长、副董事长的产生办法由公司章程规定。

第六十九条　有限责任公司可以按照公司章程的规定在董事会中设置由董事组成的审计委员会，行使本法规定的监事会的职权，不设监事会或者监事。公司董事会成员中的职工代表可以成为审计委员会成员。

第七十条　董事任期由公司章程规定，但每届任期不得超过三年。董事任期届满，连选可以连任。

董事任期届满未及时改选，或者董事在任期内辞任导致董事会成员低于法定人数的，在改选出的董事就任前，原董事仍应当依照法律、行政法规和公司章程的规定，履行董事职务。

董事辞任的，应当以书面形式通知公司，公司收到通知之日辞任生效，但存在前款规定情形的，董事应当继续履行职务。

第七十一条　股东会可以决议解任董事，决议作出之日解任生效。

无正当理由，在任期届满前解任董事的，该董事可以要求公司予以赔偿。

第七十二条　董事会会议由董事长召集和主持；董事长不能履行职务或者不履行职务的，由副董事长召集和主持；副董事长不能履行职务或者不履行职务的，由过半数的董事共同推举一名董事召集和主持。

第七十三条　董事会的议事方式和表决程序，除本法有规定的外，由公司章程规定。

董事会会议应当有过半数的董事出席方可举行。董事会作出决议，应当经全体董事的过半数通过。

董事会决议的表决，应当一人一票。

董事会应当对所议事项的决定作成会议记录，出席会议的董事应当在会议记录上签名。

第七十四条　有限责任公司可以设经理，由董事会决定聘任或者解聘。

经理对董事会负责，根据公司章程的规定或者董事会的授权行使职权。经理列席董事会会议。

第七十五条　规模较小或者股东人数较少的有限责任公司，可以不设董事会，设一名董事，行使本法规定的董事会的职权。该董事可以兼任公司经理。

第七十六条　有限责任公司设监事会，本法第六十九条、第八十三条另有规定的除外。

监事会成员为三人以上。监事会成员应当包括股东代表和适当比例的公司职工代表，其中职工代表的比例不得低于三分之一，具体比例由公司章程规定。监事会中的职工代表由公司职工通过职工代表大会、职工大会或者其他形式民主选举产生。

监事会设主席一人，由全体监事过半数选举产生。监事会主席召集和主持监事会会议；监事会主席不能履行职务或者不履行职务的，由过半数的监事共同推举一名监事召集和主持监事会会议。

董事、高级管理人员不得兼任监事。

第七十七条　监事的任期每届为三年。监事任期届满，连选可以连任。

监事任期届满未及时改选，或者监事在任期内辞任导致监事会成员低于法定人数的，在改选出的监事就任前,原监事仍应当依照法律、行政法规和公司章程的规定,履行监事职务。

第七十八条 监事会行使下列职权:

(一)检查公司财务;

(二)对董事、高级管理人员执行职务的行为进行监督,对违反法律、行政法规、公司章程或者股东会决议的董事、高级管理人员提出解任的建议;

(三)当董事、高级管理人员的行为损害公司的利益时,要求董事、高级管理人员予以纠正;

(四)提议召开临时股东会会议,在董事会不履行本法规定的召集和主持股东会会议职责时召集和主持股东会会议;

(五)向股东会会议提出提案;

(六)依照本法第一百八十九条的规定,对董事、高级管理人员提起诉讼;

(七)公司章程规定的其他职权。

第七十九条 监事可以列席董事会会议,并对董事会决议事项提出质询或者建议。

监事会发现公司经营情况异常,可以进行调查;必要时,可以聘请会计师事务所等协助其工作,费用由公司承担。

第八十条 监事会可以要求董事、高级管理人员提交执行职务的报告。

董事、高级管理人员应当如实向监事会提供有关情况和资料,不得妨碍监事会或者监事行使职权。

第八十一条 监事会每年度至少召开一次会议,监事可以提议召开临时监事会会议。

监事会的议事方式和表决程序,除本法有规定的外,由公司章程规定。

监事会决议应当经全体监事的过半数通过。

监事会决议的表决,应当一人一票。

监事会应当对所议事项的决定作成会议记录,出席会议的监事应当在会议记录上签名。

第八十二条 监事会行使职权所必需的费用,由公司承担。

第八十三条 规模较小或者股东人数较少的有限责任公司,可以不设监事会,设一名监事,行使本法规定的监事会的职权;经全体股东一致同意,也可以不设监事。

第四章 有限责任公司的股权转让

第八十四条 有限责任公司的股东之间可以相互转让其全部或者部分股权。

股东向股东以外的人转让股权的,应当将股权转让的数量、价格、支付方式和期限等事项书面通知其他股东,其他股东在同等条件下有优先购买权。股东自接到书面通知之日起三十日内未答复的,视为放弃优先购买权。两个以上股东行使优先购买权的,协商确定各自的购买比例;协商不成的,按照转让时各自的出资比例行使优先购买权。

公司章程对股权转让另有规定的,从其规定。

第八十五条 人民法院依照法律规定的强制执行程序转让股东的股权时,应当通知公司及全体股东,其他股东在同等条件下有优先购买权。其他股东自人民法院通知之日起满二十日不行使优先购买权的,视为放弃优先购买权。

第八十六条 股东转让股权的,应当书面通知公司,请求变更股东名册;需要办理变更登记的,并请求公司向公司登记机关办理变更登记。公司拒绝或者在合理期限内不予答复的,转让人、受让人可以依法向人民法院提起诉讼。

股权转让的,受让人自记载于股东名册时起可以向公司主张行使股东权利。

第八十七条 依照本法转让股权后,公司应当及时注销原股东的出资证明书,向新股东签发出资证明书,并相应修改公司章程和股东名册中有关股东及其出资额的记载。对公司章程的该项修改不需再由股东会表决。

第八十八条 股东转让已认缴出资但未届出资期限的股权的,由受让人承担缴纳该出资的义务;受让人未按期足额缴纳出资的,转让人对受让人未按期缴纳的出资承担补充责任。

未按照公司章程规定的出资日期缴纳出资或者作为出资的非货币财产的实际价额显著低于所认缴的出资额的股东转让股权的,转让人与受让人在出资不足的范围内承担连带责任;受让人不知道且不应当知道存在上述情形的,由转让人承担责任。

第八十九条 有下列情形之一的,对股东会该项决议投反对票的股东可以请求公司按照合理的价格收购其股权：

（一）公司连续五年不向股东分配利润，而公司该五年连续盈利，并且符合本法规定的分配利润条件；

（二）公司合并、分立、转让主要财产；

（三）公司章程规定的营业期限届满或者章程规定的其他解散事由出现，股东会通过决议修改章程使公司存续。

自股东会决议作出之日起六十日内，股东与公司不能达成股权收购协议的，股东可以自股东会决议作出之日起九十日内向人民法院提起诉讼。

公司的控股股东滥用股东权利，严重损害公司或者其他股东利益的，其他股东有权请求公司按照合理的价格收购其股权。

公司因本条第一款、第三款规定的情形收购的本公司股权，应当在六个月内依法转让或者注销。

第九十条 自然人股东死亡后，其合法继承人可以继承股东资格；但是，公司章程另有规定的除外。

第五章 股份有限公司的设立和组织机构

第一节 设 立

第九十一条 设立股份有限公司，可以采取发起设立或者募集设立的方式。

发起设立，是指由发起人认购设立公司时应发行的全部股份而设立公司。

募集设立，是指由发起人认购设立公司时应发行股份的一部分，其余股份向特定对象募集或者向社会公开募集而设立公司。

第九十二条 设立股份有限公司，应当有一人以上二百人以下为发起人，其中应当有半数以上的发起人在中华人民共和国境内有住所。

第九十三条 股份有限公司发起人承担公司筹办事务。

发起人应当签订发起人协议，明确各自在公司设立过程中的权利和义务。

第九十四条 设立股份有限公司，应当由发起人共同制订公司章程。

第九十五条 股份有限公司章程应当载明下列事项：

（一）公司名称和住所；

（二）公司经营范围；

（三）公司设立方式；

（四）公司注册资本、已发行的股份数和设立时发行的股份数，面额股的每股金额；

（五）发行类别股的，每一类别股的股份数及其权利和义务；

（六）发起人的姓名或者名称、认购的股份数、出资方式；

（七）董事会的组成、职权和议事规则；

（八）公司法定代表人的产生、变更办法；

（九）监事会的组成、职权和议事规则；

（十）公司利润分配办法；

（十一）公司的解散事由与清算办法；

（十二）公司的通知和公告办法；

（十三）股东会认为需要规定的其他事项。

第九十六条 股份有限公司的注册资本为在公司登记机关登记的已发行股份的股本总额。在发起人认购的股份缴足前，不得向他人募集股份。

法律、行政法规以及国务院决定对股份有限公司注册资本最低限额另有规定的，从其规定。

第九十七条 以发起设立方式设立股份有限公司的，发起人应当认足公司章程规定的公司设立时应发行的股份。

以募集设立方式设立股份有限公司的，发起人认购的股份不得少于公司章程规定的公司设立时应发行股份总数的百分之三十五；但是，法律、行政法规另有规定的，从其规定。

第九十八条 发起人应当在公司成立前按照其认购的股份全额缴纳股款。

发起人的出资，适用本法第四十八条、第四十九条第二款关于有限责任公司股东出资的规定。

第九十九条 发起人不按照其认购的股份缴纳股款，或者作为出资的非货币财产的实际价额显著低于所认购的股份的，其他发起人与该发起人在出资不足的范围内承担连带责任。

第一百条 发起人向社会公开募集股份，应当公告招股说明书，并制作认股书。认股书应当载明本法第一百五十四条第二款、第三款所列事项，由认股人填写认购的股份数、金额、住所,并签名或者盖章。认股人应当按照所认购股份足额缴纳股款。

第一百零一条 向社会公开募集股份的股款缴足后,应当经依法设立的验资机构验资并出具证明。

第一百零二条 股份有限公司应当制作股东名册并置备于公司。股东名册应当记载下列事项:

(一)股东的姓名或者名称及住所;

(二)各股东所认购的股份种类及股份数;

(三)发行纸面形式的股票的,股票的编号;

(四)各股东取得股份的日期。

第一百零三条 募集设立股份有限公司的发起人应当自公司设立时应发行股份的股款缴足之日起三十日内召开公司成立大会。发起人应当在成立大会召开十五日前将会议日期通知各认股人或者予以公告。成立大会应当有持有表决权过半数的认股人出席,方可举行。

以发起设立方式设立股份有限公司成立大会的召开和表决程序由公司章程或者发起人协议规定。

第一百零四条 公司成立大会行使下列职权:

(一)审议发起人关于公司筹办情况的报告;

(二)通过公司章程;

(三)选举董事、监事;

(四)对公司的设立费用进行审核;

(五)对发起人非货币财产出资的作价进行审核;

(六)发生不可抗力或者经营条件发生重大变化直接影响公司设立的,可以作出不设立公司的决议。

成立大会对前款所列事项作出决议,应当经出席会议的认股人所持表决权过半数通过。

第一百零五条 公司设立时应发行的股份未募足,或者发行股份的股款缴足后,发起人在三十日内未召开成立大会的,认股人可以按照所缴股款并加算银行同期存款利息,要求发起人返还。

发起人、认股人缴纳股款或者交付非货币财产出资后,除未按期募足股份、发起人未按期召开成立大会或者成立大会决议不设立公司的情形外,不得抽回其股本。

第一百零六条 董事会应当授权代表,于公司成立大会结束后三十日内向公司登记机关申请设立登记。

第一百零七条 本法第四十四条、第四十九条第三款、第五十一条、第五十二条、第五十三条的规定,适用于股份有限公司。

第一百零八条 有限责任公司变更为股份有限公司时,折合的实收股本总额不得高于公司净资产额。有限责任公司变更为股份有限公司,为增加注册资本公开发行股份时,应当依法办理。

第一百零九条 股份有限公司应当将公司章程、股东名册、股东会会议记录、董事会会议记录、监事会会议记录、财务会计报告、债券持有人名册置备于本公司。

第一百一十条 股东有权查阅、复制公司章程、股东名册、股东会会议记录、董事会会议决议、监事会会议决议、财务会计报告,对公司的经营提出建议或者质询。

连续一百八十日以上单独或者合计持有公司百分之三以上股份的股东要求查阅公司的会计账簿、会计凭证的,适用本法第五十七条第二款、第三款、第四款的规定。公司章程对持股比例有较低规定的,从其规定。

股东要求查阅、复制公司全资子公司相关材料的,适用前两款的规定。

上市公司股东查阅、复制相关材料的,应当遵守《中华人民共和国证券法》等法律、行政法规的规定。

第二节 股东会

第一百一十一条 股份有限公司股东会由全体股东组成。股东会是公司的权力机构,依照本法行使职权。

第一百一十二条 本法第五十九条第一款、第二款关于有限责任公司股东会职权的规定,适用于股份有限公司股东会。

本法第六十条关于只有一个股东的有限责任公司不设股东会的规定,适用于只有一个股东的股份有限公司。

第一百一十三条 股东会应当每年召开一次年会。有下列情形之一的,应当在两个月内召开临时股东会会议:

(一)董事人数不足本法规定人数或者公司章程所定人数的三分之二时;

（二）公司未弥补的亏损达股本总额三分之一时；

（三）单独或者合计持有公司百分之十以上股份的股东请求时；

（四）董事会认为必要时；

（五）监事会提议召开时；

（六）公司章程规定的其他情形。

第一百一十四条 股东会会议由董事会召集，董事长主持；董事长不能履行职务或者不履行职务的，由副董事长主持；副董事长不能履行职务或者不履行职务的，由过半数的董事共同推举一名董事主持。

董事会不能履行或者不履行召集股东会会议职责的，监事会应当及时召集和主持；监事会不召集和主持的，连续九十日以上单独或者合计持有公司百分之十以上股份的股东可以自行召集和主持。

单独或者合计持有公司百分之十以上股份的股东请求召开临时股东会会议的，董事会、监事会应当在收到请求之日起十日内作出是否召开临时股东会会议的决定，并书面答复股东。

第一百一十五条 召开股东会会议，应当将会议召开的时间、地点和审议的事项于会议召开二十日前通知各股东；临时股东会会议应当于会议召开十五日前通知各股东。

单独或者合计持有公司百分之一以上股份的股东，可以在股东会会议召开十日前提出临时提案并书面提交董事会。临时提案应当有明确议题和具体决议事项。董事会应当在收到提案后二日内通知其他股东，并将该临时提案提交股东会审议；但临时提案违反法律、行政法规或者公司章程的规定，或者不属于股东会职权范围的除外。公司不得提高提出临时提案股东的持股比例。

公开发行股份的公司，应当以公告方式作出前两款规定的通知。

股东会不得对通知中未列明的事项作出决议。

第一百一十六条 股东出席股东会会议，所持每一股份有一表决权，类别股股东除外。公司持有的本公司股份没有表决权。

股东会作出决议，应当经出席会议的股东所持表决权过半数通过。

股东会作出修改公司章程、增加或者减少注册资本的决议，以及公司合并、分立、解散或者变更公司形式的决议，应当经出席会议的股东所持表决权的三分之二以上通过。

第一百一十七条 股东会选举董事、监事，可以按照公司章程的规定或者股东会的决议，实行累积投票制。

本法所称累积投票制，是指股东会选举董事或者监事时，每一股份拥有与应选董事或者监事人数相同的表决权，股东拥有的表决权可以集中使用。

第一百一十八条 股东委托代理人出席股东会会议的，应当明确代理人代理的事项、权限和期限；代理人应当向公司提交股东授权委托书，并在授权范围内行使表决权。

第一百一十九条 股东会应当对所议事项的决定作成会议记录，主持人、出席会议的董事应当在会议记录上签名。会议记录应当与出席股东的签名册及代理出席的委托书一并保存。

第三节　董事会、经理

第一百二十条 股份有限公司设董事会，本法第一百二十八条另有规定的除外。

本法第六十七条、第六十八条第一款、第七十条、第七十一条的规定，适用于股份有限公司。

第一百二十一条 股份有限公司可以按照公司章程的规定在董事会中设置由董事组成的审计委员会，行使本法规定的监事会的职权，不设监事会或者监事。

审计委员会成员为三名以上，过半数成员不得在公司担任除董事以外的其他职务，且不得与公司存在任何可能影响其独立客观判断的关系。公司董事会成员中的职工代表可以成为审计委员会成员。

审计委员会作出决议，应当经审计委员会成员的过半数通过。

审计委员会决议的表决，应当一人一票。

审计委员会的议事方式和表决程序，除本法有规定的外，由公司章程规定。

公司可以按照公司章程的规定在董事会中设置其他委员会。

第一百二十二条 董事会设董事长一人，可以设副董事长。董事长和副董事长由董事会以全体董事的过半数选举产生。

董事长召集和主持董事会会议,检查董事会决议的实施情况。副董事长协助董事长工作,董事长不能履行职务或者不履行职务的,由副董事长履行职务;副董事长不能履行职务或者不履行职务的,由过半数的董事共同推举一名董事履行职务。

第一百二十三条 董事会每年度至少召开两次会议,每次会议应当于会议召开十日前通知全体董事和监事。

代表十分之一以上表决权的股东、三分之一以上董事或者监事会,可以提议召开临时董事会会议。董事长应当自接到提议后十日内,召集和主持董事会会议。

董事会召开临时会议,可以另定召集董事会的通知方式和通知时限。

第一百二十四条 董事会会议应当有过半数的董事出席方可举行。董事会作出决议,应当经全体董事的过半数通过。

董事会决议的表决,应当一人一票。

董事会应当对所议事项的决定作成会议记录,出席会议的董事应当在会议记录上签名。

第一百二十五条 董事会会议,应当由董事本人出席;董事因故不能出席,可以书面委托其他董事代为出席,委托书应当载明授权范围。

董事应当对董事会的决议承担责任。董事会的决议违反法律、行政法规或者公司章程、股东会决议,给公司造成严重损失的,参与决议的董事对公司负赔偿责任;经证明在表决时曾表明异议并记载于会议记录的,该董事可以免除责任。

第一百二十六条 股份有限公司设经理,由董事会决定聘任或者解聘。

经理对董事会负责,根据公司章程的规定或者董事会的授权行使职权。经理列席董事会会议。

第一百二十七条 公司董事会可以决定由董事会成员兼任经理。

第一百二十八条 规模较小或者股东人数较少的股份有限公司,可以不设董事会,设一名董事,行使本法规定的董事会的职权。该董事可以兼任公司经理。

第一百二十九条 公司应当定期向股东披露董事、监事、高级管理人员从公司获得报酬的情况。

第四节 监事会

第一百三十条 股份有限公司设监事会,本法第一百二十一条第一款、第一百三十三条另有规定的除外。

监事会成员为三人以上。监事会成员应当包括股东代表和适当比例的公司职工代表,其中职工代表的比例不得低于三分之一,具体比例由公司章程规定。监事会中的职工代表由公司职工通过职工代表大会、职工大会或者其他形式民主选举产生。

监事会设主席一人,可以设副主席。监事会主席和副主席由全体监事过半数选举产生。监事会主席召集和主持监事会会议;监事会主席不能履行职务或者不履行职务的,由监事会副主席召集和主持监事会会议;监事会副主席不能履行职务或者不履行职务的,由过半数的监事共同推举一名监事召集和主持监事会会议。

董事、高级管理人员不得兼任监事。

本法第七十七条关于有限责任公司监事任期的规定,适用于股份有限公司监事。

第一百三十一条 本法第七十八条至第八十条的规定,适用于股份有限公司监事会。

监事会行使职权所必需的费用,由公司承担。

第一百三十二条 监事会每六个月至少召开一次会议。监事可以提议召开临时监事会会议。

监事会的议事方式和表决程序,除本法有规定的外,由公司章程规定。

监事会决议应当经全体监事的过半数通过。

监事会决议的表决,应当一人一票。

监事会应当对所议事项的决定作成会议记录,出席会议的监事应当在会议记录上签名。

第一百三十三条 规模较小或者股东人数较少的股份有限公司,可以不设监事会,设一名监事,行使本法规定的监事会的职权。

第五节 上市公司组织机构的特别规定

第一百三十四条 本法所称上市公司,是指其股票在证券交易所上市交易的股份有限公司。

第一百三十五条 上市公司在一年内购买、出售重大资产或者向他人提供担保的金额超过公司资产总额百分之三十的,应当由股东会作出决议,并经出席会议的股东所持表决权的三分之二以上通过。

第一百三十六条 上市公司设独立董事,具体管理办法由国务院证券监督管理机构规定。

上市公司的公司章程除载明本法第九十五条规定的事项外,还应当依照法律、行政法规的规定载明董事会专门委员会的组成、职权以及董事、监事、高级管理人员薪酬考核机制等事项。

第一百三十七条 上市公司在董事会中设置审计委员会的,董事会对下列事项作出决议前应当经审计委员会全体成员过半数通过:

(一)聘用、解聘承办公司审计业务的会计师事务所;

(二)聘任、解聘财务负责人;

(三)披露财务会计报告;

(四)国务院证券监督管理机构规定的其他事项。

第一百三十八条 上市公司设董事会秘书,负责公司股东会和董事会会议的筹备、文件保管以及公司股东资料的管理,办理信息披露事务等事宜。

第一百三十九条 上市公司董事与董事会会议决议事项所涉及的企业或者个人有关联关系的,该董事应当及时向董事会书面报告。有关联关系的董事不得对该项决议行使表决权,也不得代理其他董事行使表决权。该董事会会议由过半数的无关联关系董事出席即可举行,董事会会议所作决议须经无关联关系董事过半数通过。出席董事会会议的无关联关系董事人数不足三人的,应当将该事项提交上市公司股东会审议。

第一百四十条 上市公司应当依法披露股东、实际控制人的信息,相关信息应当真实、准确、完整。

禁止违反法律、行政法规的规定代持上市公司股票。

第一百四十一条 上市公司控股子公司不得取得该上市公司的股份。

上市公司控股子公司因公司合并、质权行使等原因持有上市公司股份的,不得行使所持股份对应

的表决权,并应当及时处分相关上市公司股份。

第六章 股份有限公司的股份发行和转让

第一节 股份发行

第一百四十二条 公司的资本划分为股份。公司的全部股份,根据公司章程的规定择一采用面额股或者无面额股。采用面额股的,每一股的金额相等。

公司可以根据公司章程的规定将已发行的面额股全部转换为无面额股或者将无面额股全部转换为面额股。

采用无面额股的,应当将发行股份所得股款的二分之一以上计入注册资本。

第一百四十三条 股份的发行,实行公平、公正的原则,同类别的每一股份应当具有同等权利。

同次发行的同类别股份,每股的发行条件和价格应当相同;认购人所认购的股份,每股应当支付相同价额。

第一百四十四条 公司可以按照公司章程的规定发行下列与普通股权利不同的类别股:

(一)优先或者劣后分配利润或者剩余财产的股份;

(二)每一股的表决权数多于或者少于普通股的股份;

(三)转让须经公司同意等转让受限的股份;

(四)国务院规定的其他类别股。

公开发行股份的公司不得发行前款第二项、第三项规定的类别股;公开发行前已发行的除外。

公司发行本条第一款第二项规定的类别股的,对于监事或者审计委员会成员的选举和更换,类别股与普通股每一股的表决权数相同。

第一百四十五条 发行类别股的公司,应当在公司章程中载明以下事项:

(一)类别股分配利润或者剩余财产的顺序;

(二)类别股的表决权数;

(三)类别股的转让限制;

(四)保护中小股东权益的措施;

(五)股东会认为需要规定的其他事项。

第一百四十六条 发行类别股的公司,有本法

第一百一十六条第三款规定的事项等可能影响类别股股东权利的,除应当依照第一百一十六条第三款的规定经股东会决议外,还应当经出席类别股股东会议的股东所持表决权的三分之二以上通过。

公司章程可以对需经类别股股东会议决议的其他事项作出规定。

第一百四十七条　公司的股份采取股票的形式。股票是公司签发的证明股东所持股份的凭证。

公司发行的股票,应当为记名股票。

第一百四十八条　面额股股票的发行价格可以按票面金额,也可以超过票面金额,但不得低于票面金额。

第一百四十九条　股票采用纸面形式或者国务院证券监督管理机构规定的其他形式。

股票采用纸面形式的,应当载明下列主要事项:

(一)公司名称;

(二)公司成立日期或者股票发行的时间;

(三)股票种类、票面金额及代表的股份数,发行无面额股的,股票代表的股份数。

股票采用纸面形式的,还应当载明股票的编号,由法定代表人签名,公司盖章。

发起人股票采用纸面形式的,应当标明发起人股票字样。

第一百五十条　股份有限公司成立后,即向股东正式交付股票。公司成立前不得向股东交付股票。

第一百五十一条　公司发行新股,股东会应当对下列事项作出决议:

(一)新股种类及数额;

(二)新股发行价格;

(三)新股发行的起止日期;

(四)向原有股东发行新股的种类及数额;

(五)发行无面额股的,新股发行所得股款计入注册资本的金额。

公司发行新股,可以根据公司经营情况和财务状况,确定其作价方案。

第一百五十二条　公司章程或者股东会可以授权董事会在三年内决定发行不超过已发行股份百分之五十的股份。但以非货币财产作价出资的应当经股东会决议。

董事会依照前款规定决定发行股份导致公司注册资本、已发行股份数发生变化的,对公司章程该项记载事项的修改不需再由股东会表决。

第一百五十三条　公司章程或者股东会授权董事会决定发行新股的,董事会决议应当经全体董事三分之二以上通过。

第一百五十四条　公司向社会公开募集股份,应当经国务院证券监督管理机构注册,公告招股说明书。

招股说明书应当附有公司章程,并载明下列事项:

(一)发行的股份总数;

(二)面额股的票面金额和发行价格或者无面额股的发行价格;

(三)募集资金的用途;

(四)认股人的权利和义务;

(五)股份种类及其权利和义务;

(六)本次募股的起止日期及逾期未募足时认股人可以撤回所认股份的说明。

公司设立时发行股份的,还应当载明发起人认购的股份数。

第一百五十五条　公司向社会公开募集股份,应当由依法设立的证券公司承销,签订承销协议。

第一百五十六条　公司向社会公开募集股份,应当同银行签订代收股款协议。

代收股款的银行应当按照协议代收和保存股款,向缴纳股款的认股人出具收款单据,并负有向有关部门出具收款证明的义务。

公司发行股份募足股款后,应予公告。

第二节　股份转让

第一百五十七条　股份有限公司的股东持有的股份可以向其他股东转让,也可以向股东以外的人转让;公司章程对股份转让有限制的,其转让按照公司章程的规定进行。

第一百五十八条　股东转让其股份,应当在依法设立的证券交易场所进行或者按照国务院规定的其他方式进行。

第一百五十九条　股票的转让,由股东以背书方式或者法律、行政法规规定的其他方式进行;转让后由公司将受让人的姓名或者名称及住所记载于股东名册。

股东会会议召开前二十日内或者公司决定分配股利的基准日前五日内，不得变更股东名册。法律、行政法规或者国务院证券监督管理机构对上市公司股东名册变更另有规定的，从其规定。

第一百六十条 公司公开发行股份前已发行的股份，自公司股票在证券交易所上市交易之日起一年内不得转让。法律、行政法规或者国务院证券监督管理机构对上市公司的股东、实际控制人转让其所持有的本公司股份另有规定的，从其规定。

公司董事、监事、高级管理人员应当向公司申报所持有的本公司的股份及其变动情况，在就任时确定的任职期间每年转让的股份不得超过其所持有本公司股份总数的百分之二十五；所持本公司股份自公司股票上市交易之日起一年内不得转让。上述人员离职后半年内，不得转让其所持有的本公司股份。公司章程可以对公司董事、监事、高级管理人员转让其所持有的本公司股份作出其他限制性规定。

股份在法律、行政法规规定的限制转让期限内出质的，质权人不得在限制转让期限内行使质权。

第一百六十一条 有下列情形之一的，对股东会该项决议投反对票的股东可以请求公司按照合理的价格收购其股份，公开发行股份的公司除外：

（一）公司连续五年不向股东分配利润，而公司该五年连续盈利，并且符合本法规定的分配利润条件；

（二）公司转让主要财产；

（三）公司章程规定的营业期限届满或者章程规定的其他解散事由出现，股东会通过决议修改章程使公司存续。

自股东会决议作出之日起六十日内，股东与公司不能达成股份收购协议的，股东可以自股东会决议作出之日起九十日内向人民法院提起诉讼。

公司因本条第一款规定的情形收购的本公司股份，应当在六个月内依法转让或者注销。

第一百六十二条 公司不得收购本公司股份。但是，有下列情形之一的除外：

（一）减少公司注册资本；

（二）与持有本公司股份的其他公司合并；

（三）将股份用于员工持股计划或者股权激励；

（四）股东因对股东会作出的公司合并、分立决议持异议，要求公司收购其股份；

（五）将股份用于转换公司发行的可转换为股票的公司债券；

（六）上市公司为维护公司价值及股东权益所必需。

公司因前款第一项、第二项规定的情形收购本公司股份的，应当经股东会决议；公司因前款第三项、第五项、第六项规定的情形收购本公司股份的，可以按照公司章程或者股东会的授权，经三分之二以上董事出席的董事会会议决议。

公司依照本条第一款规定收购本公司股份后，属于第一项情形的，应当自收购之日起十日内注销；属于第二项、第四项情形的，应当在六个月内转让或者注销；属于第三项、第五项、第六项情形的，公司合计持有的本公司股份数不得超过本公司已发行股份总数的百分之十，并应当在三年内转让或者注销。

上市公司收购本公司股份的，应当依照《中华人民共和国证券法》的规定履行信息披露义务。上市公司因本条第一款第三项、第五项、第六项规定的情形收购本公司股份的，应当通过公开的集中交易方式进行。

公司不得接受本公司的股份作为质权的标的。

第一百六十三条 公司不得为他人取得本公司或者其母公司的股份提供赠予、借款、担保以及其他财务资助，公司实施员工持股计划的除外。

为公司利益，经股东会决议，或者董事会按照公司章程或者股东会的授权作出决议，公司可以为他人取得本公司或者其母公司的股份提供财务资助，但财务资助的累计总额不得超过已发行股本总额的百分之十。董事会作出决议应当经全体董事的三分之二以上通过。

违反前两款规定，给公司造成损失的，负有责任的董事、监事、高级管理人员应当承担赔偿责任。

第一百六十四条 股票被盗、遗失或者灭失，股东可以依照《中华人民共和国民事诉讼法》规定的公示催告程序，请求人民法院宣告该股票失效。人民法院宣告该股票失效后，股东可以向公司申请补发股票。

第一百六十五条 上市公司的股票，依照有关法律、行政法规及证券交易所交易规则上市交易。

第一百六十六条 上市公司应当依照法律、行政法规的规定披露相关信息。

第一百六十七条 自然人股东死亡后，其合法继承人可以继承股东资格；但是，股份转让受限的股份有限公司的章程另有规定的除外。

第七章 国家出资公司组织机构的特别规定

第一百六十八条 国家出资公司的组织机构，适用本章规定；本章没有规定的，适用本法其他规定。

本法所称国家出资公司，是指国家出资的国有独资公司、国有资本控股公司，包括国家出资的有限责任公司、股份有限公司。

第一百六十九条 国家出资公司，由国务院或者地方人民政府分别代表国家依法履行出资人职责，享有出资人权益。国务院或者地方人民政府可以授权国有资产监督管理机构或者其他部门、机构代表本级人民政府对国家出资公司履行出资人职责。

代表本级人民政府履行出资人职责的机构、部门，以下统称为履行出资人职责的机构。

第一百七十条 国家出资公司中中国共产党的组织，按照中国共产党章程的规定发挥领导作用，研究讨论公司重大经营管理事项，支持公司的组织机构依法行使职权。

第一百七十一条 国有独资公司章程由履行出资人职责的机构制定。

第一百七十二条 国有独资公司不设股东会，由履行出资人职责的机构行使股东会职权。履行出资人职责的机构可以授权公司董事会行使股东会的部分职权，但公司章程的制定和修改，公司的合并、分立、解散、申请破产，增加或者减少注册资本，分配利润，应当由履行出资人职责的机构决定。

第一百七十三条 国有独资公司的董事会依照本法规定行使职权。

国有独资公司的董事会成员中，应当过半数为外部董事，并应当有公司职工代表。

董事会成员由履行出资人职责的机构委派；但是，董事会成员中的职工代表由公司职工代表大会选举产生。

董事会设董事长一人，可以设副董事长。董事长、副董事长由履行出资人职责的机构从董事会成员中指定。

第一百七十四条 国有独资公司的经理由董事会聘任或者解聘。

经履行出资人职责的机构同意，董事会成员可以兼任经理。

第一百七十五条 国有独资公司的董事、高级管理人员，未经履行出资人职责的机构同意，不得在其他有限责任公司、股份有限公司或者其他经济组织兼职。

第一百七十六条 国有独资公司在董事会中设置由董事组成的审计委员会行使本法规定的监事会职权的，不设监事会或者监事。

第一百七十七条 国家出资公司应当依法建立健全内部监督管理和风险控制制度，加强内部合规管理。

第八章 公司董事、监事、高级管理人员的资格和义务

第一百七十八条 有下列情形之一的，不得担任公司的董事、监事、高级管理人员：

（一）无民事行为能力或者限制民事行为能力；

（二）因贪污、贿赂、侵占财产、挪用财产或者破坏社会主义市场经济秩序，被判处刑罚，或者因犯罪被剥夺政治权利，执行期满未逾五年，被宣告缓刑的，自缓刑考验期满之日起未逾二年；

（三）担任破产清算的公司、企业的董事或者厂长、经理，对该公司、企业的破产负有个人责任的，自该公司、企业破产清算完结之日起未逾三年；

（四）担任因违法被吊销营业执照、责令关闭的公司、企业的法定代表人，并负有个人责任的，自该公司、企业被吊销营业执照、责令关闭之日起未逾三年；

（五）个人因所负数额较大债务到期未清偿被人民法院列为失信被执行人。

违反前款规定选举、委派董事、监事或者聘任高级管理人员的，该选举、委派或者聘任无效。

董事、监事、高级管理人员在任职期间出现本条第一款所列情形的,公司应当解除其职务。

第一百七十九条 董事、监事、高级管理人员应当遵守法律、行政法规和公司章程。

第一百八十条 董事、监事、高级管理人员对公司负有忠实义务,应当采取措施避免自身利益与公司利益冲突,不得利用职权牟取不正当利益。

董事、监事、高级管理人员对公司负有勤勉义务,执行职务应当为公司的最大利益尽到管理者通常应有的合理注意。

公司的控股股东、实际控制人不担任公司董事但实际执行公司事务的,适用前两款规定。

第一百八十一条 董事、监事、高级管理人员不得有下列行为:

(一)侵占公司财产、挪用公司资金;

(二)将公司资金以其个人名义或者以其他个人名义开立账户存储;

(三)利用职权贿赂或者收受其他非法收入;

(四)接受他人与公司交易的佣金归己有;

(五)擅自披露公司秘密;

(六)违反对公司忠实义务的其他行为。

第一百八十二条 董事、监事、高级管理人员,直接或者间接与本公司订立合同或者进行交易,应当就与订立合同或者进行交易有关的事项向董事会或者股东会报告,并按照公司章程的规定经董事会或者股东会决议通过。

董事、监事、高级管理人员的近亲属,董事、监事、高级管理人员或者其近亲属直接或者间接控制的企业,以及与董事、监事、高级管理人员有其他关联关系的关联人,与公司订立合同或者进行交易,适用前款规定。

第一百八十三条 董事、监事、高级管理人员,不得利用职务便利为自己或者他人谋取属于公司的商业机会。但是,有下列情形之一的除外:

(一)向董事会或者股东会报告,并按照公司章程的规定经董事会或者股东会决议通过;

(二)根据法律、行政法规或者公司章程的规定,公司不能利用该商业机会。

第一百八十四条 董事、监事、高级管理人员未向董事会或者股东会报告,并按照公司章程的规定

经董事会或者股东会决议通过,不得自营或者为他人经营与其任职公司同类的业务。

第一百八十五条 董事会对本法第一百八十二条至第一百八十四条规定的事项决议时,关联董事不得参与表决,其表决权不计入表决权总数。出席董事会会议的无关联关系董事人数不足三人的,应当将该事项提交股东会审议。

第一百八十六条 董事、监事、高级管理人员违反本法第一百八十一条至第一百八十四条规定所得的收入应当归公司所有。

第一百八十七条 股东会要求董事、监事、高级管理人员列席会议的,董事、监事、高级管理人员应当列席并接受股东的质询。

第一百八十八条 董事、监事、高级管理人员执行职务违反法律、行政法规或者公司章程的规定,给公司造成损失的,应当承担赔偿责任。

第一百八十九条 董事、高级管理人员有前条规定的情形的,有限责任公司的股东、股份有限公司连续一百八十日以上单独或者合计持有公司百分之一以上股份的股东,可以书面请求监事会向人民法院提起诉讼;监事有前条规定的情形的,前述股东可以书面请求董事会向人民法院提起诉讼。

监事会或者董事会收到前款规定的股东书面请求后拒绝提起诉讼,或者自收到请求之日起三十日内未提起诉讼,或者情况紧急、不立即提起诉讼将会使公司利益受到难以弥补的损害的,前款规定的股东有权为公司利益以自己的名义直接向人民法院提起诉讼。

他人侵犯公司合法权益,给公司造成损失的,本条第一款规定的股东可以依照前两款的规定向人民法院提起诉讼。

公司全资子公司的董事、监事、高级管理人员有前条规定情形,或者他人侵犯公司全资子公司合法权益造成损失的,有限责任公司的股东、股份有限公司连续一百八十日以上单独或者合计持有公司百分之一以上股份的股东,可以依照前三款规定书面请求全资子公司的监事会、董事会向人民法院提起诉讼或者以自己的名义直接向人民法院提起诉讼。

第一百九十条 董事、高级管理人员违反法律、行政法规或者公司章程的规定,损害股东利益的,股

东可以向人民法院提起诉讼。

第一百九十一条　董事、高级管理人员执行职务,给他人造成损害的,公司应当承担赔偿责任;董事、高级管理人员存在故意或者重大过失的,也应当承担赔偿责任。

第一百九十二条　公司的控股股东、实际控制人指示董事、高级管理人员从事损害公司或者股东利益的行为的,与该董事、高级管理人员承担连带责任。

第一百九十三条　公司可以在董事任职期间为董事因执行公司职务承担的赔偿责任投保责任保险。

公司为董事投保责任保险或者续保后,董事会应当向股东会报告责任保险的投保金额、承保范围及保险费率等内容。

第九章　公司债券

第一百九十四条　本法所称公司债券,是指公司发行的约定按期还本付息的有价证券。

公司债券可以公开发行,也可以非公开发行。

公司债券的发行和交易应当符合《中华人民共和国证券法》等法律、行政法规的规定。

第一百九十五条　公开发行公司债券,应当经国务院证券监督管理机构注册,公告公司债券募集办法。

公司债券募集办法应当载明下列主要事项:

(一)公司名称;

(二)债券募集资金的用途;

(三)债券总额和债券的票面金额;

(四)债券利率的确定方式;

(五)还本付息的期限和方式;

(六)债券担保情况;

(七)债券的发行价格、发行的起止日期;

(八)公司净资产额;

(九)已发行的尚未到期的公司债券总额;

(十)公司债券的承销机构。

第一百九十六条　公司以纸面形式发行公司债券的,应当在债券上载明公司名称、债券票面金额、利率、偿还期限等事项,并由法定代表人签名,公司盖章。

第一百九十七条　公司债券应当为记名债券。

第一百九十八条　公司发行公司债券应当置备公司债券持有人名册。

发行公司债券的,应当在公司债券持有人名册上载明下列事项:

(一)债券持有人的姓名或者名称及住所;

(二)债券持有人取得债券的日期及债券的编号;

(三)债券总额,债券的票面金额、利率、还本付息的期限和方式;

(四)债券的发行日期。

第一百九十九条　公司债券的登记结算机构应当建立债券登记、存管、付息、兑付等相关制度。

第二百条　公司债券可以转让,转让价格由转让人与受让人约定。

公司债券的转让应当符合法律、行政法规的规定。

第二百零一条　公司债券由债券持有人以背书方式或者法律、行政法规规定的其他方式转让;转让后由公司将受让人的姓名或者名称及住所记载于公司债券持有人名册。

第二百零二条　股份有限公司经股东会决议,或者经公司章程、股东会授权由董事会决议,可以发行可转换为股票的公司债券,并规定具体的转换办法。上市公司发行可转换为股票的公司债券,应当经国务院证券监督管理机构注册。

发行可转换为股票的公司债券,应当在债券上标明可转换公司债券字样,并在公司债券持有人名册上载明可转换公司债券的数额。

第二百零三条　发行可转换为股票的公司债券的,公司应当按照其转换办法向债券持有人换发股票,但债券持有人对转换股票或者不转换股票有选择权。法律、行政法规另有规定的除外。

第二百零四条　公开发行公司债券的,应当为同期债券持有人设立债券持有人会议,并在债券募集办法中对债券持有人会议的召集程序、会议规则和其他重要事项作出规定。债券持有人会议可以对与债券持有人有利害关系的事项作出决议。

除公司债券募集办法另有约定外,债券持有人会议决议对同期全体债券持有人发生效力。

第二百零五条　公开发行公司债券的,发行人应当为债券持有人聘请债券受托管理人,由其为债券持有人办理受领清偿、债权保全、与债券相关的诉讼以及参与债务人破产程序等事项。

第二百零六条　债券受托管理人应当勤勉尽责,公正履行受托管理职责,不得损害债券持有人利益。

受托管理人与债券持有人存在利益冲突可能损害债券持有人利益的,债券持有人会议可以决议变更债券受托管理人。

债券受托管理人违反法律、行政法规或者债券持有人会议决议,损害债券持有人利益的,应当承担赔偿责任。

第十章　公司财务、会计

第二百零七条　公司应当依照法律、行政法规和国务院财政部门的规定建立本公司的财务、会计制度。

第二百零八条　公司应当在每一会计年度终了时编制财务会计报告,并依法经会计师事务所审计。

财务会计报告应当依照法律、行政法规和国务院财政部门的规定制作。

第二百零九条　有限责任公司应当按照公司章程规定的期限将财务会计报告送交各股东。

股份有限公司的财务会计报告应当在召开股东会年会的二十日前置备于本公司,供股东查阅;公开发行股份的股份有限公司应当公告其财务会计报告。

第二百一十条　公司分配当年税后利润时,应当提取利润的百分之十列入公司法定公积金。公司法定公积金累计额为公司注册资本的百分之五十以上的,可以不再提取。

公司的法定公积金不足以弥补以前年度亏损的,在依照前款规定提取法定公积金之前,应当先用当年利润弥补亏损。

公司从税后利润中提取法定公积金后,经股东会决议,还可以从税后利润中提取任意公积金。

公司弥补亏损和提取公积金后所余税后利润,有限责任公司按照股东实缴的出资比例分配利润,全体股东约定不按照出资比例分配利润的除外;股份有限公司按照股东所持有的股份比例分配利润,

公司章程另有规定的除外。

公司持有的本公司股份不得分配利润。

第二百一十一条　公司违反本法规定向股东分配利润的,股东应当将违反规定分配的利润退还公司;给公司造成损失的,股东及负有责任的董事、监事、高级管理人员应当承担赔偿责任。

第二百一十二条　股东会作出分配利润的决议的,董事会应当在股东会决议作出之日起六个月内进行分配。

第二百一十三条　公司以超过股票票面金额的发行价格发行股份所得的溢价款、发行无面额股所得股款未计入注册资本的金额以及国务院财政部门规定列入资本公积金的其他项目,应当列为公司资本公积金。

第二百一十四条　公司的公积金用于弥补公司的亏损、扩大公司生产经营或者转为增加公司注册资本。

公积金弥补公司亏损,应当先使用任意公积金和法定公积金;仍不能弥补的,可以按照规定使用资本公积金。

法定公积金转为增加注册资本时,所留存的该项公积金不得少于转增前公司注册资本的百分之二十五。

第二百一十五条　公司聘用、解聘承办公司审计业务的会计师事务所,按照公司章程的规定,由股东会、董事会或者监事会决定。

公司股东会、董事会或者监事会就解聘会计师事务所进行表决时,应当允许会计师事务所陈述意见。

第二百一十六条　公司应当向聘用的会计师事务所提供真实、完整的会计凭证、会计账簿、财务会计报告及其他会计资料,不得拒绝、隐匿、谎报。

第二百一十七条　公司除法定的会计账簿外,不得另立会计账簿。

对公司资金,不得以任何个人名义开立账户存储。

第十一章　公司合并、分立、增资、减资

第二百一十八条　公司合并可以采取吸收合并或者新设合并。

一个公司吸收其他公司为吸收合并,被吸收的公司解散。两个以上公司合并设立一个新的公司为新设合并,合并各方解散。

第二百一十九条 公司与其持股百分之九十以上的公司合并,被合并的公司不需经股东会决议,但应当通知其他股东,其他股东有权请求公司按照合理的价格收购其股权或者股份。

公司合并支付的价款不超过本公司净资产百分之十的,可以不经股东会决议;但是,公司章程另有规定的除外。

公司依照前两款规定合并不经股东会决议的,应当经董事会决议。

第二百二十条 公司合并,应当由合并各方签订合并协议,并编制资产负债表及财产清单。公司应当自作出合并决议之日起十日内通知债权人,并于三十日内在报纸上或者国家企业信用信息公示系统公告。债权人自接到通知之日起三十日内,未接到通知的自公告之日起四十五日内,可以要求公司清偿债务或者提供相应的担保。

第二百二十一条 公司合并时,合并各方的债权、债务,应当由合并后存续的公司或者新设的公司承继。

第二百二十二条 公司分立,其财产作相应的分割。

公司分立,应当编制资产负债表及财产清单。公司应当自作出分立决议之日起十日内通知债权人,并于三十日内在报纸上或者国家企业信用信息公示系统公告。

第二百二十三条 公司分立前的债务由分立后的公司承担连带责任。但是,公司在分立前与债权人就债务清偿达成的书面协议另有约定的除外。

第二百二十四条 公司减少注册资本,应当编制资产负债表及财产清单。

公司应当自股东会作出减少注册资本决议之日起十日内通知债权人,并于三十日内在报纸上或者国家企业信用信息公示系统公告。债权人自接到通知之日起三十日内,未接到通知的自公告之日起四十五日内,有权要求公司清偿债务或者提供相应的担保。

公司减少注册资本,应当按照股东出资或者持有股份的比例相应减少出资额或者股份,法律另有规定、有限责任公司全体股东另有约定或者股份有限公司章程另有规定的除外。

第二百二十五条 公司依照本法第二百一十四条第二款的规定弥补亏损后,仍有亏损的,可以减少注册资本弥补亏损。减少注册资本弥补亏损的,公司不得向股东分配,也不得免除股东缴纳出资或者股款的义务。

依照前款规定减少注册资本的,不适用前条第二款的规定,但应当自股东会作出减少注册资本决议之日起三十日内在报纸上或者国家企业信用信息公示系统公告。

公司依照前两款的规定减少注册资本后,在法定公积金和任意公积金累计额达到公司注册资本百分之五十前,不得分配利润。

第二百二十六条 违反本法规定减少注册资本的,股东应当退还其收到的资金,减免股东出资的应当恢复原状;给公司造成损失的,股东及负有责任的董事、监事、高级管理人员应当承担赔偿责任。

第二百二十七条 有限责任公司增加注册资本时,股东在同等条件下有权优先按照实缴的出资比例认缴出资。但是,全体股东约定不按照出资比例优先认缴出资的除外。

股份有限公司为增加注册资本发行新股时,股东不享有优先认购权,公司章程另有规定或者股东会决议决定股东享有优先认购权的除外。

第二百二十八条 有限责任公司增加注册资本时,股东认缴新增资本的出资,依照本法设立有限责任公司缴纳出资的有关规定执行。

股份有限公司为增加注册资本发行新股时,股东认购新股,依照本法设立股份有限公司缴纳股款的有关规定执行。

第十二章 公司解散和清算

第二百二十九条 公司因下列原因解散:

(一)公司章程规定的营业期限届满或者公司章程规定的其他解散事由出现;

(二)股东会决议解散;

(三)因公司合并或者分立需要解散;

(四)依法被吊销营业执照、责令关闭或者被撤销；

（五）人民法院依照本法第二百三十一条的规定予以解散。

公司出现前款规定的解散事由，应当在十日内将解散事由通过国家企业信用信息公示系统予以公示。

第二百三十条 公司有前条第一款第一项、第二项情形，且尚未向股东分配财产的，可以通过修改公司章程或者经股东会决议而存续。

依照前款规定修改公司章程或者经股东会决议，有限责任公司须经持有三分之二以上表决权的股东通过，股份有限公司须经出席股东会会议的股东所持表决权的三分之二以上通过。

第二百三十一条 公司经营管理发生严重困难，继续存续会使股东利益受到重大损失，通过其他途径不能解决的，持有公司百分之十以上表决权的股东，可以请求人民法院解散公司。

第二百三十二条 公司因本法第二百二十九条第一款第一项、第二项、第四项、第五项规定而解散的，应当清算。董事为公司清算义务人，应当在解散事由出现之日起十五日内组成清算组进行清算。

清算组由董事组成，但是公司章程另有规定或者股东会决议另选他人的除外。

清算义务人未及时履行清算义务，给公司或者债权人造成损失的，应当承担赔偿责任。

第二百三十三条 公司依照前条第一款的规定应当清算，逾期不成立清算组进行清算或者成立清算组后不清算的，利害关系人可以申请人民法院指定有关人员组成清算组进行清算。人民法院应当受理该申请，并及时组织清算组进行清算。

公司因本法第二百二十九条第一款第四项的规定而解散的，作出吊销营业执照、责令关闭或者撤销决定的部门或者公司登记机关，可以申请人民法院指定有关人员组成清算组进行清算。

第二百三十四条 清算组在清算期间行使下列职权：

（一）清理公司财产，分别编制资产负债表和财产清单；

（二）通知、公告债权人；

（三）处理与清算有关的公司未了结的业务；

（四）清缴所欠税款以及清算过程中产生的税款；

（五）清理债权、债务；

（六）分配公司清偿债务后的剩余财产；

（七）代表公司参与民事诉讼活动。

第二百三十五条 清算组应当自成立之日起十日内通知债权人，并于六十日内在报纸上或者国家企业信用信息公示系统公告。债权人应当自接到通知之日起三十日内，未接到通知的自公告之日起四十五日内，向清算组申报其债权。

债权人申报债权，应当说明债权的有关事项，并提供证明材料。清算组应当对债权进行登记。

在申报债权期间，清算组不得对债权人进行清偿。

第二百三十六条 清算组在清理公司财产、编制资产负债表和财产清单后，应当制订清算方案，并报股东会或者人民法院确认。

公司财产在分别支付清算费用、职工的工资、社会保险费用和法定补偿金，缴纳所欠税款，清偿公司债务后的剩余财产，有限责任公司按照股东的出资比例分配，股份有限公司按照股东持有的股份比例分配。

清算期间，公司存续，但不得开展与清算无关的经营活动。公司财产在未依照前款规定清偿前，不得分配给股东。

第二百三十七条 清算组在清理公司财产、编制资产负债表和财产清单后，发现公司财产不足清偿债务的，应当依法向人民法院申请破产清算。

人民法院受理破产申请后，清算组应当将清算事务移交给人民法院指定的破产管理人。

第二百三十八条 清算组成员履行清算职责，负有忠实义务和勤勉义务。

清算组成员怠于履行清算职责，给公司造成损失的，应当承担赔偿责任；因故意或者重大过失给债权人造成损失的，应当承担赔偿责任。

第二百三十九条 公司清算结束后，清算组应当制作清算报告，报股东会或者人民法院确认，并报送公司登记机关，申请注销公司登记。

第二百四十条 公司在存续期间未产生债务，或者已清偿全部债务的，经全体股东承诺，可以按照规定通过简易程序注销公司登记。

通过简易程序注销公司登记，应当通过国家企业信用信息公示系统予以公告,公告期限不少于二十日。公告期限届满后,未有异议的,公司可以在二十日内向公司登记机关申请注销公司登记。

公司通过简易程序注销公司登记,股东对本条第一款规定的内容承诺不实的,应当对注销登记前的债务承担连带责任。

第二百四十一条 公司被吊销营业执照、责令关闭或者被撤销,满三年未向公司登记机关申请注销公司登记的,公司登记机关可以通过国家企业信用信息公示系统予以公告,公告期限不少于六十日。公告期限届满后,未有异议的,公司登记机关可以注销公司登记。

依照前款规定注销公司登记的,原公司股东、清算义务人的责任不受影响。

第二百四十二条 公司被依法宣告破产的,依照有关企业破产的法律实施破产清算。

第十三章　外国公司的分支机构

第二百四十三条 本法所称外国公司,是指依照外国法律在中华人民共和国境外设立的公司。

第二百四十四条 外国公司在中华人民共和国境内设立分支机构,应当向中国主管机关提出申请,并提交其公司章程、所属国的公司登记证书等有关文件,经批准后,向公司登记机关依法办理登记,领取营业执照。

外国公司分支机构的审批办法由国务院另行规定。

第二百四十五条 外国公司在中华人民共和国境内设立分支机构,应当在中华人民共和国境内指定负责该分支机构的代表人或者代理人,并向该分支机构拨付与其所从事的经营活动相适应的资金。

对外国公司分支机构的经营资金需要规定最低限额的,由国务院另行规定。

第二百四十六条 外国公司的分支机构应当在其名称中标明该外国公司的国籍及责任形式。

外国公司的分支机构应当在本机构中置备该外国公司章程。

第二百四十七条 外国公司在中华人民共和国境内设立的分支机构不具有中国法人资格。

外国公司对其分支机构在中华人民共和国境内进行经营活动承担民事责任。

第二百四十八条 经批准设立的外国公司分支机构,在中华人民共和国境内从事业务活动,应当遵守中国的法律,不得损害中国的社会公共利益,其合法权益受中国法律保护。

第二百四十九条 外国公司撤销其在中华人民共和国境内的分支机构时,应当依法清偿债务,依照本法有关公司清算程序的规定进行清算。未清偿债务之前,不得将其分支机构的财产转移至中华人民共和国境外。

第十四章　法律责任

第二百五十条 违反本法规定,虚报注册资本、提交虚假材料或者采取其他欺诈手段隐瞒重要事实取得公司登记的,由公司登记机关责令改正,对虚报注册资本的公司,处以虚报注册资本金额百分之五以上百分之十五以下的罚款;对提交虚假材料或者采取其他欺诈手段隐瞒重要事实的公司,处以五万元以上二百万元以下的罚款;情节严重的,吊销营业执照;对直接负责的主管人员和其他直接责任人员处以三万元以上三十万元以下的罚款。

第二百五十一条 公司未依照本法第四十条规定公示有关信息或者不如实公示有关信息的,由公司登记机关责令改正,可以处以一万元以上五万元以下的罚款。情节严重的,处以五万元以上二十万元以下的罚款;对直接负责的主管人员和其他直接责任人员处以一万元以上十万元以下的罚款。

第二百五十二条 公司的发起人、股东虚假出资,未交付或者未按期交付作为出资的货币或者非货币财产的,由公司登记机关责令改正,可以处以五万元以上二十万元以下的罚款;情节严重的,处以虚假出资或者未出资金额百分之五以上百分之十五以下的罚款;对直接负责的主管人员和其他直接责任人员处以一万元以上十万元以下的罚款。

第二百五十三条 公司的发起人、股东在公司成立后,抽逃其出资的,由公司登记机关责令改正,处以所抽逃出资金额百分之五以上百分之十五以下的罚款;对直接负责的主管人员和其他直接责任人员处以三万元以上三十万元以下的罚款。

第二百五十四条 有下列行为之一的,由县级以上人民政府财政部门依照《中华人民共和国会计法》等法律、行政法规的规定处罚：

（一）在法定的会计账簿以外另立会计账簿；

（二）提供存在虚假记载或者隐瞒重要事实的财务会计报告。

第二百五十五条 公司在合并、分立、减少注册资本或者进行清算时，不依照本法规定通知或者公告债权人的，由公司登记机关责令改正，对公司处以一万元以上十万元以下的罚款。

第二百五十六条 公司在进行清算时，隐匿财产，对资产负债表或者财产清单作虚假记载，或者在未清偿债务前分配公司财产的，由公司登记机关责令改正，对公司处以隐匿财产或者未清偿债务前分配公司财产金额百分之五以上百分之十以下的罚款；对直接负责的主管人员和其他直接责任人员处以一万元以上十万元以下的罚款。

第二百五十七条 承担资产评估、验资或者验证的机构提供虚假材料或者提供有重大遗漏的报告的，由有关部门依照《中华人民共和国资产评估法》、《中华人民共和国注册会计师法》等法律、行政法规的规定处罚。

承担资产评估、验资或者验证的机构因其出具的评估结果、验资或者验证证明不实，给公司债权人造成损失的，除能够证明自己没有过错的外，在其评估或者证明不实的金额范围内承担赔偿责任。

第二百五十八条 公司登记机关违反法律、行政法规规定未履行职责或者履行职责不当的，对负有责任的领导人员和直接责任人员依法给予政务处分。

第二百五十九条 未依法登记为有限责任公司或者股份有限公司，而冒用有限责任公司或者股份有限公司名义的，或者未依法登记为有限责任公司或者股份有限公司的分公司，而冒用有限责任公司或者股份有限公司的分公司名义的，由公司登记机关责令改正或者予以取缔，可以并处十万元以下的罚款。

第二百六十条 公司成立后无正当理由超过六个月未开业的，或者开业后自行停业连续六个月以上的，公司登记机关可以吊销营业执照，但公司依法办理歇业的除外。

公司登记事项发生变更时，未依照本法规定办理有关变更登记的，由公司登记机关责令限期登记；逾期不登记的，处以一万元以上十万元以下的罚款。

第二百六十一条 外国公司违反本法规定，擅自在中华人民共和国境内设立分支机构的，由公司登记机关责令改正或者关闭，可以并处五万元以上二十万元以下的罚款。

第二百六十二条 利用公司名义从事危害国家安全、社会公共利益的严重违法行为的，吊销营业执照。

第二百六十三条 公司违反本法规定，应当承担民事赔偿责任和缴纳罚款、罚金的，其财产不足以支付时，先承担民事赔偿责任。

第二百六十四条 违反本法规定，构成犯罪的，依法追究刑事责任。

第十五章 附 则

第二百六十五条 本法下列用语的含义：

（一）高级管理人员，是指公司的经理、副经理、财务负责人，上市公司董事会秘书和公司章程规定的其他人员。

（二）控股股东，是指其出资额占有限责任公司资本总额超过百分之五十或者其持有的股份占股份有限公司股本总额超过百分之五十的股东；出资额或者持有股份的比例虽然低于百分之五十，但依其出资额或者持有的股份所享有的表决权已足以对股东会的决议产生重大影响的股东。

（三）实际控制人，是指通过投资关系、协议或者其他安排，能够实际支配公司行为的人。

（四）关联关系，是指公司控股股东、实际控制人、董事、监事、高级管理人员与其直接或者间接控制的企业之间的关系，以及可能导致公司利益转移的其他关系。但是，国家控股的企业之间不仅因为同受国家控股而具有关联关系。

第二百六十六条 本法自 2024 年 7 月 1 日起施行。

本法施行前已登记设立的公司，出资期限超过本法规定的期限的，除法律、行政法规或者国务院另有规定外，应当逐步调整至本法规定的期限以内；对于出资期限、出资额明显异常的，公司登记机关可以依法要求其及时调整。具体实施办法由国务院规定。

行政法规

商用密码管理条例

（1999 年 10 月 7 日中华人民共和国国务院令第 273 号发布　2023 年 4 月 14 日国务院第 4 次常务会议修订通过　2023 年 4 月 27 日中华人民共和国国务院令第 760 号公布　自 2023 年 7 月 1 日起施行）

第一章　总　则

第一条　为了规范商用密码应用和管理，鼓励和促进商用密码产业发展，保障网络与信息安全，维护国家安全和社会公共利益，保护公民、法人和其他组织的合法权益，根据《中华人民共和国密码法》等法律，制定本条例。

第二条　在中华人民共和国境内的商用密码科研、生产、销售、服务、检测、认证、进出口、应用等活动及监督管理，适用本条例。

本条例所称商用密码，是指采用特定变换的方法对不属于国家秘密的信息等进行加密保护、安全认证的技术、产品和服务。

第三条　坚持中国共产党对商用密码工作的领导，贯彻落实总体国家安全观。国家密码管理部门负责管理全国的商用密码工作。县级以上地方各级密码管理部门负责管理本行政区域的商用密码工作。

网信、商务、海关、市场监督管理等有关部门在各自职责范围内负责商用密码有关管理工作。

第四条　国家加强商用密码人才培养，建立健全商用密码人才发展体制机制和人才评价制度，鼓励和支持密码相关学科和专业建设，规范商用密码社会化培训，促进商用密码人才交流。

第五条　各级人民政府及其有关部门应当采取多种形式加强商用密码宣传教育，增强公民、法人和其他组织的密码安全意识。

第六条　商用密码领域的学会、行业协会等社会组织依照法律、行政法规及其章程的规定，开展学术交流、政策研究、公共服务等活动，加强学术和行业自律，推动诚信建设，促进行业健康发展。

密码管理部门应当加强对商用密码领域社会组织的指导和支持。

第二章　科技创新与标准化

第七条　国家建立健全商用密码科学技术创新促进机制，支持商用密码科学技术自主创新，对作出突出贡献的组织和个人按照国家有关规定予以表彰和奖励。

国家依法保护商用密码领域的知识产权。从事商用密码活动，应当增强知识产权意识，提高运用、保护和管理知识产权的能力。

国家鼓励在外商投资过程中基于自愿原则和商业规则开展商用密码技术合作。行政机关及其工作人员不得利用行政手段强制转让商用密码技术。

第八条　国家鼓励和支持商用密码科学技术成果转化和产业化应用，建立和完善商用密码科学技术成果信息汇交、发布和应用情况反馈机制。

第九条　国家密码管理部门组织对法律、行政法规和国家有关规定要求使用商用密码进行保护的网络与信息系统所使用的密码算法、密码协议、密钥管理机制等商用密码技术进行审查鉴定。

第十条　国务院标准化行政主管部门和国家密码管理部门依据各自职责，组织制定商用密码国家标准、行业标准，对商用密码团体标准的制定进行规范、引导和监督。国家密码管理部门依据职责，建立商用密码标准实施信息反馈和评估机制，对商用密码标准实施进行监督检查。

国家推动参与商用密码国际标准化活动,参与制定商用密码国际标准,推进商用密码中国标准与国外标准之间的转化运用,鼓励企业、社会团体和教育、科研机构等参与商用密码国际标准化活动。

其他领域的标准涉及商用密码的,应当与商用密码国家标准、行业标准保持协调。

第十一条　从事商用密码活动,应当符合有关法律、行政法规、商用密码强制性国家标准,以及自我声明公开标准的技术要求。

国家鼓励在商用密码活动中采用商用密码推荐性国家标准、行业标准,提升商用密码的防护能力,维护用户的合法权益。

第三章　检测认证

第十二条　国家推进商用密码检测认证体系建设,鼓励在商用密码活动中自愿接受商用密码检测认证。

第十三条　从事商用密码产品检测、网络与信息系统商用密码应用安全性评估等商用密码检测活动,向社会出具具有证明作用的数据、结果的机构,应当经国家密码管理部门认定,依法取得商用密码检测机构资质。

第十四条　取得商用密码检测机构资质,应当符合下列条件:

(一)具有法人资格;

(二)具有与从事商用密码检测活动相适应的资金、场所、设备设施、专业人员和专业能力;

(三)具有保证商用密码检测活动有效运行的管理体系。

第十五条　申请商用密码检测机构资质,应当向国家密码管理部门提出书面申请,并提交符合本条例第十四条规定条件的材料。

国家密码管理部门应当自受理申请之日起20个工作日内,对申请进行审查,并依法作出是否准予认定的决定。

需要对申请人进行技术评审的,技术评审所需时间不计算在本条规定的期限内。国家密码管理部门应当将所需时间书面告知申请人。

第十六条　商用密码检测机构应当按照法律、行政法规和商用密码检测技术规范、规则,在批准范围内独立、公正、科学、诚信地开展商用密码检测,对出具的检测数据、结果负责,并定期向国家密码管理部门报送检测实施情况。

商用密码检测技术规范、规则由国家密码管理部门制定并公布。

第十七条　国务院市场监督管理部门会同国家密码管理部门建立国家统一推行的商用密码认证制度,实行商用密码产品、服务、管理体系认证,制定并公布认证目录和技术规范、规则。

第十八条　从事商用密码认证活动的机构,应当依法取得商用密码认证机构资质。

申请商用密码认证机构资质,应当向国务院市场监督管理部门提出书面申请。申请人除应当符合法律、行政法规和国家有关规定要求的认证机构基本条件外,还应当具有与从事商用密码认证活动相适应的检测、检查等技术能力。

国务院市场监督管理部门在审查商用密码认证机构资质申请时,应当征求国家密码管理部门的意见。

第十九条　商用密码认证机构应当按照法律、行政法规和商用密码认证技术规范、规则,在批准范围内独立、公正、科学、诚信地开展商用密码认证,对出具的认证结论负责。

商用密码认证机构应当对其认证的商用密码产品、服务、管理体系实施有效的跟踪调查,以保证通过认证的商用密码产品、服务、管理体系持续符合认证要求。

第二十条　涉及国家安全、国计民生、社会公共利益的商用密码产品,应当依法列入网络关键设备和网络安全专用产品目录,由具备资格的商用密码检测、认证机构检测认证合格后,方可销售或者提供。

第二十一条　商用密码服务使用网络关键设备和网络安全专用产品的,应当经商用密码认证机构对该商用密码服务认证合格。

第四章　电子认证

第二十二条　采用商用密码技术提供电子认证服务,应当具有与使用密码相适应的场所、设备设施、专业人员、专业能力和管理体系,依法取得国家密码管理部门同意使用密码的证明文件。

第二十三条 电子认证服务机构应当按照法律、行政法规和电子认证服务密码使用技术规范、规则，使用密码提供电子认证服务，保证其电子认证服务密码使用持续符合要求。

电子认证服务密码使用技术规范、规则由国家密码管理部门制定并公布。

第二十四条 采用商用密码技术从事电子政务电子认证服务的机构，应当经国家密码管理部门认定，依法取得电子政务电子认证服务机构资质。

第二十五条 取得电子政务电子认证服务机构资质，应当符合下列条件：

（一）具有企业法人或者事业单位法人资格；

（二）具有与从事电子政务电子认证服务活动及其使用密码相适应的资金、场所、设备设施和专业人员；

（三）具有为政务活动提供长期电子政务电子认证服务的能力；

（四）具有保证电子政务电子认证服务活动及其使用密码安全运行的管理体系。

第二十六条 申请电子政务电子认证服务机构资质，应当向国家密码管理部门提出书面申请，并提交符合本条例第二十五条规定条件的材料。

国家密码管理部门应当自受理申请之日起20个工作日内，对申请进行审查，并依法作出是否准予认定的决定。

需要对申请人进行技术评审的，技术评审所需时间不计算在本条规定的期限内。国家密码管理部门应当将所需时间书面告知申请人。

第二十七条 外商投资电子政务电子认证服务，影响或者可能影响国家安全的，应当依法进行外商投资安全审查。

第二十八条 电子政务电子认证服务机构应当按照法律、行政法规和电子政务电子认证服务技术规范、规则，在批准范围内提供电子政务电子认证服务，并定期向主要办事机构所在地省、自治区、直辖市密码管理部门报送服务实施情况。

电子政务电子认证服务技术规范、规则由国家密码管理部门制定并公布。

第二十九条 国家建立统一的电子认证信任机制。国家密码管理部门负责电子认证信任源的规划和管理，会同有关部门推动电子认证服务互信互认。

第三十条 密码管理部门会同有关部门负责政务活动中使用电子签名、数据电文的管理。

政务活动中电子签名、电子印章、电子证照等涉及的电子认证服务，应当由依法设立的电子政务电子认证服务机构提供。

第五章 进出口

第三十一条 涉及国家安全、社会公共利益且具有加密保护功能的商用密码，列入商用密码进口许可清单，实施进口许可。涉及国家安全、社会公共利益或者中国承担国际义务的商用密码，列入商用密码出口管制清单，实施出口管制。

商用密码进口许可清单和商用密码出口管制清单由国务院商务主管部门会同国家密码管理部门和海关总署制定并公布。

大众消费类产品所采用的商用密码不实行进口许可和出口管制制度。

第三十二条 进口商用密码进口许可清单中的商用密码或者出口商用密码出口管制清单中的商用密码，应当向国务院商务主管部门申请领取进出口许可证。

商用密码的过境、转运、通运、再出口，在境外与综合保税区等海关特殊监管区域之间进出，或者在境外与出口监管仓库、保税物流中心等保税监管场所之间进出的，适用前款规定。

第三十三条 进口商用密码进口许可清单中的商用密码或者出口商用密码出口管制清单中的商用密码时，应当向海关交验进出口许可证，并按照国家有关规定办理报关手续。

进出口经营者未向海关交验进出口许可证，海关有证据表明进出口产品可能属于商用密码进口许可清单或者出口管制清单范围的，应当向进出口经营者提出疑问；海关可以向国务院商务主管部门提出组织鉴别，并根据国务院商务主管部门会同国家密码管理部门作出的鉴别结论依法处置。在鉴别或者质疑期间，海关对进出口产品不予放行。

第三十四条 申请商用密码进出口许可，应当向国务院商务主管部门提出书面申请，并提交下列材料：

（一）申请人的法定代表人、主要经营管理人以及经办人的身份证明；

（二）合同或者协议的副本；

（三）商用密码的技术说明；

（四）最终用户和最终用途证明；

（五）国务院商务主管部门规定提交的其他文件。

国务院商务主管部门应当自受理申请之日起45个工作日内，会同国家密码管理部门对申请进行审查，并依法作出是否准予许可的决定。

对国家安全、社会公共利益或者外交政策有重大影响的商用密码出口，由国务院商务主管部门会同国家密码管理部门等有关部门报国务院批准。报国务院批准的，不受前款规定时限的限制。

第六章 应用促进

第三十五条 国家鼓励公民、法人和其他组织依法使用商用密码保护网络与信息安全，鼓励使用经检测认证合格的商用密码。

任何组织或者个人不得窃取他人加密保护的信息或者非法侵入他人的商用密码保障系统，不得利用商用密码从事危害国家安全、社会公共利益、他人合法权益等违法犯罪活动。

第三十六条 国家支持网络产品和服务使用商用密码提升安全性，支持并规范商用密码在信息领域新技术、新业态、新模式中的应用。

第三十七条 国家建立商用密码应用促进协调机制，加强对商用密码应用的统筹指导。国家机关和涉及商用密码工作的单位在其职责范围内负责本机关、本单位或者本系统的商用密码应用和安全保障工作。

密码管理部门会同有关部门加强商用密码应用信息收集、风险评估、信息通报和重大事项会商，并加强与网络安全监测预警和信息通报的衔接。

第三十八条 法律、行政法规和国家有关规定要求使用商用密码进行保护的关键信息基础设施，其运营者应当使用商用密码进行保护，制定商用密码应用方案，配备必要的资金和专业人员，同步规划、同步建设、同步运行商用密码保障系统，自行或

者委托商用密码检测机构开展商用密码应用安全性评估。

前款所列关键信息基础设施通过商用密码应用安全性评估方可投入运行，运行后每年至少进行一次评估，评估情况按照国家有关规定报送国家密码管理部门或者关键信息基础设施所在地省、自治区、直辖市密码管理部门备案。

第三十九条 法律、行政法规和国家有关规定要求使用商用密码进行保护的关键信息基础设施，使用的商用密码产品、服务应当经检测认证合格，使用的密码算法、密码协议、密钥管理机制等商用密码技术应当通过国家密码管理部门审查鉴定。

第四十条 关键信息基础设施的运营者采购涉及商用密码的网络产品和服务，可能影响国家安全的，应当依法通过国家网信部门会同国家密码管理部门等有关部门组织的国家安全审查。

第四十一条 网络运营者应当按照国家网络安全等级保护制度要求，使用商用密码保护网络安全。国家密码管理部门根据网络的安全保护等级，确定商用密码的使用、管理和应用安全性评估要求，制定网络安全等级保护密码标准规范。

第四十二条 商用密码应用安全性评估、关键信息基础设施安全检测评估、网络安全等级测评应当加强衔接，避免重复评估、测评。

第七章 监督管理

第四十三条 密码管理部门依法组织对商用密码活动进行监督检查，对国家机关和涉及商用密码工作的单位的商用密码相关工作进行指导和监督。

第四十四条 密码管理部门和有关部门建立商用密码监督管理协作机制，加强商用密码监督、检查、指导等工作的协调配合。

第四十五条 密码管理部门和有关部门依法开展商用密码监督检查，可以行使下列职权：

（一）进入商用密码活动场所实施现场检查；

（二）向当事人的法定代表人、主要负责人和其他有关人员调查、了解有关情况；

（三）查阅、复制有关合同、票据、账簿以及其他有关资料。

第四十六条 密码管理部门和有关部门推进商

用密码监督管理与社会信用体系相衔接,依法建立推行商用密码经营主体信用记录、信用分级分类监管、失信惩戒以及信用修复等机制。

第四十七条 商用密码检测、认证机构和电子政务电子认证服务机构及其工作人员,应当对其在商用密码活动中所知悉的国家秘密和商业秘密承担保密义务。

密码管理部门和有关部门及其工作人员不得要求商用密码科研、生产、销售、服务、进出口等单位和商用密码检测、认证机构向其披露源代码等密码相关专有信息,并对其在履行职责中知悉的商业秘密和个人隐私严格保密,不得泄露或者非法向他人提供。

第四十八条 密码管理部门和有关部门依法开展商用密码监督管理,相关单位和人员应当予以配合,任何单位和个人不得非法干预和阻挠。

第四十九条 任何单位或者个人有权向密码管理部门和有关部门举报违反本条例的行为。密码管理部门和有关部门接到举报,应当及时核实、处理,并为举报人保密。

第八章　法律责任

第五十条 违反本条例规定,未经认定向社会开展商用密码检测活动,或者未经认定从事电子政务电子认证服务的,由密码管理部门责令改正或者停止违法行为,给予警告,没收违法产品和违法所得;违法所得30万元以上的,可以并处违法所得1倍以上3倍以下罚款;没有违法所得或者违法所得不足30万元的,可以并处10万元以上30万元以下罚款。

违反本条例规定,未经批准从事商用密码认证活动的,由市场监督管理部门会同密码管理部门依照前款规定予以处罚。

第五十一条 商用密码检测机构开展商用密码检测,有下列情形之一的,由密码管理部门责令改正或者停止违法行为,给予警告,没收违法所得;违法所得30万元以上的,可以并处违法所得1倍以上3倍以下罚款;没有违法所得或者违法所得不足30万元的,可以并处10万元以上30万元以下罚款;情节严重的,依法吊销商用密码检测机构资质:

(一)超出批准范围;

(二)存在影响检测独立、公正、诚信的行为;

(三)出具的检测数据、结果虚假或者失实;

(四)拒不报送或者不如实报送实施情况;

(五)未履行保密义务;

(六)其他违反法律、行政法规和商用密码检测技术规范、规则开展商用密码检测的情形。

第五十二条 商用密码认证机构开展商用密码认证,有下列情形之一的,由市场监督管理部门会同密码管理部门责令改正或者停止违法行为,给予警告,没收违法所得;违法所得30万元以上的,可以并处违法所得1倍以上3倍以下罚款;没有违法所得或者违法所得不足30万元的,可以并处10万元以上30万元以下罚款;情节严重的,依法吊销商用密码认证机构资质:

(一)超出批准范围;

(二)存在影响认证独立、公正、诚信的行为;

(三)出具的认证结论虚假或者失实;

(四)未对其认证的商用密码产品、服务、管理体系实施有效的跟踪调查;

(五)未履行保密义务;

(六)其他违反法律、行政法规和商用密码认证技术规范、规则开展商用密码认证的情形。

第五十三条 违反本条例第二十条、第二十一条规定,销售或者提供未经检测认证或者检测认证不合格的商用密码产品,或者提供未经认证或者认证不合格的商用密码服务的,由市场监督管理部门会同密码管理部门责令改正或者停止违法行为,给予警告,没收违法产品和违法所得;违法所得10万元以上的,可以并处违法所得1倍以上3倍以下罚款;没有违法所得或者违法所得不足10万元的,可以并处3万元以上10万元以下罚款。

第五十四条 电子认证服务机构违反法律、行政法规和电子认证服务密码使用技术规范、规则使用密码的,由密码管理部门责令改正或者停止违法行为,给予警告,没收违法所得;违法所得30万元以上的,可以并处违法所得1倍以上3倍以下罚款;没有违法所得或者违法所得不足30万元的,可以并处10万元以上30万元以下罚款;情节严重的,依法吊销电子认证服务使用密码的证明文件。

第五十五条　电子政务电子认证服务机构开展电子政务电子认证服务,有下列情形之一的,由密码管理部门责令改正或者停止违法行为,给予警告,没收违法所得;违法所得30万元以上的,可以并处违法所得1倍以上3倍以下罚款;没有违法所得或者违法所得不足30万元的,可以并处10万元以上30万元以下罚款;情节严重的,责令停业整顿,直至吊销电子政务电子认证服务机构资质:

(一)超出批准范围;

(二)拒不报送或者不如实报送实施情况;

(三)未履行保密义务;

(四)其他违反法律、行政法规和电子政务电子认证服务技术规范、规则提供电子政务电子认证服务的情形。

第五十六条　电子签名人或者电子签名依赖方因依据电子政务电子认证服务机构提供的电子签名认证服务在政务活动中遭受损失,电子政务电子认证服务机构不能证明自己无过错的,承担赔偿责任。

第五十七条　政务活动中电子签名、电子印章、电子证照等涉及的电子认证服务,违反本条例第三十条规定,未由依法设立的电子政务电子认证服务机构提供的,由密码管理部门责令改正,给予警告;拒不改正或者有其他严重情节的,由密码管理部门建议有关国家机关、单位对直接负责的主管人员和其他直接责任人员依法给予处分或者处理。有关国家机关、单位应当将处分或者处理情况书面告知密码管理部门。

第五十八条　违反本条例规定进出口商用密码的,由国务院商务主管部门或者海关依法予以处罚。

第五十九条　窃取他人加密保护的信息,非法侵入他人的商用密码保障系统,或者利用商用密码从事危害国家安全、社会公共利益、他人合法权益等违法活动的,由有关部门依照《中华人民共和国网络安全法》和其他有关法律、行政法规的规定追究法律责任。

第六十条　关键信息基础设施的运营者违反本条例第三十八条、第三十九条规定,未按照要求使用商用密码,或者未按照要求开展商用密码应用安全性评估的,由密码管理部门责令改正,给予警告;拒不改正或者有其他严重情节的,处10万元以上100万元以下罚款,对直接负责的主管人员处1万元以上10万元以下罚款。

第六十一条　关键信息基础设施的运营者违反本条例第四十条规定,使用未经安全审查或者安全审查未通过的涉及商用密码的网络产品或者服务的,由有关主管部门责令停止使用,处采购金额1倍以上10倍以下罚款;对直接负责的主管人员和其他直接责任人员处1万元以上10万元以下罚款。

第六十二条　网络运营者违反本条例第四十一条规定,未按照国家网络安全等级保护制度要求使用商用密码保护网络安全的,由密码管理部门责令改正,给予警告;拒不改正或者导致危害网络安全等后果的,处1万元以上10万元以下罚款,对直接负责的主管人员处5000元以上5万元以下罚款。

第六十三条　无正当理由拒不接受、不配合或者干预、阻挠密码管理部门、有关部门的商用密码监督管理的,由密码管理部门、有关部门责令改正,给予警告;拒不改正或者有其他严重情节的,处5万元以上50万元以下罚款,对直接负责的主管人员和其他直接责任人员处1万元以上10万元以下罚款;情节特别严重的,责令停业整顿,直至吊销商用密码许可证件。

第六十四条　国家机关有本条例第六十条、第六十一条、第六十二条、第六十三条所列违法情形的,由密码管理部门、有关部门责令改正,给予警告;拒不改正或者有其他严重情节的,由密码管理部门、有关部门建议有关国家机关对直接负责的主管人员和其他直接责任人员依法给予处分或者处理。有关国家机关应当将处分或者处理情况书面告知密码管理部门、有关部门。

第六十五条　密码管理部门和有关部门的工作人员在商用密码工作中滥用职权、玩忽职守、徇私舞弊,或者泄露、非法向他人提供在履行职责中知悉的商业秘密、个人隐私、举报人信息的,依法给予处分。

第六十六条　违反本条例规定,构成犯罪的,依法追究刑事责任;给他人造成损害的,依法承担民事责任。

第九章　附　则

第六十七条　本条例自2023年7月1日起施行。

私募投资基金监督管理条例

（2023 年 6 月 16 日国务院第 8 次常务会议通过 2023 年 7 月 3 日中华人民共和国国务院令第 762 号公布 自 2023 年 9 月 1 日起施行）

第一章 总 则

第一条 为了规范私募投资基金（以下简称私募基金）业务活动，保护投资者以及相关当事人的合法权益，促进私募基金行业规范健康发展，根据《中华人民共和国证券投资基金法》（以下简称《证券投资基金法》）、《中华人民共和国信托法》、《中华人民共和国公司法》、《中华人民共和国合伙企业法》等法律，制定本条例。

第二条 在中华人民共和国境内，以非公开方式募集资金，设立投资基金或者以进行投资活动为目的依法设立公司、合伙企业，由私募基金管理人或者普通合伙人管理，为投资者的利益进行投资活动，适用本条例。

第三条 国家鼓励私募基金行业规范健康发展，发挥服务实体经济、促进科技创新等功能作用。

从事私募基金业务活动，应当遵循自愿、公平、诚信原则，保护投资者合法权益，不得违反法律、行政法规和国家政策，不得违背公序良俗，不得损害国家利益、社会公共利益和他人合法权益。

私募基金管理人管理、运用私募基金财产，私募基金托管人托管私募基金财产，私募基金服务机构从事私募基金服务业务，应当遵守法律、行政法规定，恪尽职守，履行诚实守信、谨慎勤勉的义务。

私募基金从业人员应当遵守法律、行政法规定，恪守职业道德和行为规范，按照规定接受合规和专业能力培训。

第四条 私募基金财产独立于私募基金管理人、私募基金托管人的固有财产。私募基金财产的债务由私募基金财产本身承担，但法律另有规定的除外。

投资者按照基金合同、公司章程、合伙协议（以下统称基金合同）约定分配收益和承担风险。

第五条 私募基金业务活动的监督管理，应当贯彻党和国家路线方针政策、决策部署。国务院证券监督管理机构依照法律和本条例规定对私募基金业务活动实施监督管理，其派出机构依照授权履行职责。

国家对运用一定比例政府资金发起设立或者参股的私募基金的监督管理另有规定的，从其规定。

第六条 国务院证券监督管理机构根据私募基金管理人业务类型、管理资产规模、持续合规情况、风险控制情况和服务投资者能力等，对私募基金管理人实施差异化监督管理，并对创业投资等股权投资、证券投资等不同类型的私募基金实施分类监督管理。

第二章 私募基金管理人和私募基金托管人

第七条 私募基金管理人由依法设立的公司或者合伙企业担任。

以合伙企业形式设立的私募基金，资产由普通合伙人管理的，普通合伙人适用本条例关于私募基金管理人的规定。

私募基金管理人的股东、合伙人以及股东、合伙人的控股股东、实际控制人，控股或者实际控制其他私募基金管理人的，应当符合国务院证券监督管理机构的规定。

第八条 有下列情形之一的，不得担任私募基金管理人，不得成为私募基金管理人的控股股东、实际控制人或者普通合伙人：

（一）本条例第九条规定的情形；

（二）因本条例第十四条第一款第三项所列情形被注销登记，自被注销登记之日起未逾 3 年的私募基金管理人，或者为该私募基金管理人的控股股东、实际控制人、普通合伙人；

（三）从事的业务与私募基金管理存在利益冲突；

（四）有严重不良信用记录尚未修复。

第九条 有下列情形之一的，不得担任私募基金管理人的董事、监事、高级管理人员、执行事务合伙人或者委派代表：

（一）因犯有贪污贿赂、渎职、侵犯财产罪或者破坏社会主义市场经济秩序罪，被判处刑罚；

（二）最近3年因重大违法违规行为被金融管理部门处以行政处罚；

（三）对所任职的公司、企业因经营不善破产清算或者因违法被吊销营业执照负有个人责任的董事、监事、厂长、高级管理人员、执行事务合伙人或者委派代表，自该公司、企业破产清算终结或者被吊销营业执照之日起未逾5年；

（四）所负债务数额较大，到期未清偿或者被纳入失信被执行人名单；

（五）因违法行为被开除的基金管理人、基金托管人、证券期货交易场所、证券公司、证券登记结算机构、期货公司以及其他机构的从业人员和国家机关工作人员；

（六）因违法行为被吊销执业证书或者被取消资格的律师、注册会计师和资产评估机构、验证机构的从业人员、投资咨询从业人员，自被吊销执业证书或者被取消资格之日起未逾5年；

（七）担任因本条例第十四条第一款第三项所列情形被注销登记的私募基金管理人的法定代表人、执行事务合伙人或者委派代表，或者负有责任的高级管理人员，自该私募基金管理人被注销登记之日起未逾3年。

第十条 私募基金管理人应当依法向国务院证券监督管理机构委托的机构（以下称登记备案机构）报送下列材料，履行登记手续：

（一）统一社会信用代码；

（二）公司章程或者合伙协议；

（三）股东、实际控制人、董事、监事、高级管理人员，普通合伙人、执行事务合伙人或者委派代表的基本信息，股东、实际控制人、合伙人相关受益所有人信息；

（四）保证报送材料真实、准确、完整和遵守监督管理规定的信用承诺书；

（五）国务院证券监督管理机构规定的其他材料。

私募基金管理人的控股股东、实际控制人、普通合伙人、执行事务合伙人或者委派代表等重大事项发生变更的，应当按照规定向登记备案机构履行变更登记手续。

登记备案机构应当公示已办理登记的私募基金管理人相关信息。

未经登记，任何单位或者个人不得使用"基金"或者"基金管理"字样或者近似名称进行投资活动，但法律、行政法规和国家另有规定的除外。

第十一条 私募基金管理人应当履行下列职责：

（一）依法募集资金，办理私募基金备案；

（二）对所管理的不同私募基金财产分别管理、分别记账，进行投资；

（三）按照基金合同约定管理私募基金并进行投资，建立有效的风险控制制度；

（四）按照基金合同约定确定私募基金收益分配方案，向投资者分配收益；

（五）按照基金合同约定向投资者提供与私募基金管理业务活动相关的信息；

（六）保存私募基金财产管理业务活动的记录、账册、报表和其他有关资料；

（七）国务院证券监督管理机构规定和基金合同约定的其他职责。

以非公开方式募集资金设立投资基金的，私募基金管理人还应当以自己的名义，为私募基金财产利益行使诉讼权利或者实施其他法律行为。

第十二条 私募基金管理人的股东、实际控制人、合伙人不得有下列行为：

（一）虚假出资、抽逃出资、委托他人或者接受他人委托出资；

（二）未经股东会或者董事会决议等法定程序擅自干预私募基金管理人的业务活动；

（三）要求私募基金管理人利用私募基金财产为自己或者他人牟取利益，损害投资者利益；

（四）法律、行政法规和国务院证券监督管理机构规定禁止的其他行为。

第十三条 私募基金管理人应当持续符合下列要求：

（一）财务状况良好，具有与业务类型和管理资产规模相适应的运营资金；

（二）法定代表人、执行事务合伙人或者委派代表、负责投资管理的高级管理人员按照国务院证券监督管理机构规定持有一定比例的私募基金管理人的股权或者财产份额，但国家另有规定的除外；

（三）国务院证券监督管理机构规定的其他要求。

第十四条 私募基金管理人有下列情形之一的，登记备案机构应当及时注销私募基金管理人登记并予以公示：

（一）自行申请注销登记；

（二）依法解散、被依法撤销或者被依法宣告破产；

（三）因非法集资、非法经营等重大违法行为被追究法律责任；

（四）登记之日起12个月内未备案首只私募基金；

（五）所管理的私募基金全部清算后，自清算完毕之日起12个月内未备案新的私募基金；

（六）国务院证券监督管理机构规定的其他情形。

登记备案机构注销私募基金管理人登记前，应当通知私募基金管理人清算私募基金财产或者依法将私募基金管理职责转移给其他经登记的私募基金管理人。

第十五条 除基金合同另有约定外，私募基金财产应当由私募基金托管人托管。私募基金财产不进行托管的，应当明确保障私募基金财产安全的制度措施和纠纷解决机制。

第十六条 私募基金财产进行托管的，私募基金托管人应当依法履行职责。

私募基金托管人应当依法建立托管业务和其他业务的隔离机制，保证私募基金财产的独立和安全。

第三章 资金募集和投资运作

第十七条 私募基金管理人应当自行募集资金，不得委托他人募集资金，但国务院证券监督管理机构另有规定的除外。

第十八条 私募基金应当向合格投资者募集或者转让，单只私募基金的投资者累计不得超过法律规定的人数。私募基金管理人不得采取为单一融资项目设立多只私募基金等方式，突破法律规定的人数限制；不得采取将私募基金份额或者收益权进行拆分转让等方式，降低合格投资者标准。

前款所称合格投资者，是指达到规定的资产规模或者收入水平，并且具备相应的风险识别能力和风险承担能力，其认购金额不低于规定限额的单位和个人。

合格投资者的具体标准由国务院证券监督管理机构规定。

第十九条 私募基金管理人应当向投资者充分揭示投资风险，根据投资者的风险识别能力和风险承担能力匹配不同风险等级的私募基金产品。

第二十条 私募基金不得向合格投资者以外的单位和个人募集或者转让；不得向为他人代持的投资者募集或者转让；不得通过报刊、电台、电视台、互联网等大众传播媒介，电话、短信、即时通讯工具、电子邮件、传单，或者讲座、报告会、分析会等方式向不特定对象宣传推介；不得以虚假、片面、夸大等方式宣传推介；不得以私募基金托管人名义宣传推介；不得向投资者承诺投资本金不受损失或者承诺最低收益。

第二十一条 私募基金管理人运用私募基金财产进行投资的，在以私募基金管理人名义开立账户、列入所投资企业股东名册或者持有其他私募基金财产时，应当注明私募基金名称。

第二十二条 私募基金管理人应当自私募基金募集完毕之日起20个工作日内，向登记备案机构报送下列材料，办理备案：

（一）基金合同；

（二）托管协议或者保障私募基金财产安全的制度措施；

（三）私募基金财产证明文件；

（四）投资者的基本信息、认购金额、持有基金份额的数量及其受益所有人相关信息；

（五）国务院证券监督管理机构规定的其他材料。

私募基金应当具有保障基本投资能力和抗风险

能力的实缴募集资金规模。登记备案机构根据私募基金的募集资金规模等情况实施分类公示,对募集的资金总额或者投资者人数达到规定标准的,应当向国务院证券监督管理机构报告。

第二十三条 国务院证券监督管理机构应当建立健全私募基金监测机制,对私募基金及其投资者份额持有情况等进行集中监测,具体办法由国务院证券监督管理机构规定。

第二十四条 私募基金财产的投资包括买卖股份有限公司股份、有限责任公司股权、债券、基金份额、其他证券及其衍生品种以及符合国务院证券监督管理机构规定的其他投资标的。

私募基金财产不得用于经营或者变相经营资金拆借、贷款等业务。私募基金管理人不得以要求地方人民政府承诺回购本金等方式变相增加政府隐性债务。

第二十五条 私募基金的投资层级应当遵守国务院金融管理部门的规定。但符合国务院证券监督管理机构规定条件,将主要基金财产投资于其他私募基金的私募基金不计入投资层级。

创业投资基金、本条例第五条第二款规定私募基金的投资层级,由国务院有关部门规定。

第二十六条 私募基金管理人应当遵循专业化管理原则,聘用具有相应从业经历的高级管理人员负责投资管理、风险控制、合规等工作。

私募基金管理人应当遵循投资者利益优先原则,建立从业人员投资申报、登记、审查、处置等管理制度,防范利益输送和利益冲突。

第二十七条 私募基金管理人不得将投资管理职责委托他人行使。

私募基金管理人委托其他机构为私募基金提供证券投资建议服务的,接受委托的机构应当为《证券投资基金法》规定的基金投资顾问机构。

第二十八条 私募基金管理人应当建立健全关联交易管理制度,不得以私募基金财产与关联方进行不正当交易或者利益输送,不得通过多层嵌套或者其他方式进行隐瞒。

私募基金管理人运用私募基金财产与自己、投资者、所管理的其他私募基金、其实际控制人控制的其他私募基金管理人管理的私募基金,或者与其有重大利害关系的其他主体进行交易的,应当履行基金合同约定的决策程序,并及时向投资者和私募基金托管人提供相关信息。

第二十九条 私募基金管理人应当按照规定聘请会计师事务所对私募基金财产进行审计,向投资者提供审计结果,并报送登记备案机构。

第三十条 私募基金管理人、私募基金托管人及其从业人员不得有下列行为:

(一)将其固有财产或者他人财产混同于私募基金财产;

(二)利用私募基金财产或者职务便利,为投资者以外的人牟取利益;

(三)侵占、挪用私募基金财产;

(四)泄露因职务便利获取的未公开信息,利用该信息从事或者明示、暗示他人从事相关的证券、期货交易活动;

(五)法律、行政法规和国务院证券监督管理机构规定禁止的其他行为。

第三十一条 私募基金管理人在资金募集、投资运作过程中,应当按照国务院证券监督管理机构的规定和基金合同约定,向投资者提供信息。

私募基金财产进行托管的,私募基金管理人应当按照国务院证券监督管理机构的规定和托管协议约定,及时向私募基金托管人提供投资者基本信息、投资标的权属变更证明材料等信息。

第三十二条 私募基金管理人、私募基金托管人及其从业人员提供、报送的信息应当真实、准确、完整,不得有下列行为:

(一)虚假记载、误导性陈述或者重大遗漏;

(二)对投资业绩进行预测;

(三)向投资者承诺投资本金不受损失或者承诺最低收益;

(四)法律、行政法规和国务院证券监督管理机构规定禁止的其他行为。

第三十三条 私募基金管理人、私募基金托管人、私募基金服务机构应当按照国务院证券监督管理机构的规定,向登记备案机构报送私募基金投资运作等信息。登记备案机构应当根据不同私募基金类型,对报送信息的内容、频次等作出规定,并汇总分析私募基金行业情况,向国务院证券监督管理机构报送私募基金行业相关信息。

登记备案机构应当加强风险预警,发现可能存在重大风险的,及时采取措施并向国务院证券监督管理机构报告。

登记备案机构应当对本条第一款规定的信息保密,除法律、行政法规另有规定外,不得对外提供。

第三十四条　因私募基金管理人无法正常履行职责或者出现重大风险等情形,导致私募基金无法正常运作、终止的,由基金合同约定或者有关规定确定的其他专业机构,行使更换私募基金管理人、修改或者提前终止基金合同、组织私募基金清算等职权。

第四章　关于创业投资基金的特别规定

第三十五条　本条例所称创业投资基金,是指符合下列条件的私募基金:

(一)投资范围限于未上市企业,但所投资企业上市后基金所持股份的未转让部分及其配售部分除外;

(二)基金名称包含"创业投资基金"字样,或者在公司、合伙企业经营范围中包含"从事创业投资活动"字样;

(三)基金合同体现创业投资策略;

(四)不使用杠杆融资,但国家另有规定的除外;

(五)基金最低存续期限符合国家有关规定;

(六)国家规定的其他条件。

第三十六条　国家对创业投资基金给予政策支持,鼓励和引导其投资成长性、创新性创业企业,鼓励长期资金投资于创业投资基金。

国务院发展改革部门负责组织拟定促进创业投资基金发展的政策措施。国务院证券监督管理机构和国务院发展改革部门建立健全信息和支持政策共享机制,加强创业投资基金监督管理政策和发展政策的协同配合。登记备案机构应当及时向国务院证券监督管理机构和国务院发展改革部门报送与创业投资基金相关的信息。

享受国家政策支持的创业投资基金,其投资应当符合国家有关规定。

第三十七条　国务院证券监督管理机构对创业投资基金实施区别于其他私募基金的差异化监督管理:

(一)优化创业投资基金营商环境,简化登记备案手续;

(二)对合法募资、合规投资、诚信经营的创业投资基金在资金募集、投资运作、风险监测、现场检查等方面实施差异化监督管理,减少检查频次;

(三)对主要从事长期投资、价值投资、重大科技成果转化的创业投资基金在投资退出等方面提供便利。

第三十八条　登记备案机构在登记备案、事项变更等方面对创业投资基金实施区别于其他私募基金的差异化自律管理。

第五章　监督管理

第三十九条　国务院证券监督管理机构对私募基金业务活动实施监督管理,依法履行下列职责:

(一)制定有关私募基金业务活动监督管理的规章、规则;

(二)对私募基金管理人、私募基金托管人以及其他机构从事私募基金业务活动进行监督管理,对违法行为进行查处;

(三)对登记备案和自律管理活动进行指导、检查和监督;

(四)法律、行政法规规定的其他职责。

第四十条　国务院证券监督管理机构依法履行职责,有权采取下列措施:

(一)对私募基金管理人、私募基金托管人、私募基金服务机构进行现场检查,并要求其报送有关业务资料;

(二)进入涉嫌违法行为发生场所调查取证;

(三)询问当事人和与被调查事件有关的单位和个人,要求其对与被调查事件有关的事项作出说明;

(四)查阅、复制与被调查事件有关的财产权登记、通讯记录等资料;

(五)查阅、复制当事人和与被调查事件有关的单位和个人的证券交易记录、登记过户记录、财务会计资料以及其他有关文件和资料;对可能被转移、隐匿或者毁损的文件和资料,可以予以封存;

(六)依法查询当事人和与被调查事件有关的账户信息;

(七)法律、行政法规规定的其他措施。

为防范私募基金风险,维护市场秩序,国务院证券监督管理机构可以采取责令改正、监管谈话、出具警示函等措施。

第四十一条 国务院证券监督管理机构依法进行监督检查或者调查时,监督检查或者调查人员不得少于 2 人,并应当出示执法证件和监督检查、调查通知书或者其他执法文书。对监督检查或者调查中知悉的商业秘密、个人隐私,依法负有保密义务。

被检查、调查的单位和个人应当配合国务院证券监督管理机构依法进行的监督检查或者调查,如实提供有关文件和资料,不得拒绝、阻碍和隐瞒。

第四十二条 国务院证券监督管理机构发现私募基金管理人违法违规,或者其内部治理结构和风险控制管理不符合规定的,应当责令限期改正;逾期未改正,或者行为严重危及该私募基金管理人的稳健运行、损害投资者合法权益的,国务院证券监督管理机构可以区别情形,对其采取下列措施:

(一)责令暂停部分或者全部业务;

(二)责令更换董事、监事、高级管理人员、执行事务合伙人或者委派代表,或者限制其权利;

(三)责令负有责任的股东转让股权、负有责任的合伙人转让财产份额,限制负有责任的股东或者合伙人行使权利;

(四)责令私募基金管理人聘请或者指定第三方机构对私募基金财产进行审计,相关费用由私募基金管理人承担。

私募基金管理人违法经营或者出现重大风险,严重危害市场秩序、损害投资者利益的,国务院证券监督管理机构除采取前款规定的措施外,还可以对该私募基金管理人采取指定其他机构接管、通知登记备案机构注销登记等措施。

第四十三条 国务院证券监督管理机构应当将私募基金管理人、私募基金托管人、私募基金服务机构及其从业人员的诚信信息记入资本市场诚信数据库和全国信用信息共享平台。国务院证券监督管理机构会同国务院有关部门依法建立健全私募基金管理人以及有关责任主体失信联合惩戒制度。

国务院证券监督管理机构会同其他金融管理部门等国务院有关部门和省、自治区、直辖市人民政府建立私募基金监督管理信息共享、统计数据报送和

风险处置协作机制。处置风险过程中,有关地方人民政府应当采取有效措施维护社会稳定。

第六章 法律责任

第四十四条 未依照本条例第十条规定履行登记手续,使用"基金"或者"基金管理"字样或者近似名称进行投资活动的,责令改正,没收违法所得,并处违法所得 1 倍以上 5 倍以下的罚款;没有违法所得或者违法所得不足 100 万元的,并处 10 万元以上 100 万元以下的罚款。对直接负责的主管人员和其他直接责任人员给予警告,并处 3 万元以上 30 万元以下的罚款。

第四十五条 私募基金管理人的股东、实际控制人、合伙人违反本条例第十二条规定的,责令改正,给予警告或者通报批评,没收违法所得,并处违法所得 1 倍以上 5 倍以下的罚款;没有违法所得或者违法所得不足 100 万元的,并处 10 万元以上 100 万元以下的罚款。对直接负责的主管人员和其他直接责任人员给予警告或者通报批评,并处 3 万元以上 30 万元以下的罚款。

第四十六条 私募基金管理人违反本条例第十三条规定的,责令改正;拒不改正的,给予警告或者通报批评,并处 10 万元以上 100 万元以下的罚款,责令其停止私募基金业务活动并予以公告。对直接负责的主管人员和其他直接责任人员给予警告或者通报批评,并处 3 万元以上 30 万元以下的罚款。

第四十七条 违反本条例第十六条第二款规定,私募基金托管人未建立业务隔离机制的,责令改正,给予警告或者通报批评,并处 5 万元以上 50 万元以下的罚款。对直接负责的主管人员和其他直接责任人员给予警告或者通报批评,并处 3 万元以上 30 万元以下的罚款。

第四十八条 违反本条例第十七条、第十八条、第二十条关于私募基金合格投资者管理和募集方式等规定的,没收违法所得,并处违法所得 1 倍以上 5 倍以下的罚款;没有违法所得或者违法所得不足 100 万元的,并处 10 万元以上 100 万元以下的罚款。对直接负责的主管人员和其他直接责任人员给予警告,并处 3 万元以上 30 万元以下的罚款。

第四十九条 违反本条例第十九条规定,未向

投资者充分揭示投资风险,并误导其投资与其风险识别能力和风险承担能力不匹配的私募基金产品的,给予警告或者通报批评,并处 10 万元以上 30 万元以下的罚款;情节严重的,责令其停止私募基金业务活动并予以公告。对直接负责的主管人员和其他直接责任人员给予警告或者通报批评,并处 3 万元以上 10 万元以下的罚款。

第五十条 违反本条例第二十二条第一款规定,私募基金管理人未对募集完毕的私募基金办理备案的,处 10 万元以上 30 万元以下的罚款。对直接负责的主管人员和其他直接责任人员给予警告,并处 3 万元以上 10 万元以下的罚款。

第五十一条 违反本条例第二十四条第二款规定,将私募基金财产用于经营或者变相经营资金拆借、贷款等业务,或者要求地方人民政府承诺回购本金的,责令改正,给予警告或者通报批评,没收违法所得,并处 10 万元以上 100 万元以下的罚款。对直接负责的主管人员和其他直接责任人员给予警告或者通报批评,并处 3 万元以上 30 万元以下的罚款。

第五十二条 违反本条例第二十六条规定,私募基金管理人未聘用具有相应从业经历的高级管理人员负责投资管理、风险控制、合规等工作,或者未建立从业人员投资申报、登记、审查、处置等管理制度的,责令改正,给予警告或者通报批评,并处 10 万元以上 100 万元以下的罚款。对直接负责的主管人员和其他直接责任人员给予警告或者通报批评,并处 3 万元以上 30 万元以下的罚款。

第五十三条 违反本条例第二十七条规定,私募基金管理人委托他人行使投资管理职责,或者委托不符合《证券投资基金法》规定的机构提供证券投资建议服务的,责令改正,给予警告或者通报批评,没收违法所得,并处 10 万元以上 100 万元以下的罚款。对直接负责的主管人员和其他直接责任人员给予警告或者通报批评,并处 3 万元以上 30 万元以下的罚款。

第五十四条 违反本条例第二十八条规定,私募基金管理人从事关联交易的,责令改正,给予警告或者通报批评,没收违法所得,并处 10 万元以上 100 万元以下的罚款。对直接负责的主管人员和其他直接责任人员给予警告或者通报批评,并处 3 万元以

上 30 万元以下的罚款。

第五十五条 私募基金管理人、私募基金托管人及其从业人员有本条例第三十条所列行为之一的,责令改正,给予警告或者通报批评,没收违法所得,并处违法所得 1 倍以上 5 倍以下的罚款;没有违法所得或者违法所得不足 100 万元的,并处 10 万元以上 100 万元以下的罚款。对直接负责的主管人员和其他直接责任人员给予警告或者通报批评,并处 3 万元以上 30 万元以下的罚款。

第五十六条 私募基金管理人、私募基金托管人及其从业人员未依照本条例规定提供、报送相关信息,或者有本条例第三十二条所列行为之一的,责令改正,给予警告或者通报批评,没收违法所得,并处 10 万元以上 100 万元以下的罚款。对直接负责的主管人员和其他直接责任人员给予警告或者通报批评,并处 3 万元以上 30 万元以下的罚款。

第五十七条 私募基金服务机构及其从业人员违反法律、行政法规规定,未恪尽职守、勤勉尽责的,责令改正,给予警告或者通报批评,并处 10 万元以上 30 万元以下的罚款;情节严重的,责令其停止私募基金服务业务。对直接负责的主管人员和其他直接责任人员给予警告或者通报批评,并处 3 万元以上 10 万元以下的罚款。

第五十八条 私募基金管理人、私募基金托管人、私募基金服务机构及其从业人员违反本条例或者国务院证券监督管理机构的有关规定,情节严重的,国务院证券监督管理机构可以对有关责任人员采取证券期货市场禁入措施。

拒绝、阻碍国务院证券监督管理机构及其工作人员依法行使监督检查、调查职权,由国务院证券监督管理机构责令改正,处 10 万元以上 100 万元以下的罚款;构成违反治安管理行为的,由公安机关依法给予治安管理处罚;构成犯罪的,依法追究刑事责任。

第五十九条 国务院证券监督管理机构、登记备案机构的工作人员玩忽职守、滥用职权、徇私舞弊或者利用职务便利索取或者收受他人财物的,依法给予处分;构成犯罪的,依法追究刑事责任。

第六十条 违反本条例规定和基金合同约定,依法应当承担民事赔偿责任和缴纳罚款、被没收违

法所得,其财产不足以同时支付时,先承担民事赔偿责任。

第七章 附 则

第六十一条 外商投资私募基金管理人的管理办法,由国务院证券监督管理机构会同国务院有关部门依照外商投资法律、行政法规和本条例制定。

境外机构不得直接向境内投资者募集资金设立私募基金,但国家另有规定的除外。

私募基金管理人在境外开展私募基金业务活动,应当符合国家有关规定。

第六十二条 本条例自2023年9月1日起施行。

社会保险经办条例

(2023年7月21日国务院第11次常务会议通过 2023年8月16日中华人民共和国国务院令第765号公布 自2023年12月1日起施行)

第一章 总 则

第一条 为了规范社会保险经办,优化社会保险服务,保障社会保险基金安全,维护用人单位和个人的合法权益,促进社会公平,根据《中华人民共和国社会保险法》,制定本条例。

第二条 经办基本养老保险、基本医疗保险、工伤保险、失业保险、生育保险等国家规定的社会保险,适用本条例。

第三条 社会保险经办工作坚持中国共产党的领导,坚持以人民为中心,遵循合法、便民、及时、公开、安全的原则。

第四条 国务院人力资源社会保障行政部门主管全国基本养老保险、工伤保险、失业保险等社会保险经办工作。国务院医疗保障行政部门主管全国基本医疗保险、生育保险等社会保险经办工作。

县级以上地方人民政府人力资源社会保障行政部门按照统筹层次主管基本养老保险、工伤保险、失业保险等社会保险经办工作。县级以上地方人民政府医疗保障行政部门按照统筹层次主管基本医疗保险、生育保险等社会保险经办工作。

第五条 国务院人力资源社会保障行政部门、医疗保障行政部门以及其他有关部门按照各自职责,密切配合、相互协作,共同做好社会保险经办工作。

县级以上地方人民政府应当加强对本行政区域社会保险经办工作的领导,加强社会保险经办能力建设,为社会保险经办工作提供保障。

第二章 社会保险登记和关系转移

第六条 用人单位在登记管理机关办理登记时同步办理社会保险登记。

个人申请办理社会保险登记,以居民身份号码作为社会保障号码,取得社会保障卡和医保电子凭证。社会保险经办机构应当自收到申请之日起10个工作日内办理完毕。

第七条 社会保障卡是个人参加基本养老保险、基本医疗保险、工伤保险、失业保险、生育保险等社会保险和享受各项社会保险待遇的凭证,包括实体社会保障卡和电子社会保障卡。

医保电子凭证是个人参加基本医疗保险、生育保险等社会保险和享受基本医疗保险、生育保险等社会保险待遇的凭证。

第八条 登记管理机关应当将用人单位设立、变更、注销登记的信息与社会保险经办机构共享,公安、民政、卫生健康、司法行政等部门应当将个人的出生、死亡以及户口登记、迁移、注销等信息与社会保险经办机构共享。

第九条 用人单位的性质、银行账户、用工等参保信息发生变化,以及个人参保信息发生变化的,用人单位和个人应当及时告知社会保险经办机构。社会保险经办机构应当对用人单位和个人提供的参保信息与共享信息进行比对核实。

第十条 用人单位和个人申请变更、注销社会保险登记,社会保险经办机构应当自收到申请之日起 10 个工作日内办理完毕。用人单位注销社会保险登记的,应当先结清欠缴的社会保险费、滞纳金、罚款。

第十一条 社会保险经办机构应当及时、完整、准确记录下列信息:

(一)社会保险登记情况;

(二)社会保险费缴纳情况;

(三)社会保险待遇享受情况;

(四)个人账户情况;

(五)与社会保险经办相关的其他情况。

第十二条 参加职工基本养老保险的个人跨统筹地区就业,其职工基本养老保险关系随同转移。

参加职工基本养老保险的个人在机关事业单位与企业等不同性质用人单位之间流动就业,其职工基本养老保险关系随同转移。

参加城乡居民基本养老保险且未享受待遇的个人跨统筹地区迁移户籍,其城乡居民基本养老保险关系可以随同转移。

第十三条 参加职工基本医疗保险的个人跨统筹地区就业,其职工基本医疗保险关系随同转移。

参加城乡居民基本医疗保险的个人跨统筹地区迁移户籍或者变动经常居住地,其城乡居民基本医疗保险关系可以按照规定随同转移。

职工基本医疗保险与城乡居民基本医疗保险之间的关系转移,按照规定执行。

第十四条 参加失业保险的个人跨统筹地区就业,其失业保险关系随同转移。

第十五条 参加工伤保险、生育保险的个人跨统筹地区就业,在新就业地参加工伤保险、生育保险。

第十六条 用人单位和个人办理社会保险关系转移接续手续的,社会保险经办机构应当在规定时限内办理完毕,并将结果告知用人单位和个人,或者提供办理情况查询服务。

第十七条 军事机关和社会保险经办机构,按照各自职责办理军人保险与社会保险关系转移接续手续。

社会保险经办机构应当为军人保险与社会保险关系转移接续手续办理优先提供服务。

第三章 社会保险待遇核定和支付

第十八条 用人单位和个人应当按照国家规定,向社会保险经办机构提出领取基本养老金的申请。社会保险经办机构应当自收到申请之日起 20 个工作日内办理完毕。

第十九条 参加职工基本养老保险的个人死亡或者失业人员在领取失业保险金期间死亡,其遗属可以依法向社会保险经办机构申领丧葬补助金和抚恤金。社会保险经办机构应当及时核实有关情况,按照规定核定并发放丧葬补助金和抚恤金。

第二十条 个人医疗费用、生育医疗费用中应当由基本医疗保险(含生育保险)基金支付的部分,由社会保险经办机构审核后与医疗机构、药品经营单位直接结算。

因特殊情况个人申请手工报销,应当向社会保险经办机构提供医疗机构、药品经营单位的收费票据、费用清单、诊断证明、病历资料。社会保险经办机构应当对收费票据、费用清单、诊断证明、病历资料进行审核,并自收到申请之日起 30 个工作日内办理完毕。

参加生育保险的个人申领生育津贴,应当向社会保险经办机构提供病历资料。社会保险经办机构应当对病历资料进行审核,并自收到申请之日起 10 个工作日内办理完毕。

第二十一条 工伤职工及其用人单位依法申请劳动能力鉴定、辅助器具配置确认、停工留薪期延长确认、工伤旧伤复发确认,应当向社会保险经办机构提供诊断证明、病历资料。

第二十二条 个人治疗工伤的医疗费用、康复费用、安装配置辅助器具费用中应当由工伤保险基金支付的部分,由社会保险经办机构审核后与医疗机构、辅助器具配置机构直接结算。

因特殊情况用人单位或者个人申请手工报销,应当向社会保险经办机构提供医疗机构、辅助器具配置机构的收费票据、费用清单、诊断证明、病历资料。社会保险经办机构应当对收费票据、费用清单、诊断证明、病历资料进行审核,并自收到申请之日起

20个工作日内办理完毕。

第二十三条 人力资源社会保障行政部门、医疗保障行政部门应当按照各自职责建立健全异地就医医疗费用结算制度。社会保险经办机构应当做好异地就医医疗费用结算工作。

第二十四条 个人申领失业保险金,社会保险经办机构应当自收到申请之日起10个工作日内办理完毕。

个人在领取失业保险金期间,社会保险经办机构应当从失业保险基金中支付其应当缴纳的基本医疗保险(含生育保险)费。

个人申领职业培训等补贴,应当提供职业资格证书或者职业技能等级证书。社会保险经办机构应当对职业资格证书或者职业技能等级证书进行审核,并自收到申请之日起10个工作日内办理完毕。

第二十五条 个人出现国家规定的停止享受社会保险待遇的情形,用人单位、待遇享受人员或者其亲属应当自相关情形发生之日起20个工作日内告知社会保险经办机构。社会保险经办机构核实后应当停止发放相应的社会保险待遇。

第二十六条 社会保险经办机构应当通过信息比对、自助认证等方式,核验社会保险待遇享受资格。通过信息比对、自助认证等方式无法确认社会保险待遇享受资格的,社会保险经办机构可以委托用人单位或者第三方机构进行核实。

对涉嫌丧失社会保险待遇享受资格后继续享受待遇的,社会保险经办机构应当调查核实。经调查确认不符合社会保险待遇享受资格的,停止发放待遇。

第四章 社会保险经办服务和管理

第二十七条 社会保险经办机构应当依托社会保险公共服务平台、医疗保障信息平台等实现跨部门、跨统筹地区社会保险经办。

第二十八条 社会保险经办机构应当推动社会保险经办事项与相关政务服务事项协同办理。社会保险经办窗口应当进驻政务服务中心,为用人单位和个人提供一站式服务。

人力资源社会保障行政部门、医疗保障行政部门应当强化社会保险经办服务能力,实现省、市、县、乡镇(街道)、村(社区)全覆盖。

第二十九条 用人单位和个人办理社会保险事务,可以通过政府网站、移动终端、自助终端等服务渠道办理,也可以到社会保险经办窗口现场办理。

第三十条 社会保险经办机构应当加强无障碍环境建设,提供无障碍信息交流,完善无障碍服务设施设备,采用授权代办、上门服务等方式,为老年人、残疾人等特殊群体提供便利。

第三十一条 用人单位和个人办理社会保险事务,社会保险经办机构要求其提供身份证件以外的其他证明材料的,应当有法律、法规和国务院决定依据。

第三十二条 社会保险经办机构免费向用人单位和个人提供查询核对社会保险缴费和享受社会保险待遇记录、社会保险咨询等相关服务。

第三十三条 社会保险经办机构应当根据经办工作需要,与符合条件的机构协商签订服务协议,规范社会保险服务行为。人力资源社会保障行政部门、医疗保障行政部门应当加强对服务协议订立、履行等情况的监督。

第三十四条 医疗保障行政部门所属的社会保险经办机构应当改进基金支付和结算服务,加强服务协议管理,建立健全集体协商谈判机制。

第三十五条 社会保险经办机构应当妥善保管社会保险经办信息,确保信息完整、准确和安全。

第三十六条 社会保险经办机构应当建立健全业务、财务、安全和风险管理等内部控制制度。

社会保险经办机构应当定期对内部控制制度的制定、执行情况进行检查、评估,对发现的问题进行整改。

第三十七条 社会保险经办机构应当明确岗位权责,对重点业务、高风险业务分级审核。

第三十八条 社会保险经办机构应当加强信息系统应用管理,健全信息核验机制,记录业务经办过程。

第三十九条 社会保险经办机构具体编制下一年度社会保险基金预算草案,报本级人力资源社会保障行政部门、医疗保障行政部门审核汇总。社会保险基金收入预算草案由社会保险经办机构会同社会保险费征收机构具体编制。

第四十条 社会保险经办机构设立社会保险基金支出户,用于接受财政专户拨入基金、支付基金支出款项、上解上级经办机构基金、下拨下级经办机构基金等。

第四十一条 社会保险经办机构应当按照国家统一的会计制度对社会保险基金进行会计核算、对账。

第四十二条 社会保险经办机构应当核查下列事项:

(一)社会保险登记和待遇享受等情况;

(二)社会保险服务机构履行服务协议、执行费用结算项目和标准情况;

(三)法律、法规规定的其他事项。

第四十三条 社会保险经办机构发现社会保险服务机构违反服务协议的,可以督促其履行服务协议,按照服务协议约定暂停或者不予拨付费用、追回违规费用、中止相关责任人员或者所在部门涉及社会保险基金使用的社会保险服务,直至解除服务协议;社会保险服务机构及其相关责任人员有权进行陈述、申辩。

第四十四条 社会保险经办机构发现用人单位、个人、社会保险服务机构违反社会保险法律、法规、规章的,应当责令改正。对拒不改正或者依法应当由人力资源社会保障行政部门、医疗保障行政部门处理的,及时移交人力资源社会保障行政部门、医疗保障行政部门处理。

第四十五条 国务院人力资源社会保障行政部门、医疗保障行政部门会同有关部门建立社会保险信用管理制度,明确社会保险领域严重失信主体名单认定标准。

社会保险经办机构应当如实记录用人单位、个人和社会保险服务机构及其工作人员违反社会保险法律、法规行为等失信行为。

第四十六条 个人多享受社会保险待遇的,由社会保险经办机构责令退回;难以一次性退回的,可以签订还款协议分期退回,也可以从其后续享受的社会保险待遇或者个人账户余额中抵扣。

第五章 社会保险经办监督

第四十七条 人力资源社会保障行政部门、医疗保障行政部门按照各自职责对社会保险经办机构下列事项进行监督检查:

(一)社会保险法律、法规、规章执行情况;

(二)社会保险登记、待遇支付等经办情况;

(三)社会保险基金管理情况;

(四)与社会保险服务机构签订服务协议和服务协议履行情况;

(五)法律、法规规定的其他事项。

财政部门、审计机关按照各自职责,依法对社会保险经办机构的相关工作实施监督。

第四十八条 人力资源社会保障行政部门、医疗保障行政部门应当按照各自职责加强对社会保险服务机构、用人单位和个人遵守社会保险法律、法规、规章情况的监督检查。社会保险服务机构、用人单位和个人应当配合,如实提供与社会保险有关的资料,不得拒绝检查或者谎报、瞒报。

人力资源社会保障行政部门、医疗保障行政部门发现社会保险服务机构、用人单位违反社会保险法律、法规、规章的,应当按照各自职责提出处理意见,督促整改,并可以约谈相关负责人。

第四十九条 人力资源社会保障行政部门、医疗保障行政部门、社会保险经办机构及其工作人员依法保护用人单位和个人的信息,不得以任何形式泄露。

第五十条 人力资源社会保障行政部门、医疗保障行政部门应当畅通监督渠道,鼓励和支持社会各方面对社会保险经办进行监督。

社会保险经办机构应当定期向社会公布参加社会保险情况以及社会保险基金的收入、支出、结余和收益情况,听取用人单位和个人的意见建议,接受社会监督。

工会、企业代表组织应当及时反映用人单位和个人对社会保险经办的意见建议。

第五十一条 任何组织和个人有权对违反社会保险法律、法规、规章的行为进行举报、投诉。

人力资源社会保障行政部门、医疗保障行政部门对收到的有关社会保险的举报、投诉,应当依法进行处理。

第五十二条 用人单位和个人认为社会保险经办机构在社会保险经办工作中侵害其社会保险权益

的,可以依法申请行政复议或者提起行政诉讼。

第六章　法律责任

第五十三条　社会保险经办机构及其工作人员有下列行为之一的,由人力资源社会保障行政部门、医疗保障行政部门按照各自职责责令改正;给社会保险基金、用人单位或者个人造成损失的,依法承担赔偿责任;对负有责任的领导人员和直接责任人员依法给予处分:

(一)未履行社会保险法定职责的;

(二)违反规定要求提供证明材料的;

(三)克扣或者拒不按时支付社会保险待遇的;

(四)丢失或者篡改缴费记录、享受社会保险待遇记录等社会保险数据、个人权益记录的;

(五)违反社会保险经办内部控制制度的。

第五十四条　人力资源社会保障行政部门、医疗保障行政部门、社会保险经办机构及其工作人员泄露用人单位和个人信息的,对负有责任的领导人员和直接责任人员依法给予处分;给用人单位或者个人造成损失的,依法承担赔偿责任。

第五十五条　以欺诈、伪造证明材料或者其他手段骗取社会保险基金支出的,由人力资源社会保障行政部门、医疗保障行政部门按照各自职责责令退回,处骗取金额 2 倍以上 5 倍以下的罚款;属于定点医药机构的,责令其暂停相关责任部门 6 个月以上 1 年以下涉及社会保险基金使用的社会保险服务,直至由社会保险经办机构解除服务协议;属于其他社会保险服务机构的,由社会保险经办机构解除服务协议。对负有责任的领导人员和直接责任人员,有执业资格的,由有关主管部门依法吊销其执业资格。

第五十六条　隐匿、转移、侵占、挪用社会保险基金或者违规投资运营的,由人力资源社会保障行政部门、医疗保障行政部门、财政部门、审计机关按照各自职责责令追回;有违法所得的,没收违法所得;对负有责任的领导人员和直接责任人员依法给予处分。

第五十七条　社会保险服务机构拒绝人力资源社会保障行政部门、医疗保障行政部门监督检查或者谎报、瞒报有关情况的,由人力资源社会保障行政部门、医疗保障行政部门按照各自职责责令改正,并可以约谈有关负责人;拒不改正的,处 1 万元以上 5 万元以下的罚款。

第五十八条　公职人员在社会保险经办工作中滥用职权、玩忽职守、徇私舞弊的,依法给予处分。

第五十九条　违反本条例规定,构成违反治安管理行为的,依法给予治安管理处罚;构成犯罪的,依法追究刑事责任。

第七章　附　则

第六十条　本条例所称社会保险经办机构,是指人力资源社会保障行政部门所属的经办基本养老保险、工伤保险、失业保险等社会保险的机构和医疗保障行政部门所属的经办基本医疗保险、生育保险等社会保险的机构。

第六十一条　本条例所称社会保险服务机构,是指与社会保险经办机构签订服务协议,提供社会保险服务的医疗机构、药品经营单位、辅助器具配置机构、失业保险委托培训机构等机构。

第六十二条　社会保障卡加载金融功能,有条件的地方可以扩大社会保障卡的应用范围,提升民生服务效能。医保电子凭证可以根据需要,加载相关服务功能。

第六十三条　本条例自 2023 年 12 月 1 日起施行。

法规性文件

国务院关于进一步优化外商投资环境
加大吸引外商投资力度的意见

（2023 年 8 月 13 日发布　国发〔2023〕11 号）

各省、自治区、直辖市人民政府,国务院各部委、各直属机构:

积极吸引和利用外商投资,是推进高水平对外开放、构建开放型经济新体制的重要内容。为进一步优化外商投资环境,提高投资促进工作水平,加大吸引外商投资力度,现提出如下意见。

一、总体要求

以习近平新时代中国特色社会主义思想为指导,全面贯彻落实党的二十大精神,坚持稳中求进工作总基调,完整、准确、全面贯彻新发展理念,构建新发展格局,推动高质量发展,更好统筹国内国际两个大局,营造市场化、法治化、国际化一流营商环境,充分发挥我国超大规模市场优势,更大力度、更加有效吸引和利用外商投资,为推进高水平对外开放、全面建设社会主义现代化国家作出贡献。

二、提高利用外资质量

（一）加大重点领域引进外资力度

支持外商投资在华设立研发中心,与国内企业联合开展技术研发和产业化应用,鼓励外商投资企业及其设立的研发中心承担重大科研攻关项目。在符合有关法律法规的前提下,加快生物医药领域外商投资项目落地投产,鼓励外商投资企业依法在境内开展境外已上市细胞和基因治疗药品临床试验,优化已上市境外生产药品转移至境内生产的药品上市注册申请的申报程序。支持先进制造、现代服务、数字经济等领域外商投资企业与各类职业院校(含技工院校)、职业培训机构开展职业教育和培训。

（二）发挥服务业扩大开放综合试点示范引领带动作用

对接国际高标准经贸规则,加大服务业扩大开放综合试点示范先行先试力度。鼓励开展知识产权、股权及相关实体资产组合式质押融资,支持规范探索知识产权证券化。有序增加股权投资和创业投资份额转让试点地区。稳妥增加国内互联网虚拟专用网业务(外资股比不超过50%)、信息服务业务(仅限应用商店,不含网络出版服务)、互联网接入服务业务(仅限为用户提供互联网接入服务)等增值电信业务开放试点地区。

（三）拓宽吸引外资渠道

鼓励符合条件的外国投资者设立投资性公司、地区总部,相关投资性公司投资设立的企业,可按国家有关规定享受外商投资企业待遇。深入实施合格境外有限合伙人(QFLP)境内投资试点,建立健全QFLP外汇管理便利化制度,支持以所募的境外人民币直接开展境内相关投资。

（四）支持外商投资企业梯度转移

依托自由贸易试验区、国家级新区、国家级开发区等各类开放平台,鼓励东部地区与中西部和东北地区、沿边地区探索通过产值、利益等分享机制,结对开展产业转移协作。对在中国境内进行整体性梯度转移的外商投资企业,按照原所在地区已取得的海关信用等级实施监督。

(五)完善外资项目建设推进机制

健全重大和重点外资项目工作专班机制,加强要素支撑、政策支持和服务保障,推动外资项目早签约、早落地、早开工、早投产。出台促进绿色电力消费政策措施,支持外商投资企业更多参与绿证交易和跨省跨区绿色电力交易。

三、保障外商投资企业国民待遇

(六)保障外商投资企业依法参与政府采购活动

尽快出台相关政策措施,进一步明确"中国境内生产"的具体标准。研究创新合作采购方式,通过首购订购等措施,支持外商投资企业在我国创新研发全球领先产品。推动加快修订政府采购法。开展保障经营主体公平参与政府采购活动专项检查,依法查处对外商投资企业实行差别待遇等违法违规行为,适时通报典型案例。外商投资企业如认为政府采购活动使其权益受到损害,可依规提起质疑和投诉,各级财政部门应依法受理并公平处理。

(七)支持外商投资企业依法平等参与标准制定工作

推进标准制定、修订全过程信息公开,保障外商投资企业与内资企业依法平等参加标准化技术委员会及标准制定工作。鼓励外商投资企业自行制定或与其他企业联合制定企业标准,开展标准化服务。在服务业扩大开放综合试点示范地区推进国家级服务业标准化试点。

(八)确保外商投资企业平等享受支持政策

各地出台的支持产业发展、扩大内需等政策,除法律法规有明确规定或涉及国家安全领域外,不得通过限定品牌或以外资品牌为由排斥或歧视外商投资企业及其产品和服务,不得对外商投资企业及其产品和服务享受政策设置额外条件。

四、持续加强外商投资保护

(九)健全外商投资权益保护机制

完善国际投资争端应对工作机制,压实主体责任,强化争端预防,妥善处理国际投资争端。坚决打击通过网络发布、传播虚假不实和侵权信息等侵害外商投资合法权益的恶意炒作行为,依法严肃查处相关责任机构和责任人。建立健全省级外商投资企业投诉协调工作机制,推动解决涉及多部门事项或政策性、制度性问题。

(十)强化知识产权行政保护

完善专利侵权纠纷行政裁决制度,加大行政裁决执行力度。支持各地区依托展会知识产权工作站,受理参展产品版权、专利、商标等知识产权申请,提供有效预防侵权措施。加强药品和医用耗材采购领域知识产权保护,企业参加采购活动须自主承诺不存在违反专利法等法律法规的情形。对涉及知识产权纠纷的产品,有关部门要加强沟通会商,依法依规开展采购活动;对经知识产权部门行政裁决或人民法院生效判决认定为专利侵权的产品,及时采取不予采购、取消中选资格等措施。

(十一)加大知识产权行政执法力度

坚决打击侵犯外商投资企业知识产权行为,针对跨区域、链条化侵权违法行为开展专项执法行动。健全知识产权快速协同保护机制,对事实清楚、证据确凿的案件依法加快办理进度,建立完善线上线下一体化执法机制,适当简化程序性要求。

(十二)规范涉外经贸政策法规制定

制定各类涉外经贸政策措施应注重增强透明度和可预期性,依法听取外商投资企业意见,新出台政策措施应合理设置过渡期。

五、提高投资运营便利化水平

(十三)优化外商投资企业外籍员工停居留政策

持续优化入出境政策措施,为外商投资企业的外籍高管、技术人员本人及家属提供入出境、停居留便利。指导我驻重点引资国家或地区使领馆继续为跨国公司高管申请签证提供便利,通过驻外经商机构及时宣介我入境政策。为符合条件的外商投资企业聘雇并推荐的外籍高级管理、技术人才申请永久居留提供便利。提高外国人永久居留身份证在公共交通、金融服务、医疗保障、互联网支付等场景应用便利度。

(十四)探索便利化的数据跨境流动安全管理机制

落实网络安全法、数据安全法、个人信息保护法等要求,为符合条件的外商投资企业建立绿色通道,高效开展重要数据和个人信息出境安全评估,促进数据安全有序自由流动。支持北京、天津、上海、粤港澳大湾区等地在实施数据出境安全评估、个人信息保护认证、个人信息出境标准合同备案等制度过程中,试点探索形成可自由流动的一般数据清单,建设服务平台,提供数据跨境流动合规服务。

(十五)统筹优化涉外商投资企业执法检查

统筹推进"双随机、一公开"监管与信用风险分类管理,对信用风险低的外商投资企业进一步降低抽查比例和频次。支持有条件的地区统筹安全生产、环境保护、产品质量等涉企执法检查事项,实现"进一次门、查多项事"。

(十六)完善外商投资企业服务保障

建立健全外商投资企业圆桌会议制度。各级重大和重点外资项目工作专班建立健全联动协调机制,及时协调解决项目签约、建设、投产中遇到的困难和问题。做好自由贸易协定原产地证书签证工作,为外商投资企业享受关税减免政策提供便利。

六、加大财税支持力度

(十七)强化外商投资促进资金保障

通过中央外经贸发展专项资金统筹加大对外资标志性项目的支持力度,促进项目尽快落地实施。完善地方各级政府外商投资促进资金使用,加大重

点产业链引资服务力度。支持各地区在法定权限范围内对重点跨国公司的投资项目给予支持。

(十八)鼓励外商投资企业境内再投资

落实外国投资者境内取得利润再投资暂不征收预提所得税政策,加大宣传辅导力度,指导地方各级商务、税务等部门细化政策适用范围、申报材料、办理程序,做好具体实施工作。

(十九)落实外商投资企业相关税收优惠政策

辅导帮助外籍个人按照国家有关规定享受住房补贴、语言训练费、子女教育费等津补贴免税优惠政策。指导帮助外资研发中心按照国家有关规定享受支持科技创新进口税收政策和采购国产设备增值税退税政策。

(二十)支持外商投资企业投资国家鼓励发展领域

支持各地区在法定权限范围内,对符合鼓励外商投资产业目录规定的外商投资企业实施配套奖励措施。做好鼓励类外商投资项目进口设备免税工作有关配套政策措施落实。

七、完善外商投资促进方式

(二十一)健全引资工作机制

开展"投资中国年"系列活动,持续打造"投资中国"品牌,建立健全工作机制,指导服务地方开展外商投资促进工作。鼓励有条件的地区与相关国家或地区建立投资促进合作机制,采取多种形式构建投资促进平台。鼓励各地区探索对外商投资促进部门和团队的非公务员、非事业编制岗位实行更加有效灵活的用人机制和薪酬制度,通过跨地区跨层级跨部门调剂等方式,加强外商投资促进人员配备,加快建立多元化外商投资促进工作体系,推动形成政府、引资机构、商协会、中介机构、产业链龙头企业等多方参与、灵活高效的外商投资促进协调联动机制。

(二十二)便利境外投资促进工作

支持各地区投资促进团组常态化赴境外开展招

商引资、参会参展等活动，邀请外商来华投资洽谈。对重大和重点外资项目，按工作需要为项目相关外方人员签发多次往返商务签证。

（二十三）拓展外商投资促进渠道

加强我使领馆与驻在国家或地区重点企业的联系，宣介中国投资机遇。支持各地区加强与商务部、中国贸促会驻外经贸和投资促进机构的沟通，更好发挥本地区设立在境外的投资促进机构（代表处）作用，强化与境外经贸和投资促进机构的联系合作。

（二十四）优化外商投资促进评价

建立健全外商投资促进成效评价体系，注重引资对经济社会发展的实际贡献，防止简单以引资规模和实际到资金额统计数据作为考核和相关企业、

人员奖惩的依据，切实防止外商投资促进"注水"造假和恶性竞争行为。

八、加强组织实施

各地区、各部门和有关单位要坚决落实党中央、国务院决策部署，提高政治站位，切实做好进一步优化外商投资环境、加大吸引外商投资力度工作，全力实现利用外资促稳提质目标。鼓励各地区因地制宜出台配套举措，增强政策协同效应。商务部要会同有关部门和单位加强指导协调，做好政策宣介，及时落实政策措施，为外国投资者营造更加优化的投资环境，有效提振外商投资信心。

（本文有删减）

国务院办公厅关于印发《专利转化运用专项行动方案（2023—2025 年）》的通知

（2023 年 10 月 19 日发布　国办发〔2023〕37 号）

各省、自治区、直辖市人民政府，国务院各部委、各直属机构：

《专利转化运用专项行动方案（2023—2025 年）》已经国务院同意，现印发给你们，请认真贯彻执行。

专利转化运用专项行动方案（2023—2025 年）

为贯彻落实《知识产权强国建设纲要（2021—2035 年）》和《"十四五"国家知识产权保护和运用规划》，大力推动专利产业化，加快创新成果向现实生产力转化，开展专利转化运用专项行动，制定本方案。

一、总体要求

以习近平新时代中国特色社会主义思想为指导，全面贯彻落实党的二十大精神，聚焦大力推动专利产业化，做强做优实体经济，有效利用新型举国体制优势和超大规模市场优势，充分发挥知识产权制度供给和技术供给的双重作用，有效利用专利的权益纽带和信息链接功能，促进技术、资本、人才等资源要素高效配置和有机聚合。从提升专利质量和加强政策激励两方面发力，着力打通专利转化运用的关键堵点，优化市场服务，培育良好生态，激发各类主体创新活力和转化动力，切实将专利制度优势转化为创新发展的强大动能，助力实现高水平科技自立自强。

到 2025 年，推动一批高价值专利实现产业化。高校和科研机构专利产业化率明显提高，全国涉及专利的技术合同成交额达到 8000 亿元。一批主攻硬科技、掌握好专利的企业成长壮大，重点产业领域知识产权竞争优势加速形成，备案认定的专利密集型产品产值超万亿元。

二、大力推进专利产业化，加快专利价值实现

（一）梳理盘活高校和科研机构存量专利

建立市场导向的存量专利筛选评价、供需对接、推广应用、跟踪反馈机制，力争 2025 年年底前实现高校和科研机构未转化有效专利全覆盖。由高校、科研机构组织筛选具有潜在市场价值的专利，依托全国知识产权运营服务平台体系一线上登记入库。有效运用大数据、人工智能等新技术，按产业细分领域向企业匹配推送，促成供需对接。基于企业对专利产业化前景评价、专利技术改进需求和产学研合作意愿的反馈情况，识别存量专利产业化潜力，分层构建可转化的专利资源库。加强地方政府部门、产业园区、行业协会和全国知识产权运营服务平台体系等各方协同，根据存量专利分层情况，采取差异化推广措施。针对高价值存量专利，匹配政策、服务、资本等优质资源，推动实现快速转化。在盘活存量专利的同时，引导高校、科研机构在科研活动中精准对接市场需求，积极与企业联合攻关，形成更多符合产业需要的高价值专利。

（二）以专利产业化促进中小企业成长

开展专精特新中小企业"一月一链"投融资路演活动，帮助企业对接更多优质投资机构。推动专项支持的企业进入区域性股权市场，开展规范化培育和投后管理。支持开展企业上市知识产权专项服务，加强与证券交易所联动，有效降低上市过程中的知识产权风险。

（三）推进重点产业知识产权强链增效

以重点产业领域企业为主体，协同各类重大创新平台，培育和发现一批弥补共性技术短板、具有行业领先优势的高价值专利组合。围绕产业链供应链，建立关键核心专利技术产业化推进机制，推动扩大产业规模和效益，加快形成市场优势。支持建设产业知识产权运营中心，组建产业知识产权创新联合体，遵循市场规则，建设运营重点产业专利池。深入实施创新过程知识产权管理国际标准，出台标准与专利协同政策指引，推动创新主体提升国际标准制定能力。面向未来产业等前沿技术领域，鼓励探索专利开源等运用新模式。

（四）培育推广专利密集型产品

加快完善国家专利密集型产品备案认定平台，以高新技术企业、专精特新企业、科技型企业等为重点，全面开展专利产品备案，2025 年年底前实现全覆盖，作为衡量专利转化实施情况的基础依据。围绕专利在提升产品竞争力和附加值中的实际贡献，制定出台专利密集型产品认定国家标准，分产业领域开展统一认定。培育推广专利密集型产品，健全专利密集型产业增加值核算与发布机制，加强专利密集型产业培育监测评价。

三、打通转化关键堵点，激发运用内生动力

（五）强化高校、科研机构专利转化激励

探索高校和科研机构职务科技成果转化管理新模式，健全专利转化的尽职免责和容错机制，对专利等科技成果作价入股所形成国有股权的保值增值实施按年度、分类型、分阶段整体考核，不再单独进行个案考核。对达成并备案的专利开放许可，依法依规予以技术合同登记认定。推动高校、科研机构加快实施以产业化前景分析为核心的专利申请前评估制度。强化职务发明规范管理，建立单位、科研人员和技术转移机构等权利义务对等的知识产权收益分配机制。加强产学研合作协议知识产权条款审查，合理约定权利归属与收益分配。支持高校、科研机构通过多种途径筹资设立知识产权管理资金和运营基金。推动建立以质量为导向的专利代理等服务招标机制。

（六）强化提升专利质量促进专利产业化的政策导向

各地区、各有关部门在涉及专利的考核中，要突出专利质量和转化运用的导向，避免设置专利申请量约束性指标，不得将财政资助奖励政策与专利数量简单挂钩。在各级各类涉及专利指标的项目评审、机构评估、企业认定、人才评价、职称评定等工作中，要将专利的转化效益作为重要评价标准，不得直

接将专利数量作为主要条件。出台中央企业高价值专利工作指引,引导企业提高专利质量效益。启动实施财政资助科研项目形成专利的声明制度,加强跟踪监测和评价反馈,对于授权超过5年没有实施且无正当理由的专利,国家可以无偿实施,也可以许可他人有偿实施或无偿实施,促进财政资助科研项目的高价值专利产出和实施。

(七)加强促进转化运用的知识产权保护工作

加强地方知识产权综合立法,一体推进专利保护和运用。加强知识产权保护体系建设。

四、培育知识产权要素市场,构建良好服务生态

(八)高标准建设知识产权市场体系

完善专利权转让登记机制,完善专利开放许可相关交易服务、信用监管、纠纷调解等配套措施。创新先进技术成果转化运用模式。优化全国知识产权运营服务平台体系,支持国家知识产权和科技成果产权交易机构链接区域和行业交易机构,在知识产权交易、金融、专利导航和专利密集型产品等方面强化平台功能,搭建数据底座,聚焦重点区域和产业支持建设若干知识产权运营中心,形成线上线下融合、规范有序、充满活力的知识产权运用网络。建立统一规范的知识产权交易制度,推动各类平台互联互通、开放共享,实现专利转化供需信息一点发布、全网通达。建立知识产权交易相关基础数据统计发布机制,健全知识产权评估体系,鼓励开发智能化评估工具。建立专利实施、转让、许可、质押、进出口等各类数据集成和监测机制。2024年年底前,完成技术合同登记与专利转让、许可登记备案信息共享,扩大高校、科研机构专利实施许可备案覆盖面。

(九)推进多元化知识产权金融支持

加大知识产权融资信贷政策支持力度,稳步推广区域性股权市场运营管理风险补偿基金等机制安排,优化知识产权质物处置模式。开展银行知识产权质押融资内部评估试点,扩大银行业金融机构知识产权质押登记线上办理试点范围。完善全国知识产权质押信息平台,扩展数据共享范围。探索创业

投资等多元资本投入机制,通过优先股、可转换债券等多种形式加大对企业专利产业化的资金支持,支持以"科技成果+认股权"方式入股企业。探索推进知识产权证券化,探索银行与投资机构合作的"贷款+外部直投"等业务模式。完善知识产权保险服务体系,探索推行涉及专利许可、转化、海外布局、海外维权等保险新产品。

(十)完善专利转化运用服务链条

引导树立以促进专利产业化为导向的服务理念,拓展专利代理机构服务领域,提供集成化专利转化运用解决方案。培育一批专业性强、信用良好的知识产权服务机构和专家型人才,参与服务各级各类科技计划项目,助力核心技术攻关和专利转化运用。加大知识产权标准化数据供给,鼓励开发好使管用的信息服务产品。面向区域重大战略、重点产业领域、国家科技重大项目、国家战略科技力量,深入开展专利转化运用服务精准对接活动。加快推进知识产权服务业集聚区优化升级,到2025年,高质量建设20个国家知识产权服务业集聚发展示范区。

(十一)畅通知识产权要素国际循环

发挥自由贸易试验区、自由贸易港的示范引领作用,推进高水平制度型开放,不断扩大知识产权贸易。加快国家知识产权服务出口基地建设。推出更多技术进出口便利化举措,引导银行为技术进出口企业提供优质外汇结算服务。鼓励海外专利权人、外商投资企业等按照自愿平等的市场化原则,转化实施专利技术。建立健全国际大科学计划知识产权相关规则,支持国际科技合作纵深发展。探索在共建"一带一路"国家、金砖国家等开展专利推广应用和普惠共享,鼓励国际绿色技术知识产权开放实施。

五、强化组织保障,营造良好环境

(十二)加强组织实施

坚持党对专利转化运用工作的全面领导。成立由国家知识产权局牵头的专利转化运用专项行动工

作专班、落实党中央、国务院相关决策部署，研究重大政策、重点项目，协调解决难点问题，推进各项任务落实见效。各地区要加强组织领导，将专利转化运用工作纳入政府重要议事日程，落实好专项行动各项任务。2023年启动第一批专利产业化项目，逐年滚动扩大实施范围和成效。

（十三）强化绩效考核

各地区要针对专利产业化项目中产生的高价值专利和转化效益高的企业等，定期做好分类统计和总结上报。国家知识产权局要会同相关部门定期公布在专项行动中实现显著效益的高价值专利和企业。将专项行动绩效考核纳入国务院督查事项，对工作成效突出的单位和个人按国家有关规定给予表彰。

（十四）加大投入保障

落实好支持专利转化运用的相关税收优惠政策。各地区要加大专利转化运用投入保障，引导建立多元化投入机制，带动社会资本投向专利转化运用。

（十五）营造良好环境

实施知识产权公共服务普惠工程，健全便民利民知识产权公共服务体系，推动实现各类知识产权业务"一网通办"和"一站式"服务。加强宣传引导和经验总结，及时发布先进经验和典型案例，在全社会营造有利于专利转化运用的良好氛围。

（本文有删减）

国务院办公厅印发
《关于加快内外贸一体化发展的若干措施》的通知

（2023年12月11日发布　国办发〔2023〕42号）

各省、自治区、直辖市人民政府，国务院各部委、各直属机构：

《关于加快内外贸一体化发展的若干措施》已经国务院同意，现印发给你们，请认真贯彻执行。

关于加快内外贸一体化发展的若干措施

加快内外贸一体化发展是构建新发展格局、推动高质量发展的内在要求，对促进经济发展、扩大内需、稳定企业具有重要作用。为贯彻落实党中央、国务院决策部署，加快内外贸一体化发展，提出如下措施。

一、促进内外贸规则制度衔接融合

（一）促进内外贸标准衔接

对标国际先进水平，建立完善国际标准跟踪转化工作机制，转化一批先进适用国际标准，不断提高国际标准转化率。加强大宗贸易商品、对外承包工程、智能网联汽车、电子商务、支付结算等重点领域标准外文版编译，加大宣传推广力度，帮助企业降低市场转换的制度成本。完善"一带一路"共建国家标准信息平台，进一步发挥《出口商品技术指南》作用，优化国内国际标准服务。推进国家级服务业标准化试点（商贸流通专项）工作，加强标准创新。

（二）促进内外贸检验认证衔接

完善合格评定服务贸易便利化信息平台功能。鼓励检验检测认证机构提供"一站式"服务。推动与更多国家开展检验检疫电子证书国际合作。深化共建"一带一路"、《区域全面经济伙伴关系协定》（RCEP）等框架下检验检疫、认证认可国际合作。推动内地和港澳地区检测认证规则对接和结果互信互认，推进"湾区认证"。鼓励符合资质要求的检验检测机构参与进出口商品检验采信，扩大第三方检验检测结果采信范围。加强对出口转内销产品强制性产品认证绿色通道的政策宣传。

（三）促进内外贸监管衔接

着力破除各种形式的地方保护和市场分割，加快建设全国统一大市场，促进内外贸资源要素顺畅流动，促进内外资企业公平竞争。探索完善短缺药品供应保障应急机制，建立医疗器械紧急使用有关制度，便利药品、医疗器械等商品在发生自然灾害、公共卫生事件等突发情况下快速进入国内市场。简化用于食品加工的食药物质进口程序。支持监管方式成熟、国内需求旺盛的进口展品在境内销售。

（四）推进内外贸产品同线同标同质

优化同线同标同质（以下称"三同"）产品认定方式，鼓励企业对其产品满足"三同"要求作出自我声明或委托第三方机构进行认证，鼓励各方采信"三同"认证结果，加强"三同"企业和产品信息推介。

二、促进内外贸市场渠道对接

（五）支持外贸企业拓展国内市场

组织开展外贸优品拓内销系列活动，加强市场对接和推广，鼓励开展集中采购，支持优质外贸产品进电商平台、进商场超市、进商圈步行街、进工厂折扣店、进商品交易市场。

（六）支持内贸企业拓展国际市场

加强外贸新业态新模式及相关政策宣传和业务培训，支持内贸企业采用跨境电商、市场采购贸易等方式开拓国际市场。推动高质量实施 RCEP 等自由贸易协定，拓展企业的国际发展空间。

（七）发挥平台交流对接作用

发挥好中国国际进口博览会、中国进出口商品交易会、中国国际服务贸易交易会等展会作用，培育一批内外贸融合展会，促进国内国际市场供采对接。培育一批内外贸融合商品交易市场，完善国内国际营销网络，强化生产服务、物流集散、品牌培育等功能，促进国内国际市场接轨。推动境外经贸合作区提质升级，鼓励内外贸企业以合作区为平台开展跨国经营。

三、优化内外贸一体化发展环境

（八）加强知识产权保护

加大对外贸企业商标权、专利权的保护力度，以服装鞋帽、家居家装、家用电器等为重点，开展打击侵权假冒专项行动。落实电商平台对网络经营者资格和商品的审查责任，完善投诉举报处理制度，及时纠正制止网络侵权行为。

（九）完善内外贸信用体系

发挥全国信用信息共享平台作用，推动企业信用信息共享应用，帮助企业获得更多信贷支持。鼓励内外贸企业使用信用报告、保险、保理等信用工具，防范市场销售风险。推动电商平台、产业集聚区等开展信用体系建设试点，营造有利于畅通国内国际市场的信用环境。

（十）提升物流便利性

加强与境外港口跨境运输合作，鼓励航运企业基于市场化原则拓展内外贸货物跨境运输业务范围。加快发展沿海和内河港口铁水联运，拓展主要港口国内国际航线和运输服务辐射范围。支持符合条件的企业开展内外贸集装箱同船运输，推行集装箱外贸内支线进出口双向运作模式。加快建设跨境物流基础设施，支持在重点城市建设全球性和区域性国际邮政快递枢纽。

（十一）强化内外贸人才支撑

加强内外贸一体化相关专业建设，发布一批教学标准，打造一批核心课程、优质教材和实践项目。支持开展内外贸实务及技能培训，搭建线上线下融合、内外贸融合的人才交流对接平台。

四、加快重点领域内外贸融合发展

（十二）深化内外贸一体化试点

赋予试点地区更大改革创新自主权，加快对接国际高标准经贸规则，促进内外贸规则制度衔接，复制推广一批创新经验和典型案例。更好发挥自由贸易试验区、国家级新区、国家级经济技术开发区、综合保税区等开放平台示范引领作用,鼓励加大内外贸一体化相关改革创新力度。

(十三)培育内外贸一体化企业

培育一批具有国际竞争力、内外贸并重的领跑企业,增强全球资源整合配置能力,支持供应链核心企业带动上下游企业协同开拓国内国际市场。建设农业国际贸易高质量发展基地,培育壮大内外贸一体化农业企业。支持台资企业拓展大陆市场,支持港澳企业拓展内地市场。对受到国外不合理贸易限制措施影响的企业加大帮扶纾困力度,支持其内外贸一体化经营。

(十四)培育内外贸融合发展产业集群

在重点领域培育壮大一批内外贸融合发展产业集群。推动商业科技创新中心建设,促进互联网、大数据、人工智能和内外贸相关产业深度融合。促进"跨境电商+产业带"模式发展,带动更多传统产业组团出海。引导产业向中西部、东北地区梯度转移,提升中西部等地区内外贸一体化发展水平,支持边境地区特色产业更好衔接国内国际两个市场。

(十五)加快内外贸品牌建设

实施"千企百城"商标品牌价值提升行动,推进全国质量品牌提升示范区建设,支持发展区域品牌,发展绿色、有机、地理标志和名特优新农产品公共品牌。支持内外贸企业培育自主品牌,鼓励外贸代工企业与国内品牌商合作,支持流通企业、平台企业发展自有品牌,与制造企业开展品牌合作。鼓励发展反向定制(C2M)。培育一批中国特色品牌厂商折扣店。建设新消费品牌孵化基地,增强内外贸领域品牌孵化创新活力。加大中国品牌海外宣传力度,鼓励老字号走向国际市场。培育知识产权优势示范企业,支持企业发挥专利、商标等多种类型知识产权组合效应,提升品牌综合竞争力。

五、加大财政金融支持力度

(十六)落实有关财政支持政策

在符合世贸组织规则前提下,用好用足外经贸

发展专项资金等现有中央和地方财政资金渠道,积极支持内外贸一体化发展。允许地方政府发行专项债券支持符合投向领域和项目条件的国家物流枢纽等物流基础设施建设,畅通内外贸商品集散运输。

(十七)更好发挥信用保险作用

加强出口信用保险和国内贸易信用保险协同,按照市场化原则加大内外贸一体化信用保险综合性支持力度,优化承保和理赔条件。鼓励保险机构开展国内贸易信用保险业务,推动保险机构在依法合规前提下,通过共保、再保等形式,提升国内贸易信用保险承保能力。鼓励有条件的地方以市场化方式支持内外贸一体化企业投保国内贸易信用保险。

(十八)加大金融支持力度

充分利用全国一体化融资信用服务平台网络、国家产融合作平台,强化金融机构对内外贸企业的服务能力。在依法合规前提下,鼓励金融机构依托应收账款、存货、仓单、订单、保单等提供金融产品和服务,规范发展供应链金融。推广跨境融资便利化试点政策。扩大本外币合一银行结算账户体系试点范围。支持更多符合条件的支付机构和银行为跨境电商等新业态提供外汇结算服务。

各地方、各有关部门要以习近平新时代中国特色社会主义思想为指导,全面贯彻党的二十大精神,坚决贯彻落实党中央、国务院决策部署,按照分工积极推进各项政策措施落实,打通阻碍内外贸一体化的关键堵点,助力企业在国内国际两个市场顺畅切换,争取尽早取得实质性突破。各地方人民政府要完善工作机制,优化公共服务,因地制宜出台配套支持政策,大力推动本地区内外贸一体化发展。商务部要会同有关部门密切跟踪分析形势变化,充分发挥相关工作协调机制作用,加强协同配合和督促指导,确保各项政策措施落实到位,及时总结推广各地好经验好做法。

(本文有删减)

国务院部门规章

上市公司证券发行注册管理办法

（2023 年 2 月 17 日中国证券监督管理委员会第 2 次委务会议审议通过　2023 年 2 月 17 日中国证券监督管理委员会令第 206 号公布　自公布之日起施行）

第一章　总　则

第一条　为了规范上海证券交易所、深圳证券交易所上市公司（以下简称上市公司）证券发行行为，保护投资者合法权益和社会公共利益，根据《中华人民共和国证券法》（以下简称《证券法》）、《中华人民共和国公司法》、《国务院办公厅关于贯彻实施修订后的证券法有关工作的通知》、《国务院办公厅转发证监会关于开展创新企业境内发行股票或存托凭证试点若干意见的通知》（以下简称《若干意见》）及相关法律法规，制定本办法。

第二条　上市公司申请在境内发行下列证券，适用本办法：

（一）股票；

（二）可转换公司债券（以下简称可转债）；

（三）存托凭证；

（四）国务院认定的其他品种。

前款所称可转债，是指上市公司依法发行、在一定期间内依据约定的条件可以转换成股份的公司债券。

第三条　上市公司发行证券，可以向不特定对象发行，也可以向特定对象发行。

向不特定对象发行证券包括上市公司向原股东配售股份（以下简称配股）、向不特定对象募集股份（以下简称增发）和向不特定对象发行可转债。

向特定对象发行证券包括上市公司向特定对象发行股票、向特定对象发行可转债。

第四条　上市公司发行证券的，应当符合《证券法》和本办法规定的发行条件和相关信息披露要求，依法经上海证券交易所或深圳证券交易所（以下简称交易所）发行上市审核并报中国证券监督管理委员会（以下简称中国证监会）注册，但因依法实行股权激励、公积金转为增加公司资本、分配股票股利的除外。

第五条　上市公司应当诚实守信，依法充分披露投资者作出价值判断和投资决策所必需的信息，充分揭示当前及未来可预见对上市公司构成重大不利影响的直接和间接风险，所披露信息必须真实、准确、完整，简明清晰、通俗易懂，不得有虚假记载、误导性陈述或者重大遗漏。

上市公司应当按照保荐人、证券服务机构要求，依法向其提供真实、准确、完整的财务会计资料和其他资料，配合相关机构开展尽职调查和其他相关工作。

上市公司控股股东、实际控制人、董事、监事、高级管理人员应当配合相关机构开展尽职调查和其他相关工作，不得要求或者协助上市公司隐瞒应当提供的资料或者应当披露的信息。

第六条　保荐人应当诚实守信，勤勉尽责，按照依法制定的业务规则和行业自律规范的要求，充分了解上市公司经营情况、风险和发展前景，以提高上市公司质量为导向保荐项目，对注册申请文件和信息披露资料进行审慎核查，对上市公司是否符合发行条件独立作出专业判断，审慎作出推荐决定，并对募集说明书或者其他信息披露文件及其所出具的相关文件的真实性、准确性、完整性负责。

第七条　证券服务机构应当严格遵守法律法规、中国证监会制定的监管规则、业务规则和本行业公认的业务标准和道德规范,建立并保持有效的质量控制体系,保护投资者合法权益,审慎履行职责,作出专业判断与认定,保证所出具文件的真实性、准确性和完整性。

证券服务机构及其相关执业人员应当对与本专业相关的业务事项履行特别注意义务,对其他业务事项履行普通注意义务,并承担相应法律责任。

证券服务机构及其执业人员从事证券服务业务应当配合中国证监会的监督管理,在规定的期限内提供、报送或披露相关资料、信息,并保证其提供、报送或披露的资料、信息真实、准确、完整,不得有虚假记载、误导性陈述或者重大遗漏。

证券服务机构应当妥善保存客户委托文件、核查和验证资料、工作底稿以及与质量控制、内部管理、业务经营有关的信息和资料。

第八条 对上市公司发行证券申请予以注册,不表明中国证监会和交易所对该证券的投资价值或者投资者的收益作出实质性判断或者保证,也不表明中国证监会和交易所对申请文件的真实性、准确性、完整性作出保证。

第二章 发行条件

第一节 发行股票

第九条 上市公司向不特定对象发行股票,应当符合下列规定:

(一)具备健全且运行良好的组织机构;

(二)现任董事、监事和高级管理人员符合法律、行政法规规定的任职要求;

(三)具有完整的业务体系和直接面向市场独立经营的能力,不存在对持续经营有重大不利影响的情形;

(四)会计基础工作规范,内部控制制度健全且有效执行,财务报表的编制和披露符合企业会计准则和相关信息披露规则的规定,在所有重大方面公允反映了上市公司的财务状况、经营成果和现金流量,最近三年财务会计报告被出具无保留意见审计报告;

(五)除金融类企业外,最近一期末不存在金额较大的财务性投资;

(六)交易所主板上市公司配股、增发的,应当最近三个会计年度盈利;增发还应当满足最近三个会计年度加权平均净资产收益率平均不低于百分之六;净利润以扣除非经常性损益前后孰低者为计算依据。

第十条 上市公司存在下列情形之一的,不得向不特定对象发行股票:

(一)擅自改变前次募集资金用途未作纠正,或者未经股东大会认可;

(二)上市公司或者其现任董事、监事和高级管理人员最近三年受到中国证监会行政处罚,或者最近一年受到证券交易所公开谴责,或者因涉嫌犯罪正在被司法机关立案侦查或者涉嫌违法违规正在被中国证监会立案调查;

(三)上市公司或者其控股股东、实际控制人最近一年存在未履行向投资者作出的公开承诺的情形;

(四)上市公司或者其控股股东、实际控制人最近三年存在贪污、贿赂、侵占财产、挪用财产或者破坏社会主义市场经济秩序的刑事犯罪,或者存在严重损害上市公司利益、投资者合法权益、社会公共利益的重大违法行为。

第十一条 上市公司存在下列情形之一的,不得向特定对象发行股票:

(一)擅自改变前次募集资金用途未作纠正,或者未经股东大会认可。

(二)最近一年财务报表的编制和披露在重大方面不符合企业会计准则或者相关信息披露规则的规定;最近一年财务会计报告被出具否定意见或者无法表示意见的审计报告;最近一年财务会计报告被出具保留意见的审计报告,且保留意见所涉及事项对上市公司的重大不利影响尚未消除。本次发行涉及重大资产重组的除外。

(三)现任董事、监事和高级管理人员最近三年受到中国证监会行政处罚,或者最近一年受到证券交易所公开谴责。

(四)上市公司或者其现任董事、监事和高级管理人员因涉嫌犯罪正在被司法机关立案侦查或者涉嫌违法违规正在被中国证监会立案调查。

(五)控股股东、实际控制人最近三年存在严重损害上市公司利益或者投资者合法权益的重大违法行为。

（六）最近三年存在严重损害投资者合法权益或者社会公共利益的重大违法行为。

第十二条 上市公司发行股票，募集资金使用应当符合下列规定：

（一）符合国家产业政策和有关环境保护、土地管理等法律、行政法规规定；

（二）除金融类企业外，本次募集资金使用不得为持有财务性投资，不得直接或者间接投资于以买卖有价证券为主要业务的公司；

（三）募集资金项目实施后，不会与控股股东、实际控制人及其控制的其他企业新增构成重大不利影响的同业竞争、显失公平的关联交易，或者严重影响公司生产经营的独立性；

（四）科创板上市公司发行股票募集的资金应当投资于科技创新领域的业务。

第二节　发行可转债

第十三条 上市公司发行可转债，应当符合下列规定：

（一）具备健全且运行良好的组织机构；

（二）最近三年平均可分配利润足以支付公司债券一年的利息；

（三）具有合理的资产负债结构和正常的现金流量；

（四）交易所主板上市公司向不特定对象发行可转债的，应当最近三个会计年度盈利，且最近三个会计年度加权平均净资产收益率平均不低于百分之六；净利润以扣除非经常性损益前后孰低者为计算依据。

除前款规定条件外，上市公司向不特定对象发行可转债，还应当遵守本办法第九条第（二）项至第（五）项、第十条的规定；向特定对象发行可转债，还应当遵守本办法第十一条的规定。但是，按照公司债券募集办法，上市公司通过收购本公司股份的方式进行公司债券转换的除外。

第十四条 上市公司存在下列情形之一的，不得发行可转债：

（一）对已公开发行的公司债券或者其他债务有违约或者延迟支付本息的事实，仍处于继续状态；

（二）违反《证券法》规定，改变公开发行公司债券所募资金用途。

第十五条 上市公司发行可转债，募集资金使用应当符合本办法第十二条的规定，且不得用于弥补亏损和非生产性支出。

第三章　发行程序

第十六条 上市公司申请发行证券，董事会应当依法就下列事项作出决议，并提请股东大会批准：

（一）本次证券发行的方案；

（二）本次发行方案的论证分析报告；

（三）本次募集资金使用的可行性报告；

（四）其他必须明确的事项。

上市公司董事会拟引入战略投资者的，应当将引入战略投资者的事项作为单独议案，就每名战略投资者单独审议，并提交股东大会批准。

董事会依照前二款作出决议，董事会决议日与首次公开发行股票上市日的时间间隔不得少于六个月。

第十七条 董事会在编制本次发行方案的论证分析报告时，应当结合上市公司所处行业和发展阶段、融资规划、财务状况、资金需求等情况进行论证分析，独立董事应当发表专项意见。论证分析报告应当包括下列内容：

（一）本次发行证券及其品种选择的必要性；

（二）本次发行对象的选择范围、数量和标准的适当性；

（三）本次发行定价的原则、依据、方法和程序的合理性；

（四）本次发行方式的可行性；

（五）本次发行方案的公平性、合理性；

（六）本次发行对原股东权益或者即期回报摊薄的影响以及填补的具体措施。

第十八条 股东大会就发行证券作出的决定，应当包括下列事项：

（一）本次发行证券的种类和数量；

（二）发行方式、发行对象及向原股东配售的安排；

（三）定价方式或者价格区间；

（四）募集资金用途；

（五）决议的有效期；

（六）对董事会办理本次发行具体事宜的授权；

（七）其他必须明确的事项。

第十九条　股东大会就发行可转债作出的决定，应当包括下列事项：

（一）本办法第十八条规定的事项；

（二）债券利率；

（三）债券期限；

（四）赎回条款；

（五）回售条款；

（六）还本付息的期限和方式；

（七）转股期；

（八）转股价格的确定和修正。

第二十条　股东大会就发行证券事项作出决议，必须经出席会议的股东所持表决权的三分之二以上通过，中小投资者表决情况应当单独计票。向本公司特定的股东及其关联人发行证券的，股东大会就发行方案进行表决时，关联股东应当回避。股东大会对引入战略投资者议案作出决议的，应当就每名战略投资者单独表决。

上市公司就发行证券事项召开股东大会，应当提供网络投票方式，公司还可以通过其他方式为股东参加股东大会提供便利。

第二十一条　上市公司年度股东大会可以根据公司章程的规定，授权董事会决定向特定对象发行融资总额不超过人民币三亿元且不超过最近一年末净资产百分之二十的股票，该项授权在下一年度股东大会召开日失效。

上市公司年度股东大会给予董事会前款授权的，应当就本办法第十八条规定的事项通过相关决定。

第二十二条　上市公司申请发行证券，应当按照中国证监会有关规定制作注册申请文件，依法由保荐人保荐并向交易所申报。

交易所收到注册申请文件后，五个工作日内作出是否受理的决定。

第二十三条　申请文件受理后，未经中国证监会或者交易所同意，不得改动。发生重大事项的，上市公司、保荐人、证券服务机构应当及时向交易所报告，并按要求更新申请文件和信息披露资料。

自注册申请文件申报之日起，上市公司及其控股股东、实际控制人、董事、监事、高级管理人员，以及与证券发行相关的保荐人、证券服务机构及相关责任人员，即承担相应法律责任，并承诺不得影响或干扰发行上市审核注册工作。

第二十四条　交易所审核部门负责审核上市公司证券发行上市申请；交易所上市委员会负责对上市公司向不特定对象发行证券的申请文件和审核部门出具的审核报告提出审议意见。

交易所主要通过向上市公司提出审核问询、上市公司回答问题方式开展审核工作，判断上市公司发行申请是否符合发行条件和信息披露要求。

第二十五条　上市公司应当向交易所报送审核问询回复的相关文件，并以临时公告的形式披露交易所审核问询回复意见。

第二十六条　交易所按照规定的条件和程序，形成上市公司是否符合发行条件和信息披露要求的审核意见，认为上市公司符合发行条件和信息披露要求的，将审核意见、上市公司注册申请文件及相关审核资料报中国证监会注册；认为上市公司不符合发行条件或者信息披露要求的，作出终止发行上市审核决定。

交易所应当建立重大发行上市事项请示报告制度。交易所审核过程中，发现重大敏感事项、重大无先例情况、重大舆情、重大违法线索的，应当及时向中国证监会请示报告。

第二十七条　交易所应当自受理注册申请文件之日起二个月内形成审核意见，但本办法另有规定的除外。

上市公司根据要求补充、修改申请文件，或者交易所按照规定对上市公司实施现场检查，要求保荐人、证券服务机构对有关事项进行专项核查，并要求上市公司补充、修改申请文件的时间不计算在内。

第二十八条　符合相关规定的上市公司按照本办法第二十一条规定申请向特定对象发行股票的，适用简易程序。

第二十九条　交易所采用简易程序的，应当在收到注册申请文件后，二个工作日内作出是否受理的决定，自受理之日起三个工作日内完成审核并形成上市公司是否符合发行条件和信息披露要求的审核意见。

交易所应当制定简易程序的业务规则,并报中国证监会批准。

第三十条 中国证监会在交易所收到上市公司注册申请文件之日起,同步关注其是否符合国家产业政策和板块定位。

第三十一条 中国证监会收到交易所审核意见及相关资料后,基于交易所审核意见,依法履行发行注册程序。在十五个工作日内对上市公司的注册申请作出予以注册或者不予注册的决定。

前款规定的注册期限内,中国证监会发现存在影响发行条件的新增事项的,可以要求交易所进一步问询并就新增事项形成审核意见。上市公司根据要求补充、修改注册申请文件,或者保荐人、证券服务机构等对有关事项进行核查,对上市公司现场检查,并要求上市公司补充、修改申请文件的时间不计算在内。

中国证监会认为交易所对新增事项的审核意见依据明显不充分,可以退回交易所补充审核。交易所补充审核后,认为上市公司符合发行条件和信息披露要求的,重新向中国证监会报送审核意见及相关资料,前款规定的注册期限重新计算。

中国证监会收到交易所依照本办法第二十九条规定报送的审核意见、上市公司注册申请文件及相关审核资料后,三个工作日内作出予以注册或者不予注册的决定。

第三十二条 中国证监会的予以注册决定,自作出之日起一年内有效,上市公司应当在注册决定有效期内发行证券,发行时点由上市公司自主选择。

适用简易程序的,应当在中国证监会作出予以注册决定后十个工作日内完成发行缴款,未完成的,本次发行批文失效。

第三十三条 中国证监会作出予以注册决定后、上市公司证券上市交易前,上市公司应当及时更新信息披露文件;保荐人以及证券服务机构应当持续履行尽职调查职责;发生重大事项的,上市公司、保荐人应当及时向交易所报告。

交易所应当对上述事项及时处理,发现上市公司存在重大事项影响发行条件的,应当出具明确意见并及时向中国证监会报告。

第三十四条 中国证监会作出予以注册决定后、上市公司证券上市交易前,上市公司应当持续符合发行条件,发现可能影响本次发行的重大事项的,中国证监会可以要求上市公司暂缓发行、上市;相关重大事项导致上市公司不符合发行条件的,应当撤销注册。

中国证监会撤销注册后,证券尚未发行的,上市公司应当停止发行;证券已经发行尚未上市的,上市公司应当按照发行价并加算银行同期存款利息返还证券持有人。

第三十五条 交易所认为上市公司不符合发行条件或者信息披露要求,作出终止发行上市审核决定,或者中国证监会作出不予注册决定的,自决定作出之日起六个月后,上市公司可以再次提出证券发行申请。

第三十六条 上市公司证券发行上市审核或者注册程序的中止、终止等情形参照适用《首次公开发行股票注册管理办法》的相关规定。

上市公司证券发行上市审核或者注册程序过程中,存在重大资产重组、实际控制人变更等事项,应当及时申请中止相应发行上市审核程序或者发行注册程序,相关股份登记或资产权属登记完成后,上市公司可以提交恢复申请,因本次发行导致实际控制人变更的情形除外。

第三十七条 中国证监会和交易所可以对上市公司进行现场检查,或者要求保荐人、证券服务机构对有关事项进行专项核查并出具意见。

第四章 信息披露

第三十八条 上市公司发行证券,应当以投资者决策需求为导向,按照中国证监会制定的信息披露规则,编制募集说明书或者其他信息披露文件,依法履行信息披露义务,保证相关信息真实、准确、完整。信息披露内容应当简明清晰,通俗易懂,不得有虚假记载、误导性陈述或者重大遗漏。

中国证监会制定的信息披露规则是信息披露的最低要求。不论上述规则是否有明确规定,凡是投资者作出价值判断和投资决策所必需的信息,上市公司均应当充分披露,内容应当真实、准确、完整。

第三十九条 中国证监会依法制定募集说明书或者其他证券发行信息披露文件内容与格式准则、编报规则等信息披露规则,对申请文件和信息披露资料的内容、格式、编制要求、披露形式等作出规定。

交易所可以依据中国证监会部门规章和规范性文件,制定信息披露细则或者指引,在中国证监会确定的信息披露内容范围内,对信息披露提出细化和补充要求,报中国证监会批准后实施。

第四十条 上市公司应当在募集说明书或者其他证券发行信息披露文件中,以投资者需求为导向,有针对性地披露业务模式、公司治理、发展战略、经营政策、会计政策等信息,并充分揭示可能对公司核心竞争力、经营稳定性以及未来发展产生重大不利影响的风险因素。上市公司应当理性融资,合理确定融资规模,本次募集资金主要投向主业。

科创板上市公司还应当充分披露科研水平、科研人员、科研资金投入等相关信息。

第四十一条 证券发行议案经董事会表决通过后,应当在二个工作日内披露,并及时公告召开股东大会的通知。

使用募集资金收购资产或者股权的,应当在公告召开股东大会通知的同时,披露该资产或者股权的基本情况、交易价格、定价依据以及是否与公司股东或者其他关联人存在利害关系。

第四十二条 股东大会通过本次发行议案之日起二个工作日内,上市公司应当披露股东大会决议公告。

第四十三条 上市公司提出发行申请后,出现下列情形之一的,应当在次一个工作日予以公告:

(一)收到交易所不予受理或者终止发行上市审核决定;

(二)收到中国证监会终止发行注册决定;

(三)收到中国证监会予以注册或者不予注册的决定;

(四)上市公司撤回证券发行申请。

第四十四条 上市公司及其董事、监事、高级管理人员应当在募集说明书或者其他证券发行信息披露文件上签字、盖章,保证信息披露内容真实、准确、完整,不存在虚假记载、误导性陈述或者重大遗漏,按照诚信原则履行承诺,并声明承担相应的法律责任。

上市公司控股股东、实际控制人应当在募集说明书或者其他证券发行信息披露文件上签字、盖章,确认信息披露内容真实、准确、完整,不存在虚假记载、误导性陈述或者重大遗漏,按照诚信原则履行承诺,并声明承担相应法律责任。

第四十五条 保荐人及其保荐代表人应当在募集说明书或者其他证券发行信息披露文件上签字、盖章,确认信息披露内容真实、准确、完整,不存在虚假记载、误导性陈述或者重大遗漏,并声明承担相应的法律责任。

第四十六条 为证券发行出具专项文件的律师、注册会计师、资产评估人员、资信评级人员及其所在机构,应当在募集说明书或者其他证券发行信息披露文件上签字、盖章,确认对上市公司信息披露文件引用其出具的专业意见无异议,信息披露文件不因引用其出具的专业意见而出现虚假记载、误导性陈述或者重大遗漏,并声明承担相应的法律责任。

第四十七条 募集说明书等证券发行信息披露文件所引用的审计报告、盈利预测审核报告、资产评估报告、资信评级报告,应当由符合规定的证券服务机构出具,并由至少二名有执业资格的人员签署。

募集说明书或者其他证券发行信息披露文件所引用的法律意见书,应当由律师事务所出具,并由至少二名经办律师签署。

第四十八条 募集说明书自最后签署之日起六个月内有效。

募集说明书或者其他证券发行信息披露文件不得使用超过有效期的资产评估报告或者资信评级报告。

第四十九条 向不特定对象发行证券申请经注册后,上市公司应当在证券发行前二至五个工作日内将公司募集说明书刊登在交易所网站和符合中国证监会规定条件的报刊依法开办的网站,供公众查阅。

第五十条 向特定对象发行证券申请经注册后,上市公司应当在证券发行前将公司募集文件刊登在交易所网站和符合中国证监会规定条件的报刊依法开办的网站,供公众查阅。

向特定对象发行证券的,上市公司应当在证券发行后的二个工作日内,将发行情况报告书刊登在交易所网站和符合中国证监会规定条件的报刊依法开办的网站,供公众查阅。

第五十一条 上市公司可以将募集说明书或者其他证券发行信息披露文件、发行情况报告书刊登于其他网站,但不得早于按照本办法第四十九条、第五十条规定披露信息的时间。

第五章 发行与承销

第五十二条 上市公司证券发行与承销行为,适用《证券发行与承销管理办法》(以下简称《承销办法》),但本办法另有规定的除外。

交易所可以根据《承销办法》和本办法制定上市公司证券发行承销业务规则,并报中国证监会批准。

第五十三条 上市公司配股的,拟配售股份数量不超过本次配售前股本总额的百分之五十,并应当采用代销方式发行。

控股股东应当在股东大会召开前公开承诺认配股份的数量。控股股东不履行认配股份的承诺,或者代销期限届满,原股东认购股票的数量未达到拟配售数量百分之七十的,上市公司应当按照发行价并加算银行同期存款利息返还已经认购的股东。

第五十四条 上市公司增发的,发行价格应当不低于公告招股意向书前二十个交易日或者前一个交易日公司股票均价。

第五十五条 上市公司向特定对象发行证券,发行对象应当符合股东大会决议规定的条件,且每次发行对象不超过三十五名。

发行对象为境外战略投资者的,应当遵守国家的相关规定。

第五十六条 上市公司向特定对象发行股票,发行价格应当不低于定价基准日前二十个交易日公司股票均价的百分之八十。

前款所称"定价基准日",是指计算发行底价的基准日。

第五十七条 向特定对象发行股票的定价基准日为发行期首日。上市公司应当以不低于发行底价的价格发行股票。

上市公司董事会决议提前确定全部发行对象,且发行对象属于下列情形之一的,定价基准日可以

为关于本次发行股票的董事会决议公告日、股东大会决议公告日或者发行期首日:

(一)上市公司的控股股东、实际控制人或者其控制的关联人;

(二)通过认购本次发行的股票取得上市公司实际控制权的投资者;

(三)董事会拟引入的境内外战略投资者。

第五十八条 向特定对象发行股票发行对象属于本办法第五十七条第二款规定以外的情形的,上市公司应当以竞价方式确定发行价格和发行对象。

董事会决议确定部分发行对象的,确定的发行对象不得参与竞价,且应当接受竞价结果,并明确在通过竞价方式未能产生发行价格的情况下,是否继续参与认购、价格确定原则及认购数量。

第五十九条 向特定对象发行的股票,自发行结束之日起六个月内不得转让。发行对象属于本办法第五十七条第二款规定情形的,其认购的股票自发行结束之日起十八个月内不得转让。

第六十条 向特定对象发行股票的定价基准日为本次发行股票的董事会决议公告日或者股东大会决议公告日的,向特定对象发行股票的董事会决议公告后,出现下列情况需要重新召开董事会的,应当由董事会重新确定本次发行的定价基准日:

(一)本次发行股票股东大会决议的有效期已过;

(二)本次发行方案发生重大变化;

(三)其他对本次发行定价具有重大影响的事项。

第六十一条 可转债应当具有期限、面值、利率、评级、债券持有人权利、转股价格及调整原则、赎回及回售、转股价格向下修正等要素。

向不特定对象发行的可转债利率由上市公司与主承销商依法协商确定。

向特定对象发行的可转债应当采用竞价方式确定利率和发行对象。

第六十二条 可转债自发行结束之日起六个月后方可转换为公司股票,转股期限由公司根据可转债的存续期限及公司财务状况确定。

债券持有人对转股或者不转股有选择权,并于转股的次日成为上市公司股东。

第六十三条　向特定对象发行的可转债不得采用公开的集中交易方式转让。

向特定对象发行的可转债转股的,所转股票自可转债发行结束之日起十八个月内不得转让。

第六十四条　向不特定对象发行可转债的转股价格应当不低于募集说明书公告日前二十个交易日上市公司股票交易均价和前一个交易日均价。

向特定对象发行可转债的转股价格应当不低于认购邀请书发出前二十个交易日上市公司股票交易均价和前一个交易日的均价,且不得向下修正。

第六十五条　上市公司发行证券,应当由证券公司承销。上市公司董事会决议提前确定全部发行对象的,可以由上市公司自行销售。

第六十六条　向特定对象发行证券,上市公司及其控股股东、实际控制人、主要股东不得向发行对象做出保底保收益或者变相保底保收益承诺,也不得直接或者通过利益相关方向发行对象提供财务资助或者其他补偿。

第六章　监督管理和法律责任

第六十七条　中国证监会依法批准交易所制定的上市公司证券发行上市的审核标准、审核程序、信息披露、发行承销等方面的制度规则,指导交易所制定与发行上市审核相关的其他业务规则。

第六十八条　中国证监会建立对交易所发行上市审核工作和发行承销过程监管的监督机制,持续关注交易所审核情况和发行承销过程监管情况,监督交易所责任履行情况。

第六十九条　中国证监会对交易所发行上市审核和发行承销过程监管等相关工作进行年度例行检查。在检查过程中,可以调阅审核工作文件,提出问题、列席相关审核会议。

中国证监会选取交易所发行上市审核过程中的重大项目,定期或不定期按一定比例随机抽取交易所发行上市审核过程中的项目,同步关注交易所审核理念、标准的执行情况。中国证监会可以调阅审核工作文件、提出问题、列席相关审核会议。

对于中国证监会在检查监督过程中发现的问题,交易所应当整改。

第七十条　交易所发行上市审核工作违反本办法规定,有下列情形之一的,由中国证监会责令改正;情节严重的,追究直接责任人员相关责任:

(一)未按审核标准开展发行上市审核工作;

(二)未按审核程序开展发行上市审核工作;

(三)发现重大敏感事项、重大无先例情况、重大舆情、重大违法线索未请示报告或请示报告不及时;

(四)不配合中国证监会对发行上市审核工作和发行承销监管工作的检查监督,或者不按中国证监会的整改要求进行整改。

第七十一条　上市公司在证券发行文件中隐瞒重要事实或者编造重大虚假内容的,中国证监会可以对有关责任人员采取证券市场禁入的措施。

第七十二条　存在下列情形之一的,中国证监会可以对上市公司有关责任人员采取证券市场禁入的措施:

(一)申请文件存在虚假记载、误导性陈述或者重大遗漏;

(二)上市公司阻碍或者拒绝中国证监会、交易所依法对其实施检查、核查;

(三)上市公司及其关联方以不正当手段严重干扰发行上市审核或者发行注册工作;

(四)重大事项未报告、未披露;

(五)上市公司及其董事、监事、高级管理人员、控股股东、实际控制人的签名、盖章系伪造或者变造。

第七十三条　上市公司控股股东、实际控制人违反本办法的规定,致使上市公司所报送的申请文件和披露的信息存在虚假记载、误导性陈述或者重大遗漏,或者组织、指使上市公司进行财务造假、利润操纵或者在证券发行文件中隐瞒重要事实或者编造重大虚假内容的,中国证监会视情节轻重,可以对有关责任人员采取证券市场禁入的措施。

上市公司董事、监事和高级管理人员违反本办法规定,致使上市公司所报送的申请文件和披露的信息存在虚假记载、误导性陈述或者重大遗漏的,中国证监会视情节轻重,可以对有关责任人员采取责令改正、监管谈话、出具警示函等监管措施;情节严重的,可以采取证券市场禁入的措施。

第七十四条　保荐人及其保荐代表人等相关人员违反本办法规定,未勤勉尽责的,中国证监会视情节轻重,按照《证券发行上市保荐业务管理办法》规定采取措施。

第七十五条 证券服务机构未勤勉尽责,致使上市公司信息披露资料中与其职责有关的内容及其所出具的文件存在虚假记载、误导性陈述或者重大遗漏的,中国证监会视情节轻重,可以采取责令改正、监管谈话、出具警示函等监管措施;情节严重的,可以对有关责任人员采取证券市场禁入的措施。

第七十六条 证券服务机构及其相关人员存在下列情形之一的,中国证监会可以对有关责任人员采取证券市场禁入的措施:

(一)伪造或者变造签字、盖章;

(二)重大事项未报告或者未披露;

(三)以不正当手段干扰审核注册工作;

(四)不履行其他法定职责。

第七十七条 证券服务机构及其责任人员存在下列情形之一的,中国证监会视情节轻重,可以采取责令改正、监管谈话、出具警示函等监管措施;情节严重的,可以对有关责任人员采取证券市场禁入的措施:

(一)制作或者出具的文件不齐备或者不符合要求;

(二)擅自改动申请文件、信息披露资料或者其他已提交文件;

(三)申请文件或者信息披露资料存在相互矛盾或者同一事实表述不一致且有实质性差异;

(四)文件披露的内容表述不清,逻辑混乱,严重影响阅读理解;

(五)对重大事项未及时报告或者未及时披露。

上市公司存在前款规定情形的,中国证监会视情节轻重,可以采取责令改正、监管谈话、出具警示函等监管措施;情节严重的,可以对有关责任人员采取证券市场禁入的措施。

第七十八条 按照本办法第二十八条申请注册的,交易所和中国证监会发现上市公司或者相关中介机构及其责任人员存在相关违法违规行为的,中国证监会按照本章规定从重处罚,并可以对有关责任人员采取证券市场禁入的措施。

第七十九条 上市公司披露盈利预测,利润实现数如未达到盈利预测的百分之八十的,除因不可抗力外,其法定代表人、财务负责人应当在股东大会以及交易所网站、符合中国证监会规定条件的媒体上公开作出解释并道歉;中国证监会可以对法定代表人处以警告。

利润实现数未达到盈利预测百分之五十的,除因不可抗力外,中国证监会可以采取责令改正、监管谈话、出具警示函等监管措施。

注册会计师为上述盈利预测出具审核报告的过程中未勤勉尽责的,中国证监会视情节轻重,对相关机构和责任人员采取监管谈话等监管措施;情节严重的,给予警告等行政处罚。

第八十条 参与认购的投资者擅自转让限售期限未满的证券的,中国证监会可以责令改正,依法予以行政处罚。

第八十一条 相关主体违反本办法第六十六条规定的,中国证监会视情节轻重,可以采取责令改正、监管谈话、出具警示函等监管措施,以及证券市场禁入的措施;保荐人、证券服务机构未勤勉尽责的,中国证监会还可以对有关责任人员采取证券市场禁入的措施。

第八十二条 上市公司及其控股股东和实际控制人、董事、监事、高级管理人员,保荐人、承销商、证券服务机构及其相关执业人员、参与认购的投资者,在证券发行并上市相关的活动中存在其他违反本办法规定行为的,中国证监会视情节轻重,可以采取责令改正、监管谈话、出具警示函、责令公开说明、责令定期报告等监管措施;情节严重的,可以对有关责任人员采取证券市场禁入的措施。

第八十三条 上市公司及其控股股东、实际控制人、保荐人、证券服务机构及其相关人员违反《证券法》依法应予以行政处罚的,中国证监会依法予以处罚;涉嫌犯罪的,依法移送司法机关,追究其刑事责任。

第八十四条 交易所负责对上市公司及其控股股东、实际控制人、保荐人、承销商、证券服务机构等进行自律监管。

中国证券业协会负责制定保荐业务、发行承销自律监管规则,对保荐人、承销商、保荐代表人等进行自律监管。

交易所和中国证券业协会发现发行上市过程中存在违反自律监管规则的行为,可以对有关单位和责任人员采取一定期限不接受与证券发行相关的文件、认定为不适当人选、认定不适合从事相关业务等自律监管措施或者纪律处分。

第七章 附 则

第八十五条 符合《若干意见》等规定的红筹企业，首次公开发行股票并在交易所上市后，发行股票还应当符合本办法的规定。

符合《若干意见》等规定的红筹企业，首次公开发行存托凭证并在交易所上市后，发行以红筹企业新增证券为基础证券的存托凭证，适用《证券法》《若干意见》以及本办法关于上市公司发行股票的规定，本办法没有规定的，适用中国证监会关于存托凭证的有关规定。

发行存托凭证的红筹企业境外基础股票配股时，相关方案安排应当确保存托凭证持有人实际享

有权益与境外基础股票持有人权益相当。

第八十六条 上市公司发行优先股、向员工发行证券用于激励的办法，由中国证监会另行规定。

第八十七条 上市公司向特定对象发行股票将导致上市公司控制权发生变化的，还应当符合中国证监会的其他规定。

第八十八条 依据本办法通过向特定对象发行股票取得的上市公司股份，其减持不适用《上市公司股东、董监高减持股份的若干规定》的有关规定。

第八十九条 本办法自公布之日起施行。《上市公司证券发行管理办法》（证监会令第 163 号）、《创业板上市公司证券发行注册管理办法（试行）》（证监会令第 168 号）、《科创板上市公司证券发行注册管理办法（试行）》（证监会令第 171 号）、《上市公司非公开发行股票实施细则》（证监会公告〔2020〕11 号）同时废止。

上市公司重大资产重组管理办法

（2008 年 3 月 24 日中国证券监督管理委员会第 224 次主席办公会议审议通过 根据 2011 年 8 月 1 日中国证券监督管理委员会《关于修改上市公司重大资产重组与配套融资相关规定的决定》修正 2014 年 7 月 7日中国证券监督管理委员会第 52 次主席办公会议修订 根据 2016 年 9 月 8 日中国证券监督管理委员会《关于修改〈上市公司重大资产重组管理办法〉的决定》、2019 年 10 月 18 日中国证券监督管理委员会《关于修改〈上市公司重大资产重组管理办法〉的决定》、2020 年 3 月 20 日中国证券监督管理委员会《关于修改部分证券期货规章的决定》修正 2023 年 2 月 17 日中国证券监督管理委员会第 2 次委务会议修订 2023 年 2 月17 日中国证券监督管理委员会令第 214 号公布 自公布之日起施行）

第一章 总 则

第一条 为了规范上市公司重大资产重组行为，保护上市公司和投资者的合法权益，促进上市公司质量不断提高，维护证券市场秩序和社会公共利益，根据《中华人民共和国公司法》《中华人民共和国证券法》（以下简称《证券法》）等法律、行政法规的规定，制定本办法。

第二条 本办法适用于上市公司及其控股或者控制的公司在日常经营活动之外购买、出售资产或者通过其他方式进行资产交易达到规定的标准，导

致上市公司的主营业务、资产、收入发生重大变化的资产交易行为（以下简称重大资产重组）。

上市公司发行股份购买资产应当符合本办法的规定。

上市公司按照经中国证券监督管理委员会（以下简称中国证监会）注册的证券发行申请所披露的募集资金用途，使用募集资金购买资产、对外投资的行为，不适用本办法。

第三条 任何单位和个人不得利用重大资产重组损害上市公司及其股东的合法权益。

第四条 上市公司实施重大资产重组，有关各

方必须及时、公平地披露或者提供信息,保证所披露或者提供信息的真实、准确、完整,不得有虚假记载、误导性陈述或者重大遗漏。

第五条 上市公司的董事、监事和高级管理人员在重大资产重组活动中,应当诚实守信、勤勉尽责,维护公司资产的安全,保护公司和全体股东的合法权益。

第六条 为重大资产重组提供服务的证券服务机构和人员,应当遵守法律、行政法规和中国证监会的有关规定,以及证券交易所的相关规则,遵循本行业公认的业务标准和道德规范,诚实守信,勤勉尽责,严格履行职责,对其所制作、出具文件的真实性、准确性和完整性承担责任。

前款规定的证券服务机构和人员,不得教唆、协助或者伙同委托人编制或者披露存在虚假记载、误导性陈述或者重大遗漏的报告、公告文件,不得从事不正当竞争,不得利用上市公司重大资产重组谋取不正当利益。

第七条 任何单位和个人对所知悉的重大资产重组信息在依法披露前负有保密义务。

禁止任何单位和个人利用重大资产重组信息从事内幕交易、操纵证券市场等违法活动。

第八条 中国证监会依法对上市公司重大资产重组行为进行监督管理。

证券交易所依法制定上市公司重大资产重组业务规则,并对上市公司重大资产重组行为、证券服务机构和人员履职行为等进行自律管理。

中国证监会基于证券交易所的审核意见,依法对上市公司发行股份购买资产涉及的证券发行申请履行注册程序,并对证券交易所的审核工作进行监督。

第九条 对上市公司发行股份购买资产涉及的证券发行申请予以注册,不表明中国证监会和证券交易所对该证券的投资价值或者投资者的收益作出实质性判断或者保证,也不表明中国证监会和证券交易所对申请文件的真实性、准确性、完整性作出保证。

第十条 鼓励依法设立的并购基金、股权投资基金、创业投资基金、产业投资基金等投资机构参与上市公司并购重组。

第二章 重大资产重组的原则和标准

第十一条 上市公司实施重大资产重组,应当就本次交易符合下列要求作出充分说明,并予以披露:

(一)符合国家产业政策和有关环境保护、土地管理、反垄断、外商投资、对外投资等法律和行政法规的规定;

(二)不会导致上市公司不符合股票上市条件;

(三)重大资产重组所涉及的资产定价公允,不存在损害上市公司和股东合法权益的情形;

(四)重大资产重组所涉及的资产权属清晰,资产过户或者转移不存在法律障碍,相关债权债务处理合法;

(五)有利于上市公司增强持续经营能力,不存在可能导致上市公司重组后主要资产为现金或者无具体经营业务的情形;

(六)有利于上市公司在业务、资产、财务、人员、机构等方面与实际控制人及其关联人保持独立,符合中国证监会关于上市公司独立性的相关规定;

(七)有利于上市公司形成或者保持健全有效的法人治理结构。

第十二条 上市公司及其控股或者控制的公司购买、出售资产,达到下列标准之一的,构成重大资产重组:

(一)购买、出售的资产总额占上市公司最近一个会计年度经审计的合并财务会计报告期末资产总额的比例达到百分之五十以上;

(二)购买、出售的资产在最近一个会计年度所产生的营业收入占上市公司同期经审计的合并财务会计报告营业收入的比例达到百分之五十以上,且超过五千万元人民币;

(三)购买、出售的资产净额占上市公司最近一个会计年度经审计的合并财务会计报告期末净资产额的比例达到百分之五十以上,且超过五千万元人民币。

购买、出售资产未达到前款规定标准,但中国证监会发现涉嫌违反国家产业政策、违反法律和行政法规、违反中国证监会的规定、可能损害上市公司或者投资者合法权益等重大问题的,可以根据审慎监管原则,责令上市公司暂停交易、按照本办法的规定补充披露相关信息、聘请符合《证券法》规定的独立财务顾问或者其他证券服务机构补充核查并披露专业意见。

第十三条 上市公司自控制权发生变更之日起三十六个月内,向收购人及其关联人购买资产,导致上市公司发生以下根本变化情形之一的,构成重大资产重组,应当按照本办法的规定履行相关义务和程序:

(一)购买的资产总额占上市公司控制权发生变更的前一个会计年度经审计的合并财务会计报告期末资产总额的比例达到百分之一百以上;

(二)购买的资产在最近一个会计年度所产生的营业收入占上市公司控制权发生变更的前一个会计年度经审计的合并财务会计报告营业收入的比例达到百分之一百以上;

(三)购买的资产净额占上市公司控制权发生变更的前一个会计年度经审计的合并财务会计报告期末净资产额的比例达到百分之一百以上;

(四)为购买资产发行的股份占上市公司首次向收购人及其关联人购买资产的董事会决议前一个交易日的股份的比例达到百分之一百以上;

(五)上市公司向收购人及其关联人购买资产虽未达到第(一)至第(四)项标准,但可能导致上市公司主营业务发生根本变化;

(六)中国证监会认定的可能导致上市公司发生根本变化的其他情形。

上市公司实施前款规定的重大资产重组,应当符合下列规定:

(一)符合本办法第十一条、第四十三条规定的要求;

(二)上市公司购买的资产对应的经营实体应当是股份有限公司或者有限责任公司,且符合《首次公开发行股票注册管理办法》规定的其他发行条件、相关板块定位,以及证券交易所规定的具体条件;

(三)上市公司及其最近三年内的控股股东、实际控制人不存在因涉嫌犯罪正被司法机关立案侦查或涉嫌违法违规正被中国证监会立案调查的情形。但是,涉嫌犯罪或违法违规的行为已经终止满三年,交易方案能够消除该行为可能造成的不良后果,且

不影响对相关行为人追究责任的除外;

(四)上市公司及其控股股东、实际控制人最近十二个月内未受到证券交易所公开谴责,不存在其他重大失信行为;

(五)本次重大资产重组不存在中国证监会认定的可能损害投资者合法权益,或者违背公开、公平、公正原则的其他情形。

上市公司实施第一款规定的重大资产重组,涉及发行股份的,适用《证券法》和中国证监会的相关规定,应当报经中国证监会注册。

第一款所称控制权,按照《上市公司收购管理办法》第八十四条的规定进行认定。上市公司股权分散,董事、高级管理人员可以支配公司重大的财务和经营决策的,视为具有上市公司控制权。

上市公司自控制权发生变更之日起,向收购人及其关联人购买的资产属于金融、创业投资等特定行业的,由中国证监会另行规定。

第十四条 计算本办法第十二条、第十三条规定的标准时,应当遵守下列规定:

(一)购买的资产为股权的,其资产总额以被投资企业的资产总额与该项投资所占股权比例的乘积和成交金额二者中的较高者为准,营业收入以被投资企业的营业收入与该项投资所占股权比例的乘积为准,资产净额以被投资企业的净资产额与该项投资所占股权比例的乘积和成交金额二者中的较高者为准;出售的资产为股权的,其资产总额、营业收入以及资产净额分别以被投资企业的资产总额、营业收入以及净资产额与该项投资所占股权比例的乘积为准。

购买股权导致上市公司取得被投资企业控股权的,其资产总额以被投资企业的资产总额和成交金额二者中的较高者为准,营业收入以被投资企业的营业收入为准,资产净额以被投资企业的净资产额和成交金额二者中的较高者为准;出售股权导致上市公司丧失被投资企业控股权的,其资产总额、营业收入以及资产净额分别以被投资企业的资产总额、营业收入以及净资产额为准。

(二)购买的资产为非股权资产的,其资产总额以该资产的账面值和成交金额二者中的较高者为准,资产净额以相关资产与负债的账面值差额和成

交金额二者中的较高者为准;出售的资产为非股权资产的,其资产总额、资产净额分别以该资产的账面值、相关资产与负债账面值的差额为准;该非股权资产不涉及负债的,不适用本办法第十二条第一款第(三)项规定的资产净额标准。

(三)上市公司同时购买、出售资产的,应当分别计算购买、出售资产的相关比例,并以二者中比例较高者为准。

(四)上市公司在十二个月内连续对同一或者相关资产进行购买、出售的,以其累计数分别计算相应数额。已按照本办法的规定编制并披露重大资产重组报告书的资产交易行为,无须纳入累计计算的范围。中国证监会对本办法第十三条第一款规定的重大资产重组的累计期限和范围另有规定的,从其规定。

交易标的资产属于同一交易方所有或者控制,或者属于相同或者相近的业务范围,或者中国证监会认定的其他情形下,可以认定为同一或者相关资产。

第十五条 本办法第二条所称通过其他方式进行资产交易,包括:

(一)与他人新设企业、对已设立的企业增资或者减资;

(二)受托经营、租赁其他企业资产或者将经营性资产委托他人经营、租赁;

(三)接受附义务的资产赠与或者对外捐赠资产;

(四)中国证监会根据审慎监管原则认定的其他情形。

上述资产交易实质上构成购买、出售资产,且达到本办法第十二条、第十三条规定的标准的,应当按照本办法的规定履行相关义务和程序。

第三章 重大资产重组的程序

第十六条 上市公司与交易对方就重大资产重组事宜进行初步磋商时,应当立即采取必要且充分的保密措施,制定严格有效的保密制度,限定相关敏感信息的知悉范围。上市公司及交易对方聘请证券服务机构的,应当立即与所聘请的证券服务机构签署保密协议。

上市公司关于重大资产重组的董事会决议公告前,相关信息已在媒体上传播或者公司股票交易出现异常波动的,上市公司应当立即将有关计划、方案或者相关事项的现状以及相关进展情况和风险因素等予以公告,并按照有关信息披露规则办理其他相关事宜。

第十七条 上市公司应当聘请符合《证券法》规定的独立财务顾问、律师事务所以及会计师事务所等证券服务机构就重大资产重组出具意见。

独立财务顾问和律师事务所应当审慎核查重大资产重组是否构成关联交易,并依据核查确认的相关事实发表明确意见。重大资产重组涉及关联交易的,独立财务顾问应当就本次重组对上市公司非关联股东的影响发表明确意见。

资产交易定价以资产评估结果为依据的,上市公司应当聘请符合《证券法》规定的资产评估机构出具资产评估报告。

证券服务机构在其出具的意见中采用其他证券服务机构或者人员的专业意见的,仍然应当进行尽职调查,审慎核查其采用的专业意见的内容,并对利用其他证券服务机构或者人员的专业意见所形成的结论负责。在保持职业怀疑并进行审慎核查、开展必要调查和复核的基础上,排除职业怀疑的,可以合理信赖。

第十八条 上市公司及交易对方与证券服务机构签订聘用合同后,非因正当事由不得更换证券服务机构。确有正当事由需要更换证券服务机构的,应当披露更换的具体原因以及证券服务机构的陈述意见。

第十九条 上市公司应当在重大资产重组报告书的管理层讨论与分析部分,就本次交易对上市公司的持续经营能力、未来发展前景、当年每股收益等财务指标和非财务指标的影响进行详细分析;涉及购买资产的,还应当就上市公司对交易标的资产的整合管控安排进行详细分析。

第二十条 重大资产重组中相关资产以资产评估结果作为定价依据的,资产评估机构应当按照资产评估相关准则和规范开展执业活动;上市公司董事会应当对评估机构的独立性、评估假设前提的合理性、评估方法与评估目的的相关性以及评估定价的公允性发表明确意见。

相关资产不以资产评估结果作为定价依据的，上市公司应当在重大资产重组报告书中详细分析说明相关资产的估值方法、参数及其他影响估值结果的指标和因素。上市公司董事会应当对估值机构的独立性、估值假设前提的合理性、估值方法与估值目的的相关性发表明确意见，并结合相关资产的市场可比交易价格、同行业上市公司的市盈率或者市净率等通行指标，在重大资产重组报告书中详细分析本次交易定价的公允性。

前两款情形中，评估机构、估值机构原则上应当采取两种以上的方法进行评估或者估值；上市公司独立董事应当出席董事会会议，对评估机构或者估值机构的独立性、评估或者估值假设前提的合理性和交易定价的公允性发表独立意见，并单独予以披露。

第二十一条 上市公司进行重大资产重组，应当由董事会依法作出决议，并提交股东大会批准。

上市公司董事会应当就重大资产重组是否构成关联交易作出明确判断，并作为董事会决议事项予以披露。

上市公司独立董事应当在充分了解相关信息的基础上，就重大资产重组发表独立意见。重大资产重组构成关联交易的，独立董事可以另行聘请独立财务顾问就本次交易对上市公司非关联股东的影响发表意见。上市公司应当积极配合独立董事调阅相关材料，并通过安排实地调查、组织证券服务机构汇报等方式，为独立董事履行职责提供必要的支持和便利。

第二十二条 上市公司应当在董事会作出重大资产重组决议后的次一工作日至少披露下列文件：

（一）董事会决议及独立董事的意见；

（二）上市公司重大资产重组预案。

本次重组的重大资产重组报告书、独立财务顾问报告、法律意见书以及重组涉及的审计报告、资产评估报告或者估值报告至迟应当与召开股东大会的通知同时公告。上市公司自愿披露盈利预测报告的，该报告应当经符合《证券法》规定的会计师事务所审核，与重大资产重组报告书同时公告。

第一款第（二）项及第二款规定的信息披露文件

的内容与格式另行规定。

上市公司应当在证券交易所的网站和一家符合中国证监会规定条件的媒体公告董事会决议、独立董事的意见、重大资产重组报告书及其摘要、相关证券服务机构的报告或者意见等信息披露文件。

第二十三条 上市公司股东大会就重大资产重组作出的决议，至少应当包括下列事项：

（一）本次重大资产重组的方式、交易标的和交易对方；

（二）交易价格或者价格区间；

（三）定价方式或者定价依据；

（四）相关资产自定价基准日至交割日期间损益的归属；

（五）相关资产办理权属转移的合同义务和违约责任；

（六）决议的有效期；

（七）对董事会办理本次重大资产重组事宜的具体授权；

（八）其他需要明确的事项。

第二十四条 上市公司股东大会就重大资产重组事项作出决议，必须经出席会议的股东所持表决权的三分之二以上通过。

上市公司重大资产重组事宜与本公司股东或者其关联人存在关联关系的，股东大会就重大资产重组事项进行表决时，关联股东应当回避表决。

交易对方已经与上市公司控股股东就受让上市公司股权或者向上市公司推荐董事达成协议或者合意，可能导致上市公司的实际控制权发生变化的，上市公司控股股东及其关联人应当回避表决。

上市公司就重大资产重组事宜召开股东大会，应当以现场会议形式召开，并应当提供网络投票和其他合法方式为股东参加股东大会提供便利。除上市公司的董事、监事、高级管理人员、单独或者合计持有上市公司百分之五以上股份的股东以外，其他股东的投票情况应当单独统计并予以披露。

第二十五条 上市公司应当在股东大会作出重大资产重组决议后的次一工作日公告该决议，以及律师事务所对本次会议的召集程序、召集人和出席人员的资格、表决程序以及表决结果等事项出具的法律意见书。

涉及发行股份购买资产的,上市公司应当根据中国证监会的规定委托独立财务顾问,在作出决议后三个工作日内向证券交易所提出申请。

第二十六条 上市公司全体董事、监事、高级管理人员应当公开承诺,保证重大资产重组的信息披露和申请文件不存在虚假记载、误导性陈述或者重大遗漏。

重大资产重组的交易对方应当公开承诺,将及时向上市公司提供本次重组相关信息,并保证所提供的信息真实、准确、完整,如因提供的信息存在虚假记载、误导性陈述或者重大遗漏,给上市公司或者投资者造成损失的,将依法承担赔偿责任。

前两款规定的单位和个人还应当公开承诺,如本次交易因涉嫌所提供或者披露的信息存在虚假记载、误导性陈述或者重大遗漏,被司法机关立案侦查或者被中国证监会立案调查的,在案件调查结论明确之前,将暂停转让其在该上市公司拥有权益的股份。

第二十七条 证券交易所设立并购重组委员会(以下简称并购重组委)依法审议上市公司发行股份购买资产申请,提出审议意见。

证券交易所应当在规定的时限内基于并购重组委的审议意见,形成本次交易是否符合重组条件和信息披露要求的审核意见。

证券交易所认为符合相关条件和要求的,将审核意见、上市公司注册申请文件及相关审核资料报中国证监会注册;认为不符合相关条件和要求的,作出终止审核决定。

第二十八条 中国证监会收到证券交易所报送的审核意见等相关文件后,依照法定条件和程序,在十五个工作日内对上市公司的注册申请作出予以注册或者不予注册的决定,按规定应当扣除的时间不计算在本款规定的时限内。

中国证监会基于证券交易所的审核意见依法履行注册程序,发现存在影响重组条件的新增事项,可以要求证券交易所问询并就新增事项形成审核意见。

中国证监会认为证券交易所对前款规定的新增事项审核意见依据明显不充分的,可以退回补充审核。证券交易所补充审核后,认为符合重组条件和

信息披露要求的,重新向中国证监会报送审核意见等相关文件,注册期限按照第一款规定重新计算。

第二十九条 股东大会作出重大资产重组的决议后,上市公司拟对交易对象、交易标的、交易价格等作出变更,构成对原交易方案重大调整的,应当在董事会表决通过后重新提交股东大会审议,并及时公告相关文件。

证券交易所审核或者中国证监会注册期间,上市公司按照前款规定对原交易方案作出重大调整的,应当按照本办法的规定向证券交易所重新提出申请,同时公告相关文件。

证券交易所审核或者中国证监会注册期间,上市公司董事会决议撤回申请的,应当说明原因,向证券交易所提出申请,予以公告;上市公司董事会决议终止本次交易的,应当按照公司章程的规定提交股东大会审议,股东大会就重大资产重组事项作出决议时已具体授权董事会可以决议终止本次交易的除外。

第三十条 上市公司收到中国证监会就其申请作出的予以注册或者不予注册的决定后,应当在次一工作日予以公告。

中国证监会予以注册的,上市公司应当在公告注册决定的同时,按照相关信息披露准则的规定补充披露相关文件。

第三十一条 上市公司重大资产重组不涉及发行股份的,应当根据中国证监会的规定聘请独立财务顾问和其他证券服务机构,按照本办法和证券交易所的要求履行相关程序、披露相关信息。

证券交易所通过问询、现场检查、现场督导、要求独立财务顾问和其他证券服务机构补充核查并披露专业意见等方式进行自律管理,发现重组活动明显违反本办法规定的重组条件和信息披露要求,可能因定价显失公允、不正当利益输送等问题严重损害上市公司、投资者合法权益的,可以报请中国证监会根据本办法的规定采取相关措施。

第三十二条 上市公司重大资产重组完成相关批准程序后,应当及时实施重组方案,并于实施完毕之日起三个工作日内编制实施情况报告书,向证券交易所提交书面报告,并予以公告。

上市公司聘请的独立财务顾问和律师事务所应

当对重大资产重组的实施过程、资产过户事宜和相关后续事项的合规性及风险进行核查,发表明确的结论性意见。独立财务顾问和律师事务所出具的意见应当与实施情况报告书同时报告、公告。

第三十三条　自完成相关批准程序之日起六十日内,本次重大资产重组未实施完毕的,上市公司应当于期满后次一工作日将实施进展情况报告,并予以公告;此后每三十日应当公告一次,直至实施完毕。属于本办法第四十四条规定的交易情形的,自收到中国证监会注册文件之日起超过十二个月未实施完毕的,注册文件失效。

第三十四条　上市公司在实施重大资产重组的过程中,发生法律、法规要求披露的重大事项的,应当及时作出公告;该事项导致本次交易发生实质性变动的,须重新提交股东大会审议,涉及发行股份购买资产的,还须按照本办法的规定向证券交易所重新提出申请。

第三十五条　采取收益现值法、假设开发法等基于未来收益预期的方法对拟购买资产进行评估或者估值并作为定价参考依据的,上市公司应当在重大资产重组实施完毕后三年内的年度报告中单独披露相关资产的实际盈利数与利润预测数的差异情况,并由会计师事务所对此出具专项审核意见;交易对方应当与上市公司就相关资产实际盈利数不足利润预测数的情况签订明确可行的补偿协议。

预计本次重大资产重组将摊薄上市公司当年每股收益的,上市公司应当提出填补每股收益的具体措施,并将相关议案提交董事会和股东大会进行表决。负责落实该等具体措施的相关责任主体应当公开承诺,保证切实履行其义务和责任。

上市公司向控股股东、实际控制人或者其控制的关联人之外的特定对象购买资产且未导致控制权发生变更的,不适用前两款规定,上市公司与交易对方可以根据市场化原则,自主协商是否采取业绩补偿和每股收益填补措施及相关具体安排。

第三十六条　上市公司重大资产重组发生下列情形的,独立财务顾问应当及时出具核查意见,并予以公告:

(一)上市公司完成相关批准程序前,对交易对象、交易标的、交易价格等作出变更,构成对原重组方案重大调整,或者因发生重大事项导致原重组方案发生实质性变动的;

(二)上市公司完成相关批准程序后,在实施重组过程中发生重大事项,导致原重组方案发生实质性变动的。

第三十七条　独立财务顾问应当按照中国证监会的相关规定,以及证券交易所的相关规则,对实施重大资产重组的上市公司履行持续督导职责。持续督导的期限自本次重大资产重组实施完毕之日起,应当不少于一个会计年度。实施本办法第十三条规定的重大资产重组,持续督导的期限自本次重大资产重组实施完毕之日起,应当不少于三个会计年度。持续督导期限届满后,仍存在尚未完结的督导事项的,独立财务顾问应当就相关事项继续履行持续督导职责。

第三十八条　独立财务顾问应当结合上市公司重大资产重组当年和实施完毕后的第一个会计年度的年报,自年报披露之日起十五日内,对重大资产重组实施的下列事项出具持续督导意见,并予以公告:

(一)交易资产的交付或者过户情况;

(二)交易各方当事人承诺的履行情况;

(三)已公告的盈利预测或者利润预测的实现情况;

(四)管理层讨论与分析部分提及的各项业务的发展现状,以及上市公司对所购买资产整合管控安排的执行情况;

(五)公司治理结构与运行情况;

(六)与已公布的重组方案存在差异的其他事项。

独立财务顾问还应当结合本办法第十三条规定的重大资产重组实施完毕后的第二、第三个会计年度的年报,自年报披露之日起十五日内,对前款第(二)至(六)项事项出具持续督导意见,并予以公告。

第四章　重大资产重组的信息管理

第三十九条　上市公司筹划、实施重大资产重组,相关信息披露义务人应当公平地向所有投资者披露可能对上市公司股票交易价格产生较大影响的相关信息(以下简称股价敏感信息),不得提前泄露。

第四十条　上市公司的股东、实际控制人以及参与重大资产重组筹划、论证、决策等环节的其他相关机构和人员，应当做好保密工作。对于依法应当披露的信息，应当及时通知上市公司，并配合上市公司及时、准确、完整地进行披露。相关信息发生泄露的，应当立即通知上市公司，并督促上市公司依法披露。

第四十一条　上市公司及其董事、监事、高级管理人员，重大资产重组的交易对方及其关联方，交易对方及其关联方的董事、监事、高级管理人员或者主要负责人，交易各方聘请的证券服务机构及其从业人员，参与重大资产重组筹划、论证、决策、审批等环节的相关机构和人员，以及因直系亲属关系、提供服务和业务往来等知悉或者可能知悉股价敏感信息的其他相关机构和人员，在重大资产重组的股价敏感信息依法披露前负有保密义务，禁止利用该信息进行内幕交易。

第四十二条　上市公司筹划重大资产重组事项，应当详细记载筹划过程中每一具体环节的进展情况，包括商议相关方案、形成相关意向、签署相关协议或者意向书的具体时间、地点、参与机构和人员、商议和决议内容等，制作书面的交易进程备忘录并予以妥当保存。参与每一具体环节的所有人员应当即时在备忘录上签名确认。

上市公司筹划发行股份购买资产，可以按照证券交易所的有关规定申请停牌。上市公司不申请停牌的，应当就本次交易做好保密工作，在发行股份购买资产预案、发行股份购买资产报告书披露前，不得披露所筹划交易的相关信息。信息已经泄露的，上市公司应当立即披露发行股份购买资产预案、发行股份购买资产报告书，或者申请停牌。

上市公司筹划不涉及发行股份的重大资产重组，应当分阶段披露相关情况，不得申请停牌。

上市公司股票交易价格因重大资产重组的市场传闻发生异常波动时，上市公司应当及时核实有无影响上市公司股票交易价格的重组事项并予以澄清，不得以相关事项存在不确定性为由不履行信息披露义务。

第五章　发行股份购买资产

第四十三条　上市公司发行股份购买资产，应当符合下列规定：

（一）充分说明并披露本次交易有利于提高上市公司资产质量、改善财务状况和增强持续经营能力，有利于上市公司减少关联交易、避免同业竞争、增强独立性。

（二）上市公司最近一年及一期财务会计报告被会计师事务所出具无保留意见审计报告；被出具保留意见、否定意见或者无法表示意见的审计报告的，须经会计师事务所专项核查确认，该保留意见、否定意见或者无法表示意见所涉及事项的重大影响已经消除或者将通过本次交易予以消除。

（三）上市公司及其现任董事、高级管理人员不存在因涉嫌犯罪正被司法机关立案侦查或涉嫌违法违规正被中国证监会立案调查的情形。但是，涉嫌犯罪或违法违规的行为已经终止满三年，交易方案有助于消除该行为可能造成的不良后果，且不影响对相关行为人追究责任的除外。

（四）充分说明并披露上市公司发行股份所购买的资产为权属清晰的经营性资产，并能在约定期限内办理完毕权属转移手续。

（五）中国证监会规定的其他条件。

上市公司为促进行业的整合、转型升级，在其控制权不发生变更的情况下，可以向控股股东、实际控制人或者其控制的关联人之外的特定对象发行股份购买资产。所购买资产与现有主营业务没有显著协同效应的，应当充分说明并披露本次交易后的经营发展战略和业务管理模式，以及业务转型升级可能面临的风险和应对措施。

特定对象以现金或者资产认购上市公司发行的股份后，上市公司用同一次发行所募集的资金向该特定对象购买资产的，视同上市公司发行股份购买资产。

第四十四条　上市公司发行股份购买资产的，可以同时募集部分配套资金，其定价方式按照相关规定办理。

上市公司发行股份购买资产应当遵守本办法关于重大资产重组的规定，编制发行股份购买资产预案、发行股份购买资产报告书，并向证券交易所提出申请。

第四十五条　上市公司发行股份的价格不得低

于市场参考价的百分之八十。市场参考价为本次发行股份购买资产的董事会决议公告日前二十个交易日、六十个交易日或者一百二十个交易日的公司股票交易均价之一。本次发行股份购买资产的董事会决议应当说明市场参考价的选择依据。

前款所称交易均价的计算公式为：董事会决议公告日前若干个交易日公司股票交易均价＝决议公告日前若干个交易日公司股票交易总额/决议公告日前若干个交易日公司股票交易总量。

本次发行股份购买资产的董事会决议可以明确，在中国证监会注册前，上市公司的股票价格相比最初确定的发行价格发生重大变化的，董事会可以按照已经设定的调整方案对发行价格进行一次调整。

前款规定的发行价格调整方案应当明确、具体、可操作，详细说明是否相应调整拟购买资产的定价、发行股份数量及其理由，在首次董事会决议公告时充分披露，并按照规定提交股东大会审议。股东大会作出决议后，董事会按照已经设定的方案调整发行价格的，上市公司无需按照本办法第二十九条的规定向证券交易所重新提出申请。

第四十六条 特定对象以资产认购而取得的上市公司股份，自股份发行结束之日起十二个月内不得转让；属于下列情形之一的，三十六个月内不得转让：

（一）特定对象为上市公司控股股东、实际控制人或者其控制的关联人；

（二）特定对象通过认购本次发行的股份取得上市公司的实际控制权；

（三）特定对象取得本次发行的股份时，对其用于认购股份的资产持续拥有权益的时间不足十二个月。

属于本办法第十三条第一款规定的交易情形的，上市公司原控股股东、原实际控制人及其控制的关联人，以及在交易过程中从该等主体直接或间接受让该上市公司股份的特定对象应当公开承诺，在本次交易完成后三十六个月内不转让其在该上市公司中拥有权益的股份；除收购人及其关联人以外的特定对象应当公开承诺，其以资产认购而取得的上市公司股份自股份发行结束之日起二十四个月内不

得转让。

第四十七条 上市公司发行股份购买资产导致特定对象持有或者控制的股份达到法定比例的，应当按照《上市公司收购管理办法》的规定履行相关义务。

上市公司向控股股东、实际控制人或者其控制的关联人发行股份购买资产，或者发行股份购买资产将导致上市公司实际控制权发生变更的，认购股份的特定对象应当在发行股份购买资产报告书中公开承诺：本次交易完成后六个月内如上市公司股票连续二十个交易日的收盘价低于发行价，或者交易完成后六个月期末收盘价低于发行价的，其持有公司股票的锁定期自动延长至少六个月。

前款规定的特定对象还应当在发行股份购买资产报告书中公开承诺：如本次交易因涉嫌所提供或披露的信息存在虚假记载、误导性陈述或者重大遗漏，被司法机关立案侦查或者被中国证监会立案调查的，在案件调查结论明确以前，不转让其在该上市公司拥有权益的股份。

第四十八条 中国证监会对上市公司发行股份购买资产的申请作出予以注册的决定后，上市公司应当及时实施。向特定对象购买的相关资产过户至上市公司后，上市公司聘请的独立财务顾问和律师事务所应当对资产过户事宜和相关后续事项的合规性及风险进行核查，并发表明确意见。上市公司应当在相关资产过户完成后三个工作日内就过户情况作出公告，公告中应当包括独立财务顾问和律师事务所的结论性意见。

上市公司完成前款规定的公告、报告后，可以到证券交易所、证券登记结算机构为认购股份的特定对象申请办理证券登记手续。

第四十九条 换股吸收合并涉及上市公司的，上市公司的股份定价及发行按照本办法有关规定执行。

上市公司发行优先股用于购买资产或者与其他公司合并，中国证监会另有规定的，从其规定。

上市公司可以向特定对象发行可转换为股票的公司债券、定向权证、存托凭证等用于购买资产或者与其他公司合并。

第六章　监督管理和法律责任

第五十条　未依照本办法的规定履行相关义务或者程序，擅自实施重大资产重组的，由中国证监会责令改正，并可以采取监管谈话、出具警示函等监管措施；情节严重的，可以责令暂停或者终止重组活动，处以警告、罚款，并可以对有关责任人员采取证券市场禁入的措施。

擅自实施本办法第十三条第一款规定的重大资产重组，交易尚未完成的，中国证监会责令上市公司暂停重组活动、补充披露相关信息，涉及发行股份的，按照本办法规定报送注册申请文件；交易已经完成的，可以处以警告、罚款，并对有关责任人员采取证券市场禁入的措施；涉嫌犯罪的，依法移送司法机关追究刑事责任。

上市公司重大资产重组因定价显失公允、不正当利益输送等问题损害上市公司、投资者合法权益的，由中国证监会责令改正，并可以采取监管谈话、出具警示函等监管措施；情节严重的，可以责令暂停或者终止重组活动，处以警告、罚款，并可以对有关责任人员采取证券市场禁入的措施。

第五十一条　上市公司或者其他信息披露义务人未按照本办法规定报送重大资产重组有关报告或者履行信息披露义务的，由中国证监会责令改正，依照《证券法》第一百九十七条予以处罚；情节严重的，可以责令暂停或者终止重组活动，并可以对有关责任人员采取证券市场禁入的措施；涉嫌犯罪的，依法移送司法机关追究刑事责任。

上市公司控股股东、实际控制人组织、指使从事前款违法违规行为，或者隐瞒相关事项导致发生前款情形的，依照《证券法》第一百九十七条予以处罚；情节严重的，可以责令暂停或者终止重组活动，并可以对有关责任人员采取证券市场禁入的措施；涉嫌犯罪的，依法移送司法机关追究刑事责任。

重大资产重组的交易对方未及时向上市公司或者其他信息披露义务人提供信息的，按照第一款规定执行。

第五十二条　上市公司或者其他信息披露义务人报送的报告或者披露的信息存在虚假记载、误导性陈述或者重大遗漏的，由中国证监会责令改正，依

照《证券法》第一百九十七条予以处罚；情节严重的，可以责令暂停或者终止重组活动，并可以对有关责任人员采取证券市场禁入的措施；涉嫌犯罪的，依法移送司法机关追究刑事责任。

上市公司的控股股东、实际控制人组织、指使从事前款违法违规行为，或者隐瞒相关事项导致发生前款情形的，依照《证券法》第一百九十七条予以处罚；情节严重的，可以责令暂停或者终止重组活动，并可以对有关责任人员采取证券市场禁入的措施；涉嫌犯罪的，依法移送司法机关追究刑事责任。

重大资产重组的交易对方提供的信息有虚假记载、误导性陈述或者重大遗漏的，按照第一款规定执行。

第五十三条　上市公司发行股份购买资产，在其公告的有关文件中隐瞒重要事实或者编造重大虚假内容的，中国证监会依照《证券法》第一百八十一条予以处罚。

上市公司的控股股东、实际控制人组织、指使从事前款违法行为的，中国证监会依照《证券法》第一百八十一条予以处罚。

第五十四条　重大资产重组涉嫌本办法第五十条、第五十一条、第五十二条、第五十三条规定情形的，中国证监会可以责令上市公司作出公开说明、聘请独立财务顾问或者其他证券服务机构补充核查并披露专业意见，在公开说明、披露专业意见之前，上市公司应当暂停重组活动；上市公司涉嫌前述情形被司法机关立案侦查或者被中国证监会立案调查的，在案件调查结论明确之前应当暂停重组活动。

涉嫌本办法第五十一条、第五十二条、第五十三条规定情形，被司法机关立案侦查或者被中国证监会立案调查的，有关单位和个人应当严格遵守其所作的公开承诺，在案件调查结论明确之前，不得转让其在该上市公司拥有权益的股份。

第五十五条　上市公司董事、监事和高级管理人员未履行诚实守信、勤勉尽责义务，或者上市公司的股东、实际控制人及其有关负责人员未按照本办法的规定履行相关义务，导致重组方案损害上市公司利益的，由中国证监会责令改正，并可以采取监管谈话、出具警示函等监管措施；情节严重的，处以警告、罚款，并可以对有关责任人员采取证券市场禁入的措

施;涉嫌犯罪的,依法移送司法机关追究刑事责任。

第五十六条 为重大资产重组出具独立财务顾问报告、审计报告、法律意见书、资产评估报告、估值报告及其他专业文件的证券服务机构及其从业人员未履行诚实守信、勤勉尽责义务,违反中国证监会的有关规定、行业规范、业务规则,或者未依法履行报告和公告义务、持续督导义务的,由中国证监会责令改正,并可以采取监管谈话、出具警示函、责令公开说明、责令定期报告等监管措施;情节严重的,依法追究法律责任,并可以对有关责任人员采取证券市场禁入的措施。

前款规定的证券服务机构及其从业人员所制作、出具的文件存在虚假记载、误导性陈述或者重大遗漏的,由中国证监会责令改正,依照《证券法》第二百一十三条予以处罚;情节严重的,可以采取证券市场禁入的措施;涉嫌犯罪的,依法移送司法机关追究刑事责任。

第五十七条 重大资产重组实施完毕后,凡因不属于上市公司管理层事前无法获知且事后无法控制的原因,上市公司所购买资产实现的利润未达到资产评估报告或者估值报告预测金额的百分之八十,或者实际运营情况与重大资产重组报告书中管理层讨论与分析部分存在较大差距,以及上市公司实现的利润未达到盈利预测报告预测金额的百分之八十的,上市公司的董事长、总经理以及对此承担相应责任的会计师事务所、独立财务顾问、资产评估机构、估值机构及其从业人员应当在上市公司披露年度报告的同时,在同一媒体上作出解释,并向投资者公开道歉;实现利润未达到预测金额百分之五十的,中国证监会可以对上市公司、相关机构及其责任人

员采取监管谈话、出具警示函、责令定期报告等监管措施。

交易对方超期未履行或者违反业绩补偿协议、承诺的,由中国证监会责令改正,并可以采取监管谈话、出具警示函、责令公开说明等监管措施,将相关情况记入诚信档案;情节严重的,可以对有关责任人员采取证券市场禁入的措施。

第五十八条 任何知悉重大资产重组信息的人员在相关信息依法公开前,泄露该信息、买卖或者建议他人买卖相关上市公司证券、利用重大资产重组散布虚假信息、操纵证券市场或者进行欺诈活动的,中国证监会依照《证券法》第一百九十一条、第一百九十二条、第一百九十三条予以处罚;涉嫌犯罪的,依法移送司法机关追究刑事责任。

第七章 附 则

第五十九条 中国证监会对证券交易所相关板块上市公司重大资产重组另有规定的,从其规定,关于注册时限的规定适用本办法。

第六十条 实施重大资产重组的上市公司为创新试点红筹企业,或者上市公司拟购买资产涉及创新试点红筹企业的,在计算本办法规定的重大资产重组认定标准等监管指标时,应当采用根据中国企业会计准则编制或者调整的财务数据。

上市公司中的创新试点红筹企业实施重大资产重组,可以按照境外注册地法律法规和公司章程履行内部决策程序,并及时披露重大资产重组报告书、独立财务顾问报告、法律意见书以及重组涉及的审计报告、资产评估报告或者估值报告。

第六十一条 本办法自公布之日起施行。

禁止垄断协议规定

(2023 年 2 月 20 日市场监管总局第 2 次局务会议通过 2023 年 3 月 10 日国家市场监督管理总局令第 65 号公布 自 2023 年 4 月 15 日起施行)

第一条 为了预防和制止垄断协议,根据《中华人民共和国反垄断法》(以下简称反垄断法),制定本

规定。

第二条 国家市场监督管理总局(以下简称市

场监管总局)负责垄断协议的反垄断统一执法工作。

市场监管总局根据反垄断法第十三条第二款规定,授权各省、自治区、直辖市市场监督管理部门(以下称省级市场监管部门)负责本行政区域内垄断协议的反垄断执法工作。

本规定所称反垄断执法机构包括市场监管总局和省级市场监管部门。

第三条 市场监管总局负责查处下列垄断协议:

(一)跨省、自治区、直辖市的;

(二)案情较为复杂或者在全国有重大影响的;

(三)市场监管总局认为有必要直接查处的。

前款所列垄断协议,市场监管总局可以指定省级市场监管部门查处。

省级市场监管部门根据授权查处垄断协议时,发现不属于本部门查处范围,或者虽属于本部门查处范围,但有必要由市场监管总局查处的,应当及时向市场监管总局报告。

第四条 反垄断执法机构查处垄断协议时,应当平等对待所有经营者。

第五条 垄断协议是指排除、限制竞争的协议、决定或者其他协同行为。

协议或者决定可以是书面、口头等形式。

其他协同行为是指经营者之间虽未明确订立协议或者决定,但实质上存在协调一致的行为。

第六条 认定其他协同行为,应当考虑下列因素:

(一)经营者的市场行为是否具有一致性;

(二)经营者之间是否进行过意思联络或者信息交流;

(三)经营者能否对行为的一致性作出合理解释;

(四)相关市场的市场结构、竞争状况、市场变化等情况。

第七条 相关市场是指经营者在一定时期内就特定商品或者服务(以下统称商品)进行竞争的商品范围和地域范围,包括相关商品市场和相关地域市场。

界定相关市场应当从需求者角度进行需求替代分析。当供给替代对经营者行为产生的竞争约束类似于需求替代时,也应当考虑供给替代。

界定相关商品市场,从需求替代角度,可以考虑需求者对商品价格等因素变化的反应、商品的特征与用途、销售渠道等因素。从供给替代角度,可以考虑其他经营者转产的难易程度、转产后所提供商品的市场竞争力等因素。

界定平台经济领域相关商品市场,可以根据平台一边的商品界定相关商品市场,也可以根据平台所涉及的多边商品,将平台整体界定为一个相关商品市场,或者分别界定多个相关商品市场,并考虑各相关商品市场之间的相互关系和影响。

界定相关地域市场,从需求替代角度,可以考虑商品的运输特征与成本、多数需求者选择商品的实际区域、地域间的贸易壁垒等因素。从供给替代角度,可以考虑其他地域经营者供应商品的及时性与可行性等因素。

第八条 禁止具有竞争关系的经营者就固定或者变更商品价格达成下列垄断协议:

(一)固定或者变更价格水平、价格变动幅度、利润水平或者折扣、手续费等其他费用;

(二)约定采用据以计算价格的标准公式、算法、平台规则等;

(三)限制参与协议的经营者的自主定价权;

(四)通过其他方式固定或者变更价格。

本规定所称具有竞争关系的经营者,包括处于同一相关市场进行竞争的实际经营者和可能进入相关市场进行竞争的潜在经营者。

第九条 禁止具有竞争关系的经营者就限制商品的生产数量或者销售数量达成下列垄断协议:

(一)以限制产量、固定产量、停止生产等方式限制商品的生产数量,或者限制特定品种、型号商品的生产数量;

(二)以限制商品投放量等方式限制商品的销售数量,或者限制特定品种、型号商品的销售数量;

(三)通过其他方式限制商品的生产数量或者销售数量。

第十条 禁止具有竞争关系的经营者就分割销售市场或者原材料采购市场达成下列垄断协议:

(一)划分商品销售地域、市场份额、销售对象、销售收入、销售利润或者销售商品的种类、数量、时间；

（二）划分原料、半成品、零部件、相关设备等原材料的采购区域、种类、数量、时间或者供应商；

（三）通过其他方式分割销售市场或者原材料采购市场。

前款关于分割销售市场或者原材料采购市场的规定适用于数据、技术和服务等。

第十一条　禁止具有竞争关系的经营者就限制购买新技术、新设备或者限制开发新技术、新产品达成下列垄断协议：

（一）限制购买、使用新技术、新工艺；

（二）限制购买、租赁、使用新设备、新产品；

（三）限制投资、研发新技术、新工艺、新产品；

（四）拒绝使用新技术、新工艺、新设备、新产品；

（五）通过其他方式限制购买新技术、新设备或者限制开发新技术、新产品。

第十二条　禁止具有竞争关系的经营者就联合抵制交易达成下列垄断协议：

（一）联合拒绝向特定经营者供应或者销售商品；

（二）联合拒绝采购或者销售特定经营者的商品；

（三）联合限定特定经营者不得与其具有竞争关系的经营者进行交易；

（四）通过其他方式联合抵制交易。

第十三条　具有竞争关系的经营者不得利用数据和算法、技术以及平台规则等，通过意思联络、交换敏感信息、行为协调一致等方式，达成本规定第八条至第十二条规定的垄断协议。

第十四条　禁止经营者与交易相对人就商品价格达成下列垄断协议：

（一）固定向第三人转售商品的价格水平、价格变动幅度、利润水平或者折扣、手续费等其他费用；

（二）限定向第三人转售商品的最低价格，或者通过限定价格变动幅度、利润水平或者折扣、手续费等其他费用限定向第三人转售商品的最低价格；

（三）通过其他方式固定转售商品价格或者限定转售商品最低价格。

对前款规定的协议，经营者能够证明其不具有排除、限制竞争效果的，不予禁止。

第十五条　经营者不得利用数据和算法、技术以及平台规则等，通过对价格进行统一、限定或者自动化设定转售商品价格等方式，达成本规定第十四条规定的垄断协议。

第十六条　不属于本规定第八条至第十五条所列情形的其他协议、决定或者协同行为，有证据证明排除、限制竞争的，应当认定为垄断协议并予以禁止。

前款规定的垄断协议由市场监管总局负责认定，认定时应当考虑下列因素：

（一）经营者达成、实施协议的事实；

（二）市场竞争状况；

（三）经营者在相关市场中的市场份额及其对市场的控制力；

（四）协议对商品价格、数量、质量等方面的影响；

（五）协议对市场进入、技术进步等方面的影响；

（六）协议对消费者、其他经营者的影响；

（七）与认定垄断协议有关的其他因素。

第十七条　经营者与交易相对人达成协议，经营者能够证明参与协议的经营者在相关市场的市场份额低于市场监管总局规定的标准，并符合市场监管总局规定的其他条件的，不予禁止。

第十八条　反垄断法第十九条规定的经营者组织其他经营者达成垄断协议，包括下列情形：

（一）经营者不属于垄断协议的协议方，在垄断协议达成或者实施过程中，对协议的主体范围、主要内容、履行条件等具有决定性或者主导作用；

（二）经营者与多个交易相对人签订协议，使具有竞争关系的交易相对人之间通过该经营者进行意思联络或者信息交流，达成本规定第八条至第十三条的垄断协议。

（三）通过其他方式组织其他经营者达成垄断协议。

反垄断法第十九条规定的经营者为其他经营者达成垄断协议提供实质性帮助，包括提供必要的支持、创造关键性的便利条件，或者其他重要帮助。

第十九条　经营者能够证明被调查的垄断协议属于反垄断法第二十条规定情形的，不适用本规定第八条至第十六条、第十八条的规定。

第二十条　反垄断执法机构认定被调查的垄断协议是否属于反垄断法第二十条规定的情形,应当考虑下列因素:

(一)协议实现该情形的具体形式和效果;

(二)协议与实现该情形之间的因果关系;

(三)协议是否是实现该情形的必要条件;

(四)其他可以证明协议属于相关情形的因素。

反垄断执法机构认定消费者能否分享协议产生的利益,应当考虑消费者是否因协议的达成、实施在商品价格、质量、种类等方面获得利益。

第二十一条　行业协会应当加强行业自律,引导本行业的经营者依法竞争,合规经营,维护市场竞争秩序。禁止行业协会从事下列行为:

(一)制定、发布含有排除、限制竞争内容的行业协会章程、规则、决定、通知、标准等;

(二)召集、组织或者推动本行业的经营者达成含有排除、限制竞争内容的协议、决议、纪要、备忘录等;

(三)其他组织本行业经营者达成或者实施垄断协议的行为。

本规定所称行业协会是指由同行业经济组织和个人组成,行使行业服务和自律管理职能的各种协会、学会、商会、联合会、促进会等社会团体法人。

第二十二条　反垄断执法机构依据职权,或者通过举报、上级机关交办、其他机关移送、下级机关报告、经营者主动报告等途径,发现涉嫌垄断协议。

第二十三条　举报采用书面形式并提供相关事实和证据的,反垄断执法机构应当进行必要的调查。书面举报一般包括下列内容:

(一)举报人的基本情况;

(二)被举报人的基本情况;

(三)涉嫌垄断协议的相关事实和证据;

(四)是否就同一事实已向其他行政机关举报或者向人民法院提起诉讼。

反垄断执法机构根据工作需要,可以要求举报人补充举报材料。

对于采用书面形式的实名举报,反垄断执法机构在案件调查处理完毕后,可以根据举报人的书面请求依法向其反馈举报处理结果。

第二十四条　反垄断执法机构经过对涉嫌垄断协议的必要调查,符合下列条件的,应当立案:

(一)有证据初步证明经营者达成垄断协议;

(二)属于本部门查处范围;

(三)在给予行政处罚的法定期限内。

省级市场监管部门应当自立案之日起七个工作日内向市场监管总局备案。

第二十五条　市场监管总局在查处垄断协议时,可以委托省级市场监管部门进行调查。

省级市场监管部门在查处垄断协议时,可以委托下级市场监管部门进行调查。

受委托的市场监管部门在委托范围内,以委托机关的名义实施调查,不得再委托其他行政机关、组织或者个人进行调查。

第二十六条　省级市场监管部门查处垄断协议时,可以根据需要商请相关省级市场监管部门协助调查,相关省级市场监管部门应当予以协助。

第二十七条　反垄断执法机构对垄断协议进行行政处罚的,应当在作出行政处罚决定之前,书面告知当事人拟作出的行政处罚内容及事实、理由、依据,并告知当事人依法享有的陈述权、申辩权和要求听证的权利。

第二十八条　反垄断执法机构在告知当事人拟作出的行政处罚决定后,应当充分听取当事人的意见,对当事人提出的事实、理由和证据进行复核。

第二十九条　反垄断执法机构对垄断协议作出行政处罚决定,应当依法制作行政处罚决定书,并加盖本部门印章。

行政处罚决定书的内容包括:

(一)当事人的姓名或者名称、地址等基本情况;

(二)案件来源及调查经过;

(三)违反法律、法规、规章的事实和证据;

(四)当事人陈述、申辩的采纳情况及理由;

(五)行政处罚的内容和依据;

(六)行政处罚的履行方式和期限;

(七)申请行政复议、提起行政诉讼的途径和期限;

(八)作出行政处罚决定的反垄断执法机构的名称和作出决定的日期。

第三十条　反垄断执法机构认定被调查的垄断协议属于反垄断法第二十条规定情形的,应当终止调查并制作终止调查决定书。终止调查决定书应当载明协议的基本情况、适用反垄断法第二十条的依据和理由等。

反垄断执法机构作出终止调查决定后，因情况发生重大变化，导致被调查的协议不再符合反垄断法第二十条规定情形的，反垄断执法机构应当依法开展调查。

第三十一条　涉嫌垄断协议的经营者在被调查期间，可以提出中止调查申请，承诺在反垄断执法机构认可的期限内采取具体措施消除行为影响。

中止调查申请应当以书面形式提出，并由经营者负责人签字并盖章。申请书应当载明下列事项：

（一）涉嫌垄断协议的事实；

（二）承诺采取消除行为后果的具体措施；

（三）履行承诺的时限；

（四）需要承诺的其他内容。

第三十二条　反垄断执法机构根据被调查经营者的中止调查申请，在考虑行为的性质、持续时间、后果、社会影响、经营者承诺的措施及其预期效果等具体情况后，决定是否中止调查。

反垄断执法机构对涉嫌垄断协议调查核实后，认为构成垄断协议的，不得中止调查，应当依法作出处理决定。

对于符合本规定第八条至第十条规定的涉嫌垄断协议，反垄断执法机构不得接受中止调查申请。

第三十三条　反垄断执法机构决定中止调查的，应当制作中止调查决定书。

中止调查决定书应当载明被调查经营者涉嫌达成垄断协议的事实、承诺的具体内容、消除影响的具体措施、履行承诺的时限以及未履行或者未完全履行承诺的法律后果等内容。

第三十四条　决定中止调查的，反垄断执法机构应当对经营者履行承诺的情况进行监督。

经营者应当在规定的时限内向反垄断执法机构书面报告承诺履行情况。

第三十五条　反垄断执法机构确定经营者已经履行承诺的，可以决定终止调查，并制作终止调查决定书。

终止调查决定书应当载明被调查经营者涉嫌垄断协议的事实、作出中止调查决定的情况、承诺的具体内容、履行承诺的情况、监督情况等内容。

有下列情形之一的，反垄断执法机构应当恢复调查：

（一）经营者未履行或者未完全履行承诺的；

（二）作出中止调查决定所依据的事实发生重大变化的；

（三）中止调查决定是基于经营者提供的不完整或者不真实的信息作出的。

第三十六条　经营者涉嫌违反本规定的，反垄断执法机构可以对其法定代表人或者负责人进行约谈。

约谈应当指出经营者涉嫌达成垄断协议的问题，听取情况说明，开展提醒谈话，并可以要求其提出改进措施，消除行为危害后果。

经营者应当按照反垄断执法机构要求进行改进，提出消除行为危害后果的具体措施、履行时限等，并提交书面报告。

第三十七条　经营者达成或者组织其他经营者达成垄断协议，或者为其他经营者达成垄断协议提供实质性帮助，主动向反垄断执法机构报告有关情况并提供重要证据的，可以申请依法减轻或者免除处罚。

经营者应当在反垄断执法机构行政处罚告知前，向反垄断执法机构提出申请。

申请材料应当包括以下内容：

（一）垄断协议有关情况的报告，包括但不限于参与垄断协议的经营者、涉及的商品范围、达成协议的内容和方式、协议的具体实施情况、是否向其他境外执法机构提出申请等。

（二）达成或者实施垄断协议的重要证据。重要证据是指反垄断执法机构尚未掌握的，能够对立案调查或者对认定垄断协议起到关键性作用的证据。

经营者的法定代表人、主要负责人和直接责任人员对达成垄断协议负有个人责任的，适用本条规定。

第三十八条　经营者根据本规定第三十七条提出申请的，反垄断执法机构应当根据经营者主动报告的时间顺序、提供证据的重要程度以及达成、实施垄断协议的有关情况，决定是否减轻或者免除处罚。

第三十九条　省级市场监管部门作出不予行政

处罚决定、中止调查决定、恢复调查决定、终止调查决定或者行政处罚告知前,应当向市场监管总局报告,接受市场监管总局的指导和监督。

省级市场监管部门向被调查经营者送达不予行政处罚决定书、中止调查决定书、恢复调查决定书、终止调查决定书或者行政处罚决定书后,应当在七个工作日内向市场监管总局备案。

第四十条 反垄断执法机构作出行政处理决定后,依法向社会公布。行政处罚信息应当依法通过国家企业信用信息公示系统向社会公示。

第四十一条 市场监管总局应当加强对省级市场监管部门查处垄断协议的指导和监督,统一执法程序和标准。

省级市场监管部门应当严格按照市场监管总局相关规定查处垄断协议案件。

第四十二条 经营者违反本规定,达成并实施垄断协议的,由反垄断执法机构责令停止违法行为,没收违法所得,并处上一年度销售额百分之一以上百分之十以下的罚款,上一年度没有销售额的,处五百万元以下的罚款;尚未实施所达成的垄断协议的,可以处三百万元以下的罚款。

经营者的法定代表人、主要负责人和直接责任人员对达成垄断协议负有个人责任的,可以处一百万元以下的罚款。

第四十三条 经营者组织其他经营者达成垄断协议或者为其他经营者达成垄断协议提供实质性帮助的,适用本规定第四十二条规定。

第四十四条 行业协会违反本规定,组织本行业的经营者达成垄断协议的,由反垄断执法机构责令改正,可以处三百万元以下的罚款;情节严重的,反垄断执法机构可以提请社会团体登记管理机关依法撤销登记。

第四十五条 反垄断执法机构确定具体罚款数额时,应当考虑违法行为的性质、程度、持续时间和消除违法行为后果的情况等因素。

违反本规定,情节特别严重、影响特别恶劣、造成特别严重后果的,市场监管总局可以在本规定第四十二条、第四十三条、第四十四条规定的罚款数额的二倍以上五倍以下确定具体罚款数额。

第四十六条 经营者因行政机关和法律、法规授权的具有管理公共事务职能的组织滥用行政权力而达成垄断协议的,按照本规定第四十二条、第四十三条、第四十四条、第四十五条处理。经营者能够证明其受行政机关和法律、法规授权的具有管理公共事务职能的组织滥用行政权力强制或者变相强制达成垄断协议的,可以依法从轻或者减轻处罚。

第四十七条 经营者根据本规定第三十七条主动向反垄断执法机构报告达成垄断协议的有关情况并提供重要证据的,反垄断执法机构可以按照下列幅度减轻或者免除对其处罚:对于第一个申请者,反垄断执法机构可以免除处罚或者按照不低于百分之八十的幅度减轻处罚;对于第二个申请者,可以按照百分之三十至百分之五十的幅度减轻处罚;对于第三个申请者,可以按照百分之二十至百分之三十的幅度减轻处罚。

在垄断协议达成中起主要作用,或者胁迫其他经营者参与达成、实施垄断协议,或者妨碍其他经营者停止该违法行为的,反垄断执法机构不得免除对其处罚。

负有个人责任的经营者法定代表人、主要负责人和直接责任人员,根据本规定第三十七条主动向反垄断执法机构报告达成垄断协议的有关情况并提供重要证据的,反垄断执法机构可以对其减轻百分之五十的处罚或者免除处罚。

第四十八条 反垄断执法机构工作人员滥用职权、玩忽职守、徇私舞弊或者泄露执法过程中知悉的商业秘密、个人隐私和个人信息的,依照有关规定处理。

第四十九条 反垄断执法机构在调查期间发现的公职人员涉嫌职务违法、职务犯罪问题线索,应当及时移交纪检监察机关。

第五十条 本规定对垄断协议调查、处罚程序未作规定的,依照《市场监督管理行政处罚程序规定》执行,有关时限、立案、案件管辖的规定除外。

反垄断执法机构组织行政处罚听证的,依照《市场监督管理行政处罚听证办法》执行。

第五十一条 本规定自 2023 年 4 月 15 日起施行。2019 年 6 月 26 日国家市场监督管理总局令第 10 号公布的《禁止垄断协议暂行规定》同时废止。

市场监管总局　海关总署　税务总局关于发布《企业注销指引（2023年修订）》的公告

（2023年　第58号）

为进一步落实国务院完善企业（含农民专业合作社、个体工商户，下同）退出制度的工作要求，为企业依法退出市场提供操作性更强的行政指导，市场监管总局、海关总署、税务总局依据《中华人民共和国公司法》（以下简称《公司法》）、《市场主体登记管理条例》等法律法规的规定，对《企业注销指引（2021年修订）》进行了修订，现予以公告。

企业注销指引

（2023年修订）（2023年12月21日公告）

一、企业退出市场基本程序

通常情况下，企业终止经营活动退出市场，需要经历决议解散、清算分配和注销登记三个主要过程。例如，按照《公司法》规定，公司正式终止前，须依法宣告解散、成立清算组进行清算、清理公司财产、清缴税款、清理债权债务、支付职工工资、社会保险费用等，待公司清算结束后，应制作清算报告并办理注销公司登记，公告公司终止。

二、企业注销事由

企业因解散、被宣告破产或者其他法定事由需要终止的，应当依法向登记机关申请注销登记。经登记机关注销登记，企业终止。企业注销依法须经批准的，应当经批准后向登记机关申请注销登记。

（一）解散

1. 自愿解散

指基于公司股东会或者股东大会、非公司企业

法人出资人（主管部门）、合伙企业合伙人、个人独资企业投资人、农民专业合作社（联合社）成员大会或者成员代表大会、个体工商户经营者，或者分支机构隶属企业（单位）的意愿进行解散如公司解散情形包括：公司章程规定的营业期限届满或者公司章程规定的其他解散事由出现；股东会或者股东大会决议解散；因公司合并或者分立需要解散等。合伙企业解散情形包括：全体合伙人决定解散；合伙协议约定的解散事由出现；合伙期限届满，合伙人决定不再经营等。个人独资企业解散情形包括：投资人决定解散等。农民专业合作社（联合社）解散情形包括：成员大会决议解散；章程规定的解散事由出现等。

2. 强制解散

通常分为行政决定解散与人民法院判决解散。行政决定解散，包括依法被吊销营业执照、责令关闭或者被撤销。人民法院判决解散，按照《公司法》规定，因公司经营管理发生严重困难，继续存续会使股东利益受到重大损失，通过其他途径不能解决的，持有公司全部股东表决权百分之十以上的股东，请求人民法院解散公司的情形。

（二）破产

企业被宣告破产是指根据《企业破产法》等规定企业不能清偿到期债务，并且资产不足以清偿全部债务或者明显缺乏清偿能力的，经人民法院审查属实，企业没有进行和解或重整，被人民法院宣告破产。

三、企业清算流程

依法开展清算是企业注销前的法定义务。《民

法典》规定,法人解散的,除合并或者分立的情形外,清算义务人应当及时组成清算组进行清算。非法人组织解散的,应当依法进行清算。清算的重要内容是企业清理各类资产,清结各项债权债务。清算的目的在于保护债权人的利益、投资人的利益、企业的利益、职工的利益以及社会公共利益。法人的清算程序和清算组职权,依照有关法律的规定;没有规定的,参照适用公司法律的有关规定。

（一）成立清算组

《民法典》规定,法人的董事、理事等执行机构或者决策机构的成员为清算义务人。法律、行政法规另有规定的,依照其规定。清算义务人未及时履行清算义务,造成损害的,应当承担民事责任:主管机关或者利害关系人可以申请人民法院指定有关人员组成清算组进行清算。

1.公司清算组

公司在解散事由出现之日起15日内成立清算组,负责清理公司的财产和债权债务。有限责任公司的清算组由公司股东组成,股份有限公司的清算组由董事或者股东大会确定的人员组成。逾期不成立清算组进行清算的,债权人、股东、董事或其他利害关系人可以申请人民法院指定有关人员组成清算组进行清算。清算组的选任在遵守法律法规强制性规定的同时应充分尊重公司意愿,公司章程中可以预先确定清算组人员,也可以在章程中规定清算组成员选任的决议方式。对于章程中没有规定或者规定不明确的,股东会或者股东大会可以通过普通决议或者特别决议的方式选任清算组成员。有限责任公司清算组成员在公司股东中选任,既可以是全体股东,也可以是部分股东股份有限公司清算组成员可以是全体董事,也可以是部分董事或者由股东大会确定清算组成员。清算组的选任,公司可以结合规模大小和清算事务工作量的多少,充分考虑能否便于公司清算的顺利进行和迅速完结,以及以较低清算成本完成清算事务。鼓励熟悉公司事务的内部人员以及具备审计、财会专业知识的机构、人员担任清算组成员。清算组成员除可以为自然人外,也可以为法人或者其他组织;成员为法人或者其他组织的,应指派相关人员参与清算。一人有限责任公司

的清算组成员,可以仅由该一人股东担任。清算组负责人由股东会或者股东大会在清算组成员中指定。

2.非公司企业法人清算组

非公司企业法人可以由出资人(主管部门)自行或者组织有关人员进行清算。

3.合伙企业清算人

合伙企业解散,应当由清算人进行清算。清算人由全体合伙人担任;经全体合伙人过半数同意,可以自合伙企业解散事由出现后十五日内指定一个或者数个合伙人或者委托第三人,担任清算人。自合伙企业解散事由出现之日起十五日内未确定清算人的,合伙人或者其他利害关系人可以申请人民法院指定清算人。合伙企业的清算人可以为全部合伙人,经全体合伙人过半数同意,也可以为一个或者部分合伙人,或者为合伙人以外的第三人,也可以为合伙人与第三人共同组成清算人开展清算活动。

4.个人独资企业清算人

个人独资企业解散,由投资人自行清算或者由债权人申请人民法院指定清算人进行清算。

5.农民专业合作社(联合社)清算组

农民专业合作社(联合社)解散的,应当在解散事由出现之日起十五日内由成员大会推举成员组成清算组,开始解散清算。逾期不能组成清算组的成员、债权人可以向人民法院申请指定成员组成清算组进行清算。

（二）清算组的职责

以公司为例,清算组在公司清算过程中,具有对内执行清算业务,对外代表清算中公司的职权。公司依法清算结束并办理注销登记前,有关公司的民事诉讼,应当以公司的名义进行。公司成立清算组的,由清算组负责人代表公司参加诉讼;尚未成立清算组的,由原法定代表人代表公司参加诉讼。清算组所能执行的公司事务是以清算为目的的事务,而非所有事务。由于清算中的公司仍具有主体资格,清算组不能取代股东会、股东大会和监事会的职权,股东会、股东大会仍然是公司的权力机构,清算组应及时向股东会、股东大会报告清算进展情况对清算组的选解任、清算方案的确认、清算报告的确认等公

司的重大事项仍由股东会、股东大会决定。清算组的清算工作仍然受公司监督机构监事会的监督，监事会及时提醒和纠正清算组的不当和违规行为。清算组成员应当忠于职守，依法履行清算义务。清算组成员不得利用职权收受贿赂或者其他非法收入，不得侵占公司财产清算组成员因故意或者重大过失给公司或者债权人造成损失的应当承担赔偿责任。其他经营主体的清算组（人）的地位参照公司清算组适用。

（三）发布清算组信息和债权人公告

清算组自成立之日起 10 日内，应通过国家企业信用信息公示系统公告清算组信息。同时，清算组应及时通知债权人，并于 60 日内通过国家企业信用信息公示系统免费向社会发布债权人公告，也可依法通过报纸发布，公告期为 45 日（个人独资企业无法通知债权人的，公告期为 60 日）。市场监管部门同步向税务部门共享清算组信息。

1. 发布清算组信息

依照相关法律法规，公司、合伙企业农民专业合作社（联合社）需要依法公告清算组信息，非公司企业法人由主管部门、个人独资企业由投资人自行组织清算，无需公告清算组信息。企业应通过国家企业信用信息公示系统公告清算组信息，主要包括：名称、统一社会信用代码/注册号、登记机关清算组成立日期、注销原因、清算组办公地址、清算组联系电话、清算组成员（姓名/名称、证件类型/证照类型、证件号码/证照号码、联系电话地址、是否为清算组负责人）等。

2. 发布债权人公告

（1）公司清算组应当自成立之日起十日内通知债权人，并于六十日内公告。债权人应当自接到通知书之日起三十日内，未接到通知书的自公告之日起四十五日内，向清算组申报其债权。

（2）合伙企业清算人自被确定之日起十日内将合伙企业解散事项通知债权人，并于六十日内发布债权人公告债权人应当自接到通知书之日起三十日内，未接到通知书的自公告之日起四十五日内，向清算人申报债权。

（3）个人独资企业投资人自行清算的，应当在清算前十五日内书面通知债权人，无法通知的，应当发布债权人公告。债权人应当在接到通知之日起三十日内，未接到通知的应当在公告之日起六十日内，向投资人申报其债权。

（4）农民专业合作社（联合社）清算组应当自成立之日起十日内通知农民专业合作社（联合社）成员和债权人，并于六十日内发布债权人公告。债权人应当自接到通知之日起三十日内，未接到通知的自公告之日起四十五日内，向清算组申报债权。

（5）非公司企业法人发布债权人公告的，可通过报纸或国家企业信用信息公示系统发布。债权人公告的信息主要包括：名称、统一社会信用代码/注册号、登记机关、公告期自、公告期至、公告内容、债权申报联系人债权申报联系电话、债权申报地址。

（四）开展清算活动

清算组负责清理企业财产，分别编制资产负债表和财产清单；处理与清算有关的未了结的业务；结清职工工资；缴纳行政机关、司法机关的罚款和罚金；向海关和税务机关清缴所欠税款以及清算过程中产生的税款并办理相关手续，包括滞纳金、罚款、缴纳减免税货物提前解除海关监管需补缴税款以及提交相关需补办许可证件，办理企业所得税清算、办理土地增值税清算、结清出口退（免）税款、缴销发票和税控设备等；合伙企业、个人独资企业的清算所得应当视为年度生产经营所得，由投资者依法缴纳个人所得税；存在涉税违法行为的纳税人应当接受处罚，缴纳罚款；结清欠缴的社会保险费、滞纳金、罚款；清理债权、债务；处理企业清偿债务后的剩余财产；代表企业参加民事诉讼活动；办理分支机构注销登记；处理对外投资、股权出质等。

（五）分配剩余财产

以公司为例，清算组在清理公司财产编制资产负债表和财产清单后，应当制定清算方案，并报股东会、股东大会或者人民法院确认。公司财产在分别支付清算费用、职工的工资、社会保险费用和法定补偿金，缴纳所欠税款，清偿公司债务后的剩余财产，有限责任公司按照股东的出资比例分配，股份有限公司按照股东持有的股份比例分配。清算期间，公司存续,但不得开展与清算无关的经营活动。公司财产在未依照前款规定清偿前,不得分配给股东。

(六)制作清算报告

公司清算组在清算结束后,应制作清算报告,报股东会、股东大会确认。其中,有限责任公司股东会对清算报告确认,必须经代表 2/3 以上表决权的股东签署确认;股份有限公司股东大会对清算报告确认,须由股东大会会议主持人及出席会议的董事签字确认。国有独资公司由国务院、地方人民政府或者其授权的本级人民政府国有资产监督管理机构签署确认。

非公司企业法人应持清算报告或者出资人(主管部门)负责清理债权债务的文件办理注销登记,清算报告和负责清理债权债务的文件应由非公司企业法人的出资人(主管部门)签署确认。

合伙企业的清算报告由全体合伙人签署确认。

个人独资企业的清算报告由投资人签署确认。

农民专业合作社(联合社)的清算报告由成员大会、成员代表大会确认,由本社成员表决权总数 213 以上成员签署确认。

对于人民法院组织清算的,清算报告由人民法院确认。

四、企业办理注销登记

企业在完成清算后,需要分别注销税务登记、企业登记、社会保险登记,涉及海关报关等相关业务的企业,还需要办理海关报关单位备案注销等事宜。

(一)普通注销流程

1. 申请注销税务登记

纳税人向税务部门申请办理注销时,税务部门进行税务注销预检,检查纳税人是否存在未办结事项。

(1)未办理过涉税事宜的纳税人,主动到税务部门办理清税的,税务部门可根据纳税人提供的营业执照即时出具清税文书。

(2)符合容缺即时办理条件的纳税人,在办理税务注销时,资料齐全的,税务部门即时出具清税文书;若资料不齐,可在作出承诺后,税务部门即时出

具清税文书。纳税人应按承诺的时限补齐资料并办结相关事项。具体条件是:①办理过涉税事宜但未领用发票(含代开发票)无欠税(滞纳金)及罚款且没有其他未办结事项的纳税人,主动到税务部门办理清税的;②未处于税务检查状态、无欠税(滞纳金)及罚款、已缴销增值税专用发票及税控设备,且符合下列情形之一的纳税人:纳税信用级别为 A 级和 B 级的纳税人;控股母公司纳税信用级别为 A 级的 M 级纳税人;省级人民政府引进人才或经省级以上行业协会等机构认定的行业领军人才等创办的企业;未纳入纳税信用级别评价的定期定额个体工商户;未达到增值税纳税起征点的纳税人。

(3)不符合承诺制容缺即时办理条件的(或虽符合承诺制容缺即时办理条件但纳税人不愿意承诺的),税务部门向纳税人出具《税务事项通知书》(告知未结事项),纳税人先行办理完毕各项未结事项后,方可申请办理税务注销。

(4)经人民法院裁定宣告破产或强制清算的企业,管理人持人民法院终结破产程序裁定书或强制清算程序的裁定申请税务注销的,税务部门即时出具清税文书。

(5)纳税人办理税务注销前,无需向税务机关提出终止"委托扣款协议书"申请。税务机关办结税务注销后,委托扣款协议自动终止。

(6)注意事项。对于存在依法应在税务注销前办理完毕但未办结的涉税事项的,企业应办理完毕后再申请注销。对于存在未办结涉税事项且不符合承诺制容缺即时办理条件的,税务机关不予注销。例如,持有股权、股票等权益性投资、债权性投资或土地使用权、房产等资产未依法清算缴税的;合伙企业、个人独资企业未依法清算缴纳个人所得税的;出口退税企业未结清出口退(免)税款等情形的不予注销。

2. 申请注销企业登记

清算组向登记机关提交注销登记申请书、注销决议或者决定、经确认的清算报告和清税证明等相关材料申请注销登记。登记机关和税务机关已共享企业清税信息的,企业无需提交纸质清税证明文书;领取了纸质营业执照正副本的,缴回营业执照正副本,营业执照遗失的,可通过国家企业信用信息公示系统或公开发行的报纸发布营业执照作废声明。国

有独资公司申请注销登记,还应当提交国有资产监督管理机构的决定,其中,国务院确定的重要的国有独资公司,还应当提交本级人民政府的批准文件复印件。仅通过报纸发布债权人公告的,需要提交依法刊登公告的报纸报样。企业申请注销登记前,应当依法办理分支机构注销登记,并处理对外投资的企业转让或注销事宜。

3.申请注销社会保险登记

企业应当自办理企业注销登记之日起30日内,向原社会保险登记机构提交注销社会保险登记申请和其他有关注销文件,办理注销社会保险登记手续。企业应当结清欠缴的社会保险费、滞纳金、罚款后,办理注销社会保险登记。

4.申请办理海关报关单位备案注销

涉及海关报关相关业务的企业,可通过国际贸易"单一窗口"(http://www.singlewindow.cn)"互联网+海关"(http://online.customs.gov.cn)等方式向海关提交报关单位注销申请,也可通过市场监管部门与海关联网的注销"一网"服务平台提交注销申请。对于已在海关备案,存在欠税(含滞纳金)、罚款及其他应办结的海关手续的报关单位,应当在注销前办结海关有关手续。报关单位备案注销后,向市场监管部门申请注销企业登记。

(二)简易注销流程

1.适用对象未发生债权债务或已将债权债务清偿完结的企业(上市股份有限公司除外)

企业在申请简易注销登记时,不应存在未结清清偿费用、职工工资、社会保险费用、法定补偿金、应缴纳税款(滞纳金、罚款)等债权债务。企业有下列情形之一的,不适用简易注销程序:法律、行政法规或者国务院决定规定在注销登记前须经批准的;被吊销营业执照、责令关闭、撤销;在经营异常名录或者市场监督管理严重违法失信名单中;存在股权(财产份额)被冻结、出质或者动产抵押,或者对其他企业存在投资;尚持有股权、股票等权益性投资、债权性投资或土地使用权、房产等资产的;未依法办理所得税清算申报或有清算所得未缴纳所得税的;正在被立案调查或者采取行政强制,正在诉讼或仲裁程序中;受到罚款等行政处罚尚未执行完毕;不适用简

易注销登记的其他情形。企业存在"被列入企业经营异常名录""存在股权(财产份额)被冻结、出质或动产抵押等情形""企业所属的非法人分支机构未办注销登记的"等三种不适用简易注销登记程序的情形,无需撤销简易注销公示,待异常状态消失后可再次依程序公示申请简易注销登记。对于承诺书文字、形式填写不规范的,市场监管部门在企业补正后予以受理其简易注销申请,无需重新公示。符合市场监管部门简易注销条件,未办理过涉税事宜,办理过涉税事宜但未领用发票(含代开发票)、无欠税(滞纳金)及罚款且没有其他未办结涉税事项的纳税人,免于到税务部门办理清税证明,可直接向市场监管部门申请简易注销。

2.办理流程

(1)符合适用条件的企业登录注销"一网"服务平台或国家企业信用信息公示系统《简易注销公告》专栏,主动向社会公告拟申请简易注销登记及全体投资人承诺等信息,公示期为20日。

(2)公示期内,有关利害关系人及相关政府部门可以通过国家企业信用信息公示系统《简易注销公告》专栏"异议留言"功能提出异议并简要陈述理由。超过公示期,公示系统不再接受异议。

(3)税务部门通过信息共享获取市场监管部门推送的拟申请简易注销登记信息后,应按照规定的程序和要求,查询税务信息系统核实相关涉税、涉及社会保险费情况,对经查询系统显示为以下情形的纳税人,税务部门不提出异议:一是未办理过涉税事宜的纳税人;二是办理过涉税事宜但未领用发票(含代开发票)无欠税(滞纳金)及罚款且没有其他未办结涉税事项的纳税人;三是查询时已办结缴销发票、结清应纳税款等清税手续的纳税人;四是无欠缴社会保险费、滞纳金、罚款。

(4)公示期届满后,公示期内无异议的,企业可以在公示期满之日起20日内向登记机关办理简易注销登记。期满未办理的登记机关可根据实际情况予以延长时限,宽展期最长不超过30日,即企业最晚应当在公示期满之日起50日内办理简易注销登记。企业在公示后,不得从事与注销无关的生产经营活动。

3.个体工商户简易注销

营业执照和税务登记证"两证整合"改革实施后设立登记的个体工商户通过简易程序办理注销登记的,无需提交承诺书,也无需公示。个体工商户在提交简易注销登记申请后,市场监管部门应当在1个工作日内将个体工商户拟申请简易注销登记的相关信息通过省级统一的信用信息共享交换平台、政务信息平台部门间的数据接口(统称信息共享交换平台)推送给同级税务等部门,税务等部门于10日内反馈是否同意简易注销。对于税务等部门无异议的,市场监管部门应当及时办理简易注销登记。具体请参照《市场监管总局 国家税务总局关于进一步完善简易注销登记便捷中小微企业市场退出的通知》(国市监注发〔2021〕45号)办理。

五、特殊情形办理指引

(一)存在股东失联、不配合等问题

对有限责任公司存在股东失联、不配合等情况难以注销的,经书面及报纸(或国家企业信用信息公示系统)公告通知全体股东,召开股东会形成符合法律及章程规定表决比例的决议、成立清算组后,向企业登记机关申请办理注销登记。

(二)存在无法自行组织清算问题

对于企业已出现解散事宜,但负有清算义务的投资人拒不履行清算义务或者因无法取得联系等情形不能成立清算组进行清算的,债权人、股东、利害关系人等可依照《公司法》《合伙企业法》《个人独资企业法》《农民专业合作社法》等法律法规的规定,申请人民法院指定有关人员组成清算组进行清算。清算组在清理财产、编制资产负债表和财产清单后,发现企业财产不足清偿债务的,应当依法向人民法院申请宣告破产。人民法院裁定强制清算或裁定宣告破产的,企业清算组、破产管理人可持人民法院终结强制清算程序的裁定或终结破产程序的裁定,直接向登记机关申请办理注销登记。

(三)存在无法登录国家企业信用信息公示系统发布清算组信息和债权人公告的问题

在办理注销登记中,对未在登记机关取得登记联络员备案的企业,可以向登记机关进行联络员备案后,登录国家企业信用信息公示系统发布清算组信息和债权人公告。企业登记联络员变更的,应当及时进行变更备案。对于吊销企业存在类似问题的,也可以采取备案联络员的方式通过国家企业信用信息公示系统发布公告。

(四)存在营业执照、公章遗失的问题

企业向登记机关、税务机关申请办理注销,存在营业执照、公章遗失的情况,按以下要求办理:①对于营业执照遗失的企业,在国家企业信用信息公示系统或公开发行的报纸进行执照遗失公告,无需申请补发营业执照。②非公司企业法人公章遗失的,由其上级主管单位法定代表人签字并加盖上级主管单位公章进行确认,相关注销材料可不盖公章。③公司公章遗失的,由符合公司法和章程规定表决权要求的股东签字盖章进行确认,相关注销材料可不盖公章。④农民专业合作社(联合社)有前述第3种情况的,可参照执行。⑤合伙企业和个人独资企业公章遗失的,由全体合伙人签字盖章、投资人签字进行确认,相关注销材料可不盖公章。

(五)存在营业执照拒不缴回或无法缴回问题

登记机关依法作出注销登记决定后,30天后企业仍拒不缴回或者无法缴回营业执照的,由登记机关通过国家企业信用信息公示系统公告营业执照作废。

(六)存在股东(出资人)已注销、死亡问题

因股东(出资人)已注销却未清理对外投资,导致被投资主体无法注销的,其股东(出资人)有上级主管单位的,由已注销主体的上级主管单位依规定办理相关注销手续;已注销企业有合法继受主体的,可由继受主体依有关规定申请办理;已注销企业无合法继受主体的,由已注销企业注销时登记在册的股东(出资人)申请办理。因自然人股东死亡,导致其出资的企业难以办理注销登记的,可以由其有权继承人代位办理注销。有权继承人需提交身份证明和有关继承证明材料。

重 点 企 业 风 采

（排序不分先后）

※ 国家电网有限公司

※ 中国建材集团有限公司

※ 中国石油化工集团有限公司

※ 中国宝武钢铁集团有限公司

※ 国家电力投资集团有限公司

※ 青岛开发区投资建设集团有限公司

※ 厦门金圆投资集团有限公司

※ 贵州习酒投资控股集团有限责任公司

※ 海信集团控股股份有限公司

国家电网有限公司
STATE GRID
CORPORATION OF CHINA

安徽省芜湖市繁昌区孙村镇
的"西电东送"特高压通道

共产党员服务队队员上门服务

冒雪巡视变电站设备

应对台风开展变电站特巡

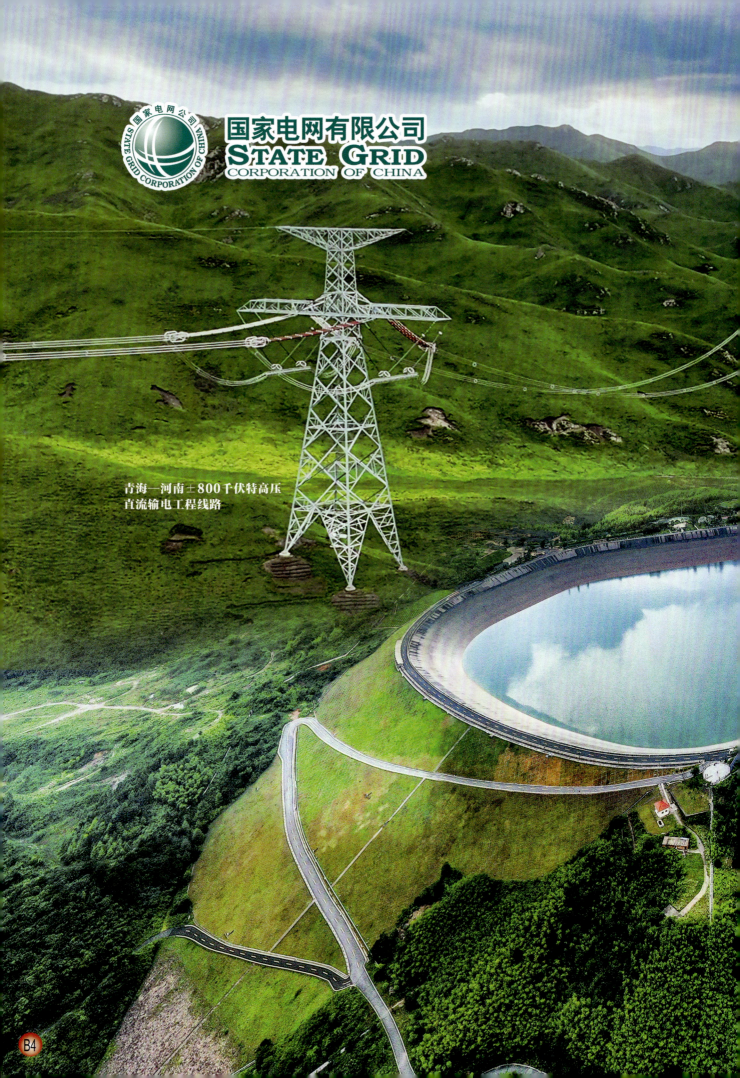

国家电网有限公司
STATE GRID
CORPORATION OF CHINA

青海—河南±800千伏特高压
直流输电工程线路

服务宁夏灵武市"沙戈荒"光伏基地电力送出

开展高比例新能源接入电网数模混合精细化仿真试验

运用智慧车网互动试验平台开展技术研讨

浙江天荒坪抽水蓄能电站上水库

中国建材

材料创造

打造具有全球竞争力的

美好世界

世界一流材料产业投资集团

打造世界一流材料企业

致力于价值创造和股东回报

www.cnbmltd.com

中国建材股份有限公司

China National Building Material Company Limited

中国石化
SINOPEC

打造世界领

化工

先洁净能源
公司

中国石油化工集团有限公司

绿水青山就是金山银山

中国宝武深入贯彻绿色发展理念，致力于推动生产经营环节的节能减排，通过技术革新，打造环境友好型产品，推动节能绿色产业发展，共建美丽中国。

国家电力投资集团有限公司
STATE POWER INVESTMENT CORPORATION LIMITED

坚持"先进能源技术开发商、清洁低碳能源供应商和能源生态系统集成商"定位，建设具有全球竞争力的世界一流清洁能源企业。

青岛开发区投资建设集团有限公司
Qingdao Development Area Investment Construction Group Co.,Ltd.

开拓　创新　投资　未来

B17

辛安、东南庄城中村改造项目效果图

青岛开投集团捷能汽轮机设备

开投芯屏产业园效果图

疏港高架拓宽工程

青岛开发区投资建设集团有限公司

Qingdao Development Area Investment Construction Group Co., Ltd.

2023山东社会责任企业

2023年度城市更新和城市建设工作突出贡献单位

青岛自贸全球消费综合体项目效果图

　　青岛开发区投资建设集团有限公司（以下简称开投集团），成立于2017年5月，注册资本20亿元，为西海岸新区区属国有企业。开投集团聚焦实体产业、园区运营、城市服务、开发建设、大宗贸易及金融供应链、康养文旅六大主业板块，以"阳光开投，奉献有我"党建品牌为引领，发扬"激情、高效、创新、共赢"企业精神，以打造国内一流的现代化、产业化新国企为目标，发展成一家综合优势明显、若干领域领先、具有竞争力的综合性企业。

　　开投集团自成立以来，围绕"国有企业做大做强"和"国有资本保值增值"工作主线，总资产从5000万元增加至500亿元，年营业收入从2亿元增加至120亿元，年利税从不足100万元增加至6亿余元，累计在建工程面积超过1000万平方米，旗下现有70余家全资控股公司，获得ＡＡ＋主体信用评级，是西海岸新区区属国有企业中获评ＡＡ＋用时最短的企业。

　　开投集团跻身中国服务业企业500强、青岛企业综合100强；获得"全国ＡＡＡ级信用企业"、2023山东社会责任企业、青岛"年度最具影响力企业"、青岛市"工人先锋号"、青岛西海岸新区"高质量发展先进集体"等荣誉。

金圆集团

打造全国一流的综合性金融服务商

厦门金圆投资集团有限公司（以下简称金圆集团）成立于2011年7月，是厦门市委、市政府组建，厦门市财政局作为唯一出资人的国有金融控股集团，业务板块包括金融服务、产业投资、片区开发等领域，连续9年获"AAA"信用评级。金圆集团践行"融合两岸、服务实体、普惠民生"三重使命，持有银行、信托、证券、公募基金、消费金融、地方资产管理、融资担保、融资租赁等十余张各类金融牌照，受托管理产业投资基金、城市建设投资基金、技术创新基金、增信基金、中小企业服务平台等十余个市级服务平台，创新"财政政策+金融工具"模式，形成200多种涵盖企业全生命周期的金融产品和服务，管理金融资产规模超7500亿元，正致力于打造全国一流的综合性金融服务商，更加突出"比金融更懂产业，比产业更懂金融"的发展路径，发挥资本招商和产业投资合作的重要载体功能，助推产业转型升级，服务发展大局。

打造综合金融服务的"主力军"

金圆集团创新"财政政策+金融工具"服务，受托管理技术创新基金，为企业研发提供低成本融资支持；增信基金，为企业申请无抵押、无担保信用融资进行风险兜底；应急还贷资金，为企业提供无门槛免费"过桥"融资，缓解流动性紧张；纾困基金，为企业化解经营危机；先进制造业基金，支持厦门先进制造业倍增发展；供应链协作基金，支持企业的供应链融资需求；城市建设投资基金，撬动优质社会资本投资城市更新建设，助力财政资金提质增效；深耕不良资产综合服务，处置化解区域金融风险；盘活"资产+资源"，推动全国首批保障性租赁房REITs项目上市；运营政企协同服务平台，实现惠企政策"一键直达"、奖补资金"免申即享"；运营福建最大政策性担保平台，精准滴灌中小微企业；深度链接沪深北交易所厦门基地，提供企业上市培育全链条服务；设立全国首个海洋碳汇和农业碳汇交易平台，开拓绿色金融应用场景。

培育战略性新兴产业的"先锋队"

金圆集团设立市级产业投资平台——厦门产投公司，发挥产业投资、产业智库、资本运营三大平台职能，为厦门重大产业投资和遴选产业赛道提供智库支持和资本动能。一方面，通过"以投促招"投资天马显示（000050.SZ）、中创新航（03931.HK）、清源股份（603628.SH）、士兰微（600460.SH）等战略性新兴产业，带动平板显示、集成电路、新能源、半导体产业链集聚，助力科技创新引领工程和先进制造业倍增计划；另一方面，受托管理千亿规模市级产业投资基金，积极引导创投基金投早投小，打造"长期资本""耐心资本"，深度链接中金、红杉、鼎晖、高瓴、愉悦资本等优秀私募机构超80家，搭建中国电子、中兵、华润等产业央企"朋友圈"，助力打造现代化产业体系，加快发展新质生产力。

深化两岸融合发展的"排头兵"

金圆集团先行先试探索两岸金融合作，成立全国首家两岸合资证券公司、全国首家两岸合资消费金融公司、福建首家两岸合资公募基金管理公司，是大陆首家具有台资背景的城商行——厦门银行的第一大股东；引领对台金融服务创新，发起设立全国首个"台企金融服务联盟""两岸金融产业合作联盟"，充分发挥全国台湾同胞投资企业联谊会副会长单位作用，依托海峡青年论坛、海峡金融论坛·台企发展峰会、全国青联"台港澳大学生就业创业工作站"等平台优势，为台湾青年在大陆实习实训、创新创业、筑梦圆梦打造全链条资本市场服务生态圈，在探索海峡两岸融合发展新路上迈出更大步伐。

同心圆

企业使命

融合两岸 服务实体 普惠民生

发展愿景

打造全国一流的综合性金融服务商

战略定位

打造综合金融服务的"**主力军**"
培育战略性新兴产业的"**先锋队**"
深化两岸融合发展的"**排头兵**"

企业文化

"**同心圆**"文化——
同心同向聚共识,合力合拍谋发展
形成最大公约数,画出最大同心圆

核心价值观

诚信 稳健 共赢

持牌情况

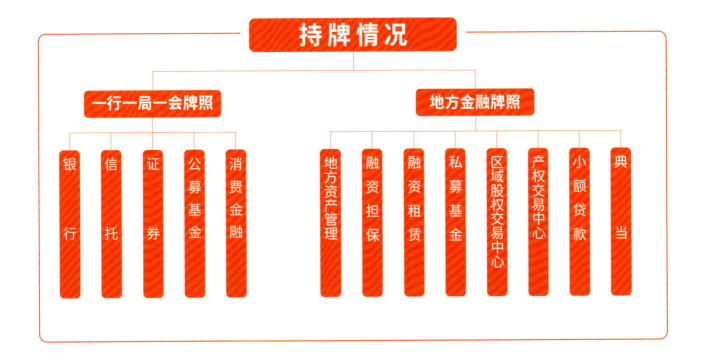

一行一局一会牌照
- 银行
- 信托
- 证券
- 公募基金
- 消费金融

地方金融牌照
- 地方资产管理
- 融资担保
- 融资租赁
- 私募基金
- 区域股权交易中心
- 产权交易中心
- 小额贷款
- 典当

受托管理十余个市级服务平台
—— 创新"财政政策+金融工具"服务 ——

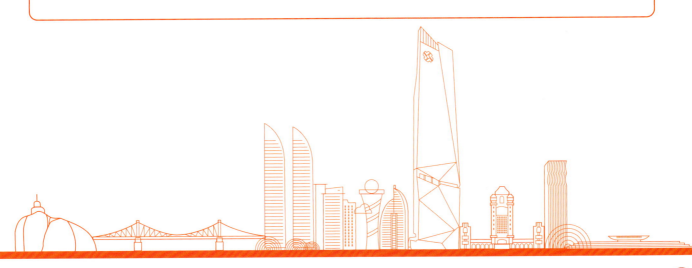

- 市级产业投资平台
- 应急还贷管理人
- 中小企业服务平台
- 市产业投资基金管理人
- 纾困基金管理人
- 要素配置平台
- 技术创新基金管理人
- 先进制造业基金管理人
- 区域股权交易平台
- 增信基金管理人
- 供应链协作基金管理人
- 二手房交易资金监管平台
- 城市建设投资基金管理人
- 政策性担保平台
- 金融智库和人才培训平台

君子之品 东方习酒

贵州习酒投资控股集团有限责任公司

贵州习酒投资控股集团有限责任公司（以下简称贵州习酒），总部位于黔北高原赤水河中游、红军长征"四渡赤水"的二郎滩渡口，依山傍水，风光秀丽，企业占地面积8000余亩，拥有员工1.5万余人，2024年品牌价值为2896.21亿元，位列中国白酒前八名、中国酱酒第二名。

贵州习酒旗下控股子公司——贵州习酒股份有限公司，其前身为明代万历年间殷姓白酒作坊，1952年通过收购组建为国营企业，1998年加入茅台集团，在茅台集团的支持和帮助下发展壮大，2022年由"贵州茅台酒厂（集团）习酒有限责任公司"整体变更设立"贵州习酒股份有限公司"。贵州习酒始终秉承中国传统白酒技艺精华，坚守纯粮固态发酵工艺，以诚取信、以质取胜、锐意创新、追求卓越，致力于做精产品、做优质量、做好服务。具有7万余吨的优质基酒年生产、6万余吨年包装能力及35万余吨的基酒贮存能力；拥有中国酒业科技领军人才、中国白酒工艺大师、中国白酒首席品酒师、贵州酿酒大师、国家级评酒委员（21人）、贵州省评酒委员、正高级工程师、高级工程师100余人，各类专业技术技能人才2000余人。主要产品有君品系列、窖藏系列、金钻系列等，主导品牌"习酒"先后被评为省优、部优、国优，荣获"国家质量奖"，被认定为"国家地理标志保护产品"等。

君子之品，东方习酒。贵州习酒恪守"崇道、务本、敬商、爱人"的企业核心价值观，践行"知敬畏、懂感恩、行谦让、怀怜悯"的习酒品格，释放创新潜能，不断向开放、智慧、美丽的现代化酒企转型升级；两次荣获"全国五一劳动奖状"，荣膺第三届"贵州省省长质量奖"、第十八届"全国质量奖""亚洲质量卓越奖""2023年全国质量标杆""贵州省促进新型工业化发展先进企业"等荣誉。

爱我习酒、苦乐与共、兴我习酒、奉献社会。贵州习酒坚持党的领导、加强党的建设，不断强"根"固"魂"，推动企业持续高质量发展的同时，积极承担社会责任。连续18年开展"习酒·我的大学"大型主题公益奖学活动，累计出资1.49亿余元帮助2.4万余名优秀学子圆梦大学；携手习酒全国经销商、贵州省慈善总会设立"习酒·吾老安康"慈善基金项目，首期捐赠2000万元资助解决老年群体养老、安康问题；捐赠2000万元助力贵州、湖北两省抗击疫情；"亿元习酒敬爱心"，向在抗疫行动中捐赠爱心的单位团体和个人赠送价值亿元的习酒产品；捐赠1000万元助力河南抗洪救灾；捐赠1000万元助力贵阳及其相关市（州）打赢疫情防控攻坚战；捐赠665万元支持长江流域水生生物保护、生态修复等公益事业发展；捐赠500万元支持甘肃灾区抗震救灾和灾后重建；持续选派驻村第一书记和工作队员支持习水县桃林镇永胜村、先锋村及寨坝镇凤凰村开展乡村振兴工作，在农村治理、村容村貌改善、硬件基础设施改造升级、服务群众等方面用真心、出实招；精准助力隆兴镇淋滩村、良村镇吼滩村、土城镇青杠坡村开展红色美丽村庄试点建设工作；先后结对帮扶习水县习酒镇石林村、岩寨村、坪头村和程寨镇罗汉寺村开展乡村振兴工作。支持黔北地区老百姓种植高粱，带动1.6万余农户增收；重磅上线"君品荟"APP，潜心打造"半坡山色"IP，扶持本土高品质农特产品，助力"黔货出山"。贵州习酒努力增加地方财税收入，提供就业岗位，带动上下游产业链发展，促进区域经济繁荣，竭力参与公益事业，用真心出真力为实现共同富裕贡献力量。

贵州习酒厂区图

贵州习酒运营中心

凭借在支持社会公益和履行社会责任方面的突出贡献，贵州习酒多次荣登中国企业慈善公益500强、中国制造业企业慈善公益500强榜单，并荣获"全国优秀社会责任企业"、"希望工程实施30周年突出贡献者"、国家和贵州省"绿色工厂"、贵州省"AAAAA(五A级)生态酿酒企业""贵州省履行社会责任五星级企业""全省脱贫攻坚先进党组织""善行贵州·突出贡献捐赠企业""善行贵州·爱心企业"等荣誉。

在党的坚强领导下，在贵州省委省政府围绕"四新"主攻"四化"战略指引下，贵州习酒将发挥赤水河流域酱香型白酒原产地和主产区优势，始终坚持质量至上，坚守"发展、生态、安全"底线，坚定不移高质量发展、大踏步前进，朝着世界一流、受人喜欢的大型综合企业集团阔步迈进。

东方习酒

　　海信集团控股股份有限公司（以下简称海信）成立于1969年，拥有海信视像（股票代码600060）、海信家电（股票代码000921）、三电控股（股票代码6444）、乾照光电（股票代码300102）四家在上海、深圳、香港、东京四地的上市公司，旗下有海信（Hisense）、东芝电视（Toshiba　TV）、容声（Ronshen）、gorenje、ASKO等多个品牌。以显示为核心的B2C产业，海信始终处在全球行业前列；在智慧交通、精准医疗和光通信等新动能B2B产业，海信也占据了全国乃至全球领先位置。

有爱，科技也动情

建百年海信，成为全球最值得信赖的品牌

中国企业年鉴

China Enterprise Yearbook 2024

（七）存在分支机构隶属企业已注销问题

企业申请注销登记前，应当依法办理分支机构注销登记。因隶属企业已注销却未办理分支机构注销登记，导致分支机构无法注销的，已注销企业有合法的继受主体的，可由继受主体依有关规定申请办理；已注销企业无合法继受主体的，由已注销企业注销时登记在册的股东（出资人）申请办理。

（八）存在法定代表人宣告失踪、死亡或不配合办理注销登记的问题

公司存在法定代表人宣告失踪、死亡或不配合等情况需办理简易注销登记的，凭法定代表人任免职有关文件，同步办理法定代表人变更登记，由新法定代表人签署《企业注销登记申请书》。合伙企业、农民专业合作社（联合社）参照执行。

非公司企业法人存在法定代表人宣告失踪、死亡或不配合等情况需办理注销登记的，凭法定代表人任免职有关文件，同步办理法定代表人变更登记，由新法定代表人签署《企业注销登记申请书》。

（九）已吊销企业办理注销问题

对于尚未更换加载统一社会信用代码营业执照即被吊销的企业（个体工商户除外），市场监管部门已就此类企业进行了统一社会信用代码赋码，企业在相关部门办理注销业务时可使用其统一社会信用代码办理，无需更换加载统一社会信用代码营业执照。吊销未注销企业，无法出具吊销证明文件原件的，可提交吊销公告的网站截图、国家企业信用信息公示系统截图或登记机关出具的企业查询单。若登记机关可以自主查询到企业的吊销状态，不再要求企业提供上述材料。

纳税人被登记机关吊销营业执照或者被其他机关撤销登记的，应当自营业执照被吊销或者被撤销登记之日起 15 日内，向原税务登记机关申报办理税务注销。

（十）其他问题

处于税务非正常状态纳税人在办理税务注销前，需先解除非正常状态，补办纳税申报手续。符合以下情形的，税务机关可打印相应税种和相关附加的《批量零申报确认表》，经纳税人确认后，进行批量处理：①非正常状态期间增值税、消费税和相关附加需补办的申报均为零申报的；②非正常状态期间企业所得税、个人所得税月（季）度预缴需补办的申报均为零申报，且不存在弥补前期亏损情况的。

六、注销法律责任及有关规定提示

①公司在合并、分立、减少注册资本或者进行清算时，不依照本法规定通知或者公告债权人的，由公司登记机关责令改正，对公司处以一万元以上十万元以下的罚款。公司在进行清算时，隐匿财产，对资产负债表或者财产清单作虚假记载或者在未清偿债务前分配公司财产的，由公司登记机关责令改正，对公司处以隐匿财产或者未清偿债务前分配公司财产金额百分之五以上百分之十以下的罚款；对直接负责的主管人员和其他直接责任人员处以一万元以上十万元以下的罚款。（《公司法》第二百零四条）

②公司在清算期间开展与清算无关的经营活动的，由公司登记机关予以警告，没收违法所得。（《公司法》第二百零五条）

③清算组不依照本法规定向公司登记机关报送清算报告或者报送清算报告隐瞒重要事实或者有重大遗漏的，由公司登记机关责令改正。清算组成员利用职权徇私舞弊、谋取非法收入或者侵占公司财产的，由公司登记机关责令退还公司财产，没收违法所得，并可以处以违法所得一倍以上五倍以下的罚款。（《公司法》第二百零六条）（四）公司清算时，清算组未按照规定履行通知和公告义务导致债权人未及时申报债权而未获清偿，清算组成员对因此造成的损失承担赔偿责任。（依据最高人民法院关于适用《中华人民共和国公司法》若干问题的规定（二）第十一条）（五）清算组执行未经确认的清算方案给公司或者债权人造成损失，公司、股东或者债权人主张清算组成员承担赔偿责任的，人民法院应依法予以支持。（依据最高人民法院关于适用《中华人民共和国公司法》若干问题的规定（二）第十五条）（六）有限责任公司的股东、股份有限公司的董事和控股股东未在法定期限内成立清算组开始清算，导致公司财产贬值、流失毁损或者灭失，债权人主张其在造

成损失范围内对公司债务承担赔偿责任的,人民法院应依法予以支持。(依据最高人民法院关于适用《中华人民共和国公司法》若干问题的规定(二)第十八条第一款)(七)有限责任公司的股东、股份有限公司的董事和控股股东因怠于履行义务,导致公司主要财产、账册、重要文件等灭失,无法进行清算,债权人主张其对公司债务承担连带清偿责任的,人民法院应依法予以支持。(依据最高人民法院关于适用《中华人民共和国公司法》若干问题的规定(二)第十八条第二款)(八)有限责任公司的股东、股份有限公司的董事和控股股东,以及公司的实际控制人在公司解散后,恶意处置公司财产给债权人造成损失,或者未经依法清算,以虚假的清算报告骗取公司登记机关办理法人注销登记,债权人主张其对公司债务承担相应赔偿责任的,人民法院应依法予以支持。(依据最高人民法院关于适用《中华人民共和国公司法》若干问题的规定(二)第十九条)(九)公司解散应当在依法清算完毕后,申请办理注销登记公司未经清算即办理注销登记,导致公司无法进行清算,债权人主张有限责任公司的股东、股份有限公司的董事和控股股东,以及公司的实际控制人对公司债务承担清偿责任的,人民法院应依法予以支持。(依据最高人民法院关于适用《中华人民共和国公司法》若干问题的规定(二)第二十条第一款)(十)公司未经依法清算即办理注销登记,股东或者第三人在公司登记机关办理注销登记时承诺对公司债务承担责任,债权人主张其对公司债务承担相应民事责任的,人民法院应依法予以支持。(依据最高人民法院关于适用《中华人民共和国公司法》若干问题的规定(二)第二十条第二款)(十一)公司财产不足以清偿债务时,债权人主张未缴出资股东,以及公司设立时的其他股东或者发起人在未缴出资范围内对公司债务承担连带清偿责任的,人民法院应依法予以支持。(依据最高人民法院关于适用《中华人民共和国公司法》若干问题的规定(二)第二十二条第二款)(十二)清算组成员从事清算事务时,违反法律、行政法规或公司章程给公司或者债权人造成损失,公司或者债权人主张其承担赔偿责任的,人民法院应依法予以支持。(依据最高人民法院关于适用《中华人民共和国公司法》若干问题的规定(二)第二十三

条第一款)(十三)企业在注销登记中提交虚假材料或者采取其他欺诈手段隐瞒重要事实取得注销登记的,登记机关可以依法做出撤销注销登记等处理,在恢复企业主体资格的同时,对符合《市场监督管理严重违法失信名单管理办法》第十条规定的,将该企业列入严重违法失信名单,并通过国家企业信用信息公示系统公示。(依据《市场主体登记管理条例》第四十条,《市场监督管理严重违法失信名单管理办法》第十条第(二)项)(十四)企业应当在办理注销登记前,就其清算所得向税务机关申报并依法缴纳企业所得税。(依据《企业所得税法》第五十五条第二款)(十五)个体工商户终止生产经营的,应在办理注销登记前向主管税务机关结清有关纳税事宜。(依据《个体工商户个人所得税计税办法》(国家税务总局令第35号)第四十一条)(十六)合伙企业和个人独资企业进行清算时,投资者应当在注销登记前,向主管税务机关结清有关税务事宜。企业的清算所得应当视为年度生产经营所得,由投资者依法缴纳个人所得税(依据《财政部 国家税务总局关于印发(关于个人独资企业和合伙企业投资者征收个人所得税的规定》的通知》(财税〔2000〕91号)第十六条)(十七)企业由法人转变为个人独资企业、合伙企业等非法人组织,或将登记注册地转移至中华人民共和国境外(包括港澳台地区),应视同企业进行清算、分配,股东重新投资成立新企业企业的全部资产以及股东投资的计税基础均应以公允价值为基础确定。(依据《财政部 国家税务总局关于企业重组业务企业所得税处理若干问题的通知》第四条第一款)(十八)纳税人未按照规定的期限申报办理税务注销的,由税务机关责令限期改正,可以处二千元以下的罚款;情节严重的,处二千元以上一万元以下的罚款。(依据《税收征收管理法》第六十条第一款)(十九)纳税人伪造、变造、隐匿、擅自销毁帐簿、记帐凭证,或者在帐簿上多列支出或者不列、少列收入,或者经税务机关通知申报而拒不申报或者进行虚假的纳税申报,不缴或者少缴应纳税款的,是偷税。对纳税人偷税的,由税务机关追缴其不缴或者少缴的税款、滞纳金,并处不缴或者少缴的税款百分之五十以上五倍以下的罚款;构成犯罪的,依法追究刑事责任。(依据《税收征收管理法》第六十三条第一款)

企业发展概况

2023 年发展和改革工作综述

中国宏观经济研究院　姜鑫民

2023 年是全面贯彻党的二十大精神的开局之年,是三年新冠疫情防控转段后经济恢复发展的一年。面对复杂严峻的国际环境和艰巨繁重的国内改革发展稳定任务,在以习近平同志为核心的党中央坚强领导下,各地区各部门坚持以习近平新时代中国特色社会主义思想为指导,全面贯彻落实党的二十大和二十届二中全会精神,按照党中央、国务院决策部署,坚持稳中求进工作总基调,完整、准确、全面贯彻新发展理念,加快构建新发展格局,着力推动高质量发展,全面深化改革开放,加大宏观调控力度,着力扩大内需、优化结构、提振信心、防范化解风险,国民经济回升向好,高质量发展扎实推进,现代化产业体系建设取得重要进展,科技创新实现新的突破,改革开放向纵深推进,安全发展基础巩固夯实,民生保障有力有效,社会大局和谐稳定,向全面建设社会主义现代化国家迈出坚实步伐。

一、经济回升向好,高质量发展扎实推进

(一)经济实现质的有效提升和量的合理增长

(1)2023 年全年国内生产总值 1260582 亿元,比上年增长 5.2%。其中,第一产业增加值 89755 亿元,比上年增长 4.1%;第二产业增加值 482589 亿元,增长 4.7%;第三产业增加值 688238 亿元,增长 5.8%。第一产业增加值占国内生产总值比重为 7.1%,第二产业增加值占国内生产总值比重为 38.3%,第三产业增加值占国内生产总值比重为 54.6%。最终消费支出拉动国内生产总值增长 4.3 个百分点,资本形成总额拉动国内生产总值增长 1.5 个百分点,货物和服务净出口向下拉动国内生产总值 0.6 个百分点。分季度看,第一季度国内生产总值同比增长 4.5%,第二季度增长 6.3%,第三季度增长 4.9%,第四季度增长 5.2%。全年人均国内生产总值 89358 元,比上年增长 5.4%。国民总收入 1251297 亿元,比上年增长 5.6%。全员劳动生产率为 161615 元/人,比上年提高 5.7%。见图 1、图 2、图 3。

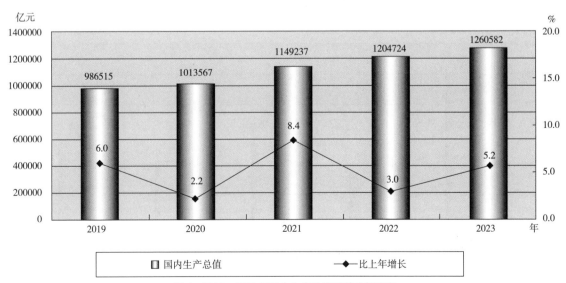

图 1　2019—2023 年国内生产总值及其增长速度

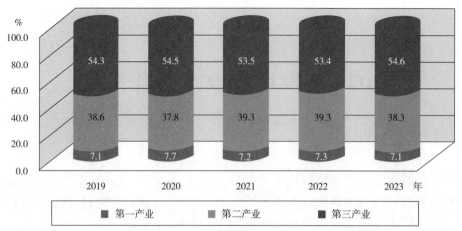

图2 2019—2023年三大产业增加值占国内生产总值比重

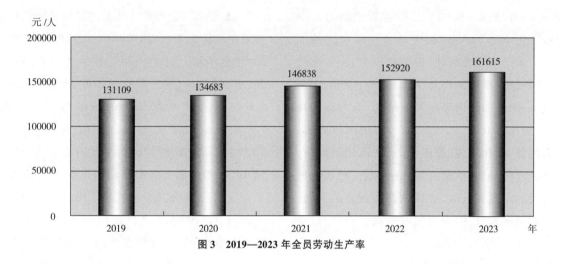

图3 2019—2023年全员劳动生产率

（2）2023年年末全国就业人员74041万人，其中城镇就业人员47032万人，占全国就业人员比重为63.5%。全年城镇新增就业1244万人，比上年多增38万人。全年全国城镇调查失业率平均值为5.2%。年末全国城镇调查失业率为5.1%。全国农民工总量29753万人，比上年增长0.6%。其中，外出农民工17658万人，增长2.7%；本地农民工12095万人，下降2.2%。见图4。

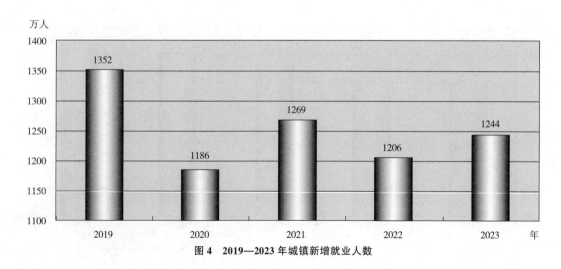

图4 2019—2023年城镇新增就业人数

（3）2023年全年居民消费价格比上年上涨0.2%。工业生产者出厂价格下降3.0%。工业生产者购进价格下降3.6%。农产品生产者价格下降2.3%。12月份,70个大中城市中,新建商品住宅销售价格同比上涨的城市个数为20个,持平的为2个,下降的为48个;二手住宅销售价格同比上涨的城市个数为1个,下降的为69个。见图5。

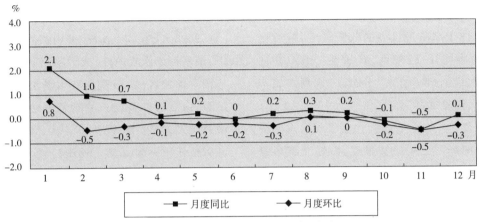

图5 2023年居民消费价格月度涨跌幅度

（4）2023年年末国家外汇储备32380亿美元,比上年年末增加1103亿美元。全年人民币平均汇率为1美元兑7.0467元人民币,比上年贬值4.5%。见图6。

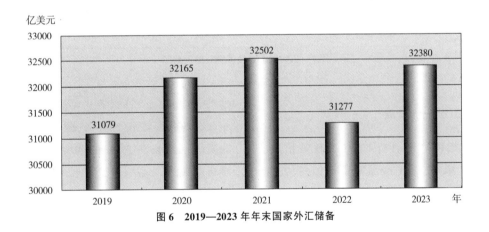

图6 2019—2023年年末国家外汇储备

（二）加大宏观政策实施力度,组合政策效应持续显现

1.财政货币政策协同发力

延续优化完善税费优惠政策,进一步加大对小微企业和个体工商户等的支持力度。增发1万亿元国债,聚焦灾后恢复重建和提升防灾减灾救灾能力,优先支持建设需求迫切、投资效果明显的项目。安排新增地方政府专项债券3.8万亿元,支持一批补短板、强弱项的基础设施和公共服务项目建设。全年新增税费优惠超过2.2万亿元。全国一般公共预算支出27.46万亿元,增长5.4%,民生、基层"三保"等重点领域支出得到较好保障。先后2次下调存款准备金率、2次下调公开市场操作和中期借贷便利（MLF）利率,保持流动性合理充裕,推动社会综合融资成本下降,1年期和5年期贷款市场报价利率（LPR）分别下降0.2个和0.1个百分点,企业贷款利率下降0.29个百分点。充分运用结构性货币政策工具,加大对支农支小、科技创新、先进制造、绿色低碳等重点领域支持力度。人民币汇率在合理均衡水平上保持基本稳定。2023年年末,广义货币供应量(M2)余额和社会融资规模存量分别增长9.7%和9.5%。全年人民币贷款增加22.75万亿元,比上年多增1.31万亿元。

2.政策统筹进一步强化

加强新出台政策与宏观政策取向一致性评估,清理和废止有悖于高质量发展的政策规定,持续提升宏观政策的协同性、精准性、有效性。组织开展"十四五"规划实施中期评估,"十四五"规划实施实现了时间过半、任务过半。

3.经济宣传引导进一步加强

积极宣传阐释习近平经济思想,做好经济形势和政策宣传解读,主动回应社会热点和舆论关切,及时做好解疑释惑,全方位、多角度讲好中国经济故事。

二、积极促消费扩投资,内需支撑作用明显增强

2023年,在"促消费、扩内需"政策组合拳推动下,消费持续恢复向好,成为稳增长的主要动力。服务消费加快释放,引领消费市场加快复苏。从贡献度看,内需对经济增长的贡献率达到111.4%,其中最终消费支出贡献率为82.5%。消费对经济增长的基础性作用更加凸显。见图7。

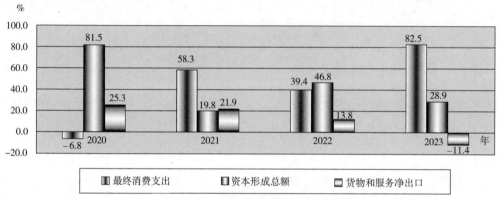

图7 三大需求对经济增长的贡献率

(一)消费潜力进一步释放

出台实施恢复和扩大消费的20条政策措施。稳定和扩大汽车、家居、电子产品等重点消费,延续和优化新能源汽车车辆购置税减免政策,加快推进充电基础设施建设,全国充电基础设施累计达859.6万台。加强消费者权益保护,持续优化消费环境。

推动文化、旅游、餐饮等生活服务消费加快恢复,全年服务零售额增长20.0%,国内出游人次、居民出游花费分别增长93.3%和140.3%。全年社会消费品零售总额达到47.15万亿元,增长7.2%,其中,网上零售额达到15.43万亿元,增长11.0%。成功举办中国品牌日活动。开展"消费提振年"活动。加快国际消费中心城市培育建设。见图8。

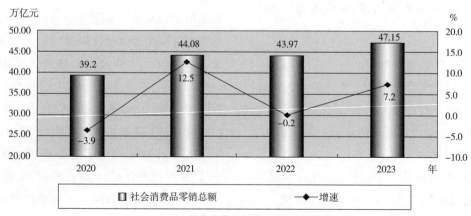

图8 社会消费品零售总额及增速

（二）发挥投资关键作用

积极发挥政府投资带动放大效应，制定中央预算内投资项目监管办法，加强和改进中央预算内投资计划管理。进一步扩大地方政府专项债券投向领域和用作项目资本金的行业范围，将保障性住房、城中村改造、普通高校学生宿舍等纳入专项债券投向领域。完善推进有效投资长效工作机制，强化用地、用海、用能、环评等要素保障，川藏铁路、西部陆海新通道、国家水网骨干工程等"十四五"规划102项重大工程及其他经济社会发展重大项目取得重大进展。制定出台促进民间投资的17项措施，建立政府和社会资本合作新机制，鼓励民营企业参与特许经营项目，稳妥推进投贷联动试点合作，将消费基础设施等更多领域纳入基础设施领域不动产投资信托基金（REITs）发行范围。建立全国向民间资本推介项目平台，截至2023年年末，各地通过平台公开推介项目6067个，项目总投资规模5.97万亿元。持续

向金融机构推送制造业中长期贷款项目，并推动扩大贷款投放。全年全国固定资产投资（不含农户）50.30万亿元，增长3.0%。高技术产业投资增长10.3%，基础设施、制造业投资分别增长5.9%、6.5%，其中基础设施民间投资增长14.2%，制造业民间投资增长9.4%。

三、大力强化创新驱动，高水平科技自立自强成效明显

深入实施创新驱动发展战略，加快形成支持全面创新的基础制度，加强科技发展规划、改革、政策等顶层设计，国家创新体系整体效能持续提升。全社会研究与试验发展（R&D）经费投入33278.2亿元，增长8.1%，与国内生产总值之比达到2.64%；基础研究持续加强，基础研究经费投入占研发经费投入比重为6.65%。见图9。

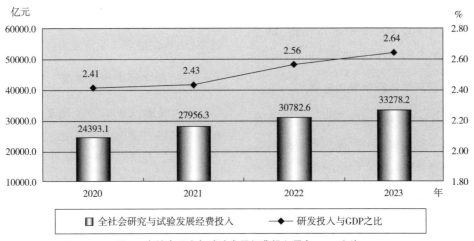

图9　全社会研究与试验发展经费投入及与 GDP 之比

（一）国家战略科技力量持续强化

关键核心技术攻关新型举国体制不断完善，科技创新全链条政策衔接进一步加强。国家实验室体系建设有力推进。完善区域科技创新体系，统筹推进国际科技创新中心、区域科技创新中心建设，推动创新型省份和创新型城市建设。新建一批重大科技基础设施，接续实施国家重大科技项目。加快建设重点领域设施集群，原始创新策源功能不断强化。

人工智能、量子信息、脑科学、农业生物育种等领域"科技创新2030-重大项目"加快实施。科研院所管理改革深入推进。成功举办中关村论坛。

（二）重大创新成果不断涌现

"揭榜挂帅""赛马"等组织机制进一步完善，取得一批重大科技创新成果。"神舟十六号"顺利返航，"神舟十七号"成功发射，全球首枚液氧甲烷火箭成功入轨，可重复使用火箭加快研制试验，全球首颗

高轨合成孔径雷达卫星成功发射,手机直连卫星走进消费级市场。"奋斗者号"载人潜水器完成极限深潜。国产大飞机 C919、国产首艘大型邮轮投入商业运营。全球首台 16 兆瓦海上风电机组并网发电,全球首座第四代核电站高温气冷堆示范工程投入商业运行。"中国天眼"探测到纳赫兹引力波存在的关键证据。"九章三号"量子计算机再度刷新光量子计算世界纪录,"祖冲之号""夸父"量子计算云平台上线。人工智能核心产业规模不断增长。截至 2023 年年末,中国境内有效发明专利量达到 401.5 万件,高价值发明专利占比超过四成,成为世界上首个境内有效发明专利数量突破 400 万件的国家。

(三)企业技术创新支持力度加大

出台强化企业科技创新主体地位的意见,实施企业技术创新能力提升行动方案。增加 1000 亿元支持企业技术进步专项再贷款额度,将符合条件的集成电路、工业母机企业研发费用加计扣除比例提高至 120%,将符合条件行业企业的研发费用按100% 加计扣除政策作为制度性安排长期实施。充分发挥国家新兴产业创业投资引导基金作用,持续有力支持新兴产业早中期、初创期创新型企业发展。

(四)人才培养使用体制机制更加完善

落实关于完善科技激励机制的意见。启动重点领域紧缺人才自主培养行动。出台加强青年科技人才培养和使用的政策措施。深入推进科技人才评价改革试点。实施职业教育产教融合赋能提升行动,支持建设 21 个国家产教融合试点城市、45 个国家产教融合创新平台、5000 家以上产教融合型企业。

四、加快建设现代化产业体系,实体经济根基持续巩固壮大

全面部署推进新型工业化,大力推进短板产业补链、优势产业延链、传统产业升链、新兴产业建链,提升供给体系质量,产业发展的接续性和竞争力不断增强。

(一)传统产业加快转型升级

修订产业结构调整指导目录,出台加快传统制造业转型升级的指导意见,实施钢铁、有色、建材等重点行业稳增长工作方案,出台推动现代煤化工产业健康发展的政策措施,持续优化石化产业布局。滚动实施制造业核心竞争力提升行动计划,加快发展先进制造业集群,深入推进智能制造,出台强化制造业中试能力支撑行动方案。制定《工业重点领域能效标杆水平和基准水平(2023 年版)》。加快构建优质高效服务业新体系,深化先进制造业和现代服务业融合试点。

(二)战略性新兴产业蓬勃发展

完善支持战略性新兴产业高质量发展的政策体系,推动产业融合集群发展。新能源和未来能源、新一代信息技术、生物医药、商业航天和航空等新兴产业加快发展。北斗产业规模稳步增长,全面服务关键重点行业领域,加速成为公众消费产品标配应用。全国首个商业航天发射场加快建设。推动新能源汽车企业优化重组和做强做优,开展公共领域车辆全面电动化试点,新能源汽车产销量连续 9 年位居全球首位、全年销量占新车销量比重超过 30%。人工智能、生物制造等未来产业有序布局。

(三)数字经济加快发展

大力发展以数据为关键要素的数字经济,数字技术和实体经济融合发展扎实推进,数字经济核心产业增加值占国内生产总值比重持续上升。数字技术应用从辅助环节向核心环节拓展,数字化管理、平台化设计、网络化协同、个性化定制等新业态新模式不断涌现。深化产业数字化,组织实施数字化转型工程,支持一批数字化示范项目。发布平台企业典型投资案例,推动平台企业规范健康持续发展。

(四)现代化基础设施体系更加完善

铁路网络进一步完善。"八纵八横"高速铁路主通道加快建设,已建成投产铁路里程 15.9 万千米,其中高速铁路 4.5 万千米。国家公路网持续完善,国家高速公路主线拥挤路段扩容改造、普通国道低等级路段提质升级加快实施。长江等内河高等级航道和京津冀、长三角、粤港澳大湾区世界级港口群等重大项目加快建设。支持中西部地区支线机场和西

部地区枢纽机场建设。城市轨道交通和市域(郊)铁路建设有序推进。全国一体化算力网加快构建。建成全球规模最大、技术领先的第五代移动通信(5G)网络,宽带光纤网络加速布局。

五、坚定不移深化改革,发展活力和动力持续释放

全国统一大市场建设堵点难点问题加快破解,"两个毫不动摇"要求进一步落实落细,营商环境稳步改善。

(一)全国统一大市场加快建设

出台建设全国统一大市场总体工作方案,全面清理妨碍统一市场和公平竞争的政策措施,加强反垄断反不正当竞争监管执法,开展工程建设招标投标等重点领域专项整治,着力破除经营主体反映强烈的地方保护、市场分割等突出问题。全面实施市场准入负面清单制度,探索制定全国统一的市场准入效能评估指标体系,市场准入环境持续优化。深化公共资源交易平台整合共享,修订全国公共资源交易目录指引,开展数字证书跨区域兼容互认,提升公共资源市场化配置水平。加大重点区域营商环境建设力度,出台粤港澳大湾区国际一流营商环境建设三年行动计划。完善失信行为纠正后的信用信息修复制度。

(二)推动各种所有制经济健康发展

启动实施国有企业改革深化提升行动,深入推进国有企业打造原创技术策源地,研究制定加强和改进国有经济管理的意见,推动国有经济布局优化和结构调整。出台促进民营经济发展壮大的意见及28条配套举措,围绕优化市场监管、增强金融支持、强化人力资源和社会保障举措出台专项政策,协同加大对民营经济的支持力度。按照党中央、国务院决策部署,在国家发展改革委内部设立民营经济发展局,发挥统筹协调、综合施策、促进发展的职能,协调推动助企惠企举措落地落实。建立部门与民营企业、外资企业、国有企业、制造业企业常态化沟通交流机制,有针对性地解决经营主体提出的具体诉求。支持更多企业加快建设世界一流企业。

(三)重点领域和关键环节改革深入推进

支持重大改革试点探索创新,出台上海浦东新区综合改革试点实施方案,深入推进深圳综合改革试点,以清单批量授权方式赋予试点地区在重点领域和关键环节改革上更大自主权。深入推进能源、铁路、电信、水利、公用事业等行业自然垄断环节独立运营和竞争性环节市场化改革,强化对经营自然垄断环节业务企业的监管。深化油气管网管理体制和运营机制改革,积极稳妥推进省级管网以市场化方式融入国家管网,提升"全国一张网"覆盖水平。加快建设全国统一电力市场体系,市场化交易电量占比超过60%,推动具备条件的电力现货市场转入正式运行,深化绿色电力市场建设。完善重要资源价格形成机制,建立煤电容量电价机制,完成第三监管周期输配电价改革,健全天然气上下游价格联动机制,首次分区核定跨省天然气管道运输价格,实施供热价格改革。股票发行注册制改革全面落地。推动数据要素市场化配置改革,强化公共数据资源开发利用,深化数据管理体制机制改革,组建国家数据局,构建国家数据管理体系。深化国防动员体制改革逐步到位,国防动员的顶层设计、能力建设有序开展,制度体系加快健全,人民防空建设管理不断规范完善,取消人防专用设备跨省域销售、安装限制。

六、扩大高水平对外开放,国际经济 合作和竞争新优势不断增强

加快打造更高水平开放型经济新体制,推进共建"一带一路"高质量发展,国际经贸投资合作开辟新篇章。

(一)高质量共建"一带一路"取得丰硕成果

成功举办第三届"一带一路"国际合作高峰论坛,23个国家领导人和联合国秘书长应邀出席论坛,来自151个国家和41个国际组织的代表来华参会,形成458项合作成果。成功举办中国-中亚峰会,成立中国-中亚元首会晤机制。统筹推进标志性工程和"小而美"民生项目建设,中老铁路稳定高效运行,雅万高铁建成开通,非洲疾控中心等民生项目移交

运营,鲁班工坊建设提质升级。数字经济、科技创新、绿色发展、卫生健康等新领域合作成果持续涌现。多边及区域框架下电子商务合作成效显著,"丝路电商"伙伴国增加至30个。中欧班列稳定畅通运行,通达欧洲25个国家的217个城市,全年累计开行1.7万列、运送货物190万标箱,分别增长6%和18%。国际产业与投资合作持续深化。在共建"一带一路"国家非金融类直接投资2240.9亿元,增长28.4%;货物进出口19.47万亿元,增长2.8%,占外贸进出口比重提高至46.6%。创新开展共建"一带一路"十周年宣传。

(二)外贸外资稳中提质

出台外贸稳规模优结构、海外仓发展等政策措施,全年货物进出口41.76万亿元,增长0.2%,其中,新车出口491万辆、跃居世界首位,电动汽车、锂电池、光伏产品"新三样"出口增长近30%。出台加快内外贸一体化发展的若干措施。完成全面深化服务贸易创新发展试点,持续优化口岸营商环境。成功举办中国国际进口博览会、中国国际服务贸易交易会、中国进出口商品交易会、中国国际消费品博览会等重大展会。出台单方面免签、互免签证安排、加快恢复国际航班等便利中外人员往来的政策措施。出台进一步优化外商投资环境加大吸引外商投资力度的意见,开展"投资中国年"和国际产业投资合作系列活动,全流程推进标志性外资项目落地,全年实际使用外资金额1632.5亿美元。加强境外投资服务和监管,指导企业防范化解境外投资风险,境外非金融类直接投资1301.3亿美元,增长11.4%。

(三)开放平台建设全面推进

推进实施自由贸易试验区提升战略,在上海等自由贸易试验区对接高标准国际经贸规则推进制度型开放,设立新疆自由贸易试验区。支持北京深化国家服务业扩大开放综合示范区建设,推出170余项新的试点举措。西部陆海新通道辐射范围拓展至18个省(自治区、直辖市)的70个城市,对外通达120个国家和地区的486个港口。

(四)国际经贸合作务实开展

多双边经贸合作持续深化,与厄瓜多尔、尼加拉

瓜、塞尔维亚签署自贸协定,与新加坡签署自贸协定进一步升级议定书。扎实做好《区域全面经济伙伴关系协定》高质量实施各项工作。扎实推进加入《全面与进步跨太平洋伙伴关系协定》和《数字经济伙伴关系协定》。坚定维护多边贸易体制,积极参与世界贸易组织改革,引领完成投资便利化协定谈判。

七、扎实推进乡村振兴,农业农村现代化建设取得新进展

统筹推进乡村产业、人才、文化、生态、组织"五个振兴",全面推进乡村振兴的效力效能持续提高,宜居宜业和美乡村建设步伐加快。

(一)脱贫攻坚成果不断巩固

进一步健全防止返贫动态监测和帮扶机制,开展防止返贫集中排查,脱贫人口和监测对象参加基本医疗保险的比例稳定在99%以上,及时排查解决农村住房安全隐患。持续加大脱贫人口就业支持力度,实施巩固易地搬迁脱贫成果专项行动,易地搬迁脱贫劳动力就业率保持在94%以上。通过实施以工代赈政策,全年累计吸纳带动250余万农村低收入群众就地就近务工。发挥东西部协作、对口支援、定点帮扶机制作用,加大有组织劳务输出,探索推广"企业+就业帮扶车间"等新模式。积极发展户用分布式光伏,拓宽农民增收渠道,覆盖农户累计超过500万户,户均年收入增长约2000元。开展新春行动、金秋行动等消费帮扶专项活动,全年直接采购和帮助销售欠发达地区农产品总额超过4000亿元。全年脱贫人口务工就业总规模达到3396.9万人。脱贫地区农村居民人均可支配收入16396元,实际增长8.4%。

(二)现代乡村产业体系加快构建

拓展农业多种功能,做好"土特产"文章,农村产业融合扎实推进。引导特色产业集聚升级,支持创建一批国家农村产业融合发展示范园和国家现代农业产业园,培育全产业链产值超百亿元的特色产业集群139个,新认证绿色、有机和名特优新农产品1.5万个。新创建一批农业现代化示范区,推动分区

分类探索农业现代化发展模式。引导粮食加工企业改造提升技术装备,推动各地提升建设1600多个农产品加工园,认定第三批农业国际贸易高质量发展基地106个。促进农民合作社和家庭农场发展,累计培育县级以上农业产业化龙头企业超过9万家,对农业农村发展的服务带动效应持续增强。大力发展乡村文化产业和乡村旅游,确定一批文化产业赋能乡村振兴试点县,建设一批乡村旅游重点村镇,持续加大乡村旅游精品线路推介力度。

(三)乡村建设和治理提升扎实推进

加快补齐乡村基础设施短板,实施新一轮农村公路建设和改造,加快推进城乡交通运输一体化发展,累计建设28.9万个村级寄递物流综合服务站,扎实开展农村供水水质提升专项行动,自来水普及率达到90%。农村人居环境整治深入实施,生活垃圾得到收运处理的行政村稳定保持在90%以上,务实开展农村改厕"提质年"工作,扎实推进生活污水治理,黑臭水体治理成效巩固提升,全国畜禽粪污综合利用率达到78.3%。出台加强农村医疗卫生体系等惠民政策,三级医院帮扶范围扩大到940个县的1496家县级医院。推广运用积分制、清单制、接诉即办、"村民说事"等务实管用乡村治理方式,加快提升乡村治理水平。

八、持续增强区域城乡发展新动能,发展的协调性稳步提升

在落实区域协调发展战略、区域重大战略、主体功能区战略方面推出一批新举措,深入实施以人为本的新型城镇化战略,积极构建优势互补、高质量发展的区域经济布局和国土空间体系,区域城乡协调发展迈出新步伐。

(一)区域发展协调性增强

出台支持高标准高质量建设雄安新区的政策措施,高校、医院、中央企业总部等北京非首都功能疏解项目加快在雄安新区落地建设,第二批北京市属行政企事业单位迁入城市副中心加快推进。制定进一步推动长江经济带高质量发展的政策措施,城镇

污水垃圾、化工、农业面源、船舶和尾矿库污染治理工程系统推进,长江十年禁渔取得明显成效,I—III类水质断面比例达到95.6%。粤港澳大湾区规则衔接、机制对接不断深化,交通等基础设施硬联通和职业资格互认等规则软对接走向深入,横琴、前海、南沙、河套等重大合作平台建设取得新突破。长三角一体化高质量发展走深走实,上海"五个中心"建设步伐加快,以长三角生态绿色一体化发展示范区为突破口的一体化发展体制机制不断完善。海南自由贸易港制度型开放步伐加快,"一线放开、二线管住"进出口管理制度试点稳步扩大。黄河流域重点工程加快实施,环境污染综合治理工程深入推进,流域涉水公园建设得到有效规范。

西部地区产业优化布局和转型升级统筹推进,出台推动内蒙古高质量发展的政策措施,贯彻落实支持贵州、广西、云南高质量发展的政策文件,支持西藏、新疆发展和对口援藏、援疆力度进一步加大。东北地区维护国家"五大安全"能力不断增强,制定进一步推动新时代东北全面振兴取得新突破的政策措施,研究制定科技创新、旅游发展、冰雪运动等领域政策规划。中部地区湘鄂赣、豫皖等跨省合作扎实推进,编制新时代洞庭湖生态经济区规划,先进制造业集群加快发展。东部地区发展质量和效益稳步提升,山东新旧动能转换进一步深化,支持福建探索海峡两岸融合发展新路、建设两岸融合发展示范区。海洋经济加快发展,现代海洋城市建设取得积极进展,海洋经济综合实力不断增强。

(二)区域战略融合发展取得积极成效

推动京津冀、长三角、粤港澳大湾区更好发挥高质量发展动力源作用,科技创新策源功能持续加强。内陆腹地战略支撑作用凸显,中西部和东北地区产业布局进一步优化。绿色协调联动发展格局初步形成,长江经济带、黄河流域地区强化生态环境保护跨域合作,生态环境保护强大合力加快形成,地区间横向生态补偿机制逐步完善,重点流域生态环境保护和修复取得新成就。持续加大对东北平原、黄淮海平原、长江中下游平原等粮食主产区的政策支持力度,中西部地区建成一批能源资源综合开发利用基地。跨区域大通道加快形成,西电东送、西气东输等

重大工程扎实推进,陆海内外联动、东西双向开放新格局加快构建。全面推进革命老区重点城市对口合作,支持赣州、闽西革命老区高质量发展示范区建设,推动湘赣边区域合作示范区建设,印发新时代大别山革命老区协同推进高质量发展实施方案。扎实推进边境城镇、边境口岸、边境新村建设。

(三)主体功能区战略深化落地

全面实施《全国国土空间规划纲要(2021—2035年)》。24个省级国土空间规划已经批复实施,部分县级行政区主体功能定位优化调整,城市化地区、农产品主产区、重点生态功能区数量总体稳定。市县级国土空间总体规划全面编制完成,国土空间详细规划全面开展修编。首次将生态保护红线实施情况纳入国家自然资源督察范畴并严格执法监管。完善城镇开发边界管理政策,引导城镇集约高效布局。建设国土空间规划实施监测网络,国家空间治理数字化转型迈出坚实步伐。

(四)新型城镇化建设加快推进

稳妥有序推进户籍制度改革,城市落户条件进一步放宽放开,农民工在就业培训、权益维护、子女教育等方面享受的基本公共服务水平不断提升。超大特大城市加快转变发展方式扎实推进,城市核心功能定位进一步明确。深入推进成渝地区双城经济圈建设,10个川渝毗邻地区合作平台全面建设,经济区与行政区适度分离等重点改革持续深化。有序培育现代化都市圈,12个都市圈规划已出台实施。统筹利用各类资金支持县域经济发展、县城公共基础设施建设,促进农业转移人口就近城镇化。2023年年末常住人口城镇化率达到66.16%,比上年年末提高0.94个百分点。

九、协同推进降碳、减污、扩绿、增长,绿色低碳转型取得新进展

统筹山水林田湖草沙一体化保护和系统治理,深入打好污染防治攻坚战,积极稳妥推进"碳达峰、碳中和",加快构建绿色低碳循环发展经济体系。

(一)生态环境保护治理不断强化

召开全国生态环境保护大会,出台关于全面推进美丽中国建设的意见。举办首个全国生态日主场活动。扎实推进蓝天、碧水、净土保卫战,组织开展第三轮第一批中央生态环境保护督察,生态环境质量稳中改善,全国地级及以上城市细颗粒物($PM_{2.5}$)平均浓度为30微克/立方米,全国地表水Ⅰ—Ⅲ类水质断面比例为89.4%,提升1.5个百分点,土壤重金属污染防治取得积极成效。健全生态环境分区管控体系。推动全面实行排污许可制。深入推进塑料污染全链条治理,实施"以竹代塑"发展三年行动。加快实施重要生态系统保护和修复重大工程,加强水土流失、荒漠化综合防治,完成水土流失治理面积6.3万平方千米,全国水土保持率达到72.5%,完成"三北"工程总体规划修编和六期规划编制。完成国土绿化任务1.26亿亩。

(二)"碳达峰、碳中和"积极稳妥推进

完善能源消耗总量和强度调控,原料用能和非化石能源不纳入能源消耗总量和强度控制。推动能耗双控逐步转向碳排放双控,开展全国及分省区能源活动碳排放核算。启动首批35个碳达峰试点城市和园区建设,稳步推开城市和产业园区减污降碳协同创新试点。积极推进以沙漠、戈壁、荒漠地区为重点的大型风电光伏基地建设,稳步推进大型水电、核电项目建设,有序推进抽水蓄能项目建设,因地制宜发展新型储能、氢能、生物质能。可再生能源发电装机首次超过总装机的50%,全年发电量近3万亿千瓦时;已投运新型储能装机规模超过3100万千瓦,比上年年末增长超过260%。加快工业、建筑等重点领域节能降碳改造,坚决遏制高耗能高排放低水平项目盲目上马,新建绿色建筑面积占比由"十三五"末的77.7%提升至91.2%。积极参与全球气候治理。

(三)发展方式绿色转型步伐加快

出台加快推动制造业绿色化发展的指导意见、绿色工厂梯度培育及管理暂行办法,发布2023年度绿色制造名单。深入实施国家节水行动,制定全面

加强水资源节约高效利用等政策,推进非常规水资源利用,开展公共供水管网漏损治理,万元国内生产总值用水量下降6.4%。大力发展循环经济,完善退役风电、光伏设备循环利用政策制度,深入推进废旧家用电器、汽车、电子产品、钢铁、有色金属循环利用。扎实推进60个废旧物资循环利用体系重点城市和100个大宗固废综合利用示范建设。加强月饼、茶叶、生鲜农产品等重点领域商品过度包装治理。

十、加强经济安全能力建设,安全发展基础进一步夯实

坚定不移贯彻总体国家安全观,更加注重协同高效、法治思维、科技赋能、基层基础,国家经济安全水平不断提升。

(一)粮食安全保障能力巩固提升

推动出台粮食安全保障法。严格落实粮食安全党政同责,出台省级党委和政府落实耕地保护和粮食安全责任制考核办法。粮食总产量再创历史新高、达到1.39万亿斤,连续9年保持在1.3万亿斤以上。开展全国粮油等主要作物大面积单产提升行动,粮食平均亩产389.7公斤(1公斤＝1千克),单产提高对增产的贡献率达到58.4%,大豆油料扩种成效明显。统筹划定耕地和永久基本农田、生态保护红线、城镇开发边界三条控制线,加强耕地保护,全国耕地总量下降态势得到初步遏制。加强高标准农田建设和东北黑土地保护,提高高标准农田建设补助标准,稳步推进吉林、山东盐碱地综合利用试点,挖掘盐碱地等耕地后备资源潜力。加强化肥储备吞吐,保障春耕等重点时段农业用肥需求,完善农药储备管理制度。大力实施种业振兴行动,统筹支持种质资源保护、育种创新、品种测试、良种繁育基地等项目建设。加快先进农机研制推广,推进农机装备补短板和农业机械稳链强链。积极推进智慧农业建设,农业生产信息化率达到27.6%。

(二)能源资源安全得到有效保障

稳步推进能源产供储销体系建设,用能高峰期和重要活动期间能源供应总体平稳。加强煤炭兜底保障能力,先进产能有序释放。加快支撑性调节性电源和跨省区重要输电通道建设,加大跨省区电力调配力度,深化电力需求侧管理,市场化需求响应能力进一步提升。支持油气领域加大勘探开发和增储上产力度,原油、天然气产量持续增长,北方清洁取暖重点地区用能供应保障进一步强化。保障初级产品供给和价格稳定,加强铁矿石价格调控监管,国内矿山项目建设扎实推进,宁波舟山大宗商品储运基地建设稳步推进,海外矿产资源开发合作持续加强。加快构建大国储备体系,国家储备战略保障、宏观调控、应对急需能力持续增强。

(三)产业链供应链韧性和安全水平稳步提升

支持集成电路、工业母机、基础软件等"卡脖子"领域关键核心技术攻关,扎实推进产业基础再造工程和重大技术装备攻关工程,一批攻关成果实现规模化应用。稳步推进国家物流枢纽、国家骨干冷链物流基地建设,实施国家综合货运枢纽补链强链,布局建设102个现代流通战略支点城市,构建"支点城市+骨干走廊"现代流通网络,在重点城市开展生活必需品流通保供体系建设,推进农村流通设施和业态全面融入现代化流通体系。国际产业链供应链合作不断深化。

(四)数据安全能力建设持续推进

促进数据流通交易和开发利用,加快数据基础设施建设,推进数据领域核心技术攻关。强化数据安全治理,数据安全标准化体系建设日趋完善,5G、工业互联网、车联网等新型融合领域安全保障能力持续提升。

(五)经济金融重点领域风险稳步化解

支持地方因城施策调整优化房地产市场调控措施,出台首套房"认房不认贷"、降低首套房和二套房首付比例及二套房贷款利率下限、支持金融机构满足房企合理融资需求等政策措施,扎实推进保交楼工作。稳妥处置地方债务风险,加快化解存量隐性债务和偿还政府拖欠企业账款,坚决防止新增隐性债务。稳妥处置大型企业集团相关金融机构风险,

分类处置高风险中小金融机构。

（六）安全生产和防灾减灾救灾力度加大

压实安全生产主体责任，健全食品药品、工业产品、特种设备安全责任体系，开展重大事故隐患专项排查整治行动，优化实施安全生产考核巡查，高效开展灾害事故应急响应。有力应对严重暴雨洪涝、地震灾害，保障群众生活必需品供应，灾后恢复重建、重点防洪治理工程、城市排水防涝能力提升行动等扎实推进。

十一、切实办好民生实事，基本民生保障有力

落实以人民为中心的发展思想，加强重点群体就业帮扶，积极促进城乡居民增收，完善"一老一小"、教育、医疗等公共服务体系，推动人民生活水平持续提高。

（一）就业优先政策落实落细

优化调整稳就业政策措施，出台支持企业稳岗拓岗政策，制定促进青年就业三年行动方案，实施高校毕业生等青年就业创业推进计划、就业服务攻坚行动、百万就业见习岗位募集计划，稳定事业单位和基层项目招聘规模，强化高校毕业生、退役军人、农民工及就业困难人员等就业帮扶，实施专精特新中小企业就业创业扬帆计划。打造家门口就业服务站，推动公共就业服务下沉基层。推动返乡入乡创业，加大重点群体创业、技能培训等政策支持和配套设施建设力度。

（二）城乡居民收入稳步提高

健全收入分配政策体系，全国居民人均可支配收入实际增长 6.1%，城乡居民收入差距继续缩小。提高 3 岁以下婴幼儿照护、子女教育、赡养老人个人所得税专项附加扣除标准，延续全年一次性奖金单独计税、换购住房个人所得税退税等优惠政策。指导地方上调最低工资标准。退休人员基本养老金平均上调 3.8%，提高城乡居民基础养老金最低标准。扎实推进共同富裕，支持浙江高质量发展建设共同富裕示范区。

（三）健康中国建设扎实推进

深入开展健康中国行动和爱国卫生运动。推动公立医院高质量发展，支持国家区域医疗中心、省级区域医疗中心、县级医院建设，促进优质医疗资源扩容和区域均衡布局。完善疾控体系，提升公共卫生防控救治能力。优化全国药品和高值医用耗材集中带量采购政策。实施中医药振兴发展重大工程，促进中医药传承创新。

（四）社会保障水平进一步提高

社会保险覆盖面稳步扩大，2023 年年末全国基本养老、失业、工伤保险参保人数分别达到 10.66 亿人、2.44 亿人、3.02 亿人。稳妥实施企业职工基本养老保险全国统筹，个人养老金制度试点先行工作取得积极成效。持续提升跨省异地就医结算服务，推进落实跨省异地就医结算政策，全年惠及群众就医 1.3 亿人次，减少群众垫付 1536.7 亿元。加快建设社会保险信用体系，推进社会保障卡应用。稳妥推进新就业形态就业人员职业伤害保障试点，截至 2023 年年末累计 731 万人纳入职业伤害保障范围。稳步推进保障性租赁住房、公租房和棚改安置房等建设，超额完成年度任务。加强低收入人口动态监测，持续做好分层分类社会救助工作，专项救助范围扩大到低保边缘家庭和刚性支出困难家庭。保障失业人员等困难群体基本生活。

（五）公共服务体系持续完善

基本公共服务标准体系进一步健全，均等化水平持续提高。发布新版国家基本公共服务标准。推动义务教育优质均衡发展，强化义务教育薄弱环节建设，组织实施基础教育扩优提质行动计划、职业教育产教融合赋能提升行动、教育强国推进工程，加快完善教育基础设施条件。积极应对人口老龄化，出台并实施发展银发经济增进老年人福祉的意见，加强基本养老服务体系建设，大力发展老年助餐服务。健全生育支持政策体系，建设 48 个地市级托育综合服务中心，支持社会力量发展普惠托育服务，开展国家儿童友好城市建设。建立基本殡葬服务体系，加强公益性殡葬设施建设。加强文化遗产保护传承，

推动文化遗产系统性保护。推进长城、大运河、长征、黄河、长江国家文化公园建设。推进实施国家文化数字化战略。深入实施中华文明探源工程、"考古中国"重大项目，支持三星堆博物馆新馆、殷墟遗址博物馆、汉魏洛阳城遗址博物馆、景德镇国家陶瓷文化传承创新试验区建设。普洱景迈山古茶林文化景观成功列入《世界遗产名录》。构建更高水平全民健身公共服务体系，推动体育公园建设管理和开放利用，促进户外运动设施建设和服务提升。成功举办成都大运会、杭州亚运会和亚残运会。推动城市社区嵌入式服务设施建设，促进家政服务业提质扩容，支持引导家政服务业员工制转型发展，持续推动家政进社区。

2023 年中国自由贸易发展综述

国家发展和改革委员会对外经济研究所

2023 年全球经济在通胀压力减弱情况下，需求不足压力增大。全球经济在经历 2022 年减速后继续放缓，货物和服务贸易增长速度进一步回落到 0.8%，跨国投资继续收缩，全球产业链供应链仍在艰难恢复。2023 年发达经济体增速下降到 1.7%，新兴市场和发展中经济体增速恢复到 4.4%；主要经济体中，印度经济继续领跑，增速达到 8.2%。2023 年中国货物贸易和服务贸易出口压力加大，货物贸易出口增长 0.6%，服务贸易出口下降 5.8%。全面实施自由贸易试验区（港）提升战略。中国与厄瓜多尔、塞尔维亚、尼加拉瓜签署自由贸易协定，与新加坡签署自贸协定进一步升级议定书；《区域全面经济伙伴关系协定》（RCEP）在所有签署国全面生效。中国成功举办第六届中国国际进口博览会，习近平主席强调，中国将坚定推进高水平开放，持续推动经济全球化朝着更加开放、包容、普惠、平衡、共赢的方向发展；让中国大市场成为世界共享的大市场；让合作共赢惠及世界。

一、中国贸易发展基本情况

在全球经济和国际贸易持续回落背景下，2023 年中国外贸进出口面临内外压力进一步加大。2023 年，中国货物进出口总值 41.8 万亿元，连续两年超过 40 万亿元，增长 0.2%，增速比 2022 年低 7.5 个百分点。其中，出口 23.8 亿元，增长 0.6%；进口 18 亿元，下降 0.3%。中国与共建"一带一路"国家进出口达到 19.47 万亿元，增长 2.8%，占中国外贸总值的 46.6%；对 RCEP 其他成员进出口下降 1.6%。2023 年，中国服务进出口总值为 6.6 万亿元，增长 10%。2023 年中国货物和服务进出口拉低了经济增长速度，对 GDP 增长贡献率为 -11.4%。

（一）货物进出口规模基本保持稳定

2023 年，全球经济增长速度放缓到 3.3%，货物和服务贸易总额增长速度下滑到 0.8%。按美元计算，中国货物进出口规模为 5.94 万亿美元，回落到 6 万亿美元以下，货物进出口贸易国际市场份额 12.4%，比 2022 年下降 0.2 个百分点，连续 7 年保持世界第一货物贸易国地位。按美元计算的货物出口下降 4.6%，货物出口国际市场份额为 14.2%，连续 15 年居全球首位。体现产业配套和集成能力的装备制造业出口 13.47 万亿元，增长 2.8%，占中国出口总值的比重提升到 56.6%。中欧班列开行 1.7 万列，出口货物 190 万标箱，分别增长 6% 和 18%。分季度看，第一季度进出口总额为 9.69 万亿元，到第二、三、四季度都在 10 万亿元以上。

（二）货物贸易占全球份额及外贸依存度双双下降

2009 年，中国货物出口占全球比重接近 9.6%，超过德国成为全球最大货物出口国。2013 年中国货物进出口总额占全球比重达到 11.07%，超过美国成为全球最大的货物贸易国；2020 年，中国货物进出口占全球的比重为 14.7%，再创新高；其中，出口占 15.8%，进口占比 11.5%。2023 年，中国货物进出口占全球的比重回落到 12.4%。外贸依存度和出口依存度连续两年回升后，2023 年再度下降。2006 年，中国外贸依存度和出口依存度分别上升到 64.24% 和 35.36% 的峰值，之后开始进入下降通道。2010 年

分别下降到 48.84% 和 25.91%；2020 年外贸依存度和出口依存度分别下降到 31.64% 和 15.9%；2022 年外贸依存度和出口依存度分别回升到 34.8% 和 19.8%；2023 年外贸依存度和出口依存度分别下降到 33.1% 和 18.9%。见图 1。

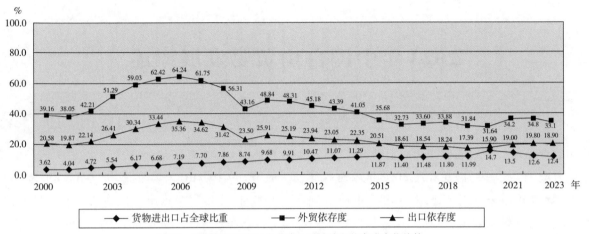

图 1　中国货物进出口占全球比重及外贸依存度变化趋势

（三）新三样继续带动贸易转型

2023 年中国机电产品进出口 20.5 万亿元，下降 0.1%，占进出口总值的 49%。其中，新三样产品（电动载人汽车、锂离子蓄电池和太阳能蓄电池）出口 1.06 万亿元，增长了 29.9%，首次突破万亿元大关；船舶、家用电器的出口分别增长 35.4% 和 9.9%，贸易竞争力持续上升。2023 年，中国一般贸易进出口

27.1 万亿元，增长 9.3%，占进出口总值的 64.8%，比 2020 年提升 4.9 个百分点，比 2008 年高 16.6 个百分点。其中，一般贸易出口 15.4 万亿元，增长 0.7%；进口 11.7 万亿元，增长 1.2%。贸易竞争力进一步提升。2023 年，加工贸易进出口 7.6 万亿元，继续下降，占进出口总值的 18.2%。比 2020 年低 5.6 个百分点，比 2008 年低 22.9 个百分点，贸易方式进一步优化。见图 2。

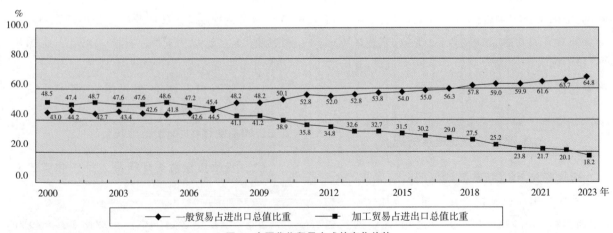

图 2　中国货物贸易方式的变化趋势

（四）民营企业外贸主体地位稳固

2008 年以来，民营企业成为推动外贸发展的重要力量，2015 年民营企业在出口中的比重由 2008 年的 26.7% 快速提高到 45.2%，首次超过外资企业。2023 年，中国有进出口记录的外贸经营主体首次突破 60 万家。其中，民营企业 55.6 万家，企业数量占比达到 86.2%，合计进出口 22.36 万亿元，增长 6.3%，占进出口总值的 53.5%，提升 3.1 个百分点；拉动整体进出口增长 3.2 个百分点，占自主品牌产品数量的 66.4%。外商投资企业进出口 12.6 亿元，占 32.9%，比重下降 2.7 个百分点。国有企业进出口 6.7 万亿元，占 16%，比重基本保持稳定。

（五）外贸新业态依旧活跃，带动作用有所减弱

随着数字经济的持续发展，跨境电商、市场采购贸易、外贸综合服务等外贸新业态依旧保持活跃。2023 年，中国跨境电商进出口 2.37 万亿元，增长 15.3%。其中，出口 1.83 万亿元，增长 19.6%；进口 5483 亿元，增长 3.9%。参与跨境电商进口的消费者人数逐年增加，达到 1.63 亿。中国自由贸易试验区数量已扩大至 22 个，合计进出口 7.67 万亿元，增长 2.7%，占进出口总值的 18.4%；海南自由贸易港建设深入推进，年度进出口连续 3 年保持两位数增长。2023 年，中国综合保税区进出口和市场采购出口双双下降。截至 2022 年，中国市值超 10 亿美元的数字贸易企业已超 200 家。在全球独角兽企业 500 强中，中国企业已达到 227 家，连续 4 年居全球首位。

（六）服务贸易保持较快增长，逆差进一步扩大

据世贸组织统计，2013—2023 年，全球服务出口年均增长 4.9%，约为货物出口增速的两倍，服务贸易占货物和服务贸易总额的比重增加到 1/4。2023 年中国服务进出口 6.6 万亿元，同比增长 10%。其中，出口 2.68 万亿元，下降 5.8%，进口 3.89 万亿元，增长 24.4%；服务贸易逆差 1.21 万亿元，进一步扩大。分类看，2023 年旅行服务增长最快，旅行服务进出口 14856.2 亿元，同比增长 73.6%。其中，出口增长 59.2%，进口增长 74.7%。知识密集型服务贸

易继续保持较快增长。2023 年，知识密集型服务进出口 2.71 万亿元，同比增长 8.5%。其中，知识密集型服务出口 1.54 万亿元，增长 9%；保险服务增幅达 67%。知识密集型服务进口 1.18 万亿元，增长 7.8%；个人、文化和娱乐服务增幅达 61.7%。知识密集型服务贸易顺差 3677 亿元，扩大 423.5 亿元。2023 年，可数字化交付的服务进出口规模达 2.72 万亿元，增长 8.5%；数字化交付服务贸易占服务贸易的比重由 2019 年的 34.7% 上升至 2023 年的 41.4%。

二、实施自由贸易试验区提升战略

2023 年中国自贸试验区建设进入第 11 年，自由贸易试验区（港）数量增加到 22 个。2023 年 22 个自由贸易试验区进出口总额 7.67 万亿元，增长 2.7%；吸引外资总额 2086.4 亿元，为稳外贸稳外资发挥了重要作用。党的二十大报告明确提出，加快建设海南自由贸易港，实施自由贸易试验区提升战略，扩大面向全球的高标准自由贸易区网络。

（一）海南自由贸易港建设加速推进

海南自由贸易试验区（港）建设 6 年来，货物贸易量质齐升，服务贸易增长迅速，贸易新业态新模式加快发展，贸易便利化水平不断提高，贸易领域政策制度体系日趋健全。海南自由贸易港货物进出口继 2021 年突破 1000 亿元后，2022 年突破 2000 亿元，2023 年达到 2312.8 亿元，增长 15.3%。其中，2023 年出口 742.1 亿元，增长 2.8%，进口 1570.7 亿元，增长 22.4%。2023 年，服务进出口总额 458.2 亿元，增长 29.6%。三张"零关税"清单持续扩容增效，新增交通工具及游艇商品 22 项，"零关税"累计进口货值 195.7 亿元。离岛免税"担保即提""即购即提"落地实施。洋浦保税港区 11 项试点政策措施扩大至洋浦全域。加工增值内销免关税政策扩大至全省重点园区，享惠企业翻番，累计内销货值 46.7 亿元。跨境收支规模 873.2 亿美元，增长 39.5%。2023 年海南自由贸易港实际利用外资额超过前 30 年总和。

2023 年，海南自由贸易港建设进入第三年，自贸港建设成型起势。31 个封关项目主体工程基本完工，33 项政策制度设计加快推进，27 项压力测试任

务实质性开展 20 项。《立法法》增加海南自贸港法规制定权专款。两项调规事项获国务院批准落地。境外高等教育机构办学、邮轮港口海上游航线试点等配套政策发布。"游戏出海"试点通过国家评估验收。部省联动推进 10 项制度集成创新。新发布制度创新案例 6 项。"一站式政策查询解读平台"上线。出台支持"两个基地"建设 15 条核心政策举措。加强与粤港澳大湾区相向发展，在政策、机制、项目等多层面取得新成果。湘琼、粤琼合作产业园开工。开通 2 条第五航权①航线，恢复和新开境外客货运航线 50 条，新开通集装箱班轮航线 11 条。发起全球自贸区（港）伙伴关系倡议，成员达 30 家。

（二）上海自由贸易试验区

2023 年上海自贸试验区建设进入第 11 年，全面实施自贸试验区提升战略，坚持以高水平开放为引领、以制度创新为核心，统筹发展和安全，高标准对接国际经贸规则，加快壮大发展新动能，打造国家制度型开放示范区。制度型开放取得新突破。全国首个"丝路电商"合作先行区获批创建，中心功能区启动建设。全国首个在海关特殊监管区域建设的诚信示范区启动运行。生物医药入境特殊物品联合监管检疫改革试点实现"白名单"制度试点向条件管理转化。全球资源配置能级不断提升。上海国际能源交易中心挂盘交易国内首个航运期货品种——集运指数（欧线）期货。上期所首次同步上市期货期权品种——合成橡胶期货及期权。全国性大宗商品仓单注册登记中心上海项目正式上线运行，累计上链客户 846 个。上海数交所国际板和国内首个数据交易链启动建设，挂牌产品超 1700 个，累计交易额超 10 亿元。全球营运商计划（GOP）新增培育企业 35 家，累计达到 218 家。全球机构投资者集聚计划（GIC）推动新增持牌类金融机构 34 家，累计达到 1207 家。大企业开放创新中心计划（GOI）新授牌 25 家，累计达到 90 家。

科创策源功能进一步强化。软 X 射线自由电子激光用户装置、活细胞结构与功能成像等线站工程完成首轮用户实验供光。C919 大飞机正式开启商

业载客，首艘国产大型邮轮出坞，全球首个基因工程菌团体标准和国内首个零售药店经营 CAR-T 治疗药品服务规范正式发布。引领区产业发展基金旗下的三大产业引导母基金成功设立，首期总规模超 150 亿元。改革系统集成推出新举措。试点开展行业综合许可证"免申即办"，发出全国首张"与人体健康相关的动物生物安全二级实验室"行业综合许可证、"现场个性化服务"化妆品生产许可证，市场准营承诺即入制试点扩大至 22 个高频行业，全面实行新入市场主体合规告知制度。在生态环境保护、融资租赁等领域出台 3 部浦东新区法规，在免办强制性产品认证、无人驾驶装备等领域出台 8 部管理措施，形成"18 部浦东新区法规 + 21 部管理措施"的立法体系。

（三）广东、天津、福建自由贸易试验区

2022 年广东、天津、福建自贸试验区建设进入第 9 年，也是实施深化改革方案的第 6 年。

1. 广东自由贸易试验区

9 年来，广东自贸试验区形成制度创新成果 696 项，在全国复制推广 43 项，占全国集中复制推广的 25.7%，在全省复制推广 216 项；发布制度创新案例 301 个，列入全国最佳实践案例 8 个，占全国的 9.5%。在投资方面，正式实施自贸试验区版跨境服务贸易负面清单，在金融、文化、专业服务等领域做出 6 项特别开放安排。横琴、南沙放宽市场准入措施落地生效，前海出台全国首部投资者保护条例。贸易方面，全面推广"两段准入""两步申报"，扩大进口"船边直提"、出口"抵港直装"，持续提升通关便利化服务。扩大"组合港""一港通"改革，覆盖大湾区内地 9 市和湛江、汕头等地，开通 64 条航线。金融方面，横琴落地多功能自由贸易账户，首批 10 家银行开展试点工作。广州期货交易所工业硅、碳酸锂品种成交额超 11 万亿元，前海联合交易中心累计大豆现货交易 1107 万吨。

产业集聚走在全国前列。南沙形成智能网联和新能源汽车、海洋科技、半导体和集成电路、人工智能等先进制造业及航运物流、特色金融、国际商贸等

---

① 也称为第三国运输权。指一个国家的航空公司在经营某条国际航线的同时，获得在中途第三国经停并载运客货的权利。

现代服务业,获批国家气候投融资试点,打造大湾区首个气候投融资平台。前海成为全国最大类金融机构集聚地,注册金融企业突破4万家,融资租赁企业超1800家,约占全国15.9%。横琴科技研发和高端制造等"四新"产业加速发展,实际运营集成电路企业超50家,形成以集成电路设计为主要特色的产业集群。9年来,广东自贸区外贸进出口由2015年1047亿元增长到2023年5800亿元,年均增速达到24%。累计实际利用外资539亿美元,年均增长近60亿美元。横琴、前海、南沙三大平台国内生产总值由2015年2244亿元增长到2023年5260亿元。

2. 天津自由贸易试验区

9年来,天津自贸试验区累计实施615项制度创新措施,42项创新措施在全国复制推广。与北京、河北自贸试验区共同发布京津冀自贸试验区协同发展报告和18个制度创新案例,天津自贸试验区6项制度创新案例入选。联合推出第五批京津冀自贸试验区政务服务"同事同标"事项24项,事项累计达到203项,包括行政许可、行政征收、行政确认等5种事项类型,在三地自贸区内实现"无差别受理、同标准办理",进一步促进生产要素在京津冀自由流动。主动对接《全面与进步跨太平洋伙伴关系协定》(CPT-PP)、《数字经济伙伴关系协定》(DEPA),印发落实《关于在有条件的自由贸易试验区和自由贸易港试点对接国际高标准推进制度型开放的若干措施》工作方案,编制落实《区域全面经济伙伴关系协定》(RCEP)行动方案。在50个行业实行"一企一证"综合改革,198个涉企经营事项纳入"证照分离"改革,112个事项实现"一件事一次办",制定《天津基因和细胞产业促进条例》,设立全国首个基层法院国际商事审判庭和融资租赁等六大专业法庭,首创"信用+应用"资产担保方式。发布了全国首个自贸试验区企业数据分类分级标准规范,对商业数据安全有序流动开展先行先试探索。设立东南亚跨境人才服务中心、新加坡中心和新加坡科技设计大学零碳双卓越中心。建立融资租赁绿色评价机制,落地全国首单标准化绿色融资租赁业务。

3. 福建自由贸易试验区

2023年,福建自贸试验区推出创新举措59项。其中,全国首创26项,对台特色6项。"航空货运电子信息化"列入全国第7批自贸试验区改革试点经验,2个案例入选自贸试验区第5批最佳实践案例。开展商事登记确认制改革,制定企业开办和注销服务准则,建立经营主体歇业制度。实施"旅检口岸VR物流网应用"、进口转关"离港确认"通关监管模式。拓展"税信码"、推出"智税导航"举措,探索铁路运输单证金融服务应用。推动象屿保税区升级为综合保税区,促进区域联动发展,福州保税区增合为福州长乐国际机场综合保税区。福州片区与福州新区共同推进中国—印度尼西亚"双国双园"建设。厦门片区与集美区、华侨大学共建语言文化出口基地。推进国际法务运营平台建设,打造海丝国际法融合服务基地,已有150多家法务机构入驻。全年新增外资企业390多家,实际利用外资3.78亿美元,分别占全省的10.2%和8.8%;备案境外投资项目55个,协议投资额6.98亿元。实现离岸贸易外汇收支165.2亿美元,增长3.1%。

(四) 第三批7个自由贸易试验区提升特点

浙江、辽宁、河南、湖北、重庆、四川和陕西第三批7个自由贸易试验区建设进入第7年,自贸区建设呈现诸多亮点。

1. 浙江自由贸易试验区

浙江自贸试验区围绕油气自贸区、数字自贸区、枢纽自贸区、商贸自贸区和营商环境五大领域,按照"一区四片"的发展格局,聚焦制度型开放,推动开放型经济高质量发展。在油气自贸区方面,2023年,舟山保税船用燃料油加注量704.64万吨,同比增长16.95%,稳居全国第一、全球第四船加油港,与全球第三大加油港富查伊拉差距逐步缩小。铁矿石交易平台在舟山上线发布。在数字自贸区方面,浙江和新加坡间数字经济国际合作不断拓展,共同搭建双边融合贸易流、单证流和信息流等数据的合规通道。宁波片区TradeGo平台贸易单据数字化系统获得国际船东保赔集团(IGP&I)认可,成为全球仅有的十个获得认可的电子提单平台之一。依据《数据出境安全评估办法》,阿里巴巴、乒乓智能、连连数字科技等17家民营企业、34个业务场景通过评估,数量居全国前列。在枢纽自贸区方面,宁波舟山港启运港退税政策正式落地,对应启运港和经停港25个。宁波舟山国际航运中心发展指数排名在《新华·波罗的海国际航运中心发展指数报告（2023）》中提升至全球第九位。开通欧洲第五航权全货机航线"宁波—列日—雷克雅未克"航线、澳洲第五航权杭州—悉尼—奥克兰的客运航线。在商贸自贸区方面，数字支付赋能小商品贸易。在营商环境方面，司法保障服务能力进一步增强。

2. 辽宁自由贸易试验区

辽宁自贸试验区累计推出 7 批共 207 项具有辽宁特色的改革创新成果，其中 16 项实践效果突出的创新经验经国务院批准。在沈阳片区内，沈飞民机、南航沈维基地、航空动力产业园等 30 余家骨干企业（园区）聚链成群。在大连片区，实施铁矿石混矿、进境粮食检验等重点项目通关流程再造，推行"边卸边检""前置检验"等创新举措，首创"保税混矿"监管创新。SK 海力士、泰星汽车能源等一批标志性外资企业加速集聚。在营口片区，打造"数字自贸"，推进工业互联网数字赋能中心建设。2023 年，辽宁自贸试验区新增企业 1.4 万家，国际、国内 500 强和知名企业入驻 37 家。进出口总额 1264.3 亿元，占全省的 16.5%，实际使用外资 7.4 亿美元，占全省的 21.9%。

3. 河南自由贸易试验区

河南自贸试验区结合三个片区特点出台产业专项方案，跨境电商、商品期货、多式联运、政务服务、文化贸易等领域多项改革特色鲜明。郑州片区累计形成 360 项制度创新成果，其中全国首创 52 项，12 项制度创新成果在全国复制推广。郑州片区新注册企业 9.3 万家，以不到全市 1% 的土地面积创造全市新注册企业数的 13%，是自贸试验区成立前同一区域前 20 年的 5 倍，累计实际利用外资 9.43 亿美元，连续 3 年保持两位数增长，外贸进出口额突破 2400 亿元，签约重大项目 350 余个，总投资 5200 多亿元。开封片区累计探索推出 181 项改革创新经验，10 项改革措施在全国复制推广；累计入驻企业 7076 家，是挂牌前的 39.3 倍，其中超亿元企业 197 家、超 10 亿元企业 25 家。洛阳片区围绕"国际智能制造合作示范区"，累计形成了 221 项改革创新成果，14 项创新成果全国首创。累计入驻各类市场主体 4.38 万家，是挂牌前的 1.99 倍。2023 年实现工业总产值 770 亿元，实际使用外资 1767.5 万美元；全年完成进

出口值 69.8 亿元，增长 21.1%。

4. 湖北自由贸易试验区

湖北自贸试验区以"创新驱动发展"为主要任务，深入推进体制机制创新、科技创新、产业创新，加快构建现代产业体系和开放型经济体系。累计形成 8 批次 325 项制度创新成果，28 项制度创新成果获国家认可在全国推广。湖北自贸试验区先后推出"互联网+智慧出入境""临时开放航空口岸打造'关政企三位一体'监管模式"。近年来，改革创新聚焦吸引服务高端人才、探索构建现代产业体系、深化金融服务。湖北自贸区对港澳投资提供"一事联办""一网通办"服务和落地跨境双向人民币资金池业务。武汉片区上线"光谷数字人才卡"；襄阳片区与湖北汽车工业学院合作共建智能汽车（襄阳）产业学院，为襄阳汽车产业发展提供应用型、复合型、创新型人才；宜昌片区开发"宜才码"，为全市 7 万余名各类人才提供政策查询、匹配、兑现等服务。在现代产业体系方面，湖北自贸区创新"赛马制"科研攻关机制，强化科技力量培育、推动服务型制造等。

5. 重庆自由贸易试验区

重庆自贸试验区围绕内陆开放高地建设，主动对接国际高标准经贸规则，稳步推进制度型开放，累计培育重点制度创新成果 148 项，其中 7 项在全国复制推广，89 项在全市复制推广。在全国率先实施铁路运输单证金融服务试点，依托中欧班列开立全球首份"铁路提单国际信用证"，实现批量化运用。上线首个跨境金融区块链陆海新通道融资结算应用场景，审批效率提升 80%。推出货物贸易"一保多用"管理模式，实现企业一份担保在不同业务领域、不同业务现场、不同担保事项间通用。推行"证照联办"模式，企业申请资料压缩 66.7%，办理环节压减 50%；探索"即报即放""一箱直通"等新模式。推出知识价值信用融资新模式，建立知识价值信用贷款风险补偿基金，引导激励金融机构支持科技成果转化和科技型中小企业创新创业。重庆自贸试验区以 1.46% 的面积，贡献了全市超 1/10 的新设企业、近 1/2 的实际使用外资、近 2/3 的外贸进出口总额，成为全市开放型经济的主力军和"动力源"。

6. 四川自由贸易试验区

四川自贸试验区围绕内陆开放高地和成渝地区

双城经济圈建设,累计形成 800 余项制度创新成果,在近 4 批国家层面复制推广的改革试点成果中,四川贡献 14 项。其中,"创新综保区一线进区货物'即到即入'模式"案例入选"中国改革 2023 年度地方全面深化改革典型案例","'关银一 KEY 通'川渝通办集成化改革"等 2 项举措入选"全国自贸试验区第五批最佳实践案例"。四川自由贸易试验区累计新设企业 27 万家,为挂牌前的 12 倍。2023 年,四川出台《关于中国(四川)自由贸易试验区对接高标准推进制度型开放的意见》,推出 25 条先行先试举措;创新设立 13 家协同改革先行区。外贸进出口总额近 5900 亿元,年均增长 14%;外商直接投资近 50 亿美元,占全省比重由挂牌初的 4.3% 提高到 25%。自贸区以不足全省 1/4000 的面积,贡献了全省近 1/4 的外商直接投资、1/10 的进出口。

7. 陕西自由贸易试验区

陕西自贸试验区围绕共建"一带一路"开展特色化改革创新。"大型机场运行协调新机制"等 38 项制度创新成果在全国复制推广,"政务服务跨区通办"等 106 项在全省复制推广。通关便利化集成创新提高了国际贸易的效率,降低了企业成本。其中,国际货物 24 小时机坪"直提直装"新模式,实现了国际货物 24 小时'随到随提、随到随装',物流成本降低 30%,满足了高精密货物安全高效运输需求。"先查验,后装箱"模式,集货时间缩短 2 ~ 3 天,吸引更多散货客户开展业务。国际航材通关交易新模式,平均节约国内客户 3 ~ 7 天交货周期,有效提升采购通关效率。在监管方式上,国际邮件、快件和跨境电商的海关通关服务实现"一站式"办理;加工贸易云报核辅助系统,提升海关作业效率和通关速度;进口快件派送跟踪系统,可有效甄别虚假申报等违规行为。在服务保障方面,智慧通关系统减少人工操作量 95% 以上,提升物流作业效率和报关效率;在全国率先开展的陆路启运港退税试点,方便企业在网上便捷地进行申报退税。

(五)第四批 6 个自由贸易试验区建设进入第五年

1. 山东自由贸易试验区

山东自贸试验区总体方案 112 项试点任务全部实施,深化改革创新方案实施率超过 70%。2 项改革试点经验、5 项"最佳实践案例"在全国推广,省级制度创新成果数量达 183 个。济南片区推动智能装备城新型储能装备产业园建设,加强数字化赋能园区智慧化管理,打造新能源和数字化场景应用,落地洛克美森(济南)零碳智慧工厂项目。青岛片区建设世界规模最大海洋基因库,海洋生物基因组破译全球贡献度近 30%,全国贡献度近 50%。推出动产质押融资业务模式,实现"仓储、贸易、金融与监管"的协同创新。目前已建成数字仓库 7.8 万平方米,仓储管理成本降低近 40%,提货效率提高约 50%,企业融资成本降低 3% ~ 6%。烟台片区加快智能传感与控制装备、智能检测与装配装备等推广应用,打造智能制造、光电传感等一批特色产业园,培育出清科嘉机器人联合研究院、睿创微纳、艾迪精密等一批科创平台、上市公司、"专精特新"企业。烟台片区从平台确权、金融保障、深海养殖、活鱼装卸设备进口到活鱼装船运输等全环节实施一揽子制度创新。

2. 江苏自由贸易试验区

江苏自贸试验区总体方案 113 项任务落地实施率超过 98%,形成近 400 项制度创新成果;海事政务闭环管理等 25 项成果在全国复制推广,保税检测区内外联动模式等 10 项成果在国家部委备案,专利精准导航助力产业集成创新等 137 项成果在省内复制推广。江苏自贸区完善国际贸易"单一窗口"功能应用,对快件、易腐货物抵达后 6 小时通关、普通货物 48 小时通关,探索多式联运"一单到底"新模式;落地江苏首家外商独资职业技能培训机构;集聚省级跨国公司地区总部及功能性机构 73 家,占全省的 18.5%。推进生物医药"研发——制造——流通——使用——保障——安全"全产业链条系统集成改革;开展出入境特殊物品联合监管试点、研发用物品进口"白名单"试点等改革举措,形成了 15 项可复制推广的制度创新成果。5 年来,江苏自贸试验区完成外贸进出口 2.6 万亿元人民币、实际使用外资 112.6 亿美元,分别占全省的 10.3%、10.2%。

3. 广西自由贸易试验区

广西自贸试验区总体方案 120 项试点任务全面实施,累计形成 169 项自治区级制度创新成果,其中 54 项全国首创,7 项获海关总署批复备案,2 项入选

"全国自贸试验区最佳实践案例"。南宁片区设立南宁 RCEP 政务服务中心,打造中国—东盟金融开放门户南宁核心区。钦州港片区开通"RCEP—北部湾港—河南""阿联酋—钦州—兰州""印度—钦州—贵阳"等特色外贸线路,实施全国首个陆路启运港退税试点政策。崇左片区建设沿边开放引领区,友谊关口岸创新实施"甩挂"模式和代驾货代"共享"机制,成为全国首个试点应用边检快捷通关系统 2.0 版的沿边口岸。5 年来,广西自贸试验区累计入驻企业超 10 万家,是设立前的 28 倍。以不到全区 0.05% 的土地面积,累计实现全区 37.5% 的实际使用外资和 38.5% 的外贸进出口额。2023 年,广西在南宁、钦州、崇左、北海、防城港设立中国(广西)自由贸易试验区协同发展区。

4. 河北自由贸易试验区

河北自贸试验区累计形成各类制度创新成果 207 项,4 项成果先后入选国务院发布的自贸试验区改革试点经验和商务部发布的自贸试验区"最佳实践案例"。石家庄海关向海关总署报送"跨境电商网购保税进口智能监管新模式"获得批准备案。大兴机场综保区引入"智慧云卡口"无感通关新模式,降低卡口运维成本约 30%;雄安片区开展 5 项跨境投融资改革试点,探索监管"沙盒机制",首批金融创新测试项目"雄安新区建设链金融服务平台"已成功出盒;在正定片区,药品进口口岸各项业务顺利开展;在曹妃甸片区,大宗商品交易中心稳定运营,可开展交易品类达到 24 种。5 年来,河北自贸试验区以 0.06% 的国土面积,创造了同期全省 18% 的实际使用外资和 12.3% 的外贸进出口。

5. 云南自由贸易试验区

云南自贸试验区总体方案 94 项改革试点任务全面实施,累计形成 220 项制度创新成果,其中 6 项在国家层面宣传推广。昆明片区围绕现代装备制造、生物医药及大健康、电子信息制造及数字经济、新材料和现代物流等重点产业,先后吸引一批企业入区发展。中老磨憨—磨丁经济合作区纳入昆明片区管理。红河片区依托中国—东盟(河口)跨境电商物流产业园平台,推出"边民贷"贸易融资产品,为互市边民提供纯信用普惠贷款。边民互市增值税发票、首笔"货物贸易电子单证审核"业务、RCEP

多边协定下首笔跨境人民币结算业务等多个"首笔"落地。德宏片区利用沿边金融综合改革试验区,开展区块链赋能银行跨境结算,搭建"区块链+银行跨境结算"应用服务平台;全国首推人民币对缅币兑换参考报价,推进中缅双边银行"互开账户+网银清算+人民币对缅币撮合报价"的银行间代理行清算模式。

6. 黑龙江自由贸易试验区

黑龙江自贸试验区累计形成 166 项省级创新实践案例,发布 300 余项制度创新成果。其中,"创新中俄跨境集群建设"案例入选"自贸试验区第 4 批全国最佳实践案例"。哈尔滨片区依托"哈欧"等班列,发挥"龙贸通"平台作用,正式运营快件跨境电商海关监管中心,引入俄罗斯国家馆等项目,共有 7 项创新举措在海关总署备案;黑河片区为促进中医药产业发展,在黑河试行创新海关监管方式;开展全国首例进口大豆查验资源共享案例,通过公路口岸首次进口液化天然气、液态氢气;绥芬河片区不断创新优化口岸配套服务,依托铁路、公路口岸,深挖活体雪蟹、鲜活帝王蟹、冷冻海产品等贸易新品种潜力,培育市场采购贸易、跨境电商等新增长点,开展互市贸易进口农产品落地加工,建设龙江交投绥芬河国际物流港加工园区。5 年来,以全省 0.03% 的面积,贡献了全省约 1/5 的实际使用外资和 1/6 的外贸进出口,累计新设企业 3 万余家。

(六)第五批 3 个自由贸易试验区建设进入第四年

1. 北京自由贸易试验区

北京自贸试验区围绕"两区"方案及相关任务,累计形成近 200 项开放创新举措,55 项最佳实践案例和经验向全国复制推广。中国国际服务贸易交易会、中关村论坛、金融街论坛升级成为国家开放发展的重要平台。北京自贸试验涵盖科技创新、国际商务服务、高端产业 3 个片区,包含海淀、昌平、顺义、朝阳、通州、大兴、亦庄 7 个组团。海淀组团突出研发创新,六成以上企业开展研发创新活动,平均研发投入强度超 13%。昌平组团聚焦医药健康,医药制造业研发投入强度高达两成以上。朝阳组团突出外资优势。首都机场和大兴机场聚焦临空经济发展,顺义组团货物进出口总额占自贸试验区的比重超三成,大兴组团和亦庄组团聚焦信息服务、汽车制造业等重点产业的发展。

2.湖南自由贸易试验区

湖南自贸区总体方案121项改革试点任务基本实施,形成两批制度创新成果共84项。其中,"制造业智能化转型市场化升级新模式""国际邮件、国际快件和跨境电商业务集约监管新模式""进口转关货物内河运费不计入完税价格审价机制创新"等8项制度创新成果被国务院及有关部委在全国复制推广。长沙片区着力打造制造业智能化转型市场化升级新模式、知识产权数字化"前置保护"新模式,培育国家级智能制造示范企业21家、省级"5G+工业互联网"标杆工厂6家。岳阳片区聚焦"长江中游综合性航运物流中心"和"内陆临港经济示范区"建设,重点发展航运物流、电子商务和新一代信息技术产业。郴州片区有色金属创新发展示范区获评国家级创新型产业集群。2023年,湖南自贸区新设企业1.2万家;引进重大项目96个,总投资1569.1亿元;进出口总额、实际利用外资分别占全省的27%、33%。

3.安徽自由贸易试验区

安徽自贸试验区总体方案112项试点任务已落地见效110项,实施率98%;累计形成192项制度创新成果,其中32项为全国首创,10项在全国复制推广。合肥片区在全国率先推行"赋权+转让+约定收益"的职务科技成果所有权改革,开展科研项目经费"包干制"和产业化经费股权投资改革试点,探索科创企业信用(信用贷)票据融资新模式,设立全国首个城市场景创新促进中心。合肥片区创新推出海关"联动接卸"江海一港通监管模式,将芜湖港视同上海洋山港的内河延伸,实施"联动接卸,视同一港"整体监管。芜湖片区发行全国首单10亿元汽车金融公司绿色金融债券,落地全国首笔"再贷款"供应链债权凭证保理融资业务。蚌埠片区首推内河运费扣减新模式,开通全省首条集装箱外贸直航航线(芜湖—俄罗斯);围绕新材料、新能源等主导产业,打造世界级硅基和生物基制造业中心、皖北地区科技创新和开放发展引领区。安徽自贸试验区以不到全省0.1%的面积贡献了全省近1/4的进出口额,以及近四成的利用外资。

(七)设立中国(新疆)自由贸易试验区

2023年10月,国务院印发《中国(新疆)自由贸易试验区总体方案》。打造促进中西部地区高质量发展的示范样板,构建新疆融入国内国际双循环的重要枢纽,服务"一带一路"核心区建设,助力创建亚欧黄金通道和中国向西开放的桥头堡,为共建中国—中亚命运共同体做出积极贡献。自贸试验区涵盖3个片区:乌鲁木齐片区134.6平方千米,依托陆港空港联动发展区位优势,加强陆港型国家物流枢纽建设,重点发展国际贸易、现代物流、先进制造业、纺织服装业及生物医药、新能源、新材料、软件和信息技术服务等新兴产业,积极发展科技教育、文化创意、金融创新、会展经济等现代服务业,打造与中亚等周边国家交流合作的重要平台。喀什片区28.48平方千米,依托国际贸易物流通道优势,做大做强外向型经济,重点发展农副产品精深加工、纺织服装制造、电子产品组装等劳动密集型产业,大力推动进口资源落地加工,积极培育国际物流、跨境电商等现代服务业,打造联通中亚、南亚等市场的商品加工集散基地。霍尔果斯片区16.58平方千米,依托跨境合作及陆上边境口岸型国家物流枢纽等优势,重点发展跨境物流、跨境旅游、金融服务、展览展示等现代服务业,做大做强特色医药、电子信息、新材料等产业,打造跨境经贸投资合作新样板。

三、中国自由贸易新特征

2023年6月,《区域全面经济伙伴关系协定》(RCEP)对菲律宾正式生效,标志着RCEP对15个签署国全面生效。2023年,中国先后与厄瓜多尔、塞尔维亚、尼加拉瓜签署自由贸易协定,与新加坡签署自贸协定进一步升级议定书。到2023年年底,中国与29个国家和地区签署了21个自贸协定,遍及亚洲、拉丁美洲、大洋洲、欧洲和非洲,占中国对外贸易总额的1/3左右。成功举办第六届国际进口博览会。

(一)RCEP全面生效为亚洲区域经贸合作注入活力

2023年中国对RCEP其他14个签署国进出口

额达到 12.6 万亿元,比 2021 年协定生效之前增长了 5.3%。其中,中国对 RCEP 其他签署国出口增长了 16.6%,比同期中国对全球出口增速高 4.6 个百分点。中国企业在 RCEP 项下享受到进口减让税款达到 23.6 亿元,主要受惠商品为塑料及其制品、机械器具及其零件、有机化学品等;RCEP 自贸伙伴进口企业从中国进口产品享受到的优惠达到了 40.5 亿元,主要受惠商品有无机化学品、服装及衣着附件、塑料及其制品等。全国有 723 家经核准出口商自主出具 RCEP 原产地声明 1.2 万份,货值 101.8 亿元。

(二)签署 3 项自由贸易协定

中厄自贸协定为中国对外签署的第 20 个自贸协定,厄瓜多尔为中国第 27 个自贸伙伴,也是继智利、秘鲁、哥斯达黎加之后中国在拉美地区的第 4 个自贸伙伴。中厄自贸协定谈判于 2022 年 2 月启动,2 月结束谈判,5 月 11 日正式签署;双方将分别对 90% 的税目相互取消关税,其中,约 60% 的税目在协定生效后立即取消关税。2023 年,中厄双边贸易额达到 136.6 亿美元,同比增长 4.7%。中国是厄瓜多尔第二大贸易伙伴,厄瓜多尔是中国在拉美第八大贸易伙伴,也是共建"一带一路"的重要合作伙伴。

中尼自贸协定为中国对外签署的第 21 个自贸协定,尼加拉瓜为中国第 28 个自贸伙伴,是中国在拉美地区的第 5 个自贸伙伴。两国于 2022 年 7 月签署中尼自贸协定"早期收获"安排并启动全面的自贸协定谈判。2023 年 5 月 1 日,中尼自贸协定"早期收获"安排正式生效实施。2023 年 8 月 31 日,中尼自贸协定正式签署;双方将分别对 95% 的税目相互取

消关税,其中,约 60% 的税目在协定生效后立即取消关税。2023 年,中尼双边贸易额达 8.5 亿美元,增长 7.5%。

中塞自贸协定为中国对外签署的第 22 个自贸协定,是中国与中东欧国家签署的第一个自贸协定,塞尔维亚成为中国第 29 个自贸伙伴。中塞自贸协定也是第三届"一带一路"国际合作高峰论坛的重要成果。中塞自贸协定谈判于 2023 年 4 月启动,于 9 月底完成全部谈判,10 月 17 日正式签署;双方将分别对 90% 的税目相互取消关税,其中,超过 60% 的税目在协定生效后立即取消关税。双方最终零关税税目的进口额比例都达到 95% 左右。2023 年,中塞双边贸易额达 43.5 亿美元。

(三)第六届国际进口博览会成功举办

2023 年 11 月,第六届进博会在上海举行,主题为"新时代,共享未来"。习近平主席致信强调,中国将始终是世界发展的重要机遇,将坚定推进高水平开放,持续推动经济全球化朝着更加开放、包容、普惠、平衡、共赢的方向发展。希望进博会加快提升构建新发展格局的窗口功能,以中国新发展为世界提供新机遇……让中国大市场成为世界共享的大市场。虹桥论坛聚焦"携手促发展开放赢未来","开放发展""开放合作""开放创新""开放共享"4 个板块包括 22 场分论坛。128 个国家和地区的 3486 家企业参展,其中,世界 500 强和行业龙头企业达 289 家,数量为历届之最。六大展区聚焦高质量发展和高品质生活,创新引领成为共同主题,科技赋能成为主流趋势。

(撰稿:王海峰)

2023 年产业布局与结构调整情况综述

国家工业信息安全发展研究中心工业经济所

2023 年是全面贯彻党的二十大精神的开局之年,是三年新冠疫情防控转段后经济恢复发展的一年。在以习近平同志为核心的党中央坚强领导下,中国坚持稳字当头、稳中求进,把握内外环境,抢抓

复苏机遇,加强各类政策协调配合,着力扩大内需、优化结构,实现经济回升向好,产业增长动力增强,产业结构持续优化,区域产业合作不断深化,重大战略稳步实施,企业并购重组持续调整,国际合作持续推进,总的来看,产业布局优化和结构升级推动发展的内生动力集聚增长,加快推进新型工业化、建设现代化产业体系取得积极进展。

一、产业发展显著回升,产业结构持续优化

2023 年,全球经济增速持续放缓,国际地缘政治和政策不确定性持续增长,中国统筹推进扩大内需战略与深化供给侧结构性改革,突出做好稳增长工作,推动全年经济运行回升向好,产业发展持续取得新进展。

产业发展快速回升。根据《中华人民共和国2023 年国民经济和社会发展统计公报》,2023 年全年国内生产总值 1260582 亿元,比上年增长 5.2%,增速比上年提高 2.2 个百分点。其中,第一产业增加值 89755 亿元,同比增长 4.1%;第二产业增加值 482589 亿元,同比增长 4.7%;第三产业增加值 688238 亿元,同比增长 5.8%。第一产业增加值占国内生产总值比重为 7.1%,比上年降低 0.2 个百分点;第二产业增加值比重为 38.3%,比上年降低 1.6个百分点,其中规模以上工业增加值同比增长4.6%,较上年提升 1 个百分点,制造业规模以上工业增加值同比增长 5.0%,制造业总体规模连续 14 年位居全球第一;第三产业增加值比重为 54.6%,比上年提高 1.8 个百分点,高于第二产业 16.3 个百分点,服务业的经济增长主引擎作用更加凸显。2023年全年国民总收入 1251297 亿元,同比增长 5.6%,增速高出上年 2.8 个百分点。全国万元国内生产总值能耗比上年下降 0.5%、用水量比上年下降 6.4%、二氧化碳排放与上年持平。全员劳动生产率为161615 元/人,比上年提高 5.7%。

新动能加速集聚。2023 年,高技术制造业增加值比上年增长 2.7%,占规模以上工业增加值比重为15.7%、比上年提高 0.2 个百分点;装备制造业增加值增长 6.8%,占规模以上工业增加值比重为33.6%、比上年提高 1.8 个百分点;规模以上战略性

新兴服务业企业营业收入同比增长 7.7%,比上年提高 2.9 个百分点。高技术产业投资同比增长10.3%,连续保持两位数增长。制造业技术改造投资增长 3.8%,高于全部固定资产投资 1.0 个百分点。全年电子商务交易额 468273 亿元、网上零售额154264 亿元,同比分别增长 9.4%、11.0%,较上年分别提高 4.9、7.0 个百分点。新能源汽车产量 944.3万辆,同比增长 30.3%,产销量均位居世界第一;太阳能电池(光伏电池)产量 5.4 亿千瓦,同比增长54.0%;3G 打印设备、服务机器人产量同比分别增长36.2%、23.3%。研究与试验发展经费支出增长8.1%,经费投入强度达 2.64%、比上年提高 0.08 个百分点。2023 年世界知识产权组织报告显示,中国全球创新指数排名升至第 12 位,全球百强科技创新集群数量首次跃居世界第一。

重大装备与设施持续取得新突破。C919 与ARJ21 两款国产商用飞机新疆演示飞行全面展开,C919 订单已达 1061 架。国产首艘大型邮轮"爱达·魔都号"正式命名交付,中国成为唯一同时建造航空母舰、大型液化天然气运输船、大型邮轮的国家。火电机组、核电机组和水电机组单机容量均超百万千瓦,特高压输变电装备超百万伏特,电力装备已迈入"四个百万"时代。全球单机容量最大的 16兆瓦海上风电机组、中国首座深远海浮式风电平台并网发电。光伏发电技术快速迭代,多次刷新电池转换效率世界纪录。国产 ECMO(体外膜肺氧合机)完成注册取证。智能 6 行采棉机实现量产。神舟十六号、十七号顺利升空。国产五轴高端数控系统打破国外技术垄断。截至 2023 年,全国光缆线路总长度达 6432 万千米,具备千兆网络服务能力的 10GPON 端口数达 2302 万个,建成开通 5G 基站 337.7万个,千兆及以上固定宽带接入用户 1.63 万户,全国行政村通 5G 比例超过 80%,蜂窝物联网用户23.32 亿户。

二、区域产业合作不断深化,产业国内转移纵深推进

面对复杂严峻的外部形势和产业无序外迁态势,推进产业国内转移越发紧迫。中国加强政策引导和机制创新,推动产业国内转移取得积极成效。

政策体系不断完善。工业和信息化部推进《关于促进制造业有序转移的指导意见》（工信部联政法〔2021〕215号）、《制造业转移发展指导目录（2022年本）》落实，举办系列政策宣贯交流活动，引导各地立足区位优势、资源禀赋和产业基础，有序承接产业转移。商务部、国家发展改革委、工业和信息化部等10部门印发《关于提升加工贸易发展水平的意见》（商贸发〔2023〕308号），支持产业向中西部、东北地区梯度转移，高质量培育加工贸易梯度转移重点承接地、加工贸易承接转移示范地、国家加工贸易产业园等载体。国家发展改革委印发《承接产业转移示范区管理办法》（发改地区〔2023〕729号），进一步规范示范区建设发展，新增批复设立蒙东、吉西南两个承接产业转移示范区，提升东北地区承接产业转移能力。地方专项支持政策积极出台。广东印发《关于推动产业有序转移促进区域协调发展的若干措施》，搭建"1+14+15"产业转移政策体系。吉林印发《支持吉西南承接产业转移示范区若干政策举措》。山西印发《关于承接东部地区外商制造业产业转移的若干措施》，吸引制造业外资转移。

合作机制创新发展。跨区域产业合作模式不断深化，新一轮东西部协作启动以来，协作省份发挥比较优势，加强产业合作、资源互补、劳务对接、人才交流，创新实施"东部企业+西部资源""东部研发+西部制造""东部市场+西部产品""东部总部+西部基地"协作新模式，特别是依托共建产业园区推进产业转移取得显著成效。2023年，东部8个省市与西部10个省区市共建产业园区775个，新增引导3049家企业投资1684.8亿元。跨区域产业合作平台创新发展，工业和信息化部加大跨区域产业合作推进力度，启动举办"中国产业转移发展对接活动"，全年先后与河南、内蒙古、广西等地共同举办9场活动，围绕现代化工、新材料、高端装备、汽车、电子信息等安排65场专题活动，聚焦地方特色产业链开展精准对接，促成一批重大产业转移项目签约。

产业国内转移持续推进。2018—2023年，东部地区工业增加值比重由54.16%下降为53.35%，中西部地区工业增加值比重由41.08%上升为42.13%。中部地区承接产业转移"领头雁"作用凸显，培育形成一批工程机械、智能语音、光电子信息、

新材料先进制造业基地。西部地区承接钢铁、有色、石油、化工、食品加工等产业转移态势明显，工业增加值增速位居前列，全国占比由2018年的18.37%上升到2023年的20.58%。电子信息、动力电池、新能源装备制造等资本和技术密集型产业向中西部地区转移态势显著。2018—2023年，东部地区移动电话、微型计算机、集成电路的产量占全国比重分别下降2.27、7.11、0.7个百分点，同期中西部地区3种产品产量占比分别上升2.31、7.1和0.62个百分点。以四川省为例，动力电池产量占全国1/6，多晶硅产能占全球1/6，显示面板产值占全国近1/4。

区域发展协调性不断增强。2023年，东部地区实现生产总值65.21万亿元，同比增长5.4%，高于全国增速0.2个百分点，全国占比52.13%，略有回升，创新引领作用持续凸显，制造业增加值由2015年的12.32亿元提升至2023年的19.20亿元，并引领新兴产业和现代服务业发展。中部地区实现生产总值26.99万亿元，同比增长4.9%、低于全国增速0.3个百分点，全国占比21.58%，培育和发展新兴产业取得积极进展，对外贸易额快速增长，2023年货物进出口总额达3.5万亿元，占全国比重较2012年提高3.5个百分点。西部地区实现生产总值26.93万亿元，同比增长5.5%、高出全国0.3个百分点，全国占比21.53%，人均地区生产总值与东部地区比值由2012年的0.54∶1提升至2023年的0.61∶1。东北地区实现生产总值5.96万亿元，同比增长4.8%、较上年大幅提高3.5个百分点，全国占比4.77%，继续下降但降幅显著收窄，产业振兴和转型升级成效显现。

三、重大战略稳步推进，区域发展质效巩固提升

随着国家区域重大战略继续推进实施，各区域协同发展能力不断增强，一体化进程不断加快，区域高质量发展的质效水平不断巩固提升，区域发展呈现系列亮点。

京津冀协同发展跨上新台阶。2023年经济总量突破10.4万亿元，是2013年的1.9倍，10年间连跨5个万亿元台阶。区域研究与试验发展经费为4458.4亿元，同比增长4.6%。三地产业合作持续推

进,北京流向津冀技术合同成交额 748.7 亿元,自 2013 年以来年均增长 26.5%;北京企业对津冀投资总额达 2.3 万亿元,中关村企业在天津、河北设立分支机构已经达到 1 万多家;天津滨海—中关村科技园、宝坻京津中关村科技城揭牌以来,累计注册企业分别超过 4900 家和 1500 家;河北累计承接京津转入基本单位 4.3 万余家。雄安新区骨干路网全面贯通、"两线一中心"加速推进、京雄快线 65.37 千米桥梁段实现"桥通",中国星网、中国中化、中国矿产总部及中国移动、中国联通、中国电信互联网产业园加快建设。

长江经济带发展质效持续巩固。2023 年 11 省(市)经济总量 58.43 万亿元,占全国比重 46.7%,比 2015 年提高 1.6 个百分点;地区生产总值同比增长 5.5%,对全国经济增长的贡献率为 48.8%。粮食总产量同比增长 1.5%,占全国比重达 35.3%;工业增加值同比增长 5.1%,快于全国平均水平 0.9 个百分点;服务业增加值同比增长 5.9%,快于全国平均水平 0.1 个百分点。电子信息、高端装备、汽车、家电、纺织服装等产业集群加快建设,11 省(市)共打造 28 个国家先进制造业集群。研究与试验发展经费为 16125.7 亿元,增长 9.0%,高于全国总体增速水平。

粤港澳大湾区建设加快提升。2023 年经济总量突破 14 万亿元,比 2018 年增长 3.2 万亿元,占全国的 1/9。横琴、前海总体发展规划获批复,重大合作平台建设加速推进,科技、产业、金融互联互通和规则衔接持续深化。营商环境保持高水平,根据全国工商联万家民营企业评营商环境报告,广东连续 4 年荣获"营商环境最佳口碑省份",广东经营主体总量达到 1800 万户,企业有 778 万户,占全国 1/7。

长三角一体化发展示范效应凸显。2023 年经济总量突破 30 万亿元,是 2018 年的 1.4 倍,占全国比重为 24.4%。研发投入快速增长,研究与试验发展经费投入达 10167 亿元,是 2018 年的 1.7 倍,占全国 30.5%,研发投入强度达 3.33%,高于全国平均水平 0.68 个百分点。基础设施互联互通水平持续增长,区域内铁路路网密度、高速公路密度省际差异比 2018 年明显缩小,地区间铁路货运流量达 2018 年的 1.8 倍。货物进出口总额 15.17 万亿元,是 2018 年的 1.4 倍,占全国比重为 36.3%;实际利用外资 717

亿美元,占全国比重为 43.9%、比上年提升 3.8 个百分点。2023 年长三角区域发展指数为 132.6,比上年提高 3.3。

黄河流域生态保护和高质量发展协调推进。2023 年黄河流域地表水 I—Ⅲ 类断面比例达到 91.0%,同比提升 3.5 个百分点。截至 2023 年年底,黄河流域水土保持率为 68.40%,比上年提高 0.55 个百分点,水土流失面积比上年减少 0.44 万平方千米。协同推进降碳、减污、扩绿、增长,积极创建省级以上绿色工厂、绿色工业园区,2023 年万元工业增加值能耗比 2019 年下降 23.5%,用水量比 2020 年下降 40.8%。科技发展引领效应凸显,2023 年黄河流域地区研究与试验发展经费 6599.9 亿元,同比增长 9.2%,高于全国总体水平。

成渝地区双城经济圈建设成效显著。2023 年经济总量 8.2 万亿元,同比增长 6.1%,分别高于全国、西部地区 0.9、0.5 个百分点,引领带动作用突出;经济总量分别占全国、西部地区的 6.5%、30.4%,较上半年均略有上升。工业增加值同比增长 5.6%,其中制造业增加值同比增长 5.7%,增速均高于全国平均水平。固定资产投资(不含农户)增长 3.4%,高于全国 0.4 个百分点,其中工业投资较快增长,增速为 19.6%。248 个共建成渝地区双城经济圈重大项目完成投资 4138.4 亿元、年度投资完成率 120.1%。建设第二批产业合作示范园区,推进全国一体化算力网络成渝国家枢纽节点建设,中欧班列(成渝)开行量超过 5300 列,运输箱量超 43 万标箱,均位居全国第一。

四、并购重组持续调整,跨境并购大幅下滑

并购重组进入调整期,中国企业活跃度持续降低,交易规模下滑,上市公司总体并购收紧,跨境并购交易大幅回落。

中企并购重组持续低迷。中企并购交易数量规模持续双下滑。根据投中研究院数据,2023 年共计完成 3434 笔并购交易,同比下降 34.96%;披露金额的有 2174 笔,交易总额 1514.29 亿美元,同比下降 20.07%。并购交易主要集中在公用事业、金融、传统制造、能源及矿业、电子信息、化工、建材等领域。

公用事业、金融领域分别完成交易额 228.71 亿美元、214.76 亿美元，传统制造领域完成交易额 157.50 亿美元，能源及矿业、电子信息、化工紧随其后，分别完成交易额 137.70 亿美元、113.29 亿美元、113.17 亿美元，建材、房地产、医疗健康分别完成 91.16 亿美元、77.12 亿美元、77.08 亿美元。广东、云南、北京、浙江、上海、江苏排名靠前，完成交易额均超过 100 亿美元。上市公司并购重组大幅下滑。联储证券数据显示，2023 年 A 股上市公司全年开展的并购交易数量共计 6325 起，较上年减少约 9%，其中披露交易金额的并购交易 5101 起，交易规模约 2.39 万亿元，较上年下降 15%。各交易类型数量、规模均下滑。出售资产交易 1281 起，较上年下滑 9%；收购资产交易 4183 起，下滑 7.5%；股份变动交易 861 起，下滑 14%。披露交易金额的交易中，收购资产规模 1.79 万亿元，较上年下滑 17.44%；出售资产规模 3017.25 亿元，下滑 3.78%；股份变动规模 2992.55 亿元，下滑 10.53%。从行业活跃度看，生物医药行业并购交易最活跃，机械设备、电子、基础化工、电力设备、计算机、汽车等成熟行业活跃度紧随其后。

跨境并购收势进一步扩大。投中研究院数据显示，2023 年，中企完成跨境并购 125 笔，同比下降 4.58%，包括出境并购 73 笔、入境并购 52 笔；其中披露金额的 89 笔，交易总额 119.26 亿美元，同比下降 49.27%，较 2019 年下降 80.57%。并购交易主要集中在化工、金融、电子信息、传统制造、汽车、能源及矿业等领域。代表性并购案例包括：化工方面，沙特阿美全资子公司 Aramco Overseas Company 收购荣盛石化 10% 股权，交易金额 35.09 亿美元。金融方面，安达北美洲控股连续收购华泰保险股份，交易金额合计 17.64 亿美元；摩根资产管理控股收购摩根基金管理（中国）51% 股权，交易金额 10.62 亿美元。电子信息方面，UBS、AG 等多家企业联合收购金山办公软件 3.30% 股权，交易金额 8.52 亿美元。汽车方面，全球领先汽车集团 Stellantis 收购中国造车新势力零跑汽车 20% 股权，交易金额 15 亿欧元。传统制造方面，胜宏科技收购新加坡柔性电路板企业 MFS 科技，交易金额 3.65 亿美元。能源及矿业方面，紫金矿业收购加拿大 IMG 公司持有的苏里南金矿项目股份，该金矿为南美洲最大在产金矿之一，交易额

3.6 亿美元。

五、共建"一带一路"成果丰硕，国际合作不断深化

共建"一带一路"迎来十周年。10 年来，高质量共建"一带一路"不断走深走实，贸易投资产业合作不断深化，形成物畅其流、政通人和、互利共赢、共同发展的良好局面。

通道建设成效显著。西部陆海新通道纽带作用加快释放，截至 2023 年年底，通道沿线省份铁路营业里程达 6.8 万千米，占全国铁路营业里程比例由 2019 年的 42.3% 上升到 2023 年的 43.1%，班列运输货物 86 万标箱，增长 14%，2023 年西部陆海新通道发展指数较 2022 年增长 12.1%，达到 151.5。中欧班列开行规模不断扩大，年开行 1.7 万列、发送货物 190 万标箱，同比分别增长 6%、18%，年运输货值由 2016 年的 80 亿美元增至 2023 年的 567 亿美元，货物品类逐步扩大到 53 大类 5 万余种，班列通达欧洲 25 个国家的 217 个城市，运输服务网络覆盖欧洲全境。中老铁路辐射效应日益凸显，运营两年期间累计发送货物运输 2910 万吨，其中跨境货物突破 600 万吨，2023 年海关监管验放中老铁路进出口货物 421.8 万吨、增长 94.9%，货物运输辐射老挝、泰国、越南、缅甸等 12 个共建"一带一路"国家，2023 年启动开行国际旅客列车。

设施联通持续深化。基础设施"硬联通"项目不断落地，采用中国技术、中国标准，时速 350 千米的雅万高铁正式开通运营，这是印度尼西亚和东南亚第一条高速铁路；埃塞俄比亚—吉布提铁路全年货运总量超 200 吨，创两国间运输记录，成为拉动东非乃至整个非洲国家纵深发展的重要通道；孟加拉国多哈扎里—科克斯巴扎尔铁路正式开通运营；"丝路海运"航线已通达全球 43 个国家的 117 个港口，300 多家国内外航运公司、港口企业、智库等加入"丝路海运"联盟。规则标准"软联通"持续深化。2023 年，累计与 152 个国家和 32 个国际组织签署 200 多份共建"一带一路"合作文件；《区域全面经济伙伴关系协定》对 15 个签署国全面生效，已与 28 个国家和地区签署了 21 份自贸协定；与 65 个国家、地区标准化机构和国际组织签署 108 份标准化双（多）边合作文

件,其中与47个共建"一带一路"国家签署57份合作文件。

贸易畅通稳步推进。贸易规模持续增长。2023年,中国与共建"一带一路"国家进出口总额19.47万亿元,占同期外贸总值的46.6%、比2013年提高7.4个百分点,规模和占比均为倡议提出以来最高水平。2023年,中国企业在共建"一带一路"国家新签承包工程合同额16007.3亿元人民币,增长10.7%(折合2271.6亿美元、同比增长5.7%),完成营业额9305.2亿元人民币,增长9.8%(折合1320.5亿美元、同比增长4.8%)。对外投资规模快速增长。中国企业对共建"一带一路"国家直接投资407.1亿美元,较上年增长31.5%,占当年对外直接投资的23%;对共建"一带一路"国家非金融类直接投资2240.9亿元人民币,同比增长28.4%(折合318亿美元、同比增长22.6%),占全部非金融对外直接投资的20.0%。

（撰稿：陈　健）

2023 中国大企业发展的趋势、问题与建议

中国企业联合会、中国企业家协会课题组

2023年9月,中国企业联合会、中国企业家协会参照国际通行做法,以2022年企业营业收入为入围标准,连续第22年发布中国企业500强,连续第19年发布中国制造业企业500强和中国服务业企业500强。同时,在此基础上连续第13年发布中国跨国公司100大,连续第5年发布战略性新兴产业领军企业100强,连续第3年发布中国大企业创新100强。这三个500强榜单,涵盖了我国不同产业、不同地区共计1072家大企业。

2023年,是党和国家历史上极为重要的一年,也是极不平凡的一年。面对复杂多变的国际环境和新冠疫情等超预期因素冲击,党中央、国务院统筹国内国际两个大局,统筹疫情防控和经济社会发展,统筹发展和安全,加大宏观调控力度,中国经济运行总体平稳、发展质量稳步提升。中国大企业,认真贯彻新发展理念,积极应对风险挑战,在保持稳健发展的同时,转向高质量发展的态势更为明显,在世界500强中,中国企业继续保持前列。2023年,是全面贯彻落实党的二十大精神开局之年,是以中国式现代化擘画发展新蓝图的起始之年,中国经济长期向好发展的基本面没有改变,一系列积极因素正在加快积累。但也要看到,经济复苏增长的基础尚不稳固,产业升级处于关键时期,面临的不确定不稳定因素增多。中国大企业需要立足中国式现代化全局谋划自身发展,全力应对来自国内国际的各种困难与挑战,积极投身于现代化产业体系建设,坚持高质量发展方向,着力提高核心竞争力,坚定不移向着建设世界一流企业的目标迈进,在中国式现代化建设中发挥更大作用。

一、2023 中国大企业发展的趋势与特征

2023中国500强企业营业收入整体上保持平稳增长态势,入围门槛稳步提高;资产总额中高速扩张,在税收和就业等方面社会贡献突出;创新驱动作用增强,科技支撑作用进一步提高;产业结构持续优化升级,战略性新兴产业加快发展;国际化经营稳步推进,世界500强中中国大企业数量继续保持前列;为稳经济大盘、维护社会稳定、推动高质量发展做出了突出的贡献。

（一）营业收入平稳增长,社会贡献突出

1. 营业收入稳步增长,入围门槛持续提高

2023中国企业500强共实现营业收入108.36万亿元,较上年500强(下同)增长5.74%;2023中国制造业企业500强营业收入首次突破50万亿元大关,达51.06万亿元,增长8.38%;2023中国服务业企业500强实现营业收入总额48.31万亿元,增

长 0.33%。

2023 中国企业 500 强的入围门槛为 469.98 亿元,较上年提高 23.73 亿元,升幅为 5.31%。2023 中国制造业企业 500 强入围门槛为 165.50 亿元,较上年提高 17.72 亿元,升幅为 11.99%。2023 中国服务业企业 500 强入围门槛为 78.23 亿元,较上年提高 9.14 亿元,升幅为 13.32%。

2. 资产总额较快增长,纳税和就业贡献突出

中国企业 500 强、中国服务业企业 500 强的资产总额保持增长,中国制造业企业 500 强的资产总额增速明显提升。2023 中国企业 500 强的资产总额为 399.77 万亿元,增长 7.31%,资产增速回落 1.12 个百分点。2023 中国制造业企业 500 强的资产总额为 53.02 万亿元,增长 11.27%,增速提高 3.78 个百分点。2023 中国服务业企业 500 强的资产总额为 343.74 万亿元,增长 6.57%,增速回落 1.44 个百分点。

中国企业 500 强、中国制造业企业 500 强纳税和就业企业实现双增长,中国服务业企业 500 强纳税和就业均有所减少。2023 中国企业 500 强纳税总额 47446.64 亿元,较上年增长 9.57%,员工总数为 3281.53 万人,较上年增长 1.18%。2023 中国制造业企业 500 强纳税总额 22359.53 亿元,较上年增长 11.43%,员工总数为 1483.56 万人,增长 9.21%。2023 中国服务业企业 500 强纳税总额 15589.92 亿元,较上年减少 10.29%,员工总数为 1497.50 万人,比上年下降 1.54%。

（二）净利润增速由正转负,利润率有所下滑

1. 净利润增速由正转负,亏损面有所扩大

2023 中国企业 500 强实现利润总额 5.59 万亿元,较上年减少 7.28%;实现净利润(归属母公司股东净利润,下同)4.29 万亿元,较上年减少 3.80%。2023 中国制造业企业 500 强出现自 2020 年以来的首次利润下滑,共实现净利润 1.27 万亿元,较上年减少 13.63%。2023 中国服务业企业 500 强的净利润为 2.89 万亿元,比上年减少 8.33%,首次出现负增长。

2023 中国企业 500 强中,有 43 家企业发生亏损,比上年增加 10 家,亏损面为 8.60%;43 家亏损企业合计发生 1457.71 亿元亏损,较上年的 1591.71 亿元亏损略有减少。2023 中国制造业企业 500 强中有 50 家企业发生亏损,比上年增加 16 家,亏损面为 10.00%。2023 中国服务业企业 500 强中亏损企业为 59 家,较上年增加 24 家,亏损面为 11.80%。

2. 利润率不同程度下降,非银企业盈利能力明显低于商业银行

2023 中国企业 500 强的收入利润率(净利润/营业收入)为 3.96%,较上年下降 0.40 个百分点;净资产利润率(净利润/归属母公司的所有者权益)为 8.14%,较上年下降 0.90 个百分点。2023 中国制造业企业 500 强的收入利润率为 2.48%,较上年下降 0.64 个百分点;净资产利润率为 9.09%,较上年下降 2.11 个百分点。2023 中国服务业企业 500 强的收入利润率为 5.98%,较上年下降 0.57 个百分点;净资产利润率为 7.35%,较上年下降 1.10 个百分点。

非银企业(除商业银行以外的其他企业)盈利水平显著低于商业银行。非银企业收入利润率下滑,显著低于商业银行。2023 中国企业 500 强中,非银企业的收入利润率、净资产利润率分别为 2.56%、7.19%,较上年分别下降 0.43 个百分点、1.23 个百分点。与商业银行相比,非银企业的盈利水平明显偏低;2023 中国企业 500 强中非银企业的收入利润率、净资产利润率分别比商业银行低 7.52 个百分点和 13.39 个百分点,而且差距有进一步扩大的趋势。

（三）千亿级企业占比过半,战新业务实现更快发展

1. 千亿级企业持续扩容,兼并重组有所回落

中国企业 500 强、制造业企业 500 强千亿级企业数量继续增加,服务业企业 500 强千亿级企业数量略有减少。2023 中国企业 500 强中,营业收入超过 1000 亿元的企业有 254 家,较上年增加 10 家,在数量上已经超过 500 强企业的一半。其中,有 16 家企业的营业收入超过了万亿元,较上年增加 4 家。2023 中国制造业企业 500 强中共有 125 家企业为千亿级企业,较上年增加 10 家;2023 中国服务业企业 500 强中千亿级以上的企业为 87 家,比上年减少 1 家。

兼并重组活跃度有所回落。2023 中国企业 500

强中共有 142 家企业实施了并购重组行为,比上年减少了 2 家;共实施了 1017 次并购重组,比上年减少 443 次。所有制方面,国有企业是开展并购重组的关键力量,101 家国有企业完成了 851 次并购重组;行业方面,53 家服务业企业共完成了 434 次并购重组,远多于制造业企业和其他行业企业。地区方面,广东和北京的企业并购重组较为活跃。

2. 战新业务实现更快发展,对企业营收贡献有所增长

2023 中国战略性新兴产业领军企业 100 强共实现战略性新兴业务收入 11.17 万亿元,较上年增长 19.72%,增速降低 2.78 个百分点,但较总体营业收入 13.25% 的增长率高出 6.47 个百分点;战略性新兴资产总额为 15.97 万亿元,较上年增长 18.47%;共实现战略性新兴业务利润 6985.29 亿元,较上年下降 8.93%,增速回落 12.34 个百分点。

2023 中国战略性新兴产业领军企业 100 强共实现营业收入 33.25 万亿元,其中战略性新兴业务收入占全部营业收入的比重为 33.59%,较上年提高了 1.81 个百分点,显示出战略性新兴业务对企业经营总体贡献有所增长。100 家企业共实现营业利润 19985.35 亿元,其中战略性新兴业务利润占营业利润的比重为 34.95%,较上一年下降 4.45 个百分点。尽管如此,战略性新兴产业营业收入利润率(6.27%)仍略高于整体营业收入利润率(6.01%)的水平。总的来看,无论是战略性新兴产业相关企业的发展还是传统企业积极发展战略性新兴业务,对企业经济转型升级和提高经济效益都起到了有力的促进作用。

(四)研发强度再创新高,专利质量持续改善

1. 研发投入占全国半数以上,研发强度再创新高

2023 中国企业 500 强共投入研发费用 15786.88 亿元,较上年增加了 1312.21 亿元,增幅为 9.07%;2023 中国企业 500 强的研发投入,占 2022 年全社会研发投入 30870 亿元的 51.14%,中国企业 500 强是中国全社会研发投入的重要力量。

2023 中国企业 500 强平均研发强度为 1.85%,较上年提高 0.04 个百分点,再次创下历史新高。高端装备制造业在研发上持续保持领先。通信设备制造业在研发强度、人均研发费用的行业排名中居于首位,航空航天在平均研发费用的行业排名上居于首位。2023 中国大企业创新 100 强研发强度为 5.41%,较上年提高了 0.52 个百分点。

2. 专利数量持续增加,参与标准制定持续活跃

截至 2022 年年底,2023 中国企业 500 强共拥有各类有效专利 188.53 万件,较上年增加 21.73 万件;其中有效发明专利 74.34 万件,较上年增加 7.05 万件。中国企业 500 强有效发明专利占全国企业有效发明专利 232.4 万件的 31.99%,是全国企业有效发明专利的重要持有者。中国企业 500 强所持有的全部有效专利中,39.43% 为有效发明专利,有效发明专利占比与上年相比,小幅下降了 0.91 个百分点,但仍处于较高水平。2023 中国大企业创新 100 强拥有有效专利数、有效发明专利数分别为 135.06 万件、57.57 万件,有效发明专利占比高于中国企业 500 强总体水平。

2023 中国企业 500 强累计共参与标准制定 75110 项,连续 5 年保持增长态势。在参与国际标准制定上,企业共申报参与了 4992 项国际标准制定,首先是计算机、通信设备及其他电子设备制造行业参与国际标准制定最多,占全部国际标准制定数的 38.82%;其次是电信及互联网信息服务业,占全部国际标准制定数的 19.05%;最后是公用事业服务业,占全部国际标准制定数的 10.48%。

(五)企业国际化稳步推进,制造业延续升级发展态势

1. 企业国际化取得积极进展,"一带一路"成为投资热点

2023 中国跨国公司 100 大海外资产总额为 117668 亿元、海外营业收入为 91099 亿元,分别比上年增加 9.45% 和 16.94%;海外员工总数为 1191396 人,比上年下降 4.62%。2023 中国跨国公司 100 大的平均跨国指数为 15.90%,较上年提高 0.31 个百分点。其中,海外资产占比、海外营业收入占比、海外员工占比分别为 17.48%、20.79%、9.44%,与上年相比,海外资产占比、海外营业收入占比分别提高了 0.05、2.63 个百分点,海外员工占比下降了 0.61 个百分点。2023 中国跨国公司 100 大中,分别有 9

家、42 家企业入围 2023 世界跨国公司 100 大、2022 发展中国家与地区跨国公司 100 大。

中国对外投资持续增长，"一带一路"沿线成为对外直接投资热点区域。2022 年，中国全行业对外直接投资金额为 1465 亿美元（9853.7 亿元人民币），同比增长 0.9%；其中非金融类对外直接投资 1168.5 亿美元（7859.4 亿元人民币），同比增加 2.8%。共建"一带一路"国家和地区已成为推动中国对外投资增长的重要力量，其中非金融类对外直接投资为 209.7 亿美元，同比增长 3.3%；共建"一带一路"国家投资额占同期全部非金融类对外直接投资的 17.9%，占比提高了 0.2 个百分点。

2. 中西部地区发展持续提速，制造业延续升级发展态势

2023 中国企业 500 强中，来自东部地区的企业为 365 家，减少 1 家，连续 2 年减少；中部地区入围企业为 56 家，增加 1 家，连续 2 年增加；西部地区入围企业为 74 家，增加 1 家，连续 2 年增加；东北地区入围企业为 5 家，减少 1 家，连续 2 年减少。总体上看，中国企业 500 强中，中西部地区入围企业数量稳定增长。2023 中国制造业企业 500 强中，东部地区企业减少 1 家，中部地区减少 3 家，西部地区增加 5 家，东北地区减少 1 家。2023 中国服务业企业 500 强中，东部地区企业增加 5 家，中部地区增加 4 家，西部地区减少 7 家，东北地区减少 2 家。

制造业发展明显提速，成为稳经济大盘关键力量。2023 中国企业 500 强中，制造业企业为 264 家，比上年增加 8 家，连续第三年保持增加。制造业企业营业收入增长明显快于服务业企业。从制造业企业 500 强与服务业企业 500 强的对比看，2023 中国制造业企业 500 强营业收入较上年增长 8.38%，明显高于 2023 中国服务业企业 500 强的 0.33%。

（六）入围世界 500 强数量与上年持平，在多个行业中收入和利润领先

1. 入围世界 500 强数量稳居前列

2023 世界企业 500 强中，中国内地有 133 家企业入围，数量与上年持平，入围企业数量居第二位；包含港台企业在内，中国企业入围数量为 142 家，较上年减少 3 家；美国企业入围 136 家，中国企业连续

5 年位居世界 500 强国别榜榜首。中美两国企业合计入围数量为 278 家，已经超过世界 500 强的一半，遥遥领先于其他经济体。

2023 世界 500 强共有 39 家新上榜和重新上榜公司，其中，中国有 7 家公司，分别为宁德时代新能源科技股份有限公司、广州工业投资控股集团有限公司、广东省广新控股集团有限公司、陕西建工控股集团有限公司、美团、通威集团有限公司、立讯精密工业股份有限公司。

2. 在多个行业中收入和利润领先

2023 世界 500 强的 133 家中国内地企业中，在营业收入方面，17 家位居全球行业首位，9 家位居全球行业第二，12 家位居全球行业第三，进入全球行业前三的中国企业合计为 38 家，较上年减少 4 家，进入全球营业收入行业前五的中国企业达到 57 家，较上年减少 1 家。净利润排名全球行业首位的中国企业为 7 家，排名全球行业第二的中国企业为 7 家，排名全球行业第三的中国企业为 8 家，位居全球行业净利润前三的中国企业共 22 家，位居全球行业净利润前五的中国企业更是达到了 41 家，较上年增加了 5 家。

二、当前中国大企业复苏发展面临的主要问题

2023 年是企业新冠疫情后复苏振兴之年，所面临的是前所未有的国内国际复杂环境，以及遭受疫情连续三年严重冲击后的较为脆弱的复苏基础。从这一复杂困难局面中实现复苏发展，需要付出更为艰苦的努力。

（一）经济持续复苏面临较大压力，国内需求不足仍是突出问题

2022 年下半年以来，受新冠疫情等超预期因素冲击，中国经济增速未达到预期。2023 年上半年，国内生产总值比上年同期增长 5.5%，其中第一季度同比增长 4.5%，第二季度同比增长 6.3%；但第二季度 GDP 季调后环比增速 0.8%，明显低于第一季度的 2.2%。当前，国内需求不足仍然是突出矛盾。从宏观上看，需求不足主要表现为需求恢复明显滞后于供给恢复，造成部分产业供大于求，企业去库存

压力增大。在微观层面,三年疫情冲击下,居民和企业部门资产负债表受损严重,居民消费更趋谨慎,企业投资意愿和风险偏好下降。一些主要指标低于市场预期,也体现出了中国经济回升的内生动力不够强,内需还不够足。

(二)全球市场竞争加剧,企业发展面临更大不确定性

当前,世界百年未有之大变局加速演进,新一轮科技革命和产业变革深入发展,国际力量对比深刻调整,中国发展面临新的战略机遇。同时要看到,新冠疫情影响深远,逆全球化思潮抬头,单边主义、保护主义明显上升,世界经济复苏乏力,局部冲突和动荡频发,全球性问题加剧,世界进入新的动荡变革期。复杂多变的外部环境对中国对外经贸合作影响较大。

一是全球货物贸易量大幅减少,国际市场衰退预期导致外贸需求不足。2023年以来,全球货物贸易增长量低于过去十几年的平均水平,世贸组织预计,2023年全球货物贸易量将增长1.7%,明显低于过去12年2.6%的平均水平。从全球看,主要发达经济体通胀水平仍然较高,高利率、高通胀增加了企业的经营负担,持续加息抑制了投资和消费需求,进口连续数月同比下降,国际制造业增长乏力,全球制造业采购经理指数连续数月低于荣枯线。

二是全球贸易壁垒有所增加,产业链供应链加快重组。以美国为首的一些国家持续采取贸易保护主义措施,包括提高关税、限制进口等,给中国企业的产品出口和对外投资带来了很大阻碍。受地缘政治动荡、大国竞争加剧的影响,全球跨国公司力求确保供应链安全,并提高供应链的韧性,部分西方跨国公司试图降低对中国的依赖,一方面将制造业能力转移回本国或本地区,实现制造业企业"回岸";另一方面,将制造能力转移到所谓的"友好国家",导致中国制造业企业发展面临着更多的不确定性。

(三)地产调整周期延续,上下游产业传导效应明显

房地产链条长、涉及面广,是国民经济支柱产业;房地产市场的平稳发展对于上下游产业的平稳

发展具有重要作用。但是需要看到,中国房地产市场供求关系已发生重大变化,整体来看现阶段中国房地产市场仍处于调整期,对相关产业的发展带来很大影响。

第一,房地产市场下行趋势叠加,对自身收入安全性信心不足等问题,导致居民选择持币观望。中国人民银行2023年4月3日公布的《2023年第一季度城镇储户问卷调查报告》显示,问及未来三个月准备增加支出的项目时,17.5%的居民选择购房。近6年居民购房意愿总体保持下降态势。

第二,中国中长期的新增购房需求仍旧充足。随着城镇化水平的稳步提升、居住条件改善及住房消费升级等因素的影响逐渐扩大,以及未来经济恢复增长所带来的居民住房消费增长,都将带动居民中长期住房消费需求,中国中长期的新增购房需求仍旧充足。

(四)创新传导机制不畅,制约企业盈利增长

创新既是增强竞争优势的关键,是推动核心竞争力提升和核心功能增强的坚实基础,更是增加新创价值的重要来源。企业创新能力越强,产品的竞争优势也就越突出,相应也就能够获得更多的超额利润以提升盈利水平。

近年来,受国家政策激励和自发驱动,中国企业的整体创新意识显著增强,持续加大了创新投入,同时科技创新产出也实现了快速增长,但这些距真正转化成企业盈利增长还有一定距离。有资料显示,中国工业的增加值率不足30%,而美国、德国工业增加值率在40%以上。这可能是由于中国企业整体上都处于集中大规模研发投入的阶段,但更有可能是由于传导机制运行不畅。企业创新投入与盈利增长之间存在"研发投入——创新产出——产品化——价值实现"特殊传导机制,任何一个环节出现问题,都会阻碍创新投入到盈利增长之间正向效果的传导;国内商业生态中显然还存在阻碍这一传导机制正常发挥作用的因素,导致创新投入的盈利增长效果未达到预期。

三、新形势下推动大企业高质量发展的对策建议

2023年是全面贯彻落实党的二十大精神的开局

之年,是扎实推进中国式现代化实践的重要一年。党的二十大报告提出,要以中国式现代化全面推进中华民族伟大复兴,高质量发展是全面建设社会主义现代化国家的首要任务。大企业是推动经济社会持续健康发展、全面建设社会主义现代化国家的重要力量,应当通过自身高质量发展为中国式现代化建设赋能助力,在加快建设世界一流企业的进程中走在前列。

(一)着力提高高层管理者领导力

加快建设世界一流企业是新时代赋予中国企业的重任,站在新时代浪潮上的中国企业高层管理者必须不断提高自身领导力。

一是经营理念要从单一追求规模成长转向有效成长。要从机会导向转向战略导向,树立打造百年老店的思维;真正在技术、人才、管理、品牌等软实力上舍得投入,提高产品附加价值;做企业要有信仰,要回归价值观,回归客户价值,守得住法律的底线;要从凭借个人能力转向靠机制、靠制度、靠组织去经营企业,提升组织整体运营效率,从而为社会提供稳定、可靠的高品质产品与服务。

二是要打造适应互联网和品质发展时代的新领导力。高层领导者要统一思想意志,目标高远,使命驱动;要身体力行,坚守并践行公司核心价值观与目标追求,成为公司价值观的率先垂范者;要自我批判、自我超越,有正确的自我认知,永葆事业激情,要不安于现状,具有持续奋斗精神;要有变革创新的责任担当,自我批判的品格,不回避问题,面对机遇与挑战敢于拍板和决策;要致力于培育和发展适应数智时代的新领导力:包括愿景与数字化领导力,跨界与竞合领导力,跨部门与跨团队融合创新领导力,跨文化与全球领导力等。

三是要具备国际化的思维,从全球视野的角度出发来管理企业。要加强国际化战略研究,密切跟踪国际化发展趋势,定期举办国际化经营意识、理念和知识培训,加强企业国际化运作的经验交流,开阔视野,增强见识。

四是要积极学习借鉴世界一流企业的优秀经验。要确立竞争标杆,从规模实力、资源禀赋、创新机制、商业模式、经济效益、人才保障等方面全面开

展对标,持续开展寻差距、找不足活动,有效弥补企业发展的短板,提高企业在全球行业中的地位。

(二)着力提升创新能力

高质量发展必须实施创新驱动发展战略,不断提高创新力。

一是要深入落实国家创新驱动发展战略,发挥好科技创新主体地位。要将国家战略、产业发展重要需求与企业自身发展定位相结合,把科技自立自强作为企业发展的战略支撑,加强基础研究前瞻布局,突破一批关键共性技术、前沿引领技术、颠覆性技术,实现关键核心技术安全和自主可控。

二是要积极参与推动形成以企业为主体、产学研高效协同深度融合的创新体系。要积极联合高校、科研院所等组建创新联合体,以企业为支点打通产学研、上下游,完成科学研究、实验开发、推广应用"三级跳",打造关键技术自主创新的"核心圈",构筑技术和产业的"朋友圈",形成带动广泛的"辐射圈",推动创新链、产业链、资金链、人才链深度融合。

三是打造协同互助的创新生态圈。要加强与中小微企业创新合作,实现有机对接,强强联手,形成协同创新的合力。

(三)积极参与中国特色现代产业体系建设

中国产业解决"大而不强""全而不优"的问题,重点领域和关键环节的瓶颈、短板,以及产业发展还不平衡、不充分的问题,既需要政府的引导与支持,更离不开广大企业的努力。尤其是大企业,应以贯彻落实国家重大战略为使命担当,积极参与中国特色现代化产业体系建设。

一是聚焦发展实体经济,加快"卡脖子"环节的突破。实体经济是建设现代化产业体系的重要支撑,实体经济领域企业要围绕主业做优做强,全面梳理企业面临的技术"卡脖子"痛点、堵点,围绕"卡脖子"环节加大研发投入力度,开展研发合作,引进高端创新人才,优化创新机制,尽快取得一批重大创新成果,夯实现代化产业体系建设技术基础。

二是更大力度布局发展战略性新兴产业。战略性新兴产业是新兴科技和新兴产业的深度融合。要全面梳理把握战略性新兴产业发展态势,深入了解

国内国际战略性新兴产业发展情况及各国主要优势领域，明确企业发展战略性新兴产业的机会与空间；围绕战略性新兴业务开展产业化整合，积极推进并购重组，在全球寻找优质并购标的，借助并购重组快速做大，提升市场份额，努力开辟新赛道、增强新优势。

三是增强供应链韧性，提升产业链安全。在全球市场深化产业链整合，实现生产能力、供应能力、科研资源的全球化布局，弥补产业链断点、堵点，补强产业链弱项，降低产业链断链风险；加强对产业关键技术和产业链关键节点的掌控，争做全球产业链"链长""链主"，提升全球产业发展影响力、话语权。

四是深化与现代先进信息技术融合。要运用新一代数字技术推进企业数字化改造，开展多场景、多层次数字应用，实现生产方式创新、分工合作模式迭代及全要素生产率提升；加快数字技术与传感、仿生、人工智能、量子通信等新兴技术的有机结合和广泛应用，发展以数据应用为核心的数字化新产业；大力发展以数字化场景应用为依托的智慧产业、智慧城市、智慧生活等新业态，以及以数字技术为支撑的新模式。

（四）着力提升价值创造力

目前中国大企业在收入和资产规模上已经比肩全球同行业先进企业，但相当部分企业的效益效率还不高、盈利能力还较弱，需要持续提升价值创造能力。

一是加强精益化管理。要坚持完整、准确、全面贯彻新发展理念，突出质量第一、效益优先，进一步加强管理体系和管理能力建设，强化信息化、智能化管理，健全投资管理制度，提升经营管理水平，完善内控管理体系，确保有质量、有效率、有效益、有现金流的增长，以卓越的产品性能和品质来赢得市场份额。

二是创新生产模式和产业组织方式，抓住重点领域打造具有全球竞争力的产品服务。以新技术、新业态、新标准改造提升产品服务质量，以高质量供给引领和创造新需求。通过进一步转变发展方式，力争在营业收入利润率、净资产收益率、全员劳动生产率等方面达到全球同行业领先水平。

三是加强品牌建设。要不断加大品牌建设投入，进一步明晰品牌定位，科学构建品牌架构体系，积极运用品牌管理先进理念方法，持续提高品牌管理运营能力，全力做好品牌宣传推广与维护，以品牌影响力增强顾客黏性与忠诚度，持续攫取品牌溢价。

四是提升人力资源质量。要强化人才意识，重视人才作用，加强人才培养与开发，激发与挖掘人才潜能，真正将人才作为推动企业发展和价值创造力提升的第一资源。

五是优化产业与产品结构。要推进企业产业与产品梳理，开展产业与产品价值创造力分析，明确企业业务与产品线价值创造力高低排序，并在此基础上开展产业结构与产品结构调整，坚决退出低价值创造力的非主营必要业务，淘汰低价值创造力的产品线，将有限资源资产调整配置到高价值创造力领域与环节。

（五）着力提升国际化经营能力和国际竞争力

一是增强面向全球的资源配置和整合能力。要积极响应全球发展倡议，以高质量共建"一带一路"为重点，着力提升利用国内国际两个市场、两种资源的能力，以增强经济活力、放大资本功能、实现保值增值为主要目标，既要牢牢把握国内市场的重要战略基点，又要敢于积极参与国际市场竞争、培育新的增长点。

二是努力提升国际化经营综合能力。要着力提高把握国际市场动向和需求特点、把握国际规则、开拓国际市场、防范国际市场风险等能力，充分挖掘巨大的国际市场潜力，加大国际市场开拓力度，加快全球业务网络布局，深化国内国际合作，多渠道提升品牌影响力，积极探索业务新模式。

三是积极参与国际标准和产业规范等制定，推动中国产业标准、产品服务标准国际化，增强参与国际标准化治理能力。通过主动融入全球市场，力争尽早建成面向全球资源配置和生产服务的生态系统，实现资本、资源、技术、人才等各类要素全球化配置，切实提升企业全球竞争力。

四是加强国际化经营风险防控体系建设。要建立健全风险预警体系，建立健全治理层、管理层和执行层三层联动风险控制组织领导体系，系统管控战略风险、市场风险、财务风险、法律与合规风险、运营风险、廉洁风险等主要风险,有效预判和应对各类风险,保障健康可持续发展。

(六)着力加快绿色低碳发展

实现人与自然的和谐,企业必须走绿色低碳发展道路。"双碳"目标的实现,也需要企业在发展中持续减少碳排放。大企业应争做绿色低碳发展的典范。

一是调整企业产业、产品结构,突出绿色低碳要求。要坚决清理退出高能耗高排放的产业与产品,保留并发展壮大低能耗低排放的绿色产业与绿色产品。

二是大力开展绿色低碳技术攻关。要瞄准绿色低碳方向,加大研发投入,开展技术攻关,尽快在关键减碳技术领域取得重大突破,推出绿色低碳创新产品。

三是积极发展循环经济。要利用循环工艺与技术,完善企业内部资源循环利用体系,构筑"资源——产品——废弃物——再生资源"闭环,推进可再生资源的回收再利用,提高可再生资源利用比重。

(七)着力强化合规管理

守法经营是任何企业都必须遵守的一个大原则。各类企业都要把守法诚信作为安身立命之本,依法经营、依法治企、依法维权。

一是提高合规意识。要建立健全合规体系,包括财务、税务、劳务、数据、知识产权、ESG(环境、社会、公司治理)披露等方面,防范海内外合规风险。

二是加强海内外经营合规日常管理。设置相应的合规管理机构,融入公司治理体系,完善合规管理制度,全面掌握关于市场准入、贸易管制、安全审查、行业监管、外汇管理、财务税收、劳工权利、环境保护、数据隐私、知识产权、反腐败、反贿赂、反垄断、反洗钱、反恐怖融资等方面的合规要求,确保经营活动全流程、全方位合规。

三是要利用法律、仲裁等手段坚决抵制针对中国企业的歧视性规则,维护自身合法权益。

2023年度全国国资委系统监管企业经济运行情况综述

国务院国有资产监督管理委员会

2023年,全国国资委系统监管企业①(以下简称国资系统监管企业)坚持以习近平新时代中国特色社会主义思想为指导,坚决贯彻党中央、国务院决策部署,以学习宣传贯彻党的二十大精神为工作主线,统筹发展和安全,迎难而上推动经济运行实现稳中有进,改革发展和党的建设各项工作取得新的显著成绩,规模效益稳步增长,为新征程开好局起好步做出积极贡献。

一、规模实力不断壮大

面对复杂多变的严峻形势,国资系统监管企业坚决落实国家稳经济一揽子政策,咬紧全年目标任务,制定一系列提质增效硬举措,全力拓展增长空间,经营规模延续增长态势。截至2023年年末,国资系统监管企业资产总额332.5万亿元,比上年增加30.2万亿元,增长10%;所有者权益总额110.8万亿元,比上年增加10.2万亿元,增长10.2%。2023年度实现营业总收入80.6万亿元,比上年增加2.2万亿元,增长2.9%。从隶属关系看,中央企业实现营业总收入39.6万亿元,占国资系统监管企业的49.2%,有60家企业营业总收入超过千亿元,其中有4家企业超过2万亿元;地方监管企业实现营业总收入41万亿元,占50.8%,其中实现营业总收入超过

---

① 全国国资委系统监管企业包括国务院国资委监管企业和地方各级国资委监管企业。

万亿元的地区有 15 个。见图 1。

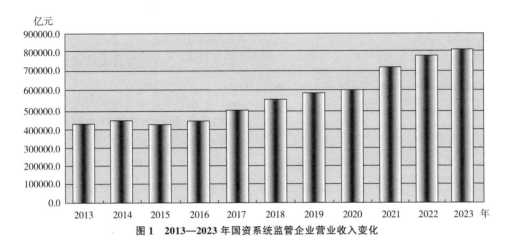

图 1 2013—2023 年国资系统监管企业营业收入变化

二、经济效益稳步增长

2023 年,国资系统监管企业加大有效投资力度,积极推进瘦身健体,狠抓高质量稳增长,运行态势恢复向好,经营效益稳步增长。2023 年实现利润总额 4.5 万亿元,比上年增加 805.1 亿元,增长 1.8%;实现净利润 3.3 万亿元,比上年增加 1015.2 亿元,增长 3.2%;实现归属于母公司所有者的净利润 1.9 万亿元,比上年增加 1082.1 亿元,增长 6.2%。从隶属关系看,中央企业实现利润总额 2.6 万亿元,占国资系统监管企业的 57.6%,利润总额超过 100 亿元的企业有 44 家;地方监管企业实现利润总额 1.9 万亿元,占比 42.4%,其中实现利润总额超过 100 亿元的地区有 22 个。见图 2。

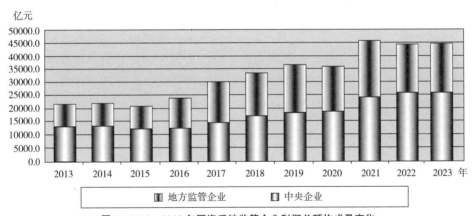

图 2 2013—2023 年国资系统监管企业利润总额构成及变化

三、保值增值任务圆满完成

国资系统监管企业深化改革提升,统筹发展和安全,聚焦实业主业,抢抓进度工期,扎实推进国家重大项目和重大工程,国有资本规模持续壮大,保值增值任务圆满完成。2023 年年末,国资系统监管企业国有资本总量合计 82.6 万亿元,比上年增长 10.8%,其中企业经营积累增加 2.7 万亿元,因国家追加投资、资本溢价、无偿划入等客观因素增加 6.2 万亿元,因无偿划出、自然灾害损失、上交国有资本经营收益等客观因素减少 2.5 万亿元。扣除客观增减因素后,2023 年国资系统监管企业平均国有资本保值增值率为 102.5%。从隶属关系看,中央企业 2023 年年末国有资本总量 17.7 万亿元,比上年增长 6.9%,平均国有资本保值增值率为 106.8%,高于国资系统监管企业平均水平 4.3 个百分点,有 20 家企业保值增值率超过 110%;地方监管企业 2023 年年末国有资本总量 64.7 万亿元,比上年增长 11.9%,平均国有资本保值增值率为 101.3%。

四、职工队伍保持稳定

国资系统监管企业在保障社会就业、提高职工工资水平的同时,进一步提升职工队伍整体素质,提高职工福利保障水平。2023 年年末国资系统监管企业从业人员人数为 3268 万人,比上年增长 1.6%;年末职工人数为 3011.1 万人,比上年增长 2%。从隶属关系看,中央企业年末职工人数 1266.9 万人,比上年增长 2.7%,占国资系统监管企业职工人数的 42.1%;地方监管企业年末职工人数 1744.2 万人,比上年增长 1.6%,占国资系统监管企业职工人数的 57.9%。2023 年国资系统监管企业缴纳基本养老保险 5506.1 亿元,缴纳基本医疗保险(含生育保险)2883.7 亿元,职工基本养老保险、基本医疗保险、失业保险等覆盖面均超过 90%。

五、科技创新能力持续增强

2023 年,国资系统监管企业着力抓好关键核心技术攻关,持续加大创新投入力度,完善创新体制机制,推动资金、人才、政策向重点企业、重点项目倾斜,创新发展步伐不断加快。2023 年度国资系统监管企业研发经费投入 1.7 万亿元,比上年增长 7.9%。在研发经费持续投入的推动下,四代核电技术快堆示范工程建成投运,神舟十六号、十七号成功发射,6G 网络架构创造长距离传输世界纪录,宽幅液晶显示器用 PVA(聚乙烯醇)光学膜填补国内空

白。截至 2023 年年末,国资系统监管企业拥有自主知识产权专利 211.9 万件,比上年增长 16.1%。

六、社会贡献持续增加

国资系统监管企业坚持算大账、算长远账、算政治账,在实现自身发展的同时,积极履行社会责任,在落实国家宏观调控政策、带头助力乡村振兴、保障能源资源安全、积极参与抢险救灾等方面,发挥了主力军和先锋队作用;在促进产业链供应链安全稳定等方面,突出了"稳定器""压舱石"的责任担当。2023 年国资系统监管企业上交税费总额 4.8 万亿元,约占全国财政收入的 1/4。从隶属关系看,中央企业上交税费总额 2.5 万亿元,占国资系统监管企业上交税费总额的 52.1%,其中上交税费超过百亿元的企业有 46 家;地方监管企业上交税费总额 2.3 万亿元,占比为 47.9%。国资系统监管企业在保持生产经营稳步发展的同时,加强安全生产管理,大力推进节能减排,更好地实现安全、绿色、可持续发展,2023 年国资系统监管企业支出的安全生产费用 4417.1 亿元,比上年增长 29.2%,支出环境保护及生态恢复费用 1930.6 亿元。2023 年,中央企业切实发挥能源电力保供主力军作用,中央发电企业以占全国 52% 的装机规模贡献了 63% 的发电量,中央电网企业组织跨区跨省电力支援超 3200 次。中央企业积极助力乡村振兴和援建帮扶,扎实开展清欠工作,农民工工资连续 5 年实现基本无拖欠,高质量参与共建"一带一路",对外合作水平持续提升。

(审稿:刘绍娓

撰稿:曹桐瑞)

2023 年国有大型企业改革与重组情况

国务院国有资产监督管理委员会企业改革局

2023 年,国务院国有资产监督管理委员会始终

坚持以习近平新时代中国特色社会主义思想为指

导,深入学习贯彻党的二十大精神,认真落实党中央、国务院决策部署,牢牢把握做强做优做大国有资本和国有企业这一根本目标,围绕服务国家战略,以市场为导向、以企业为主体,不断优化国有资本布局结构,增强国有经济整体功能和效率,扎实推进国有资本向关系国家安全和国民经济命脉的重要行业和关键领域集中。进一步加快建设世界一流企业,深化公司制股份制改革,完善中国特色现代公司治理,加强企业管理,不断提高核心竞争力、增强核心功能,切实发挥中央企业在建设现代化产业体系、构建新发展格局中的科技创新、产业控制、安全支撑作用。2023 年,中央企业实现营业收入 39.8 万亿元、利润总额 2.6 万亿元、归母净利润 1.1 万亿元,战略性新兴产业营业收入首次突破 10 万亿元;累计完成固定资产投资 5.09 万亿元、同比增长 11.4%,其中,战略性新兴产业完成投资 2.18 万亿元、同比增长 32.1%;研发经费投入 1.1 万亿元,连续两年破万亿元,为加快实现高质量发展打下坚实基础。

一、全力推进中央企业战略性重组和专业化整合

2023 年,国务院国资委深入贯彻落实党的二十大关于"加快国有经济布局优化和结构调整"的重要部署,国务院国资委进一步加大中央企业重组整合工作力度,取得积极成效。

一是服务国家战略落地,保障能力有效提升。在数据信息等领域持续优化资源布局,充分发挥国资央企"国家队"作用,更好服务国家战略需要。

二是提升资源配置效率,发展质量不断提高。整合邮轮运营资源组建平台公司,加强专业运营能力体系建设,首艘国产大型邮轮"爱达·魔都号"安全顺利商业首航。推动中国三峡集团所属中水电公司划转至中交集团、国家电网所属国能生物划转至国家电投、中国华能与 13 家央企的 22 个新能源项目开展运维服务试点,有力促进相关企业聚焦主责主业,实现更高质量发展。

三是着力培育新动能,促进战略性新兴产业更好发展。指导中央企业聚焦横向合并、纵向联合、创新攻坚及内部协同,加快推进战略性新兴产业发展。先后两次举办集中签约仪式,涉及 25 组专业化整合

重点项目,涵盖生态环保、生物技术、新能源汽车等多个战略性新兴产业领域。

四是集聚创新资源力量,研发能力持续增强。完成中国电科重组华录集团,加快集聚中央企业电子信息领域优势资源,提升关键技术产品供给能力,推动补强产业链关键环节,在智能制造、数据存储等领域形成协同优势。

二、加快推动世界一流企业建设

一是高质量部署推进价值创造行动。召开对标世界一流企业价值创造行动启动会、推进会,全面部署、系统推进相关工作。"一企一策"对中央企业实施方案开展评估,选树优秀典型,印发评价通报。研究制定相关文件,将价值创造行动纳入中央企业负责人经营业绩考核。2023 年,101 家中央企业以"对标促达标、达标促创标"为主线制定实施方案,提出7000 条落实举措,实现近 2 万个子企业全覆盖。

二是研究建立分行业世界一流企业评价指标体系。选取部分代表性较强的行业作为首批试点,遴选综合实力强、研究水平高的企业牵头,聚焦竞争力、创新力、控制力、影响力、抗风险能力等关键指标,研究建立 11 个行业世界一流企业评价指标体系,引领企业对标找差、补短锻强、提质增效。

三是不断深化对标世界一流企业管理提升行动。聚焦精益管理、智能管理,通过召开现场推进会、组织视频培训等方式,指导企业持续加强管理提升。组织开展中央企业对标提升行动阶段性总结和考核评估工作,三年来中央企业累计修改完善管理制度 7897 项,层层创建管理标杆 3241 个。

四是进一步夯实工作基础。举办第五届中国企业论坛——世界一流企业建设平行论坛,组织加快建设世界一流企业专题研讨班,开展 9 期国企改革讲堂系列培训。

三、积极稳妥做好改制上市工作

一是协调推进重要子企业上市。2023 年,中央企业新增 13 户控股上市公司,其中航天南湖、天玛智控等 7 户企业成功在科创板上市,为加快科技创

新提供有力支撑。指导中央企业有序开展基础设施REITs(不动产投资信托基金)上市。

二是稳慎推进骨干员工持股。加强指导督促,做好有关企业上市、重大资产重组等涉及员工持股事项的审核把关,强化备案管理,推动企业规范稳慎开展员工持股。

三是扎实开展股权多元化改革。指导协调有关中央企业与战略投资者积极沟通,研究集团层面股权多元化改革方案,引入资金实力强、管理水平高、协同效应好的战略投资者,进一步优化股权结构,完善公司治理,深化内部改革。

四是深入开展"控股不控权"问题专项整治。开展"控股不控权"集中整治,印发工作通知,指导企业深入排查问题、推动整改落实。对部分企业进行督导或专项核查,督促企业认真整改。推动长效机制建设。

五是进一步加强参股管理。研究制定《国有企业参股管理暂行办法》,首次对国有企业参股管理提出系统性规范要求。指导推进中央企业扎实做好存量问题整改,开展参股质量评估,加强常态化监管。

四、着力完善中国特色现代企业制度

一是健全制度体系。出台《关于中央企业深化子企业董事会建设的指导意见》,研究修订《中央企业公司章程指引》。系统总结近年来建设中国特色现代企业制度和落实中央企业董事会职权试点工作,形成关于中国特色现代企业制度建设工作情况报告、关于落实中央企业董事会职权试点有关情况报告。截至2023年年底,99%的中央企业集团公司建立了外部董事考核评价制度。

二是加强日常管理。严格对中央企业章程审核把关,指导企业完善"三重一大"的决策机制,针对董事会建设等专题,深入开展调研和有关重大课题研究。编印《中央企业公司治理制度文件范本汇编(一)》《国有企业完善公司治理范例汇编(一)》。举办国有企业公司治理培训班和董秘协作交流活动。

五、强化企业管理提升集团管控能力

一是持续深化国有资本投资公司改革。组织开展国有资本投资公司培育发展战略性新兴产业调研,研究发挥国有资本投资公司平台作用,促进战略性新兴产业发展的工作思路和措施。发挥5家转正企业的引领带动作用,组织开展系列课题研究,形成一套具有较强推广价值的经验成果,指导和促进试点企业持续深化改革。

二是全面推动中央企业供应链管理。制定印发《关于中央企业在建设世界一流企业中加强供应链管理的指导意见》,联合工业和信息化部等出台《关于支持首台(套)重大技术装备平等参与企业招标投标活动的指导意见》。强化中央企业采购交易在线监管,深入开展采购招投标领域综合治理专项行动。组织完成2023年中央企业采购管理对标评估工作。组织33家中央企业首次开展新能源业务运营管理对标评估。

三是巩固中央企业压减工作成果。召开中央企业压减工作视频推进会,分享经验做法,明确任务要求。研究制定战略性新兴产业和未来产业新设法人考核支持政策。截至2023年年底,中央企业管理层级全部控制在5级以内。

四是切实加强中央企业总部组织机构管理。进一步健全中央企业总部管控模式和组织机构数据采集机制,动态掌握变化情况,指导有关中央企业优化调整总部组织机构,督促进一步健全长效机制。开展中央企业组织结构及管控模式课题研究,分行业提出优化建议,促进企业形成反应灵敏、运行高效的组织结构和管控模式。

六、扎实做好专项改革任务

一是稳步推进东北地区国资国企改革。召开深化东北地区国资国企改革现场推进会,明确任务要求。举办专题培训班,强化交流借鉴。持续深化振兴东北央地百对企业协作行动,组织效果评估,97对协作企业取得阶段性进展。引导一批中央企业支持太平湾合作创新区建设,推动重大产业项目加速落地。

二是巩固深化医疗机构高质量发展。完成中国电建与通用技术集团、中交集团与华润集团等医疗资源整合,截至2023年年底中央企业共有医疗机构705个、总床位数11万张。加强调研指导,赴通用技术集团、华润集团、国药集团、中核集团、中国融通集团等所办医疗机构开展实地调研,深入了解国有企业办医疗机构面临的困难和问题,进一步推动《支持国有企业办医疗机构高质量发展工作方案》政策措施落实落地。

三是稳妥推进在京中央企业老旧小区综合整治。联合国家发展改革委等印发《在京中央企业老旧小区综合整治工作方案》,召开工作启动会,明确目标任务和工作要求。截至 2023 年 12 月,近半老旧小区综合整治项目转送财政部和北京市,履行财政补助资金申报手续和"双纳入"程序。

(审稿:张 博

撰稿:孙博宇)

2023 年中国吸收外商直接投资情况分析

商务部国际贸易经济合作研究院外国投资研究所

2023 年世界经济复苏乏力,地缘政治冲突加剧,保护主义、单边主义上升,跨国企业因此对海外投资采取谨慎态度,对跨国直接投资产生不利影响。联合国贸易和发展会议统计数据显示,全球跨国直接投资流量呈现持续下滑态势。外部环境对中国发展的不利影响持续加大,同时中国国内经历三年新冠疫情冲击,经济复苏存在一些问题和困难。中国积极应对,通过深化改革扩大开放,持续改善外商投资环境,用真招实策稳定外资企业预期和投资信心。

一、2023 年中国外商投资宏观政策导向和重点目标

2023 年中国外资的政策导向是更大力度地吸引和利用外资政策,拓展制度型开放。

(一)2023 年发布的有关外商投资的重要政策文件

1. 政府工作报告中利用外资的目标和任务

坚定扩大对外开放,深化互利共赢的国际经贸合作。实行更加积极主动的开放战略,以高水平开放更有力地促改革、促发展。积极有效利用外资,不断优化外商投资环境。持续放宽外资市场准入,全国和自由贸易试验区负面清单条数不断压减,制造业领域基本全面放开,金融等服务业开放水平不断

提升。已设 21 个自由贸易试验区,海南自由贸易港建设稳步推进。各地创新方式加强外资促进服务,加大招商引资和项目对接力度。

2. 稳步推动制度型开放

扩大市场准入,加大现代服务业领域开放力度。落实好外资企业国民待遇。积极推动加入全面与进步跨太平洋伙伴关系协定(CPTPP)等高标准经贸协议,主动对照相关规则、规制、管理、标准,稳步扩大制度型开放。优化区域开放布局,实施自由贸易试验区提升战略,发挥好海南自由贸易港、各类开发区等开放平台的先行先试作用。做好外资企业服务工作,推动外资标志性项目落地建设。开放的中国大市场,为各国企业在华发展提供更多机会。

3. 进一步鼓励外商投资设立研发中心

为加快实施创新驱动发展战略,扩大国际科技交流合作,加大对外商投资在华设立研发中心开展科技研发创新活动的支持力度,更好发挥其服务构建新发展格局、推动高质量发展的积极作用。一是支持外资企业开展科技创新。优化科技创新服务,鼓励开展基础研究,促进产学研协同创新,支持设立开放式创新平台,完善科技创新金融支持,畅通参与政府项目渠道。二是提高外资企业研发便利度。支持研发数据依法跨境流动,优化知识产权对外转让和技术进出口管理流程,优化科研物资通关和监管流程。三是鼓励引进海外人才。提高海外人才在华工作便利度,鼓励海外人才申报专业人才职称,加强

海外人才奖励资助,推动海外人才跨境资金收付便利化。四是提升知识产权保护水平。加快完善商业秘密保护规则体系,加强知识产权保护中心建设,提高知识产权执法水平。

4.进一步优化外商投资环境

一是保障外商投资企业国民待遇。包括:保障外商投资企业依法参与政府采购活动,支持外商投资企业依法平等参与标准制定工作,确保外商投资企业平等享受支持政策。二是持续加强外商投资保护。包括:健全外商投资权益保护机制,强化知识产权行政保护,加大知识产权行政执法力度,规范涉外经贸政策法规制定。三是提高外商投资运营便利化水平。包括:优化外商投资企业外籍员工停居留政策,探索便利化的数据跨境流动安全管理机制,统筹优化涉外商投资企业执法检查,完善外商投资企业服务保障。四是加大财税支持力度。包括:强化外商投资促进资金保障,鼓励外商投资企业境内再投资,落实外商投资企业相关税收优惠政策,支持外商投资企业投资国家鼓励发展的领域。五是完善外商投资促进方式。包括:健全引资工作机制,便利境外投资促进工作,拓展外商投资促进渠道,优化外商投资促进评价。见表1。

表1 2023年中国发布涉及外商投资的政策文件

发布时间	发布机构和政策文件名称
2023年1月10日	商务部关于印发《成都市服务业扩大开放综合试点总体方案》的通知
2023年1月10日	商务部关于印发《广州市服务业扩大开放综合试点总体方案》的通知
2023年1月10日	商务部关于印发《南京市服务业扩大开放综合试点总体方案》的通知
2023年1月10日	商务部关于印发《沈阳市服务业扩大开放综合试点总体方案》的通知
2023年1月10日	商务部关于印发《武汉市服务业扩大开放综合试点总体方案》的通知
2023年1月10日	商务部关于印发《杭州市服务业扩大开放综合试点总体方案》的通知
2023年1月18日	国务院办公厅转发商务部科技部《关于进一步鼓励外商投资设立研发中心若干措施的通知》
2023年8月13日	国务院《关于进一步优化外商投资环境加大吸引外商投资力度的意见》
2023年11月23日	国务院关于《支持北京深化国家服务业扩大开放综合示范区建设工作方案》的批复

资料来源:根据中国政府网、国家发展改革委网站、商务部网站等整理。

(二)更大力度吸引和利用外资的具体措施

1.加大重点领域引进外资力度

在符合有关法律法规的前提下,加快生物医药领域外商投资项目落地投产,鼓励外商投资企业依法在境内开展境外已上市细胞和基因治疗药品临床试验,优化已上市境外生产药品转移至境内生产的药品上市注册申请的申报程序。支持先进制造、现代服务、数字经济等领域外商投资企业与各类职业院校(含技工院校)、职业培训机构开展职业教育和培训。

2.发挥服务业扩大开放综合试点示范引领带动作用

对接国际高标准经贸规则,加大服务业扩大开放综合试点示范先行先试力度。鼓励开展知识产权、股权及相关实体资产组合式质押融资,支持规范探索知识产权证券化。有序增加股权投资和创业投资份额转让试点地区。稳妥增加国内互联网虚拟专用网业务(外资股比不超过50%)、信息服务业务(仅限应用商店,不含网络出版服务)、互联网接入服务业务(仅限为用户提供互联网接入服务)等增值电信业务开放试点地区。

3.拓宽吸引外资渠道

鼓励符合条件的外国投资者设立投资性公司、地区总部,相关投资性公司投资设立的企业,可按国家有关规定享受外商投资企业待遇。深入实施合格境外有限合伙人(QFLP)境内投资试点,建立健全QFLP外汇管理便利化制度,支持以所募的境外人民币直接开展境内相关投资。

4.支持外商投资企业梯度转移

依托自由贸易试验区、国家级新区、国家级开发区等各类开放平台,鼓励东部地区与中西部和东北部地区、沿边地区探索通过产值、利益等分享机制,结对开展产业转移协作。对在中国境内进行整体性梯度转移的外商投资企业,按照原所在地区已取得的海关信用等级实施监督。

5. 完善外资大项目建设推进机制

健全重大和重点外资项目工作专班机制,加强要素支撑、政策支持和服务保障,推动外资项目早签约、早落地、早开工、早投产。

二、2023 年中国吸收外资的基本情况分析

2023 年,受全球经济复苏缓慢、地缘政治紧张局势加剧等因素影响,中国利用外资有所下滑,但是仍然保持了较强的韧性,呈现结构持续优化提升。

(一)总体状况与特征

1. 实际利用外资有所下滑

2023 年,中国外商投资在整体上保持稳定,实际使用外资有所下滑,实际使用数额为 1632.5 亿美元(折合人民币 11339.1 亿元),同比下降 13.7%。见图 1。

2. 新设外资企业数量高速增长

2023 年,中国新设外商投资企业数量大幅增长,全年新设外商投资企业数量由 2022 年的 38497 家增长至 53766 家,增速高达 39.7%,新设外商投资企业数量创近 5 年新高。

图 1　2011—2023 年中国实际利用外资金额

数据来源:根据商务部历年公布数据制作。

3. 外商投资结构持续优化

从三次产业利用外资结构来看,制造业实际使用外资金额保持相对平稳,2023 年实际使用外资 455.3 亿美元,占比为 27.9%,服务业实际使用外资 1119.2 亿美元,占比为 68.6%。从具体行业领域看,科学研究和技术服务业,租赁和商务服务业,信息传输、软件和信息技术服务业是服务业实际使用外资规模最大的三个行业,占全国实际使用外资规模的比重分别约为 18%、16.2 和 10.1%,合计占全国实际使用外资规模的比重约为 44.3%。

4. 部分发达经济体对华投资增长较快

2023 年英国、法国、美国、加拿大、荷兰等主要发达国家对华投资规模分别较上年增长 113.6%、76.6%、51.7%、25.2% 和 19.2%。前十大投资来源地合计投资金额占实际使用外资总额的比重为 93.8%。

5. 东部地区引资占比持续提升

从东、中、西部地区引资占比看,2023 年东部地区引资占比持续提升,达到 87.1%,中部地区引资占比 6.4%,同比下降 0.9%,西部地区引资占比 6.5%,同比增加 0.7%。中部与西部引资占比基本持平。

6. 开放平台引资稳资作用突出

2023 年 22 个自贸试验区(含海南自由贸易港)实际使用外资 310.2 亿美元,占全国引资规模的比重达到 19%。服务业扩大开放综合试点示范在"1+4"格局的基础上进一步增设 6 个试点,2023 年 11 个服务业综合开放试点示范省市实际使用外资 741.6 亿美元,占全国引资规模的比重为 45.4%。229 家国家级经开区实际使用外资 395 亿美元,占全国引资规模的比重为 24.2%。

（二）持续引资稳资的经验和优势

1. 国内经济延续回升向好态势，进一步增强外商对华投资信心

2023 年，国内生产总值实现平稳增长，达 126.1 万亿元，同比增长 5.2%，位居世界主要经济体前列，占全球经济总量比重约为 17%。固定资产投资额持续攀升，全年全社会固定资产投资达到 51 万亿元，同比增长 2.8%。

内需对经济发展的带动作用明显增强。2023 年社会消费品零售总额达到 47.1 万亿元，比上年提高 25.3 个百分点，内需对经济增长的贡献率达到 111.4%。内需已经成为支撑中国经济增长的核心引擎。超大规模国内市场优势和内需潜力有助于进一步增强外商对华投资信心。

2. 全面推进高水平对外开放，持续放宽外资准入

2023 年 9 月，习近平主席在中国国际服务贸易交易会全球服务贸易峰会上发表视频致辞时强调，将"扩大面向全球的高标准自由贸易区网络，积极开展服务贸易和投资负面清单谈判，扩大电信、旅游、法律、职业考试等服务领域对外开放，在国家服务业扩大开放综合示范区以及有条件的自贸试验区和自由贸易港，率先对接国际高标准经贸规则。放宽服务业市场准入，有序推进跨境服务贸易开放进程，提升服务贸易标准化水平，稳步扩大制度型开放。"2023 年 10 月 18 日，习近平主席在"一带一路"国际合作高峰论坛开幕式的主旨演讲中，宣布全面取消制造业领域外资准入限制措施。

2023 年 12 月，中央经济工作会议明确提出，放宽电信、医疗等服务业市场准入，对标国际高标准经贸规则，认真解决数据跨境流动、平等参与政府采购等问题。

3. 稳步扩大规则、规制、管理、标准等制度型开放

2023 年 6 月，国务院印发《关于在有条件的自由贸易试验区和自由贸易港试点对接国际高标准推进制度型开放若干措施的通知》，聚焦货物贸易、服务贸易、商务人员临时入境、数字贸易、营商环境、风险防控 6 个方面，提出具体试点措施和风险防控举措。

一是推动货物贸易创新发展。包括开展重点行业再制造产品进口试点、对暂时出境修理后复运进入海南自由贸易港的航空器和船舶免征关税、特定货物临时入境暂不缴纳关税及进口环节增值税和消费税、预裁定有效期届满前从速对展期申请做出决定、进口信息技术设备产品符合的相关标准实施供方自我声明等措施。二是推进服务贸易自由便利。包括按照内外一致原则金融管理部门于 120 天内就金融机构申请开展相关金融服务做出决定、允许外资金融机构开展与中资金融机构同类的新金融服务、相关企业和个人可依法跨境购买一定种类的境外金融服务、建立健全境外专业人员能力评价评估工作程序等措施。三是便利商务人员临时入境。包括允许外商投资企业内部调动专家的随行配偶和家属享有与该专家相同的入境和临时停留期限、放宽相关外国企业高级管理人员及随行配偶和家属入境和临时停留期限等措施。四是促进数字贸易健康发展。包括健全完善线上商业活动消费者权益保护制度、有关部门及其工作人员不得把要求转让或获取大众市场软件源代码作为进口销售的条件等措施。五是加大优化营商环境力度。包括政府采购、知识产权、竞争政策、环境保护等领域优化营商环境的具体措施。六是健全完善风险防控制度。包括建立健全重大风险识别及系统性风险防范制度、健全安全评估机制、强化风险防范化解、落实风险防控责任、加强事前事中事后监管等措施。

4. 实施鼓励外资的减税和退税政策

2023 年中国持续加大对外商投资企业的优惠政策，除出台外资税收政策指引外，还针对研发活动、进口设备、研发机构采购设备、暂时进出境修理等活动实施减税和退税政策。

2023 年 3 月财政部等部门发布《关于进一步完善研发费用税前加计扣除政策的公告》，规定自 2023 年 1 月 1 日起，企业开展研发活动中实际发生的研发费用，未形成无形资产计入当期损益的，在按规定据实扣除的基础上，再按照实际发生额的 100% 在税前加计扣除；形成无形资产的，按照无形资产成本的 200% 在税前摊销。

2023 年 8 月，财政部、商务部、税务总局联合发布《关于研发机构采购设备增值税政策的公告》，继续对外资研发中心采购国产设备全额退还增值税，并针对外商投资企业设立了专门的退税条件,鼓励外商投资企业进行科学研究和技术开发。

2023年11月,商务部办公厅印发《关于进一步做好外商投资企业适用国家鼓励发展的外商投资项目进口设备减免税政策落实工作的通知》,对减免税政策所涉及的外商投资信息报告、减免税手续办理、项目信息监督检查等问题进行了详细规定,提出各地应主动帮助企业或其投资者严格按照所投资项目适用的国家鼓励外商投资产业政策条目填报信息,保障企业准确适用减免税政策。

2023年12月,财政部等部门印发《关于在有条件的自由贸易试验区和自由贸易港试点有关进口税收政策措施的公告》,对于在海南自由贸易港等特定区域的暂时出境修理、暂时进境修理、暂时进境货物等活动实施关税、增值税和消费税减免政策。

三、2023年稳外资的困难挑战和未来对策建议

面对错综复杂的世界经济形势,中国不断增强高水平开放的引领作用,努力发展新产业新业态,一系列"稳外资"的实际举措让越来越多外资企业看好中国经济的长期发展前景。

(一)稳外资面临的困难和挑战

1.世界政治经济形势动荡复杂,影响外资跨国公司的投资预期

2023年地缘政治摩擦引发的能源、粮食供应紧缩和价格波动,为世界经济增长带来了较大不确定性。2023年10月,国际货币基金组织(IMF)报告再次确认2023年经济增速为3.0%,但强调这仍是2001年以来(除危机时期)的最低水平之一;经合组织(OECD)11月预测2023年全球经济增速为2.9%,略低于IMF的数值。受跨国投资者对经济不确定性和国际局势紧张担忧影响,全球跨国直接投资流量呈现持续下滑态势。跨国公司的安全考量让位于效益考量,更重视产业链"安全性""自给自足性",不少国家正在试图推动产业链回流,在这一过程中优先考虑在本国投资。

联合国贸易和发展会议统计数据显示,2023年全球跨国直接投资流量为1.33万亿美元,同比下降2%,扣除跨国企业投资中转地因素后,实际下降幅度超过10%。其中,流向发达经济体的FDI为4644亿美元,同比增长9%(去除投资中转地影响后,实际下降15%),占全球FDI流量的比重为34.9%;流向发展中经济体的FDI为8674亿美元,同比下降7%。

此外,近年来美国国内通胀比较高,美联储把利息维持在较高位。美元高息的情况下,很多跨国企业从自身投资和现金流管理的角度出发,更多地把利润汇回到本国,放入美元的总资产类别里,而对海外市场特别是新兴市场和亚洲的投资相对就少一点。

2.美国拜登政府签署"对华投资限制"行政命令,遏制敏感前沿技术对华投资

2023年8月9日,美国总统拜登签署"对华投资限制"行政命令,授权美国财政部禁止或限制美国在半导体和微电子、量子信息技术、人工智能系统等敏感领域对中国实体的投资,同时要求美国企业就其他科技领域的在华投资情况向美国政府通报。在中美两国的角逐中,科技领域被视为核心竞争领域。半导体、量子信息技术和人工智能等领域的竞争已经超越了技术本身,更成为了国家实力和国际地位的象征。拜登政府此举意味着美国试图在这些关键领域保持领先地位,遏制中国的崛起。

在美游说下,欧盟发布《经济安全战略》,日本出台经济安全保障推进法,相继加严对外投资审查,严防关键领域资本、技术、知识产权外流。发达国家和新兴经济体纷纷出台大力度优惠政策,招商引资国际竞争愈加激烈。

(二)2023年"稳外资"工作重点及建议

1.积极推进外资重大项目招引和落地

一是加强产业链招商。推进产业链研究,梳理重点产业外资招引清单、产业链招商图谱等,提升招商精准性。以产业基金为抓手,加强对接、项目推荐、资源导入。二是加强招商机制创新,鼓励各省市探索建立招商引资项目首报首谈和项目流转工作制度;总结和推广市场化招商体制机制创新。三是健全外商投资促进成效评价体系,引导各省市从企业总体效益等方面对外资招引综合成效进行评价。

2. 持续优化营商环境,积极回应外资企业问题诉求

积极回应外资企业诉求,认真解决数据跨境流动、平等参与政府采购等问题,落实好外资企业国民待遇,促进公平竞争,持续建设市场化、法治化、国际化一流营商环境。进一步便利中外人员往来,在单方面免签政策、互免签证安排、加快恢复国际航班等基础上,切实打通堵点,提升外籍人员来华经商、学习、旅游的便利化水平。

3. 积极举办各类展会和招商引资活动,为外商投资企业提供更多投资机遇

疫情阻断了线下考察交流,造成跨国公司对中国实际情况缺乏了解,甚至存在一定程度的误解误读,影响了投资决策。建议持续加强"投资中国"品牌影响,高质量开展"投资中国年"招商引资系列活,举办多样化的地区专场活动,促成大批重大外商投资项目签约。积极链接全球投资资源、举办各类经贸展会,发挥中国国际投资贸易洽谈会、中国国际服务贸易交易会、中国国际进口博览会等重大展会平台投资促进作用,开展项目对接、招商推介等多样化的招商引资活动,广泛吸引全球外商投资企业参会,为外商投资企业对华投资提供桥梁和纽带。

2023 年吸引外资规模虽出现同比下降,但仍是历史高位。展望未来,中国吸引外资仍具备诸多有利条件。一是超大规模市场的吸引力。中国人均GDP 已超过 1.2 万美元,中等收入群体已有 4 亿多人,将为各国企业提供广阔市场空间和合作机遇。很多外资企业表示,中国市场不是可选项,而是必选项。二是完整产业体系的支撑力。中国是全世界唯一拥有联合国产业分类中所列全部 41 个工业大类、207 个工业中类、666 个工业小类的国家,产业配套能力和集成优势是其他国家难以比拟的。三是新发展格局的聚合力。在中国构建新发展格局过程中,外资企业在联通国内国际循环、优化配置资源要素方面发挥着独特的纽带桥梁作用,大有可为。

(撰稿:张 菲)

2023 年中国企业境外投资与境外企业发展综述

商务部国际贸易经济合作研究院对外投资合作研究所

2023 年是全面贯彻落实党的二十大精神的开局之年。国际货币基金组织(IMF)2024 年 1 月发布的《世界经济展望》指出,全球经济增长仍将放缓,各地区之间的复苏步伐不一。通胀压力持续存在,地缘政治紧张局势升级,金融市场的脆弱性增加,世界经济仍面临诸多挑战和不确定性。根据联合国贸发会议(UNCTAD)最新发布的《2024 年世界投资报告》,2023 年,受地缘局势紧张、全球贸易投资增长乏力、国际金融市场动荡等因素影响,全球跨境直接投资总体疲软,不同国家、行业投资趋势分化显著,对外投资合作呈现出区域化、近岸化趋势。2023 年全球外国直接投资下降 2%,跨境并购规模创过去 10 年最低纪录。

与此同时,中国对外投资合作稳中有降,共建"一带一路"展现出强大的韧性和活力。中国商务部最新发布的《2023 年度中国对外直接投资统计公报》显示,2023 年中国对外直接投资流量 1772.9 亿美元,逆势增长 8.7%。2023 年,中国对外承包工程新签合同额 2645.1 亿美元,同比增长 4.5%;当年完成营业额 1609.1 亿美元,增长 3.8%。2023 年中国派出各类劳务人员 34.7 万人,较上年增加 8.8 万人,年末在外各类劳务人员 54.1 万人,同比下降 0.3%。

一、2023 年中国对外投资合作基本情况

(一)对外直接投资

2023 年中国对外直接投资逆势增长,展现出中国对外经济合作的强劲韧性。

1. 流量逆势增长,占全球比重稳步提升

2023 年,中国对外直接投资流量 1772.9 亿美元,增长 8.7%,为历史第三高值,占全球当年流量的比重较 2022 年上升 0.5 个百分点。其中,非金融类投资 1590.7 亿美元,占比 89.7%。新增股权投资 726.2 亿美元,创 2016 年以来新高,占当期流量的比重较上年增长了 3.5 个百分点。2023 年境外企业经营状况良好,近七成企业盈利或持平,当年收益再投资为历史第三高值(784.6 亿美元),占当前流量总额的 44.2%。见图 1。

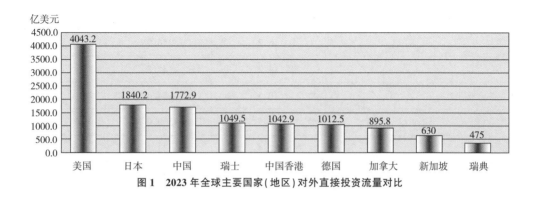

图 1　2023 年全球主要国家(地区)对外直接投资流量对比

从投资存量来看,截至 2023 年年底,中国对外直接投资存量 29554 亿美元,连续第六年位列全球第三,仅次于美国(9.4 万亿美元)和荷兰(3.4 万亿美元),占全球外国直接投资流出存量总额(44.38 万亿美元)的 6.7%,较上年比重下降 0.2 个百分点。

2. 并购交易数量减少但规模逆势增长

2023 年,受多重因素影响,全球跨国并购交易下降 15%,交易规模降至 10 年来最低点。中国企业当年实施的并购项目 383 起,较上年减少 100 起;并购规模虽仍为 2010 年以来第二低位,但较上年增长 2.5%,达 205.7 亿美元。其中,境外融资 37.9 亿美元,占并购总额的 18.4%,较上年下降 5.9 个百分点。从并购行业来看,2023 年中国企业对外投资并购以制造业、租赁和商务服务业,以及信息传输、软件和信息技术服务业三大领域为主,三大行业并购金额约占当年并购总额的 65.4%。并购项目分布在全球 53 个国家和地区,金额排名前五的依次是新加坡、开曼群岛、中国香港、印度尼西亚和波兰,对共建"一带一路"国家的并购金额 121.3 亿美元,占并购总额的 59%,较上年增长 31.5%。

3. 租赁和商务服务业保持首位,住宿和餐饮业及农、林、牧、渔业等增长较快

从投资行业结构来看,2023 年,流向租赁和商务服务业的投资 541.7 亿美元,同比增长 24.6%,仍为中国对外直接投资第一大行业领域,占当年流量总额的 30.6%。此外,对住宿和餐饮业及农、林、牧、渔业,以及建筑业、批发和零售业投资流量增幅较大,分别较上年增长 9500%、256.9%、97.2% 和 83.4%,而同期对教育、卫生和社会工作及交通运输、仓储和邮政业投资流量有所下降。见表 1。

表 1　2023 年中国对外直接投资流量行业分布情况

行业	流量/亿美元	同比/%	比重/%
租赁和商务服务业	541.7	24.6	30.6
批发和零售业	388.2	83.4	21.9
制造业	273.4	0.7	15.4
金融业	182.2	-17.6	10.3
采矿业	98.8	-34.6	5.6
交通运输、仓储和邮政业	84.4	-43.9	4.8

续表

行业	流量/亿美元	同比/%	比重/%
科学研究和技术服务业	50.5	4.8	2.8
电力、热力、燃气及水的生产和供应业	46.5	−14.7	2.6
建筑业	28.6	97.2	1.6
信息传输、软件和信息技术服务业	22.8	34.9	1.3
农、林、牧、渔业	18.2	256.9	1.0
房地产业	14.2	−35.8	0.8
居民服务、修理和其他服务业	10.5	54.4	0.6
住宿和餐饮业	9.5	9500.0	0.5
水利、环境和公共设施管理业	2.4	33.3	0.1
卫生和社会工作	1.6	−44.8	0.1
教育	0.8	−66.7	—
文化、体育和娱乐业	−1.4	—	—
合计	1772.9	8.7	100.0

数据来源:《2023年度中国对外直接投资统计公报》。

4. 对亚洲和非洲投资快速增长,对共建"一带一路"国家投资占比提升

从流量洲别分布来看,2023年,中国对外直接投资的近八成流向亚洲,投资额1416亿美元,比上年增长13.9%,其中对东盟投资251.2亿美元,增长34.7%。对非洲投资39.6亿美元,是上年的2.2倍。2023年,对共建"一带一路"国家直接投资407.1亿美元,增长31.5%,占当年对外直接投资流量的23%,占比较上年提升4个百分点。见图2。

图2 2023年中国对外直接流量洲别分布

5. 央企投资流量增长超两成,近六成非金融投资来自地方企业

2023年,中央企业和单位对外非金融类直接投资流量662.3亿美元,同比增长20.5%。地方企业对外投资928.4亿美元,同比增长7.9%,其中东部地区当年直接投资流量增长较快,同比增长14.3%,达760.5亿美元。浙江、广东和上海仍列当年对外直接投资流量省市排名前三位,但上海跌出百亿美元行列。深圳市对外直接投资流量66.5亿美元,同比增长13.9%,仍列计划单列市之首。

(二)对外承包工程

当前国际环境错综复杂,中国对外承包工程企业普遍能够保持战略定力,在危机中育新机,保持2023年对外承包工程业务的平稳发展。

1. 业务规模复苏增长,上10亿美元大项目数量增多

2023年,中国对外承包工程企业完成营业额1609.1亿美元,同比增长3.8%;新签合同额2645.1亿美元,同比增长4.5%。2023年中国承包工程企业新签合同额上10亿美元大项目共13个,较上年增加1个。

2. 市场分布进一步向亚非集中,拉美市场完成营业额持续增长

2023年,中国对外承包工程市场业务分布进一

步向亚洲和非洲集中,二者新签合同额占当年新签合同额总量超80%,较上年提升2.7个百分点。从增幅来看,北美洲、欧洲和非洲新签合同额增长较快,分别较上年增长15.3%、14.3%和12.1%,拉丁美洲新签合同额降幅较大,同比下降26.4%,但完成营业额持续保持高速增长,同比增长20.9%。见图3。

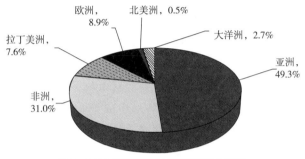

图3 2023年度新签合同额洲别分布情况

3.电力工程建设行业保持增长,废水(物)处理项目持续萎缩

2023年,中国对外承包工程新签合同额行业结构基本保持稳定,交通运输项目、一般建筑项目和电力工程建设依旧保持前三,其中电力工程建设持续保持高速增长,2023年新签合同额较上年同期增长36.8%。此外当年保持增长的行业领域还有石油化工项目、通信工程建设、水利建设项目和制造加工设施建设项目等。危险品处理项目2023年新增新签项目。废水(物)处理项目新签合同额继2022年大幅下降后2023年进一步减少,仅有12.1亿美元,同比下降50.2%,再次成为当年降幅最大的领域,但该领域完成营业额是当年增幅最大的。

4.国际化发展水平有所提升,传统优势市场保持领先

根据2024对外承包工程行业发展大会发布的《2023年度中国对外承包工程企业100强(Top100)》榜单,中国排名前五的承包工程企业依次是中国交通建设集团有限公司、中国建筑股份有限公司、中国电力建设集团有限公司、中国铁建股份有限公司和中国能源建设股份有限公司。2024年美国《工程新闻纪录》(ENR)"全球最大250家国际承包商"榜单

有81家中国企业入围,数量与上年持平,蝉联各国榜首。中国上榜企业2024年国际营业额合计1229.7亿美元,同比提高4.3%,占全部上榜企业国际营业总额的24.6%;平均国际营业额为15.2亿美元,同比提高4.1%,平均国际业务占比(国际营业额/全球营业额)8.5%,较上年提升0.5个百分点,表明中国企业在国际化发展的道路上持续发力。特别是在非洲、亚洲和中东等传统优势市场,中国企业业务持续保持领先地位,份额分别达到56.8%、55.8%和25.3%。

(三)对外劳务合作

2023年,全球政治经济格局错综复杂,地缘政治紧张与局部冲突频发,国内外市场环境不确定性因素增多,中国对外劳务合作业务推进面临重重困难与挑战。广大对外劳务合作企业迎难而上,紧抓后疫情时代市场重启契机,实现了业务规模恢复增长。

1.外派规模反弹回升,劳务人员实际收入保持增长

据商务部统计,2023年中国企业共向境外派出各类劳务人员34.7万人,较上年增加8.8万人,同比增长34%。其中承包工程项下派出11.1万人,劳务合作项下派出23.6万人。2023年年末,中国在外各类劳务人员54.1万人,累计外派劳务人员超千万人,劳务人员实际收入总额保持增长,人均年收入超10万元人民币。

2.地区分布依旧集中,共建"一带一路"国家占比过半

2023年,中国派出各类劳务人员仍集中在亚洲(26.7万人)和非洲(3.9万人),两地区合计占比近九成,期末在亚洲和非洲的各类劳务人员分别为39.7万人和8.7万人,占期末在外人员总量的73.4%和16.1%。同期,向共建"一带一路"国家派出各类劳务人员18.3万人,占当年派出劳务人员总量的52.8%,主要派往新加坡、印度尼西亚、乌兹别克斯坦、俄罗斯、沙特阿拉伯等国家。见图4。

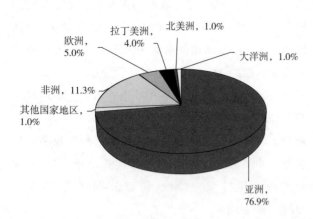

图4　2023年年末中国对外劳务合作累计派出各类人员区域分布

3.传统行业仍居主导，从业领域日趋多元

多年来，中国对外承包工程和劳务合作主要集中在建筑业、交通运输业和制造业三大领域。2023年，中国在上述三大行业派出劳务人员合计24.7万人，较上年增加5.4万人，占当年派出劳务人员总量的71.1%。2023年年末三大行业在外劳务人员合计35.4万人，同比下降4.3%，占比近七成。其中，仅交通运输业较上年人数有所增加，建筑业和制造业均有所减少。从期末在外劳务人员行业构成比例变动情况来看，除建筑业、制造业和农、林、牧、渔业有一定程度减少，其余行业占比较上年均有所增长，体现出多元化分布的态势。

4.地方企业是对外劳务合作主力军，东部省市派出规模居前列

2023年中国各地方省市企业当年派出各类劳务人员33.2万人，较上年增加8.4万人，占当年派出各类劳务人员总量的95.6%。其中，东部省市福建、广东、山东、江苏、北京和上海当年派出规模均在两万人以上。

二、中国企业参与对外投资合作面临的外部挑战

（一）多国增设外资准入壁垒

当前，全球贸易投资领域保护主义情绪急剧升温，各国政府纷纷采取更为保守和限制性的政策，以应对全球经济不确定性增加和本土产业保护的需求，加剧了国际投资环境的复杂性和不确定性。以欧盟为例，2022年11月，欧盟理事会通过了《外国补

贴条例》，该条例对涉及外国补贴的并购、合资交易及公共采购中的补贴投标方提出了事先申报要求，并对可能产生扭曲性影响的外国补贴享有事后审查权。欧盟委员会在2024年1月发布了"欧洲经济安全一揽子计划"的立法草案，该草案明确要求各成员国建立比现行欧盟外商投资审查条例更为广泛的外资审查制度，将绿地投资、外国公司在欧盟设立的子公司在欧盟内的投资活动等均纳入审查范围。此外，草案还强调了对外资实际控制人及其所属集团的全面信息披露要求。尤为值得注意的是，非欧盟投资人在欧盟任一成员国的投资都可能面临来自所有欧盟成员国及欧盟委员会的双重或多重"审查"。若该草案正式通过，无疑将对中国企业在欧盟的绿地投资、并购交易等经济活动产生深远且重大的影响。

（二）热门赛道大国竞争加剧

当前，全球经济的复苏主要由绿色经济与数字经济两大引擎驱动，二者已成为国际竞争的新高地，各国纷纷加码布局，竞争态势愈演愈烈。2023年，美国《通胀削减法案》正式生效，计划在未来几年内向气候与清洁能源领域倾注高达3700亿美元巨资，配套一系列专项补贴与税收优惠措施，旨在扶持本土及在美运营企业，加剧了全球绿色经济赛道的竞争。欧盟紧随其后推出了"绿色协议产业计划"，旨在通过构建高效绿色管理体系、强化绿色技术创新能力，并辅以更大力度的补贴政策，以抵御产业外迁风险。法国与德国亦纷纷酝酿绿色产业法案，力图吸引更多绿色能源投资落户本土。全球主要经济体的一系列动作预示着绿色经济领域的国际竞争已进入白热化阶段，为中国"出海"企业设立了新的竞争门槛。与此同时，数字经济领域的竞争亦十分激烈。美国《国家先进制造业战略》明确了智能制造与供应链数字化的双重战略方向，推动制造业向更高层次的数字化、智能化迈进。欧盟《2030年数字十年政策方案》的实施，以及欧洲首台百亿亿次超级计算机的部署，彰显了其在数字经济领域的雄心壮志，进一步拓宽了人工智能与大数据分析的应用边界。数字领域日新月异的变化要求企业紧跟数字经济发展趋势，加速技术创新与战略布局，以应对日益激烈的国际

竞争。

三、中国企业参与对外投资合作的机遇与前景

（一）全球企业所得税改革重构跨境投资版图

2024 年，经济合作与发展组织（OECD）倡导的全球企业最低所得税改革将全面实施。该方案为年营收超过 7.5 亿欧元的跨国企业设立了不得低于 15% 的所得税率门槛。此次改革标志着全球税收体系与跨国资本流动格局的深刻变革。据联合国贸易和发展会议（UNCTAD）的评估，该税改预计将使跨国公司在外国直接投资（FDI）中的实际有效税率（ETR）平均提升 2.4 个百分点，而发展中国家所经历的税率增长可能更为显著。这一方面将精准打击"避税天堂"，有效遏制企业通过复杂架构规避税负的行为；另一方面将对依赖大量"特殊目的实体"（SPEs）作为避税策略的国家和地区构成冲击。"特殊目的实体（Special Purpose Entities）"的国家。长期以来，遍布全球 140 多个国家（地区）的逾 7000 个特殊经济区，凭借其税收优惠政策吸引了大量外资，但随着税改的到来，这些区域的传统吸引力将面临严峻考验，其激励机制的转型迫在眉睫。税改将推动国际投资逐步从低税率地区向外转移。在此背景下，拥有良好投资环境、完善的基础设施及政策相对成熟的国家和地区，即便以往税率较高，也将成为跨国投资的新宠。对于中国企业而言，未来在选择对外投资目的地时，避税因素的重要性将显著下降，将更多聚焦于投资目的地的政策友好度、营商便利度及基础设施质量等核心要素，以实现更加稳健和可持续的海外发展。

（二）高水平对外开放为中国企业"走出去"创造良好环境

面对近年来经济全球化遭遇的挑战与全球产业链供应链的深刻调整，中国坚定不移地推进高水平对外开放战略，持续优化国际经贸合作架构，为中国企业"走出去"铺设了更为宽广与有利的道路。在多边合作领域，2024 年 2 月，123 个世贸组织成员在阿联酋阿布扎比召开投资便利化专题部长会议，宣布正式达成《促进发展的投资便利化协定》。作为全球首个多边投资协定，这不仅标志着中国在 WTO 框架下引领并成功完成了一项重要谈判，更预示着全球投资监管环境将迈向更加稳定与可预测的新阶段，极大地鼓舞了全球投资者的信心，为投资增长注入了强劲动力。在区域合作层面，2023 年 6 月《区域全面经济伙伴关系协定》（RCEP）全面生效，该协定在服务贸易与投资领域的开放程度远超以往"10+1"自贸协定框架，签署国间投资准入门槛的降低与投资合作机制的强化，极大地促进了区域内贸易投资自由化与便利化水平的提升。2023 年 5 月，中国—中亚元首会晤机制的建立及首届峰会的成功举办，标志着双方在能源合作、跨国运输走廊建设等领域达成重要共识，为区域互联互通与共同发展奠定了坚实基础。在双边合作层面，截至目前，中国已与 29 个国家和地区签署了 22 项自由贸易协定，并有多个自贸协定处于积极研究、谈判或升级进程中。这一系列举措不仅深化了中国与伙伴国的经贸联系，更显著提升了中国企业对外投资的自由度与便利性，为企业在海外市场的拓展提供了坚实的制度保障与更加友好的外部环境。

（三）金融强国建设为"走出去"注入新动能

实现加快建设金融强国的目标，推动金融高质量发展，习近平总书记强调"要通过扩大对外开放，提高我国金融资源配置效率和能力，增强国际竞争力和规则影响力"。近年来，我国金融监管部门先后推出了多项举措助力企业"走出去"，如深化资本市场制度改革、提升直接融资占比、扩大长期资金来源、畅通创投退出渠道等。同时，我国还积极推动金融对外开放，提升人民币跨境金融服务的能力和深度与广度，为企业"走出去"提供更加便利的金融服务。2023 年年末，外资银行在华已设立 41 家法人银行、116 家外国及港澳台银行分行和 132 家代表处，营业性机构总数量达到 888 家，总资产达 3.86 万亿元。2023 年，中国跨境人民币结算量突破 52.3 万亿元，同比增长 24.1%。在金融强国战略的引领下，金融改革创新持续深入推进，将为中国企业开展对外投资合作注入新动能。

（四）绿色经济、蓝色经济投资潜力巨大

在全球追求可持续发展的浪潮下，绿色经济、蓝

色经济(如可再生能源、土地和水管理、可持续海事部门、减缓和适应气候变化)及循环经济等领域正展现出前所未有的国际投资潜力。联合国贸发会议(UNCTAD)已率先推出了《可持续发展投资政策框架》(Investment Policy Framework for Sustainable Development),旨在引导全球投资流向上述关键领域。随着对社会责任与长远发展的日益重视,跨国公司正积极调整其投资策略、生产流程、产品与服务,以更好地与联合国可持续发展目标相契合。全球范围内,统一环境、社会与公司治理(ESG)标准的呼声日益高涨,这不仅增强了企业的透明度与责任感,更对跨国公司及其遍布全球的供应链网络施加了新的压力,促使企业在投资决策中深度融合可持续发展理念。当前,可持续发展目标已成为国际投资政策制定的核心导向,投资促进与便利化策略亦纷纷转向支持这些目标的实现。绿色经济、蓝色经济与循环经济在政治议程中的地位日益凸显,未来将获得更多的政策扶持与资源倾斜。

参考文献:

[1]中华人民共和国商务部,国家统计局,国家外汇管理局.2023年度中国对外直接投资统计公报[M].北京:中国商务出版社,2024.

[2]李佩珈.持续拓展金融开放的广度和深度(开放谈)[N].人民日报海外版,2024-08-06(007).

[3]中国对外承包工程商会.中国对外劳务合作发展报告2023—2024[Z].2024.

[4]商务部国际贸易经济合作研究院.2013—2023中国"一带一路"贸易投资发展报告[Z].2023.

(撰稿:张　爽)

行业发展概述

2023 年电力行业发展综述

中国电力企业联合会

2023 年是全面建设社会主义现代化国家开局起步的重要一年,电力行业坚持以习近平新时代中国特色社会主义思想为指导,深入贯彻落实习近平总书记重要指示批示和党的二十大精神,按照党中央、国务院部署,坚持稳中求进工作总基调,统筹发展和安全,深入贯彻"四个革命、一个合作"能源安全新战略,积极稳妥推进"碳达峰、碳中和",加快构建新型电力系统,助力加快建设新型能源体系,在新的历史起点上推动电力源网荷储全链条发展迈上新台阶。电力行业深入学习贯彻习近平新时代中国特色社会主义思想主题教育,大力弘扬"忠诚担当、求实创新、追求卓越、奉献光明"的电力精神,实现电力清洁低碳、安全高效发展水平和各类用户电力获得感双提升;全力保障能源电力安全,着力增强电力供应链弹性和韧性,供需协同发力,有效缓解了年初和岁末部分地区部分时段供电紧张局面,坚决守牢民生用电安全底线,电力生产供应和系统运行保持稳定;加快推动电力绿色低碳转型,着力构建风、光、水、核、火多轮驱动的清洁电力供应体系,新能源保持快速发展势头,电力碳排放强度稳步下降;纵深推进电力市场化改革和科技创新,加快建设统一电力市场,持续完善市场交易机制,推动建立煤电容量电价机制,加大力度开展高效新能源发电、先进核电、灵活煤电、多元新型储能、特高压输电等关键技术攻关,加快推进电力产业数字化进程,电力高质量发展的活力和动力进一步增强;扎实推进共建绿色"一带一路",构建亚太电力命运共同体取得新成效,高水平电力国际合作全方位拓展。电力行业践行责任担当,为推动经济高质量发展和满足人民美好生活需要提供了坚强电力保障,谱写了电力高质量发展新篇章。

一、电力消费

全社会用电量同比增长 6.7%,全年增速逐季上升。国民经济改善向好拉动电力消费同比提升,2023 年全国全社会用电量 92238① 亿千瓦时,同比增长 6.7%,增速同比提高 3.1 个百分点;全国人均用电量 6538 千瓦时/人,同比增加 422 千瓦时/人。受经济回升及上年同期基数的影响,各季度全社会用电量同比分别增长 3.6%、6.4%、6.6%、10.0%,增速逐季度提高。见图 1。

第二产业和第三产业是新增用电量的主体,新兴产业用电增势强劲。2023 年,第一产业用电量 1277 亿千瓦时,同比增长 11.4%,占全社会用电量的 1.4%。第二产业用电量 60750 亿千瓦时,同比增长 6.5%,占全社会用电量的 65.9%,对用电量增长的贡献率达到 64.2%。其中,高技术及装备制造业用电量同比增长 11.2%,超过制造业整体增长水平 3.8 个百分点,表现亮眼。第三产业用电量 16696 亿千瓦时,同比增长 12.2%,占全社会用电量的 18.1%,对用电量增长的贡献率达到 31.5%。城乡居民生活用电量 13514 亿千瓦时,同比增长 0.8%,占全社会用电量的 14.7%。

---

① 除发电量数据外,其他电力数据来自中电联 2023 年度统计数据(简称年报数据),数据因四舍五入的原因存在总计与分项合计不等的情况,下同。

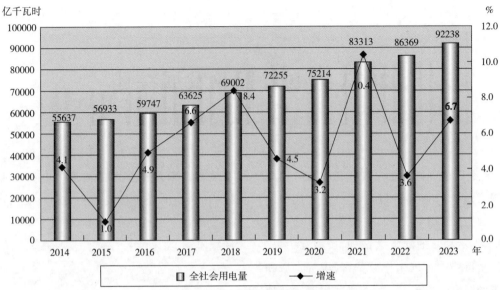

图1　2014—2023 年全国全社会用电量及其增速

二、电力生产供应

煤电装机占比首次降至 40.0% 以下,新能源发电装机突破 10 亿千瓦。截至 2023 年年底,全国全口径发电装机容量 292224 万千瓦,同比增长 14.0%,增速同比提升 6.0 个百分点。其中,水电 42237 万千瓦,同比增长 2.0%;火电 139099 万千瓦,同比增长 4.2%;核电 5691 万千瓦,同比增长 2.4%;并网风电 44144 万千瓦,同比增长 20.7%;并网太阳能发电 61048 万千瓦,同比增长 55.5%;并网风电和光伏发电合计装机达到 10.5 亿千瓦,占总装机容量比重 36%。见图2。

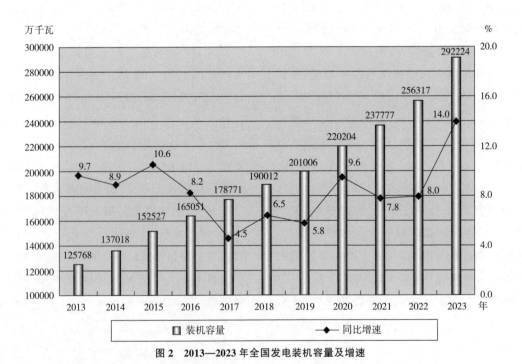

图2　2013—2023 年全国发电装机容量及增速

新能源发电量增量占总发电量增量的 46.1%。

2023 年,全国发电量 94564① 亿千瓦时,同比增长

---

①　发电量数据来源于《中华人民共和国 2023 年国民经济和社会发展统计公报》。

6.9%。其中,水电 12859 亿千瓦时,同比下降 4.9%,占总发电量的 13.6%;火电 62657 亿千瓦时,同比增长 6.4%,占总发电量的 66.3%;核电 4347 亿千瓦时,同比增长 4.1%,占总发电量的 4.6%;风电 8859 亿千瓦时,同比增长 16.2%,占总发电量的

9.4%;太阳能发电 5842 亿千瓦时,同比增长 36.7%,占总发电量的 6.2%。风电和太阳能发电量快速增长,合计发电量同比增加 2801 亿千瓦时,占全年总发电量增量的 46.1%。见图 3。

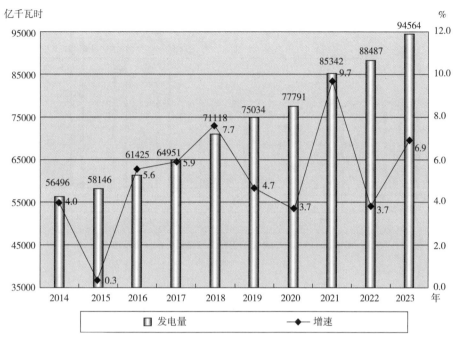

图 3 2014—2023 年全国发电量及增速

电网输配电能力不断增强,跨区、跨省配置电能稳步增长。初步统计,截至 2023 年年底,全国电网 220 千伏及以上输电线路长度和公用变电设备容量同比分别增长 4.6%、5.7%;全国跨区输电能力达到 18815 万千瓦,同比持平。2023 年,全国完成跨区输送电量 8497 亿千瓦时,同比增长 9.7%。

重视并出台一系列电力保供措施,电力行业以高度的政治责任感,不断夯实电力保供基础,通过提升机组顶峰发电能力、加强省间余缺互济、实施负荷侧管理等措施,全力做好迎峰度夏、迎峰度冬期间电力保供,守牢民生用电安全底线,电力系统全年保持稳定运行。

三、电力供需

全国电力供需总体平衡,局部地区局部时段供需偏紧。2023 年,电力负荷屡创新高,最高达到 13.45 亿千瓦,比 2022 年增长 4.3%。2023 年年初少数省份在部分时段供需形势较为紧张;迎峰度夏期间全国电力供需形势总体平衡,各省份均未采取有序用电措施;2023 年年末,近 10 个省份电力供需形势偏紧,部分省级电网通过需求侧管理等措施,确保电力供需平衡。

供需两端协同发力保用电。2023 年,国家高度

四、电力投资与建设

电源投资快速增长,非化石能源发电占据投资主体。2023 年,主要电力企业合计完成投资 15502 亿元,同比增长 24.7%。全国电源工程建设完成投资 10225 亿元,同比增长 37.7%,占电力投资比重 66.0%。其中,水电投资 1029 亿元,同比增长 18.0%;火电投资 1124 亿元,同比增长 25.6%;核电 1003 亿元,同比增长 27.7%;风电投资 2753 亿元,同比增长 36.9%;太阳能发电完成 4316 亿元,同比增长 50.7%。非化石能源发电投资同比增长 39.2%,

占电源投资比重 89.2%。见图 4。

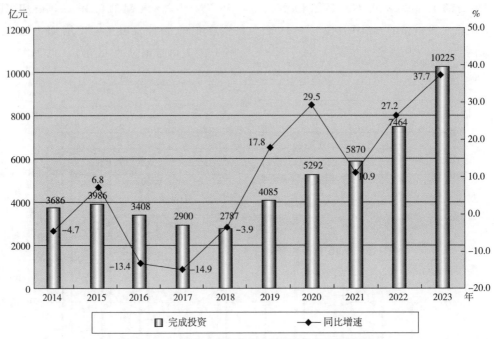

图 4 2014—2023 年全国电源工程建设完成投资及增速

新增并网太阳能装机突破 2 亿千瓦，新能源新增装机成为新增装机绝对主体。2023 年，全国新增发电装机容量 37067 万千瓦，同比增长 86.7%，增速较上年提升 75.5 个百分点。其中，新增并网风电 7622 千瓦，同比增长 97.4%；新增并网太阳能发电 21753 万千瓦，占同期全国总新增装机的比重为 58.7%，同比增长 146.6%。风电、光伏发电的新增装机占新增装机总容量的比重达到 79.2%，成为新增装机的绝对主体。

电网投资持续提升，重点输电通道建设稳步推进。2023 年，全国电网投资 5277 亿元，同比增长 5.4%。电网企业进一步加强农网巩固与提升配网建设，110 千伏及以下等级电网投资 2902 亿元，占全国电网投资总额的 55.0%。白鹤滩—浙江±800 千伏特高压直流输电工程实现全容量投产，驻马店—武汉 1000 千伏特高压交流工程正式投运。见图 5。

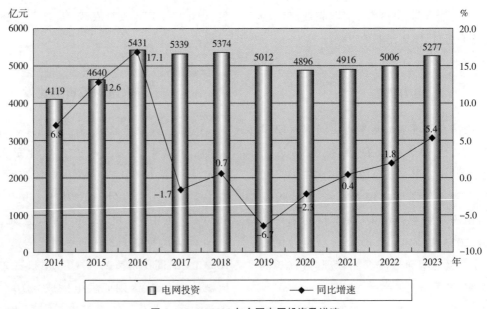

图 5 2014—2023 年全国电网投资及增速

五、电力低碳环保

降碳减污工作扎实推进。2023年,全国单位火电发电量二氧化碳排放约821克/千瓦时,同比降低0.4%,比2005年降低21.7%;单位发电量二氧化碳排放约540克/千瓦时,同比降低0.2%,比2005年

降低37.1%。火电清洁高效灵活转型深入推进,2023年,全国火电烟尘、二氧化硫、氮氧化物排放总量分别为8.5万吨、48.4万吨和78.5万吨,同比分别下降约14.1%、上升约1.7%、上升约3.0%,全国6000千瓦及以上火电厂供电标准煤耗301.6克/千瓦时。见图6。

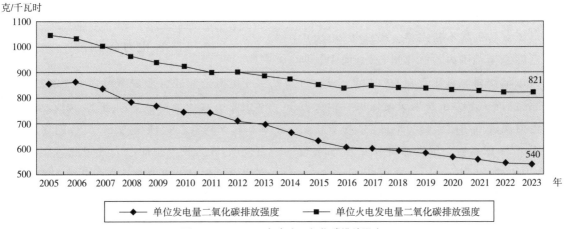

图6　2005—2023年电力二氧化碳排放强度

市场机制促进电力碳减排。全国2257家火电企业参与碳排放权交易,2023年全年碳配额总成交量达到2.12亿吨,累计成交额超过144亿元。全年覆盖二氧化碳排放量超过50亿吨,成为全球覆盖温室气体排放量最大的碳市场。全国温室气体自愿减排交易市场启动,为降低减排成本提供更多渠道。

六、电力安全与可靠性

电力可靠性稳步提升。2023年,纳入电力可靠性统计的水电机组等效可用系数为93.38%,同比上升0.43个百分点;煤电机组等效可用系数为91.73%,同比上升0.22个百分点。输变电方面,纳入电力可靠性统计的220千伏及以上电压等级11类输变电设施的可用系数保持在99.44%以上。直流输电方面,纳入电力可靠性统计的47个直流输电系统合计能量可用率为96.814%,同比上升0.013个百分点。供电方面,全国供电系统用户平均停电时间7.83小时/户,同比减少了1.27小时/户。

七、电力科技创新与数字化

科技创新加快驱动新质生产力发展。2023年,电力行业全力打造原创技术策源地,取得了一批自主创新成果。在发电领域,顺利投产拥有完全自主知识产权的全球首台16兆瓦超大容量海上风电机组;国内首台单机容量最大功率150兆瓦级大型冲击式水电机组投运发电,标志着中国实现高水头大容量冲击式水电机组从设计、制造到运行的全面自主化。在电网领域,成功研制具有完全自主知识产权的特高压换流变压器用真空机械式有载分接开关工程样机,标志着中国特高压直流工程换流变压器从整机到组部件实现全部国产化;世界首条35千伏千米级超导输电示范工程完成满负荷试验。

电力数字基础设施和数据资源体系基础不断夯实。2023年,电力企业进一步深入实施国有企业数字化转型行动计划,主要电力企业数字化投入为396.46亿元,电力数字化领域的专利数量、软件著作数量分别达到5149项、39614项。

八、电力市场建设

电力市场交易规模快速扩大,市场化程度进一步提高。2023 年,全国市场交易电量 56679.4 亿千瓦时,同比增长 7.9%,占全社会用电量比重为 61.4%,比 2022 年提升 0.6 个百分点。各电力交易平台累计注册市场主体 74.3 万家,同比增长 23.9%。

电力市场交易机制不断完善。2023 年,电力中长期交易已在全国范围内常态化运行,全国中长期交易电量占市场交易电量比重在 90% 以上,成交价格平稳,充分发挥了电力中长期交易保供稳价的基础作用。电力现货市场建设稳步推进,23 个省份启动电力现货市场试运行。辅助服务市场实现全覆盖,品种和主体进一步丰富。

电力市场化改革深入推进。2023 年,煤电容量电价政策出台,初步形成了容量电价回收固定成本、电量电价回收变动成本、辅助服务回收调节成本的煤电价格机制。新能源进入电力市场节奏进一步加快,全国新能源市场化交易电量 6845 亿千瓦时,占新能源总发电量的 47.3%。促进绿色电力消费的市场机制不断完善,绿电、绿证交易规模不断扩大,截至 2023 年年底,全国绿电交易累计成交量 954 亿千瓦时。绿证交易累计成交量突破 1 亿张。

九、电力企业经营

电力企业经营形势继续向好。2023 年,3 家电网企业主营业务收入合计 4.51 万亿元,同比增长 2.6%,平均资产负债率为 56.3%,同比降低 0.2 个百分点;五大发电集团电力业务收入 1.58 万亿元,同比增长 3.4%,电力业务利润总额 1081 亿元,同比增长 906 亿元。见图 7。

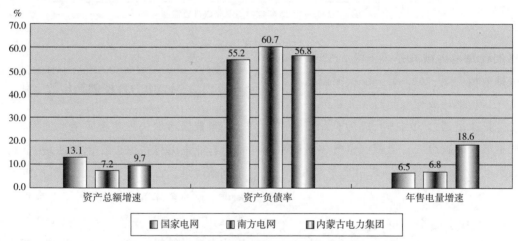

图 7　2023 年 3 家电网公司部分经营数据

煤电企业经营状况略有好转。2023 年,国内电煤市场整体区域平衡。根据 CECI(中国电煤采购价格系列指数)沿海指数统计,2023 年,5500 大卡现货成交价平均为 978 元/吨,同比下降 303 元/吨。煤电企业经营状况略有好转,五大发电集团全年火电业务利润总额为 196 亿元,部分发电集团火电业务仍处于亏损状态,其中,煤电业务利润总额为 202 亿元;其他 14 家大型发电企业全年火电业务利润为 229 亿元,其中煤电业务利润为 131 亿元。

十、电力国际合作

电力对外投资规模持续扩大。截至 2023 年年底,中国主要电力企业对外直接投资项目共 34 个,投资总金额 44.23 亿美元,同比增长 30.82%。中国主要电力企业对外投资主要涉及太阳能发电、风电、水电、输变电、其他投资等领域。从项目数量看,新能源是对外投资项目数量最多的领域,占比约 61.8%,其中太阳能光伏发电占比 50.0%,风电占比

11.8%。见图8。

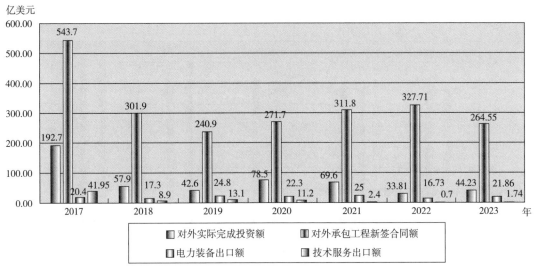

图8　2017—2023年中国主要电力企业对外合作总体情况

构建亚太电力命运共同体迈出新步伐,中国电力标准"走出去"取得新进展。2023年,第24届东亚及西太平洋电力工业协会大会在厦门成功召开。中国顺利接任亚太电协技术委员会主席国,指导推动成立澜湄区域电力技术标准促进会,发布由中国牵头制定的《分布式能源与电网互联》等8项国际标准。

（审稿：张　琳

撰稿：刘　亮）

2023年煤炭工业发展综述

中国煤炭工业协会

2023年是全面贯彻党的二十大精神的开局之年,是实施"十四五"规划承前启后的关键一年,也是煤炭行业发展中具有重要里程碑意义的一年。面对异常复杂的国际环境和艰巨繁重的改革发展稳定任务,煤炭行业坚持以习近平新时代中国特色社会主义思想为指导,认真落实党中央、国务院决策部署,统筹发展和安全,全力做好煤炭增产保供稳价工作,扎实推进现代煤炭产业体系建设,绿色低碳转型和高质量发展迈出坚实步伐,行业总体发展态势稳中有进。

一、2023年煤炭工业运行基本情况

原煤产量。根据国家统计局数据,2023年全国原煤产量47.1亿吨,同比增长3.4%,再创历史新高;中国煤炭工业协会直报大型企业原煤产量31.6亿吨,增长4.4%,占全国原煤产量的67.1%。2019—2023年原煤产量及增速见图1。

煤炭消费量。根据国家统计局数据,2023年全国能源消费总量57.2亿吨标准煤,同比增长5.7%;煤炭消费量占能源消费总量比重为55.3%,较2022年下降0.7个百分点。

煤炭进出口量。2023年全国煤炭进口量4.74亿吨,同比增长61.8%;煤炭出口量447万吨,较上年度增长11.7%;煤炭净进口量4.7亿吨,同比增长62.5%。2019—2023年煤炭净进口量及增速见图2。

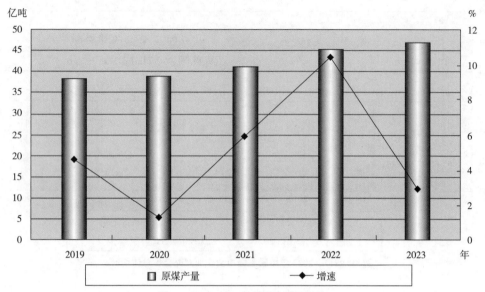

图1　2019—2023年原煤产量及增速

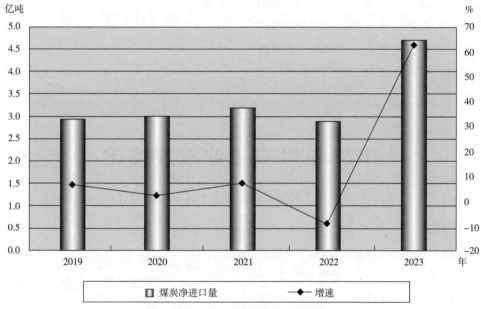

图2　2019—2023年煤炭净进口量及增速

煤炭转运能力。全国铁路累计发运煤炭27.5亿吨以上,同比增长2.6%,其中电煤发运量22.8亿吨以上,同比增长4.5%。2019—2023年煤炭铁路运输量及增速见图3。

煤炭库存。截至2023年12月末,全国煤炭企业存煤6700万吨,同比增加1.5%;全国主要港口存煤6312万吨,同比增长14.1%,其中,环渤海主要港口存煤2581万吨,同比增长8.2%;全国统调电厂存煤超过2亿吨,同比增加约3000万吨、增长17.5%,保持在历史高位。

煤炭价格。2023年秦皇岛5500大卡下水动力煤中长期合同全年均价714元/吨,同比下降8元/吨,年内峰谷差在15元/吨左右;环渤海港口5500大卡动力煤现货市场全年均价971元/吨,同比下降324元;山西吕梁部分主焦煤长协合同全年均价2053元/吨,同比下跌187元,山西焦肥精煤综合售价全年均价 2127 元/吨,同比下跌 537 元/吨。

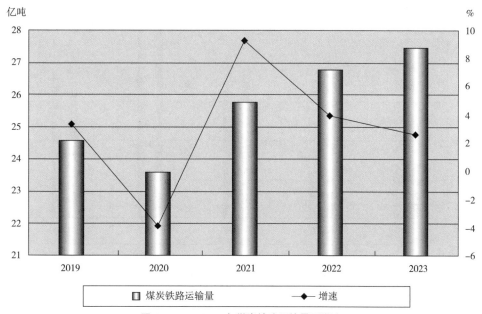

图 3　2019—2023 年煤炭铁路运输量及增速

行业投资。根据国家统计局数据,2023 年煤炭行业固定资产投资比上年增长 12.1%,其中民间固定资产投资增长 3.3%。2019—2023 年煤炭开采和洗选业固定资产投资增长率见图 4。

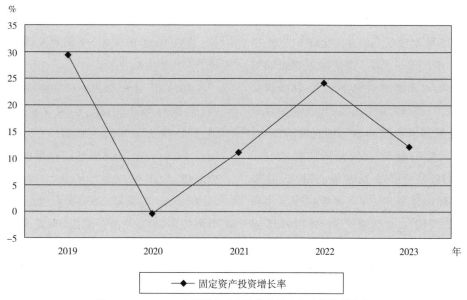

图 4　2019—2023 年煤炭开采和洗选业固定资产投资增长率

行业效益。2023 年全国规模以上煤炭企业营业收入 3.5 万亿元,同比下降 13.1%;利润总额 7628.9 亿元,同比下降 25.3%;应收账款 5037.8 亿元,同比下降 6.3%;资产负债率 60.3%。前 5 家、前 10 家大型煤炭企业利润占大型煤炭企业利润总额的比重分别达到 62% 和 81%,经济效益进一步向资源条件好的企业集中。2019—2023 年规模以上煤炭企业利润总额及增速见图 5。

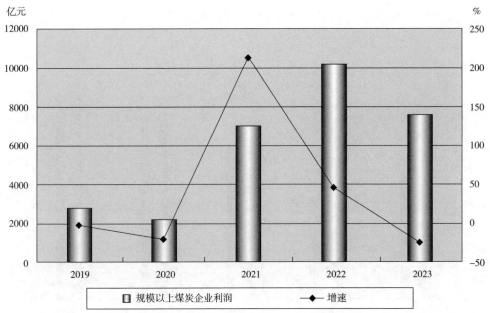

图5 2019—2023年规模以上煤炭企业利润总额及增速

二、行业发展形势

（一）政策支撑精准有力，行业发展扎实稳健

2023年4月，国家能源局印发了《2023年能源工作指导意见》，提出：煤炭产能维持合理水平；有序推进煤矿先进产能核准建设，推动在建煤矿尽快投产达产，增强煤炭增产保供能力；稳妥推进煤炭储备基地建设，提升政府可调度煤炭储备能力；加强煤炭清洁高效利用，稳步提升煤炭洗选率，开展富油煤分质分级利用示范，提高清洁煤和油气供应保障能力；巩固拓展战略性优势产业，巩固煤炭清洁高效利用技术优势；加快能源产业数字化智能化升级，建立健全煤矿智能化标准体系，大力支持煤矿智能化建设，完成全国首批智能化示范煤矿验收；增强区域能源资源优化配置，积极协调保障重点地区煤炭运力。煤炭行业企业认真贯彻党中央、国务院关于能源工作的决策部署，着力保障供需平衡，不断完善产业体系，加快提升高质量发展水平，持续加强煤炭的兜底保障作用，为确保国家能源安全奠定坚实基础。

（二）供需平衡态势延续，兜底保障能力增强

2023年，全国原煤产量达到47.1亿吨，增产2.1亿吨，同比增长3.4%，再创历史新高；山西、内蒙古、

陕西、新疆等七个省（区）煤炭产量超亿吨，较上一年度增加1个，其中山西、内蒙古继续保持10亿吨级原煤产量。进口煤炭方面，为支持国内煤炭安全稳定供应，国务院关税税则委员会发布公告，将煤炭实施税率为零的进口暂定税率延长至2023年年底，提高了国内终端进口煤炭的积极性，进口煤量大幅增长，截至2023年年底，全国煤炭净进口量达4.7亿吨，同比增长62.5%。

2023年，全国煤炭中长期合同签订总量近25亿吨；至2023年12月末，全国煤炭企业存煤6700万吨，同比增长1.5%，主要港口存煤6312万吨，同比增长14.1%，全国统调电厂存煤保持2亿吨以上历史高位，全国煤炭运行呈现"产量稳、进口增、库存高、价格低"的良好态势，煤炭生产稳步增长，煤炭供需形势由紧张变为平衡，能源安全稳定供给能力稳步增强，煤炭兜底保障能力得到充分体现。

（三）集约开发布局不断深化，协同发展格局加快形成

煤炭开发布局加快西移。2023年，原煤产量超亿吨的省（区）共有7个，原煤产量41.8亿吨，占全国的88.7%。晋陕蒙新四省（区）原煤产量38.3亿吨，占全国的81.3%。陕西、内蒙古、山西原煤产量分别在7亿吨、12亿吨、13亿吨的基础上再创新高；新疆加快释放煤炭先进产能，煤炭产量较2020年增

长近2亿吨。榆林、鄂尔多斯原煤产量分别突破6亿吨、8亿吨大关，两市原煤产量占全国的比重提高到30.2%。

煤炭生产结构持续优化。截至2023年年底，全国煤矿数量减少至4300处左右；其中，年产120万吨及以上的大型煤矿产量占全国的85%以上，比2020年提高5个百分点。建成年产千万吨级煤矿81处、核定产能13.3亿吨/年，比2020年增加29处、产能5.1亿吨/年；在建千万吨级煤矿24处左右、设计产能3.1亿吨/年。年产30万吨以下小型煤矿产能所占比重下降至1%以下。

煤炭集疏运体系进一步完善。随着煤炭开发布局加快西移，煤炭调运需求随之不断提高，作为最主要的煤炭运输方式，铁路建设进程持续加快，目前已基本形成了以陕北、神东等14个大型煤炭基地为核心，"三西"①、华东、中南、东北、西南、西北六大区际铁路煤炭外运通道为主干的煤炭运输网络。根据中国煤炭工业协会统计数据，截至2023年年底，大秦铁路年运量达到4.22亿吨，同比增长6.4%，创近4年新高；朔黄铁路累计完成运量3.68亿吨，同比增加1930.2万吨，创历史最高记录；瓦日铁路实现货运量10008.1万吨，年运量再次突破1亿吨大关；浩吉铁路累计发运电煤超6300万吨，同比增长10%；新疆铁路利用兰新铁路、临哈铁路、格库铁路"一主两辅"通道，2023年发运煤炭超1.3亿吨，同比增长5.4%，其中疆煤外运量6022.7万吨，同比增长9.5%。

（四）行业经济运行平稳，市场活力持续迸发

煤炭交易市场体系建设持续深化，市场配置资源功能显著增强。夏季和年度全国煤炭交易会的影响力进一步提升，市场分析、企业合作、投资促进、金融服务、产运需衔接平台功能充分发挥。动力煤、炼焦煤企业常态化交流协调机制更加完善，煤电、煤钢、煤建材等行业间联系渠道更加畅通，煤炭期货市场不断培育发展，煤炭市场价格形成机制不断完善，市场发现价格功能显著增强。中长期合同制度和"基础价+浮动价"的定价机制，发挥了维护煤炭经济

平稳运行的"压舱石、稳定器"作用。煤炭生产成本调查和煤炭市场价格监测不断强化，充分达到了发挥市场决定作用和有效发挥政府作用，为全国煤炭市场平稳运行奠定了基础。行业信用体系建设扎实推进，行业自律和企业自我约束意识不断增强，市场交易行为更加规范。截至2023年年底，全行业共评出信用等级AAA级企业1199家；全国规模以上煤炭企业固定投资同比增长12.1%，累计实现利润总额7628.9亿元。

（五）产业体系更加完善，创新发展成效显著

2023年，大型煤炭企业引领能力显著增强。国有企业改革深化提升行动稳步推进，战略性重组和专业化整合取得新突破，世界一流煤炭企业建设取得新成效，高新技术企业、专精特新企业扩容提质取得新进展。17家企业原煤产量超5000万吨；原煤产量合计约为26.9亿吨，占全国的57.1%；8家企业原煤产量超过1亿吨，原煤产量合计21.4亿吨，占全国的比重达到45.4%。7家煤炭企业上榜《财富》世界500强排行榜；兖矿能源荣获"第二十届全国质量奖"。"十四五"以来，煤炭行业新增境内上市公司4家，新增国家级"专精特新"企业40多家、绿色工厂30多家。

2023年，新兴产业不断培育壮大。一大批行业企业持续打造战略性新兴产业集群，加快布局前沿新材料、电子信息、高端装备、新型储能、工业软件、智慧物流、现代金融等新兴产业，推动煤炭与新能源优化组合。钠离子电池实现商业化应用，尼龙新材料突破"卡脖子"技术，多项创新成果填补技术空白，实现进口替代。年产2000吨电子级碳化硅粉体项目进入试生产。一大批新产业、新项目落地见效，培育形成了一批战略性新兴产业领军企业、龙头企业、链主企业，推动传统煤炭企业由单纯以煤为主向煤炭产业、新兴产业"双轮驱动"转变，在产业深度转型升级的新赛道上，正书写新的精彩。

2023年，数字煤炭建设全面推进。煤炭行业数字基础设施、数字经济、数字产业、数字生态文明等一体化统筹推进。矿山领域商用人工智能大模型落

---

① 指山西、陕西和内蒙古西部。

地应用,露天煤矿无人驾驶矿用卡车、120吨级充电重卡投入运行。"十四五"以来,建成了一批多种类型、不同模式的智能化煤矿,智能化采掘工作面由400多个增加到1600个左右;煤炭数字产业营业收入、利润、研发投入等主要指标均保持了30%左右的增长态势,相关发明专利数量年均增长超25%;在5G应用、自动驾驶、工业互联网操作系统等领域,走在工业行业第一方阵;以共享中心为代表的煤炭企业生产经营数字化管理系统普遍推广应用;以煤炭各领域数字化、智能化为主业的主板上市公司增加至13家。数字煤炭建设助推更多企业走上创新发展的新赛道。

2023年,科技创新引领作用充分发挥,高质量发展新动能持续增强。以企业为主体的产学研深度融合的技术创新体系更加完善。重大基础理论和关键核心技术攻关取得新进展。世界首套10米超大采高智能综采装备、深部矿井热害治理、新型煤基纳米碳氢炸药及制备工艺技术、含氦煤层提取高纯氦等一批重大创新成果持续涌现,国产化智能刮板输送机突破500米长运距技术瓶颈,极薄煤层液压支架研制成功,多项科研成果达到国际领先水平,行业科技创新策源功能持续增强。2023年,全行业重组和获批建设13个全国重点实验室、19个应急管理部和国家矿山安全监察局重点实验室。全行业获"第二十四届中国专利奖"20项,其中,"基于N00工法的极薄煤层长壁开采方法"荣获"中国专利奖金奖";评选出"煤炭行业科技奖"393项,其中,特等奖4项、一等奖46项、创新团队9个。行业标准体系建设稳步推进,18项国家标准、100项行业标准发布实施。4项成果入选第三批能源领域首台(套)重大技术装备(项目)名单。

(六)安全生产基础不断夯实,绿色发展步伐持续加快

2023年,煤炭企业牢固树立安全发展理念,坚持人民至上、生命至上,坚守安全生产底线,不断强化企业安全生产主体责任和安全基础管理,大力推进安全生产标准化管理体系建设,强化重大风险和隐患全过程动态闭合分级管控,大力推进。煤矿信息化智能化建设,煤矿安全基础保障能力稳步提升。

2023年,全国煤矿百万吨死亡率0.094。

2023年,煤炭清洁高效利用有序推进,绿色低碳转型取得新成效。煤炭全生命周期清洁高效利用水平不断提升。煤炭深加工精细化程度不断提高,低阶煤干法分选技术工程应用实现新突破。煤电机组"三改联动"持续推进,全国煤电装机超低排放改造超过10.3亿千瓦,每千瓦时火力发电标准煤耗下降0.2%,燃煤电厂烟气污染排放控制保持国际领先水平,低阶煤分质利用、循环经济煤炭综合利用等项目稳步推进。煤矿甲烷排放制度逐步建立,低浓度瓦斯综合利用政策日趋完善。煤系共伴生资源综合利用技术不断进步,理念创新和产业实践取得积极进展,富油煤地下原位热解采油技术、绿色减碳地面瓦斯抽采综合利用项目等实现突破,煤基资源开发利用效能持续提升。煤炭加快向原料和燃料并重转变,现代煤化工向高端化、多元化、低碳化方向迈进,产业集聚化、园区化、基地化、规模化发展格局初步形成。2023年,煤制油、煤制气、煤(甲醇)制烯烃、煤制乙二醇产能分别达到931万吨/年、74.55亿立方米/年、1872万吨/年、1143万吨/年,产量分别为724万吨/年、63.35亿立方米/年、1725万吨/年、547万吨/年。

2023年,生态保护修复力度加大,矿区生态环境质量持续改善。大力推进清洁生产、绿色制造,协同推进降碳、减污、扩绿、增长,矿区循环经济稳步发展,资源综合利用水平和效率不断提升。初步统计,2023年,大型煤炭企业原煤入洗率69.0%;矿井水综合利用率、煤矸石综合利用处置率、土地复垦率分别为74.6%、73.6%、57.9%;原煤生产综合能耗为9千克标煤/吨,同比下降7.2个百分点;原煤生产综合电耗为23千瓦时/吨,同比增加4.5个百分点。充填开采、保水开采、煤气共采、煤水共采等绿色开发技术应用范围不断拓展。矿工生产生活条件持续改善,矿工获得感、幸福感、安全感更加充实、更有保障、更可持续。通过加大矿区地质环境恢复和生态修复力度,创建国家矿山公园、国家湿地公园、工业遗址公园,探索构建"工业+旅游""工业+现代农牧业""工业+乡村振兴"等多位一体循环发展新模式,全国一大批采煤沉陷区和露天排土场环境治理工程逐渐显现出生态效应,矿区天更蓝、地更绿、水更清、产业更繁荣,实现了从"绿起来"向"美起来""富起来"的转变。

三、几点建议

(一)增强煤炭安全稳定供应能力

加大资源勘探与评价工作力度,增加后备资源储备,提高煤炭资源支撑保障能力。优化煤炭生产布局,规划建设大型煤炭矿区,布局建设一批产能接续的安全高效煤矿、大型现代化煤矿,增强大型煤炭矿区稳产增产的潜力。推进煤炭产供储销体系建设,提升重点煤炭供应保障基地跨区域调配能力,积极推进储备产能建设,探索建立煤矿弹性生产机制,促进煤炭供需平衡价格稳定。强化煤矿系统管理和重大灾害防治,防范化解煤矿系统性安全风险。坚决守好民生用能底线,守稳发展用能阵地。

(二)加快建设现代化煤炭产业体系

深化新一代数智技术、绿色技术与传统煤炭产业的融合发展,持续推动煤矿智能化建设,以智能化变革推动煤炭产业转型升级。积极推进"数字煤炭"建设,丰富拓展煤矿数字化应用场景,完善数字化标准体系,推动数据分类分级管理和共享应用,发展煤炭数据要素市场和煤炭数字经济。培育壮大战略性新兴产业和未来产业,构建煤炭产业与高端制造、新能源、新材料、现代服务业、数字经济等融合化、集群化、生态化发展的现代化产业体系,打造煤炭经济增长新引擎。强化企业科技创新主体地位,培育世界一流企业和科技领军企业,打造现代产业链"链长"企业,提升产业链供应链安全性和竞争力。

(三)着力提升科技创新支撑能力

健全科技创新体系强化基础研究布局,推进国家级科研平台建设,优化完善标准体系,提高科技成果转化水平,以科技创新催生新产业、新模式、新动能。推动科技创新与产业融通衔接,以煤炭安全高效智能化开采和清洁低碳集约化利用为主攻方向,积极探索二氧化碳大规模资源化利用新途径,推进关键核心技术和装备协同攻关,实施重大工程示范

建设,尽快形成依靠科技创新推动产业创新的内涵式增长路径。打造高水平科技人才队伍,培养一批行业科技领军人才和创新团队,造就一批卓越工程师和高技能人才队伍,完善引育用留人才工作全链条机制,夯实发展新质生产力的人才基础。

(四)着力提高煤炭清洁高效利用水平

推动发展方式和产业结构绿色转型,推动数字技术和绿色技术在煤炭全产业链的创新和应用,整体推进煤炭从生产开发到终端消费全生命周期清洁管理。全面打好煤炭清洁高效利用攻坚战,实施煤炭清洁高效利用行动,加强商品煤质量管理,支持煤炭深度加工、对路消费和高效利用,加强煤炭分级分质利用和散煤综合治理,多途径提高煤炭利用和转化效率,构建煤炭绿色低碳循环发展新体系。有序推进现代煤化工产业发展,建立多联产系统下的煤化工循环经济发展模式,研究完善煤炭清洁高效利用财税金融支持政策,推动煤炭由燃料向原料转化、由传统能源向清洁能源战略转型。

(五)深入推进煤炭市场体系建设

健全完善煤炭中长期合同制度和煤炭市场价格形成机制,加强煤炭中长期合同履约兑现,规范和完善煤炭价格指数,构建依法合规、健康有序的统一大市场。研究建立煤炭上下游产业合作共赢长效机制,推动煤炭与电力、钢铁、建材等下游产业协同发展,鼓励发展多种形式的煤电联营、煤炭与新能源优化组合,维护煤炭产业链供应链安全稳定。研究建立煤炭产业转型发展基金,通过市场化、法治化方式妥善解决关闭退出煤矿历史遗留问题,推动煤炭老矿区与区域经济社会协调高质量发展。

(六)积极探索煤炭产业国际化发展路径

统筹国内国际两个市场、两种资源,加强国际煤炭市场分析研判,扩大多元化、多通道优质煤炭进口。深度融入共建"一带一路"国家和区域建设格局,支持煤炭企业开展国际化经营,鼓励企业到境外开展产能合作、项目建设、技术服务等,提升全球资源配置能力,培育参与国际竞争与合作的新优势。加强科技创新国际合作,围绕装备制造、绿色环保等

领域开展知识交流、资源共享和协同攻关。加强与国际能源组织、煤炭和采矿界的对话与交流,构建煤炭国际贸易及技术信息交流平台,推动中国煤机装备、技术、标准、服务"走出去",培育有国际影响力的品牌产品。

(审稿:汤家轩
撰稿:刘瑞鹏　余　宏)

2023 年机械工业发展综述

中国机械工业联合会

2023 年是全面贯彻党的二十大精神的开局之年,是三年新冠疫情防控转段后经济恢复发展的一年。机械工业面对复杂严峻的内外部形势,坚持以习近平新时代中国特色社会主义思想为指导,认真贯彻落实党中央、国务院的决策部署,攻坚克难、拼搏进取,高质量发展扎实推进,全年主要经济指标实现稳定增长,为推动制造业及全国工业平稳运行发挥了重要作用。

一、2023 年机械工业经济运行情况

(一)行业经济运行特点

1. 产业规模再上新台阶

国家统计局数据显示,截至 2023 年年底,机械工业规模以上企业数量为 12.1 万家,较上年增加 1 万家,占全国工业的 25%,较上年提高 0.3 个百分点;资产总计达 36 万亿元,同比增长 9.9%,占全国工业的 21.5%,较上年提高 0.7 个百分点。

2. 增加值增速高于全国工业

2023 年机械工业增加值同比增长 8.7%,高于全国工业和制造业增速 4.1 和 3.7 个百分点。机械工业主要涉及的五个国民经济行业大类增加值同比都实现增长,其中电气机械和汽车行业发挥突出带动作用,增加值增速分别达到 12.9% 和 13%;通用设备、专用设备和仪器仪表行业增加值增速分别为 2%、3.6% 和 3.3%。见图1。

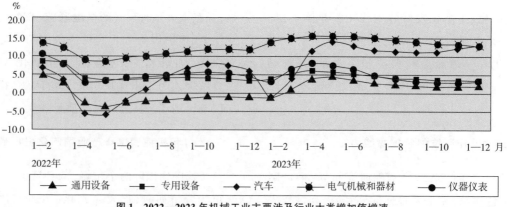

图1　2022—2023 年机械工业主要涉及行业大类增加值增速

3. 产品产销形势分化

2023 年机械工业主要产品产销形势延续分化走势,产量增减的产品数量各占一半左右。重点监测的 120 种主要产品中,61 种产品全年产量同比增长,占比 50.8%;59 种产品产量下降,占比 49.2%。

重点产品产销特点主要表现为:一是汽车产销

量创历史新高,全年产销量突破3000万辆,乘用车和商用车均实现较快增长;新能源汽车产销量达到950万辆左右,占汽车总销量的比重升至31.6%。二是电工电器类产品生产保持增长,发电机组、太阳能电池全年产量分别增长28.5%和54%。三是机床行业生产回暖,金属切削机床产量同比增长6.4%。四是工程机械依然低迷,挖掘机、水泥专用设备产量分别下降23.5%和5.4%。五是农机产品持续低迷,大、中型拖拉机、饲料生产专用设备产量分别下降1.9%、9.1%和21.2%。见图2。

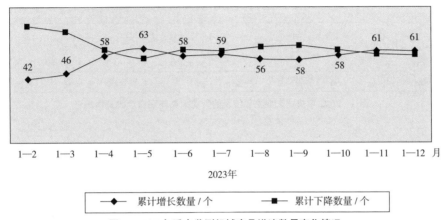

图2 2023年重点监测机械产品增速数量变化情况

4.效益指标增长稳定

国家统计局数据显示,2023年机械工业实现营业收入29.8万亿元,同比增长6.8%;实现利润总额近1.8万亿元,同比增长4.1%。营业收入和利润总额增速分别比全国工业高5.7个和6.4个百分点,占全国工业的比重分别为22.3%和22.8%,较上年分别提高1.2和1.4个百分点。见图3。

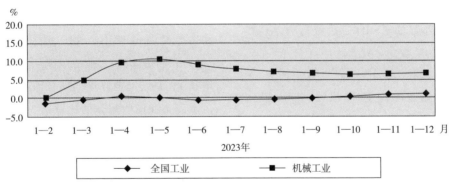

图3 2023年全国工业与机械工业营业收入增速情况

5.投资增速总体高位

2023年机械工业固定资产投资总体保持较快增长,对拉动工业和制造业投资发挥积极支撑作用。机械工业主要涉及的五个国民经济行业大类中,汽车和电气机械行业投资高速增长,增速分别为19.4%、32.2%,特别是电气机械行业连续两年实现32%以上的增长;通用设备、专用设备和仪器仪表行业投资增速分别为4.8%、10.4%和14.4%。五个行业大类的投资增速均高于全社会固定资产投资增速(3%),除通用设备外其他四个行业增速高于全国工业(9.0%)和制造业(6.5%)投资增速。见图4。

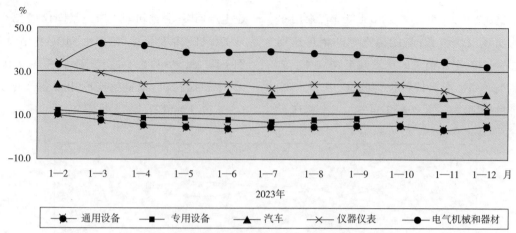

图 4　2023 年机械工业主要涉及的行业大类固定资产投资情况

6.外贸稳中有升再创新高

2023 年国际环境异常复杂，全球贸易表现低迷，外需疲弱带来出口增长压力。机械工业顶住多重压力，对外贸易稳中有升，总规模再创新高。汇总海关总署数据，2023 年机械工业外贸进出口总额达 1.09 万亿美元，同比增长 1.7%，连续第三年超过万亿美元，占全国外贸进出口总额的 18.3%。其中，进口额 3045.1 亿美元，同比下降 7.6%，占全国外贸进口额的 11.9%；出口额 7830.2 亿美元，同比增长 5.8%，占全国外贸出口额的 23.2%；实现贸易顺差 4785.1 亿美元，同比增长 16.6%，占全国货物贸易顺差的 58.1%。机械工业外贸总额、出口额、贸易顺差规模均再创历史新高。

7.行业运行处于景气区间

机械工业景气指数涵盖生产、投资、外贸、经济效益等多个维度，综合反映机械工业的运行情况。受上年基数影响，2023 年机械工业景气指数总体呈现前低中高后稳的态势，上半年低开高走，5 月份升至年内最高点，此后逐月回落，12 月份回稳至105.5，全年各月份机械工业景气指数均位于景气区间。

（二）运行中的主要问题

2023 年机械工业外部市场压力与自身结构性矛盾叠加，行业经济运行面临需求不足、账款回收难、价格下降、外贸市场波动、内部发展不均衡等困难和问题。

1.市场需求疲弱订单不足

2023 年中国经济恢复呈现波浪式发展、曲折式前行的特点，国内需求恢复不及预期，机械产品市场不旺。制造业 PMI 指数（采购经理指数）自 4 月份起降至临界值之下，9 月短暂恢复至 50.2，四季度再度持续低于临界值。12 月份 PMI 指数为 49，其中新订单指数仅为 48.7。机械工业重点企业专项调查显示，2023 年反映订货不足的企业占比始终高于 50%，四季度末占比升至 65%，其中，反馈订单不足问题的中小企业占比达到 72%。

2.账款回收难问题延续

近年来，机械工业应收账款总额持续快速增长。应收账款规模大、回收期长成为影响企业资金周转和生产经营的突出问题。国家统计局数据显示，2023 年年底，机械工业应收账款总额 8 万亿元，同比增长 11.1%，增速高于同期全国工业 3.5 个百分点，占全国工业应收账款的比重达 33.7%。机械工业应收账款平均回收期为 89.9 天，比 2022 年同期延长 5.4 天，高于全国工业 29.3 天。专项调查显示，53%的企业应收账款同比增长，41%的企业应收账款中逾期金额同比增长，其中民营企业逾期金额增长的占比较全行业高 3 个百分点。

受此影响，机械工业资金周转率下降、资产负债率上升，行业运行效率受损。2023 年，机械工业流动资产周转率仅 1.26 次，同比下降 0.03 次，比全国工业低 0.29 次；资产负债率为 58.6%，同比提高 0.2 个百分点，比全国工业高 1.5 个百分点。

3.价格下行挤压利润空间

产能快速释放、有效需求不足，机械产品市场竞争激烈、议价能力较弱。机械产品出厂价格持续下降且降幅不断加深。2月份机械产品出厂价格同比下降0.2%,至12月份降幅加深至2.5%。机械工业主要涉及的5个国民经济行业大类,12月份出厂价格同比全部下降。前期投资火热、引领行业增长的领域,价格下行更为突出。光伏、储能电池等行业主要产品都经历了明显的价格回调,电池制造行业12月份价格降幅高达9.7%。价格下行挤压利润空间,增收不增利现象普遍存在。2023年机械工业利润总额增速低于营业收入增速2.7个百分点,营业收入利润率较2022年同期回落0.2个百分点,至5.9%。

4.外贸市场不确定因素增多

全球供应链修复形成贸易挤压,发达经济体复苏放缓,受贸易保护主义、地缘政治冲突不断加剧等多重因素影响,机械工业外需市场下行压力持续。具体表现为:一是前期出口快速增长的产品有放缓趋势,2023年风电机组、光伏产品、挖掘机出口额同比分别下降29.8%、3.1%和0.9%。二是部分发达经济体经济增长乏力、需求放缓。2023年机械工业对美国出口下降7.9%,对德国出口下降1.2%,对日本出口下降1.4%。三是企业在海外订单短单居多。2024年年初专项调查显示,81%的企业海外订单仅满足一个季度的生产,其中中小企业比例为88%。四是近几年出口亮点产品已成为国际贸易争端新目标。欧盟对中国新能源汽车启动反补贴调查、对移动式升降作业平台发起反倾销调查,英国对中国挖掘机发起反倾销和反补贴调查,印度对中国轮式装载机开始征收5年反倾销税,欧洲议会布局锂和硅等关键原材料供应多元化以减少对单一国家的依赖。五是国际政治、地缘冲突加剧对国际贸易的影响。

5.发展不均衡,部分行业存在显著的下行压力

机械工业14个分行业之间发展不均衡、运行分化明显,部分行业面临较大下行压力。具体表现为:一是产销形势分化,产品产量增减数量各占一半左右。二是出口形势分化,10个分行业出口增长,4个下降。汽车、机器人、农机、重型矿山机械、工程机械等主机、整机类行业产品出口增势较好,而基础件、零部件、通用机械、文办设备等传统优势产品出口形势较弱。三是财务效益分化。14个分行业中,营业收入8增6降。其中电工电器和汽车两个行业体量

大、增速也较高,是支撑机械工业营收增长的核心动力,此外机器人和内燃机行业增速较高;农机、工程机械行业仍未摆脱产销低迷的下行通道,营业收入降幅均超过10%,分别为11.1%和13.1%。利润总额11增3降。其中,文办设备、石化通用机械行业利润增幅超过15%,工程机械和内燃机行业因同比基数较低的原因,增速超过25%;而农机行业降幅8.9%,机床工具行业因磨料磨具价格下行影响降幅近30%。

二、行业发展中的亮点

2023年机械工业有效应对风险挑战,坚持科技创新引领,加速转型升级提质增效,新质生产力加快培育,高质量发展亮点纷呈。

(一)战略性新兴产业引领行业创新发展

战略性新兴产业是新质生产力的重要领域,是科技创新的主战场,近年来战略性新兴产业持续快速发展,为机械工业创新发展注入强劲动力。2023年机械工业战略性新兴产业相关行业合计营业收入24.2万亿元,同比增长7.8%;实现利润总额1.4万亿元,同比增长7.0%;其营业收入与利润总额的增速比机械工业总体分别高1.0和2.9个百分点,占机械工业的比重分别为81.3%和81.0%,比上年同期分别提高0.7和2.2个百分点。其中,新能源装备、新能源汽车、节能环保产业等战略性新兴产业主要指标增速均明显高于机械工业总体水平,成为引领行业创新发展的新龙头。

(二)绿色发展新动能加速培育

在"双碳"目标引领下,机械工业绿色化发展持续发力。行业企业深入贯彻绿色发展理念、推广绿色工艺、打造绿色工厂、建设绿色制造体系。清洁能源装备快速发展。2023年机械工业能源装备制造业营业收入与利润总额同比分别增长9.7%和18.5%,分别高于机械工业总体2.9和14.4个百分点。全年发电机组产量增长28.5%,其中风电机组贡献率超过60%;光伏电池产量连续14个月增速超过40%;2023年年底中国可再生能源发电装机容量为14.5

亿千瓦,占比超过总装机容量的一半,历史性地超过了火电。清洁能源装备大型化发展稳步推进,三一重能发布全球最大15兆瓦陆上风电机组、东方电气下线18兆瓦海上直驱风电机组、明阳智能推出22兆瓦海上风电机组。工程机械动力电气化、氢能化转型提速,全年电动装载机销量达3595台,徐工、三一、中联重科、太重等企业加速布局氢能技术研发和产品创新,在氢燃料电池、储氢系统、燃料电池发动机等方面取得重要进展,氢能挖掘机、氢能装载机、氢能搅拌车、氢能矿卡等多种氢能工程机械产品实现交付使用,推动工程建设领域绿色低碳发展。

(三)创新引领重大装备稳步推进

创新体系建设加快推进。截至2023年年底,机械工业挂牌运行和批准建设的重点实验室、工程研究中心和创新中心共计260家,比上年年底增加8家。铁建重工、宁德时代、恒立液压等3家机械企业荣获第七届中国工业大奖。电力装备、海工装备、石化装备、成套设备等重点领域科技创新实现新突破,一系列重大技术装备投入使用。三代核电自主化成果"国和一号"实现整机100%国产化能力;特变电工自主研发的世界容量最大110千伏级智能型有载干式变压器并网应用;华能集团自主研制的世界首台串列式双风轮风电机组"赛瑞号"完成装机;宏华集团自主研发的海工装备和技术应用于中国首艘大洋科考船"梦想"号建设;宝石机械自主研制的世界首创12000米特深井自动化钻机交付应用;兰石重装自主研制的高压气态储氢装置达到世界先进水平;东方电气高国产化率F级燃机实现量产;西电集团实现百万千瓦级核电机组用发电机断路器的国产化,解决了中国建设大型核电站"卡脖子"难题;中信重工自主研发的新型蒸汽汽轮机组下线交付,打破进口依赖、填补国内空白;中铁装备自主研制的国内首台大直径大倾角斜井硬岩掘进机"永宁号"实现首线贯通,填补了中国盾构机斜井施工建设领域的技术空白。

(四)高端化智能化发展提速

机械工业积极推进行业数字化转型和智能化升级,推动新一代信息技术与机械行业深度融合,加速

智能制造与重大装备领域融合创新,行业高端化、数字化、智能化发展取得新的进步。截至2023年年底,宁德时代、广汽埃安、隆基绿能、三一重工等18家机械企业智能工厂入选世界"灯塔"工厂,成为全球智能制造的先锋力量;中联重科以中联智慧产业城为核心同步建设了23个智能工厂,其中10个智能工厂已建成投产,实现产线综合自动化率85%以上;埃斯顿机器人智能产业园二期项目竣工,推动工业互联网和工业机器人深度融合;洛轴打造国内领先的智能化生产线,助力新能源汽车发展;中国一拖320马力无级变速拖拉机实现量产,填补市场空白;西安煤矿机械有限公司研制成功世界首台10米超大采高智能化高端采煤机并投入使用,填补了国际行业空白;明阳集团研制的智能风渔一体化智能装备成功应用,融合打造清洁智能渔业新模式。

(五)出口贸易结构持续升级

2023年中国机械工业外贸出口在高基数上再创新高,不仅实现了量的合理增长,更在增长动能、贸易结构等方面实现了质的有效提升。一是海外市场多元共进。行业企业抢抓外贸机遇,深耕俄语区、非洲、欧洲和拉丁美洲等重点市场,逐步建立起多元共进的外贸市场新格局。2023年中国机械工业对俄罗斯出口额同比增长1.1倍,俄罗斯成为中国机械工业第二大出口国;对非洲、欧洲和拉丁美洲出口额分别增长17.3%、16.3%和9.8%;对共建"一带一路"国家合计出口额同比增长14%,占机械工业出口总额的比重已达50%。二是主机、整机类产品增势明显、带动作用增强,体现了从中国制造向中国创造迈进。电动汽车、锂离子电池和太阳能电池"新三样"产品合计出口1.06万亿元,首次突破万亿元大关,同比增长29.9%;挖掘机、大中型拖拉机出口量同比分别增长15.4%、33.5%,装载机、起重机、数控金属切削机床出口量同比分别增长1.2倍、2倍和1.2倍。三是技术含量高的一般贸易占比继续提高,是带动机械工业出口创新高的主要力量。2023年一般贸易出口额占比达72.1%,比上年提高0.7个百分点。四是构建国际国内业务协同发展新格局,中国一拖在刚果(布)首条拖拉机生产线落地,徐工、柳工国际化收入占比突破40%。

三、主要分行业运行情况

（一）汽车产销量、出口量创历史新高

2023年中国汽车产销量、出口量均创历史新高。乘用车市场稳健增长，商用车市场企稳回升，新能源车市场快速增长。据中国汽车工业协会统计，2023年中国汽车产销量分别完成3016.1万辆和3009.4万辆，同比分别增长11.6%和12%，产销量连续15年稳居全球第一。其中，新能源车产销量分别完成958.7万辆和949.5万辆，同比分别增长35.8%和37.9%，市场占有率达到31.6%。

行业运行亮点具体表现为：一是随着电动化与智能网联化技术创新和商业模式创新加速，设计和制造品质加快提升，自主品牌乘用车市场占有率持续攀升。全年自主品牌乘用车累计销售1459.6万辆，同比增长24.1%，市场份额达到56%，较上年提高6.1个百分点。二是汽车出口再创新高，全年出口接近500万辆，有效拉动行业整体快速增长。三是新能源汽车继续保持快速增长，成为引领全球汽车产业转型的重要力量。

（二）能源领域建设带动电工电器行业持续增长

在新型电力系统建设提速、电力投资持续高位的利好带动下，2023年电工电器行业运行态势良好。煤电、核电、水电等装备企业在手订单饱满，风电、光伏、抽水蓄能等新能源领域继续高速增长，输变电行业稳健发展。全年中国发电机组产量超2亿千瓦，增长28.5%。风电、光伏产品已经出口到全球200多个国家和地区，累计出口额分别超过334亿美元和2453亿美元。海关数据显示，中国光伏组件产量已连续16年位居全球首位，多晶硅、硅片、电池片、组件等产量产能的全球占比均达80%以上。

行业运行呈以下特点：一是在"双碳"目标引领下，能源领域结构调整进一步优化。2023年年内，中国可再生能源总装机连续突破13亿、14亿大关，达到14.5亿千瓦，占全国发电总装机比重超过50%；可再生能源发电量达到3万亿千瓦时，约占全社会用电量的1/3。二是在产销两旺形势之下，电工电器行业效益增长、投资积极。2023年全年行业营业收

入与利润总额同比分别增长9.8%和10.1%。固定资产投资在动力电池、光伏等新能源相关行业的强力推动下，自2022年2月份以来增长率始终高于32%，对稳定制造业投资起到了关键支撑作用。

（三）农机行业运行稳中趋弱、发展不乏亮点

2022年年底农机产品排放标准切换后，"国三"产品去库存透支市场需求，"国四"排放标准产品价格全面提升、推高采购成本。同时，农机补贴标准下调、粮食价格低位等多重因素影响了用户购买力。2023年农机市场低迷、复苏乏力，行业运行压力显著加大。主要粮油作物耕种机械、畜牧机械、配套零部件等行业表现欠佳，打捆机、手扶插秧机、玉米收获机等多数农机产品销售降幅较大。从生产端看，年初经历短暂补库存周期后，生产持续放缓，全年10种重点监测的农机产品中，有8种产品产量下降，其中大型拖拉机、中型拖拉机产量同比分别下降1.9%和9.1%，饲料生产专用设备产量降幅更是达到21.2%。

农机行业运行虽总体面临下行压力，但行业运行不乏亮点。具体表现为：一是短板农机装备取得突破。2023年320马力无级变速拖拉机、山地玉米播种机等短板机具陆续量产，大型大马力农机、丘陵山区小型农机等产品升级。二是农机装备智能化进一步提升。截至2023年年底，全国安装北斗终端农机已达220万台，作业效率和作业精度达到国际先进水平；植保无人机总量超过20万架，年作业面积突破21亿亩次，极大提升了作业效率，实现了农药减量增效。三是农业机械出口产品结构逐渐优化，高价值大型农机产品出口增长较快。海关数据显示，2023年中国拖拉机出口金额9.8亿美元，同比增长20%，其中大中型拖拉机出口占比88%。四是随着产业升级，行业集中趋势明显，骨干企业盈利能力提升。

（四）工程机械行业外贸出口成为主要支撑力量

受地产市场疲弱等因素影响，2023年，以挖掘机为代表的工程机械市场整体延续下滑趋势。国家统计局数据显示，全年挖掘机产量为23.6万台，同比下降23.5%。据中国工程工业机械协会统计数据，

在纳入统计的 12 种工程机械产品中,仅随车起重机、工业车辆、高空作业车和升降工作平台大类产品全年销量同比增长;其他八大类产品销量均有不同程度下滑,其中下滑幅度最大是挖掘机,同比下降 25.4%。

行业运行特点表现为:一是受益于制造业、仓储物流业、现代服务业等领域的发展,2023 年工业车辆、高空作业车、升降工作平台等产品市场良好,全年销量同比分别增长 12.0%、23.4%、5.3%。二是出口业务成为工程机械增长的最主要支撑。2023 年中国近一半的工程机械产品用于出口,其中挖掘机首次外销超过内销,出口量占产品销量的 53.9%,压路机、平地机和履带起重机出口量分别占比 54.6%、85.7% 和 56.0%。国际销售一定程度上平抑了国内销售下降对行业的冲击。三是电动化、智能化的发展趋势愈发明显,行业整体转型升级成效凸显。2023 年电动装载机销量同比增长 209.9%,电动化叉车出口占比保持在 70% 以上,新能源工程机械为行业带来新的增长点。

(五)内燃机行业运行稳中向好

2023 年中国内燃机行业运行总体平稳,经营主体活力充足,民营企业主力作用增强,产品竞争优势稳固,出口动能丰富活跃,加之企业年底冲量促销,市场需求及销量持续向好。据中国内燃机工业协会统计数据,全年内燃机完成销量 4473.8 万台,同比增长 2.9%。从产品看,柴油机同比增长 10.5%,汽油机同比增长 1.9%。从应用行业看,乘用车用内燃机、商用车用内燃机、工程机械用内燃机、农业机械用内燃机销量同比均实现增长,其中乘用车用增长 26.7%,商用车用增长 29.8%,工程机械用增长 9.2%,农业机械用增长 36.2%,其余用途的内燃机销量同比有所下降。

行业运行特点表现为:一是动力装备产业作为实现"碳达峰、碳中和"战略目标的关键领域,行业企业正加速由多元化向低碳化、零碳化转型。二是出口形势好于进口。海关数据显示,全年内燃机行业进出口总额 310 亿美元,同比增长 3.0%;其中,进口 86.8 亿美元,同比下降 1.4%,出口 223.2 亿美元,同比增长 4.9%。

(六)"双碳"目标引领石化设备高质量发展

2023 年,中国石化装备制造行业在技术创新,高端化、绿色化、智能化发展方面取得成效,掌握了多项重大装备制造核心技术,打造出一系列石化重器。国家统计局数据显示,2023 年,石油和天然气开采业累计完成固定资产投资额同比增长 15.2%;化学原料和化学制品制造业同比增长 13.4%;石油、煤炭及其他燃料加工业同比下降 18.9%。

全年行业发展主要特点表现为:一是国家政策层面大力推广节能减排降碳先进技术,加快提升产品设备节能标准,推动大规模设备更新,带动行业发展。二是行业实施创新驱动发展战略,突破一批"卡脖子"重大技术装备。150 万吨/年乙烯"三机"(裂解气压缩机、丙烯压缩机、乙烯压缩机)、300 兆瓦级压缩空气储能装置核心机组等一批重大技术装备成功交付,保证了国家重点工程及重大项目的推进。三是由于全球原油价格在中高位波动运行,带动行业营业收入持续改善,企业盈利能力进一步提升。

(七)重型机械行业运行平稳,外贸规模创新高

2023 年,重型机械行业聚焦国家战略,一批重大技术装备成果填补国内外空白,行业经济运行总体平稳,外贸出口保持增长态势。行业运行呈以下主要特点:一是为响应"绿色矿山"国家战略,行业内企业推动节能环保技术与设备融合,设备向"大型化""智能化"不断升级,矿山机械行业从整机向成套转变,行业经营模式由制造转为"装备制造+服务"的综合模式,企业经营效益进一步提升。二是外贸出口保持增量市场。海关数据显示,2023 年重型机械行业实现进出口总额 394.98 亿美元,同比增长 13.64%。其中,出口额 355.81 亿美元,同比增长 15.56%;贸易顺差 316.64 亿美元,同比增长 18.06%。

(八)机床工具行业需求减弱,盈利水平同比下降

2023 年年初,机床工具行业呈恢复性增长,但是受国际环境、地缘政治及下游装备投资乏力等因素影响,全年营业收入、利润总额同比有所下降。全年机床行业运行呈现以下特点:一是行业整体需求减

弱,订单总量下滑。二是价格下行成本上升双向压缩利润空间。由于需求减弱,市场竞争加剧,部分产品价格下行,用工成本上升等因素影响,2023年机床工具行业利润总额同比大幅下降。三是各分行业间运行呈现分化。受能源、汽车等领域对装备加工质量和效率提升要求的拉动,部分金属切削机床市场订单有所增加,金属成形机床订单饱和。而磨料磨具行业上年基数较高,2023年以来国内外市场双双转冷,分行业营业收入和利润均大幅下降。四是金属加工机床产量和生产额均小幅增长。五是金属加工机床出口增长。

(九)机器人行业发展放缓

在经历连续几年的高增长后,受传统下游电子消费疲软、一般工业投资减弱等影响,2023年工业机器人行业整体发展放缓,市场表现相对疲软。国家统计局数据显示,全年工业机器人产量43万套,同比下降2.2%。从绝对量看,中国工业机器人产量连续2年迈上40万套大关,行业营业收入、利润总额同比增长。

（撰稿：李晓佳）

2023年钢铁行业运行情况综述

中国钢铁工业协会

2023年是全面贯彻党的二十大精神的开局之年,是三年新冠疫情防控转段后经济恢复发展的一年。一年来,在以习近平同志为核心的党中央坚强领导下,中国宏观持续稳定恢复,运行态势回升向好,供给需求稳步改善,转型升级积极推进,高质量发展扎实推进,主要预期目标圆满实现。一年来,中国钢铁行业坚持以习近平新时代中国特色社会主义思想为指导,在党中央、国务院的正确领导下,在国家有关部委的关心帮助下,广大企业克服各种困难和挑战,围绕"1231"行业发展目标①,有序开展各项工作,行业运行总体平稳,高质量发展迈出坚实步伐。

一、生产经营总体保持平稳,供给强于需求

2023年是钢铁行业极具挑战的一年。面对严峻的市场形势,钢铁行业真抓实干,积极适应市场、主动对接需求、调整品种结构、深化对标挖潜,生产经营整体保持平稳态势,为国民经济持续回升向好,高

质量发展稳步推进做出了钢铁贡献。同时也要看到,供给强于需求的情况仍然存在。

(一)钢产量基本持平,联合重组取得进展

2023年,全国生产铁87101.3万吨,较上年增长0.7%;生产钢101908.1万吨,较上年基本持平;生产材(含重复材)136268.2万吨,较上年增长5.2%。(见表1)钢铁协会会员企业生产铁、钢、材分别为7.47亿吨(同比增长4.2%)、8.25亿吨(同比增长2.8%)和8.26亿吨(同比增长4.6%)。

表1　2023年中国铁、钢、材产量

种类	产量/万吨	增速/%
铁	87101.3	0.7
钢	101908.1	0.0
材	136268.2	5.2

数据来源:国家统计局。

全年生产焦炭49260万吨,较上年增长3.6%;铁矿石原矿99055.5万吨,较上年增长7.1%;铁合

① 1231行业发展目标:"1"聚焦一个根本任务——全面提升产业基础能力和产业链现代化水平。"2"坚持两大发展主题——绿色低碳发展和智能制造。"3"着力解决行业三大痛点——控产能扩张、促产业集色、保资源安全。"1"推进一个重要进程——持续推进中国钢铁产业的国际化进程。

金 3465.0 万吨,较上年增长 1.4%。

从分品种产量同比增减量情况看,2023 年期间,全年累计实现增产品种排名前三位的分别是中厚宽钢带、镀层板带、热轧薄宽钢带,三个品种分别同比增加 2121 万吨(增幅 11.5%)、898 万吨(增幅 12.6%)、893 万吨(增幅 9.2%)。全年累计减产量最大的品种为钢筋,同比减产 482 万吨(降幅 2.1%)。

2023 年,国内钢产量排名前 10 位的企业合计产量为 4.21 亿吨,占全国钢产量的 41.4%,占比较上年下降 2.0 个百分点。千万吨级钢企集团(共 24 家)钢产量合计 60450 万吨(同比增加 1026 万吨,增幅 1.7%),占重点企业钢产量的 73.3%,占全国钢产量的 59.3%。钢铁行业联合重组在 2023 年取得新进展。鞍钢参股凌钢,区域整合和产业布局优化迈出坚实一步;中信特钢与南钢携手,打造全球最大专业化特钢企业;建龙集团重整西宁特钢,混合所有制改革稳步推进;宝武战略投资山钢集团,实现优质钢铁基地强强联合。钢铁行业联合重组取得了进展,但与产业布局优化总体目标仍有差距。

(二)企业库存及社会库存低于上年同期

2023 年年末,中钢协监测的 21 个城市五大品种钢材社会库存合计 729 万吨,较上年同期减少 23 万吨,降幅 3.06%。重点统计钢铁企业钢材库存量 1236 万吨,较上年同期减少 70 万吨(降幅 5.34%)。2023 年总体情况看,企业及社会钢材库存量低于上年同期水平。

(三)生产强于消费,品种优化满足了下游需求

2023 年累计折合粗钢表观消费量 9.33 亿吨,同比减少 3245 万吨(降幅 3.4%),日均粗钢表观消费量 255.7 万吨。同期粗钢产量 10.19 亿吨,同比持平,日均生产粗钢 279.2 万吨。

从下游行业情况看,房地产行业各项指标延续上年下降态势,基础设施建设保持稳步增长;机械行业总体平稳运行,但各子行业表现较为分化;汽车行业产量超过 3000 万辆,新能源汽车产量占比超过三成;船舶三大指标均较上年有不同程度增长,占比均在全球一半以上;家电产量保持增长;集装箱产量回落至常态水平。钢材消费结构发生变化,绿色低碳驱动的新能源用钢等钢铁新需求增长,汽车、造船、家电等传统用钢需求提质。钢铁行业积极调整品种结构,满足了下游需求。

(四)中国钢产量与上年基本持平,占世界比重下降

从全球看,2023 年世界粗钢产量约为 18.50 亿吨,同比下降 0.1%[①],其中中国内地粗钢产量占世界粗钢产量的比重为 55.09%,占比较上年下降 0.89 个百分点。

2023 年,排名前十位产钢国家与上年未发生变化。全世界前十大产钢国家中,中国、美国 2023 年粗钢产量同比基本持平,日本、德国、土耳其、巴西四国粗钢产量同比下降,印度、俄罗斯、韩国、伊朗粗钢产量出现不同程度增加。见表 2。

表 2   2023 年全球钢产量前 10 位国家钢产量及增长率

排　名	1	2	3	4	5	6	7	8	9	10
国　家	中国	印度	日本	美国	俄罗斯	韩国	土耳其	德国	巴西	伊朗
产量/百万吨	1019.1	140.2	87.0	80.7	75.8	66.7	35.4	33.7	31.9	31.1
增长率/%	0.0	12.4	-2.5	0.0	6.0	1.2	-3.8	-4.0	-6.2	1.6

数据来源:中国钢产量数据来源于国家统计局,其他国家钢产量数据来源于世界钢铁协会。

---

①　数据来源于世界钢铁协会

砂及精矿 117906 万吨,同比增长 6.6%。见表 4。

二、钢材出口同比增长,缓解国内外市场阶段性供需矛盾

2023 年,中国累计出口钢材 9026 万吨,同比增长 36.2%。从各月出口情况看,1—5 月份各月出口量逐月递增,至 5 月份增长至年内月度最高值(836 万吨)。6—7 月期间,出口量略有下降。8 月份,出口量再次回升至 800 万吨以上,达到年内次高值(829 万吨)。9—12 月,各月出口量保持在 800 万吨上下水平。2023 年平均月均出口量 760 万吨,较上年增加近 200 万吨。2023 年多数钢材品种、对多数国家和地区钢材出口量均呈现大幅增长态势,主要原因有:第一,海外供需错配;第二,钢材出口效益好于内销;第三,人民币贬值;第四,"一带一路"倡议拉动等。见表 3。

表 3　2019—2023 年中国钢材、钢坯出口情况

种　类	2019 年/万吨	2020 年/万吨	2021 年/万吨	2022 年/万吨	2023 年/万吨
钢坯/锭	4	2	4	103	328
钢材	6429	5367	6690	6732	9026

数据来源:海关总署。

2023 年,中国累计进口钢材 765 万吨,同比下降 27.6%,为 21 世纪以来钢材进口的最低水平;累计进口钢坯约 327 万吨,同比下降 48.8%;累计进口铁矿

表 4　2019—2023 年中国进口钢材、铁矿石情况

种　类	2019 年/万吨	2020 年/万吨	2021 年/万吨	2022 年/万吨	2023 年/万吨
钢坯/锭	306	1833	1372	637	327
钢材	1230	2023	1427	1057	765
铁矿砂及精矿	106895	117010	112432	110686	117906

数据来源:海关总署。

2023 年中国折合粗钢净出口量约 8565 万吨,同比增长 64.2%。钢材出口增长是企业按照市场化原则积极参与国际竞争的体现,缓解了国内外市场阶段性供需矛盾,但在当前世界经济贸易形势下,也面临贸易摩擦加剧的风险,2023 年全球已有 5 个国家对华钢铁产品发起了 6 起贸易救济调查,需引起重视。中国钢铁坚持以满足国内需求为主的定位,不鼓励普通产品出口,保持一定比例高附加值产品出口,以促进行业在联接世界、参与高水平竞争与服务中不断发展。

钢材进出口价格方面,各月出口均价在 790 美元/吨~1350 美元/吨之间波动,进口均价在 1510 美元/吨~1800 美元/吨波动。2023 年上半年,各月进出口价差在 300 美元/吨~600 美元/吨之间波动,5 月份起,进出口价差迅速扩大至 700 美元/吨~800 美元/吨后持续处于高位。见图 1。

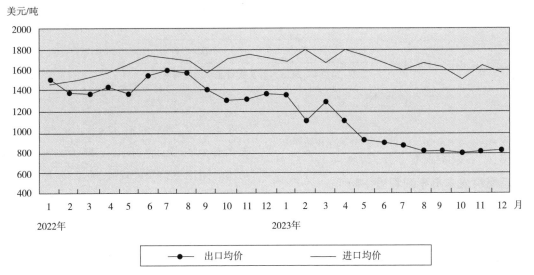

图 1　2022 年 1 月—2023 年 12 月各月钢材进出口均价情况

数据来源:根据海关总署数据计算得出。

三、钢材价格指数均值较上年下降，
无缝钢管价格下降最为显著

2023 年 12 月末，中国钢材价格指数（CSPI）为 112.90 点，比上年同期下降 0.35 点。其中，CSPI 长材指数为 116.11 点，比上年同期下降 2.56 点；CSPI 板材指数为 111.80 点，较上年同期下降 1.11 点。见表 5。

表 5　2019—2023 年国内钢材价格指数情况

种　类	2019 年年末	2020 年年末	2021 年年末	2022 年年末	2023 年年末
综合/点	106.10	129.14	131.70	113.25	112.90
长材/点	109.70	128.63	137.27	118.67	116.11
板材/点	104.55	133.22	128.77	112.91	111.80

数据来源：《国际、国内市场价格及指数》。
注：各年年末数据为该年最后一周数据。

从月度走势看，除 12 月当月价格较上年有所上涨外，其余月份价格均低于上年同期水平。2023 年，CSPI 钢材综合指数平均值为 111.60 点，较上年下降 11.07 点。从近 10 年综合指数平均值看，2023 年综合指数在 5 年内排名位于中游水平。

2023 年，八大钢材品种平均价格较上年均有不同程度下降。其中高线 4121 元/吨（同比下降 10.08%）、螺纹钢 3861 元/吨（同比下降 10.75%）、角钢 4119 元/吨（同比下降 12.06%）、中厚板 4161 元/吨（同比下降 9.43%）、热轧卷板 4110 元/吨（同比下降 9.09%）、冷轧薄板 4709 元/吨（同比下降 6.52%）、镀锌板 5039 元/吨（同比下降 6.27%）、无缝钢管 4967 元/吨（同比下降 12.06%）。均价降幅最为明显的钢材品种为角钢和无缝钢管，均价减量最为显著的是无缝钢管，较上年下降 681 元/吨。见图 2。

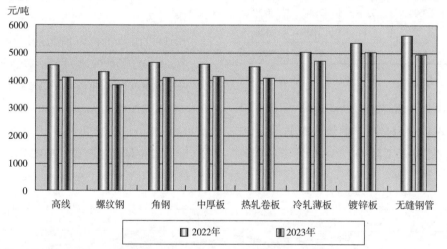

元/吨

图 2　2022 年、2023 年八大钢材品种均价情况

数据来源：中国钢铁工业协会。

四、矿石采购成本上升，其余
原燃料成本有不同程度下降

2023 年全年，钢铁生产所需的原燃料采购价格有升有降，其中矿石采购成本上涨，其余采购成本有不同程度下降。其中，国产铁精矿 859 元/吨，同比上涨 4.37%；进口粉矿 878 元/吨，同比上涨 4.32%；炼焦煤 1929 元/吨，同比下降 18.75%；冶金焦 2294 元/吨，同比下降 21.57%；喷吹煤 1321 元/吨，下降 21.15%；废钢 2653 元/吨，同比下降 14.11%。

从铁矿石供应情况看，全年国内累计生产铁矿石 9.91 亿吨，同比增长 7.1%。2023 年国产铁精矿产量为 29834 万吨[①]（2022 年为 28654 万吨），同比

---

① 数据来源：中国冶金矿山企业协会测算。

增加约 1180 万吨,增幅 4.1%。国产铁矿石原矿和铁精矿产量均较上年有不同程度增长,表明国产矿保障能力有所提升。

2023 年累计进口铁矿石 11.79 亿吨,同比增长 6.6%;进口额 1340 亿美元,同比增长 4.9%。全年累计进口均价 113.6 美元/吨,同比下降 1.6%。受汇率影响,折合人民币的均价则较上年上涨 4.3%。2023 年,进口铁矿石当月进口均价在 101 美元/吨 ~ 123 美元/吨之间波动。2023 年的多数月份,铁矿石进口均价低于上年同期,9 月份之后,当月均价逐渐高于上年同期水平。见图 3。

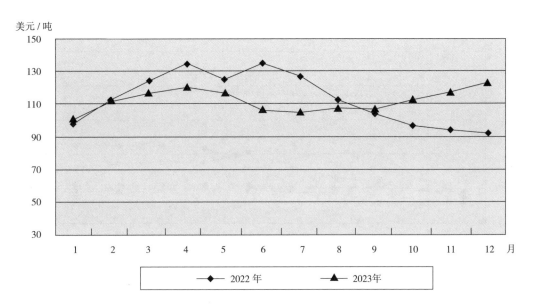

图 3　2022 年、2023 年各月进口铁矿石价格

数据来源:根据海关总署数据计算得出。

2023 年年底,进口铁矿石港口库存为 1.20 亿吨,同比下降 9.05%,与年内最高值相比下降 15.69%。2023 年年末铁矿石港口库存情况处在近四年同期较低水平。见图 4。

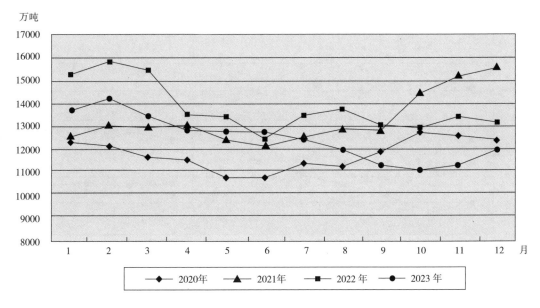

图 4　2020—2023 年进口铁矿石港口库存情况

数据来源:中国钢铁工业协会。

五、铁矿投资大幅下降，
重点企业投资结构持续优化

2023 年 1—12 月累计,黑色金属冶炼和压延加

工业投资累计同比增长 0.2%,上年同期为同比下降 0.1%。同期制造业投资增速为同比增长 6.5%,黑色金属冶炼业投资增速低于制造业投资平均增速 6.3 个百分点。见图 5。

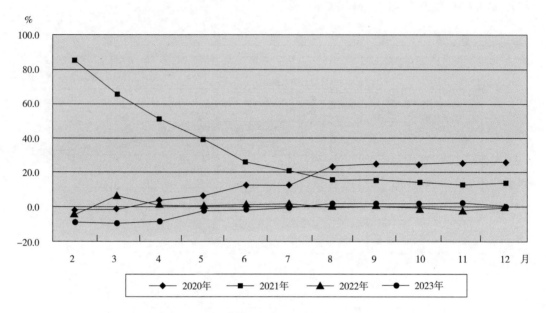

图 5 2020—2023 年黑色金属冶炼和压延加工业固定资产投资累计同比增长率情况

数据来源:国家统计局。

黑色金属矿采选业固定资产投资累计完成额同比下降 6.8%,上年同期为同比增长 33.3%。黑色金属矿采选业固定资产投资累计同比与上年同期、全

国固定资产投资、制造业投资平均增速相差较大。见图 6。

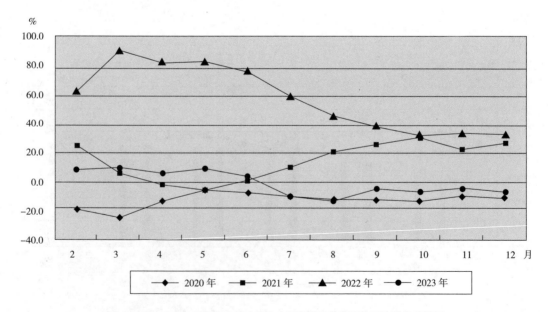

图 6 2020—2023 年黑色金属矿采选业固定资产投资累计同比增长率情况

数据来源:国家统计局。

民间投资中,2023年投向黑色金属冶炼和压延加工业固定资产投资累计同比增长1.1%,上年同期为同比下降0.2%;投向黑色金属矿采选业固定资产投资累计完成额同比下降25.5%(降幅高于行业平均值18.7个百分点),而上年同期为同比增长27.9%。见图7。

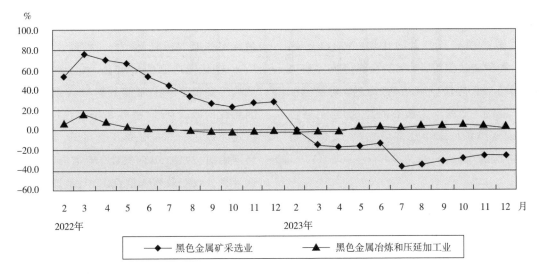

图7 2022年2月—2023年12月钢铁工业民间投资累计同比增长率情况

数据来源:国家统计局。

2023年期间,黑色金属冶炼业投资增速趋近于零增长,与上年相比增速转正。黑色金属矿采选业投资则呈现同比下降态势,与上年同比两位数正增长差距较大。从民间投资增速情况看,黑色金属冶炼业投资积极性好于行业平均水平,而铁矿投资的积极性较行业平均值更低。

钢铁协会会员企业固定资产投资结构继续优化。重点企业固定资产投资累计完成额1541亿元,同比增加212亿元,增幅15.9%;剔除个别企业数据波动较大的影响因素,全年累计投资同比增长2.8%。其中:节能环保类投资、改进工艺提高质量增加品种类投资占据主导,产能建设类投资占比下降。

六、效益明显下滑,但行业总体资产状况仍处于较好水平

2023年,会员钢铁企业营业收入6.47万亿元,同比下降1.37%;营业成本6.10万亿元,同比下降0.98%;实现利润总额855亿元,按快报可比口径同比下降12.47%,但各月均保持盈利;平均销售利润率为1.32%,按快报可比口径同比下降0.17个百分点,在工业行业中排名靠后;亏损面34.78%,同比下降7.61个百分点。

2023年,行业总体资产状况仍处于较好水平,经营较为稳健。其中重点统计会员钢铁企业资产负债率为62.52%,按快报可比口径同比上升0.27个百分点;流动比率同比上升1.63个百分点;应收账款同比下降2.71%,存货占用资金同比增长1.99%。虽然钢铁行业经济效益较上年有所下降,但钢铁企业研发费用依然保持着稳定上升态势。

从月度数据看,钢铁协会重点统计钢铁企业虽各月均保持盈利,但利润水平持续低位,销售利润率在工业行业中排名靠后。钢铁行业总体呈现"需求减弱、价格下降、成本高企、利润下滑"的态势,提质增效难度加大,但行业总体资产状况仍有抵御阶段性风险的基础和实力。

七、国内矿藏开发取得新进展,资源保障能力得到提升

2023年期间,钢铁协会配合国家发展改革委调研重点铁矿项目开发,协调解决审批建设问题,动态调整项目清单和分类,2023年增加10项进入清单,

涉及铁精矿产能 2276 万吨。

中国五矿陈台沟铁矿项目开工建设，鞍钢矿业齐大山和大孤山铁矿分别获得扩界采矿许可证。至 2024 年年初，列入铁资源开发计划的国内重点铁矿项目已开工超过 10 项，新增铁精矿产能约 5000 万吨。2023 年，国产铁矿石产量同比增长 7.1%。同时，推进废钢资源高效应用，呼吁主管部门统筹解决废钢领域相关问题，启动《再生钢铁原料》国家标准修订，形成以钢铁企业需求为核心的意见共识，通过标准修订实现既维护国家生态环境安全，又促进再生钢铁原料进口的目标。

八、深入开展各项工作，促进行业绿色低碳发展

加大节能环保投资，钢企环境绩效持续提升。在工序能耗方面，2023 年，重点统计钢铁企业烧结、球团、焦化、炼铁、转炉炼钢、电炉炼钢工序能耗分别同比下降 0.50%、4.52%、1.36%、0.09%、9.71%、0.37%。因品种结构升级，钢加工工序能耗同比上升 0.25%。伴随着超低排放改造进程加快，环保设施用电量增加，叠加临时性环保限产措施，导致吨钢综合能耗同比上升 1.21%；吨钢可比能耗同比上升 0.30%；吨钢耗电同比上升 1.56%。减排方面，重点统计钢铁企业用水总量同比增长 3.29%。其中，取新水总量同比下降 1.16%；重复用水量同比增长 3.37%。水重复利用率同比提高 0.08 个百分点；吨钢耗新水同比下降 0.95%。外排废水总量同比下降 12.39%。外排废水中化学需氧量、氨氮、挥发酚、总氰化物、悬浮物、石油类污染物排放量同比下降 17.68%、14.78%、22.05%、28.07%、2.91%、12.57%。外排废气中二氧化硫和颗粒物排放量同比下降 9.08% 和 8.80%。固体废物综合利用方面，钢渣、高炉渣和含铁尘泥利用率均保持在 98% 以上。可燃气体利用方面，高炉煤气、转炉煤气、焦炉煤气利用率比上年小幅提升，焦炉煤气放散量大幅下降，转炉煤气吨钢回收量比上年同期增长 0.95%。钢铁行业通过深入开展各项工作，环境绩效不断提升，促进行业绿色低碳发展。

实施超低排放、追求极致能效，促进行业绿色低碳发展。截至 2023 年年底，共有 116 家钢铁企业通过超低排放改造和评估监测。其中，89 家企业约 4.26 亿吨粗钢产能完成全工序超低排放改造，吨钢投资约 452 元；27 家企业约 1.05 亿吨产能完成部分工序超低排放改造；39 家企业约 0.85 亿吨产能正在评审中。深入实施极致能效工程，开展第二批"双碳最佳实践能效标杆示范厂"培育企业申报，37 家钢厂 2.37 亿吨产能参与培育，累计参与培育产能 4.4 亿吨。发布重点工序能效对标数据填报系统，夯实能耗数据治理基础，举办 8 场专题技术对接会，推动极致能效在全行业形成高度共识，宝武、鞍钢、首钢、河钢集团、沙钢、山钢集团、建龙集团、陕钢、宁波钢铁等将极致能效列入重点工作，制订方案系统推进。

推进环境产品声明（EPD）平台建设、编制低碳钢标准，主动构建绿色钢铁话语体系。钢铁行业 EPD 平台的影响力正在彰显，截至 2023 年年底，累计发布 100 份 EPD、8 份产品种类规则（PCR）；注册用户 3300 多家，涉及政府部门、钢铁企业、铁矿石企业，以及汽车、家电、建筑等用钢企业、高校和研究机构。EPD 正逐渐成为下游企业选择供应商、打造零碳供应链的重要判断依据，家电行业已达成意向采用钢铁行业 EPD 平台数据作为碳足迹数据基础。积极推进国际化发展，与日本、意大利、瑞典、澳大利亚、德国、美国、奥地利及爱尔兰等国家的 EPD 平台联系推进互认，得到积极回应，与日本相关机构签订互认备忘录。发布全球首个特殊钢绿色低碳评价种类规则《（汽车用）特殊钢 PCR》，获得世界钢协"Steelie 奖"，在国际低碳评价体系与创新领域打上"中国钢铁印记"。开展符合低碳发展方向和中国发展条件的低碳钢标准编制。

聚焦前沿技术、开展协同攻关，促进低碳技术和新产品研发取得突破。2023 年，低碳冶金技术路径探索取得新突破：全球首个工业级别 2500 立方米富氢碳循环氧气高炉在宝武八钢投运，河钢集团全球首例 120 万吨氢冶金示范工程一期取得成功，国内首套百万吨级氢基竖炉在湛江钢铁点火投产。新版"上海共识"在鞍山发布，加大共性技术协同攻关，推动行业科技创新。2023 年，冶金科学技术奖申报单位数创历史新高，表彰项目 106 项，其中特等奖 1 项、一等奖 22 项、二等奖 29 项、三等奖 54 项。推进"世界前沿低碳共性技术开发支持计划"，为宝武、鞍

钢、河钢集团、中信特钢、中国钢研、河南钢铁等单位关键技术创新和低碳冶金项目争取政策和资金支持。加速新产品新材料研发,鞍钢先进高强汽车用钢低密度钢系列产品、宝武无取向硅钢产品、首钢取向电工钢产品等全球首发,新兴铸管自主研发的铸管生产装备打破国际垄断,河北龙凤山"4N级高超纯铁的研制与开发"项目荣获第五届"中国先进技术转化应用大赛"新材料领域技术创新类唯一金奖,钢铁企业高质量履行钢铁材料供给保障使命。

九、打造数字生态,行业智能制造水平提升

钢铁企业积极推进数字化、智能化转型,形成包含智慧生产、质量管控、设备运维、无人库区、安环消防多业务集成的平台管控架构,实现了生产效率提高、能效水平提升、质量稳定性提高、员工劳动强度降低。目前,钢铁行业机器人应用密度达到 54 台(套)/万人,90%的钢铁企业建立了生产制造执行及能源管控系统。围绕"搭平台、抓基础、树标杆"统筹整合优质资源,打造行业智能制造解决方案资源池。2023 年期间,钢铁协会组织举办智能制造创新大赛(钢铁行业赛道),遴选发布《钢铁行业智能制造解决

方案推荐目录(2023 年)》,编制并发布了《钢铁行业智能制造标准体系建设指南(2023 版)》等行业指引性文件,加快建设智能制造标准体系,引导行业智能制造水平不断提升。

十、强化供需衔接,深化产业链合作

中国钢材消费总量已达峰,推动材料替代与升级、扩大钢铁应用十分必要。2023 年年底,钢协开展了 2023 年度跨产业巡回办公和高质量发展干部培训,与电力、石化、建筑、汽车、航运等行业深化交流,共商供需合作新路径。加快推进以推广钢结构建筑为主攻方向的钢铁材料应用拓展计划,促进装配式钢结构住宅建筑全产业链标准、规范有效衔接,扩大钢结构推广应用。2022 年,中国钢结构产量首次突破 1 亿吨,2023 年实现 5%~6% 的增长。在搭建上下游交流平台方面,2023 年全年船舶用钢供需座谈会共促成 23 场签约,9 家船企与首钢、湖南钢铁集团、龙腾特钢、日照钢铁集团营口中板有限公司等多家钢企签订长期直接采购协议。

(撰稿:谢聪敏　苏迎彬)

2023 年中国石油和化学工业发展综述

中国石油和化学工业联合会

2023 年,中国石油和化工行业经济运行效益大幅下降,但行业工业增加值增长加快,生产经营持续改善,重点产品产量增长明显,外贸进出口量增额降。原油价格和化工产品价格下跌明显,市场需求从底部回升,表观消费增速转正。

一、主要经济指标完成情况

据统计,2023 年,石油和化工行业规模以上企业工业增加值增长(同比,下同)8.4%;营业收入 16.0 万亿元,下降 1.1%;利润总额 8733.6 亿元,下降

20.7%;进出口贸易总额 9522.9 亿美元,下降 9.0%;全国油气总产量 4.2 亿吨(油当量),增长 3.9%;原油加工量 7.4 亿吨,增长 9.3%;主要化学品总产量增长约 6.0%。

(一)全行业增加值维持高位,营业收入略降

国家统计局数据显示,截至 2023 年年底,石油和化工行业规模以上企业 30507 家,增加值累计增长 8.4%,高于全国工业增加值增速 3.8 个百分点。其中,化学工业增加值增长 9.2%,增速比 2022 年高 3.6 个百分点。炼油业工业增加值增长 8.3%,2022

年为下降 8.0%;石油和天然气开采业工业增加值增速由负转正,增长 3.4%,增速比 2022 年低 1.9 个百分点。总体看,全行业产业结构持续优化,增加值继续保持在高位。见图 1、图 2。

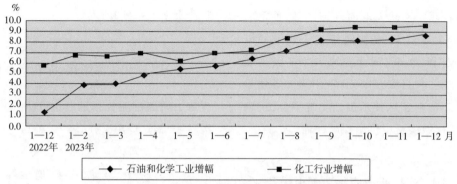

图1 2022.12—2023.12 石油和化学工业增加值增长趋势

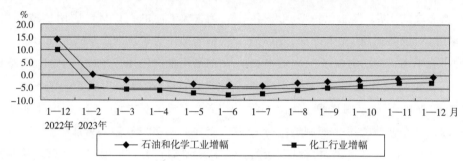

图2 2022.12—2023.12 石油和化学工业营业收入增长趋势

2023 年,石油和化工行业实现营业收入 16.0 万亿元,下降 1.1%,占全国规模工业营业收入的 12.0%。其中,化学工业营业收入 9.3 万亿元,下降 2.7%;炼油业营业收入增长 2.2%;石油和天然气开采业营业收入 1.4 万亿元,下降 3.9%。

(二)全行业生产保持增长态势

据统计,2023 年,全国原油天然气总产量 4.2 亿吨(油当量),增长 3.9%,增速比 2022 年低 0.7 个百分点。主要化学品总产量增长 6.0%,2022 年为下降 0.4%。见图 3。

油气及成品油生产保持增长。2023 年,全国原油产量 2.1 亿吨,增长 2.0%,增速比 2022 年低 0.9 个百分点;天然气产量 2297.1 亿立方米,增长 5.8%,增速比 2022 年低 0.6 个百分点。原油加工量 7.4 亿吨,增长 9.3%;成品油产量(汽、煤、柴油合计,下同)4.3 亿吨,增长 16.5%,增速比 2022 年高 13.3 个百分点。其中,柴油产量 2.2 亿吨,增长 13.3%;汽油产量 1.6 亿吨,增长 10.1%;煤油产量 4968.4 万吨,大幅增长 68.3%。

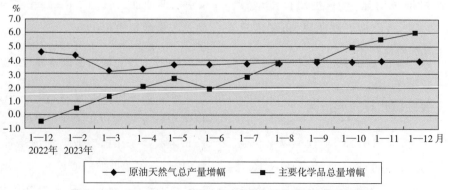

图3 2022.12—2023.12 全国油气当量和主要化学品产量增长趋势

化学品生产平稳,部分产品产量大幅增长。2023年,主要化学品总产量增长6.0%,全国乙烯产量3189.9万吨,增长6.0%;硫酸产量9580.0万吨,增长3.4%;烧碱产量4101.4万吨,增长3.5%;纯碱产量3262.4万吨,增长10.1%;合成树脂产量1.2亿吨,增长6.3%;合成纤维单(聚合)体产量8456.0万吨,增长13.0%。此外,轮胎外胎产量9.9亿条,增长15.3%。

农化产品生产平稳。2023年,全国化肥总产量(折纯,下同)5713.6万吨,增长5.0%。农药原药产量(折100%)267.1万吨,增长2.8%。

(三)全行业表观消费量保持增长

数据显示,2023年,原油天然气表观消费总量11.2亿吨(油当量),增长8.2%;主要化学品消费增长6.2%。见图4。

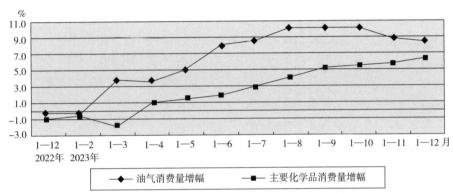

图4　2022.12—2023.12油气和主要化学品表观消费总量增长走势

能源消费保持增长。2023年,国内原油表观消费量7.7亿吨,增长8.5%;天然气表观消费量3907.2亿立方米,增长7.5%。国内成品油表观消费量3.9亿吨,增长15.5%。其中,柴油表观消费量2.0亿吨,增长12.3%;汽油表观消费量1.5亿吨,增长11.3%;煤油表观消费量3423.4万吨,大幅增长73.6%。

基础化学原料及合成材料消费增长明显。数据显示,2023年,基础化学原料表观消费总量增长6.2%。其中,无机化学原料表观消费量增长5.8%,有机化学原料表观消费量增长6.8%。主要基础化学原料中,乙烯表观消费量3386.6万吨,增长5.8%;硫酸表观消费量9361.5万吨,增长4.9%;烧碱表观消费量3854.8万吨,增长6.0%;纯碱表观消费量3181.8万吨,增长14.9%。合成材料表观消费总量约2.3亿吨,增长6.7%。其中,合成树脂表观

消费量1.3亿吨,增长3.7%;合成橡胶表观消费量1461.6万吨,增长6.0%;合成纤维单(聚合)体表观消费总量8298.2万吨,增长12.2%。

化肥消费小幅增长。2023年,全国化肥表观消费总量(折纯,下同)5352.0万吨,增长4.9%。

(四)全行业投资高于工业平均水平

国家统计局数据显示,2023年,化学原料和化学制品制造业投资增长13.4%,增速比2022年低5.4个百分点;石油和天然气开采业投资增长15.2%,增速比2022年低0.3个百分点;石油、煤炭及其他燃料加工业投资下降18.9%,降幅比2022年扩大8.2个百分点。2023年,全国工业投资增长9.0%,制造业投资增长6.5%,油气开采业和化工投资增速明显超出全国工业和制造业平均水平。见图5。

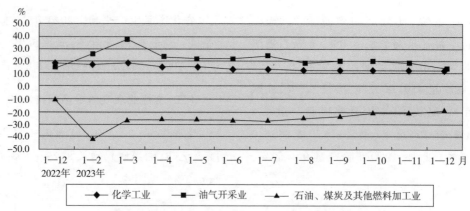

图 5　2022.12—2023.12 石油和化工行业投资增长走势

(五) 进出口总额、贸易逆差均下降

海关数据显示,2023 年,全行业进出口总额 9522.9 亿美元,下降 9.0%,占全国进出口总额的 16.0%。其中,出口总额 3165.3 亿美元,下降 11.2%;进口总额 6357.5 亿美元,下降 7.9%。贸易逆差 3192.2 亿美元,下降 4.3%。见图 6。

2023 年,基础化学原料出口额 953.5 亿美元,下降 20.6%;合成材料出口额 340.8 亿美元,下降 11.8%;橡胶制品出口额 575.2 亿美元,下降 6.0%。此外,成品油出口量 4197.9 万吨,增长 21.9%;出口额 352.7 亿美元,增长 7.7%。化肥出口(实物量) 3146.1 万吨,增长 27.2%;出口额 98.4 亿美元,下降 14.0%。

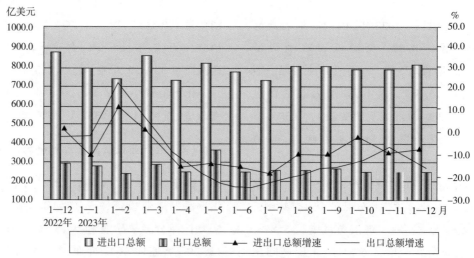

图 6　2022.12—2023.12 石油和化工行业进出口总额累计增长走势

2023 年,中国进口原油 5.64 亿吨,增长 11.0%,对外依存度 72.9%,比 2022 年提高 1.7 个百分点;进口天然气 1.21 亿吨,增长 10.1%,对外依存度 41.2%,比 2022 年提高 1.0 个百分点。

二、行业效益情况

统计数据显示,2023 年,全行业实现利润总额 8733.6 亿元,下降 20.7%,占全国规模利润总额的 11.4%。每 100 元营业收入成本 83.1 元,亏损企业亏损额 2197.9 亿元,全行业亏损面为 22.2%,资产总计 17.8 万亿元,资产负债率 55.5%。见图 7、图 8。

盈利能力略有下降。2023 年,全行业营业收入利润率为 5.5%,下降 1.3 个百分点,较全国规模工业低 0.3 个百分点;毛利率为 16.9%,下降 0.7 个百分点。

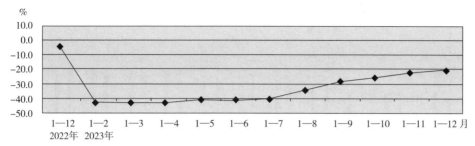

图7　2022.12—2023.12石油和化工行业利润总额增长走势

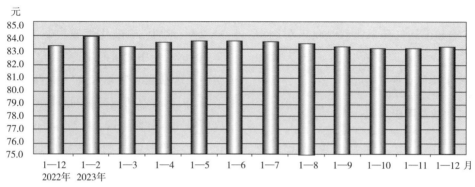

图8　2022.12—2023.12石油和化工行业100元营业收入成本变化

(一)油气开采业效益增速由正转负

截至2023年年底,石油和天然气开采业规模以

上企业494家,累计实现利润总额3010.3亿元,下降15.5%,2022年为增长114.7%。见图9。

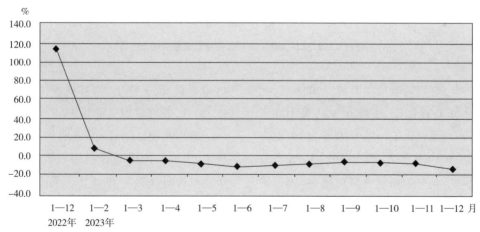

图9　2022.12—2023.12石油和天然气开采业利润增长走势

营业成本增加。2023年,石油和天然气开采业营业成本8676.0亿元,增长2.4%;每100元营业收入成本为60.3元,增长3.8元。油气开采业亏损面为19.6%,亏损企业亏损额235.5亿元,增长14.2%;资产总计3.0万亿元,增长8.5%,资产负债

率50.1%;应收票据及账款1178.8亿元,增长5.3%;产成品资金123.1亿元,增长1.4%。数据还显示,2023年油气开采业财务费用下降6.7%,管理费用增长8.3%。见图10。

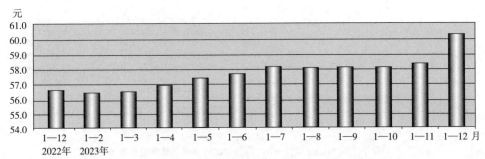

图10　2022.12—2023.12石油和天然气开采业100元营业收入成本变化

2023年，石油和天然气开采业营业收入利润率为20.9%，毛利率39.7%，产成品存货周转天数为4.9天，应收账款平均回收期27.4天。

（二）化学工业效益下降明显

截至2023年年底，化工行业规模以上企业26843家，累计实现利润总额4862.6亿元，下降31.2%。其中，基础化学原料制造利润总额大幅下降50.6%；专用化学品制造利润总额下降14.0%；化学矿采选利润总额增长27.9%；肥料制造利润总额下降29.2%；农药制造利润总额大幅下降62.2%；合成材料利润总额下降21.7%；涂（颜）料制造利润增长1.0%；橡胶制品利润大幅增长72.6%；煤化工产品制造亏损。见图11。

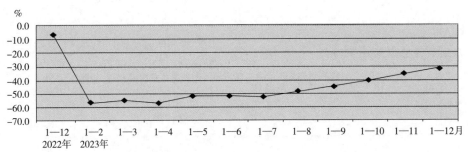

图11　2022.12—2023.12化工行业利润总额增长走势

营业成本下降，百元营收成本增加。2023年，化工行业营业成本8.0万亿元，下降0.6%；每100元营业收入成本86.6元。化工行业亏损面为22.6%；亏损企业亏损额1579.9亿元，增长16.2%；资产总计11.50万亿元，增长5.3%；资产负债率54.2%；应收票据及账款1.1万亿元，增长2.7%；产成品资金4590.8亿元，下降1.3%。此外，2023年财务费用增长1.7%，管理费用下降0.3%。

2023年，化工行业营业收入利润率为5.2%，毛利率13.4%，产成品存货周转天数为21.0天，应收账款平均回收期为39.1天。见图12。

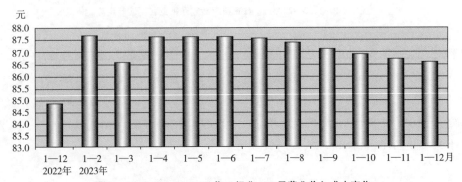

图12　2022.12—2023.12化工行业100元营业收入成本变化

三、主要市场走势

2023年，石油和主要化学品市场受能源价格高位回落和供需压力加大影响，产品价格同比下跌较为明显。

国家统计局价格指数显示，全年油气开采业出厂价格同比下跌10.2%，化学原料和化学品制造业同比下跌9.0%。从走势上看，上半年特别是二季度油价和化工品价格较快下跌，三季度有所反弹，四季度再次有所回落。见图13。

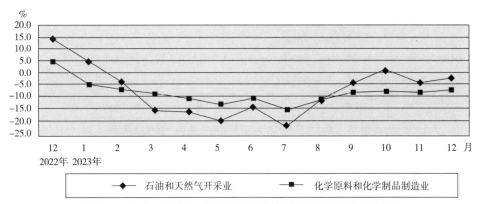

图13　2022.12—2023.12油气开采和化工行业生产者出厂价同比走势

（一）国际原油市场

监测数据显示，2023年12月，WTI原油（普氏现货，下同）均价72.1美元/桶，环比下降6.8%，同比下降5.8%；布伦特原油均价77.9美元/桶，环比下

降6.3%，同比下降3.9%；迪拜原油均价77.4美元/桶，环比下降7.4%，同比增长0.2%；胜利原油均价79.3美元/桶，环比下降4.8%，同比下降2.7%。见图14。

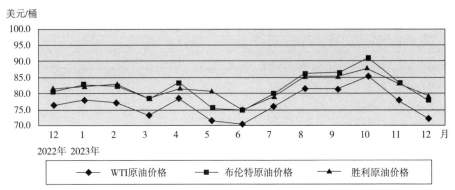

图14　2022.12—2023.12国际原油普氏现货价格走势

2023年，WTI原油均价77.6美元/桶，下降17.8%；布伦特原油均价82.6美元/桶，下降18.3%；迪拜原油均价81.9美元/桶，下降15.0%；胜利原油均价82.2美元/桶，下降17.9%。

（二）基础化学原料市场

市场监测数据显示，2023年，在49种主要无机

化学原料中，市场均价下降的有41种，占比83.7%；在72种主要有机化学原料中，市场均价下降的有65种，占比90.3%。

无机化学原料。2023年12月，硫酸（98%硫磺酸）市场均价249.1元（每吨，下同），环比下降1.8%；全年均价216.3元，大幅下降64.8%。硝酸（≥98%）市场均价2148.8元，环比下降3.0%；全年

均价 1987.6 元,下降 18.8%。烧碱(98%片碱)均价 2930.0 元,环比下降 4.9%;全年均价 3244.5 元,下降 19.6%。纯碱(重质)均价 2888.1 元,环比增长

19.3%;全年均价 2735.2 元,下降 4.1%。电石均价 3000.0 元,环比增长 4.8%;全年均价 3150.0 元,下降 21.5%。见图 15。

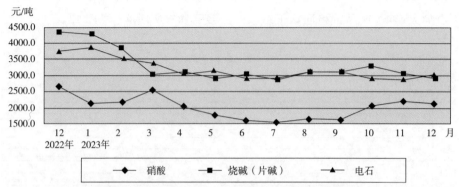

图 15　2022.12—2023.12 硝酸、烧碱、电石市场价格走势

有机化学原料。2023 年 12 月,乙烯(东北亚)市场均价 859.1 美元,环比下降 0.4%;全年均价 829.7 美元,下降 18.6%。国内市场中,丙烯市场均价 6921.0 元,环比下降 2.3%;全年均价 6968.0 元,下降 10.1%。纯苯均价 7057.6 元,环比下降 7.6%;全年均价 7248.7 元,下降 10.7%。甲苯(石油级,净

水)均价 6599.5 元,环比下降 4.1%;全年均价 7257.4 元,下降 2.6%。甲醇均价 2458.1 元,环比下降 0.4%;全年均价 2488.5 元,下降 11.0%。乙二醇(优等品)均价 4182.5 元,环比增长 2.1%;全年均价 4086.0 元,下降 10.2%。见图 16。

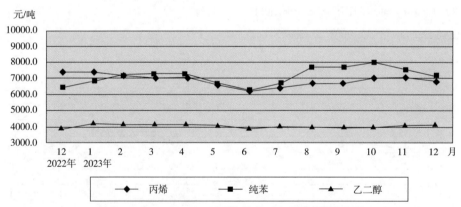

图 16　2022.12—2023.12 丙烯、纯苯、乙二醇市场价格走势

(三)合成材料市场

市场监测数据显示,2023 年,在 69 种主要合成材料中,市场均价下降的有 63 种,占比 91.3%。

合成树脂。2023 年 12 月,聚氯乙烯(SG-5)市场均价 5741.0 元,环比下降 2.8%;全年均价 6042.4 元,下降 19.9%。低压聚乙烯(5000S)均价 8519.1 元,环比下降 0.4%;全年均价 8958.9 元,增长 3.9%。聚丙烯(T30S)均价 7922.9 元,环比下降

2.6%;全年均价 7744.0 元,下降 7.6%。见图 17。

合成橡胶。2023 年 12 月,顺丁橡胶(BR9000)市场均价 12042.9 元,环比下降 3.0%;全年均价 11580.3 元,下降 11.7%。丁苯橡胶(1502)均价 11654.8 元,环比下降 2.4%;全年均价 11827.7 元,下降 1.0%。丁腈橡胶(1052)均价 16195.2 元,环比下降 2.0%;全年均价 16862.0 元,下降 21.6%。氯丁橡胶(A-90)均价 73000.0 元;全年均价 75805.6 元,下降 12.3%。

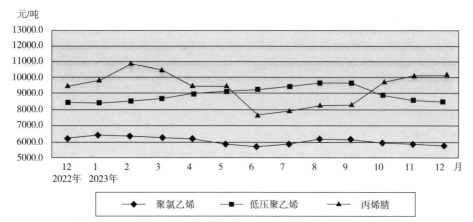

图17　2022.12—2023.12聚氯乙烯、低压聚乙烯、丙烯腈市场价格走势

合成纤维原料。2023年12月，己内酰胺（液体）市场均价13195.2元，环比增长1.7%；全年均价12622.9元，下降4.3%。丙烯腈均价10038.1元，环比下降1.0%；全年均价9440.0元，下降11.5%。精对苯二甲酸均价5746.7元，环比下降2.0%；全年均价5850.7元，下降3.4%。见图17。

2023年以来，国内经济持续复苏好转，需求有所恢复，市场信心逐渐增强。未来合成材料市场可能继续震荡调整，主要产品价格下滑速度逐渐放缓，趋于平稳。

（四）化肥市场

监测显示，2023年12月，尿素（小颗粒）市场均价2405.2元，环比下降2.7%；全年均价2474.7元，下降8.9%。碳酸氢铵（含氮量17.1%）均价940.5元，环比下降5.3%；全年均价954.6元，下降2.8%。磷酸二铵（64%颗粒）均价3750.0元，环比增长

0.3%；全年均价3644.8元，下降3.4%。氯化钾（60%粉）均价2879.1元，环比增长1.1%；全年均价2901.1元，下降31.9%。复合肥（45%CL）均价2730.0元，环比增长1.3%；全年均价2695.6元，下降18.6%。见图18。

四、行业景气指数

2023年12月，石油和化工行业景气指数微幅回落，降至100.97，较2023年11月下跌0.12个百分点，但仍处于正常偏上区间；较2022年12月上涨6.1个百分点，同比增速较11月上涨0.6个百分点。在剔除季节性因素影响后，仅石油和天然气开采业景气指数同比下降7.6%，燃料加工业，化学原料和化学制品制造业，橡胶、塑料及其他聚合物制品制造业景气指数同比分别增长12.9%、8.4%和9.7%。

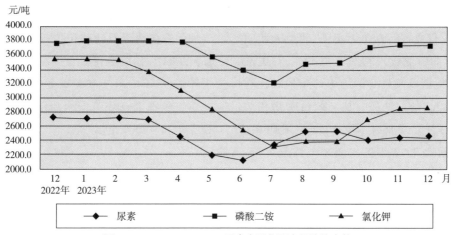

图18　2022.12—2023.12国内主要化肥市场价格走势

2023 年 12 月,中国经济呈现弱复苏状态。国家统计局数据显示,12 月,制造业采购经理指数(PMI)为 49%,比 11 月下降 0.4 个百分点,处于理论收缩区间。12 月,一、二线城市新房供应收缩,新房销售环比上升,符合年末翘尾特征,但仍处于近 5 年低位;二手房成交环比小幅下滑。11 月新增社会融资 2.5 万亿元,同比多增 4556 亿元,货币 M2(广义货币量)与 M1(狭义货币量)剪刀差继续走阔,人民币贷款增加 1.1 万亿元,同比少增 1368 亿元,人民币贷款余额同比增速 10.8%,保持稳定。国际市场,12 月主权债券收益率延续 11 月回落趋势,降幅有所收敛,受中东地区冲突升温影响,黄金价格大幅上升,大宗商品价格呈现筑底回补振荡特征,能源价格止跌回暖,有色金属(不含贵金属)和黑色金属价格大幅上涨。

2023 年 12 月,石油和化工行业景气指数环比下降 0.1 个百分点,与 11 月基本持平。分行业来看,受寒潮影响,中国北方大部分地区降温降雪,交通受限导致燃料需求下降,燃料加工业景气指数环比下降 2.3 个百分点,仍处过热区间。受燃料加工业生产热度下降和气候影响,石油和天然气开采业景气指数环比也下降 2.3 个百分点。橡胶、塑料及其他聚合物制品制造业在西方节日消费需求上升拉动下,景气指数环比上升 4.0 个百分点。受橡胶、塑料及其他聚合物制品制造业支撑,化学原料和化学制品制造业景气指数环比基本保持不变。

五、经济运行中的新情况新问题

一是效益改善还有空间。与发达国家和跨国公司相比,中国石化行业核心竞争力不强、效益差距明显。2023 年全行业营业收入利润率 5.47%,与美欧日等发达国家和地区以及自身的历史好年景相比有差距,低于“十四五”的前两年。从与效益密切相关的经营数据看,每百元营业成本较 2022 年增加 0.7 元,全行业亏损面比 2022 年扩大 2.8 个百分点,亏损企业亏损额占行业利润总额的 25.2%,存货 1.7

万亿元,占行业营业总收入的 10.6%。油气和化工两大板块的应收款有较大幅度增加,油气和炼油两大板块管理费用、炼油和化工两大板块财务费用增幅较大,证明降本增效和效益提升都有较大的潜力和空间。

二是资源约束的瓶颈再次凸显。中国发展石化产业“多煤缺油少气”的资源瓶颈难以突破,与美俄和海湾地区相比资源优势的差距十分明显。2023 年,原油进口量连续两年下降后再度增加,对外依存度比 2022 年提升;原油加工量继 2022 年下降 3.4% 后重回正增长。原油进口量和加工量均创历史新高。此外,中国发展化学工业所需的磷矿、钾矿、锂矿、硼矿、萤石、重晶石和天青石等资源也相对缺乏。乙烷裂解制乙烯和丙烷脱氢制丙烯用的轻烃资源主要依赖进口,受供应链安全影响的波动较大,与北美和海湾地区相比其竞争力大打折扣。

三是现代煤化工遭遇新瓶颈。2023 年,现代煤化工产业遭遇新困境,效益大幅下降。据煤化工专委会预测:煤制油利润同比下降 52.7%,煤制气利润同比下降 39%,煤制烯烃利润同比下降 82.4%。煤制乙二醇继续亏损 18.7 亿元;煤制烯烃营业收入同比下降 7.8%,利润大幅下降 82.4%,营收利润率 0.52%。现代煤化工遇到的新困境,有原料煤炭价格高位、电价高位、产品结构雷同、差异化和高端化不够的原因,也是升级示范装置所要经历的大考之一。

四是本质安全刻不容缓。《2023 年度中国石油和化工行业舆情报告》显示,2023 年安全形势比往年严峻,安全生产的警钟时时在敲响,本质安全的要求一刻也不能放松。广大石化企业应认真落实《关于加强今冬明春石油和化工行业安全生产工作的通知》的要求,始终敬畏安全生产、规范操作,严格落实主体责任,下大力气夯实安全生产工作基础,严防严控重点领域重点环节安全风险,确保石化生产的过程安全和本质安全。

(撰稿:马百凯)

2023年轻工行业发展综述

中国轻工业联合会

2023年,轻工业规模以上企业生产持续回升,盈利明显改善,营业收入、利润保持双增长,为国民经济稳增长做出积极贡献。行业主要经济指标公报如下。

一、轻工行业占全国工业比重

2023年轻工行业规模以上工业企业数占全国工业的26.9%,资产总额占全国工业的13.2%,营业收入占全国工业的16.7%,利润总额占全国工业的18.1%,轻工商品出口总额占全国商品出口的26.5%,进出口差额占全国贸易进出口差额的77.9%。

二、企业数

2023年,轻工行业全部工业企业约80万个,其中规模以上工业企业129777个。在规模以上工业企业中,行业企业数量排在前十位的是:农副食品加工行业企业数量25005个,塑料制品行业企业数量21800个,食品制造行业企业数量9774个,皮革及羽绒行业企业数量8587个,金属制品行业企业数量8076个,造纸行业企业数量7668个,家具行业企业数量7344个,工美行业企业数量5519个,文体行业企业数量5366个,家电行业企业数量4012个。

三、营业收入

2023年,轻工行业全部工业企业累计实现营业收入26万亿元。其中,规模以上企业累计实现营业收入22.2万亿元,同比增长1.6%。

在规模以上企业中:农副食品加工、电池制造、塑料制品、食品制造、家电、造纸6个行业的营业收入超过1万亿元,占整个轻工行业规模以上企业营业收入的67.3%。其中,农副食品加工行业营业收入5.4万亿元,电池制造行业营业收入2.2万亿元,塑料制品行业营业收入2.1万亿元,食品制造行业营业收入2.0万亿元,家电行业营业收入1.8万亿元,造纸行业营业收入1.4万亿元。营业收入排名前十位的行业及占比见图1。

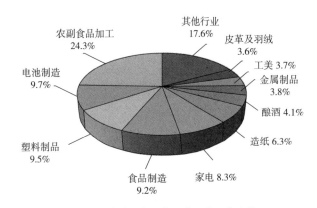

图1 2023年主要轻工行业营业收入占比情况

四、利润总额

2023年,轻工行业全部工业企业累计实现利润1.7万亿元。其中,规模以上企业累计实现利润1.4万亿元,同比增长3.8%。

在规模以上工业企业中:酿酒、食品制造、家电、农副食品加工、塑料制品、电池制造6个行业的利润总额超过1000亿元,占整个轻工行业规模以上企业利润的67.0%。其中,酿酒行业利润总额2503亿元,食品制造行业利润总额1667亿元,家电行业利润总额1565亿元,农副食品加工行业利润总额1391亿元,塑料制品行业利润总额1153亿元,电池制造行业利润总额1042亿元。利润总额排名前十位的行业及占比见图2。

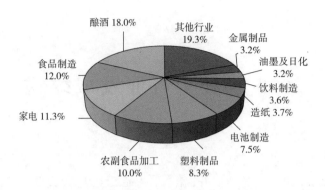

图 2　2023 年主要轻工行业利润总额占比情况

五、营业收入利润率

2023 年轻工行业规模以上工业企业营业收入利润率为 6.3%。其中:酿酒行业营业收入利润率为 27.7%,采盐行业营业收入利润率为 11.2%,日化行业营业收入利润率为 10.2%,饮料行业营业收入利润率为 9.9%,轻工机械行业营业收入利润率为 9.2%,陶瓷制品行业营业收入利润率为 8.9%,家电行业营业收入利润率为 8.5%,食品制造行业营业收入利润率为 8.1%。主要轻工行业营业收入利润率情况见图 3。

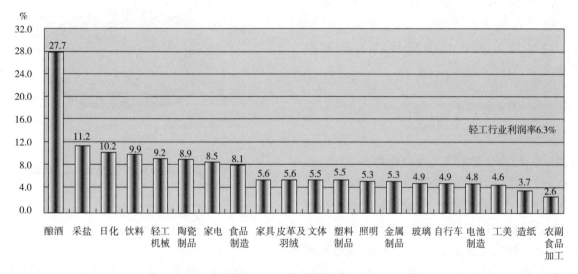

图 3　2023 年主要轻工行业营业收入利润率情况

六、进出口贸易

2023 年全国轻工行业进出口贸易总额为 11475.6 亿美元,同比下降 4.9%。其中:出口总额 8944.8 亿美元,同比下降 3.9%;进口总额 2530.8 亿美元,同比下降 8.2%;轻工行业进出口贸易顺差 6414.1 亿美元。

(一)出口贸易

2023 年,塑料制品行业、家电行业 2 个行业出口额超过 1000 亿美元。其中:塑料制品行业出口额 1086.6 亿美元,家电行业出口额 1030.7 亿美元。出口额排名前十位的行业及占比见图 4。

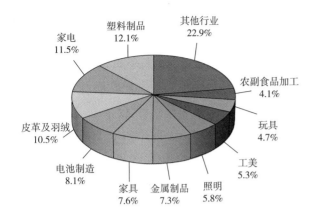

图4　2023年主要轻工行业出口额占比情况

（二）进口贸易

2023 年，农副食品加工行业、家电行业、造纸行业、日化行业、塑料制品行业、皮革及羽绒行业、食品制造行业、工美行业 8 个行业进口额超过 100 亿美元。其中：农副食品加工行业进口额 712.8 亿美元，家电行业进口额 391.4 亿美元，造纸行业进口额 307.7 亿美元，日化行业进口额 216.8 亿美元，塑料制品行业进口额 177.0 亿美元，皮革及羽绒行业进口额 151.0 亿美元，食品制造行业进口额 140.1 亿美元，工美行业进口额 108.5 亿美元。进口额排名前十位的行业及占比见图5。

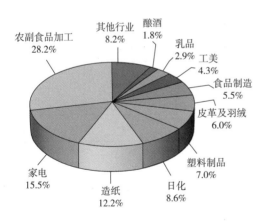

图5　2023年主要轻工行业进口额占比情况

七、主要产品产量

在国家统计局统计的 92 种轻工产品中，55 种产品产量实现了正增长，占全部轻工产品的 59.8%。主要轻工产品产量见表1。

表1　2023年全国主要轻工产品产量

产品名称	单位	产量
原盐	万吨	5256.8
饲料	万吨	31358.9
精制食用植物油	万吨	4897.0
成品糖	万吨	1270.6
鲜、冷藏肉	万吨	3923.5
乳制品	万吨	3054.6
白酒（折65度,商品量）	万千升	449.2
啤酒	万千升	3555.5
葡萄酒	万千升	14.3
软饮料	万吨	17499.8
机制纸及纸板（除外购原纸加工纸）	万吨	14405.5
其中：新闻纸	万吨	75.5
合成洗涤剂	万吨	1106.4
塑料制品	万吨	7488.5
饲料生产专用设备	万台	2.4
锂离子电池	万只（自然只）	2452774.9
太阳能电池	万千瓦	54115.8
家用电冰箱	万台	9632.3
家用冷柜（家用冷冻箱）	万台	2596.5
房间空气调节器	万台	24487.0
家用洗衣机	万台	10458.3

注释：

1. 轻工行业规模以上工业企业单位数、营业收入、利润总额、主要产品产量根据国家统计局工业统计快报数据汇总整理。

2. 本公报由中国轻工业联合会信息统计部负责解释。

（审稿：曲怡安

撰稿：富　岩）

2023年纺织工业运行综述

中国纺织工业联合会

　　2023年是全面贯彻党的二十大精神的开局之年，是三年新冠疫情防控转段后经济恢复发展的一年，纺织行业面临的国内外发展环境更为复杂严峻。国际政治经济形势变乱交织，全球通胀压力虽缓慢回落，但利率中枢高位、金融市场波动加剧、发达经济体债务风险提升拖累经济复苏进程，需求端增长持续乏力；地缘政治冲突余波未散，颠覆性技术不断涌现，对全球产业链供应链合作与布局产生深刻影响。中国经济社会全面恢复常态化运行，国民经济持续回升向好，2023年国内生产总值（GDP）同比增长5.2%，增速较2022年回升2.2个百分点，居全球

主要经济体前列；高质量发展扎实推进，中国推动共建"一带一路"走过金色十年，以务实行动为世界经济复苏注入更多确定性和稳定性。

　　面对错综复杂的形势，中国纺织行业全面贯彻落实党中央、国务院决策部署，坚持稳中求进工作总基调，深入推进产业转型升级，在内销市场持续回暖及国家一系列扩内需、防风险政策举措支持下，经济运行持续回升，生产、出口、投资等主要经济运行指标降幅逐步收窄，利润增速由负转正，现代化产业体系建设取得积极进展。2023年纺织行业主要经济运行指标情况见表1。

表1　2023年纺织行业主要经济运行指标分季度累计同比增长情况

单位：%

主要指标	第一季度	上半年	前三季度	全　年
工业增加值（规模以上企业）	-3.7	-3.0	-2.2	-1.2
营业收入（规模以上）	-7.3	-5.1	-3.3	-0.8
利润总额（规模以上）	-32.4	-21.3	-8.8	7.2
纺织品服装出口总额（美元值）	-6.9	-8.8	-10.1	-8.9
中国服装、鞋帽、针纺织品限额以上零售额	9.0	12.8	10.6	12.9
中国穿类商品网上零售额	8.6	13.3	9.6	10.8

资料来源：国家统计局、中国海关。

一、2023年纺织行业经济运行情况

（一）综合景气指数保持扩张

　　2023年，受外部环境复杂影响，中国纺织行业、企业生产经营压力有所加大。随着内需带动作用渐强；行业产销衔接、经济循环状况持续好转，企业发

展预期及信心逐步改善，全年行业综合景气持续位于扩张区间。根据中国纺织工业联合会调查数据，2023年4个季度纺织行业综合景气指数分别为55.6%、57%、55.9%和57.2%，回升至近年来的较高位水平。2023年纺织行业综合景气指数变化情况见图1。

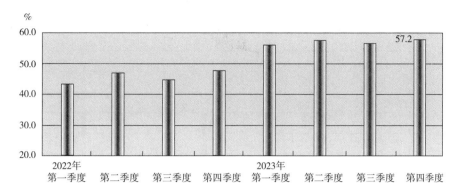

图1 2023年纺织行业综合景气指数变化情况

资料来源:中国纺织工业联合会产业经济研究院。

(二)生产形势稳中有升

2023年,纺织行业产能利用率和生产形势总体呈现稳中有升态势。根据国家统计局数据,2023年纺织业和化纤业产能利用率分别为76.4%和84.3%,均高于同期全国工业产能利用水平,其中化纤业产能利用率较2022年提高2个百分点。规模以上纺织企业工业增加值同比减少1.2%,降幅较2022

年收窄0.7个百分点。化纤、棉纺织、毛纺织、长丝织造等子行业工业增加值同比实现正增长,其中化纤业工业增加值增速于第一季度由负转正后持续加快,全年同比增长9.6%,较2022年回升8.5个百分点;产业链终端服装、家纺、产业用等子行业工业增加值仍未扭转负增长态势。2023年纺织工业及主要分行业工业增加值增长情况见图2。

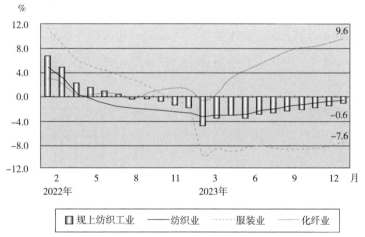

图2 2023年规模以上纺织工业及主要分行业工业增加值同比增速情况

资料来源:国家统计局。

大部分大类产品产量增速呈现同步回升态势。根据国家统计局数据,2023年规模以上企业化学纤维产量为7127万吨,同比增长10.3%,增速较2022年回升10.5个百分点;纱、布产量分别为2234.2万吨和294.9亿米,同比分别减少2.2%和4.8%,但降

幅较2022年分别收窄3.2和2.1个百分点。同期,规模以上企业印染布产量同比增长1.3%,增速较2022年回升8.8个百分点;非织造布(无纺布)、服装产量同比分别减少3.6%和8.7%,增速较2022年分别放缓4.2和5.3个百分点。见图3。

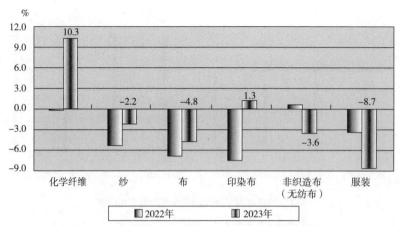

图3　2023年规模以上纺织企业主要大类产品产量增长情况

资料来源：国家统计局。

（三）内销市场持续回暖

2023年，新冠疫情防控转段带动消费场景全面加快恢复，居民多样化、个性化衣着消费需求加快释放，支撑中国纺织服装内需保持较好回暖势头。国家统计局数据显示，2023年中国人均衣着消费支出为1479元，同比增长8.4%，增速较2022年回升12.2个百分点；全国限额以上单位服装、鞋帽、针纺织品类商品零售额为1.4万亿元，同比增长12.9%，增速较2022年大幅回升19.4个百分点，整体零售规模超过新冠疫情前水平。网络渠道零售增速实现良好回升，2023年全国网上穿类商品零售额同比增长10.8%，增速较2022年大幅回升7.3个百分点。中国纺织品服装内销指标增长情况见图4。

2023年，国货潮品、户外运动仍然是中国纺织品服装消费热度较高的领域。拼多多、抖音、得物等电商平台信息显示，近两年"国潮"服饰行业年增长率超过230%；2023年女性消费者购买新中式服饰的订单量同比大幅增长195%，其中马面裙、汉服订单量分别增长8.4倍和3.4倍。艾媒咨询（iiMedia Research）相关报告显示，2023年中国运动鞋服市场规模达到4926亿元，较2022年增长12%。

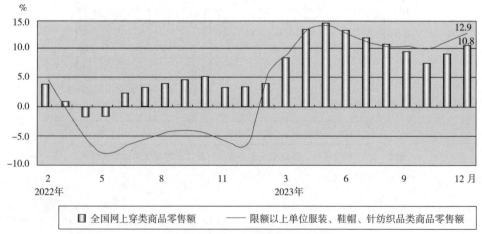

图4　纺织品服装内销指标累计同比增速

资料来源：国家统计局。

（四）出口压力有所加大

受海外需求收缩、贸易环境风险上升等因素影响，2023年中国纺织行业出口规模较2022年有所缩减。中国海关数据显示，2023年中国纺织品服装出口总额（包括海关HS编码50～63章及94章中的纺织品服装）为3104.6亿美元，连续第四年超过3000亿美元，但较2022年减少8.9%，增速较2022年回落 11.4 个百分点。从月度走势看,前三季度以来,纺织品服装出口降幅呈现逐步收窄态势,但整体仍处于低位。2023 年中国纺织品服装出口额累计同比增速情况见图 5。

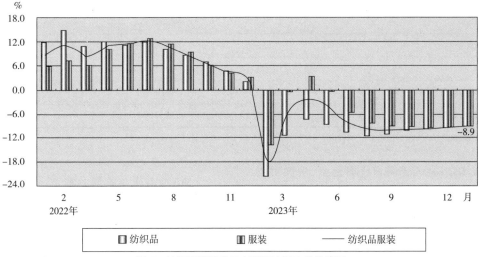

图 5　纺织品服装出口金额累计同比增长情况

注:2022 年纺织服装出口累计同比增速根据中国海关快报数据加总所得。

资料来源:中国海关。

从出口产品结构看,2023 年中国纺织品出口额为 1431.5 亿美元,同比减少 8.7%,其中纺织纱线、纺织织物及纺织制品出口额同比分别减少 8.9%、8.6% 和 8.8%;服装及衣着附件出口额为 1673.1 亿美元,同比减少 9.1%。化纤纱、化纤织物、特种纱线等及地毯等产品出口呈现量增价跌走势,主要原因一是 2022 年国际大宗商品价格上涨,推高出口价格基数,二是需求疲弱导致市场竞争加剧。2023 年中国纺织服装大类产品出口量价变化情况见表 2。

表 2　2023 年中国纺织服装大类产品出口金额、数量及价格同比变化情况

主要大类产品	出口金额/亿美元	金额同比/%	数量同比/%	价格同比/%
纺织品服装合计	**3104.6**	**-8.9**	—	—
纺织品	1431.5	-8.7	—	—
纺织纱线	137.3	-8.9	9.9	-17.2
棉纱线合计	9.6	-29.6	-16.7	-15.4
化纤纱合计	114.8	-7.0	11.7	-16.7
纺织织物	394.6	-8.6	0.6	-9.2
棉织物	96.8	-18.0	-9.4	-9.3
化纤织物	278.1	-5.1	2.8	-7.9
纺织制品	899.6	-8.8	—	—
特种纱线等	75.6	-4.9	5.5	-9.7
地毯	40.0	3.9	15.0	-9.6
特种布等	56.7	-6.7	—	—
工业用纺织品	92.6	-9.5	—	—

续表

主要大类产品	出口金额/亿美元	金额同比/%	数量同比/%	价格同比/%
针织织物	215.2	-9.9	1.3	-11.5
其他纺织品	332.6	-11.7	—	—
褥垫、睡袋等	86.5	-2.6	—	—
服装及衣着附件	1673.1	-9.1	—	—
针织服装及衣着附件	825.7	-9.2	—	—
机织服装及衣着附件	704.2	-8.4	—	—

资料来源：中国海关。

从出口市场结构看，受需求疲弱拖累，中国对主要市场纺织品服装出口规模均有所减少。2023年，中国对美国、欧盟、日本、东盟纺织品服装出口额分别为516.7亿美元、400.4亿美元、183.7亿美元和521.4亿美元，同比分别减少11.7%、18.2%、14.2%和10.4%。中国出口企业开拓多元化市场取得积极成效，对部分新兴市场出口仍具韧性，2023年对非洲、俄罗斯、土耳其纺织品服装出口额分别为245.1亿美元、75.5亿美元和24.3亿美元，同比分别增长0.9%、12.1%和2.9%。2023年中国对全球主要国家和地区纺织品服装出口情况见表3。

表3 2023年中国对全球主要国家和地区纺织品服装出口情况

国家和地区	出口总额/亿美元	同比/%	出口金额占比/%
全球	**3104.6**	**-8.9**	**100.0**
美国	516.7	-11.7	16.6
欧盟	400.4	-18.2	12.9
日本	183.7	-14.2	5.9
东盟	521.4	-10.4	16.8
共建"一带一路"国家	1234.6	-5.3	39.8

资料来源：中国海关。

（五）效益水平有所改善

受市场需求不足造成成本传导压力加大等因素影响，2023年纺织企业经营情况承压，但下半年在内需市场支撑下，效益水平稳步改善。根据国家统计局数据，2023年全国3.8万户规模以上纺织企业营业收入同比减少0.8%，降幅较2022年收窄0.1个百分点；利润总额同比增长7.2%，增速较2022年大幅回升32个百分点，全年实现由负转正；营业收入利润率恢复至3.8%的年内最高水平，较2022年提高0.3个百分点。产业链绝大多数环节效益情况较2022年明显改善，化纤、毛纺织、丝绸、长丝织造、印染等行业营业收入同比实现正增长；化纤、丝绸、棉纺织、毛纺织、麻纺织和纺织机械等行业利润总额同比增幅超过10%。2023年规模以上纺织企业主要效益指标增速见图6。

纺织企业运营质量有所下滑。2023年，规模以上纺织企业产成品周转率为11.1次/年，总资产周转率为1次/年，同比分别放缓5.8%和3.6%；三费（财务费用、销售费用、管理费用）比例为6.6%，与2022年持平；资产负债率为58.6%，较2022年提高1个百分点。2023年纺织行业及主要分行业主要运行质量指标变化情况见表4。

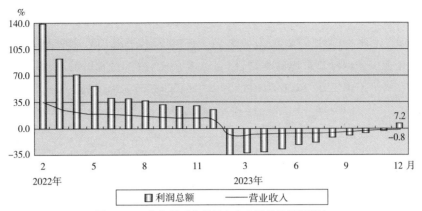

图 6　2023 年规模以上纺织企业主要效益指标增速

资料来源：国家统计局。

表 4　2023 年纺织行业及主要分行业主要运行质量指标

行　业	营业收入利润率		产成品周转率		总资产周转率	
	2023 年/%	同比增减/百分点	2023 年/(次/年)	同比/%	2023 年/(次/年)	同比/%
纺织行业	**3.8**	**0.3**	**11.1**	**−5.8**	**1.0**	**−3.6**
纺织业	3.7	0.3	10.1	−8.2	1.0	−4.5
化纤业	2.5	0.7	14.3	−4.1	0.9	0.4
服装业	5.1	0.1	10.7	−3.6	1.1	−5.0

资料来源：国家统计局。

（六）投资降幅有所收窄

在经营压力加大背景下，2023 年纺织企业投资信心仍显不足，但企业高端化智能化绿色化转型升级步伐加快，区域布局优化调整有序推动，行业投资降幅呈现逐步收窄态势。根据国家统计局数据，2023 年中国纺织业、服装业和化纤业固定资产投资完成额（不含农户）同比分别减少 0.4%、2.2% 和 9.8%，增速均较 2022 年回落，但较 2023 年内最低增速分别收窄 10.6、3.5 和 1.8 个百分点。另据中国纺联对重点企业开展的调查，在新增固定资产投资项目用途中，技改升级占比最高，2023 年 4 个季度均达到 40.0% 以上，新建产能和生产生活配套比重较为稳定且大致相当，均保持在 20.0% 左右。

二、2023 年纺织行业运行中存在的主要问题

（一）市场需求持续承压

2023 年，纺织行业需求端延续了 2022 年以来的疲弱态势，订单不足问题贯穿全年。综合中国纺织工业联合会调研掌握的情况，产业链上游的棉纺织企业自 3 月以来反馈订单下滑的数量逐渐增多，产业链终端的服装、家纺企业外贸订单不足的情况较 2022 年更为普遍。根据中国纺织工业联合会《纺织行业景气指数分析报告》，2023 年 4 个季度纺织企业国外新订单指数分别仅为 42.9%、42.7%、46.9% 和 47.7%，均位于 50% 临界值以下，持续处于收缩态势；4 个季度反映内销订单不足的企业数占比分别达到 57%、60.3%、48.5% 和 53.5%，反映国际市场订单不足的企业数比例更高，达到六成以上。

（二）效益改善难度较大

2023 年，在需求不足、竞争加剧的市场形势下，纺织行业产品价格普遍下行，成本沿产业链传导困难，企业经营压力加大。根据中国棉花协会、中纤网、棉纺织信息网相关数据，2023 年国内棉花、PTA[①] 均价较 2022 年分别下滑 10.9% 和 9.3%，纯棉纱、32 支纯棉坯

---

① 精对苯二甲酸，是化纤行业聚酯产业链的重要原料。

布月均价格较2022年分别减少10.3%和9.3%。由于产销不畅,纺织企业库存水平持续处于高位,为加快资金回笼、降低累库,企业多采取降价去库的举措,但在低迷市场行情下库存水平不降反升,2023年纱线综合库存(月均)升至32.54天的高位,短纤布综合库存在30天水平波动且未见显著下降。2023年3月以来,生产32支纯棉纱的表观即期利润已为负,直至年底仍未扭转。见图7。

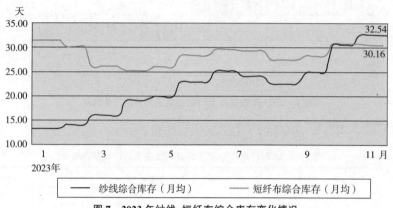

图7 2023年纱线、短纤布综合库存变化情况

资料来源:棉纺织信息网。

(三)国际市场竞争加剧

2023年,国际市场需求疲软,叠加商业库存累升及国际品牌商"近岸化""友岸化"采购策略调整等因素,使得中国纺织行业参与国际市场竞争压力加大,在主要发达经济体市场份额呈现下滑态势。根据美国商务部、日本海关和欧盟统计局数据,2023年中国在美国、日本和欧盟纺织品服装进口市场所占的份额分别为24%、52.2%和29.7%,较2022年分别下降0.7、3.2和2.5个百分点,与2010年前后的市场份额峰值相比已分别下滑17.2、26.3和12.8个百分点。同期,意大利、葡萄牙、法国在美国进口市场份额分别提高0.5、0.1和0.1个百分点,带动欧盟在美国进口市场份额整体提升至5.1%;墨西哥、土耳其、印度在美国进口市场份额较2022年分别提高0.6、0.2和0.2个百分点,孟加拉国市场份额已连续两年超过7%;越南、缅甸、印度尼西亚等东盟国家在日本进口市场份额提升较为明显,分别高于2022年1.3、0.6和0.2个百分点;土耳其、越南在欧盟进口市场份额分别提升0.4、0.1个百分点至12.6%和5.8%。

(审稿:张 倩

撰稿:牛爽欣)

2023年中国建材工业发展综述

中国建筑材料联合会

2023年,外部不稳定不确定因素较多,国内需求仍显不足,国内经济回升向好基础仍需巩固。建筑材料市场需求总体较弱,供大于求的矛盾突出,全行业生产增速回落,产品出厂价格持续低位运行,行业经济效益下滑幅度较大,企业生产经营面临较大压力。同时,绿色建材等新型建材产业保持良好发展势头,行业增长引擎作用不断凸显,在促进产业结构优化升级方面发挥了重要作用。2024年随着稳增长系列措施发力及房地产等市场预期进一步稳定,建材行业经济运行有望筑底企稳。

一、2023年建材行业经济运行情况

1.建材行业经济效益持续下滑,主要行业下降幅度较大

据国家统计局数据,2023年规模以上建材行业实现营业收入4.9万亿元①,同比下降7.9%,比上年回落3.7个百分点;实现利润总额2973.6亿元,同比下降21.0%,比上年回落0.6个百分点;规模以上建材行业销售利润率6.0%,同比下降1.0个百分点。见图1。

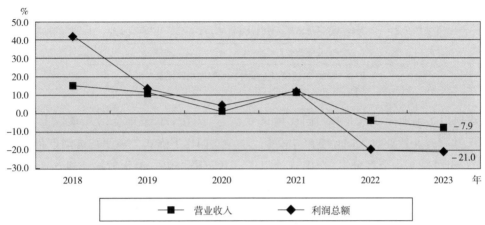

图1 2018—2023年规模以上建材行业营业收入及利润总额增长速度

建筑材料市场"旺季不旺",需求偏弱,建材产品价格虽波动调整,但仍处于低位运行,经济效益呈下行态势。原燃材料价格高位回落,生产成本仍处较高水平,建材企业两头承压现象仅略有改善。2023年规模以上建材各子行业营业收入中,部分传统建材行业同比呈下降态势,新型建材呈增长态势。其中,营业收入同比增长前五位的行业分别为石棉和云母矿采选业、建筑技术玻璃工业、纤维增强塑料工业、平板玻璃工业、轻质建筑材料工业;利润总额实现增长的行业有新型墙材工业、纤维增强塑料工业、建筑技术玻璃工业、建筑卫生陶瓷工业、非金属矿采选业等。利润总额下降幅度较大的行业是水泥工业、矿物纤维和复合材料工业、非金属矿制品业、石灰石膏工业、建筑用石工业、墙体材料工业等。见图2、图3。

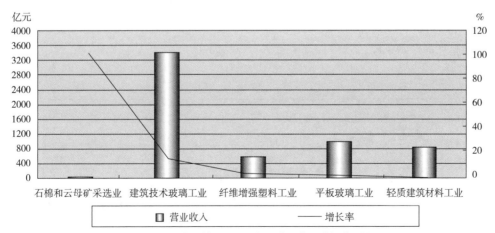

图2 2023年规模以上建材行业营业收入增长前5位

① 本报告中所用数据如无特别说明均来自国家统计局。

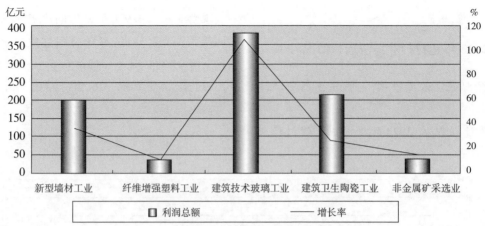

图 3 2023 年规模以上建材行业利润总额增长前 5 位

2023 年,规模以上工业企业营业收入同比增长 1.1%,规模以上建材行业营业收入同比下降 7.9%,增速低于全国工业增速 9.0 个百分点;全国规模以上工业企业实现利润总额同比下降 2.3%,全年规模以上建材行业实现利润总额同比下降 21.0%,低于全国规模以上工业企业 18.7 个百分点。

建材主要行业中,营业收入增长率超过全国规模以上工业的建材子行业有建筑技术玻璃工业、建筑卫生陶瓷工业;利润总额增长率超过全国规模以上工业的建材子行业有非新型墙材工业、黏土和砂石开采工业、建筑技术玻璃工业、建筑卫生陶瓷工业等。

2. 建筑材料传统行业生产表现偏弱

随着发展方式转变,需求结构升级,绿色建材、矿物功能材料、新材料等新兴建材产业加快发展,需求增加,受国内建材市场需求减弱等因素影响,水泥等建材传统产业需求稳中趋缓,建材产品生产总体疲软,全年主要建材产品产量下降。

其中,2023 年全国规模以上水泥产量 20.2 亿吨,同比下降 0.7%;平板玻璃产量 9.7 亿重量箱,同比下降 3.9%,钢化玻璃产量 5.2 亿平方米,同比下降 4.2%,中空玻璃产量 1.3 亿平方米,同比下降 1.5%,夹层玻璃产量 1.5 亿平方米,同比增长 9.2%。其他主要产品中,水泥混凝土桩、玻璃纤维纱、玻璃纤维布、玻璃纤维增强塑料、瓷质砖、石灰石、石膏板、隔热隔音制品、混凝土机械产品产量增长;水泥熟料、商品混凝土、水泥排水管、水泥压力管、卫生陶瓷、砖、大理石和花岗石板材、防水卷材、水泥专用设备等主要产品产量下降。

3. 建材产品平均出厂价格下降

受市场供求关系影响,2023 年建材及非金属矿产品出厂价格指数高位回落持续走低,年初即进入下降区间。2023 年,中国建材及非金属矿工业出厂价格指数 93.2(上年同期＝100),比年初下降 0.4 个百分点,全年累计平均出厂价格下降 6.8%。见图 4。

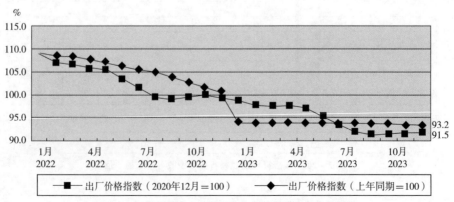

图 4 2023 年规模以上建材及非金属矿行业出厂价格指数

分行业看,2023年,水泥产品出厂价格年初开始就进入下降区间,全年呈现"前高后低"持续下降态势。受国内市场需求偏弱,错峰生产及局部地区环保管控减产等因素影响,虽然部分地区水泥价格存在波动起伏,但价格疲软总体下行。2023年12月,水泥工业产品出厂价格指数为80.1(2020年12月=100),比年初下降18.5个百分点。2023年全年水泥工业产品平均出厂价格同比下降16.9%。

2023年,平板玻璃出厂价格"前低后高",较2022年下半年有所恢复,流通领域平板玻璃价格下半年恢复增长。上半年,虽然"保交房"等措施效应对平板玻璃市场提供较好支撑,但受房地产市场弱势运行影响,平板玻璃出厂价格指数延续2022年态势处于较低水平。下半年,在国家一系列稳增长政策措施的作用下,汽车、电子,特别是在光伏电池等多领域市场强势拉动下,下游主要玻璃消费行业多项指标有所恢复,平板玻璃市场需求增长并显现

相对旺盛,平板玻璃价格回复并有所上涨。2023年全年平板玻璃工业产品平均出厂价格同比下降0.6%。

其他行业中,除技术玻璃工业、纤维增强塑料工业、非金属矿采选业等行业全年平均出厂价格实现增长外,建材其他行业出现不同程度的下降。

4.建材行业固定资产投资小幅增长,涨幅继续收缩

根据国家统计局数据,2023年非金属矿采选业固定资产增长16.2%,比2022年回落1.1个百分点,非金属矿物制品业固定资产投资增长0.6%,比2022年回落6.1个百分点。受建材市场需求减弱影响,建材行业固定资产投资保持增长,但涨幅继续收窄。从建材各行业监测情况看,水泥等重点领域节能降碳及环保改造提升,混凝土与水泥制品、建筑用石、墙体材料等行业的规模化发展及环保投入、绿色矿山建设是建材行业投资的主要驱动力。见图5。

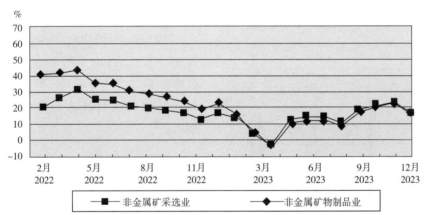

图5 2022—2023年限额以上非金属矿采选业、非金属矿物制品业固定资产投资累计速度

5.建材及非金属矿商品进出口金额下降

2023年,中国建材及非金属矿商品出口①金额439.6亿美元,同比下降11.0%,建材及非金属矿商品平均离岸价格下降14.6%,建材产品出口"量增价减"。其中,玻璃纤维及制品、陶质砖、卫生陶瓷、石膏、黏土、石墨、滑石等主要商品出口"量价均降"。见图6、图7。

其中,2023年中国对美出口建材及非金属矿商

品金额39.1亿美元,同比下降20.7%,对美出口金额占出口总额比重约为8.9%,比2022年下降1.0个百分点。出口欧盟成员国和金砖成员累计金额较2022年分别下降10.2%和增长0.3%,对欧盟出口金额占出口总额比重约为8.4%,对金砖国家出口金额占出口总额比重约为7.3%,出口金砖国家金额比重上升。

① 本报告中所用进出口数据如无特别说明均来自海关总署全国海关信息中心。

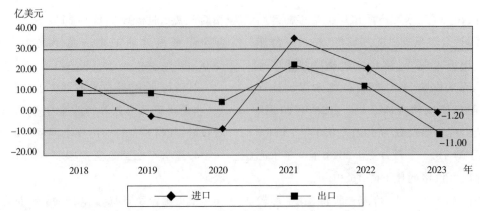

图6 2018—2023年建材及非金属矿商品出口、进口金额增长率

2023年,建材及非金属矿商品进口金额345.9亿美元,同比下降1.2%。建材及非金属矿商品平均到岸价格增长10.5%,建材产品进口"量减价增"。其中,特种水泥、水泥混凝土压力管和预应力混凝土桩、平拉玻璃、车辆用钢化玻璃、玻璃纤维原料球、石英和石英岩、花岗石制品、石膏板、球化石墨、云母制品、叶蜡石等主要商品出口"量价均增"。见图6、图7。

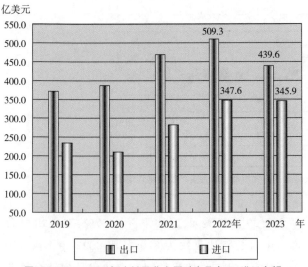

图7 2019—2023年建材及非金属矿商品出口、进口金额

其中,2023年中国从美国进口建材及非金属矿商品金额16.2亿美元,同比增长8.5%,从美国进口商品金额占进口总额比重约为4.6%,比2022年提高0.3个百分点。从欧盟成员国和金砖成员进口金额较2022年分别下降19.1%和25.6%,从欧盟进口金额占比约为10.2%,从金砖国家进口金额占比约为15.3%。中国建材产品进口最多的国家为澳大利亚,从澳大利亚进口建材产品占进口商品总额约40.2%。

在国内水泥价格和下游需求偏弱双重影响下,2023年中国水泥和水泥熟料出口大于进口,水泥熟料进口继续大幅下降。2018年起中国从东南亚进口水泥熟料数量大幅增长,2021—2022年水泥熟料进口量下降加快,2023年水泥熟料进口43.6亿万吨,同比下降94.8%。

2023年,中国建材及非金属矿商品进出口差额为93.7亿美元,由于汇率变动影响,进口建材商品价格高于2022年10.5%,而出口价格低于2022年14.6%,中国建材及非金属矿产品年出口额回落较大。

二、建材行业经济运行中的积极变化

1. 建材行业规模以上企业数量增加明显,产业结构持续优化

随着市场环境变化,建材行业产业结构优化调整步伐加快,规模以上企业数量逐年增加。2018年、2019年规模以上建材企业数量连续下降,2020年起,规模以上企业数量明显增加。受建筑材料市场需求影响,建材加工制品业得到较快速度增长,由此带来了水泥制品、防水材料、隔热保温材料、轻质建材、纤维增强塑料、非金属矿物材料制品等行业规模以上企业数量逐步增加,另外黏土和砂石和建筑用石行业企业也增长较快,2023年规模以上建材企业数量突破4.4万家。见图8。

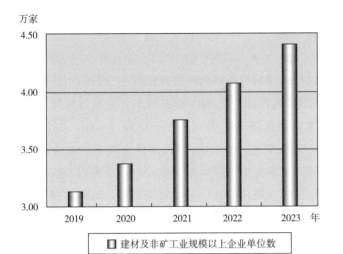

图8 规模以上建材企业数量变化

在建材各主要行业中,2023年混凝土与水泥制品工业规模以上企业数量较2022年增加了1100余家,比2019年增加6700余家;黏土和砂石工业规模以上企业数量较2022年增加了80余家,比2019年增加500余家;非矿制品工业规模以上企业数量较2022年增加了1500余家,比2019年增加1400余家。其中,主要以商品混凝土企业增加为主,这也成为建材行业规模以上企业数量增长的最大原因。

其他建材主要行业中,水泥工业规模以上企业数量增加了1家,墙体屋面材料工业规模以上企业数量增加了330余家,石灰石膏工业规模以上企业数量增加了110余家,建筑用石工业规模以上企业数量增加了180余家,建筑技术玻璃工业规模以上企业数量增加了190余家,矿物纤维和复合材料工业规模以上企业数量增加了120余家,建筑卫生陶瓷工业等行业受市场因素影响规模以上企业数量同比继续减少。这充分反映了面对国内外经济形势的变化,建材行业供给侧结构性改革持续推进,产业结构调整步伐更加明显,部分产业规模化发展加快,规模以上企业数量大幅增加促进行业组织结构优化。

2.建材行业践行绿色低碳安全高质量发展,迈出坚实步伐

(1)全面推进"六零"工厂建设

为推进行业"双碳"目标实现,建材联合会从绿

色节能、能源安全、资源综合利用、低碳、清洁、智能6个维度,创新性地提出了"六零"①工厂概念,一年来,从品牌活动、科技攻关、质量标准等方面进一步推动"六零"工厂建设。"六零"工厂已列入《产业结构调整指导目录(2024年)》鼓励类范围,工业和信息化部对"六零"示范工厂的建设给予充分肯定和大力支持,并列入了《绿色建材产业高质量发展实施方案》,要求建材行业组织企业"揭榜挂帅",推动节能降碳技术集成应用,建设试点工厂,加快开展"六零"工厂标准等相关研究工作。

行业龙头骨干企业积极践行"六零"工厂建设。在"零碳"排放和"零化石能源"方面,华新地维生产基地攻克多种类异质替代燃料制备的成套装备技术与工艺,生物质替代燃料比例超50%;在"零员工"方面,金隅冀东铜川水泥建成了目前国内数字化水平最高、员工人数最少的万吨熟料生产线;在"零外购电"方面,海螺水泥济宁生产基地系统集成多种新型绿色清洁能源利用技术,开发先进的负荷平衡控制调度系统,形成源网荷储一体化及多功能互补平台,大幅降低了外购电比例。

(2)龙头企业带头高质量推进建材"双碳"工作

中建材集团在绿色低碳转型方面继续发力,做好源头减碳、过程降碳、末端固碳、全流程管碳,开发光伏、风电、氢能等清洁环保能源,持续降低污染物排放,累计建成国家级绿色工厂94个、绿色矿山41个。

海螺集团统筹绿色发展和创新驱动,超前部署生产线超低排放改造,加强"双碳"专业人才培育、碳市场政策研究及减碳降碳技术研究和应用,积极布局新能源领域,优化用能结构,有序推进节能降碳技改,加快智能化建设成果转化应用。

中建材、华新、海螺、冀东、华润、南玻等多家企业(工厂)入选《2023全国重点领域节能降碳典型经验案例》。冀东滦州、华新地维、滕州金晶作为"建材行业碳达峰试点企业",陆续完成技术改造,示范作用明显。

①　即零外购电、零化石能源、零一次资源、零碳排放、零废弃物排放、零员工。

3.聚焦关键核心技术创新,激发"揭榜挂帅"科技潜力

目前,部分"揭榜挂帅"项目已取得阶段性突破进展。金隅冀东、华新水泥、海螺水泥等单位在"六零"示范工厂攻关已取得一系列突破性成果。此外,在氢能利用方面,天津水泥院建成了配套氢能安全储用安全控制系统(DSC)的氢能耦合替代燃料热态中试平台;东华水泥建成了全球首个水泥熟料生产线氨供氢替代煤粉装置;在二氧化碳固化方面,武汉理工大学突破了固碳量超过 300 千克/吨的新型固碳胶凝材料工业化技术,制备出碳负性的建材制品;在关键战略材料攻关方面,中国建材总院等单位建成高放射性核废液处置用玻璃珠基材全电熔炉示范生产线,以及国内首台国产化玻璃固化焦耳炉;北京玻璃钢研究院攻关的大飞机用客货仓复合材料地板已成功应用于 C919 等大型飞机;中建材玻璃新材料研究总院、咸宁南玻光电公司等单位也取得了阶段性成果。

4.强化国际交流合作,高水平"走出去"和高质量"引进来"双向发力更加显著

2023 年,一批优秀的建材企业加快国外布局,积极推动建材行业绿色低碳技术装备、绿色产品、绿色服务"走出去",取得了显著成果。安徽海螺集团在乌兹别克斯坦投资的第三个项目——日产 6300 吨熟料水泥生产线成功点火;华新水泥收购位于阿曼的一家水泥生产厂商 59.58% 股权;金晶科技在马来西亚投资建设的日产 600 吨薄膜光伏组件玻璃生产线(二期)成功点火。这些企业不仅成功开拓了当地市场,也高度重视社会责任,为目的国带去先进的技术和生产力,为当地经济发展做出贡献。同时,在国家多项鼓励外资政策驱动下,建材外资企业加大在华投资建设,新材料领域项目不断涌现。豪瑞中国拟在江油市建设绿色新材料产业园项目,瑞士西卡在浙江建设在华规模最大的新生产基地,圣戈班西普耐火材料(SEFPRO)与安徽中材新材料科技有限公司在中国成立合资企业,积极推进本土化。

(审稿:孙星寿

撰稿:刘　杨)

2023 年有色金属工业发展综述

中国有色金属工业协会

2023 年是全面贯彻党的二十大精神开局之年,是三年新冠疫情防控转段后经济恢复发展的一年,在以习近平同志为核心的党中央坚强领导下,有色金属行业围绕稳增长的首要任务,积极化解影响产业运行的困难和矛盾。2023 年有色金属行业发展扎实推进,质量稳步提升,稳中向好的态势日趋明显。2023 年有色金属行业发展的亮点特点:从量的合理增长看,10 种有色金属产量首次突破 7000 万吨大关,有色金属工业完成固定资产投资增幅超过 17%,规模以上有色金属企业实现利润再次超过 4000 亿元,创历史新高;从质的有效提升看,产业结构持续优化,降本增效成效显著,节能减

碳效果明显,高质量发展稳步推进。

一、2013 年有色金属行业稳中向好的态势日趋明显

(一)生产平稳增长、消费好于预期,高质量发展稳步推进

1.工业增加值增幅持续扩大

2023 年,规模以上有色金属企业工业增加值比上年增长 7.4%,增幅比上年加快 2.2 个百分点,比全国规模以上企业工业增加值增幅快 2.8 个百分点。其中,有色金属冶炼及压延加工企业工业增加值比上年增长 8.8%,增幅比规模以上有色金属企业

工业增加值增幅快 1.4 个百分点。新冠疫情以来，规模以上有色金属企业工业增加值呈现出稳定回升的态势，2020 年增长 2.1%、2021 年增长 3.1%、2022 年增长 5.2%、2023 年增长 7.4%。见图 1。

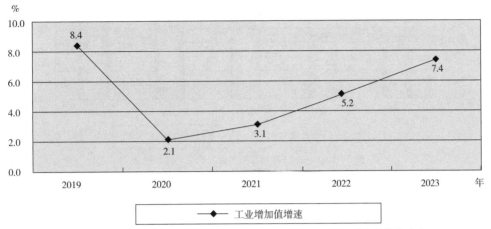

图 1 2019—2023 年按可比价计算规模以上有色金属企业工业增加值增长速度

资料来源：中国有色金属工业协会（CNIA）、国家统计局。

2. 10 种有色金属产量首次突破 7000 万吨大关

2023 年，按新口径统计的 10 种常用有色金属产量为 7289.2 万吨，按可比口径计算比上年增长 6.3%。其中，精炼铜产量为 1237.9 万吨，增长 15.0%；原铝产量为 4163.1 万吨，增长 3.6%，原铝产量占 10 种常用有色金属产量的比重为 57.1%。2023 年，6 种精矿金属量为 800.1 万吨，比上年下降 1.5%；氧化铝产量 8225.4 万吨，比上年增长 1.2%；铜材产量 2036.5 万吨，比上年增长 5.0%；铝材产量 4880.0 万吨，增长 5.6%。见图 2、图 3、图 4。

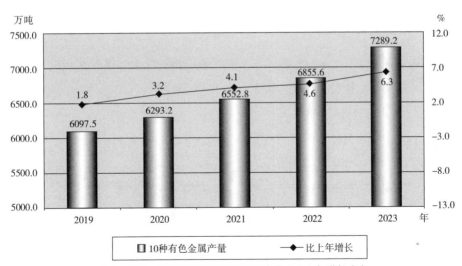

图 2 2019—2023 年 10 种有色金属产量及比上年增长速度

注：10 种有色金属历史数据已按新口径调整。

资料来源：CNIA、国家统计局。

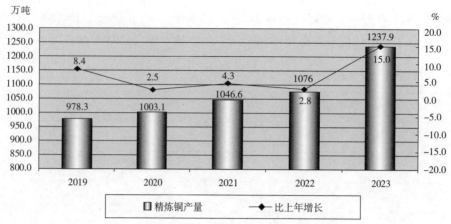

图3　2019—2023年精炼铜产量及比上年增长速度

资料来源：CNIA、国家统计局。

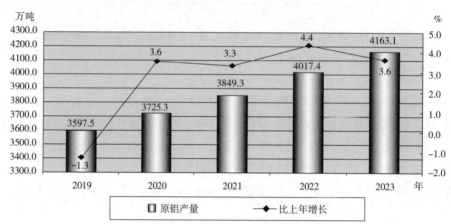

图4　2019—2023年原铝产量及比上年增长速度

资料来源：CNIA、国家统计局。

3. 精炼铜、原铝消费好于预期

2023年，中国精炼铜消费量为1525万吨，比上年增长7.8%，两年年均增长6.3%；原铝消费量为4300万吨，比上年增长7.9%，两年年均增长4.2%。见图5、图6。

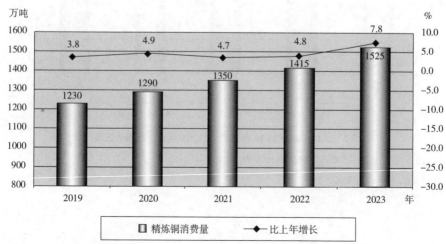

图5　2019—2023年精炼铜消费量及比上年增长速度

数据来源：中国有色金属工业协会。

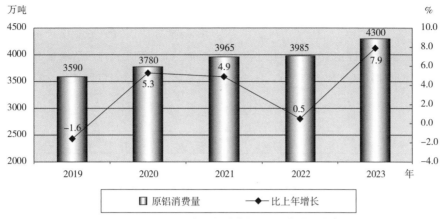

图 6　2019—2023 年原铝消费量及比上年增长速度

数据来源：中国有色金属工业协会。

4. 全铜、全铝人均消费量保持较快增长

2023 年，中国全铜人均年消费量 11.5 千克/人，比上年增长 6.5%，两年年均增长 4.4%；全铝人均年消费量 32.9 千克/人，比上年增长 8.9%，两年年均增长 4.25%。见图 7、图 8。

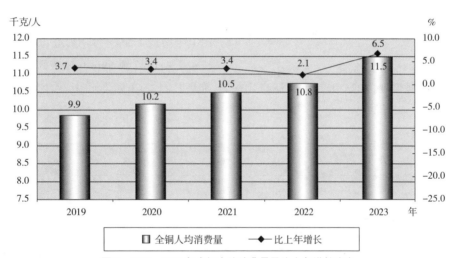

图 7　2019—2023 年全铜人均消费量及比上年增长速度

数据来源：中国有色金属工业协会。

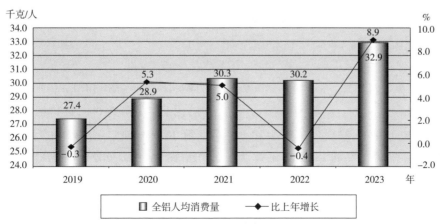

图 8　2019—2023 年全铝人均消费量及比上年增长速度

数据来源：中国有色金属工业协会。

（二）有色金属固定资产投资增速超过 17%

2023 年,有色金属工业完成固定资产投资比上年增长 17.3%,增速比上年增速加快 2.8 个百分点,比全国工业投资增速高 8.3 个百分点。2023 年,有色金属矿山采选完成固定资产投资增长 44.5%,有色金属冶炼压延加工完成固定资产投资增长 12.5%。2023 年,民间有色金属固定资产投资增长 7.6%。见图 9。

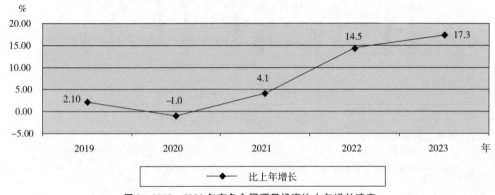

图 9　2019—2023 年有色金属项目投资比上年增长速度

数据来源:国家统计局。

（三）铜、铝等矿山原料进口增长,铜、铝材净出口量一增一减

根据海关统计数据整理,2023 年有色金属进出口贸易总额 3315.5 亿美元,按可比口径计算(下同)比上年增长 1.3%。其中,进口额 2719.4 亿美元,增长 4.2%;出口额 596.1 亿美元,下降 10.1%。贸易逆差为 2123.3 亿美元,比上年增长 9.0%。见图 10。

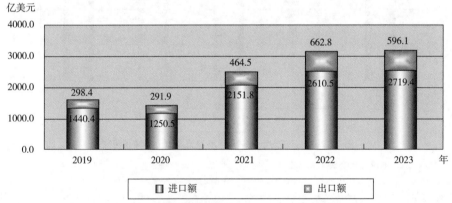

图 10　2019—2023 年有色金属(含黄金)进出口额增减趋势

数据来源:CNIA、海关总署。

1. 进口铜精矿、铜废碎料增加,净进口未锻轧铜减少,净出口铜材增加

2023 年,铜产品进口额为 1221.3 亿美元,比上年下降 1.3%,占有色金属产品进口额的比重为 47.5%;出口额为 90.5 亿美元,比上年下降 5.3%。铜产品贸易逆差为 1130.8 亿美元,占有色金属贸易逆差的 53.3%。2023 年,进口铜精矿实物量 2753.6 万吨,比上年增长 9.1%;进口粗铜(阳极铜)100.1 万吨,比上年下降 14.1%;进口未锻轧铜 410.9 万吨,比上年下降 3.0%;进口铜材 35.8 万吨,比上年下降 18.9%;进口铜废碎料实物量 198.6 万吨,比上年增长 12.1%。2023 年,出口未锻轧铜 27.9 万吨,比上年增长 20.4%;出口铜材 67.8 万吨,比上年下降 0.6%。2023 年,净进口未锻轧铜 383.0 万吨,比上年下降 4.4%;净出口铜材 32.0 万吨,比上年净出口量增长 31.7%。见图 11、图 12。

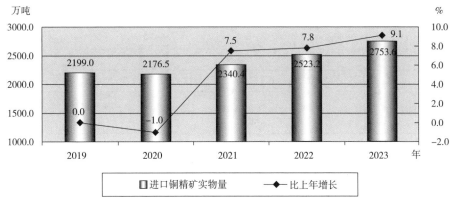

图11 2019—2023年进口铜精矿及比上年增长速度

数据来源：CNIA、海关总署。

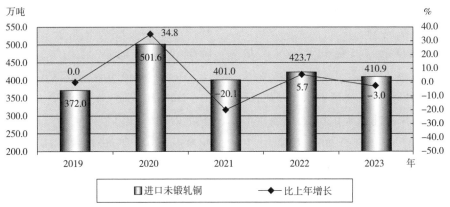

图12 2019—2023年进口未锻轧铜及比上年增长速度

数据来源：CNIA、海关总署。

2. 进口铝土矿增长，进口原铝大幅增长，出口铝材下降

2023年，铝产品进口额为211.3亿美元，比上年增长9.8%，占有色金属产品进口额的比重为7.8%；出口额为199.8亿美元，比上年下降25.3%，占有色金属产品出口额的比重为33.5%。2023年，进口铝土矿14138.3万吨，比上年增长12.9%；进口氧化铝182.7万吨，比上年下降8.2%；进口未锻轧铝267.6万吨，比

上年增长37.5%，其中进口非合金铝（原铝）154.3万吨，比上年增长130.7%；进口铝材38.4万吨，比上年下降13.7%；进口铝废料实物量175.2万吨，比增长15.6%。2023年，出口氧化铝125.2万吨，比上年增长24.5%；出口未锻轧铝39.2万吨，比上年下降7.0%；出口铝材528.4万吨，比上年下降14.4%。2023年，净进口未锻轧铝228.4万吨，比上年增长49.8%；净出口铝材490.0万吨，比上年下降14.6%。见图13、图14。

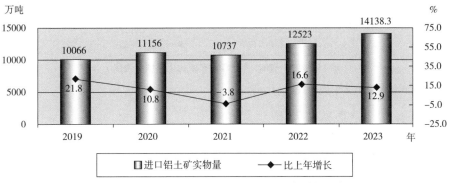

图13 2019—2023年进口铝土矿及比上年增长速度

数据来源：CNIA、海关总署。

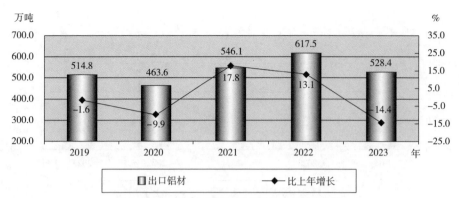

图 14　2019—2023 年出口铝材及比上年增长速度

数据来源：CNIA、海关总署。

3.进口铅、锌精矿增长，未锻轧铅进口、出口均增长，未锻轧锌进口增长、出口下降

2023 年，铅产品进口额 17.5 亿美元，比上年增长 13.4%；出口额为 4.6 亿美元，比上年增长 53.3%。2023 年，进口铅精矿实物量 114.0 万吨，比上年增长 13.8%；进口未锻轧铅 4.9 万吨，比上年增长 24.4%。2023 年，出口未锻轧铅 20.1 万吨，比上年增长 66.8%。

2023 年，锌产品进口额 51.4 亿美元，比上年下降 2.1%；出口额为 1.0 亿美元，比上年下降 75.7%。2023 年，进口未锻轧锌 42.9 万吨，比上年增长

201.7%；进口锌精矿实物量 471.3 万吨，比上年增长 14.6%。2023 年，出口未锻轧锌 1.2 万吨，比上年下降 86.7%。

4.进口镍矿增长、进口钴矿下降

2023 年，镍产品进口额为 76.7 亿美元，比上年下降 26.1%；出口额为 15.5 亿美元，比上年增长 38.4%。2023 年，进口镍矿实物量 4446.6 万吨，比上年增长 11.1%；进口未锻轧镍 9.5 万吨，比上年下降 40.7%；出口未锻轧镍 3.7 万吨，比上年增长 62.9%。见图 15。

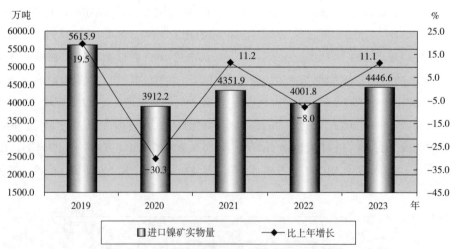

图 15　2019—2023 年进口镍矿及比上年增长速度

数据来源：CNIA、海关总署。

2023 年，钴产品进口额为 1.3 亿美元，比上年下降 44.0%；出口额为 1.4 亿美元，比上年下降 62.6%。2023 年，进口钴矿实物量为 1.7 万吨，比上年下降 36.0%；进口钴及钴制品为 824 吨，比上

年下降 22.9%。2023 年，出口钴及钴制品为 219 吨，比上年增长 95.2%；出口氧化钴为 4306 吨，比上年下降 29.9%；出口碳酸钴为 1220 吨，比上年下降 40.9%。

5. 未锻轧镁出口下降,钛矿进口及海绵钛出口增长

2023 年,镁产品出口额为 13.9 亿美元,比上年下降 49.2%。2023 年,出口未锻轧镁为 31.8 万吨,比上年下降 22.5%;出口镁粒、粉 7.4 万吨,比上年增长 9.1%;出口镁材及制品为 0.7 万吨,比上年下降 37.2%。

2023 年,钛产品进口额为 20.9 亿美元,比上年增长 1.8%;出口额为 8.7 亿美元,比上年增长 6.5%。2023 年,进口钛矿实物量为 425.2 万吨,比上年增长 22.7%;进口钛材及制品 7210 吨,比上年下降 3.6%。2023 年,出口海绵钛 5838 吨,比上年增长 204.1%;出口钛材及制品 30451 吨,比上年增长 13.0%。

6. 进口锡锑钼矿增长、进口钨矿下降

2023 年,钨产品进口额为 1.9 亿美元,比上年增长 22.4%;出口额为 7.9 亿美元,比上年下降 26.9%。2023 年,进口钨矿实物量为 5800 吨,比上年下降 2.3%;出口钨材及钨制品量为 5276 吨,比上年下降 8.2%;出口钨酸盐 2734 吨,比上年下降 38.8%;出口氧化钨及氢氧化钨为 5054 吨,比上年下降 45.3%。

2023 年,钼产品进口额为 11.7 亿美元,比上年增长 60.5%;出口额为 11.3 亿美元,比上年增长 71.5%。2023 年,进口钼矿实物量为 50691 吨,比上年增长 23.1%;出口钼矿实物量为 21520 吨,比上年增长 35.1%。2023 年,出口钼材及钼制品为 6023 吨,比上年增长 36.6%;出口钼酸盐 910 吨,比上年下降 18.1%;出口氧化钼及氢氧化钼为 2871 吨,比上年增长 11.2%。

2023 年,锡产品进口额为 25.0 亿美元,比上年下降 21.7%;出口额为 3.5 亿美元,比上年下降 12.5%。2023 年,进口锡矿实物量为 24.9 万吨,比上年增长 2.1%;进口未锻轧锡为 34903 吨,比上年增长 8.9%;出口未锻轧锡为 12169 吨,比上年增长 13.3%。

2023 年,锑产品进口额为 1.7 亿美元,比上年增长 18.7%;出口额为 4.5 亿美元,比上年下降 21.8%。2023 年,进口锑矿实物量为 3.5 万吨,比上年增长 21.0%;出口未锻轧锑为 5240 吨,比上年下降 52.3%;出口氧化锑为 35795 吨,比上年下降 11.1%。

7. 稀土进口额增长,出口额下降

2023 年,稀土产品进口额为 21.9 亿美元,比上年增长 33.2%;出口额为 7.6 亿美元,比上年下降 28.3%。

8. 黄金进口额增长,占有色金属进口额的比重达 33.8%,银产品进口额、出口额均增长

2023 年,黄金进口额为 919.2 亿美元,比上年增加 152.5 亿元,增幅达 19.9%,占有色金属产品进口额的比重为 33.8%,拉动有色金属产品进口额增长 5.9 个百分点;出口额为 38.9 亿美元,比上年增长 18.6%。贸易逆差为 880.3 亿美元,占有色金属贸易逆差的 20.0%。

2023 年,未锻轧银、银首饰及零件进口额为 13.4 亿美元,比上年增长 2.5%;出口额为 38.7 亿美元,比上年增长 2.9%。

9. 金属锂、氢氧化锂进、出口量均增长,碳酸锂进口增长、出口下降

2023 年,锂产品进口额为 65.1 亿美元,比上年下降 4.0%;出口额为 69.5 亿美元,比上年增加 22.0 亿元,增长 45.9%,占有色金属产品出口额的比重为 10.0%,拉动有色金属产品出口额增长 3.3 个百分点。2023 年,进口金属锂 28 吨,比上年增长 77.3%;进口氢氧化锂 3806 吨,比上年增长 23.3%;进口碳酸锂 15.9 万吨,比上年增长 16.7%。2023 年,出口金属锂 594 吨,比上年增长 7.6%;出口氢氧化锂 13.0 万吨,比上年增长 39.2%;出口碳酸锂 9593 吨,比上年下降 8.1%。

10. 工业硅、多晶硅进、出口均下降

2023 年,硅产品进口额为 42.2 亿美元,比上年下降 28.1%;出口额为 76.6 亿美元,比上年下降 6.6%,占有色金属产品出口额的比重为 11.0%。2023 年,进口工业硅 6499 吨,比上年下降 78.4%;进口多晶硅 6.3 万吨,比上年下降 28.5%。2023 年,出口工业硅 56.4 万吨,比上年下降 6.1%;出口多晶硅 8451 吨,比上年下降 24.7%。

(四)有色金属价格走势分化

1. 国内现货市场铜年均价小幅上涨

2023 年,LME(伦敦金属交易所,下同)三月期铜均价为 8520 美元/吨,比上年下跌 3.2%;上期所(上海

期货交易所,下同)三月期铜均价为 67721 元/吨,比上年上涨 1.8%;国内现货市场铜均价为 68272 元/吨,比上年上涨 1.2%。2023 年上半年国内现货市场铜均价

比上年同期下跌 5.3%,前三季度铜均价比上年同期微涨 0.2%,全年上涨 1.2%。见图 16。

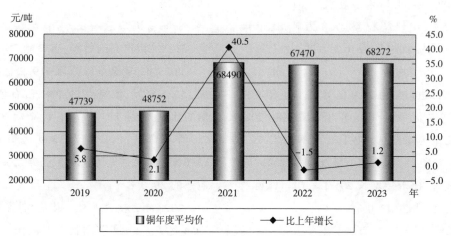

图 16 2019—2023 年国内市场铜现货年均价及比上年涨跌幅度

资料来源:CNIA。

2. 国内现货市场铝价跌幅逐步收窄

2023 年,LME 三月期铝均价为 2285 美元/吨,比上年下跌 15.8%;上期所三月期铝均价为 18479 元/吨,比上年下跌 7.2%;国内现货市场铝均价 18717

元/吨,比上年下跌 6.4%,跌幅比前三季度收窄 2.4个百分点,比上半年收窄 7.2 个百分点,比第一季度收窄 10.3 个百分点。见图 17。

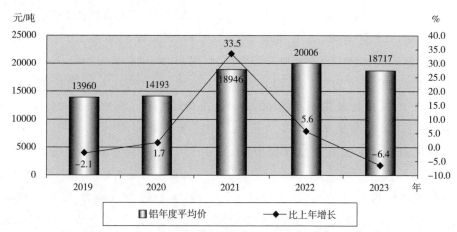

图 17 2019—2023 年国内市场铝现货年均价及比上年涨跌幅度

资料来源:CNIA。

3. 国内现货市场铅年均价上涨

2023 年,LME 三月期铅均价 2128 为美元/吨,比上年下跌 1.0%;上期所三月期铅均价为 15727 元/

吨,比上年上涨 2.7%;国内现货市场铅均价为 15709元/吨,比上年上涨 2.9%,涨幅比前三季度扩大了0.6 个百分点。见图 18。

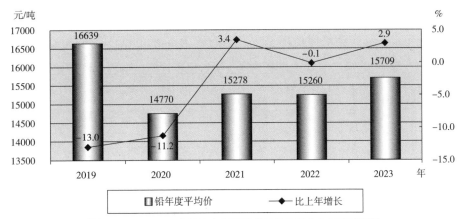

图 18　2019—2023 年国内市场铅现货年均价及比上年涨跌幅度

资料来源：CNIA。

4. 国内现货市场锌年均价下跌

2023 年，LME 三月期锌均价为 2654 美元/吨，比上年下跌 23.0%；上期所三月期锌均价为 21605 元/吨，比上年下跌 13.9%；国内现货市场锌均价为 21625 元/吨，比上年下跌 14.0%，跌幅比前三季度收窄 0.2 个百分点，比上半年收窄 0.1 个百分点。见图 19。

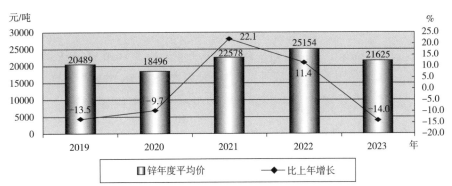

图 19　2019—2023 年国内市场锌现货年均价及比上年涨跌幅度

资料来源：CNIA。

5. 国内现货市场工业硅年均价格下跌

2023 年，国内现货市场工业硅年均价 15605 元/吨，比上年下跌 22.46%，跌幅比前三季度扩大了 0.7 个百分点，比上半年扩大了 3.4 个百分点，比第一季度扩大了 5.3 个百分点。见图 20。

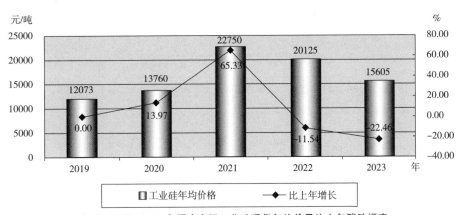

图 20　2019—2023 年国内市场工业硅现货年均价及比上年涨跌幅度

资料来源：CNIA。

6. 国内现货市场电池级碳酸锂价格大幅下跌

2023年,国内现货市场电池级碳酸锂均价26.2万元/吨,比上年下跌47.22%,跌幅比前三季度扩大了10.9个百分点,比上半年扩大了19.1个百分点,比第一季度扩大了38.6个百分点。2023年电池级碳酸锂价格由2022年的大幅度上涨转为大幅度下跌,年末价格已接近或跌破部分企业的成本线,但年均价仍为历史第二高。见图21。

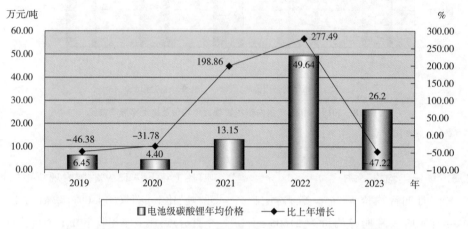

图 21　2019—2023年国内市场电池级碳酸锂现货年均价及比上年涨跌幅度

资料来源:CNIA。

(五)规模以上有色金属工业企业实现利润再创新高

1. 资产总额、营业收入、实现利润均增长

2023年,规模以上有色金属工业企业11311家,比上年增加了1010家;规模以上有色金属工业企业年末资产总额59957.2亿元,比上年年末增长9.0%。见图22。

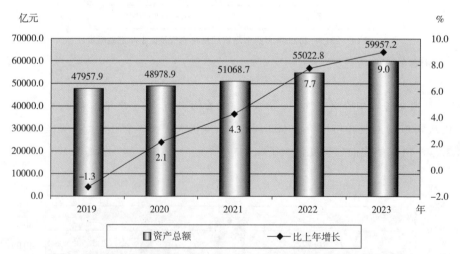

图 22　2019—2023年规模以上有色金属企业年末资产总额及比上年增长速度

数据来源:国家统计局、中国有色金属工业协会。

2023年,规模以上有色金属工业企业营业收入79908.1亿元,比上年增长4.4%。利润总额4268.6亿元,比上年增长16.2%,创历史新高。其中,国有企业利润总额1687.9亿元,增长15.0%,占比39.5%;民营企业利润总额2145.9亿元,增长7.9%,占比50.3%;三资企业利润总额434.8亿元,增长101.5%,占比10.2%。见图23、图24。

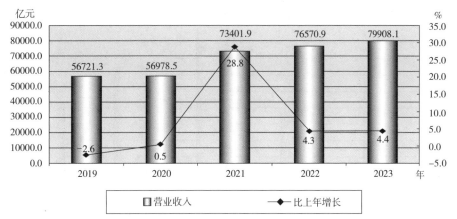

图 23　2019—2023 年规模以上有色金属企业营业收入及比上年增长速度

数据来源：国家统计局、中国有色金属工业协会。

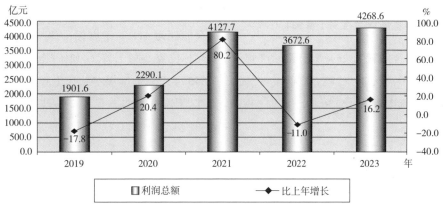

图 24　2019—2023 年规模以上有色金属企业利润总额及比上年增长速度

数据来源：国家统计局、中国有色金属工业协会。

2. 百元营业收入中的成本费用减少

2023 年，规模以上有色金属工业企业每百元营业收入中的成本 90.82 元，比上年增加 0.10 元；每百元营业收入中的三项费用 3.63 元，比上年减少 0.22 元，即每百元营业收入中的成本费用 94.45 元，比上年减少 0.12 元，比 2020 年减少 1.22 元。见图 25、见图 26。

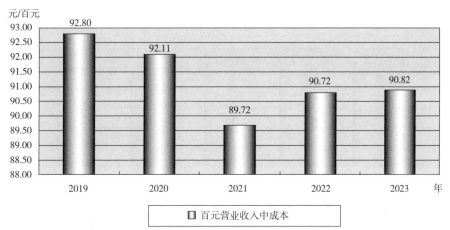

图 25　2019—2023 年规模以上有色金属企业百元营业收入中成本增减

数据来源：国家统计局、中国有色金属工业协会。

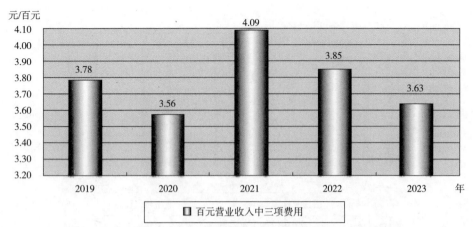

图26　2019—2023年规模以上有色金属企业百元营业收入中三项费用增减

数据来源：国家统计局、中国有色金属工业协会。

（六）铜、铝、铅、锌冶炼综合能耗（电耗）下降

2023年，铜冶炼综合能耗为254.5千克标准煤/吨，比上年减少12.4千克标准煤/吨，下降4.64%；原铝（电解铝）综合交流电耗为13336.3千瓦时/吨，

比上年减少106.9千瓦时/吨，下降0.8%；铅冶炼综合能耗为311.6千克标准煤/吨，比上年减少4.5千克标准煤/吨，下降1.42%；电解锌冶炼综合能耗为845.4千克标准煤/吨，比上年减少1.0千克标准煤/吨，下降0.12%。见图27、图28、图29、图30。

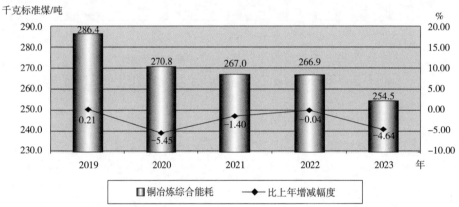

图27　2019—2023年铜冶炼产品综合能耗及比上年增减幅度

数据来源：中国有色金属工业协会。

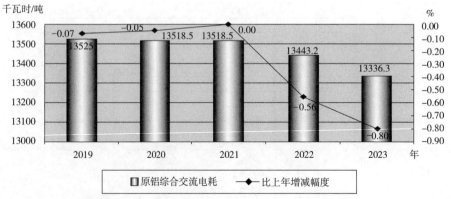

图28　2019—2023年原铝综合交流电耗及比上年增减幅度

数据来源：中国有色金属工业协会。

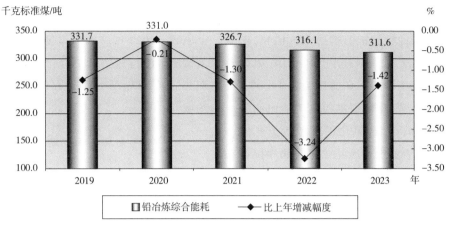

图29　2019—2023年铅冶炼产品综合能耗及比上年增减幅度

数据来源：中国有色金属工业协会。

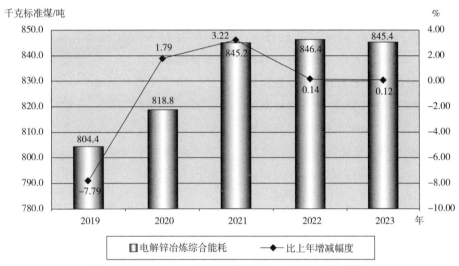

图30　2019—2023年电解锌冶炼综合能耗及比上年增减幅度

数据来源：中国有色金属工业协会。

二、有色金属工业运营特点

（一）高质量发展稳步推进，原料供应结构改善

1. 高质量发展稳步推进

2023年，有色金属冶炼及压延加工行业工业增加值增幅为8.8%，分别高于10种常用有色金属、铜、铝材产量增幅2.5、3.8、3.2个百分点。上述数据可反映出，有色金属单位产品新创造价值增加，高附加值高新有色材料产量比重提高，以及有色金属工业增加值率提升，高质量发展稳步推进。

2. 10种有色金属产量再上新台阶

按新口径统计的10种有色金属产量，2002年超过1000万吨大关，2007年超过2000万吨，2010年超过3000万吨，2012年超过4000万吨，2015年超过5000万吨，2019年超过6000万吨，2023年超过7000万吨，达到7289.2万吨。

3. 进口矿产资源安全保障能力提升

近年来，随着"走出去"战略实施与"一带一路"倡议项目落地，一批重大有色金属海外矿山项目相继开工运营，达产达标。这一时期，在刚果（金）和赞比亚的铜钴资源项目、几内亚铝土矿项目、印度尼西亚镍资源项目、秘鲁铜资源项目、澳大利亚锂资源项目建设都已经形成规模，投资效果开始显现。据了解，2023年中国企业获取的权益铜精矿金属量约为270万吨，已超过国内的铜精矿产量，占进口铜精矿金属量的比例为37.7%，占铜精矿需求量的比例为30.3%，当年国产铜精矿占需求量的比例为19.7%，两项合计占国内铜精矿需求量的比例在50%左右。2023年中国企业获取的权益铝土矿约为1亿吨,已超过国内铝土矿产量,占进口铝土矿的比例为70.7%,占生产氧化铝所需铝土矿的比例为44.0%,当年国产铝土矿占生产氧化铝所需铝土矿的比例为37.9%,两项合计占国内生产氧化铝所需铝土矿的比例为81.9%。中国企业投资境外矿山获取的权益矿山原料已成为铜、铝等有色金属冶炼所需原料的重要渠道,提升了中国矿产资源安全保障能力。

4. 国内回收再生资源供应保证度提升

2023年,中国再生铜铝铅锌量分别为410.3万吨、950.1万吨、299.0万吨和95.6万吨,比上年分别增长9.7%、9.8%、4.7%和4.3%,占国内供应量的比重分别为24.1%、18.0%、47.8%和12.8%。2023年生产再生金属所需的原料中,国内回收的再生金属原料数量和比例均明显增加,国内再生资源供应保证度提升。2023年国内回收的再生铜原料约264.5万吨,比2013年增加了104.5万吨,占生产再生铜所需原料的比例达到64.5%,比2013年占比增加了10.3个百分点。2023年国内回收的再生铝原料约732.3万吨,比2013年增加了352.3万吨,占生产再生铝所需原料的比例达到77.1%,比2013年占比增加了9.8个百分点。2023年国内回收的再生铅原料生产再生铅299.0万吨,比2013年翻了一番。2023年国内回收的再生锌原料生产再生锌95.6万吨,是2013年再生锌的4.4倍。

(二)新能源和家电领域铜、铝消费增加抵消了房地产消费减少,铜、铝消费好于预期

在"碳达峰、碳中和"的大背景下,大力发展光伏、风电、新能源汽车是中国实现"碳达峰、碳中和"目标的重要举措。2023年,中国光伏、风电新增发电装机容量占全国当年全部新增发电装机容量的比重超过70%,中国新能源汽车产量占全国当年全部汽车产量的比重超过30%。有色金属产业为光伏、风电、新能源汽车、锂电池等产业的快速发展提供了不可或缺的高新有色金属材料。同时,光伏、风电、新能源汽车、锂电池等产业也是有色金属消费增长的主要领域。在大力激励国内消费政策的支持下,2023年家用电冰箱、冰柜、空调、洗衣机等家用电器

大幅增长是拉动铜、铝等有色金属消费增长的另一个领域。2023年房地产市场的深度调整尚未结束,多数房地产指标持续下降,房地产行业对有色金属消费持续下跌,房地产是有色金属消费下跌的主要领域。

(三)有色金属项目固定资产投资创近10年新高

2023年有色金属工业完成固定资产投资比上年增长17.3%,创近10年新高。有色金属工业完成固定资产投资增幅自2014年回落到4.4%后,2015—2017年连续3年下降,降幅分别为3.3%、7.3%、7.4%,2018年、2019年分别增长1.2%和2.1%,2020年下降1.0%,2021年恢复到4.1%。2022年增幅为14.5%,2023年有色金属工业完成固定资产投资增幅高达17.3%,创近10年来的新高。

2023年有色金属工业完成固定资产投资分金属品种看,与光伏、风电、锂电、新能源汽车等相关的高新金属材料投资增加;分生产环节看,有色矿山投资大幅度增加;分所有制看,国有企业投资增幅扩大,民间有色金属固定资产投资有待提升。

(四)有色金属进出口贸易总额增长、贸易结构改善

1. 有色金属进口额增长,出口额下降

2023年有色金属进出口贸易额变化主要特点。一是有色金属进出口贸易总额保持增长,其中,进口额增长,出口额下降。二是有色金属进口贸易额占比较大的金属品种依次是铜、黄金和铝,这三个金属品种占有色金属进口贸易额的比重达86.5%;拉动有色金属进口贸易额增长的主要是黄金、铝,这两个金属品种进口增加额拉动有色金属进口贸易额增长6.6个百分点。三是有色金属出口贸易额占比大的金属品种依次是铝、铜、硅、锂,这四个金属品种出口额占有色金属出口贸易额的比重达73.2%。

2. 有色金属进出口贸易结构改善

2023年有色金属进出口贸易量变化主要特点。一是2023年铜精矿、铝土矿、铅精矿、锌精矿、镍矿(红土镍矿)、锡矿、锑矿、钼矿、锂矿、钛矿、钽铌矿等有色金属矿山原料进口量均明显增长。二是2023年铝材净出口量下降,铜材净出口量保持增长。三

是 2023 年未锻轧铝进口量增长,尤其是非合金铝(原铝)进口量大幅度增加。四是稀土产品出口呈现出量增价降的态势。五是碳酸锂进口量、氢氧化锂出口量均保持增长。六是中国企业投资境外矿山获取的权益矿山原料已成为进口矿山原料的重要构成。2023 年中国企业获取的权益铜精矿金属量达到 270 万吨,占进口铜精矿金属量别的比例接近 40%;2023 年中国企业获取的权益铝土矿近 1 亿吨,占进口铝土矿的比例在 70% 左右。

(五)有色金属品种价格分化,且国内市场好于国际市场、现货好于期货

1. 主要有色金属品种价格涨跌分化

铜价比上年小幅上涨。2023 年国内现货市场铜均价为 68272 元/吨,比上年上涨 1.2%。铝价跌幅持续收窄。2023 年国内现货市场铝均价 18717 元/吨,比上年下跌 6.4%,但跌幅比前三个季度、上半年、第一季度分别收窄 2.4、7.2、10.3 个百分点。工业硅价格下跌,但年末出现止跌的迹象。2023 年国内现货市场工业硅均价 15605 元/吨,比上年下跌 22.5%,但第四季度均价环比回升 7.8%。电池级碳酸锂价格大幅度下跌。2023 年国内现货市场电池级碳酸锂均价 26.2 万元/吨,比上年下跌 47.3%。其中,12 月份均价为 11.1 万元/吨,同比下跌 79.1%,年末价格已接近或跌破部分企业的成本线。

2. 主要有色金属价格国内市场好于国际市场

2023 年上期所三月期铜均价比上年上涨 1.8%,而 LME 三月期铜均价则比上年下跌 3.2%;2023 年上期所三月期铝均价跌幅比 LME 低 6.8 个百分点。

3. 主要有色金属现货价格大于期货价格

2023 年国内现货铜均价比上期所三月期铜均价高 1051 元/吨,国内现货铝均价比上期所三月期铝均价高 238 元/吨。

(六)经营效益全面提升,高质量发展稳步推进

1. 规模以上有色金属企业实现利润再创新高

2023 年规模以上有色金属工业企业实现利润总额再次超过 4000 亿元大关,达到 4268.6 亿元,比上年增加 596.0 亿元,比历史高位的 2021 年的利润 4127.7 亿元多 140.9 亿元,再创新高。其中,国有企业利润总额比上年增加 219.8 亿元,占规模以上有色金属企业增利的比重为 36.9%;民营企业利润总额比上年增加 157.2 亿元,占规模以上有色金属企业增利的比重为 26.4%;三资企业利润总额比上年增加 219.0 亿元,占规模以上有色金属企业增利的比重为 36.7%。

2. 营业收入利润率、资产利润率全面回升

2023 年规模以上有色金属工业企业营业收入利润率为 5.34%,比 2022 年的 4.80% 回升了 0.54 个百分点。2023 年规模以上有色金属工业企业资产利润率为 7.79%,比 2022 年的 6.92% 回升 0.87 个百分点。

3. 资产负债率为近 5 年最好水平

2023 年,规模以上有色金属工业企业资产负债率为 59.25%。规模以上有色金属工业企业,2019 年资产负债率为 61.77%,2020 年资产负债率为 60.04%,2021 年资产负债率为 59.62%,2022 年资产负债率为 60.92%,2023 年资产负债率是近 5 年最好水平。

三、促进有色金属产业高质量发展的保障措施

有色金属行业以习近平新时代中国特色社会主义思想为指引,认真贯彻落实习近平总书记在中央经济工作会议上的重要讲话精神,深刻把握经济工作的总体要求和政策取向,深入贯彻落实党中央关于经济工作的决策部署,进一步巩固和增强有色金属工业回升向好态势。促进有色金属产业高质量发展的保障措施。一是坚持供给侧结构性改革,有效控制过剩产能非理性扩张,进一步优化有色金属供应链、产业链、价值链。二是确保有色金属资源供给可控。要统筹国内外两种资源及原生、再生两种资源,在建设境外矿产资源基地的同时,加快建设再生资源基地,增强防范资源风险的能力。三是重点突破关键材料研发生产。以满足国家重大工程和高端装备等领域重大需求为导向,围绕"卡脖子"材料和技术开展技术攻关,争取全面突破。四是着力扩大有色金属应用,促进国内消费升级。五是进一步降低成本费用增强盈利能力,有效提升资产利润率和营业收入利润率,进一步降低资产负债率。

注：

1.2023年有色金属行业经济效益、固定资产投资、进出口贸易额汇总数据均为包括黄金（企业）数据；本文涉及的10种有色金属产量历史数据已按新统计口径进行了调整。

2.有色金属年度生产、消费数据来自国家统计局、中国有色金属工业协会。

3.经济效益数据、固定资产投资数据来自国家统计局。

4.进出口数据来自海关总署，由中国有色金属工业协会整理。

5.主要有色金属价格数据来自金属交易所。

6.主要单位产品能耗指标来自中国有色金属工业协会。

7.部分数据因四舍五入的原因，存在总计与分项合计不等的情况。

（撰稿：王华俊）

2023年基础电信业发展综述

工业和信息化部

2023年，中国通信业全面贯彻落实党的二十大精神，认真落实党中央、国务院各项决策部署，坚持稳中求进工作总基调，全力推进网络强国和数字中国建设，促进数字经济与实体经济深度融合，全行业主要运行指标平稳增长，5G、千兆光网等网络基础设施日益完备，各项应用普及全面加速，行业高质量发展稳步推进。

一、总体情况

2023年，全国电信业务总量[①]完成约1.8万亿元，同比增长17.2%；电信业务收入累计完成约1.7万亿元，同比增长6.2%；三家基础电信企业和中国铁塔股份有限公司共完成固定资产投资4189亿元，比上年下降0.1%。

全年电话用户总数约为19.2亿户。其中，固定电话用户净减608.8万户，总数降至约1.7亿户，普及率为12.3部/百人；三家基础电信企业及中国广电的移动电话用户[②]净增约5450万户，总数增至约17.4亿户，普及率[③]为123.7部/百人。移动互联网用户全年净增约6922万户，总数增至约15.2亿户，占移动电话用户比重达87.4%。互联网宽带接入用户全年净增约4666万户，总数约达6.4亿户，100Mbps及以上宽带用户比重达到94.5%，1000Mbps及以上宽带用户比重达到25.7%。网络连接用户规模持续扩大，移动通信及移动互联网深度渗透，互联网宽带加速向更高速率升级，高带宽、低时延网络服务水平显著提升，推动行业技术迭代与服务优化，为数字经济发展奠定坚实基础。

全国光缆线路长度全年净增约474万千米，达到约6432万千米。移动电话交换机容量净增约264万户，达到约27.5亿户。基础电信企业互联网宽带接入端口增加约6486万个，累计达到约11.4亿个。

2019—2023年电信业主要指标发展情况见表1。

---

① 按照上年不变单价计算，下同。

② 自2023年起，移动电话用户、5G移动电话用户、移动互联网用户、移动互联网接入流量将中国广电数据纳入行业汇总数据，2022年数据做同步调整，下同。

③ 普及率采用2023年人口数据计算得到，下同。

表1　2019—2023 年电信业主要指标发展情况

指标名称	单　位	2019 年	2020 年	2021 年	2022 年	2023 年	平均增长率/%
一、综合指标							
电信业务总量	亿　元	106810.1	15038.2	17197.4	17501.1	18359.3	
电信业务收入	亿　元	13096.1	13600.0	14701.1	15806.0	16827.7	5.1
电信固定资产投资	亿　元	3654.1	4085.2	4073.6	4191.3	4188.6	2.8
二、电信用户							
固定电话用户	万　户	19103.3	18190.8	18070.1	17941.4	17332.6	-1.9
移动电话用户	万　户	160134.5	159407.0	164282.5	168908.5	174358.1	1.7
移动互联网用户	万　户	131852.6	134851.9	141564.9	145518.1	152439.8	6.3
互联网宽带接入用户	万　户	44927.9	48355.0	53578.7	58964.8	63630.6	7.2
三、电信业务使用情况							
固定电话主叫通话时长	亿分钟	1206.5	1026.0	933.4	834.2	806.0	-7.8
移动电话通话时长	亿分钟	47826.2	44964.5	45592.0	46267.9	45205.4	-1.1
移动短信业务量	亿　条	15066.4	17795.7	17619.5	18748.1	18693.2	
移动互联网接入流量	万 GB	12199200.6	16556817.2	22163224.3	26177478.5	30253953.8	19.9
四、通信能力							
光缆线路长度	万千米	4741.2	5169.2	5480.8	5958.0	6431.8	6.3
移动电话交换机容量	万　户	272523.7	274567.1	275690.8	275194.1	275458.0	0.2
移动电话基站数	万　个	841.0	931.0	996.3	1083.4	1162.0	6.7
互联网宽带接入端口	万　个	91578.0	94604.7	101784.7	107104.2	113589.7	4.4
五、通信服务水平							
固定电话普及率	部/百人	13.6	12.9	12.8	12.7	12.3	
移动电话普及率	部/百人	114.4	112.9	116.5	119.2	123.7	
互联网宽带接入普及率	%	32.1	34.3	38.0	41.8	45.1	

注：1.2019 年电信业务总量按照 2015 年不变单价测算,2020—2023 年电信业务总量按照上年不变单价测算。

2.移动短信业务量自 2018 年起调整统计口径,5 年平均增长率不可计算。

3.自 2023 年年报起,移动电话用户、移动互联网用户、移动互联网接入流量将中国广电数据纳入行业汇总数据,2022 年数据做同步调整。

二、行业整体运行平稳

(一)电信业务量收保持较快增长

2023 年电信业务收入累计完成约 1.7 万亿元,比上年增长 6.2%,增速同比回落 1.8 个百分点。按照上年价格计算的电信业务总量达 1.8 万亿元,同比增长 17.2%。见图 1。

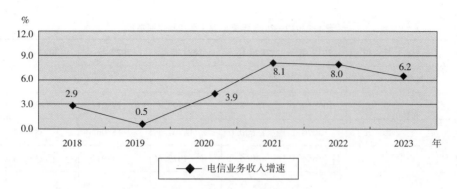

图1 2018—2023年电信业务收入增长情况

（二）移动数据流量业务收入小幅回落

2023年，互联网宽带接入业务实现收入2626亿元，比上年增长7.7%，在电信业务收入中占比为15.6%；移动数据流量业务实现收入6386亿元，比上年下降0.6%，在电信业务收入中占比由上年的40.7%回落至37.9%。见图2、图3。

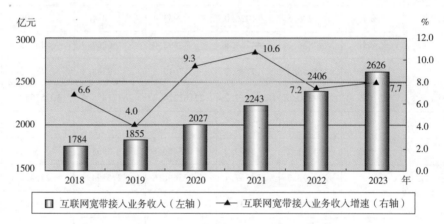

图2 2018—2023年互联网宽带接入业务收入发展情况

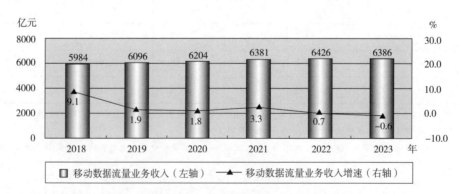

图3 2018—2023年移动数据流量业务收入发展情况

（三）新兴业务收入保持较高增速

云计算、大数据等新兴数字化服务快速发展，2023年实现相关业务收入3628亿元，比上年增长19%，在电信业务收入中占比由上年的19.4%提升至21.6%。其中，云计算、大数据业务收入比上年分别增长37.5%和37.6%。见图4。

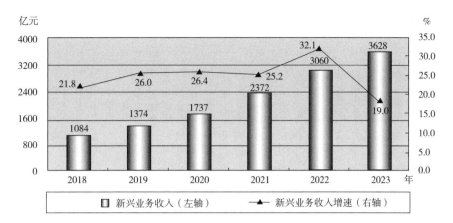

图4 2018—2023年新兴业务收入发展情况

（四）语音业务收入持续下滑

互联网应用对语音业务替代效应持续显现，2023年，三家基础电信企业完成固定语音业务收入185亿元，比上年下降8%；完成移动语音业务收入1108亿元，比上年下降2.5%，增速由正转负；两项业务合计占电信业务收入的7.7%，占比较上年回落0.8个百分点。见图5。

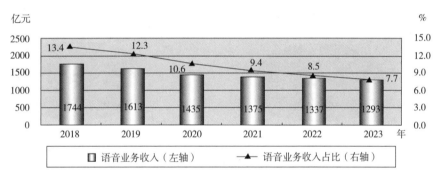

图5 2018—2023年语音业务收入发展情况

三、新型基础设施用户持续增长

（一）5G移动电话用户快速发展

2023年，全国电话用户净增4841万户，总数达到约19.17亿户。其中，移动电话用户总数约17.44亿户，全年净增约5450万户，普及率为123.7部/百人，比上年年底提高4.5部/百人。其中，5G移动电话用户达到8.22亿户，占移动电话用户的47.1%，比上年年底提高13.6个百分点。固定电话用户总数1.73亿户，全年净减608.8万户，普及率降至12.3部/百人。见图6、图7。

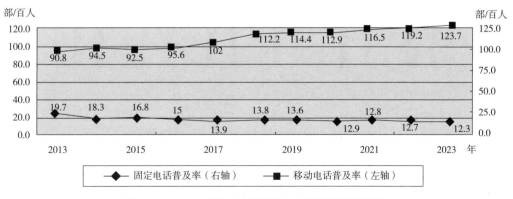

图6 2013—2023年固定电话及移动电话普及率发展情况

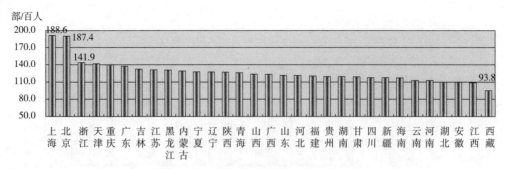

图7　2023年各地区移动电话普及率情况

（二）千兆及以上宽带接入用户规模超亿户

截至2023年年底，三家基础电信企业的互联网宽带接入用户总数达6.36亿户，全年净增约4666万户。其中，100Mbps及以上接入速率的用户为6.01亿户，全年净增4756万户，占总用户数的94.6%，占比较上年年底提高0.6个百分点；1000Mbps及以上接入速率的用户为1.63亿户，全年净增7153万户，占总用户数的25.7%，占比较上年年底提高10.1个百分点。见图8。

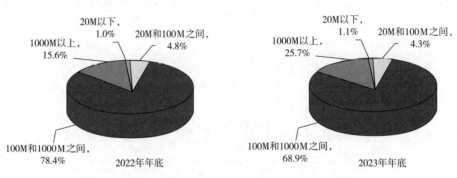

图8　2022年和2023年互联网宽带各接入速率用户占比情况

（三）农村宽带用户保持增长

互联网宽带接入服务持续在农村地区加快普及，截至2023年年底，全国农村宽带用户总数达19189万户，全年净增1557万户，比上年增长约8.8%，增速较城市宽带用户高1.3个百分点。见图9。

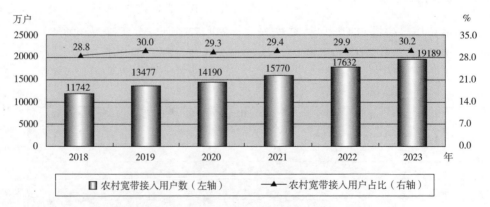

图9　2018—2023年农村宽带接入用户数及占比情况

（四）蜂窝物联网用户规模加速扩大

截至2023年年底，三家基础电信企业发展蜂窝物联网用户全年净增4.88亿户，总数达到23.32亿户，较移动电话用户数高5.89亿户，占移动网终端连接数（包括移动电话用户和蜂窝物联网终端用户）的比重达57.2%。见图10。

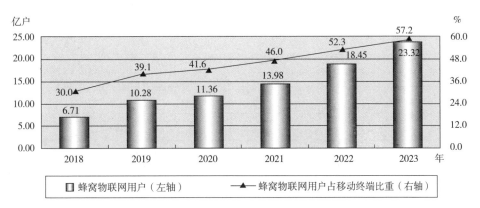

图10　2018—2023年蜂窝物联网用户及占地情况

四、移动互联网流量保持较快增势

（一）移动互联网流量较快增长

2023年，移动互联网接入流量约达3025亿GB，比上年增长约15.6%。全年移动互联网月户均流量（DOU）达16.9GB/户·月，比上年增长11.2%；12月当月DOU达18.93GB/户，较上年12月提高2.75GB/户。见图11、图12。

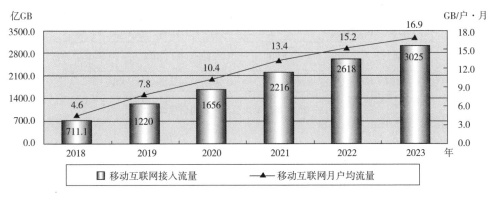

图11　2018—2023年移动互联网流量及月户均流量(DOU)增长情况

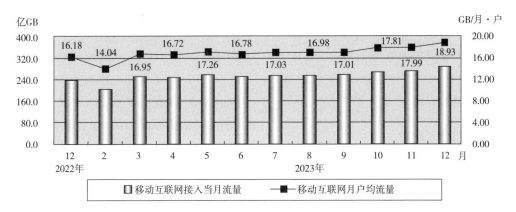

图12　2023年移动互联网接入当月流量及当月DOU情况（三家基础电信企业数据计算所得）

（二）短信业务量收和通话时长小幅下降

2023年，全国移动短信业务量比上年下降约0.3%，移动短信业务收入比上年下降0.2%，移动短

信业务量收增速差从上年的1.6%下降至0.1%。2023年，全国移动电话去话通话时长2.2万亿分钟，比上年下降2.7%。见图13、图14。

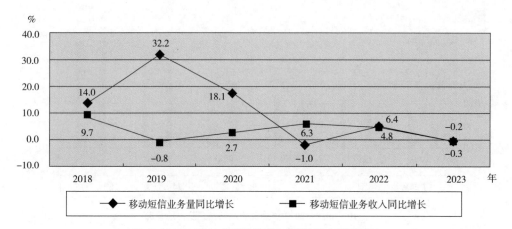

图13　2018—2023年移动短信业务量和收入增长情况

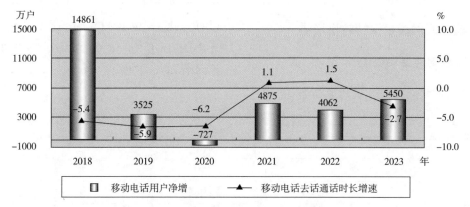

图14　2018—2023年移动电话用户和通话量增长情况

五、网络基础设施建设有序推进

（一）固定资产投资保持稳定

2023年，三家基础电信企业和中国铁塔股份有限公司共完成电信固定资产投资约4189亿元，比上年下降约0.1%。其中，5G投资额达1619亿元，同比下降9.7%，占全部投资的38.6%。

（二）全光网建设快速推进

2023年，新建光缆线路长度473.8万千米，全国光缆线路总长度约达6432万千米；其中，长途光缆

线路、本地网中继光缆线路和接入网光缆线路长度分别达114万、2310万和4008万千米，且接入网光缆线路长度比上年净增达305.2万千米，进一步保障和支撑用户服务质量。截至2023年年底，互联网宽带接入端口数约达11.36亿个，比上年年底净增约6486万个。其中，光纤接入（FTTH/O）端口达到10.94亿个，比上年年底净增6915万个，占比由上年年底的95.7%提升至96.3%。截至2023年年底，具备千兆网络服务能力的10G PON（一种光纤传输技术）端口数达2302万个，比上年年底净增779.2万个。见图15。

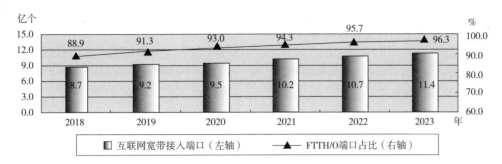

图 15　2018—2023 年互联网宽带接入端口发展情况

(三) 5G 网络建设深入推进

截至 2023 年年底，全国移动通信基站总数达

1162 万个，其中 5G 基站①为 337.7 万个，约占移动基站总数的 29.1%，占比较上年年底提升 7.8 个百分点。见图 16。

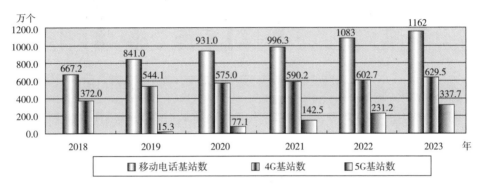

图 16　2018—2023 年移动通信基站发展情况

六、东、中、西、东北部地区协调发展

(一) 各地区电信业务收入份额小幅波动

2023 年，东部、西部地区电信业务收入在全国的占比分别为 51.2%、24%，比上年均提升 0.1 个百分

点；中部、东北地区部占比分别为 19.5%、5.3%，比上年均下降 0.1 个百分点。京津冀地区收入占全国比重为 9.1%，比上年下降 0.2 个百分点；长三角地区收入占全国收入比重为 22.2%，比上年提升 0.2 个百分点。见图 17。

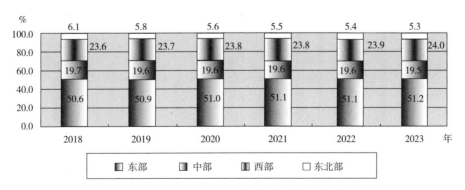

图 17　2018—2023 年东、中、西、东北部地区电信业务收入比重

---

① 自 2023 年 3 月起，将现有 5G 基站中的室内基站数统计口径由按基带处理单元统计调整为按射频单元折算，由于具备使用条件的基站数据是动态更新的，故不能追溯调整以往数据。

（二）各地区千兆用户占比均实现较快提升

截至 2023 年年底，东、中、西和东北部地区 1000Mbps 及以上速率互联网宽带接入用户分别达到 7226 万户、4133 万户、4331 万户和 637 万户，在本地区宽带接入用户中占比分别达到 27.2%、25.6%、25.3%

和 17%，占比较上年分别提高 9.5 个百分点、11 个百分点、10.6 个百分点和 8.8 个百分点。京津冀、长三角地区 1000Mbps 及以上接入速率的宽带接入用户分别达 1317 万户、3170 万户，占本地区宽带接入用户总数的比重分别为 27.5%、25.3%，占比较上年分别提高 10 个百分点和 8.4 个百分点。见图 18。

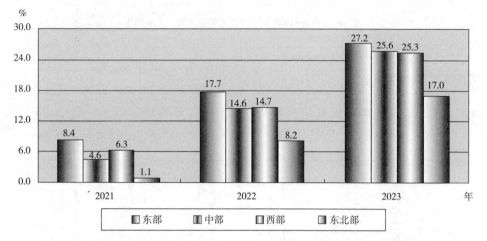

图 18　2021—2023 年东、中、西、东北部地区 1000Mbps 及以上速率宽带接入用户渗透率情况

（三）各地区移动互联网接入流量均保持两位数增长

2023 年，东、中、西和东北部地区移动互联网接入流量分别达到 1300 亿 GB、695.9 亿 GB、869.8 亿 GB 和 159.8 亿 GB，比上年分别增长 16.4%、17.5%、

12.5% 和 18.3%，区域间增速差距缩小。2023 年 12 月，西部地区当月户均流量达到 19.9GB/户，比东部、中部和东北部地区分别高出 1.3GB/户、0.4GB/户和 5.1GB/户。2023 年，京津冀、长三角地区移动互联网接入流量分别达到 219.8 亿 GB 和 554.2 亿 GB，同比增长 12.9% 和 17%。见图 19。

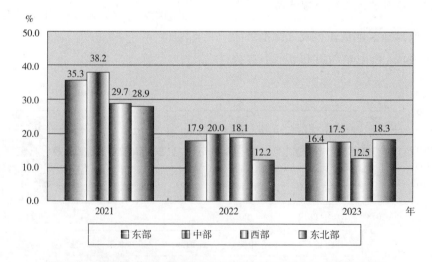

图 19　2021—2023 年东、中、西、东北部地区移动互联网接入流量增速情况

（审稿：谢知诺

撰稿：杨　梦）

2023年房地产业发展综述

中国房地产业协会

2023年，中国房地产行业持续处于转型调整过程中，多个核心指标低位运行，开发投资、房屋新开工、商品房销售规模处于低位，开发企业资金面持续承压。房地产政策环境保持宽松，全年延续了促需求、防风险、保稳定的政策导向。7月中共中央政治局会议召开后，各项利好政策也根据市场形势相继出台，除少数大城市外限制性政策几乎全部退场。同时，各地加快推进保障性住房建设、"平急两用"公共基础设施建设、城中村改造"三大工程"，构建房地产发展新模式。

一、2023年房地产行业重要政策

1月5日，中国人民银行、中国银行保险监督管理委员会联合印发《关于建立新发放首套住房个人住房贷款利率政策动态调整长效机制的通知》，提出对于评估期内新建商品住宅销售价格环比和同比连续3个月均下降的城市，阶段性放宽首套住房商业性个人住房贷款利率下限。地方政府按照因城施策原则，可自主决定自下一个季度起，阶段性维持、下调或取消当地首套住房商业性个人住房贷款利率下限。

3月3日，自然资源部 中国银行保险监督管理委员会联合印发《关于协同做好不动产"带押过户"便民利企服务的通知》，提出各地要在已有工作的基础上，根据当地"带押过户"推行情况、模式及配套措施情况，深入探索，以点带面，积极做好"带押过户"，实现地域范围、金融机构和不动产类型全覆盖，常态化开展"带押过户"服务。

3月5日，政府工作报告针对房地产方面指出，要有效防范化解优质头部房企风险，改善资产负债状况，防止无序扩张，促进房地产业平稳发展。加强住房保障体系建设，支持刚性和改善性住房需求，解决好新市民、青年人等住房问题，加快推进老旧小区

和危旧房改造。

4月27日，住房城乡建设部、市场监管总局发布《关于规范房地产经纪服务的意见》，提出房地产经纪机构要合理降低住房买卖和租赁经纪服务费用，鼓励按照成交价格越高、服务费率越低的原则实行分档定价，引导由交易双方共同承担经纪服务费用。严格实行明码标价、严禁操纵经纪服务收费。

7月24日，中共中央政治局会议指出："要切实防范化解重点领域风险，适应我国房地产市场供求关系发生重大变化的新形势，适时调整优化房地产政策，因城施策用好政策工具箱，更好满足居民刚性和改善性住房需求，促进房地产市场平稳健康发展。要加大保障性住房建设和供给，积极推动城中村改造和'平急两用'公共基础设施建设，盘活改造各类闲置房产。"

8月18日，住房和城乡建设部、中国人民银行、金融监管总局联合发布《关于优化个人住房贷款中住房套数认定标准的通知》，提出居民家庭（包括借款人、配偶及未成年子女）申请贷款购买商品住房时，家庭成员在当地名下无成套住房的，不论是否已利用贷款购买过住房，银行业金融机构均按首套房执行住房信贷政策。……此项政策作为政策工具，纳入"一城一策"工具箱。

8月25日，国务院常务会议审议通过《关于规划建设保障性住房的指导意见》。坚持"让商品住房回归商品属性，满足改善性住房需求，促进稳地价、稳房价、稳预期。推动房地产业转型和高质量发展"目标导向，加大保障性住房建设和供给。支持充分利用依法收回的已批未建土地、房地产企业破产处置商品住房和土地、闲置住房等建设筹集保障房；支持利用闲置低效工业、商业、办公等非住宅用地建设保障性住房。

8月27日，证监会发布《证监会统筹一二级市场平衡优化IPO、再融资监管安排》，明确房地产上市

公司再融资不受破发、破净和亏损限制。

8月31日，中国人民银行、国家金融监管总局发布《关于降低存量首套住房贷款利率有关事项的通知》，提出自2023年9月25日起，存量首套住房商业性个人住房贷款的借款人可向承贷金融机构提出申请，由该金融机构新发放贷款置换存量首套住房商业性个人住房贷款或协商变更合同约定的利率水平。中国人民银行、国家金融监管总局发布《关于调整优化差别化住房信贷政策的通知》，提出："对于贷款购买商品住房的居民家庭，首套住房商业性个人住房贷款最低首付款比例统一为不低于20%，二套住房商业性个人住房贷款最低首付款比例统一为不低于30%；首套住房商业性个人住房贷款利率政策下限按现行规定执行，二套住房商业性个人住房贷款利率政策下限调整为不低于相应期限贷款市场报价利率加20个基点。"

10月30—31日，中央金融工作会议部署房地产金融工作，强调要促进金融与房地产良性循环，健全房地产企业主体监管制度和资金监管，完善房地产金融宏观审慎管理，一视同仁满足不同所有制房地产企业合理融资需求，因城施策用好政策工具箱，更好支持刚性和改善性住房需求，加快保障性住房等"三大工程"建设，构建房地产发展新模式。

12月11—12日，中央经济工作会议指出，要统筹化解房地产、地方债务、中小金融机构等风险，严厉打击非法金融活动，坚决守住不发生系统性风险的底线。积极稳妥化解房地产风险，一视同仁满足不同所有制房地产企业的合理融资需求，促进房地产市场平稳健康发展。加快推进保障性住房建设、"平急两用"公共基础设施建设、城中村改造等"三大工程"。完善相关基础性制度，加快构建房地产发展新模式。

二、房地产行业主要指标运行情况

1. 房地产开发投资下降

2023年，全国房地产开发投资110913亿元，比上年下降9.6%（按可比口径计算）。其中，住宅投资83820亿元，下降9.3%；办公楼投资4531亿元，下降9.4%；商业营业用房8055亿元，同比下降16.9%。住宅投资占房地产开发投资的比重为75.6%。见图1。

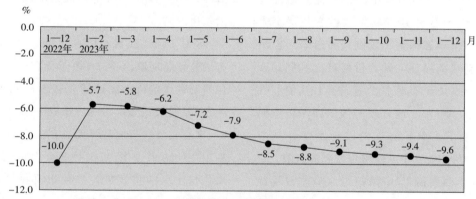

图1　全国房地产开发投资累计同比增速

数据来源：国家统计局。

2023年，各区域投资同比继续负增长，东北部地区跌幅最大，较上年下降24.5%；东部地区跌幅最小，比上年下降5.3%。开发企业在东部地区的投资占比超过六成，较上年提高了5.7个百分点。见表1。

表1　2023年全国房地产开发投资结构

地　区	完成投资/亿元	占　比/%	同比增长/%	住宅投资/亿元	占　比/%	同比增长/%
全　国	110913	100.0	-9.6	83820	100.0	-9.3
东部地区	66705	60.2	-5.3	48778	58.2	-5.1

续表

地 区	完成投资/亿元	占 比/%	同比增长/%	住宅投资/亿元	占 比/%	同比增长/%
中部地区	21423	19.3	−9.5	17541	20.9	−8.1
西部地区	19760	17.8	−19.6	15136	18.1	−18.9
东北部地区	3026	2.7	−24.5	2365	2.8	−26.3

数据来源:国家统计局。

2023年,31个省、自治区、直辖市中,7个地区房地产开发投资同比增长,西藏涨幅居首,上涨30.4%,然后上海上涨18.2%,其他5个地区涨幅不高于4.0%;24个地区同比下滑,其中有18个地区跌幅高于全国水平(−9.6%),跌幅最大的为天津,下降42.1%,云南、青海、广西跌幅超过三成,黑龙江、辽宁、四川跌幅在23%~28%之间。见表2。

表2 2023年各地区房地产开发投资情况

序 号	地 区	投资金额/亿元	同比增长/%	序 号	地 区	投资金额/亿元	同比增长/%
1	西藏	79.16	30.4	17	福建	4403.37	−12.7
2	上海	5885.79	18.2	18	湖南	3833.06	−13.1
3	宁夏	436.06	3.8	19	重庆	2792.42	−13.2
4	浙江	13197.92	2.0	20	陕西	2943.30	−14.8
5	海南	1170.73	1.1	21	甘肃	1263.07	−14.8
6	新疆	1168.53	0.8	22	安徽	4659.36	−16.4
7	北京	4195.67	0.4	23	吉林	823.82	−18.8
8	山西	1751.49	−0.7	24	贵州	1188.31	−19.8
9	内蒙古	963.37	−1.5	25	四川	5320.60	−23.3
10	湖北	5409.05	−3.5	26	辽宁	1744.75	−26.1
11	江苏	11891.28	−4.2	27	黑龙江	456.96	−27.3
12	江西	1580.70	−7.1	28	广西	1337.02	−31.2
13	河南	4189.40	−9.3	29	青海	201.35	−32.0
14	广东	13465.88	−10.0	30	云南	2066.55	−34.4
15	山东	8168.86	−10.2	31	天津	1231.55	−42.1
16	河北	3093.51	−12.7				

数据来源:国家统计局。

2.企业到位资金下降

2023年,房地产开发企业到位资金127459亿元,比上年下降13.6%。其中,国内贷款15595亿元,下降9.9%;利用外资47亿元,下降39.1%;自筹资金41989亿元,下降19.1%;定金及预收款43202亿元,下降11.9%;个人按揭贷款21489亿元,下降9.1%。见图2、表3。

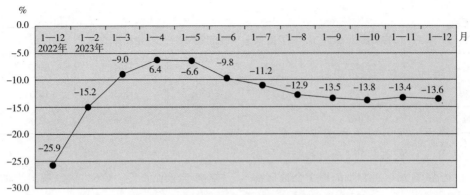

图2 全国房地产开发企业到位资金同比增速

数据来源：国家统计局。

表3 2023年房地产开发企业到位资金情况

指 标	绝对值/亿元	同比增长/%	占 比/%
本年实际到位资金小计	127459	-13.6	100.0
国内贷款	15595	-9.9	12.3
利用外资	47	-39.1	0.0
自筹资金	41989	-19.1	32.9
定金及预收款	43202	-11.9	33.9
个人按揭贷款	21489	-9.1	16.9
其他资金	5137	-6.1	4.0

数据来源：国家统计局。

3.房屋施工、新开工规模下降，竣工规模增加

2023年，房地产开发企业房屋施工面积838364万平方米，比上年下降7.2%。其中，住宅589884万平方米，下降7.7%；办公楼33132万平方米，下降5.1%；商业营业用房72181万平方米，下降9.6%。

房屋新开工面积95376万平方米，比上年下降20.4%。其中，住宅69286万平方米，下降20.9%；办公楼2589万平方米，下降18.5%；商业营业用房6459万平方米，下降20.4%。

房屋竣工面积99831万平方米，比上年增长17.0%。其中，住宅72433万平方米，增长17.2%；办公楼2890万平方米，增长10.8%；商业营业用房7023万平方米，增长4.6%。

4.商品房销售规模下降、房价上涨

2023年，商品房销售面积111735万平方米，比上年下降8.5%。其中，住宅销售面积94796万平方米，下降8.2%；办公楼销售面积2717万平方米，下降9.0%；商业营业用房销售面积6356万平方米，下降12.0%。商品房销售额116622亿元，比上年下降6.5%。其中，住宅销售额102990亿元，下降6.0%；办公楼销售额3742亿元，下降12.9%，商业营业用房销售额6619亿元，下降9.3%。销售面积规模回落至2012年水平，销售金额规模与2016年水平持平。见图3、表4。

全国商品房销售均价10437元/平方米，同比上涨6.4%，其中商品住宅10864元/平方米，同比上涨6.7%。

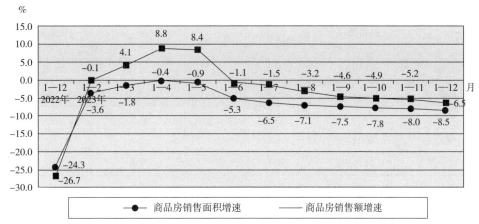

图 3 全国商品房月度累计销售面积及销售额同比增速

数据来源：国家统计局。

表 4 2023 年商品房销售结构

地　区	销售面积/万平方米	同比增长/%	销售金额/亿元	同比增长/%
全国总计	**111735**	**-8.5**	**116622**	**-6.5**
东部地区	51590	-6.7	71939	-5.8
中部地区	28330	-13.2	20810	-11.2
西部地区	27829	-7.5	21032	-3.7
东北部地区	3986	-3.0	2842	-7.7

数据来源：国家统计局。

2023 年，31 个省、自治区、直辖市中，10 个地区商品房销售面积同比增加，海南、西藏涨幅居前，分别为 39.7%、33.7%；21 个地区同比减少，安徽、江西跌幅居前，分别减少 28.5%、20.9%，共计 11 个地区跌幅高于全国(-8.5%)。

31 个省、直辖市、自治区中，11 个地区销售金额同比增加，海南、新疆、西藏涨幅居前，超过三成；20 个地区同比减少，安徽、江西跌幅居前，均超过两成，共计 11 个地区跌幅高于全国(-6.5%)。见表 5。

表 5 2023 年各地区商品房销售情况

序　号	地　区	销售面积/万平方米	同比增长/%	序　号	地　区	销售金额/亿元	同比增长/%
1	海南	899.69	39.7	1	海南	1493.80	36.0
2	西藏	79.69	33.7	2	新疆	1167.46	32.1
3	新疆	1903.23	25.5	3	西藏	66.76	31.6
4	天津	1177.40	20.9	4	天津	1893.39	24.9
5	青海	235.90	15.4	5	青海	166.55	14.9
6	内蒙古	1511.89	9.5	6	内蒙古	993.13	14.4
7	北京	1122.64	7.9	7	甘肃	900.81	7.8
8	吉林	1057.27	5.6	8	北京	4233.19	6.4
9	山西	2352.92	4.3	9	吉林	730.20	4.9
10	甘肃	1496.73	1.8	10	山西	1588.22	4.8

序 号	地 区	销售面积/万平方米	同比增长/%	序 号	地 区	销售金额/亿元	同比增长/%
11	上海	1808.03	-2.4	11	四川	7170.18	1.7
12	山东	11286.82	-3.4	12	黑龙江	554.43	-2.6
13	宁夏	690.25	-3.5	13	山东	9541.50	-2.7
14	四川	8005.79	-4.9	14	上海	7259.99	-2.8
15	辽宁	2070.96	-5.1	15	河南	4546.49	-3.1
16	河南	6965.29	-5.5	16	贵州	1251.66	-3.5
17	湖北	5264.77	-5.6	17	河北	3538.64	-4.4
18	贵州	2214.68	-5.6	18	宁夏	479.40	-4.5
19	河北	4323.05	-6.3	19	广东	15135.53	-4.6
20	黑龙江	857.76	-7.3	20	湖北	4619.46	-5.8
21	江苏	11019.43	-8.7	21	浙江	11503.82	-9.0
22	广东	9621.74	-9.2	22	陕西	2973.52	-9.1
23	浙江	6106.35	-10.2	23	湖南	3700.13	-11.6
24	重庆	3572.35	-13.8	24	辽宁	1557.03	-14.2
25	湖南	5636.51	-14.1	25	江苏	12682.14	-14.2
26	云南	2490.86	-15.2	26	福建	4656.74	-14.7
27	福建	4224.55	-15.8	27	广西	1685.57	-14.9
28	陕西	2711.33	-18.1	28	云南	1702.20	-14.9
29	广西	2916.73	-18.6	29	重庆	2475.02	-16.2
30	江西	3432.94	-20.9	30	江西	2482.38	-20.6
31	安徽	4677.64	-28.5	31	安徽	3872.85	-22.8

数据来源：国家统计局。

5.商品房库存增加

2023 年年末，商品房待售面积 67295 万平方米，比上年年末增加 10929 万平方米。其中，住宅待售面积 33119 万平方米，比上年年末增加 6172 万平方米；办公楼待售面积 4854 万平方米，比上年年末增加 781 万平方米；商业营业用房待售面积 14231 万平方米，比上年末增加 1673 万平方米；其他用房待售面积 15091 万平方米，比上年末增加 2303 万平方米。见表 6。

表 6　2023 年年末商品房待售情况

	待售面积/万平方米	同比增长/%	占 比/%
全 国	**67295**	**19.0**	**100.0**
住宅	33119	22.2	49.2
办公楼	4854	17.7	7.2
商业营业用房	14231	13.3	21.2
其他	15091	18.0	22.4

数据来源：国家统计局。

6.房地产开发景气指数下行

房地产开发景气指数下半年持续下行,2023年

12月降至93.36。见图4。

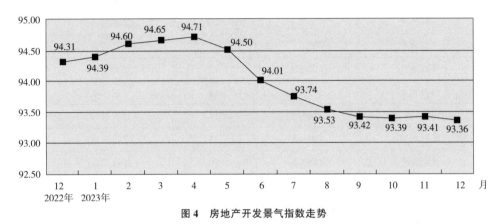

图4　房地产开发景气指数走势

数据来源:国家统计局。

三、房地产用地情况

2023年全国国有建设用地供应总量74.9万公顷(1公顷=0.01平方千米),比上年下降2.2%。其中,工矿仓储用地17.5万公顷,下降11.6%;房地产用地8.4万公顷,下降23.6%;基础设施等用地49.0万公顷,增长7.0%。见表7。

表7　全国国有建设用地供应情况

单位:万公顷

类　别	2019年	2020年	2021年	2022年	2023年
国有建设用地供应面积	62.4	65.8	69.0	76.6	74.9
工矿仓储用地	14.7	16.7	17.5	19.8	17.5
房地产用地	14.2	15.5	13.6	11.0	8.4
基础设施等用地	33.5	33.7	37.9	45.8	49.0

数据来源:国家统计局。

四、房地产开发企业情况

1.房地产开发企业数量减少

截至2022年年末,中国房地产开发企业共102852个,较上年减少2582个。其中内资企业99054个(含国有企业1387个),港澳台投资企业2550个,外商投资企业1248个。从业人员244.67万人,较上年减少35.49万人。

2022年,房地产企业主营业务收入123051.98亿元(土地转让709.12亿元,商品房销售115936.21亿元,房屋出租1646.11亿元,其他4760.53亿元),较上年减少11290.3亿元;主营业务税金及附加5607.22亿元,较上年减少1116.52亿元;营业利润9262.81亿元,较上年减少2571.21亿元。

实收资本合计134049.68亿元;资产总计1126529.36亿元;负债合计891499.10亿元;所有者权益235030.25亿元;资产负债率79.1%。

2.2023年销售千亿金额规模房企数量减少

克而瑞数据显示,2023年销售规模(全口径)过千亿元的房企总计16家,较上年减少4家。16家千亿销售金额房企中仅有5家民营房企,其余11家为央企、国企,或股东有国资背景。保利发展全年实现销售业绩4246.0亿元位于榜首,万科地产、中海地产、华润置地销售金额超过3000亿元。见表8。

表8 2023年千亿企业销售金额情况

排 名	公司名称	全口径金额/亿元	排 名	公司名称	全口径金额/亿元
1	保利发展	4246.0	9	龙湖集团	1735.8
2	万科地产	3755.4	10	金地集团	1535.5
3	中海地产	3098.1	11	滨江集团	1534.7
4	华润置地	3070.3	12	越秀地产	1425.0
5	招商蛇口	2936.3	13	中国金茂	1412.0
6	碧桂园	2169.1	14	华发股份	1259.9
7	绿城中国	1942.5	15	中国铁建	1216.3
8	建发房产	1890.6	16	绿地控股	1135.0

数据来源：CRIC。

2023年，TOP500房地产开发企业全年销售金额49699亿元，同比下降10.45%；销售面积31711万平方米，同比下降19.01%。

2023年，TOP500房地产开发企业总资产均值847.85亿元，同比下降1.50%；净资产均值188.16亿元，同比下降0.56%。

2023年，TOP500房地产开发企业营业收入均值107.53亿元，较上年下降4.72%。营业成本均值86.76亿元，较上年下降3.91%。净利润均值3.19亿元，同比下降3.37%，现金及现金等价物余额均值69.15亿元，同比下降5.17%。同时，TOP500房地产开发企业三费均值12.62亿元，其中销售费用均值3.67亿元，同比减少1.02%；管理费用均值4.12亿元，同比减少3.74%；财务费用均值4.83亿元，同比增长0.84%。三费占营业收入的比重11.74%。

五、房地产信贷情况

1. 房地产贷款增速持续回落

2023年年末，人民币房地产贷款余额52.63万亿元，同比下降1%，增速比上年年末低2.5个百分点。房地产开发贷款余额12.88万亿元，同比增长1.5%，增速比上年年末低2.2个百分点。个人住房贷款余额38.17万亿元，同比下降1.6%，增速比上年年末低2.8个百分点。

除此之外，2023年投向房地产行业的信托规模为9738.61亿元，同比下降20.4%；房地产行业（按照证监会行业划分）股票市场融资规模609.5亿元，同比增长87.8%；房地产行业发行债券504只（不包括资产证券化产品），累计发行金额4526.6亿元，同比下降8.8%；截至2023年年末，不动产资产证券化产品的存续规模3569.4亿元、616笔。

2. 住房公积金缴存和提取情况

缴存。2023年，住房公积金实缴单位494.76万个，实缴职工17454.68万人，分别比上年增长9.29%和2.80%。新开户单位77.15万个，新开户职工2017.11万人。

2023年，住房公积金缴存额34697.69亿元，比上年增长8.65%。

截至2023年年末，住房公积金累计缴存总额291623.52亿元，缴存余额100589.80亿元，分别比上年年末增长13.50%、8.80%。

提取。2023年，住房公积金提取人数7620.10万人，占实缴职工人数的43.66%；提取额26562.71亿元，比上年增长24.34%；提取率76.55%，比上年提高9.66个百分点。

截至2023年年末，住房公积金累计提取总额191033.72亿元，占累计缴存总额的65.51%。

个人住房贷款。2023年，发放住房公积金个人住房贷款286.09万笔，比上年增长15.48%；发放金额14713.06亿元，比上年增长24.25%。

六、房地产相关税收及国有土地出让收支情况

财政部数据显示，2023年土地和房地产相关税收中，契税5910亿元，同比增长2%；房产税3994亿

元,同比增长11.2%;城镇土地使用税2213亿元,同比下降0.6%;土地增值税5294亿元,同比下降16.6%;耕地占用税1127亿元,同比下降10.4%。

2023年,国有土地使用权出让收入57996亿元,同比下降13.2%;国有土地使用权出让收入相关支出55407亿元,同比下降13.2%。见表9。

表9 国有土地出让金收入与地方公共财政收入比较情况

年 份	地方公共财政收入/亿元	国有土地出让金/亿元	(国有土地出让金收入/地方财政收入)/%
2019 年	101081	72580	71.8
2020 年	100143	84139	84.0
2021 年	111084	87052	78.4
2022 年	108762	66852	61.5
2023 年	117218	57996	49.5

数据来源:财政部。

七、保障性住房建设情况

住房和城乡建设部统计数据显示,2023年全国公租房新开工6.4万套,保障性租赁住房开工建设和筹集213万套(间)。全国各类棚户区改造开工159万套,基本建成193万套。

2023年全国开工改造城镇老旧小区约5.37万个、惠及居民897万户,共完成投资近2400亿元,超额完成年度任务。见表10。

表10 2023年全国城镇老旧小区改造进展情况
(截至2023年12月末)

序 号	地 区	新开工小区数/个	开工率
1	浙江	633	全部开工
2	上海	329	全部开工
3	广东	2047	全部开工
4	湖北	4682	全部开工
5	江苏	1617	全部开工
6	山西	1948	全部开工
7	贵州	1071	全部开工
8	福建	2655	全部开工
9	内蒙古	1639	全部开工
10	河南	3430	全部开工
11	安徽	1273	全部开工
12	兵团	95	全部开工
13	广西	1844	全部开工
14	山东	3975	全部开工
15	宁夏	191	全部开工
16	北京	303	全部开工
17	湖南	4351	全部开工
18	四川	5311	全部开工

续表

序 号	地 区	新开工小区数/个	开工率
19	重庆	2076	全部开工
20	天津	275	全部开工
21	河北	1816	全部开工
22	辽宁	1428	全部开工
23	吉林	830	全部开工
24	黑龙江	1532	全部开工
25	江西	1245	全部开工
26	海南	410	全部开工
27	云南	1938	全部开工
28	西藏	35	全部开工
29	陕西	2016	全部开工
30	甘肃	1251	全部开工
31	青海	330	全部开工
32	新疆	1152	全部开工
合计		53728	101.2%

数据来源：住房和城乡建设部。

（撰稿：骆　彬）

2023 年中国物流业发展综述

中国物流与采购联合会

2023 年，物流运行总体恢复向好，社会物流需求增速稳步回升，物流运行效率持续改善，现代物流在国民经济中的产业地位持续提升。

一、物流行业总体运行情况

（一）物流需求规模稳定恢复

2023 年全国社会物流总额为 352.4 万亿元，按可比价格计算，同比增长 5.2%，增速比上年提高 1.8 个百分点。分季度看，第一季度、第二季度、第三季度、第四季度分别增长 3.9%、5.4%、4.7%、5.4%，呈现前低、中高、后稳的恢复态势，全年回升势头总体向好。见图 1。

从构成看，农产品物流总额 5.3 万亿元，按可比价格计算，同比增长 4.1%；工业品物流总额 312.6 万亿元，增长 4.6%；进口货物物流总额 18.0 万亿元，增长 13.0%；再生资源物流总额 3.5 万亿元，增长 17.4%；单位与居民物品物流总额 13.0 万亿元，增长 8.2%。

物流需求结构调整加快。从产业领域看，全年装备制造物流保持良好回升态势，增速高于全部工业物流 2 个百分点，特别是汽车、智能设备等领域物流总额增速超过 10%，比上年有所加快。从产业业态来看，电商物流、线上服务等新业态仍保持较快增长。全年电商物流指数均值为 110.1 点，实物商品网上零售额同比增长 8.4%，均比上年有所加快。从产业循环来看,绿色生产方式正在加快形成,再生资源的回收、分拣、集散等循环体系正在逐步完善,相关产业物流需求规模持续扩张,全年再生资源物流总额同比增长超过17%。

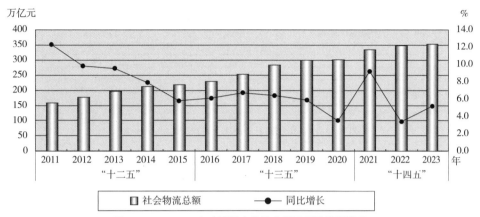

图1 2011—2023年中国社会物流总额及同比增长情况

(二)全年物流景气水平较高

全年中国物流业景气指数平均为51.8%,高于上年3.2个百分点,多数月份处于51%以上的较高景气区间,各月业务量、新订单指数平均波动幅度较上年有所收窄,显示行业运行向好,稳健性提升,物流供给对需求变化适配、响应能力有所增强。见图2。

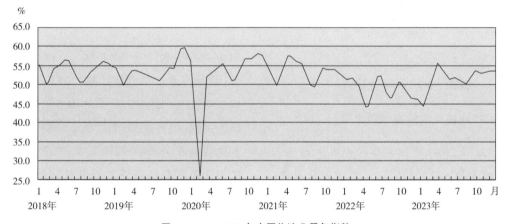

图2 2018—2023年中国物流业景气指数

仓储物流业务活跃,周转持续高效。全年中国仓储指数中的业务量指数平均为52.4%,2月份以来各月均位于较高景气区间,设施利用率、仓储周转效率逐月提高,显示仓储业务活跃度提升,行业运行较为高效,助力降低社会库存水平,支撑产业链上下游循环畅通。

电商物流业务向好,农村电商蓬勃发展。全年电商物流业务量指数平均为120.3点,连续多月呈回升态势。其中,农村电商物流业务量指数平均为124.2点,同比2022年提高8.7点,呈现出蓬勃发展

态势。

(三)物流运行效率持续改善

2023年,社会物流总费用18.2万亿元,同比增长2.3%。社会物流总费用与GDP的比率为14.4%,比上年回落0.3个百分点。第一季度、上半年、前三季度分别为14.6%、14.5%、14.3%,呈连续回落走势。从结构看,主要环节物流费用比率均有所下降,运输费用与GDP的比率为7.8%,保管费用与GDP的比率为4.8%,管理费用与GDP的比率为

1.8%，比上年各下降0.1个百分点。显示全年各环

节物流运行效率全面改善。见图3。

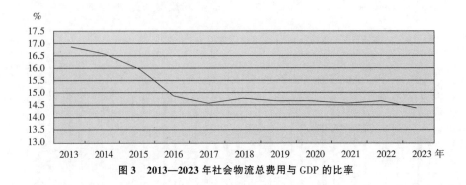

图3 2013—2023年社会物流总费用与GDP的比率

（四）物流业收入规模平稳增长

2023年，全年物流业总收入为13.2万亿元，同比增长3.9%，物流收入规模延续扩张态势。运输、仓储装卸等基础物流收入同比增速在3%左右，支撑物流市场稳定增长。全年航空物流收入由降转升，同比增长超过20%；快递市场进入稳定增长阶段，全年快递物流收入增长14%左右。见表1。

表1 2018—2023年物流业总收入情况

	2018年	2019年	2020年	2021年	2022年	2023年
总收入/万亿元	10.1	10.3	10.5	11.9	12.7	13.2
同比增长/%	14.5	9.0	2.2	15.1	4.7	3.9

资料来源：中国物流与采购联合会、中国物流信息中心。

二、物流行业政策环境建设

（一）维护产业链供应链高效稳定运行

新冠疫情过后，各政府相关部门积极出台相关政策，引导物流业与农业、制造业、商贸业融合发展，打通供应链堵点、卡点，促进国民经济循环畅通。在农业方面。中央财办等9部门发布《关于推动农村流通高质量发展的指导意见》（中财办发〔2023〕7号），从完善全国农产品流通骨干网络、提高农产品冷链流通效率、强化农产品产销对接等方面提出加强农产品流通体系建设。在制造业方面，工业和信息化部等8部门印发《关于加快传统制造业转型升级的指导意见》（工信部联规〔2023〕258号），要求加强供应链数字化管理和产业链资源共享，开展协同采购、协同制造、协同配送、产品溯源等应用，建设智慧产业链供应链。在商贸业方面，商务部等13部门印发《全面推进城市一刻钟便民生活圈建设三年行动计划（2023—2025）》，支持发展即时零售、"中央

厨房+冷链+餐饮"。商务部等9部门办公厅（室）印发《县域商业三年行动计划（2023—2025年）》，要求以供应链、物流配送、商品和服务下沉以及农产品上行为主线，引导商贸流通企业转型升级。在中央企业供应链方面，国务院国资委、工业和信息化部推进中央企业产业链融通发展共链行动。此外，应急管理部等4部门联合印发了《"十四五"应急物资保障规划》，提出到2025年，建成统一领导、分级管理、规模适度、种类齐全、布局合理、多元协同、反应迅速、智能高效的全过程多层次应急物资保障体系。

（二）积极引导产业数字化转型升级

物流业加快出台相关政策措施，积极推进相关技术落地应用，培育新产业、新模式、新动能，加快形成新质生产力。一是加快推进自动驾驶上路试点。2023年11月，交通运输部办公厅印发《自动驾驶汽车运输安全服务指南（试行）》（交办运〔2023〕66号），明确在现行法律法规框架下使用自动驾驶汽车从事运输经营活动的基本要求。同月，工业和信息

化部等 4 部门联合发布《关于开展智能网联汽车准入和上路通行试点工作的通知》（工信部联通装〔2023〕217 号），遴选具备量产条件和取得准入的智能网联汽车产品，在限定区域内开展上路通行试点。二是加快推动数据要素高水平应用。12 月，国家数据局等 17 部门联合发布《"数据要素×"三年行动计划（2024—2026 年）》（国数政策〔2023〕11 号），提出到 2026 年年底，打造 300 个以上示范性强、显示度高、带动性广的典型应用场景，数据产业年均增速将超过 20%，商贸流通、交通运输纳入重点行动。三是加快推进基础设施数字化改造。交通运输部发布《关于加快智慧港口和智慧航道建设的意见》（交水发〔2023〕164 号），要求有序推进集装箱码头、大宗干散货码头作业自动化。商务部等 12 部门联合印发《关于加快生活服务数字化赋能的指导意见》（商服贸发〔2023〕302 号），要求支持立体库、分拣机器人、无人车、无人机、提货柜等智能物流设施铺设和布局。

（三）提升国内外物流一体化水平

一是高标准建设自由贸易区。2023 年 6 月，国务院印发《关于在有条件的自由贸易试验区和自由贸易港试点对接国际高标准推进制度型开放的若干措施》（国发〔2023〕9 号），提出在试点地区开展通关便利方面探索。12 月，国务院印发《全面对接国际高标准经贸规则推进中国（上海）自由贸易试验区高水平制度型开放总体方案》，对上海自由贸易试验区货物贸易自由化便利化水平提出新要求，包括优化国际中转集拼平台运作模式、建设数据跨境交换系统、试点区港一体化管理等。二是加快推进边境口岸物流发展。商务部等 17 部门发布《关于服务构建新发展格局　推动边（跨）境经济合作区高质量发展若干措施的通知》（商资发〔2023〕18 号），提出将边（跨）境经济合作区建设成为集边境贸易、加工制造、生产服务、物流采购于一体的高水平沿边开放平台，促进兴边富民、稳边固边。三是提升国际物流水平和影响力。国务院办公厅印发的《关于加快内外贸一体化发展的若干措施》，鼓励航运企业基于市场化原则拓展内外贸货物跨境运输业务范围，加快发展沿海和内河港口铁水联运，支持附合条件的企业开展内外贸集装箱同船运输，支持在重点城市建设全球性和区域性国际邮政快递枢纽。交通运输部等 5 部门《关于加快推进现代航运服务业高质量发展的指导意见》（交水发〔2023〕173 号），提出到 2035 年，形成功能完善、服务优质、开放融合、智慧低碳的现代航运服务体系，国际航运中心和现代航运服务集聚区功能显著提升，上海国际航运中心服务能力位居世界前列。

（四）深入贯彻绿色低碳发展理念

2023 年 11 月，国务院印发《空气质量持续改善行动计划》，提出到 2025 年，全国地级及以上城市 $PM_{2.5}$ 浓度比 2020 年下降 10% 等多项量化指标，从持续优化调整货物运输结构、加快提升机动车清洁化水平、强化非道路移动源综合治理、全面保障成品油质量等方面对交通物流提出要求。2023 年 1 月，交通运输部等 5 部门印发《推进铁水联运高质量发展行动方案（2023—2025 年）》，提出到 2025 年，长江干线主要港口铁路进港全覆盖，沿海主要港口铁路进港率达到 90% 左右，全国主要港口集装箱铁水联运量达到 1400 万标箱，年均增长率超过 15%。生态环境部等 5 部门《关于实施汽车国六排放标准有关事宜的公告》（2023 年第 14 号），要求自 2023 年 7 月 1 日起，全国范围全面实施国六排放标准 6b 阶段，禁止生产、进口、销售不符合国六排放标准 6b 阶段的汽车。工业和信息化部等 8 部门印发《关于启动第一批公共领域车辆全面电动化先行区试点的通知》，确定北京等 15 个城市为此次试点城市，推广数量预计超过 60 万辆新能源汽车。国家发展改革委等部门印发《深入推进快递包装绿色转型行动方案》，要求到 2025 年底，快递绿色包装标准体系全面建立，禁止使用有毒有害快递包装要求全面落实，同城快递使用可循环快递包装比例达到 10%，旧纸箱重复利用规模进一步扩大。

（五）着力降低企业运营成本

在绿色通道方面，交通运输部等 4 部门印发《关于进一步提升鲜活农产品运输"绿色通道"政策服务水平的通知》（交办公路〔2022〕78 号），规范车辆查验及政策落实相关工作。

在金融服务方面，中国人民银行等3部门印发的《关于进一步做好交通物流领域金融支持与服务的通知》（银发〔2023〕32号）要求，做好交通物流领域金融支持与服务，推动交通物流提档升级，帮助市场主体健康发展。

在税收优惠方面，财政部、税务总局发布《关于继续实施物流企业大宗商品仓储设施用地城镇土地使用税优惠政策的公告》（财政部 税务总局公告2023第5号），宣布自2023年1月1日起至2027年12月31日止，物流企业继续享受土地使用税减半征收优惠政策。

在证照改革方面，交通运输部等2部门印发的《关于推进道路货物运输驾驶员从业资格管理改革的通知》（交办运〔2023〕35号）要求，将道路货物运输驾驶员从业资格考试安全驾驶理论内容纳入大型货车（B2）、重型牵引挂车（A2）驾驶人科目三安全文明驾驶常识考试。

在从业人员权益方面，交通运输部发布《关于印发2023年持续提升适老化无障碍交通出行服务等5件更贴近民生实事工作方案的通知》（交运办函〔2023〕480号），从降低货运平台公司抽成、优化道路运输办理服务、推进"司机之家"建设等方面，加强货运司机权益保障。

在信用体系方面，交通运输部办公厅印发的《关于加快推进长江航运信用体系建设的意见》，要求加快推进长江航运信用体系建设，服务长江航运高质量发展。

三、物流行业基础设施建设

2023年，全国交通固定资产投资完成了3.9万亿元，新开通高铁2776千米，新建改扩建高速公路7498千米，港口万吨级及以上码头泊位新增通过能力32529万吨/年，新增民用运输机场5个。中国综合交通网络总里程超过600万千米。

（一）交通基础设施

1. 铁路领域

2023年，全国铁路完成固定资产投资7645亿元、同比增长7.5%；投产新线3637千米，其中高铁2776千米；34个项目建成投产、102座客站投入运营；老少边和脱贫地区完成铁路基建投资4076亿元，22个县结束不通铁路的历史。截至2023年年底，铁路营业里程已达到15.9万千米，其中高铁4.5万千米，电气化率达到73.8%。

2016年，《中长期铁路网规划》提出构筑"八纵八横"高速铁路主通道，设计总规模约4.5万千米。截至2023年年底，"八纵八横"主通道已建成投产3.64万千米，占比约80%；开工在建0.67万千米，占比约15%。

2. 公路领域

2023年，全国公路水路交通固定资产投资总计30256亿元，同比增长0.2%。其中公路建设28240亿元，同比下降1.0%。截至2023年年底，中国公路总里程达544.1万千米，其中高速公路18.4万千米。

3. 水路领域

2023年，水运建设2016亿元，同比增长20.1%。中国内河航道通航里程12.8万千米，其中高等级航道1.7万千米；拥有港口生产性码头泊位近2.2万个，其中万吨级码头2883个。

4. 航空领域

2023年民航全年完成固定资产投资1150亿元，连续4年超千亿元。2023年，民航运输机场达到259个，其中年旅客吞吐量超千万人次的机场38个。

（二）物流基础设施

按照《"十四五"现代流通体系建设规划》《"十四五"现代物流发展规划》等相关要求，国家发展改革委等部门继续从国家层面推进交通物流枢纽布局，充分发挥核心节点的网络协同和联动带动效应，打造"枢纽+通道+网络"的运行体系。

1. 国家物流枢纽

2023年7月，国家发展改革委发布2023年国家物流枢纽建设名单，沧州港口型等30个枢纽入选（见表2）。截至2023年年底，国家发展改革委已累计牵头发布5批125个国家物流枢纽。

2. 冷链物流基地

2023年6月，国家发展改革委印发《关于做好2023年国家骨干冷链物流基地建设工作的通知》，发布新一批25个国家骨干冷链物流基地建设名单（见表3）。2020年以来，国家发展改革委已分3批将66个国家骨干冷链物流基地纳入年度建设名单。

3. 示范物流园区

国家发展改革委、自然资源部联合印发《关于做好第四批示范物流园区工作的通知》，确定第四批22家示范物流园区名单（见表4）。自2015年示范物流园区工作开展以来，共分4批确定了100家示范物流园区，圆满完成有关目标任务。

4. 综合货运枢纽

交通运输部、财政部发布《2023年国家综合货运枢纽补链强链支持城市公示》，将太原等10个城市纳入政策支持范围。

表2　2023年国家物流枢纽建设名单
（共30个，排名不分先后）

所在地	国家物流枢纽名称
河　北	沧州港口型国家物流枢纽
	保定商贸服务型国家物流枢纽
山　西	临汾陆港型国家物流枢纽
内蒙古	呼和浩特陆港型国家物流枢纽
	包头生产服务型国家物流枢纽
黑龙江	哈尔滨生产服务型（陆港型）国家物流枢纽
	牡丹江商贸服务型国家物流枢纽
上　海	上海空港型国家物流枢纽
江　苏	无锡生产服务型国家物流枢纽
	徐州陆港型国家物流枢纽
浙　江	杭州空港型国家物流枢纽
安　徽	合肥生产服务型国家物流枢纽
福　建	福州港口型国家物流枢纽
江　西	鹰潭陆港型国家物流枢纽
山　东	潍坊陆港型国家物流枢纽
青　岛	青岛空港型国家物流枢纽
湖　北	武汉—鄂州空港型国家物流枢纽
	襄阳生产服务型国家物流枢纽
湖　南	长沙生产服务型国家物流枢纽
广　东	珠海生产服务型国家物流枢纽
	湛江港口型国家物流枢纽
深　圳	深圳生产服务型国家物流枢纽
海　南	洋浦港口型国家物流枢纽

续表

所在地	国家物流枢纽名称
重　庆	重庆商贸服务型国家物流枢纽
四　川	泸州港口型国家物流枢纽
贵　州	贵阳生产服务型国家物流枢纽
云　南	大理商贸服务型国家物流枢纽
陕　西	西安商贸服务型国家物流枢纽
新　疆	哈密陆港型国家物流枢纽
	喀什—红其拉甫商贸服务型（陆上边境口岸型）国家物流枢纽

表3　2023年国家骨干冷链物流基地建设名单
（共25个，排名不分先后）

所在地	国家骨干冷链物流基地
天　津	滨海新区东疆综合保税区国家骨干冷链物流基地
河　北	秦皇岛国家骨干冷链物流基地
内蒙古	通辽国家骨干冷链物流基地
黑龙江	齐齐哈尔国家骨干冷链物流基地
江　苏	南京国家骨干冷链物流基地
浙　江	台州国家骨干冷链物流基地
安　徽	宿州国家骨干冷链物流基地
	阜阳国家骨干冷链物流基地
江　西	南昌国家骨干冷链物流基地
山　东	烟台国家骨干冷链物流基地
	潍坊国家骨干冷链物流基地
河　南	新乡国家骨干冷链物流基地
	漯河国家骨干冷链物流基地
湖　北	襄阳国家骨干冷链物流基地
湖　南	衡阳国家骨干冷链物流基地
	永州国家骨干冷链物流基地
广　东	湛江国家骨干冷链物流基地
广　西	防城港国家骨干冷链物流基地
重　庆	巴南国家骨干冷链物流基地
四　川	绵阳国家骨干冷链物流基地
陕　西	西安国家骨干冷链物流基地
甘　肃	张掖国家骨干冷链物流基地
新　疆	阿克苏国家骨干冷链物流基地
	喀什国家骨干冷链物流基地
兵　团	阿拉尔国家骨干冷链物流基地

表4　第四批示范物流园区名单
（共22个，排名不分先后）

所在地	示范物流园区
河北	河北天环冷链物流产业园
	石家庄东部现代物流枢纽基地
内蒙古	内蒙古鑫港源顺物流园
辽宁	辽宁省德邻陆港物流综合产业园
	辽宁省海城市西柳物流园区
吉林	吉林长春东北金属交易中心
江苏	江苏海安商贸物流产业园
	江苏泰州高港综合物流园
浙江	浙江湖州长兴综合物流园区
	浙江杭州深国际华东智慧物流城（杭州深国际物流港）
安徽	安徽安庆大观区现代物流园
	安徽芜湖三山综合物流园
江西	江西抚州海西综合物流园
	江西高安汽车商贸物流产业园
山东	山东齐鲁正本物流园
青岛	青岛国际陆港华骏物流园
河南	河南周口港口综合物流园区
湖北	湖北襄阳樊西商贸服务型物流示范园区
重庆	重庆南彭贸易物流基地（暨重庆公路物流基地）
四川	四川宜宾临港国际物流园
西藏	西藏拉萨城投物流园
陕西	陕西榆林象道国际物流园

四、行业企业发展情况

（一）企业经营明显承压

年度重点调查初步汇总数据显示，近30%的物流企业全年亏损，平均收入利润率在3%左右低位徘徊，明显低于正常年份5%的平均水平。

（二）规模企业集中度提升

截止到2023年年底，中国A级物流企业超过9600家。据中国物流与采购联合会统计数据显示，中国物流50强企业在2022年的物流业务收入合计为23456亿元，同比增长13.4%；50强物流企业门槛为77.4亿元，比上年提高15.8亿元；50强物流企业物流业务收入合计占物流业总收入的比重升至18%，为历年最高水平。见表5。

民营50强物流企业物流业务收入合计为10257亿元，同比增长18.7%。民营50强物流企业门槛为28.3亿元，比上年增加13.1亿元。见表6。

中国物流50强收入首次超2万亿元，展现出强劲的韧性。从结构上看，物流业务收入千亿级企业增至5家，百亿级企业增至34家，占比近八成，市场集中度进一步提升。

表5　2023年中国物流企业50强名单

排名	企业名称	物流业务收入/万元
1	中国远洋海运集团有限公司	57594190
2	厦门象屿股份有限公司	26907403
3	顺丰控股股份有限公司	26207974
4	北京京邦达贸易有限公司	13740200
5	中国外运股份有限公司	10881672
6	浙江菜鸟供应链管理有限公司	7397046
7	上海三快智送科技有限公司	7006390
8	圆通速递股份有限公司	5353931
9	中通快递股份有限公司	5307210
10	中铁物资集团有限公司	4871403
11	上海韵达货运有限公司	4743374

续表

排　名	企业名称	物流业务收入/万元
12	陕西省物流集团有限责任公司	4422013
13	建发物流集团有限公司	3925579
14	中国物资储运集团有限公司	3650133
15	申通快递有限公司	3365174
16	中集世联达物流科技(集团)股份有限公司	2934238
17	上汽安吉物流股份有限公司	2768908
18	全球国际货运代理(中国)有限公司	2421043
19	嘉里物流(中国)投资有限公司	2306053
20	极兔速递有限公司	2243050
21	河北省物流产业集团有限公司	1980586
22	济宁港航发展集团有限公司	1782488
23	准时达国际供应链管理有限公司	1779500
24	华远国际陆港集团有限公司	1711168
25	日日顺供应链科技股份有限公司	1684695
26	浙商中拓集团股份有限公司	1521583
27	上海中谷物流股份有限公司	1420892
28	安得智联供应链科技有限公司	1416000
29	湖北交投物流集团有限公司	1405439
30	宁波港东南物流集团有限公司	1334743
31	四川安吉物流集团有限公司	1310937
32	全球捷运物流有限公司	1240479
33	中国长江航运集团有限公司	1222963
34	中创物流股份有限公司	1185845
35	中铁铁龙集装箱物流股份有限公司	1159006
36	物产中大物流投资集团有限公司	1132407
37	中铝物流集团有限公司	1128903
38	一汽物流有限公司	1090000
39	上海环世物流(集团)有限公司	1074001
40	湖南和立东升实业集团有限公司	997529
41	湖北港口集团有限公司	994052
42	日通国际物流(中国)有限公司	988631
43	云南能投物流有限责任公司	961022
44	上海安能聚创供应链管理有限公司	933493
45	安通控股股份有限公司	917642
46	广州发展能源物流集团有限公司	896556
47	运连网科技有限公司	863399

续表

排　名	企业名称	物流业务收入/万元
48	四川省港航投资集团有限责任公司	820445
49	广西现代物流集团有限公司	781459
50	百世物流科技(中国)有限公司	774000

表6　2023年中国民营物流企业50强名单

排　名	企业名称	物流业务收入/万元
1	顺丰控股股份有限公司	26207974
2	北京京邦达贸易有限公司	13740200
3	浙江菜鸟供应链管理有限公司	7397046
4	上海三快智送科技有限公司	7006390
5	圆通速递股份有限公司	5353931
6	中通快递股份有限公司	5307210
7	上海韵达货运有限公司	4743374
8	申通快递有限公司	3365174
9	极兔速递有限公司	2243050
10	准时达国际供应链管理有限公司	1779500
11	上海中谷物流股份有限公司	1420892
12	安得智联供应链科技有限公司	1416000
13	全球捷运物流有限公司	1240479
14	中创物流股份有限公司	1185845
15	上海环世物流(集团)有限公司	1074001
16	湖南和立东升实业集团有限公司	997529
17	上海安能聚创供应链管理有限公司	933493
18	运连网科技有限公司	863399
19	百世物流科技(中国)有限公司	774000
20	深圳越海全球供应链股份有限公司	771656
21	深圳市跨越速运有限公司	762844
22	中通供应链管理有限公司	735536
23	密尔克卫化工供应链服务股份有限公司	720158
24	深圳市华运国际物流有限公司	701858
25	九州通医药集团物流有限公司	693880
26	江苏飞力达国际物流股份有限公司	677246
27	林森物流集团有限公司	630372
28	湖南一力股份有限公司	620565
29	利丰供应链管理(中国)有限公司	600469
30	湖南星沙物流投资有限公司	555063

续表

排　名	企业名称	物流业务收入/万元
31	建华物流有限公司	535690
32	恒通物流股份有限公司	526944
33	浙江吉速物流有限公司	516823
34	哒哒智运(黑龙江)物联科技有限公司	492476
35	上海则一供应链管理有限公司	474434
36	保定市长城蚂蚁物流有限公司	456736
37	上海壹米滴答快运有限公司	435698
38	嘉友国际物流股份有限公司	434947
39	荣庆物流供应链有限公司	428069
40	北京大田智慧物流有限公司	419669
41	广东顺心快运有限公司	410424
42	北京长久物流股份有限公司	393676
43	四川通宇物流有限公司	389775
44	远孚物流集团有限公司	355268
45	九洲恒昌物流股份有限公司	315239
46	安徽灵通物流股份有限公司	303383
47	镇海石化物流有限责任公司	297845
48	驻马店市恒兴运输有限公司	290647
49	广东高捷航运物流有限公司	286772
50	深圳市东方嘉盛供应链股份有限公司	282720

(三)物流服务价格持续低迷

部分领域低价竞争现象较为突出,"以价换量"仍是部分功能性物流服务行业竞争的主要手段。物流景气指数中的服务价格指数各月均位于50%以下,全年平均为48.3%,反映出物流业服务价格整体低位徘徊。水运方面,上海航运交易所发布的沿海(散货)综合运价指数年平均值为1014.9点,同比下降9.7%;中国出口集装箱运价指数年平均值为937.3点,同比下降66.4%;快递方面,价格年内平均值同比降幅也在4.0%左右。

(四)物流服务升级态势明显

物流企业积极推进服务向综合供应链转型,加速产业融合进程,加码新兴领域布局,拓展业务空间。年度重点调查初步汇总数据显示,重点物流企业供应链合同订单数量同比增长24%,一体化物流业务收入增长近30%,供应链物流管理、一体化等综合类物流业务占比稳步提升,生鲜、服装等专业细分领域一体化供应链服务具有良好增长潜力。

(五)物流数字化转型加快

物流企业积极推进产业协同共生,助力信息共享,优化资源配置。调研显示,近年重点调查企业在数字化相关领域投入增长超过50.0%。探索应用大数据模型、智能算法分析等数字化手段,基于企业内部管理、面向客户服务,实现全流程物流监控调度,助力效率提升、服务优化。

(审稿:周志成
撰稿:陈　凯)

2023年度中国交通运输业发展综述

《中国交通年鉴》社

2023年,是全面贯彻党的二十大精神的开局之年。2023年,交通运输行业在以习近平同志为核心的党中央坚强领导下,以习近平新时代中国特色社会主义思想为指导,全面贯彻党的二十大和二十届二中全会精神,坚持稳中求进工作总基调,完整、准确、全面贯彻新发展理念,统筹高质量发展和高水平安全,加快建设交通强国,扎实推进行业高质量发展,"十四五"时期重大任务和重大工程持续推进,实现行业平稳有序运行,为实现中国式现代化提供更加坚强的交通支撑。

一、交通运输建设投资

2023年,交通行业积极推动基础设施领域扩大有效投资,发挥重大项目牵引和政府投资撬动作用,强化资金要素保障,加大项目推进力度,实现在2022年高基数基础上再创新高。

(一)交通建设投资持续高位运行

2023年,全国交通固定资产投资(含城市轨道交通)共完成44356亿元,同比增长0.8%,较上年增长366亿元。从交通运输各领域看,铁路领域完成固定资产投资7645亿元,同比增长7.5%。公路建设完成投资28240亿元,同比下降1.0%。水运建设完成投资2016亿元,同比增长20.1%。民航基本建设与技术改造完成投资1241亿元,同比增长0.8%。城市轨道交通建设完成投资5214亿元,同比下降4.2%。见表1。

2023年,交通基础设施投资高位增长,铁路、水运、民航投资规模持续增长,其中内河水运建设投资同比增幅最大,达到21.3%,公路、城市轨道交通投资同比分别下降1.0%和4.2%,尽管增速放缓,公路仍然发挥了投资拉动的"压舱石"作用。

表1 2023年交通运输各领域投资完成情况

领 域	投资规模/亿元	同比增长/%
总 计	44356	0.8
铁路领域	7645	7.5
公路建设	28240	-1.0
——高速公路	15955	-1.9
——普通国省道	6136	1.0
——农村公路	4843	0.7
水运建设	2016	20.1
——内河	1052	21.3
——沿海	912	14.8
民航基本建设与技术改造	1241	0.8
城市轨道交通建设	5214	-4.2

(二)铁路建设投资加快增长

2023年,全国铁路固定资产投资完成7645亿元,投资规模较上年增长536亿元。全年投产新线3637千米,其中高速铁路2776千米。全国铁路营业里程达到15.9万千米,其中高铁4.5万千米。全国铁路路网密度165.2千米/万平方千米,复线60.3%,电化率75.2%。全国老少边及脱贫地区完成铁路基建投资4076亿元,22个县结束不通铁路的历史。截至2023年年底,铁路网覆盖全国99%的城区人口在20万以上的城市,高铁网覆盖96%的城区人口在50万以上的城市,全国19个主要城市群均已实现高铁连通,"复兴号"列车实现对31个省(区、市)全覆盖。见图1。

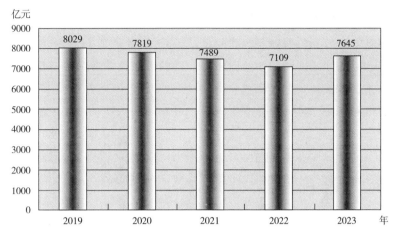

图1 2019—2023年各年度铁路固定资产投资情况

数据来源：历年交通运输行业统计公报、铁道统计公报。

（三）公路投资略有收紧

2023年，全国公路建设完成投资28240亿元，同比下降1.0%。高速公路完成投资15955亿元，同比下降1.9%。普通国省道完成投资6136亿元，同比增长1.0%。农村公路完成投资4843亿元，同比增长0.7%。年末全国公路总里程达543.68万千米，比上年年末增加8.20万千米。公路网密度达到每百平方千米56.63千米，较上年末增加0.93千米/百平方千米。高速公路里程达18.36万千米，增加0.64万千米。二级及以上公路里程达到76.22万千米，较上年增加1.86万千米。国道里程达38.40万千米，比上年年末增加0.45万千米。省道里程40.41万千米，比上年年末增加1.05万千米。农村公路里程达459.8万千米，比上年年末增加6.72万千米。见图2。

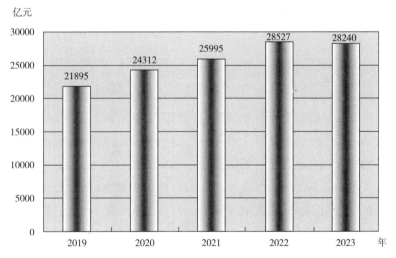

图2 2019—2023年各年度公路建设投资情况

数据来源：历年交通运输行业统计公报。

（四）水运建设投资继续快速增长

2023年，全国水运完成固定资产投资2016亿元，同比增长20.1%。内河建设完成投资1052亿元，同比增长21.3%；沿海建设完成投资912亿元，同比增长14.8%。年末全国内河航道通航里程达到12.82万千米，比上年年末增加184千米。等级航道通航里程6.78万千米，占内河航道通航里程比重为

52.9%。年末全国港口生产用码头泊位达到 22023

个,比上年年末增加 700 个。见图 3。

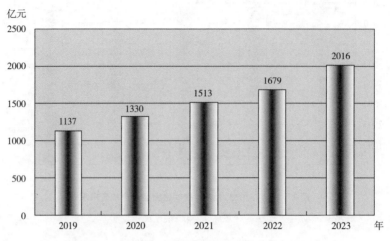

图 3 2019—2023 年各年度水运固定资产投资情况

数据来源:历年交通运输行业统计公报。

(五)民航基本建设与技术改造投资稳中有进

2023 年,全国民航基本建设与技术改造固定资产投资 1241 亿元,同比增长 0.8%。共有颁证民用航空机场 259 个,比上年年末增加 5 个。2023 年新增定期航班通航运输机场 5 个。年内定期航班新通航的城市(或地区)有 5 个。全行业运输机场共有跑道 289 条,停机位 7508 个,航站楼面积 1857.9 万平方米。各机场中,年旅客吞吐量 1000 万人次以上的运输机场有 38 个,较上年净增加 20 个;年旅客吞吐量 200~1000 万人次的运输机场有 36 个,较上年增加 6 个。年货邮吞吐量 10000 吨以上的机场有 63 个,较上年增加 12 个。新增通用机场 50 个,全国在册管理的通用机场数量达到 449 个。见图 4。

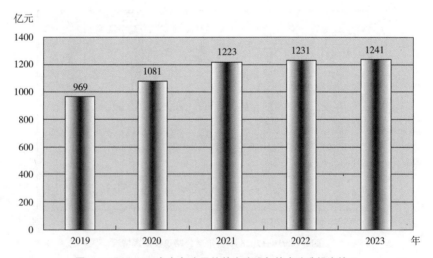

图 4 2019—2023 年各年度民航基本建设与技术改造投资情况

二、旅客运输

2023 年,旅客运输"报复性"恢复,旅客出行需求加快释放,以节假日出行为带动,旅客运输规模快速增长,推动和催化相关领域复苏发展。

（一）旅客运输规模快速增长

2023年，全国全年完成跨区域人员流动量612.88亿人次，增长30.7%。从运输方式看，铁路完成旅客发送量38.55亿人次，比上年增长130.4%。公路完成人员流动量565.56亿人次，比上年增长26.1%。水路完成客运量2.58亿人次，比上年增长121.6%。全国港口完成旅客吞吐量7844.53万人次，比上年增长101.8%。民航完成客运量6.20亿人次，比上年增长146.1%。见图5。

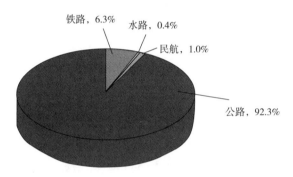

图5 2023年全社会营业性客运量分运输方式构成

数据来源：2023年交通运输行业统计公报。

（二）旅客周转总量快速增长

2023年，铁路完成旅客周转量14729亿人千米，同比增长123.9%。公路完成营业性旅客周转量4740.04亿人千米，同比增长38.1%。水运完成营业性旅客周转量53.77亿人千米，同比增长137.9%。民航行业完成旅客周转量10309亿人千米，同比增长163.4%。国内航线完成旅客周转量9079.46亿人千米，比上年增长138.6%；国际航线完成旅客周转量1229.52亿人千米，比上年增长1029.4%。

（三）城市客运稳步运行

2023年末，全国公共汽电车运营线路7.98万条，比上年年末增加0.18万条，运营线路总长度173.39万千米，比上年年末增加6.94万千米。城市轨道交通运营线路308条，比上年年末增加16条，运营里程10158.6千米，比上年年末增加604.0千米。城市客运轮渡运营航线80条，比上年年末增加1条，运营航线总长度306.4千米，比上年年末减少28.2千米。全年完成城市客运量1010.00亿人次，

比上年增长27.7%。

三、货物运输

（一）全社会营业性货运量持续上升

2023年，全社会共完成营业性货运量547.47亿吨，比上年增长8.1%。从运输方式看，铁路完成货运总发送量50.35亿吨，比上年增长1.0%，国家铁路货运总发送量完成39.11亿吨，比上年增加0.08亿吨，增长0.2%。公路完成营业性货运量403.37亿吨，比上年增长8.7%。水路完成营业性货运量93.67亿吨，比上年增长9.5%。民航完成货邮运输量735.38万吨，比上年增长21.0%。民航运输机场完成货邮吞吐量1683.31万吨，比上年增长15.8%。国内航线完成货邮运输量456.39万吨，比上年增长32.8%；国际航线完成货邮运输量278.99万吨，比上年增长5.8%。见图6。

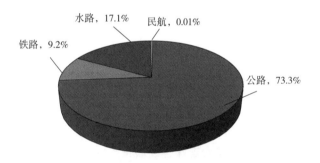

图6 2023年全社会营业性货运量分运输方式构成

数据来源：2023年交通运输行业统计公报。

（二）全社会货物周转量稳步增长

2023年，完成货物周转量240646亿吨千米，比上年增长6.3%。铁路完成货运总周转量36460亿吨千米，比上年增长1.4%。公路完成货物周转量73950亿吨千米，比上年增长6.9%。水路完成货物周转量129952亿吨千米，比上年增长7.4%。民航完成货邮周转量283.62亿吨千米，比上年增长11.6%。国内航线完成货邮周转量70.47亿吨千米，比上年增长34.7%；国际航线完成货邮周转量213.15亿吨千米，比上年增长5.6%。

（三）港口货物吞吐量基本持平

2023年，全国港口完成货物吞吐量169.73亿吨，比上年增长8.2%。集装箱方面，完成集装箱吞吐量3.10亿标箱，增长4.9%。完成集装箱铁水联运量1018.36万标箱，增长15.9%。

（四）邮政快递延续快速增长态势

2023年，全年完成邮政行业寄递业务量1624.8亿件，比上年增长16.8%，完成邮政行业业务收入（不包括邮政储蓄银行直接营业收入）15293亿元，同比增长13.2%。全年完成快递业务量1320.7亿件，比上年增长19.4%，完成快递业务收入12074亿元，同比增长14.3%。同城快递业务量完成136.4亿件，同比增长6.6%；异地快递业务量完成1153.6亿件，同比增长20.5%；国际/港澳台快递业务量完成30.7亿件，同比增长52.0%。东部、中部、西部地区快递业务量比重分别为75.2%、16.7%和8.1%，快递业务收入比重分别为76.2%、14.1%和9.7%。快递业务量排名前五位的省份依次是广东、浙江、江苏、山东和河北，其快递业务量合计占全部快递业务量的比重达64.0%，较上年前五位占比下降1.8个百分点。

（五）国际货物运输持续增长

2023年，全国国际货物运输有序开展。在海运方面，2023年中国出口集装箱运价综合指数（CCFI）均值为937.29点，同比下降66.43%。在陆路方面，中欧班列全年开行1.7万列，发送190万标箱，同比分别增长6%、18%；西部陆海新通道班列全年发送86万标箱，同比增长14%，西部陆海新通道跨境铁海联运班列共开行9580列，同比增长8.6%，跨境公路运输216.7万辆次，同比增长53.1%，国际铁路联运班列开行6784列，同比增长12.3%。在民航方面，国际客运航空公司腹舱运力持续增长、电子商务市场蓬勃发展等因素推动了国际航空货运市场的发展，2023年4月1日，鄂州花湖国际机场正式开通国际货运航线。

四、交通运输装备技术

（一）轨道交通装备创新升级不断深化

截至2023年年末，全国铁路机车拥有量为2.24万台，比上年年末增加0.02万台。铁路客车拥有量为7.8万辆，比上年年末增加0.1万辆。拥有铁路货车100.7万辆，比上年年末增加1.1万辆。国家铁路机车拥有量为2.14万台。国家铁路客车拥有量为7.58万辆。国家铁路货车拥有量为92.0万辆。全国拥有城市轨道交通配属车辆6.67万辆，比上年年末增加0.41万辆。

（二）民航装备数量、技术不断提高

截至2023年年末，民航全行业运输飞机期末在册架数4270架，比上年年末增加105架。其中，客运飞机4013架，比上年年末增加71架，在运输机队中占比94.0%。货运飞机223架，在运输机队中占比6.0%，比上年年末增加34架。通用航空在册航空器总数达到3303架。无人机规模快速增长，全行业无人机拥有者注册用户92.9万个。航行新技术深入推广，全行业36家航空公司具备HUD（平视显示器）运行能力，1492架运输飞机具备HUD能力。全行业252个运输机场具备PBN（基于性能的导航）飞行程序。2023年5月28日上午10时32分，中国东方航空使用中国商飞全球首架交付的C919大型客机执行MU9191航班，从上海虹桥机场起飞，飞往北京首都机场，开启这一机型全球首次商业载客飞行。

（三）新能源汽车注册登记数量继续快速增长

2023年全国新注册登记新能源汽车743万辆，占新注册登记汽车数量的30.25%，与2022年相比增加207万辆，增长38.76%，从2019年的120万辆到2023年的743万辆，呈高速增长态势。截至2023年年末，全国新能源汽车保有量达2041万辆，占汽车总量的6.07%。2023年全国新能源汽车产销量分别达958.7万辆和949.5万辆，同比分别增长35.8%和37.9%，市场占有率达31.6%。全国拥有公共汽电车68.25万辆，比上年年末减少2.07

万辆。

（四）船舶大型化智能化绿色化转型发展迅速

截至 2023 年年末，全国拥有水上运输船舶 11.83 万艘，比上年年末减少 0.36 万艘，净载重量 3.01 亿吨，比上年增加 0.03 亿吨，载客量 81.25 万客位，比上年减少 4.93 万客位，集装箱箱位 304.24 万标箱，比上年增加 5.52 万标箱。造船三大指标同步增长，国际市场份额保持领先，收入、利润、出口全面提升，高端装备取得突破，绿色低碳化加速发展。2023 年，全国造船完工 4232 万载重吨，同比增长 11.8%；新接订单量 7120 万载重吨，同比增长 56.4%。

五、交通运输关联领域

（一）夯实外贸"新三样"运输支撑

2023 年，以电动载人汽车、锂离子蓄电池和太阳能电池为代表的"新三样"合计出口 1.06 万亿元，首次突破万亿元大关。在新能源汽车方面，优化班列产品供给，推出新能源汽车专列等特色班列产品，中欧班列新能源汽车出口专列已经实现常态化，助力国产汽车走向世界。在锂电池方面，2023 年 11 月，国家铁路局、工业和信息化部、中国国家铁路集团有限公司发布《关于消费型锂电池货物铁路运输工作的指导意见》（国铁运输监〔2023〕26 号）。对于锂含量不大于 1 克（2 克）的锂金属电池（组）、能量额定值不大于 20 瓦时（100 瓦时）锂离子电池（组）等符合《铁路危险货物品名表》（TB/T 30006－2022）特殊规定 78、79 的消费型锂电池货物，通过铁路运输时不作为危险货物运输。相关政策的出台进一步明确了运输条件，保障了新能源商品汽车和锂电池运输，推动绿色交通和能源转型。

（二）旅客出行需求牵引持续强化

2023 年，旅客运输恢复中结构调整持续深化，快速化、机动化出行趋势加速显现，"十一"期间，公路营业性客运量恢复至 2019 年同期的 54%，而高速公路总流量达到约 120%；铁路、民航出行率先恢复，到 2023 年年末，全国铁路客运量、民航（国内）客运量已基本恢复至 2019 年的水平。全年国内出游 48.9 亿人次，同比增长 93.3%。国内游客出游总花费 4.9 万亿元，同比增长 140.3%。同时，入境游客 8203 万人次，内地居民出境旅游 8763 万人次。

（三）交通投资稳经济作用充分发挥

2023 年，全年交通固定资产投资规模超过 3.9 万亿元，连续 7 年保持在 3 万亿元以上。在此推动下，截至 2023 年年末，全国综合交通网总里程超过 600 万千米，中国已建成全球最大的高速铁路网、高速公路网、邮政快递网和世界级港口群，航空航海通达全球。其中，农村交通基础设施建设深入推进，积极服务乡村全面振兴，农村公路建设投资连续 7 年保持在 4000 亿元以上规模，全年新改建农村公路里程达 18.8 万千米，年末农村公路里程达 459.86 万千米。全国建制村全部通邮。

（四）交通运输新业态灵活就业"蓄水池"作用充分发挥

2023 年，交通运输新业态加快恢复。据统计，2023 年，共有 745 万名外卖骑手在美团平台上获得收入，"外卖小哥"成为劳动力市场中的巨大群体。2023 年，网约车监管信息交互系统全年共收到订单信息 91.14 亿单，同比增长 30.76%，全国共有 337 家网约车平台公司取得网约车平台经营许可，同比增加 39 家，新增网约车司机人数达到 148.2 万人。交通运输新业态在促就业方面发挥着重要的"蓄水池"和"稳定器"作用。

六、行业高质量发展

（一）政策体系不断完善

2023 年，交通运输领域聚焦重点领域，出台一系列行业发展政策。一是出台《无人驾驶航空器飞行管理暂行条例》，规范无人驾驶航空器飞行及有关活动，促进无人驾驶航空器产业健康有序发展，维护航空安全、公共安全、国家安全。出台《自动驾驶汽车运输安全服务指南（试行）》，引导自动驾驶技术发展，规范自动驾驶汽车在运输服务领域的应用。二是支撑交通强国建设，交通运输部等部门印发《加快建设交通强国五年行动计划(2023—2027年)》,与《交通强国建设纲要》《国家综合立体交通网规划纲要》重点任务相结合,明确未来5年加快建设交通强国重点工作。三是推进重点领域融合发展,国务院办公厅出台《关于进一步构建高质量充电基础设施体系的指导意见》(国办发〔2023〕19号),明确优化完善充电网络布局、加快重点区域充电基础设施建设、提升运营服务水平、加强科技创新引领、加大支持保障力度五方面任务。国家发展改革委、国家能源局发布《关于加快推进充电基础设施建设 更好支持新能源汽车下乡和乡村振兴的实施意见》(发改综〔2023〕545号),创新农村地区充电基础设施建设运营维护模式,保障农村地区新能源汽车流通发展。国家发展改革委等部门制定了《关于加强新能源汽车与电网融合互动的实施意见》(发改能源〔2023〕1721号),培育车网融合互动新型产业生态。

(二)城市交通发展加快推进

一是以干线铁路、城际铁路、市域(郊)铁路和城市轨道交通"四网融合"深入推进为代表,在推动城市群一体化发展、建设现代化都市圈的过程中发挥着重要作用。2023年,全国内地城市轨道交通开通运营总长度11224.54千米,全年城市轨道交通完成客运量294.4亿人次,较2022年增加100.4亿人次,同比增长51.7%。二是城市交通发展水平持续提升,2023年,交通运输部会同国家发展改革委等共9部门印发《关于推进城市公共交通健康可持续发展的若干意见》(交运发〔2023〕144号),促进城市公共交通服务提质增效。同时,全国各地各公交企业不断创新服务模式,网约公交、公交婚车、通勤专线、铃停公交等多元化创新不断涌现,探索城市公共交通发展新思路。三是城乡交通融合发展持续推进,交通运输部办公厅出台《关于加快推进城乡道路客运与旅游融合发展有关工作的通知》(交办运〔2023〕10号),增强城乡道路客运网络旅游保障能力,提升枢纽节点旅游服务功能,加强旅游融合服务产品创新,推动形成城乡道路客运和旅游同频共振、互促共进的发展新局面。

(三)乡村交通发展亮点纷呈

一是乡村交通建设稳步推进,农村公路覆盖范围、通达深度、管养水平、服务能力和质量安全显著提高,2014—2023年,全国新改建农村公路超250万千米,累计解决了821个乡镇、7.06万个建制村通硬化路难题,实现了具备条件的乡镇和建制村全部通硬化路。二是乡村运输服务持续提升,运输能力持续提升,2014—2023年,全国新增1000余个乡镇和5万余个建制村通客车,实现具备条件的乡镇和建制村全部通客车、通邮,一半以上的建制村通了公交。全国超1100个县级行政区开展了农村客货邮融合业务,开通客货邮融合线路1.1万余条,客车年代运邮件快件超2亿件。三是乡村发展支撑能力不断加强,旅游路、资源路、产业路成为农村地区经济社会高质量发展的重要载体。中央财办等九部门联合印发《关于推动农村流通高质量发展的指导意见》(中财力发〔2023〕7号),推进农村流通设施和业态全面融入现代流通体系。2023年,全国农村公路完成固定资产投资4843亿元,新改建农村公路18.8万千米,实施交通运输领域以工代赈项目4214个,吸纳农村劳动力约20万人。

(四)交通智慧绿色安全发展更加深入

2023年,交通领域绿色安全发展有序推进。智能发展方面,6月28日,搭载CR450新技术部件的试验列车在福厦高铁湄洲湾跨海大桥,跑出了单列时速453千米、相对交会时速891千米的运行新纪录,标志着CR450动车组研制取得阶段性成果。绿色交通方面,截至2023年年底,全国公交车保有量达68.25万辆,其中新能源公交车55.44万辆,占比81.2%。以多式联运发展为重点,加快优化调整运输结构,推动交通运输绿色低碳发展,交通运输部等部门联合印发了《推进铁水联运高质量发展行动方案(2023—2025年)》(交水发〔2023〕11号),明确到2025年,长江干线主要港口铁路进港全覆盖,沿海主要港口铁路进港率达到90%左右;全国主要港口集装箱铁水联运量达到1400万标箱,年均增长率超过15%;京津冀及周边地区、长三角地区、粤港澳大湾区等沿海主要港口利用疏港水路、铁路、封闭式皮带廊道、新能源汽车运输大宗货物的比例达到80%。交通运输部等八部门单位联合印发《关于加快推进多式联运"一单制""一箱制"发展的意见》(交运发

〔2023〕116号），托运人一次委托、费用一次结算、货物一次保险、多式联运经营人全程负责的"一单制"服务模式和集装箱运输"不换箱、不开箱、一箱到底"的"一箱制"服务模式加快推广，进一步推动交通物流提质增效升级。安全生产方面，全年全国铁路未发生铁路交通特别重大、重大事故，铁路交通事故死亡人数比上年下降7.5%。全年共发生运输船舶水上交通事故（等级事故）89起，比上年下降13.6%，全年公路水运工程建设领域未发生重特大事故，运输航空百万架次重大事故率十年滚动值为0.011，通用航空事故万架次率为0.0367。

（《中国交通年鉴》社供稿）

企业管理综述

中国企业社会责任与诚信建设综述

中国企业联合会雇主工作部

2023年,中国企业履行社会责任与新发展理念不断契合,践行社会责任和恪守诚实守信已经成为企业发展的新动力源,企业以科技融入履责,以创新驱动转型,以实践迭代经验。总体来看,企业在战略、管理、实践、探索等方面的履责较以往有了显著提升。同时,面对复杂多变的国际经济环境,国内经济面临多种矛盾相互交织的新挑战。在新发展阶段背景下,我国企业的社会责任发展和诚信建设仍存在着一些问题,也面临诸多挑战,应积极应对解决。

一、中国企业诚信和社会责任的新进展

(一)政府部门高度重视企业社会责任和诚信建设工作

7月17日,习近平主席在全国生态环境保护大会提出:"加快构建环保信用监管体系,规范环境治理市场,促进环保产业和环境服务业健康发展。"

9月7日,习近平总书记主持召开新时代推动东北全面振兴座谈会时提出:"善于运用法治思维和法治方式解决问题、化解矛盾、协调关系,加强诚信建设,加强知识产权保护,常态化开展扫黑除恶,为各类经营主体创造稳定、透明、规范、可预期的法治环境。"

7月12日,中共中央政治局常委、国务院总理李强主持召开平台企业座谈会,听取对更好促进平台经济规范健康持续发展的意见建议。李强总理指出,平台企业"要积极履行社会责任,在加强行业自律、合规经营,维护平台良好生态环境的同时,努力扩大基于平台的新就业,积极投身社会公益事业。要加快提升国际竞争力,敢于在国际大舞台上打拼,带动更多中国制造、中国服务走出国门。希望大家大力弘扬优秀企业家精神,保持对市场的敏锐感知和敢拼敢闯的干劲,不断谱写企业发展新篇章"。

8月10日,国家发展改革委印发《关于完善政府诚信履约机制优化民营经济发展环境的通知》(发改财金〔2023〕1103号),深入推进政府诚信建设。该文件明确指出,政务诚信是社会信用体系重要组成部分,政府在信用建设中具有表率作用,直接影响政府形象和公信力。要以习近平新时代中国特色社会主义思想为指导,全面贯彻落实党的二十大精神,加强政府诚信履约机制建设,着力解决朝令夕改、新官不理旧账、损害市场公平交易、危害企业利益等政务失信行为,促进营商环境优化,增强民营企业投资信心,推动民营经济发展壮大。

8月11日,应急管理部发布《安全生产严重失信主体名单管理办法》,对安全生产严重失信行为进行了界定,对列入条件和管理措施、列入和移出程序、信用修复等管理活动进行规范要求。

10月29日,国家发展改革委印发《关于规范招标投标领域信用评价应用的通知》(发改办财金〔2023〕80号),该文件指出,当前一些地方通过信用评价、信用评分等方式设置招标投标隐性壁垒,破坏公平竞争的市场环境,阻碍全国统一大市场建设,必须坚决纠正规范。要求各省级信用牵头部门、招标投标指导协调部门要会同相关部门,立即对本地区信用评价、信用评分及信用监管有关制度规定进行全面排查,聚焦评价主体、评价标准、结果应用等关键环节,推动相关部门按照规定权限和程序修订或废止有关规定,切实为各类企业营造公平竞争的市场环境。

(二)有关机构和行业组织深入推进企业社会责任和诚信建设工作

2023年,有关社会组织和行业组织的平台作用日益凸显,成为企业社会责任和诚信建设的有力推

动者。

6月9日,第十八届中国企业社会责任国际论坛在北京召开。论坛以"中国式现代化进程中的责任竞争力"为主题,来自政府、企业、科研等领域的专家学者齐聚一堂,聚焦企业可持续和高质量发展。在论坛上,来自欧洲、日本、美国、东盟、印度尼西亚的代表分享了各自区域企业社会责任的最新进展,并表示绿色新政、强化可持续发展信息披露、数字化转型、生物多样性保护、自然资本等新的规则和议题,正在推动并帮助企业建立更有弹性和韧性的责任战略和路线图。论坛期间,多个分论坛聚焦热点议题,围绕"社会责任管理体系论道""打造责任竞争力,助力中国式现代化""绿色动力驱动低碳转型""产业发展与乡村振兴""供应链减碳伙伴关系建设""ESG竞争力"等专项议题,分享交流了最新的思考和实践。

11月23日,由中国企业联合会、中国企业家协会主办,福建省企业与企业家联合会、莆田市企业与企业家联合会协办的"2023年全国企业诚信建设大会"在福建省莆田市隆重召开。大会主题为"弘扬诚信正能量,促进高质量发展"。本次活动是商务部、中央宣传部、国家发展改革委、国务院国资委等13个部门联合持续开展的全国"诚信兴商宣传月"系列主题活动的重要内容之一。有关政府部门领导、中国企联及有关地方企联代表、莆田市有关部门负责同志、有关企业负责同志、知名专家学者和媒体代表等近400人参加大会。与会代表围绕"加强社会信用体系建设促进营商环境优化""加强企业诚信管理建设诚信长效机制""福建企业诚信建设"等议题展开交流研讨。有关企业代表进行了经验交流发言。与此同时,会议发布了中国企联《企业诚信管理通则》团体标准,公布了"2023年企业诚信建设实践案例"名单。部分企业代表在全体大会上宣读了"企业诚信自律倡议书"。

11月29日,由中国互联网协会主办的2023(第十届)中国互联网企业社会责任论坛在京举办。论坛围绕"持续发展责任先行"的主题,探索互联网行业社会责任建设的新途径、新方法,交流行业经验,推动互联网行业健康有序发展。论坛上,中国互联网协会、中国信通院、中国通信企业协

会联合发布了《互联网行业可持续信息披露发展报告(2023年)》。

(三)社会责任实践稳步推进,社会责任报告质量明显提升

《企业社会责任蓝皮书(2023)》显示,2023年中国企业300强社会责任发展指数同比增长19.5%,企业社会责任水平明显提升。《金蜜蜂中国企业社会责任报告研究(2023)》课题组对2023年1月1日至10月31日公开发布的2407份企业社会责任报告进行评估,结合历年研究成果,发现:报告综合指数整体保持阶段性平稳,2023年综合指数处于历史高位;报告可读性指数创新高,创新性指数保持历史高位,反映出企业信息披露更加注重阅读体验、披露方式更加富有新意;各行业社会责任报告指数整体呈上升趋势,水电煤气生产与供应业报告质量保持领先;不同性质企业报告质量总体呈现上升趋势,中央企业报告质量仍保持最高水平,民营企业社会责任报告数量连续六年增长,不同性质企业报告质量的差距逐渐缩小;成长型企业报告发布数量增长显著,领袖型企业报告质量更高,在报告六性各维度上表现均优于成长型企业;ESG报告的占比逐年显著提升,港交所、上交所、深交所上市公司报告在可读性方面达到"优秀"水平;更多中国企业将国际标准作为编制参考依据,中英文报告数量连续三年实现增长,国际化程度持续提升;中国企业更加注重降污减排、环境保护意识和能力建设方面的环境责任履责内容披露;中国企业更加注重建立社会责任管理战略规划,外资及港澳台企业具有更完善的社会责任管理架构,领袖型企业、非上市公司具有更加清晰的战略规划;可持续风险与机遇分析面临更高要求,中国企业报告对风险与机遇分析披露仍有较大提升空间。

分析显示,企业社会责任报告总体体现以下几个特点:一是长期来看,报告综合指数整体保持阶段性平稳,2023年综合指数为1394点,保持历史高位。当前,中国正处于可持续发展转型的关键期,企业发布报告数量逐年增多,企业社会责任信息披露主动性日益增强,信息饱和度和信息均衡状况总体改善,报告整体质量水平稳步提升。二是具体来看,报告

可读性指数水平明显提升，反映出企业信息披露更加注重阅读体验；创新性保持历史高位，反映出企业信息披露方式更加富有新意；完整性、实质性略有下降，可比性、可信性下降明显。长期来看，报告可读性指数水平持续提升，2023年增至4046点；创新性保持历史高位，2023年为7856点。三是企业更加重视对实质性议题的针对性管理，相关议题披露的系统性、均衡性和稳定性还有待进一步提升。实质性议题在整个报告评估中分值占比最大，是整个报告评估工作的重中之重。因此，做好报告实质性相关议题的识别和管理就显得尤为重要。自2009年以来，报告实质性指数整体呈平稳增长态势，2023年略有下降，反映出企业在报告披露中更加关注内容的深度和实际性，更加注重体现与每个利益相关方沟通的深度和全面性，但实质性议题披露的系统性、均衡性和稳定性还有待进一步提升。四是报告更加重视对员工、客户、出资人等核心利益相关方的履责信息披露，企业在员工职业健康和安全管理、权益保护，客户服务和产品质量等方面的信息披露较为全面深入。在员工责任内容披露方面，职业健康与安全指标覆盖率最高，其次是劳资、社会保障，说明企业更加重视员工职业健康和安全管理工作，筑牢安全生产底线，注重员工基本权益保障。在客户责任内容披露方面，产品和服务质量指标覆盖率最高；在社区责任内容披露方面，组织和支持员工参与社区志愿活动指标覆盖率最高；在环境责任内容披露方面，资源节约与利用指标覆盖率最高；在供应商责任内容披露方面，供应商管理指标覆盖率最高，企业更加重视与产业链上下游伙伴的协同发展，通过建立健全供应商社会责任管理制度，完善供应商社会责任管理机制，保障供应链安全稳定。五是不同性质企业报告质量总体呈现上升趋势。中央企业报告质量仍保持最高水平；民营企业社会责任报告数量连年增长；不同性质企业报告质量的差距逐渐缩小。

（四）中国上市公司企业社会责任总体推进力度不断加强

浙江大学、浙江省公共政策研究院联合发布的2023中国上市公司社会责任指数显示，从4893家公司的样本分析来看，中国上市公司社会责任的履责总体实力持续提升，社会责任各维度的差异逐渐缩小，结构更加均衡。上市公司在社区参与和发展等6个维度上均高于平均水平，在企业社会责任报告披露维度上较2022年有所提升，但仍然表现不够理想，信息披露需要继续加强。国有企业在劳工实践、环境、消费者问题和报告披露4个维度上具有优势，且总体企业社会责任强度最高。从总体实力看，电气机械业略占优势，专用设备制造业和软件信息业相对弱势。研究发现，上市公司的社会责任整体与公司绩效有一定的正向关联性，其中与每股收益的关联性最强。因为公司的上市属性，社会责任的股东和债权人两个维度与公司绩效有较强的正向关联性，社区参与、消费者和报告披露三个维度与每股收益有一定的正向关联性。从具体指标看，消费者的纳税水平与每股收益的正向关联性较强，劳动保护和薪酬支付与每股收益存在负向关联性。

总体来看，2023中国上市公司社会责任体现了以下几方面特点。一是主板市场、民营企业、东部地区的上市公司仍是履行社会责任的主力军。上市公司依然十分重视社会责任实践，主板市场公司、民营企业、东部地区公司仍是社会责任的主战力，科创板和创业板公司数量增加，占比加大，北交所的上市公司也积极投入社会责任实践，社会责任氛围良好。二是社会责任整体实力稳中向好，各维度得分基本均衡，社区融入度高，但披露意愿依旧不强。社会责任整体实力较2022年有一定提升，但是仍有较大的上升空间。以纳税、捐赠等形式的社区参与和发展的社会责任仍是上市公司履责的主要形式，随着证监会对社会责任信息披露的规范，报告披露较2022年有显著提升，但水平仍然较低。从整体来看，上市公司对社会责任的认识更加全面，各维度之间基本均衡，结构性矛盾得到解决。三是不同板块和区域实力接近，京津冀城市群优势明显，国有企业亮眼，五大行业有所退步，芯片、自贸区等概念公司表现出色。不同板块和区域总体实力相差不大，但具有结构性亮点，上交所和东部地区的上市公司均在五个维度上有明显优势。"一带一路"、长江经济带和京津冀城市群上的上市公司也具有一定的优势，五个维度也在经济带和城市群里表现突出。社会责任绩效与各省、市经济发展水平基本呈现一种倒 U 形的关系,部分欠发达的省、市总体实力较强,经济发达的省、市总体实力处于中游水平。上市公司大多以主板市场上市的大型国企为主,2023 年国有企业发挥了很好的示范作用,表现亮眼,在国家大力发展民营经济的环境下,民营企业也应积极发挥主导作用。五大行业整体略显退步,芯片、自贸区等热点公司表现出色。四是优异公司的数量不断增多。股票发行注册制全面实施,证券市场不断扩容,企业融资需求旺盛,上市公司的数量不断增加,社会责任表现优异的公司数量不断增多,比例变化不大。经济发达省份有数量优势,经济欠发达省份有比例优势。优异公司数量增加,而社会责任总体实力提升不大的原因是绩差公司也在不断增加,两极分化现象严重。

(五)中央企业以更高标准勇担社会责任

《中央企业社会责任蓝皮书(2024)》(以下简称《蓝皮书》)显示,中央企业在责任实践、责任管理、责任沟通等方面具有高度的积极性与创造力。2023年研发经费投入超万亿元,在战略性新兴产业领域完成投资突破 2 万亿元,万元产值综合能耗同比下降 3%。根据《蓝皮书》数据,在推进科技创新方面,2023 年央企主动承担国家重大项目,强化科技创新能力建设,研发经费投入超万亿元,投资总额超 6 万亿元。在强化产业引领方面,央企加快传统产业转型与战略性新兴产业突破,培育孵化未来产业。2023 年在战略性新兴产业领域完成投资 2.18 万亿元,同比增长 32.1%,占新产业收入占比提升 3.2 个百分点。在积极服务民生事业方面,2023 年中央企业带动高校毕业生就业 28 万人,带动少数民族就业 12.2 万人,社会捐助总额达 88.9 亿元,资助困难群众人数达 698.8 万人,开展公益慈善项目约 3.7 万个,志愿者服务人次约 187 万人次,志愿者服务时长 420 万小时。在推进绿色发展方面,中央企业大力推进重点行业减排降碳。2023 年万元产值综合能耗同比下降 3%,二氧化碳排放量同比下降 3.6%,清洁能源发电装机容量占比已超过 53%。

此外,中央企业在支撑乡村全面振兴和区域协调发展方面也发挥了重要的作用,2023 年 59 家中央企业定点帮扶县 256 个,全年投入无偿帮扶资金 42.6 亿元,有偿帮扶资金 142.4 亿元,引进帮扶企业 1100 多个,培训各类干部人才 92.5 万人次,扶持农村合作社 1300 多个,帮助转移就业 5.7 万人。

中央企业还在保障能源资源安全、粮食安全、骨干网络安全、产业链供应链安全等领域发挥托底作用。2023 年全年抢险救灾投入人次达 223.8 万人次,投入抢险救灾设备 120.2 万台套。

二、当前中国企业社会责任和诚信建设领域面临的新情况和问题

当前,在企业履行社会责任和加强诚信建设方面,还存在一些突出问题和新挑战,已成急需应对的重大挑战。

(一)企业诚信建设和履行社会责任方面仍面临诸多挑战

截至 2023 年 11 月底,各级市场监管部门累计限制失信被执行人 190 万人次。截至 2023 年 12 月底,全国市场监管部门累计为各类经营主体修复行政处罚信息 85 万条,修复经营异常名录信息 496 万条,修复个体工商户经营异常状态 1776 万户。虚假宣传、产品质量、售后服务等侵害消费者权益的行为仍较为突出。2023 年,央视 315 晚会聚焦食品安全、医疗美容、养老诈骗、数字经济、质量安全等问题,曝光了"'泰国香米'实为香精勾兑""'妆字号'产品违规用于美容注射""直播间苦情戏骗局""直播水军刷单"等行业内幕和消费"潜规则",受到社会各界广泛关注。

中国网络社会组织联合会、中国标准化研究院联合发布的《互联网平台企业履行社会责任评估报告 2023》显示,当前平台企业社会责任建设中还存在着一些问题与挑战:一是对新就业形态群体保障还较为薄弱;二是当前对青少年等特殊群体的关注度和保护还需要进一步加强;三是对以新一代人工智能为代表的新技术治理应给予足够重视。

与此同时,受外部经营环境的变化影响,许多民营企业履行社会责任面临着较多困难。一方面,国

际局势和外交关系持续复杂,一些中小型民营企业受到不同程度影响。这导致它们对于自身发展的信心不足,对于履行社会责任没有足够的经济实力和动力。另一方面,对于中小微企业而言,其自身发展实力较弱,还处于履行企业经济责任的阶段,也就是在市场中求生存和发展的阶段。

(二)信用法治建设相对滞后,信用泛化和信用修复难问题引发担忧

《社会信用体系建设法》已被列入全国人大二类立法计划,尚在推进当中。由于缺乏上位法依据,一定程度上影响了各项信用建设工作的推进。尽管地方信用立法进展较快,但由于各地立法时间不一,立法名称和内容侧重也不一致。如上海、山东、广东、江苏等地的名称为《社会信用条例》,浙江、内蒙古、辽宁等地的名称为《公共信用信息管理条例》,湖北为《社会信用信息管理条例》。总体而言,各地在社会信用体系建设的目标定位和功能边界等一些基本问题上均采用了模糊处理,存在严重雷同现象。有的地方为了完成社会信用体系建设考核任务,有意加快了立法进程。

从实践层面看,个别地方、个别领域在工作推进过程中出现了信用信息记录、失信名单认定、失信联合惩戒范围随意扩大、泛化倾向,以及信用修复较难、权益保护不到位等问题,对一些企业和个人的合法权益造成了不利影响。比如,一些地方试图将日常生活行为纳入个人信用记录,负面的如频繁跳槽、乱扔垃圾、公交霸座、地铁进食等,正面的如无偿献血等;多地出现了一些大型企业因为有轻微的行政处罚记录(尽管已经履行了相关义务,但因为信用修复需要一定的时间,且各部门间信用修复的规定不一,短期内难以完成修复等),导致其失去招投标资格,给企业经营造成严重影响的案例等。这些情况引发社会对信用泛化和信用修复难的普遍担忧:是否所有违反法律法规和不遵守社会道德的行为都应列入信用记录。尽管按照"依法依规、保护权益、审慎适度、清单管理"的总体思路,2021年年底国家开始推行《全国公共信用信息基础目录》和《全国失信惩戒措施基础清单》制度,但由于相关法规制度和标准不配套,不同部门间的信用修复制度不统一、信用

修复不便利等原因,信用泛化和信用修复难的问题尚未得到彻底解决。

(三)商务征信体系不健全、信用约束机制缺失

当前,中国已经建成公共领域征信体系(以各类主体行政许可、行政处罚信息和法院诉讼记录为主)和信贷领域征信体系(以企业和个人在银行等金融机构信贷及还款记录为主)并发挥了很好的信用激励和约束作用,但其他领域的征信体系还很不健全。尤其是商务征信体系建设严重滞后,企业之间、企业和消费者之间非金融交易类信用记录严重缺失,市场信用约束机制形同虚设,造成企业账款拖欠问题日益严重。

近年来,受经济增速下行等因素影响,企业应收账款规模快速攀升,回收周期不断延长。2023年1—9月,中国规模以上工业企业实现营业收入96.35万亿元,同比持平,实现利润总额54119.9亿元,同比下降9%。但截至9月底,规模以上工业企业应收账款23.75万亿元(相较于2011年年底上升了240%),同比增长9.7%;应收账款平均回收期为63.0天(相对于2011年延长了33.4天),同比增加5.9天。以2023年1—9月规模以上工业企业平均营业收入水平计算,应收账款延长33.4天收回,相当于企业减少了11.92万亿元的现金流,账款拖欠对企业经营造成很大影响。

(四)新兴科技领域道德伦理问题成为热点

中国信通院发布的《人工智能伦理治理研究报告(2023年)》认为,目前人工智能引发的伦理挑战已从理论研讨变为现实风险。在技术研发阶段,由于人工智能技术开发主体在数据获取和使用、算法设计、模型调优等方面还存在技术能力和管理方式的不足,可能产生偏见歧视、隐私泄露、错误信息、不可解释等伦理风险。在产品研发与应用阶段,人工智能产品所面向的具体领域、人工智能系统的部署应用范围等将影响人工智能伦理风险程度,并可能产生误用滥用、过度依赖、冲击教育与就业等伦理风险。对于人工智能生成内容、自动驾驶、智慧医疗等典型应用场景,需要根据风险发生频率、影响范围、影响程度等评估主要风险。

新兴技术和人工智能等领域存在数据隐私侵犯问题。人工智能技术的训练和优化离不开大量数据的支持,这些数据往往涉及用户的个人信息。然而,在数据收集、存储和使用过程中,用户的隐私权极易受到侵犯。未经用户同意收集位置信息、浏览记录等行为屡见不鲜,导致数据泄露事件频发。这不仅损害了用户的个人利益,还可能对社会稳定造成威胁。与此同时,造成信息茧房效应。个性化推荐算法在提升用户体验的同时,也可能导致用户陷入信息茧房。这些算法根据用户的历史行为和偏好推送相似信息,使用户难以接触到多元化的观点和内容。长此以往,用户的视野将变得狭窄,思维也将受到局限。深度伪造技术也会造成潜在风险。深度伪造技术能够生成高度逼真的虚假视频和音频,这一技术被滥用后可能引发一系列社会问题。例如,假新闻和虚假信息的传播将严重损害信息的真实性和公信力;此外,该技术还可能被用于政治操控、诈骗等犯罪活动。

三、企业社会责任和诚信建设的对策建议

(一)不断加大企业诚信建设领域和履行社会责任的力度

建议广大企业要不断落实主体责任,依法合规诚信经营,多措并举补齐短板。要遵守法律法规、商业道德、社会公德和行业规则。不断加强合规管理,突出抓好安全生产、劳动用工、反商业贿赂、生态环保等合规重点领域,有效防范重大风险,促进依法合规经营。持续强化诚信经营理念,加强诚信建设与管理,健全激励约束机制,不断提升履约质量、商业信誉,在全社会树立诚信企业的良好形象。

建议加强多方协同共治,助力企业有效履责。政府应当制定民营企业履行社会责任的激励政策,如税收减免、企业形象建立,提升民营企业履行社会责任的积极性,构建良好的政商沟通和合作关系。建议要不断丰富民营企业履行社会责任的形式,鼓励民营企业结合自身的发展阶段和发展特点来履行力所能及的社会责任,倡导头部企业承担更高层次的社会责任,如慈善公益、公共服务;同时,还应为中小微企业提供多样化的社会责任形式选择,以实现

民营企业的灵活性、技术与政府的宏观资源调控优势相结合。

(二)加快信用法治建设、杜绝信用泛化现象

要解决目前信用建设中存在的信用泛化和信用修复难等问题,根本途径是加快建立健全相关法律法规和标准体系,推动中国社会信用体系建设全面纳入法治化轨道。建议将中国社会信用体系建设的功能定位于"健全市场化信用机制、促进和优化营商环境、保障和强化法律实施"三个方面,而不应赋予"道德强制"方面的功能。在法律文本中,与其采用宏大且内涵不明确的目标描述,不如对社会信用体系建设的功能定位予以精准表达,从而更好地指引制度设计与具体实践。"健全市场化信用机制、促进和优化营商环境、保障和强化法律实施"可分别表述为"健全市场化征信体系、促进信用经济健康发展"、"发挥信用在优化营商环境中的基础作用"和"遏制重大违法行为"。

要严格依法依规采集公共信用信息、实施失信惩戒。在目前已经实行的公共信用信息目录清单制和失信惩戒措施清单制的基础上,进一步明确各类公共信用信息的纳入标准和评价标准。例如对于适用简易程序的行政处罚记录不宜纳入公共信用记录;对于失信主体,应依据其主观恶意程度、造成后果的严重程度及违法失信情节不同进行合适的分类,对于偶发的非故意的失信行为不宜列入严重失信名单。在信用的惩戒措施方面,应在信用信息的保存期限、信用信息的披露公示范围、是否需要多个部门联合奖惩等方面,设置不同的规则。应统一各部门的信用修复规则,推广在线修复等便利化修复措施,实现同一不良信用记录在一个部门修复完成后,其他部门予以同时自动修复等。

(三)健全商务信用体系、大力发展信用经济

建议将大企业拖欠中小企业账款问题纳入《反垄断法》和《反不正当竞争法》的规治范围,适时出台专门法律,完善法规执行机制。强化对大企业拖欠中小企业账款的信息披露和信用惩戒;规范分包合同,防止大企业利用合同侵害小企业利益。要发挥信用在扩大交易规模、降低交易成本、提高交易效率

方面的作用,鼓励开展信用销售和信用消费,发展高水平的信用经济。同时,完善中小微企业征信、增信、风险分担和风险补偿机制,破解中小微企业融资难题。解决好公共信用信息的归集、共享问题,加强公共信用信息与金融信用信息融合,通过多维度大数据对中小微企业进行精准信用画像,大力发展信用融资。加强行业自律组织信用管理机制建设,建立行业信用信息交换共享机制和信用调解机制等,发挥行业组织在企业征信和账款回收中的重要作用。不断提高中小微企业的诚信合规意识和信用风险管理水平,增强抗风险能力。

(四) 加大新兴科技领域道德伦理规制

建议有关部门适时出台相关法律法规,强化对新技术的治理,推动企业科技向善,不断明确人工智能等高科学技术的使用范围和限制条件。这些法律不仅要保护个人隐私权和数据安全权等基本权利,还要确保算法决策的公平性和透明度。同时,应建立有效的监管机制对人工智能产品和服务进行监督和审查。同时,为了规范人工智能技术的研发和应用行为,需要制定一套完善的人工智能伦理准则。这些准则应涵盖数据隐私保护、算法透明度、决策公平性等多个方面,确保人工智能技术在合法、合规、伦理的框架内发展。同时,企业和研究机构应严格遵守这些准则,将伦理原则融入技术研发和应用的全过程中。同时,加强隐私保护机制。在数据收集、存储和使用过程中,应采取有效措施保护用户隐私。例如,采用差分隐私、联邦学习等隐私保护技术,确保数据在利用过程中不被泄露或滥用。同时,企业应建立完善的数据安全管理制度和应急预案,防止数据泄露事件的发生。提高人工智能技术决策透明度也非常重要。为了提高公众对人工智能决策的信任度,我们需要提高人工智能决策的透明度。具体而言,企业和研究机构应公开系统的设计和训练过程,明确其决策依据和逻辑。此外,还可以建立决策解释机制,为用户提供可理解的决策解释。

(五) 积极打造多主体社会责任生态系统

当前,推进企业社会责任工作越来越呈现较强的生态性和系统性。这一系统以企业行动为主体,以信息披露为渠道,以资本市场关注为重点,以评级、咨询、信息服务等第三方机构支持为条件,以消费者、供应商、政府职能部门等利益相关方认可为根本,通过创造系统性生态环境激发商业力量投入公共议题的内生动力。经过多年培育,中国初步形成勇于承担社会责任的政府部门、企业组织、金融机构、行业协会,而且拥有高水平专业研究机构、咨询机构和信息服务机构。建议发挥多类主体集聚优势,构建"政府主导、企业参与、目标明确,协同有序"的企业社会责任生态系统。同时,不断促进中国特色企业社会责任话语体系构建与传播。当前,尽管企业社会责任在中国已经得到各级政府职能部门的大力推进,但区域性、行业性的不平衡、不充分发展的问题依然很突出。国内不同行业不同规模企业对于环境社会治理的认知和实践存在巨大差距,国际社会对于企业社会责任和环境社会治理争议也日益复杂化、尖锐化。中国应积极传播根植于中国特色社会主义实践而形成的企业社会责任中国方案,积极构建可持续发展目标和企业社会责任实践的中国话语体系,使中国各地积极发挥企业社会责任生态系统建设的典型示范作用。

(撰稿:马　超)

企业家的辩证思维与复杂环境下的管理应对①

——2024·中国企业家成长与发展专题调查报告

中国企业家调查系统

摘要 当前企业的生存与发展环境越来越复杂多变,企业家深刻认识外部环境变化,准确把握企业形势,主动进行自我反思,树立起化危为机的辩证思维越来越重要。中国企业家调查系统于 2023 年 8—10 月组织实施了"2023·中国企业经营者问卷跟踪调查",以调研数据为基础,本调查从变化觉察、矛盾权衡、整体协调三个维度描述了中国企业家辩证思维的发展现状,分析了企业家对国内外宏观经营环境、地方营商环境、行业环境、企业家群体、企业经营和企业家自身状况六个方面的认知及高低辩证思维者的认知差异,揭示了企业家应对复杂环境的方式及高低辩证思维者的处理差异,在此基础上为企业家认知和应对复杂环境提出相应的管理建议和政策建议。

关键词 企业家 辩证思维 复杂环境 管理认知 管理应对

一、引 言

当今世界正经历百年未有之大变局,经济环境呈现出高度的多变性、不确定性、复杂性和模糊性。企业发展面临的形势错综复杂,国际政治经济环境不利因素增多,国内周期性和结构性矛盾叠加。中国企业正在经历一个战略机遇和风险挑战并存的时期。

综观中国企业发展的历史,每一个艰难转型时期都有一批顺应变化、迎接挑战、不畏艰难、逆风飞扬的优秀企业领导者脱颖而出。他们具有三个核心特征:拥抱科技变革、坚持长期主义、善用辩证思维,能够准确把握和及时调整企业发展战略,信念坚定,态度积极,带领企业迎难而上,占据主动性。

在应对复杂环境的诸多素质和能力当中,辩证思维尤为重要。辩证思维是一种从变化、矛盾和联系的角度认识和应对问题的思维能力。[1]具有辩证思维的领导者既能够研判"什么在变",又能够思考"如何应变",同时还能带领企业团队"主动求变"。深入了解企业家辩证思维在复杂环境下的表现对于企业家更新思维方式、提升认知水平、把握复杂环境具有重要作用;同时,也有助于学术界总结、分析企业家在复杂环境下的认知与管理模式。为此,中国企业家调查系统课题组于 2023 年 8—10 月组织实施了"2023·中国企业经营者问卷跟踪调查",对中国企业家辩证思维的发展现状及其认知与应对复杂环境的方式进行了深入调查。本次调查得到了北京卓越企业家成长研究基金会的支持。

二、调查样本构成

本次调查回收有效问卷 1448 份,调查对象的基本情况见表 1。被调查的企业家以男性居多,占比

① 作者简介 李兰,国务院发展研究中心公共管理与人力资源研究所研究员,研究方向:人力资源、企业家成长、社会治理、创新人才等。金丽萍(通讯作者),北京大学组织与战略管理系博士研究生,主要研究方向:辩证思维,性别,创造力。王辉,北京大学组织与战略管理系教授,主要研究方向:中国企业环境下的领导行为与领导模式。彭泗清,北京大学光华管理学院市场营销学系教授,博士,主要研究方向:消费者行为、品牌管理、企业创业创新。高原,北京大学光华管理学院博士研究生,主要研究方向:制造业企业国际化、跨国企业关系治理、企业低碳转型
基金资助 本文受国家自然科学基金(71872005)"中国企业高层管理者辩证领导行为的内涵、测量及对企业的影响"资助

92.0%，女性占比8.0%①。平均年龄为52.4岁，其中55岁及以上占41.1%，44岁及以下占27.4%，45~54岁占31.5%。文化程度为大专及以上的占85.8%，其中具有本科及以上学历的占53.7%。所学专业以经管类为主，其中管理类占41.4%，经济类占18.6%；理工农医类占22.6%。职务为企业董事长或总经理、厂长、党委书记的占107.3%，其他职务的占10.3%。之所以出现职务比例总和超过100%的现象，是因为存在职务兼任，其中有233位（16.1%）企业家兼任两项及以上职务②。

表1　调查对象基本情况

单位：%

性别	男	92.0	文化程度	初中或以下	3.0
	女	8.0		中专、高中	11.2
年龄	44岁及以下	27.4		大专	32.1
	45~49岁	15.1		大学本科	39.0
	50~54岁	16.4		硕士	13.2
	55岁及以上	41.1		博士	1.5
	平均年龄（岁）	52.4	现任职务	董事长	49.8
所学专业	文史哲法律	6.9		总经理	51.3
	经济	18.6		厂长	2.3
	管理	41.4		党委书记	3.9
	理工农医	22.6		其他	10.3
	其他	10.4	本企业股份所持比重	没有	15.6
本企业工作时间	10年及以下	29.4		10%及以下	8.3
	10~20年	30.1		11%~30%	14.3
	20~30年	18.2		31%~50%	16.4
	30年以上	22.4		51%~99%	35.2
				100%	10.1

本次调查主要涉及的样本企业基本情况见表2。从企业的行业分布看，主要集中在制造业，占60.2%，其次为建筑业、批发和零售业、租赁和商务服务业，以及信息传输、软件和信息技术服务业等。从企业地区分布看，大多数企业分布在东部地区，占55.3%。从企业规模看，调查企业主要为小型企业，占74.7%。从企业经济类型看，民营企业占93.5%，国有及国有控股企业占4.5%，外商及港澳台投资企业占1.9%。从企业生产状况看，处于正常运作的企业占69.7%。从企业盈亏情况看，盈利的企业占35.6%，亏损的企业占36.0%。从出口类型来看，大多数企业为非出口型企业，占74.7%，出口型企业占25.3%。

---

① 根据南开大学《2021年中国上市公司女性董事专题报告》，董事长为女性的公司仅占比5.83%；美国明晟公司（MSCI）发布的报告显示，2021年中国仅有6.4%的上市企业由女性担任CEO。因此，本调查的数据能够反映中国的实际现象，具有代表性。在下文的分析中，即使控制住性别因素，对最终结果无显著影响。

② 数据分析显示，职务兼任情况对企业家的辩证思维无显著影响，即企业家是否职务兼任在思维方式上没有显著差异。在控制住职务兼任情况之后，对下文输出的数据结果也无显著影响。

表2　调查样本基本情况

单位：%

行业	农林牧渔业	1.2	规模	大型企业	5.3
	采矿业	0.3		中型企业	20.0
	制造业	60.2		小型企业	74.7
	电力、热力、燃气及水的生产和供应业	1.0	经济类型	国有及国有控股企业	4.5
	建筑业	8.1		外商及港澳台投资企业	1.9
	交通运输、仓储和邮政业	1.6		民营企业	93.5
	信息传输、软件和信息技术服务业	3.9	盈亏情况	盈利企业	35.6
	批发和零售业	6.7		持平企业	28.3
	住宿和餐饮业	1.7		亏损企业	36.0
	房地产业	2.1	生产状况	超负荷生产企业	1.9
	租赁和商务服务业	4.0		正常运作企业	69.7
	其他行业	9.2		半停产企业	26.4
地区	东部地区企业	55.3		停产企业	1.9
	中部地区企业	29.4	出口类型	出口型企业	25.3
	西部地区企业	15.3		非出口型企业	74.7
成立年限	10年及以下	29.2	职工人数	50人及以下	48.2
	10~20年	29.5		50~100人	15.7
	20~30年	26.3		100~300人	20.6
	30年以上	15.0		300人以上	15.4
	平均成立年限（年）	19.9		平均职工人数（人）	403.0

　　注：1. 其他行业包括：金融业，科学研究和技术服务业，水利、环境和公共设施管理业，居民服务、修理和其他服务业，教育，卫生和社会工作，文化、体育和娱乐业等行业。

　　2. 东部地区包括：京、津、冀、辽、沪、苏、浙、闽、鲁、粤、桂、琼12省（自治区、直辖市）；中部地区包括：晋、内蒙古、吉、黑、皖、赣、豫、鄂、湘9省（自治区）；西部地区包括：渝、蜀、黔、滇、藏、陕、甘、宁、青、新10省（自治区、直辖市）。

　　3. 由于企业经济类型包括但不限于国有及国有控股企业（以下简称国有企业）、外商及港澳台投资企业（以下简称外资企业）和民营企业，因此这三者的合计比重小于100%。

　　4. 对企业规模的划分：大型、中型和小型企业须同时满足所列指标的下限，否则下划一档；微型企业只需满足所列指标中的一项即可：①从业人员，是指期末从业人员数，没有期末从业人员数的，采用全年平均人员数代替。②营业收入，工业、建筑业、限额以上批发和零售业、限额以上住宿和餐饮业，以及其他设置主营业务收入指标的行业，采用主营业务收入；限额以下批发与零售业企业采用商品销售额代替；限额以下住宿与餐饮业企业采用营业额代替；农、林、牧、渔业企业采用营业总收入代替；其他未设置主营业务收入的行业，采用营业收入指标。③资产总额，采用资产总计代替。

　　5. 出口类型以该企业是否有产品出口进行划分。如有产品出口即归为出口型企业，没有产品出口即为非出口型企业。

三、中国企业家辩证思维的发展现状

（一）企业家辩证思维的概念定义与理论背景

　　辩证思维最初来自哲学领域，可追溯到黑格尔等哲学家对"正反合议题"的讨论。[2]20世纪70年代，这一概念被引入心理学，用于解释青少年的认知发展过程。[3]直至20世纪90年代末，彭凯平等人基于东西方人在认知和处理变化、矛盾和联系三方面的差异，首次将东方辩证思维定义为一种以预测变化、接纳矛盾和关注整体为主要原则的思维模式。预测变化原则认为世界并非恒定不变的，而是不断变化的；接纳矛盾原则认为事物之间存在普遍矛盾且相互兼容、相互转化；关注整体原则认为事物之间的关系错综复杂。随着这一定义的确立，辩证思维的研究逐渐兴起，在管理学领域的应用日益增加。

　　对现有研究的回顾发现，辩证思维有助于个体根据情境需求灵活转变交往方式以维护人际关系；也能调节个体情绪，使其在面对积极情境时保持清醒、居安思危，在面对消极情境时保持积极心态、期待形势好转。虽然以往研究发现辩证思维者具有环境适应能力,但是大多集中在个体或团队层次,忽视了辩证思维在企业层面的应用。然而,在企业层面讨论辩证思维有重要意义:第一,辩证思维者是以变化、矛盾、全面的眼光来认识和分析问题的,与外界高度变化的环境尤为贴合;第二,辩证思维在企业实践中被广泛应用,比如企业家们耳熟能详的"灰度管理"等,但缺少实证检验;第三,辩证思维有助于解决中国企业管理中面临的复杂问题,丰富中国式战略管理理论。[4]但是究竟从哪个角度切入、如何构建理论尚缺少学术分析。

辩证思维已被视作国家领导人治国理政的重要认知工具,[5]在企业层面探讨辩证思维可以为企业管理提供新思路。[6]基于彭凯平等人对辩证思维的定义,本调查提出,企业家辩证思维是指企业家以变化、矛盾和整体的眼光进行信息处理和管理应对的思维能力,其核心内涵包含变化觉察、矛盾权衡、整体协调三个方面。其中,变化觉察是指企业家能够监察、预测并拥抱环境变化,以动态发展的眼光认识

事物和分析企业问题;矛盾权衡是指企业家承认矛盾的普遍性与客观性,能够接受或容忍矛盾,认为商业环境中的各种矛盾或冲突可以和谐共存、相互渗透;整体协调是指企业家相信事物之间相互关联,从全局出发认识和分析企业问题,结合所处情境取得对问题的全面认识。

(二)中国企业家辩证思维的发展现状

基于上述对企业家辩证思维的定义,本调查首先分析中国企业家辩证思维的发展状况。结果显示,参加本次调查的企业家的辩证思维总体得分3.52,其中,在整体协调维度上的得分最高(评价值为3.81),在矛盾权衡和变化觉察两个维度上分别得分3.67和3.41,均处在中等偏上的水平。这些结果表明,中国企业家尤其注重全局性的思考,擅长对矛盾局势和冲突的处理,并且能够灵活地认识和应对变化(见表3)。总体来看,中国企业家的辩证思维水平良好,在适应复杂和不确定的环境方面具有优势。

表3　企业家辩证思维各维度得分

	非常不同意	较不同意	不确定	比较同意	非常同意	评价值
辩证思维						3.52
变化觉察						3.41
我能视情况让步而不是固执己见	0.5	2.0	11.3	64.3	21.9	
我的观念和态度会在不同环境下发生变化	4.8	23.3	20.8	46.0	5.1	
我为人处世的风格会随着时间的不同而改变	7.3	25.2	19.7	41.5	6.3	
环境比我个人的喜好更能影响我的行为	3.0	18.8	21.9	46.5	9.7	
我经常改变自己,以便更好地与不同人相处	1.0	7.3	17.8	64.0	9.9	
矛盾权衡						3.67
我认为争论的双方往往各有各的道理	1.0	7.3	17.8	64.0	9.9	
世界上充满了无法调和的矛盾	5.0	24.3	29.5	33.5	7.7	
每件事情都有两面性,取决于你怎么看它	0.6	3.1	8.7	60.0	27.6	
整体协调						3.81
认识事物需要从整体而非细节出发	2.7	10.8	19.3	53.1	14.1	
关注整体比关注局部更重要	1.7	7.3	18.6	53.8	18.5	
必须考虑整体才能理解部分	1.1	3.6	15.1	57.3	22.9	

注:表中第2—6列数据为选择相应答案的比重,第7列为以5分制计算(非常同意=5,比较同意=4,不确定=3,较不同意=2,非常不同意=1)所得到的平均值,分值越大表示认同程度越高。

为更进一步理解影响企业家辩证思维的情境及个体因素，本调查按照企业规模、类型、所处行业、所处地区、性别、年龄、学历等因素对样本进行了分组分析。见表4、表5。

从不同规模看，小型企业的企业家在变化觉察维度上的得分（评价值为3.33）高于其他组，一方面可能是因为小型企业的企业家与一线市场距离更近，更敏感于机会、警惕于危险；另一方面可能是小型企业的企业家对内部业务流程、制度文化、战略目标等存在的问题观察更直接、更及时，更容易变通处理。而大型企业的企业家在整体协调维度上得分更高（评价值为4.01），原因可能是随着企业规模的增长，更需要企业家关注与统筹全局。

从企业经济类型来看，国有、外资及民营企业的企业家辩证思维无显著差异。原因可能是，虽然经济类型不同，但各企业所面临的外部环境趋于一致。

在高压竞争下，无论国有企业还是民营企业，都被迫参与到市场化竞争中，需要企业家保持变化觉察能力；在本土商业环境中，各类企业都或多或少会遇到平衡政府政策要求与企业自由发展的矛盾，更是高度依赖企业家的矛盾权衡能力；与各类利益相关者建立关系也是各种经济类型的企业在本土市场中生存的法则，需要企业家具备整体协调的认知能力。

从行业因素来看，制造业企业家的矛盾权衡得分（评价值为3.73）高于其他行业的企业家，一个解释是中国传统制造行业正在经历科技变革带来的转型阵痛且面对着新旧商业模式之间的矛盾对抗，需要企业家准确把握矛盾背后的意义。

从不同地区看，东部地区的企业家相比中、西部地区的企业家有更高的整体协调性。原因可能是，东部地区的企业数量和规模都更为庞大、联系更为紧密，更依赖于企业家对整体情况的统筹处理。

表4　不同规模、经济类型、行业和区位的企业的企业家在辩证思维上的表现

	辩证思维	矛盾权衡	变化觉察	整体协调
大型企业	3.49	3.65	3.16	4.01
中型企业	3.51	3.65	3.23	3.89
小型企业	3.53	3.67	3.33	3.77
P值	0.760	0.811	0.020	0.003
国有企业	3.46	3.60	3.23	3.79
外资企业	3.50	3.45	3.27	3.99
民营企业	3.53	3.68	3.31	3.81
P值	0.571	0.119	0.683	0.484
制造业	3.53	3.73	3.31	3.77
非制造业	3.52	3.63	3.3	3.83
P值	0.598	0.002	0.770	0.157
东部地区	3.54	3.68	3.31	3.86
中部地区	3.51	3.65	3.32	3.73
西部地区	3.50	3.68	3.25	3.79
P值	0.439	0.676	0.425	0.020

从企业家性别来看，女性企业家在矛盾权衡维度上得分更高（评价值为3.81），原因可能是女性相对男性更常因为性别刻板印象陷入矛盾困境，尤其对处在组织高层的女性企业家而言，性别角色与领导角色的矛盾更为突出，更需要辩证地认知和处理角色矛盾，从而在潜移默化中形成了矛盾协调意识。[7]

从企业家年龄来看，企业家越年轻，变化觉察得

分越高,更易于转变自己的认知和行为来应对环境变化;而企业家年龄越长,整体协调得分越高,更具有高屋建瓴、统揽全局的战略思维能力,也更善于把握事物发展的总体趋势。年轻的企业家可以向年长的企业家学习,汲取其经营管理的丰富经验,获得对市场形势的整体认知;年长的企业家也可以向年轻

的企业家学习,及时转变思维,不断更新认知。见表5。

从企业家的学历来看,硕士及以上学历的企业家在整体协调上的得分相对要高于本科学历的企业家,原因是科研工作促使他们更关注事物之间复杂的联系。

表5 不同性别、年龄和学历的企业家在辩证思维上的表现

	辩证思维	矛盾权衡	变化觉察	整体协调
男	3.52	3.66	3.30	3.81
女	3.56	3.81	3.29	3.82
P值	0.392	0.011	0.855	0.852
44岁及以下	3.72	3.72	3.45	3.69
45~49岁	3.69	3.69	3.33	3.71
50~54岁	3.68	3.68	3.32	3.77
55岁及以上	3.62	3.62	3.19	3.94
P值	0.066	0.112	0.000	0.000
大专及以下	3.52	3.62	3.30	3.82
本科	3.52	3.72	3.31	3.74
硕士及以上	3.56	3.68	3.30	3.93
P值	0.625	0.016	0.985	0.005

四、企业家对复杂环境的认知

中国企业家调查系统课题组对过去30年(1993—2022年)企业经营环境的追踪调查显示,外部环境的不确定性已经明显增加。[8]在不确定的环境中生存依赖于企业家对内外部环境的深刻反思。然而,不是所有企业家都能认清当前经济形势或把握环境变化。辩证思维作为一种以变化、矛盾、整体的眼光分析与处理问题的思维模式,对企业家认知和把握复杂环境具有重要作用。下面,本调查着重分析企业家对国内外宏观经营环境、地方营商环境、行业环境、企业家群体、企业经营和企业家自身状况六个方面的认知。

本调查使用样本均值加减一个标准差的做法,按照辩证思维的高低对样本进行分组,将辩证思维评分低于样本平均值(3.52)一个标准差(0.50)的

企业家编码为1,将评分高于样本平均值一个标准差的企业家编码为2。描述性分析显示,最终筛选出了低水平辩证思维企业家246名,占原样本的17.0%;高水平辩证思维企业家117名,占原样本的10.2%。基于此,本调查分析了高低辩证思维企业家组在环境认知上的差异。

(一)企业家对国内外宏观经营环境的认知

关于企业家对国内外宏观经营环境的认知,调查结果显示,企业家对国际宏观环境的态度整体比较消极,有86.0%的企业家认为"未来一年国际经济形势将会恶化",69.1%的企业家认为"当前中国经济发展受非经济因素影响较多";只有34.1%的企业家认为"未来10年企业发展的外部环境将越来越好"。不过,即使外部环境日益严峻,也有40.1%的企业家相信"外部环境的变化不会改变中国世界制造业大国地位"。见表6。

表6　企业家对国内外宏观经营环境的认知

单位：%

	很不同意	较不同意	中立	比较同意	非常同意	低辩证思维	高辩证思维	P 值
外部环境的变化不会改变中国世界制造业大国地位	9.7	20.4	29.7	29.7	10.4	3.03	3.32	0.020
未来一年国际经济形势将会恶化	0.6	2.6	10.9	47.2	38.8	3.55	3.99	0.000
未来10年企业发展的外部环境将越来越好	7.2	16.8	41.9	26.9	7.2	3.14	3.27	0.221
目前是非公有制经济发展的最好时期	19.6	28.3	36.3	13.7	2.0	2.59	2.55	0.137
当前中国经济发展受非经济因素影响较多	0.3	4.3	26.3	51.8	17.3	3.67	4.10	0.000

注：表中第2—6列数据为选择相应答案的比重，第7—8列分别是低、高辩证思维企业家组的5分制评价值（非常同意＝5，比较同意＝4，中立＝3，较不同意＝2，很不同意＝1），分值越大表示认同程度越高。

分组来看，具备高辩证思维的企业家更善于从变化、矛盾和整体的角度认识和反思环境。对比结果显示，高辩证思维企业家更能看清当前影响中国经济发展的因素，更倾向于预测未来经济趋势的恶化。而且，高辩证思维企业家同样擅长捕捉环境中的积极因素，更加坚信中国制造业大国的地位不会动摇且未来发展环境会越来越好。这些看似矛盾的发现恰恰印证了辩证思维者相信好与坏之间相互转化、事物性质不断变化的信念体系。也正是通过对未来趋势的判断及环境本质的深层思考，辩证思维者才能明确企业当前面临的核心障碍，做到深谋远虑，把握战略全局。

（二）企业家对地方营商环境的认知

本调查还了解了企业家对地方营商环境的认知。从地方政府行政管理来看，企业家对其整体管理效果评价较好（评价值3.52）。对"各种行政登记注册和审批手续是否方便简捷"（评价值3.79）及"政府官员是否廉洁守法"（评价值3.77）的态度比较积极。从要素市场环境来看，企业所处的劳动力市场人才紧缺，分别有超过三分之一的企业家认为在当地找到需要的技术人员（35.2%）、管理人员（33.8%）、熟练工人（31.3%）很难（见表7）。分组分析显示，当企业家的辩证思维越高，越倾向于认为招到所需要的技术人员、管理人员和熟练工人存在难度。原因是，高辩证思维者定位高远，不愿安于现状。与此同时，这些偏消极的评价也提示各地方政府需在优化营商环境方面投入更多努力。

表7　企业家对地方营商环境的认知

单位：%

	很好	较好	一般	较差	很差	评价值	低辩证思维	高辩证思维	P 值
地方政府行政管理						3.52	3.60	3.44	0.092
地方政府政策和规章制度是否公开透明？	15.5	33.4	37.0	9.0	5.1	3.39	3.52	3.26	0.027
行政执法机关（工商、税务等）执法是否公正？	16.7	37.4	34.0	8.2	3.8	3.56	3.64	3.48	0.139
不同企业是否享受同等的国民待遇？	10.9	25.0	37.5	18.0	8.6	3.09	3.21	2.97	0.010
各种行政登记注册和审批手续是否方便简捷？	22.0	43.2	24.4	7.2	3.2	3.79	3.82	3.77	0.633
政府官员是否廉洁守法	27.5	33.7	28.7	6.9	3.3	3.77	3.83	3.71	0.300
要素市场环境						3.01	2.90	3.12	0.055

续表

	很好	较好	一般	较差	很差	评价值	低辩证思维	高辩证思维	P 值
在当地找到需要的技术人员是否很难?	7.4	21.0	36.3	23.0	12.2	3.12	3.11	3.42	0.002
在当地找到需要的管理人员是否很难?	7.5	24.2	34.5	22.8	11.0	3.06	3.37	3.89	0.000
在当地找到需要的熟练工人是否很难?	8.2	25.1	35.5	22.0	9.3	2.99	2.82	3.13	0.008

注:表中第2—6列数据为选择相应答案的比重,第7列为以5分制计算(很好=5,较好=4,一般=3,较差=2,很差=1)所得到的平均值,分值越大表示认同程度越低。第8—9列分别是低、高辩证思维企业家组的评价值。

(三)企业家对行业环境的认知

调查结果显示,企业家普遍感到行业中存在极大的不确定性、动态性和竞争性。具体表现在,企业家认为行业环境"动态性大,科技和监管政策变化迅速"(41.7%)、"风险性强,一步走错可能满盘皆输"(61.5%);部分企业家看到行业环境"随着市场扩张和新企业的涌入而迅速膨胀"(28.9%);超过80.0%的企业家感觉当前"维持企业经营的压力很大",同行业中的企业"在各个方面竞争激烈"(83.0%),且

"竞争对手的市场行为难预测"(58.6%);此外,很多企业家反映"顾客需求及产品偏好变化难预测"(47.8%),所在行业的"政策环境多变"(58.1%)(见表8)。分组对比显示,高、低辩证思维企业家组存在显著差异。高辩证思维企业家对行业环境的不确定性更为敏感,对于每一题项,高辩证思维企业家都给出了更高的评分,可能是因为辩证思维者具备更强的忧患意识,在思想上时刻为迎接和应对变化做准备。[9]

表8 企业家对行业环境的认知

单位:%

	非常不符合	不符合	一般	符合	非常符合	评价值	低辩证思维	高辩证思维	P 值
环境不确定性						3.58	3.42	3.79	0.000
动态性大,科技和监管政策变化迅速	2.8	14.0	37.8	36.5	5.2	3.28	3.11	3.42	0.002
风险性强,一步走错可能满盘皆输	3.2	11.9	20.9	46.1	15.4	3.60	3.37	3.89	0.000
随着市场扩张和新企业的涌入而迅速膨胀	10.2	21.2	35.8	23.7	5.2	2.92	2.82	3.13	0.008
维持企业经营的压力很大	1.5	5.2	11.4	53.5	27.6	4.01	3.81	4.21	0.000
在各个方面竞争激烈	1.7	3.5	9.9	53.4	29.6	4.08	3.98	4.27	0.002
竞争对手的市场行为难预测	1.6	8.8	28.5	45.5	13.1	3.61	3.40	3.88	0.000
顾客需求及产品偏好变化难预测	2.8	17.0	30.0	39.9	7.9	3.34	3.12	3.61	0.000
政策环境多变	3.0	10.4	26.6	39.0	19.1	3.62	3.45	3.86	0.000

注:表中第2—6列数据为选择相应答案的比重,第7列为以5分制计算(非常符合=5,符合=4,一般=3,不符合=2,非常不符合=1)所得到的平均值,分值越大表示认同程度越高。第8—9列分别是低、高辩证思维企业家组的评价值。

(四)企业家对企业家群体的认知

关于企业家对企业家群体的认知,调查结果显示,企业家普遍认识到"做企业家越来越难"(86.0%)、"目前愿意做实业的企业家越来越少"(72.3%)、"不少人对企业家存在误解"(63.9%),

这些发现说明很多企业家意识到企业家群体处境艰难、态度悲观。然而,并不是所有企业家都对外部环境灰心丧气,有很多企业家即使遭受误解仍愿意相信"今年以来感觉企业家的舆论环境有所改善"(46.4%)。见表9。

分组分析显示,高、低辩证思维组对企业家群体

的认知存在显著差异。当企业家的辩证思维越高，越能感知企业家群体的艰难处境和悲观态度。高辩证思维企业家对"做企业家越来越难""目前愿意做实业的企业家越来越少""不少人对企业家存在误解""今年以来感觉企业家的舆论环境有所改善"这四个选项的评价值显著更高，再度反映了高辩证思维者倾向于在消极环境中寻找积极趋势，且有动机持续投入企业家角色。

表9 企业家对企业家群体的认知

单位：%

	很不同意	较不同意	中立	比较同意	非常同意	评价值	低辩证思维	高辩证思维	P值
企业家群体现状									
做企业家越来越难	0.6	2.6	10.9	47.2	38.8	4.21	4.05	4.51	0.000
目前愿意做实业的企业家越来越少	0.9	7.2	19.7	46.7	25.6	3.89	3.76	4.13	0.000
不少人对企业家存在误解	1.0	6.2	29.0	45.5	18.4	3.74	3.60	4.07	0.000
今年以来感觉企业家的舆论环境有所改善	4.7	10.6	38.3	41.8	4.6	3.67	3.45	3.89	0.000

注：表中第2—6列数据为选择相应答案的比重，第7列为以5分制计算（非常同意=5，比较同意=4，中立=3，较不同意=2，很不同意=1）所得到的平均值，分值越大表示认同程度越高。第8—9列分别是低、高辩证思维企业家组的评价值。

（五）企业家对企业经营情况的认知

企业家需要对企业经营情况保持清晰的认知，找出优势和不足。调查结果显示，绝大多数企业家对企业发展现状的评价呈中性偏保守态势，只有27.4%的企业家感到"比较满意"或"非常满意"（见表10）。尽管如此，仍有超过半数的受访者对企业下一阶段的经营发展"较有信心"或者"很有信心"（见表11）。分组分析显示，高辩证思维的企业家（评价值为2.69）相对低辩证思维的企业家（评价值为

2.82）对企业下一阶段的发展信心略显不足。尽管组间差异未达统计学显著水平，但这一微妙差异可能折射出高辩证思维者独特的认知视角：高辩证思维者对内外环境的评价持有不同标准，对外部环境未来变化的积极态度源自高辩证思维者对国家经济发展的认可与信心，而对企业自身发展的消极预测则源于高辩证思维者强烈的忧患意识，其典型特征是对企业未来发展前景充满忧虑，尤其是对未来市场变化和竞争对手极为担忧，这样的企业家对危险警惕、对机会敏感，兼具危机感和使命感。

表10 企业家对企业经营情况的认知

单位：%

	很不满意	不太满意	一般	比较满意	非常满意	评价值	低辩证思维	高辩证思维	P值
您对贵企业现状的总体感受是	8.4	26.6	37.6	24.6	2.8	2.96	2.96	2.95	0.948

注：表中第2—6列数据为选择相应答案的比重，第7列为以5分制计算（非常满意=5，比较满意=4，一般=3，不太满意=2，很不满意=1）所得到的平均值，分值越大表示满意程度越高。第8—9列分别是低、高辩证思维企业家组在对应题项上的评价值。

表11 企业家对企业未来发展的信心

单位：%

	没有信心	信心不足	较有信心	很有信心	评价值	低辩证思维	高辩证思维	P值
您对贵企业下一阶段的经营发展信心如何	4.8	33.6	47.4	14.2	2.76	2.82	2.69	0.115

注：表中第2—5列数据为选择相应答案的比重，第6列为以4分制计算（很有信心=4，较有信心=3，信心不足=2，没有信心=1）所得到的平均值，分值越大表示信心程度越高。第7—8列分别是低、高辩证思维企业家组在对应题项上的评价值。

（六）企业家对自身状况的认知

企业的经营发展离不开企业家对自身状况的认知与反思。调查结果显示，企业家的自我超越与自我提升价值观得分都很高。其中，自我超越强调超越个人狭隘性，将自身利益与群体利益相结合，重视他人的福祉和需求。在调查样本中，九成左右的企业家认同"保护环境（维护自然生态）""与大自然保持和谐（亲近自然）""世界和平（免除战争和冲突）""公正（纠正不公、扶弱助贫）""平等（人人机会平等）"这五大自我超越价值观（见表12），说明很多企业家以社会和集体为行动导向，将他人的幸福感置于个人利益之上。与此不同，自我提升价值观强调通过控制他人资源或取得社会认可来追求自我利益。在调查样本中，有三分之一至二分之一的企业家认同"权力（有权领导他人或发号施令）""财富（拥有金钱、物质财富）""有影响力（对人和事有影响作用）""威权（控制他人，占支配地位）"这四大自我提升价值观。说明企业家需要权力感、控制感和影响力，并通过履行企业家角色获取收入。对不少企业家而言，经营企业就是在商言商，其首要目标是个人的成功。

分组分析显示，高辩证思维企业家组在自我提升和自我超越价值观方面得分均更高。原因是辩证思维者致力于在企业家角色上实现自我并同时兼顾整个企业、社会、国家乃至人类的利益，在企业内树立起了一种"小我"与"大我"共存的价值导向，这源自辩证思维者对自我的深刻反思。对于高辩证思维者而言，企业不仅是牟利场所，更是实现自我价值的职业平台。这样的企业家有情怀、有使命感，具备高瞻远瞩、胸怀天下的大格局。

从企业家的自我定位来看，即使处境不佳，47.2%的企业家仍然选择了"假如再给我一次机会，我仍愿意做企业家"，说明做企业对一部分企业家来说是一种使命和追求，他们的自我定位清晰且坚定，暂时的消极景象并不会阻碍其做企业的决心。此外，有54.8%的企业家"对自己的未来充满信心"，其中，高辩证思维企业家（评价值为3.69）在这一选项上的评价值要略高于低辩证思维企业家（评价值为3.62）。这一发现符合辩证思维领域的研究发现，即高辩证思维者在评估自我时更加谦虚持重。[10]

从企业家的总体感受上来看，企业家自身也是矛盾综合体：虽然有89.6%的企业家感觉经营企业的压力很大或较大，但仍有60.7%的企业家认为自己总体上是幸福的。分组分析表明，高辩证思维企业家压力更大，原因仍然是辩证思维者将企业经营视作一项职责，努力践行企业家的价值与意义。因此，经营企业的压力与幸福感在这些企业家身上共存。

表12　企业家对自身状况的认知

单位：%

	非常不符合	不符合	一般	符合	非常符合	评价值	低辩证思维	高辩证思维	P值
企业家的自我超越价值观						4.46	4.32	4.59	0.000
保护环境（维护自然生态）	0.4	0.6	7.3	49.9	41.9	4.32	4.28	4.50	0.003
与大自然保持和谐（亲近自然）	0.2	0.3	8.4	49.6	41.5	4.32	4.28	4.52	0.001
世界和平（免除战争和冲突）	0.4	0.6	5.9	30.0	63.0	4.55	4.38	4.75	0.000
公正（纠正不公、扶弱助贫）	0.2	0.3	6.7	37.9	54.9	4.47	4.41	4.64	0.002
平等（人人机会平等）	0.3	0.8	10.4	43.0	45.4	4.33	4.26	4.56	0.000
企业家的自我提升价值观						3.68	3.49	3.87	0.000
权力（有权领导他人或发号施令）	2.5	11.5	38.9	36.3	10.8	3.41	3.39	3.76	0.000
财富（拥有金钱、物质财富）	0.6	5.8	34.8	46.7	12.2	3.64	3.57	3.92	0.000
有影响力（对人和事有影响作用）	0.3	2.4	21.9	56.4	19.1	3.92	3.89	4.26	0.000
威权（控制他人，占支配地位）	5.9	16.6	43.0	27.6	6.8	3.13	3.11	3.53	0.000

续表

	非常 不符合	不符合	一般	符合	非常 符合	评价值	低辩证 思维	高辩证 思维	P 值
企业家的自我定位与总体感受									
假如再给我一次机会,我仍愿做企业家	10.0	13.0	29.9	34.2	13.0	3.27	3.29	3.22	0.598
我对自己的未来充满信心	3.3	7.9	34.1	38.3	16.5	3.57	3.62	3.69	0.456
总的来说,您认为自己很幸福	1.5	4.4	33.5	50.7	10.0	3.61	3.68	3.55	0.151
总的来说,您感觉自己压力很大	0.7	9.6	\	56.1	33.5	3.30	3.22	3.37	0.039

注:1. 表中第2—6列数据为选择相应答案的比重,第7列为以5分制计算(非常符合=5,符合=4,一般=3,不符合=2,非常不符合=1)所得到的平均值,分值越大表示认同程度越高。第8—9列分别是低、高辩证思维企业家组的评价值。

2. 最后一行有关压力的题项,第7列为以4分制计算(非常符合=4,符合=3,不符合=2,非常不符合=1)所得到的平均值,分值越大表示认同程度越高。

五、企业家对复杂环境的管理应对

(一)企业家的辩证思维与认知灵活性

调动认知灵活性是企业家从认知上应对变局的重要方式。认知灵活性是指根据外界环境,灵活地改变自己的思维方式、策略和行动模式,以取得更符合目标成果的能力。这一认知能力强调适应环境需要有意识、有意愿、有信心做出改变。调查结果显示,被调查的企业家普遍具有较强的认知灵活性(评价值为4.10),具体表现为,"在做最终决定之前我会进行多方考虑"(92.4%)、"应对困境时我会考虑各种可能性"(92.0%)、"当面临困境时,我会三思而后行"(91.0%)、"我通常会多角度看待问题"(89.8%)、"我很擅长'审时度势'"(72.4%)、"遇到困难时,我能想出多种解决方案"(86.0%)。见表13。

分组分析显示,高辩证思维组的企业家认知灵活性更强,在每一个选项上的评价值都超过了低辩证思维组。本调查针对辩证思维的三个核心维度与认知灵活性的各条目进一步做相关分析①,发现三个维度与认知灵活性的核心定义紧密关联。首先,具备辩证思维的企业家能够识别变化、拥抱变化,具有做出改变的意识。这不仅表现在他们会探索多种可能性以应对潜在变化,还表现在他们会预期各种战略选择的结果并未雨绸缪。其次,高辩证思维企业家能够接纳矛盾,善于处理矛盾的信息,具有为应对矛盾做出改变的意愿。他们秉持妥协、权衡和适应的态度,努力促进矛盾的和谐共生。最后,高辩证思维企业家注重关系,擅长处理彼此交错的复杂信息,具有做出改变的信心。

表 13　企业家的辩证思维与认知灵活性

单位:%

	非常 不符合	不符合	一般	符合	非常 符合	评价值	低辩证 思维	高辩证 思维	P 值
认知灵活性						4.10	3.92	4.42	0.000
在做最终决定之前我会进行多方考虑	0.4	0.7	6.5	65.8	26.6	4.18	3.99	4.46	0.000
应对困境时我会考虑各种可能性	0.4	0.8	6.8	66.7	25.3	4.16	3.98	4.44	0.000
当面临困境时,我会三思而后行	0.5	1.2	7.3	63.9	27.1	4.16	3.93	4.44	0.000
我通常会多角度看待问题	0.3	0.9	9.0	62.5	27.3	4.16	4.01	4.47	0.000
我很擅长"审时度势"	0.6	2.3	24.8	54.8	17.6	3.87	3.67	4.31	0.000
遇到困难时,我能想出多种解决方案	0.5	0.6	12.8	63.6	22.4	4.07	3.91	4.42	0.000

注:表中第2—6列数据为选择相应答案的比重,第7列为以5分制计算(非常符合=5,符合=4,一般=3,不符合=2,非常不符合=1)所得到的平均值,分值越大表示认同程度越高。第8—9列分别是低、高辩证思维企业家组的评价值。

① 为节省篇幅,在此没有列出辩证思维三维度与认知灵活性各题项之间的关系。若读者需要相关系数表,可与作者联系。

(二)企业家的辩证思维与信息搜寻

主动搜寻经营管理相关的信息是应对复杂环境的第二种方式。其中,信息搜寻是一种对新知识和信息进行识别、分析和评估的过程。在复杂多变的环境中,信息和数据对于企业经营发展的重要性与日俱增。信息搜索与获取是决策者处理信息的基础,企业家需要关注和了解其他企业的经验或战略、长期和短期的发展方向、本行业及其他行业的发展阶段和演进逻辑、宏观环境等多种信息。调查结果显示,身处复杂不确定的环境当中,企业家在搜寻信息方面普遍比较积极(评价值3.95)。大部分企业家"会竭尽努力从各种渠道(如书、刊物、网站等)搜

索企业经营相关信息"(79.7%)、"主动从外部获取咨询建议和指导意见"(80.1%)、"主动搜索外部环境信息"(85.9%)、"坚持不懈地搜索当下有关经营管理的信息"(80.4%)、"搜索信息时力求全面,不放过任何相关内容"(64.1%)、"竭尽努力收集有价值的信息"(80.6%)及"优先花时间搜索有新意的信息"(75.3%)。见表14。

分组分析显示,高辩证思维企业家组对每一个题项的评分都更高,更倾向于利用信息搜寻来获得对环境更全面、丰富的理解。辩证思维促使企业家在搜寻的广度、深度和努力程度方面均做出了更多的努力,为深入了解所处环境奠定了更扎实的信息基础。

表14　企业家的辩证思维与信息搜寻

单位:%

	非常不符合	不符合	一般	符合	非常符合	评价值	低辩证思维	高辩证思维	P值
信息搜寻						3.95	3.92	4.42	0.000
我会竭尽努力从各种渠道(如书、刊物、网站等)搜索企业经营相关信息	0.9	2.8	16.6	57.0	22.7	3.98	3.72	4.29	0.000
我会主动从外部获取咨询建议和指导意见	0.9	1.8	17.2	60.5	19.6	3.96	3.68	4.25	0.000
我会主动搜索外部环境信息	0.8	0.8	12.4	63.1	22.8	4.06	3.84	4.43	0.000
我会坚持不懈地搜索当下有关经营管理的信息	0.8	1.3	17.5	57.6	22.8	4.00	3.74	4.43	0.000
我搜索信息时力求全面,不放过任何相关内容	0.6	6.4	28.8	48.1	16.0	3.72	3.51	4.09	0.000
我会竭尽努力收集有价值的信息	0.6	1.8	17.0	58.6	22.0	3.99	3.78	4.34	0.000
我会优先花时间搜索有新意的信息	0.4	2.4	22.0	56.1	19.2	3.91	3.71	4.31	0.000

注:表中第2—6列数据为选择相应答案的比重,第7列为以5分制计算(非常符合=5,符合=4,一般=3,不符合=2,非常不符合=1)所得到的平均值,分值越大表示认同程度越高。第8—9列分别是低、高辩证思维企业家组的评价值。

(三)企业家的辩证思维与创新战略决策

企业家应对复杂环境的第三种方式表现为探索性创新战略。在2024年的两会上,政府工作报告将"加快发展新质生产力"放在当年政府工作任务首位。所谓新质生产力,"特点是创新,关键在质优,本质是先进生产力"。为了发展新质生产力,要"充分发挥创新主导作用",通过持续创新推动高质量发展。企业家制定适当的创新战略有助于为企业创造发展机遇,实现绩效增长。特别是,探索式创新战略相对利用式创新战略更有助于催生原创性、颠覆性

的创新结果,对加速发展"新质生产力"具有重要意义。

本调查采用迫选的方法,要求企业家在探索式与利用式创新战略之间做出选择,结果显示,企业家比较倾向于选择相对激进的探索式创新策略(评价值3.67),包括"引进新一代产品"(52.9%)、"扩展产品范围"(51.4%)、"开拓新市场"(47.9%)、"进入新技术领域"(51.8%)。而对利用式创新战略的选择相对较少(评价值2.63),包括"提高现有产品质量"(10.1%)、"提高生产灵活性"(23.4%)、"降低生产成本"(31.4%)、"提高产量或减少材料消

耗"(29.4%)(见表15)。这些发现说明,企业家普遍认识到在复杂环境中生存需要识别新的发展机会,主动开拓和塑造市场,而不只是依赖现有产品或服务。

表15 企业家的辩证思维与创新战略

单位:%

	非常不符合	不符合	一般	符合	非常符合	评价值	低辩证思维	高辩证思维	P值
探索式创新战略						3.67	3.51	3.83	0.001
引进新一代产品	14.3	6.9	25.8	24.9	28.0	3.67	3.54	3.79	0.026
扩展产品范围	6.4	7.7	34.5	29.2	22.2	3.76	3.61	3.91	0.010
开拓新市场	7.3	8.3	36.4	28.3	19.6	3.85	3.71	4.00	0.009
进入新技术领域	4.3	4.8	39.0	31.3	20.5	3.38	3.14	3.62	0.000
	非常符合	符合	一般	不符合	非常不符合	评价值	低辩证思维	高辩证思维	P值
利用式创新战略						2.63	2.80	2.47	0.003
提高现有产品质量	4.4	5.7	29.9	37.3	22.8	2.69	2.91	2.47	0.001
提高生产灵活性	13.4	10.0	43.7	22.3	10.6	2.55	2.70	2.40	0.019
降低生产成本	16.5	14.9	50.0	13.7	4.9	2.70	2.84	2.56	0.049
提高产量或减少材料消耗	15.0	14.4	39.0	21.6	10.0	2.60	2.73	2.47	0.049

注:表中第2—6列数据为选择相应答案的比重,第7列为以5分制计算(非常符合=5,符合=4,一般=3,不符合=2,非常不符合=1)所得到的平均值,分值越大表示认同程度越高。第8—9列分别是低、高辩证思维企业家组的评价值。

分组分析显示,高辩证思维组的企业家更倾向于选择探索式创新战略,而低辩证思维组企业家则更倾向于选择利用式创新战略。出现差异的一个原因是,探索式创新战略的回报需要一定时间,而辩证思维有助于增强企业家的长期导向,使其更加关注那些周期性长、风险高的创新项目。

为更进一步说明企业家辩证思维与长期导向的关系,本报告对企业的书面规划进行分组分析。(见表16)。高辩证思维组的企业家长期导向(评价值为2.91)显著高于低辩证思维组(评价值为2.78)。对长期导向与辩证思维的三个维度进行相关性分析,结果显示,长期导向与整体协调维度显著正相关(r=0.09,p<0.01),说明能够从整体大局出发的企业家更能把握企业发展的长期趋势。相反,变化觉察维度与企业的长期规划之间显著负相关(r=-0.06,p<0.05),这说明辩证思维者不仅能在长期内为企业发展做统筹规划,也能在短期内为应对变化保持警觉和即时响应。

值得注意的是,描述性结果显示,企业家的长期导向总体评分并不高(评价值2.86),只有7.7%的企业具有5年以上的长期规划,甚至有16.4%的企业缺少战略规划,绝大多数(83.6%)企业以中短期书面长期规划为主,其中以3年以内的规划最为常见(35.9%)。这说明,企业家仍然需要不断加强长期导向,做可持续发展的企业。

表16　企业家的辩证思维与长期导向

长期导向		低辩证思维	高辩证思维	P 值	与辩证思维矛盾权衡的关系	与辩证思维变化觉察的关系	与辩证思维整体协调的关系
没有规划	16.4%	2.78	2.91	0.352	-0.02	-0.06*	0.09**
1 年以内计划	20.3%						
3 年以内规划	35.9%						
5 年以内规划	19.7%						
10 年以内规划	3.7%						
10 年以上规划	4.0%						
评价值	**2.86**						

注:表中第 2 列数据为选择相应项的比重,第 6—8 列为相关系数,*** 表示 p<0.001,** 表示 p<0.01,* 表示 p<0.05。

本调查对企业家的应对方式与应对结果之间进一步做相关性分析,表 17 的结果显示,信息搜寻与认知灵活性之间存在显著的正相关性(r = 0.70,p < 0.001)。原因是,认知灵活性能够刺激企业家主动思考新的选择,主动挑战自我当前的认知,这一过程使其认识到现有知识与环境需求之间的差异,从而促进了信息搜寻。从创新战略上来看,企业家认知灵活性(r = 0.23,p<0.001)和信息搜寻(r = 0.24,p < 0.001)均与探索式创新战略显著正相关。从企业实际的创新行为来看,企业家认知灵活性(r = 0.09,p<0.01)和信息搜寻(r = 0.10,p<0.01)也均与企业的研发投入显著正相关。这些发现说明企业家塑造自身认知的灵活性并对外界信息保持开放态度有助于企业创新。此外,企业家的创新探索有助于企业识别特定的产品机会,提升企业对市场新需求的响应能力,使产品开发精准对标消费者需求。最终,探索式创新战略(r = 0.08,p < 0.01)与研发投入(r = 0.14,p < 0.001)将转换为更高的新产品销售额。

表17　企业家应对方式与应对结果的相关性分析

	认知灵活性	信息搜寻	探索式创新战略	研发投入	新产品销售额
认知灵活性	–				
信息搜寻	0.70***	–			
探索式创新战略	0.23***	0.24***	–		
研发投入	0.09**	0.10**	0.11***	–	
新产品销售额	0.03	0.03	0.08**	0.14***	–

注:表格中为相关系数,*** 表示 p<0.001,** 表示 p<0.01,* 表示 p<0.05。

六、调研结果总结及对策建议

在百年未有之大变局的背景之下,企业的生存与发展环境越来越复杂多变,企业家如何认识和应对变幻莫测的复杂环境,树立起化危为机的辩证思维尤为重要。

调查结果总体显示,中国企业家辩证思维水平良好,在变化觉察、矛盾权衡、整体协调三个维度上均有较高得分,体现出了善于认知变化、兼顾矛盾及处理复杂关系等能力。应用辩证思维,企业家对环境认知更加深刻、应对更积极有效。

具体分析表明,企业家会从宏观经营环境、地方营商环境、行业环境、企业家群体、企业经营和企业家自身状况等多个方面获取对企业经营管理相关问题的认知,而辩证思维者的解读会更加全面。在此基础上,辩证思维者会采用更丰富的方式应对复杂环境,包括提升认知灵活性、信息搜寻、选择探索式创新战略及坚持长期主义,打造企业在不确定性中持续生存的能力和竞争力。相关分析表明,高辩证思维企业家所领导的企业在研发投资、员工教育和培训投入及新产品开发绩效等方面均取得了较好的表现。

一言以蔽之,本调查的结果表明辩证思维者具有认知和应对复杂环境的潜力。高辩证思维企业家具有矛盾性:一方面在思想上悲观,更担忧整体环境,更敏感于环境中的消极因素和潜在危险,承受着极大的心理压力;另一方面,在行动上积极,主动采取增强自我与改进组织齐头并进的方式来适应复杂环境,有长期发展企业的坚定信念。这些发现与实践现象较为契合,即卓越的企业家往往自身就是矛盾混合体,不仅表现在内心的矛盾冲突上,也表现在对矛盾的驾驭能力上。

本调查的相关结果能够为组织应对复杂环境提供相应的管理和政策建议。调查发现,不同性别、年龄及处在不同行业中的企业家的辩证思维具有差异,需针对自己的优劣势取长补短。具体而言,女性企业家擅长兼顾矛盾,同时也要增强对变化的觉察。对于女性企业家,需要在深刻认识自我,以及自我与环境的关系中找准自己的优势和方向,寻求信念支撑。对于政府,需进一步为女性企业家营造公平的融资环境,为其应对变化和主动改变提供充足的资源支持。年轻的企业家群体有比较强的自我信念、独立性、创新性和学习能力,但往往管理经验不足,对行业发展的理解深度不够,难以做到整体统筹。对于年轻企业家,需要把握学习能力强的优势,不断完善个人的知识结构、拓展知识领域、突破认知局限,真正成为通晓管理、经济、政治、文化、科技等诸多领域的综合型人才;对于政府,需要为年轻企业家营造自由生长、自由发展的社会环境,提供全方位开拓的空间。此外,制造行业的企业家擅长兼顾矛盾,但同时也要顺应改革的大潮,不断增强变化觉察与适应力。从企业家自身来看,需高度重视数字化改革并鼓励员工积极参与,看见本企业的痛点和变革诉求,做坚定的长期主义者。从政府的角度来说,需推动制造业与科技产业的深度融合,促进新组织形式、新产业集群的形成和发展,改善合作环境。

总体而言,为应对复杂多变的环境,一方面,企业家自身需要培养灵活的认知能力、积极主动地掌握环境信息、塑造长期意识,勇于创新并不断超越;另一方面,企业家期待政府部门保持政策的稳定性,进一步营造市场化、法治化、国际化的一流营商环境,构建高水平社会主义市场经济体制,激发市场主体活力,提振企业家信心。

参考文献

[1] Peng K, Nisbett R E. Culture, dialectics, and reasoning about contradiction [J]. American Psychologist, 1999, 54(9): 741-754.

[2] Hegel G W F. The philosophy of history [M]. London: Prometheus Books, 1900.

[3] Riegel K F. Dialectic operations: The final period of cognitive development [J]. Human development, 1973, 16(5): 346-370.

[4] 孙锐, 袁圆, 刘闲月. 继往开来: 以阴阳思维整合中国式战略知识 [J]. 清华管理评论, 2023, (4): 60-69.

[5] 王辉, 王易之. 新时代企业家精神与领导行为的理论指引——深入学习领会习近平新时代中国特色社会主义思想蕴含的辩证思维 [J]. 国家治理, 2023, (14): 7-11.

[6] 王辉, 王颖, 季晓得, 等. 辩证领导行为及其对企业创新能力和绩效的影响: 一项基于中国传统文化的领导行为探究 [J]. 心理学报, 2023, 55(3): 374-389.

[7] 尹俊, 文秋香, 郎艺. 走出女性领导者的矛盾困境: 中庸哲学的启示 [J]. 清华管理评论, 2021, (6): 21-28.

[8] 李兰, 王锐, 彭泗清. 企业家成长30年: 企业家精神引领企业迈向高质量发展——中国企业家队伍成长与发展30年调查综合报告 [J]. 管理世界, 2023, 39(3): 113-136.

[9] Cheng C. Dialectical thinking and coping flexibility: A multimethod approach [J]. Journal of Personality, 2009, 77(2): 471-494.

[10] Spencer-Rodgers J, Boucher H C, Peng K, et al. Cultural differences in self-verification: The role of naïve dialecticism [J]. Journal of Experimental Social Psychology, 2009, 45(4): 860-866.

2023 全国企业文化优秀成果综述

中国企业联合会企业文化工作部

为深入学习贯彻习近平新时代中国特色社会主义思想和党的二十大精神,坚定道路自信、理论自信、制度自信、文化自信,坚持中国特色社会主义文化发展道路,积极培育和践行社会主义核心价值观,发展社会主义先进文化,激发企业文化创新创造活力,总结推广中国企业文化建设成功经验,引领和支撑企业高质量发展,2022—2023 年中国企业联合会在全国范围内继续开展了企业文化优秀成果发布活动,该活动受到企业界、经济界、学术界等社会各界的广泛关注和大力支持。

活动按照公开、公正的原则,坚持严谨、科学、规范的评审程序,经专家评审委员会审定,评选出 2022—2023 年度全国企业文化优秀成果特等奖 21 家,一等奖 133 家,二等奖 191 家。

荣获 2022—2023 年度全国企业文化优秀成果的企业来自北京、上海、广东、内蒙古、黑龙江、海南、新疆等 31 个省(自治区、直辖市),分布在石油、电力、煤炭、化工、航空航天、交通运输、建筑、医药、汽车等几十个行业,涵盖中央企业、地方国有企业、股份制企业、混合所有制企业、民营企业、合资企业、外资企业等不同所有制形式,在一定程度上反映了中国的企业文化发展水平。

荣获 2022—2023 年度全国企业文化优秀成果的企业坚定文化自信,积极践行新发展理念,坚持文化与管理深度融合,始终围绕企业中心工作开展企业文化建设,坚定不移推动高质量发展,在转型升级实践中培育了优秀的企业文化,引领支撑企业发展质量稳步提升,新旧动能加快转换,涌现出一大批企业文化建设典型,集中展现了中国企业的精神风貌,有力诠释了社会主义核心价值观在企业经营发展中的生动实践,丰富了社会主义先进企业文化的新内涵。

一、以习近平文化思想为指南 把握企业文化工作方向

党的十八大以来,习近平总书记把文化工作摆在治国理政的重要位置,创造性地提出一系列富有中国特色、体现时代精神、引领人类文明发展的新思想新观点新论断。2023 年 10 月 7 日—8 日,在北京召开的全国宣传思想文化工作会议正式提出并系统阐述了习近平文化思想,在党的文化事业发展史上具有里程碑意义,为企业做好新时代新征程企业文化工作、担负起新的文化使命提供了强大思想武器和科学行动指南。这次会议以"塑造优秀企业文化,凝聚企业发展力量"为主题,就是强调要以习近平新时代中国特色社会主义思想为指导,全面贯彻党的二十大精神,深入学习贯彻习近平文化思想,把握新时代企业文化工作的新方向,探讨全面推进企业文化建设的新思路、新方法,增强企业文化软实力,实现企业更高质量、更高水平的发展。

二、加强企业文化创新与传承 增添企业文化工作动力

面对当今中国和世界的深刻复杂变化,企业作为经济社会发展的主体,无时无刻不在经受着淬炼与考验。历史和现实都表明,一个领先企业的发展,一定要有思想文化上的引领和支撑;一个百年企业的壮大,一定要有思想文化上的坚守和完善。

中国核工业集团有限公司大力弘扬"两弹一星"精神和"四个一切"核工业精神,积极践行"强核报国创新奉献"的新时代核工业精神,坚持主动作为、创新优化,总结提炼了"同心、同向、同行"的中核特色巡视文化工作理念,努力以文化磨砺好巡视"利剑",

服务保障国家核事业的稳定发展。中国华电集团有限公司将所属企业中蕴含的红色资源、红色传统作为宝贵的精神财富，打造红色阵地，开展红色教育，讲好革命故事，唱响时代主旋律，使红色基因、革命文化在中国华电集团有限公司新一代建设者中得到传承和发扬，进而凝聚成企业实现高质量发展的独特政治优势和重要精神资源。国家电网有限公司在全系统开展"旗帜领航·文化登高"企业文化实施工程和"文化铸魂、文化赋能、文化融入"专项行动，确保文化成为从总部传递到省公司、市公司、县公司、基层班组的强劲动力，涌现出天津电力、江苏电力等一大批企业文化先进典型，有力促进了企业高质量发展。

三、紧密结合国家战略 提升企业文化工作效能

企业文化工作一定要明确新时期的定位，就是必须始终服从服务于实现全面建设社会主义现代化国家奋斗目标和中华民族伟大复兴的"中国梦"。要把企业文化作为企业软实力的重要体现，打造成企业长期健康发展的重要保证。要充分提升企业文化在促进企业高质量发展中的作用，就要坚定文化自信，深刻洞悉企业历史渊源、发展脉络和基本走向，深入挖掘企业文化的思想精髓、独特创造和鲜明特色，总结提炼和构建符合企业自身发展和行业特点的企业核心价值体系，并作为引领企业高质量发展的行动指南。要使企业文化成为企业发展的竞争力，就要增强文化自觉，主动把企业文化融入经营管理，努力营造浓厚氛围，促进文化落地深植。要大力推动企业文化理念与企业发展和经营管理的各个方面有效融合，让企业文化成为广大员工自觉遵守的价值观与行为准则，最终有效地转化为企业的凝聚力和战斗力。

中国中铁股份有限公司坚持传承弘扬"开路先锋"文化，逢山开路，遇水架桥，当好服务国家战略、全面深化改革、科技自立自强、打造卓著品牌和"一带一路"建设的开路先锋，在促进中国经济高质量发展上发挥好大国重器"顶梁柱"和"国家队"作用。京东方科技集团股份有限公司通过以"三心五气"为内核的企业文化体系，坚持发挥文化的内驱力、生产力、价值力，开创了以文化凝聚力量、以文化催生动

力、以文化促进高质量发展的生动局面，谱写了中国式现代化"屏之物联"篇章。奇瑞汽车股份有限公司在二十多年的发展历程中，确立"为民造好车、为国创名牌、为伙伴筑梦想"的使命，坚守"自立、自强、自尊、自信"理念，不断融入新时代的互联网思维、开放协作的生态思维和精益敏捷的组织思维，形成了以"小草房精神"为核心的创新创业文化体系，引领和支撑企业快速健康发展，为中国汽车强国战略的实现贡献力量。西部矿业集团有限公司以提升中国国有企业竞争力为目标，以激发广大职工积极性、主动性、创造性为核心，在长期开发建设历程中孕育出"坚信、坚持、坚守"的新时代"三坚"企业精神文化，激励着全体干部职工不断自我提升、自我超越，向着国内一流现代化企业目标阔步前行。

四、注重企业品牌塑造 拓展企业文化工作影响

企业文化工作要聚焦高质量发展核心任务，紧跟时代脉搏、紧扣企业实际、紧贴员工需求，创新发展具有企业特色、彰显时代精神的企业文化，全力打造企业品牌，为加快建成世界一流企业提供坚强的思想保证、强大的精神力量和有利的文化条件。

品牌是企业文化的载体，文化是凝结在品牌中的企业精华。提高企业文化的影响力，要善于把文化注入品牌，积极塑造企业文化的品牌形象，围绕企业的核心价值观及使命愿景，对历史文化、区域文化、行业文化和企业文化资源进行挖掘整理和研究转化，塑造出特色鲜明、内涵深刻的品牌文化。提高企业文化的影响力，要善于进行品牌传播，讲好企业故事，弘扬时代强音，特别是企业在国际化经营中，要始终坚守中华文化立场，传播好中国声音和中华优秀传统文化，展示中国企业和品牌所体现出的中国精神、中国价值、中国力量和中国形象。

五粮液集团有限公司持续丰富五粮液企业价值理念体系的时代内涵，将中华优秀传统文化和现代商业文明相结合，提炼具有当代价值、世界意义的"和美"理念，厚植品牌文化底蕴，深挖品牌文化内容，沉淀形成独具特色的"和美文化"，全力打造"生态、品质、文化、数字、阳光"五位一体，持续稳健高质量发展的企业。中国南方电网有限责任公司积极建

设"知行"文化,着力打造文化管理强、价值共识深、传播影响广的文化强企,为加快建设世界一流企业提供强大价值引导力、文化凝聚力和精神推动力。王府井集团股份有限公司进一步赋予王府井"一团火"精神以新的时代内涵,构建适应新发展格局的企业文化体系,加大企业文化推广和传播力度,提升品牌美誉度和影响力,努力打造具有国际水准、国内一流水平的大型商业集团。

五、增强文化建设的社会责任 坚守企业文化工作底色

新时代,中国企业要在新的历史起点上继续践行企业文化建设的新使命,坚定文化自信,秉持开放包容,坚持守正创新,不断巩固新型工业化建设的共同思想基础,不断提升企业文化软实力和文化影响力。企业不仅是经济的基本细胞,也是社会发展的重要力量。新时代对企业文化工作提出的新要求集中体现在,不仅要承担做强做优做大、服务经济发展的引领责任,还要承担履责担当、服务社会的保障责任。企业承担应有的社会责任,体现了企业的价值追求,凸显了企业文化的核心职能和责任。企业文

化工作要把促进社会和谐发展作为首要责任,坚持社会效益、经济效益协调统一,在企业文化建设中嵌入构建和谐地企关系、社企关系、劳动关系的因素和机制,营造和谐社会氛围,促进企业健康发展。企业文化建设工作要始终以绿色作为发展的底色,勇于承担促进绿色发展的责任,在企业文化建设中倡导践行绿色理念,前瞻把握、主动适应绿色低碳发展要求,因地制宜、因企制宜,积极探索适合企业实际、符合产业规律、绿色低碳的高质量发展道路,为实现"双碳"目标做出贡献。

河钢集团有限公司实施"五力文化"领航工程,带头落实国家"双碳"目标,率先发布低碳绿色发展行动计划,建成全球首个120万吨氢冶金示范工程,成为中国钢铁史乃至世界钢铁史上由传统"碳冶金"向新型"氢冶金"转变的里程碑,引领钢铁行业迈入"以氢代煤"冶炼"绿钢"的时代。山东鲁泰控股集团有限公司在"德兴"文化的引领下,积极践行绿色循环生态发展模式,深耕循环经济,打造绿色低碳园区,培育形成盐基、煤基两链并举的循环经济产业体,实现绿色低碳循环,推动了企业高质量发展。

(撰稿:蓝传仿)

2023年中国企业信息化建设综述

赛迪顾问股份有限公司高级副总裁　杨东日

2023年,中国企业信息化建设与数字化转型同行,持续加速发展。在公共基础建设方面,基础资源稳步增长,通信业5G建设已成果显著,助力软件和信息技术服务业稳步前进,为中国数字经济的蓬勃发展贡献着力量。随着国家部委及其他相关部门陆续出台一系列利好政策,企业信息化创新的发展活力进一步增强。云计算技术的广泛应用显著提升了企业的数据处理能力;大数据分析的深入应用助力企业决策的科学化与精准度;人工智能技术的引入持续优化企业服务的智能化程度。同时,信息安全与隐私保护措施的加强,为企业信息化建设稳定运

行提供了坚实保障。在新技术的赋能之下,企业信息化不仅稳固了其基础架构,更在提升企业竞争力、推动可持续发展方面发挥了关键作用,中国企业信息化基础日益牢固,信息化管理愈发成熟。

一、企业信息化公共基础建设取得显著进展

(一)基础资源稳步增长,形成促进经济发展正循环

2023年,中国持续深化互联网基础资源建设,不断优化网络接入环境,以推动企业信息化的高质量

发展迈向新阶段。截至 2023 年 12 月,中国的网民规模已达到 10.92 亿人,相较 2022 年 12 月增长了 2480 万人,使得互联网的普及率提升至 77.5%,进一步巩固了互联网基础资源的基座。截至 2023 年 12 月,中国的 IPv6 地址数量已达 68042 块/32;".CN" 域名保有量保持在 2013 万个,连续 9 年位居全球首位;三家基础电信企业累计发展的蜂窝物联网终端用户数已达 23.32 亿。

在农村地区,网络基础设施的建设得到了深入推进,各类应用场景日益丰富,促进了农村互联网普及率的稳步提升。截至 2023 年 12 月,农村网民规模已经增至 3.26 亿人,较 2022 年 12 月增加了 1788 万人,城乡之间的数字鸿沟正加速缩小。见表 1、图 1、图 2。

表 1 2023 年互联网基础资源发展状况

分类	单位	2023 年 12 月
IPv4	个	392192512
IPv6	块 /32	68042
IPv6 活跃用户数	亿	7.62
域名	个	31595563
其中:".CN"域名	个	20125764
移动电话基站	万个	1162
互联网宽带接入端口	亿个	11.36
光缆线路长度	万千米	6432

数据来源:国家互联网信息办公室。

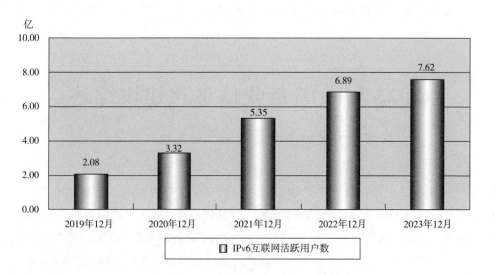

图 1 2019—2023 年 IPv6 活跃用户数变化

数据来源:国家互联网信息办公室。

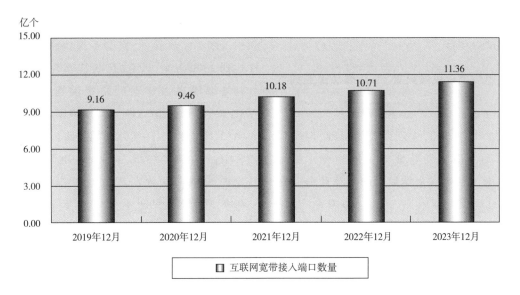

图2 2019—2023年互联网宽带接入端口数量变化

数据来源:工业和信息化部。

随着互联网基础资源的稳步增长,中国经济发展正循环得到有力促进。2023年,网购消费作为数字经济的关键业态,持续发挥着稳定增长和促进消费的重要作用。全国网上零售额达到了15.4万亿元,连续11年保持全球领先地位。在网上购买国货商品的用户占比已达到58.3%,绿色产品用户的占比为29.7%,购买智能家电、可穿戴设备等智能产品的用户则占到了21.8%。这些网购消费的新热点不断涌现,彰显出中国消费升级的大趋势与大潮流正在加速形成。见图3。

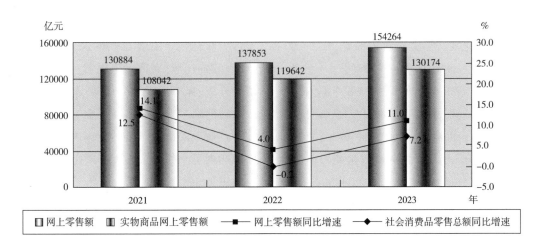

图3 2021—2023年全国网上零售额变化

数据来源:国家统计局。

在线政务服务的用户规模已经达到9.73亿人,同比增长超过了4700万人。全国一体化政务服务平台的建设基本完成,实名注册用户在网民中的比例已接近九成,极大地提升了政务服务效率与便捷性。

此外,在线旅行预订市场也呈现出强劲的增长势头。到2023年12月为止,该领域的用户规模已经达到5.09亿人,同比增长了8629万人。智慧酒店、5G+智慧旅游等智能化服务不仅提高了游客的出游效率,也极大地丰富了出游体验。例如,在2023年11月,文化和旅游部与工业和信息化部共同公布了包括"故宫博物院"小程序在内的30个首批"5G+智慧旅游"应用试点项目。

(二)5G通信建设成果显著,加速推动企业数字化转型

在5G技术产业方面,中国在技术标准、网络设备、终端设备等方面的创新能力不断增强。截至2023年年底,中国已建成全球最大的光纤和移动宽带网络,算力总规模全球第二。同时,中国5G基站总数达到337.7万个,网络底座进一步夯实,网络应用不断丰富。此外,具备千兆网络服务能力的端口达到2302万个。万物互联基础不断夯实,移动物联网终端用户占移动网络终端连接数的比重达到57.5%。截至2023年12月,中国光缆线路总长度达6432万千米,全年新建光缆线路长度473.8万千米;其中,长途光缆线路、本地网中继光缆线路和接入网光缆线路长度分别达114万千米、2310万千米和4008万千米。见图4。

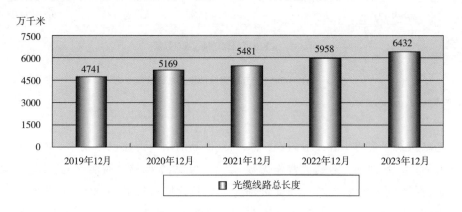

万千米

图4   2019—2023年光缆线路总长度变化

数据来源:工业和信息化部。

在关键技术方面,中国实现了"新突破"。轻量化5G核心网、定制化基站等实现商用部署,5G工业网关、巡检机器人等一批新型终端成功研发,工业级5G模组成本较商用初期下降90%,为规模化应用奠定了坚实基础。云计算、大数据等技术创新能力位于世界第一梯队,工业机器人、工业软件等数字产品和服务能力不断提升,人工智能企业数量超过4400家,5G标准必要专利声明量全球占比超42%,持续保持全球领先。截至2023年12月,5G移动电话用户达8.05亿户,占移动电话用户的46.6%,较2022年12月提高13.3个百分点。2023年电信业务收入同比增长6.2%,电信业务总量同比增长16.8%,成为赋能经济增长的一个重要支撑。

5G融合应用广度和深度不断拓展。5G行业应用已融入71个国民经济大类,应用案例数超9.4万个,5G行业虚拟专网超2.9万个。打造了5G工厂中国品牌,发布了首批300个5G工厂名录,投资总额近100亿元。工业互联网深入制造业研、产、供、销、服等各环节,支撑大国重器、服务绿色低碳、促进消费升级、保障安全生产等领域,有力促进产业"智改数转网联"。5G应用在工业、矿业、电力、港口、医疗等行业深入推广。全国范围内企业的网络覆盖率已经达到了95%以上,其中高速宽带网络的覆盖率也超过了80%。

截至2023年12月,三家基础电信企业发展蜂窝物联网终端用户23.32亿户,较2022年12月净增4.88亿户,占移动网终端连接数(包括移动电话用户和蜂窝物联网终端用户)的比例达57.5%。5G移动电话用户持续增长、5G流量消费快速提升,促进了裸眼3D、云手机等新兴业务蓬勃发展,有效拓展了移动通信市场的发展空间。见图5。

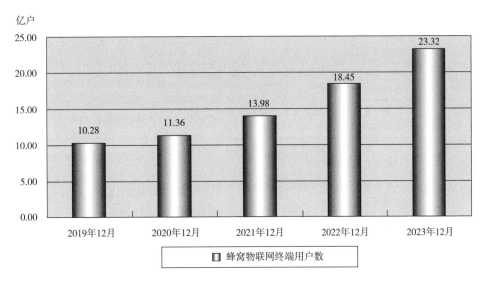

图5　2019—2023年蜂窝物联网终端用户数量变化

数据来源：工业和信息化部。

二、企业信息化政策环境持续向好

（一）国家相关部门出台一系列政策，为信息化建设注入活力

在"十四五"时期，中国将进入建设制造强国、构

建现代化产业体系和实现经济高质量发展的关键阶段。面对新形势、新任务和新挑战，企业的信息化建设尤其是信息化和工业化的深度融合显得尤为重要。工业和信息化部印发了《"十四五"信息化和工业化深度融合发展规划》等一系列政策。见表2。

表2　2023年国家关于企业信息化政策梳理

发文机关	文　名	文　号	发布日期
工业和信息化部	工业和信息化部等十六部门关于促进数据安全产业发展的指导意见	工信部联网安〔2022〕182号	2023-01-13
工业和信息化部办公厅	工业和信息化部关于进一步提升移动互联网应用服务能力的通知	工信部信管函〔2023〕26号	2023-02-28
工业和信息化部办公厅	工业和信息化部办公厅关于做好2023年信息通信业安全生产工作的通知	工信厅通信函〔2023〕46号	2023-03-15
工业和信息化部 文化和旅游部	两部委关于加强5G+智慧旅游协同创新发展的通知	工信部联通信〔2023〕42号	2023-04-11
工业和信息化部办公厅等	工业和信息化部等八部门关于推进IPv6技术演进和应用创新发展的实施意见	工信部联通信〔2023〕45号	2023-04-23
工业和信息化部办公厅	工业和信息化部办公厅关于组织申报2023年跨行业跨领域工业互联网平台的通知	工信厅信发函〔2023〕125号	2023-06-01
工业和信息化部办公厅	工业和信息化部办公厅关于举办第六届"绽放杯"5G应用征集大赛的通知	工信厅通信函〔2023〕175号	2023-06-30
工业和信息化部办公厅 国家卫生健康委员会办公厅	两部门关于组织开展"宽带网络+健康乡村"应用试点项目(第一批)申报工作的通知	工信厅联通信函〔2023〕190号	2023-07-20
工业和信息化部	工业和信息化部关于开展移动互联网应用程序备案工作的通知	工信部信管〔2023〕105号	2023-08-04

续表

发文机关	文 名	文 号	发布日期
工业和信息化部 财政部	关于印发电子信息制造业2023—2024年稳增长行动方案的通知	工信部联电子〔2023〕132号	2023-09-05
工业和信息化部办公厅等	五部门关于印发《元宇宙产业创新发展三年行动计划(2023—2025年)》的通知	工信厅联科〔2023〕49号	2023-09-08
工业和信息化部办公厅	工业和信息化部办公厅关于举办第五届中国工业互联网大赛的通知	工信厅信发函〔2023〕264号	2023-09-28
工业和信息化部办公厅	工业和信息化部办公厅关于举办2023年中国5G发展大会的通知	工信厅通信函〔2023〕275号	2023-10-12
工业和信息化部办公厅	工业和信息化部办公厅关于推进5G轻量化(RedCap)技术演进和应用创新发展的通知	工信厅通信函〔2023〕280号	2023-10-17
工业和信息化部办公厅	工业和信息化部办公厅关于印发《工业互联网与工程机械行业融合应用参考指南》的通知	工信厅信管函〔2023〕309号	2023-11-16
工业和信息化部办公厅等	工业和信息化部等十四部门办公厅(办公室、秘书局、综合司)关于开展网络安全技术应用试点示范工作的通知	工信厅联网安函〔2023〕360号	2023-12-18

数据来源:工业和信息化部。

(二)软件和信息技术服务业呈现继续增长态势,行业发展健康

2023年,中国的软件和信息技术服务业发展态势稳健向好,其中软件业务收入呈现出高速增长的态势,盈利水平也保持稳定。尽管软件业务的出口略有回落,但整体趋势依然积极。

1.总体运行情况

2023年,软件业务收入高速增长。具体来看,规模以上的软件企业数量已超过3.8万家,这些企业在过去一年中累计完成的软件业务收入高达123258亿元,实现了同比增长14.4%,充分展现了该行业收入增长的强劲动力。见图6。

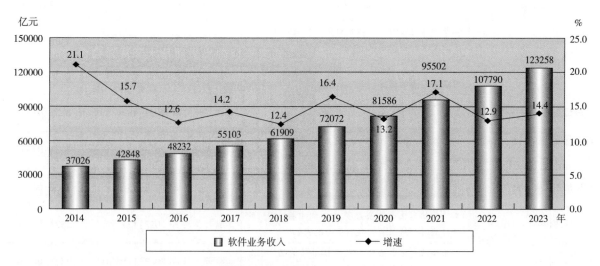

图6 2014—2023年软件业务收入增长情况

数据来源:工业和信息化部。

同时,该行业的盈利能力亦保持在稳定水平。具体数据显示,2023年软件业的利润总额达到了

14591亿元,同比增长13.6%,这一增速较上年同期提高了7.9个百分点,表明行业利润增长的加速趋

势。主营业务的利润率也有所提高,微增至9.2%。 见图7。

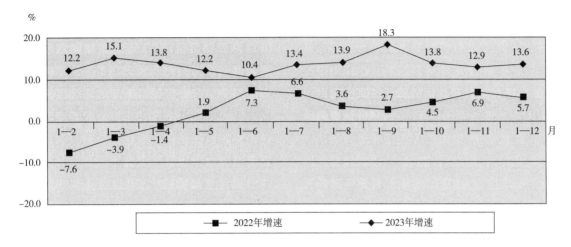

图7 2022年、2023年软件行业利润总额增长情况

数据来源:工业和信息化部。

2023年,中国软件业务出口总体呈现小幅下滑的态势。具体来看,软件业务出口总额为514.2亿美元,较上年同期下降了3.6%。然而,在同一时期内,软件外包服务出口却实现了同比增长5.4%,尽管整体出口面临挑战,软件外包服务仍然保持了良好的增长势头。

2. 分领域情况

在2023年,中国软件产业各个领域的财务表现均呈现出积极的增长趋势。具体来看,软件产品方面,全年实现收入29030亿元,同比增长11.1%,其增速较上年同期提高了1.2个百分点,占全行业收入的比重达到了23.6%。在这一类别中,工业软件产品的表现尤为突出,实现了2824亿元的收入,同比增长12.3%。

信息技术服务领域也表现出较快的增长势头。2023年,该领域的收入达到了81226亿元,同比增长14.7%,这一增速高出全行业平均水平1.3个百分点,并在全行业中占比达到65.9%。其中云服务与大数据服务共同实现了12470亿元的收入,同比增长15.4%,其在信息技术服务总收入中的占比为15.4%,相比上年同期提高了0.5个百分点。此外,集成电路设计领域的收入为3069亿元,同比增长6.4%;电子商务平台技术服务的收入则达到了11789亿元,同比增长9.6%。

信息安全产品和服务领域同样展现出稳步的增长。2023年,该领域的收入为2232亿元,同比增长12.4%,其增速较上年同期提高了2.0个百分点。

嵌入式系统软件在2023年也实现了两位数的增长。具体来说,该领域的收入为10770亿元,同比增长了10.6%,增速较上年同期回落0.7个百分点,仍然维持在较高水平。见图8。

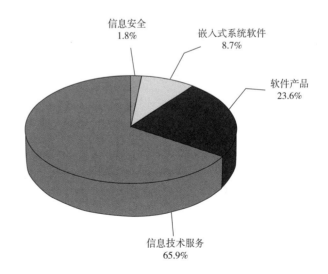

图8 2023年软件业分类收入占比情况

数据来源:工业和信息化部。

3. 分地区情况

东部地区继续保持较快的增长势头,累计完成软件业务收入100783亿元,同比增长13.8%,这一增速高出全国平均水平 0.4 个百分点。中部地区的增长表现尤为突出,其软件业务收入为 6965 亿元,同比增长高达 17.4%,高出全国平均水平 4.0 个百分点。此外,东北地区的软件业务也实现了稳健增长,累计完成收入 2884 亿元,同比增长 13.9%,高出全国平均水平 0.5 个百分点。而西部地区的软件业务同样呈现增长态势,完成收入 12626 亿元,同比增长 8.7%。

从全国范围来看,这四个地区的软件业务收入在全国总收入中的占比分别为:东部地区 81.8%,中部地区 5.7%,西部地区 10.2%,东北地区 2.3%。

京津冀地区增势突出,软件业务收入 29827 亿元,同比增长 17.1%,高出全国平均水平 3.7 个百分点;长三角地区稳中有升,完成软件业务收入 35437 亿元,同比增长 10.6%,增速较上年同期提高 2.5 个百分点。两个地区软件业务收入在全国总收入中的占比分别为 24.2%、28.7%。

主要软件大省收入占比小幅提高,部分中西部省市增速亮眼。2023 年,软件业务收入居前 5 名的北京、广东、江苏、山东、上海共完成收入 85135 亿元,占全国软件业比重的 69.1%,占比较上年同期提高 1.1 个百分点。软件业务收入增速高于全国整体水平的省市有 13 个,其中增速高于 20% 的省份集中在中西部地区,包括内蒙古、安徽、青海等。见图 9。

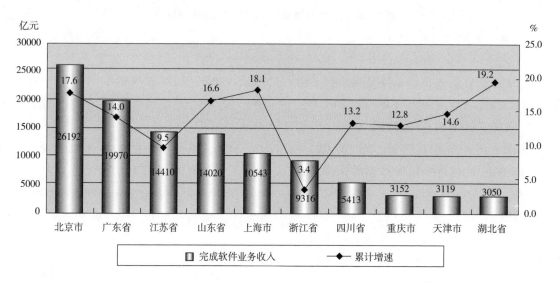

图 9　2023 年软件业务收入前十省市增长情况

数据来源:工业和信息化部。

中心城市软件业务收入稳步增长,利润总额增速大幅提高。2023 年,全国 15 个副省级中心城市实现软件业务收入 59604 亿元,同比增长 11.2%,增速较上年同期提高 1.2 个百分点,占全国软件业的比重为 48.4%;实现利润总额 7936 亿元,同比增长 15.6%,增速较上年同期提高 13.2 个百分点。其中,哈尔滨、武汉、大连、深圳、济南、青岛、厦门和沈阳软件业务收入同比增速超过全行业整体水平。

(三)互联网及相关服务业业务收入保持增长,逐步趋于成熟

2023 年,互联网和相关服务业呈现企稳向好发展态势。互联网业务收入持续提速增长,利润总额保持增长,研发经费小幅回落。

1. 总体运行情况

互联网业务收入持续提速增长。2023 年,规模以上互联网和相关服务业完成互联网业务收入 17483 亿元,同比增长 6.8%。中国规模以上互联网企业营业成本同比增长 10.7%。实现利润总额 1295 亿元,同比增长 0.5%。中国规模以上互联网企业共投入研发经费 943.2 亿元,同比下降 3.7%。

2. 分领域运行情况

在 2023 年,中国信息服务、生活服务及网络销售领域的企业收入呈现出不同程度的增长态势。具体来看,以信息服务为主的企业,包括新闻资讯、搜索、社交、游戏、音乐视频等领域的互联网业务收入同比增长了0.3%,显示出基本稳定的增长趋势。

生活服务领域的企业收入增速显著提升。这些以提供生活服务为主的平台企业,涵盖本地生活、租车约车、旅游出行、金融服务、汽车、房屋住宅等领域,其互联网业务收入在2023年同比增长了20.7%,充分体现了该领域企业的快速发展和市场活跃度。

此外,网络销售领域的企业也实现了业务收入的高速增长。主要提供网络销售服务的企业,涉及大宗商品、农副产品、综合电商、医疗用品、快递等业务,其互联网业务收入在2023年同比增长了35.1%,网络销售领域蓬勃发展,消费者也对在线购物渠道日益依赖和信任。

3. 分地区运行情况

2023年,东部地区完成互联网业务收入15607.5亿元,同比增长7.3%,高于全国增速0.5个百分点,占全国互联网业务收入的比重为89.3%。中部地区完成互联网业务收入781.6亿元,同比增长8.1%,高于全国增速1.3个百分点。西部地区完成互联网业务收入1054.2亿元,同比增长0.2%,低于全国增速6.6个百分点。东北地区完成互联网业务收入39.4亿元,同比下降25.1%,低于全国增速31.9个百分点。见图10。

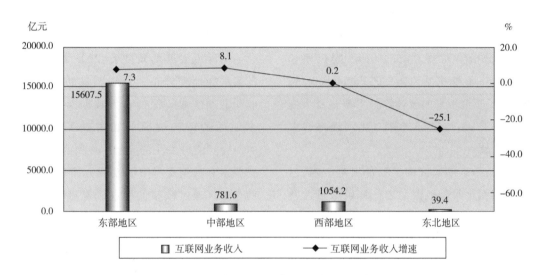

图10 2023年分地区互联网业务收入增长情况

数据来源:工业和信息化部。

2023年,京津冀地区完成互联网业务收入6777亿元,同比增长6.4%,占全国互联网业务收入的比重为38.8%。长三角地区完成互联网业务收入6624亿元,同比增长12.9%,占全国互联网业务收入的比重为37.9%。

半数地区互联网业务增速实现正增长。2023年,互联网业务累计收入居前5名的北京增长4.2%、上海增长17.5%、浙江增长4.8%、广东下降4.6%、天津增长20.3%,共完成业务收入14581亿元,同比增长7.5%,占全国比重达83.4%。全国互联网业务增速实现正增长的省有16个,数量较2022年全年增长3个。

三、新技术为企业信息化提供新动力

(一)云计算成为推动企业信息化进入新时代的动力引擎

新时代新征程,深化推进云计算与实体经济融合升级是落实"把建设制造强国同发展数字经济、产业信息化有机结合""大力推进数字技术与实体经济深度融合"的关键抓手,是产业深度转型升级的重要路径。

在国家层面,政策支持力度不断加大,以持续加强云计算基础设施建设和行业应用。2023年10月,工业和信息化部等六部门联合印发了《算力基础设施高质量发展行动计划》(工信部联通信〔2023〕180

号）。该计划强调推动以云服务方式整合算力资源，充分发挥云计算资源的弹性调度优势，促进多方算力互联互通。同年12月，工业和信息化部等八部门联合发布了《关于加快传统制造业转型升级的指导意见》（工信部联规〔2023〕258号），提出大力推进企业智改数转网联，立足不同产业特点和差异化需求，加快云计算等信息技术与制造全过程、全要素深度融合。在地方层面，各省市积极贯彻落实国家战略部署，结合各自的区域特点和发展需求，推动云计算技术创新和产业智能化应用。

从整体来看，中国云计算市场保持较高活力。2023年，中国云计算市场规模达到6165亿元，较2022年增长35.5%，这一增速大幅高于全球平均水平。其中，公有云市场规模为4562亿元，同比增长40.1%；私有云市场规模为1563亿元，同比增长20.8%。随着AI原生带来的云计算技术革新及大模型规模化应用的落地，中国云计算产业发展将迎来新一轮的增长曲线。

从区域来看，中东部地区的供云量领跑全国，目前各大云服务商在中东部地区的云计算供给量占整体公有云资源的60%左右。西部地区整体处于发展和蓄能阶段，如贵州数据中心资源储备量大，但云化程度较低，其整体供云量处于中游水平。未来结合政策的支持，西部地区云计算市场将有巨大的发展空间。

从企业来看，目前中国大型企业的上云率已超过80%，正在成为推动企业应用发展水平的主力军。中小企业数量众多，遍布各行各业，具有资金流转快、技术人才需求高、上云周期短等特点。主要通过SaaS模式快速上云，如协同办公、客户管理、财税费控、电子合同等。中国中小企业接近5000万户，是经济发展的重要力量。目前整体上云率在15%左右，未来发展空间巨大。

（二）大数据驱动塑造企业信息化发展蓝图

大数据作为现代企业信息化发展的核心驱动力，正在塑造着企业信息化的发展蓝图。通过对海量数据的收集、存储、分析和利用，大数据技术能够帮助企业捕捉市场动态，优化业务流程，提升决策效率，从而在激烈的市场竞争中占据有利地位。2023

年，中国大数据整体市场规模达到了6482.2亿元，同比增长15.1%。随着数据要素和数据资产化的深入推进，数据的价值得到了进一步的挖掘和利用，为经济增长注入了新的活力。

2023年，随着数据分析需求的持续上升，相关软件行业，尤其是湖仓一体与数据智能分析板块，呈现出明显的增长态势。具体而言，2023年的软件产品市场份额较前一年增长了0.4%，达到36.2%。全年市场总量达到2346.6亿元，彰显出强劲的发展动力。与此同时，应用服务市场亦维持着较大规模，占比为63.8%，全年市场规模为4135.6亿元。软件产品市场呈现出快速增长趋势，但应用服务市场依然在大数据领域占据主导地位。

从区域发展的角度看，2023年中国大数据市场的发展在地理分布上呈现明显的差异。华东、中南和华北地区继续保持着大数据发展的领先态势，三个地区的市场规模总和占到了全国市场规模的81.1%。值得关注的是，中南和西南地区在推动数据要素和数据交易市场发展方面表现尤为突出。这两个地区通过政策的引导和激励措施，成功促进了数据交易规模的增长，各自在大数据市场中的规模占比分别达到了24.4%和9.9%。

2023年，在中国大数据市场行业结构中，政府、金融、工业和健康医疗领域的占比均有所增长，分别达到12.7%、10.9%、6.0%和3.8%。在这些行业中大数据应用不断深化，特别是健康医疗领域受隐私计算技术驱动，以及工业领域数据利用能力的增强，表现出明显的市场增长。大数据技术在不同行业的渗透和应用正在成为推动经济社会发展的重要力量。

2023年，中国超过半数的省市出台了工业数字化场景清单，此举意在引领工业领域新业态、新模式的发展。随着工业数据应用场景的逐渐增多，工业数据赋能数字化转型的过程也日益成熟。工业企业对全流程数据驱动的需求不断增强，这推动了工业大数据市场的快速增长。2023年，中国工业大数据市场规模达到了390.8亿元，同比增长28.5%。大数据不仅在技术层面推动了企业信息化建设的升级换代，而且在战略层面上引领着企业向更高效、智能化的未来迈进。它已成为现代企业发展不可或缺的关键资产和动力源泉,是企业在激烈的市场竞争中立于不败之地的重要支撑。

(三)人工智能助力企业信息化发展新阶段

人工智能已成为企业信息化发展新阶段的关键驱动力,不仅优化了数据处理流程,使企业能够高效地分析和利用大量数据,还强化了决策支持系统,提升了企业响应市场变化的速度和准确性。

2023年,国家出台多项政策促进人工智能产业快速发展,持续推进生成式人工智能健康发展和规范应用。2023年7月,为促进生成式人工智能健康发展和规范应用,国家互联网信息办公室等部门联合发布《生成式人工智能服务管理暂行办法》,鼓励采取有效措施进行生成式人工智能创新发展,对生成式人工智能服务实行包容审慎和分类分级监管,《生成式人工智能服务管理暂行办法》明确了提供和使用生成式人工智能服务总体要求,提出促进生成式人工智能技术发展的具体措施,明确训练数据处理活动和数据标注等要求。

在人工智能企业方面,2023年,中国拥有351家基础元器件企业,总产值达到485.6亿元人民币;1548家关键技术企业,总产值为753.2亿元人民币;而行业应用解决方案企业数量最多,共3199家,总产值高达1148.3亿元人民币。当前,由于人工智能产品形态尚未完全成熟,商业模式亦未定型,人工智能企业普遍处于研发投资高峰期。在技术成果方面,专利授权主要集中在行业应用解决方案企业,其中授权专利总量为15069件,发明专利授权量为5691件。

从地域分布看,2023年的人工智能产业主要集中在北京市、广东省和上海市,三地的产值分别高达608.7亿元、487.0亿元和367.6亿元人民币,占全国产业规模的25.5%、20.4%和15.4%。浙江省、江苏省和安徽省凭借其资源优势,已跻身全国六大人工智能产业集群之列,展现出强劲的发展势头。北京市、广东省和上海市依靠丰富的企业资源保持领先,而浙江省、江苏省和安徽省则显示出明显的增长动力,有潜力在未来进一步提升产值规模并发挥创新引领作用。见图11。

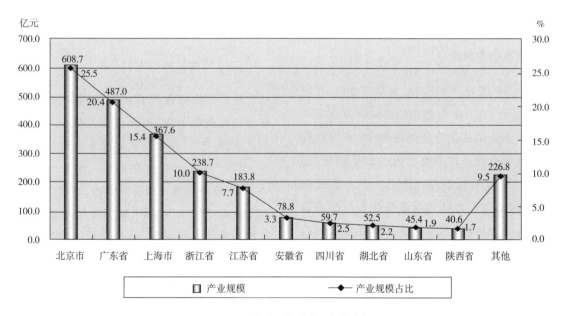

图11　2023年人工智能产业规模分布

数据来源:赛迪顾问。

人工智能产业的增速持续呈现上升趋势。2023年,中国人工智能产业的总产值攀升至23871亿元人民币,同比增长16.1%。在企业信息化发展新阶段,人工智能将在推动新型工业化、助力制造强国战略、加强网络基础设施建设,以及数字中国发展中扮演日益重要的角色。

四、促进企业信息化发展的建议

（一）制定信息化战略规划

企业应明确其信息化发展目标，并制定相应的战略规划，以确保信息化建设与企业的整体战略保持一致。一是决策层方面，企业决策层应认识到信息化建设对于企业发展的重要性，并从长期角度出发，制定与整体战略相一致的信息化发展战略。同时，加强决策者对于信息化建设的认知和理解，以便更好地推动信息化建设的实施。二是管理层方面，企业应加强对管理层的培训和引导，提高他们对信息化建设的认知度和参与度。同时，建立有效的沟通机制，让管理层能够更好地理解企业战略和信息化建设之间的关系，从而推动信息化建设的实施。三是执行层方面，企业应通过培训和激励措施提升员工的信息化技能和参与意识。同时，加强内部沟通，确保员工能够理解企业战略与信息化建设之间的联系，从而更好地发挥他们在信息化建设中的积极作用。

（二）投资基础设施建设

建立稳定可靠的 IT 基础设施，包括服务器、存储设备、网络设备等，是为企业信息化提供硬件支撑的关键所在。在企业信息化建设的进程中，不仅面临着信息化战略与企业总体战略之间的脱节问题，还常常受制于现有技术设备与能力之间的不匹配挑战，许多企业的信息化基础环境亟须优化。部分企业的基础设施建设滞后，无法满足其日益增长的信息化需求。一是因为资金投入不足，导致信息技术更新缓慢，很多企业仅能维持基本运转，缺乏专项资金支持信息化建设；二是受限于企业自身的发展水平，其经济能力往往难以支撑起高标准的信息化构建要求。特别是对于中小型企业而言，其业务量和规模相对较小，对信息化建设的需求并不迫切，从而形成了信息化基础设施的短板。在保证企业的整体发展的同时，企业应增加对信息化基础设施的资本投入，确保技术和设施可以持续更新，保持与市场需求同步。

（三）加强网络安全

随着企业信息化水平的不断提升，网络安全问题日益凸显，企业亟须强化网络安全防护措施。为此，国家已经建立了以《中华人民共和国网络安全法》《中华人民共和国数据安全法》及《中华人民共和国个人信息保护法》为核心法律法规的数据治理法律体系，并出台了"数据二十条"等一系列宏观规划和指导政策，明确了数据产权制度、数据流通交易制度、数据治理能力建设等相关内容。同时，新设立的国家数据局负责协调推进数据基础制度建设，统筹数据资源整合共享和开发利用，统筹推进数字中国、数字经济、数字社会规划和建设等。各地方政府也纷纷成立专门的数据治理机构，致力于政务数据治理和大数据应用的推进。这些举措为数据治理提供了良好的政策环境和支持，推动了中国数字经济的快速发展。为应对网络安全挑战和数据治理需求，必须不断更新法律法规，确保其与时俱进；强化企业合规责任，促使其加强数据保护能力，从而不断提升中国网络安全防护和数据治理水平。

（四）加强数据管理和分析

建立有效的数据管理体系，利用大数据等分析技术挖掘数据价值，为企业决策提供支持。企业应与供应商、客户等合作伙伴建立良好的信息共享机制，实现供应链的信息化管理。首先，构建数据共享中心，明确数据共享服务的标准，保证共享中心的数据质量与工作效率良好，提高企业各部门、各环节的数据对称性与透明度，满足企业持续生存与发展的要求。其次，做好企业数据信息安全管理工作，信息化发展速度越快，意味着其中隐藏的风险也就越发隐蔽，其传染性也就越强，在企业享受信息化带来的优势价值时也要注意其可能会产生的负面影响，即数据受损、安全风险大。除了借助线上防火墙、登录密码、授权审批等手段进行安全防护外，还可以通过数据备份、定期检查等物理手段加强管理。最后，发挥信息化建设的拓展作用，以此实现企业的多元化发展。在现代市场的竞争中，除了人才竞争便是信息化的竞争，充分且熟练的信息技术能够提升企业的核心竞争力,企业应积极挖掘信息化内涵,深度发挥信息化价值作用,除了将其应用在内部管理、业务处理等方面外,还应应用在外部市场开拓、潜在客户培养等方面,实现信息化价值最大化。

2023年中国企业劳动关系状况综述

中国企业联合会雇主工作部

2023年是全面贯彻党的二十大精神的开局之年,是三年新冠疫情防控转段后经济恢复发展的一年。面对复杂严峻的国际环境和艰巨繁重的国内改革发展稳定任务,在以习近平同志为核心的党中央坚强领导下,各地区各部门坚持以习近平新时代中国特色社会主义思想为指导,全面贯彻落实党的二十大和二十届二中全会精神,按照党中央、国务院决策部署,坚持稳中求进工作总基调,完整、准确、全面贯彻新发展理念,加快构建新发展格局,着力推动高质量发展,全面深化改革开放,加大宏观调控力度,着力扩大内需、优化结构、提振信心、防范化解风险,国民经济回升向好,高质量发展扎实推进,现代化产业体系建设取得重要进展,科技创新实现新的突破,改革开放向纵深推进,安全发展基础巩固夯实,民生保障有力有效,社会大局和谐稳定,全面建设社会主义现代化国家迈出坚实步伐①。在劳动关系领域,国家协调劳动关系三方②持续协同发力,以"稳就业、保权益、促和谐"为主线,采取了一系列措施。通过政策指导、上下联动、强化服务,有效应对了劳动关系领域可能出现的各类风险。全国劳动关系总体和谐稳定,构建中国特色和谐劳动关系取得积极成效,为经济社会高质量发展筑牢和谐之基。

一、劳动关系立法与政策聚焦劳动者权益保障与规范用工

劳动关系领域出台酝酿了多项主题鲜明的立法与政策,为推动劳动关系领域的高质量发展、法治化建设和增进民生福祉提供了有力的制度保障和政策性支持。

(一)劳动关系领域综合性立法与政策

《关于促进民营经济发展壮大的意见》。2023年7月14日,中共中央、国务院联合发布了《关于促进民营经济发展壮大的意见》。该意见要求强化人才和用工需求保障,支持民营企业参与国家重大战略,支持民营企业更好地履行社会责任。为全面贯彻落实该意见要求,2023年11月30日,人力资源社会保障部发布了《关于强化人社支持举措 助力民营经济发展壮大的通知》,从技术技能人才供给、就业创业服务、构建和谐劳动关系和社会保险支持等多方面提出要求。

(二)就业与人力资源服务相关立法与政策

(1)《关于优化调整稳就业政策措施 全力促发展惠民生的通知》。2023年4月19日,为深入实施就业优先战略,多措并举稳定和扩大就业岗位,全力促发展惠民生,国务院办公厅发布了《关于优化调整稳就业政策措施 全力促发展惠民生的通知》(国办发〔2023〕11号)。该通知包含的优化调整稳就业政策措施多处与企业关系密切。

(2)《关于延续实施一次性扩岗补助政策有关工作的通知》。为落实党中央、国务院关于促进高校毕业生等青年就业工作决策部署,发挥失业保险助企扩岗作用,鼓励企业积极吸纳大学生等青年就业,经国务院同意,2023年6月25日,人力资源社会保障

①《中华人民共和国2023年国民经济和社会发展统计公报》国家统计局2023年2月28日。
② 指人力资源和社会保障部(政府部门)、全国总工会(工会组织)、中国企业联合会、全国工商业联合会(企业代表组织)。

部、教育部、财政部联合发布《关于延续实施一次性扩岗补助政策有关工作的通知》(人社部发〔2023〕37号)。

(3)《人力资源服务机构管理规定》。2023年6月29日,人力资源社会保障部发布《人力资源服务机构管理规定》。这是中国首部系统规范人力资源服务机构及相关活动的规章,自2023年8月1日起施行,适用在中国境内从事人力资源服务活动的人力资源服务机构。规定共分六章五十一条,对人力资源服务机构的许可备案、服务规范、监督管理及法律责任做出全面规定。

(三)人力资源管理与劳动关系相关职业技能认定的立法与政策

(1)《人力资源管理专业人员职称评价办法(试行)》。为贯彻落实党中央、国务院关于深化职称制度改革的决策部署,进一步畅通人力资源管理专业人员职业发展通道,加强人力资源管理专业人员职称评价工作,高质量推进人力资源管理专业人员队伍建设,更好地服务人才强国战略、创新驱动发展战略、就业优先战略和乡村振兴战略,人力资源社会保障部于2023年9月27日印发了《人力资源管理专业人员职称评价办法(试行)》。试行办法共七章二十四条,于2024年1月1日起施行。

(2)《关于做好劳动关系协调师职业技能等级认定工作的通知》。为进一步加强劳动关系协调师职业技能等级认定评价机构遴选备案管理,提升劳动关系协调师职业技能等级认定质量,推进劳动关系协调员队伍职业化、专业化建设,2023年10月26日,人力资源社会保障部办公厅在《关于加强劳动关系协调员队伍建设的指导意见》(人社部发〔2022〕74号)的基础上,发布了《关于做好劳动关系协调师职业技能等级认定工作的通知》(人社厅函〔2023〕141号)。明确了面向社会开展劳动关系协调师职业技能等级认定的社会培训评价组织的申报条件。

(四)工资薪酬相关立法与政策

(1)《关于做好国有企业津贴补贴和福利管理工作的通知》。为进一步深化国有企业工资分配制度改革,规范收入分配秩序,人力资源社会保障部和财政部于2023年2月16日联合发布《关于做好国有企业津贴补贴和福利管理工作的通知》(人社部发〔2023〕13号)。通知适用于国家出资的国有独资及国有控股企业。中央和地方有关部门或机构作为实际控制人的企业,参照该通知执行。

(2)《保障农民工工资支付工作考核办法》修订。为落实保障农民工工资支付工作的属地监管责任,有效预防和解决拖欠农民工工资问题,根据《保障农民工工资支付条例》等有关规定,国务院办公厅于2023年9月21日发布了修订后的《保障农民工工资支付工作考核办法》(国办发〔2023〕33号)。该条例对切实保障农民工劳动报酬权益,维护社会公平正义,促进社会和谐稳定有重要意义。

(五)社会保险相关立法与政策

(1)《社会保险经办条例》。为规范社会保险经办,优化社会保险服务,保障社会保险基金安全,维护用人单位和个人的合法权益,促进社会公平,国务院制定了《社会保险经办条例》,于2023年7月21日国务院第11次常务会议通过,并于8月16日以"国务院令第765号"公布,自2023年12月1日起施行。该条例共七章六十三条,是社保经办领域的首部行政法规,标志着社保经办工作的法治化、规范化、精细化迈上新台阶,具有重要的里程碑意义。

(2)《关于阶段性降低失业保险、工伤保险费率有关问题的通知》。为进一步减轻企业负担,增强企业活力,促进就业稳定,2023年3月29日,人力资源社会保障部、财政部、国税总局发布了《关于阶段性降低失业保险、工伤保险费率有关问题的通知》(人社部发〔2023〕19号)。自2023年5月1日起,继续实施阶段性降低失业保险费率至1%的政策,实施期限延长至2024年年底。

(3)《关于修改〈在中国境内就业的外国人参加社会保险暂行办法〉的决定(征求意见稿)》公开征求意见。为配合《取消外国公文书认证要求的公约》在我国顺利生效实施,人力资源社会保障部起草了《关于修改〈在中国境内就业的外国人参加社会保险暂行办法〉的决定(征求意见稿)》,并于2023年8月3日至9月3日向社会公开征求意见。

(六)劳动争议处理相关立法与政策

《关于审理劳动争议案件适用法律问题的解释(二)(征求意见稿)》公开征求意见。为正确审理劳动争议案件,统一法律适用,最高人民法院制定了《关于审理劳动争议案件适用法律问题的解释(二)(征求意见稿)》。为确保司法解释高质量制定,于2023年12月12日—12月22日通过最高人民法院政务网、中国法院网、《人民法院报》等向社会公开征求意见。其中的核心问题是股权激励争议的受理和劳动仲裁时效及其抗辩的问题。

二、劳动力市场与就业形势总体平稳

2023年,中国劳动年龄人口有所减少,劳动力供给依然充沛,人口素质不断提升,人才红利逐步释放。劳动力市场需求不断走强,企业招聘需求有所扩张,部分人才需求缺口较大。党中央、国务院将实施就业优先战略摆在突出位置,不断强化就业优先政策导向,有关部门进一步加强就业政策落实,健全就业促进机制,全年稳就业工作成效明显,就业总体形势平稳,失业率呈下降趋势。重点群体就业形势明显改善,新业态就业得到促进,新能源企业领域就业形势发展较快,对促进就业起到一定带动作用。

(一)劳动力市场供给有所减少,劳动力市场需求不断走强

2023年,中国劳动力市场呈现供需新态势。劳动年龄人口有所下降,但总量仍超8亿人,劳动力资源丰富,且人口素质不断提升,大学文化程度人口超2.5亿人,高技能人才达6000多万人,为经济社会发展提供了坚实的人才支撑。随着经济复苏向好,劳动力市场需求走强,企业招聘需求小幅扩张,34%的企业计划增加人员编制。企业对研发、技术和销售人员的需求持续扩张,而对职能人员需求有所减少。同时,热门岗位或紧缺人才招聘难度上升,数字化人才、专业技术岗位需求旺盛,六成以上企业面临关键人才紧缺问题,尤其是市场/销售人员和产品研发/开发人才。总体而言,中国劳动力市场在挑战中保持稳定,为经济社会高质量发展筑牢基础。

(二)积极出台促进就业相关政策,就业总体形势总体保持平稳

2023年,中国就业总体形势保持平稳,得益于国家积极出台促进就业的相关政策。据国家统计局数据显示,全年就业人员总数达74041万人,较2022年增长690万人,城镇新增就业1244万人,失业率明显下降,平均值为5.2%。大城市就业形势明显好转,31个大城市调查失业率平均值为5.4%。国家深入实施就业优先战略,加大就业促进政策实施力度。《政府工作报告》强调强化就业优先政策导向,促进市场化社会化就业,加大对企业稳岗扩岗支持力度,鼓励创业带动就业,加强劳动者权益保护。人力资源社会保障部等部门联合印发多项通知,精准落实就业扶持政策,支持民营企业和中小微企业吸纳就业,整治就业政策落实中的腐败和作风问题。人力资源社会保障部主要从四个方面开展就业促进活动:强化就业优先政策,减轻企业负担以鼓励稳岗扩岗就业;促进高校毕业生和青年创业就业,推出多项专项行动和招聘活动;促进农民工及就业困难人员就业创业,开展春风行动暨就业援助活动,加强职业技能培训;提升就业服务水平,建设规范化零工市场,打造"大数据+铁脚板"就业服务模式,加速布局"家门口就业服务站"和15分钟就业服务圈。

(三)重点群体就业状况总体稳定,部分群体就业压力加大

一是农民工就业形势持续改善,就业趋向省内流动和中西部回流。2023年,服务业复苏、城乡人口流动加快及稳岗扩就业措施推动就业回升,尤其是批发零售、交通运输等行业用工需求增加。年初外来农业户籍劳动力失业率达6.0%,12月降至4.3%。全国农民工总量29753万人,增长0.6%。外出打工仍为首选,且趋向于省内流动,省内流动人数大增,跨省流动减少。各区域农民工人数均增,中西部回流趋势明显。从输入地看,中西部地区农民工就业人数增加,东部地区略有下降,显示农民工向中西部回流趋势。

二是高校毕业生就业压力增大,就业求稳心态持续上升。2023年,国有企业成为就业首选,民营企

业选择下降。毕业生就业偏好趋于集中,中大型企业更受欢迎,IT/通信等行业偏好回升,房地产/建筑、教培行业占比收缩。硕博毕业生求职紧迫感和积极性更高。大学生求职进展小幅提升,本科毕业生求职进展不佳,普通二本院校毕业生获得应聘机会比例最低,工科毕业生获得应聘机会比例最大,人文学科专业获得应聘机会比例较低。一线城市及新一线城市仍为就业首选,高学历毕业生对新一线城市偏好更明显。

三是退役军人就业状况不断改善,创业环境持续优化。退役军人事务部推进立法,出台《退役军人就业创业促进条例(征求意见稿)》等支持政策,并提供就业帮扶。同时,开展就业服务专项行动,举办招聘会,提供岗位,举办就业合作企业签约仪式,组织消防员专项招录等。此外,还推动创业环境优化,设立创业孵化基地,举办创业创新成果展交会。此外,还稳步推进教育培训工作,包括硕士研究生考试身份认定、校内适应性及职业技能培训等。

(四)新型灵活就业蓬勃发展,新能源汽车行业对就业带动作用凸显

一是新型灵活就业成为中国重要的就业形态,对稳定就业形势起到积极作用。新业态经济和数字经济催生了这一灵活形式,依托互联网平台发展,劳动时间、场所、条件及劳动关系更加灵活。中国数字经济规模庞大,灵活就业人员已达2亿,预测到2036年可达4亿。新型灵活就业主要集中在八类工种,其中生活配送占比最大,平台直播和知识服务紧随其后。该就业形态渗透率高的行业多与数字经济紧密相关,如交通运输、文化娱乐等。新型灵活就业对学历要求低,不限学历职位占比近六成,且对工作经验要求也低于传统行业,为普通劳动者提供更多就业机会。此外,新就业形态女性求职者居多,求职者更加年轻,找到工作机会更快。作为传统就业的重要补充,新型灵活就业意义重大,其规范发展已成为劳动力市场的新命题。近年来,中国政府不断出台相关政策保障灵活就业者权益,成为政策重要关注点。

二是新能源汽车产业发展迅速,对就业的带动作用凸显。近年来,中国新能源汽车产销量连续九年居世界首位,2023年汽车产销量分别同比增长11.6%和12%,出口量跃居全球第一。新能源汽车产业链日益完善,国际竞争力增强。作为国民经济支柱,汽车产业对就业具有强大拉动作用。当前,行业整合加速,竞争激烈,高素质人才需求激增。《2023年汽车产业人才发展报告》显示,汽车行业人才需求良性增长,新能源汽车领域尤为突出,招聘职位数增长18%,求职人数增长35%。从地域上看,深圳、北京、上海对整车制造人才需求最旺;长春在汽车零部件生产领域领先。企业属性方面,国资车企重设计、制造,民营车企需一线工人,"造车新势力"则更依赖销售岗位。整车生产依赖工艺工程师,新能源车对"三电"研发人才需求大。人才需求端,非核心技术岗位竞争激烈,技术岗位门槛高。年轻求职者偏爱合资车企,高学历者倾向国资车企,合资车企竞争激烈,造车新势力人才吸引力待提升。

三、多元用工深化与规范管理并进

2023年,中国经济回升向好,供给需求稳步改善,转型升级积极推进,就业总体稳定,高质量发展扎实推进。随着外部环境不断变化,产业结构不断优化,劳动力市场不断调整,劳动法律法规不断完善和劳动关系日益复杂,中国企业用工管理也面临许多新形势和新挑战,特别是企业用工更加多元化、工作时长增速加快、企业职业安全与卫生等日益成为社会关注的热点,应积极采取措施加以应对。

一是企业用工形式更加多元化。2023年,中国企业用工形式多元化趋势明显。灵活用工因降低成本、提高效率而受到青睐,数字化技术为灵活用工平台提供强大支持,助力企业便捷招聘管理,精准匹配雇主与求职者。企业人力资源优化配置需求增加,多元用工成为更多选择。外部环境变化促使企业调整用工需求和管理,更多企业为降本增效及把握机遇采用多元用工。新业态互联网平台企业推动应用平台用工模式上涨,政策支持也是重要的驱动因素。灵活就业形态不断涌现,符合劳动力市场内在需求,拓宽劳动者择业和就业范围,成为增加就业收入的重要途径。技术迭代打破就业物理空间限制,重构传统雇佣关系,年轻人就业呈现灵活化、多元化新趋势。

二是集体合同签订数量持续减少,重点行业专项集体合同数量不断增加。2023年度人力资源和社会保障事业发展统计公报显示,集体合同签订数量持续下降,2023年年末累计签订105万份,覆盖职工1亿人,较2022年均有所减少。同时,重点行业专项集体合同数量增加,如高危行业企业签订劳动安全卫生专项集体合同52.6万份,覆盖职工6607万人。劳动人事争议案件涉及劳动者数量增长,全年办理385万件,涉及408.2万人。各级劳动保障监察机构主动检查用人单位,查处违法案件,解决工资问题。全国总工会加强新就业形态劳动者维权服务,推动平台企业建立协商机制,覆盖劳动者1780万人。北京市快递行业等开展集体协商,形成行业集体合同,对新业态领域集体协商有实践基础。

三是新发职业病病例数呈现下降趋势,职业病及危害因素的监测工作力度不断加强。2023年,中国职业病防治工作成效显著,新发职业病病例数从2013年的26393例降至12087例,降幅54%。国家不断加强职业健康监测,建立了完善的监测体系,覆盖95%以上县区及职业病危害严重的行业,监测劳动者达4263万人(次)。同时,中国已建成18818家健康企业,18.5万家企业纳入职业病危害专项治理,其中7.5万家已完成治理。监测工作还促进了尘肺病人的早发现、早诊断、早治疗,并开展了职业性尘肺病患者随访调查。此外,监测数据还用于风险评估,建立了监测监督联动机制,有效发挥了预警作用。

四、工资性收入稳中有升

2023年,在以习近平同志为核心的党中央坚强领导下,中国经济回升向好,社会发展稳定。企业工资收入和分配情况呈现出总体增长、行业间差异明显、区域和岗位差距缩小等特点。这些特点反映了我国经济发展的复杂性和多样性,也为未来的政策制定和经济发展提供了有益的参考。

(一)工资性收入占总收入比重保持平稳上升态势

相比2022年,2023年全国居民人均工资性收入22053元,增长7.1%,占可支配收入的比重由55.8%上升为56.2%;人均经营净收入6542元,增长6.0%,占可支配收入的比重为16.7%;人均财产净收入3362元,增长4.2%,占可支配收入的比重为8.6%;人均转移净收入7261元,增长5.4%,占可支配收入的比重为18.5%。

(二)不同区域、行业和登记注册类型企业间岗位平均工资差距仍然很大,情况与前两年基本保持一致

2023年全国规模以上企业就业人员年平均工资为98096元,增长6.1%。不同区域间,东部最高,中部最低;各岗位平均工资最高区域均为东部。分行业看,信息传输、软件和信息技术服务业工资最高,住宿和餐饮业相对靠后;四类主要岗位平均工资最高的行业均为信息传输、软件和信息技术服务业,生产制造人员最高工资行业为电力、热力等供应业。按登记注册类型看,外商投资企业平均工资最高,私营企业各岗位平均工资最低。整体而言,不同区域、行业和登记注册类型企业间岗位平均工资差距大,情况与前两年基本一致。

(三)城镇单位就业人员工资水平总体保持平稳增长,非私营单位增速持续放缓

2023年,全国城镇非私营单位就业人员年平均工资为120698元,名义增长5.8%,实际增长5.5%;私营单位年平均工资为68340元,名义增长4.8%,实际增长4.5%。三年来,平均工资前三位行业均为信息传输、软件和信息技术服务业,金融业,科学研究和技术服务业;后三位为住宿和餐饮业,农林牧渔业,水利、环境和公共设施管理业。大部分行业平均工资继续增长,其中金融业和采矿业增速较高。接触性服务业工资水平增速明显回升,如住宿餐饮业、居民服务业等。部分行业工资增速较低,如公共管理、教育、房地产行业等。

(四)农民工月均收入平稳增长

2023年,农民工月均收入达4780元,增长3.6%。外出农民工月均收入5441元,增速高于本地农民工1.2个百分点。分区域看,东部、中部、西部、

东北地区农民工月均收入分别增长 3.4%、4.1%、3.3%、5.2%。分行业看,六大行业农民工月均收入均有增长,其中批发和零售业、住宿餐饮业增速较快,分别为 5.1%、4.6%;而制造业、建筑业增长相对较缓,分别为 1.8%、2.4%。

(五)最低工资标准呈上升趋势

最低工资制度是保障劳动者权益、体现社会公平的重要措施,有助于防止贫富差距过大,提升社会福利水平,构建和谐社会关系。近年来,中国城镇居民人均消费支出逐年增长,为跟上此步伐,多省调整最低工资标准。截至 2024 年 1 月 1 日,17 个省(自治区、直辖市)已调整最低工资标准。上海月最低工资 2690 元居首,且不含社保和公积金;北京小时最低工资 26.4 元领先。19 个地区月最低工资 ≥2000 元,较上年度有所增加。

(六)多数地区根据本地实际情况制定工资指导线并予以发布

企业工资指导线是政府根据经济社会发展预测的年度企业职工工资平均增长幅度,是企业与员工协商工资增长及国企工资总额管理的重要依据。全国多数省区市定期发布省级工资指导线,2023 年,河南、海南等地公布了工资指导线,基准线多在 5%～7.5%,上线多为 7%～11%,下线在 2%～3.5%。与2022 年相比,部分地区有所调整。此外,北京发布了24 个行业工资指导线,要求企业结合指导线合理确定职工工资增长水平。

五、劳动保护与职业技能培训工作稳步推进

2023 年,中国社会保险事业取得进一步发展,平台劳动者相关权益保障得到进一步完善,女职工和未成年工特殊保护得到进一步加强,社会各界积极建设家庭友好型工作场所,职业技能培训工作取得新进展。

(一)社会保险事业取得进一步发展

2023 年年底,全国基本养老保险、失业保险、工伤保险参保人数持续增长,其中基本养老保险参保人数达 10.66 亿人。同时,继续实施阶段性援企稳岗纾困政策,包括社会保险补贴、加大惠企支持力度及失业保险阶段性纾困政策。社会保险待遇水平提升,助力企业健康发展,全年发放失业保险金 729 亿元,稳岗返还 231 亿元。此外,社保制度改革减轻企业负担,企业职工基本养老保险全国统筹、失业保险和工伤保险省级统筹目标全面实现,调节保险缴费费率,缓解中西部基金运行压力。这些改革提高了基金互济能力和抗风险能力,确保了养老金按时足额发放,增强了制度公平性和透明度。

(二)平台劳动者相关权益保障进一步完善

随着平台经济发展,新就业形态劳动者职业伤害保障试点取得显著成效,至 2023 年年底,731 万人参保,累计支付保障待遇 4.9 亿元。同时,专属商业养老保险转为常态化业务,提供更多安全稳健的养老选择,截至 2023 年 9 月末,承保保单 63.7 万件,累计保费 81.6 亿元。此外,灵活就业人员参加职工基本医疗保险试点加快,多地放宽户籍限制,允许其享受与企业职工同等的医疗保障待遇,以更好地保障其医疗权益。这些举措共同推动了中国社会保障体系的完善。

(三)女职工特殊保护持续加强

2023 年 1 月 1 日起,新修订的《中华人民共和国妇女权益保障法》实施,由九章六十一条增至十章八十六条,回应结婚生育、财产分配、人身权利等问题。同时,界定了性骚扰,明确用人单位防范职责,拓宽维权途径。规定各级政府和用人单位防止就业性别歧视,细化女职工招聘、晋职、工资福利等保护条款,禁止因生育降低待遇或辞退女职工,合同期满自动延续至产假结束,强化生育妇女劳动权利保护,支持妇女兼顾生育与事业。

(四)各方积极建设家庭友好型工作场所

2023 年,各地积极贯彻生育支持政策,广东、云南、吉林等地出台实施意见,鼓励国企、机关事业单位参与普惠托育服务,推广弹性上下班、居家办公等家庭友好措施,并探索多孩家庭子女入学便利及"妈妈岗"灵活就业。同时,全国总工会、中国企业联合

会等部门联合开展家庭友好型工作场所典型案例征集活动,以"六个友好"为标准,示范带动制度建设。四川等地也开展相关活动,寻找"家庭友好型工作场所",表彰优秀案例,促进工作场所性别平等与家庭和谐,营造生育友好氛围,助力人口长期均衡发展。

(五)职业技能培训工作不断推进

近年来,为促进技能人才队伍建设,中国出台了新职业教育法、"新八级工"职业技能等级制度等多项法律政策。截至2023年年末,技能人才总量超2亿人,高技能人才逾6000万人。全国技工院校达2468所,培训655.1万人次,职业资格鉴定与等级认定机构增多,数量达2606个。同时,高质量学徒制工作取得新进展,2023年,各地普遍按照政府引导、企业为主、培训院校(包括技工院校、职业院校、职业培训机构和企业培训中心等)参加的原则,通过企校双制、工学一体等方式,组织开展高质量学徒培训,支持企业职工提高岗位技能。

六、劳动争议处理工作成效显著

2023年,随着国内经济稳步回升,劳动者法律意识持续增强,劳动人事争议案件数量仍保持高位运行,但处理效率与质量显著提升。政府及各级人力资源社会保障部门积极贯彻落实党的二十大精神,聚焦高质量发展目标,不断优化调解仲裁体系,强化多元处理机制建设,特别是利用大数据、云计算等现代信息技术手段,推动调解仲裁工作智能化升级,实现案件处理更加高效精准。同时,各级人力资源社会保障部门更注重源头治理,通过政策扶持、法律援助等方式,帮助企业渡过难关,预防劳动争议发生,为维护社会公平正义、维护劳动关系和谐等发挥了积极作用。

(一)劳动争议调解仲裁工作取得新成效

2023年,全国劳动人事争议调解组织和仲裁机构共办理案件385万件,涉及劳动者408.2万人,办结案件373.4万件,结案金额829.9亿元,各项数据均比2022年有所上升。调解成功率77.7%,仲裁结案率98.1%,均有所提高。近五年间,劳动人事争议案件数量逐年上升,涉及劳动者人数大幅增加。各级调解仲裁机构深入贯彻相关指示精神,建立健全多元化劳动争议解决机制,推动调解与仲裁有效衔接,调解成功率和仲裁结案率大致呈上升趋势,大量案件在前端得到解决。

(二)劳动争议诉讼量显著下降

根据中国裁判文书网统计数据显示,2023年中国劳动争议、人事争议案件量135997件,较2022年下降30.6%,为近九年最低。但劳动争议、人事争议占当年民事案由案件量(3400127件)的比重为4.0%,这一占比的相对稳定与同期劳动争议调解组织和仲裁机构处理案件数量的持续增长之间形成了一定的反差。主要是由于调解和仲裁机制的有效运行,使得进入诉讼程序的案件数量得到有效控制。根据对2023年劳动争议诉讼案件的大数据分析,可以看出以下特征。

1.劳动争议案件地域分布不均衡

根据中国裁判文书网的数据显示,辽宁、广东、北京、山东的劳动争议案件量居前四,均超1.4万件,形成"第一阶梯阵营"。广东省案件量高居不下,与庞大劳动力市场及高度竞争环境有关。北京、山东作为政治中心和经济大省,案件量也随之增加。辽宁省因老工业基地背景,劳动关系矛盾突出。湖南、四川案件量显著下降,反映劳动关系和谐稳定方面的积极进展。总体来看,案件主要集中在经济发达地区,与地区经济水平、劳动力市场活跃度及劳动者维权意识紧密相关。

2.案由以民事案件为主

据中国裁判文书网数据显示,劳动争议、人事争议诉讼案件中,87.08%为民事案件,涉及劳动合同订立、履行、变更、解除及劳动报酬等权益争议,体现劳动关系本质为民事法律关系。12.74%为执行案件,涉及生效劳动仲裁裁决、法院判决或调解书的执行。行政和刑事案件占比较少,分别涉及劳动行政部门行政行为和劳动领域犯罪行为。民事案件高占比凸显司法对劳动者与用人单位间平等权利义务关系的保护,执行案件则保障生效法律文书权威性和双方的合法权益。

3.劳动合同纠纷成劳动争议主焦点

2023年中国裁判文书网数据显示,劳动争议、人事争议案件Top10关键词为劳动合同、劳动争议、驳回、劳动报酬、赔偿金、工伤、合同、本案争议、处分、变更,与2022年一致,仅部分位置互换。劳动合同作为首要关键词,凸显其在劳动关系中的核心地位及引发争议之多。驳回、劳动报酬、赔偿金、工伤等关键词反映了劳动者与用人单位的常见争议焦点,如诉求被驳、薪资支付、权益补偿及工伤认定等。Top10关键词稳定性表明主要争议点未变,但位置互换提示不同时间、地区关注度可能存在差异。

4.案件法院层级呈金字塔形分布

案件法院层级分布状态,体现了司法分工合作。高级法院处理重大疑难案件,监督指导下级;中级法院连接基层与高级法院,处理复杂案件;基层法院处理大量劳动争议,经验丰富高效。近年来,中国推进四级法院审级职能定位改革,旨在优化资源配置,明确职能定位。未来,最高人民法院案件数量有望增长,将在司法公正、法律权威方面发挥更重要的作用,对各级法院提出更高的审判要求和监督标准。

5.劳动争议当事人类型"自然人VS法人"的占比最高

中国裁判文书网数据显示,劳动争议案件中"自然人VS法人"占比高达86.71%,反映劳动关系主要形态,劳动者常处弱势,需法律维权,体现保护劳动者权益的法律使命。而"自然人VS自然人"争议占11.32%,虽数量不突出但不容忽视,涉及工作关系、薪酬分配、劳务派遣等复杂用工模式。处理时,需遵循法律原则,平等保护各方权益。

6.劳动人事争议案件审判程序分布稳定

在中国劳动争议、人事争议案件中,民事一审占比76%,对纠纷及时解决至关重要;民事二审占24.64%,确保司法裁判公正准确;民事审判监督程序占2.71%,是特殊救济途径,维护司法公正权威。与2022年数据相比,审判程序分布比例微调,但整体保持稳定性和连续性,反映中国劳动争议、人事争议案件处理机制成熟稳定。

7.劳动人事争议案件审理期限缩短

中国劳动争议、人事争议案件审理期限不断缩短,30日内结案占比35.73%,快速处理有效缓解诉讼压力,提高纠纷解决效率。31~90日内结案占43.64%,虽时间较长,但仍显审理时限优势,体现劳动案件特殊性,对劳动者权益倾斜性保护。

8.劳动人事争议案件文书类型变化

在中国劳动争议、人事争议案件中,判决书与调解书比例从2022年的94∶1升至2023年的117∶1,显示调解比例降低,争议复杂性和程度增加,当事人更倾向于通过法律途径维权。与2023年民事案件所占的比例相比,劳动争议、人事争议调解更难,凸显其案件调解的困难性。

七、国家协调劳动关系三方机制工作成效明显

2023年,面对经济复苏压力、新就业形态劳动者权益保障需求、企业用工结构调整等诸多挑战,国家协调劳动关系三方坚持稳字当头、稳中求进,紧紧围绕构建和谐劳动关系的目标任务,在统筹抓好维护新就业形态劳动者权益保障、加强企业劳动用工指导、深化区域和谐劳动关系改革创新、改进企业工资宏观调控指导等方面取得积极成效,促进了社会和谐稳定和经济持续健康发展,为中国全面建设社会主义现代化国家新征程做出积极贡献。

(一)部署新时代和谐劳动关系创建表彰活动

2023年1月,国家协调劳动关系三方印发《关于推进新时代和谐劳动关系创建活动的意见》(人社部发〔2023〕2号),提出未来5年全国各类企业及企业聚集区普遍开展创建活动的目标任务,明确了企业、工业园区和街道(乡镇)创建工作的重要内容和具体标准。为规范有序开展表彰、严格标准程序,4月,国家协调劳动关系三方联合印发《全国和谐劳动关系创建工作先进集体和先进个人表彰办法》,明确了表彰频率、评选范围、表彰名额、评选条件、评选程序和评选要求等。5月,国家协调劳动关系三方联合印发《关于开展第一届全国和谐劳动关系创建工作先进集体和先进个人评选表彰活动的通知》,对评选表彰工作做出安排部署。

(二)开展区域和谐劳动关系高质量发展改革创新试点

2023年5月,人力资源社会保障部印发《区域和

谐劳动关系高质量发展改革创新试点方案》（人社部发〔2023〕29号），决定在京津冀、长江三角洲、粤港澳大湾区、成渝地区双城经济圈、黄河流域、海南自由贸易港6大区域开展和谐劳动关系高质量发展改革创新试点。各地协调劳动关系三方共同探索创新构建中国特色和谐劳动关系体制机制和方式方法，完善区域劳动关系工作协同机制，努力打造区域和谐劳动关系高质量发展样板，助推国家区域协调发展战略实施和高质量发展。

（三）聚焦新就业形态劳动者权益保障

人力资源社会保障部先后印发《新就业形态劳动者劳动合同和书面协议订立指引（试行）》《新就业形态劳动者休息和劳动报酬权益保障指引》《新就业形态劳动者劳动规则公示指引》《新就业形态劳动者权益维护服务指南》，加强平台用工指导，指导各地探索创新适合新就业形态特点的维权服务机制，引导新就业形态劳动者依法维护自身劳动权益。4月24日，人力资源社会保障部、最高人民法院印发《关于联合发布第三批劳动人事争议典型案例的通知》（人社部函〔2023〕36号），案例覆盖平台经济主要行业类型和常见用工方式。

（四）夯实基层劳动争议调解组织建设

2023年9月15日，国家协调劳动关系三方办公厅（室）联合印发《关于开展基层劳动人事争议调解组织建设行动的通知》（人社厅发〔2023〕36号），坚持和发展新时代"枫桥经验"，坚持把非诉讼纠纷解决机制挺在前面，进一步加强基层调解组织建设，推动更好履行"抓前端、治未病"职责，夯

实劳动关系治理基础，更好地维护劳动关系和谐与社会稳定。此外，联合发布《表扬2023年度工作突出基层劳动人事争议调解组织的通报》（人社厅函〔2023〕169号）。

（五）加强企业劳动用工指导

国家协调劳动关系三方联合发布《关于开展劳动用工"查风险 强协商 保支付 促和谐"专项行动通知》，并会同国家卫生健康委、公安部、最高人民检察院等部门陆续印发《工作场所女职工特殊劳动保护制度（参考文本）》《消除工作场所性骚扰制度（参考文本）》《消除工作场所童工和加强工作场所未成年工特殊劳动保护制度（参考文本）》《工作场所高温和高寒天气劳动者权益保障制度（参考文本）》《预防和消除工作场所不当管理风险隐患制度（参考文本）》5个参考文本，为指导用人单位完善内部规章制度，规范劳动用工管理，促进劳动关系和谐稳定提供了指引。

（六）推进民营企业产业工人队伍建设改革

2023年4月13日，全国总工会在浙江杭州召开非公有制企业产业工人队伍建设改革暨"十四五"全国引领性劳动和技能竞赛推进会。会议对非公有制企业产改与劳动和技能竞赛取得的成效给予充分肯定，指出要推动非公有制企业产改不断走深走实。中国企业联合会党委书记朱宏任宣读《深入学习贯彻党的二十大精神 扎实推进非公有制企业产业工人队伍建设改革倡议书》。

（撰稿：周　欣）

2023年人力资源和社会保障工作综述

人力资源社会保障部政策研究司

2023年是全面贯彻落实党的二十大精神的开局之年，面对错综复杂的国内外形势和艰巨繁重的改革发展稳定任务，全国人力资源社会保障系统坚持

以习近平新时代中国特色社会主义思想为指导，坚持稳中求进工作总基调，聚焦推动高质量发展，以加强人力资源开发利用为主题主线，大兴调查研究，创

新政策举措,狠抓责任落实,圆满完成各项目标任务,推动人社事业发展取得新成效,为经济回升向好和民生保障做出了积极贡献。

一、就业局势保持总体稳定

(一)稳就业政策优化实施

坚持把稳就业作为保民生、促发展、稳预期的重要基础,以建立健全高质量充分就业工作体系为牵引,落实就业优先政策,会同有关部门印发《关于阶段性降低失业保险、工伤保险费率有关问题的通知》(人社部发〔2023〕19 号)、《关于延续实施一次性扩岗补助政策有关工作的通知》(人社部发〔2023〕37 号),印发实施《关于强化人社支持举措 助力民营经济发展壮大的通知》(人社部发〔2023〕61 号),稳就业的政策体系进一步完善。全年失业、工伤保险援企稳岗,为企业减少成本超过 2000 亿元,就业补助资金支出超过 1000 亿元。全年城镇新增就业 1244 万人,城镇调查失业率月均 5.2%,全面完成年度目标任务,稳住了就业基本盘,为经济运行在合理区间和社会稳定提供了有力支撑。

(二)重点群体就业保持平稳

坚持把促进高校毕业生等青年就业作为重中之重,抓早抓实抓细各项工作,就业创业推进计划深入实施,市场化就业渠道持续拓展,公共部门岗位规模稳定扩大,百万见习岗位募集释放,招募“三支一扶”计划人员 4.2 万人,加强困难毕业生专项帮扶和离校未就业毕业生实名帮扶,确保了毕业生就业水平稳定。有序外出和就地就近就业两头发力,多措并举稳定农民工就业。“春暖农民工”“薪暖农民工”“城暖农民工”等专项服务行动取得积极成效。2023 年,全国农民工数量 2.98 亿人,比上年增加 191 万人。加强失业人员特别是困难人员就业帮扶,畅通失业登记渠道,完善就业援助制度,开展“就业援助月”专项活动,持续推进零就业家庭至少一人就业。2023 年,城镇失业人员再就业 514 万人、帮扶就业困难人员实现就业 172 万人。同时,统筹做好退役军人、残疾人等群体就业工作。

(三)就业服务和技能培训有力有效

坚持把就业公共服务作为稳就业、促就业的重要手段,持续打造“大数据+铁脚板”的就业服务模式,各地普遍建成省级集中的就业信息资源库和就业信息平台,高频率开展“春风行动”等就业服务活动,1 万个“家门口就业服务站”、15 分钟就业服务圈加速布局,3200 余家零工市场规范化水平有效提升。坚持把职业技能培训作为解决就业结构性矛盾的关键举措,组织实施制造业技能根基工程等专项培训计划,遴选发布首批 59 家技能根基工程培训基地,着力促进各类劳动者技能提升和就业创业,全年开展补贴性培训超过 1800 万人次。充分发挥人力资源服务业促就业的作用,颁布施行人力资源服务机构管理规定,发布网络招聘服务规范等行业标准。新建人力资源服务产业园。成功举办第二届全国人力资源服务业发展大会、国聘行动等品牌活动。

(四)人社帮扶工作常态化推进

坚持以就业和职业技能培训为重点,积极助力乡村振兴,促进脱贫劳动力就业增收。扎实开展防止返贫就业攻坚行动,深入实施国家乡村振兴重点帮扶地区职业技能提升工程,深化东西部劳务协作,组建区域劳务协作联盟,举办全国劳务协作暨劳务品牌发展大会,优化就业帮扶车间。对口支援新疆工作推进会顺利举办。深入开展专家人才服务基层活动,持续开展新疆、西藏和四省(四川、云南、甘肃、青海)涉藏州县少数民族专业技术人才特殊培养工作。年末脱贫人口务工规模 3397 万人。为 2577 万困难群体代缴城乡居民养老保险费,困难群体基本养老保险参保率保持在 99% 以上。

二、社会保障体系建设取得新进展

(一)制度改革不断深化

围绕社会保障事业高质量可持续发展的主题,以深化改革为动力,抓重点、补短板、强弱项,持续健全社会保障体系。公布实施《社会保险经办条例》,社会保险经办进入法治化、规范化、精细化发展轨道。会同相关部门印发实施《关于推进工伤康复事业高质量发展的指导意见》(人社部发〔2023〕41号)。积极发展养老保险第二、三支柱。企业职工基本养老保险全国统筹进展顺利,2023年全国统筹调剂资金规模2716亿元。个人养老金制度运行平稳有序,先行工作取得积极成效。新就业形态就业人员职业伤害保障试点稳妥实施,截至2023年年底参保731万人。失业保险、工伤保险省级统筹全面实现。

(二)覆盖范围和保障能力稳步提高

围绕把更多人纳入社会保障体系,积极推进参保扩面工作,社会保险覆盖人数持续扩大。调整退休人员基本养老金水平,提高城乡居民基础养老金最低标准,各项社保待遇按时足额发放。截至2023年年底,全国基本养老、失业、工伤保险参保人数分别为10.66亿人、2.44亿人、3.02亿人。全年三项社会保险基金收入7.92万亿元,支出7.09万亿元,年底累计结余8.24万亿元,基金收支基本平衡。

(三)基金监管和投资运营不断加强

将安全规范摆在突出位置,健全完善社会保险基金监督举报工作管理办法、社会保险基金监督约谈办法等制度。开展社保基金管理巩固提升行动,常态化开展年金基金管理机构现场检查和非现场监管,促进合规运营。持续推动基本养老保险基金委托投资,截至2023年年底,投资运营规模1.86万亿元。

三、人才人事制度不断完善

(一)专业技术人才队伍建设加力推进

聚焦支持国家重大战略,持续健全完善职称评审、职业资格等相关政策。印发《专业技术人员职业资格证书管理工作规程(试行)》(人社厅发〔2023〕16号),加强职称评审信息化建设,实现跨地区在线查询核验。出台实施《人力资源管理专业人员职称评价办法(试行)》(人社部发〔2023〕51号),修订新闻记者、设备监理师、精算师等职业资格制度文件。印发国家职业标准编制技术规程(2023年版),颁布

56个国家职业标准。实施博士后创新人才支持计划和博士后国际交流计划,加大博士后自主培养和国外引进力度,新设一批博士后科研流动站和工作站,全年新招收博士后近4万人。成功举办第二届全国博士后创新创业大赛和首届全国博士后揭榜领题现场对接系列活动。完成新一批享受政府特殊津贴人员选拔推荐。深入实施留学回国人员创业启动支持计划、海外赤子为国服务行动计划等重点留学回国项目,优化留学人员回国服务。深入实施专业技术人才知识更新工程。加快推进数字技术工程师培育项目,遴选公布第二批培训机构和评价机构600余家。

(二)技能人才发展取得新成效

全面落实《关于加强新时代高技能人才队伍建设的意见》,全面实施"技能中国行动",新型学徒制、"新八级工"职业技能等级制度稳步实施。成功举办第二届全国职业技能大赛,各地区各行业数十万人广泛参与;开展第十六届高技能人才表彰大会、"技能成才 技能报国"中外记者见面会和高技能人才先进事迹报告会,营造了促进技能发展的良好氛围。聚焦先进制造业、现代服务业、数字技能领域职业(工种),支持建设115家国家级高技能人才培训基地和139家技能大师工作室。全面推行工学一体化技能人才培养模式,推进技工教育高质量特色发展。

(三)外国专家工作不断加强

坚持政策制度、重大活动、引智项目、人才交流协同推进、改革创新,针对外国人才在引进使用、服务保障、社会融入等方面存在的突出问题,研究健全引智工作法律政策制度,推进外国人来华工作许可与工作类居留许可"一窗受理、并联审批、两证联办",会同相关部门不断优化外专服务保障、联系交流机制,开展中国政府友谊奖评选表彰,优化实施国家外国专家项目和出国(境)培训项目。

(四)事业单位人事管理和表彰奖励等工作稳步推进

会同中央组织部印发《事业单位工作人员考核

规定》（人社部发〔2023〕6号）、《事业单位工作人员处分规定》（人社部发〔2023〕58号），事业单位人事管理制度更加健全完善。县以下事业单位管理岗位职员等级晋升制度平稳实施。会同教育部做好2023年中小学幼儿园教师公开招聘工作。完善表彰奖励等制度措施，会同相关部门开展有关表彰奖励工作，荣誉引领作用得到更好发挥。

四、工资收入分配制度改革深入推进

（一）企业工资宏观调控和国企工资分配等工作有序推进

劳动者工资决定、工资增长和支付保障制度机制进一步完善，中央企业负责人薪酬制度和国有企业工资决定机制改革持续推进，会同财政部印发《关于做好国有企业津贴补贴和福利管理工作的通知》（人社部发〔2023〕13号）。开展2023年企业薪酬调查和制造业人工成本季度监测，发布薪酬调查信息。推广技能人才薪酬分配指引。有关地区最低工资标准稳慎合理调整。

（二）事业单位工资制度不断完善

围绕改革完善体现岗位绩效和分级分类管理的薪酬制度，出台高等学校、科研院所薪酬制度改革试点意见，不断深化公立医院薪酬制度改革，会同相关部门落实高层次人才工资分配激励政策，义务教育教师工资待遇有力保障，更好地激发事业单位人员创新创造活力。

五、劳动关系保持总体和谐稳定

（一）劳动关系协商协调有效开展

稳步推进劳动关系"和谐同行"能力提升三年行动计划。会同有关部门印发《关于推进新时代和谐劳动关系创建活动的意见》（人社部发〔2023〕2号），开展区域和谐劳动关系高质量发展改革创新试点。会同有关部门印发《全国和谐劳动关系创建工作先进集体和先进个人表彰办法》（人社部发〔2023〕22号），组织开展第一届全国和谐劳动关系创建工作先进集体和先进个人表彰推荐评选。加强劳动关系协

调员队伍建设，印发《关于做好劳动关系协调师职业技能等级认定工作的通知》（人社厅函〔2023〕141号）。加强劳动用工指导，会同相关部门印发有关劳动保护制度参考文本，出台新就业形态劳动者劳动合同和书面协议订立、休息和劳动报酬权益保障等指引指南，引导企业积极维护新就业形态劳动者权益。

（二）调解仲裁和劳动保障监察有力开展

健全劳动人事争议多元处理机制，加强基层调解组织建设，会同有关部门印发《关于开展基层劳动人事争议调解组织建设行动的通知》（人社厅发〔2023〕36号），提高业务能力，加大协商调解工作力度。开展农民工工资争议速裁庭建设专项行动，加强新就业形态劳动纠纷一站式调解，发挥劳动争议调解、人民调解、司法调解优势，合力化解新就业形态劳动纠纷。开展劳动用工"查风险、强协商、保支付、促和谐"专项行动，畅通线上线下维权渠道，加强重点领域监察执法，清理整顿人力资源市场秩序，严肃查处各类侵犯劳动者合法权益的行为。

（三）保障农民工工资支付工作持续深化

深入贯彻《保障农民工工资支付条例》，推动农民工工资专用账户、实名制管理、总包代发、工资保证金等制度落实落地。优化全国根治欠薪线索反映平台，坚持常态化监管执法。向社会公布重大欠薪违法行为，规范开展欠薪失信名单管理。开展2022年度省级政府工作考核。坚持开展根治欠薪冬季专项行动，强化对欠薪问题的专项整治。

六、公共服务水平得到新提升

（一）服务意识和能力进一步提高

聚焦群众和企业办事的堵点痛点难点问题，优化服务管理模式，继续精简流程环节和材料，推进行风建设常态化，着力打造群众满意的人社服务。全面推进标准化建设，印发实施《关于进一步健全人力资源社会保障基本公共服务标准体系全面推行标准化的意见》（人社部发〔2023〕62号）。开展"走流程"、调研暗访等，及时发现整改问题。完善窗口服

务、内部管理等制度,加强经办服务队伍教育管理监督。强化基层一线业务培训,开展服务窗口工作人员练兵比武。实施证明事项告知承诺制,梳理、调整证明事项清单。探索打造不同层级各具特色的人社优质服务"样板间"。深入开展人社政务服务"好差评",提高差评整改效率。在全国范围开展"社保服务进万家"活动,惠民生、暖民心社保服务品牌持续打造。

(二)数字赋能取得明显成效

更好顺应人民对高品质公共服务的新期待,完成人社信息化便民服务创新提升行动,全面推进数字人社建设,各地形成 382 个应用场景。优化线上服务流程,持续推进人社服务"一网通办"。全国人社政务服务平台、国家社保公共服务平台、电子社保卡、掌上 12333 渠道,开通 154 项全国性服务,全年服务 156 亿人次。推进居民服务"一卡通",社会保障卡持卡人数 13.79 亿人,其中 9.62 亿人领用电子社保卡。全国 12333 热线全年接听总量约 1 亿次。积极推广"辅助帮办""全程代办",为老年人、残疾人等群体提供暖心服务。

(审稿:郭　成

撰稿:张　伟)

2023 年中国女企业家协会工作综述①

中国女企业家协会

2023 年是全面贯彻落实党的二十大精神的开局之年,是三年新冠疫情防控转段后经济恢复发展的一年,面对复杂严峻的国际环境和艰巨繁重的国内改革发展任务,党和国家在以习近平同志为核心的党中央坚强领导下,统筹国内和国际两个大局,聚焦经济建设这一中心工作和高质量发展这一首要任务,顶住外部压力,克服内部困难,付出艰辛努力,新冠疫情防控实现平稳转段、取得重大决定性胜利,全年经济社会发展主要目标任务圆满完成,高质量发展扎实推进,社会大局保持稳定,全面建设社会主义现代化国家迈出坚实步伐。

在过去的一年,中国女企业家协会(以下简称女企协)深入学习贯彻习近平新时代中国特色社会主义思想,全面贯彻党的二十大精神,深入落实党中央国务院决策部署,秉持"两个服务"宗旨,围绕促进会员企业高质量发展的中心任务,与全国会员单位同向同行,突出重点,积极探索,开拓创新,有效整合要素资源,用心用情用力为会员成长和会员企业发展提供精准有效的服务,协会工作在高质量发展轨道上实现新突破、展现新气象。

一、加强党建筑牢方向,提高政治管控能力

把学习宣传贯彻党的二十大精神作为首要政治任务,全面加强协会思想政治建设。高质量开展学习贯彻习近平新时代中国特色社会主义思想主题教育,牢牢把握"学思想、强党性、重实践、建新功"总要求,对标对表协会各项工作。积极组织参加形式多样的党建活动,广泛宣传,共同实践,切实把理论学习、调查研究、推动发展、检视整改贯通起来,不断提升政治判断力、政治领悟力、政治执行力,推进协会高质量发展。深入学习贯彻习近平总书记重要讲话精神和党中央重大决策部署,及时组织学习领会中央经济工作会议、中央政治局会议、全国"两会"等重要会议精神,教育引导广大会员坚定拥护"两个确立",坚决做到"两个维护"。着力增强协会基层党组织政治功能和组织功能,不断严密上下贯通、执行有力的组织体系,旗帜鲜明讲政治,切实将协会中心工

---

① 本文节选自《凝心聚力　突出重点　携手开创女企协工作发展新局面——中国女企业家协会第七届四次会员大会工作报告》。

作聚焦到贯彻总书记重要指示批示上来,聚焦到落实党的二十大决策部署上来,聚焦到心怀"国之大者"上来,团结带领广大会员与党同心同行,做伟大事业的建设者、文明风尚的倡导者、敢于追梦的奋斗者,以新气象、新作为走好新的赶考之路,不断开创女企协工作新局面。

二、培育品牌构筑平台,创新会员服务模式

积极探索创新服务方式,拓展服务内容,致力于打造协会品牌项目,推动协会工作向更高层次、更高水平发展。一是"走进一座城"主题活动影响力持续扩大。成功举办"中国女企业家走进粤港澳大湾区"主题活动,全国妇联、珠海市委市政府主要领导,知名企业负责人共计600余人参加。活动涵盖招商推介、主旨演讲、企业家分享、杰出创业女性及"双优"表彰颁奖、《中国女企业家问卷调查报告》发布、女企业家培训学院揭牌仪式等内容,组织参会代表走进珠海香洲区、横琴粤港澳深度合作区考察调研,洽谈签署多个合作项目。官方媒体、自媒体纷纷报道大会盛况,活动取得显著效果。二是会员服务方式和内容更丰富多样。筹建完成女企业家培训学院并挂牌成立(目前已完成两期以数字化转型为主题的专题培训,100余名企业负责人参加学习);创办网络微课堂,围绕企业转型升级、元宇宙、合同风险管理等专题进行授课,总浏览量7000余人次;以公众号平台为载体,首次开办会员企业优质产品展播,在女企协系统推介会员企业优质产品,拓宽营销渠道,提升企业产品知名度。三是纽带联动作用进一步加强。对接广东省女企协、鄂尔多斯妇联等单位联合举办主题为"巾帼逐梦展芳华,绿色发展谋幸福"招商推介活动。携手内蒙古女企协、鄂尔多斯妇联和鄂尔多斯女企协组团分别赴无锡、苏州、常州考察交流、招商推介,为鄂尔多斯市高质量发展大会助力。组织大健康、农业及时尚创意专委会相关会员参加"相约魅力鸡西——2023兴凯湖高质量发展大会",密切会员单位间的工作联系,结缘交流,拓展"朋友圈"。

三、强化组织体系建设,大力提升服务效能

推进协会正规化、合规化建设,修订完善《中国女企业家协会财务管理暂行办法》《中国女企业家协会秘书处部门职责》等5项规章制度。加强会员管理,补充更新会员信息,大力发展新会员,先后有近100名新会员加入女企协大家庭。优化和改进网站、公众号平台,加强会员企业信息采编和宣传,发布专题报道、政策解读、"她"故事等信息200余篇。严格评比标准,向全国妇联、中国企业联合会推荐全国最美家庭、全国五好家庭、全国"三八"红旗手、中国妇女第十三次全国代表大会代表及全国优秀企业家人选。贯彻落实党中央《关于在全党大兴调查研究的工作方案》,先后赴新疆、天津、江西、沈阳、青岛、鄂尔多斯、承德等地区开展工作调研。9月20日—24日,李谠会长一行13人赴新疆乌鲁木齐市考察调研,中央政治局委员、自治区党委书记马兴瑞,自治区政府主席艾尔肯·吐尼亚孜热情会见了李谠会长一行,并就联合举办"走进乌鲁木齐市主题活动"进行友好商谈,得到自治区党委及政府的高度重视和大力支持。与此同时,协会还分别与到访的各级妇联领导密切交流,增进政企沟通联系,为企业发展提供精准对接,提升服务效能。

四、积极发挥桥梁纽带作用,
助力单位会员密切联动

服务会员和会员企业,充分发挥桥梁纽带作用,助力会员成长、实现会员企业高质量可持续发展是协会工作的初心、责任和使命,协会始终将各单位会员视为女企协系统有效开展各项工作的基础和支撑,高度重视对单位会员的工作指导。一年来,各单位会员之间的互动更加紧密频繁,合作交流领域更加广泛深入,体系合力明显增强。内蒙古、北京、黑龙江、广西、安徽、福建、江西、陕西等多个省市女企协以中国女企业家协会举办的"走进一座城"主题活动为契机,以政府招商引资、区域产业互补、会员携手发展为着眼点,"走出去"强能力,"请进来"学经验,积极建立友好协会,开展主题交流座谈,组织标

杆企业参观,建立并加强工作联系,助力打通区域合作通道,拓宽合作领域,实现共赢发展。在中国女企协的组织协调下,鄂尔多斯市和广东省两地的女企业家共达成4个项目合作意向,签订2个合作框架协议,3个项目有效落地;与苏州、无锡、常州三地女企业家签署的4个项目也实现落地,桥梁纽带作用效果显著。

五、倡导爱心奉献,打造"小善大爱·她公益"品牌

长期以来,广大会员积极弘扬企业家精神,奉献爱心、主动作为。在转型创新促改革,攻坚克难谋发展的同时,积极履行社会责任,广泛参与社会公益和慈善活动。为更好地彰显女企业家的家国情怀和责任担当,协会启动"小善大爱·她公益"活动,通过信息汇总、定期发布、广泛宣传等方式,全面展现广大会员奉献爱心、服务社会的整体形象,提升女企业家和中国女企业家协会的社会影响力。广大会员积极响应,广泛参与,共有154名个人会员、23家单位会员反馈参与各项慈善捐赠信息,捐款捐物折合人民币9000多万元。根据会员反馈的情况,编撰完成《中国女企业家协会公益慈善行动报告(2023)》。

卓 越 企 业 风 采

（排序不分先后）

※ 云南省投资控股集团有限公司
※ 湖北交通投资集团有限公司
※ 福州市产业投资集团有限公司
※ 唐山国控集团有限公司
※ 中联重科股份有限公司
※ 包头钢铁（集团）有限责任公司
※ 东方润安集团有限公司
※ 鞍钢集团矿业有限公司
※ 伊春鹿鸣矿业有限公司
※ 中国航空工业集团沈阳飞机工业（集团）有限公司
※ 华能伊敏煤电有限责任公司
※ 绿城中国控股有限公司
※ 长江设计集团有限公司
※ 海尔集团
※ 中国北京同仁堂（集团）有限责任公司
※ 太极集团有限公司
※ 中国第一汽车集团有限公司
※ 金澳科技（湖北）化工有限公司
※ 山东海化股份有限公司
※ 云南云天化股份有限公司
※ 五粮液集团公司
※ 安徽古井集团有限责任公司
※ 无锡一棉纺织集团有限公司
※ 国网江苏省电力有限公司无锡供电分公司
※ 江西铜业集团（贵溪）防腐工程有限公司
※ 宁波开发投资集团有限公司
※ 青岛海发国有资本投资运营集团有限公司

云南省投资控股集团有限公司
YUNNAN PROVINCIAL INVESTMENT HOLDINGS GROUP CO.,LTD

云南省投资控股集团有限公司（以下简称云投集团）是于1997年9月5日注册成立的大型国有独资企业，前身为云南省开发投资有限公司，现注册资本241.7亿元，是云南省属重点骨干企业。

自成立以来，在云南省重点项目建设中，云投集团累计完成投资超过3276亿元，累计融资突破8848亿元，带动社会投资9438亿元。截至2024年9月末，云投集团合并资产总额6018亿元，净资产1995亿元，2024年1—9月合并营业收入总额1492亿元，合并利润总额38.28亿元。云投集团是云南省首个世界500强企业。

云投集团为中国投资协会国投委副会长单位、云南省投资协会会长单位、云南股权投资基金协会会长单位，获得国内"AAA"信用评级和全国第40家、云南省首家TDFI资格企业。目前，云投集团持股云南能投、金控集团、股权运营公司、贵研铂业、地矿集团，是富滇银行第一大股东、红塔证券（股票代码：601236）第二大股东。

面向未来，云投集团将始终秉承"忠诚、使命、一流"的核心价值观和"笃行如初，行稳致远"的文化理念，全面推进"151"发展战略，不断深化"12335"发展共识，全面开启高质量发展新征程，主动服务和融入全国、全省发展大局，对标世界一流企业，抢抓发展机遇，纵深推进改革，系统构建"产业培育+战略投资+资本运营"联动互促的云投发展新模式，不断提升核心竞争力和盈利能力，努力成为全球知名、国内领先的综合性国有资本投资公司，为云南省高质量跨越式发展贡献云投力量。

"有一种向往叫人象和谐"——云投集团发布野象谷特色党建品牌

继续做优做精旅游产业

积极培育绿色新能源光伏产业

柬埔寨暹粒吴哥国际机场通航一周年

大力推进云南省铁路路网建设

积极融入"数字云南"建设

中老国际班列跨境运输总量持续增长

湖北交通投资集团有限公司
HUBEI COMMUNICATIONS INVESTMENT GROUP CO.,LTD.

团结　敬业　自强　创新

湖北交投集团大楼

武大高速公路大悟段

C4

湖北交通投资集团有限公司（以下简称湖北交投集团）是湖北省人民政府全资的交通投融资企业，成立于2010年10月。围绕省委、省政府赋予湖北交投集团"交通规划、设计、建设、管理全生命周期运营商"的功能定位，湖北交投集团以交通基础设施、交通关联产业、交通金融为三大主业，业务涵盖规划设计、工程建设、现代物流、区域开发、交通服务、交通科技、交通金融等领域；自2022年起连续三年登榜中国企业500强，2024年位列第239位。

湖北交投集团目前资产总额超7400亿元，现有员工24000余人、各级子公司300余家；建设运营高速公路6521千米、长江大桥15座，服务区（停车区）182.5对，收费站372座，累计完成融资10661亿元、投资6403亿元。

宜昌"三峡千古情"景区

张南高速公路宣咸段

全国首座综合能源补给站、华中地区最大商业规模服务区、湖北首座数字化服务区——荆州东服务区

湖北首条智慧高速公路——鄂州花湖机场高速

福州产投集团
FUZHOU INDUSTRIAL INVESTMENT GROUPS

福州市产业投资集团有限公司（以下简称福州产投集团）成立于2020年12月，注册资本100亿元，福州产投集团荣膺2024年中国服务业企业500强第274名，福建服务业企业100强第25名，并荣获中国物流与采购联合会"AAAAA供应链服务企业"、中国企业联合会"2024年企业诚信建设优秀实践案例""企业信用评价AAA级信用企业"。

突出党建引领，融合业务发展。福州产投集团打造"党组织建在链条上"的党建品牌，推进产业链、供应链、资金链、人才链、创新链和数据链的融合发展。

筑牢产业之基，聚力创新突破。福州产投集团按照中央金融工作会议精神做好"五篇大文章"，聚焦福建"四大经济"、福州"16条重点产业链"，积极参投国家级海上风电研究与试验检测基地项目。服务国家区域协调发展战略，促进闽东北协同发展区、福州都市圈一体化发展。

强化资本运作，赋能价值创造。福州产投集团参投华电新能源项目，设立总规模300亿元的福州产业投资母基金，服务实体经济，实现产业与资本双轮驱动。

福州产投集团董事长 林胜

与中金资本签订战略合作协议

2024中国服务业企业500强

2024福建服务业企业100强

AAAAA供应链服务企业

企业信用评价AAA级信用企业

产融共生　科创未来

国家级海上风电研究与试验检测基地项目

唐山国控集团有限公司
Tangshan State Holding Group Co.,Ltd

曹妃甸港矿石码头40万吨泊位

唐山国控集团有限公司于2022年4月注册成立，系唐山市国资委下属国有独资公司，注册资本金202.56亿元，截至2024年6月末，公司总资产规模约1985亿元。主要业务涵盖：城市建设运营、交通运输、现代农业、大宗商品贸易及产业投资业务，同时培育新能源和生态环保业务，探索新质生产力等，构建了"5+2+N"业务发展体系。

唐山国控集团有限公司紧紧围绕唐山市委、市政府战略部署，倾力承担起助力唐山市沿海经济带高质量发展的重任，先后取得了中诚信国际、大公国际、联合资信3家主流评级机构AAA主体信用评级，标普中国AA主体信用评级，远东资信ESG 4星评级，并跻身2024中国服务业企业500强第180位。在服务城市发展的同时，公司积极推进产业转型，发挥好国有资本紧跟政策、服务大局、造福人民的作用，形成多元资源整合与多元产业投资布局的新局面，在奋力谱写中国式现代化建设河北唐山篇章中担重任、挑大梁。

唐山国控集团办公大楼

中国匠谷——曹妃甸国际职教城

产业投资——唐山三友集团

ZOOMLION

中联重科　思想构筑未来
ZOOMLION，VISION CREATES FUTURE

包头钢铁（集团）有限责任公司简介 >>

　　包头钢铁（集团）有限责任公司[以下简称包钢（集团）公司]于1954年成立，是国家在"一五"期间建设的156个重点项目之一，经过70多年的发展，现拥有"包钢股份""北方稀土"两个上市公司，全力当好"两个稀土基地"建设主力军。2023年年末，包钢（集团）公司职工55758人，其中博士64人、硕士2126人、本科15260人，高级职称2960人、高级技师1047人。包钢（集团）公司全年完成固定资产投资52亿元，职工年收入增长10.7%。

>> 【生产经营】

　　2023年，包钢（集团）公司全年克服市场疲软、贸易收入减少等影响因素，实现营业收入1128.97亿元，利润总额53.19亿元，上缴税费110.94亿元。

板材生产基地

》》【科技创新】

◎ 全年科研费用投入55亿元，投入强度达4.8%。专利申请量达到1251件、取得授权626项，发布多项国际、国家、行业及团体标准。完成两批次11家高新技术企业的申报工作，3家单位获评2023年"国家知识产权示范企业""国家知识产权优势企业"。稀土研究院成功获批稀土材料领域唯一国家标准验证点。

无缝管生产基地

》》【政策借力】

◎ 2023年，包钢（集团）公司抢抓《国务院关于推动内蒙古高质量发展奋力书写中国式现代化新篇章的意见》出台和内蒙古自治区推动包钢（集团）公司高质量发展机遇，全力将政策红利转化为发展动能。

高速轨生产基地

》》【企业改革】

◎ 以全面深化改革激发内生动力，深化管理提升三年行动和对标一流企业价值创造行动，管理精细化、规范化水平持续提升。2023年包钢（集团）公司获评"双百企业"国家标杆，包头稀土研究院获评"科改企业"国家标杆，包钢集团矿山研究院（有限责任公司）入选"科改企业"名单。

稀土冶炼分离生产线

》》【党建引领】

◎ 始终把铸牢中华民族共同体意识主线全面贯彻到各项工作中，坚持党建与生产经营深度融合，以高质量党建引领高质量发展。

稀土磁性材料生产线

东方润安集团有限公司（以下简称东方润安）成立于2009年，定位于基础原材料专业制造，专注实业、坚守主业，致力于将企业发展成为集特钢、导轨、铜业为一体的制造业企业。2023年，东方润安实现营业收入752亿元，产品和服务网络覆盖全国，出口世界多个国家和地区；2024年，位列中国企业500强第323位，中国民营企业500强第139位，中国制造业民营企业500强第93位；先后获评"2020年全国文明单位"、"2016年中国优特钢行业最具影响力生产企业"、"高新技术企业"、"国家5G智慧钢厂"、国家级"绿色工厂"等荣誉。

东方润安在经营好企业的同时，还集中力量专注服务、回报企业所在地社会民生，积极致力于慈善公益活动、光彩事业，并用实际行动为当地社会稳定和谐发展贡献力量，已累计在扶贫济困、医疗教育、抗洪救灾、社会发展等公益慈善事业上捐资超5亿元。

2016年中国优特钢行业最具影响力生产企业

2021年江苏省钢铁行业协会科学技术一等奖

2020年全国文明单位

高新技术企业

精品棒材

实心导轨

铜杆

铜管

金山银山

精品发展 绿色发展 安全发展

西鞍山铁矿开工仪式

绿化复垦生态园

井下远程操控智能采矿车

具有世界一流
采选联合生产

绿色发展

鞍钢集团矿业有限公司
ANSTEEL GROUP MINING CORPORATION LIMITED

鞍钢集团矿业有限公司（以下简称鞍钢矿业）是我国掌控铁矿石资源最多，规模、成本、技术和管理领先的铁矿行业龙头企业，拥有勘探、采矿、选矿、民爆工程、矿山设备制造、资源综合利用、工艺研发设计、矿冶工程、生产服务为一体的完整资源产业链，是同行业综合实力最强企业之一。鞍钢矿业主要有10座铁矿山、9个选矿厂、2个球团厂，年生产铁精矿超过3000万吨。

鞍钢矿业深入学习贯彻习近平新时代中国特色社会主义思想，牢记"国之大者"，以维护我国钢铁产业链供应链安全为己任，深入落实鞍钢"双核"战略，踔厉奋发、笃行不怠，发挥好科技创新、产业控制、安全支撑三个作用，不断增强核心功能和提高核心竞争力，加快建设世界一流资源开发企业，为筑牢钢铁基石、强国基石贡献矿业力量！

运维智能管控中心

铁尾矿改良盐碱地试验基地

伊春鹿鸣矿业有限公司

伊春鹿鸣矿业有限公司（以下简称鹿鸣矿业）是中国中铁全资子公司——中铁资源集团有限公司的控股子公司，是集钼矿采矿、选矿于一体的大型有色金属矿山企业。公司主要经营钼矿开采、选矿，矿产品经销，钼产品货物进出口等，主要产品是品位50％以上的优质钼精矿。

鹿鸣矿业矿区面积4.6平方千米，钼矿石资源8.14亿吨，钼金属资源储量75.18万吨，设计服务年限51年；采用露天开采、半自磨＋球磨＋顽石破碎工艺流程，浮选工艺采用铜钼混浮、铜钼分离选矿工艺，现有国内外先进采选设备580余台套；建立5G通信、雷达监测、卫星定位、自动化控制DCS、三维数字孪生、安全环保监测等系统，使公司的安全、生产、管理工作实现可视化、集成化、数字化。

近年来，鹿鸣矿业先后获得中央企业"青年文明号"、黑龙江省"高新技术企业"、黑龙江"百强企业"、黑龙江省"工人先锋号"、"中华全国铁路总工会综合项目火车头奖杯"、"中国中铁基层党建工作法"、"中国中铁五星级项目幸福之家"、"'3·15'向社会公开承诺诚信单位"、"企业安全生产标准化二级企业"、"2023年中国钼精矿优质供应商"等荣誉。

选矿厂全景

球磨半自磨

鹿鸣矿业环保展厅

鹿鸣矿业尾矿库叠翠亭

　　中国航空工业集团沈阳飞机工业(集团)有限公司（以下简称沈飞公司）是以航空产品制造为核心主业，集科研、生产、试验、试飞、服务保障、整机大修于一体的大型现代化飞机制造企业。沈飞公司创建于1951年6月29日，现有员工14000余人，是我国第一个五年计划156项重点工程之一，作为我国航空工业的重要发祥地，被誉为"中国歼击机摇篮"。2018年，沈飞公司实现了核心军工资产整体上市，获得"中国战机第一股"的美誉。

　　从20世纪30年代的北陵机场、满洲航空株式会社，到中华人民共和国成立后的国营112厂、松陵机械公司，再到2018年整体上市，沈飞公司经历并见证了中国航空工业的发展历程。沈飞公司先后研制生产了40多种型号数千架歼击机装备部队，实现了陆基到海基、有人到无人、三代到四代、机械化到信息化、中小型到大中型、填补空白到体系化发展、跟踪发展到自主研制的"七大历史性跨越"。

　　党和国家几代领导人先后亲临沈飞公司视察，对企业发展给予高度重视和亲切关怀。在中国共产党成立百年之际，沈飞公司党委被党中央授予"全国先进基层党组织"的荣誉称号。

中国华能
CHINA HUANENG

华能伊敏煤电有限责任公司
HUANENG YIMIN COAL ELECTRICITY CO., LTD

华能伊敏煤电有限责任公司（以下简称伊敏煤电公司）是全国首家煤电一体化企业，地处呼伦贝尔大草原鄂温克族自治旗伊敏河镇境内，北距呼伦贝尔市海拉尔区85千米，目前火电装机350万千瓦，光伏装机11.44万千瓦，煤炭产能3500万吨/年，在岗职工3020人。企业旗下两大主营生产单位之一的伊敏电厂是东北地区装机第二大火力发电厂，是国家电力安全生产标准化一级企业；伊敏露天矿是全国大型露天煤矿，是国家一级安全生产标准化露天煤矿。截至2024年年末，企业累计发电3122.80亿千瓦时，生产原煤4.62亿吨，煤炭销售2.33亿吨，上缴各种税费292.92亿元，为地区经济社会和国家能源工业发展做出了重要贡献。2023年全年，完成发电量191.77亿千瓦时，生产原煤3500万吨，外销煤炭2209万吨，伊敏煤电公司一体化继续表现出较为稳定的盈利能力和抗风险能力。

伊敏煤电公司忠实践行华能集团"三色"公司使命，立足得天独厚的资源优势，大力发展煤电一体化循环经济，以电带煤，以煤保电，煤电并举，成功打造了资源节约、环境友好的"伊敏模式"，先后获得"全国文明单位""全国五一劳动奖状""全国企业文化建设最佳实践企业""2018全国首批最具影响力绿色企业品牌""新中国成立70周年企业文化建设典范案例""中央企业先进集体""2021年高质量党建引领企业高质量发展示范基地""2022工业企业品牌建设创新示范单位""企业党建实践创新典范单位""内蒙古自治区循环经济示范企业""国家科技部高新技术企业""2023年度内蒙古自治区科技领军企业"等荣誉；"735"展览馆被评为中央企业和华能集团公司爱国主义教育基地。

华能伊敏煤电公司产业全景

伊敏露天矿绿色矿山建设成果丰硕

华能伊敏露天矿亚洲首套、全国最大的半连续采煤系统 24小时不间断生产原煤

伊敏电厂三期机组

建成世界高寒地区最长距离供热工程
伊敏至呼伦贝尔中心城区供热工程

鸟瞰伊敏光伏基地

企业简介

GREENTOWN

绿城中国控股有限公司（以下简称绿城中国）（股票代码03900.HK），1995年成立于杭州，是中国领先的优质房产品开发及生活综合服务供应商，以优质的产品品质和服务品质引领行业。

绿城中国坚持"品质为先"的理念，先后引入九龙仓集团、中交集团作为战略性股东，以打造"TOP10中的品质标杆"为核心目标，布局三大板块。

历经29年的发展，绿城中国总资产规模超5300亿元，净资产规模超1100亿元，"绿城"品牌价值达1150亿元，并蝉联"中国房地产百强企业综合实力TOP10"和"中国房地产顾客满意度领先品牌"，多年获评"社会责任感企业"。

绿城中国致力于实现"全品质、高质量、可持续"的发展，以"高颜值、极贤惠、最聪明、房低碳、全周期、人健康"为目标建设绿城"好房子"，不断满足人们对理想生活的追求。

·注：以上数据截至2024年3月

义乌凤起潮鸣

长江设计集团有限公司
CISPDR Corporation

　　长江设计集团有限公司（以下简称长江设计集团）成立70余年来，完成了以长江流域综合规划为代表的数百项长江干支流及湖泊治理开发与保护的综合规划和专业规划，承担了三峡水利枢纽、南水北调中线工程、金沙江乌东德水电站、滇中引水工程等数以千计个工程的勘察设计。长江设计集团先后荣获省部级以上科技奖励740项，两获"国家科学技术进步奖特等奖"，八获"FIDIC工程项目奖"。国家授权专利数量破千。牵头承担"十三五"以来国家重点专项12项，承担政府科研项目200余项，是国家水利水电技术进步的核心企业。长江设计集团先后荣获"全国五一劳动奖状""全国文明单位""全国优秀勘察设计企业"等荣誉。

集团大楼

引江补汉开工

巴基斯坦卡洛特水电站全部机组投产发电

"世纪工程"广西平陆运河正式开工建设

Haier

作为全球仅此一家"物联网生态品牌"
入选2019年BrandZ™
全球品牌百强榜

入选2019年Interband
中国品牌50强

子公司"海尔智家"
入选《财富》世界企业500强

子公司"海尔智家"
入选《财富》全球受赞赏公司

连续11年稳居
欧睿国际世界家电品牌首位

连续18年稳居
中国品牌价值100强榜首

中国北京同仁堂

中国北京同仁堂（集团）有限责任公司（以下简称同仁堂集团）前身系始创于1669年（清康熙八年）的同仁堂药室（同仁堂药铺）。1992年中国北京同仁堂集团公司组建并于2001年改制为国有独资公司，1997年旗下同仁堂股份在上海上交所上市，2000年同仁堂科技在中国香港联交所上市，2013年同仁堂国药在中国香港联交所上市。

　　同仁堂集团在经营格局上形成了以制药工业为核心，以健康养生、医疗养老、商业零售、国际药业为支撑的五大板块，构建了集种植（养殖）、制造、销售、医疗、康养、研发于一体的大健康产业链条，在五大洲28个国家和地区设立经营服务终端。

　　同仁堂集团拥有7个子集团、两个院和多家直属子公司；拥有36个生产基地、110多条现代化生产线，可生产六大类、20个剂型及2600多种药品和保健食品；拥有一个国家工程中心和博士后科研工作站，"十三五"以来，完成新产品研发265个，彻底改变了中药生产手工操作的落后局面。同仁堂集团拥有同仁堂中医药文化、传统中药材炮制技艺、安宫牛黄丸制作技艺3个国家级非物质文化遗产项目，拥有国家、市、区三级非物质文化遗产代表性传承人37位，同仁堂中医大师41位，中药大师8位，特技传承师20位。

　　自1992年同仁堂集团组建至今，累计实现利税365亿元，先后获得"中国商标金奖——商标运用奖"、"马德里商标国际注册特别奖"、首届"北京市人民政府质量管理奖"、"新中国成立70周年医药产业脊梁企业奖"等荣誉。

太极集团骨干产品

太极集团总部

太极集团有限公司（以下简称太极集团，股票代码：600129）为中国医药集团有限公司的控股企业，拥有13家生产厂、20多家医药商业公司、两大研发机构、3300家连锁药房，实现医药全产业链布局，员工1.4万人。2019年，太极集团获"国家知识产权示范企业"，在国际权威品牌价值咨询公司Brand Finance发布的2023年中国医药品牌价值排名中位列第13位，2022年获评重庆首家"国家中医药服务出口基地企业"。

太极集团建立了国家首批博士后工作站，其技术中心被认定为国家企业技术中心；现拥有有效授权专利319项，药品批文1242个（中药690个、化药552个），医保品种743个、基药368个；产品涉及消化及代谢、呼吸系统、心脑血管、抗感染、神经系统、抗肿瘤及免疫调节"六大"治疗领域，以及大健康养生。

技术 新旗迹

中国第一汽车集团有限公司

C35

金澳科技(油

KINGAO (HUBEI) SCIENCE & T

金澳科技(湖北)化工有限公司(以下简称金澳科技)始建于1976年,于1997年12月改制成立,是集生产、贸易、物流储运等于一体的集团化企业,规划占地面积6000多亩,解决就业8000多人,一次加工能力500万吨/年,主要生产销售汽油、柴油等石油化工产品。

公司先后获得"全国先进基层党组织""全国就业先进企业""全国五一劳动奖状""模范职工之家""2022年度百强高新技术企业""最具环保社会责任企业""湖北省清洁无害工厂"等荣誉称号,连续多年进入"中国企业500强"和"中国民营企业500强"。

金澳科技始终坚持绿色发展、循环发展和低碳发展的指导思想,以市场为导向,以能源化工为支柱,完善和延伸石油化工产业链,逐步形成"油头、化身、精化尾"的主干产业,努力建设成为具有较大影响力的特大型、综合性企业集团,实现"以产业报国,为荣誉而战"的企业发展愿景。

化工有限公司

NOLOGY CHEMICAL INDUSTRY CO., LTD

  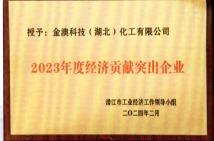

山东海化
股份有限公司

山东海化股份有限公司（股票代码：000822）于1998年7月在深圳证券交易所上市，长期致力于发展海洋化工产业，业务涵盖盐、碱、溴、苦卤化工等盐化工产业集群，现有纯碱、原盐、烧碱、溴素、氯化钙等产品10余种，多种产品产能位居全国前列，是全国重要的基础化工原料制造基地。

作为国内大型综合性海洋化工企业，公司锚定"管理精细、业绩优良、运营稳健、公众认可、员工荣耀"一流上市公司的愿景目标，积极发展以资源综合利用为重点的循环经济，持续打造"上下游产业接续成链、关联产品复合成龙、资源闭路循环利用、环境优化日臻完善"的生态海洋化工产业体系，走出一条社会效益、自然效益和经济效益和谐共存的可持续、高质量发展之路。

山东海化股份有限公司厂区风貌图

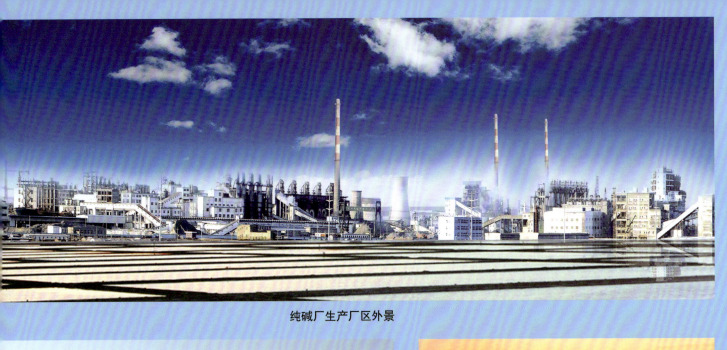

纯碱厂生产厂区外景

山东海化股份有限公司办公大楼

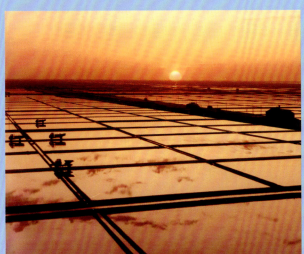

羊口盐场晨曦美景

云南云天化股份有限公司
YUNNAN YUNTIANHUA CO.,LTD

饲料级磷酸钙盐

云南云天化股份有限公司是具有核心资源优势的综合性大型国有控股上市公司，是以磷产业为核心的优秀磷肥、氮肥、共聚甲醛制造商，主营肥料、磷矿采选、精细化工、商贸物流等产业，磷矿采选生产能力、聚甲醛产能规模均居全球前列，磷复肥产能规模居亚洲前列。

公司于1997年7月由云天化集团有限责任公司独家发起组建并在上海证券交易所挂牌上市（证券代码：600096），目前旗下拥有50余家分公司、子公司，在云南、内蒙古、重庆等10余个省区市建有生产基地，在中东、东南亚等地区设立了销售公司，销售网点分布于世界各地。目前，公司资产总额、营业收入均近600亿元。2021年，公司被国务院国资委点名为国企"改革尖兵"，入选全国供应链创新与应用百强示范企业；2022年，公司入选全国国有重点企业管理"标杆企业"，获"国务院国资委国有企业公司治理示范企业"荣誉称号，被评为"全国供应链创新与应用百强示范企业"，位居2022年《财富》中国企业500强排行榜第219位、中国石油和化工企业500强"独立生产经营"类榜单第14位；2023年，公司作为云南唯一一家国有企业，入选国务院国资委地方"双百企业"标杆企业名单。

企业精神
ENTERPRISE SPIRIT

聚甲醛产品

磷化集团复土植被区鲜花大道

东明矿业国家级绿色矿山

共享时代机遇
共酿美好生活

中国的 世界的 五粮液

FROM CHINA TO THE WORLD

WULIANGYE

古井贡酒·年份原浆

安徽古井集团

古井酒神广场

有限责任公司

古井集团员工代表通过央视春晚向全球华人拜年

古井党建企业文化馆

古井贡酒酿酒车间

古井贡酒灌装车间

古井贡酒科研人员

古井集团总部办公楼

无锡一棉纺织集团

　　无锡一棉纺织集团有限公司(以下简称无锡一棉)创建于1919年，曾经是中国民族工业的典范，现在是中国棉纺织行业的"排头兵"，是唯一入选国务院国资委"全国国有企业公司治理示范企业"的江苏地方国企。企业深度融入"一带一路"倡议，在埃塞俄比亚投资建厂，项目总投资2.2亿美元，一期工程10万锭工厂已于2019年年底投产运行。

　　无锡一棉产品出口全球纺织高端市场，自主品牌"TALAK"为中国名牌，在欧洲、亚洲和美洲共55个国家和地区注册，"两化融合"和"智改数转网联"建设业内领先，管理创新成果获"第三十届全国企业管理现代化创新成果一等奖"。

　　无锡一棉确立"传承+创新，打造经典"的核心理念，走可持续发展之路，努力创建"生产智能化、管理精细化、产品特色化、贸易全球化"的世界一流高端纺织集团。

数字化集成显示终端

无锡一棉埃塞俄比亚公司外景

无锡一棉智能车间

纺织之光技术发明奖一等奖

第三十届全国企业管理现代化创新成果一等奖

国家电网
STATE GRID

国网无锡供电公司
STATE GRID WUXI POWER SUPPLY COMPANY

国网无锡供电公司员工在国内规模最大的新能源跨江输送通道泰州凤城至无锡梅里500千伏输变电工程上作业

国网无锡供电公司员工在小区内拆除废旧杆塔

国网江苏省电力有限公司无锡供电分公司（以下简称无锡供电）隶属国网江苏省电力有限公司，作为国家电网公司下属国有大中型企业，2019年6月被纳入国网公司大型重点供电企业管理序列，翻开了公司发展新篇章。无锡供电现辖3个县（区）级供电公司，服务全市429.25万客户，拥有35千伏及以上变电站347座。在国家电网公司、国网江苏省电力有限公司的正确领导下，无锡供电紧紧围绕建设具有中国特色国际领先的能源互联网企业战略目标，锐意进取、砥砺奋发，取得了发展公司、服务社会的优良业绩。近年来，公司先后获得了"全国五一劳动奖状"、"全国文明单位"、"全国工人先锋号"、"国网公司先进集体"、"国家科学技术进步奖二等奖"、"全国'安康杯'竞赛优胜单位"、"全国实施用户满意工程先进单位"、"全国实施卓越绩效模式先进企业"、"江苏省文明单位标兵"、"江苏省用户满意服务明星企业"、"无锡市服务产业强市先进集体"、无锡市"服务地方发展优秀单位"等荣誉。

国家科学技术进步奖二等奖
（2019年）

日内瓦金奖（2023年）

　　江西铜业集团（贵溪）防腐工程有限公司成立于2006年4月，隶属于国内规模最大、技术最先进的铜冶炼企业——江西铜业股份有限公司贵溪冶炼厂，是一家集有色冶炼行业智能装备设计制造、铜冶炼配套装备、防腐工程施工、环保装备设计研发的国家高新技术企业，也是科技型中小企业、创新型中小企业和江西省"专精特新"中小企业，拥有省住建厅颁发的防水防腐保温工程专业的资质。

　　江西铜业集团（贵溪）防腐工程有限公司依托贵溪冶炼厂的应用场景及技术平台，相继开发出铜电解配套乙烯基树脂混凝土电解槽、不锈钢阴极板、密封夹边条、导电棒、非金属类设备及管道、脱硫脱硝成套装备等产品。

中国有色金属工业科学技术奖二等奖

高新技术企业证书

专精特新企业荣誉证书

防腐工程有限公司

玻璃钢槽

导电棒

夹边条生产线

不锈钢阴极板

有机胺烟气脱硫技术成套设备

PPH槽

乙烯基树脂电解槽

宁波开发投资集团有限公司
NINGBO DEVELOPMENT & INVESTMENT GROUP CO.,LTD.

宁波开发投资集团有限公司（以下简称宁波开投）成立于1991年11月，注册资本55.654亿元，系宁波市人民政府授权由市国资委履行出资人职责的国有资本投资运营公司。宁波开投聚力服务地方经济发展，以能源、海洋、大宗商品贸易三大产业为核心，以产业金融、开发服务和资产运营等N个产业为保障开展专业化投资运营。其中，能源产业涵盖燃煤燃气热电、新能源、低碳环保等众多门类，拥有宁波能源上市公司平台；海洋产业以宁波海洋发展集团为平台，从事海域海岛资源收储开发、港口岸线利用、海洋产业招引和园区建设等业务；大宗贸易产业主要依托宁波港口优势，围绕能源、化工、有色、黑色等领域，做强、做深、做长产业链；产业金融业务基本实现全牌照经营，先后投资宁波银行、甬兴证券等10余家金融企业；开发服务业务聚焦政府项目、城市更新及特色小镇等，承建了国际会议中心、甬江实验室等重大项目；资产运营业务涉及会议、会展及酒店等领域，集聚新芝宾馆、康得思酒店等多个具有区域影响力的酒店品牌，旗下国际会议中心圆满承接第三届中国−中东欧国家博览会等重大保障任务。2020年以来，宁波开投先后被国务院国有资产监督管理委员会列为"国有重点企业管理标杆创建行动标杆企业"、国企改革三年行动"专项典型"和"双百企业"。

主题教育活动

凯通贸易（优质贸易商30强）

甬江实验室（科技创新策源地）

宁波能源（风电项目）

海发大厦

QDHF  海发集团

　　青岛海发国有资本投资运营集团有限公司（以下简称海发集团）于2012年3月组建成立，2021年8月正式更名，注册资本金100亿元，下设10家一级子公司和6家控股或参股上市公司，总部及全资子公司共有620人，主体信用评级为国内"双AAA级"。作为全市国有资本市场化运作的专业平台，在青岛市委、市政府坚强领导和上级部门的精心指导下，海发集团聚焦实体经济发展和国企责任担当，始终强化党建引领、深化改革攻坚、抓实产业培育，加快构建新发展格局，锻造"实干家"队伍，走出了一条具有海发特色的发展之路。

中国企业年鉴

China Enterprise Yearbook 2024

企业论坛

展现科技创新引领产业创新的国企担当

中国建材集团党委书记、董事长　周育先

习近平总书记强调,"科技创新是发展新质生产力的核心要素""要在以科技创新引领产业创新方面下更大功夫"。加快发展新质生产力,是习近平总书记站在新的历史起点上,对推动经济高质量发展做出的战略谋划。对中国建材集团来说,加快发展新质生产力是落实党中央决策部署的使命责任,是自身发展的迫切需要。必须深入实施创新驱动发展战略,更好地发挥企业创新主体作用,加快发展新质生产力,推动企业高质量发展不断迈上新台阶。

一、坚持创新是第一动力

科技是第一生产力。科技创新能够催生新产业、新模式、新动能,是发展新质生产力的核心要素。从人类历史上历次重大科技进步,到近年来的互联网、大数据、人工智能等前沿领域发展,无一不是由新技术催生新产业,进而形成新的生产力的表现。在激烈的国际竞争中,我们要开辟新领域新赛道,塑造新动能新优势,从根本上说,还是要依靠科技创新。

当前,全球科技创新进入空前密集活跃期,新一代信息技术、生物、能源、材料等领域颠覆性技术不断涌现,科技创新对国家命运、经济社会发展的影响范围之大、程度之深前所未有。面对世界百年未有之大变局,为了更好应对风险挑战、把握发展机遇,我们必须因势而谋、应势而动、顺势而为。

作为世界500强建材行业领先企业和建材行业唯一央企,在创新驱动发展战略的引领下,中国建材集团坚持以科技创新带动产业创新,积极发挥26家国家级科研设计院所、3个全国重点实验室、8个国家级工程(技术)研究中心的创新力量,推动高性能碳纤维、锂电池隔膜、耐火材料、先进陶瓷、发电玻璃、人工晶体等一批高水平科技创新成果转化为产

业成果,支撑形成10亿元——50亿元——100亿元级别梯次布局的新材料产业体系,着力以科技创新提高核心竞争力,以产业创新增强核心功能,加快从传统建材领域向新材料产业转型,更好发挥科技创新、产业控制、安全支撑作用,助力建设具有完整性、先进性、安全性的现代化产业体系。

二、强化企业创新主体地位

企业作为经营主体,是经济发展的主力军和动力源,是科技创新活动的主要组织者和参与者。企业处于市场最前沿,看得见"炮火"、听得见"炮声",可以更灵敏地把握科技创新的社会需求,更有效地推动科技成果转化和产业化发展,是发展新质生产力的重要力量。

强化企业创新主体地位,要加大基础研究研发强度。科技创新是长跑,比的是持续保持强度的耐力。其中,实现基础研究的突破是关键一环,需要大幅提高重点产业的基础研究投入强度,增加创新发展的内生性。打赢关键核心技术攻坚战,就要找准"卡脖子"领域和薄弱环节,集中优质资源合力攻关,着力提高基础研究在研发中的比重。多年来,中国建材集团聚焦"四个面向"——面向世界科技前沿、面向经济主战场、面向国家重大需求、面向人民生命健康,不断加大基础研发投入强度,实行"揭榜挂帅"制度,全力推动关键核心技术攻关。2016—2023年,研发经费投入年均100亿元以上,复合增长率达到12.3%。近两年,新增核心发明专利307项,成功攻克大飞机碳纤维复材、大尺寸红外光学材料、高效发电玻璃等一批"卡脖子"技术,众多新材料应用于长征、神舟等"大国重器",多项科技创新成果服务和保障国家重大工程。

强化企业创新主体地位,要实现科技产业金融

良性循环。对于企业而言,科技创新成果不能停留于"实验室",而要走向"生产线"。中国建材集团不仅高度重视"从0到1"的基础科研创新突破,而且也关注"从1到100"的成果转化应用。一方面,围绕产业链布局创新链,深化与高校、科研机构的长期合作,积极参与"一带一路"科技创新合作,利用好全球科技成果、丰富智力资源和高端人才,加快推动海外联合实验室建设。另一方面,围绕创新链布局产业链,发挥好科技型企业"出题人""答题人"作用,在锂膜、玻纤、玻璃新材料等领域探索以自有高端装备公司或研发中心为支撑的"自答题"模式,加快建立以收益风险共担、知识产权共享和保护期锁定为前提的产研合作机制。发挥国有资本投资公司优势,用长期资本、耐心资本、战略资本支持创新成果更快转化落地。目前,集团共培育了397家高新技术企业,打造了21家制造业单项冠军企业,源源不断地为发展新质生产力提供新动能、新机遇。

三、突破创新成果转化的重要关口

科技创新成果转化是连接科研和生产的重要桥梁,是培育发展新质生产力的核心环节,也是实现从技术创新到产业创新的必过关卡。产业是生产力的载体,科技成果只有产业化才能成为社会生产力。立足集团战略定位,为了更好地发挥新材料攻关、新业态孵化、新产业培育方面的带动引领作用,促进材料产业高质量发展,必须更加重视前沿科技与市场需求高效对接,更加重视科技创新和产业创新深度融合,及时将科技创新成果应用到基础建材行业转型升级、战略性新兴产业培育、未来产业布局上,努力突破创新成果转化三道难关,贯通科技创新到产业创新,让科技创新这个"关键变量"转化为企业高质量发展的"最大增量"。

创新前端,实现从"技术领先"到"标准领先"的突破。发挥好集团所属科研院所优势,用好材料基因工程、人工智能等革命性科技创新成果和工具,提升"从0到1"基础原创能力和研发效率,围绕原创

性、引领性技术供给,以更加开放的姿态,汇集更多优质要素资源协同创新,加快打造具有全球竞争优势的材料产业原创技术策源地。把创新成果转化成专利成果,把专利成果转化为产业标准甚至是全球标准。在全球竞争中,着力培育原创型、基础型高价值专利,积极发挥基础建材和"双碳"技术等领域领先优势,突出欧洲、北非、中东等重点区域国际专利布局,积极参与国际标准制定,实现从"技术领先"向"标准领先"转变。

创新中端,实现从"初创期"到"成长期"的突破。巩固材料产业国有资本投资公司功能优势,牵头组建新材料产业基金,积极发挥产业基金"催化剂""放大器"效能,做好财务经济价值分析和资本市场价值分析,按照科技创新成果重要级分优先序,加快实施内部主导转化和集团外部转化,运用战略性投资、基金参股等方式,分散成果转化前期的投资风险,协同资本市场、运用外部资金共同支持中小微企业度过创新成果转化的"初创期"。"一代材料,一代装备",装备是材料产业创新成果转化的另一个重要载体。推动装备业务整合,组建成立中国建材装备集团并打造高端装备智造园区,自主创新建立新材料产业高端装备体系,大力提升装备自给率,深度参与集团非金属材料现代产业链链长建设,助力新材料创新成果在产业端顺利转化成现实生产力。

创新后端,实现从"被替代"到"被依赖"的突破。坚持需求导向,敏锐捕捉市场需求,健全后端到前端的反馈机制,由生产型企业提出滚动式、迭代式的攻关任务,发挥好企业"出题人"作用。系统性推进创新成果产业化,提高创新前瞻性,同步开展现有产品迭代升级、替代产品预判研究。聚焦新材料产业发展趋势和战略性新兴产业、未来产业发展前景,提前布局储氢气瓶、柔性玻璃、发电玻璃等新能源业应用材料的研发和生产。加大前沿领域的新材料产业投资力度,不断丰富集团战略性新兴产业产品库,为加快形成新质生产力、实现高质量发展提供坚实支撑,展现国企担当。

提升企业核心竞争力　加快实现高质量发展

中国宝武钢铁集团有限公司

中国宝武钢铁集团有限公司(以下简称中国宝武)的前身为始建于1978年12月的上海宝山钢铁总厂,后经历宝山钢铁(集团)公司、上海宝钢集团公司、宝钢集团有限公司等不同发展阶段,于2016年12月与武汉钢铁(集团)公司实施联合重组后揭牌成立,是中央直接管理的国有重要骨干企业,经营国务院授权范围内的国有资产,开展有关国有资本投资、运营业务。中国宝武注册资本527.91亿元,资产规模1.36万亿元;2023年年底,拥有在册员工257912人,在岗员工221494人(不含托管企业)。2019年后,相继重组马钢(集团)控股有限公司(以下简称马钢集团)、重庆钢铁股份有限公司(以下简称重庆钢铁)、太原钢铁(集团)有限公司(以下简称太钢集团)、新余钢铁集团有限公司(以下简称新钢集团)、中国中钢集团有限公司,托管重庆钢铁(集团)有限责任公司、昆明钢铁控股有限公司;2023年12月,战略投资山东钢铁集团有限公司(以下简称山钢集团)。2020年被国务院国资委纳入中央企业创建世界一流示范企业;2022年获批成为国有资本投资公司,启动新型低碳冶金现代产业链"链长"建设工作。2023年在《财富》杂志发布的世界500强企业排行榜中名列第44位。总部设在中国(上海)自由贸易试验区世博大道1859号。

中国宝武定位于提供钢铁及先进材料综合解决方案和产业生态圈服务的高科技企业,以"共建产业生态圈推动人类文明进步"为使命,以"成为全球钢铁及先进材料业引领者"为愿景,秉持"诚信、创新、绿色、共享"的价值观和"钢铁报国、开放融合、严格苛求、铸就强大"的企业精神,以"四化"(高端化、智能化、绿色化、高效化)为方向引领,以"四有"(有订单的生产、有边际的产量、有利润的收入、有现金的利润)为经营纲领,以科技创新为核心驱动力,建设产品卓越、品牌卓著、创新领先、治理现代的世界一流企业。

中国宝武聚焦主责主业,致力于构建以钢铁制造产业为基础,先进材料产业、绿色资源产业、智慧服务产业、产业不动产业务、产业金融业务等相关产业(业务)协同发展的"一基五元"格局,并以此为基础强化产业生态圈建设,构建新型低碳冶金现代产业链。钢铁制造产业突出绿色内涵并持续推进高端化,形成"东西南北中"全国性布局,拥有宝山钢铁股份有限公司(简称宝钢股份)、宝武集团中南钢铁有限公司、马钢集团、太钢集团、宝钢集团新疆八一钢铁有限公司(简称八钢公司)、新钢集团等企业,有十多个大中型全流程钢铁基地和多条短流程钢铁生产线,装备整体水平位于全球前列,产品覆盖碳钢、不锈钢、特钢全系列、全品类,为航空航天、能源电力、交通运输、国家重大工程等众多领域解决了一大批"卡脖子"材料难题,多个产品实现全球首发,汽车用钢、电工钢、车轮、H型钢、手撕钢、双相不锈钢等高精尖产品享誉国内外,氢冶金、富氢碳循环等低碳冶金创新工艺技术助力实现"双碳"目标;2023年钢产量1.31亿吨,经营规模和经营业绩继续位居钢铁行业全球第一。新材料产业与钢铁制造业协同耦合,覆盖镁、铝、钛、碳纤维、特种冶金等领域,为用户提供综合材料解决方案。绿色资源产业、智慧服务产业依托科技赋能,通过构建产业生态圈模式加强与制造业及相互间的协同支撑,以数字产业化加快推进产业数字化转型,实现智慧服务创造价值。产业不动产业务聚焦存量资产盘活,构建产业空间载体,提供产业支撑服务,承担转型保障使命。产业金融业务聚焦供应链金融、生态圈金融,为实体产业提供金融服务,发挥杠杆作用,为主业发展提供协同支撑。

2023年,中国宝武经受住了复杂的外部环境和严峻的行业形势的重大考验,整体经营业绩保持行业最优。完成工业总产值（现行价格）8494.46亿元，工业销售产值8406.66亿元，资产总值13625.22亿元，营业收入11129.72亿元，实现利润总额316.20亿元，上缴税费397.55亿元，净资产收益率4.16%；铁产量11747.37万吨，钢产量13076.95万吨，商品坯材产量13444.49万吨，商品坯材销量13375.70万吨，出口钢材813.13万吨。

2023年，中国宝武研发经费投入强度3.7%，专利申请6419件，其中发明专利4772件。二氧化硫、氮氧化物、化学需氧量排放总量分别为20948吨、51056吨、1440吨，较上年分别下降13%、10%和15%；吨钢综合能耗554千克标准煤，较上年下降6千克标准煤；万元产值（营业收入）能耗实绩0.92吨标准煤，较上年下降6%；万元产值（营业收入）二氧化碳排放较上年下降6%。对外捐赠2.18亿元；被民政部授予第12届"'中华慈善奖'捐赠企业"称号，是连续第九次获此荣誉。在2022年度中央企业负责人经营业绩考核中连续第七年获评A级。品牌影响力和美誉度进一步提升，在2023年美国《财富》杂志发布的世界500强企业排行榜中继续位列第44位，全球钢铁业排名第一，连续两年跻身前50强。获选2023年十大"中国ESG（环境、社会责任、公司治理）榜样"企业。入选"2022年度中央企业品牌建设能力TOP（顶部）30"。国际三大评级机构标准普尔、穆迪、惠誉继续给予中国宝武全球综合性钢铁企业最高信用评级。

一、持续优化产业布局 培育高质量发展新动能

"弯弓搭箭"战略布局进一步完善。聚焦主业优化布局，与山东省人民政府签订合作框架协议及相关投资协议，中国宝武战略投资山钢集团，宝钢股份持有山钢日照48.61%股权，跨出与山钢集团钢铁板块实施一体化运营的第一步，将更好地推动集团公司沿海钢铁基地协同发展。

新型低碳冶金现代产业链链长建设稳步推进。①勇担保供稳链责任，资源安全保障水平稳步提升。积极践行国家"基石计划"（通过国内新增铁矿开发、境外新增权益铁矿、废钢资源的开发，实现对铁矿石供给和价格的话语权），铁精矿产能规模进一步提升，全年国内铁精矿产量3738.8万吨，同比增产9.24%。境内、外铁矿石总产量6748万吨，国内排名第一。境外资源布局实现突破，矿产资源掌控能力显著提升，几内亚西芒杜铁矿项目取得实质性进展，北部区块矿山已开工建设。利比里亚邦矿150万吨/年干式磨选项目、利比里亚宝米（Bomi）项目、西澳大利亚皮尔巴拉地区西坡铁矿项目等有序推进，并取得积极进展。建成全球最大再生钢铁原料循环加工网络，废钢年经营规模超过5000万吨。②营造开放型产业生态，推动产业链上下游企业融通发展。依托富氢碳循环氧气高炉、百万吨级氢基竖炉和"零碳"综合示范工厂建设，有效带动国内装备制造、零部件生产、工程建设和自动化服务等领域168家中小企业参与，推动中国低碳冶金工艺技术和装备水平迈上新台阶。积极参与国务院国资委"共链行动"，承办2023新型低碳冶金现代产业链"共链行动"暨钢铁产业互联网大会，通过发布需求对接清单、行业产业种类规则和环境产品声明等，推动超1万家企业参与和享用产业互联网平台服务。聚焦低碳冶金、国际化发展、产业链强链补链、专业化整合等关键领域，与多家企业签订战略合作框架协议。

战略性新兴产业进展顺利。围绕工业软件、新材料、人工智能、新能源等布局战略性新兴产业，培育发展新动能，承担国务院国资委央企产业焕新行动任务中五大类24项具体任务。在两个未来产业三个领域方向，承担相关重点技术、典型场景、重大工程攻关任务。战略性新兴产业专业化平台建设进展顺利。金属再生资源平台公司欧冶链金国内市场占有率超26%，积极打造"1+N"再生资源回收平台；第三方钢铁产业互联网平台公司欧冶云商，通过构建"平台+生态、技术+场景、线上+线下"的钢铁共享服务生态圈，有效促进钢铁产业链提质增效和数字化转型；轻量化解决方案供应商宝武镁业，重点布局镁基材料，推进全镁产业链建设，镁合金全球市场占有率超过30%，位居世界第一。

国际化经营取得积极成效。海外钢铁基地项目取得历史性突破，宝钢股份沙特厚板项目通过国务院国资委出资人审核程序。工程服务、绿色能源、工业包装等五元产业海外布局进展顺利。钢铁产品海外市场有效拓展，全年钢材出口809万吨，比上年提

高44.8%,其中,宝钢股份出口566万吨,其他钢铁子公司努力推进高端板材、长材、型材、管材等产品出口。

二、强化科技创新 驱动"四化"发展

高端化产品与技术实现新突破。①一批关键配套材料和核心技术攻克"卡脖子"难题,保障国家重点领域用材安全。完成核电安注箱关键设备用全球最宽最重18MND5钢板交付,确保中国核电更安全更先进;实现燃气轮机燃烧室用隔热材料国产化制备和供应,支撑中国重型燃气轮机产业链的完整性和安全性;国产高速车轮在"复兴号"实现整列装用。②一批首台(套)产品技术彰显领先优势。新型钴基变形高温合金实现首轮试制,签订全球首个60万千瓦高温气冷堆项目换热组件合同,首台商业化核电高温气冷堆用高温合金材料实现首批次交付,核级镍基合金焊材首次实现国产化应用。③一批传统钢铁材料实现升级。高性能取向硅钢研发制造与应用项目获工业领域最高奖"中国工业大奖";高强度高弯曲高耐蚀钢DP1310GA实现全球首发,填补汽车用超高强钢同类产品空白;2100兆帕级汽车悬架弹簧用钢替代进口。④一批新产品新技术实现成果转化。完成数字孪生集成平台研发;高性能碳化硅功能产品突破国外专利技术壁垒;大型竖罐蓄热脉冲冶炼技术成功用于安徽宝镁年产30万吨高性能镁基轻合金及深加工配套项目,产出全球单罐最大结晶镁锭;自主研发宽幅铝合金工具钢轧辊,破解中国铝业轧制企业在该类产品领域长期依赖进口的"卡脖子"难题。

数字化转型智能化升级展现新作为。①构建工业大脑,升级智慧决策。在高炉闭环控制、热轧"1+N"核心技术、高效柔性化生产排程、数字化产品研发等方面形成一批核心技术突破和应用,实现超大规模、超级复杂场景下的智能运营和智慧决策。②深化协同提升,实现跨界赋能。工业互联网平台"宝联登"连续4年入选工业和信息化部"双跨平台";全球首套智慧高炉运行平台建成并投运,实现宝钢股份14座高炉炉况指数化诊断、运行智能化控制,开启数字高炉新时代。③加快"三跨融合",提升数字化协

同效率。在采购、交易、物流、设备运维、轧辊服务等方面形成数据驱动生态化服务能力示范。

绿色低碳转型发展取得新成效。①绿色制造迈向更强。绿色低碳重大工艺技术实现突破,八钢公司2500立方米富氢碳循环氧气高炉商业化示范项目投运并实现全氧冶炼、煤气自循环工艺全线贯通,标志着宝武低碳冶金技术研发历经多年锤炼全面进入商业化运作阶段;湛江钢铁"零碳"示范工厂百万吨级氢基竖炉点火投运,宝武探索氢基竖炉+高效电炉全流程零碳工厂迈出坚实步伐。②绿色产品实现更优。积极开发低碳钢产品,国内首个低碳排放汽车板产品实现量产供货,与美的集团联合发布低碳空调品牌,发布长材低碳产品品牌BeLEAF,宝钢硅钢BeCOREs®产品助力新能源汽车技术进步和输配电行业绿色发展,全球首款低碳重载车轮助力矿山运输低碳发展。聚焦清洁能源行业发展开发新品,BWind420MD等系列产品促进轻量化风电塔筒设计与规模应用,超级超纯铁素体TFC22-X产品实现新能源领域关键战略材料国内首发。③绿色产业开出新局。优化能源结构,探索能源使用向氢基清洁能源转型路径,分布式能源建成并网300兆瓦,在建600兆瓦;建设绿色原料保障体系,以项目为载体,研究直接还原铁、冷压块等技术。④绿色金融助力绿色发展。华宝股权完成宝武绿碳基金百亿规模落地,并围绕产业链在绿色低碳领域积极投资布局;华宝投资建成区块链绿色供应链金融服务平台;华宝证券成为唯一具有产业背景的获批碳交易资格证券公司;华宝基金开发7只与"双碳"相关的公募基金产品;财务公司绿色金融规模超百亿。

"高效化"引领效率持续提升。聚焦"变革驱动极致效率",通过对标找差现场会、半年度工作会议,引导子公司坚持"四有"经营原则,践行算账经营,追求极致效率效益。①经营改善取得明显成效,中国宝武下半年利润达到上半年的1.74倍;合并口径"两金"周转效率跑赢行业平均值,其中钢铁主业持续优于行业大盘,宝钢股份原料库存从1500万吨下降到700多万吨;有息负债平均成本2.86%,跑赢央企大盘64bp(万分之一),节约财务费用16亿元。②全口径人均产钢量有效提升。钢铁板块全口径年人均产钢量1098吨,较上年提高9.9%,其中湛江钢

铁达 1770 吨。深入推进专业协作管理变革,全年整合清退低小散供应商 101 家,比上年下降 23.3%。③资源与能源利用效率不断提高。扎实开展能效标杆创建,加大极致能效技术推广应用,应用比例从 34% 提高到 49%;因地制宜发展可再生能源,清洁能源利用总量超过 200 万吨标准煤,比上年提高 27%。

中国宝武还积极贯彻落实国务院国资委有关打造原创技术策源地要求,出台《中国宝武打造原创技术策源地行动方案》并加快推进落实,申报工业绿色低碳、工业软件两大领域策源地建设布局。

三、深化国企改革　高质量发展再添新动力

聚焦堵点难点深化改革。①混合所有制改革稳步推进。子公司首次公开募股(IPO)上市步伐稳健,欧冶云商完成加期申报及财务报表审阅更新,宝武碳业通过深圳证券交易所上市审核委员会审议。欧冶工业品和马钢交材积极引入外部投资者,分别引入外部资金 8 亿元、7.86 亿元。②法人压减取得新成效。全年压减、退出全资控股子企业 87 户,及时清理一批低战略价值、低经济价值的子企业;压减、退出长期不分红等参股企业 36 户,回笼资金 29.6 亿元。③激励机制进一步完善。完善科技创新激励保障机制,加大工资总额对科技创新支撑,基础研究"筑基"工程、科创增效"共享"工程、青年科技人才"安薪"工程等科技创新激励保障工程有效落地。加快中长期激励提质扩面,常态化开展上市公司股权激励。马钢交材同步实施混合所有制改革与科技型企业股权激励。

高起点谋划改革深化提高行动,构建新型经营责任制。聚焦增强核心功能、提高核心竞争力,以更强动力、更大力度开展新一轮国企改革深化提升行动。坚持战略导向和价值导向,构建新型经营责任制,着重强化净资产收益率指标,引导子公司高度关注高质量发展内涵。结合新一年商业计划书编制,按照全新"三强三优一大"(可持续创新能力强、产业链控制能力强、安全支撑作用强,经营质量优、布局结构优、品牌形象优,细分市场份额大)指标体系,做好指标转化和分解。倡导创造价值才能分享价值的理念,构建行之有效的价值分享机制。

四、坚持合规经营、稳健运行　守住不发生重大风险底线

依法合规经营,有效防范化解风险。积极构建适应中国宝武发展战略和产业结构的集团法务、合规管理、招标管理体系,着力健全"五个体系"(领导责任体系、依法治理体系、规章制度体系、合规管理体系、工作组织体系),持续提升"五种能力"(法治工作引领支撑能力、风险管控能力、涉外法治工作能力、主动维权能力和信息化管理能力),不断完善与国有资本投资公司相匹配的全面风险管理体系。开展重大重要风险评估,确保重大风险受控。加强投资风险源头防控,建立重大投资项目承诺机制,持续提升重大项目投资研究质量、决策效率和管理水平。建立虚假贸易长效防范机制,坚决退出与主业实业无关的贸易业务。聚焦投资、债务、金融、贸易等高风险业务领域,明确 12 项中长期风险防控任务措施,纳入改革深化提升行动。建成华宝金融风险管理系统。发挥审计监督作用,巩固深化巡视与审计贯通协同工作体制,全面揭示经营活动中的风险隐患。

加强安全、环保风险管理。牢固树立安全发展理念。积极开展重大事故隐患排查整治专项行动,推动安全生产关口前移,防范生产安全事故发生。积极落实安全生产主体责任和全员安全生产责任制,补齐基础管理短板。积极推进安全生产监督管理信息系统 2.0、重大风险监控平台建设,提升安监工作效率效能。着力提高能源环保管理水平。坚决贯彻落实党中央、国务院重大战略部署,认真抓好长江、黄河重点流域生态环境保护相关工作。全面落实超低排放改造,8 家钢铁生产基地总计近亿吨产能全面完成超低排改造并公示。持续提升废水零排放整体能力,16 家长流程钢铁基地能力总体提升。持续巩固固体废物不出厂成果,15 家单位纳入中国宝武"无废集团"建设试点先行先试范围,助力属地"无废城市"建设,宝钢股份宝山基地率先发布"绿色无废城市钢厂"方案。

五、坚持发展依靠员工、为了员工与员工共创共享

激发员工劳动热情和创新潜能。深入开展形势任务教育，统一思想，广泛凝聚干部员工力量，积极应对严峻的经营形势。深入开展"全面对标找差创建世界一流"主题劳动竞赛和青年岗位建功行动，激励员工奋勇争先、创造价值，一大批关键经济技术指标显著提升，为中国宝武总体经营业绩保持行业最优提供有力支撑。迭代升级职工岗位创新体系，全年献计 108 万条，2300 余项岗位创新成果在各类评比中获奖。《宝武管理者问卷》调查显示，广大员工和管理者对公司满意度同比提升，93.6% 的员工认为"四化"推进情况好，94.4% 的员工对宝武建设世界一流企业充满信心。

加强人才培养，努力打造科技和高技能人才队伍。进一步优化宝武科学家制度，形成 7 名首席科学家、16 名工程科学家队伍。加快推进国家工程硕博士改革试点有效落地，稳步推进卓越工程师学院建设和工程硕博士培养改革专项任务。推动高潜能和国际化人才队伍建设，打造战略储备和国际化人才库。强化海外高层次引才，实现海外博士后引进"零突破"。加强高科技人才遴选推优，1 人获"国家工程师奖"，6 人进入"国家高层次人才特殊支持计划"，14 人享受国务院政府特殊津贴。针对各层级各技能领域，开展 257 个重点培训项目，着力提高技能人才专业能力。职业技能等级"新八级"制度试点取得明显成效，45 名职工获评"特级技师"，认定技师及以上高技能人才 3731 人。承办全国智能产线装调与运维职业技能竞赛，打造宝武技能竞赛品牌，职工在高水平赛事中屡创佳绩。大力弘扬劳模精神、劳动精神、工匠精神，145 个集体和个人获行业、省部级以上劳模、先进及青年类荣誉。

深化职工关心关爱工作。着力解决职工"三最"问题，实施 2261 项实事项目，两家单位入选全国提升职工生活品质试点。推进"安康护航"行动和"安全生产青年当先"主题活动，发动职工排查安全隐患 40 余万条，引导职工从"要我安全"向"我要安全"转变。扎实推进"健康宝武"行动，新建各类健康驿站 62 个。推出职工家属体检优惠套餐，将关爱从职工本人向职工家庭延伸。

（撰稿：张文良）

赓续齐心协力建包钢荣光　再铸工业长子新征程辉煌

包头钢铁（集团）有限责任公司

2023 年，包头钢铁（集团）有限责任公司［以下简称包钢（集团）公司］有职工 55758 人，其中博士 64 人、硕士 2126 人、本科 15260 人，高级职称 2960 人、高级技师 1047 人。全年克服市场下行压力、贸易收入减少等影响因素，实现营业收入 1128.97 亿元；利润总额 53.19 亿元，同比增长 10.41%；上缴税费 110.94 亿元，同比增长 16.43%。全年完成固定资产投资 52 亿元；职工年收入增长 10.7%。

一、生产经营

2023 年，包钢（集团）公司聚焦"一利五率"经营指标，全力稳经营、拓市场、降成本，实现了生产经营量质齐增。①突出质量效益，优化生产布局。紧跟市场调整生产经营策略，优先保证高效益产线稳产高产，全年生产粗钢 1520 万吨，同比增长 7.1%；商品坯材 1426 万吨，同比增长 6.1%；高效益产品超目标计划 18.3 万吨，边际贡献力稳步提升。稳定原料保障，挖掘自有矿山潜力，全年自产铁精矿 935.3 万

吨,获取蒙古国煤354.8万吨。获评中国钢铁企业竞争力(暨发展质量)A级(特强)企业。争取稀土冶炼分离指标创历史新高,全年获分配指标达16.3万吨,占总量的67%。生产稀土冶炼分离产品折氧化物17.5万吨,同比增长24.2%,产量再创新高。强化工序协同,北方稀土成立原料板块协同中心,实现生产工序效率最大化。②精耕区域市场,突出精准营销。追求"有利润的营收和有现金的利润",扩大差异化竞争优势,主动融入内蒙古自治区重点用钢产业链和区内重点项目,聚焦风电、汽车、家电、光伏、油气钻采、铁路等用钢领域,优势产品市场占有率和盈利能力持续提升。通过精准营销和技术服务深耕重点区域,全年销售品种钢占比超50%,500千米范围内钢材销量同比增加30%,新能源、现代装备等用钢销量同比增加15%以上,风电钢产销量首次突破百万吨。紧盯国际市场,北方稀土积极拓展长协渠道,镨钕产品市场占有率达到60%,同比提升13个百分点。充分释放磁材产业整合效能,产品市场占有率提升至22%。全年出口钢材142.5万吨、稀土产品1.2万吨,合计出口金额超10亿美元。③强化成本管控,拓展经营空间。加强全面预算管理,深度推进业财融合,严控非生产性支出,完成债券兑付44亿元;合理优化原燃料、产成品库存,加快销售货款回笼,资金周转率和经营创现能力显著提升;强化供产衔接,深挖采购潜力,全年跑赢市场12亿元以上。聚焦关键经济技术指标和节能降耗指标,系统开展对标协同降本,以钢铁料消耗、燃料比为代表的钢铁关键经济技术指标实现新突破。全年吨钢制造成本同比降低206.7元/吨,降幅5%;吨稀土加工成本同比降低1363元/吨,降幅7.1%。

二、科技创新

坚持创新驱动发展,持续提升科技创新能力。紧紧抓住科技创新这个关键,充分发挥创新主体作用,企业竞争力和创造力全面提升。①深化科技体制机制改革。强化科技管理,设立科技创新部、创新研究院,提级管理稀土研究院,推动科改示范,健全完善了科研项目立项、科研经费管理、科研人员基础薪酬等一系列支持创新制度;稀土研究院获评科改

示范国家标杆,矿山研究院成功入围科改示范企业。强化创新人才队伍建设,加大高层次人才培养和引进力度,全年引进硕士研究生及以上学历137人、"双一流"院校147人。启动人才住房项目,强化人才保障。全年科研费用投入55亿元,投入强度达4.8%。②建强做优科技创新平台。实质化运营稀土新材料技术创新中心,围绕7个重点项目开展科研工作;加快打造稀土研究院杭州分院、包钢股份北科大联合创新中心等科研飞地;依托白云鄂博稀土资源研究与综合利用全国重点实验室,与中国科学院、地科院、北科大等48家科研院所和高校建立了深度战略合作关系;充分发挥内蒙古稀土钢重点实验室平台作用,加快促进稀土在钢中的应用研究;北方稀土牵头建设国家唯一的新材料测试评价平台;稀土行业中心及国家技术标准稀土创新基地顺利通过验收,稀土研究院成功获批稀土材料领域唯一国家标准验证点。③加大科技成果转化力度。围绕国家重大战略需求和企业关键技术难题布局重点科研项目,承担国家重点专项1项、内蒙古自治区自然科学基金项目6项。推动稀土耐磨材料制备、高纯稀土金属关键制备技术等一批原创性成果竞相涌现,获评行业级奖项1个、内蒙古自治区级奖项5个。碱性球团生产及高炉大比例球团冶炼取得新突破;高原铁路轨道用钢性能提升关键技术研究取得突破,满足"川藏铁路"性能指标要求的钢轨研发成功并实现试铺;成功研制抗氢脆管线钢,用于国内首条掺氢输送管道项目;建成全国首台套固态储氢系统示范装置;碳化法钢铁渣综合利用、脱硫石膏晶须等自有技术实现产业化,科研成果对企业发展贡献率稳步提升。深化知识产权管理,全年专利申请量达到1251件、取得授权626项,发布多项国际、国家、行业及团体标准。完成两批次11家高新技术企业的申报工作,3家单位获评2023年国家知识产权示范企业、优势企业。

三、政策借力

2023年,包钢(集团)公司抢抓《国务院关于推动内蒙古高质量发展奋力书写中国式现代化新篇章的意见》出台和内蒙古自治区推动包钢(集团)公司

高质量发展机遇,全力将政策红利转化为发展动能。①扎实推动高质量发展。积极对接、主动落实内蒙古自治区支持包钢(集团)公司高质量发展35项政策举措,配套制定24项自身举措,在解决资金问题、资源开发利用等方面取得明显成效。全年新增授信142.9亿元,累计发行债券、新增融资106.2亿元,实现银行贷款融资全部正常接续;完成稀土钢板材公司债转股退出一期工作,筹集40亿元回购股权;累计争取各类专项资金支持10亿元以上,保证了资金安全;彻底解决历史欠税问题,有效减轻企业负担。②全力推动"两个稀土基地"建设。牢牢把握习近平总书记和党中央对内蒙古的战略定位,制定争做"两个稀土基地"建设主力军工作方案。开展白云鄂博矿资源"摸家底"工作。聚力发展稀土新材料和应用产业,启动绿色冶炼升级改造项目,新增25万吨磁性材料产能、3000吨抛光材料产能、1270台(套)永磁电机产能;稀土钢产量首次突破120万吨;与蒙古国等就境外稀土资源利用进行合作交流,与济南域潇集团、盛和资源公司达成战略合作;实施稀土交易所"上线企业倍增计划",全国性稀土产品交易中心初具规模。

四、企业改革

包钢(集团)公司以全面深化改革激发内生动力,深化管理提升三年行动和对标一流企业价值创造行动,管理精细化、规范化水平持续提升。①启动国企改革深化提升行动。制定新一轮三年改革深化提升行动方案,确立9个方面53项工作举措。赴山东重点企业寻标对标,缩小与一流企业的差距。北方稀土扎实开展世界一流专业领军示范企业创建工作,被国务院国资委评为A+级。全面推开管理、技术业务序列改革和三项制度改革,全员劳动生产率达51.6万元/(人·年)。优化内部资源整合,压减企业20户。完善任期制、契约化考核体系,实现"一企一表""一人一表"差异化考核。②提升精细化管理水平。锚定"强基固本"目标开展管理提升行动,条块化统筹推进各管理领域提升任务,推进精益班组、精益车间、精益产线建设。建立内控自我评价和分级监督评价机制、跨部门联动工作机制,强化子公司内控监督检查。开展"跑冒滴漏"问题专项治理,烟煤、动力煤实现100%直采,其他大宗原燃料直采比例超过50%。针对招投标领域和EPC项目存在的问题开展专项治理,建立"管办分离"采购管理模式,全面堵塞管理漏洞、规范采购招标行为。开展16项"大起底"专项行动,15户亏损企业实现阶段性扭亏。委托内蒙古产权交易中心公开挂牌交易闲置物资1.8万项,价值2.9亿元。通过"修配改"方式盘活闲置物资4450万元。完善"制度树"管理体系,提升公司治理效能。管理创新成果在中钢协和中国企联评比中斩获佳绩。③更好地统筹发展与安全。启动合规管理三年行动,在集团公司和重要子企业层面设立首席合规官;建立合规管理三道防线,叫停不合规贸易,稳步提升合规管控能力;全面落实安全管理责任,修订完善安全管理制度及责任清单17项,包钢(集团)公司领导带队下现场开展安全检查45次,查出问题268项并全部整改完成;聚焦矿山、危化品、建筑施工等领域,常态化开展风险分级管控和隐患排查治理;强化相关方安全监管,将相关方纳入自身安全管理体系,抓好施工和检修项目的全流程安全管理。积极培育企业安全文化,激励全员争当安全生产监督员,全年累计整改各类安全隐患1769项,千人负伤率为0.27‰。全年计提安措费5亿元以上,专项用于提升本质化安全水平。顺利通过内蒙古自治区安委办组织的事故防范和整改措施落实情况评估,整改成效受到自治区评估组充分肯定。

五、转型升级

包钢(集团)公司坚持战略引领,完成"十四五"规划中期调整,优化产业布局,不断塑造竞争新优势和增长新动能。①推动高端化升级。钢铁产业推行"优质精品钢+系列稀土钢"战略,实施锌铝镁镀层钢板等一批重点项目,以重轨、风电钢、硅钢、管线钢等为代表的战略产品盈利能力持续提升。稀土产业在原料、功能材料和应用端共同发力,启动北方稀土绿色冶炼升级改造、金蒙钕铁硼废料回收、北方嘉轩永磁电机生产基地等一批高质化项目。资源及综合利用产业聚焦培育主业"第三极",加快推进煤炭、铁矿等资源的整合开发。物流产业以现代物流业和园区业为重点,成功晋升国家综合型 5A 物流企业;节能环保产业依托集团公司"渣、气、水、能、测"业务,不断塑造核心竞争力;煤焦化工产业建成年产 30 万吨焦油深加工项目;装备及现代服务产业聚力发展工程技术服务、工程建设、新能源装备制造,打造一流服务队伍,为搏击外部市场蓄势储能。②推动智能化转型。组建运营改善部,推进数智化管理体系建设,发布《集团管控项目信息化建设方案》等一批管理制度,加快数智化转型进程;年内投入 5 亿元实施智能化改造,钢铁产业关键工序数控化率提升至81%,生产设备数字化率提升至 56%,稀土产业关键工序数控化率达到 77%,生产设备数字化率达到49%;实施 80 项"3D"岗位机械替代项目,本质化安全水平和生产效率显著提升;建设工业互联网数据运营中心,建成工业互联网标识解析平台,为各产业纵深推进数智化转型创造条件。③推动绿色化发展。完成钢铁工序超低排放改造,实现全流程、全过程环境监管,大气主要污染物达标排放;扎实开展水环境治理,外排废水指标全部满足黄河纳管要求。北方稀土环保设施同步运行率和废水、废气达标排放率全部达到 100%。高质量完成中央生态环境保护督察、黄河流域警示片反映问题年度整改任务,全面完成固废综合利用指标和重点项目建设任务。落实能源目标责任制,吨钢综合能耗强度、新水能耗指标圆满完成年度目标计划。完成 7 个全额自发自用新能源项目建设,启动白云鄂博矿区 150 兆瓦绿电直供项目,获批厂区 44 兆瓦全额自发自用新能源项目指标。聚焦"双碳"目标,在低碳技术、碳汇交易、碳金融等领域实现引领性突破。完成全部钢铁产品生命周期评价,成功发布两类产品 EPD(环境产品声明)报告,产品绿色竞争力不断增强。

六、党建引领

包钢(集团)公司始终把铸牢中华民族共同体意识主线全面贯彻到各项工作中,坚持党建与生产经营深度融合,以高质量党建引领高质量发展。①始终坚持党的领导。认真贯彻"两个一以贯之",深入推进党的领导融入包钢(集团)公司治理各环节,确保改革发展始终沿着正确方向前进。扎实开展学习贯彻习近平新时代中国特色社会主义思想主题教育,将主题教育同落实党中央决策部署和助力内蒙古自治区办好"两件大事"等中心工作紧密结合,以重点突破带动整体提升。持续强化党组织"三基建设",全面推进坚强堡垒"模范支部"创建,扩大"最强党支部"增量,推行党小组和生产班组"两组"融合共建,基层党组织政治功能和组织功能持续提升。②把牢意识形态工作领导权。构建宣传、统战、企业文化工作"红色号角"考评体系,压实意识形态责任制。强化舆情管控,与主流媒体合作联动,奏响"强信心""塑形象"主旋律。着力打造"同心服务""石榴籽籽同连心"特色民族工作品牌。积极选树、宣传"劳模工匠""包钢好工人"等各类先进典型事迹,营造尊重劳动、崇尚技能、鼓励创新的良好氛围。③深化全面从严治党。紧盯上级重大决策部署及高质量发展重点任务,突出政治监督,做实日常监督,全年处置问题线索 447 件,立结案 45 件,处分 60 人。保持反腐高压态势,聚焦重点领域和关键环节开展常规巡察、现场巡察。聚焦内蒙古自治区党委机动巡视、自治区国资委党委第五轮巡察,全力做好整改"后半篇文章"。持续深化纠治"四风",查处相关案件 8 起、处分 9 人;开展"大吃大喝、铺张浪费"问题专项排查整治工作,推进作风建设常态化长效化。④坚持党建带工建、带团建。持续深化产业工人队伍建设改革和提升职工生活品质工作,开展各级各类劳动和技能竞赛、群众性经济技术创新活动。实施"三心"工程和"三彩"计划,大力推进"三室一堂"改造提升,完成 15 项"我为群众办实事"项目。全年投入 1500 余万元持续唱响"四季歌",员工幸福感、安全感、获得感不断提升。发挥群团组织桥梁纽带作用,支持团委不断擦亮"青字号"工作品牌。

锻造新质生产力 实现高质量发展

东方润安集团有限公司

东方润安集团有限公司（以下简称东方润安）定位于基础原材料专业制造，专注实业、聚焦主业，致力于将企业发展成为集钢铁、导轨、铜业为一体的制造业企业。

自成立以来，东方润安就坚守"合道守静、精益前行"的行动准则，"合道守静"就是"专注实业、聚焦主业"，"精益前行"就是集中所有的精力和资源，投入精益润安工程中，以精益生产统领经营管理全过程，不断提升企业核心竞争力。对于制造业来说，专注实业、聚焦主业，坚持科技创新，打造特色化、差异化优势，提升产品品质，提供卓越服务，在商业模式、产品研发、技术工艺、管理理念、服务水平等方面进行创新，才是实现高质量发展的正道、大道。

东方润安聚焦钢铁主业，没有去追投风口，而是牢牢扎根本土，纵深推进创新绿色发展，以科技创新、数智化赋能为传统企业发展新质生产力，注入高质量发展新活力。东方润安积极贯彻新发展理念，通过转型升级、结构调整，提前布局特钢、导轨、铜业三大板块，坚定绿色、低碳、智能、高端发展方向，持续推动创新发展工作迈入"快车道"，把"数字化、智能化、智慧化"的理念贯穿企业发展各方面，深化创新联合体建设，加快将价值十余亿元的精品棒材线等智能制造产线建设投产，打造差异化优势，锻造新质生产力，增强核心竞争力，致力于为国内顶尖客户解决"卡脖子"的高端特钢材料难题。长期以来坚持的"精品发展 绿色发展 安全发展"战略，让东方润安在目前钢铁行业基本面走弱的大背景下，强劲逆势而上，大力提振市场信心。

2023年，东方润安实现营业收入752亿元，产品和服务网络覆盖全国，出口世界多个国家和地区，位列2023中国企业500强第356位、中国民营企业500强第163位、中国民营制造业企业500强第109位；先后获评"全国文明单位""中国优特钢行业最具影响力生产企业""国家高新技术企业""国家级绿色工厂"等荣誉称号。

一、瞄准精品 向高而攀

东方润安主营业务分特钢、导轨、铜业三大板块。

特钢板块的东方特钢自成立以来，东方润安投入数十亿元，完成了烧结、炼铁、转炉、电炉等一批装备技改项目，产品全部升级为优特钢，成为华东地区优特钢棒材、型材的主要供应商。总投资近12亿元的东方特钢精品棒材生产线项目建设如火如荼，这一项目是东方润安在传统钢铁产业赛道上进一步提升、突破的关键落子，自动化生产线上马目前国际领先的智能化装备，可年产钢精品棒材超百万吨，有望解决"卡脖子"的高端特钢材料难题。

2013年，为做大做强优特钢核心业务，东方润安沿着优特钢产业链向下游延伸，与意大利马拉兹合资成立马拉兹（江苏）电梯导轨有限公司，并陆续收购了意大利蒙特费罗公司在中国的3家工厂，利用合资优势，在欧洲和国内设立了多个研发中心，产品结构从特钢制造向高端机械制造迈进，目前东方润安在电梯导轨细分领域全球市场占有率超过70%，高端品牌占有率更高。

同泰高导自2014年成立以来，就将原有废铜冶炼、电解产能全部淘汰，投入10多亿元引进了美国南线公司SCR-7000连铸连轧铜杆设备、德国尼霍夫公司生产线，高起点进入铜高端制造，产品广泛用于高端电器、特种电缆、移动终端等。投入50多亿元建设的润来科技，目前已成为全球单体规模最大的精密铜管专业生产基地，全部服务于国内外一线高端空调制冷品牌。

二、乘势智能　向数而融

科技创新是传统企业转型升级的关键,也是传统企业高质量发展的有力支撑,东方润安的核心竞争力就是"我有你没有,看了拿不走",从十多年前提出转型升级,坚持转型不转行、升级不跳级的理念,东方润安通过多年来坚持科技自立自强,已经尝到甜头。

东方润安有三个外脑,其中东方特钢与北京科技大学合作成立的"高品质特殊钢绿色智能制造联合技术创新中心"是第一个外脑;同泰高导与中国科学院金属所共同搭建的"高质量精密铜材智能制造平台"是第二个外脑;东方新材与中国机械总院集团江苏分院合作成立的"智改数转联合创新中心"是第三个外脑。三大创新联合体协同纵深推进,围绕高性能、高精度铜管铜杆线材制备加工技术与装备及产业化、国防军工领域高性能铜合金材料、高端产品研发及进口替代"卡脖子"技术等方向专精研究。截至目前,东方润安累计投入超30亿元,强化科技创新,获得专利授权190余项,其中发明专利49项,参与制定、修订国家、行业标准12项,初步计划在东方特钢建成1个数据平台、2个省级智能示范车间、30个以上机器人应用等智能化点位。

此外,东方润安还与中国移动常州分公司开展5G战略合作,依托5G网络、边缘计算、切片网络等前沿技术,在东方特钢打造5G智能工厂,实现"5G+原料场远程控制"。目前,厂区已实现5G信号全覆盖,设备故障率降低80%,每年可减少停工时长110小时,节省运维成本300余万元。马拉兹拥有2.4万平方米的巨型车间,是电梯导轨行业目前世界上最大的工厂,由于采用的是全智能生产,一条生产线,从投料、加工、检测、打码、包装等,有11道工序,满负荷生产,操作人员仅需12人。

三、绿色转型　向新而进

绿色发展是高质量发展的底色,新质生产力本身就是绿色生产力。环保不仅仅是行业的底线,更是造福自己惠及他人的社会责任。

东方润安始终坚持贯彻"绿水青山就是金山银山"的发展理念,积极响应国家号召,自觉追求"为钢铁行业发展探路"的责任担当,坚持以科技创新为引领,通过新方法、新技术为企业高质量发展赋能,坚持传统钢企转型升级,走好特色化高质量可持续发展之路。

东方润安在环保投资上不封顶,围绕节能减排、环保治理、废水零排、资源循环等目标开展一系列技改项目,通过优化工艺、推动装备和技术升级,严格实施全流程清洁生产,以智能化、数字化建设引领环保技术提升,深入推进生产过程集控化、远程化、无人化,努力践行绿色发展,打造安全、绿色、智能的现代化制造企业,以科技创新绘就绿色发展鲜亮底色,以实际行动将绿色发展理念融入生产经营的全过程。

以东方特钢为例,多年来公司相继完成680余项重大环保改造项目,全部完成了有组织、无组织排放和清洁运输超低排放改造,并通过全流程超低排放验收,累计投入超35亿元。在节能减排方面,东方特钢积极采用先进的清洁生产工艺和污染物治理技术,先后实施烧结余热回收、电除尘节电技术、高炉煤气余压透平发电、喷煤富氧技术、除尘变频改造、转炉煤气回收系统、转炉蒸汽发电、富余煤气综合利用等项目,节能成效显著。与江苏大禹水务有限公司共商共谋、协同合作的尾水综合利用项目顺利投运,减少城镇生活污水处理厂处理后的尾水500万吨/年;此外,污水深度处理和梯级利用后,吨钢新水耗达到1.70立方米以下,极大地促进了水资源节约和有效利用;2018年被评为省级"节水企业",连续多年荣获江苏省"水效领跑者"荣誉称号。

此外,马拉兹、润来科技、同泰高导等集团下属公司也积极落实厂房集约化、原料无害化、生产洁净化、废物资源化、能源低碳化,能源消耗指标全面大幅度低于国家标准,形成了绿色低碳高质量发展新格局,全部获评"绿色工厂",发展的含"碳"量更低,含"绿"量、含"金"量更高。

四、润泽一方　共享未来

东方润安坚持社会慈善事业与经济发展同频共

振，在经营好企业的同时，集中力量专注服务、回报企业所在地社会民生，积极致力于当地慈善公益活动、光彩事业，并用实际行动为当地社会稳定和谐发展持续不断地贡献力量。多年来，东方润安已累计在村企共建、捐资助学、医疗教育、扶贫济困、救灾救难、社会发展、民生帮扶等公益慈善事业上捐资超5亿元。

东方润安坚持深耕教育，回报桑梓。出资1.5亿元设立了"常州东方润安教育基金"，支持湟里镇域内的学校改善办学条件、提升发展内涵，旨在让湟里的每一个家庭都享受到优质的教育资源。目前还投资1亿元正在建设一所高标准幼儿园捐赠给地方政府。

近年来，从中央到地方，都把对民营企业的重视、对制造业的重视放到了前所未有的高度，民营企业的舞台很大，特别是党的二十届三中全会提出的一系列重要论述，为加快发展新质生产力、强化科技创新等提供了方法论指引，也为民营企业的发展指明了方向和路径。东方润安将继续以振兴民族工业与国家荣誉为己任，以"实业报国"做强民族工业之魂，自主自强，坚持聚焦基础原材料专业制造，积极践行"精益生产、精品发展"战略，聚力科技创新，建设时代企业，更多地把重心放在价值创造、价值创新上，不断壮大管理优势，创建品牌优势，锻造新质生产力，增强核心竞争力，走好高质量发展的正道、大道，坚定不移挺起中华民族工业的脊梁！力争为行业进步和社会发展做出新的更大贡献。

大型铁矿企业基于三网联动的战略成本管控体系的构建与实施

鞍钢集团矿业有限公司

鞍钢集团矿业有限公司（以下简称鞍钢矿业）作为国内最大的铁矿石生产企业，承担落实国家战略、支撑鞍钢集团发展、打造世界一流资源开发企业的重要责任、使命。鞍钢矿业创新战略成本管控理念和方法论，变价值链管控为价值网管控、变点状式思维为系统性思维、变单纯内部管控为三网联动、变单纯压任务为运用动力机制、变单纯成本要素分解为技术创新先行，以"世界级成本"为目标，以杠杆牵引力、创新力、穿透力、聚能力、创造力5种能力为重点，强化企业内部价值网、行业价值网、行业外部价值网管理，实现三网联动价值；以市场化机制、战略绩效考核机制、对标提升工作机制、科研创新激励机制和"全体系"联动数智化管控机制5个机制为基础，构建战略成本管控的保障体系，取得良好的实施效果。该战略成本管控体系的实施，使鞍钢矿业在铁矿石价格波动下行、物资能源价格高位震荡、产能受政策性瓶颈制约等诸多不利条件下，实现了逆势降本，与世界铁矿巨头的成本差距不断缩小，有效解决了国产铁矿石生产成本高、竞争力不强的问题，为国产矿提升成本竞争力和抗风险能力，切实保障国家钢铁供应链安全，探索出有效的实施路径与方法。

一、基于三网联动的战略成本管控体系的建设背景

（一）服务国家战略保障我国钢铁产业链及供应链安全

我国钢铁产量和消费量占全球半壁江山，铁矿石进口量约占全球的70%。但长期以来，我国铁矿石却受制于人，缺乏定价话语权，其深层次问题源于自产矿成本高、企业竞争力弱。在全球形势不稳、产业链供应链安全受重视的背景下，铁矿石被列为国家战略矿产资源，2022年国家正式启动实施"基石计划"国内铁矿资源推进工程，鞍钢矿业作为重要部分，牢记"国之大者"，通过不断提高成本竞争力，提升战略性资源供应保障能力，切实维护我国钢铁产业链供应链安全。

（二）支撑鞍钢战略，发挥原料"压舱石"和利润"稳定器"作用

钢铁与铁矿产业上下游紧密相关，鞍钢提出"双核"战略。鞍钢矿业作为钢铁工业链条中的核心产业，目标是建成世界一流资源开发企业，一方面要扩大产品规模，提高产品质量，满足鞍钢生产需要，成为精品原料的"压舱石"，另一方面要大力降低生产成本，不断提高成本竞争力，确保在低矿价时仍然具备盈利能力，能够抵御市场冲击，成为钢铁利润的"稳定器"。

（三）实现矿业发展，打造世界一流资源开发企业

鞍钢矿业奔着"构建世界一流资源开发企业"的

目标，全力打造世界级规模、世界级成本和世界级产品。成本是核心竞争力，当前企业面临矿山开采末期、新项目未投产致产能下滑困境，需降成本又要加大投入保规模。为妥善解决两方面的辩证关系，鞍钢矿业坚持实施战略成本管理，牢固树立底线思维和系统思维，构建了三网系统联动的战略成本管理体系。

二、基于三网联动的战略成本管控体系构建的主要做法

鞍钢矿业以打造"世界级成本"为目标，构建了基于行业价值网、企业内部价值网和行业外部价值网三网联动的战略成本管控体系。见图1。

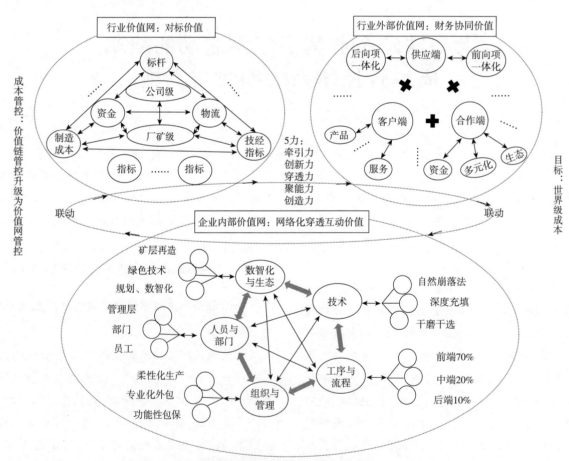

图1　三网联动的战略成本管控体系

（一）变革管控理念和方法论，构建"135"战略成本管控模式

成本管理是一项长期性、系统性工作。实现"世

界级成本"目标，侧重当期的、局部的、压降式的成本管理方法已不可持续，需要开展全生命周期、全要素覆盖、全方位系统联动、以技术与管理创新为驱动的战略成本管理，提高成本管理的科学性，实现降成本

的可持续性。

以 5 变为标志,实现管控体系升级。通过"五个转变"实现三网联动,即变价值链管控为价值网管控、变点状式思维为系统性思维、变单纯内部管控为三网联动、变单纯压任务为运用动力机制、变单纯成本要素分解为技术创新先行。

以"135"为框架,构建新型管控模式。坚定"1"个目标,以"世界级成本"为目标,突出"5"方面的能力,即行业标杆引领力、内部自主创新力、精益管理穿透力、外部全产业链价值聚能力和创造力,推进"3"网联动。强化企业内部价值网、行业价值网、行业外部价值网管理,实现三网联动价值,构建战略成本管控的价值网络体系。

(二)以 5 种能力为重点,打造三网联动价值

行业价值网是突出行业标杆、企业标杆的牵引力,重在明确竞争地位、竞争策略和战略目标,对照战略目标找问题、找差距,为优化内、外部价值网提供努力方向;内部价值网是通过技术创新、精细化和数智化管理突出创新力和穿透力,实现"苦修内功"降成本;外部价值网是通过多元化、产业化经营突出价值的聚能力和创造力,寻求合作共赢,实现"外结同盟"降成本。

1. 以创新力和穿透力强化内部价值网管理

鞍钢矿业穿透成本到"3"端、到细节,对成本进行创新性、精益化和结构化管理。

一是精心策划决定成本 70% 的前端,做好顶层设计,避免成本高企。在前端,以世界级成本为衡量标准,规划了西鞍山铁矿采选项目、东部尾矿再选工程、东烧厂难选矿技术升级改造、弓长岭露天干磨干选等有竞争力的项目,对新项目强化研发、设计、施工等各环节管理,在研发设计阶段通过价值工程分析进行系统论证,综合考虑产线、地区系统效益最大化,统筹规划总体设计,确保新项目科学决策;在工程建设阶段,完善工程管理办法,对照可研设计突出工程全流程管理,严格按照设计对工程建设进行监理和过程评价,确保新项目达产达效;在项目投产运行后,对照设计的投产时间、达产时间、达效目标,跟踪开展项目后评价,以推广经验和改进不足,提高投资项目成本管理水平。

二是精益管理决定成本 20% 的中端,做好效率提升,消除不增值环节。在中端,优化和创新管理机制,持续抓好供产销、人财物等成本要素的精益管理。在物资管理上,将物资采购纳入内部价值网,实施物资购消存一体化管理,落实物资采购部门的物耗管理责任,实行"降采+降耗"双维考核,当年物耗成本同比降低 4.6%,折精矿成本 3.8 元/吨。在能源管理上,采取光伏并网发电、增加清洁能源占比等措施,年降低能耗成本 0.25 亿元,折精矿成本 1.1 元/吨。在设备管理上,推进耐磨材料和备件的长寿化,延长检修周期降成本,球团回转窑耐磨材料更换周期延长 70 天;破碎机动定锥衬板使用寿命提升 56 小时,提升幅度 40%。在生产管理上,开展"以爆代破"专项攻关,通过缩小爆破孔网参数,优化起爆方式和微差时间,增加单孔装药量等措施,缩小爆破后矿石粒度,为后续工序提供颗粒级更加合理、易于破碎研磨的初级矿产品,年实现工序联动系统降本 0.2 亿元,折精矿成本 1 元/吨。在人力资源管理上,实施了弓长岭汽运公司、铁运公司专业化整合,整合后压减领导职数 5 个、优化科级机构 20%,实现区域运输链一体化管理,提高全员劳动生产率 10% 以上;优化人力资源结构,取消技术含量不高、专业性不强和非连续性劳动力项目,并配套完善在岗职工收入政策,对劳动力项目转为自营方式的,按项目人工费的 1/3 核增工资总额,提高在岗职工多劳多得的积极性。在财务管理上,运用作业成本法,全面推行单机台成本管理,分层级、分机台、分岗位差异化设定单机台成本核算与考核指标,包括作业量、台时、关键物耗与能耗等以单机台为载体、与岗位操作紧密相关的各项技术经济与成本指标,将成本管理覆盖到全员、穿透到作业端,通过单机台作业成本分析与管控,消除非增值作业,提升作业链价值创造力,实现以价值为导向的精准降本。

三是升级改造决定成本 10% 的后端,加强自主创新,可持续性降本。在后端,以快赢项目为抓手,对现有工艺技术装备进行迭代升级,实现短平快创效。坚持科技创新驱动,尾矿再选是铁尾矿综合利用原创技术的重大突破,是选矿行业颠覆性创新,每年可使 2400 万吨铁尾矿"变废为宝",年回收铁精矿 220 万吨、减排二氧化碳 8.07 万吨、增加碳汇 0.24

万吨,经济效益和生态效益显著。大孤山球团厂和弓长岭选矿厂的尾矿再选项目已投入运行,年增加铁精矿25万吨,创效0.7亿元,1年收回投资。推进持续迭代升级,围绕降低能耗成本,从用电设备、用电时间等方面开展用电结构多维度分析,找出耗电量高的重点设备和环节,淘汰高能耗设备176台,年节约电成本0.08亿元;采用高效节能泵50台,年节约电量3080万千瓦时;实施燃煤锅炉改造,效率提升5%,节约煤耗0.1亿元。推进管控智能化。围绕数字赋能,加快数字化、智能化进程,打造建设智能制造试点工程,高标准实施齐大山智能采矿、关宝山选矿黑灯工厂、眼前山井下智能矿山示范建设项目,建立了全网可靠感知、信息高效的传输体系,攻克了地质信息动态建模、物料实时动态检测等行业共性难题。项目建成后,齐大山铁矿电铲效率提升11%。

2. 以标杆牵引力强化行业价值网管理

鞍钢矿业构建了"2级4维"行业价值网对标体系,"2级"即公司级和厂矿级;"4维"即公司级"2维",主要对标世界一流和国内重点联合矿山企业,重在改善资金筹划、物流布局等方面的全系统全链条管控模式;厂矿级"2维",主要对标采选工序的制造成本和技术经济指标,重在改善工艺技术、业务模式、管理方法等。以世界一流和行业领先为标杆,实施对标管理的全面化、精准化、分级化、分类化、步骤化、闭环化管理。

3. 以聚能力和创造力强化行业外部价值网管理

鞍钢矿业落实系统性、战略性降本理念,履行大型矿企担当,以"一体化"和"资源价值化"为抓手,在产业生态上发挥聚能力和创造力。一是对供应端实施一体化整合;二是对客户端实施"产品+服务"差异化销售;三是对合作端和产业端通过多元化经营充分挖掘资源价值创造力。

(三)以"5个机制"为基础,构建战略成本管控的保障体系

鞍钢矿业为激发管理活力,在市场化用人、薪酬分配、科技创新等机制建设方面开展顶层设计,通过深化用工机制改革,实现人力资源市场化配置,强化全员市场竞争意识和市场化管理理念;通过优化薪酬分配机制,探索新的绩效考核和分配模式,实现精准激励,充分调动全员降本的积极性;通过构建对标工作机制,充分发挥行业价值网对标工作对持续提升成本管理的推动作用;通过打造科技创新激励机制,破解技术瓶颈和推动前沿技术研发与应用;通过搭建全体系联动数智化平台,打通三维价值网系统联动堵点。

三、基于三网联动的战略成本管控体系的实施效果

近两年,鞍钢矿业由于老项目受政策性瓶颈制约和新项目尚未投产等因素影响,铁矿石生产能力不足,处于产能深度调整期,面临成本上升压力,通过构建和实施基于三网联动的战略成本管理体系,鞍钢矿业产品成本实现逆势降低,2023年比2022年,铁精矿完全成本降低3.36%;与世界一流标杆企业FMG福特斯克金属集团的成本差距缩小24.03%,进一步增强成本竞争力,助推了企业核心竞争力的增强;形成三网联动价值生态圈,价值创造能力显著提高;不断提升高质量发展能力,行业示范作用有所增强。

基于三网联动的战略成本管理体系,促进矿山企业的成本管理进入整体推进、系统提升、科学发展的战略主导层面,形成了以战略为主导、以管理为支撑、以创新为动力、以文化为引领的"大成本"管理格局,夯实了企业高质量发展的基础,有力助推企业实现战略目标。2022年,鞍钢矿业获得省部级以上科技成果11项,1项冶金矿山科学技术特等奖;成为国内矿山行业绿色发展标杆;成功发行2亿元绿色债券,创国内铁矿业首笔绿色债券纪录。基于三网联动的战略成本管理的做法,被国务院国资委作为国企改革三年行动典型案例在网站上报道,也被新浪财经、国际煤炭网、国企网、兰格网等媒体宣传,起到了很好的示范和辐射作用,体现了大型国企的创新和担当。

凝聚改革共识　汇集实干力量
为鹿鸣矿业高质量发展注入强大动力

伊春鹿鸣矿业有限公司

一、综合简介

伊春鹿鸣矿业有限公司（以下简称鹿鸣矿业）是中国中铁全资子公司——中铁资源集团有限公司（以下简称中铁资源）的控股子公司，是集钼矿采矿、选矿于一体的大型有色金属矿山企业。公司主要经营钼矿开采、选矿，矿产品经销，钼产品货物进出口等，主要产品是品位 50% 以上的优质钼精矿。鹿鸣矿业拥有钼金属资源储量 75.18 万吨，生产规模日处理矿石 5 万吨，年处理矿石 1500 万吨。公司采矿生产方面，采用露天开采方式；选矿生产方面，磨矿工艺采用"半自磨+球磨+顽石破碎"工艺流程，浮选工艺采用铜钼混浮、铜钼分离选矿工艺，现有国内外先进采选设备 580 余台套，现场安全生产管理实现自动化、数字化和智能化。

公司依托中国中铁雄厚实力和良好信誉，秉承"勇于跨越，追求卓越"的企业精神，凭借领先的技术优势、先进的装备、优质的产品、良好的服务，盈利能力、创新能力、发展能力、市场竞争力和社会影响力日益增强，已逐步成为中国有色金属行业的"钼业先锋"，为中国中铁资源板块发展和黑龙江省经济建设做出突出贡献。

二、发展综述

鹿鸣矿业秉承中铁资源"开发资源 创造价值"的品牌理念，以"建一座矿山，绿一片环境；扶一方经济，富一方百姓；促一方和谐，树一座丰碑"为宗旨，开创了"企业发展创效益、百姓群众得实惠、地

方经济上台阶"三方共赢模式。回顾鹿鸣矿业发展史：2013 年 12 月，鹿鸣矿业国内单系列处理量最大的选矿系统一次性带料联动试车成功；2014 年 1 月生产出了首批合格的钼精矿，为生产运营赢得开头彩；同年 7 月，鹿鸣矿业首批钼精矿 200 吨成功销售出厂，开启了生产经营的新征程；2016 年项目进入全面生产阶段，在经历矿业市场寒冬后，2018 年首次达产；2021 年实现全面达产达标，原矿处理量、设备运转率、产品产量、营业收入、利润等生产经营指标全面创优。时至今日，鹿鸣矿业凭借强管理、重创新、稳增长等优势，逐步成为钼行业的领跑者。

三、企业发展取得的成就

（一）生产经营持续向好，稳居中国中铁利润贡献第一方阵

企业兴则国家兴，企业强则国家强。发展国有企业，必须贯彻落实党的二十届三中全会精神，"要坚持和落实两个毫不动摇、完整、准确、全面贯彻新发展理念，围绕实现高质量发展、服务构建新发展格局，推动国有企业既坚定不移做大、更意志坚定做强做优，不断发展壮大国有经济，巩固社会主义经济基础；发挥国有经济引领带动作用，促进各种所有制经济优势互补、共同发展"。[①] 鹿鸣矿业深入贯彻落实党的二十届三中全会精神，精耕中国中铁矿产资源板块，践行"矿业报国"责任，着力推动企业经济效益、发展质量、安全效益同步提升，发展态势平稳向好。

---

① 张玉卓. 深化国资国企改革[N]. 人民日报，2024-8-16(09).

稳抓效益提升,实现产销两旺。鹿鸣矿业以"效益提升、价值创造"为中心目标,构建具有矿山特色的大商务管理体系,将"大商务管理"理念贯穿生产经营全过程、全周期、全要素,着力提升企业经济运行质量,推动产销两旺;聚焦主责主业,以生产计划管理为牵引,以主体设备台效为核心,强化生产组织协调联动,建立公司级部署、生产级调度、班组级执行的生产组织管理模式,保证采矿、选矿、尾矿作业质量和效率;主要产品产量及各项生产技术指标保持稳中有升,均超过设计水平和计划目标,矿山产能得到有效释放;抢抓钼市场消费量稳健增长机遇,优化销售策略,采用"以产定销、全产全销、现货销售和预售相结合"的营销模式,结合库存及下游供需动态销售,稳定提升市场份额,预判上下游价格预期,动态调整定价时间、定价频次、定价波幅,主要产品基本实现高价位成交,以新的经济增长点促进企业经济效益提升,实现了生产经营稳健发展。近三年,企业累计实现营业收入超 100 亿元,净利润突破 50 亿元,大商务创效近 14 亿元,利润贡献稳居中国中铁三级企业前列,荣获"中国中铁2022—2023 年度大商务管理先进集体"称号;2023年钼产品全国的市场占有率为 12%,优质钼产品供应占全国 50%以上,连续三年获得"中国钼精矿优质供应商企业"称号。

坚持改革创新,激发内生动力。鹿鸣矿业坚持创新是第一动力,自觉把改革摆在更加突出位置,推动党的建设进章程、进权责清单、进管理制度,机构与职能得到优化,现代企业制度日趋完备;完善经理层责任向下传递、各层级履职管理、考核结果刚性应用等机制,实现全员全覆盖、责任全贯通;以"三能"机制核心要点,推进人事制度改革,创新建立以效能提升为导向的多维度积分制管理体系,从个人价值、KPI(关键绩效指标)考核、企业贡献三个维度强化考核与激励,实现有酬和无酬双向激励;基于省级管理创新平台和中国中铁李夏初劳模创新工作室平台,全面推行创新发展战略,将管理创新放在企业发展的核心位置,凝聚全员思想意识,革故鼎新、探索发展,逐步消除企业传统管理弊端,解决管理难题,使管理流程更加精简、管理程序更加合规、管理运行更加高效,发展质量得到提升,为企业

高质量发展提供源源不断的内生动力。近三年,鹿鸣矿业先后荣获全国企业管理现代化创新成果一、二等成果 3 项,省部级企业管理现代化创新成果 10项,有色金属协会创新成果 2 项,创新意识、能力及成效凸显。

筑牢风险防线,夯实本质安全。鹿鸣矿业坚持以高水平安全保障高质量发展,深入贯彻"安全第一、预防为主、综合治理"的安全生产方针,认真落实国家、省市和上级单位关于安全生产工作的决策部署,强化红线意识和底线思维,扎实开展安全生产治本攻坚三年行动,压紧压实安全生产责任制,铁腕治安防范化解安全风险;以"报告及时精准、吹哨预警叫停、处置快速有效"为原则,建立安全生产"吹哨"工作机制,强化安全系统管理运行异常叫停,避免安全风险升级甚至失控,及时预警处置;以风险管控为核心,运用物联网、三维建模、数字孪生等技术,即时监测动态信息,结合智能预防管控系统、监测系统融通和分析数据,建立安全评估和预警模型,通过采坑、排土场边坡及爆破安全监测系统、尾矿库安全在线监测系统应用,实现风险可视化管控。企业已通过安全生产标准化二级企业认定,本质安全水平再上新台阶。

(二)行业地位不断提升,增强标杆企业示范引领作用

2014 年 5 月 10 日,习近平总书记在中国中铁工程装备集团有限公司考察时,作出了"三个转变"的重要指示,强调要"推动中国制造向中国创造转变、中国速度向中国质量转变、中国产品向中国品牌转变"。这是指引鹿鸣矿业高质量发展的重大推动性力量,践行"三个转变",就是要把具体要求融入企业改革发展的全过程,转化为智能制造、科技提升、打造品牌的生动实践。

打造数智矿山,赋能转型升级。《"十四五"数字经济发展规划》提出,加快推进能源领域基础设施数字化改造,开展工业数字化转型应用示范,实施智能制造试点示范行动,建设智能制造示范工程,培育智能制造先行区。鹿鸣矿业作为自然资源部矿产资源保护监督司确定的《智能矿山建设规范》贯标(贯彻标准)试点单位,根据数据治理和生产管控的实际需

求,聚焦智能矿山建设重点工作,研发面向"矿石流"的智能化控制系统,推进工业机器人应用、数字孪生应用,搭建"数据+技术"双中台、"硬件+软件+云端"三基础,研发应用"经营管理、生产管控、安全环保、数字孪生"四大平台。通过经营协同平台,统一数据标准,优化管理流程,盘活数据资产,实现全业务信息化协同;通过生产管控平台,打通采、选、尾、安全环保等各环节的数据流,实现关键设备物联管理、物资消耗智能管控、专家系统智能决策;通过安环监测平台,动态管控安全风险和隐患排查,实时监测环保数据,实现监管决策一体化;通过数字孪生平台,打造立体仿真数字空间,实现生产作业实时监控、预警、分析及辅助决策。公司通过上述措施,建立智能矿山业务标准,形成可复制可推广的建设模式,全面打造智能矿山示范标杆。

坚持科技引领,推动成果转化。坚持自主创新与企业主导的"产学研"深度融合,充分发挥黑龙江省企业技术中心和尾矿安全及利用工程技术研究中心两个创新平台的引领作用,围绕解决"卡脖子"难题,持续打好关键核心技术攻坚战,将提高安全生产效率和经济效益作为衡量科技创新能力的标准。研发应用"钼宝1号"尾矿库坝面巡检机器人、"小溜"皮带巡检机器人等智能机器人,实时检测隐患和传输预警信息,通过物与物交互和人机信息交互,实现无人干预下按设定程序自主完成巡检和专家远程在线指导,大幅降低、减少人工巡检劳动强度、盲区,特别是在极端天气或恶劣环境下,保障了作业人员的安全,降低事故风险。研发应用"鹿鸣号"尾矿库水陆两栖多功能平台,满足尾矿库机械运输、冬季破冰、应急抢险等作业需求,弥补了国内尾矿库复杂地质环境下常规工程机械设备难以作业的短板。现场多项科研成果均已授权发明专利和实用新型专利。截至目前,累计授权知识产权160项,其中发明专利11项,实用新型专利130项,软件著作权19项。先后荣获内外部科技奖项26项,其中"极寒地区作业场所粉尘综合治理关键技术与装备"荣获2023年度内蒙古自治区科学技术进步二等奖。

擦亮企业名片,提升品牌价值。习近平总书记提出推动中国产品向中国品牌转变,是新时代推进

品牌建设的行动指南和根本遵循。鹿鸣矿业以推动企业做强做优做大为核心,高站位谋划"鹿鸣矿业"品牌战略,坚持"打造优质产品,建设优秀企业"的品牌理念,高标准推进企业党建、人才、质量、科技、安全、绿色、效益、文化等品牌要素建设,构建品牌发展与保护的长效机制,不断提升品牌价值和品牌影响力。承载企业品牌理念的绿水青山、多彩矿山、"零碳"尾砂世界等系列主题文创产品,亮相首届东北亚文化艺术创意设计博览会、第六届中国国际新材料产业博览会、第八届中国—俄罗斯博览会等展览展会,备受关注。企业对外宣传信息在国资委、国资小新、新华社客户端黑龙江频道等中央级媒体平台发布。黑龙江省工信厅将鹿鸣矿业文创产品作为中俄交流的伴手礼,为"鹿鸣矿业"品牌走出国门打下基础。鹿鸣矿业现为"黑龙江省百强企业""黑龙江省创新型中小企业"和"黑龙江省'专精特新'企业"。2024年鹿鸣矿业以品牌价值18.92亿元荣登中国品牌价值榜冶金有色领域榜单,品牌价值得到进一步提升。

(三)社会效益日渐凸显,成为地方经济发展的亮丽名片

2016年习近平总书记到黑龙江省伊春市视察调研时强调:"生态就是资源、生态就是生产力。"国有重点林区全面停止商业性采伐后,要按照绿水青山就是金山银山、冰天雪地也是金山银山的思路,摸索接续产业发展路子。鹿鸣矿业作为伊春属地的中央企业,始终牢记习近平总书记殷殷嘱托,以绿色产业开发作为伊春市林区转型发展的接续产业之一,全面打造绿色矿山、幸福矿山,为地方经济建设和转型发展贡献企业力量。

筑牢生态屏障,推进绿色发展。绿色发展理念如同根系,深植沃土才能确保绿色矿山建设这棵"参天大树"永葆生机与活力。鹿鸣矿业作为省级绿色矿山,建立"生态修复、生态治理、生态保护"三道防线,走出一条适合钼矿生产企业的生态优先、绿色发展之路。公司在生产过程中,采用洁净化、资源化技术和工艺,回用尾矿溢流水,提高了水资源的循环利用率;紧密结合气候、地貌、水文、植被、土壤等自然地理要素的空间格局,对治理区宜

林则林,宜草则草,对剥离物按规定进行堆置、复垦处理,实现矿山地质环境保护、治理与生产建设同步;编制发布《用于水泥和混凝土中的钼尾矿微粉》《矿区环境影响后评价技术规范》《生物多样性矿区标准》团体标准,并投入除尘设备等环保设施、新风系统、环境指标监测系统,加强矿区生态环境保护;将矿山采矿作业产生的废弃剥岩石、碎石加工生产骨料、机制砂等建筑材料用于当地城市建设,减少排土场占地及地方工程建设地材开采,实现企地效益同增长,荣获"2023年度中国中铁绿色施工科技示范工程""2023年中国绿色供应链联盟先进单位"等荣誉称号。

深耕企业文化,打造幸福矿山。人才是第一资源,是企业最大的资源财富。鹿鸣矿业始终把人才培养和实现好、维护好、发展好广大职工的切实利益作为企业发展的出发点和落脚点;打造鹿鸣讲坛、青年成长学院、导师带徒、培训师队伍、专家进课堂以及与地方合作、与高校建立研究生联合培养基地等多维度人才培养模式,加快职工成长成才。鹿鸣矿业现有27人入选国家矿山安全监察局黑龙江局非煤矿山安全生产专家,1人入选黑龙江省应急管理厅非煤矿山安全生产专家,1人入选伊春市"林都英才",15人被认定为伊春市第二批高层次

人才,选矿厂磨浮车间荣获"全国青年文明号"和"中央企业青年文明号"荣誉称号;深入弘扬鹿鸣"家"文化,开展"我为群众办实事""我为企业解难题"等活动,着力解决职工子女就学、饮水工程改造等问题,增加企业年金、推进"同工同酬"、增加证书津贴,建设职工之家、书屋、体育场、心灵驿站、义务理发室、积分超市等服务项目,实现企业发展与改善职工生活同步,职工归属感、获得感、幸福感得到增强。

履行社会责任,彰显央企担当。鹿鸣矿业通过将矿山开发与林区棚户区改造相结合、企业用工与林区职工再就业相结合、温暖矿山与林区文化生活相结合,实现了矿业与林场"一路之隔,企地繁荣"的新格局。自鹿鸣矿业投产以来,累计缴纳税金约60亿元,通过矿山建设运营与棚户区改造,有效改善了林区的教育、办公、生活条件,促进地方餐饮、交通、物资等产业发展;采用属地化用工方式,多种形式优先引进当地具有一定技术、技能的人才,实现用工效能最大化,减少当地人才流失,解决当地林业职工转产再就业难题;开展和参与企地共建义诊、伊春市儿童福利院慰问、无偿献血、希望工程、金秋助学等活动,为当地经济建设、提高居民生活水平、构建和谐社会做出了突出贡献,切实履行了回报社会、贡献社会的央企责任。

市场攻坚强基础　科技赋能铸辉煌

——江西铜业集团(贵溪)防腐工程有限公司高质量发展之路

江西铜业集团(贵溪)防腐工程有限公司

在国企改革深化提升行动的浪潮中,江西铜业集团(贵溪)防腐工程有限公司(以下简称防腐公司)作为全球最大单体炼铜工厂——贵溪冶炼厂市场化改革的先锋部队,肩负着"三年强基、五年翻番"的战略使命,以"强基础、高质量、可持续"三步走战略为行动纲领,在市场攻坚与科技创新的双轮驱动下,从传统配套服务商向行业技术引领者加速转型。防腐公司依托独特的工业场景优势,在有色冶炼智能装备研发、防腐工程、环保装备制造等领域深耕细作,探

索从"服务主业"向"服务行业"的转型路径,书写了国企市场化改革与科技创新深度融合的精彩篇章。

一、改革启幕:锚定战略航向,构建转型蓝图

(一)时代背景与使命担当

置身于全球有色冶炼产业变革与"双碳"目标交织的历史节点,防腐公司直面传统制造业转型升级的紧迫课题,既要承接母体企业年产百万吨铜的全

流程防腐维保需求,更需突破"围墙内服务"的传统模式,在外部市场竞争中打造独立生存能力。面对行业内环保标准升级、智能装备需求激增、防腐技术迭代加速等挑战,公司清醒认识到:唯有以改革破局、以创新赋能,方能在激烈的市场竞争中占据主动。

(二)战略定位与发展路径

防腐公司确立"三步走"战略架构:2023—2025年夯实发展根基,构建市场化运营体系;2026—2027年实现规模突破,拓展产业链价值空间;2029年起迈向可持续发展,打造全产业链服务生态。核心目标围绕"三个转变"展开——从生产保障型向市场竞争型转变、从技术跟随型向创新引领型转变、从单一产品供应商向系统解决方案服务商转变。通过党建工作与生产经营深度融合,将党组织的政治优势转化为企业的发展优势,形成"党建铸魂、科技立身、价值共生"的改革逻辑。

二、强基础:固本培元筑根基

(一)管理革新:重塑市场化运营体系

以建立现代企业制度为核心,防腐公司启动组织管理"再造工程",聚焦管理体系优化与运营效能提升。在组织架构调整上,打破传统职能部门壁垒,通过整合资源、精简层级,设立市场营销部、检修管理部、生产技术部三大核心板块,构建起"市场端、技术端、生产端"高效协同的扁平化架构。各部门间明确职责边界,强化协同联动机制,实现信息高效流转与资源统筹调配,有效提升企业整体运营效率与市场响应速度。

在管理机制创新方面,防腐公司建立健全"事前预防——事中控制——事后评估"的全流程动态管理体系。防腐公司围绕业务开展全链条管理,制定完善的管理制度与标准化流程,对各环节进行严格把控与规范,确保运营过程有序推进、风险可控。通过持续优化管理流程,公司成功精简冗余环节,实现管理效能的全面跃升,为企业在市场化竞争中稳健前行筑牢坚实的管理根基。

(二)技术攻坚:打造硬核产品矩阵

作为高新技术企业,防腐公司将技术创新作为破局关键,聚焦有色冶炼防腐装备领域的核心技术瓶颈,展开系统性集中攻关,以硬核产品矩阵抢占市场高地。

在铜电解核心装备研发上,防腐公司锚定传统电解槽耐腐蚀性能不足、电效太低、蒸汽消耗量高等行业痛点,组织跨学科技术团队展开深度研发,历经数百次试验与参数优化,成功研发出乙烯基树脂混凝土电解槽。该产品采用特殊配方与复合工艺,构建一体成型的耐腐蚀支撑防护结构,经权威机构检测,其使用寿命较传统电解槽提升两倍,极大降低了企业设备更换频率与维护成本。不仅如此,公司还围绕电解槽核心设备,配套开发出节能不锈钢阴极板与高效导电棒等关键部件。不锈钢阴极板采用特殊轧制工艺,大幅度提高耐腐蚀性能和机械强度,同时保证表面平整度,确保电流均匀分布;导电棒采用新型材料并通过特殊工艺处理,导电效率提升显著。这些产品相互配合,形成完整的铜电解装备解决方案,凭借卓越性能与可靠性,实现铜电解生产线电耗与蒸汽消耗大幅下降。该解决方案在技术创新与应用上的突出表现,先后斩获多项国家发明专利证书,并在科技创新赛事中屡获科技进步奖,成为行业技术标杆。

在环保装备创新领域,防腐公司紧跟国家环保政策导向与行业发展趋势,推出新一代脱硫脱硝成套装备。该装备集成两大核心创新技术——烟气高效治理技术与电火花扫描检测技术。烟气高效治理技术通过独创的预洗涤喷雾装置与高效气液分布技术,实现气液接触面积突破95%临界值,大幅提升脱硫脱硝反应效率;电火花扫描检测技术则利用精密传感与智能算法,可精准检测装备密封处微小漏点,漏点检出率高达99.3%,有效保障装备稳定运行。在贵溪冶炼厂熔炼超低排放改造项目中,该烟气净化成套装备成功实现二氧化硫减排效率超98%,氮氧化物去除率达行业领先水平,以显著的环保效果与稳定性能,成为众多企业环保改造的首选方案,有力推动了有色冶炼行业的绿色转型与可持续发展。

在非金属材料技术方面,防腐公司突破非圆截面玻璃钢缠绕成型技术瓶颈,建成江西省内首个大型异形储罐智能制造线,实现 5 米直径异形储罐一次成型,主导编制《绝缘密封夹边条》行业标准。

凭借"产品+技术+服务"的组合优势,防腐公司累计开发核心产品 20 余项,获得多项专利,技术成果转化率较高,构建起覆盖有色冶炼全流程的防腐装备产品库。

三、高质量:聚势突破拓新局

(一)市场突围:从区域深耕到全国布局

在稳固江铜内部市场的同时,防腐公司实施"走出去"战略,构建"三横三纵"市场格局:横向拓展铜、铅、锌等有色冶炼领域,纵向延伸至化工、环保、新能源等关联产业。2024 年中标内蒙古亿正化工脱硫脱硝 EPC(设计、采购、施工)项目,实现北方市场重大突破。

(二)产业升级:延伸价值链打造服务生态

防腐公司突破单一设备制造局限,向"研发、设计、生产、施工、运维"全链条服务转型。

EPC 总承包能力:组建专业工程团队,取得环保工程专业承包资质,参与贵溪冶炼厂脱硫脱硝系统改造项目,实现设备供应商进一步的跨越。

智能运维服务:开发设备全生命周期管理,生产设备、材料进行登记入库,全流程跟踪运行状态,提供预防性维护、远程诊断等增值服务,提升客户黏性。

技术输出模式:推出"防腐技术解决方案",为中小型冶炼企业提供定制化设计、关键部件供应、施工指导等一站式服务,形成"产品+服务+技术"的立体盈利模式。

(三)人才强企:培育复合型创新团队

防腐公司构建"引育用留"全链条人才机制,打造三支核心队伍。

研发尖兵队:与高校共建产学研基地,借用高校研究平台,技术人员和研发人员相互交融。

工匠突击队:特殊工种持证率达 35%,在玻璃钢成型、特种焊接等关键工序形成"绝活"传承体系。

市场先锋队:实施"技术+商务"双能力培训,打造既懂行业技术又能精准对接客户需求的复合型营销团队,市场开拓效率提升 40%。

四、可持续:行稳致远谋新篇

(一)资质跃升:冲刺国家级专精特新

在 2024 年获评"江西省专精特新中小企业"的基础上,防腐公司制订"国家级专精特新"攻坚计划:提高研发投入占比,关键核心技术自主化率达 100%,重点攻关冶炼烟气深度净化、脱硫脱硝环保装备成套、铜电解配套装备节能增效等"卡脖子"技术,相关成果已在贵溪冶炼厂改造中试点应用,预计降低运维成本 30% 以上。

(二)品牌辐射:构建行业价值共同体

防腐公司始终以提升品牌影响力为核心,坚持"技术引领、服务至上"的理念,积极拓展品牌辐射范围,致力于构建行业价值共同体。在技术创新与成果推广方面,公司持续加大研发成果的转化与输出力度,通过举办专业技术研讨会、行业交流会等活动,积极分享在有色冶炼防腐领域的创新技术与成功经验,为推动行业整体技术进步贡献力量。

在品牌塑造上,防腐公司精心打造"江铜防腐"品牌 IP,通过提供优质的产品与卓越的服务,不断提升品牌的美誉度与认可度。同时,积极参与行业内各类权威评选与展示活动,以良好的品牌形象与过硬的产品实力,赢得市场与客户的广泛赞誉。

公司还将持续深化品牌建设战略,不断提升品牌核心竞争力,进一步拓展市场服务网络,加强与上下游企业的合作与联动,共同构建互利共赢的行业生态,向着成为国内领先、具有强大品牌影响力的防腐系统解决方案服务商的目标稳步迈进,努力为行业高质量发展注入新动能。

五、改革成效:创新驱动结硕果

(一)硬核实力获认证

防腐公司连续 5 年通过高新技术企业认定,累计获得"科技型中小企业""创新型中小企业""专精特新中小企业"等荣誉,近三年研发投入逐年增长,专利数量大幅增加,形成以企业为主体、市场为导向、产学研深度融合的创新体系。

(二)市场版图大跨越

防腐公司外部市场服务网络覆盖全国26个省市,脱硫净化组合塔、乙烯基树脂电解槽等产品市占率稳居行业前列,成为江西铜业集团外,云南铜业、铜陵有色、紫金矿业等龙头企业的战略合作伙伴。

六、未来展望:开启二次创业新征程

站在"十四五"收官与"十五五"谋划的关键节点,防腐公司明确三大变革方向。

技术攻坚再突破:环保智能装备、脱硫脱硝技术等前沿领域,力争在极端腐蚀环境防护技术上取得颠覆性突破。

数字转型再加速:构建"防腐工业全流程跟踪管理平台",实现设备健康状态实时诊断、防腐工程虚拟设计,打造相关智慧防腐服务平台。

生态合作再升级:联合产业链上下游企业成立有色防腐产业联盟,共建检测认证中心、共性技术研发平台,推动行业整体技术进步。

从贵溪冶炼厂的"内部保障队"到行业市场的"技术领跑者",防腐公司的改革实践证明:国企改革的关键在于激活创新基因,核心在于坚持市场竞争,根本在于服务国家战略。未来,防腐公司将继续以"赶考"姿态深耕有色防腐领域,在建设世界一流"专精特新"企业的征程上勇毅前行,为国资国企改革提供更多可复制、可推广的"江铜经验"。

（撰稿:王俊荣　江兆臻　李国强）

推动链主企业在发展新质生产力中发挥更大作用

泸州老窖集团有限责任公司

企业是构建产业链的主体力量,企业强产业链才能兴。链主企业作为整个产业生态体系的枢纽核心,在推动新质生产力发展过程中理应承担更重使命、发挥更大作用,更好地服务建设现代化产业体系和构建新发展格局,为全面建设社会主义现代化国家做出更多贡献。

一、深化"一个认识"　准确领会发展新质生产力的内涵要义

链主企业在产业链中位居主导地位,承担着产业链组织者和价值分配者的角色,具有较强的产业控制力、突出的资源整合能力、协同创新的领导能力、强大的品牌影响力,具备发展新质生产力的核心要素。链主企业要用新的生产力理论指导发展实践,以更大力度推动发展方式、发展动力、发展领域、发展质量变革,努力实现更高质量、更有效率、更可持续、更为安全的发展。特别是在产业链上处于重要地位的国有企业,更要切实担负起政治责任、经济责任和社会责任,勇当现代产业链的"链长",积极主动加快发展新质生产力。

二、统筹"三对关系"　牢牢把握发展新质生产力的基本要求

统筹好有为政府和有效市场的关系。新质生产力是政府"有形之手"和市场"无形之手"共同培育形成的。这就要求,政府要利用好"链长"制度,在科学布局、政策引导、规则制定、财税支持等方面更好地发挥作用,营造鼓励创新、允许试错、宽容失败的良好氛围,避免重复建设造成产能过剩、资源浪费。通过"链长制"把建链、补链、延链、强链的战略设计"嫁接"到链主企业上,利用链主企业准确识别产业链上下游企业的制约瓶颈和技术需求,编制补链、延

链、强链图谱,使各类链主企业成为发展新质生产力的主力军。

统筹好新兴产业和传统产业的关系。新质生产力需要培育发展战略性新兴产业、前瞻布局未来产业,但决不能忽视改造提升传统产业。这就要求,链主企业要主动开拓新领域、新赛道,大力发展科技含量高、带动作用大的战略性新兴产业,积极培育孵化未来产业,努力抢占科技革命和产业变革的制高点。同时,链主企业要以高端化、智能化、绿色化为战略方向,主动改造提升传统产业,推进人工智能、大数据、云计算等在研发设计、生产制造、营销网络、经营管理等全链条多元化应用,实现生产力水平大幅跃升。

统筹好自立自强和开放合作的关系。发展新质生产力既要实现高水平科技自立自强,又要营造具有全球竞争力的开放创新生态。这就要求,链主企业一方面要在促进新动能快速成长、增强经济发展内生动力、服务国家产业链供应链安全中发挥引领支撑作用,补齐我国产业链"卡脖子"短板,确保关键时刻"不掉链子"。另一方面,要用好国内国际两个市场、两种资源,坚定不移深度参与全球产业链分工和合作,提升跨区域合作层次和水平,为加快发展新质生产力提供强大的外部支撑和动力。

三、发挥"三大作用" 自觉承担发展新质生产力的使命任务

在加快推进科技创新上发挥引领作用。自觉强化创新主体地位。牵头构建以企业为主体、市场为导向、产学研深度融合的科技创新体系,主动与高校、科研院所建立合作关系,用好用活"揭榜挂帅"机制,促进创新链条有机衔接、创新效率大幅提高。主动攻关关键核心技术。围绕基础研究和应用基础研究、"卡脖子"关键核心技术攻关、前沿性颠覆性原创技术研究,构建开放式科创平台,对产业链"上下游""左右岸"技术创新形成有力支持,努力掌握更多拥有自主知识产权的关键核心技术。积极发力科技成果转化。主动开放应用场景,推动首台(套)装备、首批次材料、首版次软件等示范应用,不断促进技术产品的完善和迭代升级,加快科技成果向现实生产力转化,不断打通从科技强到企业强、产业强、经济强

的通道。泸州老窖秉持"传承不守旧、创新不离宗、尊古不泥古"的理念,组建国家固态酿造工程技术研究中心等7大国家级科技创新平台,承担科技项目400余项,获得科技奖励100余项,发表科研论文1200余篇,申请专利1000余件、授权500余件,主持或参与制定各级标准70余项,积极拓展多渠道成果转化机制,打通成果转化"最后一公里",推动转化的成果成为新质生产力的"有效增量"。

在服务产业升级优化上发挥支撑作用。夯实战略性新兴产业主阵地。聚焦5G、物联网等领域培育壮大新兴产业,瞄准人工智能、人形机器人、元宇宙等领域前瞻布局未来产业,加强技术创新、推进生态建设、加快标准制定,为形成新质生产力预留更多空间。守好传统产业基本盘。以智能化改造和技术升级为抓手,通过设备更新、工艺升级、数字赋能、管理创新等方式,着力补齐短板、拉长长板、锻造新板,让传统产业所蕴含的新质生产力有效释放。迈向价值链条中高端。强化价值链布局,推动产业链条向高端化延伸、产业结构向高品质迭代、产业体系向高效能升级,通过对外投资并购、优化全球布局、打造国际品牌等举措,不断向产业链价值链中高端迈进。泸州老窖在"数智化"大潮中积极推动传统产业创新发展。推动酿造"数智化",建设黄舣酿酒生态园,引领传统白酒生产进入智能化时代;推动包装"数智化",建成白酒行业首家灌装速度最快、质量检测最严、智能化水平最高、数字化水平最高、技术创新最多的"灯塔工厂";推动供应链"数智化",建设供应链调度指挥中心,将供应商、企业、客户有效串联,促进采购、生产、订单、仓储、资金等环节在线上高速流通,助推全产业链"数智"升级。

在推动全面深化改革上发挥辐射作用。以规范化公司治理激发内生动力。对标世界一流企业,优化公司治理模式,从而带动产业链治理模式优化升级,特别是承担链主角色的国有企业要大力推进国企改革深化提升行动,全方位提升企业核心竞争优势。以高素质人才队伍强化智力支持。完善人才培养、引进、使用、流动和评价激励工作机制,弘扬企业家精神,让人才创新创造活力充分迸发,为发展新质生产力提供坚实人才保障。以高水平开放合作营造良好环境。用好全国全球创新要素资源,实现商品

要素资源更加顺畅地流动，推动经济全球化朝着更加开放、包容、普惠、平衡、共赢的方向发展。近年来，泸州老窖不断健全完善中国特色现代企业制度，以增强核心功能、提升核心竞争力为重点，深入实施国有企业改革深化提升行动，以改革破难题、增活

力。按照"优势叠加、协同发展"的战略要求，泸州老窖加快企业组织形态、经营机制、管理体系的变革，构建起"产业同根、目标同向、资源共享"的发展格局，实现了"产业布局聚焦向实、核心资源高效配置、组织能力持续提升"的发展目标。

君子之品　东方习酒

贵州习酒投资控股集团有限责任公司

贵州习酒投资控股集团有限责任公司（以下简称贵州习酒），总部位于黔北高原赤水河中游、红军长征"四渡赤水"的二郎滩渡口，依山傍水，风光秀丽，企业占地面积 8000 余亩，拥有员工 1.5 万余人，2024 年品牌价值为 2896.21 亿元，位列中国白酒前八名、中国酱酒第二名。

贵州习酒旗下控股子公司——贵州习酒股份有限公司，其前身为明代万历年间殷姓白酒作坊，1952年通过收购组建为国营企业，1998 年加入茅台集团，在茅台集团的支持和帮助下发展壮大，2022 年由"贵州茅台酒厂（集团）习酒有限责任公司"整体变更设立"贵州习酒股份有限公司"。

贵州习酒依托得天独厚的生态优势，坚守纯粮固态发酵传统工艺，恪守"质量就是生命"的质量价值观，在消费和品牌升级中，蓄力推出君品系列、窖藏系列、金钻系列等产品，主导品牌"习酒"先后被评为省优、部优、国优，荣获"国家质量奖"，被认定为"国家地理标志保护产品"。

一直以来，贵州习酒始终恪守"崇道、务本、敬商、爱人"的核心价值观，践行"知敬畏、懂感恩、行谦让、怀怜悯"的习酒品格，释放创新潜能，不断向开放、智慧、美丽的现代化酒企转型升级。贵州习酒两次荣获"全国五一劳动奖状"，荣膺第三届"贵州省省长质量奖"、第十八届"全国质量奖"，获得"亚洲质量卓越奖""全省脱贫攻坚先进党组织""全国优秀社会责任企业""希望工程实施 30 周年突出贡献者"等荣誉。

从 1952 年赤水河畔的白酒作坊，到中国白酒前

八名、中国酱酒第二名的酒企，贵州习酒的发展是一部轰轰烈烈、自强不息的改革创新史。

中华人民共和国成立初期，习酒人便拥有"滩头创大业"的勇气。1952 年，仁怀县工业局沿赤水河选址黄金坪，买作坊、开荒坪，创办贵州省仁县郎酒厂。20 世纪 60 年代初，曾前德和肖明清、蔡世昌在三年困难时期艰苦创业，白天辗转各酒厂观摩学艺，夜晚在煤油灯下伏案钻研，他们一锹一铲、一砖一地修缮厂房，徒步往返几十千米外挑粮，延续了生产。经过披星戴月的劳作，创建了引人瞩目的白酒品牌——习水糦酒（习水大曲），并千里跋涉赴北京参评，凭借良好品质赢得赞誉，习水大曲承载着习酒人太多的悲喜冷暖，见证和陪伴了一代人的青春岁月和奋斗时光。

改革开放时期，习酒人展现出"志在习酒醉天下"的豪情。1977 年，习水县红卫糦酒厂由贵州省商业厅糖酒公司接管，正式命名为贵州省习水酒厂。1982 年，习酒人锐意改革、大胆创新，酱香型大曲在1983 年通过省级重点科技项目鉴定，被命名为"习酒"并投放市场。伴随着一、二、三期技改项目实施，让"十里酒城、名酒基地"的构想在赤水河畔初具规模，酱香习酒与浓香习水大曲双双达到 3000 吨模，两大产品畅销大江南北，屡创省优、部优、国优等殊荣。与此同时，贵州习酒敢为行业之先，创造"星级质量管理模式"，应用先进营销理念，开央视广告投放之先河，开展"习酒献西藏""西北——中原万里行""千里赤水河考察"等一系列活动，至今仍影响深远。

低谷蹒跚时期，习酒人进行了"上下求索发展路"的拼搏。20世纪90年代中期，由于诸多方面原因，贵州习酒资金紧张、销售受阻，进而导致市场萎缩、生产停顿。这时的职工每月拿着200元生活费，甚至是数月领不到工资，仍然坚守岗位，自发从家里背粮食到厂里烤酒，更有主动请缨、自筹路费闯市场，走街串巷推销产品，舍小我、取大我，为小家、建大家。一代习酒人的汗水、泪水乃至鲜血，凝固在习酒这片土地上。1997年，也正是贵州习酒在万般艰难时，省委、省政府做出了"调整白酒产业结构、重振黔酒雄风"——茅台集团兼并习酒的战略决策。1998年，习酒公司成为茅台集团旗下的全资子公司。

加入茅台集团后，各级党委、政府和茅台集团在负债处置、税金上缴、职工安置、生产启动、转型发展等方面给予了贵州习酒全方位、不遗余力的支持。随着"一年打基础，二年有起色，三年上台阶，四年大发展"战略的提出，贵州习酒不仅渡过了难关，还一路高歌猛进，走出低谷，步入正轨，于2008年彻底甩掉债务包袱，开启习酒良性发展的复兴之路。这一阶段，在茅台集团的品牌优势、市场优势、资本优势、人才优势、技术优势、管理优势的引领带动和辐射效应下，贵州习酒建立了较为完备的产供销体系，为此后的快速发展提供了重要保障。

进入新时代以后，贵州习酒保持"已到凌云仍虚心"的品格。在行业深度调整期，贵州习酒始终践行"君品文化"，强化市场基础建设，提高服务质量，通过不断引进人才和持续创新提升企业竞争力。面对以茅台集团为引领的"酱酒热"，贵州习酒坚定全国化发展战略，坚持走质量效益型发展道路，推动产品结构优化调整，持续巩固"习酒·窖藏1988"中高端品牌地位，蓄力推出高端产品"君品习酒"，打造全国强势品牌和主体大单品，满足消费者对美好生活的需要，迈上了腾飞之路。在这一发展阶段，习酒人勇毅前行，汇聚起建设全国强势白酒品牌的磅礴力量，生产规模不断扩大、市场营销持续增长、内部管理逐步规范、品牌效益更加彰显，2020年，贵州酒销售突破百亿元大关，成功跨入百亿酒企阵营。

2022年对贵州习酒而言，是关键的一年。省委、省政府基于推动贵州白酒产业发展战略考量，组建成立贵州习酒投资控股集团有限责任公司。正值贵州习酒创立70年之际，习酒集团揭牌成立，设立股份公司，是习酒发展史上的重要里程碑，也是习酒实现高质量发展的关键新起点。在这一年，贵州习酒全力推进全国市场化布局，销售收入突破200亿元。2024年，贵州习酒品牌价值再创新高，以2896.21亿元位列中国白酒前八名、中国酱酒第二名，品牌价值实现新提升，综合实力显著增强。

自创立以来，贵州习酒坚守"质量就是生命"的质量价值观，始终秉承中国传统白酒技艺精华，坚守纯粮固态发酵工艺，全过程全链条保证产品质量。

凭质量赢得人心，靠匠心收获口碑。1982年贵州习酒提出"质量第一"的质量观；1994年通过中国方圆标志认证和法国BVQI国际质量管理体系和产品质量认证（国内首家同步通过国家和国际质量认证的白酒企业）；2015年，导入卓越绩效模式，强调"大质量"意识；2021年以来，提炼形成质量文化理念和质量管理模式，进一步丰富了质量文化内涵，在"质量就是生命"标准下酿造出的习酒，品牌影响力与日俱增。

"绿水青山就是金山银山"，贵州习酒作为赤水河畔的一颗璀璨明珠，始终坚持生态优先、绿色发展，一直将生态作为企业发展的底线之一，时刻绷紧生态环境保护这根生命弦。

早在20世纪90年代初期，勤劳务实的习酒人就意识到保护赤水河生态的特殊意义，在1992年组织了"千里赤水河"考察活动，确定了赤水河源头，并大力宣传生态保护。贵州习酒始终坚持生态优先、绿色发展，打造"资源节约型、环境友好型"企业，将"生态"作为企业发展的四条底线之一。近年来，在保护赤水河方面，贵州习酒开展了节能减排、高标准建设污水处理设施、资源综合利用等生态文明建设工作。加强生产过程管理，开展清洁生产，减少对赤水河的取水量和排水量。2012—2014年投资2000万元建设冷却水循环设施，2014年通过清洁生产审核，开展冷却水循环利用。2018年11月起至今，投资近6000万元新建制酒车间风冷设施和改建制酒车间冷却水循环设施为风冷设施，全面实现风冷设施全覆盖，大大减少对赤水河的取水量和排水量。自2019年开始投资5846万元开展生产废水收集管网、窖底"十字沟"不锈钢改造。全面开展锅炉"煤改气",建立在线监测系统,减少对赤水河流域大气的影响。2017年至今贵州习酒投资近亿元开展锅炉"煤改气"及新建燃气锅炉项目,通过超低氮燃烧工艺,有效降低厂区二氧化硫、氮氧化物等污染物排放量,大力提升厂区空气环境质量。2020年至今投资300余万元采购安装21套燃气锅炉烟气氮氧化物在线监测系统,聘请专业第三方单位运营和维护,对氮氧化物实时监测,减少对赤水河流域大气的影响。

习酒高标准建设、高效运行污水处理厂,实现高标准排放。2019年至今,总投资近5亿元,高标准建设黄金坪生产废水处理厂2号系统和中渡污水处理厂,选择国内白酒行业最为权威的设计单位进行工艺设计,关键、大型设备选用进口和国内一流设备,处理出水不但能够达到《发酵酒精和白酒工业水污染物排放标准》表3排放标准,通过活性炭、超滤深度处理后,还可达到类地表水Ⅲ类排放标准,目前是赤水河沿岸,乃至白酒行业最高标准设计。贵州习酒按照长江经济产业带入河排污口改造的要求,与贵州茅台酒股份有限公司、习酒镇人民政府,首批示范在赤水河流域开展污水处理厂排污口改造工作,该项改造工程投资3200余万元,于2019年3月建成并投入运行,将三家单位污水处理厂处理达标排放的水退到距原污水处理厂6千米以外的临江河排放,最大限度地保护赤水河。习酒持续开展"保护赤水河·习酒在行动"全员义务植树、植草活动,将"保护赤水河·习酒在行动"全员义务植树、植草活动作为生态文明建设公益品牌,自2015年沿赤水河开展植树、植草活动以来,已持续开展10年,累计植树3.1万余株,植树、植草绿化面积1000余亩。开展赤水河源头保护和生态环境修复,维护赤水河生态平衡。2018年,贵州习酒向赤水河源头云南省镇雄县捐赠生态扶贫资金400万元。2021年,贵州习酒在全国"放鱼日"暨贵州省生物增殖放流活动中向赤水河投放鱼苗8万尾,从内部保持赤水河生态平衡。2022年,贵州习酒向上海长鱼长江水生生物保护基金会捐赠665万元,用于支持长江流域水生生物保护、生态修复,并向习水县农业农村局缴纳管理经费75万元用作赤水河生态保护。

人才是贵州习酒发展壮大的宝贵财富和不竭动力。70余年来,贵州习酒从一个名不见经传的小作坊到中国白酒前八名、中国酱酒第二名,从"三人起家"发展到1.5万余人的大型集团,是代代习酒人用青春和热血奋力拼搏的结果。多年来,贵州习酒秉承君子敬业、乐业精神,尊重知识、尊重人才,始终坚持"相才、育才、护才、用才"的人才理念,不断创新人才管理体制,持续优化人才资源配置,积极为人才提供实现自我价值的平台——以"师带徒"模式传承和培育了大批酿造技术能手;长期不断地引进各级各类优秀人才,通过"送出去、请进来"等各种形式和渠道培养人才;在生产经营实践中锻炼人才,形成门类齐全、各有所长的高素质人才队伍;科学系统地建立人才数量大、年龄结构布局合理、专业齐全、层次多样的人才资源库。目前为止,贵州习酒拥有中国酒业科技领军人才、中国白酒工艺大师、中国白酒首席品酒师、贵州酿酒大师、国家级评酒委员(21人)、贵州省评酒委员、正高级工程师、高级工程师100余人,各类专业技术技能人才2000余人。引进人才、培养人才,更要留住人才。贵州习酒在人才晋升上开通"管理、营销、技能"三通道,为人才提供实现自我价值的事业平台,让想干事的人有机会,能干事的人有平台,干成事的人有地位。人才的能力和作用得以充分发挥,并转化为企业良好的经济效益和社会效益,人才优势彰显。人才队伍的主观能动性和创造性在贵州习酒的发展中得到同步升华,形成以才兴企、人企共进的良性循环。

贵州习酒从历史的长河中走来,如赤水河般奔腾不息,企业文化是贵州习酒的内生原动力。2010年,贵州习酒基本形成以"崇道、务本、敬商、爱人"为核心价值观的君品文化。贵州习酒的君品文化是对中国传统文化的继承和发展,对地方历史人文成果的吸收和消化,是贵州习酒发展历程精神特性的提炼和弘扬,是对社会主义核心价值观的贯彻和践行。"天行健,君子以自强不息。地势坤,君子以厚德载物。"2023年3月30日《君品公约》发布,君品文化成为习酒行稳致远的思想引领和永续发展的精神动力。在君品文化的引领下,习酒人顺应天地、秉承传统,自强不息、厚德载物,勇于担当、奉献社会。

长期以来,贵州习酒始终坚持公益理念,通过多种公益活动回馈社会,用善行义举践行君品文化,积极承担社会责任。

"习酒·我的大学"大型公益奖学项目,助力广大青少年扬帆远航,追求梦想。作为酒中君子的贵州习酒,多年来在不断发展壮大,经济效益显著提升的同时,不留余力地支持地方教育事业的发展帮助莘莘学子圆梦大学,实现人生价值追求。"习酒·我的大学"大型公益奖学项目由贵州习酒联合共青团贵州省委、贵州省青少年发展基金会共同创办,自2006年启动以来,已连续实施18年,足迹遍布贵州、云南、四川、重庆、山东、河南、海南等全国多个省,市,累计出资1.49亿余元帮助2.4万余名优秀学子圆梦大学,"习酒·我的大学"为服务青少年成长成才做出了突出贡献,已成为享誉全国,具有贵州特色的公益奖学品牌,实现了贵州习酒的企业担当和人文情怀。

"老吾老以及人之老,幼吾幼以及人之幼。"2022年,习酒集团、习酒全国经销商携手贵州省慈善总会联合发起、设立了"习酒·吾老安康"慈善基金,首期捐赠2000万元资助解决老年群体养老、安康问题;让更多老人"老有所养、老有所、老有所乐、老有所安"。

贵州习酒还积极参与其他社会公益活动,捐赠2000万元助力贵州、湖北两省抗击疫情;"亿元习酒敬爱心",向在抗疫行动中捐赠爱心的单位团体和个人赠送价值亿元的习酒产品;捐赠1000万元助力河南抗洪救灾;捐赠1000万元助力贵阳及其相关市(州)打赢疫情防控攻坚战;捐赠665万元支持长江流域水生生物保护、生态修复等公益事业发展;捐赠500万元支持甘肃灾区抗震救灾和灾后重建;持续选派驻村第一书记和工作队员支持习水县桃林镇永胜

村、先锋村及寨坝镇凤凰村开展乡村振兴工作,在农村治理、村容村貌改善、硬件基础设施改造升级、服务群众等方面用真心、出实招;精准助力隆兴镇淋滩村、良村镇吼滩村、土城镇青杠坡村开展红色美丽村庄试点建设工作;先后结对帮扶习水县习酒镇石林村、岩寨村、坪头村和程寨镇罗汉寺村开展乡村振兴工作。支持黔北地区老百姓种植高粱,带动1.6万余农户增收;重磅上线"君品荟"APP,潜心打造"半坡山色"IP,扶持本土高品质农特产品,助力"黔货出山"。贵州习酒努力增加地方财税收入,提供就业岗位,带动上下游产业链发展,促进区域经济繁荣,竭力参与公益事业,用真心出真力为实现共同富裕贡献力量。

凭借在支持社会公益和履行社会责任方面的突出贡献,贵州习酒多次荣登中国企业慈善公益500强、中国制造业企业慈善公益500强榜单,并荣获"全国优秀社会责任企业""希望工程实施30周年突出贡献者""国家和贵州省绿色工厂""贵州省AAAAA(五A级)生态酿酒企业""贵州省履行社会责任五星级企业""全省脱贫攻坚先进党组织""善行贵州·突出贡献捐赠企业""善行贵州·爱心企业"等荣誉。

在党的坚强领导下,在贵州省委、省政府围绕"四新"主攻"四化"战略指引下,贵州习酒将发挥赤水河流域酱香型白酒原产地和主产区优势,始终坚持质量至上,坚守"发展、生态、安全"底线,坚定不移高质量发展、大踏步前进,朝着世界一流、受人喜欢的大型综合企业集团阔步迈进。

大型纺织企业实现世界一流的数智化赋能特高支纱产业化管理

无锡一棉纺织集团有限公司

无锡一棉纺织集团有限公司(以下简称无锡一棉)创建于1919年,曾经是中华民族工业的典范,现在是中国棉纺织行业的"排头兵"。曾荣获行业

"'十三五'高质量发展领军企业""可持续发展榜样企业"等荣誉,入选国务院国资委"全国国有企业企业治理示范企业"名单。近年来,无锡一棉努力构

建、实施实现世界一流的数智化赋能特高支纱产业化管理，产量提升 25%，工人劳动强度降低 60%，万锭用工 10 以内，特高支纱产量逐年增加，特高支纱的市场占有率名列全球第一，成为高档纺织品细分领域的"单打冠军"，向着建设世界一流纺织企业的目标迈出了坚实一步。

一、围绕瞄准世界一流目标 研发特高支纱纺制技术

（一）确立目标和原则

无锡一棉紧紧围绕"设备智能化、生产数字化、产品高端化、管理精益化"的工作方针，依托自身的产品、管理技术、品牌和营销优势，进行信息化、数字化、智能化技术改造，引进和研发最先进的纺纱装备，加强特高支的工艺创新和工艺研究，全面实施精益生产管理，最终形成特高支纱规模化产业化生产。

为实现世界一流的数智化赋能特高支纱产业化，无锡一棉成立领导小组，稳步推进，分步实施，任务层层分解，件件落实到人。按照"总体规划、分步实施、重点突破、完善优化、持续改进"的原则，有序推进、稳步完成。

（二）研发特高支纱的核心纺制技术

加强纺织研究院的研究工作。由曾经获得"中国纺织技术带头人"称号的周晔珺出任研究院院长，引进国内纺织前沿的高技术人才，抽调具有丰富实践经验的技术人员。研究院紧盯国际纺织特高支纱的前沿技术，围绕紧密特高支纱纺制技术和工艺的关键问题开展研究和攻关，取得了一系列科技成果，为特高支纱规模化产业化奠定了坚实的基础。

研发细纱机高倍牵伸技术，解决了特高支非伴纺成纱均匀度差的难题。研发适用于特高支纱生产的专用集聚纺技术，解决了因须条纤维集聚不充分而导致纱线毛羽恶化的难题。研发适用于特高支纱纺制过程中初捻段捻度增强技术，解决了初捻段成纱易断头的难题。通过显微镜分析优选纤维技术的研究，解决了特高支纱选择原料的方法问题。

二、加强设备技术改造 建设智能化车间

（一）精心组织稳步推进智能化改造

企业纺织集团于 2017—2018 年完成长江纺纱车间 13.5 万锭全流程智能化数字化改造，2019—2020 年完成扬子江纺纱车间 12.5 万锭全流程智能化数字化改造，推进智能制造装备关键技术及各管理系统等在企业应用集成，建成以智能工艺装备群为基础的网络化连通的纺纱数字化生产线，形成以生产运行和产品质量实时状态为基础的智能化分析、以智能化仓储物流和服务化调度为基础的协同化控制等为特征的一套信息物理融合制造系统新模式，通过生产数据的自动化采集及生产信息双向追溯，以及信息流与物流协同管控，达到以精益、精确、精准为核心的快速响应集成制造执行运行效果，实现智能实时监测纺纱过程机器运行情况、智能安排生产和物料转运实现柔性制造，实现产品自动质量追踪系统能查找产品路径，在纺纱制造领域率先建成全过程、全业务智能协同管控平台和实现高支紧密纺纱智能工厂新模式应用示范，为特高支纱的规模化产业化发展打下坚实的基础。

（二）引进国内外最先进纺纱智能化设备

在"清梳联→预并→条并卷→精梳→精并→粗纱→细纱→络筒→打包"的生产流程中，选用国内外先进纺纱智能设备，包括清梳联合机、异纤除杂机、自动条并卷机、智能精梳机、全自动并条机自动落纱粗纱机、集体落纱细纱机、自动络筒机等，单台设备的自动化和智能化水平处于国际领先。

（三）构建物流自动输送新系统

无锡一棉吸收当今最先进的物流智能技术，使用传感器、条码射频识别、工业机器人、自动导航和数据库等技术实现各生产工序之间的互联互动，包括条筒输送和存储、棉条自动接头、管纱输送和存储、筒纱自动输送码垛和产品打包。通过自动化设备实现内部物料的自动转移，减少人工使用，实现纺纱生产流程中物流的智能化配送。

(四)攻关特高支纱纺制关键设备和关键器材

无锡一棉从战略高度运筹关键技术关键设备关键器材的攻关和研发工作,分别成立专门的研发小组,从属总经理直接领导,从队伍建设、人才架构和资金投入等方面全面展开,瞄准国际纺织的高端技术和发展趋势,制订研究方向和研究课题,不断进行推进,攻克一系列"卡脖子"难题,取得了一系列科技成果,相当多的科技成果已得到转化,形成产品和样机,其中大多数产品已投入批量生产。

三、打造数字化生产车间 实现设备互联互通

(一)设备联网采集数据

无锡一棉建立智能纺纱生产过程现场数据系统。系统覆盖了两个车间共计 26 万锭全流程设备,15 万个以上的数据采集点,涵盖的设备从清梳联、并条、精梳、粗纱、细纱到络筒工序的纺纱设备、车间物流设备、纱线在线质量检测装备电子清纱器、细纱单锭检测设备,以及除尘、空调和照明等辅助设备。另外把两个车间 875 只感温火灾探测器、100 套感烟火灾报警器等消防安全系统也进行联网,大大提高了纺织厂的消防可靠性。

(二)开发 MES 生产管理系统

利用物联网和大数据处理技术,集成智能化纺纱车间的主机设备、辅助设备、物流设备、人员、原料、成品、能耗等信息的数据,融合企业在生产管理、工艺设计、质量管控方面的专业知识建模,并验证形成企业智能纺纱车间 MES 生产管理系统,系统功能可涵盖报表系统、能耗管理分析系统、质量管理分析、设备管理、环境数据管理、订单管理、人员绩效管理、生产成本核算、锭子精准维护等模块。

四、自主研发生产经营大数据分析平台

无锡一棉引进高水平软件开发人才结合两化融合管理体系要求打通 ERP 与 MES 的联系,实现信息共享,强化数据分析应用和治理路径,建立数据分析模型和精准算法,紧紧围绕特高支纱产业化管理生

产经营活动的实际需要,自主开发了涵盖原料分析、成本分析、市场销售分析和质量数据等 50 多个数据模型,为经营决策、指挥特高支纱生产提供了有力的支撑,并且持续不断地改进、迭代提高。

生产经营大数据分析平台主要由三大块组成。

1. 运用大数据增强生产经营决策能力

主要包括:实时或定时采集各物理信息系统数据,根据决策管理需求建立数据分析模型,对产品进行多维度定义(产品板块、特高支纱支数、组分),每天实时监测多个维度的月度产销率、年度产销率、实时库存状态、产量、销量,特别是高档产品特高支纱的产销和库存状态对产销不平衡的维度进行指导性色标提醒;对原料进行多维度定义,每天实时监测各维度的库存情况、实时库存均价情况、最近一次成交价情况;对应收款进行账龄组成的分析,识别各笔应收款的账龄,对不同风险进行色标警示;从不同维度(贸易方式、产品板块、组分、贡献率等)实时生成全年度每个月的销售报告,即 12 个月周期内的利润值、利润率趋势报告,反映出生成经营效益基本面情况。

2. 运用大数据增强排产销售分析能力

对数据资产中计划单数据的订单数据、销售数据、库存数据、装备数据、原料数据等进行集成设计,构建一个集团的排产总图及数据模型,对特高支纱优先排产突出显示,可以更加直观地了解集团特别是特高支纱产能分布情况、订单交货进度、客户关系变化、开台产品的利润预测等,更加有利于管理决策。

3. 运用大数据增强质量分析能力

以特高支纱生产中 MES 生产管理系统进行数据挖掘。无锡一棉与服务商对 TOP 系统进行全面诊断,确保 TOP 系统本身能够正常稳定地运行,在此基础上,信息研究中心开展研究攻关,按照原有集成平台的格式对新的络飞 TOP 系统进行大数据集成开发,以满足生产技术部及车间对特高支纱产品质量实时监测管理的需求,提升成品质量实时监测的覆盖率。

生产技术部通过各个物理信息系统及大数据平台上的数据分析模型,能够实时掌握特高支纱支数、品类、等级、批号产品的质量情况,可以进一步增加原料、半成品、产成品的质量检测的覆盖率,第一时间发现质量异常和质量波动情况,并及时做好上报

工作;对质量问题及时采取措施,有效地防止产生大面积质量问题,从而进一步提高产品质量合格率,避免对客户造成经济损失,维护企业产品质量品牌形象。

五、全面推行精益生产管理

无锡一棉推行精益生产管理5S管理、定置管理和标准化作业等,改善生产现场环境、提升生产效率、保障纱线品质。而对智能化改造数字化转型后的新设备,特别是特高支纱纺制的高难度,原有的精益生产管理模式难以适应,提出了新的挑战。企业组织对精益生产管理模式进行创新,实现对人机、料、法、环精准管控的特高支纱精益生产管理。

(一)推进零故障的精益生产设备管理

原来的纺纱设备机械结构比重大,加工精度较低,使用后零件磨损多,定期检修拆装范围大、工作量也较大,而新的智能化设备自动化程度高,设备均进行可靠性长寿命设计,故设备维修的工作强度会较大幅度地降低。因此,由生产部牵头分析这些智能化设备的特点,先从长江纺纱车间的细纱工段开始,对原来设备维修管理模式进行管理变革。

设备实行包管制,如一位保全工分管3台1200锭的细纱机,其负责这些设备每天的巡回检修、状态检查,分担细纱机的细纱断头指标;两月进行一次停车的挡车检修,重点检查各部分结构是否正常,更换必要的轮换件,按照"五定"要求,进行润滑加油工作。围绕追求零故障开展维修工作,零故障是精益生产管理的本质要求,仔细分析每一次故障原因,认真制定和落实整改措施。每月对所有故障进行统计分析,部署下阶段的改进措施。重视MES生产管理系统的设备状态数据和质量监测数据,及时跟进,及时修整,提高维修的有效性,把故障因素和瑕疵因素消灭在萌芽状态。

对设备的周期管理和设备检修作业法进行创新和改革,根据特高支纱对设备状态更高的要求,注重精益细节和标准化作业法,逐步在其他工序和其他车间进行有序推广。

(二)实施精细的精益生产运转管理

智能化纺纱设备自动化程度明显提升,许多原来值车工的操作完全被机器替代,也就是值车工的班制形式、看台面和操作内容需要随之改变。又由于特高支纱纺制难度高,工艺要求和纺制特性给值车工的操作带来了挑战,故由生产部牵头,组织各车间的操作能手进行标准操作法的创新。

标准化操作创新要求:以产品零缺陷为目标,强调标准化、可操作性、精准性和培训容易性。

交接班工作内容:重点是特高支纱的生产情况和设备运转状态。

清洁工作:清洁工作的周期清洁的工具、清洁作业的方式、清洁部位和清洁工作的要求。

巡回路线:重点是巡回的周期、检查的内容、主要部位等。

充分利用MES生产管理系统的监测系统和分析数据,及时处理断头和异常。调整操作方法,根据早夜班产量、效率、断头时间、断头数,为有效开展劳动竞赛提供依据。经过一年时间的试行、总结改进和完善,全面完成了标准化操作法创新制订,大大提高操作的有效性和精准性,为特高支纱的规模化生产提供保证。

智能化纺纱设备与老设备相比,自动化比例明显增加,机械比重降低,为此,无锡一棉打破原来设备保全工和电工的工作界限,构建设备机电一体化维修体系。

设备保全工全部参与安监部门的电工培训,必须持"电工特种作业操作证"才能上岗,名称改为"机电保全工"。机电保全工在日常包机、巡回检修工作中增加电气方面的工作,如电气件清洁工作、电气控制件状态检查、异常状态判断和处理。专业电工进行"高级电工"的专业培训,掌握自动化电气技术的维修和管理能力,适应纺纱设备越来越复杂的维修难度。抽调厂内和专门招聘电气线路板的专业人才,由生产部组建"自动控制管理室",负责电气线路板的修理、相关可编程序控制器和变频器等软件硬件的管理,支撑智能化纺纱设备运行。

六、以人为本　健全数智化人才培养机制

无锡一棉总结人才招聘、培训方面的经验和得失,分析面临的任务与要求,坚持立足自我培养,适当外部引进,通过加大投入、加大力度、加快速度,完善培养机制,构建和谐文化氛围,激发员工学习的主动性和积极性。

(一)调整招聘方式,优化人才结构

随着特高支纱生产进程的逐渐深化,企业面临老工人退休多、新工人流动性较大等新问题。无锡一棉一方面加快智能化改造数字化转型步伐,在产能规模不断增加情况下,用工人数需求下降。另一方面不断调整招聘方式,使员工队伍结构实现了根本扭转,大专以上学历员工比例明显上升。

(二)改革培训、培养方法

人才培养是一项系统化的工程,在建立健全应用人才培养机制的过程中,根据参加培训人员的不同,按梯度分为高层管理人员培训、中层管理人员培训、普通职员培训和工人培训四大层次。人力资源部每年会同各部门根据不同的培训对象,制订出各具特点、各有侧重、结合实际的培训计划。

重视后备人才队伍建设,加大轮岗交流和培养选拔力度,有意识地安排优秀年轻干部到艰苦环境、困难项目、关键岗位中去经受考验和锻炼,充分发掘个人潜力,培养一批对企业忠诚度高、专业素养强的优秀人才团队。无锡一棉 2019 年与江南大学进行产学研紧密合作,组建了一棉纺织大学,每个月均有上课计划,既有线下课堂又有线上课程,打造知识型、学习型的企业。

(三)建立奖励制度,激发员工干事成才的动力

无锡一棉重视员工学习培训的奖励,由人力资源部制定制度,把学习培训成绩与年底业绩考评挂钩,对学习态度好、学习成绩好的员工进行奖励。对学习积极性高、业绩突出的人才,优先进行职务晋升,努力培养一支具有开拓精神、懂技术、善管理、适应特高支纱生产经营的高端纺织人才队伍。

高举党建"红色引擎"推进企业高质量发展

金澳科技(湖北)化工有限公司

金澳科技(湖北)化工有限公司(以下简称金澳科技)始建于 1976 年,于 1997 年 12 月由潜江市石油化工厂改制成立,是集生产、贸易、物流储运等于一体的集团化企业,是华中地区重要的战略能源保供基地。金澳科技规划总占地面积 6000 多亩,解决就业 8000 多人,一次加工能力达 500 万吨/年。公司拥有重油催化、延迟焦化、柴油蜡油加氢、汽油加氢、加氢裂化、芳构化、制氢、硫磺回收、异辛烷、连续重整等 20 多套主体生产装置,并有配套的水、电、汽、风及 131 万立方米油品库容设施。所有装置均采用美国霍尼韦尔公司及浙大中控先进的 DCS 自动化控制系统。主要生产和销售汽油、柴油、精丙烯、丙烷、液化气、石油焦、硫磺、三苯等产品。主要产品的 70%销售给中石油、中石化、中海油、中航油、国家石油储备中心等大型企业,另外 30%销售给 1500 多家加油站。产品销售区域主要是湖北、湖南、江西、重庆、贵州、河南、广西等省市。

公司先后荣获"全国先进基层党组织""全国就业先进企业""全国五一劳动奖状""全国模范职工之家""最具环保社会责任企业""湖北省清洁无害工厂"等荣誉称号。2012 年起连续进入"中国民营企业 500 强"榜单,2017 年起连续进入"中国企业 500 强"榜单。

自企业改制之初,董事长舒心博士就对企业党组织建设高度重视,提出了"党建也是生产力"的观点。金澳科技党委始终把党建工作有机融入现代企

业管理中，坚持"围绕经济抓党建，抓好党建促发展"的工作思路，在思想上、组织上同党中央保持高度一致，努力创新企业文化，使企业党建工作更好地服务于生产发展，为公司快速发展起到了非常重要的作用。

一、重视组织建设　打造先进团队

一是加强组织融合，建立健全基本组织。在公司成立之初的20世纪90年代，民营企业中建立党委、工会、共青团组织的并不多见。在董事长舒心博士的积极推动下，金澳科技成立之初就同步建立了党工团等组织，并建议党委和经营班子交叉任职。公司现有在册党员176人，党委书记由轮值总裁担任，党委设有委员7人，党委委员均为公司经营班子成员；设有基层党支部10个，党支部书记均由二级公司或处室主要负责人担任，实现企业管理机构党组织全覆盖，确立了党委的政治核心地位。在董事长舒心博士的提议下，公司定期召开党组织与行政联席会议，党委班子全面参与经营方针、战略规划、技术改造、技术引进方案等重大事项监督决策落实，并在二十多年前就确立了"宁可不赚钱，也要环保和安全"的发展思路，让企业始终与党和国家产业政策同向而行。在董事长舒心博士的倡议下，员工们还自发组织了"金点子"合理化建议俱乐部、各类运动协会等10多个群众团体组织，使每名员工都至少加入了一个团体。

二是加强教育培养，积极发展优秀员工入党。在招聘员工时，董事长舒心博士要求把党员身份的应聘人员作为优先对象，在中层干部等重要岗位人选上优先选择党员，让党员在企业中受重视、有舞台。在工作中，公司党员总是脏活累活带头干、待遇好处主动让，较好地发挥了先锋模范带头作用，大家都觉得党员的思想觉悟值得效仿和学习。不仅党员觉得在党光荣，普通员工也觉得当党员光荣，要求入党的积极分子越来越多，有近200名员工递交入党申请书，每年发展新党员近10名。

二、重视基础夯实　提高整体素质

一是强化政治引导，提升党员思想素质。金澳科技根据上级党委的工作部署，结合企业的生产实际，每月精心组织支部主题党日活动，引导党员"学""做"结合，推动工作落到实处。每年"七一"前夕，党委都要组织全体党员干部和入党积极分子集中上党课。举办"感党恩、跟党走、深入学习党史、传承红色基因"主题活动，组织参观红色教育基地、参加唱红歌比赛等系列活动，开展"我为党旗争光彩""金澳梦、人生梦、中国梦"演讲比赛等系列党建活动，让广大党员干部思想认识进一步提高。公司党委号召党员干部周末时间参与厂区巡查，刚开始员工们认为这只是一种走过场的形式，但后来员工们发现每周末加班加点都有党员干部，员工们也逐渐受到带动，主动到公司参与巡查。同时公司党委每周组织干部员工学技术、学专业，开展各类文体活动，企业正能量增强，献爱心、讲奉献蔚然成风。每逢节假日和恶劣天气，党员干部、骨干人员都自发自愿赶到公司来，加班加点保生产稳定，他们不谈待遇、不谈加班费，真正把企业当成自己的家，充分发挥了先锋模范带头作用。在董事长舒心博士的要求下，公司宣传部门用镜头捕捉党员干部主动加班加点的身影，并编辑《金澳视点》，利用公众号、网站、微信群等渠道广泛宣传，进一步激发广大干部员工爱岗敬业的工作积极性和主动性。

二是强化爱党爱国信念，提升全员爱企爱家思想。董事长舒心博士在收购企业之初，就提出了"以产业报国、为荣誉而战"的奋斗目标。金澳科技是民营企业，只有在中国共产党的领导下，才能有一个安定的发展环境。公司党委始终认为，员工在岗位努力认真干好工作，企业才能得到高质量发展；只有每位员工努力工作，企业才能兴旺，只有每个企业兴旺，国家经济才能强盛，家庭才能幸福，国家才能富强。只有把企业建设好、把员工管理好、多为社会做贡献，不给国家添负担，才是真正的爱国体现。公司党委号召全体干部员工要用"国家兴亡、匹夫有责"的爱国思想，要用"厂兴我荣、厂衰我耻"的责任意识，上下齐心、爱岗敬业、创收增效，把企业安全生产和项目建设的责任落实好。

公司许多党员干部员工的家人、朋友都在金澳科技工作，他们在家门口就业，既不用背井离乡，还可以照顾家庭，还能有一个稳定的平台展示自己并获得可观的经济收入，实现了个人和企业共赢的良好局面。

三是强化亮身份，发挥先锋模范作用。2012年5月6日，董事长舒心博士在公司调度会上说："公司党建工作一直抓得非常好，党员干部在公司工作中的确起到了先锋模范带头作用，但还有个别党员干部工作作风存在问题，不能严格要求自己，缺乏正能量，成了部分落后职工的'榜样'。"舒心博士建议公司党委统一制作"共产党员"和"优秀共产党员"胸牌戴牌上岗，让党员干部时刻都不要忘记自己的身份，让普通党员向优秀党员看齐。公司党委因势利导，建立了党员示范岗、党员包机示范点、党员卫生示范区等示范样板，让员工学有目标、赶有方向，并安排每名党员带2名青工和1名入党积极分子，做到党员身边无事故、无浪费、无次品。从此，公司形成了"后进学先进、先进超先进"的良好氛围。

三、重视活动开展　提振企业凝聚力

一是开展关爱员工及家庭活动，构建金澳大家庭。作为民营企业，公司党委的宗旨就是全心全意服务于员工，提高员工满意度。公司成立之初就提出了"快乐工作快乐生活""员工的合理诉求就是我们工作努力方向"的建设思想。在全球经济危机加剧和国内经济下行压力增大的背景下，公司做到不裁员、不减薪、连年增加员工工资。除为员工交"五险一金"外，还足额发放"十四薪"，增加了员工工资福利。公司党委考虑到生产一线倒班员工很辛苦，在他们的工资基础上新增了夜班费，考虑到党员干部每周都自愿到公司加班，在工资方面增加了管理津贴，同时每月都会对工作特别优秀的员工进行奖励，进一步增加了员工工资福利。

多年来，公司党委坚持每年全员免费体检，保护员工健康；坚持每周看望走访不少于2个员工家庭，走访时带上礼品，提着水果，与员工家长座谈，倾听员工家长们的意见，同时把员工在公司工作情况向员工家长们进行反馈，对员工家庭给予企业的支持表达感谢。党委、工会在员工结婚得子时送去祝福、生病住院时上门慰问，让员工全身心投入工作中，以实际行动回报企业。每年"三八"妇女节期间，党委、工会共同组织女员工举行"感恩母亲"主题活动，邀请员工母亲或婆婆前来公司聚餐、观看演讲比赛，女员

工们饱含深情的演讲，让在座的婆婆和妈妈们流下了感动的泪水。员工父母们纷纷表示，要做好家庭的后勤工作，让女儿、媳妇们安心工作。企业还通过开展评选"好媳妇""好母亲""好丈夫"活动，让"三好"获得者代表与员工们一起分享家庭经营、子女教育的经验，树立先进典型，让员工做幸福家庭的创造者和社会文明的传播者，更好地为企业、为社会作贡献。

企业在改制20周年之际，将员工父母1000多人接到公司，让员工陪同父母们参观厂区，并请父母们共同进餐，观看员工自编自演的文艺节目，每季度发放"心意金"给员工父母，引导员工遵从孝道。通过开展"金秋祝学"活动，为员工子女"金榜题名"送上祝福和礼金。

类似这样一系列活动的开展，拉近了员工及家庭与企业的距离，让员工家庭感受到企业的温暖，构建了"金澳命运共同体"，进一步发挥了党建引领、凝心聚力的作用。

二是开展暖心活动，留住人才。人才是企业发展的第一生产力，近些年，单身职工问题成为所有企业面临的共同问题，尤其是一些单身的大学生来到公司后，由于自身孤独，情绪不太稳定。如何倾听员工心声，增强员工归属感，如何关心单身员工个人生活，引导他们思想阳光、工作有追求、有目标，成为公司党委首要考虑的问题。对新招聘的大学生，公司党委通过老师傅带新徒弟进行传帮带，后来又通过和其他企业的联谊活动，让这些单身的大学生更加广泛结交朋友。公司党委通过开展大学生座谈会，倾听大学生的心声；由公司中高层领导干部采取一对一帮扶，通过开展"单身职工与党员干部结对联谊"主题活动，让员工们切实感受到领导的关怀、公司的温暖，通过开展爱心帮扶，传递企业"爱"的文化，增强了公司的凝聚力，留住了员工的心，让员工有了归属感，稳定了公司人才队伍。

三是树立先进典型，建立公平公正的选人用人机制。公司党委每年组织开展"十佳班长""优秀管理干部""劳动模范""创新能手"系列评选和劳动竞赛、岗位技能比武等活动，对获奖者不仅发放奖金、证书，给予带薪出国旅游等奖励，还将他们的照片及座右铭在厂区道路两侧灯杆上展示，并在《金澳石化》报纸、公司网站、微信公众号及厂区橱窗上进行

宣传。通过精神、物质双重激励，引导广大员工积极向上、努力进取。

公司有公平公正的选人用人机制，让全体干部员工能心无旁骛一心一意把工作做好。小到岗位晋升，大到管理干部聘用都有明确的考评机制，都通过考试考评、竞聘演讲等方式来选人用人，真正体现了董事长舒心博士提出的"以实干论实绩，从实绩看德才，凭德才用干部"的企业用人机制，打造了一支有较强战斗力的干部队伍，营造风清气正的企业氛围。

四是倾听员工心声，提高员工满意度。公司党委每月召开员工座谈会，还在公司各洗手间设有意见箱，设立员工反映问题的通道，并安排专人每月收集回复整改。例如为了让员工能就近就餐，中午能多休息一会儿，要求食堂将饭菜送到车间和办公楼；为了让员工午休睡得更好，给每名员工发放折叠躺椅；为了保障员工的身体健康，在岗位上配备应急医药用品及血压仪等。通过员工座谈会、后勤生活会等种种形式与员工交心谈心，帮助员工解决实际问题和合理诉求，从这些细微之处真心实意关心关爱员工，提高员工满意度。

五是重视岗位培训，做好"传帮带"。董事长舒心博士提出"培训就是最大的福利"，公司党委高度重视员工培养及"传帮带"工作，坚持把"真心实意为员工着想，一心一意为金澳发展"作为目标，通过持续开展"学习年"活动，以"金澳商学院"为平台，开展"导师带学员"活动，导师毫无保留传授学员技能，关心学员的业余生活，把学员带回家里吃饭，与学员交心谈心，关心学员家庭生活，增进了友谊，增强了信任，引导学员树立正确的价值观，提升学员综合素质，为公司发现人才、培养人才、储备人才、提拔人才创造了有利条件。

六是开展公益活动，奉献社会。公司热心慈善公益，先后捐建了多所希望小学、爱心图书室、电教室和敬老院。党委引导鼓励员工参加公益活动，一人有难，大家相帮。组织发起成立了"金澳爱心俱乐部"，号召党员和全体员工、亲朋好友自愿加入，并设立"湖北省慈善总会金澳爱心基金"，经常性开展精准扶贫、关爱孤儿、捐衣赠物等共同献爱心活动。在公司党委每年组织的无偿献血活动中，党员干部带头参与，每次无偿献血人员达 150 多人，大家都以能够为他人、为社会做贡献而感到自豪和高兴。疫情期间，公司党委组织全体党员和干部员工先后捐款捐物 700 多万元。为表彰抗疫防疫工作中舍小家、顾大家、坚守岗位、无私奉献的党员干部员工，公司党委授予参与抗疫的 1163 名党员、干部、员工"最美逆行者"荣誉称号，充分展示了企业上下同心、团结奋进的强大正能量。金澳科技 2017 年被湖北省政府授予"湖北省慈善爱心企业"荣誉称号，2020 年被全国工商联授予"全国抗疫先进民营企业"。

每年植树节期间，党委都组织员工参加义务植树活动，绿化美化环境。周末组织员工带着家人和孩子到公园、东荆河堤等处捡拾白色垃圾，既净化了公共环境，增进了家庭成员的和谐与同事之间的感情，又为孩子起到了表率作用。由于公司食堂是免费餐，以前有些员工打得多吃不完，一顿饭下来，一大桶的饭菜都浪费掉了。公司党委看到这一现象后，就组织开展"光盘行动"，引导员工吃多少就盛多少，进入餐盘的饭菜一定要吃干净，全体员工积极响应，杜绝了饭菜浪费现象。这些工作成绩都离不开党建工作的正确引导。

俗话说"人心齐，泰山移"。金澳科技是甲级防火、一级防爆单位，是安全生产实体企业。这一性质决定了全体党员干部员工必须思想高度统一、步调一致，才能保证企业安全生产、有序经营、快速发展。多年来，通过公司党委坚持狠抓党风、作风建设，持续开展正能量宣传等一系列思想政治工作，企业不断涌现优秀的党员、干部、员工，他们无论遇到任何困难，总能以厂为家、履职尽责、共克时艰。

金澳科技发展至今，深刻认识到党建是企业最宝贵的财富，是推动企业高质量发展的生产力。由于抓了党建，提高了全体党员干部责任意识，带动了全员遵章守纪、尽职尽责。员工队伍战斗力、凝聚力增强了，企业安全隐患减少了，生产力提高了，企业效益增强了，员工的工资待遇也提高了。由于抓了党建，企业正能量增强，献爱心、讲奉献蔚然成风。党委、党支部组织干部员工学技术、学业务，开展各类文体活动，全员业余文化生活充实丰富，企业整体精神面貌持续向好，生产经营安全有序，全体员工获得感、幸福感、安全感不断增强，实现了"物质变精神，精神变物质"的企业发展良性循环。

"业财融合"引领企业数字化转型

云南云天化股份有限公司

云南云天化股份有限公司(以下简称云天化股份),作为国内磷产业的佼佼者,近年来坚定选择"业财融合"作为数字化转型的突破口,以此推动公司迈向高质量发展新阶段。2020年年初,新冠疫情冲击全球,云天化股份面临外部不确定性和内部改革的需求,决定在内部管理上进行深刻创新和流程再造。公司启动了"业财一体化"项目,计划三年内分两个阶段完成。第一阶段聚焦财务共享等四个关键领域,实现营销业财融合;第二阶段则拓展至采购与数字工厂的规范化。该项目以ERP系统为中心,展开了一系列信息系统的建设与完善工作,并对公司相关业务流程进行全面优化与重构,最终成功建立起一个业务与财务无缝对接、运行流畅且高效的管理体系。这不仅是信息化建设,更涉及运营优化、管理效率提升等综合性变革。通过项目实施,云天化股份与旗下各业务中心及控股公司实现了高效一体化经营管理,强化了公司总部的核心管理职能,为长远发展奠定了坚实的基础。此举在行业内具有示范作用,有助于推动整个行业的数字化创新与升级。

一、背景

2020年年初,全球经济下行压力增大,新冠疫情的迅猛扩散,给实体经济,尤其是化肥行业,带来了前所未有的困扰,导致经营决策变得异常棘手。2019年,云天化股份年报扣非净利润亏损1.244亿元,归母净利润1.52亿元,同比增长23.73%,经营业绩持续改善,但公司经营管理还存在一些亟待解决的突出问题,一方面云天化股份已演变成为一个融合了上游磷矿开采、中游化肥与精细化工制造、下游国内外销售的国际化全产业链重资产企业,其内部成员间错综复杂的业务往来,不仅让公司业务更

加烦琐,也极大地增加了公司治理的难度;另一方面,企业的数字化水平较为落后,严重制约了员工的工作效率和生产力,难以满足日益精细化的管理需求。在这样的内外部环境压力下,公司亟须在管理和运营层面进行改革创新,以释放新的活力,更好地应对形势变化。

2012—2014年云天化股份经过整合重组,建设了统一的ERP系统,实现了包括人力资源、财务、物资、生产、供销等在内的核心业务流程信息化。2015—2019年,云天化股份在经营业绩和信息化建设方面遭遇低谷,只有部分子公司和分支机构在采购、营销、生产和设备等领域独自开展信息系统建设,至2020年,随着内外部环境的不断变化,云天化股份的信息化水平已难满足其持续发展的需要。参考业界对数字化水平的分类标准(从L1认知级到L5引领级),云天化股份当时的数字化水平介于L2初始级和L3发展级之间。这表明公司已构建了较为健全的信息化基础架构,并在多个业务部门和地区推进了信息化项目。尽管如此,其数字化应用仍显局限,核心业务还未形成有效的数字支撑。

二、主要做法

自2018年以来,在安全环保督察和产业集群发展政策的连续推动下,化工行业已经显现出利润向领军企业集中的趋势,这标志着行业发展正由粗放式向精细化转型。在这一过程中,自动化、数字化和智能化的技术革新对化肥行业的进步产生了深远的积极影响,预示着技术与服务将成为未来的核心竞争力。在复杂多变的经济环境和艰巨的任务目标下,云天化股份能否抓住这一历史机遇,关键在于其对数字新时代的适应和准备程度。为了适应市场的快速变化并实现可持续发展,云天化股份必须积极拥抱数

字化转型,通过技术手段将员工从简单、基础、机械化的工作中解放出来,使他们能够将更多时间和精力投入提升公司经营业绩的高附加值工作中。

2020年年初,云天化股份凝聚全员力量,明确提出以"业财融合"为引领,推动公司全面数字化转型的战略方向。为实现这一目标,公司以"业财一体化"项目的落地为实施重点,结合"管理+技术"的双重手段,开展了一系列卓有成效的工作。

(一)以领军企业为标杆,擘画业财融合新图景

(1)设定清晰的数字化业财融合目标与愿景。云天化股份致力于以ERP为核心,构筑全新的数字化平台,旨在通过迭代销售、贸易、物流、仓储、制造及财务等核心业务流程,达成业财的深度融合,从而

助推公司管理革新与运营升级。

(2)深入剖析行业领军企业的数字化实践。由云天化股份的高层领导亲自带队,走访化工行业的标杆企业,进行深度的对标学习。通过详细研究这些企业在业财融合、组织架构、信息系统及业务流程等方面的先进实践,汲取其成功经验,并对照自身,找出在数字化业财融合方面的不足,明确改进方向。

(3)绘制数字化业财融合的发展蓝图。基于与标杆企业的对比分析,云天化股份计划分两个阶段,在三年内完成业财融合的建设。第一阶段率先在财务共享、销售贸易、物流仓储、合同法务等领域实现业财融合。第二阶段拓展采购与数字工厂的规范化应用,全面贯通"采购-生产-设备"的数字化链条。见图1。

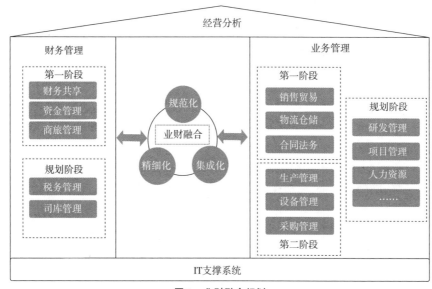

图1 业财融合规划

(二)以管理创新为核心,构建高效业财融合运营机制

(1)成立专项工作组并设定激励机制。云天化股份将业财融合列为公司发展的战略重点,由公司总经理亲自挂帅,财务部门主导,多部门协同参与,共同推进项目的实施,确保项目能够高效、有序地推进。同时,建立常态化的激励机制,对业务人员进行高目标引导,强化激励与考核。

(2)制定明晰的业财融合标准和高效流程。云天化股份为加强业财融合,制定了明确的管理规范、

统一的核算与报告标准,以及清晰的业务与财务对接流程。这些标准和流程的确立,旨在促进业务和财务团队之间的顺畅沟通与高效协作,从而确保业财数据的准确性和可比性。同时,为了优化预算与资金管理,公司建立了完善的预算控制和资金监管机制,旨在通过精细化预算来降低成本,实现资源的合理配置。此外,公司建立了全面的风险管理和内部控制流程,对各项业务活动进行风险评估和持续监控,以便及时发现并应对潜在风险。

(3)打造灵活高效的业财融合组织架构。云天化股份通过重构财务和信息化组织、加强跨部门合

作、优化资源配置等措施,实现对业务的扁平化管理,具体包括成立财务共享中心,推进财务组织的扁平化管理,加强信息化职能管控,以引领和支撑公司各级单位的数字化转型。

(4)强化业财融合人员综合能力培养。云天化股份通过专业培训、跨单位跨部门实践锻炼与导师指导相结合的方法,全面提升业财人员的财务知识、业务理解、数据分析及沟通协调能力;为深化业务理解、快速响应业务需求、提升业务创新能力、资源集中利用,大力推行业务 IT 人员和共享 IT 人员分工合作模式。

(三)以技术创新为驱动,建设互通集成的业财融合管理平台

从 2020—2023 年,云天化股份斥资逾 6000 万元,以规范业务与数据、整合端到端信息系统及实现业务管理的场景化为核心,不断深化"业财融合"建设,旨在提高业务管理水平并加强决策支持能力。在此期间,公司成功打造了包括资金集中管控、财务共享、数字工厂规范化、仓储物流、销售贸易、合同法务、商旅管理等多个关键信息系统平台。见图 2。

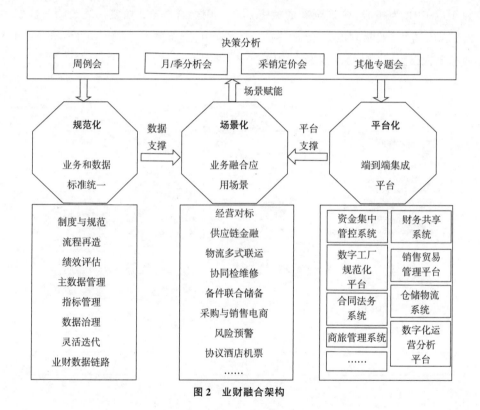

图 2 业财融合架构

三、实施效果

(一)业财融合助推数字化转型,开启企业转型发展新篇章

云天化股份将"业财融合"作为关键切入点,全力推动数字化转型进程,从而使公司总部及其下属的六个业务中心、两个事业部及 35 家控股公司在企业成长与数字化转型方面达到了新的高度。对比公司 2019 年与 2023 年的年度报告,可见显著成效:扣

非净利润由亏损 1.244 亿元转变为盈利 45.08 亿元,资产负债率由 89.13%大幅下降至 58.13%,同时存货周转率也从 5.33 次提升至 7.55 次。此外,数字化转型不仅使业务流程更加规范,还大幅提升了服务响应速度,实现了业务的全面敏捷管理。在这一过程中,云天化股份构建起了科学高效的业务协调与调度系统,借助数字化工具优化了资源配置,提高了调度效率,显著降低了运营成本。从数据收集、处理到业务决策,数字化已深度融入公司的日常运营之中,进而全面提升了企业的运营效率和管理水平,

为公司的持续发展注入了新的生机与活力。

随着数字化转型的深入推进，至2023年年底，云天化股份的数字化管理水平取得了显著进步，数字化整体能力得到显著增强。经评估，数字化水平从2020年年初的介于初始级和发展级之间，提升到介于发展级和成熟级之间，标志着云天化股份在数字化转型道路上迈出了坚实的步伐，为未来持续创新和高质量发展奠定了坚实的基础。

（二）业财融合引领管理创新，高效运营驱动企业降本增效

数字化转型助力云天化股份在财务、采购、生产、仓储和销售等多领域实现了流程的优化、成本的降低和效率的提升，从而大幅节省了人力和物力资源。

（1）财务管理智能化。资金集中管控策略实现了资金的"丰歉互补"，有效地利用了企业的冗余资金，优化了融资结构，显著降低了融资成本，使得财务费用从2019年的23.4亿元大幅下降至2023年的7.02亿元。商旅成本控制方面也取得了显著成效，商旅业务系统化管理得到全面推行，大力推动与协议酒店和机票供应商的合作对接，在大幅提升员工满意度的同时，也有效削减了企业成本。数据显示，2022年节约了机票费用17万元和酒店费用355万元，而到了2023年，节约的金额进一步提升至52万元和503万元。此外，企业通过构建业财一体化、流程信息化、业务智能化的共享运营体系，不仅显著提升了运作效率，还推动了多名财务人员成功转型。值得一提的是，该体系的实施使得费用报销时间从原先的平均5天大幅缩短至仅需1天，同时财务报表和成本月结的效率也提升了50%以上。

（2）采购、生产与设备管理规范化。通过对437个业务流程的细致梳理与规范，并成功集成了8套外围系统，目前业务流程的上线率已超过90%。这一整合优化使得手工报表和台账的数量大幅减少了80%，设备故障的响应时间也缩短了20%。同时，物资采购的处理节点从原有的45个精简到了13个，极大地提高了流程工作效率。通过集约化和规范化的建设措施，云天化股份在制造端一次性节省了4000万元的软硬件投资，并且预计后续每年还能节约400万元的运维费用。值得一提的是，仅在2023年，通过业务集成开展供应链金融业务，公司就成功节省了2200万元的财务费用。

（3）仓储物流集成化。通过对17家工厂、40余个异地库及港口的流程进行全面整合，云天化股份成功构建了网络货运平台，该平台汇集了123家承运商、67家货主及超过18000名司机的详细信息，以此实现了物流数据在全链条的无障碍共享。得益于这些改进措施，企业物流运单的处理效率显著提升了20%，同时数据填报和统计分析的工作量也大幅缩减，减少率高达70%。

（4）营销管理平台化。打通7个内部系统和3个外部系统，构建高效营销全过程管理体系。高度集成合同管理功能，实现云天化股份旗下62家分子公司合同主体业务的集中管控，年均签订合同约7万份，合同签订时间从5天缩短至2天，每年仅签订费用可节省约85万元。

（三）业财融合驱动决策精准化，风险抵御能力全面升级

（1）数据一体化洞察，驱动企业决策升级。业财融合消除了业务部门和财务部门之间的信息壁垒，破解了信息孤岛，减少了不必要的数据校验工作；融合信息不仅包括财务数据，还包括业务运行、市场需求、竞争对手情况等非财务信息。通过综合分析以上信息，使得决策者能够更全面地了解公司的运营状况和外部环境，从而更准确地识别潜在风险。"经营驾驶舱"的应用，使得复杂的业务数据变得易于理解，实现关键绩效指标（KPI）、业务趋势和市场预测的实时更新，辅助管理者开展战略决策、运营管理、资源优化和业务监管。对比公司以往决策方式，能更快速地识别问题和发现机会、提高决策质量和效果。

（2）全面提升风险管理能力，构建坚实业务安全保障。业财融合后，凭借深入的风险分析、持续的风险监控以及风险预警，公司的风险管理能力得以大幅提升。特别是在产品销售环节，公司构建了一套紧密相连的"授信、合同、订单、发货"流程链，通过系统化的操作，彻底消除了以往无授信合同、无合同订单及无订单发货的风险隐患。这一改进不仅确保了预付款与合同、订单与产品的严格对应，还有效地降低了因产品价格和市场需求波动导致的滞销和合同纠纷风险。此外,云天化股份还创新性地引入了合作方的黑白灰名单管理制度,以及合同范本管理机制。通过将这些制度融入日常运营,公司能够更准确地评估合作伙伴的信誉,确保业务合作的安全性。值得一提的是,公司销售合同范本的使用率已达到100%,其他类型合同的范本使用率超过65%。同时,

公司还建立了完善的风险预警系统,通过设定明确的风险预警阈值,实现对潜在风险的精准识别。当风险指标触及这些阈值时,系统会自动发出预警信号,促使相关部门及时采取防控措施。这一系列举措为云天化股份的业务运营提供了坚实的安全保障,确保了公司在复杂多变的市场环境中能够稳步前行。

以高质量发展为导向的"点线"目标管理

山东海化股份有限公司

山东海化股份有限公司(以下简称山东海化)面对严峻的经济形势和激烈的市场竞争,发挥传统盐化产业优势,对标世界同行一流企业,确定以"争创海洋化工龙头企业"为战略目标,实施"点线"目标管理,划定纯碱、原盐、烧碱、溴素4条系列产品线,并根据产品线下划4条管控线,每条线上设置成本、质量等关键指标点,最终构建了"总体目标—产品线—管控线—关键指标点"层层分级落实的"点线"目标管理体系。纯碱线以"三点四线"为手段,创新实施生产精细化管理;烧碱线以"三分三定"为原则,搭建信息化、智能化安全低耗数字工厂;溴素线以"三提三率"为导向,对标行业先进,实现创新领先,争当行业排头兵;原盐线以"一保一提"为目标,既要质量又要产量,连续攻克技术难点。企业同时建立保障机制,以"三压一降"为核心,创新构建"员工模拟持股分红型"绩效考核模式,让员工共享企业改革发展成果,引导全员不断改进工作质量和效率,有力助推企业步入了绿色低碳高质量发展快车道,重回海洋化工行业龙头地位。

一、以高质量发展为导向的"点线"目标管理背景

(一)摆脱"两高一资",响应国家绿色低碳的内在要求

山东海化注重建立以"绿色低碳"为主导的协同发展模式,但是作为传统化工企业,山东海化"两高一资"(高耗能、高污染和资源性产品)特点明显,因

此,必须进一步推进管理创新,积极迈向绿色低碳发展,淘汰过去冗杂高耗的生产设备和生产工艺,采用有利于节约消耗、节约成本的新设备、新技术,优化生产和环境。

(二)明晰战略定位,领跑行业标准的必然选择

山东海化是一家拥有丰厚盐化产业优势的上市公司,同时也是海化集团的二级子公司,作为一家以制造传统化工原料为主的企业,在市场风雨洗礼和转型升级进程中,山东海化不断被同行赶超,逐渐由"领跑"变为"跟跑"。因此,明晰战略定位和发展目标,创新内部管理,"跟跑变回领跑",已成为企业领跑行业标准、重回龙头地位的必然选择。

(三)突破发展瓶颈,实现高质量发展的有效途径

山东海化多数产品处在产业链的低端,高附加值、高话语权产品的比重较低,解决人均全员劳动生产率低、企业的核心竞争力不强等问题迫在眉睫。因此,重新确立发展目标,强化目标管理,以精细化管理降本提质增效,增强核心竞争力,已成为突破发展困局、实现高质量发展的有效途径。

二、以高质量发展为导向的"点线"目标管理主要做法

(一)规划"点线"目标管理的总体思路

聚焦绿色低碳高质量发展,重新确立"争创海洋

化工龙头企业"总体战略目标,并将目标逐级分解,压力层层传递,加大在体制机制、对标提标、设备生产、操作运行、企业文化等方面的创新力度,做大做强盐化产业,重塑行业龙头地位。

(二)构建"点线"目标管理的框架体系

"点线"目标管理是点线结合、纵横交错的精细、高效的管理体系。顶层设计确定"争创海洋化工龙头企业"核心目标,纵向梳理出纯碱、烧碱、溴素、原盐4条系列产品线,横向设置"发展规划、管理提升、生产控制、协同保障"4条管控线,每条线上再设置若干关键指标点,根据关键指标点再设纵向自我对比线和横向行业对标线,然后设置二级、三级目标考核点,构建起"总体目标—产品线—管控线—关键指标点"的立体化管理体系。

(三)聚焦"三点四线",优化纯碱生产工艺流程

纯碱作为山东海化的主导产品,占据着非常重要的地位。纯碱系列产品线以行业"制碱龙头"为目标,确定了产量、质量、成本、工艺技术和装备水平5个关键指标,构成纯碱行业通用的评价指标体系。

针对产量这一关键指标,将关注结果导向变为重视过程考量,强化过程控制精细化管理,从"双线"(蒸量、出碱口)稳定到"四线"(液位、流量、压力、浓度)稳定,从生产的全过程保证了生产的稳定性和持续性,也为产量提升提供了支持。

针对质量这一关键指标,通过实施纳滤精制卤水制碱项目使纯碱生产高效利用了卤水资源,实施苛化液化盐、二次加盐及卤水提温项目等工艺改造使精盐水盐分提升得到了保障,精盐水盐分从起初105.5~106ti 稳定提升到 106.5~107ti,降低了系统循环量。

针对成本这一关键指标,通过实施废砂综合利用、变更洗水工艺流程等项目,打破原有洗水去煅烧洗涤炉气的传统模式,灰乳浓度从 150ti 提高至 160ti,合格率提升至 99.8%,对废液氨、过剩灰的控制起到了关键作用;同时石灰窑由焦炭改为无烟煤,通过增加煤末筛分降低进窑煤末含量、稳控配焦比、改变送风量匹配办法等措施,将窑气浓度提升至41%,创行业纪录。

针对工艺技术这一关键指标,通过碳化系统的冷却水改造,卤水代替原先的海水降温,增加卤水循环利用深度,有效缓解了纯碱生产夏季设备降温压力,碳化转化率同比提高 2% 以上。

针对设备水平这一关键指标,坚持专业化指导,精细化执行,深入推行"零故障"管理,强化智能点巡检和全优润滑,实施现代化的可靠性维修模式,严格检维修质量管控,推行检维修作业规范化和标准化,持续提升"无泄漏车间"创建和设备设施现场标准化管理水平,为设备提质增效和安全生产保驾护航,实现了设备管理效益最大化。

为进一步提升在行业的影响力,山东海化创新实施生产精细化"四线"(温度线、压力线、流量线、液位线)控制法,详细梳理出每条线上的关键点,科学确定参数控制的"三点"(上限点、最优点、下限点),以 DCS 数据为支撑,以 MES 数据分析为手段,对"三点四线"实现实时在线监控,确保生产在最优区间内接近"画直线"操作。

(四)举一反三,提升配套产品生产管控

1. "三分三定",推动烧碱产品线"增安降耗"

烧碱系列产品线以"安全低耗"为目标,针对高风险、高能耗的危化品行业特点,设置安全、降耗、提效等3个关键指标点,按照"三分三定"原则,分类、分级、分责任,定量、定时、定奖惩,实施软件集成整合、加强安全底层管控、优化生产成本控制、提升销售运行效率等措施,逐步淘汰能耗高、效率低的设备、材料和工艺,推进机械化、智能化、信息化建设,建设数字工厂。

针对安全这一关键指标,打造了"1(智能视频分析)+5(风险监测预警、人员定位、双重预防机制、作业安全管控和高危作业监控、全要素管理)+1(安全驾驶舱)"安全信息化系统及数字化、智能化应用场景,完成了 GDS 报警和液碱全自动充装升级,实施了公用工程自动化改造,实现了大型机组在中央控制室的集中监视。

针对降耗这一关键指标,实施技改,立足降本增效提质,先后实施了浓硫酸自动化控制改造、树脂塔再生废水回收利用、公用工程流程自动化再造等多个技改项目,年降本增效超过 200 万元。

针对提效这一关键指标，推广"卡边操作法"，充分发挥在线碱液浓度分析仪的"眼睛"作用，克服气温、仪表数据、电解槽温度和电流变化以及过程设备对碱液浓度的影响，后续将"卡边操作"的经验由32%烧碱成功运用到盐酸等副产品控制上，盐酸浓度降低0.1%，年增效益50余万元。

2."三提三率"，助力溴素生产线"提效争优"

溴素系列产品线以"行业领先"为目标，设置溴素提取率等1个关键指标点，本着"对标历史最佳、对标同业先进"的原则，先后组织到海王化工等7家溴素生产企业对标学习，围绕工艺参数、卤水供量、设备设施等方面，逐一对标检视，找准制约产量提升的重点难点问题，对原有老旧机组全部进行集中升级改造，先后实施生产自动化提升、溴素MES建设、先进控制系统等27大项和217小项技术升级和改造项目，在国内首次构建涵盖溴素生产从原料进料到产品装车全流程自动控制操作平台，自主创新优势凸显。

实施"溴素生产在线检测技术研究"和"溴素生产自动化提升项目"，实现吹吸、蒸馏、供氯工序一键启停，建立溴素生产全过程自动控制集成系统及溴素生产全过程安全控制保障集成系统、手机远程监控系统。实施硫炉冷却塔冷却水循环再利用项目，满足机组生产用水的同时，降低硫耗。

3."一保一提"，加强原盐产品线"保供协同"

原盐产品线以"质效协同"为目标，主要设置原料液保供、质量2个关键指标点，创新原料液保供及原盐生产"新、深、长"工艺。持续加强协同协作质量和经济效益提升，深入实施"两级公式"量化考核，模拟"承包场景"，充分调动各级人员的积极性，同时加大绩效考核的导向和杠杆作用，充分调动协同分场和管理部门的主动性。采用"走出去"和"请进来"相结合的方式对标对表提升，不断利用现代技术嫁接改造传统产业，优化资产结构增强发展后劲，通过多次论证、优化，精准项目投资，改观滩田面貌，提高了生产管理效能。

针对原料液供应这一关键指标点，通过内外部对标、现场会、分析会等多种形式开展规程学习和考试，提高全员对原盐生产工艺的把控能力。

针对质量这一关键指标点，立足突破原盐生产

工艺，主要设置了"新、深、长"三条管控线。在"新"上，坚持新卤灌池，加强卤水质量检测分析，实行新老卤分晒，严格卡界，防止混合，杜绝老卤回头；在"深"上，增加卤水深度，由原来的1毫米日蒸发量对应1厘米结晶水深，改为2厘米，控制卤水饱和过度，稳定结晶环境；在"长"上，延长捞盐周期，充分利用蒸发量，将一次收盐蒸发量由450~500毫米调整为750~800毫米，提高原盐单产和质量。

（五）细化财务考核管理，健全组织保障机制

1."三压一降"，细化管控措施

在成本管控中，山东海化构建的"点线"目标管理主要以"三压一降"为核心，"三压"即压缩大修费、维修费、机物料消耗，压缩应收账款、产成品资金占用、储备资金占用，压缩财务费用、管理费用、销售费用；"一降"即降低生产成本，做到凡是花钱的地方都要设卡，凡是关键的控制点都能追溯。例如在生产工艺指标和费用指标上，每年对应往年都有一定比例压缩，明确目标利润，严格"倒逼管理"。各单位都紧紧围绕公司下达的全年目标利润，在生产经营各环节进行倒逼管理，从材料采购、产品制造、原料消耗、制造成本、期间费用、产品销售、技改技措等方面落实具体的倒逼目标。在实施过程中，严格制定以周促月、以月保季、以季保年的具体措施，实行滚动计划管理，上月度的实际差额要滚动到下月度计划实施。通过倒推硬逼，切实逼出责任、逼出效益、逼出压力、逼出动力。

"三压一降"主要以精细管理为手段，把指标细化量化到每条线每个点，明确责任，分工控制，严格考核，奖惩兑现，确保每条线、每个点上都明确责任人，落实奖惩措施，量化考核，责任到人。例如，生产类单位厂级考核目标可控成本和产量确定后，依据各车间工序特点和生产任务进行分解，车间级考核目标主要是对该车间生产的半成品的产量和对应的原料、水电汽动力消耗以及修理费、机物料消耗等三项费用控制指标；对于班组和员工的考核目标主要是对工艺指标、操作参数以及维修费用等三项费用控制指标等。三级指标根据工艺关系和流程，环环相扣，紧密衔接，一级保一级，确保总分目标一致，钩稽关系合理。

2.创建模拟分红模型，完善考评机制

山东海化坚持"员工收入与企业效益同步增长"原则，将绩效考核与目标管理深度融合，企业降本增效，员工收入提高，引导全员不断提高工作质量和效率，促进企业质量效益显著提升。为确保"点线"目标管理落实落地，创新构建了"员工模拟持股分红型"绩效考核模式，充分借鉴员工持股计划与股权激励相关原理和方法，推行"不动存量动增量"，主要采用员工模拟公司股东持股形式，参与企业收益权的分配，员工与企业所有者结成利益共同体，共享企业改革发展成果，为目标管理的落地落实提供强力组织保障体系。

一是依据总体战略目标，层层分解，确定年度经营目标。各单位依据总体战略目标，建立考核目标体系，对每年的产量、消耗目标进行分解与细化，并与总体战略目标保持一致。二是按月考核兑现，提升员工过程积极性，确保年度目标达成。年初在制定完成年度目标后，各单位将年度目标分解到月度，形成月度目标计划，每月及时收集、分析考核目标达成程度，并按照确定的分红比例和考核办法进行考核，实行月考月兑，年中考核回头看，年底统算通兑，及时激励，及时约束。三是强化监督检查，确保年度目标不偏离。山东海化成立督导督察组，对各单位月度生产经营情况实施督查，及时发现生产异动，并按月发布督查报告，督促整改。同时，实施专业管理考核，分别出台了14大项，56个小项考核标准，通过月度监督检查，及时发现生产经营过程存在的问题和不足，运用考核手段，及时纠正生产经营中的各项偏离，确保正常生产经营秩序。四是及时总结改进，确保制度高效运行。每年，组织分享优秀单位在推行目标管理方面好的做法和经验，找出存在的问题和差距，以此循环往复，不断完善目标管理，引导全员不断改进工作质量和效率，助力企业实现高质量发展。

三、以高质量发展为导向的"点线"目标管理的效果

（一）企业迈进高质量发展新阶段

推行"点线"目标管理5年来，山东海化坚持战略引领，深化内部改革，夯实管理基础，优化资源配置，以绿色创新为动力，全面提升发展质量，企业管理水平不断优化提升，经济效益连续刷新历史纪录。

（二）企业重回行业领跑者

山东海化以"争创海洋化工龙头企业"为目标，围绕"安稳长满优"的生产要求，持续加强精细化管理，主要管控的四条产品线均实现重大突破，多项指标取得长足进步并稳居行业前列，主导产品纯碱连续5年获得行业能效、水效领跑者标杆企业，改变了曾经"跟跑"的被动局面，重回海洋化工行业"领跑"地位。

（三）企业绿色低碳转型迈上新台阶

山东海化着力提高能源利用效率和资源综合利用率，节能降碳工作取得显著成效。被工业和信息化部评定为"国家绿色工厂"和"绿色产品"，成为"双绿"企业；被评为"山东省国有企业对标提升行动标杆企业"，产品碳酸钠入选2022年度绿色设计产品名单，被评定为"山东省绿色矿山企业"。

2023年度东风汽车集团有限公司发展综述

东风汽车集团有限公司

2023年，东风汽车集团有限公司（以下简称东风公司）贯彻落实党中央重大决策部署和国务院国资委各项工作要求，加强党的领导，扎实开展主题教育，培育壮大战略性新兴产业，推进核心能力构建，夯实发展基础，努力发挥科技创新、产业控制、安全支撑应有作用，实现公司年度科技跃迁、转型升级

目标。

2023年,东风公司加快转型升级,全面完成新能源品牌、平台及产品战略布局,销售汽车242万辆。其中,新能源汽车销售52.4万辆,比上年增长4.3%,销量规模在三家汽车央企中排名第一,销量占比同比提升4.4个百分点;商用车销售51万辆,同比增长14%;海外市场快速增长,出口汽车23.1万辆,同比增长15.4%。截至2023年年底,公司从业人员12.1万人,资产总额4110亿元。

经中国机械工业联合会组织鉴定,"东风C系列高效汽油机关键技术研究及应用"项目整体技术达到国际先进水平,其中基于机油、冷却液流量和温度控制架构的智能热管理技术及基于积碳模型的喷油器自清洁控制技术达到国际领先水平。2023年,"东风C系列高效汽油机关键技术研究及应用",荣获2023年度"中国内燃机学会科技进步奖"一等奖,东风公司在智能驾驶、新能源汽车、商用车动力等方面关键技术的8项科技成果获"中国汽车工程学会科学技术奖",其中1项成果获科技进步奖一等奖,3项成果获科技进步奖二等奖,4项成果获科技进步奖三等奖。

一、生产经营与数字化转型

2023年,东风公司开展全价值链质量提升活动,提高公司质量保障能力、促进"十四五规划"质量目标达成。完成169个车型系列产品备案。组织开展质量风险防控活动,对重点质量问题进行解析、对策及处置跟踪确认。对12家整车单位开展质量监察活动,推进问题整改。组织重点单位学习借鉴标杆企业经验,关注倾向性质量问题、电驱动产品和软件质量问题改善,编制新品质量半月报告。构建东风质量管控体系,发布试用版管理指南。组织开展"增强质量意识、着力保证新品质量"质量月活动。完成79项质量管理优秀项目和78项QC成果评选、表彰、交流。编制完成8项质量技术标准,并组织对重点标准进行宣贯。

发布东风生产方式(DPW)本篇(试用版)、现场管理(试用版)、关键KPI(试用版)。自主乘用车开展DMD(日常管理)诊断,商用车开展G-GK(全球现场管理诊断标准)培训,提升工厂现场管理水平。商用车领域开展智能制造能力成熟度评估,推进公司智能制造工作。完成乘用车22个工厂、商用车4个事业单元精益工厂评价,挖掘改善课题260项,课题完成率97%。集团内集中对标交流1次,协同对标交流28次,动力总成细分领域对标交流25次,行业对标交流4次,促进各板块互相学习,共同提升。优化"MOCS制造管理系统",重点是商用车采集端、分析端优化,实现乘用车整车、发动机、商用车精益工厂数据系统采集和分析展示。以课题为抓手,系统推进制造效率提升工作,筛选并确定公司制造效率,提升重点课题63项,定期跟进并推动课题进展,重点课题完成率98.4%。萃取东风制造最佳实践,组织共享推广应用。开展季度征集、评选、发布,并组织分享会,评定东风制造最佳实践594项,推广应用94项,经济收益达2000万元,组织4次最佳实践分享交流会。

2023年3月,发布《东风数字平台管理办法》,按照"挑战320"目标完成东风云底座上线发布。截至2023年年底,有34家下属单位入驻、使用东风云底座,总体上云率33%,比上年提高18个百分点。8月,完成银河数据中台V1.0发布,建成一期数据服务商城,上线多项数据服务,全年入驻含集团总部在内的6家单位。

加快推进自主新能源"跃迁行动"信息化保障工作,全力支持纳米S31、eπ新车型上市销售目标。11月17日实现S31车型在线订购功能。12月20日eπApp上线,支持用户运营,试乘试驾和在线订购功能。对制造总部和销售公司e-HR、SAP、OA、公文、合同管理等信息系统进行适应性改造。

二、科技创新与新能源开发

2023年,东风公司以强化公司科技力量、加强技术协同为主线,重点提升新能源和智能网联领域科技创新能力。编制国产芯片推荐清单,加快国产芯片替代和自研。加大科技攻关,在绿能和智能领域又掌控一批关键技术,累计自主掌控"三电"(电池、电机、电控系统)、电子电气架构、车规级芯片、自主控制器、智能驾驶、智能座舱、轮毂电机、燃料电池全技术链等关键核心技术 1930 多项。全新马赫 1.5T 混动发动机最高热效率达 45.18%、居行业第一。新增发明专利授权量 2177 件，保持行业第一，累计拥有有效专利 2.1 万件。

落实国资委及公司关键核心技术攻关要求，"电子制动系统控制技术及应用"完成路面识别功能设计技术、轮速计算功能设计技术等突破和自主掌控；"先进增压器"进行发动机标定和样车准备工作。"燃油共轨系统"完成燃油系统定型及生产准备，开始小批量 200 套分批市场投放；"智能分动器控制器"完成 100% 国产化控制器方案设计并通过专业评审。按期推进 2023 年度公司"928 工程"33 项，完成 9 个项目验收评审，3 个项目完成二级单位内部结项。

开展智能制造、绿色低碳制造技术协同研究应用，促进公司绿色智能工厂建设。组织参加中国汽车工程学会牵头的"智能制造场景体系建设"行业共性技术课题，完成四项智能制造场景建设技术指南编制、评审、发布任务，宣贯共享行业课题研究整体成果，组织公司 12 家单位协同分享工信部 2022 年度智能制造试点示范工厂技术成果，推进公司相关单位数字化车间、智能工厂示范建设，东风有限武汉新能源汽车工厂、岚图汽车新能源汽车工厂入选工业和信息化部 2023 年度智能制造示范工厂揭榜单位；"龙擎动力"入选 2023 年度智能制造优秀场景。

2023 年，东风公司参与申报科技部自然科学基金 1 项，重点研发计划 3 项（牵头 3 项），工业和信息化部专项 2 类（链主、高质量专项），年内获批工业和信息化部链主项目、高质量发展专项各 1 项，科技部国家重点研发计划"新能源汽车专项"2 项，同时，参与推进湖北省、武汉市科技重大专项、揭榜挂帅课题申报工作。

2023 年，东风公司承担建设的国家级、省部级科技研发平台共 7 个：国家智能网联汽车质量检验检测中心、汽车动力与智能控制国家工程研究中心、节能与新能源汽车关键技术国家地方联合工程实验室、中央企业 5G 创新联合体、湖北省先进低碳冶金产业技术创新联合体、湖北省汽车信息安全技术创新中心、东风—中国科学院生态中心联合实验室。

2023 年，东风公司在固态电池领域，突破正负极材料热稳定性差等技术难题，提升离子电导率，全面构建固态电池核心材料开发技术体系；在固态电芯设计及工艺方面，打造全新工艺，有效解决高比能、高安全、长循环无法兼顾难题，打造东风自主固态电芯"材料—配方—工艺"原创技术策源地，支持新能源汽车产品单程续航 1000 千米、百万千米质保竞争优势。在燃料电池领域，"东风氢元"结合燃料电池整车应用场景，构建商用车、乘用车共用的高集成、高效率、高可靠性燃料电池系统平台，布局 50 千瓦、130 千瓦、300 千瓦平台。燃料电池系统自主开发 50 千瓦、80 千瓦燃料电池系统通过 CNAS（中国合格评定国家认可委员会）认证的强制性检验，实现 -30℃ 快速冷启动，系统最高效率为 61% 等关键指标达到行业领先。"东风氢芯"布局 70 千瓦、150 千瓦、300 千瓦电堆平台，其中 70 千瓦电堆通过 CNAS 认证强制性检验，实现燃料电池乘用车、商用车 10 款车型在武汉、佛山等地示范运营。在混动系统领域，乘用车混动量产第三代"马赫"MHD 混动总成，以 C15TDE 混动专用发动机及 HD150/4HD70 混动专用变速箱构成，大幅改善燃油经济性，搭载应用于东风风神、岚图品牌车型，车辆动力系统综合性能位于行业领先水平。2023 年 2 月，C15TDE 混动发动机正式获得中汽研华诚认证的"能效之星"权威认证，其最高有效热效率达 45.18%，成为中国汽车行业首款热效率认证突破 45% 的混动汽油机，整体性能达到"行业领先、国际一流"。

在智能网联领域—商用车领域，东风天龙 GX 自主 L2+ 智能驾驶牵引车荣获 2024 中国创新卡车奖（TIAC2024）；井下无人矿卡场景，L4 智能驾驶卡车在三宁矿区运营测试完成 510 圈实地测试，接管率 0.9%。网联大数据方面，东风商用车在整车 OTA（空中下载技术）阶段性结题。2023 年 12 月，开展商业化应用：覆盖 6 大车型平台，完成 14 个控制器开发，结合辅助系统应用经验，市场应用一次成功率高达 98.9%。

三、污染防治与绿色发展

2023 年，东风公司落实国务院国资委关于开展中央企业长江、黄河流域生态环境保护专项整治，举一反三整改 109 项环境风险隐患,组织各单位制订 2023 年"碳达峰"行动计划,推进 95 项重点投资项目实施。滚动识别环境风险点 406 个,逐一制定管控措施,对发现的隐患严格落实闭环管理,降低风险水平。全年对 12 个工厂(分、子公司)开展公司级节能环保水平评价。

组织开展危险废物专项整治,从产生、收集、转运、贮存、应急、处置等环节发掘环境风险隐患,完成 271 项整改。探索创新,提升低碳环保管理深度,优化顶层设计,根据公司节能环保"十四五"规划和 2023—2025 年事业计划,确定节能环保目标和重点工作任务。健全公司节能环保领域规章制度,修订节能环保监督管理办法,以制度促规范、以制度促提升;加快节能环保信息化、数智化建设,公司持续建设重点污染源排放监控中心二期,开发"碳达峰"重点投资项目信息化跟踪管理功能和"碳达峰"管理指标采集分析信息系统,提高管理效率,推进节能环保领域数字化转型。

四、安全生产与职业健康

2023 年,东风公司严格落实"管行业必须管安全、管业务必须管安全、管生产经营必须管安全"总体要求,全面推进"重大事故隐患专项排查整治",以隐患排查整治为导向,确定 12 个工作项目、涉及 28 个整治专项方案。全面开展事故隐患排查整治,完成工作任务 1891 项,完成重大事故隐患整改 183 项,提升安全管理及风险管控能力。发布"安全管理强化年行动"实施方案,聚焦 6 项工作任务、60 个工作要点,查找短板和薄弱环节,按照专项攻坚方案,对标对表深入开展管理强化,完成工作任务 4171 项。逐级开展新能源汽车制造安全管理培训,编制并试运行电池、天然气等新能源安全检查基准,评估确定新能源重点部位 193 处,开展新能源应急演练,强化应急演练效果,提升新能源安全管理水平。开展易燃易爆场所专项整治,组织对十堰、襄阳、武汉、柳州 4 个基地开展易燃易爆专项排查,排查燃爆场所 150 余处,全面推进 775 项排查隐患整改,提高本质化安全水平。

持续实施"职业病危害因素检测达标率提升五年计划",工程技术措施和工艺改进措施并举,重点开展噪声治理;投入治理资金 2652 万元,实施职业病危害治理项目 83 项,覆盖作业岗位 273 个,为 691 名员工改善作业环境。Ⅳ级危害代表点减少 3 个,Ⅲ级危害代表点减少 14 个,Ⅱ级危害代表点减少 26 个,Ⅰ级危害代表点减少 18 个,检测达标代表点增加 65 个。

五、企业改革与管理创新

2023 年,东风公司启动东风乘用车新能源"跃迁行动"、新车型项目管理体制机制、新能源"跃动工程"三大改革工程。

东风乘用车新能源"跃迁行动",对东风自主乘用车事业进行重大管理体制调整,东风公司总部直接运营东风自主乘用车事业,一体化管理"东风"品牌旗下的东风风神、东风 eπ、东风纳米等三大产品系列,举全集团之力发展"东风"品牌。优化新车型项目管理体制机制,推动 PM(车型项目总监)制管理转型,匹配相对应责权利。PM 对新车型全生命周期销量和收益目标负责,强化项目球形组织模式,打通企划、研发、采购、营销等环节实现项目目标。构建三级会议机制,保障项目运行效率提升。通过提升 PM 考核权限、出台激励措施、更新发布管理手册等举措,实现 PM 能管、敢管、会管。实施新能源"跃动工程",成立研发总院,构建"1+n"研发体系,聚焦新能源转型升级,深度整合集团研发体系及研发资源,全面提升研发效能。"1"即研发总院,在原技术中心基础上,调整成立科技规划中心、先进材料与先行技术研究中心、软件工程研究中心、造型设计中心等 7 个中心。研发总院承担全集团乘用车技术规划及研发工作,负责造型、架构、动力总成、智能软件、先进材料、验证等通用技术开发,并建立技术储备货架,实现从技术生产到落地全环节管理与执行。同时,直接负责东风乘用车公司、猛士汽车科技公司产品开发。"n"即各事业单元研发力量,在研发总院统一管理下,承担上装开发及适应性开发等任务。"1+n"研发体系,通过资源整合,推动体系、流程、标准、信息系统、工具等技术底层逻辑一体化,实现乘用车、商用车、零部件技术发展统一规划、集中研发、资源共享。

2023年，东风公司发布《东方风起"156"人才行动计划》，引进海内外博士人才46名，并成立"博士团"，强化公司科技领军人才梯队建设。培养高技能复合型工匠工程师队伍，11月，1200余名专业技术、高技能人员成为公司级第五轮人才库专家。

围绕经营管理重点，公司开展需求调研，准确把握经营管理需求核心，以管理创新为平台，组织开展公司内管理实践推广活动，为公司管理能力提升提供支撑。聚焦车型收益管理、流程管理、全面顾客满意管理，组织专项经验交流与培训。开展"车型收益管理""流程规划""TCS（客户全面满意）推广会"等多项管理成果专题交流，400余人参训，满意度达95%。2023年，东风公司4项管理创新成果被评为国家级成果二等奖。

六、党建引领与企业文化

2023年，东风公司党委强化党建和宣传阵地建设，提升党建宣传思想文化队伍能力，深度融入生产经营，扎实开展习近平新时代中国特色社会主义思想主题教育，成立4个第一批主题教育巡回指导组和13个第二批主题教育巡回督导组，先后组织7次集体学习和业务培训，200余次深入各单位进行服务指导。调研69次，发现问题83个，制订整改措施134项。学习贯彻党的二十大精神和党的创新理论，作品《梦想与远征》荣获中央企业党的二十大精神基层理论宣讲微视频优秀奖。高质量开展党的创新理论学习和研究，聚焦转型发展重点难点，公司政研会组织立项课题30个，《发挥思想政治工作铸魂凝心聚力作用研究》入选央企政研会重点立项课题，课题成果在央企政研会、机械政研会、湖北省委党校进行经验分享。

2023年，东风公司宣传思想工作经验做法，2次在国资委交流发言、3次在《宣传工作》简报刊登、12次在国资委《中央企业海外宣传工作情况》简报刊发。2023年度新媒体清博指数位列中央企业22名、中国企业500强29名。21篇作品入选第六届中央企业优秀故事创作展，荣获二等奖、三等奖、优秀奖各1篇。

重视企业文化建设。2023年，直播开展第九届

"最美东风人"评选，34部微纪录片展示东风人奋斗事迹，超20万人次点赞转发。"培育研发人的家国情怀""开展员工精神家园建设"2个案例，入选《中央企业思想政治工作创新案例选编》。推进精神文明创建重点项目2项，形成最佳实践40余项。

2023年，工会构建完善技能形成体系，鼓励员工岗位成才，2人获评全国技术能手、1人获全国第二届职业技能大赛优胜奖、2人获湖北省第二届"鄂有绝活"技能大赛"最佳绝活奖"；34项员工创新成果获全国机械冶金建材行业职工技术创新成果奖；2项成果获评湖北省2023年全省职工百优"五小"成果。加强党建带团建，公司团委开展团员和青年主题教育，推进青年精神素养提升工程，全年获省级以上个人或集体荣誉19项。

七、东风大爱与社会责任

2023年5月，东风公司助力新疆柯坪县开展"工厂化种植无土栽培牧草助力畜牧业现代化发展的探索与实践"，入选国务院国资委社会责任局举办的"中央企业助力乡村振兴优秀案例"。8月，东风公司向新疆柯坪县捐赠1000万元专项资金，用于支持柯坪县乡村振兴产业发展，进一步增强群众民生福祉。10月，由东风公司、中国青年创业就业基金会、东风公益基金会联合主办，郑州日产、岚图汽车、东风风神、东风日产、东风本田协办的第六届"东风梦想车"圆满收官，本届大赛共吸引海内外48所院校的优秀团队集结，创造出183件凝聚智慧与创想的作品。面对京津冀洪灾、甘肃地震两次重大自然灾害，东风公司携旗下东风商用车、东风本田、东风日产、岚图汽车、东风股份、郑州日产、东风柳汽、神龙公司捐赠款物4500万元。东风公司持续加大消费帮扶工作力度，先后参加国务院国资委组织的"央企消费帮扶迎春行动""央企消费帮扶兴农周""央企消费帮扶聚力行动"等专项活动，消费帮扶金额达1.1亿元余元（含帮助销售）。

2023年11月，由中国社会责任百人论坛、责任云研究院主办的第六届北京责任展暨《企业社会责任蓝皮书（2023）》发布会在京召开。《蓝皮书》显示，东风公司社会责任发展指数综合评分88.4分，

位列"国有企业 100 强指数"排名第 5,"中国企业 300 强指数"排名第 7。12 月,中华人民共和国民政部发布《2023 年全国性社会组织评估等级公告》,东

风公益基金会获评"4A 级社会组织"。

（撰稿：张岳平）

从"小草房"到世界 500 强

——擦亮民族汽车品牌　建设世界一流企业

奇瑞控股集团有限公司

一、企业发展综述

奇瑞控股集团有限公司（以下简称奇瑞集团）创业始于 1997 年,总部位于安徽省芜湖市经济技术开发区鞍山路 8 号,从汽车制造业起家,旗下子公司奇瑞汽车股份有限公司是国内最早突破百万销量的汽车自主品牌。2010 年,奇瑞迈入集团化发展新阶段,围绕汽车主价值链布局上下游业务,现已发展成为一家以汽车产业为核心的多元化企业集团。

秉持"创新责任共赢"的核心理念,奇瑞集团始终以产业报国为己任,致力于成为具有全球影响力和竞争力的世界一流企业集团。通过整合全球资源,奇瑞集团围绕汽车主业推进多元化发展,目前已发展汽车、汽车零部件、金融、能源、地产、现代服务等多项业务,旗下拥有奇瑞汽车、奇瑞商用车、奇瑞捷豹路虎、奇瑞汽金、奇瑞科技等 300 余家成员企业。业务遍布全球 110 多个国家和地区,累计全球汽车用户达到 1500 多万,其中海外用户达到 400 万,连续 22 年保持中国品牌自主乘用车出口第一。2024 年,奇瑞集团首次登榜《财富》世界 500 强企业名单,位列第 385 位。

二、党建引领　筑牢稳健经营基石

探索大型企业的党建工作新路径是奇瑞集团长期以来促进企业稳定发展、提升核心竞争力的重要举措。截至 2024 年 12 月,奇瑞集团党委下辖 206 个一、二级基层党组织,拥有 6900 余名党员。基于产

业报国、汽车强国的初心使命,奇瑞集团始终坚持和加强党对企业的全面领导,积极探索创新型党建引领企业高质量发展的新路径。2015 年,奇瑞集团创造性提出党建工作"三结合"理论,即"党建与经营目标达成相结合、与企业文化建设相结合、与业务持续改善相结合",通过抓责任落实、抓体系建设、抓作用发挥,逐步形成党建工作与主营业务"双轮驱动"的融合发展模式。

一是坚持党建与经营目标达成相结合,持续为企业实现高目标赋能。公司聚焦"关键少数引领、党政同频共振、优化体系结构"三条主线发力,坚持用思想促行动。始终围绕企业中心任务,把党建工作在目标设定、时间节奏上与生产经营保持一致,创新开展"大干 567""决战四季度"等主题劳动竞赛,将党员示范岗、责任区嵌入到生产经营一线,考核结果纳入评价指标中,实现党政工团同频共振、一体推进,真正实现将经营业绩与党建绩效同步评价、互为促进。

二是坚持党建与企业文化建设相结合,锻造培育自驱型组织和奋斗者队伍。奇瑞集团高度重视文化的传承与进化,并坚持将企业文化融入党建工作建设中去,通过弘扬企业"以客户为中心、以奋斗者为本、永远艰苦创业,坚持自主创新"的核心文化理念,配合党建"四班一堂"育人模式,持续打造一代又一代有自驱力、有战斗力的奇瑞奋斗者队伍。结合企业廉洁文化建设,通过建立以"五严""九不准"等为核心要求的"阳光工程"管理制度,充分保障队伍的纯洁性。结合榜样示范文化,通过持续加强荣誉体系建设,对外争取国内外具有重要影响力的奖项,

对内开展"先锋工程""年度经营典范""十大工匠"等评选,不遗余力塑造先进群体,形成尊崇荣誉、争创荣誉的良好氛围。

三是坚持党建工作与业务持续改善相结合,在持续改善中塑造党建引领新优势。奇瑞集团的发展理念是倡导干部职工永远保持"空杯"心态,推动工作持续改进提升,引导全体党员干部带头践行"六个一工程"——我给大家上一课,我为公司节约一分钱,我把效率提高一秒钟,我为公司献一策,我给大家露一手,我为他人做一件好事,并提出用品牌化思维抓党建、促改善的思路,持续加强以"幸福奇瑞"为主体的党建品牌建设,形成了以集团党建品牌活动为样板,辐射点亮基层党建品牌的实践路径,先后打造出"红七月"、全球制造技能大赛等19项集团特色活动,孵化出"红管家""微光成炬""向日葵"等17个特色基层党建品牌,全面赋能企业经营,为高质量发展源源不断注入"红色动力"。

三、创新引领　擦亮民族汽车品牌

自主创新是奇瑞集团创业发展的灵魂。20世纪90年代,在中国民族汽车工业基础薄弱、合资品牌垄断市场的背景下,中国汽车行业盛传着"两个神话":一是汽车企业不与跨国公司合资就没有前途;二是企业生产规模没达到100万辆以上就不能搞自主研发。秉承"造中国人自己的轿车"的梦想,1997年,奇瑞在芜湖长江边一片荒滩上的几间"小草房"里诞生。从创业之初,奇瑞即决定自主研发汽车发动机,誓要与国内其他合资车企走不同的造车路线,坚持从珠峰的"北坡"登顶。1999年5月,奇瑞自主研发的中国第一台轿车发动机顺利下线,打破国外对汽车发动机技术的垄断。同年12月,奇瑞第一辆轿车成功下线,彻底打破行业的"两个神话",改变当时进口汽车与合资品牌垄断中国市场的局面,让原本属于"奢侈品"的轿车开始"飞入寻常百姓家"。

面对国产自主品牌汽车研发要突破的技术壁垒,奇瑞集团深知技术研发创新体系的建设至关重要。创业27年来,奇瑞集团始终坚持不懈地完善以技术研发为核心,致力于为全球消费者提供高品质用户体验的产品创新体系。截至目前,集团布局了包括北美、欧洲、中亚和上海等八大研发中心在内的全球研发体系,通过在全球范围内整合资源、协同创新,不断挖深、挖宽"技术奇瑞"的"护城河",在发动机、变速箱、底盘平台等汽车产业核心技术领域实现质的突破,为企业多年来的高质量发展打下坚实基础。

随着新一轮科技革命的到来,汽车行业"新四化"浪潮势不可挡。奇瑞集团在持续深耕燃油车技术赛道的基础上,正全方位布局新能源、智能网联、共享出行、平台与生态等新赛道,以进一步构建奇瑞汽车在新能源时代的技术优势。2022年,奇瑞集团发布"瑶光2025"前瞻科技战略,致力打造面向新时代的技术创新生态——涵盖火星架构、鲲鹏动力、雄狮智舱、大卓智驾、银河生态五大领域,全面渗入新一代动力总成、电池技术、汽车芯片、智能网联和自动驾驶等21项核心技术。计划投资1000亿元,建立超300家瑶光实验室,新增培养研发人才2万余人,全面推动公司"新四化"的创新体系建设。

此外,奇瑞集团还致力打造开放创新、联合共创的平台,并在此基础上延伸成立了面向全社会的科学研发共创平台——开阳实验室,旨在打造企业"没有围墙的研究院",专注基础科学从0到1的原始创新突破。截至目前,奇瑞集团已累计申请专利33000余件,累计授权20000余件,其中发明授权专利37%,位居行业前列。先后承担180多项国家重大科研专项,5次荣获国家科技进步奖一等奖、二等奖,3次被授予国家级"创新型企业"。

四、全球化引领　打造世界一流企业

中国要从汽车大国变成汽车强国,既要从中国看世界,也要从世界看中国,要用"落地生根"的方式走进海外市场,成为造福全球的"贡献者"。奇瑞集团始终将"全球化"作为实现"打造世界一流品牌"愿景目标的重要战略举措,并制定"无内不稳,无外不强"的国际化发展战略。

奇瑞集团不仅吃技术饭,也是很早就吃国际饭的企业。在扬帆出海的20多年里,奇瑞集团逐步探索出"走出去、走进去、走上去"的全球化"三步走战略",这其中有很多经验教训,也有一个很深的感悟——真正的全球化企业，不仅是开展了全球化贸易，布局了全球化市场，更重要的是有全球化经营理念、全球化的责任担当和价值贡献。所以每到一处，我们都要先予后取，扎根当地，坚持"In somewhere，For somewhere"，要成为当地最好的企业公民。同时奇瑞集团也坚持"In China，For Global"，共同抱团出海。

产品走出去之前，奇瑞集团坚持提前做好"三个开发"和"一个贡献"：海外当地的法规开发、适应性开发、产品竞争力开发，希望为当地消费者提供"量身定制"的产品和服务。同时奇瑞集团投入本地化制造、本地化研发，建设本地化团队，海外属地员工已近10000人，努力为当地经济社会发展贡献奇瑞的社会价值。截至目前，奇瑞集团已连续22年保持中国自主乘用车出口第1位，连续5次入选国务院国资委、中国外文局评选的"中国企业海外形象20强"，名副其实成为中国品牌"走出去"的一张名片，有力促进了我国实现从汽车进口大国向世界第一汽车出口大国的转变。

五、文化引领 创新管理驱动发展

奇瑞集团是一个"谋于陋室，成于荒滩"的创业型企业，伴随着企业从无到有、从小到大、从突围到升维的发展，逐渐形成了以"小草房精神"为核心的创新创业文化。秉承着艰苦创业、稳健发展的忧患意识，奇瑞集团不断探索，让"以管理创新实现可持续发展"成为企业保持经营生命力的永恒课题。在以组织的敏捷性克服外部环境的不确定性，以内部管理的精益化实现企业发展的稳定性的原则指导下，奇瑞集团结合工业时代的精益、控制思维与互联网时代的用户、平台思维，逐渐探索总结出"一驱四化"管理模式。一驱：即以"小草房创新创业精神"的企业文化为内驱，引领奇瑞人持续发扬艰苦奋斗精神，克服各种资源技术短缺，实现产业报国梦想。四化：即创客化、平台化、精益化、两单化。

"创客化"指大型组织进行裂变式发展、以创新机制激活创业潜力。奇瑞集团通过"创业引才"方式，大量吸引海内外优秀人才加盟奇瑞，以重点技术攻关项目产业化为媒，实现"引进一个团队、打造一

个企业、做活一个产业"。奇瑞集团的"创业体"管理法，还以"尊重激励规律、激发员工斗志、赋能经营管理"为指引，以"高目标、高激励、高压力、高淘汰"为闭环目标，打造出"三维六步法"创业体管理模式，全面划小经营单元、激发组织活力。

"平台化"指企业整合资源、迭代进化，带动上下游企业共同"升维"发展。奇瑞集团通过数字化转型和平台化建设，带动上下游合作伙伴打造"热带雨林"式商业生态。不断通过"破圈"，将原有业务转化为平台经济，先后打造出国家级"双跨"平台——海行云工业互联网平台，"工业版拼多多"——瑞鲸工业采购平台、"工业版支付宝"——瑞轩供应链金融平台，以及拉动汽车后市场的"奇瑞用户群生态平台"。

"精益化"指的是企业降本增效、提升品质的基础工程和精细工程。在吸收国外先进管理经验和总结自身实践的基础上，奇瑞集团建立独具自身特色的精益化生产制造体系，即以"全员参与、标准化、持续改进、质量优先、缩短制造周期、杜绝成本浪费"六大原则为核心的奇瑞生产方式（CPS），并在此基础上融合"双矩阵"全生命周期质量管理模式，将精益生产和品质管理紧密结合，提升公司在全球各地统一的生产制造和品质管理标准，并延伸到产业链上下游合作伙伴，帮助大量中小型企业实现管理与技术突破，质量竞争力取得显著成效。2017年以来，奇瑞集团已连续七次获得国际质量ICQCC金奖，在2024年J.D.Power（君迪）发布的系列质量排名中，奇瑞集团共获得销售满意度、汽车魅力、新车质量三项"自主第一"。

"两单化"是企业细化管理颗粒度、防范风险、合法合规、挖潜增效的有效手段。奇瑞集团通过创客化、平台化实现了大型组织的敏捷型，激发了中小型组织和个人创新创业的激情，但由此产生缺少统一管控的诸多风险。为此，奇瑞集团创造性发明"两单管理"，即建立经营风险清单和管理问题清单，并以此为基础钩稽嵌套，形成覆盖全部产业的运营风险管控体系，实现"发现问题、分析问题、解决问题及管理标准化"的风险管理PDCA循环，提高集团整体风险管理水平。总结而言，奇瑞集团通过"一驱"解决了管理上"收"的问题，"四化"解决了管理上"放"的问题，收放结合，张弛有度，渗透到组织转型和业务

发展的各层各面,全面构造出一家高效敏捷型的大型组织,让"大象"也能轻盈"起舞"。

六、绿色引领,积极践行社会责任

奇瑞集团坚持奉行"社会因责任而美好"的经营理念,创业至今始终牢记并践行"四个责任"——政治责任、经济责任、道德责任、社会责任。坚定不移走绿色低碳发展道路,通过不断创新汽车节能环保技术,用更少更洁净的能耗让人类生活更加美好。为此,奇瑞集团一直将可持续发展作为企业担当,将绿色低碳发展放在各项工作的首位。高度重视企业 ESG 建设,致力建立符合企业实际、具有竞争优势的可持续发展模式。目前,奇瑞集团生产过程产生的工业废水处置率100%,工业固体废物处置率100%,综合利用率95.75%,工业废气排放控制率100%,不遗余力地打造节能环保、低能耗的绿色工厂。

随着全球"双碳"目标的任务越来越紧迫,奇瑞集团正加紧投入巨大资金和力量发展绿色新技术,开发 PHEV、BEV 等一系列新能源产品。奇瑞集团在不断加强自身碳排放管理的同时,还对配套零部件制造、物流等全过程进行碳足迹管理,以满足环境保护的要求。奇瑞集团多次获得国家级"绿色工厂"称号和"全球能源管理领导奖——能源管理洞察力奖"。

面向未来,奇瑞集团始终将打造世界一流品牌作为目标,坚持品牌向上、市场向外、技术向未来、产业向价值链高端、管理向追求卓越的"五向"发展,持续发扬"小草房精神",以用户思维和互联网思维,不断做大做强产业生态圈,为实现产业报国梦想、为人类创造精彩生活而不懈奋斗!

实施文化"四力"工程　助力企业行稳致远

中车株洲电力机车有限公司

143 年来,中国中车怀揣"产业报国、实业强国"的朴素理想,从无到有,从小到大,从弱变强。从"引进来"到"走出去",从"追赶"到"领跑",在我国轨道交通事业发展的征程中勇挑重担、砥砺奋进,创造了不平凡的光辉业绩。在中国中车的引领下,中车株机自 1936 年成立至今已经 86 年,在波澜壮阔的发展历程中,中车株洲电力机车有限公司(以下简称中车株机)以振兴民族工业为己任,拉响中国铁路机车车辆电气化进程的第一声汽笛,奏响"四大跨越"的华美乐章,创造了轨道交通装备领域的诸多"第一",成就"中国电力机车之都"的美誉;中车株机秉承"连接世界、造福人类"使命,用"五本、四角色、三零三好"书写了"中国装备'走出去'代表作"的传奇。

当今世界正经历百年未有之大变局。"十四五"期间,中车株机如何立足新发展阶段,践行新发展理念,融入新发展格局,构筑新发展优势,如何进一步提升中车文化的凝聚力、执行力、战斗力、感召力,如何把企业文化建设摆在更加突出的位置,从而催生与建设世界一流中车战略目标相匹配的奋斗力量,这都是值得研究探索的重要课题。

一、实施文化"四力"工程面临的主要困难

企业文化建设是一项高端管理活动,也是一项长期系统性战略,优秀的企业文化是长期积淀的结果。但在企业内,企业文化建设工作成效无法在短期内直接体现,导致企业对企业文化长效性认识不足,往往是"说起来重要、做起来次要、忙起来不要",让企业文化凝聚力、执行力、战斗力、感召力的作用发挥不够充分。

(一)员工对企业文化认知有待提高

企业文化是企业在发展过程中形成的一种文化精神,这种文化代表了企业独特的价值观、信念感。

企业文化的形成代表了企业发展的过程,良好的企业文化应该通过先进的培训方式,让员工认同企业的愿景、使命、价值观,养成与企业发展相同的目标,这样才能提升员工对公司的凝聚力,企业文化培育宣导的内容需要不断迭代更新,才能适应公司的快速发展。

(二)行为文化建设工作需迭代升级

全球化是我们今天必须面对的环境发展的最大趋势。在国内国际"双循环"新发展格局下,致力于打造受人尊敬的国际化公司的中车株机,面对的是愈加恶劣的国际环境,愈加激烈的全球竞争。如何突破既有制度、体系、平台约束,更加适应新时代员工全球化、专业化、多元化、本地化等要求;如何在行为文化体系、宣导培育方式方法等多个方面缩短与国际上受人尊敬的标杆企业的差距,甚至超越,成为行为文化建设工作的重中之重。

(三)跨文化融合中遭受多元文化冲击

面对复杂多变的国际政治经济环境和多元化的价值观念、制度体系、行为习惯,尽管国际合作结下累累硕果,但是中车株机"走出去"并非一帆风顺。国际化经营中跨文化融合是成败的关键,更是执行的难点,甚至盲区。一是中国文化与业务所在国传统风俗文化的碰撞;二是企业内部文化的多样性与冲突性并存、文化的积极性与消极性并存、文化建设的渐进性与逆向性并存,使得跨文化融合工作一波三折。

(四)企业文化传播渠道需持续创新

随着互联网的迅速发展,传播格局发生深刻变化。企业文化传播面临着传播效率低、传播方式落后、传播渠道狭窄等问题,这对中车株机企业文化的有效传播带来了负面影响。互联网技术的高速发展为企业文化的传播带来了新的契机。为此,应充分利用新媒体传播技术,优化企业文化的传播策略,构建新型全媒体传播平台变得至关重要。

二、实施文化"四力"工程情况的重要举措和成效

1936年,以程孝刚、茅以新为代表的留美爱国志士在株洲田心打下了湖南轨道交通装备的第一根桩基,开启了艰难创业的征程,历经日机轰炸亦不退缩,以实际行动诠释产业报国的初心和交通强国的使命。这样的精神代代相传,影响深远。只有以文化的力量,引领员工达成思想共识,才能激发核心竞争力。

文化"四力"工程是指坚持以助力企业行稳致远为首要任务,把凝聚力摆在首位,作为第一源动力,以凝聚力驱动执行力,以执行力激发战斗力,以战斗力推动感召力,以感召力强化凝聚力,形成环环相扣、互相支撑、有机结合的"四力"体系。

(一)因材施教,厚植文化根基,提升凝聚力

1. 诊断分析文化现状

为摸清文化现状,中车株机开展了一次规模空前的线上企业文化调研,公司员工共13917人(含分、子公司)参与,其中高中层管理者304人。问题涉及员工对企业文化的认可度、认知度、清晰度,以及企业过去、现在、未来所具有或应该具有的精神等多个方面。

调查结果显示:公司员工都非常认可企业文化对企业发展所产生的积极推动作用,占比达92%以上;关于公司"过去取得的成就所具备的精神、特质及优良作风"方面,结果清晰地指向"责任·领跑";有61.73%的员工认为企业高质量发展的关键是"产品如人品,动手即负责",与培育"高铁工匠",弘扬"高铁工人精神"高度契合;在未来发展公司还应该具备什么特质或精神这道开放式的问题上,高达2289人一致提出"创新",占参与调研员工的20.84%,说明员工普遍认为创新是企业开创未来应该拥有的重要特质。

2. 提炼更新经营理念

凡事之本,必先治身。在"连接世界,造福人类"的使命驱动下,中车株机公司从86年的历史脉络中,融合开创未来的必要特质,提取出了以"责任·领跑"为内核,大安全文化、质量文化、创新文化、感恩文化"四位一体"的企业特色经营"4+1"体系。以及"追求完美,永争第一""产品如人品,动手即负责""三精一认真"的企业作风。

这是契合深度调研的一次企业经营理念大调

整，是公司不断探索企业经营持续发展之道的重要成果，更是大力宣扬中车之道，践行"高铁工人精神"，培育"高铁工匠"的落地实践。这些理念必将成为支撑企业高质量发展，推动企业向着"受人尊敬的国际化公司目标"笃定前行的基石。

3. 根植培育企业文化

基于企业经营理念提炼更新的成果，中车株机开展高质量实施企业文化根植工程，培育 70 余名企业文化内训师，授课 350 余堂课，培训员工 16000 余名，实现企业文化根植培育横向全覆盖，纵向进基层，提升员工对企业的凝聚力；以赛代练，层层选拔，通过初赛、复赛、决赛，最终评选出企业文化"十大金牌讲师"，得到中车总部高度认可。

（二）刀刃向内，迭代升级行为文化，提升执行力

对标国际上受人尊敬的企业的员工行为特质，中车株机主动开展员工行为研究，进行企业行为文化体系的迭代升级。在以问题为导向的管理机制基础上，注重激励引导，激发基层"自主式管理"主动性，提高文化执行力，形成行为文化良好氛围。

1. 针对少数关键的行为管理

管理者行为规范、关键岗位人员廉洁从业规范是公司对标先进的重要成果。其中的管理者行为规范从"行为理念及准则、形象规范、动作规范、语言规范"五个方面的 22 项进行了阐述。"中车株机公司高中层管理者是中车之道、株机特色经营理念的第一代言人和首要践行者，是组织文化、员工工作氛围的营造者，其一言一行、一举一动对员工都具有教育性、示范性和影响力……"这是对全体高中层管理者发出的行动宣言，与"稻盛哲学"的"全力疾驰"、率先垂范、以身作则的知行合一理念相呼应。

2. 针对广大员工的行为管理

中车株机进一步明晰了广大员工应该具有的共同行为特质和工作准则，对原通用行为规范进行了一次全面的梳理调整：新增了 10 个方面的"行为理念与准则"和 6 个方面的"职业化素养"；将原来一个大版块的通用行为规范划分为条理更清晰、逻辑更合理的 2 大版块 9 个类别共 58 条；对不具备株机特质、泛而广的规范要求进行了删减。

（三）行者无疆，打好跨文化融合组合拳，提升战斗力

在国际化经营中，中车株机有效应对多元文化的冲击、促进文化融合、实施文化风险管理，在本土化与全球化、母国文化与东道国文化之间，寻求适度的平衡，打好跨文化融合组合拳并取得一定成效：

1. 打造跨文化融合高素质文化"特种部队"

在迭代升级行为文化的基础上，中车株机建立一支通晓中车文化，具有全球视野、合作精神、包容心态的跨文化融合专业人才队伍势在必行。在国际化经营重点区域，设立"品牌文化官"岗位，聘请资深外籍公关人士，组建 PR 团队，积极发挥化解文化冲突、加强文明对话的纽带作用，针对企业品牌定位、海外视觉系统规范、常态新闻发布、媒体关系维护、舆情危机应对等内容，进行规范化指导，促成本地化传播、本地化融合。

2. 不断推动企业跨文化融合向纵深发展

近年来，中车株机积极响应"一带一路"倡议，虽然在"走出去"的进程中积累了一定的企业跨文化融合成功经验，但是仍有很大的探索空间，比如努力争取各类政策资金支持等。

中国企业全球化发展在依托"一带一路"倡议的同时，也要积极践行"融入当地"的战略。推广中车株机公司南非电力机车项目融入当地"黑人振兴战略计划"的经验，结合当地自身发展定位和战略，充分地与相关方实现共商、共建、共享，形成更有利于中国装备"走出去""融进去"的局面。

充分发掘我国参与世界多边磋商机制的机会和影响力，秉承"展示""交流""合作"的宗旨，积极参与各类国际展会，抓住契机展品质、显特色，将文化科技融合成果的展示平台升级为高层次综合性的文化交流平台，发挥企业跨文化融合的延伸效果，有效推动经贸交往与合作。

（四）内外兼修，讲好中车故事，提升感召力

对内，中车株机以科技文化展示中心、多层级多样化的企业文化宣导、网格化的视觉传播平台为载体，增强员工对企业文化的认可度，提升员工的自豪感、归属感，引导员工积极践行"高铁工人精神"，做企业文化的"代言人"。对外,中车株机搭建了较为完善的"报、网、微、端、屏"全媒体宣导传播平台,是中车企业文化传播、品牌塑造的典范。

1. 关注时事热点,策划主题文化活动

近年来,中车株机围绕"中国共产党成立100周年""中车创业140周年""企业创建85周年"等主题,持续开展系列文化宣导活动。通过策划媒体采访、公众开放日、制作主题纪录片、策划专题文化活动、制作特色文创产品等丰富多彩传播载体,讲好中车故事、展示中车株机风貌。

2. 打造"火车头"电视剧,以情怀显价值

为献礼中华人民共和国成立70周年,以中国轨道交通装备发展为故事背景拍摄《奔腾年代》和《最好的时代》,填补了该题材在国产电视剧的空白。剧本经中国国家铁路集团有限公司的指导,得到了中国中车的支持配合,主创团队多次来到中车株机采访取材,多个人物原型和故事从这里诞生。通过参与热门影视剧的制作,中车株机突破文化传播形式,主动正向传播企业优秀历史文化,促进国际对中国文化、中国企业的正向了解。

3. 打造文化典范工程,全面展现中国中车硬实力

围绕"行业第一、国际一流""中国轨交企业现代化专业展馆第一馆"的定位要求,以内容为先导,持续升级科技展陈建设工作,打造中车典范工程。以提升来宾参观体验为目标,根据不同来宾实施"定制化"的中英文解说词;设立"员工家属开放日",让海内外员工及家属走进科技文化展示中心,近距离感受公司发展成果。

在"连接世界,造福人类"使命的感召下,"正心正道,善为善成"核心价值观的指引下,中车株机实施文化"四力"工程,充分发挥企业文化的引领作用。近年来,公司连续获全国"企业文化建设示范单位",在中国中车历年品牌贡献率考评中位列第一等级,荣获"中国中车'十三五'品牌建设卓越奖"。

跨越山海 航向全球化新未来

中联重科股份有限公司

湘江奔流,创新发展的浪潮不息。位于湘江之畔、麓山脚下的中联重科股份有限公司(以下简称中联重科),正以创新与探索之心,扬帆破浪,跨越山海,踏上了装备制造世界舞台的中心。今天的中联重科已将触角延伸至150个国家和地区,境外收入占比在2024年第三季度突破51%,这不仅是全球化进程中的一个重要里程碑,更是对中联重科"走出去"战略的生动注解。

一、科技创新铸牢新基石

秉承国家级科研院所的"创新基因",中联重科始终将"技术是根,产品是本"作为企业的研发理念。正是这份对技术创新的执着追求,使得每一次突破都成为跨越的阶梯,铺就了通向全球市场的坚实之路。

从全球最长的101米碳纤维臂架泵车、全球最大4000吨全地面起重机、全球首台纯电动汽车起重机等世界之最和全球首创产品的推出,到基础研究与核心应用技术的不断突破,再到智慧工地、智慧矿山、智慧农业等多个前沿技术应用场景的不断落地,中联重科始终站在行业发展的潮头,并不断登高向新。

从2014年开始,中联重科启动并持续推进4.0及4.0A创新工程,打造了一批市场创新产品和王牌产品。其中,搭载数字化、智能化、绿色化技术的4.0及4.0A产品目前已上市700余款。2024年9月,中联重科在短短三天内,先后下线了全球最大吨位的4000吨级全地面起重机、全球最大混合动力矿卡和400吨级矿用挖掘机三款全球领先的创新产品,实现了大国重器"三连发"。

智能制造,已不再是科幻电影中的场景,而是现

实中的生产力。在中联智慧产业城，这座未来感十足的智能制造"超级工厂"里，协同工作的工业机器人、自动穿梭的物流小车、精确高效的生产线，勾画出一幅现代化工厂的壮丽画卷。通过80%的自动化率，每一条生产线的高效运转使得产品品质达到前所未有的高度。2024年上海宝马展期间，来自30多个国家的300多名海外客商飞抵这座全球最大、品种最全的工程机械产业基地，见证了中联重科在智能制造领域的卓越成就，并为"中国制造"从"跟随者"到"引领者"的华丽转身而喝彩。

进入数字化时代，传统的时间与空间概念正被彻底颠覆。中联重科深刻洞察这一趋势，早早迈入了数字化3.0阶段。通过自主研发的工业互联网平台，实现了研发、生产、销售、服务的全链条数字化。这一平台如同一颗高效运转的大脑，精准掌控着全球市场的脉搏与需求。

在这个数字化的生态系统中，中联重科利用物联网、大数据等技术，链接了170万台设备，通过"云端管理"构建起智慧场景。每一次设备的操作、每一项生产的调整，所有信息都迅速回馈，推动全球业务的实时响应与协同，确保了中联重科在激烈的国际竞争中始终处于领先地位。

二、特色体系打造新格局

面对全球化竞争的加剧，以及市场日益多样化的需求，中联重科通过"端对端、数字化、本地化"的战略布局，将全球化发展融入企业的每个环节，迈出了属于自己的"出海"步伐。

中联重科持续推进全球业务本地化网络建设，海外市场网络建设的广度和深度持续增强。目前，中联重科已在中东、东南亚、欧亚地区等传统优势市场建立起完善的销售、服务和供应链网络，将网点建设从区域中心下沉至重要城市，同时在欧洲、北美、澳新等发达地区逐步设立网点，进一步拓展新兴市场，海外营收更趋多元，布局更加完善。

在海外市场的拓展中，中联重科摒弃了传统的本地代理商模式，通过建立专业的本地化团队，借助数字化平台打通研发、生产、物流、销售、服务等全流程，

优化响应速度，提高客户满意度。如今，中联重科在全球打造了30余个一级业务航空港，370多个二级网点，海外员工规模超5000人、本地化率超80%。

中联重科还持续加大对海外员工的投入，尊重并融入当地文化，为每位海外员工量身定制职业发展路径，推动本地人才的成长与壮大。2024年，首批来自26个国家的海外员工齐聚长沙总部，深入了解中联重科的企业文化与技术创新。这种文化的融合和共享，让中联重科赢得了海外员工与国际市场的广泛认可。

三、锚定高端开创新未来

站在全球工程机械行业的制高点，中联重科将目光锁定在产业链的更高端，推动全球化进程向更高层次迈进。依托不断的技术创新，中联重科将在多个领域提升产品附加值，持续突破技术壁垒，不断开辟未来发展的新蓝图。

在科技创新方面，中联重科将持续聚焦基础前沿技术和关键核心技术的突破，以原创性和根本性的科技创新成果，提升在全球市场的竞争力，并通过加大对新数字、新能源、新材料等领域的投入，紧跟未来技术发展趋势，为世界级先进制造企业的崛起提供动力。中联重科还将加速在物联网、人工智能、绿色智造等前沿技术领域的布局，推动企业在全球价值链中迈向更高端。

在全球化布局上，中联重科将继续深化端对端业务模式，完善全球服务体系，满足大客户需求，推动定制化产品的开发。通过不断深化直销体系和加强售后服务，确保在全球市场的持续增长和深度渗透。中联重科在共建"一带一路"国家和地区已经建立了10个研发制造基地，未来还将进一步拓展境外研发制造基地，提升本土研发能力，推动全球制造业的深度融合与发展。

"志之所趋，无远弗届；穷山距海，不能限也。"中联重科将以制造强国为舵，以科技创新为帆，驶向全球化蓝海的更深处，不断推动"中国制造"走向世界，为全球客户、为行业发展贡献更多的智慧与力量。

深化改革提升　发展新质生产力
加快打造世界一流航空高科技企业

中国航空工业集团沈阳飞机工业(集团)有限公司

　　航空强国是现代化强国的战略支撑和重要标志,航空工业是国防和军队现代化建设的重要领域。中国航空工业集团沈阳飞机工业(集团)有限公司(以下简称中国航空工业集团沈飞)坚持以习近平新时代中国特色社会主义思想为指导,坚定用新质生产力理论指导实践,比肩世界,奋进一流,结合国家需要和自身实际对标世界各国先进航空工业体系,助力实现航空强国梦的现代航空工业体系,坚决当好服务强国强军建设排头兵,实现航空装备从先进到高端跨越,做"国家安全守护者、高质量发展引领者",推动国家经济社会发展,在推进航空工业高质量发展上贡献力量,奋力谱写中国式现代化航空强国新篇章。

一、把握新机遇　改革深化提升
为高质量发展谋篇布局

　　中国经济发展进入新常态,已由高速增长阶段转向高质量发展阶段。中国航空工业集团沈飞围绕高质量发展这一首要任务,坚持和加强党对国有企业的领导,坚持科技是第一生产力,统筹布局"型号需求""技术进步""新兴前沿技术""基础共性技术"四个维度关键技术发展,为高水平科技自立自强提供支撑;坚持以产业布局为主方向,增强产业链供应链韧性,为产业数字化智能化绿色化转型升级筑基赋能;坚持发展和安全并重,把维护国家安全贯穿高质量发展工作各方面全过程,坚决守住不发生系统性风险的底线。

　　比肩世界才能奋进一流,助力实现航空强国梦的现代航空工业体系,必须对标世界各国先进航空工业体系,同时又要符合国家需要和自身实际。实施国有企业改革深化提升行动,是以习近平同志为

核心的党中央,站在党和国家工作大局的战略高度,作出的一项全局性战略性重大决策部署,是实现高质量发展、建设世界一流企业的重要抓手。实现航空装备从先进到高端跨越,做"国家安全守护者、高质量发展引领者",实现航空装备可持续发展,需要在战略规划、科技创新、产品研制、企业经营、管理管控、党的建设等方面同向发力。中国航空工业集团沈飞充分认识深化国有企业改革的重要性、紧迫性、艰巨性,瞄准服务国家战略、增强核心功能、提升核心竞争力,"补短板、夯基础、建体系、强能力"以建设世界一流企业为总目标、总任务、总平台,一体化部署改革深化提升行动,通过战略级和业务级两类举措,坚决当好贯彻党中央决策部署的执行者、行动派、实干家。

二、锚定首责主责主业　构建航空产业发展新格局

(一)聚焦首责主责主业,打造现代化产业体系

　　中国航空工业集团沈飞聚焦军机首责、民机主责发展核心,协同发展军机和民机两类产品,做好产品和服务两类业务,拓展国内和国外两个市场,坚定不移做强做优做大军机、民机、维修服务保障业务,聚力打造航空强国战略支柱力量、一流军队关键保障力量和社会主义现代化建设重要组成力量。

　　勇担兴装强军首责。厂所进一步拉通研制协同,深化"共同设计、联合试制"实施路径,持续推进航空装备升级换代,不断拓展军机产品谱系,持续巩固军机市场优势地位;加强集成制造核心能力建设,形成高质量持续供给能力,确保有力支撑研制能力和武器装备需求。

　　持续拓展民机市场。中国航空工业集团沈飞系统策划民机产业"主责"发展路径,健全组织体系;以

空客建设第二条 A320 总装线为契机,拓展民用航空高端制造市场,强化民机部件装配集成优势;借助国产大飞机谱系化、规模化发展机遇,持续提升设计制造一体化能力;以沈阳市建设民用航空全生命周期服务基地为契机,探索开展干支线飞机改装、维修和售后服务,实现全产业链能力拓展。

系统重构维修体系。中国航空工业集团沈飞聚焦集团"把军机维修发展成为支柱业务"要求,推动大修和服务保障业务产业化发展,着力打造"研、造、修、保"一体化发展的航空装备全寿命周期服务保障平台。加快维修技术攻关,提升主战装备修理能力;推动服务保障系统化、产品化,积极开拓加改装、定专检、客户培训、航材备件市场。

(二)抢占技术发展机遇,布局战略性新兴产业

为更好承接国家战略布局,中国航空工业集团沈飞积极谋划战略性新兴产业布局,将会同厂所协同策划"战略性新兴产业集智研讨"等系列活动,切实找到厂所战略性新兴产业新赛道。

当前发力点上,中国航空工业集团沈飞以现有平台为基础,不断提升新质新域武器装备比重,构建有人无人装备协同发展新格局。未来关注点上,瞄准国家战略需要和重点方向,大力推动新一代信息技术、新能源、智能制造、高性能材料研究应用,以新技术牵引新业态,探索培育增材制造、复合材料制造、高端装备制造等一批战新产业,积极探索商业新模式,开辟新领域新赛道、塑造新动能新优势。

(三)加快数字沈飞建设,推动产业数字化升级

中国航空工业集团沈飞积极推进"数字沈飞"建设,借助物联网、大数据、人工智能等先进技术,实施现有产业产线基础再造工程,以新区建设为契机,全面启动产品数字化、制造智能化、业务信息化、产业绿色化建设,夯实产业发展根基。

产品数字化方面。以数字线索为主线,积极建成数字化制造、自动化装配、多项目协同的智能制造系统和虚实集成平台,建设一定数量的工业物联网云底座、算法、算力等新数字基础设施,构建 AI+数据

驱动的工业互联网平台,实现贯穿产品全生命周期的数字化管理,支撑新型号快速研制。

制造智能化方面。以智能制造为核心,全面推进数字化产线新/改建,构建公司制造运营管理(MOM)平台和智能制造技术体系,实现生产全过程动态感知-实时分析-智能决策-精准执行闭环管理;推进新一代信息技术与航空先进制造技术深度融合发展,打造设计制造一体化高效协同、智能化生产、网络化协同及服务化延伸的航空智能制造新模式。

业务信息化方面。构建基于互联网的企业资源计划(i-ERP)系统,打通主价值链信息流,形成内外部资源平衡能力;打造厂所一体化研发和数字化供应链平台,强化前端厂所多域 IT 协同能力与采购敏捷供应能力;构建军地联通、厂所军协同数字环境,提升后端客户问题迅即响应与远程服务保障能力。

产业绿色化方面。统筹企业发展与绿色低碳转型,大力开展绿色热表处理技术等相关技术研究,积极推动生产线改造,形成绿色低碳发展机制,持续推进绿色航空制造。

三、坚持创新驱动 推动航空科技自立自强

(一)聚力科技创新,点燃科技发展引擎

强化科技创新主体地位,构建新型创新体系。中国航空工业集团沈飞坚持"四个面向"①,科学统筹内、外部科技创新资源,构建新型沈阳地区科技创新体系。结合沈阳厂所协同创新中心平台,以沈飞创新研究院为攻坚核心,实现战略科技前瞻性供给;以沈飞为战略基地,实现工业产业技术整体性供给;部署并发展校企联合实验室为战术实践平台,协同沈飞民机、吉航公司、各科研单位以及"四类创新工作室"②共进的科技创新网络新模式,实现实战增强技术专业化供给。

强化国家科技需求导向,加快核心技术攻关。中国航空工业集团沈飞以《厂所科技创新白皮书》为引领,围绕十大前沿技术、六大技术群,统筹核心技术攻关布局,加快攻关步伐;以创新平台建设为重

---

① 四个面向:面向世界科技前沿、面向经济主战场、面向国家重大需求、面向人民生命健康。
② 四类创新工作室:劳模(职工)、博士、专家、优秀共产党员创新工作室。

点,积极谋划建立省级实验室、参与建设国家重点实验室、持续拓展校企联合实验室,推动攻关力量聚焦,促进产学研用深度融合;以多元化投入为导向,充分利用资本市场融资、自有资金、国拨及地方资金支持,夯实攻关保障。

强化服务国家战略需求,重构创新评价体系。中国航空工业集团沈飞从技术、管理两个维度建立科技创新评价标准,围绕服务东北振兴区域发展战略、国防安全、产业安全战略等国之所需,谋划设立创新性牵引指标,精准把握共性量化指标与个体指标的差异,引导各创新主体在创新方向上各有侧重。

强化全面激发创新活力,健全创新保障机制。中国航空工业集团沈飞依托科技创新"123 激励机制"[1],加大奖励力度;建立研发投入刚性增长机制,加大基础研究、前沿技术研究领域自主研发投入力度;建立完善科技成果转化管理机制,做实"集团公司技术转移中心东北分中心",加速科技成果转化。

(二)深化管理创新,激发企业发展活力

以顶层策划为牵引,构建管理创新体系。中国航空工业集团沈飞加速新一代经营管理模式的产生,与科技创新双轮驱动公司高质量发展。构建面向公司管理创新全业务、全层级、全过程的"1131"[2]工作机制,以流程优化、职责完善、信息化建设为手段,开展管理创新工作从成果策划到推广应用的全流程梳理和优化。

以 AOS 建设为核心,加速业务能力变革。中国航空工业集团沈飞贯彻落实中国式现代化航空企业运营管理体系总体部署,深入推进体系成熟度和业务能力升级。以数字技术为依托,开展主价值链流程系统改进和深度优化,推进业务体系不断成熟和完备,增强管理体系的强度和韧性。逐步向 AES 转变升级,推动"智改数转"。推动管理体系向供应链输出,打造标准化业务体系,为建设专业领域世界一流企业提供体系支撑与保障。

以精益理念为引领,深化精益沈飞建设。中国航空工业集团沈飞围绕精益沈飞建设目标,在新区建设和传统产业转型升级上深度融入精益管理理念,实现提质增效;持续加强精益人才培养,将精益人员的知识方法高效转化为解决工作实际问题的能力;树立精益价值导向,营造持久有效的精益文化氛围,助力精益文化生态良性循环。

(三)坚持体制机制创新,激活组织发展动能

以"四化"[3]为原则,推动自主性体制改革。中国航空工业集团沈飞动态调整生产线技术/能力等级,以"三保两增"[4]目标为牵引,开展产业布局优化和结构调整,聚焦核心主业,全面提升核心能力;在大修、民机产业等领域,引进战略投资者推动优势业务协同发展。构建集航空装备研发、制造、维修服务为一体的大型高科技产业集团,增强服务国家战略的能力。

强化任期制契约化管理,探索内部单位机制改革。中国航空工业集团沈飞在常态化推进三项制度改革基础上,重点开展任期制契约化管理,构建覆盖全体管理人员的目标管理模式,将公司发展目标分解到人、压力到人,实现责任共担、收益共享;探索基于市场化经营机制的供应链管理模式,创新自主化经营、市场化价格结算和工资总额与效益挂钩等市场化经营机制实践,构建与低成本可持续发展相适应的考核体系与管理机制,激发内部降本增效动力。

完善公司治理,实现上市公司高质量发展。在巩固国企改革三年行动成果的基础上,动态优化前置研究讨论重大经营管理事项清单,持续完善"三重一大"决策机制。加强外部董事队伍建设,建立多元化涵盖公司不同业务领域和专业背景的各层级专兼职外部董事人才库,强化规范管理和履职支撑。持续深化"法治沈飞"建设,实现体系化巩固,引领支撑能力、风险管控能力、涉外保障能力、主动维权能力、数字化管理能力持续提升,以健全规范的治理体系,推动公司高质量发展。

---

① 123 激励机制:聚焦"鼓励创新"1 个目标,年投入 2 千万奖励资金,在技术研究、提质增效、科技成果 3 个维度投入百万奖励。
② 1131:即设计"1"个统筹协调的管理创新顶层架构,贯通"1"条紧密衔接的管理创新链,构建积极主动的管理创新推进激励机制、系统高效的成果培育机制和健全可靠的资源保障机制等"3"个机制,打造"1"个共享共用的管理创新管控平台。
③ 四化:核心能力自主化、重要能力产业化、一般能力市场化、工业服务社会化。
④ 三保两增,即保供、保稳、保值,增强活力、增强竞争力。

四、强化"四链"融合 赋能航空装备高质量供给

通过"四链"深度融合,将各链条各环节一体设计、一体部署,通过建立资源共享、优势互补、协同创新的合作机制,打通构建新发展格局的堵点、卡点、断点,打造要素高度集聚、技术高效转化、资金充分保障、人才充分施展才智的开放创新生态,形成更加高效、稳定的航空装备供给能力。

突出科技引领,持续打造航空装备创新链。以在研、预研、背景型号研制需求为牵引,采用"揭榜挂帅""赛马竞争"等多种方式,突破"卡脖子"关键技术,提升科研生产能力;主动融入京津冀航空前沿基础创新产业带、融入长三角民用航空和机载成品研发创新产业带、融入粤港澳大湾区新能源飞机、无人系统研发创新产业带,统筹利用全社会创新资源,促进创新成果迅速应用。

突出产业应用,围绕创新链布局产业链。充分发挥装备体系主集成商和航空装备产业链链长作用,健全产业链建设职责,编制产业链图谱,推动产业链各环节要素精准匹配对接、融通发展。依托辽宁省国防科技资源比较优势,培育以沈飞为核心,更多配套企业为合作主体的航空制造产业集群。

打造资金链,为创新链产业链提供金融保障。充分利用军工投融资政策,通过股权融合、项目合作、企业混改等多种方式,以资本赋能科技创新和装备发展;通过上市平台融资、引入工业制造产业投资基金、争取地方配套资金支持等多种方式,吸引政府资金和社会资本向战略性新兴产业聚集;深化与地方政府的战略合作,更好地利用地方和社会资源助力重大产业项目建设、产业园区合作。

建强人才链,为创新链产业链提供人才保障。全方位培养引进用好人才,加快打造人才中心和创新高地,夯实高质量发展根基。强化"三支队伍"建设,打造高素质专业化干部队伍,抓好关键少数;加速构建专业领航人才方阵,抢占人才高地;加速构建优质人才供应链,厚植人才沃土,通过引智增力、产教融合等,确保人才链精准对接创新链、产业链各个环节。

中国航空工业集团沈飞坚定不移贯彻落实习近平总书记关于航空工业系列重要指示批示精神,牢记"兴装强军"首责,践行人民至上理念,积极发挥科技创新、产业控制、安全支撑作用,将新时代航空报国精神落实到航空强国奋斗之路上。着力推动建设现代航空工业体系,真正担起"现代工业之花""制造业的皇冠"的引领者作用;早日建成世界一流航空高科技企业,支撑建军一百年奋斗目标实现和世界一流军队建设。

中国航空工业集团沈飞作为核心主机单位,全面贯彻落实党中央、国务院、集团公司有关部署,深刻领悟新时代新征程国有企业的新使命新责任,强化"平台共享、集团产品、法人经营"理念,明确自身在新型航空工业体系中功能定位,更好支撑国家建设现代航空工业体系。以新质生产力理论体系为指导,聚焦科技创新、产业控制、安全支撑,研究谋划公司当前及未来发展思路目标、重大举措,奋力把公司打造成集研发、制造、维修服务为一体的大型高科技航空装备企业,肩负起航空装备高质量供给的政治责任,同时不断"聚焦""归核",规范公司治理,提升公司内在价值和长期价值,在推动航空科技自立自强上奋勇攀登,在促进航空工业高质量发展上积极作为,更好地服务经济社会发展大局。

一代人有一代人的使命,一代人有一代人的担当。肩负着历史和时代赋予的使命,中国航空工业集团沈飞直面与世界一流航空企业的差距,凭借有思想的力度展现出的从容,以及有力度的思想表现的自信,弘扬科学家精神、企业家精神、工程师文化,转变思维、更新理念,以管理为切入口、在技术上求突破,通过系统集成实现技术与管理的融会贯通,在润物细无声的改革中开启新时代航空强国梦的伟大征程。

行业变革下的稳健前行者

——绿城中国2023年度：品质引领　进而有为

绿城中国控股有限公司

2023年，中国房地产行业步入深度调整期，面对复杂多变的市场环境，绿城中国控股有限公司（以下简称绿城中国）以坚韧的战略定力与管理智慧，实现了业绩的稳中有进，展现了企业作为行业标杆的韧性与远见。

绿城中国持续"改革、改变、改进"，深化体制机制变革，坚持破立并举，推动发展模式由以"扩量"为主的粗放式发展，向以"提质"为主的内涵式发展转变，取得了明显成效，综合经营能力取得长足进步。

在投资端坚持"投一成一"，夯实良性发展底盘；在产品端践行产品主义，全维进阶引领行业；在销售端创新策略打法，行业占位稳中有升；在运营端强化内功修炼，经营效率再上台阶；在财务端确保稳健底线，资金使用效率不断提高；在组织端强身健体，人均效能持续提升。

日日行，不怕千万里；时时做，不惧千万事。面对行业的不确定性，绿城中国保持头脑审慎，主动出击应对风险挑战，持续推动自我变革与创新升级，朝着"全品质、高质量、可持续"发展目标快速挺进。

一、管理创新：深化改革　优化布局

绿城相信，惟改革者进，惟创新者强，惟改革创新者胜。

（一）投资精准　投一成一

2023年全国土地成交面积为12.8亿平方米，同比下降20%，成交总额3.9万亿元，同比下跌17%。受销售疲软、资金短缺影响，销售百强房企有近半数投资暂停，百强企业拿地销售比仅为0.21。

在这样的背景下，绿城中国投资工作收敛聚焦，全年根据现金流排布，坚持差异化投资策略，深耕核心，狙击投资，投一成一。2023年，绿城中国全年新增项目38个，总建筑面积约557万平方米，销售后新增货值1425亿元。土地投资额位列全国第5位，新增货值位列全国第6位，为维持公司的市场地位和规模发展提供了比较好的支撑。

全年新拓项目进一步集中在北京、上海、杭州三个高能级城市，其中，一、二线货值占比84%，北上杭三城销售后新增货值823亿元，占比58%，有效平衡了安全与收益，强化了市场竞争力。投资进一步向市场安全区域集中，保证了公司未来抗风险能力。当年转化销售574亿元，转化率约为40%。土地投资总额793亿元，绿城中国投资额633亿元，平均投资权益80%，新增货值权益比保持高位。

得益于投资策略的有效落实，公司总土地储备持续聚焦核心城市核心板块，推动公司稳健发展。截至2023年12月31日，绿城中国共有土地储备项目168个（包括在建及待建），总建筑面积约3720万平方米；一、二线城市货值占比80%，长三角区域占比57%，北京、上海、杭州等十大战略核心城市占比59%。

客户研究工作发挥重要作用，项目投资研究独立发声，量价评估精准度显著提升。全周期定位管理落地，项目定位主导落实。重点突破工具领域，开发12项客户研究工具，持续赋能一线。

（二）服务精细　价值营销

2023年全国商品房销售额进一步下滑。TOP100房企销售总额为62791亿元，同比下降17.3%。其中，千亿以上阵营16家，较2022年同期减少4家。

在这样的背景下,绿城中国全年实现合同销售额 3011 亿元,投资口径销售额 1943 亿元,权益销售额 1276 亿元。在克而瑞操盘榜排名第 3,克而瑞投资口径排名第 7,中指研究院权益榜排名第 8。

绿城中国坚持"价值营销",创新构建具有独特性与竞争力的价值 IP。上海"繁花三章"三盘联动,展现全维产品营造力、品牌兑现能力与城市深耕实力。团队敢作敢为,立下军令状,重要节点环环紧扣,从拿地、开放、到首开仅 132 天,首开热销 82 亿元,当年实现合同销售 109 亿元,品牌影响力遥遥领先。

亚运村及商管团队圆满完成杭州第 19 届亚运会、亚残运会赛事服务工作,精彩呈现绿城高标准服务理念,获得组委会表彰。

(三)运营精益 运转高效

绿城中国推进"两级融合"管理模式,减少审批流程,加快决策速度。将产品优势与高效开发经营相结合,实现产品力与开发能力的双频共振。大运营体系更加完善,运营委员会决策机制高效运转,项目运营周期持续缩短。

"能力封装"和"一年两熟"的开发模式,使绿城中国显著提升运营效率,项目从拿地到开盘平均周期缩短(2023 年,项目从拿地到首开平均周期为 4.7 个月,比 2022 年减少 0.6 个月)。全年竣工面积同比提升 37%,在保证质量的前提下,实现了更快的周转速度。高效地拿地、设计、开发、销售、回款,加大了优质产品力的竞争优势。

新增货值当年实现销售转化约 549 亿元,同比提升约 10%,当年转化率约 39%,涌现了一批高效运营项目:杭州汀岸辰风从拿地到首开,最快 54 天;从拿地到经营性回正,最快 142 天;从拿地到住宅清盘,最快 81 天。杭州芝澜月华轩、丽澜轩,从拿地到整盘清盘,最快 154 天。

绿城中国 2023 年新增项目净利润率持续保持较好水平,平均权益比进一步提升至 74%,确保安全性、突出流动性、均衡盈利性,强化长期归母利润兑现。酒店经营出租率、平均房价、每房收益、业主利润率均创历史新高。

(四)财务稳健 结构优化

2023 年,凭借优质的信用背景、稳健的业务发展以及有效的现金流管控,绿城中国融资渠道畅通,债务结构持续优化,为可持续发展提供坚实保障。

2023 年总借贷加权平均利息成本降至 4.3%,在境内债券及境外贷款价格上扬的情况下,仍同比下降 10 个基点。绿城中国 2023 年年底总债务的比例与 2022 年基本持平,约为 22.3%。

绿城中国在境内债券方面估值稳定,2023 年一级市场发行人民币债券 138.53 亿元,同时完成境外融资置换 11.72 亿美元。其中,中资银行机构占比进一步提升,境外债务结构更加稳定。绿城中国 2024 年到期境外债务再融资工作进展顺利。以上充分反映出境内外金融机构及资本市场对公司的高度认可。

加强受限资金盘活力度,强化按揭回款效率,全年完成按揭放款 810 亿元,按揭回款率达到 96%,再创历史新高。在确保公司现金流安全的基础上,实现"三道红线"[①]全面转绿。

优化费用管控机制,遵循"季度管控、动态管理"的原则,对费额及费率实施全程监管、预警,全年实际费率 3.37%,较预算费率下降 0.08 个百分点,较 2022 年同期费率下降 0.68 个百分点。全面推进建造类工程战略集采,通过各项目降本增效措施,大幅节约工程建造成本。非建造类采购全面开展,初步实现集约化。

二、产品制胜:品质为先 全维进阶

绿城认为,好产品、好房子是业绩的基础和保障。

(一)客户至上 持续创新

绿城中国坚持以产品品质为"一号工程",以客户满意度为"一号标准",为更多人带来更多好房子、好服务。2023 年,绿城中国再次实现三大机构(中指研究院、克而瑞、亿翰智库)产品力测评大满贯,连

---

① 剔除预售款后资产负债率大于 70%;净负债大于 100%;现金短债比小于 1 倍。

续 12 年在"中国城市居民居住满意度"调查中荣获佳绩,在所进驻的 16 座城市拿下总体满意度第一,7 座城市位列忠诚度第一。

2023 年,客户研究引领作用初步发挥,产品品质由点到面,实现系统性提升。将"大设计"理念贯穿至客户研究、投资、设计、成本、工程等全业务链条,以标准化及创新研发为引领,产品体系进一步精进,构建 8 条产品系雏形;产品力亮点进一步突破,全年落地"前置创新"成果 18 项。

2023 年是绿城中国提升综合产品力的一年。

从市场看,"眼见为实"的绿城中国全维度实景示范区在全国各地璀璨亮相,全年共落地杭州月依星河轩、宁波燕语春风、嘉兴晓风印月等 16 个"全维实景示范区",为客户带来了身临其境的沉浸式体验,使产品优势一览无遗,极大地提升了选购便捷性与决策效率。

从行业看,2023 年全年获 60 多项国内外权威设计大奖,产品研发和营造能力深受专业机构的高度赞誉与肯定。举办产品力深度学习大会,承办"中国房地产科学发展论坛"等重大会议,与行业分享产品营造思考和实践。

这一年,绿城中国"庐系"获评"2023 年全国十大顶级豪宅产品系";"桂语系"获评"2023 年全国十大品质美宅产品系";上海外滩兰庭、杭州丽澜轩分别获评"2023 年全国十大高端作品""2023 年全国十大轻奢作品";涌现上海前滩百合园、宁波凤鸣云翠、杭州芝澜月华轩、杭州咏溪云庐等"叫好又叫座"的项目。特色小镇运营保持业内领先,蝉联"2023 中国小镇运营商综合实力第一名",杭州吉祥里获得"2023 城市更新标杆项目 TOP10",舟山如心小镇入选"未来社区全国完整社区试点名单"。

在成本管控方面,深入对标调研,修订了 28 个城市的产品配置标准,提升精装修、景观、公共配套等显性配置,力求精准匹配客户需求。

(二)保质保量　品质交付

绿城中国董事会主席张亚东曾强调:"品质交付的内涵是保质保量交付,这是绿城的底线。品质之路任重道远,全体绿城人要抱有敬畏之心,全力以赴。"

秉持精益求精的态度,绿城中国确保每一次交付都能达到品质与时间的承诺,致力于打造令每一位业主都能安享无忧的"安心宅"。在工程管控方面,建立全流程品控体系,并自主研发综合作业提效穿插施工模型,不断提升标准化、精益化水平。将品质交付视为公司红线。

2023 年,绿城中国于全国 254 个项目交付 18.8 万套房,刷新了企业成立以来的年度交付记录,展现出团队强大的执行力。第三方机构发布 2023 年"中国房地产产品力优秀企业""中国房地产交付力优秀企业"榜单,绿城中国入选双榜,并位列产品力优秀企业榜首。

投资板块交付项目分期 138 个,交付面积 1777 万平方米,同比增长 23%;交付户数逾 10 万户,同比增长 25%,均创历史新高。所有交付项目如期达成,实际交付时间较合同约定平均提前 41 天。全年房屋质量客户满意度 90 分,成为行业标杆,质量问题发生率较 2022 年下降 6%。

代建业务引领全国。管理规模近 1.2 亿平方米,同比增长 18%,居行业第一。新拓规模超 3600 万平方米,同比增长 28%,居行业第一。代建板块交付规模 1607 万平方米、超 8 万户,同比增长 34%,创历史新高。交付满意度、委托方满意度保持在行业 90 分位。牵头成立中房协代建行业分会,行业龙头地位进一步巩固。

三、企业文化:以人为本　共创价值

对绿城来说,公司存在的理由是为了员工的成长。

(一)团队精进　赋能一线

凡事背后皆有人,人是一切工作开展的保障和核心力。

绿城中国行政总裁郭佳峰表示:"随着外部发展环境的变化,公司发展阶段的转换,我们反复强调要持续夯实内功,这个'内功'在很大程度上就是人才发展工作、培训工作、能力提升工作。在公司今后高质量发展的道路上,绿城大学仍然是'助推器'。"

2023 年 11 月,绿城大学成立五周年。5 年来,绿城大学构建了由柠檬计划、彩虹计划、商学院计划、领航计划等组成的人才培养体系,覆盖员工职业生涯的全生命周期。11000 余场培训、35.1 万人次覆盖、800 余个课题研究、30 多项国内外奖项……5 年来,绿城大学积累了丰硕成果,将点点光亮织成浩瀚星空。

2023 年,绿城大学持续完善平台体系建设,提前 2 年达成"行业领先"战略目标,荣获"最佳价值创造实践奖"等荣誉。

绿城中国始终把练好内功作为应对变局的不二法门,不断优化组织管控,调整组织架构,人均效能持续提升,处于行业领先水平。

在组织架构上,绿城中国深化"集团-城市"两级架构,通过"人才活水"计划,促进内部近 600 位人才有序流动,86 名总部干部下沉一线历练。注重内培外引、加大干部调整力度,提升了团队效能,房产非营销人均建筑面积 12000 平方米,同比增长 9.1%;营销人均销售额 7200 万元,同比增长 28%。

党群工作扎实推进,助力经营彰显价值。"务实、高效、清廉"主题活动不断深入,党建、工会、团委各项活动蓬勃开展。

全年处理商号、商标侵权 30 余起,有效保护品牌核心资产。风控体系建设趋于完善,纪、审、监一体化卓有成效。强化员工关爱,食堂等保障性工作出色完成。

(二)绿色发展　履行责任

绿城中国坚持长期主义,多年投入教育、养老、医疗、环保、体育等公益事业,将美好辐射至社会的每个角落,践行企业社会责任。

近年,绿城中国制定并发布 ESG 战略规划,以可持续理念引领公司业务发展。

同时,绿城中国放眼未来,锚定"绿色健康"规划未来的"好房子",不断提升绿色建筑质量。2023 年后新项目 100% 达到国家绿色建筑标准。截至 2023 年 12 月 31 日,绿色建筑项目累计达 293 个,在建项目应用装配式技术比例超 80%。成果不一而足。

绿城中国积极践行环境与社会责任,作为杭州亚运会的共建者,完成营造和赛事服务工作;连续 9 年开展"种春风"公益行动,捐种超 2140 亩"绿城林";连续 15 年"海豚计划"帮助超过 19 万小业主学会游泳技能。

截至 2023 年 12 月 31 日,绿城中国政府代建历史累计交付 5300 万平方米,为超 35 万户原住民改善居住生活环境;现合约总建筑面积约 3100 万平方米,为超 22 万户原住民打造梦想家园。

绿城中国企业管治受到认可,ESG 评级获国际评级机构摩根士丹利资本国际公司(MSCI)上调至 A 级,被境内权威机构万得(Wind)信息授予 AA 级,同时还获得"ESG 治理卓越表现""2023 中国绿色低碳地产(运行)TOP10"第一名、"ESG 先锋践行者""环境友好先锋企业"等多项荣誉。

绿城中国相信:只有看到未来,才会有未来。时代发展迅速,生活变化万千,绿城积极践行"可持续发展"理念,在建筑设计、施工和运营过程中采取可持续和环保的措施,以降低对环境的影响、提高资源利用效率,并建造更绿色健康的建筑。

绿城中国深入洞悉客户需求与时代发展趋势,果断升级"好房子"的目标——营造"高颜值、极贤惠、最聪明,房低碳、全周期、人健康"的品质标杆。聚焦"健康+低碳"两个锚点,绿城中国在未来 5 年将推出一批行业领先的示范项目,全方位引领美好、绿色、可持续的生活方式革新。

面对新的行业环境,绿城中国将持续深化"全品质、高质量、可持续"发展道路,以产品和服务为核心,强化内部管理,优化资本结构,积极应对市场变化,致力于成为行业转型的引领者,为股东、客户和社会创造更大价值,共同绘制美好生活的蓝图。

【绿城中国 2023 年企业荣誉】

中国房地产百强企业综合实力 TOP10

居民居住满意度全国领先

中国企业 500 强

《财富》中国 500 强

2023 年福布斯全球企业 1093 名

中国房地产行业领导公司品牌(中指研究院)

"中国房地产产品力优秀企业"榜单第一名(中指研究院)

"中国房地产企业产品力 TOP10"第一名(克而瑞)

"中国房企超级产品力 TOP10"第一名(亿翰智库)

中国房地产产品力优秀品牌(中指研究院)

中国房地产社会责任感企业

奋力谱写国家电网高质量发展新篇章
更好支撑和服务中国式现代化

国家电网有限公司

国家电网有限公司成立于 2002 年 12 月 29 日，是根据《中华人民共和国公司法》设立的中央直接管理的国有独资公司，注册资本 8295 亿元，以投资建设运营电网为核心业务，是关系国家能源安全和国民经济命脉的特大型国有重点骨干企业。

国家电网公司经营区域覆盖我国 26 个省（自治区、直辖市），供电范围占国土面积的 88%，供电人口超过 11 亿。20 多年来，国家电网持续保持全球特大型电网最长安全纪录，建成 35 项特高压输电工程，成为世界上输电能力最强、新能源并网规模最大的电网，公司专利拥有量持续排名央企第一。截至 2023 年年底，公司连续 19 年获国务院国资委业绩考核 A 级，连续 11 年获国际三大评级机构国家主权级信用评级，连续 8 年位列中国 500 最具价值品牌榜首，位居《财富》世界 500 强第 3 位，是全球最大的公用事业企业。

2023 年是全面贯彻党的二十大精神的开局之年。习近平总书记到南瑞集团考察并作出重要指示。公司上下认真贯彻习近平总书记重要指示批示精神，坚决落实党中央、国务院决策部署，完整准确全面贯彻新发展理念，坚持稳中求进工作总基调，坚持高质量发展主题，积极应对形势错综复杂、负荷屡创新高、灾害多发频发等挑战，着力保障电力供应、推动能源转型、防范化解风险，奋力谱写国家电网高质量发展新篇章，为中国式现代化赋动能做贡献。

一、坚持学习打头、调研开路、实干开局 主题教育取得明显成效

2023 年，公司牢牢把握学习贯彻习近平新时代中国特色社会主义思想主题教育的总要求和目标任务，统筹第一、第二批主题教育衔接联动，在以学铸魂、以学增智、以学正风、以学促干上取得显著成效。

学思想固根基，党的创新理论武装走深走实。编印《习近平关于能源电力论述摘编》，制定"第一议题"制度实施办法，围绕党的创新理论和习近平总书记重要勉励、重要指示精神开展大学习大宣贯。公司党组以上率下，通过举办读书班、召开现场推进会、与各单位开展联学等方式，示范带动各级党组织累计开展集中学习 56.2 万次、专题培训 41.6 万人次。

强党性铸忠诚，"两个维护"入心入魂。广大党员、干部从政治、思想、能力、作风、纪律等方面加强党性分析，锤炼政治品格，更加深刻认识到习近平总书记作为党的核心、人民领袖的决定性作用，更加深刻认识到"两个确立"的决定性意义，"两个维护"更加自觉坚定。

重实践求实效，解决问题见行见效。公司党组带头示范、各级领导班子同题共答，聚焦大电网安全、绿色发展、科技创新、党的建设等方面的重点难点问题，深入基层开展调研 5.4 万次，转化运用成果 1.6 万项，靶向施策打通堵点卡点。

建新功创佳绩，发展态势向上向好。教育引导广大党员、干部学思想、见行动，把主题教育激发的动力转化为推动公司高质量发展的实绩。公司主要指标持续向好，发展环境不断优化，各方面工作蒸蒸日上，在服务党和国家工作大局中的"顶梁柱"作用充分发挥。公司主题教育得到中央指导组等各有关方面的充分肯定。

二、坚持谋划在先、多措并举、众志成城
电力保供展现责任担当

2023 年，公司坚决扛牢电力保供首要责任，全力保障了电网安全稳定运行和电力可靠供应。

打赢迎峰度夏度冬攻坚战。超前谋划、研究出台迎峰度夏电力保供 20 项工作要点和 30 项重点举措，强化政企协调联动、源网荷储协同发力，发挥大电网优势促进余缺互济，经受住了长时间高温大负荷考验，守住了大电网安全和民生用电底线。面对全网冬季最大负荷超过夏季、达到 10.86 亿千瓦、创历史新高，3 个区域电网、11 个省级电网负荷 115 次创新高的严峻挑战，推动各类电源"应发尽发""稳发满发"，加强跨区跨省电力互济，全力保障重要用户、重点部位和居民生活用电需求，充分发挥了能源电力保供主力军作用。

筑牢抢险救灾光明防线。坚持全公司"一盘棋"，积极应对台风"杜苏芮"引发的洪涝灾害，高质量完成电网抢修复电和灾后恢复重建任务。面对东北、华北等地两轮大范围低温雨雪冰冻和甘肃积石山地震灾害，公司党组第一时间安排部署，向甘肃青海地震灾区捐款 5000 万元，公司上下快速行动，争分夺秒抢修受损电力设施，火速派出应急发电车支援、保障民生用电，赢得了各级党委政府、社会各界和人民群众的广泛赞誉。甘肃临夏州积石山县刘集乡高李村村民致信感谢公司，"地震后的黑暗无助很快在电力抢修中消失，我们不再担惊害怕，国家电网点亮的每一盏灯是光明、是温暖、是希望"。

保持安全生产平稳局面。扎实开展防范大电网安全事故专项行动，持续巩固"三道防线"。扎实推进重大事故隐患排查整治，集中治理隐患 16.6 万项。强化网络安全防护，连续 7 年在国家级网络攻防实战演习中排名第一。圆满完成成都大运会、杭州亚运会、第三届"一带一路"国际合作高峰论坛等重大活动保电任务。

三、坚持清洁低碳、绿色发展、数智赋能
电网发展实现新的突破

2023 年，公司着眼服务国家重大战略实施，全年安排电网投资 5381 亿元，加快建设新型电力系统和新型能源体系，着力推动电网高质量发展，全力满足人民群众美好生活的用电需要。

规划前期进展顺利。库布齐—上海、攀西特高压等一批重点项目纳入国家"十四五"电力规划中期调整。陇东—山东、哈密—重庆等 4 项特高压直流工程获得核准并开工，大同—天津南交流、甘肃—浙江直流等 3 项特高压工程完成可研。

重点工程加快建设。白鹤滩—浙江、驻马店—武汉、福州—厦门等 6 项特高压工程及川藏铁路施工供电二期等一批重点工程建成投产，电网资源配置能力持续提升。开工青海哇让等 10 座、投产河南天池等 7 座抽蓄电站，规模创历史新高。张北柔直、苏通 GIL 综合管廊等 21 项工程获"国家级优质工程奖"。

新型电力系统建设扎实推进。滚动修编公司新型电力系统发展规划纲要和行动方案。深入推进新型电力系统示范工程建设，浙江 220 千伏柔性低频输电、江苏车网互动验证中心、天津电力"双碳"中心、湖北构网型储能电站等一批项目建成投运。积极服务新能源发展，全力做好沙戈荒大型风光电基地和分布式光伏接入，新增风光新能源并网装机 2.2 亿千瓦，利用率保持 97% 以上。公司投资的上海环境能源交易所，碳排放配额成交量 2.1 亿吨、成交额 144 亿元。

数字化转型提速加力。实施数字化转型"十大工程"，基本建成"电网一张图"，完成设备全过程数据贯通试点，启动数字化配电网示范区建设。全国碳排放监测分析服务平台、国家充电设施监测服务平台、企业级气象数据服务中心等上线运行，智慧财务共享平台、国网绿链、PMS3.0、营销 2.0、e 基建 2.0 等加速落地，人工智能、电力北斗等初步实现规模化应用。河南、重庆、宁夏、新疆等公司持续深化能源大数据中心建设应用，创新开展电力看经济、看"双碳"、看环保，持续释放数据价值。

四、坚持聚焦主业、提质增效、防范风险
经营业绩稳中向好

2023 年，公司扎实开展优化策略提质增效三年行动，精准施策稳经营、优服务、守底线。公司经营管理持续加强，"一利五率"总体实现"一增一稳

四提升"。

产业发展再创佳绩。高质量服务共建"一带一路",成功中标巴西东北部新能源送出±800 千伏特高压直流输电特许权项目,建成投运印度尼西亚高级计量系统、阿曼南北联网一期等一批海外重点工程,默拉直流荣获"中巴经济走廊突出贡献奖"。加快发展战略性新兴产业,车联网平台注册用户突破 2500 万人,电商平台成交额突破 1.3 万亿元,新能源云平台接入场站超过 520 万座。着力提升金融发展质量,省会城市金融分支机构全面实现"五统一","电 e 金服"累计帮助产业链上下游获得金融服务超过 6000 亿元。

服务水平不断提高。实施优化电力营商环境再提升行动,推广居民区充电基础设施"统建统服",缓解"充电难"问题。出台服务新疆高质量发展十项举措,制定实施援疆援藏 230 项重点任务。积极服务新型城镇化和乡村振兴,竣工投产 11.8 万项农网巩固提升和城网更新改造工程,公司连续 6 年在中央单位定点帮扶中考评为"好"。

五、坚持深化改革、创新驱动、自立自强 企业动力活力全面激发

2023 年,公司坚持以改革破难题、以创新增动力,推动公司发展机制更活、创新效能明显提升,全力增强核心功能、提高核心竞争力,更好发挥科技创新、产业控制、安全支撑"三个作用"。

改革工作成效显著。落实国有企业改革深化提升行动部署,编制公司实施方案、工作台账及 6 个专项方案,扎实推进 163 项重点任务。公司董事会蝉联中央企业优秀董事会,子企业董事会行权履职能力进一步增强。深入开展对标世界一流企业价值创造行动,信产集团、智芯公司、智能科技入选国务院国资委专业领军示范企业。多层次统一电力市场建设富有成效,市场化交易电量 4.66 万亿千瓦时、同比增长 7.96%,绿电交易超 610 亿千瓦时,绿证交易超 2300 万张。

科技创新成果丰硕。制定出台加快推进高水平科技自立自强 21 项举措。取得了一批理论创新成果。新牵头立项国际标准 60 项、发布 21 项。攻克了一批关键核心技术。成功研发世界首套完全可控换

相技术换流阀,自主研制特高压换流变有载分接开关、复合外绝缘避雷器等工程样机和基于国产芯片的网络安全隔离装置。国产化大型电力系统电磁暂态仿真技术及平台上榜央企十大国之重器。实现国产化阀侧套管、直流控制保护系统批量化应用。上海 35 千伏千米级超导输电示范工程完成满负荷试验。搭建了一批实验研究平台。公司 6 个实验室纳入新的全国重点实验室序列,新增国家能源研发创新平台 1 个、赛马平台 6 个。藏电外送和沙戈荒送出工程观测研究设施、国家级海上风电研究与试验检测基地开工建设。培养了一批优秀创新人才。公司 4 人入选"长江学者",2 人入选"万人计划",南瑞继保特高压直流与柔性输电高端装备攻关团队获评国家卓越工程师团队。

品牌价值充分彰显。公司与南非电力公司战略合作备忘录纳入习近平主席对南非国事访问成果清单。成功举办亚太电协大会,韩正副主席出席并致辞。积极参与第三届"一带一路"国际合作高峰论坛、中德经济技术合作论坛、联合国气候变化大会、夏季达沃斯论坛等重大国际活动,在全球能源治理、应对气候变化中的话语权和影响力不断增强。服务稳岗扩就业,提供岗位 4 万余个。公司第九次荣获"中华慈善奖"。

六、坚持党的领导、加强党的建设、全面从严治党 党建独特优势充分发挥

坚持党的领导、加强党的建设,是我国国有企业的光荣传统,是国有企业的"根"和"魂",是我国国有企业的独特优势。2023 年,公司深入贯彻习近平总书记关于党的建设的重要思想,落实新时代党的建设总要求和新时代党的组织路线,全面提升管党治党水平。

"旗帜领航"党建工程提质登高。持续深化"党建+"工程和共产党员服务队建设,教育引导广大党员在急难险重任务中充分发挥先锋模范作用,以实际行动为党旗增辉、为党徽添彩。加强基层党组织标准化建设。落实意识形态责任制,加强主题传播和舆论阵地管控,"无人机照亮麦子保卫战""点亮灾区每一盏灯"等形成现象级传播,社会各界盛赞"人

民企业为人民"。

党风廉政建设纵深推进。推进政治监督具体化精准化常态化，压紧压实管党治党责任。坚持严的基调、严的措施、严的氛围，一体推进"不敢腐、不能腐、不想腐"。组织开展警示教育活动，用身边事教育身边人。坚持"三个区分开来"，坚持严管和厚爱结合、激励和约束并重，保护干部干事创业积极性。

巡视整改扎实推进。以高度的政治责任感自觉接受中央巡视监督检查，研究制定整改措施，深入开展专项整治和专项行动。制定党组巡视工作规划，分两轮对9家金融单位、6家分部、10家直属单位开展巡视。

队伍建设不断加强。持续深化"旗帜领航·组织登高"工程，选优配强各级领导班子，强化干部教育培训，实现二级单位选人用人检查全覆盖。优化地市供电公司班子职数和大型县公司数量。加大年轻干部培养使用力度，干部队伍结构持续优化。深入实施人才培养"三大工程"，新增国家级人才33名、省部级人才400名，联合培养工程硕博士232人，遴选首席和特级技师143人，储备培养特高压直流运检人才1904人。评选表彰"国网楷模""最美国网人"。强化信访维稳，关心关爱职工，健全后勤、医疗、社保、离退休等服务保障体系，建成"五小+"供电所5954个、"高原氧吧"462个。大力弘扬劳模精神和工匠精神，公司系统涌现出一批先进集体和个人，21名同志当选全国两会代表委员，3家单位、25名同志荣获全国五一劳动奖状、奖章，26个集体被授予"全国工人先锋号"，山东公司冯新岩获评"大国工匠年度人物"，南瑞集团薛峰获评"央企楷模"。

2024年是中华人民共和国成立75周年。公司上下坚持以习近平新时代中国特色社会主义思想为指导，深入贯彻习近平总书记重要讲话和重要指示批示精神，坚定拥护"两个确立"、坚决做到"两个维护"，凝心聚力、奋发进取，着力推动国家电网高质量发展，为以中国式现代化全面推进强国建设、民族复兴伟业做出新的更大的贡献。

打造新媒体矩阵式宣传平台　提升企业文化传播力

华能伊敏煤电有限责任公司

一、背　景

伊敏煤电公司牢记习近平总书记"三个结合"重要嘱托，遵循华能集团"三色"文化理念，逐步形成了以社会主义核心价值观为引领，以践行"三色"企业使命为特征，以树行业典范、塑草原明珠、铸绿色品牌、创一流企业为文化内涵，个性鲜明、富有"明珠"喻义的"明珠"文化体系，即秉承华能集团公司"三色"基因，履行央企责任，相融共赢、助力地方发展的"红色"明珠；资源节约、环境友好、奉献绿色、安全、优质、稳定能源的"绿色"明珠；煤电一体、循环经济、共享发展成果，创一流企业的"蓝色"明珠。

进入"互联网+"的新时代，公司顺应时代发展变化，因事而谋、应势而动、顺势而动，着力构建了基于互联网+理念的企业文化"新媒体"传播体系，有效推进了文化理念的"交互式"导入、文化管理的"全方位"融入和企业品牌的"立体化"传播，形成了企业文化"新媒体"集成传播的新格局，实现了企业文化建设的精准发力、深度发力和全面发力，有效提升了企业文化建设科学化水平，为公司加强企业文化建设、铸造明珠文化品牌、打造核心竞争力提供了强大动力。

二、主要做法

（一）抓好顶层设计，构建矩阵体系，做企业文化传播的引领者

国有企业运用新媒体开展企业文化传播工作，应充分结合新时期青年职工的个性特点和实际诉求，善于利用新技术、新手段和新渠道，从机制建设、

内容生产等方面着手,使新媒体企业文化传播工作,更加规范化和趣味化。

一是夯实文化传播管理,构建企业文化传播"矩阵"。进一步完善新闻宣传体系。成立了公司新闻中心,全面完善《华能伊敏》内刊、电视新闻、局域网、微信公众号等媒体平台,全力打造"刊、台、网、微"多元发布体系,初步构建起"四位一体"传播矩阵。建立了企业文化内容的生产、共享和传播机制,明确"新媒体"文化传播内容的分工与职责,带动各基层单位充分利用各类媒体传递公司声音,传达公司决策部署,推动实现了公司文化理念入脑入心、文化管理覆盖全员、文化形象规范落地。

二是培育壮大新媒体运营队伍,锤炼企业文化传播内功。有计划、有步骤、有针对性地培育一批熟悉新媒体语言、掌握新媒体技术的企业文化传播工作者。对各单位骨干宣传人员进行为期一个月的集中轮训。组建新媒体联盟,充分调动广大通讯员主动性和积极性,用心打造出内容丰富、形式多样的融媒体产品。实现理论上相互应用、理念上相互融通、思维方式上相互借鉴、技术上相互弥补的多层级、广角度、全覆盖的融媒体传播矩阵,达到"资源通融、内容兼融、宣传互融、利益共融"的最佳宣传效果。

(二)搭建载体平台,打造"指尖课堂",推动企业文化宣传工作趣味化

一是发挥作用,打造"指尖课堂"。把互联网作为企业文化传播的重要课堂,线上与线下紧密结合,推动企业文化传播向电脑端和移动端延伸,打造"指尖课堂"。在公司局域网和微信公众号开设企业文化专栏,推动所属各单位结合实际开设特色化专题专栏,开展企业文化照片征集、企业文化品牌故事征集等,搭建起形式多样的企业文化传播阵地。

二是凸显主题,讲好企业文化故事。围绕改革发展、能源保供、绿色发展等重点工作,积极开展系列主题宣传,全面展示新时代、新气象、新作为。聚焦热点,策划网宣专题。拍摄《主播带你看伊敏》《最是暖流抚人心》《最美的星光》等宣传片,从不同视角展现公司企业文化。深入挖掘公司开发建设48年来艰苦奋斗、精准扶贫、抗击疫情等企业文化实践资源,运用短视频、音频等形式,把企业文化故事转化

成生动鲜活的网上学习材料,通过视频号、公众号等新媒体进行推送,阅读量超过1万人次。

三是创新话语体系,丰富形式设计。把握新媒体的话语规律和使用习惯,用富有时代感又生活化的语言传情达理,策划开发兼具思想深度与趣味气息的内容信息、文化产品和线上活动,丰富企业文化的吸引力和感染力,让新媒体企业文化传播工作更加灵活化、趣味化。开展公司原创歌曲征集、社会主义核心价值观微电影拍摄等活动,推出大量接地气、有温度的企业文化宣传音频、视频,反映公司优秀共产党员、全国劳动模范王剑红科技创新故事的微影视作品《送你一朵小红花》荣获国务院国资委举办的"第四届央企故事"一等奖;微电影《车站上的婚礼》荣获集团公司第二届微影视大赛特等奖。

(三)运用媒体语言,搭建干群"连心桥",营造和谐魅力氛围

一是搭建网络"连心桥",实现心里话儿网上说。在载体建设上,按照集团公司相关要求,通过新媒体沟通群将体系内多个微信平台联络在一起,初步建立以公司官方微信为核心的新媒体矩阵,灵活运用"微访谈""调查问卷"等形式手段,开展形势任务教育、思想动态调查、热点解答、健康咨询等服务,准确快捷地把企业党组织的声音和关怀传递到基层,搭建干群一体的"连心桥",精心组织开展线下采访活动,引导职工群众讲出对党的感恩之情,通过说一句话语、唱一首歌曲、讲一个故事、写一段心语等形式,生动表达了对党的热爱。

二是推进意见建议网上提,注重网络舆情勤沟通。围绕扎实推进"我为群众办实事"实践活动,利用新媒体平台征集职工群众急难愁盼的困难问题和意见建议,推出56项工作措施,切实把公司发展成果转化为职工群众的获得感、幸福感、安全感。开展线上职工思想动态调研,注重对思想动态的分析和研判,完善《公司网络舆情应对预案》,加强对舆情的引导力度和管理机制建设,确保思想政治工作在公司顺利开展。

三、经验成效

一是"四位一体"机制凸显,企业文化建设全面

提升

公司通过搭建独具伊敏特色的"四位一体"宣传矩阵,建立了可视化宣传服务平台,累计对内刊发宣传稿件万余篇,出版《伊敏煤电》专刊250余期,制作各类专题片、原创MV近百部,对外发表宣传稿件三千余篇(省部级媒体360余篇)。拍摄制作的《智能矿山》"两会心语"等10余部微视频等在集团抖音号和公众号中播发。围绕伊敏煤电公司职工干事创业热情,身边感人故事,"学习强国"、《工人日报》《光明日报》《中国电力报》、中央人民广播电视总台等国内各大媒体都做过相关报道,能源保供、科技创新等新闻连续多次登上央视频道。公司经过不断探索,逐步实现互联网时代企业文化建设与传播的转型,利用互联网和新媒体,打出企业文化传播的组合拳,全面提升公司文化品牌建设。

二是"大宣传"格局凸显,企业文化传播成绩斐然

公司立足讲好伊敏煤电故事,整合党委、支部、车间、班组等各级力量,建立上下贯通的宣传大讲堂、宣传微课堂,构建"内宣+外宣""资讯+服务""要闻传递+舆论引导""课题研究+指导实践"一体化的"大宣传"工作格局。伊敏煤电公司被授予"全国企业文化建设最佳实践企业""新中国70年企业文化建设典范案例""'十三五'中国企业文化建设典范组织""中央企业先进集体""工业文化建设创新示范单位"等荣誉;"明珠"文化荣获全国文化强企优秀实践创新案例一等奖、中国文化管理协会特色文化品牌成果一等奖、"新时代十年企业文化"典型经验等荣誉,入选2023年度电力行业文化创新典型案例。

三是助推生产效果凸显,生产经营业绩稳步提升

公司紧密围绕战略部署,积极利用企业文化教育广大干部员工,树立正确的价值观,把广大党员干部的先锋形象树起来,把职工群众的工作热情和干劲激发起来,同时还用企业文化价值理念指导和约束企业的各项经营管理活动。在先进文化理念的引领下,公司经营生产不断发展,创造了多项行业第一、国内外领先的优秀业绩:仅用174天建成世界高寒地区距离最长供热管线——伊敏电厂至呼伦贝尔市中心城区长距离供热系统,跨越70千米将"华能温度"送入千家万户;建成了鄂温克旗4.24万千瓦光伏扶贫项目,为1697户贫困户每年增加收入3000元;累计获得国家发明专利授权72件、实用新型专利授权742件、外观设计专利4件、PCT专利21件、海外专利授权11件,创造可观效益;2022年创造了煤炭产量3500万吨当年核增、当年达产的行业纪录;6台发电机组首次实现全年无非停,累计发电192.95亿千瓦时,刷新投产以来年度发电量纪录。截至2023年12月31日,伊敏煤电公司累计发电2966.54亿千瓦时,生产原煤4.30亿吨,上缴各种税费263.53亿元,为地区经济社会和国家能源工业发展做出了重要贡献。公司先后获得"中央企业先进集体""全国'五一'劳动奖状""内蒙古自治区先进单位"等一系列荣誉。

(撰稿:王 猛 孙 慧)

坚持深化改革 创造发展价值
全力打造一流国有资本投资公司

云南省投资控股集团有限公司

一、企业概况

云南省投资控股集团有限公司(以下简称云投集团)成立于1997年9月,前身为云南省开发有投资有限公司,2007年更名组建集团,现注册资本241.7亿元。成立27年来,云投集团坚定履行服务重大战略、培育优势产业、孵化优质企业、优化国有

资本布局的责任使命,累计完成投资超3289亿元,累计融资突破8950亿元,带动社会投资9477亿元,成为助推云南经济社会发展的骨干力量。目前,云投集团持股云南能投集团、云南金控集团、省股权运营公司、贵研铂业股份、云南地矿集团,是富滇银行第一大股东、红塔证券第二大股东。云投集团产业布局涵盖大公益、大金融、大数据、大文旅、大康养、"一带一路"和综合业务板块。云投集团是中国投资协会国投委副会长单位、云南省投资协会会长单位、云南股权投资基金协会会长单位,获得国内"AAA"信用评级和全国第40家、云南省首家TDFI资格企业,位列2024年"中国企业500强"第132位、2024年"云南企业100强"第1位。截至2024年6月末,云投集团合并资产总额5897.07亿元,负债3940.17亿元,净资产1956.9亿元,资产负债率66.82%。2024年1至6月实现合并营业收入941.06亿元,合并利润总额27.22亿元,合并净利润19.8亿元。

二、以改革创新牵引推动高质量发展

2024年以来,云投集团聚焦国有资本投资公司定位,深入实施国有企业改革深化提升行动,坚持"稳金融、进产业、强主体、破无效"总体思路,突出主业、聚焦实业、做精产业,紧扣"一带一路"倡议、东部产业转移等国家重大战略和云南省发展壮大"三大经济"战略部署,持续夯实高质量发展新动能。

(一)调结构育产业,服务重大战略落地

一是调整优化业务布局。坚持国有资本"三个集中"原则,加快构建产业协同发展生态圈,将既有产业优化为"民生基础、制造业、现代服务业"三大板块,按照"重点培育、稳健经营、转型发展"对控股企业进行分类管控,逐步退出"非主业、非优势"和"低效、无效"产业领域。二是服务重大战略落地。抢抓国家"两重"建设、"两新"行动政策机遇,成功落地政府专项债等增量资金投入铁路基础设施建设,保障渝昆高铁、文蒙铁路等重点项目稳步推进。服务融入共建"一带一路",助力面向南亚东南亚辐射中心建设。中老国际班列开通3年来,已累计组织到发国际货运列车8134列,运量907.89万吨,货值约

348.03亿元,运量占比中老铁路全部跨境运量的85%,超额完成云南省委、省政府下达的三年行动计划运量目标。由云投集团牵头投资建设的柬埔寨暹粒吴哥国际机场通航1年来,共计保障航班1.47万架次,服务旅客132万人次,航线网络日益密集,"空中丝路"为沿线地区带来重大发展机遇。三是抓实重点产业孵化培育。培育数字经济产业,"云上云"云南省信息化中心完成验收转入运营,取得数据中心国A认证,加快打造的集人工智能算力中心、数字人才实训基地、人工智能训练基地等多功能于一体的综合性园区,立足云南服务国家,不断提升辐射"两亚"能力。发展壮大现代林产业,建成投产40万方轻质超强刨花板项目,推进76万吨化学浆技改扩建项目前期工作,持续健全"林浆纸板"一体化产业体系。积极融入"有一种叫云南的生活"品牌创建,依托大理苍山洱海、西双版纳野象谷等优质景区,持续提升旅游业态、丰富旅游场景,先后在中国云南、中国香港和柬埔寨举行"相约·云之南"旅游推介会,加快布局面向南亚东南亚跨境旅游大市场。布局战略性新兴产业,统筹整合全省锂资源和光伏新能源开发利用,支持贵金属新材料产业发展壮大,推动资源经济成果转换,加快培育新质生产力。

(二)提质量增效益,提高价值创造能力

一是持续提升精益化管理水平。制定"一利五率"目标管理、提升全员劳动生产率等实施方案,推进对标一流和价值创造行动,提升企业经营活力和市场竞争力,为集团经济高质量发展提供有力支撑。二是提升金融服务实体质效。2024年前三季度集团金融板块投向实体投资额占总投资额比例相较以往年度均值增长7倍。积极探索推动实体产业和数字经济创新发展,增持云南白药股份,落地省内首单上市公司破产重整业务,完成数据产品在上海数据交易所登记。三是推动科技创新研发。承担2项省级重大科技攻关任务,牵头建设1个省级创新平台,组建1个创新联合体,推进8项关键核心技术攻关。截至目前,集团共持有174件专利、165件计算机软件著作权,突破实现2项关键核心技术攻关。四是推进管理"数智化"升级,建成统一办公门户、财务数智化系统集群、合同信息化管理系统、人力资源信息化

系统及主数据管理系统,推动投资项目管理系统、招投标监控系统建设。

(三)聚活力添动力,推动改革深化提升

一是实施重大改革专项。制定深化提升行动2024年度任务清单及14项重点工作方案,实施抓党建促改革发展、法人治理能力提升、对标一流价值创造、党建融入生产经营、混改专项整治、一利五率、精益化管理等系列行动,纵深推进各项改革工作取得成效。二是持续构建现代化治理模式。优化完善"三重一大"制度,严格"两会一层"管理,细化制定权责清单。选好配优外部董事,强化外部董事履职支撑与监督管理,促进董事会规范有效运行。持续构建"协同高效、运转有力"的价值创造型集团总部,优化部门职能职责,内设部门及人员编制大幅缩减,3户试点企业公司治理示范创建通过省国资委专项验收。三是优化集团管控体系。系统修订完善管理制度,动态开展制度"废改立"工作,按照"事权清晰、权责对等、流程合规、规范高效"原则,持续完善管理流程和操作手册。加快治理数字化转型,坚持金融服务实体、数字赋能产业、多元协同发展,放大集团产业协同优势和效益。四是建立健全市场化经营机制。持续深化三项制度改革,优化绩效考核、薪酬分配管理体系,坚持强激励、硬约束,积极探索推进集团中长期激励机制,研究制定专项奖励(激励)实施办法,指导所属企业结合实际推动经理层任期制和契约化管理提质扩面,建立健全集团内部人才市场,进一步完善员工退出通道。五是扎实推进处僵治困。持续强化战略引领,压缩管理层级、压减法人户数、清退"两非两资"、加强债权清收,打好瘦身健体组合拳,持续开展低效无效资产清收盘活,推进混改专项整治工作取得实效。

(四)防风险强内控,夯实稳健发展根基

一是推动依法治企走深走实。强化领导责任,设立法治建设和合规建设领导机构,修订公司章程,落实"三重一大"事项前置法律审核,加快促进法律管理与经营管理深度融合。二是稳步推进"合规强化年"建设。持续聚焦"投资管理""法人治理""财务税收"等重点领域,健全合规管理组织架构,完善

运行机制,优化体系建设,有效推动合规管理体系建设向重要子企业延伸,加强对境外企业及项目法律合规风险防控的指导和帮助。三是以风险内控为抓手,让业务提质增效。制定制度管理规章,明晰集团管控脉络,启动以公司章程清理为核心的法人治理政治提升专项行动,规范各股东出资行为、正确行使股东权利,促进所属企业各业务有序开展。积极培育合规文化,及时开展普法宣传及合规培训,营造"合规人人有责"的良好氛围。

(五)守初心担使命,积极履行社会责任

巩固拓展脱贫攻坚成果,统筹推进定点帮扶乡村振兴工作。集团领导至帮扶点开展4次实地调研,落实年度定点帮扶资金138.36万元,支持发展乡村特色产业,深化教育帮扶,办好民生实事。找准关心下一代工作与定点帮扶工作结合点,向帮扶点中小学校学生、留守儿童及三个驻村点捐赠图书,发动集团"爱心妈妈"结对关爱乡村留守儿童和困境儿童,深入开展"驻村讲堂进校园"活动。加大消费帮扶力度,集团各级工会节日慰问优先采购脱贫地区农产品,完成消费帮扶212.58万元,促进脱贫地区群众增收。截至2024年3季度末,云投集团3个定点帮扶村人均纯收入超过1.7万元,较2023年同期增长5.64%,牢牢守住不发生规模性返贫底线。

三、坚定不移推进全面从严治党

云投集团党委以高度政治自觉,始终坚持从严管党治党,把党的领导贯穿于推动高质量发展的全过程各方面,为加快建设一流国有资本投资公司提供坚强政治保证、组织保证和纪律保证。

(一)以政治建设统领改革发展全局

把党的政治建设摆在首位,用习近平新时代中国特色社会主义思想武装头脑、指导实践、推动工作。深入学习贯彻党的二十大精神和二十届三中全会精神,严格落实"第一议题"制度,把贯彻落实习近平总书记重要讲话、重要指示批示精神,体现到谋划发展战略、制定工作举措、完成重点任务、推进高质量发展的具体实践中,更好履行战略安全、产业引

领、国计民生、公共服务等核心功能，以实际行动诠释国有企业政治本色。

（二）坚持党的领导加强党的建设

推动全面从严治党向纵深发展，落实党委主体责任、党委书记"第一责任人"责任和党委委员"一岗双责"，层层传导压力、压实责任。不断强化理论武装，组建党的二十届三中全会宣讲团开展基层宣讲，组织领导干部和全体党员参加学习贯彻习近平新时代中国特色社会主义思想和党的二十届三中全会精神培训班，深入开展党委理论学习中心组学习，带动集团各级党组织广泛开展理论学习交流。坚持党的领导与公司治理深度融合，强化党委对发展战略、重大问题、重要事项的领导把关，尊重和支持董事会、经理层依法行使职权，动态完善厘清重大事项决策权责界面。突出固本夯基加强基层组织建设，紧紧围绕贯彻落实新时代党的组织路线，谋思路、出实招、抓落实，开展党建业务大比拼，抓实驻外企业、混改企业党建工作，提升组织保障力。抓牢宣传思想工作和意识形态工作，发展舆论氛围不断向好。突出选准用好加强干部队伍建设，坚持党管干部原则，切实做好干部育选管用各项工作，不断选优配强集团控股企业领导班子，持续提升中层以上管理人员政治能力和治企兴企能力。突出融合赋能促进高质量发展，将党建工作嵌入业务工作全流程，把党的监督贯穿生产经营全过程，推动党建责任与生产经营责任相衔接，促进党建与生产经营有效融合，推动党的建设与企业中心工作相融互促。

（三）深入推进党风廉政建设和反腐败斗争

扎实开展党纪学习教育，推进遵守政治纪律和政治规矩取得切实的成效。组织党员领导干部开展各类警示教育活动 9716 人次。教育引导广大党员干部不断增强纪律意识，不断提升党性修养，筑牢思想防线，守住廉洁底线。健全全面从严治党体系，做实以案促改、以案促治，一体推进"不敢腐不能腐不想腐"。整治作风建设突出问题，加大监督执纪、追责问责力度，抓实省委巡视整改和审计整改，坚持板块轮动常规巡察，实现监督、整改、治理有效衔接和良性循环。深化作风建设，锲而不舍纠"四风"树新风，不断推动"清廉云投"建设走深走实。提高监督执纪效能，精准有效运用"四种形态"，推动监督执纪问责从"惩治极少数"向"管住大多数"拓展，在管党治党中充分发挥利器作用。

跨越转型　蝶变图强

——奋力打造国内一流现代化、产业化新国企

青岛开发区投资建设集团有限公司

青岛开发区投资建设集团有限公司（以下简称开投集团），成立于 2017 年 5 月，注册资本 20 亿元，为西海岸新区区属国有企业，聚焦实体产业、园区运营、城市服务、开发建设、大宗贸易及金融供应链、康养文旅等六大主业板块，以打造国内一流的现代化、产业化新国企为目标，是一家综合优势明显、若干领域领先、具有竞争力的综合性企业。

集团成立七年以来，围绕"国有企业做大做强"和"国有资本保值增值"工作主线，总资产从 5000 万元增加至 500 亿元，年营业收入从 2 亿元增加至 120 亿元，年利税从不足 100 万元增加至 6 亿余元，累计在建工程面积超过 1000 万平方米，旗下现有 70 余家全资控股公司，获得"AA+"主体信用评级，是西海岸新区区属国有企业中获评"AA+"用时最短的企业。

集团以"阳光开投，奉献有我"党建品牌为引领，发扬"激情、高效、创新、共赢"企业精神，获评全国 AAA 级信用企业、中国服务业企业 500 强、山东社会责任企业、青岛年度最具影响力企业、青岛市工人先锋号、青岛企业综合 100 强、青岛西海岸新区高质量

发展先进集体等称号。

近年来，开投集团始终紧紧围绕党委、政府决策部署，坚持以党建为统领，聚力调结构、促转型、稳增长、谋发展，在推进国企产业化转型上"打头阵、当先锋"，现已成为一家主业突出、核心竞争力强、具有区域影响力的综合性国有企业。

一、强化党建引领　激发发展活力

坚持国企姓党，不断强化国企党建工作，以高质量党建引领企业高质量发展。

擦亮"阳光开投、奉献有我"党建品牌。从习近平总书记关于国有企业改革发展和党的建设的重要论述中汲取智慧力量，把牢国有企业发展方向。通过党委会第一议题、基层党建工作推进会、"三会一课"等形式，用党的理论武装头脑、指导实践。工作中，紧紧围绕重大项目和市场化业务抓党建，坚持"支部建在项目上、支部建在车间里"，获评青岛西海岸新区"五星级党支部"；与项目参建单位合作成立联合党支部，在省市重大项目一线设置党员先锋岗、青年突击队。集团深度打造的"阳光开投、奉献有我"党建品牌社会知名度、市场美誉度不断提升。集团重大事项、文化建设在人民网、新华社、凤凰网、中国经济网、大众日报、青岛日报等国家级、省级、市级主流媒体报道超过 300 次、综合宣传 600 余篇，在全省、全市具有较高知名度和美誉度。

弘扬"激情、高效、创新、共赢"企业精神。牵头成立新区首个国企楼宇工会联合会，打造青岛市首家"工小贝"楼宇托育服务中心，职工群众幸福感、获得感不断增强。利用新区首个国企楼宇党建联盟、团建联盟、工会联合会、托育服务中心和丰富多彩的党建联建共建活动，推动党建与业务有机融合，2024年以来，成功开展"打头阵、当先锋"健康跑等党建联建共建活动 20 余次，团队凝聚力和战斗力不断增强。集团上下热心慈善公益，贡献爱心力量，积极参加"慈善一日捐""春蕾计划"等慈善捐赠活动，共募集善款近百万元。完成甘肃陇南、菏泽定陶、公安优抚基金等消费扶贫和省内协作捐赠近 300 万元。先后获评全国红十字系统"5·8 人道公益日"众筹活动先进单位、"青岛市无偿献血突出贡献集体"、青岛

西海岸新区"慈善工作先进单位"、青岛西海岸新区"优秀工会志愿服务队"等荣誉。

秉承"把企业事当成自家事"工作作风。以党建工作为抓手，加强企业内控管理。集团上下干事创业永不满足现有成绩，不断寻求更大突破。坚持抓关键人、关键事、关键业务、关键环节，集团成立以来，共建立健全 100 余项规章制度。抓实理论学习中心组、党纪学习教育等规定动作，2024 年以来，开展第一议题专题学习、理论学习、中心组学习超 20 次，组织召开集团警示教育专题会，加强"清廉国企"建设，近 5 年内无安全、质量、环境污染、公共卫生等事故，近 5 年内无违法违规和弄虚作假行为。树立实干为先、奖优罚劣的考核导向，实行竞争上岗、末等调整和不胜任退出制度，永葆开投人激情干事创业的氛围。坚持向内挖潜，深耕"人才强企"，打造"对党忠诚、勇于创新、治企有方、兴企有为、清正廉洁"的高素质专业化党员干部队伍，每年组织培训 40 余场，近千余人次。

二、聚力城市更新　加速区域蝶变

集团坚决落实市委、市政府提出的城市更新和城市建设三年攻坚行动，使企业发展成果更多更好惠及人民群众。

当好城市更新建设"排头兵"。集团项目建设涵盖了重点低效片区（园区）开发建设、旧城旧村改造建设、市政设施建设、交通基础设施建设、停车设施建设、公园城市建设等各领域，打造了城市更新和城市建设"建融产配"全领域运作、全链条服务、全生命周期的"开投模式"，成为青岛西海岸新区国企中承接城市更新项目投资最多、范围最广、程度最深、最具综合实力开发的企业。2022 年是城市更新三年攻坚开局之年，开投集团承担总投资 218 亿元的 25 个城市更新建设攻坚考核项目，在年度国企综合考核中获得第一名，被新区工委、管委授予"2022 年度城市更新和城市建设工作突出贡献集体"。2023 年承担总投资 318 亿元的重点项目 25 个，全年完成固投纳统近 200 亿元。2024 年，集团共承担总投资约 350 亿元的 35 个重点项目，均按计划节点推进。

做好低效片区开发建设。围绕"产城融合"和

"产融结合"，持续发力王台片区和转型发展区开发建设，推动低效片区蝶变崛起。累计投入近200亿元全面实施王台老工业区低效片区一二三级联动开发建设，推动总投资近90亿元、总建筑面积约87万平方米的王台旧村改造三期项目，累计修建道路19条，新建、改造道路总长度21.7千米，新敷设管网约90千米，绿化面积约30万平方米，河道综合整治约15千米。通过规划深挖、土地整合、旧村更新等方式，完成土地整理近万亩，加快推动万亩级产业载体建设。以京东方等龙头企业配套服务为重点，导入、引进美食集市、星级酒店等多种经济业态，建成开投大厦、开投科创园等一批高端地标楼宇，形成了以开投科创园为中心的产业新城商业集聚区，全面提升片区营商环境，推动老工业区从传统产业小镇蝶变成为"万亩千亿"芯屏产业新城。

做优旧村改造项目和基础设施配套。推动全国首批、新区首笔城中村改造专项借款落地，2024年国家城中村改造计划，市、区城市更新和城市建设三年攻坚行动的重点项目——辛安、东南庄城中村改造项目于2024年10月正式开工，保障城中村改造项目早建成、早交付。港头臧、牛王庙社区拆迁改造工程迎来安置楼主体结构全面封顶，王台旧村改造三期项目(北区块)全面封顶，为项目按期交付奠定坚实基础。集团投资建设的省级重点项目淮河路高架桥、疏港高架拓宽工程取得阶段性成果，疏港高架拓宽工程一标段东半幅顺利通车，建成后将有效缓解隧道交通压力，不断提高道路交通条件和服务水平，为青岛市东、西岸中北部功能组团发展提供交通保障，为周边地区带来良好的社会效益。

三、壮大实体产业　夯实发展根基

在创业的历程中，开投集团始终围绕"国有企业做大做强"和"国有资本保值增值"工作主线，坚持开拓创新、投资未来，点燃发展新质生产力"新引擎"，走出了一条地方国企裂变式发展之路。

坚持发展实体经济，产业化转型取得实效。2017年战略重组华欧集团之后，通过培育壮大各产业板块，华欧集团实现了由资不抵债到利税过亿元，发展仅一年便扭亏为盈，夯实了集团"工业脊梁"。

2023年成功完成对70年工业品牌——青岛捷能汽轮机集团的破产重整工作，助力青岛高端装备制造业发展。2024年7月，捷能新品发布会上，"捷能第五代高效汽轮机""变频汽电双驱""多能耦合能源综合利用"等新技术、新产品先后亮相，重整至今，实现新增订单超10亿元，完成清欠回款1.63亿元，产品履约得到100%保证，生产经营快速恢复并企稳向好发展，企业呈现出了全新的精神面貌和发展活力。并购实控科创板上市公司西安瑞联新材工作取得了重大突破，此举不仅为瑞联新材注入了新的发展活力，更为青岛市引进最先进的OLED面板线和新型显示全链条发展奠定坚实基础。集团旗下产业园区将与青岛市新型显示、集成电路两大重点产业联动发展，开投集团正在奋力实现从平台公司向产业集团的转型升级。

重视技术改革创新，提高创新合作水平。开投集团专注推进业务板块技改，加强国有资本对基础研究的投入力度。旗下捷能集团强化内控管理，推动技术革新，全力打造青岛市高端装备制造业"百年企业"。旗下华欧集团进一步明晰集聚式产业发展思路，扩大市场规模，抢占绿色建材、机械制造、教育科技等行业领域话语权。旗下现有3家高新技术企业(青岛华欧集团砼业有限公司、青岛华欧集团四海自动化控制工程有限公司和青岛华欧集团四海机械制造有限公司)研发经费和研发投入强度每年都保持刚性增长，研发投入强度、研发投入强度增速位居区内同类国企先进水平；旗下青岛华欧集团股份有限公司拥有50余项发明和实用新型专利，10余项软件著作权专利，并通过成果转化，取得了实实在在的经济和社会效益；旗下砼业公司、自动化公司、机械制造公司分别获评"国家高新技术企业""青岛市专精特新企业"。开投集团旗下建协检测站不断提高技术研发投入，完善管理体系，创新管理方法，参与省、市、区各级赛事，先后通过三大体系认证，累计完成软著28项，获评青岛市"诚信企业""专精特新企业"，青岛市区内行业比武一等奖；2021年参加山东省创新管理方法大赛，利用TRIZ理论(发明问题解决理论)指导企业管理及技术创新，取得省级三等奖。

促进资产提质增效，释放园区发展活力。聚焦新区"5+5+7"重点产业链,围绕新型显示、集成电路、智能装备制造、生物医药、能源新材料等新兴产业,做优产业载体,打造品质园区,加速培育新质生产力。青岛市新型显示产业园重点项目——开投芯屏产业园一期已投入运营,6个产业链项目已入驻交付,将助力新型显示产业园全面起势,助推"万亩千亿"产业新城加速崛起。与中国石油大学合作打造的西海岸新区第一个校企合作大学科技园区项目——中国石油大学国家大学科技园动力谷,一期、二期工程施工已完成,目前已达成意向入驻人才项目40余个,其中已注册入驻15个。开投光电新材料产业园项目在"2024青岛西海岸新区营商环境北京推介会"上成功签约,项目入选2024年山东省绿色低碳高质量发展重点项目名单,该项目的落地将加快推进新区"芯屏"产业以园聚链、以链集群,助力青岛市新型显示产业园由"挂牌起势"迈向"发展胜势"。总投资1.9亿美元的"智谷"新型产业园项目在2024港澳山东周上签约落地,该项目由开投集团与中国新城镇发展有限公司合作,主要打造高标准产业园区,产品包括智能制造、新一代信息科技、人工智能、机器人、脑科学等核心产业,开展技术攻关、科学研究和成果转化工作,打造青岛市领衔全国科技创新、集聚产业高端业态的现代化产业新基地。

四、强化内外合作　助力转型发展

集团始终坚持"走出去+引进来"双向赋能,高质量、高水平开展"双招双引",始终以奋进的姿态,紧跟时代潮流,抢抓发展机遇。

加强战略合作,推动资产盘活。坚持把资源变成资产、资产变成资本、资本变成资金,提升资产市场化经营能力,推动存量资源盘活取得新突破。坚持运营盘活和融资盘活一起抓,通过CMBS等金融新工具推动资产证券化,增强企业现金流。通过资产去化、股权消化等方式,加强与央企、链主企业、资产管理公司合作,加速资金回笼。对内开展各类存量资源挖掘,今年以来,出租资产面积约105万平方米,出租率约90%;去化盘活资产约16.9万平方米,合同额约17亿元,增加了企业现金流,为转型发展提供了有力支持。在青岛市率先探索实施"房票制"

安置新路径,用时40天圆满完成了康养智慧谷项目924套房源的去化工作,高效盘活了存量资产,降低了土地指标、基础配套等财政支出成本,又带动了片区发展,为村庄搬迁安置探索了新路径。千山路停车场投入试运营,新增集卡停车位1500个,极大缓解疏港高架、辛安片区停车难问题。

加强政策研究,推动转型升级。开投集团面对新形势、新任务、新要求,勇于自我革命,先行一步、提前研究布局低空经济、人工智能、生命健康、绿色发展等未来产业,在新赛道上抢抓新机遇。聚焦实体经济,在产业化转型中塑造新优势。通过发展实体产业调结构、降贸易、促转型。以市场化为导向,参与了京东方、芯恩、潍柴、初芯等重大项目投资或配套建设,高效盘活土地、资本等资源要素,快速壮大资产规模,增强盈利能力,拓展了发展空间。同时,与清华大学、中国石油大学、青岛大学、华润、中电光谷等央企、行业领军企业、高校建立战略合作关系,为承接区域发展战略和企业转型发展集聚了优势资本和资源。

科学制定规划,推动产业升级。统筹水电开发和生态保护,立足铁山水库和小珠山水库,最大程度地开发和利用水库资源,不断提高用水效能,延伸产业链条。铁山水库稳步推进水资源深加工项目。集团旗下建协检测与建研科技、天津泰达、山东先进材料研究院等行业领军企业在绿色建筑领域达成合作,推动设立绿色发展联盟山东中心,助推全省绿色低碳循环发展。开投集团承建的西海岸新区首个文化型公园正式开园,是全市公园整治中唯一涉及文保遗址的项目,在全市山头公园整治评比中荣获一等奖,还在积极争取列入齐长城国家文化公园名录。

五、擦亮"民生底色"　增进民生福祉

扛牢国企使命担当,做好由城市开发建设者向城市运营服务商的转型,不断服务城市发展,增进民生福祉。

绘好"安居"工笔画,改善住房惠民生。住房问题关系民生福祉,涉及人民群众的切身利益。促进房地产市场平稳健康发展,是政府和社会对国有企业的期望。面对这一重大民生,开投集团坚持先谋

快动、精准施策,统筹调度资金,发挥国有资本保民生作用,引导房地产市场良性发展。作为西海岸新区开展1000亿元租赁住房贷款支持计划唯一试点单位,积极推动试点工作,加快建立多主体供给、多渠道保障、租购并举的住房制度。开投集团安歆精品公寓"青年优驿"获省级"青年优居计划"工作通报表扬,助力招才引智工作大局,为新区引才、留才提供优质居住环境。同时,扛牢"保交楼、保民生、保稳定"政治责任,以超常规力度和举措解题破局,全力做好新区保交楼各项工作。

履行国企社会责任,匠心筑造民生工程。台子沟幼儿园、千山路一站式集卡运输服务基地、王台三中宿舍楼改建等城市"微更新"项目持续为城市发展赋能。清华青岛医院项目主楼桩基施工顺利完成,正式进入结构施工阶段,建成后将为新区进一步聚集医疗资源,助力加快建设半岛区域医疗中心。灵珠山颐养中心项目喜迎封顶,建成后可有力提升西海岸新区辛安片区养老体系与健康服务水平,推动全区优质养老资源提质扩容和均衡布局。

践行健康优先发展战略,筑牢人民生活幸福之基。卫生医疗事业关乎千家万户,是最大的民生工程和民心工程。集团在建大型三甲医院两所,清华青岛医院项目、青岛大学医学医疗中心项目的规模和影响力创全区历年之最,项目建成后将全面提升新区医疗保障水平。清华青岛医院项目主楼桩基施

工顺利完成,建成后,医院服务范围将涵盖日照、潍坊等青岛都市圈,减少跨省就医,让岛城市民足不出省可享"国家级"专家诊疗服务,体会到实实在在的幸福感。省重大、市重点项目青岛大学医学医疗中心一期项目首栋建筑封顶,项目建成后将极大地提高新区北部新城医疗卫生服务水平。

创新国企办园模式,打造普惠性托育阵地。青岛市首家楼宇工会领办职工子女托育中心——开投集团"工小贝"职工子女托育中心正式启用,当好职工"娘家人",打造楼宇托育新样板,助力优化新区营商环境。集团先后开设3所国企办学普惠制幼儿园,1000余名孩子进入优质普惠园享受专业学前教育服务,有效缓解西海岸新区公办幼儿园学位紧张问题,带动更多社会资本共同参与投资普惠性学前教育,为扩大新区学前教育资源供给开辟了新路径。

开投集团将秉承国企使命,围绕"产业化转型"工作主线,坚持以"市场化思维、资本化逻辑、可持续发展"为方向,以"支撑城市发展、保障城市运营、提升城市品位、增强城市功能"为思路,在产业转型、资源挖潜、城市运营、项目建设、风险防控等方面"打头阵、当先锋",奋力打造国内一流的现代化、产业化新国企,为奋力谱写中国式现代化西海岸新区实践新篇章,为青岛建设新时代社会主义现代化国际大都市贡献"开投力量"!

筑梦荆楚谱华章　助力湖北加快
建成中部地区崛起重要战略支点

湖北交通投资集团有限公司

湖北交通投资集团有限公司(以下简称湖北交投集团)成立于2010年10月,是湖北省政府全资的交通规划、设计、建设、管理全生命周期运营商。目前资产总额超7400亿元,各级子公司300余家,员工2.4万余人。自2022年起连续三年登榜中国企业500强,2024年位列第239位。

成立14年来,湖北交投集团坚定不移贯彻落实省委、省政府决策部署,始终秉承服务人民群众美好出行理念,深度融入全省经济社会发展大局,为湖北加快建设全国构建新发展格局先行区、助推全省经济社会高质量发展做出"交投贡献",谱写了高质量发展的华彩篇章。

2023 年，湖北交投集团全年完成投资 880 亿元，实现营业收入 1055 亿元，利润总额 59.1 亿元，提前两年完成"十四五"规划"万千百"目标（万亿资产、千亿营收、百亿利润）中的"千亿营收"；新增控股 1 家上市公司微创广电；成功协办 2023 年世界交通运输大会。总体呈现稳中有进、进中提质的良好发展态势，主要表现为以下特点。

投资建设体现新作为，功能地位更稳。湖北交投集团累计完成融资 8759 亿元、投资 5549 亿元，建成高速公路项目 64 个（含长江大桥 7 座）3273 千米，承担湖北省 80% 以上的高速公路投资建设任务。2023 年，湖北交投集团锚定"千亿"投资目标，全力发挥好湖北省交通基础设施建设"主力军"作用，全年完成交通基础设施投资 838 亿元，建成硚孝高速二期、武大高速大悟段、武红高速、张南高速公路宣咸段等"4 路"126 千米，续建"4 桥 19 路"1066 千米，新建"2 桥 5 路"359 千米，高速公路投资建设强度、进度不断刷新历史；交通运输部、湖北省"平安百年品质工程"建设现场会先后在燕矶桥项目现场召开；持续打造卓越路桥产品，呼北高速鄂湘界段和孝汉应高速公路获评"平安百年品质工程"示范项目；"钢桥疲劳性能提升建造关键技术与成套先进装备"荣获省"科学技术进步奖"一等奖。

运营服务展现新形象，群众获得感更实。湖北交投集团运营管理高速公路里程 6361 千米，服务区（停车区）177.5 对，收费站 372 座。2023 年，集团管辖路段全年通行车辆 5.1 亿台次，实现通行费收入 203 亿元；认真贯彻落实国家及省关于车辆通行费相关优惠减免政策，全年全资和控股路段共减免各类通行费 40 亿元，积极履行社会责任；开展路容路貌、收费站口、服务区形象提升行动，完成 1000 千米示范路段创建；探索"服务区+"新模式，"荆州东+文商旅""潜江+文商旅"等服务区成网红打卡新地；服务区充换电设施实现全覆盖；19 个"司机之家"提档升级，5 个"司机之家"获评全国"5A"级；全面承接湖北省高速公路 ETC 发行服务；集团所辖高速通行费票据实行电子化；推广准自由流无人收费，通行效率提升 41%。

优势产业呈现新格局，企业能级更高。湖北交投集团锻造形成"规划设计、工程建设、现代物流、区域开发、交通服务、交通科技和交通金融"七大产业板块，集团旗下产业类子公司 212 家，建设类子公司 89 家，运营类子公司 11 家。2023 年，湖北交投集团产业类子公司实现营收 790 亿元，同比增长 77%；实现净利润 42 亿元，同比增长 29%。培育了 300 亿级现代物流、200 亿级工程建设、100 亿级交通服务的"321 百亿级产业集群"；围绕湖北省"51020"现代产业集群、"三高地两基地"、突破性发展五大产业等战略部署，集团统筹资源、梯次推进，加快培育和发展新质生产力，重点启动氢能、新能源汽车、智慧高速、智能建造、新能源、低碳交通六条战略性新兴产业链建设；所属物流集团连续四年入选中国物流企业 50 强，建设集团获得市政、公路行业"双壹级"资质，省交规院服务全省综合交通规划、省内 80% 以上地市交通规划编制；建成孝汉应高速、京港澳高速改扩建等 10 余座智慧梁场，智慧梁场技术获国家级金奖；沿着"一带一路"首次走出国门，"出征"马来西亚雪兰莪州再生能源电站建设；实现油气电氢全品类供应、光储充换全链条布局、"车能路云"一体化发展，成功打造汉十高速"双示范线"，全国首座高速公路综合能源补给站在荆州东服务区建成投运；"楚道云链"平台纳入全省供应链金融试点，上链企业超 1000 家，为产业链降本超 4500 万元。

改革破题涌现新动能，发展活力更强。湖北交投集团坚持以改革破局破题，压茬推进系列改革落实落地，通过改革建立市场化体制机制，圆满完成国企改革三年行动目标任务。建成全国交通投资行业首家司库体系；公司治理建章立制全面完成，"三重一大"事项决策流程、权责权限一表覆盖，各治理主体权责明确、边界明晰、履职充分；打造改革创新的样板和尖兵，旗下智能检测公司、科技公司、省交通规划设计院获评国务院国资委"科改示范企业"，建设集团获评国务院国资委"双百企业"；积极探索精准化、差异化、个性化改革措施，聚焦市场化经营机制、产业布局结构、科技自主创新体系等短板弱项靶向发力，明确具体任务分工，力争在新一轮国企改革深化提升行动中展现交投作为，打造交投特色。

党建经营实现新融合，品牌成色更足。坚持党的领导，加强党的建设，是国有企业的"根"和"魂"。湖北交投集团坚持"两个一以贯之"，积极探索党建工作与生产经营深度融合的方法路径，以高质量党建引领保障高质量发展。学习贯彻习近平新时代中国特色社会主义思想主题教育，"五路"文章（理论学习强"路基"、调查研究摸"路况"、推动发展拓"路网"、检视整改清"路障"、建章立制筑"路标"）经验做法被中央主题教育官网、国务院国资委官网刊载，两次在中央主题教育指导组调研座谈会上作经验交流；将"路"元素、"路"基因植入湖北交投品牌内核，按照"依托路建强组织、结合路深学思想、不止于路创建品牌"的演进逻辑，打造湖北交投"不止于路"党建品牌；连续 11 年举办"510·我要廉"廉洁教育活动，举行"学党章、知党规、守党纪"知识竞赛，"清廉交投"理念深入人心；2023 年，集团获评全省国有企业"示范基层党组织"。

2024 年以来，湖北交投集团紧紧围绕省委、省政府工作部署，秉承"团结、敬业、自强、创新"的企业精神，通过高管领办"十件大事"、经营指标"五比五看"、遗留问题"揭榜挂帅"三项工作机制，开展"春风行动""夏季攻坚行动""秋季育种行动"，全体干部职工齐心协力、奋力拼搏、努力实干，确保了集团在稳健发展的道路上持续前行。

"打一仗，进一步"，打赢抗击冰雪战役。在省委、省政府的坚强领导下，在省指挥部的直接调度下，在省直部门和地方政府的鼎力支持下，克服"负重前行的高速公路"、恶劣天气影响和春运大流量叠加的"三难"情况，积极应对两轮雨雪冰冻灾害。建立"五个一"应急作战机制，按照"军种+战区"模式，分片区成立前线指挥部，推进政、警、路、企"四位一体"协同工作，实现了所辖高速全部"路面见黑，四车道通行"；以"做优日常养护、提升应急管理水平、强化市场开拓能力"为目标，组建专业化公司。

强化改革思维，转型发展"形到神到"。制定集团《改革深化提升行动实施方案》，5 篇经验做法案例入选《中国式现代化湖北实践》《融入大财政体系建设深化省属国资国企改革试点案例汇编》等省级汇编；在子公司间开展"五比五看"经营竞赛，比规模、增速、效益、价值创造和市场化程度，形成千帆竞发、百舸争流的生动局面；深化国企功能性改革，修订业绩考核及薪酬管理办法，重点突出质量效益、强化功能。

聚焦主责主业，打造新时代"九州通衢"。加快推进交通基础设施建设，投资建设高速项目 46 个，总里程 2580 千米。年内建成孝汉应高速、宜来高速鹤峰东段、京港澳武汉绕城段、十巫北高速、呼北高速鄂湘界段、武渝高速天门东段等 6 路 195 千米，助力湖北省高速公路总里程突破 8000 千米大关；用心办实办好民生实事，积极开展"情满旅途""服务三夏""情暖征途"活动；升级打造"司机之家""楚道驿站""拥军驿站"。

加快绿色转型，发展战略性新兴产业。围绕"氢能强省"战略，投入运营湖北首座高速"光储充放"一体换电站、打造湖北首条氢能源生态示范线——汉宜高速氢能源生态示范线；积极探索低空经济场景运用；培育供应链企业矩阵，联合厦门象屿等组建省级供应链平台——楚象供应链集团；旗下物流集团连续 5 年上榜中国物流企业 50 强。

强化纪法思维，扎实开展党纪学习教育。第一时间召开专题党委会、工作部署会，传达学习中央、省委党纪学习教育会议精神，明确警示教育、培训解读等 9 项具体举措。举行"钢铁力量"专题红色党课，从"视""听""唱""悟"多维度、沉浸式学党纪、悟使命；持续深化"510·我要廉"廉洁教育品牌，通过情景剧、廉洁文化作品主题展等形式，打造党纪学习教育实景课堂。

探索创新管理新模式　打造赋能型国资平台

福州市产业投资集团有限公司

福州市产业投资集团有限公司（以下简称福州　产投集团）成立于 2020 年 12 月，注册资本 100 亿元,是福州市属国有资本投资公司,致力于构建专业化、市场化、价值化的产业赋能型投资平台。集团聚焦"投、融、贸、智、运、管"六大板块,深耕产业投资、资本运作与供应链运营,发展战略性新兴产业、未来产业,培育新质生产力,为全市重大产业投资项目及产业赛道遴选提供坚实的智库支撑与资本动力。

自组建以来,福州产投集团把管理创新作为发展方向,通过摸索、学习、借鉴和自主创新,健全国有企业推进创新制度安排,深化国有资本投资、运营公司改革,深入探索符合自身特色的发展道路。发挥好管理创新在创新驱动中的独特作用,以管理创新的提升推动国有企业高质量发展,近年来,集团业绩稳步增长,2023年,福州产投集团实现营收209亿元,跻身2024年中国服务业企业500强第274名、2024福建服务业企业100强第26名,获评中国物流与采购联合会福州市首家"AAAAA级供应链服务企业",并荣获中国企业联合会"企业信用评价AAA级信用企业"与"2024年企业诚信建设实践优秀案例"。

一、发展历程

(一)企业萌芽期(2020年12月—2021年12月)

福州产投集团成立后,有序完成核心部门组建,扎实开展各项业务,搭建财务、行政、业务运营及风险控制等多个领域,实现团队初步成型。融合自身特色,编制并实施涵盖业务决策、财务管理、人力资源及后勤行政四大板块的规章制度体系,健全决策机制,确保各项工作有章可循,为企业的稳健起步奠定坚实基础。

(二)企业培育期(2022年1月—2022年12月)

2022年,福州产投集团进入发展的快车道,福州产投集团积极搭建供应链业务运营平台及产业园投资业务平台,相继成立全资子公司福州产投实业有限公司及福州产投创业有限公司,进一步壮大业务版图,集团聚焦战略性新兴产业,积极参投国家级海上风电检测中心项目以及福州东方雨虹等重大项目投资,布局新能源、新材料产业等投资领域,同时,在国有企业混合所有制改革领域进行探索,团队实力

与业务能力均实现提升。

(三)企业发展期(2023年至今)

秉持高质量发展理念,集团从多个维度出发,各项业务蓬勃发展,与多家大型银行深化金融合作,团队规模持续扩大,全面赋能集团发展。一是积极向资本市场迈进,力争获得"AA+"主体评级,拓宽融资渠道,激发企业活力;二是深化供应链服务合作,携手央国企、500强企业及行业龙头,共同构建地方优势产业集群;三是强化投资能力,提升资本运作效率,实现项目投资与资金回收的良性循环;四是树立品牌优势,打造产投系优质企业集群,践行"1+3+N"投资战略,强链补链延链,助力地方经济腾飞。

二、深化党建引领 凝聚发展合力

福州产投集团始终将党建引领作为企业发展的核心动力,坚定不移地贯彻落实党的二十大精神和习近平新时代中国特色社会主义思想主题教育。集团党组织创新学习模式,创新传统集中学习与党员自学模式,融入现场教学、互动研讨等多样化形式,通过举办"主题党日""三会一课"及教育专题会等活动,全面提升党员干部的政治素质和理论水平。

在党建引领的强劲驱动下,福州产投集团对标世界一流,积极开展价值创造和管理提升,做强做优做大国企平台公司,打造"党组织建在链条上"的党建品牌,以"党建+"融合模式,融合业务发展,积极拓宽合作领域,深化交流共建,集团与中国银行签订党建共建暨战略合作框架协议,深化"国企+金融"战略合作,同时,与中投保围绕供应链金融、产融结合和资管投资等领域进行深入交流,助力延链补链强链,形成组织共建、机制衔接、功能优化的党建体制,实现党建与业务发展的深度融合。此外,集团主动与厦门建发、厦门国贸、大成律所等行业龙头开展共建交流,探索合作新机遇,凝聚高质量发展合力,以高质量党建引领开创高质量发展新局面。

三、坚持创新驱动 加快发展步伐

福州产投集团始终以创新为企业发展动力,致

力于做创新价值的发掘者和培育者。近年来，集团活用加法思维，将加法思维融入企业发展的每一个环节，将企业内、外部环境对自己产品与技术、经营与管理有利要素有机相加，不断增加有利因素，进而推动企业持续创新。

（1）以产业投资为主线，筑牢产业之基，聚力创新突破，推动各板块协同发展。以"产业+资本"为核心，培育创新创业生态，聚焦"四大经济""16条重点产业链"，助力构建现代化产业体系，参投国家"十四五"规划重大项目——国家级海上风电研究与试验检测基地，与北京东方雨虹合作，打造东方雨虹福州绿色建材生产基地暨福建区域总部等重点项目。主动服务国家区域协调发展战略，提升协同发展水平，推动形成优势互补、高质量发展的区域经济布局，促进闽东北协同发展区、福州都市圈一体化发展。

（2）积极拓展贸易链条，实现规模增长。福州产投集团持续深化与央国企、500强企业、行业龙头企业的合作，业务规模稳步增长，集团主动融入国内国际双循环，坚持"引进来"与"走出去"并重，开拓国际贸易业务，落地进口煤炭等业务，积极探索中印"两国双园"相关项目，构建国内外双循环的贸易体系，持续加强供应链主导水平，积极引入供应链和产业链的链主企业，融合产业链、供应链、资金链业务。目前，集团业务积极拓展业务渠道，合作方和贸易品类持续增加，涉及有色金属、化工产品、煤炭、农产品等20多种贸易品类，为集团的规模增长和利润提升提供有力支撑。

（3）强化资本市场布局。福州产投集团以战略的高度、投行的思维，引入金融活水，以基金撬动资本、以资本引入产业，实现资本裂变，助力产业集群发展壮大。参投目前A股新能源行业最大规模的IPO——华电新能源项目，该项目主营以风力发电、太阳能发电为主的新能源项目的开发、投资和运营。设立总规模300亿元的福州产业投资母基金，充分发挥福州产业投资母基金"以投促引、以投促孵、以投促扶"功能，采用"母基金+子基金+直投"方式，打造"基金丛林"。母基金下设创投、并购、院士、大健康、低空经济等12只子基金，聚焦新型显示、智能网联、生物医疗、大健康、低空经济等战略性新兴产业及未来产业，建成覆盖种子期、初创期、成长期和成

熟期的全生命周期的投资体系，拓展产业集群，服务实体经济，实现产业与资本双轮驱动。同时依托国内外多层次资本市场，运用股权、基金、资金等运作方式，推进资源资产化、资产资本化、资本证券化，大力推动国有企业上市，加大市场化并购上市公司力度。着力打造涵盖天使孵化、创业投资、融资担保、上市培育、并购重组等全生命周期的科技金融服务和产业投资体系。

四、探索管理创新　激发企业活力

福州产投集团将管理创新作为企业发展方向，通过摸索、学习、借鉴和自主创新，不断健全国有企业推进创新制度安排，深化国有资本投资、运营公司改革。

（1）培养"破圈"思维。作为福州市属国有企业，福州产投集团对于企业发展的制约问题，突破思维认识的短板，保持理性思维，综合研判形势、分析市场，走出舒适区，勇于面对市场的考验。

（2）聚力核心优势。在管理思维上，福州产投集团善用减法思维，在战略上做减法，不断克服不利因素，推动企业组织创新，成就核心竞争力。福州产投集团从多元回归专业，深耕产业链、供应链、价值链三大板块，聚焦主业、提质增效、对标一流，提高企业活力效率，加大科技创新力度，提升核心竞争力，更好发挥国有经济支撑作用。

（3）升级数智管理。集团数字赋能经营管理，让供应链业务从"管得着、看不见"向"看得见、管得着"迈进。推进数字化供应链项目管理系统建设，加强与央企、国企、上市公司等供应链合作伙伴的联动，通过合作伙伴协同，将供应链业务的票流、物流、信息流、合同流、资金流形成一体化运作，同时，大力推动供应链+区块链相结合，实现业务平台化、信息化、数据化，实现业务或订单的全生命周期管理和控制。

（4）创新资金模式。聚力优势产业集群，以产业谋划为牵引，以基金运作为抓手，以投融资服务为依托，全面赋能集团创新投融资模式。围绕"两重""两新"及"地方政府专项债""超长期特别国债"等资金渠道寻求良性协同。探讨特许经营/PPP新机制、授权经营、F+EPC及衍生模式、EOD项目，以"产业投

资+资本运作"为引擎,赋能区域融合发展。

（5）加强队伍建设。福州产投集团双向发力,一是建立健全系统规范、保障完善的人才发展模式,打通高技能人才的职业发展晋升通道,把企业的战略目标与个人的职业发展目标有机结合起来;二是结合市委、市政府相关文件,借鉴业内成熟经验,推行"跟投模式""超额利润分享""员工持股""全员合伙人"等中长期激励模式,让员工与企业共享成长红利,有效吸引产业投资发展和供应链运营等领域的高水平专业人才,选齐配强人才队伍。将压力传导到每一个管理环节,形成"能上能下"的产投干部管理体制,用危机意识激发员工的忧患意识和奋斗精神,促进团队不断拼搏、不断改革和创新、不断追求更高的目标,从而促进企业可持续发展。

五、破除守成意识　打造协同机制

福州产投集团在发展中始终保持着清醒的头脑和敏锐的洞察力,在快速变化的市场环境中,勇于破除"守成"的思维,开展颠覆创新。福州产投集团在筑牢风控防线,打造协同机制,实现稳健发展。

（一）完善风控体系　提升责任意识

一是排除风险隐患,建立和优化"内外F4"模式,即"一行三师""一行三局",内部借助银行、会计师事务所、律师事务所、税务师事务所等专业机构,参加项目评审会,审核上会资料,并提出专业的意见及建议;外部通过中国人民银行、市场监管局、税务局、公安局,全方位、多维度,对交易方及业务链条进行研判,加强风险防控;二是强化担保管控,采用公司担保、实控人担保、资产抵押等多种保证形式,尝试创新仓单质押、股权质押、商品库管等新模式,防止客户违约,确保供应链资金安全可控;三是落实"全周期"跟踪,持续关注上下游企业经营情况、履约情况,结合商品市场价格波动,适时调整交易策略和交易模式,保证应收款项安全。实地监管常态化,通过组织人员不定期现场走访上下游企业、相关物流仓库,掌握其运营及财务情况,及时规避风险。

（二）创新银企合作　拓宽融资渠道

深化银企对接,持续加强与金融机构深度合作,

建立授信合作关系,为供应链业务提供资金保障,2024年度完成多家银行新增授信和续授信,银行授信规模持续增长,同时,拓宽融资渠道,创新使用金融支付工具,合理运用流动资金贷款、银行承兑汇票、商业承兑汇票、国内信用证、保理等产品,降低融资成本,提高资金使用效率。

（三）推进制度建设　完善管理机制

致力于构建科学、规范的现代企业集团管理制度和运营机制。已建立涵盖"三重一大"决策制度、项目评审制度、风控制度、物权制度、财务制度、差旅制度、用款制度、费用管理制度在内的完整的公司制度体系,并结合实际工作情况,持续对制度进行修订完善。

六、聚合各方资源　共创发展新引擎

福州产投集团善于运用乘法思维策略,将企业自身资源要素放大到市场、行业、社会的高度,实现企业内在能力与外在机遇、资本、资源多项势能之间重新聚合。一是强化"科技"属性,着力布局新赛道,聚焦"碳达峰、碳中和"新机遇,节能环保、新能源、新材料等战略性新兴产业,提升企业的核心竞争力和市场认可度。二是聘请行业知名专家,负责智库搭建、产业研究、政策分析、资源整合,分享产业发展先进经验。三是积极对接中国科学院、中国社会科学院等科研机构,清华、北大、人大等知名高校,探索合作契机、筛选合作项目,积极推动科研成果转化。四是加强与金融机构、投资机构的合作,依托产投平台,推动科技产业化,孵化科技项目。

福州产投集团积极整合各方资源,成功承办了第二十届中国企业发展论坛暨第二届福州城投产业联盟大会。此次大会邀请5位两院院士、1位中国社科院学部委员、4位海外院士、多位国内著名经济学家及政府部门、行业龙头、金融机构代表等参加,聚焦战略性新兴产业、供应链生态、资本运作、数字化转型、城市发展等热门话题,共设7场主题论坛,参会人数达1500多名。与生态伙伴共签订96项战略框架协议,总金额528亿元,通过平台间因素相互聚合、促进、转化,产生巨大的势能,实现聚合资源,推动跨越发展。

未来，福州产投集团将牢牢把握新时代国企战略定位，全面融入新发展格局，打造投资引擎，夯实发展后劲，加快推进产业链、供应链、资金链、人才链

和创新链的融合发展，培育战略性新兴产业，谋划未来产业，加快形成新质生产力，为福州现代化国际城市建设提供有力支撑。

纵深推进"强基础、高质量、可持续"三步走战略
奋力建设成为西南区域最具价值创造力的投资建设公司

中建四局贵州投资建设有限公司

中建四局贵州投资建设有限公司（以下简称贵州建设公司）于2019年2月在贵州省贵阳市正式挂牌成立，是中国建筑集团（世界500强企业）旗下在黔三级法人总承包施工生产型单位，是中央在黔大型投资、建设综合性企业，全面继承着中建四局深耕、建设、服务、奉献贵州60多年的光荣历史和传统。在传承光荣历史使命的同时，贵州建设公司也是中建四局第一家区域整合性的公司，由不同发展历程的四家企业的分公司合并整合而成，在建筑类国有企业范围内都较为罕见，企业发展没有任何经验可以借鉴，摸着石头过河。为此贵州建设公司紧跟国家高质量发展趋势，坚持知行合一、守正创新，深化改革主线，循序推进企业治理、结构调整、机制变革，经过"时与势""内与外"的深入研究分析，在深刻的自我反思和不断总结中，探寻出了"强基础、高质量、可持续"三步走战略，开创企业发展的崭新未来。

近年来通过三步走战略的落地践行，贵州建设公司有力应对了新冠疫情反复冲击、经济周期严峻考验、改革融合难度加剧等多重挑战，建设了贵阳花果园彭家湾旧城改造项目、贵阳中天未来方舟项目、贵阳中天金融城项目等近4000万平方米等超大盘，携手贵州人民逐梦了201大厦（201米）、花果园双子塔（334米）、401大厦（401米）等贵州省近乎所有的200米以上超高层；打造了贵州正习高速公路、贵州雷榕高速公路、贵州秀印高速公路、贵州瓮马铁路等重点民生工程，克服喀斯特地貌施工难题，刷新了多项行业建造纪录；修建了贵州茅台、习酒等一大批

知名酒厂，逐步完善涵盖制酒、制曲、储存、包装物流、污水处理及配套学校、文旅、医疗等全生态链条的酒类建筑产品线，被誉为"中国最懂酒类建造的工程总承包商"。贵州建设公司的发展区域向山东、广西全面拓展，经营业务也向新能源、新基建领域全面延伸，攻克了很多企业长期没有解决的难题，办成了许多事关长远的大事要事。整个贵州建设公司的发展面貌焕然一新，如今正斗志昂扬地向建设成为西南区域最具价值创造力的投资建设公司奋勇迈进！

一、三步走战略改革发展解析

2017年10月18日，习近平总书记在党的十九大报告中提出："我国经济已由高速增长阶段转向高质量发展阶段，正处在转变发展方式、优化经济结构、转换增长动力的攻关期，建设现代化经济体系是跨越关口的迫切要求和我国发展的战略目标。"在国家高质量发展的号召下，贵州建设公司深入推进企业发展模式向高质量发展转型，以高质量党建引领保障企业高质量发展，充分运用《矛盾论》和《实践论》的方法论，结合"国际、国内、行业、企业"四期叠加变化的客观因素，发挥主观能动性，创造性地提出了贵州建设公司"强基础、高质量、可持续"三步走战略，全面推动企业深化改革、创新发展。经过近年来的发展实践，三步走战略不断被验证、迭代、丰富、延伸、拓展，领航了贵州建设公司的变革图强，目前企业已经成功迈过了强基础阶段，全面着力推动高质量发展。

强基础发展阶段，主要工作是刮骨疗伤、夯基固本。积蓄企业发展的信心、勇气和力量，具备"会接活，干好活，收到钱"的能力！贵州建设公司通过强化党建引领，重点攻坚公司迫在眉睫的市场营销、深化改革、决胜清欠三大难关，解决企业根基夯实，方向摸索的问题，并通过基础的强力提升，为后续的高质量和可持续奠定基础。

高质量发展阶段，主要工作是纵深推进变革，保持战略定力，稳步扩大企业规模。持续"深化改革，提升本领，做优做强做大"！在继续攻坚"市场、深改、清欠"的三大难关的基础上，主攻企业商务盈利、创新驱动、风险防范、人才支撑四种能力，解决企业活得好，并且基业长青的问题！全面推动企业深改逐步落地、企业发展质量不断提升、人才培养逐渐成熟！

可持续发展阶段，主要工作是推动企业深改措施全面落地，实现企业的党组织战斗力、内控管理水平、市场营销能力、项目履约能力、盈利能力、人才素质的全面提升。加速企业转型升级，把贵州建设公司打造成为具备"投融建管营"五位一体的全产业链经营能力，具有强大品牌影响力的综合投资建设企业，成为地区建筑产业链的头部引领者，与各地强者逐鹿争雄。

贵州建设公司"强基础、高质量、可持续"三步走战略，三个阶段互为一体，统筹施策，只是每一个阶段有不同的工作重心。其中蕴含的思维逻辑，就是企业在汲取党百年征程的方法论中摸索和践行出的"知行合一"和"守正创新"。

二、三步走战略改革发展成果

通过"强基础、高质量、可持续"三步走战略的落地践行，贵州建设公司主动变革、自我革命，坚定果敢抓创新，破立结合建体系，着眼长远强布局，真抓实干转作风，从严从实强党建，一步一个台阶，推动企业发展向高质量发展转型，在"四个方面"推动了企业的鲜明变化。

"红色根魂"从立到强。针对党建工作"弱化、淡化、虚化、边缘化"的突出问题，贵州建设公司紧紧围绕"企业发展"和"员工成长"，全面落实"大党建"体系深改，始终将党建工作视为企业发展最厚重、最磅礴的力量。一是党建引领力显著增强。持续发挥党组织"把方向、管大局、保落实"作用，鲜明提出"强基础、高质量、可持续"三步走战略，通过全国"AAA"企业信用评价，斩获"贵州省企业管理现代化创新成果"一等奖和三等奖、"贵州省优秀企业"，跻身贵州企业100强，荣获中建四局"2023年最佳进步单位""品牌影响力提升奖"和"攻坚化债突出贡献奖"，治企兴企纵深推进。二是组织凝聚力显著增强。创新"两重两出"党建工作思路，围绕"大情怀、大策划、大活动、大宣传、大品牌"的工作导向，打造"六心六型"模范党支部和模范党员①，基层党组织从2019年成立之初的19个增加至71个，党员从209名增长至669名，党员占比从12%增长到38%，红色组织蓬勃壮大。三是队伍战斗力显著增强。涌现"中建集团先进基层党组织""省'五一'劳动奖章""省优秀企业家""全国三八红旗手"等80多个省部级及以上先进集体及先进个人。在建党百年之际，贵州建设公司受邀参加工程建设行业建党百年庆祝大会，荣获"全国工程建设行业党建工作示范单位"称号，缔造行业红色标杆，党建引领演化为轰轰烈烈的具体行动！

"战略管控"从有到优。针对市场战略模糊不清，向外突围乏力的明显短板，贵州建设公司坚守故乡的同时，坚定不移地"走出去"，在实事求是中，找准矛盾，谋划路径。一是战略路径鲜明提出。结合"知行合一"和"守正创新"的指导思想，步步为营，稳扎稳打擘画"强基础、高质量、可持续"三步走战略，鲜明提出全面建设成为西南地区最具价值创造力投资建设公司的宏伟愿景；并且从《矛盾论》和《实践论》中，汲取党的宝贵经验智慧，找准企业发展的"主要矛盾"和"次要矛盾"全力攻坚。二是发展区域突围拓展。激发搏击"蓝海"市场的斗志，锚定"走出去"的发展战略，全面优化企业战略布局，企业经

---

① 六心六型：个人行为上，旨在引导全司党员干部必须带头树"六心"，即争当"对党永葆忠心、学习保持恒心、干事秉持匠心、至诚服务用心、精诚团结真心、严于律己清心"模范党员。组织行为上，通过个人带动整体，党员带动支部，打造"六型"，即"忠诚型、学习型、创效型、服务型、协力型、廉洁型"模范党支部。

营格局从"深居贵州、广西发展"转变成为"深耕黔桂鲁、聚焦川渝、开拓云南、海南等周边机会市场",中标合同额比2019年成立时增长70.4%,并成功站稳山东市场,创造了企业崭新增长点。三是创新转型稳步推进。贵州建设公司积极策划业务创新转型,在稳固高端房建及酿造产品线的基础上,主动探索"EPC+"模式,有力应对行业变局,成功斩获山东济曲、济邹、莱芜区城市更新等重点项目,为加速进军新能源与新基建领域奠定了坚实基础。战略路径的科学延伸与发展鼓舞了企业士气!

"深化改革"从浅到深。针对内部管理粗放、管理权责不清的肌体顽疾,贵州建设公司解放思想,实事求是,拉开了企业创新发展的大幕。一是有序推进简政放权。企业从上至下,优化深改举措、细化行动清单,下放权限127项、加强管控64项、减少会商14项,改变了权责不清、权限冲突、审批冗长等问题,下放"自主权"于项目,真正让"听得见炮声的人来呼唤炮火。"二是稳步夯实生产根基。企业先后新编、修订15项生产实施细则,建立10项项目全生命周期管理体系制度,强力落实"三级策划体系"和"三级六线"计划体系,实现招采中心独立运行,推进"稳增长、抢产值、提品质"专项行动,精益建造和施工总承包管理能力稳步提升。企业产值完成率从成立之初的82%增长到2023年的107%,斩获省部级、国家级工程类奖项200余项,树立了四局"精益建造、质量重于泰山"的金字招牌。三是有力提升运营动能。统筹深化改革落地,探索项目全生命周期价值创造①,推动各业务系统的深入联动,同时研发桥梁超高墩云端建造工厂、移动式智能厂房建造机与移动式造墙机,打造全国最节能玻璃场馆建筑,向智能化、数字化、绿色化坚定进军。贵州建设公司翻过重重高山,在变革图强、大战大考中练就兴企本领!

"文化信念"从表到里。针对企业文化建设薄弱、内生动力不强等问题,贵州建设公司党委高度重视企业文化建设,让"争先、敬畏、使命必达"的冲锋号角接续吹响。一是提炼升华企业文化。深入总结历史发展经验教训,在知行合一中将"做事要精、做

人要诚"的精神文化内核融会贯通,提炼形成"解放思想、精诚担当、知行合一、协力争先"十六字企业文化理念,精心打造企业精诚文化展厅,客观系统总结企业五周年发展历程,全面传承中建四局深耕贵州60多年的光荣历史。二是用心讲好精诚故事。全面对接属地资源,展示企业,传播精诚。企业人员入选贵州省政协委员、省总工会代表,参政议政发出四局声音;隆重举办建党百年大会和建党102年大会,企业发展事迹多次在省级以上报刊专版刊登,多部视频产品成为网络爆款产品,以华润万象城项目为代表的基层党建工作获得属地政府、群众高度评价。三是全力展现央企担当。新冠疫情期间企业人员逆行战疫,驰援武汉雷神山、贵阳将军山,参与中央援港工作,修建南宁方舱医院;建成贵安时代花园、瓮马铁路、华润万象城等3个国家级户外劳动者综合服务站,荣获"贵州省模范职工之家"称号,在贵州省"户外劳动者服务站点"交流会上,作为全省唯一企业代表作经验交流发言;结对帮扶罗甸县大关村、凤亭村,企业每年直接提供上万就业岗位于社会,助力带动上下游产业数万人就业。贵州建设公司矢志建设一片热土,更温暖一方天地!

三、三步走战略的深化展望

2024年7月15日,党的二十届三中全会对进一步全面深化改革做出系统部署,提出要深化国资国企改革,推动国有资本和国有企业做强做优做大。为此贵州建设公司认真学习贯彻落实会议精神,进一步提高政治站位,始终胸怀"国之大者",立足改革历史新起点、新方位,继续以"赶考"的心态和"接力"的状态,力争在国有企业深化提升行动的后半程取得更大突破。

推动改革目标更加聚焦。贵州建设公司结合国有企业改革聚焦"在哪里""往哪走""怎么走"三个方向性问题,洞察新的战略环境、抓住新的战略机遇,于2024年将三步走战略与提前谋划"十五五"相结合,以更高的视角、更广的思维,剑指"十四五"规

---

① 项目全生命周期价值创造:确保在安全和质量有保障的前提下,实现精准策划与实施,达到工期最短、产值最大、计量最大、结算最快、收款最优,保证项目全生命周期净现金流合理性最高,资金效益最大,年度资金流入最多,推动企业高质量发展。要通过市场、科技、招采、生产、商务、财务、考核、监督协同作战,反复考核。通过有效的运行,真正地协同起来去实现贵州建设公司的价值创造最大化,同时达到收益最大化。

划的后两年,以及"十五五"规划的整个 5 年,将战略蓝图一贯到底,力争用 7 年左右的时间,立足"高质量",实现"可持续",定下贵州建设公司的"2+5"战略规划,定下迈向未来的"七年之约",把贵州建设公司全面建设成为西南区域最具价值创造力的投资建设公司。

推动改革路径更加明确。纵深推进三步走战略,重点解决高质量发展阶段如何夯实,可持续发展阶段如何达到的问题,突出抓好"四个方面"。第一是持续攻坚"稳增长",稳步增长企业各项主要经营指标,为企业高质量发展提供规模支撑和施展平台。第二是加速变革"提品质",搭建强劲的人才梯队,形成稳健的现金流,实现企业价值的持续创造。第三是厚植沃土"强文化",打造内外高度认同的企业文化,内化于心,外化于行,成为企业迈向可持续发展阶段最核心的支撑。第四是产业升级"强品牌",形成强大的抗风险能力,强大的品牌效应,向"投融建管营"五位一体的全产业链布局全面迈进。

推动改革举措更加有力。贵州建设公司坚定不移以高质量党建引领企业高质量发展,聚焦人才强企、转型升级、价值创造,全面建设成为西南区域最具价值创造力投资建设公司,达成为客户、为企业、为合作伙伴、为员工、为社会"五个维度"的最具价值创造力,持续在对政治引领能力、战略管控能力、价值创造能力、人才培养能力、品牌输出能力、社会担当能力这"六种能力"的提升上发力。围绕"一个战略目标、五个维度、六种能力",全面打造贵州建设公司"156"工程。通过把准政治方向,持续巩固"政治引领能力";管好发展大局,持续深化"战略管控能力";强化执行落实,持续提升"价值创造能力";聚焦人才强企,持续完善"人才培养能力";推进文化兴企,持续强化"品牌输出能力";坚守央企正道,持续彰显"社会担当能力"。力争在建设中国式现代化征程中展现更大作为、贡献更大力量。

（撰稿：徐　艺　刘　启）

坚持创新驱动战略　走质量为核心的内涵式发展之路

盛世恒瑞建工集团有限公司党支部书记、董事长　陕萍

在深入学习贯彻党的二十大精神,迈向新时代的重要时期,集团围绕打造"百年盛世恒瑞"的远大梦想,求真务实,真抓实干,向岗位要绩效,向管理要效益,向市场要潜力,10 年来公司各方面工作扎实推进,取得了显著的成果。

盛世恒瑞建工集团有限公司(以下简称盛世恒瑞建工集团)2024 年完成综合产值 10.2 亿元,目前为房屋建筑施工总承包一级、建筑装修装饰工程专业承包一级、水利水电工程总承包二级、市政公用工程施工总承包二级、公路工程施工总承包二级等 13 项资质的施工企业,具备承揽大中型工业与民用建筑及与之配套的电子与智能化、消防、钢结构、建筑幕墙、古建筑、地基基础、公路路面、城市及道路照明工程等综合施工能力。集团技术力量雄厚,施工设备先进,企业管理科学,质量体系完善。以"因信念

而来,为品质而生"的企业精神,实施创新驱动战略。

盛世恒瑞建工集团自 2014 年成立以来,始终高度重视各项管理工作,积极推行现代企业管理,先后通过了 ISO9001：2008、GB/T50430-2007 质量体系认证、ISO14001：2004 环境管理体系和 OHSAS18001 职业健康安全管理体系认证,奠定了集团规范化、科学化管理的基础。2024 年集团被甘肃省科技厅认定为"甘肃省高新技术企业"。近年来集团不断完善内部管理、加强技术研发,参编国家建筑行业标准 2 项、甘肃省建筑行业标准 2 项,获得国家知识产权局专利 16 项,备案新工艺 7 项。

盛世恒瑞建工集团在抓好工程质量的同时,始终坚持诚信经营、规范管理,严格履行合同,规范内部经营行为,先后荣获"'双强六好'标准化党支部示范点"、"先进基层党组织""高新技术企业""全国水

利建设市场主体信用评价'AAA'级单位""甘肃省巾帼文明岗""甘肃省建筑业先进企业""优秀施工企业""银行'AAA'级信用客户""'A'类纳税信用单位"等,在行业中的排名不断前移,品牌影响力不断扩大。

盛世恒瑞建工集团成立以来取得如此辉煌业绩,主要得益于以"创新驱动"为着力点,坚持"创新"和"品牌"两大主题,进一步解放思想,更新观念,创造性地开展工作;以做稳主业、做大省外、做精专业、做活资本为核心目标,改革发展模式,优化产业布局,科学推进转型升级,确保企业在稳健发展中实现新跨越。

一、结构创新:推进企业转型升级的根本动力

面对激烈竞争的市场行情,盛世恒瑞建工集团以做稳、做大、做精、做活为目标,在壮大产业集群规模过程中,坚持上中下游协调发展,以务实敢为之姿、创新精进之势,构建覆盖工程建设项目全过程产业链条。集团以北京、兰州设立双总部的战略规划,推动旗下北京盛世慧建科技、甘肃盛世恒瑞水利水电工程有限公司、甘肃盛世职业培训学院、甘肃众合智汇建筑劳务有限公司等业务高质量发展。集团凭借守正创新的管理理念稳步成长为一家集科技研发、数字孪生、城市建设、智慧水务、人才培训、建材销售六大业务板块于一体的集团化公司。其中,水利水电板块是盛世恒瑞建工集团生存和发展的基础。在做大做稳水利水电主业、实现企业规模快速增长的同时,盛世恒瑞建工集团利用企业的品牌优势和资源优势,努力拓宽专业市场,在房屋建筑、市政工程、公路工程、建设人才培训等专业领域取得了较好的成绩。

二、抱团发展:推进企业转型升级的重要手段

众人划桨开大船。产业结构调整以来,盛世恒瑞建工集团以更加开放和主动的姿态,对企业的资源进行全面梳理和整合,抱团取暖,共谋发展,使企业形成了新的合力和竞争优势,为转型升级铺平了道路,确保了企业在"寒风"中依然保持稳健的增长势头。

盛世恒瑞建工集团把员工视为抱团发展的核心资源。随着产业多元化的发展,集团不断创新引人、留人、用人的机制,吸引了一大批优秀的人才加入盛世恒瑞建工集团,培育了一批素质优良、业绩突出的专业技术和经营管理人才,壮大了企业的人才队伍,改善了民营企业"用人唯亲"的人才结构。2023年12月,集团推行了激励机制改革,把25位集团高管和业务骨干评为"优秀经营者""先进个人""'五一'劳动模范"等,并拿出120万元的激励奖进行奖励,从而调动了员工的积极性,使员工与企业真正成为一个利益共同体。

盛世恒瑞建工集团把合作伙伴视为抱团发展的中坚力量。产业结构改制以来,集团本着真诚友善、互利共进的原则,赢得了一批讲诚信、会经营、有实力的优秀合作伙伴的信赖。在合作中,集团站在发展的高度,突破传统惯例,让合作伙伴享受集团内的同等待遇,分享企业的发展成果,让他们感受到自己是集团的一分子;集团还站在战略的层面,与合作伙伴达成友好协作关系,实行强强联合,实现优势互补,形成更大合力,进一步抵御市场风险。

盛世恒瑞建工集团把社会资源视为抱团发展的关键因素。在市场疲软、经营风险加大、政策环境多变的严峻形势下,集团更加注重社会资源的整合。改制以来,集团与省内外大型企业集团建立了战略联盟,进行深度合作;集团与省内西北民族大学、兰州理工大学、兰州石化职业技术大学等高校进行产学研合作,取得了显著成果;集团还拓宽融资渠道,积极开展银企合作,优化企业融资结构,不断增强集团公司的融资能力。在加快发展的同时,公司常怀感恩之心,积极履行企业应尽义务,创造价值、回报社会,致力于赈灾、助学、扶贫等慈善事业,用行动彰显了一个负责任的企业公民形象。

站在新的历史起点,瞩目未来,盛世恒瑞建工集团将继续肩负社会责任与担当。深耕精细化管理、推动产业全面升级,以创领时代的远见守护生态环境,以数字化和科技赋能城市高质量发展。"因信念而来、为品质而生"的盛世恒瑞建工集团,高扬创新发展的主旋律,进一步解放思想,锐意进取,将转型升级作为企业的立足之本、动力之源,不断培育新的经济增长点,为绿色发展、低碳中国、科技中国贡献

青年力量,为全省建筑业又好又快发展做出新的贡献!

不断夯实金融主业　全面服务新质生产力发展

厦门金圆投资集团有限公司

厦门金圆投资集团有限公司(以下简称金圆集团)成立于2011年7月,是由厦门市委、市政府组建的国有金融服务类企业,业务板块包括金融服务、产业投资、片区开发等领域。自成立以来,集团践行"融合两岸、服务实体、普惠民生"三重使命,持有银行、信托、证券、公募基金、消费金融、地方AMC、融资担保、融资租赁、产权交易中心、区域股权交易中心等十余张各类金融牌照;受托管理产业投资基金、先进制造业基金、城市建设投资基金、技术创新基金、增信基金、中小企业服务平台等十余个市级服务平台;连续9年获"AAA"信用评级,不断创新"财政政策+金融工具"模式,形成200多种涵盖企业全生命周期的金融产品和服务。金圆集团正致力打造全国一流的综合性金融服务商,发挥资本招商和产业投资合作的重要载体功能,助推产业转型升级,服务经济社会发展大局。

一、凝心聚魂　坚持以高质量党建引领企业高质量发展

金圆集团党委深入学习贯彻党的二十大和二十届二中、三中全会精神,全面加强党对国有企业的全面领导,注重发挥党建引领作用。

把牢政治方向。认真落实"第一议题"制度,在集团掀起学习贯彻习近平总书记关于金融工作的重要论述、中央金融工作会议和省部级主要领导干部推动金融高质量发展专题研讨班精神的热潮,深刻领悟"两个确立"的决定性意义,坚决做到"两个维护";高质量高标准组织开展学习贯彻习近平新时代中国特色社会主义思想主题教育、党纪学习教育,举办"牢记嘱托 再建新功"五大行动和"寻足迹、悟思想、铸忠魂、担使命"等特色活动,不断强化政治意识

和纪律意识,汲取奋进力量。

加强党的建设。立足集团实际,完善充实"1234"党建工作体系。深化拓展"深学争优、敢为争先、实干争效"行动,制作"圆骑兵"理论宣讲视频,用党的创新理论凝心铸魂;结合集团业务特色,打造"金帆领航""金石匠心""金管家""金盾""金哨"等"金字"特色党建品牌;发扬"四下基层"优良作风,开展"专注本职、服务一线"活动,有力发挥党组织战斗堡垒作用;构建"同心圆"企业文化体系,常态化开展"一月一主题"廉政学习教育、"廉洁文化宣传教育月"活动,重点加强金融领域腐败问题典型案例的警示教育,强化廉洁文化建设。

推动"党业融合"。持续发挥集团党委"把方向、管大局、保落实"作用。不断完善法人治理结构,制定重大决策事项权责清单,把党的领导融入公司治理各环节,实现全面从严治党与从严治企的深度融合。巩固拓展巡察成效,制定提升廉政风险防控"一二一"举措,进一步将廉政风险防控嵌入经营风险管理体系,查摆业务链条关键环节、核心岗位、重大权力的廉政风险隐患,完善健全"四防"机制(心防、人防、技防、制防),促进源头治理和管理提升。推进国企改革,大力推行经营管理层职业经理人的任期制和契约化管理改革,在全国公开选聘集团副总经理及部分子公司高管,推行"能上能下"的市场化考核机制。

二、顶层设计　"产业+金融"服务体系赋能实体经济

服务实体经济是金融立业之本,在厦门市委、市政府和厦门市财政局的推动指导下,金圆集团设立厦门市产业投资有限公司,整合市级产业引导基金

和市级重大产业项目等资源,以高质量金融服务赋能实体产业转型升级,促进"科技-产业-金融"良性循环。

打造资本"朋友圈"。2015年,金圆集团受托管理厦门市产业引导基金,开创福建省设立政府产业引导基金的先河。在发展过程中,集团稳步推进"母基金+双轮驱动"战略,充分发挥基金"汇聚产业、汇聚资本、汇聚效益、汇聚人才"的作用。截至2024年上半年,管理产业投资基金规模突破1600亿元,发起设立金创战新基金、厦门金圆展鸿股权投资基金等多只市场化私募股权投资基金,总规模近百亿元,带动厦门市注册基金总规模超5000亿元。金圆集团依托厦门市产业投资基金深度联结中金资本、红杉资本、鼎晖投资、高瓴资本、宁德时代、联合资本、惠友资本等80余家头部基金管理机构、产业投资机构、央企及国家级大基金资源,构建了覆盖种子期、天使期、VC(风险投资)和PE(私募股权投资)阶段的基金接力服务,形成全方位覆盖重点发展产业领域、全生命周期支持企业成长的厦门基金生态体系。金圆集团累计支持厦门市国家级专精特新"小巨人"企业26家、省市级专精特新中小企业88家、"双百人才"企业45家、国家级高新技术企业104家、已上市企业12家、累计上市后备企业66家。

搭建产业"生态圈"。作为厦门市培育战略性新兴产业的"先锋队",金圆集团聚焦厦门市"4+4+6"现代化产业体系,充分发挥金融对产业的资金融通、资源整合、价值增值等方面的支持作用,提升产业资源与金融资源对接能力,当好"长期资本""耐心资本""战略资本",推动"科技+产业+金融"良性互动、协调发展。金圆集团先后出资助力引进天马显示(000050.SZ)、中创新航(03931.HK)、士兰微(600460.SH)等重大产业龙头项目,带动厦门平板显示、集成电路、新能源、半导体等产业链聚集发展,形成具有全国影响力的产业链群,持续最久的项目合作时间长达13年。同时,针对战略性新兴产业企业投融资需求复杂多元的特点,集团积极运用多牌照资源,为被投企业提供涵盖债权融资、股权融资、资本市场服务、产业赋能等在内的综合服务体系,实现对产业项目投后管理"扶上马、送一程"的多维支持模式。

以厦门市产业投资基金助推厦门集成电路产业

为例,集团通过优化顶层机制、强化市区联动、提升服务质效等举措,充分发挥金融对产业的资金融通、资源整合、价值增值等方面的支持作用,不断促进产业发展壮大。集团首先以基金育产业,引导和撬动多元资本助力,解决集成电路企业在发展过程中的融资痛点问题,借助参股基金的产业资源优势,解决集成电路全产业链关键环节缺失问题,实现强链补链延链;然后以基金引项目,强化产业招商,围绕龙头以投带招打造产业集群,形成"引来一个、带动一批、辐射一片"的聚集效应;最终以基金促产融,参股基金通过引导社会资本进行后继轮次投资,形成超5倍的资本放大效应,并对被投企业产值、税收、就业拉动成效显著,实现反哺地方经济发展。如集成电路产业服务案例入选《国家产融合作试点城市典型案例集》。

三、系统集成 "财政+金融" 政策矩阵精准帮扶企业

以更优质的金融服务匹配实体经济发展需求,是金圆集团的使命担当,也是推进自身经营高质量发展的关键。近年来,金圆集团持续创新"财政政策+金融工具"服务,精准掌握中小微企业、民营经济的生产经营特点和发展需求,不断解放思想,设计研发普惠金融产品,助力财政政策供给和市场需求紧密结合,撬动社会资本"精准滴灌",不仅为激发市场活力提供有力支撑,更在助推放大财政补助乘数效应、提升施策效能等方面发挥作用。

自2018年起,金圆集团助力厦门市财政局不断创新"财政政策+金融工具"服务模式,统筹发挥"基、股、债、投、贷、租"协同作用,更好地引金融活水为经营主体解难题、强动力、促发展,以市场化运作提高财政扶持、奖补政策的精准度和服务效能,相关典型经验做法得到国务院办公厅通报表扬。其中,包括为企业增资扩产、技术改造和研发创新提供低成本融资的技术创新基金规模500亿元,为企业申请无抵押无担保信用融资进行风险兜底的增信基金规模400亿元,为企业提供无门槛免费"过桥"融资缓解流动性紧张的应急还贷资金,为上市公司化解经营危机的纾困基金,支持厦门先进制造业倍增发展的先进制造业基金规模百亿元,加强供应链企业

上下协同的供应链协作基金规模百亿元,撬动优质社会资本投资城市更新建设的城市建设投资基金首期规模 200 亿元等。仅 2024 年上半年,金圆集团通过技术创新基金、增信基金、应急还贷资金、供应链协作基金等服务企业超 2600 家,批复资金超 160 亿元。集团普惠金融覆盖面持续扩大,已累计支持 1.2 万家企业发展,总规模超千亿元。

与此同时,作为企业综合金融服务的"主力军",金圆集团运营厦门市政企协同服务平台,积极促进数字金融与普惠金融协同发展,实现惠企政策"一键直达"、奖补资金"免申即享";创新"首贷续贷'数字+普惠'新模式",线上线下合力驱动"政银企信"深度合作,破解小微企业首贷难题,入选 2023 年度福建省金融创新项目;负责运营福建最大政策性担保平台,形成中小微企业全方位服务链条;深度对接沪深北交易所厦门基地,提供企业上市培育全链条服务;深耕不良资产综合服务,发挥金融"稳定器"功能,以"重整式破产清算"创新模式深度参与困境房地产企业重整,多措并举助力区域金融稳定。此外,不断提升金融惠民服务水平,推出二手房交易全产业链综合服务品牌——"房屋百事通",为群众提供超千套房产的权证办理、交易咨询等民生服务;成立厦门市农村产权流转交易市场,项目最高增值率达 62%,通过"阳光交易"助农增收。

四、先行先试 "金融+两岸"合作模式 为两岸民间交流探索新路

2011 年,金圆集团因厦门两岸金融中心建设的需要应运而生,"融合两岸"既是初心使命也是奋斗目标。十余年来,集团紧抓福建省建设两岸融合发展示范区的历史机遇,发挥特色优势,在深化两岸金融合作、创新对台金融服务、推进两岸青年文化交流、实习实训等方面持续推出务实举措,在探索两岸融合发展新路上展现时代担当。

以牌照合作促融合。金圆集团于 2014 年在台成立了办事处,先行先试两岸金融合作,成立全国首家两岸合资证券公司——金圆统一证券、全国首家两岸合资消费金融公司——金美信消费金融、福建首家两岸合资公募基金管理公司——圆信永丰基金,是大陆首家具有台资背景的城市商业银行——厦门银行的第一大股东。

以产融结合促融合。2014 年,金圆集团携手台湾联华电子股份有限公司、福建省电子信息集团共同投资建设联芯集成电路厂,项目总投资 62 亿美元,带动一大批台湾省技术人才来厦门聚集。此外,金圆集团联合一批经验丰富的台湾省基金管理团队、台湾省产业龙头企业共同出资设立 9 只涉台参股基金,规模 152 亿元,投向涉台重点产业项目,促进两岸产业链供应链紧密协作,助力在大陆台商健康发展。

以综合服务促融合。金圆集团充分发挥全国台企联副会长单位作用,连续五届承办海峡金融论坛·台企发展峰会,发起设立全国首个"两岸金融产业合作联盟"和"台企金融服务联盟",成为服务台企发展的特色名片。2024 年,金圆集团汇聚金圆统一证券、厦门创业投资有限公司、厦门两岸股权交易中心等联盟成员合力,成功助推台企星宸科技和上海合晶上市,为台企在大陆高质量发展赋能助力。

以心灵契合促融合。金圆集团连续两年合作支持海峡青年论坛,发挥全国青联"台港澳大学生就业创业工作站"、闽港台青年创业平台等机构的优势,建设运营台青金融公寓,为台湾青年在大陆实习实训、创新创业、筑梦圆梦打造全链条资本市场服务生态圈,已累计吸引近千名台籍学生参加两岸青年文化交流、实习实训活动,在探索两岸融合发展新路上迈出更大步伐。

五、多点突破 "金融+绿色" 生动实践助推绿色低碳发展

绿色发展是高质量发展的底色,金圆集团围绕"双碳"目标,积极发展绿色股权投资、绿色基金、绿色信托、绿色担保、绿色信贷等绿色金融产品和服务体系,有力支持传统产业绿色改造升级和绿色新兴产业发展壮大。

金圆集团打造"厦绿融"数字识绿平台,让绿色企业获得精准滴灌。平台依托"大数据+绿色金融"模式开展绿色融资企业及绿色融资项目的识别、认定和融资对接服务,引导金融资源更加精准地对低

碳转型、绿色产业和蓝色经济进行滴灌,助力厦门市绿色信贷余额同比增长50%以上。截至2024年上半年,已实现223家绿色融资企业及52个绿色融资项目入库,入库项目每年可实现碳减排超7万吨,库内主体累计获得绿色贷款超424.7亿元。2022年,金圆集团"'厦绿融'数字化绿色金融服务平台""厦门市绿色低碳增信子基金""农业碳汇助力乡村振兴模式""厦门市海洋碳汇交易机制"4个项目入选2022年福建省绿色金融改革创新成果。

搭建交易平台,让绿色要素资源配置优化。金圆集团设立全国首个农业碳汇交易平台、全国首个农业碳汇服务驿站,累计完成农业碳汇交易28万吨;打造全国首个海洋碳汇交易平台,实现海洋碳汇交易突破17万吨,占全国"蓝碳"市场一半以上,相关工作成效作为习近平生态文明思想"厦门实践"的典型经验被《人民日报》、央视等媒体集中报道;在全国率先制定发布农村ESC(环境、社会和乡村治理)标准体系,完成"一带一路"航线碳中和及金砖国家中欧班列碳中和;完成全国首批水土保持碳汇交易,成功落地首批"闽宁协作"农业碳汇交易;创新发放

国内首张台胞《轻装减碳证书》,打造的全国首批"零碳台青基地"成为2023年闽台融合之路的重要时刻之一。

成立13年以来,金圆集团聚焦主责主业,着力增强核心功能,提高核心竞争力,打造拳头产品,全国展业步伐加快,专业化能力持续增强,综合金融服务优势不断巩固,服务实体经济质效大幅提升。集团上榜中国服务业企业500强;产业投资基金案例入选全国财政系统教育培训教材;增信基金、技术创新基金入选全国金融服务中小微企业优秀案例;厦门创投多次入选"中国政府引导基金TOP10";厦门国际信托连续七年获评证券时报"区域影响力信托公司";金圆统一证券荣获"年度卓越REITs财务顾问";圆信永丰基金荣获"中国证券报金牛进取奖"等。

未来,金圆集团将以全国一流的综合性金融服务商为定位,以高质量发展为主线,突出"比金融更懂产业,比产业更懂金融"的差异化发展路径,构建多元化接力式金融服务体系,加快发展新质生产力,持续优化创新生态,不断夯实金融主业,助推产业转型升级,助力高质量发展。

优化产业布局　深化改革创新
加快打造国内一流的地方综合性国企集团

无锡市国联发展(集团)有限公司

无锡市国联发展(集团)有限公司(以下简称国联集团)成立于1999年,是无锡市人民政府出资设立的国有资本投资运营和授权经营试点国企集团,注册资本为83.91亿元。近年来,国联集团坚持党建引领,努力对标一流,加快创新转型,保持快速健康发展态势。2023年,国联集团完成营业收入260亿元、实现利润40亿元。截至2023年年末,国联集团总资产为2036亿元、净资产为537亿元,位列2023年度"中国服务业500强企业"第247位。

一、加快创新转型　持续优化产业布局

按照高质量发展要求,加快创新转型,不断争先创优,提升"金融、实业、投资"产业布局协同的核心竞争优势。一是聚焦做优做精金融。集团竞得民生证券30.3%股权并获批成为第一大股东,建设国联上海金融中心,增强服务功能,成功发行全国首单银行间绿色商务写字楼类REITs;国联证券股份有限公司首次入选证券公司"白名单",收购中融基金75.5%股权并更名为"国联基金",获批设立资管子

公司,取得公募基金牌照;国联信托股份有限公司完成规模为 123 亿元的全国首单破产清算领域内破产服务信托业务;国联期货股份有限公司保持 A 类 A 级评级,客户权益和业务规模显著提升;江苏资产管理有限公司落地首笔创新类股权投资、首单"共益债",助力远程股份实现"摘帽"重回发展正轨;无锡联合融资担保股份公司加快"465 产业贷"等"1+5"特色创新业务推进;无锡产权交易所成立省内首个破产重整企业服务平台和无锡首家碳交易能力建设服务中心。二是聚焦做大做强实业。无锡华光环保能源集团股份有限公司下线电解槽产品进军规模化电解水制氢新赛道,热电板块跻身行业前三,作为全省获选的两家国企之一入选国务院国资委"创建世界一流专业领军示范企业",下属无锡国联环保科技股份有限公司入选国务院国资委"科改示范企业"名单;无锡一棉纺织集团有限公司入选工信部"2023 年度智能制造优秀场景",全方位数智赋能特高支纱产业化管理成果荣获"全国纺织企业管理创新成果"一等奖,企业 100s 及以上特高支产品市场占有率保持全球第一;普瑞光电(厦门)股份有限公司成功认定"国家级企业技术中心",SMD(表面贴装器件)封装产品市占率跃居全国第一,COB(板上芯片封装)全球市占率排名前二;无锡市大数据集团有限公司正式发布全省首家数据资产服务平台,并上线"无锡算力公共服务平台",江苏太湖云计算信息技术股份有限公司获评"江苏省 2023 年'专精特新'中小企业"。三是聚焦做深做实投资。无锡市创新投资集团有限公司加强"募投管退"全流程管理,参与管理基金总规模超 2400 亿元,荣获"清科 2023 年中国国资投资机构 50 强";主动融入区域重大战略,与香港新世界集团签订战略合作协议,建设无锡香港科创中心。锡洲国际完成国联新华、国联招证两只美元基金落地,积极融入长三角一体化和粤港澳大湾区发展。

二、深化改革发展　不断激发企业活力

国联集团以完善中国特色现代国有企业制度为目标,以市场化为导向,进一步夯实持续健康发展基础。一是优化集团管控体系。国联集团按照现代企业治理要求和分类授权原则,强化战略引领和闭环管理,完成"十四五"发展战略中期修编,梳理形成集团治理主体权责清单,规范决策程序。推动一级子企业层面改革深化落地,明确发展目标定位,厘清公司治理主体的权责边界,建立完善相应配套管理制度,推动制度优势转化为治理效能。围绕"3+1+N"总体框架提升"数字国联"建设速度,提升现代企业管理效率。二是加快市场化改革。无锡华光环保能源集团股份有限公司提速"引战增资",在省内率先以公开征集方式转让国有控股上市公司股份,成功引入国调基金、紫金保险等战略投资者,国联人寿保险股份有限公司、江苏资产管理有限公司、国联财务有限责任公司完成新一轮增资,普瑞光电(厦门)股份有限公司完成股份制改造,积极筹备上市。无锡国联环保科技股份有限公司、国联江森自控绿色科技(无锡)有限公司、无锡一棉纺织集团有限公司、国联期货股份有限公司加快上市步伐,提高资产证券化水平。三是推进持续稳定发展。国联集团抓好集团风险管理,构建全面风险管理"三道防线",建立风险分类管理机制,深化子企业风险、合规双线汇报和双线考核管理,形成上下贯通、闭环管理的风险管理体系。集团筑牢安全生产底线,紧盯在建工程、危化品、厂中厂等重点项目和专项行动的风险管控,实现集团安全生产整体形势持续平稳可控,连续三年蝉联全市"安全生产月"活动"优秀单位"称号。

三、积极服务地方　体现国企责任担当

国联集团始终坚持在高质量发展中践行国企担当,办好民生实事,承担社会责任,服务无锡经济社会发展。一是助力产业强市。集团发起设立总规模为 200 亿元的无锡上市公司高质量发展基金、集成电路产业基金、新能源产业基金和生物医药并购基金,构建"1+5+N"重点产业系列基金集群。集团深化与央企、金融机构合作,各签约总规模 100 亿元的工融锡创基金和国风投生物科技基金,牵引昕感科技等总投资额 380 亿元的重大产业项目落地。集团荣获"2022 年度无锡市招商护商先进集体"。二是培育新质生产力。完成大数据集团组建,成立"无锡

新型城市算力中心"，上线无锡算力公共服务平台和全省首家以企业数据资产化服务为核心的平台，加速数据要素和资源向无锡集聚，助推数字经济。发挥无锡市人才集团"城市HR"作用，在中国香港及新加坡设立平台招才引智，引进落地科创项目3个，海外引才有效申报数量21个，城市猎头联盟机构和个人数量达50个，太湖人才发展基金形成了"1+7"母子基金布局，引入更多人才、资金、资源，服务无锡人才发展。同时，集团筹建医疗健康集团，助推无锡市医疗健康产业发展。三是强化金融服务。发挥综合金融平台作用，无锡联合融资担保股份公司通过"专精特新贷"等产品累计服务企业52户，金额超5.8亿元；慈善信托新增11笔，落地6笔，总规模近亿元；华英证券助力两家无锡企业在北交所上市，协助地方债券融资规模超170亿元；征信公司"容易贷"总计授信金额超34亿元，"锡信码"产品协助用户贷款超1.3亿元；灵锡累计发放数币消费券24万张，拉动线下消费约5500万元，覆盖全市商户超200家。四是服务社会民生。国联人寿主承保的"医惠锡城2024"升级7大普惠功能，办好惠民实事。国联集团推进"锡企服务平台建设"，全年完成企业入库114万家，归集各级惠企政策4000余条。集团加快市重点民生工程惠联餐厨废弃物处置扩建项目建设，已进入带料调试阶段，助力城市更新；推动下属垃圾电厂和固废处置项目安全稳定运行，全年处置垃圾95.15万吨，协同处置藻泥、餐厨废渣、污泥等共6.29万吨，提升居民生活垃圾处置能力，助力绿色无锡建设。

四、提升党建质效　引领高质量发展。

国联集团坚持党的领导，加强党的建设，推动与生产经营深度融合，以高质量党建引领集团高质量发展。一是筑强基层堡垒。专题研究部署全面从严治党工作，压实各级责任，放大党建乘数效应。成立大数据集团党委，调整优化基层党组织设置，党支部

100%达标基准型，2个党组织获评市创新型。严把党员"入口关"，全年发展党员33名。上线"智慧党建"系统，开展"书记项目"揭榜挂帅，推动提质增效，3个党组织及9名个人获评市国资系统"两优一先"。二是抓牢意识形态。建立年度意识形态工作责任制清单，专题研究意识形态工作，举办意识形态工作培训班，加强意识形态阵地的建设和管理，牢牢把握意识形态工作的领导权和主动权。在主流媒体《新华日报》、学习强国、《无锡日报》等加大宣传、扩大影响。全年党政信息录用领跑全市国企，获全市党政信息先进单位一等奖。三是强化队伍赋能。坚持党管干部、党管人才与发挥市场机制作用相结合，深入推进集团"1+12+X"干部人才制度建设，树立重品行、重实干、重业绩、重担当的鲜明用人导向，营造奋进氛围，推动争先进位。选派11名年轻干部到服务产业强市、改革攻坚一线项目化挂职，举办财经、法律等专业沙龙12场。优化干部队伍结构，打造高素质干部人才队伍，集团中拥有C9和QS50高校背景的人员累计600余人、硕士及以上学历近2000人。四是推动融合发展。开展"两联三同"产业链党建共建，深化"365智慧链"党建品牌提升年建设，与200多家共建单位深化合作，扩大品牌效应，获评"全国企业党建优秀品牌"。发布"三联一汇"统战品牌，成立集团党外知识分子联谊会和欧美同学会，获"无锡市留学人员金融创新实践基地"授牌。加强企业文化建设，开展"大手牵小手　小手手拉手"等形式丰富的群团文体活动，加大困难职工帮扶，深入推进产改、关工委工作，凝聚发展合力。五是构筑廉洁防线。制定《关于推进"清廉国联"建设助推集团高质量发展的实施意见》，打造"清廉国联"廉洁文化品牌。开展"5·10思廉月"活动，讲授廉政党课，强化廉政教育。强化重点监督，严肃查处违法违纪行为，以案促改、以案促治、以案促建。加强"数字"监督，协同构建"大监督"体系，保障集团持续健康发展。

共筑产业生态圈　共谋城市新发展
助力唐山市沿海经济带高质量发展

唐山国控集团有限公司

唐山国控集团有限公司（以下简称唐山国控集团）于2022年4月注册成立，系唐山市国资委下属国有独资公司，注册资本金为202.56亿元，总资产规模约1985亿元。

作为唐山市属综合性大型城市基础设施投融资及国有资产运营主体，唐山国控集团紧紧围绕市委、市政府赋予的"国有资本投资公司、城市综合服务运营商、地方产业引导投资商"的使命定位，聚焦深化国有企业改革，持续推进经营管理放权与授权、业务结构优化、资产监管机制建设，统筹唐山市沿海经济带国有资产、资金、资源，承担保障民生、引导产业投资和产业导入的职能，倾力肩负起助力唐山市沿海经济带高质量发展的重任，努力实现由"管资产"向"管资本"转变，打造城市发展和企业发展的双赢新格局。

一、城市建设运营

唐山国控集团累计完成围海造地面积234.23平方千米，完成土地一级开发面积60.06平方千米，完成路网建设441.18千米，其中收费性公路总里程合计182千米，完成铁路建设总里程107千米，形成了较为完善的现代交通体系。建成工业厂房总建筑面积69.92万平方米，住宅、写字楼、酒店等商业房产总建筑面积183.19万平方米。拥有曹妃甸工业区及曹妃甸新城供热、供水、燃气及排水的特许经营权，可实现供水能力8.5万吨/天，供热能力1800万平方米/年，污水处理能力9.35万吨/天，海水淡化项目年淡化水量超2600万吨。

随着城市框架基本形成，区域发展正逐步从大规模开发建设阶段转入建设经营并重阶段。唐山国控集团将围绕居民安居乐业、企业创新发展和环境可持续发展要求，全面提升城市综合运营水平，有力支撑以曹妃甸为核心的唐山沿海经济带打造"近者悦远者来"的优质营商环境、生活环境和生态环境。

二、产业投资

唐山国控集团围绕特色主题产业，配套建设专业产业基础设施、搭建产业生态圈，最终形成"主题产业＋基金＋园区"的模式，开展产业构建和产业运营。

唐山国控集团充分发挥政府引导作用，构建涵盖能源、生产制造、生态环保、商业服务、现代农业、海洋等为主的产业投资结构，实现新旧动能转换，推动地方特色产业升级。目前已完成控股唐山三友集团，并拥有三友化工（600409.SH）、泰坦能源技术（02188.HK）两家上市公司，入股河北港口集团、河北金融租赁有限公司、新天LNG等省内知名企业；与河北建投共同谋划申报风光耦合制氢新能源项目，合资成立国投（唐山）煤炭储运公司，有序推进煤炭储运基地国储项目，与其他投资者共同打造北方煤炭商业储备示范基地，助力区域能源结构优化；稳定发展金融贸易产业，依托区域政策、资金、资源等优势，在控制风险的前提下，有效推动区域产业集群快速发展，积极融入企业供应链，增加市场份额，进一步提升企业运营能力和盈利能力。

三、临港产业

唐山国控集团强化交通物流基础设施和港后集疏运设施与贸易业务的深度协同，充分发挥贸易货权把握优势,打造以真实贸易和贸易货权为核心的金融资本综合服务体系,形成"贸易流通+贸易加工+供应链金融服务"综合业务经营模式。

唐山国控集团利用港口设施、货源与航线资源优势,承担国家煤炭储备、矿石储运基地、铁路及大宗商贸物流等重大项目;推动贸易货种多元化,在传统大宗贸易结构的基础上,探索向服务贸易转变新思路,根据客户不同需求,提供运输、仓储物流、集港、拆包等综合服务,全力打造区域一流的贸易综合服务商,2024年上半年累计完成贸易额约95亿元。同时,集团整合港口资源和服务链,布局港后产业,谋划综合服务中心、海上服务区等特色港口服务业项目,为未来产业发展奠定坚实基础。

四、新能源开发

唐山国控集团从统筹区域能源开发和安全的高度,按照全市对新能源资源总量和开发路径的统一部署,发力海上风电和光伏等优势资源领域,打通氢能"制储运加"关键环节,投资运营示范性新能源项目,打造"能源项目投资开发建设+氢能全链条综合发展"的发展模式。

唐山国控集团目前在风力发电、光伏发电、充换电站运营、绿电储能、海陆风光发电耦合制氢等领域均实现阶段性突破,并拥有区域内新能源项目的优先开发权。关于汽车充电板块,集团已建、在建乘用车充电场站31座,2024年将持续推进曹妃甸区镇域充电基础设施全覆盖。商用车充电方面,目前在曹妃甸主要交通干道及重要物流节点已建、在建16座商用车充电站。在新能源发电板块,完成分布式光伏总装机量不少于150兆瓦、集中式光伏总装机容量不少于2吉瓦;完成海上风电总装机量不少于300兆瓦,其中东南海堤及基地风电装机容量148兆瓦。在氢能板块,未来计划完成不少于50座加氢站建设,并以租赁形式推广氢燃料电池车800台以上。同时,持续推进液态空气储能示范、中心换冷站等项目,重点发展基于LNG冷能利用的液态空气储能、空气分离、冷库冷链、大数据中心及其上下游的装备制造产业,其中唐山LNG储运基地项目预计未来5年新增LNG接卸量约1200万吨/年,助力全市经济社会发展绿色转型。

五、现代农业

唐山国控集团拥有30多万亩水田和大量养殖水面,其中包含22块盐田、5块内陆滩涂养殖场、7块水库养殖水面、80余块水田农业用地,隶属于七个农场、两个养殖场。

集团以"资源整合"和"支持产业链延伸"为主要路径,进一步深化农垦改革,整合曹妃甸区域内农田、水域、海域等优质农业资源,联动产业链上游种植和养殖,打造集聚农产品精深加工、贸易流通企业的农业产业化平台,有力支撑京津冀农产品供应保障基地定位。未来,基于农业滩涂的生态治理,通过农业EOD(生态、环境导向的开发模式)等实现农业绿色开发,同时深化农业产业与政策性金融等的深度合作。

六、强化风险防范

唐山国控集团坚持"防风险、保运转、促发展"工作主线不动摇,从规章制度、融资、投资、合规和纪律等多方面持续强化风险防范。先后取得了中诚信国际、大公国际、联合资信3家主流评级机构"AAA"主体信用评级,标普中国"AA"主体信用评级,远东资信ESG 4星评级,进一步增强了资本市场对集团的信心;同时大力拓展银行等基石投资者队伍,2023年下半年,债券发行创集团2013年以来发行同期限债券的历史新低,其中3笔债券利率实现进入2+,综合成本下降超过50%,大大减轻利息支出;与金融机构合作更加广泛,业务基本覆盖唐山地区银行,并与近半数的券商、20余家保险资管、4大资管公司等机构建立长久的联络机制,抗击风险能力不断增强。

在规章制度方面,集团持续建立完善各级各类规章制度、流程指引和相关标准,使规章制度成为风险防控的首道防线。在融资方面,保增量与调结构、降成本并重,紧盯政策走向,抢抓市场机遇,稳健推进融资防风险工作。在投资方面,充分发挥集团防风险中枢作用,通过把牢项目准入关口,推动落实风险管控工作。在合规方面,推行监督与管理并重的财务风险管控模式,完善集团内部审计体系建设,加强集团合规管理,健全合规管理制度,防范可引发法律责任或造成经济及声誉损失的合规风险。在纪检监督方面,建立纪检监察、监事会、财务总监、内部审计、风控、内控协同联动的监督体系,健全"决策—执行—监督"相分离、相制衡的管理制度体系,构建权力监督新模式。

七、深化内控管理

唐山国控集团根据自身业务特点和发展需求,从战略高度为公司发展谋篇布局,持续深化企业改革,建立健全涵盖各个环节的内部控制管理体系,提升企业科学经营能力和内生发展动力。

集团按照新时代新一轮国有企业改革要求,结合自身直管企业实际情况,深入分析主营业态,完成重点主业布局及《唐山国控集团高质量发展规划》编制工作。同时,持续加大对主营主业和前瞻性战略性新兴产业的投入,推进产业结构优化和转型升级,形成以城市建设运营和产业投资为基础、新能源新材料为特色、港后产业等为支撑的竞争性主营业务。

唐山国控集团持续完善"三重一大"决策制度,加快推进风控体系建设,查短板补漏洞,明晰负面清单,夯实经营发展体系保障;以经营业绩目标为导向,建立绩效考核体系,科学设置评价标准,强化压力传导,进一步打通员工晋升通道,完善中层干部任用考核机制,建立能进能出、能上能下、标准清晰的人才队伍建设体系;实行资金统筹、债务动态平衡管理,制定还本付息与资金需求计划,确保资金支出与资金来源相匹配,收支动态平衡,有效防范刚性兑付风险。

八、坚持党建引领

唐山国控集团不断推动党的领导与公司治理深度融合。进一步完善党委工作制度,规范党委决策内容和流程,强化党委会研究讨论作为董事会决策的"前置程序",构建会前论证沟通、会中民主决策、会后执行监督工作机制,持续稳固党委引领企业发展的良好局面。

集团实施"领航工程",把党风廉政建设和全面从严治党工作纳入集团总体布局,建立健全党委统一领导、班子齐抓共管、纪委主抓常抓、部门分工负责的工作机制;实施"铸魂工程",始终把意识形态摆在重要位置,高质量运营"曹妃甸国控集团强国号",全年累计刊发稿件 1825 篇,依托"夜间小课堂""车间小课桌""职工图书室"开展党的创新理论宣讲 50 余场,受众职工超过 2300 人次;实施"强基工程",深化基层党建示范引领三年行动,分别打造了"5S 服务""1+2+N""零距离服务"等党建品牌;实施"阳光工程",纠"四风"和树新风并举,通过工作督办、谈心谈话、警示教育等形式,增强全体党员干部遵规守纪、崇廉拒腐的自觉性和坚定性。

未来,唐山国控集团将贯彻落实唐山市委、市政府的部署要求,坚持立足唐山沿海经济带高质量发展,发挥好国有资本紧跟政策、服务大局、造福人民的作用,打开多元资源整合与多元产业投资布局的新局面,在奋力谱写的中国式现代化建设河北唐山篇章中担重任、挑大梁。

增强国有资本运营公司核心功能
在推动发展新质生产力上积极担当作为

广东恒健投资控股有限公司

广东恒健投资控股有限公司(以下简称恒健控
股公司)成立于 2007 年,是经广东省政府批准设立、由广东省国资委履行出资人职责的国有独资公司，是广东省重大战略投资平台和省级国有资本运营公司。截至 2024 年 6 月末，公司总资产 4751 亿元，净资产 2156 亿元，是广东净资产规模最大、资本实力最雄厚的省属企业之一，具有境内信用等级"AAA"级，获得三大国际评级机构高级别评级；持有 8 家央企、省属企业股权，共有 10 家二级企业、30 余家全资控股企业、110 多家参股企业。近年来，恒健控股公司深入学习贯彻党的二十大和二十届二中、三中全会精神，坚决落实广东省委"1310"具体部署，以资本运营和专业金融服务为手段，引导和带动社会资本服务实体经济，推动国有经济布局优化和结构调整，助力广东战略性产业集群建设。公司通过持续深化国有企业改革，不断增强核心功能、提升核心竞争力，切实以金融赋能服务实体经济高质量发展。

一、围绕增强核心功能 提升公司战略定位 积极落实国家和省重大战略部署

恒健控股公司始终坚持"服务国家战略、赋能产业升级"的企业使命，近年来公司战略定位提升为"广东省重大战略投资平台"，结合省级国有资本运营公司的功能定位，进一步明确了工作导向，即围绕广东省委、省政府重大部署开展资本运营，以高质量投资赋能广东省高质量发展。公司围绕粤港澳大湾区建设、"制造业当家""百千万工程"、科技创新强省建设等国家和广东省重大战略分别设立了相应的基金体系，累计发起设立的基金认缴规模超 1800 亿元，支持了中兴通讯、明阳智能、TCL 华星光电等一批前沿科技企业在关键发展阶段取得突破，积极打造战略性产业集群。

（一）支持粤港澳大湾区建设，组建运营粤澳基金、横琴投资公司

通过粤澳基金支持大湾区重大基础设施建设。2018 年，在广东省人民政府和澳门特区政府的共同推动下，恒健控股公司和澳门特区政府金融管理局签约设立广东粤澳合作发展基金。截至 2024 年 6 月末，粤澳基金累计投资项目 30 余个，实现投资规模超 200 亿元，重点投向有利于粤澳两地经济民生的

优质基础设施项目及新能源、节能环保产业、5G 等新型基础设施项目，有力促进了粤澳两地的合作发展，取得了良好的政治、社会、经济效益。同时，恒健控股公司基于旗下广东省建筑设计研究院集团股份有限公司的建筑设计专业优势和粤澳基金资本优势，结合公司与央企及广东省内国资国企的密切联系，打造"粤澳基金+省建院+央企/国企"基础设施建设联合体模式，进一步推动湾区互联互通。

聚焦支持横琴深合区建设，牵头组建横琴粤澳开发投资公司。2024 年 4 月，按照广东省人民政府部署，落实《横琴粤澳深度合作区建设总体方案》，恒健控股公司牵头、粤澳两地共同出资组建横琴粤澳开发投资有限公司，注册资本为 200 亿元，以投资横琴、投资"四新"产业项目为重点，通过实业投资、股权投资、资本运营、资产管理等专业化运作，推动琴澳一体化发展，助力合作区打造成为促进澳门经济多元发展的新平台和推动粤港澳大湾区建设的新高地。2024 年 9 月，横琴投资公司完成首个重大项目（跨境电商及文旅产业项目）20 亿元资金的投放。

（二）服务"制造业当家"，发起设立上市公司高质量发展基金、工业招商基金

广东省委十三届二次全会提出，要突出制造业当家，在新的高度挺起广东现代化建设的产业"脊梁"。广东省委、省政府《关于高质量建设制造强省的意见》提出，要巩固提升十大战略性支柱产业，培育壮大十大战略性新兴产业，打造一批世界级先进制造业集群；要培育新增 3~4 个万亿元级战略性产业集群及 4~5 个超 5000 亿元级战略性新兴产业集群。"再造一个新广东"。恒健控股公司发挥省级国有资本运营公司战略性新兴产业孵化、助推作用，积极支持培育打造战略性产业集群。

组建 200 亿元广东上市公司高质量发展基金，围绕支持各地市战略性产业链主企业上市公司快速做大规模、做优资产，恒健控股公司以并购、重组、产业孵化等形式支持上市公司做强做优做大，促进战略性产业延链补链强链和创新发展。目前，已完成广州、中山、顺德、东莞、南海等地上市公司高质量发展基金设立运作，与广州国资合作设立规模为 100 亿元的广州新质生产力产业高质量发展基金。2024

年,公司支持某上市公司落地超百亿元规模的产业并购项目,并购完成后,该上市公司有望跃升至A股第一、行业前三,业务规模和行业地位大幅提升,有力带动该产业规模化、集约化发展。

组建200亿元广东战略性产业促进发展基金,服务广东各地市落实省委、省政府"大招商、招大商"部署,聚焦20个战略性产业集群建设,以投资增量项目为主,通过为地市重点产业招商引资项目提供投资研判、配套资金等,助力广东省引入战略性产业链的缺失环节,培育世界级产业集群。当前公司已在广州、珠海、汕头等12个地市开展招商引资工作,建立定期联系和项目筛选机制,对接调研各地市招商项目上百个;协助省政府取得招商引资重大成果,吸引外资项目落户广东。

(三)服务农业供给侧结构性改革、"百千万工程",组建运营广东省农业基金、省县域经济基金、省种业集团

按照省政府部署,2017年年底,恒健控股公司发起设立广东省农业供给侧结构性改革基金。截至2024年7月,农业基金累计形成管理规模逾270亿元,落地投资项目64个、资金投放达88.55亿元,投资覆盖广东省41个县区,涵盖农业产业链各环节,为服务广东经济高质量发展、强化现代乡村产业基础积累了运作经验。2022年,公司依托广东省农业基金组建了全国首只50亿元省级预制菜产业发展引导基金——广东省预制菜产业发展投资基金,相继投资支持预制菜产业链各环节企业超过10家,累计投放金额近15亿元,助力广东省预制菜产业高质量发展。

落实"百千万工程",恒健控股公司联合农银投资公司发起设立100亿元广东省县域经济高质量发展股权投资基金。该基金将充分挖掘粤东西北农业多样性资源禀赋,抓好特色产业发展、资源整合对接、典型项目落地,着力打造广东省实施"百千万工程"的政府招商平台、产业培育平台、资源整合平台和城乡融合基础平台,积极引入国内外农业龙头企业重点项目落户广东,助推粤东西北打造10亿元级县域特色产业。

落实种业振兴和"粤强种芯"工程,恒健控股公司牵头组建了广东省种业集团,发起设立种业振兴基金,已出资10亿元支持中芯种业公司打造畜禽种业标杆企业;推动华南农业大学、广东省农科院等合作方的优质种业资源作价入股种业集团,以华农大种业公司为依托加快开展广东省内外水稻育种领域的并购整合;牵头组建种业创新研究院,创新种业科技体制机制,打造种业科技创新及成果转化平台。探索打造种业产业交易大数据平台,为种业发展提供专业的数据服务或解决方案。

服务海洋牧场建设,恒健控股公司组建50亿元的广东湛江海洋牧场产业发展私募股权投资基金,正在积极推动子基金组建及项目储备,优化延伸补强海洋渔业产业链条,助力打造广东海洋牧场"湛江样板",为"海上新广东"建设增添"蓝色动力"。

(四)围绕高水平科技自立自强,打造创新联合体基金,贯通产业链、创新链、资金链,有效支持科技成果转化

为落实习近平总书记关于"加快实现高水平科技自立自强"重要讲话精神,服务创新强省建设,恒健控股公司发起设立100亿元广东省创新联合体引导基金,以及10亿元的广州市产业科技创新基金,通过资本纽带聚集产业创新要素资源,全力支持掌握核心技术的链主企业,并联合上下游产业链企业,共同打造创新联合体,培育创新生态,提高科技成果转化率和产业化率。目前公司正在联合相关链主企业共同推进智能CXO创新联合体、空天智能创新联合体、南沙种业创新联合体等重点项目。

二、围绕提高核心竞争力 着力优化商业模式 积极发挥国有资本运营公司连接政府和市场的独特优势

近年来,恒健控股公司一直探索提高核心竞争力,更好发挥国有资本运营公司作用。总体思路是围绕中央和广东省重大决策部署,结合自身资本运营专业优势,设计符合市场规律的资源整合型基金商业模式,通过为产业链创造价值保障资金链安全,同时达到促进产业发展和带动资本的目的。

要围绕产业链的核心企业开展资本运营,促进

产业发展要素向核心企业集聚。近年来,恒健控股公司在不断推进商业模式优化的过程中发现,产业链核心企业的引领带动是实现产业链整体提升的关键。公司逐步形成了"围绕核心、聚集资源、以点带面、塑造生态"的业务路径,通过对核心企业的投资赋能产业整体升级发展。以创新联合体构建为例,公司正联合南沙区共同支持某龙头企业牵头打造智能生命健康及新材料创新联合体,建设数字化智能化生物医药及新材料研发平台,充分吸引生命健康及新材料产业链上下游集聚,加速"AI+自动化"等前沿技术深度赋能产业研发及成果转化。

要构建多层次的基金架构体系,激发各类资源赋能产业发展的效果。恒健控股公司通过与产业企业、金融机构、科研机构等相关方联合设立基金,发挥国有资本引导带动作用,以基金资本为纽带,有效聚集产业要素资源,赋能产业链链主企业加快发展和产业升级发展。如广东省创新联合体基金作为基金体系的母基金,为创新联合体提供了总体的资金支持和战略规划,还扮演着与政府、社会资本对接的重要角色,充分彰显国资引领作用;在母基金体系下,还将根据广东省内战略性产业分布和不同地市的资源禀赋,设立子基金和项目基金,支持省内各地创新联合体的建设和发展,实现对特定领域和重点项目的精准投资。

恒健控股公司将继续深入实施国企改革深化提升行动,进一步增强核心功能,提升核心竞争力,不断提升服务国家和广东省重大战略能力,加快打造一流国有资本运营公司。

广州农商银行聚焦"一个定位、五大服务"
坚定不移走好特色化发展之路

广州农村商业银行

作为本土金融主力军,广州农村商业银行(以下简称广州农商银行)坚定践行金融工作的政治性、人民性,深入贯彻落实广东省"1310"具体部署、广州市"1312"思路举措,聚焦"一个定位、五大服务",主动融入和深度参与中国式现代化的"广州实践",坚定不移走好特色化发展之路,在推进金融强国建设和省、市经济高质量发展大局中当好金融服务"排头兵"。

营发展取得新进步。2023年年末,广州农商银行集团总资产为1.31万亿元,位居全国农商行前列,存款总额9471.86亿元、贷款总额7089.09亿元,综合实力位居全球银行第159位、中国银行业第31位,荣获"乡村振兴突出贡献金融机构""卓越竞争力中小企业服务银行"等奖项,以便捷、优质的金融服务与市民共创美好生活。

一、坚守支农支小定位　深入践行"金融为民"理念

作为从桑基鱼塘走出来的农村金融机构,广州农商银行始终坚守支农支小发展定位,坚定践行服务实体经济本职本分,在与实体经济的共生共荣中助力强国建设。

近年来,广州农商银行深入践行"金融为民"理念,稳妥推进经营管理模式、全面风险管理、选人用人、薪酬与绩效考核四大改革创新措施,推动全行经

二、服务重大战略　积极融入湾区建设

风起南沙,潮涌湾区。广州农商银行紧密围绕国家政策导向,积极出台贯彻落实《南沙方案》的工作方案,全面提升综合金融服务能力,积极融入湾区建设。强化对湾区实体经济的金融支持力度,充分运用银团贷款等方式,支持广州港四期、广汕铁路等湾区基础设施建设,将"金融血液"引入"湾区之心";通过全资子公司珠江金融租赁有限公司围绕高端制造、节能环

保等重点方向提供金融支持,助力高端制造业"上天出海";全力支持南沙"海洋经济"发展,创新推出"乡村振兴农业贷",为南沙现代化海洋牧场建设引金融活水,助力打造"蓝色粮仓"。

2023年年末,广州农商银行向南沙区企业投放贷款规模超200亿元,支持企业供应链融资规模超100亿元,累计助力南沙区近700家小微企业发展,为粤港澳大湾区高质量发展贡献金融力量。

三、服务"三农"发展　全力助推"百千万工程"

服务"三农",金融先行。广州农商银行以头号力度推动"百千万工程"落到实处,部署做强农业金融、做优农村金融、做精农民金融三大举措,因地制宜打造服务乡村振兴的"农商模式"。突破传统思维,坚持产品创新,推出"土地承包经营权抵押贷"等产品,破解土地流转和抵押授信等农村集体建设用地开发难题;结合村社产业特色,推出"花卉种植贷""水产养殖贷""盆景贷"等产品,精准助力特色产业发展,激发农村金融改革活力。

广州农商银行充分发挥网点金融覆盖面居全市前列的优势,为广州市1302个村社提供结算、投融资等各类金融服务,覆盖率近100%,将金融服务送至田间地头"最后一公里"。在广州农商银行的金融支持下,美丽乡村新图景在南粤大地遍地开花。花都炭步镇塑头古村、从化生态设计小镇、从化越秀风行国家级田园综合体等项目,均获得较高的生态效益、经济效益和社会效益;在增城,瓜岭村成为岭南古韵水乡特色文旅区和旅游特色村,"森林海"项目让废弃矿坑变身为"绿水青山",使偏远农村化身为网红文旅小镇。

截至2024年3月末,广州农商银行涉农贷款余额近450亿元,涉农客户数量超3.5万户,累计对接"百千万工程"重点项目71个,授信总额近100亿元。

四、服务绿色企业　绘就"绿美广东"新画卷

广州农商银行全面贯彻绿色发展理念,优化资源配置,推动产品创新,加大绿色低碳产业金融支持力度,赋能绿美广东生态建设。

广州农商银行坚持从战略高度推进绿色金融,先后发布绿色授信政策、环境信息管理、业务标识管理、考核激励、贷款定价等配套政策,打造"1+1+N"的绿色金融政策体系;持续创新绿色金融产品服务,推出"绿色+消费",升级"绿色+信贷",拓宽"绿色+融资",发行"金米绿色低碳卡",推出"金米绿企贷",推动绿色债券投资、绿色债券承销、绿色票据等业务发展;锚定节能环保、清洁生产、清洁能源、生态环境、基础设施绿色升级、绿色服务等重点产业领域,加大信贷投放力度,助力打好蓝天、碧水、净土保卫战。

为提升绿色金融服务质效,广州农商银行于2022年7月将原花都支行升格为绿色金融改革创新试验区花都分行,2023年先后在花都分行营业部、佛山分行营业部落地2家"零碳网点",2024年成功获得碳减排支持工具,在落实"双碳"目标方面迈出重要步伐。

截至2024年3月末,广州农商银行绿色贷款余额超480亿元,较年初增长近20亿元,服务绿色贷款客户566户;绿色贷款规模近三年复合增长率超60%,成功入选2023年度广东绿色金融改革创新案例。

五、服务小微客户　书写"普惠金融"大文章

广州农商银行坚守服务中小微企业主责主业,实施中小额资产业务"三千亿工程",力争2~3年内实现中小额公司信贷业务、普惠小微业务和零售信贷业务规模各达1000亿元,着力打造核心竞争力及优质品牌。

广州农商银行用好用足支小再贷款政策,破解小微企业"融资贵"难题。该行2023年投放111.5亿元支小再贷款、规模居广东省第三位;用好首贷贴息政策,积极拓展小微企业首贷户,有效提高普惠小微支持覆盖面。2023年,该行小微企业贷款平均利率较2022年下降12个BP,助力小微企业降低融资成本。

广州农商银行聚焦特定群体、特色产业打造定制化、综合化金融服务方案,以务实举措缓解小微企业的"融资难"。针对新市民群体,推出"金米·新市民经营贷",放宽准入门槛、延长贷款期限、灵活配置还款方式;结合各个村社产业特色,打造"整村授信"特色商业模式,切实提升普惠金融服务覆盖面与渗透率。

针对小微企业"融资慢"难题,该行加快推动普

惠小微业务"精准化、线上化"发展,创新研发并投产线上平台。以"金米房易贷"为例,小微企业可实现贷款申请、评估、审批、用款和还款全流程线上服务,笔均审批时长 1.42 天,有效提高金融服务的便捷性和可获得性。

截至 2023 年年末,广州农商银行 5000 万以下中小额贷款达 1750 亿元、同比增长 17.4%,其中普惠小微贷款突破 500 亿元,经营特色优势明显增强。

六、服务科技创新,精准赋能"新质生产力"

向"新"而行,提"质"而进。广州农商银行以高质量金融服务精准赋能新质生产力,为科技创新增动力,为产业升级添活力。该行锚定未来产业新赛道,打造"2+3+N"公司信贷产品体系,组建产业金融专班,充分运用各类"白名单",积极赋能南沙汽车智造、海洋科技产业稳链强链,支持黄埔"智车""亮屏"等特色产业升级,打造支持产业创新集群发展的金融生态,助力产业体系实现智能化、数字化发展。

为了更精准滴灌科技创新产业,广州农商银行积极发力产品创新,针对性破解高科技企业研发投入高、回款效率低等融资痛点。广州农商银行推出"金米专精特新贷""金米科技贷"等产品,支持知识产权质押,实现企业不同成长阶段差异化融资需求全覆盖,赋能科创成果孵化、转化和产业化。截至 2024 年 3 月末,广州农商银行战略新兴与产业金融贷款余额超 1100 亿元,其中制造业贷款余额约 500 亿元,本年新增支持"专精特新"企业融资近 50 亿元。

"策马扬鞭奋蹄疾,乘势而上正当时"。下一步,广州农商银行将坚决贯彻落实中央金融工作会议、中央经济工作会议和广东省省委金融工作会议精神,继续坚守发展定位,深耕实体经济沃土,持续赋能乡村振兴,做好金融"五篇大文章",全面聚焦效益提升,为省市高质量发展大局持续贡献广州农商力量。

国民经济和社会发展统计资料

中华人民共和国 2023 年国民经济和社会发展统计公报[1]

国家统计局

2024 年 2 月 29 日

2023 年是全面贯彻党的二十大精神的开局之年,是三年新冠疫情防控转段后经济恢复发展的一年。面对复杂严峻的国际环境和艰巨繁重的国内改革发展稳定任务,在以习近平同志为核心的党中央坚强领导下,各地区各部门坚持以习近平新时代中国特色社会主义思想为指导,全面贯彻落实党的二十大和二十届二中全会精神,按照党中央、国务院决策部署,坚持稳中求进的工作总基调,完整、准确、全面贯彻新发展理念,加快构建新发展格局,着力推动高质量发展,全面深化改革开放,加大宏观调控力度,着力扩大内需、优化结构、提振信心、防范化解风险。2023 年,国民经济回升向好,高质量发展扎实推进,现代化产业体系建设取得重要进展,科技创新实现新的突破;改革开放向纵深推进,安全发展基础巩固夯实,民生保障有力有效,社会大局和谐稳定,全面建设社会主义现代化国家迈出坚实步伐。

一、综合

初步核算,全年国内生产总值[2]1260582 亿元,比上年增长 5.2%。其中,第一产业增加值 89755 亿元,比上年增长 4.1%;第二产业增加值 482589 亿元,增长 4.7%;第三产业增加值 688238 亿元,增长 5.8%。第一产业增加值占国内生产总值比重为 7.1%,第二产业增加值比重为 38.3%,第三产业增加值比重为 54.6%。最终消费支出拉动国内生产总值增长 4.3 个百分点,资本形成总额拉动国内生产总值增长 1.5 个百分点,货物和服务净出口向下拉动国内生产总值 0.6 个百分点。分季度看,一季度国内生产总值同比增长 4.5%,二季度增长 6.3%,三季度增长 4.9%,四季度增长 5.2%。全年人均国内生产总值 89358 元,比上年增长 5.4%。国民总收入[3]1251297 亿元,比上年增长 5.6%。全员劳动生产率[4]为 161615 元/人,比上年提高 5.7%。见图 1、图 2、图 3。

年底全国人口[5]140967 万人,比上年年底减少 208 万人,其中城镇常住人口 93267 万人。全年出生人口 902 万人,出生率为 6.39‰;死亡人口 1110 万人,死亡率为 7.87‰;自然增长率为 -1.48‰。见表 1。

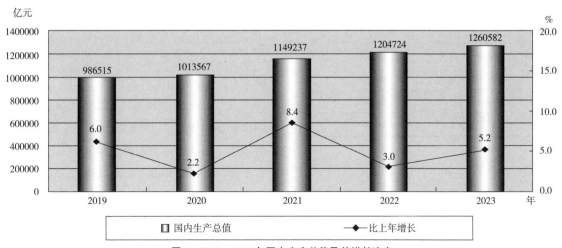

图 1   2019—2023 年国内生产总值及其增长速度

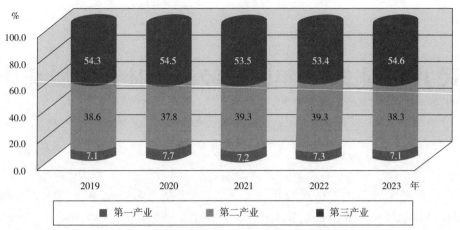

图2　2019—2023年三次产业增加值占国内生产总值比重

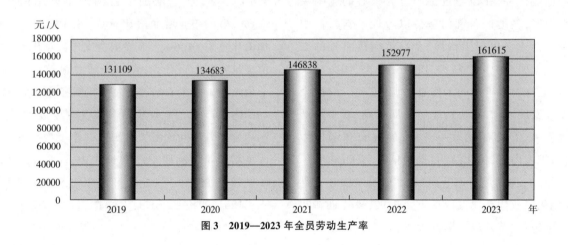

图3　2019—2023年全员劳动生产率

表1　2023年年底人口数及其构成

指　标	年底数/万人	比重/%
全国人口	**140967**	**100.0**
其中:城　镇	93267	66.2
乡　村	47700	33.8
其中:男　性	72032	51.1
女　性	68935	48.9
其中:0~15岁(含不满16周岁)[6]	24789	17.6
16~59岁(含不满60周岁)	86481	61.3
60周岁及以上	29697	21.1
其中:65周岁及以上	21676	15.4

年底全国就业人员74041万人,其中城镇就业人员47032万人,占全国就业人员比重为63.5%。全年城镇新增就业[7]1244万人,比上年多增38万人。全年全国城镇调查失业率平均值为5.2%。年底全国城镇调查失业率为5.1%。全国农民工[8]总量29753万人,比上年增长0.6%。其中,外出农民工17658万人,增长2.7%;本地农民工12095万人,下降2.2%。见图4。

全年居民消费价格比上年上涨0.2%。工业生产者出厂价格下降3.0%。工业生产者购进价格下降3.6%。农产品生产者价格[9]下降2.3%。2023年12月份,70个大中城市中,新建商品住宅销售价格同比上涨的城市个数为20个,持平的为2个,下降的为48个;二手住宅销售价格同比上涨的城市个数为1个,下降的为69个。见图5、表2。

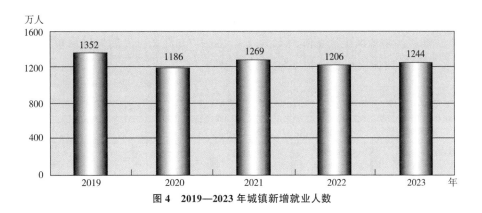

图4 2019—2023年城镇新增就业人数

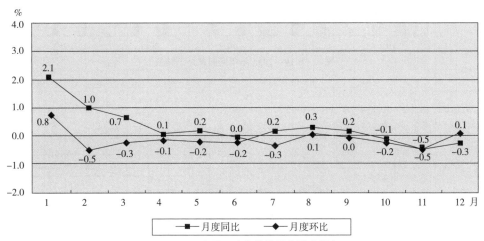

图5 2023年居民消费价格月度涨跌幅度

表2 2023年居民消费价格比上年涨跌幅度

单位:%

指　标	全　国	城　市	农　村
居民消费价格	0.2	0.3	0.1
其中:食品烟酒	0.3	0.4	0.1
衣　着	1.0	1.1	0.6
居　住[10]	0.0	0.0	0.0
生活用品及服务	0.1	0.1	0.1
交通通信	-2.3	-2.3	-2.4
教育文化娱乐	2.0	2.1	1.5
医疗保健	1.1	1.1	1.3
其他用品及服务	3.2	3.4	2.5

年底国家外汇储备32380亿美元,比上年年底增加1103亿美元。全年人民币平均汇率为1美元兑7.0467元人民币,比上年贬值4.5%。见图6。

新动能成长壮大。全年规模以上工业[11]中,装备制造业[12]增加值比上年增长6.8%,占规模以上工

业增加值比重为33.6%;高技术制造业[13]增加值增长2.7%,占规模以上工业增加值比重为15.7%。新能源汽车产量944.3万辆,比上年增长30.3%;太阳能电池(光伏电池)产量5.4亿千瓦,增长54.0%;服务机器人产量783.3万套,增长23.3%;3D打印设备产量278.9万台,增长36.2%。规模以上服务业[14]中,战略性新兴服务业[15]企业营业收入比上年增长7.7%。高技术产业投资[16]比上年增长10.3%,制造业技术改造投资[17]增长3.8%。电子商务交易额[18]468273亿元,比上年增长9.4%。网上零售额[19]154264亿元,比上年增长11.0%。全年新设经营主体3273万户,日均新设企业2.7万户。

城乡融合和区域协调发展步伐稳健。年底全国常住人口城镇化率为66.16%,比上年年底提高0.94个百分点。分区域看[20],全年东部地区生产总值652084亿元,比上年增长5.4%;中部地区生产总值269898亿元,增长4.9%;西部地区生产总值269325亿元,增长5.5%;东北地区生产总值59624亿元,增

长 4.8%。全年京津冀地区生产总值 104442 亿元，比上年增长 5.1%；长江经济带地区生产总值 584274 亿元，增长 5.5%；长江三角洲地区生产总值 305045 亿元，增长 5.7%。粤港澳大湾区建设、黄河流域生态保护和高质量发展等区域重大战略深入推进。见图 7。

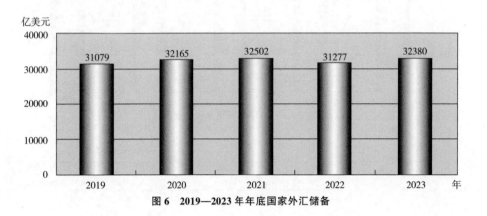

亿美元

图 6　2019—2023 年年底国家外汇储备

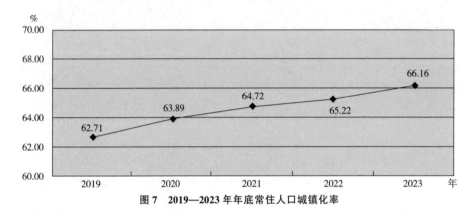

%

图 7　2019—2023 年年底常住人口城镇化率

绿色低碳转型深入推进。全年全国万元国内生产总值二氧化碳排放[21]与上年持平。水电、核电、风电、太阳能发电等清洁能源发电量 31906 亿千瓦时，比上年增长 7.8%。在监测的 339 个地级及以上城市中，空气质量达标的城市占 59.9%，未达标的城市占 40.1%。3641 个国家地表水考核断面中，水质优良（I—III 类）断面比例为 89.4%，IV 类断面比例为 8.4%，V 类断面比例为 1.5%，劣 V 类断面比例为 0.7%。

二、农业

全年粮食种植面积 11897 万公顷，比上年增加 64 万公顷。其中，稻谷种植面积 2895 万公顷，减少 50 万公顷；小麦种植面积 2363 万公顷，增加 11 万公顷；玉米种植面积 4422 万公顷，增加 115 万公顷；大豆种植面积 1047 万公顷，增加 23 万公顷。棉花种植面积 279 万公顷，减少 21 万公顷。油料种植面积 1392 万公顷，增加 78 万公顷。糖料种植面积 142 万公顷，减少 3 万公顷。

全年粮食产量 69541 万吨，比上年增加 888 万吨，增产 1.3%。其中，夏粮产量 14615 万吨，减产 0.8%；早稻产量 2834 万吨，增产 0.8%；秋粮产量 52092 万吨，增产 1.9%。谷物产量 64143 万吨，比上年增产 1.3%。其中，稻谷产量 20660 万吨，减产 0.9%；小麦产量 13659 万吨，减产 0.8%；玉米产量 28884 万吨，增产 4.2%。大豆产量 2084 万吨，增产 2.8%。见图 8。

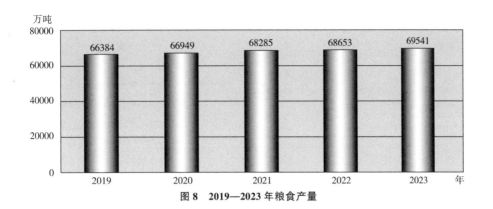

图8 2019—2023年粮食产量

全年棉花产量562万吨,比上年减产6.1%。油料产量3864万吨,增产5.7%。糖料产量11504万吨,增产2.4%。茶叶产量355万吨,增产6.1%。

全年猪牛羊禽肉产量9641万吨,比上年增长4.5%。其中,猪肉产量5794万吨,增长4.6%;牛肉产量753万吨,增长4.8%;羊肉产量531万吨,增长1.3%;禽肉产量2563万吨,增长4.9%。禽蛋产量3563万吨,增长3.1%。牛奶产量4197万吨,增长6.7%。年底生猪存栏43422万头,比上年年底下降4.1%;全年生猪出栏72662万头,比上年增长3.8%。

全年水产品总产量7100万吨,比上年增长3.4%。其中,养殖产量5812万吨,增长4.4%;捕捞产量1288万吨,下降1.0%。

全年木材产量11944万立方米,比上年下降2.0%。

全年新建和改造提升高标准农田面积574万公顷,新增高效节水灌溉面积164万公顷。

三、工业和建筑业

全年全部工业增加值399103亿元,比上年增长4.2%。规模以上工业增加值增长4.6%。在规模以上工业中,分经济类型看,国有控股企业增加值增长5.0%;股份制企业增长5.3%,外商及港澳台商投资企业增长1.4%;私营企业增长3.1%。分门类看,采矿业增长2.3%,制造业增长5.0%,电力、热力、燃气及水生产和供应业增长4.3%。见图9。

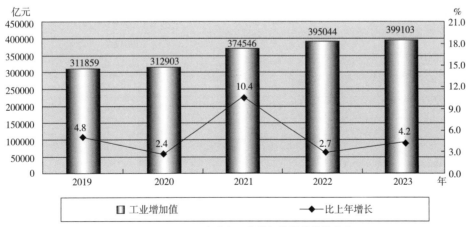

图9 2019—2023年全部工业增加值及其增长速度

全年规模以上工业中,农副食品加工业增加值比上年增长0.2%,纺织业下降0.6%,化学原料和化学制品制造业增长9.6%,非金属矿物制品业下降0.5%,黑色金属冶炼和压延加工业增长7.1%,通用

设备制造业增长2.0%,专用设备制造业增长3.6%,汽车制造业增长13.0%,电气机械和器材制造业增长12.9%,计算机、通信和其他电子设备制造业增长3.4%,电力、热力生产和供应业增长4.3%。见表3。

表3　2023年规模以上工业主要产品产量及其增长速度[22]

产品名称	单位	产量	比上年增长/%
纱	万吨	2234.2	-2.2
布	亿米	294.9	-4.8
化学纤维	万吨	7127.0	10.3
成品糖	万吨	1270.6	-13.2
卷烟	亿支	24427.5	0.4
彩色电视机	万台	19339.6	-1.3
家用电冰箱	万台	9632.3	14.5
房间空气调节器	万台	24487.0	13.5
粗钢	万吨	101908.1	0.0
钢材[23]	万吨	136268.2	5.2
十种有色金属	万吨	7469.8	7.1
其中:精炼铜(电解铜)	万吨	1298.8	13.5
原铝(电解铝)	万吨	4159.4	3.7
水泥	亿吨	20.2	-0.7
硫酸(折100%)	万吨	9580.0	3.4
烧碱(折100%)	万吨	4101.4	3.5
乙烯	万吨	3189.9	6.0
化肥(折100%)	万吨	5713.6	5.0
发电机组(发电设备)	万千瓦	23442.7	28.5
汽车	万辆	3011.3	9.3
其中:新能源汽车	万辆	944.3	30.3
大中型拖拉机	万台	38.0	-7.2
集成电路	亿块	3514.4	6.9
程控交换机	万线	507.0	-42.6
移动通信手持机	万台	156642.2	6.9
微型计算机设备	万台	33056.9	-17.4
工业机器人	万套	43.0	-2.2
太阳能工业用超白玻璃	万平方米	159264.8	58.6
充电桩	万个	287.8	36.9

全年规模以上工业企业利润76858亿元,比上年下降2.3%。分经济类型看,国有控股企业利润22623亿元,比上年下降3.4%;股份制企业56773亿元,下降1.2%,外商及港澳台商投资企业17975亿元,下降6.7%;私营企业23438亿元,增长2.0%。分门类看,采矿业利润12392亿元,比上年下降19.7%;制造业57644亿元,下降2.0%;电力、热力、燃气及水生产和供应业6822亿元,增长54.7%。规模以上工业企业每百元营业收入中的成本为84.76元,比上年增加0.04元;营业收入利润率为5.76%,下降0.20个百分点。年底规模以上工业企业资产负债率为57.1%,比上年年底下降0.1个百分点。全年规模以上工业产能利用率[24]为75.1%。

初步核算,全年一次能源生产总量48.3亿吨标准煤,比上年增长4.2%。见表4。

表4 2023年主要能源产品产量及其增长速度

产品名称	单 位	产 量	比上年增长/%
原 煤	亿 吨	47.1	3.4
原 油	万 吨	20902.6	2.1
天然气	亿立方米	2324.3	5.6
发电量	亿千瓦时	94564.4	6.9
其中:火　电[25]	亿千瓦时	62657.4	6.4
水　电	亿千瓦时	12858.5	-4.9
核　电	亿千瓦时	4347.2	4.1
风　电	亿千瓦时	8858.7	16.2
太阳能发电	亿千瓦时	5841.5	36.7

年底全国发电装机容量291965万千瓦,比上年年底增长13.9%。其中[26],火电装机容量139032万千瓦,增长4.1%;水电装机容量42154万千瓦,增长1.8%;核电装机容量5691万千瓦,增长2.4%;并网风电装机容量44134万千瓦,增长20.7%;并网太阳能发电装机容量60949万千瓦,增长55.2%。

全年建筑业增加值85691亿元,比上年增长7.1%。全国具有资质等级的总承包和专业承包建筑业企业利润8326亿元,比上年增长[27]0.2%,其中国有控股企业4019亿元,增长4.3%。见图10。

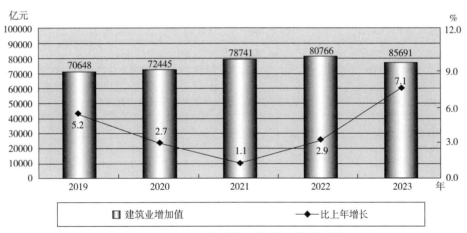

图10 2019—2023年建筑业增加值及其增长速度

四、服务业

全年批发和零售业增加值123072亿元,比上年增长6.2%;交通运输、仓储和邮政业增加值57820亿元,增长8.0%;住宿和餐饮业增加值21024亿元,增长14.5%;金融业增加值100677亿元,增长6.8%;房地产业增加值73723亿元,下降1.3%;信息传输、软件和信息技术服务业增加值55194亿元,增长11.9%;租赁和商务服务业增加值44347亿元,增长9.3%。规模以上服务业企业营业收入比上年增长8.3%,利润总额增长26.8%。见图11。

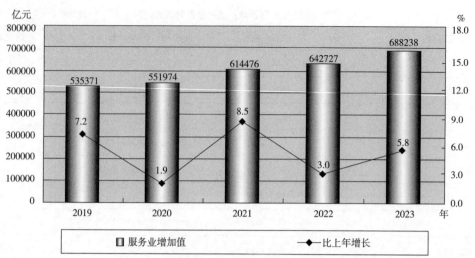

图 11　2019—2023 年服务业增加值及其增长速度

全年货物运输总量[28]557 亿吨，比上年增长 8.1%。货物运输周转量 247713 亿吨千米，增长 6.3%。港口完成货物吞吐量 170 亿吨，比上年增长 8.2%，其中外贸货物吞吐量 50 亿吨，增长 9.5%。港口集装箱吞吐量为 31034 万标准箱，增长 4.9%。见表 5。

表 5　2023 年各种运输方式完成货物运输量及其增长速度

指　标	单　位	绝对数	比上年增长/%
货物运输总量	亿　吨	556.8	8.1
铁　路	亿　吨	50.1	1.5
公　路	亿　吨	403.4	8.7
水　路	亿　吨	93.7	9.5
民　航	万　吨	735.4	21.0
管　道	亿　吨	9.5	7.5
货物运输周转量	亿吨千米	247712.7	6.3
铁　路	亿吨千米	36437.6	1.5
公　路	亿吨千米	73950.2	6.9
水　路	亿吨千米	129951.5	7.4
民　航	亿吨千米	283.6	11.6
管　道	亿吨千米	7089.8	3.8

全年旅客运输总量 93 亿人次，比上年增长 66.5%。旅客运输周转量 28610 亿人千米，比上年增长 121.4%。见表 6。

表 6　2023 年各种运输方式完成旅客运输量及其增长速度

指　标	单　位	绝对数	比上年增长/%
旅客运输总量	亿人次	93.0	66.5
铁　路	亿人次	38.5	130.4

续表

指　标	单　位	绝对数	比上年增长/%
公　路	亿人次	45.7	28.9
水　路	亿人次	2.6	121.6
民　航	亿人次	6.2	146.1
旅客运输周转量	亿人千米	28609.6	121.4
铁　路	亿人千米	14729.4	123.9
公　路	亿人千米	3517.6	46.1
水　路	亿人千米	53.8	137.9
民　航	亿人千米	10308.8	163.4

年底全国民用汽车保有量33618万辆(包括三轮汽车和低速货车706万辆),比上年年底增加1714万辆,其中私人汽车保有量29427万辆,增加1553万辆。民用轿车保有量18668万辆,增加928万辆,其中私人轿车保有量17541万辆,增加856万辆。

全年完成邮政行业寄递业务总量[29]1625亿件,比上年增长16.8%。邮政业完成邮政函件业务9.7亿件,包裹业务0.2亿件,快递业务量1320.7亿件,快递业务收入12074亿元。全年完成电信业务总量[30]18327亿元,比上年增长16.8%。年底移动电话基站数[31]1162万个,其中4G基站629万个,5G基站338万个。全国电话用户总数189992万户,其中移动电话用户172660万户。移动电话普及率为122.5部/百人。固定互联网宽带接入用户[32]63631万户,比上年年底增加4666万户,其中100M速率及以上的宽带接入用户[33]60136万户,增加4756万户。蜂窝物联网终端用户[34]23.32亿户,增加4.88亿户。互联网上网人数10.92亿人,其中手机上网人数10.91亿人。互联网普及率为77.5%,其中农村地区互联网普及率为66.5%。全年移动互联网用户接入流量3015亿GB,比上年增长15.2%。软件和信息技术服务业[35]完成软件业务收入123258亿元,比上年增长13.4%。见图12、图13。

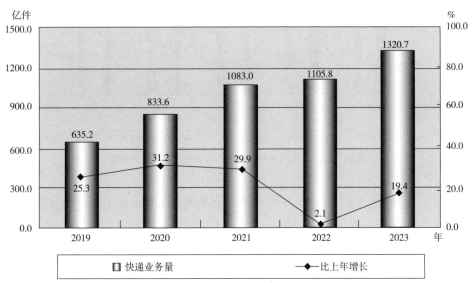

图12　2019—2023年快递业务量及其增长速度

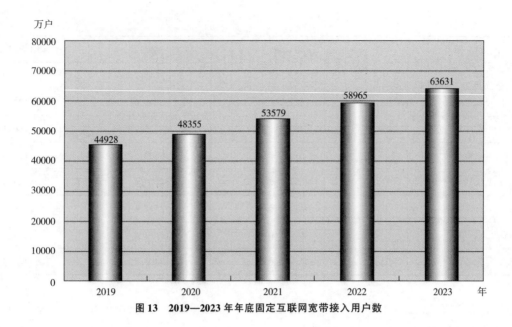

万户

图 13　2019—2023 年年底固定互联网宽带接入用户数

五、国内贸易

全年社会消费品零售总额 471495 亿元,比上年增长 7.2%。按经营地分,城镇消费品零售额 407490 亿元,增长 7.1%;乡村消费品零售额 64005 亿元,增长 8.0%。按消费类型分,商品零售额 418605 亿元,增长 5.8%;餐饮收入 52890 亿元,增长 20.4%。服务零售额[36]比上年增长 20.0%。见图 14。

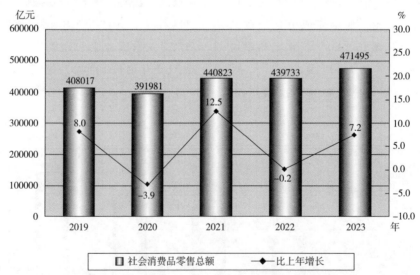

图 14　2019—2023 年社会消费品零售总额及其增长速度

全年限额以上单位商品零售额中,粮油、食品类零售额比上年增长 5.2%,饮料类增长 3.2%,烟酒类增长 10.6%,服装、鞋帽、针纺织品类增长 12.9%,化妆品类增长 5.1%,金银珠宝类增长 13.3%,日用品类增长 2.7%,家用电器和音像器材类增长 0.5%,中西药品类增长 5.1%,文化办公用品类下降 6.1%,家具类增长 2.8%,通讯器材类增长 7.0%,石油及制品类增长 6.6%,汽车类增长 5.9%,建筑及装潢材料类下降 7.8%。

全年实物商品网上零售额 130174 亿元,按可比口径计算,比上年增长 8.4%,占社会消费品零售总额比重为 27.6%。

六、固定资产投资

全年全社会固定资产投资 509708 亿元,比上年增长[37]2.8%。固定资产投资(不含农户)503036 亿元,增长 3.0%。在固定资产投资(不含农户)中,分区域看[38],东部地区投资增长 4.4%,中部地区投资增长 0.3%,西部地区投资增长 0.1%,东北地区投资下降 1.8%。

在固定资产投资(不含农户)中,第一产业投资 10085 亿元,比上年下降 0.1%;第二产业投资 162136 亿元,增长 9.0%;第三产业投资 330815 亿元,增长 0.4%。基础设施投资[39]增长 5.9%。社会领域投资[40]增长 0.5%。民间固定资产投资[41]253544 亿元,下降 0.4%;其中制造业民间投资增长 9.4%,基础设施民间投资增长 14.2%。见图 15、表 7、表 8。

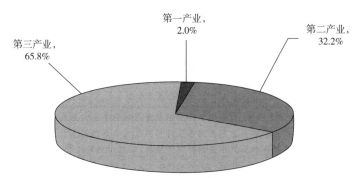

图15　2023 年三次产业投资占固定资产投资(不含农户)比重

表7　2023 年分行业固定资产投资(不含农户)增长速度

行　　业	比上年增长/%	行　　业	比上年增长/%
总　计	**3.0**	金融业	11.9
农、林、牧、渔业	1.2	房地产业[42]	−8.1
采矿业	2.1	租赁和商务服务业	9.9
制造业	6.5	科学研究和技术服务业	18.1
电力、热力、燃气及水生产和供应业	23.0	水利、环境和公共设施管理业	0.1
建筑业	22.5	居民服务、修理和其他服务业	15.8
批发和零售业	−0.4	教育	2.8
交通运输、仓储和邮政业	10.5	卫生和社会工作	−3.8
住宿和餐饮业	8.2	文化、体育和娱乐业	2.6
信息传输、软件和信息技术服务业	13.8	公共管理、社会保障和社会组织	−37.0

表8　2023 年固定资产投资新增主要生产与运营能力

指　　标	单　位	绝对数
新增220千伏及以上交流变电设备容量	万千伏安	25656
新建铁路投产里程	千　米	3637
其中:高速铁路	千　米	2776
增、新建铁路复线投产里程	千　米	3351

续表

指　　标	单　位	绝对数
电气化铁路投产里程	千　米	4463
新改建高速公路里程	千　米	7498
港口万吨级及以上码头泊位新增通过能力	万吨/年	32529
新增民用运输机场	个	5
新增光缆线路长度	万千米	474

全年房地产开发投资 110913 亿元,比上年下降[43]9.6%。其中住宅投资 83820 亿元,下降 9.3%;办公楼投资 4531 亿元,下降 9.4%;商业营业用房投资 8055 亿元,下降 16.9%。全年新建商品房销售面积[44]111735 万平方米。二手房交易网签面积[45]70882 万平方米。年末新建商品房待售面积 67295 万平方米,其中商品住宅待售面积 33119 万平方米。见表 9。

表 9 2023 年房地产开发和销售主要指标及其增长速度

指 标	单 位	绝对数	比上年增长/%
房地产开发投资	亿 元	110913	-9.6
其中:住 宅	亿 元	83820	-9.3
房屋施工面积	万平方米	838364	-7.2
其中:住 宅	万平方米	589884	-7.7
房屋新开工面积	万平方米	95376	-20.4
其中:住 宅	万平方米	69286	-20.9
房屋竣工面积	万平方米	99831	17.0
其中:住 宅	万平方米	72433	17.2
新建商品房销售面积	万平方米	111735	-8.5
其中:住 宅	万平方米	94796	-8.2
房地产开发企业本年到位资金	亿 元	127459	-13.6
其中:国内贷款	亿 元	15595	-9.9
个人按揭贷款	亿 元	21489	-9.1

全年全国各类棚户区改造开工 159 万套,基本建成 193 万套;保障性租赁住房开工建设和筹集 213 万套(间)。新开工改造城镇老旧小区 5.37 万个,涉及居民 897 万户。

七、对外经济

全年货物进出口总额 417568 亿元,比上年增长 0.2%。其中,出口 237726 亿元,增长 0.6%;进口 179842 亿元,下降 0.3%。货物进出口顺差 57883 亿元,比上年增加 1938 亿元。对共建"一带一路"[46]国家进出口额 194719 亿元,比上年增长 2.8%。其中,出口 107314 亿元,增长 6.9%;进口 87405 亿元,下降 1.9%。对《区域全面经济伙伴关系协定》(RCEP)其他成员国[47]进出口额 125967 亿元,比上年下降 1.6%。民营企业进出口额 223601 亿元,比上年增长 6.3%,占进出口总额比重为 53.5%。见图 16、表 10、表 11、表 12、表 13。

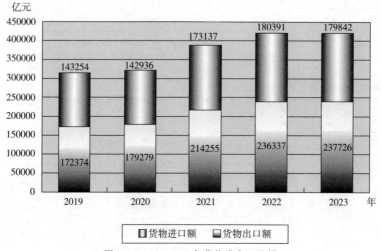

图 16 2019—2023 年货物进出口总额

表10 2023年货物进出口总额及其增长速度

指 标	金额/亿元	比上年增长/%
货物进出口总额	417568	0.2
货物出口额	237726	0.6
其中:一般贸易	153530	2.5
加工贸易	49062	-9.0
其中:机电产品	139196	2.9
高新技术产品	59279	-5.8
货物进口额	179842	-0.3
其中:一般贸易	117042	1.3
加工贸易	27061	-11.3
其中:机电产品	65363	-5.5
高新技术产品	47916	-5.2
货物进出口顺差	57883	3.5

表11 2023年主要商品出口数量、金额及其增长速度

商品名称	单 位	数 量	比上年增长/%	金额/亿元	比上年增长/%
钢 材	万 吨	9026	36.2	5929	-3.4
纺织纱线、织物及其制品	—	—	—	9454	-3.1
服装及衣着附件	—	—	—	11206	-2.8
鞋 靴	万 双	891424	-2.5	3470	-8.0
家具及其零件	—	—	—	4517	0.2
箱包及类似容器	万 吨	331	13.5	2512	9.3
玩 具	—	—	—	2858	-7.4
塑料制品	—	—	—	7090	1.4
集成电路	亿 个	2678	-1.8	9568	-5.0
自动数据处理设备及其零部件	—	—	—	13187	-15.8
手 机	万 台	80213	-2.0	9797	2.9
集装箱	万 个	231	-27.9	581	-39.8
液晶平板显示模组	万 个	168929	2.9	1873	3.8
汽 车(包括底盘)	万 辆	522	57.4	7165	76.8

表12 2023年主要商品进口数量、金额及其增长速度

商品名称	单 位	数 量	比上年增长/%	金额/亿元	比上年增长/%
大 豆	万 吨	9941	11.4	4199	4.8
食用植物油	万 吨	981	51.4	734	21.1
铁矿砂及其精矿	万 吨	117906	6.6	9418	11.2
煤及褐煤	万 吨	47442	61.8	3723	30.2
原 油	万 吨	56399	11.0	23733	-2.6
成品油	万 吨	4769	80.3	1965	50.0

续表

商品名称	单 位	数 量	比上年增长/%	金额/亿元	比上年增长/%
天然气	万 吨	11997	9.9	4523	-3.4
初级形状的塑料	万 吨	2960	-3.2	3182	-14.8
纸 浆	万 吨	3666	25.7	1665	11.6
钢 材	万 吨	765	-27.6	891	-21.5
未锻轧铜及铜材	万 吨	550	-6.3	3356	-6.9
集成电路	亿 个	4796	-10.8	24591	-10.6
汽 车(包括底盘)	万 辆	80	-8.9	3321	-5.8

表13 2023年对主要国家和地区货物进出口金额、增长速度及其比重

国家和地区	出口额/亿元	比上年增长/%	占全部出口比重/%	进口额/亿元	比上年增长/%	占全部进口比重/%
东 盟	36817	0.0	15.5	27309	0.4	15.2
欧 盟	35226	-5.3	14.8	19833	4.6	11.0
美 国	35198	-8.1	14.8	11528	-1.8	6.4
日 本	11076	-3.5	4.7	11309	-7.9	6.3
韩 国	10467	-2.2	4.4	11381	-13.9	6.3
中国香港	19333	-1.3	8.1	958	84.3	0.5
中国台湾	4819	-11.1	2.0	14033	-10.5	7.8
俄罗斯	7823	53.9	3.3	9093	18.6	5.1
巴 西	4159	1.0	1.7	8625	18.4	4.8
印 度	8279	6.5	3.5	1301	12.2	0.7
南 非	1661	4.4	0.7	2245	3.7	1.2

全年服务进出口总额65754亿元,比上年增长10.0%。其中,出口26857亿元,下降5.8%;进口38898亿元,增长24.4%。服务进出口逆差12041亿元。

全年外商直接投资新设立企业53766家,比上年增长39.7%。实际使用外商直接投资额11339亿元,下降8.0%,折1633亿美元,下降13.7%。其中,共建"一带一路"国家对华直接投资(含通过部分自由港对华投资)新设立企业13649家,增长82.7%;对华直接投资额1221亿元,下降11.4%,折176亿美元,下降16.7%。高技术产业实际使用外资额4233亿元,下降4.9%,折610亿美元,下降10.8%。见表14。

表14 2023年外商直接投资额及其增长速度

行 业	企业数/家	比上年增长/%	实际使用金额/亿元	比上年增长/%
总 计	53766	39.7	11339	-8.0
其中:农、林、牧、渔业	418	-0.5	51	-36.8
制造业	3624	1.5	3179	-1.8
电力、热力、燃气及水生产和供应业	568	8.6	319	15.6

续表

行　业	企业数/家	比上年增长/%	实际使用金额/亿元	比上年增长/%
交通运输、仓储和邮政业	867	44.0	149	-57.2
信息传输、软件和信息技术服务业	3764	23.0	1134	-26.7
批发和零售业	18010	65.3	690	-28.2
房地产业	684	17.7	810	-11.4
租赁和商务服务业	10673	42.8	1819	-15.4
居民服务、修理和其他服务业	726	76.6	34	77.7

全年对外非金融类直接投资额 9170 亿元,比上年增长 16.7%,折 1301 亿美元,增长 11.4%。其中,对共建"一带一路"国家非金融类直接投资额 2241 亿元,增长 28.4%,折 318 亿美元,增长 22.6%。见表 15。

表 15　2023 年对外非金融类直接投资额及其增长速度

行　业	金额/亿美元	比上年增长/%
总　计	1301	11.4
其中:农、林、牧、渔业	8	-3.6
采矿业	70	39.0
制造业	279	29.0
电力、热力、燃气及水生产和供应业	31	-12.5
建筑业	67	5.1
批发和零售业	292	38.6
交通运输、仓储和邮政业	65	42.3
信息传输、软件和信息技术服务业	49	-10.9
房地产业	10	-57.4
租赁和商务服务业	337	-13.0

全年对外承包工程完成营业额 11339 亿元,比上年增长 8.8%,折 1609 亿美元,增长 3.8%。其中,对共建"一带一路"国家完成营业额 1321 亿美元,增长 4.8%,占对外承包工程完成营业额比重为 82.1%。对外劳务合作派出各类劳务人员 35 万人。

八、财政金融

全年全国一般公共预算收入 216784 亿元,比上年增长 6.4%;其中税收收入 181129 亿元,增长 8.7%。全国一般公共预算支出 274574 亿元,比上年增长 5.4%。全年新增减税降费及退税缓费超 2.2 万亿元。见图 17。

年底广义货币供应量(M_2)余额 292.3 万亿元,比上年年底增长 9.7%;狭义货币供应量(M_1)余额 68.1 万亿元,增长 1.3%;流通中货币(M_0)余额 11.3 万亿元,增长 8.3%。

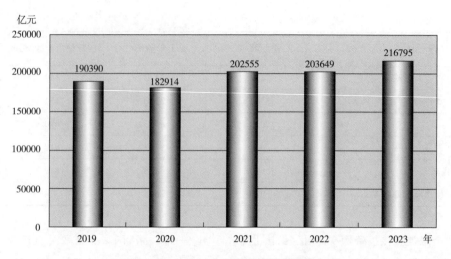

图 17 2019—2023 年全国一般公共预算收入

注：图中 2019—2022 年数据为全国一般公共预算收入决算数，2023 年为执行数。

全年社会融资规模增量[48]35.6 万亿元，按可比口径计算，比上年多 3.4 万亿元。年底社会融资规模存量[49]378.1 万亿元，按可比口径计算，比上年年底增长 9.5%，其中对实体经济发放的人民币贷款余额 235.5 万亿元，增长 10.4%。年底全部金融机构本外币各项存款余额 289.9 万亿元，比年初增加 25.4 万亿元，其中人民币各项存款余额 284.3 万亿元，增加 25.7 万亿元。全部金融机构本外币各项贷款余额 242.2 万亿元，增加 22.2 万亿元，其中人民币各项贷款余额 237.6 万亿元，增加 22.7 万亿元。人民币普惠小微贷款[50]余额 29.4 万亿元，增加 5.6 万亿元。人民币制造业中长期贷款余额 12.2 万亿元，增加 3.1 万亿元。见表 16。

表 16 2023 年年底全部金融机构本外币存贷款余额及其增长速度

指　标	年底数/亿元	比上年年底增长/%
各项存款	2899132	9.6
其中：境内住户存款	1378765	13.8
其中：人民币	1369895	13.8
境内非金融企业存款	817959	4.9
各项贷款	2422396	10.1
其中：境内短期贷款	623037	10.2
境内中长期贷款	1591965	11.3

年底主要农村金融机构（农村信用社、农村合作银行、农村商业银行）人民币贷款余额 293584 亿元，

比年初增加 26363 亿元。全部金融机构人民币消费贷款余额 579438 亿元，增加 10992 亿元。其中，住户短期消费贷款余额 103541 亿元，增加 5078 亿元；住户中长期消费贷款余额 475897 亿元，增加 5914 亿元。

全年沪深交易所 A 股累计筹资[51]10734 亿元，比上年减少 4375 亿元。沪深交易所首次公开发行上市 A 股 236 只，筹资 3418 亿元，比上年减少 2286 亿元，其中科创板股票 67 只，筹资 1439 亿元；沪深交易所 A 股再融资（包括公开增发、定向增发、配股、优先股、可转债转股）7316 亿元，减少 2089 亿元。北京证券交易所公开发行股票 77 只，筹资[52]146 亿元。全年各类主体通过沪深北交易所发行债券（包括公司债券、资产支持证券、国债、地方政府债券和政策性银行债券）筹资 130677 亿元，其中沪深交易所共发行上市基础设施领域不动产投资信托基金（REITs）40 只，募集资金 914 亿元。全国中小企业股份转让系统[53]挂牌公司 6241 家，全年挂牌公司累计股票筹资 180 亿元。

全年发行公司信用类债券[54]13.8 万亿元，比上年增加 0.1 万亿元。

全年保险公司原保险保费收入[55]51247 亿元，比上年增长 9.1%。其中，寿险业务原保险保费收入 27646 亿元，健康险和意外伤害险业务原保险保费收入 9993 亿元，财产险业务原保险保费收入 13607 亿元。支付各类赔款及给付 18883 亿元。其中，寿险

业务给付 5505 亿元,健康险和意外伤害险业务赔款及给付 4207 亿元,财产险业务赔款 9171 亿元。

九、居民收入消费和社会保障

全年全国居民人均可支配收入 39218 元,比上年增长 6.3%,扣除价格因素,实际增长 6.1%。全国居民人均可支配收入中位数[56] 33036 元,增长 5.3%。按常住地分,城镇居民人均可支配收入 51821 元,比上年增长 5.1%,扣除价格因素,实际增长 4.8%。城镇居民人均可支配收入中位数 47122 元,增长 4.4%。农村居民人均可支配收入 21691 元,比上年增长 7.7%,扣除价格因素,实际增长 7.6%。农村居民人均可支配收入中位数 18748 元,增长 5.7%。城乡居民人均可支配收入比值为 2.39,比上年缩小 0.06。按全国居民五等份收入分组[57],

低收入组人均可支配收入 9215 元,中间偏下收入组人均可支配收入 20442 元,中间收入组人均可支配收入 32195 元,中间偏上收入组人均可支配收入 50220 元,高收入组人均可支配收入 95055 元。全国农民工人均月收入 4780 元,比上年增长 3.6%。脱贫县[58]农村居民人均可支配收入 16396 元,比上年增长 8.5%,扣除价格因素,实际增长 8.4%。

全年全国居民人均消费支出 26796 元,比上年增长 9.2%,扣除价格因素,实际增长 9.0%。其中,人均服务性消费支出[59] 12114 元,比上年增长 14.4%,占居民人均消费支出比重为 45.2%。按常住地分,城镇居民人均消费支出 32994 元,增长 8.6%,扣除价格因素,实际增长 8.3%;农村居民人均消费支出 18175 元,增长 9.3%,扣除价格因素,实际增长 9.2%。全国居民恩格尔系数为 29.8%,其中城镇为 28.8%,农村为 32.4%。见图18、图19。

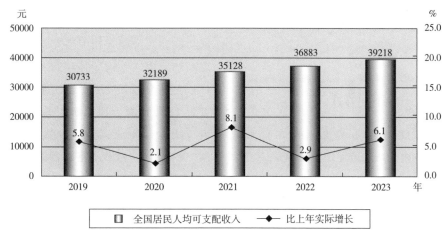

图 18　2019—2023 年全国居民人均可支配收入及其增长速度

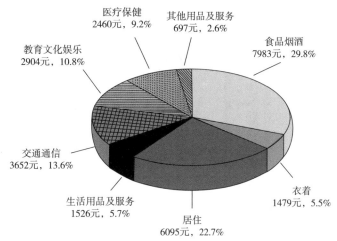

图 19　2023 年全国居民人均消费支出及其构成

年底全国参加城镇职工基本养老保险人数 52121 万人,比上年年底增加 1766 万人。参加城乡居民基本养老保险人数 54522 万人,减少 430 万人。参加基本医疗保险人数[60]133387 万人,其中参加职工基本医疗保险人数 37094 万人,参加城乡居民基本医疗保险人数 96293 万人。参加失业保险人数 24373 万人,增加 566 万人。领取失业保险金人数 352 万人。参加工伤保险人数 30170 万人,增加 1054 万人。参加生育保险人数 24907 万人。年底全国共有 664 万人享受城市最低生活保障,3399 万人享受农村最低生活保障,435 万人享受农村特困人员[61]救助供养,全年临时救助[62]742 万人次。全年领取国家定期抚恤金、定期生活补助金的退役军人和其他优抚对象 834 万人。

年底全国共有各类提供住宿的民政服务机构 4.4 万个,其中养老机构 4.1 万个,儿童福利和救助保护机构 971 个。民政服务床位[63]846.3 万张,其中养老服务床位 820.1 万张,儿童福利和救助保护机构床位 9.8 万张。

十、科学技术和教育

全年研究与试验发展(R&D)经费支出 33278 亿元,比上年增长 8.1%,与国内生产总值之比为 2.64%,其中基础研究经费 2212 亿元,比上年增长 9.3%,占 R&D

经费支出比重为 6.65%。国家自然科学基金共资助 5.25 万个项目。截至年底,纳入新序列管理的国家工程研究中心 207 个,国家企业技术中心 1798 家。国家科技成果转化引导基金累计设立 36 只子基金,资金总规模 624 亿元。国家级科技企业孵化器[64]1606 家,国家备案众创空间[65]2376 家。全年授予发明专利权 92.1 万件,比上年增长 15.3%。PCT 专利申请受理量[66]7.4 万件。截至年底,有效发明专利 499.1 万件,比上年底增长 18.5%。每万人口高价值发明专利拥有量[67]11.8 件。全年商标注册 438.3 万件,比上年下降 29.0%。全年共签订技术合同 95 万项,技术合同成交金额 61476 亿元,比上年增长 28.6%。中国公民具备科学素质[68]的比例达到 14.14%。见图 20、表 17。

全年成功完成 66 次宇航发射。天舟六号、神舟十六号、神舟十七号任务相继实施,中国空间站进入应用与发展阶段。全球首枚液氧甲烷火箭朱雀二号遥二运载火箭成功发射。量子计算原型机九章三号成功构建。全超导托卡马克核聚变实验装置实现稳态高约束模式等离子体运行 403 秒。全球首座第四代核电站高温气冷堆示范工程投入商业运行。全球首台 16 兆瓦海上风电机组并网发电。C919 大型客机正式投入商业运营。首艘国产大型邮轮完成试航。"奋斗者"号载人潜水器完成极限深潜。

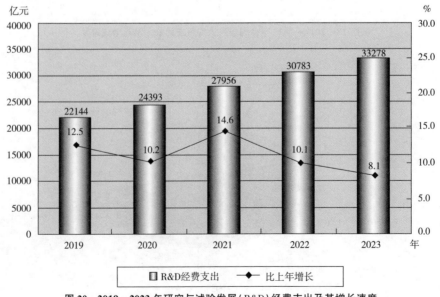

图 20 2019—2023 年研究与试验发展(R&D)经费支出及其增长速度

表 17　2023 年专利授权和有效专利情况

指　标	专利数/万件	比上年增长/%
发明专利授权	92.1	15.3
其中:境内发明专利授权	81.3	18.0
实用新型专利授权	209.0	−25.5
外观设计专利授权	63.8	−11.5
年底有效发明专利	499.1	18.5
其中:境内有效发明专利	401.5	22.4
年底有效实用新型专利	1212.9	11.9
年底有效外观设计专利	323.4	14.2

年底全国共有国家质检中心 877 家。全国现有产品质量、体系和服务认证机构 1242 个,累计完成对 102 万家企业的认证。全年制定、修订国家标准 2902 项,其中新制定 1708 项。全年制造业产品质量合格率[69]为 93.65%。

全年研究生教育招生 130.2 万人,在学研究生 388.3 万人,毕业生 101.5 万人。普通、职业本专科[70]招生 1042.2 万人,在校生 3775.0 万人,毕业生 1047.0 万人。中等职业教育[71]招生 616.5 万人,在校生 1737.9 万人,毕业生 537.1 万人。普通高中招生 967.8 万人,在校生 2803.6 万人,毕业生 860.4 万人。初中招生 1754.6 万人,在校生 5243.7 万人,毕业生 1623.6 万人。普通小学招生 1877.9 万人,在校生 10836.0 万人,毕业生 1763.5 万人。特殊教育招生 15.5 万人,在校生 91.2 万人,毕业生 17.3 万人。学前教育在园幼儿 4093.0 万人。九年义务教育巩固率为 95.7%,高中阶段毛入学率为 91.8%。见图 21。

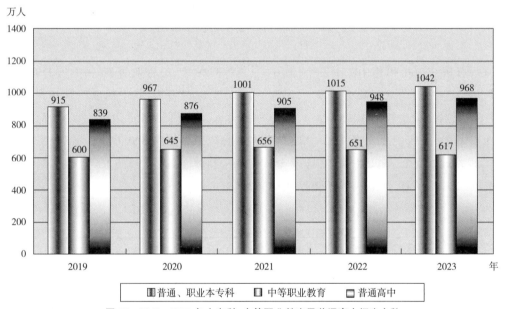

图 21　2019—2023 年本专科、中等职业教育及普通高中招生人数

十一、文化旅游、卫生健康和体育

年底全国文化和旅游部门所属艺术表演团体 1893 个。全国共有公共图书馆 3309 个,总流通[72] 112668 万人次;文化馆 3508 个。有线电视实际用户 2.02 亿户,其中有线数字电视实际用户 1.93 亿户。年底广播节目综合人口覆盖率为 99.7%,电视节目综合人口覆盖率为 99.8%。全年生产电视剧 156 部

4632 集,电视动画片 93811 分钟。生产故事影片 792 部,科教、纪录、动画和特种影片[73]179 部。出版各类报纸 258 亿份,各类期刊 18 亿册,图书 119 亿册(张),人均图书拥有量[74]8.40 册(张)。年底全国共有档案馆 4154 个,已开放各类档案 23827 万卷(件)。全年全国规模以上文化及相关产业企业营业收入 129515 亿元,按可比口径计算,比上年增长 8.2%。

全年国内出游 48.9 亿人次,比上年增长 93.3%。其中,城镇居民国内出游 37.6 亿人次,增长 94.9%;农

村居民国内出游 11.3 亿人次,增长 88.5%。国内游客出游总花费 49133 亿元,增长 140.3%。其中,城镇居民出游花费 41781 亿元,增长 147.5%;农村居民出游花费 7353 亿元,增长 106.4%。入境游客 8203 万人次,其中外国人 1378 万人次,香港、澳门和台湾同胞 6824 万人次。入境游客总花费 530 亿美元。国内居民出境 10096 万人次,其中因私出境 9684 万人次,赴港澳台出境 7704 万人次。见图 22。

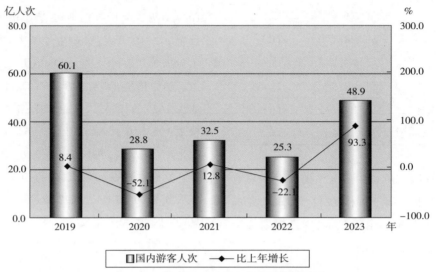

图 22 2019—2023 年国内游客人次及其增长速度

年底全国共有医疗卫生机构 107.1 万个,其中医院 3.8 万个,在医院中有公立医院 1.2 万个,民营医院 2.7 万个;基层医疗卫生机构 101.6 万个,其中乡镇卫生院 3.4 万个,社区卫生服务中心(站)3.7 万个,门诊部(所)36.2 万个,村卫生室 58.3 万个;专业公共卫生机构 1.2 万个,其中疾病预防控制中心 3426 个,卫生监督所(中心)2791 个。卫生技术人员 1247 万人,其中执业医师和执业助理医师 478 万人,注册护士 563 万人。医疗卫生机构床位 1020 万张,其中医院 800 万张,乡镇卫生院 151 万张。全年总诊疗人次[75] 95.6 亿人次,出院人次[76] 3.0 亿人次。见图 23。

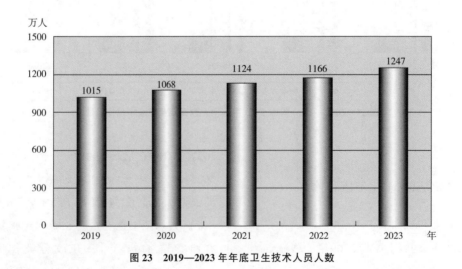

图 23 2019—2023 年年底卫生技术人员人数

年底全国共有体育场地[77] 459.3 万个,体育场地面积[78] 40.7 亿平方米,人均体育场地面积 2.89平方米。全年中国运动员在 32 个项目中获得 165 个世界冠军,共创 20 项世界纪录。在杭州第 19 届亚运会上,中国运动员共获得 201 枚金牌,奖牌总数 383 枚,第 11 次蝉联亚运会金牌榜首位。中国残疾人运动员在 45 项国际赛事中获得 231 个世界冠军。在杭州第 4 届亚残运会上,中国运动员共获得 214 枚金牌,奖牌总数 521 枚,第 4 次蝉联亚残运会金牌榜和奖牌榜首位。

十二、资源、环境和应急管理

全年全国国有建设用地供应总量[79]74.9 万公顷,比上年下降 2.1%。其中,工矿仓储用地 17.5 万公顷,下降 11.9%;房地产用地[80]8.4 万公顷,下降 23.3%;基础设施用地 49.0 万公顷,增长 7.2%。

全年水资源总量 24780 亿立方米。总用水量 5907 亿立方米,比上年下降 1.5%。其中,生活用水增长 0.5%,工业用水增长 0.2%,农业用水下降 2.9%,人工生态环境补水增长 3.9%。万元国内生产总值用水量[81]50 立方米,下降 6.4%。万元工业增加值用水量 26 立方米,下降 3.9%。人均用水量 419 立方米,下降 1.4%。

全年完成造林面积 400 万公顷,其中人工造林面积 133 万公顷,占全部造林面积的 33.4%。种草改良面积[82]438 万公顷。截至年底,共有国家公园 5 个。全年新增水土流失治理面积 6.3 万平方千米。

初步核算,全年能源消费总量 57.2 亿吨标准煤,比上年增长 5.7%。煤炭消费量增长 5.6%,原油消费量增长 9.1%,天然气消费量增长 7.2%,电力消费量增长 6.7%。煤炭消费量占能源消费总量比重为 55.3%,比上年下降 0.7 个百分点;天然气、水电、核电、风电、太阳能发电等清洁能源消费量占能源消费总量比重为 26.4%,上升 0.4 个百分点。重点耗能工业企业单位电石综合能耗下降 0.8%,单位合成氨综合能耗上升 0.9%,吨钢综合能耗上升 1.6%,单位电解铝综合能耗下降 0.1%,每千瓦时火力发电标准煤耗下降 0.2%。初步测算,扣除原料用能和非化石能源消费量后,全国万元国内生产总值能耗[83]比上年下降 0.5%。全国碳排放权交易市场碳排放配额[84]成交量 2.12 亿吨,成交额 144.4 亿元。见图 24。

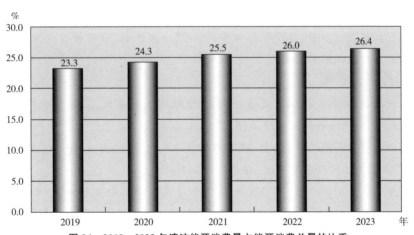

图 24 2019—2023 年清洁能源消费量占能源消费总量的比重

全年近岸海域海水水质[85]达到国家一、二类海水水质标准的面积占 85.0%,三类海水占 4.5%,四类、劣四类海水占 10.5%。

在监测的 339 个地级及以上城市中,细颗粒物(PM₂.₅)年平均浓度 30 微克/立方米,比上年上升 3.4%。

在开展城市区域声环境昼间监测的 326 个城市中,全年声环境质量好的城市占 5.8%,较好的占

69.3%,一般的占 23.9%,较差的占 0.9%,无差的城市。

全年平均气温为 10.71℃,比上年上升 0.21℃。共有 6 个台风登陆。

全年农作物受灾面积 1054 万公顷,其中绝收 98 万公顷。因洪涝和地质灾害造成直接经济损失 2451 亿元,因干旱灾害造成直接经济损失 206 亿元,因低温冷冻和雪灾造成直接经济损失 49 亿元,

因海洋灾害造成直接经济损失 25 亿元。共发生 5.0 级以上地震 11 次,造成直接经济损失 153 亿元。共发生森林火灾 328 起,受害森林面积约 0.4 万公顷。

全年各类生产安全事故共死亡 21242 人,比上年下降[86]4.7%。工矿商贸企业就业人员 10 万人生产安全事故死亡人数 1.244 人,比上年上升 4.2%;煤矿百万吨死亡人数 0.094 人,上升 23.7%。道路交通事故万车死亡人数 1.38 人,下降 5.5%。

注释:

[1]本公报中数据均为初步统计数。各项统计数据均未包括香港特别行政区、澳门特别行政区和台湾地区。部分数据因四舍五入的原因,存在总计与分项合计不等的情况。

[2]国内生产总值、三次产业及相关行业增加值、地区生产总值、人均国内生产总值和国民总收入绝对数按现价计算,增长速度按不变价格计算。

[3]国民总收入,原称国民生产总值,是指一个国家或地区所有常住单位在一定时期内所获得的初次分配收入总额,等于国内生产总值加上来自国外的初次分配收入净额。

[4]全员劳动生产率为国内生产总值(按 2020 年价格计算)与全部就业人员的比率。

[5]全国人口是指中国大陆 31 个省、自治区、直辖市和现役军人的人口,不包括居住在 31 个省、自治区、直辖市的港澳台居民和外籍人员。

[6]2023 年年底,0~14 岁(含不满 15 周岁)人口为 23063 万人,15~59 岁(含不满 60 周岁)人口为 88207 万人。

[7]城镇新增就业人数是指报告期内城镇累计新就业人员数与自然减员人数之差。

[8]年度农民工数量包括年内在本乡镇以外从业 6 个月及以上的外出农民工和在本乡镇内从事非农产业 6 个月及以上的本地农民工。

[9]农产品生产者价格是指农产品生产者第一手出售其产品时的价格。

[10]居住类价格包括租赁房房租、住房保养维修及管理、水电燃料、自有住房服务价格。

[11]由于统计调查制度规定的调查范围变动、统计执法、剔除重复数据等因素,2023 年规模以上工业相关指标增速及变化按可比口径计算。

[12]装备制造业包括金属制品业,通用设备制造业,专用设备制造业,汽车制造业,铁路、船舶、航空航天和其他运输设备制造业,电气机械和器材制造业,计算机、通信和其他电子设备制造业,仪器仪表制造业。

[13]高技术制造业包括医药制造业,航空、航天器及设备制造业,电子及通信设备制造业,计算机及办公设备制造业,医疗仪器设备及仪器仪表制造业,信息化学品制造业。

[14]规模以上服务业统计范围包括:年营业收入 2000 万元及以上的交通运输、仓储和邮政业,信息传输、软件和信息技术服务业,水利、环境和公共设施管理业,卫生行业法人单位;年营业收入 1000 万元及以上的房地产业(不含房地产开发经营)、租赁和商务服务业,科学研究和技术服务业,教育行业法人单位;以及年营业收入 500 万元及以上的居民服务、修理和其他服务业,文化、体育和娱乐业,社会工作行业法人单位。2023 年规模以上服务业企业财务指标增速按可比口径计算。

[15]战略性新兴服务业包括新一代信息技术产业、高端装备制造产业、新材料产业、生物产业、新能源汽车产业、新能源产业、节能环保产业和数字创意产业等八大产业中的服务业相关行业,以及新技术与创新创业等相关服务业。

[16]高技术产业投资包括医药制造、航空航天器及设备制造等六大类高技术制造业投资和信息服务、电子商务服务等九大类高技术服务业投资。

[17]制造业技术改造投资是指制造业企业采用新技术、新工艺、新设备、新材料对现有设施、工艺条件及生产服务等进行改造提升所完成的投资。

[18]电子商务交易额是指通过电子商务交易平台(包括企业自建平台和第三方平台)实现的商品和服务交易额,包括对单位和对个人交易额,2023年增速按可比口径计算。

[19]网上零售额是指通过公共网络交易平台(主要从事实物商品交易的网上平台,包括自建网站和第三方平台)实现的商品和服务零售额,2023年增速按可比口径计算。

[20]东部地区是指北京、天津、河北、上海、江苏、浙江、福建、山东、广东和海南10省(市);中部地区是指山西、安徽、江西、河南、湖北和湖南6省;西部地区是指内蒙古、广西、重庆、四川、贵州、云南、西藏、陕西、甘肃、青海、宁夏和新疆12省(区、市);东北地区是指辽宁、吉林和黑龙江3省。

[21]万元国内生产总值二氧化碳排放按2020年价格计算。

[22]见注释[11]。

[23]钢材产量数据中含企业之间重复加工钢材。

[24]产能利用率是指实际产出与生产能力(均以价值量计量)的比率。企业的实际产出是指企业报告期内的工业总产值;企业的生产能力是指报告期内,在劳动力、原材料、燃料、运输等保证供给的情况下,生产设备(机械)保持正常运行,企业可实现并能长期维持的产品产出。

[25]火电包括燃煤发电量,燃油发电量,燃气发电量,余热、余压、余气发电量,垃圾焚烧发电量,生物质发电量。

[26]少量发电装机容量(如地热等)公报中未列出。

[27]建筑业企业利润增速按可比口径计算。报告期数据与上年已公布的同期数据之间存在不可比因素,不能直接相比计算增速。主要原因是:①加强数据质量审核,剔除主营业务不属于建筑业的相关数据。②加强统计执法检查,对发现的问题数据按照相关规定进行了改正。

[28]货物运输总量及周转量包括铁路、公路、水路、民航和管道五种运输方式完成量,2023年增速按可比口径计算。

[29]邮政行业寄递业务总量是指企业从事各类邮政普遍服务业务、快递业务的总数量。

[30]电信业务总量按上年价格计算。

[31]移动电话基站数是指报告期末为小区服务的无线收发信设备,处理基站与移动台之间的无线通信,在移动交换机与移动台之间起中继作用,监视无线传输质量的全套设备数。

[32]固定互联网宽带接入用户是指报告期末在电信企业登记注册,通过xDSL、FTTx+LAN、FTTH/O以及其他宽带接入方式和普通专线接入公众互联网的用户。

[33]100M速率及以上的宽带接入用户是指报告期末下行速率大于或等于100Mbit/s的宽带接入用户。

[34]蜂窝物联网终端用户是指报告期末接入移动通信网络并开通物联网业务的用户。物联网终端即连接传感网络层和传输网络层,实现远程采集数据及向网络层发送数据的物联网设备。

[35]软件和信息技术服务业包括软件开发、集成电路设计、信息系统集成和物联网技术服务、运行维护服务、信息处理和存储支持服务、信息技术咨询服务、数字内容服务和其他信息技术服务等行业。2023年软件和信息技术服务业完成软件业务收入增速按可比口径计算。

[36]服务零售额是指企业(产业活动单位、个体户)以交易形式直接提供给个人和其他单位非生产、非经营用的服务价值总和,旨在反映服务提供方以货币形式销售的属于消费的服务价值,包括交通、住宿、餐饮、教育、卫生、体育、娱乐等领域服务活动的零售额。

[37]固定资产投资相关指标增速按可比口径计算。报告期数据与上年已公布的同期数据之间存在不可比因素,不能直接相比计算增速。主要原因是:①改进和完善数据质量审核评估方法,剔除不应纳入报告期完成投资的前期土地费用以及跨地区、跨行业重复统计数据。②加强在建投资项目审核,剔除流动资产、消耗性生物资产等不符合固定资产投资统计范围的项目。③加强统计执法检查,对发现的问题数据按照相关规定进行了改正。

[38]见注释[20]。

[39]基础设施投资包括铁路运输业、道路运输业、水上运输业、航空运输业、管道运输业、多式联运和运输代理业、装卸搬运业、邮政业、电信广播电视和卫星传输服务业、互联网和相关服务业、水利管理业、生态保护和环境治理业、公共设施管理业投资。

[40]社会领域投资包括教育、卫生和社会工作,以及文化、体育和娱乐业投资。

[41]民间固定资产投资是指具有集体、私营、个人性质的内资企事业单位以及由其控股(包括绝对控股和相对控股)的企业单位建造或购置固定资产的投资。

[42]房地产业投资除房地产开发投资外,还包括建设单位自建房屋以及物业管理、中介服务和其他房地产投资。

[43]房地产开发投资和新建商品房销售等指标增速按可比口径计算。报告期数据与上年已公布的同期数据之间存在不可比因素,不能直接相比计算增速。主要原因是:①加强在建房地产开发项目审核,剔除单纯一级土地开发等非房地产开发项目。②加强商品房销售数据审核,剔除退房和具有抵押性质等非商品房销售数据。③加强统计执法,对发现的问题数据按照相关规定进行了改正。

[44]新建商品房销售面积是指报告期内房地产开发企业出售的新建商品房屋的合同总面积。

[45]二手房交易网签面积是指报告期内城镇二手房网签交易合同总面积。

[46]"一带一路"是指"丝绸之路经济带"和"21世纪海上丝绸之路"。

[47]《区域全面经济伙伴关系协定》(RCEP)其他成员国包括印度尼西亚、马来西亚、菲律宾、泰国、新加坡、文莱、柬埔寨、老挝、缅甸、越南、日本、韩国、澳大利亚、新西兰。

[48]社会融资规模增量是指一定时期内实体经济从金融体系获得的资金总额。

[49]社会融资规模存量是指一定时期末(月末、季末或年末)实体经济从金融体系获得的资金余额。

[50]普惠小微贷款包括单户授信小于1000万元的小微型企业贷款、个体工商户经营性贷款、小微企业主经营性贷款。

[51]沪深交易所股票筹资额按上市日统计,筹资额包括了可转债实际转股金额,2022年、2023年可转债实际转股金额分别为934亿元、832亿元。

[52]北京证券交易所股票筹资额按上市日统计。

[53]全国中小企业股份转让系统是2012年经国务院批准的全国性证券交易场所。全年全国中小企业股份转让系统挂牌公司累计筹资不含优先股,股票筹资按新增股份挂牌日统计。

[54]公司信用类债券包括非金融企业债务融资工具、企业债券以及公司债、可转债等。

[55]原保险保费收入是指保险企业确认的原保险合同保费收入。

[56]人均可支配收入中位数是指将所有调查户按人均收入水平从低到高(或从高到低)顺序排列,处于最中间位置调查户的人均可支配收入。

[57]全国居民五等份收入分组是指将所有调查户按人均收入水平从低到高顺序排列,平均分为五个等份,处于最低20%的收入家庭为低收入组,以此类推依次为中间偏下收入组、中间收入组、中间偏上收入组、高收入组。

[58]脱贫县包括原832个国家扶贫开发工作重点县和集中连片特困地区县,以及新疆阿克苏地区7个市县。

[59]服务性消费支出是指住户用于各种生活服务的消费支出,包括餐饮服务、衣着鞋类加工服务、居住服务、家庭服务、交通通信服务、教育文化娱乐服务、医疗服务和其他服务。

[60]2023年基本医疗保险参保人数剔除部分重复参保情况。

[61]农村特困人员是指无劳动能力,无生活来源,无法定赡养、抚养、扶养义务人或者其法定义务人无履行义务能力的农村老年人、残疾人以及未满16周岁的未成年人。

［62］临时救助是指国家对遭遇突发事件、意外伤害、重大疾病或其他特殊原因导致基本生活陷入困境，其他社会救助制度暂时无法覆盖或救助之后基本生活暂时仍有严重困难的家庭或个人给予的应急性、过渡性的救助。

［63］民政服务床位除收养性机构外，还包括救助类机构、社区类机构的床位。

［64］国家级科技企业孵化器是指符合《科技企业孵化器管理办法》规定的，以促进科技成果转化、培育科技企业和企业家精神为宗旨，提供物理空间、共享设施和专业化服务的科技创业服务机构，且经过科学技术部批准确定的科技企业孵化器。

［65］国家备案众创空间是指符合《发展众创空间工作指引》规定的新型创新创业服务平台，且按照《国家众创空间备案暂行规定》经科学技术部审核备案的众创空间。

［66］PCT 专利申请受理量是指国家知识产权局作为 PCT 专利申请受理局受理的 PCT 专利申请数量。PCT（Patent Cooperation Treaty）即专利合作条约，是专利领域的一项国际合作条约。

［67］每万人口高价值发明专利拥有量是指每万人口本国居民拥有的经国家知识产权局授权的符合下列任一条件的有效发明专利数量：战略性新兴产业的发明专利；在海外有同族专利权的发明专利；维持年限超过10 年的发明专利；实现较高质押融资金额的发明专利；获得国家科学技术奖、中国专利奖的发明专利。

［68］公民具备科学素质是指崇尚科学精神，树立科学思想，掌握基本科学方法，了解必要科技知识，并具有应用其分析判断事物和解决实际问题的能力。公民具备科学素质比例数据是面向 18～69 岁公民开展抽样调查获得。

［69］制造业产品质量合格率是指以产品质量检验为手段，按照规定的方法、程序和标准实施质量抽样检测，判定为质量合格的样品数占全部抽样样品数的百分比，统计调查样本覆盖制造业的 29 个行业。

［70］普通、职业本专科包括普通本科、职业本科、高职（专科）。

［71］中等职业教育包括普通中专、成人中专、职业高中和技工学校。

［72］总流通人次是指本年度内到图书馆场馆接受图书馆服务的总人次，包括借阅书刊、咨询问题以及参加各类读者活动等。

［73］特种影片是指采用与常规影院放映在技术、设备、节目方面不同的电影展示方式，如巨幕电影、立体特效（4D）电影、动感电影、球幕电影等。

［74］人均图书拥有量是指在一年内全国平均每人能拥有的当年出版图书册数。

［75］总诊疗人次是指所有诊疗工作的总人次数，包括门诊、急诊、出诊、预约诊疗、单项健康检查、健康咨询指导（不含健康讲座、核酸检测）人次数。

［76］出院人次是指报告期内所有住院后出院的人次数，包括医嘱离院、医嘱转其他医疗机构、非医嘱离院、死亡及其他人次数，不含家庭病床撤床人次数。

［77］体育场地调查对象不包括军队、铁路系统所属体育场地。

［78］体育场地面积是指体育训练、比赛、健身场地的有效面积。

［79］国有建设用地供应总量是指报告期内市、县人民政府根据年度土地供应计划依法以出让、划拨、租赁等方式与用地单位或个人签订出让合同或签发划拨决定书、完成交易的国有建设用地总量。

［80］房地产用地是指商服用地和住宅用地的总和。

［81］万元国内生产总值用水量、万元工业增加值用水量按 2020 年价格计算。

［82］种草改良面积是指通过人工种草、飞播种草、草原改良、围栏封育等措施进行草原生态修复的面积之和。

［83］万元国内生产总值能耗按 2020 年价格计算。

［84］全国碳排放权交易市场碳排放配额是指在全国碳排放权交易市场分配给重点排放单位规定时期内的二氧化碳等温室气体的排放额度。

［85］近岸海域海水水质采用面积法进行评价。

［86］2022年生产安全事故统计数据进行了核实调整，2023年与上年对比按照调整后数据计算。

资料来源：

本公报中城镇新增就业、养老保险、失业保险、工伤保险、中等职业教育中的技工学校数据来自人力资源和社会保障部；外汇储备、汇率数据来自国家外汇管理局；经营主体、质量检验、国家标准制定修订、制造业产品质量合格率数据来自国家市场监督管理总局；环境监测、碳排放权交易数据来自生态环境部；水产品产量、新建和改造提升高标准农田面积、新增高效节水灌溉面积数据来自农业农村部；木材产量、造林面积、种草改良面积、国家公园数据来自国家林业和草原局；水资源总量、用水量、新增水土流失治理面积数据来自水利部；发电装机容量、新增220千伏及以上交流变电设备容量、电力消费量数据来自中国电力企业联合会；港口货物吞吐量、港口集装箱吞吐量、公路运输、水路运输、新改建高速公路里程、港口万吨级及以上码头泊位新增通过能力数据来自交通运输部；铁路运输、新建铁路投产里程、增新建铁路复线投产里程、电气化铁路投产里程数据来自中国国家铁路集团有限公司；民航运输、新增民用运输机场数据来自中国民用航空局；管道运输数据来自中国石油天然气集团有限公司、中国石油化工集团有限公司、中国海洋石油集团有限公司、国家石油天然气管网集团有限公司；民用汽车保有量、道路交通事故数据来自公安部；邮政业务数据来自国家邮政局；通信业、软件业务收入、新增光缆线路长度数据来自工业和信息化部；互联网上网人数、互联网普及率数据来自中国互联网络信息中心；二手房交易网签面积、棚户区改造、保障性租赁住房、城镇老旧小区改造数据来自住房和城乡建设部；货物进出口数据来自海关总署；服务进出口、外商直接投资、对外直接投资、对外承包工程、对外劳务合作数据来自商务部；财政数据来自财政部；新增减税降费及退税缓费数据来自国家税务总局；货币金融、公司信用类债券数据来自中国人民银行；境内交易场所筹资数据来自中国证券监督管理委员会；保险业数据来自国家金融监督管理总局；医疗保险、生育保险数据来自国家医疗保障局；城乡低保、农村特困人员救助供养、临时救助、民政服务数据来自民政部；优抚对象数据来自退役军人事务部；国家自然科学基金资助项目数据来自国家自然科学基金委员会；国家科技成果转化引导基金、国家级科技企业孵化器、国家备案众创空间、技术合同数据来自科学技术部；国家工程研究中心、国家企业技术中心数据来自国家发展和改革委员会；专利、商标数据来自国家知识产权局；公民具备科学素质比例数据来自中国科学技术协会；宇航发射数据来自国家国防科技工业局；教育数据来自教育部；艺术表演团体、公共图书馆、文化馆、旅游数据来自文化和旅游部；电视、广播数据来自国家广播电视总局；电影数据来自国家电影局；报纸、期刊、图书数据来自国家新闻出版署；档案数据来自国家档案局；居民出境数据来自国家移民管理局；医疗卫生数据来自国家卫生健康委员会；卫生监督数据来自国家疾病预防控制局；体育数据来自国家体育总局；残疾人运动员数据来自中国残疾人联合会；国有建设用地供应、海洋灾害造成直接经济损失数据来自自然资源部；平均气温、台风登陆数据来自中国气象局；农作物受灾面积、洪涝和地质灾害造成直接经济损失、干旱灾害造成直接经济损失、低温冷冻和雪灾造成直接经济损失、地震次数、地震灾害造成直接经济损失、森林火灾、受害森林面积、生产安全事故数据来自应急管理部；其他数据均来自国家统计局。

国民经济和社会发展总量与速度指标

指 标	总量指标				指数/%（2023 为以下各年）			平均增长速度/%	
	1978	2000	2022	2023	1978	2000	2022	1979—2023	2001—2023
人 口/万人									
总人口(年末)	96259	126743	141175	140967	146.4	111.2	99.9	0.9	0.5
城镇人口	17245	45906	92071	93267	540.8	203.2	101.3	3.8	3.1
乡村人口	79014	80837	49104	47700	60.4	59.0	97.1	-1.1	-2.3
就 业/万人									
就业人员	40152	72085	73351	74041	184.4	102.7	100.9	1.4	0.1
第一产业	28318	36043	17663	16882	59.6	46.8	95.6	-1.1	-3.2
第二产业	6945	16219	21105	21520	309.9	132.7	102.0	2.5	1.2
第三产业	4890	19823	34583	35639	728.8	179.8	103.1	4.5	2.6
城镇登记失业人员	530	595	1203	1074	202.6	180.5	89.3	1.6	2.6
国民经济核算									
国民总收入/亿元	3678.7	99066.1	1194401.4	1249990.6	4673.9	622.4	105.3	8.9	8.3
国内生产总值/亿元	3678.7	100280.1	1204724.0	1260582.1	4713.5	620.0	105.2	8.9	8.3
第一产业	1018.5	14717.4	88207.0	89755.2	686.1	249.1	104.1	4.4	4.0
第二产业	1755.1	45663.7	473789.9	482588.5	7010.3	653.6	104.7	9.9	8.5
第三产业	905.1	39899.1	642727.1	688238.4	6859.6	715.6	105.8	9.9	8.9
人均国民总收入/元	385	7846	84579	88607	3167.9	557.0	105.4	8.0	7.8
人均国内生产总值/元	385	7942	85310	89358	3194.8	555.0	105.4	8.0	7.7
人民生活/元									
全国居民人均可支配收入	171	3721	36883	39218	3232.2	645.6	106.1	8.0	8.4
城镇居民人均可支配收入	343	6256	49283	51821	1976.4	517.0	104.8	6.9	7.4
农村居民人均可支配收入	134	2282	20133	21691	2638.2	538.9	107.6	7.5	7.6
财 政/亿元									
一般公共预算收入	1132.3	13395.2	203649.3	216795.4	18482.6	1562.9	106.5	12.3	12.7

续表

指　标	总量指标				指数/%（2023为以下各年）			平均增长速度/%	
	1978	2000	2022	2023	1978	2000	2022	1979—2023	2001—2023
一般公共预算支出	1122.1	15886.5	260552.1	274622.9	23641.8	1675.1	105.4	12.9	13.0
能　源									
一次能源生产总量/万吨标准煤	62770	138570	463808	483000	769.9	348.8	104.2	4.6	5.6
能源消费总量/万吨标准煤	57144	146964	540956	572000	1000.6	389.1	105.7	5.3	6.1
主要能源产品产量									
原　煤/亿吨	6.2	13.8	45.6	47.2	764.2	341.2	103.6	4.6	5.5
天然气/亿立方米	137.3	272.0	2201.1	2324.3	1692.9	854.5	105.6	6.5	9.8
发电量/亿千瓦时	2565.5	13556.0	88487.1	94564.4	3686.0	697.6	106.9	8.3	8.8
固定资产投资									
全社会固定资产投资/亿元	—	32917.7	495966.4	509707.9	—	1548.4	102.8	—	15.0
#房地产开发	—	4984.1	123847.8	112142.3	—	2250.0	90.5	—	18.5
对外贸易和外商直接投资									
货物进出口总额/亿元	355.0	39273.3	416727.8	417510.1	117608.5	1063.1	100.2	17.0	10.8
出口总额/亿元	167.7	20634.4	236336.8	237656.4	141715.2	1151.7	100.6	17.5	11.2
进口总额/亿元	187.4	18638.8	180391.0	179853.7	95973.2	964.9	99.7	16.5	10.4
实际使用外资金额/亿美元	—	407.1	1891.3	1632.5	—	401.0	86.3	—	6.2
农　业									
农林牧渔业总产值/亿元	1397.0	24915.8	156065.9	158507.2	1097.5	280.3	104.2	5.5	4.6
主要农产品产量/万吨									
谷　物	—	40522.4	63324.3	64143.0	—	158.3	101.3	—	2.0
棉　花	216.7	441.7	598.0	561.8	259.2	127.2	93.9	2.1	1.1
油　料	521.8	2954.8	3654.2	3863.7	740.5	130.8	105.7	4.5	1.2
肉　类	943.0	6013.9	9328.4	9748.2	1033.7	162.1	104.5	5.3	2.1
水产品	465.4	3706.2	6865.9	7116.2	1528.9	192.0	103.6	6.2	2.9
工　业									
主要工业产品产量									
水　泥/万吨	6524.0	59700.0	212927.2	201940.2	3095.3	338.3	94.8	7.9	5.4

续表

指 标	总量指标				指数/%（2023为以下各年）			平均增长速度/%	
	1978	2000	2022	2023	1978	2000	2022	1979—2023	2001—2023
粗　钢/万吨	3178.0	12850.0	101795.9	102886.0	3237.4	800.7	101.1	8.0	9.5
钢　材/万吨	2208.0	13146.0	134033.5	138378.7	6267.2	1052.6	103.2	9.6	10.8
金属切削机床/万台	18.3	17.7	57.3	69.1	377.6	390.4	120.6	3.0	6.1
汽　车/万辆	14.9	207.0	2713.6	3009.9	20200.7	1454.1	110.9	12.5	12.3
发电机组/万千瓦	483.8	1249.0	18371.1	26815.8	5542.7	2147.0	146.0	9.3	14.3
规模以上工业企业主要指标/亿元									
资产总计	4525	126211	1601926	1720756					
营业收入		84152	1333214	1360317					
利润总额	599	4393	84162	82897					
建筑业									
建筑业总产值/亿元		12498	298675	314394		2515.6	105.3		15.1
房地产业									
房地产企业房屋施工面积/万平方米		65897	904500	840157		1275.0	92.9		11.7
房地产企业房屋竣工面积/万平方米		25105	85358	101999		406.3	119.5		6.3
房地产企业新建商品房销售面积/万平方米		18637	122154	111762		599.7	91.5		8.1
#住　宅		16570	103306	94819		572.2	91.8		7.9
房地产企业新建商品房销售额/亿元		3935	124720	116661		2964.4	93.5		15.9
#住　宅		3229	109583	103013		3190.6	94.0		16.2
批发、零售和旅游业									
社会消费品零售总额/亿元	1558.6	38447.1	439732.5	471495.2	30251.2	1226.3	107.2	13.5	11.5
入境旅客/万人次	180.9	8344.4		8202.5	4533.7	98.3		8.8	-0.1
#外国人/万人次	23.0	1016.0		1378.4	6002.2	135.7		9.5	1.3
国内旅客/百万人次		744.0	2530.0	4891.0		657.4	193.3		8.5
国内游客出游总花费/亿元		3175.5	20444.0	49133.1		1547.2	240.3		12.6
交通运输业									
客运量/万人	253993.0	1478572.5	558737.6	1574330.8					

续表

指 标	总量指标				指数/%（2023为以下各年）			平均增长速度/%	
	1978	2000	2022	2023	1978	2000	2022	1979—2023	2001—2023
铁 路	81491.0	105072.5	167296.3	385449.6	473.0	366.8	230.4	3.5	5.8
公 路	149229.0	1347392.0	354642.8	1101152.9					
水 路	23042.0	19386.0	11627.5	25770.7	111.8	132.9	221.6	0.2	1.2
民 航	231.0	6721.7	25171.0	61957.6	26821.5	921.8	246.1	13.2	10.1
货运量/万吨	319431.4	1358681.7	5152571.1	5570636.1	1743.9	410.0	108.1	6.6	6.3
铁 路	110119.0	178581.0	498423.7	503534.6	457.3	282.0	101.0	3.4	4.6
公 路	151602.0	1038813.0	3711927.9	4033681.2	2660.7	388.3	108.7	7.6	6.1
水 路	47357.0	122391.0	855351.5	936746.2	1978.1	765.4	109.5	6.9	9.3
民 航	6.4	196.7	607.6	735.4	11490.3	373.8	121.0	11.1	5.9
管 道	10347.0	18700.0	86260.4	95938.8	927.2	513.0	111.2	5.1	7.4
沿海规模以上港口货物吞吐量/万吨		125603.0	1013101.5	1083471.0		862.6	106.9		9.8
民用汽车拥有量/万辆	135.8	1608.9	31184.4	32911.6	24228.2	2045.6	105.5	13.0	14.0
#私人汽车		625.3	27792.1	29356.9		4694.6	105.6		18.2
电信和信息软件业									
电信业务总量/亿元	19.2	4559.9	17501.1	18359.3					
移动电话年末用户/万户		8453.3	168344.3	174358.1		2062.6	103.6		14.1
固定电话年末用户/万户	192.5	14482.9	17941.4	17332.6	9001.9	119.7	96.6	10.5	0.8
互联网宽带接入用户/万户			58964.8	63630.6			107.9		
软件业务收入/亿元			107790.1	123642.7			114.7		
金融业									
社会融资规模存量/万亿元			344.2	378.1			109.5		
货币和准货币（M₂）/万亿元		13.5	266.4	292.3		2073.2	109.7		14.1
货币（M₁）/万亿元		5.3	67.2	68.1		1258.3	101.3		11.6
流通中现金（M₀）/万亿元		1.5	10.5	11.3		774.4	108.3		9.3
金融机构人民币各项存款余额/万亿元	0.1	12.4	258.5	284.3	232608.2	2182.5	110.0	18.8	14.3
金融机构人民币各项贷款余额/万亿元	0.2	9.9	214.0	237.6	154627.3	2558.4	110.6	17.7	15.1
境内股票发行金额/亿元		1515.8	14342.4	10056.4		663.4	70.1	8.6	8.6

续表

指 标	总量指标				指数/%（2023为以下各年）			平均增长速度/%	
	1978	2000	2022	2023	1978	2000	2022	1979—2023	2001—2023
保险公司保费金额/亿元		1598.0	46957.2	51246.7			109.1		17.0
保险公司赔款及给付金额/亿元		526.0	15485.1	18883.0			121.9		20.5
科学技术									
R&D经费支出/亿元		895.7	30782.9	33357.1		3724.1	108.4		21.9
发明专利授权数/件		12683	798347	920797		7260.1	115.3		
技术市场成交额/亿元		650.8	47791.0	61475.7		9446.2	128.6		
教育									
专任教师数/万人									
#普通、职业高等学校	20.6	46.3	196.3	206.1	1000.4	445.1	105.0	5.3	6.7
普通高中	74.1	75.7	213.3	221.5	298.9	292.6	103.8	2.5	4.8
初中阶段	244.1	328.7	402.5	408.3	167.3	124.2	101.4	1.1	0.9
小学阶段	522.6	586.0	662.9	665.6	127.4	113.6	100.4	0.5	0.6
在校生数/万人									
#普通、职业本专科	85.6	556.1	3659.4	3775.0	4410.1	678.8	103.2	8.8	8.7
普通高中	1553.1	1201.3	2713.9	2803.6	180.5	233.4	103.3	1.3	3.8
初中阶段	4995.2	6256.3	5120.6	5243.7	105.0	83.8	102.4	0.1	-0.8
小学阶段	14624.0	13013.3	10732.1	10836.0	74.1	83.3	101.0	-0.7	-0.8
教育经费支出/亿元		3849.1	61329.1						
卫生									
医院/个	9293	16318	36976	38355	412.7	235.0	103.7	3.2	3.8
执业(助理)医师/万人	97.8	207.6	443.5	478.2	488.9	230.4	107.8	3.6	3.7
医院床位数/万张	110.0	216.7	766.3	800.5	727.7	369.4	104.5	4.5	5.8
卫生总费用/亿元	110.2	4586.6	85327.5	90575.8	82184.7	1974.8	106.2	16.1	13.8
文化									
图书出版总印数/亿册、亿张	37.7	62.7	114.0	125.0	331.5	199.3	109.6	2.7	3.0
电视节目制作时间/万小时		58.5	285.2	260.0		444.5	91.2		6.7
故事影片产量/部	46	91	380	792	1721.7	870.3	208.4	6.5	9.9

续表

指 标	总量指标				指数/% (2023 为以下各年)				平均增长速度/%	
	1978	2000	2022	2023	1978	2000	2022		1979—2023	2001—2023
社会保险										
社会保险基金收入/亿元		2644.9	102504.8	113214.9		4280.5	110.4			17.7
社会保险基金支出/亿元		2385.6	90719.1	99301.8		4162.6	109.5			17.6
参加基本养老保险人数/万人		13617.4	105307.3	106643.3		783.1	101.3			9.4
参加失业保险人数/万人		10408.4	23806.6	24372.7		234.2	102.4			3.8
参加基本医疗保险人数/万人		3786.9	134592.5	133389.0		3522.3	99.1			16.7

注:

1. 2023 年能源数据为初步核算数(以下相关表同)。

2. 主要工业产品产量及工业产品产量口径自 2023 年数据统计范围为规模以上工业企业,即年主营业务收入 2000 万元及以上的工业企业。

3. 2023 年起,公路客运量、公共汽电车城市客运量,公共汽电车包车客运量、出租车城际城乡客运量(含巡游出租汽车、网络预约出租汽车)减际城乡客运量,与以前年份数据不可比(以下相关表同)。

4. 自 2023 年起,移动电话用户将中国广电数据纳入行业汇总数据(以下相关表同)。

5. 本表速度指标中,国民总收入、国内生产总值及三次产业增加值、城乡居民收入均按可比价格计算;财政收支、社会融资规模存量、货币供应量、金融机构人民币各项存贷款余额按可比口径计算;固定资产投资表指标平均增长速度按累计法计算;其他指标按绝对数计算。

东、中、西部及东北地区国民经济和社会发展主要指标

（2023 年）

指 标	全国总计	东部地区		中部地区		西部地区		东北地区	
		绝对数	占全国比重/%	绝对数	占全国比重/%	绝对数	占全国比重/%	绝对数	占全国比重/%
总人口（年末）/万人	140967	56638	40.2	36323	25.8	38223	27.1	9583	6.8
国内（地区）生产总值/亿元	1260582.1	652084.2	52.1	269897.7	21.6	269324.9	21.5	59624.5	4.8
第一产业	89755.2	29116.0	32.4	22390.6	24.9	30501.0	34.0	7814.1	8.7
第二产业	482588.5	247258.8	51.6	107121.6	22.4	104044.3	21.7	20610.8	4.3
第三产业	688238.4	375709.4	55.1	140385.5	20.6	134779.5	19.8	31199.6	4.6
居民人均可支配收入/元	39218	49822		33328		31100		33207	
城镇居民人均可支配收入	51821	61472		44706		44136		41009	
农村居民人均可支配收入	21691	26907		20518		17911		20300	
地方一般公共预算收入/亿元	117228.7	65146.7	55.6	22049.5	18.8	24806.2	21.2	5226.3	4.5
地方一般公共预算支出/亿元	236403.5	97308.9	41.2	52414.8	22.2	69921.7	29.6	16758.1	7.1
社会消费品零售总额/亿元	471495.2	238194.6	50.5	114899.5	24.4	98202.2	20.8	20146.7	4.3
货物进出口总额/亿元	417510.1	331650.5	79.4	36154.2	8.7	37379.3	9.0	12326.2	3.0
出口总额	237656.4	186194.3	78.3	23822.7	10.0	22716.9	9.6	4922.5	2.1
进口总额	179853.7	145456.2	80.9	12331.5	6.9	14662.3	8.2	7403.7	4.1
主要农产品产量									
谷物/万吨	64143.0	15475.1	24.1	19470.3	30.4	15763.1	24.6	13434.5	20.9
棉花/万吨	561.8	24.0	4.3	22.2	4.0	515.6	91.8	0.0	0.0
油料/万吨	3863.7	693.4	17.9	1746.1	45.2	1191.1	30.8	233.1	6.0
主要工业、能源产品产量									
原 煤/亿吨	47.2	1.5	3.1	16.1	34.0	28.6	60.6	1.1	2.3
天然气/亿立方米	2324.3	252.7	10.9	154.8	6.7	1829.8	78.7	87.0	3.7
水 泥/万吨	201940.2	74274.0	36.8	54105.0	26.8	65737.1	32.6	7824.0	3.9
粗 钢/万吨	102886.0	52947.5	51.5	22273.8	21.6	17911.7	17.4	9752.9	9.5
钢 材/万吨	138378.7	79827.4	57.7	25260.9	18.3	23009.2	16.6	10281.2	7.4
汽 车/万辆	3009.9	1588.6	52.8	569.9	18.9	592.4	19.7	259.0	8.6
发电量/亿千瓦时	94564.4	34712.6	36.7	18513.0	19.6	36489.8	38.6	4849.1	5.1
铁路营业里程/千米	158737.3	39397.1	24.8	35750.5	22.5	64377.4	40.6	19212.3	12.1
公路里程/千米	5436845.2	1216155.8	22.4	1426671.2	26.2	2381908.8	43.8	412109.4	7.6
#高速公路	183645.5	49771.5	27.1	42433.2	23.1	77350.4	42.1	14090.4	7.7
客运量/万人	1574330.8	600888.8	38.2	353322.6	22.4	417488.7	26.5	140673.1	8.9
货运量/万吨	5570636.1	2069731.0	37.2	1615544.6	29.0	1500115.0	26.9	288571.3	5.2
电信业务总量/亿元	18359.3	8744.0	47.6	3829.0	20.9	4640.6	25.3	937.7	5.1
普通、职业高等学校数/个	2822	1050	37.2	750	26.6	764	27.1	258	9.1
普通、职业本专科在校生数/万人	3775.0	1393.0	36.9	1066.3	28.2	1024.7	27.1	291.0	7.7

续表

指　标	全国总计	东部地区		中部地区		西部地区		东北地区	
		绝对数	占全国比重/%	绝对数	占全国比重/%	绝对数	占全国比重/%	绝对数	占全国比重/%
医院数/个	38355	13566	35.4	9429	24.6	11705	30.5	3655	9.5
执业(助理)医师/万人	478.2	199.8	41.8	121.0	25.3	124.0	25.9	33.4	7.0
医院床位数/万张	800.5	291.4	36.4	209.6	26.2	230.5	28.8	69.0	8.6

注:

1.占全国比重以各地区合计数为100计算。

2.全国总计人口包括了中国人民解放军现役军人。

3.水泥、粗钢、钢材和汽车2023年数据统计范围为规模以上工业企业,即年主营业务收入2000万元及以上的工业企业。

4.货运量分地区数据不包括民航、管道运输数据,客运量分地区数据不包括民航运输数据,电信业务总量分地区数据不包括集团总部及直属部分的数据,各地区合计数小于全国总计。

国民总收入和国内生产总值

指　标	2019	2020	2021	2022	2023
国民总收入/亿元	983751.2	1005451.3	1141230.8	1194401.4	1249990.6
国内生产总值/亿元	986515.2	1013567.0	1149237.0	1204724.0	1260582.1
第一产业	70473.6	78030.9	83216.5	88207.0	89755.2
第二产业	380670.6	383562.4	451544.1	473789.9	482588.5
第三产业	535371.0	551973.7	614476.4	642727.1	688238.4
人均国内生产总值/元	70078	71828	81370	85310	89358
人均国民总收入/元	69881	71253	80803	84579	88607
国民总收入指数(上年=100)	106.1	101.7	108.6	102.8	105.3
国内生产总值指数(上年=100)	106.0	102.2	108.4	103.0	105.2
第一产业	103.1	103.1	107.1	104.2	104.1
第二产业	104.9	102.5	108.7	102.6	104.7
第三产业	107.2	101.9	108.5	103.0	105.8
人均国内生产总值指数(上年=100)	105.6	102.0	108.4	103.0	105.4
人均国民总收入指数(上年=100)	105.7	101.5	108.5	102.8	105.4
国内生产总值构成/%	100.0	100.0	100.0	100.0	100.0
第一产业	7.1	7.7	7.2	7.3	7.1
第二产业	38.6	37.8	39.3	39.3	38.3
第三产业	54.3	54.5	53.5	53.4	54.6
支出法国内生产总值/亿元	990708	1025628	1145283	1202471	1258647
最终消费支出	552632	560811	619688	643828	701361
资本形成总额	426679	439550	495784	519793	530440
货物和服务净出口	11398	25267	29810	38850	26847

地区生产总值和指数

（2023 年）

单位：亿元

地 区	地区生产总值	第一产业	第二产业	第三产业	人均地区生产总值/元	指　数（上年＝100）				
						地区生产总值	第一产业	第二产业	第三产业	人均地区生产总值
北 京	43760.7	105.5	6525.6	37129.6	200278	105.2	95.4	100.4	106.1	105.2
天 津	16737.3	268.5	5982.6	10486.2	122752	104.3	101.2	103.2	104.9	104.6
河 北	43944.1	4466.2	16435.3	23042.6	59332	105.5	102.6	106.2	105.5	105.8
山 西	25698.2	1388.9	13329.7	10979.6	73984	105.0	104.0	105.1	105.0	105.2
内蒙古	24627.0	2737.3	11703.6	10186.1	102677	107.3	105.5	108.1	107.0	107.4
辽 宁	30209.4	2651.0	11734.5	15823.9	72107	105.3	104.7	105.0	105.5	105.9
吉 林	13531.2	1644.8	4585.0	7301.4	57739	106.3	105.0	105.9	106.9	107.1
黑龙江	15883.9	3518.3	4291.3	8074.3	51563	102.6	102.6	97.7	105.0	103.6
上 海	47218.7	96.1	11613.0	35509.6	190321	105.0	98.5	101.9	106.0	105.0
江 苏	128222.2	5075.8	56909.7	66236.7	150487	105.8	103.5	106.7	105.1	105.6
浙 江	82553.2	2332.0	33952.7	46268.6	125043	106.0	104.2	105.0	106.7	105.3
安 徽	47050.6	3496.6	18871.8	24682.2	76830	105.8	103.9	106.1	105.8	105.7
福 建	54355.1	3217.7	23966.4	27171.0	129865	104.5	104.2	103.7	105.2	104.5
江 西	32200.1	2450.4	13706.5	16043.2	71216	104.1	104.0	104.6	103.6	104.1
山 东	92068.7	6506.2	35987.9	49574.6	90771	106.0	104.5	106.5	105.8	106.2
河 南	59132.4	5360.1	22175.3	31597.0	60073	104.1	101.8	104.7	104.0	104.4
湖 北	55803.6	5073.4	20215.5	30514.7	95538	106.0	104.1	104.9	107.0	105.9
湖 南	50012.9	4621.3	18822.8	26568.8	75938	104.6	103.5	104.6	104.8	105.0
广 东	135673.2	5540.7	54437.3	75695.2	106985	104.8	104.8	104.8	104.7	104.7
广 西	27202.4	4468.2	8924.1	13810.1	54005	104.1	104.7	103.2	104.4	104.2
海 南	7551.2	1507.4	1448.5	4595.3	72958	109.2	104.6	110.6	110.3	108.0
重 庆	30145.8	2074.7	11699.1	16372.0	94147	106.1	104.6	106.5	105.9	106.4
四 川	60132.9	6056.6	21306.7	32769.5	71835	106.0	104.0	105.0	107.1	106.0
贵 州	20913.3	2894.3	7311.4	10707.5	54172	104.9	103.9	104.4	105.5	104.7
云 南	30021.1	4206.6	10256.3	15558.2	64107	104.4	104.2	102.4	105.7	104.6
西 藏	2392.7	215.0	883.0	1294.7	65642	109.5	114.9	107.7	109.9	109.7
陕 西	33786.1	2649.8	16068.9	15067.4	85448	104.3	104.0	104.5	104.1	104.3
甘 肃	11863.8	1641.3	4080.8	6141.8	47867	106.4	105.9	106.5	106.4	106.9
青 海	3799.1	387.0	1612.8	1799.2	63903	105.3	104.7	104.1	106.5	105.3
宁 夏	5315.0	428.1	2487.2	2399.6	72957	106.6	107.7	108.5	104.7	106.3
新 疆	19125.9	2742.2	7710.3	8673.4	73774	106.8	106.3	107.2	106.6	106.6

注：本表绝对数按当年价格计算，指数按不变价格计算。表中数据为初步核算数。

人口数及构成

单位:万人

年 份	总人口 (年底)	按性别分				按城乡分			
		男		女		城 镇		乡 村	
		人口数	比重/%	人口数	比重/%	人口数	比重/%	人口数	比重/%
1949	54167	28145	51.96	26022	48.04	5765	10.64	48402	89.36
1950	55196	28669	51.94	26527	48.06	6169	11.18	49027	88.82
1951	56300	29231	51.92	27069	48.08	6632	11.78	49668	88.22
1955	61465	31809	51.75	29656	48.25	8285	13.48	53180	86.52
1960	66207	34283	51.78	31924	48.22	13073	19.75	53134	80.25
1965	72538	37128	51.18	35410	48.82	13045	17.98	59493	82.02
1970	82992	42686	51.43	40306	48.57	14424	17.38	68568	82.62
1971	85229	43819	51.41	41410	48.59	14711	17.26	70518	82.74
1972	87177	44813	51.40	42364	48.60	14935	17.13	72242	82.87
1973	89211	45876	51.42	43335	48.58	15345	17.20	73866	82.80
1974	90859	46727	51.43	44132	48.57	15595	17.16	75264	82.84
1975	92420	47564	51.47	44856	48.53	16030	17.34	76390	82.66
1976	93717	48257	51.49	45460	48.51	16341	17.44	77376	82.56
1977	94974	48908	51.50	46066	48.50	16669	17.55	78305	82.45
1978	96259	49567	51.49	46692	48.51	17245	17.92	79014	82.08
1979	97542	50192	51.46	47350	48.54	18495	18.96	79047	81.04
1980	98705	50785	51.45	47920	48.55	19140	19.39	79565	80.61
1981	100072	51519	51.48	48553	48.52	20171	20.16	79901	79.84
1982	101654	52352	51.50	49302	48.50	21480	21.13	80174	78.87
1983	103008	53152	51.60	49856	48.40	22274	21.62	80734	78.38
1984	104357	53848	51.60	50509	48.40	24017	23.01	80340	76.99
1985	105851	54725	51.70	51126	48.30	25094	23.71	80757	76.29
1986	107507	55581	51.70	51926	48.30	26366	24.52	81141	75.48
1987	109300	56290	51.50	53010	48.50	27674	25.32	81626	74.68
1988	111026	57201	51.52	53825	48.48	28661	25.81	82365	74.19
1989	112704	58099	51.55	54605	48.45	29540	26.21	83164	73.79
1990	114333	58904	51.52	55429	48.48	30195	26.41	84138	73.59
1991	115823	59466	51.34	56357	48.66	31203	26.94	84620	73.06
1992	117171	59811	51.05	57360	48.95	32175	27.46	84996	72.54
1993	118517	60472	51.02	58045	48.98	33173	27.99	85344	72.01
1994	119850	61246	51.10	58604	48.90	34169	28.51	85681	71.49
1995	121121	61808	51.03	59313	48.97	35174	29.04	85947	70.96
1996	122389	62200	50.82	60189	49.18	37304	30.48	85085	69.52
1997	123626	63131	51.07	60495	48.93	39449	31.91	84177	68.09

年　份	总人口（年底）	按性别分				按城乡分			
		男		女		城　镇		乡　村	
		人口数	比重/%	人口数	比重/%	人口数	比重/%	人口数	比重/%
1998	124761	63940	51.25	60821	48.75	41608	33.35	83153	66.65
1999	125786	64692	51.43	61094	48.57	43748	34.78	82038	65.22
2000	126743	65437	51.63	61306	48.37	45906	36.22	80837	63.78
2001	127627	65672	51.46	61955	48.54	48064	37.66	79563	62.34
2002	128453	66115	51.47	62338	48.53	50212	39.09	78241	60.91
2003	129227	66556	51.50	62671	48.50	52376	40.53	76851	59.47
2004	129988	66976	51.52	63012	48.48	54283	41.76	75705	58.24
2005	130756	67375	51.53	63381	48.47	56212	42.99	74544	57.01
2006	131448	67728	51.52	63720	48.48	58288	44.34	73160	55.66
2007	132129	68048	51.50	64081	48.50	60633	45.89	71496	54.11
2008	132802	68357	51.47	64445	48.53	62403	46.99	70399	53.01
2009	133450	68647	51.44	64803	48.56	64512	48.34	68938	51.66
2010	134091	68748	51.27	65343	48.73	66978	49.95	67113	50.05
2011	134916	69161	51.26	65755	48.74	69927	51.83	64989	48.17
2012	135922	69660	51.25	66262	48.75	72175	53.10	63747	46.90
2013	136726	70063	51.24	66663	48.76	74502	54.49	62224	45.51
2014	137646	70522	51.23	67124	48.77	76738	55.75	60908	44.25
2015	138326	70857	51.22	67469	48.78	79302	57.33	59024	42.67
2016	139232	71307	51.21	67925	48.79	81924	58.84	57308	41.16
2017	140011	71650	51.17	68361	48.83	84343	60.24	55668	39.76
2018	140541	71864	51.13	68677	48.87	86433	61.50	54108	38.50
2019	141008	72039	51.09	68969	48.91	88426	62.71	52582	37.29
2020	141212	72357	51.24	68855	48.76	90220	63.89	50992	36.11
2021	141260	72311	51.19	68949	48.81	91425	64.72	49835	35.28
2022	141175	72206	51.15	68969	48.85	92071	65.22	49104	34.78
2023	140967	72032	51.10	68935	48.90	93267	66.16	47700	33.84

注：

1.1981 年及以前数据为户籍统计数；1982、1990、2000、2010、2020 年数据为当年人口普查数据推算数；其余年份数据为年度人口抽样调查推算数据。

2.总人口和按性别分人口中包括现役军人，按城乡分人口中现役军人计入城镇人口。

就业基本情况

项　目	2019 年	2020 年	2021 年	2022 年	2023 年
劳动力/万人	78985	78392	78024	76863	77216
就业人员/万人	75447	75064	74652	73351	74041
第一产业	18652	17715	17072	17663	16882
第二产业	21234	21543	21712	21105	21520
第三产业	35561	35806	35868	34583	35639
按城乡分就业人员/万人					
城镇就业人员	45249	46271	46773	45931	47032
乡村就业人员	30198	28793	27879	27420	27009
按登记注册统计类别分城镇非私营	17162	17039	17015	16701	16368
单位就业人员/万人					
内资单位	14801	14665	14619	14423	14287
#国有单位	5473	5563	5633	5612	5400
港澳台投资单位	1157	1159	1175	1114	1093
外商投资单位	1203	1216	1220	1164	988
城镇登记失业人员/万人	945	1160	1040	1203	1074
城镇调查失业率(1—12月均值)/%	5.2	5.6	5.1	5.6	5.2
城镇调查失业率(12月)/%	5.2	5.2	5.1	5.5	5.1

注：

1. 1990 年及以后的劳动力、就业人员数据根据劳动力调查、全国人口普查推算,其中 1991—2019 年非普查年份数据已根据历次人口普查修订。

2. 本表登记注册统计类别按《关于市场主体统计分类的划分规定》(国统字〔2023〕14 号)执行。

3. 表中国有单位包括机关事业单位和全民所有制企业(国有企业)。

城镇非私营单位就业人员工资总额和平均工资

项　目	2018 年	2019 年	2020 年	2021 年	2022 年	2023 年
工资总额/亿元						
合　计	141480.0	154296.1	164126.9	180817.5	190820.2	197416.7
内资单位	119787.1	130600.8	138875.8	151991.1	160077.7	167698.2
#国有单位	51126.6	53743.7	59628.1	64547.9	69000.2	68673.0
港澳台投资单位	9572.1	10771.3	11594.3	13488.4	14444.0	14756.7
外商投资单位	12120.7	12924.0	13656.7	15337.9	16298.6	14961.8
指数(上年=100)						
合　计	108.9	109.1	106.4	110.2	105.5	103.5
内资单位	110.0	109.0	106.3	109.4	105.3	104.8
#国有单位	104.6	105.1	110.9	108.3	106.9	99.5
港澳台投资单位	102.1	112.5	107.6	116.3	107.1	102.2
外商投资单位	104.3	106.6	105.7	112.3	106.3	91.8
平均工资/元						
合　计	82413	90501	97379	106837	114029	120698
#在岗职工	84744	93383	100512	110221	117177	123734
内资单位	81044	89105	95919	104644	111247	117783
#国有单位	89474	98899	108132	115583	123623	127672
港澳台投资单位	82027	91304	100155	114034	124841	132342
外商投资单位	99367	106604	112089	126019	137199	149130
平均名义工资指数(上年=100)						
合　计	110.9	109.8	107.6	109.7	106.7	105.8
#在岗职工	111.3	110.2	107.6	109.7	106.3	105.6
内资单位	110.9	109.9	107.6	109.1	106.3	105.9
#国有单位	110.3	110.2	109.3	106.9	107.0	103.3
港澳台投资单位	112.3	111.3	109.7	113.9	109.5	106.0
外商投资单位	110.3	107.3	105.1	112.4	108.9	108.7
平均实际工资指数(上年=100)						
合　计	108.6	106.8	105.2	108.6	104.6	105.5
#在岗职工	109.0	107.2	105.2	108.6	104.2	105.3
内资单位	108.6	107.0	105.2	108.0	104.2	105.6
#国有单位	108.0	107.5	106.9	105.8	104.9	103.0
港澳台投资单位	110.0	108.3	107.2	112.7	107.3	105.7
外商投资单位	108.1	104.4	102.8	111.3	106.7	108.4

注:

1. 本表登记注册统计类别按《关于市场主体统计分类的划分规定》(国统字[2023]14号)执行。

2. 表中国有单位包括机关事业单位和全民所有制企业(国有企业)。

按登记注册统计类别和行业分
城镇非私营单位就业人员平均工资

（2023 年）

单位：元

项 目	平均工资			港澳台投资单位	外商投资单位
	内资单位				
		#国有单位			
全 国	**120698**	**117783**	**127672**	**132342**	**149130**
农、林、牧、渔业	62952	62645	61632	76313	77198
采矿业	135025	133979	161579	152269	193796
制造业	103932	102299	109987	95654	118118
电力、热力、燃气及水生产和供应业	143594	143664	128200	145042	137584
建筑业	85804	85543	76286	103278	120542
批发和零售业	124362	105610	171019	155189	209518
交通运输、仓储和邮政业	122705	120033	106261	172240	145964
住宿和餐饮业	58094	62511	68414	50581	47956
信息传输、软件和信息技术服务业	231810	195706	135157	356461	296256
金融业	197663	193299	190029	319278	239729
房地产业	91932	88894	91375	118733	125366
租赁和商务服务业	109264	93735	103524	224224	326196
科学研究和技术服务业	171447	162210	160202	250926	281384
水利、环境和公共设施管理业	68656	68484	79254	76444	97498
居民服务、修理和其他服务业	68919	68183	98139	66158	109553
教 育	124067	123981	128805	189559	239856
卫生和社会工作	143818	143702	149661	179602	168517
文化、体育和娱乐业	127334	127787	131735	117317	119204
公共管理、社会保障和社会组织	117108	117108	117133		

注：

1. 本表登记注册统计类别按《关于市场主体统计分类的划分规定》（国统字〔2023〕14 号）执行。

2. 表中国有单位包括机关事业单位和全民所有制企业（国有企业）。

全社会固定资产投资

年 份	全社会固定资产投资		房地产开发投资	
	绝对数/亿元	比上年增长/%	绝对数/亿元	比上年增长/%
1981	961	5.5	—	—
1982	1230	28.0	—	—
1983	1430	16.2	—	—
1984	1833	28.2	—	—
1985	2543	38.8	—	—
1986	3121	22.7	101	—
1987	3792	21.5	150	48.5
1988	4754	25.4	257	71.6
1989	4410	-7.2	273	6.0
1990	4517	2.4	253	-7.1
1991	5595	23.9	336	32.7
1992	8080	44.4	731	117.5
1993	13072	61.8	1938	165.0
1994	17042	30.4	2554	31.8
1995	20019	17.5	3149	23.3
1996	22974	14.8	3216	2.1
1997	24941	8.8	3178	-1.2
1998	28406	13.9	3614	13.7
1999	29855	5.1	4103	13.5
2000	32918	10.3	4984	21.5
2001	37214	13.0	6344	27.3
2002	43500	16.9	7791	22.8
2003	53841	23.8	10154	30.3
2004	66235	23.0	13158	29.6
2005	80994	22.3	15909	20.9
2006	97583	20.5	19423	22.1
2007	118323	21.3	25289	30.2
2008	144587	22.2	31203	23.4
2009	181760	25.7	36242	16.1
2010	218834	20.4	47562	31.2
2011	205036	20.1	60146	26.5
2012	241746	17.9	69211	15.1
2013	282486	16.9	82198	18.8

续表

年　份	全社会固定资产投资		房地产开发投资	
	绝对数/亿元	比上年增长/%	绝对数/亿元	比上年增长/%
2014	320331	13.4	90247	9.8
2015	347827	8.6	90911	0.7
2016	372021	7.0	96900	6.6
2017	394926	6.2	103427	6.7
2018	418215	5.9	112740	9.0
2019	439541	5.1	123610	9.6
2020	451155	2.6	132014	6.8
2021	473003	4.8	137633	4.3
2022	495966	4.9	123848	−10.0
2023	509708	2.8	112142	−9.5

注:本资料对2010年以来全国固定资产投资主要指标总量及增速进行了修订,主要原因是:①加强投资项目审核管理,剔除流动资产、消耗性生物资产等不符合固定资产投资统计范围的项目。②改进和完善数据质量审核管理方法,剔除不应纳入报告期完成投资的前期土地费用以及跨地区、跨行业重复统计数据。③加强统计执法,对统计执法检查中发现的问题数据,按照相关规定进行了改正。

三次产业固定资产投资

年 份	全部投资 /亿元	第一产业	第二产业	第三产业	全部投资 比上年增长/%	第一产业	第二产业	第三产业
2003	44389	518	16112	27759	—	—	—	—
2004	55475	595	21017	33862	25.0	14.8	30.4	22.0
2005	68514	727	27588	40199	23.5	22.1	31.3	18.7
2006	82830	898	33263	48670	20.9	23.6	20.6	21.1
2007	101212	1096	41001	59114	22.2	22.1	23.3	21.5
2008	124434	1588	50365	72481	22.9	44.8	22.8	22.6
2009	156933	2220	61177	93536	26.1	39.9	21.5	29.0
2010	189964	2493	72647	114825	21.0	12.3	18.7	22.8
2011	195947	2542	71626	121780	20.3	16.4	19.7	20.8
2012	231905	3041	81454	147410	18.4	19.6	13.7	21.0
2013	271939	3696	91211	177032	17.3	21.6	12.0	20.1
2014	309575	4527	99583	205465	13.8	22.5	9.2	16.1
2015	337418	5542	105319	226557	9.0	22.4	5.8	10.3
2016	362056	6261	107694	248100	7.3	13.0	2.3	9.5
2017	385372	6716	109853	268803	6.4	7.3	2.0	8.3
2018	408176	7582	116872	283722	5.9	12.9	6.4	5.6
2019	430145	7628	120495	302022	5.4	0.6	3.1	6.5
2020	442791	9115	120787	312889	2.9	19.5	0.2	3.6
2021	464665	10018	134722	319926	4.9	9.9	11.5	2.2
2022	488549	10098	148800	329652	5.1	0.8	10.4	3.0
2023	503036	10085	162136	330815	3.0	-0.1	9.0	0.4

注:2003—2010年为城镇固定资产投资口径,2011—2023年全部投资为固定资产投资(不含农户)口径,增速为可比口径。

民间固定资产投资

年　份	民间固定资产投资/亿元	比上年增长/%	占固定资产投资(不含农户)比重/%
2012	125300	—	54.0
2013	150542	20.1	55.4
2014	174306	15.8	56.3
2015	189659	8.8	56.2
2016	194952	2.8	53.8
2017	205153	5.2	53.2
2018	223001	8.7	54.6
2019	233482	4.7	54.3
2020	235701	1.0	53.2
2021	252082	7.0	54.3
2022	254451	0.9	52.1
2023	253544	-0.4	50.4

注:本表为固定资产投资(不含农户)口径。

分地区按领域分固定资产投资比上年增长情况

（2023 年）

单位：%

地 区	全部投资	#基础设施	制造业	房地产开发
全国总计	3.0	5.9	6.5	-9.5
北 京	4.9	2.2	-1.6	0.6
天 津	-16.4	-16.7	-5.6	-42.1
河 北	6.3	26.8	12.6	-12.7
山 西	-6.6	-18.1	-11.7	-0.2
内蒙古	19.8	-7.9	46.4	1.0
辽 宁	4.0	9.4	14.0	-26.2
吉 林	0.3	4.0	3.9	-18.9
黑龙江	-14.8	-7.1	-34.1	-27.1
上 海	13.8	4.2	6.7	18.2
江 苏	5.2	6.3	9.1	-4.2
浙 江	6.1	1.6	14.1	2.0
安 徽	4.0	6.3	20.0	-16.4
福 建	2.5	3.6	11.6	-12.7
江 西	-5.9	19.1	-21.1	-6.4
山 东	5.2	18.9	11.5	-8.8
河 南	2.1	4.6	7.4	-8.9
湖 北	5.0	6.4	6.7	-3.7
湖 南	-3.1	-16.1	4.4	-13.1
广 东	2.5	-0.5	20.7	-9.3
广 西	-15.5	-16.4	-9.6	-31.2
海 南	1.1	1.7	-15.6	0.9
重 庆	4.3	6.1	13.5	-13.1
四 川	2.4	8.5	21.6	-23.3
贵 州	-5.7	0.7	1.9	-19.7
云 南	-10.6	-21.5	11.8	-45.6
西 藏	35.1	34.8	38.2	30.9
陕 西	0.2	8.0	9.4	-11.2
甘 肃	5.9	0.0	11.0	-14.7
青 海	-7.5	-21.4	26.4	-32.0
宁 夏	5.5	-9.2	5.7	3.9
新 疆	12.4	-0.7	1.5	6.8

全社会固定资产投资实际到位资金比上年增长情况

单位：%

年　份	本年实际到位资金					
		国家预算资金	国内贷款	利用外资	自筹资金	其他资金
1996	14.1	1.4	9.0	19.7	5.2	58.9
1997	8.1	11.3	4.6	-2.3	12.6	6.5
1998	13.7	71.9	15.9	-2.5	11.6	17.7
1999	3.6	54.7	3.3	-23.3	4.4	3.5
2000	11.3	13.9	17.5	-15.5	11.5	13.2
2001	14.7	20.7	7.6	2.0	15.9	20.7
2002	18.6	24.1	22.4	20.5	20.6	7.5
2003	30.1	-15.0	36.0	24.7	37.8	21.0
2004	27.2	21.1	14.5	26.4	31.2	31.8
2005	26.9	27.6	18.4	21.1	33.5	16.0
2006	25.8	12.5	20.0	8.9	29.0	28.3
2007	26.8	25.4	17.6	18.4	28.6	31.7
2008	21.3	35.8	14.8	3.5	29.7	-2.8
2009	36.8	59.5	48.6	-13.0	29.5	62.4
2010	24.3	15.7	20.2	7.9	28.4	17.1
2011	21.1	14.1	5.3	7.6	28.3	11.2
2012	18.4	27.7	11.3	-11.7	21.1	12.9
2013	20.0	17.7	15.2	-3.3	20.3	25.3
2014	10.6	19.9	9.7	-6.2	13.6	-5.0
2015	7.5	15.6	-6.4	-29.6	9.2	10.1
2016	5.6	17.1	10.1	-20.5	-0.2	30.7
2017	4.7	7.8	8.7	-3.1	2.2	11.5
2018	3.4	0.1	-5.4	-2.3	3.7	8.7
2019	4.1	-0.9	2.0	33.3	1.4	11.4
2020	7.3	32.8	0.0	-4.4	6.7	7.5
2021	4.3	-3.8	-3.1	-10.9	5.7	7.2
2022	0.5	39.3	-6.0	-19.8	9.0	-19.8
2023	-1.4	9.0	5.1	-17.5	1.1	-13.4

规模以上工业企业主要指标

（2023 年）

单位：亿元

项　　目	企业单位数/个	资产总计	营业收入	利润总额
总　　计	**493161**	**1720755.8**	**1360317.1**	**82897.0**
按工业门类分				
采矿业	12499	138876.3	62544.1	12770.2
制造业	460054	1294372.5	1176215.8	63170.8
电力、热力、燃气及水生产和供应业	20608	287507.0	121557.3	6956.0
按企业规模分				
大型企业	8216	789559.7	592007.8	40568.7
中型企业	35816	367897.9	290579.2	19127.5
小型企业	449129	563298.1	477730.2	23200.8
按登记注册统计类别分				
内资企业	**451399**	**1421312.4**	**1091651.0**	**64453.0**
有限责任公司	416684	1115230.7	910637.9	47632.9
股份有限公司	22944	290624.7	168957.8	16052.4
非公司企业法人	2120	11322.6	6040.6	399.8
个人独资企业	8365	3288.4	4926.5	262.9
合伙企业	1270	802.2	1063.9	103.4
其他内资企业	16	43.8	24.4	1.6
港澳台投资企业	**19715**	**137382.0**	**112904.3**	**7357.0**
港澳台投资有限责任公司	18612	102377.2	93874.5	5223.3
港澳台投资股份有限公司	816	32400.0	16499.5	1703.7
港澳台投资合伙企业	176	598.2	556.9	27.6
其他港澳台投资企业	111	2006.7	1973.5	402.3
外商投资企业	**21773**	**161754.0**	**155605.7**	**11080.1**
外商投资有限责任公司	20706	125830.8	133280.1	8558.7
外商投资股份有限公司	721	27847.9	14230.1	1337.6
外商投资合伙企业	209	1210.4	1159.6	84.0
其他外商投资企业	137	6864.9	6936.0	1099.8
其他统计类别	**274**	**307.4**	**156.1**	**7.0**

注：

1. 全国规模以上工业企业统计范围 1998—2006 年为全部国有及年主营业务收入在 500 万元及以上非国有工业企业；2007—2010 年为年主营业务收入在 500 万元及以上的工业企业；2011 年及以后年份为年主营业务收入在 2000 万元及以上的工业企业（以下相关表同）。

2. 2017 年以来规模以上工业企业数据与上年数据之间存在不可比因素，其主要原因是：①根据统计制度，每年定期对规模以上工业企业调查范围进行调整。每年有部分企业达到规模标准纳入调查范围，也有部分企业因规模变小而退出调查范围，还有新建投产企业、破产、注（吊）销企业等变化。②加强统计执法，对统计执法检查中发现的不符合规模以上工业统计要求的企业进行了清理，对相关基数依规进行了修正。③加强数据质量管理，剔除跨地区、跨行业重复统计数据（以下相关表同）。

3. 本表登记注册统计类别按《关于市场主体统计分类的划分规定》（国统字〔2023〕14 号）执行。

4. "其他统计类别"分组包括农民专业合作社（联合社）、个体工商户和其他市场主体。

按行业分规模以上工业企业主要指标

（2023 年）

单位：亿元

行　　业	企　业单位数/个	资产总计	流动资产合　计	应收账款	存　货	#产成品	负债合计
总　　计	493161	1720755.8	884380.2	244492.6	166200.0	62372.9	986918.1
煤炭开采和洗选业	5021	77496.4	34740.9	4996.1	1452.2	747.1	47118.6
石油和天然气开采业	164	25966.9	4215.3	748.5	182.5	98.7	13528.5
黑色金属矿采选业	1537	12806.6	4191.5	743.6	359.8	204.2	7317.6
有色金属矿采选业	1306	7643.9	2476.2	330.4	347.1	141.7	4499.7
非金属矿采选业	4078	10895.1	4331.4	680.1	552.5	260.3	5913.4
开采专业及辅助性活动	382	4043.4	2137.7	442.3	107.1	21.7	2297.3
其他采矿业	11	23.9	8.6	1.1	0.4	0.3	17.6
农副食品加工业	25581	36630.7	22712.4	4057.8	6665.9	2804.7	22461.5
食品制造业	10075	21639.0	11827.7	2076.8	2445.7	1018.2	11316.4
酒、饮料和精制茶制造业	5860	23269.0	13903.3	1530.1	4644.3	1277.0	10500.8
烟草制品业	194	10991.7	7668.6	447.7	4301.6	256.9	2258.5
纺织业	20858	22906.5	13170.4	3285.3	3826.4	1997.8	13490.0
纺织服装、服饰业	13346	10815.3	6996.3	1915.8	1804.6	935.7	5709.7
皮革、毛皮、羽毛及其制品和制鞋业	8566	6219.7	4283.7	1245.3	1057.7	465.7	3444.8
木材加工和木、竹、藤、棕、草制品业	12887	6583.2	3828.8	1325.3	984.6	503.0	3860.5
家具制造业	7349	7358.6	4582.8	1265.6	958.3	405.7	4386.8
造纸和纸制品业	7859	16868.2	8512.0	2152.0	1772.9	705.7	9783.8
印刷和记录媒介复制业	6696	7379.5	4294.7	1273.9	764.4	284.7	3424.1
文教、工美、体育和娱乐用品制造业	10505	9166.9	6290.1	1507.5	2349.6	1247.2	5244.3
石油、煤炭及其他燃料加工业	2324	42121.7	19115.6	2465.9	6270.9	1849.8	28188.8

续表

单位:亿元

行　业	企　业单位数/个	资产总计	流动资产合　计	应收账款	存　货	#产成品	负债合计
化学原料和化学制品制造业	25489	107977.7	48101.4	9797.3	9546.7	4152.2	58101.5
医药制造业	9563	49502.8	28344.0	5976.6	5417.0	2507.3	19692.7
化学纤维制造业	2362	11988.2	5062.6	706.2	1269.4	714.6	7499.0
橡胶和塑料制品业	26495	31744.4	18706.7	6190.1	3801.2	1794.1	16065.8
非金属矿物制品业	49121	84383.5	48473.9	18607.0	7377.9	3320.1	48452.4
黑色金属冶炼和压延加工业	6203	73981.9	32399.2	4158.0	7854.9	2916.0	46945.2
有色金属冶炼和压延加工业	10005	52313.3	28945.4	5685.7	7928.2	2129.4	31023.1
金属制品业	36000	43617.4	28979.8	9844.9	6301.4	2639.8	25730.7
通用设备制造业	34915	64289.6	44053.4	14234.8	9925.4	3546.2	35368.2
专用设备制造业	27065	61497.3	42741.7	12696.7	10165.8	3720.7	33149.4
汽车制造业	18899	107760.8	67921.1	23293.3	8998.8	4106.3	67914.3
铁路、船舶、航空航天和其他运输设备制造业	6164	36368.6	25213.2	6218.3	6226.0	1111.2	22812.2
电气机械和器材制造业	34242	123839.6	81907.4	29130.7	12860.2	5893.6	74699.2
计算机、通信和其他电子设备制造业	27776	190720.0	118855.1	40570.0	20252.3	6843.6	104362.6
仪器仪表制造业	7069	16122.5	11389.7	3575.3	2402.9	832.3	7420.7
其他制造业	2173	4503.6	2497.0	565.5	526.8	149.1	2909.6
废弃资源综合利用业	3578	6917.2	4065.8	1092.1	972.2	429.3	4368.1
金属制品、机械和设备修理业	835	4894.3	2342.0	631.8	504.6	58.7	2427.1
电力、热力生产和供应业	12947	236717.0	48365.3	16032.4	2255.7	79.9	143098.4
燃气生产和供应业	3840	19076.6	7100.7	1199.2	436.8	152.9	11292.5
水的生产和供应业	3821	31713.4	9627.1	1796.1	327.5	49.5	18822.8

单位:亿元

行　业	营业收入	营业成本	销售费用	管理费用	财务费用	利润总额	平均用工人数/万人
总　计	1360317.1	1145830.7	31601.3	76300.0	9530.3	82897.0	7734.1
煤炭开采和洗选业	35780.0	22957.0	434.1	2349.9	599.3	7990.6	267.2

续表

行　业	营业收入	营业成本	销售费用	管理费用	财务费用	利润总额	平均用工人数/万人
石油和天然气开采业	11761.8	6314.5	36.8	893.4	131.4	2898.3	51.7
黑色金属矿采选业	4829.5	3690.7	50.6	316.1	132.7	583.9	26.2
有色金属矿采选业	3497.1	2207.9	19.8	301.5	60.0	804.3	25.1
非金属矿采选业	3768.7	2639.4	157.7	317.5	73.8	449.4	27.4
开采专业及辅助性活动	2888.3	2678.5	5.9	139.6	6.4	44.8	28.9
其他采矿业	18.7	12.9	1.2	3.4	0.1	-1.1	0.1
农副食品加工业	54735.6	50225.9	989.2	1597.4	300.4	1790.8	263.4
食品制造业	21142.5	16520.6	1766.1	1229.4	65.5	1737.3	169.3
酒、饮料和精制茶制造业	15365.4	9664.0	1182.9	859.5	13.1	3159.0	100.8
烟草制品业	13519.3	4059.3	164.4	695.0	-89.6	1556.4	18.2
纺织业	23059.5	20258.4	402.8	1277.4	211.2	935.9	257.5
纺织服装、服饰业	11977.2	10018.3	470.3	855.6	45.6	641.7	214.6
皮革、毛皮、羽毛及其制品和制鞋业	8173.0	6951.8	186.6	547.8	31.8	491.3	144.1
木材加工和木、竹、藤、棕、草制品业	9040.4	7971.2	146.5	364.9	54.1	461.9	95.6
家具制造业	6755.0	5522.1	284.0	550.7	38.8	404.4	96.0
造纸和纸制品业	14086.2	12292.4	374.5	801.2	157.8	550.7	94.5
印刷和记录媒介复制业	6370.9	5258.1	175.5	554.3	32.1	393.9	77.5
文教、工美、体育和娱乐用品制造业	12235.5	10502.3	314.2	749.8	56.4	621.0	147.9
石油、煤炭及其他燃料加工业	62741.9	53398.3	275.9	1235.6	371.4	591.4	78.3
化学原料和化学制品制造业	87344.9	74672.3	1927.0	4814.8	760.0	4893.0	344.2
医药制造业	25009.1	14142.4	4281.4	3250.2	51.2	3496.4	207.8
化学纤维制造业	11042.8	10163.0	77.0	398.9	119.4	297.4	44.9
橡胶和塑料制品业	28773.8	23951.4	800.5	2137.3	164.5	1804.5	288.1
非金属矿物制品业	56947.9	47284.6	1768.4	3590.0	517.4	3634.0	442.1
黑色金属冶炼和压延加工业	85471.8	80587.1	484.7	2578.7	471.7	935.2	193.8
有色金属冶炼和压延加工业	76411.0	70365.5	315.3	1818.6	381.5	3464.3	162.5
金属制品业	46083.7	39959.0	831.8	2839.0	274.7	2141.4	381.6

续表

行　　业	营业收入	营业成本	销售费用	管理费用	财务费用	利润总额	平均用工人数/万人
通用设备制造业	48433.4	38930.6	1632.5	4348.4	183.4	3522.6	430.3
专用设备制造业	37387.9	28744.6	1703.8	3949.9	158.0	3060.8	348.5
汽车制造业	101678.2	87752.8	1920.1	5912.5	129.6	5413.9	466.9
铁路、船舶、航空航天和其他运输设备制造业	21364.0	18090.4	367.4	1803.7	-0.7	1176.4	155.9
电气机械和器材制造业	110663.8	93766.8	3495.8	6624.6	222.0	6621.4	609.8
计算机、通信和其他电子设备制造业	152540.3	131787.4	3246.9	11612.5	306.5	7599.4	921.3
仪器仪表制造业	10472.8	7709.4	572.4	1247.9	25.7	1079.3	102.2
其他制造业	2885.3	2398.9	64.9	268.2	4.7	169.9	34.7
废弃资源综合利用业	12112.6	11328.9	76.9	283.0	65.4	348.0	25.7
金属制品、机械和设备修理业	2390.2	2008.7	26.7	216.0	19.5	177.3	27.4
电力、热力生产和供应业	97986.1	88326.8	79.0	2067.6	3021.3	5601.9	266.9
燃气生产和供应业	18789.9	17171.6	289.5	447.9	115.1	903.4	37.7
水的生产和供应业	4781.3	3545.2	200.8	450.3	247.3	450.8	57.4

注："管理费用"包含"研发费用"（以下相关表同）。

分地区规模以上工业企业主要指标

（2023 年）

单位：亿元

地 区	企 业 单位数/个	资产总计	流动资产 合 计	应收账款	存 货	#产成品	负债合计
全 国	493161	1720755.8	884380.2	244492.6	166200.0	62372.9	986918.1
北 京	3145	72994.0	30386.3	7083.1	4012.0	1408.7	32590.1
天 津	5850	26841.9	13671.1	3893.7	2747.9	949.2	15307.0
河 北	18114	65216.6	32231.6	8473.0	5641.8	2012.8	41383.1
山 西	8126	61369.2	28811.6	6508.9	3071.9	1287.3	41519.0
内蒙古	3797	48562.0	17882.4	3679.0	2615.0	951.1	27764.6
辽 宁	9271	47229.6	24561.2	5704.6	5654.2	1749.2	28571.7
吉 林	3234	20275.3	9480.7	2088.7	1713.6	540.0	11500.0
黑龙江	4613	20964.6	10290.7	1996.7	1942.8	633.1	12985.7
上 海	9327	58723.8	34087.6	9920.8	6725.7	2043.2	28549.3
江 苏	66571	190299.0	114687.7	39290.8	22338.8	9542.4	104210.7
浙 江	56845	137869.2	77306.7	23111.2	15437.5	6335.3	76755.3
安 徽	22521	62936.0	33563.1	10800.5	5815.6	2314.6	36168.1
福 建	21177	54246.5	28582.1	6962.9	5761.1	2353.2	30015.0
江 西	18178	37901.5	20448.6	5970.1	4200.6	1548.0	22437.2
山 东	39472	130627.9	69215.4	16804.5	14036.0	5581.7	80091.9
河 南	25618	59760.5	30037.1	8893.3	5668.1	1946.1	36406.8
湖 北	19219	60439.9	27681.3	7491.6	5621.6	2045.1	32674.7
湖 南	21491	40265.3	19251.8	5796.2	3888.9	1368.1	21286.8
广 东	71973	211484.2	126344.5	35063.4	22865.8	8650.8	124245.1
广 西	9361	28770.6	13911.4	4260.6	2952.8	1226.3	19000.5
海 南	715	5110.4	1946.4	481.4	403.0	124.6	3134.9
重 庆	7725	29091.6	15568.1	4781.8	2486.4	1020.2	16462.5
四 川	18557	74351.9	34100.9	8828.8	6977.3	2258.7	41696.8
贵 州	5040	20819.8	9447.5	2114.0	2347.9	511.5	13162.8
云 南	5257	29640.7	11554.1	2378.6	3077.6	974.9	16225.2
西 藏	191	2477.8	525.9	97.8	58.4	19.2	1281.0
陕 西	8066	49576.1	22829.3	5460.6	3707.6	1272.5	27501.0
甘 肃	2858	17681.1	6428.6	1679.4	1407.8	453.5	10675.9
青 海	638	8490.8	3086.6	747.9	354.8	123.2	5260.9
宁 夏	1500	13972.0	4577.9	1191.0	836.2	402.3	9364.8
新 疆	4711	32766.2	11882.0	2937.8	1831.5	726.3	18689.7

单位：亿元

地 区	营业收入	营业成本	销售费用	管理费用	财务费用	利润总额	平均用工人数/万人
全 国	1360317.1	1145830.7	31601.3	76300.0	9530.3	82897.0	7734.1
北 京	28950.6	24419.1	1277.2	1826.3	209.7	1684.1	80.6
天 津	24354.4	20813.6	447.2	1195.8	114.7	1501.1	93.8
河 北	52787.2	46692.8	919.8	2327.8	526.9	1280.3	259.2
山 西	35862.1	29538.7	450.9	1744.1	591.5	3034.3	197.2
内 蒙 古	29741.6	23553.2	596.3	1189.1	375.1	3284.3	103.5
辽 宁	37335.1	32039.1	794.4	1601.4	306.7	1635.4	185.3
吉 林	14025.4	11933.8	259.6	825.8	124.7	806.7	72.3
黑 龙 江	12711.0	10727.5	252.8	696.2	150.9	416.5	83.5
上 海	45961.3	38038.3	1551.8	3394.2	25.6	2546.2	172.2
江 苏	171068.5	145263.1	3942.9	10138.9	795.2	9950.7	953.1
浙 江	111422.3	94640.6	2800.3	7439.1	721.9	6050.9	758.9
安 徽	51322.1	44117.9	1068.3	2723.2	298.8	2580.3	291.3
福 建	56668.8	48409.7	1255.9	2599.1	274.7	3956.8	364.5
江 西	42012.4	36889.3	605.8	1722.6	239.5	2375.6	219.2
山 东	115672.0	99695.0	2161.0	5524.6	809.8	5874.4	589.6
河 南	49278.6	43015.6	839.5	2207.6	482.1	2152.7	322.9
湖 北	46973.8	39120.8	1075.8	2739.7	364.9	2831.8	279.5
湖 南	39814.0	32042.0	1089.7	2866.4	287.9	2377.6	290.4
广 东	185496.9	154245.3	6069.9	13767.3	685.4	11595.2	1308.5
广 西	23495.3	20827.8	355.5	848.4	232.2	822.4	141.6
海 南	3539.3	2914.1	117.9	153.1	44.6	189.6	12.4
重 庆	27534.9	23313.1	674.3	1446.6	101.6	1476.8	149.5
四 川	50393.3	40861.7	1313.7	2477.5	421.8	4607.1	304.4
贵 州	10623.9	7971.4	249.4	678.8	165.6	1281.5	80.4
云 南	19734.2	15619.8	364.0	785.8	234.6	1665.6	83.4
西 藏	564.0	415.0	11.1	48.3	16.9	51.6	2.9
陕 西	31186.9	24212.8	524.5	1596.1	258.7	3646.3	159.0
甘 肃	11298.6	9606.5	138.6	429.6	147.6	580.1	51.2
青 海	4241.6	3445.4	37.6	171.8	71.6	493.0	16.7
宁 夏	7922.7	6819.6	89.0	307.5	166.8	368.1	32.9
新 疆	18324.6	14628.4	266.8	827.4	282.8	1780.1	74.5

对外经济贸易基本情况

指 标	2019 年	2020 年	2021 年	2022 年	2023 年
货物进出口总额/亿元人民币	315627.3	322215.2	387391.8	416727.8	417510.1
出口总额	172373.6	179278.8	214255.2	236336.8	237656.4
进口总额	143253.7	142936.4	173136.6	180391.0	179853.7
进出口差额	29119.9	36342.4	41118.7	55945.8	57802.6
货物进出口总额/亿美元	45778.9	46559.1	59954.3	62509.4	59359.8
出口总额	24994.8	25899.5	33160.2	35444.3	33790.4
进口总额	20784.1	20659.6	26794.1	27065.1	25569.4
进出口差额	4210.7	5239.9	6366.1	8379.3	8221.0
服务进出口总额/亿美元	7850.0	6617.2	8212.5	8891.1	9331.2
出口总额	2836.0	2806.3	3942.5	4240.6	3811.2
进口总额	5014.0	3810.9	4270.0	4650.5	5520.0
进出口差额	−2178.0	−1004.6	−327.5	−409.9	−1708.7
外商直接投资额/亿美元	1412.2	1493.4	1809.6	1891.3	1632.5
新设立外商直接投资企业数/个	40910	38578	47647	38497	53766
外资企业基本情况					
年底登记户数/户	627223	635402	663562	674140	695695
投资总额/亿美元	88400.3	136437.0	179571.6	200425.0	293380.3
注册资本/亿美元	50159.7	84334.2	111964.0	138731.0	316218.5
#外 方	37894.5	62823.1	85597.0	109235.0	277534.4
对外直接投资流量/亿美元	1369.1	1537.1	1788.2	1631.2	1772.9
对外经济合作/亿美元					
对外承包工程合同金额	2602.5	2555.4	2584.9	2530.7	2645.1
对外承包工程完成营业额	1729.0	1559.4	1549.4	1549.9	1609.1

注：

外资企业基本情况数据来自国家市场监督管理总局，数据包含港澳台投资企业。

全国居民人均收支情况

单位:元

指　标	2017 年	2018 年	2019 年	2020 年	2021 年	2022 年	2023 年
全国居民人均收入							
可支配收入	25974	28228	30733	32189	35128	36883	39218
1. 工资性收入	14620	15829	17186	17917	19629	20590	22053
2. 经营净收入	4502	4852	5247	5307	5893	6175	6542
3. 财产净收入	2107	2379	2619	2791	3076	3227	3362
4. 转移净收入	4744	5168	5680	6173	6531	6892	7261
现金可支配收入	24202	26291	28612	29919	32383	34180	36850
1. 工资性收入	14538	15746	17097	17818	19493	20449	21884
2. 经营净收入	4424	4880	5270	5307	5665	6045	6816
3. 财产净收入	812	878	1001	1068	1247	1334	1498
4. 转移净收入	4429	4787	5244	5726	5979	6351	6651
全国居民人均支出							
消费支出	18322	19853	21559	21210	24100	24538	26796
#服务性消费	7803	8781	9886	9037	10645	10590	12114
1. 食品烟酒	5374	5631	6084	6397	7178	7481	7983
2. 衣着	1238	1289	1338	1238	1419	1365	1479
3. 居住	4107	4647	5055	5215	5641	5882	6095
4. 生活用品及服务	1121	1223	1281	1260	1423	1432	1526
5. 交通通信	2499	2675	2862	2762	3156	3195	3652
6. 教育文化娱乐	2086	2226	2513	2032	2599	2469	2904
7. 医疗保健	1451	1685	1902	1843	2115	2120	2460
8. 其他用品及服务	447	477	524	462	569	595	697
现金消费支出	15122	16175	17526	16995	19411	19784	21944
1. 食品烟酒	5073	5366	5798	6068	6783	7098	7610
2. 衣着	1237	1288	1338	1238	1418	1364	1478
3. 居住	1519	1615	1756	1774	1900	2034	2241
4. 生活用品及服务	1111	1211	1267	1246	1411	1421	1519
5. 交通通信	2495	2669	2857	2758	3150	3191	3647
6. 教育文化娱乐	2085	2224	2512	2031	2598	2468	2902
7. 医疗保健	1161	1333	1482	1426	1597	1635	1858
8. 其他用品及服务	441	468	516	453	554	572	689

城镇居民人均收支情况

单位:元

指 标	2017 年	2018 年	2019 年	2020 年	2021 年	2022 年	2023 年
城镇居民人均收入							
可支配收入	36396	39251	42359	43834	47412	49283	51821
1. 工资性收入	22201	23792	25565	26381	28481	29578	31321
2. 经营净收入	4065	4443	4840	4711	5382	5584	5903
3. 财产净收入	3607	4028	4391	4627	5052	5238	5392
4. 转移净收入	6524	6988	7563	8116	8497	8882	9205
现金可支配收入	33757	36316	39148	40378	43596	45354	48277
1. 工资性收入	22073	23671	25439	26240	28299	29393	31090
2. 经营净收入	4322	4808	5181	4987	5631	5784	6515
3. 财产净收入	1234	1312	1495	1569	1836	1945	2188
4. 转移净收入	6129	6526	7033	7581	7831	8232	8485
城镇居民人均支出							
消费支出	24445	26112	28063	27007	30307	30391	32994
#服务性消费	10854	12130	13518	12013	14058	13723	15673
1. 食品烟酒	7001	7239	7733	7881	8678	8958	9495
2. 衣着	1758	1808	1832	1645	1843	1735	1880
3. 居住	5564	6255	6780	6958	7405	7644	7822
4. 生活用品及服务	1525	1629	1689	1640	1820	1800	1910
5. 交通通信	3322	3473	3671	3474	3932	3909	4495
6. 教育文化娱乐	2847	2974	3328	2592	3322	3050	3589
7. 医疗保健	1777	2046	2283	2172	2521	2481	2850
8. 其他用品及服务	652	687	747	646	786	814	953
现金消费支出	20329	21287	22798	21556	24380	24375	26863
1. 食品烟酒	6861	7099	7584	7710	8444	8716	9255
2. 衣着	1757	1807	1831	1644	1842	1734	1879
3. 居住	1987	2045	2223	2222	2393	2503	2681
4. 生活用品及服务	1515	1618	1676	1627	1807	1789	1902
5. 交通通信	3316	3466	3665	3469	3925	3903	4488
6. 教育文化娱乐	2845	2972	3326	2591	3320	3049	3587
7. 医疗保健	1404	1604	1755	1658	1881	1895	2130
8. 其他用品及服务	645	675	738	635	769	785	942

农村居民人均收支情况

单位:元

指 标	2017 年	2018 年	2019 年	2020 年	2021 年	2022 年	2023 年
农村居民人均收入							
可支配收入	13432	14617	16021	17131	18931	20133	21691
1. 工资性收入	5498	5996	6583	6974	7958	8449	9163
2. 经营净收入	5028	5358	5762	6077	6566	6972	7431
3. 财产净收入	303	342	377	419	469	509	540
4. 转移净收入	2603	2920	3298	3661	3937	4203	4557
现金可支配收入	12704	13913	15280	16395	17596	19084	20958
1. 工资性收入	5471	5961	6540	6927	7882	8368	9080
2. 经营净收入	4547	4969	5382	5720	5709	6397	7236
3. 财产净收入	303	342	377	419	469	509	540
4. 转移净收入	2383	2640	2980	3329	3536	3810	4102
农村居民人均支出							
消费支出	10955	12124	13328	13713	15916	16632	18175
#服务性消费	4130	4645	5290	5190	6143	6358	7164
1. 食品烟酒	3415	3646	3998	4479	5200	5485	5880
2. 衣 着	612	648	713	713	859	864	921
3. 居 住	2354	2661	2871	2962	3315	3503	3694
4. 生活用品及服务	634	720	764	768	900	934	992
5. 交通通信	1509	1690	1837	1841	2132	2230	2480
6. 教育文化娱乐	1171	1302	1482	1309	1645	1683	1951
7. 医疗保健	1059	1240	1421	1418	1580	1632	1916
8. 其他用品及服务	201	218	241	224	284	300	341
现金消费支出	8856	9862	10854	11097	12858	13581	15103
1. 食品烟酒	2921	3226	3538	3945	4594	4912	5324
2. 衣着	611	647	713	712	859	864	920
3. 居住	956	1084	1164	1195	1250	1400	1629
4. 生活用品及服务	625	709	749	753	887	924	986
5. 交通通信	1508	1685	1835	1839	2129	2229	2478
6. 教育文化娱乐	1171	1301	1481	1308	1645	1683	1950
7. 医疗保健	868	997	1138	1125	1224	1284	1481
8. 其他用品及服务	196	213	236	218	270	286	336

证券市场基本情况

项　目	2022 年	2023 年
沪深股市上市公司数(A、B股)/家	4917	5107
沪深股市上市外资股公司数(B股)/家	86	85
北交所市场上市公司数/家	162	239
境外上市公司数(H股)/家	316	339
沪深股市股票总发行股本/亿股	73311.67	75489.40
#流通股本/亿股	64245.31	68142.40
北交所市场股票总发行股本/亿股	213.54	318.04
#流通股本/亿股	110.99	169.16
沪深股市股票市价总值/亿元	788005.91	773130.71
#股票流通市值/亿元	663428.88	674341.52
北交所市场股票市价总值/亿元	2110.29	4496.41
#股票流通市值/亿元	1148.06	2263.28
沪深股市股票成交量/亿股	185725.37	170809.11
北交所市场股票成交量/亿股	158.53	615.42
沪深股市股票成交金额/亿元	2245094.74	2122109.53
北交所市场股票成交金额/亿元	1980.13	7272.23
上证综合指数(收盘)	3089.26	2974.93
深证综合指数(收盘)	1975.61	1837.85
期末投资者数/万个	21214	22406
静态市盈率/平均市盈率		
上　海	12.78	11.92
深　圳	23.44	21.61
北　京	18.87	24.20
年换手率(平均换手率)/%		
上　海	239.84	207.76
深　圳	470.35	448.22
北　京	172.95	419.20
债券发行金额/亿元	614458.47	708262.75
银行间市场债券成交金额/亿元	16513779.25	19815308.85
银行间市场债券现货成交金额/亿元	2712234.55	3073049.31
银行间市场债券回购成交金额/亿元	13801546.70	16742259.54
交易所市场债券成交金额/亿元	4565584.88	5224160.58
交易所市场债券现货成交金额/亿元	381136.30	468031.92

续表

项　目	2022 年	2023 年
交易所市场债券回购成交金额/亿元	4184448.58	4756128.66
证券投资基金只数/只	10375	11528
证券投资基金规模/亿份	256437.54	264134.76
证券投资基金成交金额/亿元	231161.00	275992.96
期货总成交量/万手	634241.92	737871.19
期货总成交额/亿元	5343025.26	5675693.72
期货交易所期权总成交量/万手	42588.25	112260.37
期货交易所期权总成交额/亿元	6372.21	9403.00

注:

1.银行间市场债券指银行间市场交易的各类债券。包括记账式国债、地方政府债券、政策性银行债券、商业银行债券、非银行金融机构债券、资产支持证券、同业存单、政府支持机构债、企业债券、非金融企业债务融资工具、国际机构债券。

2.交易所债券包含由中国证监会审批或备案的公司债、可转债、可交换债、可分离债、企业资产支持证券,以及交易所招标发行的地方政府债、政策性金融债。

3.期末投资者数量指持有未注销、未休眠的 A 股、B 股、信用账户、衍生品合约账户的一码通账户数量。

4.期货、期权成交数据按单边口径统计,包括商品和金融期货、期权(自 2022 年起将商品期权和金融期权纳入统计口径,不包含沪深证券交易所金融期权产品)。

5.计算市盈率时剔除亏损企业。

一次能源生产总量及构成

年 份	一次能源生产总量/万吨标准煤	占一次能源生产总量的比重/%			
		原 煤	原 油	天然气	一次电力及其他能源
1978	62770	70.3	23.7	2.9	3.1
1980	63735	69.4	23.8	3.0	3.8
1985	85546	72.8	20.9	2.0	4.3
1990	103922	74.2	19.0	2.0	4.8
1991	104844	74.1	19.2	2.0	4.7
1992	107256	74.3	18.9	2.0	4.8
1993	111059	74.0	18.7	2.0	5.3
1994	118729	74.6	17.6	1.9	5.9
1995	129034	75.3	16.6	1.9	6.2
1996	133032	75.0	16.9	2.0	6.1
1997	133460	74.2	17.2	2.1	6.5
1998	129834	73.3	17.7	2.2	6.8
1999	131935	73.9	17.3	2.5	6.3
2000	138570	72.9	16.8	2.6	7.7
2001	147425	72.6	15.9	2.7	8.8
2002	156277	73.1	15.3	2.8	8.8
2003	178299	75.7	13.6	2.6	8.1
2004	206108	76.7	12.2	2.7	8.4
2005	229037	77.4	11.3	2.9	8.4
2006	244763	77.5	10.8	3.2	8.5
2007	264173	77.8	10.1	3.5	8.6
2008	277419	76.8	9.8	3.9	9.5
2009	286092	76.8	9.4	4.0	9.8
2010	312125	76.2	9.3	4.1	10.4
2011	340178	77.8	8.5	4.1	9.6
2012	351041	76.2	8.5	4.1	11.2
2013	358784	75.4	8.4	4.4	11.8
2014	362212	73.5	8.3	4.7	13.5
2015	362193	72.2	8.5	4.8	14.5
2016	345954	69.8	8.3	5.2	16.7
2017	358867	69.6	7.6	5.4	17.4
2018	378859	69.2	7.2	5.4	18.2
2019	397317	68.5	6.9	5.6	19.0
2020	407295	67.5	6.8	6.0	19.7
2021	427115	66.7	6.7	6.0	20.6
2022	463808	67.2	6.3	5.9	20.6
2023	483000	66.6	6.2	6.0	21.2

注:电力折算标准煤的系数根据当年平均发电煤耗计算(以下相关表同)。

能源消费总量及构成

年 份	能源消费总量 /万吨标准煤	占能源消费总量的比重/%			
		煤 炭	石 油	天然气	一次电力及其他能源
1978	57144	70.7	22.7	3.2	3.4
1980	60275	72.2	20.7	3.1	4.0
1985	76682	75.8	17.1	2.2	4.9
1990	98703	76.2	16.6	2.1	5.1
1991	103783	76.1	17.1	2.0	4.8
1992	109170	75.7	17.5	1.9	4.9
1993	115993	74.7	18.2	1.9	5.2
1994	122737	75.0	17.4	1.9	5.7
1995	131176	74.6	17.5	1.8	6.1
1996	135192	73.5	18.7	1.8	6.0
1997	135909	71.4	20.4	1.8	6.4
1998	136184	70.9	20.8	1.8	6.5
1999	140569	70.6	21.5	2.0	5.9
2000	146964	68.5	22.0	2.2	7.3
2001	155547	68.0	21.2	2.4	8.4
2002	169577	68.5	21.0	2.3	8.2
2003	197083	70.2	20.1	2.3	7.4
2004	230281	70.2	19.9	2.3	7.6
2005	261369	72.4	17.8	2.4	7.4
2006	286467	72.4	17.5	2.7	7.4
2007	311442	72.5	17.0	3.0	7.5
2008	320611	71.5	16.7	3.4	8.4
2009	336126	71.6	16.4	3.5	8.5
2010	360648	69.2	17.4	4.0	9.4
2011	387043	70.2	16.8	4.6	8.4
2012	402138	68.5	17.0	4.8	9.7
2013	416913	67.4	17.1	5.3	10.2
2014	428334	65.8	17.3	5.6	11.3
2015	434113	63.8	18.4	5.8	12.0
2016	441492	62.2	18.7	6.1	13.0
2017	455827	60.6	18.9	6.9	13.6
2018	471925	59.0	18.9	7.6	14.5
2019	487488	57.7	19.0	8.0	15.3
2020	498314	56.9	18.8	8.4	15.9
2021	525896	55.9	18.6	8.8	16.7
2022	540956	56.0	18.0	8.4	17.6
2023	572000	55.3	18.3	8.5	17.9

环境保护基本概况

项　目	2021 年	2022 年	2023 年
水环境			
水资源总量/亿立方米	29638	27088	25783
人均水资源量/立方米/人	2098	1918	1828
用水总量/亿立方米	5920	5998	5907
#农　业	3644	3781	3672
工　业	1050	968	970
生　活	909	906	910
生　态	317	343	354
化学需氧量排放量/万吨	2531	2596	2954
大气环境			
二氧化硫排放量/万吨	275	244	238
固体废物			
一般工业固体废物综合利用量/万吨	226659	237025	258123
生态环境			
森林面积/万公顷	22045	—	—
森林覆盖率/%	22.96	—	—
造林面积/万公顷	375	420	464
国家级自然保护区数/个	474		448
国家级自然保护区面积/万公顷	9821	—	—
自然灾害			
发生地质灾害次数/次	4761	5659	3668
发生5.0级及以上地震次数/次	19	27	11
发生森林火灾次数/次	616	709	328

注：

森林面积和森林覆盖率为第九次全国森林资源清查(2014—2018)资料。

附 录

2023 年度全国信用企业名单

（排名不分先后）

序　号	企业名称
第一批	
AAA 级信用企业（120 家）	
1	国家电投集团重庆电力有限公司
2	中国石化销售股份有限公司华中分公司
3	四川能投发展股份有限公司
4	广州港股份有限公司
5	福建发展集团有限公司
6	大冶特殊钢有限公司
7	湖北省工业建筑集团有限公司
8	中核建中核燃料元件有限公司
9	河北诚信集团有限公司
10	四川省宜宾环球集团有限公司
11	中国石化销售股份有限公司天津石油分公司
12	广东时利和汽车实业集团有限公司
13	福建省民益建设工程有限公司
14	北大荒建设集团有限公司
15	深圳实业集团（深圳）有限公司
16	鲁泰纺织股份有限公司
17	渝建实业集团股份有限公司
18	中化二建集团有限公司
19	新时代健康产业（集团）有限公司
20	深投建设（深圳）有限公司
21	黑龙江省北大荒米业集团有限公司
22	青岛融合金控投资集团有限公司
23	联通（福建）产业互联网有限公司
24	华瑞世纪控股集团有限公司
25	武汉建工集团股份有限公司
26	湖北奥莱斯轮胎有限公司
27	石家庄建设集团有限公司
28	中国五洲工程设计集团有限公司
29	龙晖药业有限公司
30	中国水利水电第九工程局有限公司
31	湖北国际经济技术合作有限公司
32	中交一公局建工集团有限公司
33	重庆赛迪工程咨询有限公司
34	中铁八局集团电务工程有限公司
35	劲仔食品集团股份有限公司

续表

序　号	企业名称
36	石家庄新奥燃气有限公司
37	中铁四局集团第一工程有限公司
38	中智四川经济技术合作有限公司
39	国能大渡河瀑布沟发电有限公司
40	哈尔滨美华生物技术股份有限公司
41	中勘基建集团第一工程有限公司
42	诺亚正行基金销售有限公司
43	哈尔滨变压器有限责任公司
44	河南北方星光机电有限责任公司
45	山东省公路检测中心
46	四川金象赛瑞化工股份有限公司
47	北京中兵物业管理有限责任公司
48	哈尔滨东安实业发展有限公司
49	特变电工云集电气有限公司
50	河南平原光电有限公司
51	四川省绵阳丰谷酒业有限责任公司
52	国网安徽省电力有限公司滁州供电公司
53	森诺科技有限公司
54	成都建工第九建筑工程有限公司
55	哈尔滨红旗锅炉有限公司
56	河北晓进机械制造股份有限公司
57	河南星光机械制造有限公司
58	山西华瑞煤业有限公司
59	成都建工第八建筑工程有限公司
60	德州恒力电机有限责任公司
61	成都建工物资有限责任公司
62	成都建工工业设备安装有限公司
63	河北兴柏农业科技有限公司
64	广东佳纳能源科技有限公司
65	贵州九川建设发展有限公司
66	重庆交通速运汽车租赁有限公司
67	攀枝花市清源水业有限公司
68	中国电建集团成都勘测设计研究院有限公司
69	中佳勘察设计有限公司
70	山东东明石化集团有限公司
71	河北麒麟建筑科技发展有限公司
72	陕西伟志服饰产业发展有限公司
73	广东宏建建设有限公司
74	深圳市东部公共交通有限公司
75	四川中鼎爆破工程有限公司

续表

序　号	企业名称
76	青岛融合资产经营集团有限公司
77	北京与仁科技服务有限公司
78	(北京智识企业管理咨询有限公司)
79	重庆菲斯克人力资源集团有限公司
80	金强(福建)建材科技股份有限公司
81	湖北智勃会计师事务所
82	石家庄市曲寨水泥有限公司
83	四川雅化实业集团工程爆破有限公司
84	哈尔滨汇智实业科技发展有限公司
85	重庆高速利百客商贸有限公司
86	哈尔滨量具刃具集团有限责任公司
87	重庆三磊实业(集团)有限公司
88	哈尔滨上洋包装制品有限公司
89	福建永辉彩食鲜供应链管理有限公司
90	昭通昆钢嘉华水泥建材有限公司
91	福建艺景生态建设集团有限公司
92	四川全泰堂药业有限公司
93	安徽神通物联网科技集团有限公司
94	广州市腾科企业管理咨询有限公司
95	山东省圣地监理咨询中心
96	淮南东辰集团有限公司
97	乐昌市第三建筑工程有限公司
98	重庆苏试四达试验设备有限公司
99	秦皇岛市山海关工务器材有限公司
100	石家庄育才药用包装材料股份有限公司
101	韶关市武江建筑工程有限公司
102	黄石世星药业有限责任公司
103	广州市三华科技有限公司
104	哈尔滨新科锐工艺装备制造有限公司
105	粤北建设集团有限公司
106	福建荣成建设工程有限公司
107	山西鑫润泽建筑工程股份有限公司
108	莆田市建集科技服务有限公司
109	雅化集团攀枝花恒泰化工有限公司
110	广州市三华科技有限公司
111	北京超视立眼镜有限公司
112	广东昊粤建设有限公司
113	深圳市华夏龙供应链管理有限公司
114	河北苹乐面粉机械集团有限公司
115	安徽顺辉人防工程有限公司

续表

序　号	企业名称
116	石家庄育才药用包装材料股份有限公司
117	山西德元致盛建设工程有限公司
118	河北中岗通讯工程有限公司
119	临汾市丰悦餐饮有限公司
AA	
120	湖北鑫筑品建设工程有限公司
第二批	
AAA级信用企业（100家）	
121	杭州钢铁集团有限公司
122	内蒙古电力（集团）有限责任公司
123	龙佰集团股份有限公司
124	国能大渡河流域水电开发有限公司
125	金堆城钼业集团有限公司
126	中国水利水电第七工程局有限公司
127	广州港集团有限公司
128	四川公路桥梁建设集团有限公司
129	陕西有色天宏瑞科硅材料有限责任公司
130	中国人民解放军第五七一九工厂
131	安徽水利开发有限公司
132	中国电建集团重庆工程有限公司
133	中铁八局集团建筑工程有限公司
134	福建省人力资源服务有限公司
135	安徽省交通建设股份有限公司
136	四川省水电投资经营集团有限公司
137	新疆广汇实业投资（集团）有限责任公司
138	四川省烟草公司凉山州公司
139	中铁建工集团建筑安装有限公司
140	中铁物资集团西南有限公司
141	河南中豫建设投资集团股份有限公司
142	舟山中远海运重工有限公司
143	山西兰花煤炭实业集团有限公司
144	江苏洋河酒厂股份有限公司
145	河南硅烷科技发展股份有限公司
146	合肥水泥研究设计院有限公司
147	中国兵器工业集团江山重工研究院有限公司
148	河南天工建设集团有限公司
149	庆铃汽车股份有限公司
150	新亚特电缆股份有限公司
151	福建省金正建设工程有限公司
152	十九冶成都建设有限公司

续表

序 号	企业名称
153	兖矿新疆能化有限公司
154	盛新锂能集团股份有限公司
155	河南中平能源供应链管理有限公司
156	云南农业生产资料股份有限公司
157	中铁五局集团成都工程有限责任公司
158	河南省光大建设管理有限公司
159	山西忻州神达能源集团有限公司
160	广州南洋电缆集团有限公司
161	河南江河机械有限责任公司
162	青岛胶城建设集团有限公司
163	昆明三川电线电缆有限公司
164	四川省高宇集团有限公司
165	紫光计算机科技有限公司
166	北京瑞华赢科技发展股份有限公司
167	天津矿山工程有限公司
168	云南金丰汇油脂股份有限公司
169	中国电信股份有限公司四川分公司
170	贵阳中安科技集团有限公司
171	云南百冠电线电缆有限公司
172	中铝集团山西交口兴华科技股份有限公司
173	安徽港诚国际贸易有限公司
174	山西美特好连锁超市股份有限公司
175	河南易成新能源股份有限公司
176	云南牛牛牧业股份有限公司
177	广州市房屋开发建设有限公司
178	云南祥丰实业集团有限公司
179	黑龙江鹤城农业投资集团有限公司
180	四川宝晶玻璃有限责任公司
181	山西尧都农村商业银行股份有限公司
182	华映科技(集团)股份有限公司
183	中铝山西新材料有限公司
184	云盛达建设集团有限公司
185	五牛控股有限公司
186	山西阳城阳泰集团屯城煤业有限公司
187	成都建工赛利混凝土有限公司
188	山西潞安金源煤层气开发有限责任公司
189	攀枝花市水务(集团)有限公司
190	重庆华轻商业有限公司
191	宏华油气工程技术服务有限公司
192	四川省宜宾丽彩集团有限公司

续表

序　号	企业名称
193	昆明欧杰电缆制造有限公司
194	河南四通工程检测有限公司
195	广东煜煜建设工程有限公司
196	四川峨眉山佛光水泥有限公司
197	山东东方监理咨询有限公司
198	晋能控股集团忻州通用机械有限责任公司
199	上海瀚海检测技术股份有限公司
200	广东海勤建设有限公司
201	四川通达化工有限责任公司
202	昆明金域医学检验所有限公司
203	四川梓橦宫药业股份有限公司
204	洛阳盛龙实业有限公司
205	黑龙江省中信路桥材料有限公司
206	齐齐哈尔诚鹤科技有限公司
207	广东运泰建筑工程有限公司
208	山西忻州神达大桥沟煤业有限公司
209	广东宏伦建设工程有限公司
210	广州市润基置业有限公司
211	深圳平安综合金融服务有限公司成都分公司
212	广东千茂洋建设有限公司
213	重庆天骄工程项目管理有限公司
214	广州市番禺食品有限公司
215	雅安百图高新材料股份有限公司
216	广州市东建工程建设监理有限公司
217	陕西汇丰人才科技集团有限公司
218	山西兰花科技创业股份有限公司唐安煤矿分公司
219	北京永达信工程咨询有限公司
220	资阳保安有限责任公司
第三批	
AAA 级信用企业（50 家）	
221	黑龙江省交通投资集团有限公司
222	山东电力建设第三工程有限公司
223	中国电建集团昆明勘测设计研究院有限公司
224	胜利方圆实业集团有限公司
225	中国电建集团贵阳勘测设计研究院有限公司
226	陕煤集团神木红柳林矿业有限公司
227	晓润集团有限公司
228	山西日盛达太阳能科技股份有限公司
229	中联西北工程设计研究院有限公司
230	福州市产业投资集团有限公司

续表

序　号	企业名称
231	重庆国瑞控股集团有限公司
232	中国电建集团北京勘测设计研究院有限公司
233	重庆铁马工业集团有限公司
234	中建四局贵州投资建设有限公司
235	中车成都机车车辆有限公司
236	中铝瑞闽股份有限公司
237	中国石化销售股份有限公司贵州石油分公司
238	中国水利水电第十六工程局有限公司
239	华能新华发电有限责任公司
240	福建天辰耀隆新材料有限公司
241	福建水口发电集团有限公司
242	哈尔滨九洲集团股份有限公司
243	中国电建集团青海省电力设计院有限公司
244	池州港远航控股有限公司
245	重庆标准件工业有限责任公司
246	金鼎钢铁集团煤焦化有限公司
247	上海邦成达资产管理有限公司
248	陕西建设机械股份有限公司
249	胜利油田北方实业集团有限责任公司
250	科海电子股份有限公司
251	陕西蔚蓝节能环境科技集团有限责任公司
252	南昌市政公用工程项目管理有限公司
253	四川凯达化工有限公司
254	福建威而特旋压科技有限公司
255	熹茗集团有限公司
256	黑龙江省创新农业物权融资有限公司
257	洛阳市国资国有资产经营有限公司
258	华能鹤岗发电有限公司
259	黑龙江省水利水电集团冲填工程有限公司
260	攀枝花青杠坪矿业有限公司
261	安徽中科都菱商用电器股份有限公司
262	国海建设有限公司
263	华能伊春热电有限公司
264	韶关市北江建筑工程公司
265	重庆宏美达欣兴实业(集团)有限公司
266	云启勘测设计有限公司
267	西安市鸿儒岩土科技开发有限公司
268	福建金科信息技术股份有限公司
269	广东承祐建设工程有限公司
AA	
270	甘肃鑫润环保科技有限责任公司

资料来源:中国企业联合会、中国企业家协会。

2023 年中央企业综合信用指数

2023 年中央企业信用指数一级总指数												
	1 月	2 月	3 月	4 月	5 月	6 月	7 月	8 月	9 月	10 月	11 月	12 月	全年
2023 年	63.26	72.73	64.92	63.40	59.58	61.06	62.30	60.93	61.87	60.91	60.46	60.08	62.62

2023 年中央企业信用指数二级分类指数												
二级指数	1 月	2 月	3 月	4 月	5 月	6 月	7 月	8 月	9 月	10 月	11 月	12 月	全年
基础信用指数	53.54	74.46	62.37	56.44	45.12	47.58	40.03	47.76	60.34	63.89	63.89	59.71	56.26
信用实践指数	73.09	77.11	63.90	64.33	69.09	73.09	81.65	69.07	61.58	60.19	54.51	54.52	66.85
信用记录指数	37.08	34.56	53.75	56.65	45.66	36.42	36.28	47.72	47.33	38.14	51.84	58.64	45.34

2023 年中央企业信用指数三级分项指标												
三级指标	1 月	2 月	3 月	4 月	5 月	6 月	7 月	8 月	9 月	10 月	11 月	12 月	全年
公司治理指标	48.92	74.05	71.44	70.81	31.44	48.16	69.09	70.85	14.95	73.83	51.95	51.95	56.45
经营者素质指标	74.55	74.58	71.93	47.41	73.57	73.26	47.39	71.93	82.11	77.38	78.00	54.90	68.92
理念与教育指标	74.12	73.99	72.30	80.69	72.88	73.14	80.51	82.40	81.35	81.37	77.23	58.33	75.69
财务状况指标	23.83	74.80	47.21	55.55	31.72	41.01	24.02	29.83	23.90	43.91	61.32	53.93	42.59
产品服务指标	73.42	73.31	60.77	42.26	72.69	73.11	82.17	45.67	81.65	43.99	27.50	52.22	60.73
安全生产指标	73.29	73.37	71.59	81.06	56.64	72.95	79.60	72.82	81.38	81.18	48.66	56.70	70.77
环境责任指标	74.09	74.08	72.07	80.28	73.10	73.18	80.26	72.10	81.13	81.43	77.56	55.21	74.54
劳动关系指标	71.94	81.31	38.75	39.03	72.02	72.06	22.23	70.20	81.12	39.26	65.45	53.51	58.91
供应链指标	74.07	84.16	74.23	80.03	72.19	73.54	83.49	71.92	82.67	81.82	76.08	56.48	75.89
风险管理指标	74.53	84.67	73.16	64.10	73.70	74.41	46.50	72.36	82.42	38.03	76.59	54.57	67.92
社会评价指标	25.04	21.92	50.68	37.55	41.14	26.10	40.07	55.44	18.66	27.28	51.85	62.86	38.22
监管部门信息指标	74.00	74.07	82.27	80.95	73.04	72.88	82.21	82.60	81.39	81.16	73.85	78.22	78.05
荣誉与公益指标	70.09	69.29	79.76	91.44	71.96	72.36	80.20	80.77	58.89	62.10	71.24	68.39	73.04

资料来源：中国企业联合会、中国企业家协会。

第三十届全国企业管理现代化创新成果名单

等 级	成果名称	申报单位	主要创造人	参与创造人			
一等	基于自主创新的歼15舰载战斗机多维协同研制管理	沈阳飞机工业（集团）有限公司；中国航空工业集团公司沈阳飞机设计研究所	纪瑞东 王永庆	邢一新 李克明 刘艳锋	薛洪宇 王克喜 孙环宇	杨桂英 赵 磊	张绍卓 山秀春
一等	以领跑世界为目标的中国高速列车创新工程体系构建	中国中车集团有限公司	孙永才 王 军	张新宁 冯江华 郭胜清	龚 明 徐 磊 邵 邦	梁建英 吴胜权	沙 淼 于跃斌
一等	大型能源央企融入全球油气体系的跨国经营管理	中国石油国际勘探开发有限公司	黄永章 陈金涛	赵 颖 张品先 徐 冰	贾 勇 黄先雄 许 昕	何文渊 张 宇	刘贵洲 李程远
一等	新能源商用车企基于全价值链创新的发展战略实施	浙江吉利远程新能源商用车集团有限公司	李书福	周建群 李哲峰	范现军 陈洪良	端木晓露 周树祥	
一等	特大型电网企业全面践行宗旨使命的卓越服务管理	国家电网有限公司	辛保安 庞骁刚	金 炜 郭 朋 潘 博	李 明 何宝灵 薛 松	王延芳 李树国	唐文升 周建方
一等	特大型石化集团基于长期价值量化模型的战略财务管控体系构建	中国石油化工股份有限公司	张少峰	寿东华 李墀欣 刘晓军	吴 泊 卢 静 寇 添	宋振国 谢 斌	刘汝东 李 硕
一等	大型钢铁集团基于综合性改革的央地重组整合管理	鞍钢集团有限公司	谭成旭 王义栋	计 岩 巴 祎 侯 东	王永刚 毛希文 吕振杨	李宇梁 陈 雷	崔 健 李 博
一等	通信企业集团以世界一流为目标的现代供应链管理体系构建	中国移动通信集团有限公司；中国电信集团有限公司	李慧镝 李 峻	李 威 刘治华 柳晓莹	张 新 林 玲 刘 超	吴 江 高 峰	申志云 吴 凯
一等	钢铁企业实现多维度一体化集成的智慧运营管理体系构建	南京钢铁股份有限公司	黄一新 祝瑞荣	徐晓春 孙茂杰 王苏扬	王 芳 李福存 邓中涛	王润泽 汝金同	陈兴华 唐运章
一等	国有大型能源集团中国特色现代公司治理体系构建	国家能源投资集团有限责任公司	刘国跃	魏慎洪 杨秋波	杨 波 曹 阳	于志永 郭宝灿	莎日娜
一等	纺织企业全方位数智化赋能高端产品产销管理	无锡一棉纺织集团有限公司	周晔珺 蔡 赟	李 承 裴申荣	张胜明 许海燕	糜 娜 朱振岳	缪梅琴
一等	钢铁企业集团以工艺、用能和材料为重点的绿色低碳发展战略实施	河钢集团有限公司	于 勇 李毅仁	王宇辉 申 培 刘兆博	孙晓明 钟金红 张晓康	田京雷 李梦龙	单立东 高 华
一等	军工集团实现高质量均衡生产的复杂产品群生产管理体系建设	中国航空工业集团有限公司	朱 谦 蔡晖道	张旭东 韩小军 曾 坤	周显峰 张绍卓 晋严尊	孙 巍 周 维	郝 健 张晓磊
一等	支撑国家重大工程的新一代航天材料体系原始创新管理	航天材料及工艺研究所	王金明 杜宝宪	阎 君 陈 莉	冯志海 高 阳	叶呈武 仝凌云	郫江涛 耿 琼
一等	能源央企与业务深度融合的内控合规风险一体化管理	中国华电集团有限公司	李旭红 董全学	陈德贵 高婷婷 蒋志强	蔡阳阳 张 柯 潘国媛	陈 艳 徐黎明	王超君 李建光

续表

等　级	成果名称	申报单位	主要创造人	参与创造人			
一等	以"两提一降"为核心的海洋油气高质量开发管理	中国海洋石油有限公司	周心怀 孙福街	赵春明 张　鹏 范廷恩	刘建忠 苏彦春 刘　明	张　伟 姜维东	徐文江 王佩文
一等	实现由大到强的世界一流炼铜工厂建设	江西铜业股份有限公司贵溪冶炼厂	吴　军	刘诗明 夏中冶 刘序砖	张志军 黎　渡 黄秋红	汤　静 孙敬韬	刘东亚 苏发龙
一等	以碳信用为基础的电力减碳服务体系构建与实施	国网湖北省电力有限公司	吴英姿 彭天海	张承彪 詹智民 陈秋红	张　凯 董明齐 高　洁	祁利利 詹学磊	穆利晓 雷庆生
一等	现代中药企业全产业链数字化质量管理	天士力医药集团股份有限公司	闫凯境 张学敏	张延莹 王瑞芳 王秀宏	王学丰 陈　红 赵国磊	徐　波 熊凌云	戚可人 王　钢
一等	橡胶轮胎企业基于"双链耦合"的协同创新体系构建	赛轮集团股份有限公司;软控股份有限公司	袁仲雪	刘燕华 王　正	谢小红 贾维杰	官炳政 顾　锴	杨慧丽 耿　明
一等	地方军工企业以全面提升竞争力为目标的关键能力建设	四川九洲电器集团有限责任公司	程　旗 顾　辉	杨红菊 夏克洪 赵平路	袁　红 袁瑞敏 申洛霖	谢海东 贾智钦	田　殷 王　雷
一等	高效支撑区域新能源发展的现代电网体系建设与运营管理	内蒙古电力(集团)有限责任公司	闫宏光 郝智强	贾振国 陈　龙 薄宏斌	王晓燕 赵红军 尹　卿	李　磊 吕　伟	刘继胜 郭向伟
一等	央地企业联合打造行业龙头的民爆业务重组上市管理	易普力股份有限公司	付　军 曾德坤	邓小英 李绍军 熊亚康	蔡　峰 邹七平 刘田杨	胡　丹 唐庆明	刘　刚 陈继府
一等	铁矿企业基于三网联动的战略成本管控体系构建与实施	鞍钢集团矿业有限公司	刘文胜	刘炳宇 马跃品 张　楠	于　森 韩连生	温慧明 马希琢	张　凌 郝　成
一等	全国首个"风火储"打捆外送大型能源基地开发建设与运营管理	北方联合电力有限责任公司	陈炳华 高永峰	李　悦 赵飞军 张瑞锋	吕景文 胡永强 刘　啸	长　明 王海洋	周春芳 张　岩
一等	满足国产首制大型邮轮需要的海量非标物资精益管理	上海外高桥造船有限公司	陈　刚 杨连生	张　星 许艳霞 徐绿洲	徐　靖 易国伟 钱　华	郑贤勇 王章建	袁　轶 徐　军
一等	省级电网企业基于供需平衡互动的用电需求精准管理	国网安徽省电力有限公司	杨　勇 李智勇	夏　勇 甘业平 刘辉舟	何　胜 陈　伟 王白根	吕　斌 白云龙	邢应春 王　品
一等	化工企业以高质量发展为导向的"点线"精细化管理	山东海化股份有限公司	王永志 张勤业	魏鲁东 张　明	赵玉文 孙　磊	闫国辉 郝荣磊	张　伟 王左文
一等	远洋渔业上市公司以做强主业为目标的资产专业化重组管理	中水集团远洋股份有限公司	宗文峰 杨丽丹	叶少华 刘振水	陈伟义 李海涛	周张帆 张天舒	李占杰
一等	建筑企业基于发展战略的全员绩效考核管理	中铁建设集团有限公司	梅洪亮 文　华	赵　伟 申彦涛 于涵民	孙洪军 连　昀 王　超	王宏斌 张子昂	张加宾 卢显朋
一等	电工钢企业打造全球竞争力的高端产品开发与运营管理	首钢智新迁安电磁材料有限公司	张叶成 胡志远	程　林 张保磊 赵　辉	赵松山 马　琳 董柏君	高　倩 侯龙飞	周晓琦 赵运攀
一等	全面落实生态环境保护的特高压电网项目群建设管理	国家电网有限公司特高压建设分公司;国网经济技术研究院有限公司;国网河北省电力有限公司建设公司	潘敬东 宋继明	刘冀邱 张　智 王敬德	董朝武 郝　鑫 陈豫朝	王　劲 王关翼	张桂林 周亦夫

续表

等级	成果名称	申报单位	主要创造人	参与创造人			
一等	以绿色、智能为导向的现代农业企业运营管理	凯盛浩丰农业集团有限公司	马铁民	王海林 杨建齐 徐凤娇	马铁军 肖 军 潘 鹏	赵 辰 李聚海	沈文静 于浩杰
一等	国有能源企业集团以深化改革为抓手的化债脱困管理	河南能源集团有限公司	李 涛 梁铁山	田富军 宋立新 刘彦龙	宋录生 尹 征 田连涛	张 毅 康东亮	吴山保 吴建辉
一等	民营化工企业以绿色低碳为导向的垂直一体化循环产业链构建	福华通达化学股份公司	张 华	杨 奇 李 舟 罗 茜	杨国华 姜永红 刘巧凤	李晓鸿 彭 琼	李瑞琪 王莲娣
二等	以材料基因技术突破为核心的高性能玻璃纤维研发管理	南京玻璃纤维研究设计院有限公司	张文进 赵 谦	王 屹 匡 宁 李 鹏	朱云青 赵 明 糜雅斐	于守富 郎玉冬	陈 阳 朱 昊
二等	石油企业战略、市场、风控"三位一体"的海外资产组合优化体系构建	中国海洋石油国际有限公司	刘永杰 刘向东	王 建 王恺飞 车 迪	侯婉婉 胡根成 许志刚	汪 晶 赵 霖	高博禹 谢 民
二等	以培育中药全产业链特色优势为目标的全方位经营管理提升	中国中药控股有限公司	陈映龙 杨文明	程学仁 李易伶	赵东吉	黄 鹤	赵夏荫
二等	航天总体院所以资源高效配置为目标的核心能力体系构建	上海航天技术研究院	陆本清 范 凡	焦斌斌 郭百森	刘 扬 沈 荣	闵 斌 刘锡民	孟崇毅 张 苏
二等	国有资本投资公司以三大变革为核心的战略性新兴产业发展管理	合肥市产业投资控股(集团)有限公司	雍凤山 江 鑫	王 晴	白玉静	杨希娟	李静芸
二等	军工电子企业适应快速交付的柔性数字化生产能力建设	中国电子科技集团公司第十研究所	谢春茂 黄金元	陈维波 张 川 陈 新	严 宏 刘 华 朱彦朋	阎德劲 王中华	张郭勇 阎庆华
二等	赋能港口高质量发展的资产全生命周期管理体系建设	山东港口青岛港集团有限公司	苏建光 李武成	张兆炜 李怡萱	刘 民 李建良	王 涛 姜橙华	徐 斌 黄 健
二等	支撑海上风电稳定送出的海缆工程建设与运维管理	浙江启明海洋电力工程有限公司;国网浙江省电力有限公司舟山供电公司	陈伟龙 汪宇怀	匡剑勋 梁帅伟 励力帆	沈佩琦 李 彦 朱诤远	张志刚 应烨军	王 昕 袁舟龙
二等	C919飞机复合材料研制"双一体化"管理	上海飞机制造有限公司	王 飞 肖辉江	周良道 汤家力 孙 熊	徐应强 崔卫军	余红旭 梁 园	王 栋 贾丽杰
二等	国有建筑施工企业应收账款资产证券化全过程管控	中铁大桥局集团有限公司	李同杰	陈 华 徐 怡	杨 瑛 李丹青	周 靖 桂敏娟	宋令威 雷蓓蓓
二等	服务地方高质量发展的央地电网企业专业化重组整合管理	国网陕西省电力有限公司	张薛鸿 孙 强	王晓刚 郭 磊 王晓云	朱 泽 胡 斌 曹 敏	张 伟 李 旭	余坤兴 张 斌
二等	新型研发机构助推材料高端化发展的平台化服务业务管理	上交(徐州)新材料研究院有限公司	单爱党 徐筱慧	吕 杰 彭 振 薛小伟	张少宗 刘拴住	陈 彬 李广州	王 端 王倩倩
二等	以实现自主可控为目标的城轨交通信号系统创新联合体构建和运行管理	国睿科技股份有限公司	黄 强 王 昊	王 恒 何浩洋 刘春旭	刘泓辰 景顺利 张 璐	沈冬冬 谈思韵	那哲铭 窦 蓉
二等	商用车后市场数据资产价值化能力构建	东风商用车有限公司	张小帆 方 剑	谢志鹏 李宏伟 申广俊	高 超 杨 牮 谭 蔚	刘 丰 谭 浩	黄正寅 项旭昇

续表

等 级	成果名称	申报单位	主要创造人	参与创造人			
二等	省级电网服务"沙戈荒"风光大基地的新能源供给消纳体系建设与实施	国网宁夏电力有限公司	闫志彬 赵小平	蒙金有 赵 亮 马天东	项 丽 郭 宁 李 强	杨文华 马俊先	田宏梁 马志伟
二等	国有钒钛企业突破"卡脖子"技术的科技攻关管理	攀钢集团有限公司	陈 永 赵 斌	潘 红 郭友庄	周 芳 王 莹	任万波 郑淮北	刘灿和
二等	乘用车企业基于数据模型的整车价值管理	东风汽车有限公司东风日产乘用车公司	刘晓安 贾德迪	金冬平 胡娃萍 祝 瑜	赵 欣 龚春燕 袁启渊	张 凯 郭 强	陈红军 靳培瑜
二等	航空装备制造企业实现高质量供给的科研生产一体化管理	成都飞机工业(集团)有限责任公司	蒋 敏 齐世文	陆 涛 徐剑波 肖瑞孜	王金安 方燕玲	董 斌 梁俊俊	余 炜 吴 悠
二等	金属矿山企业全要素智能化建设与运营管理	首钢集团有限公司矿业公司	黄佳强 张金华	姚永浦 张艳兵 王东伟	徐 军 高 军 廉学东	刘兴强 刘 军	高大伟 许传军
二等	通信企业集团以"三大转型"为重点的数字化转型管理	中国联合网络通信集团有限公司	何 飚 孙世臻	娄 瑜 巩 颖 杜 宇	杨庆友 傅 强 宁安亮	耿向东 张陶冶	陈淑平 刘洪波
二等	全面提升客户体验的数字化供电服务管理	国网福建省电力有限公司福州供电公司	谢 辉 周 靖	吴簪麟 赖茂杰 陈炜岳	陈宗伟 魏建文 林立洲	吕 鹏 何书华	张 颖 程宏辉
二等	面向过程管控的大型特种飞机供应商管理体系构建	中航通飞华南飞机工业有限公司	王 彬 李长庆	赵 刚 王 乐 匡君君	张学振 陆汉东 艾 奇	陈振兴 陈 丰	任 健 赵海升
二等	以有效改善宜商环境为目标的供电服务示范区建设	内蒙古电力(集团)有限责任公司鄂尔多斯供电分公司	田 斌 郑 浩	冯香嵘 张 刘西	王智勇 马原原	王林融 秦 瑜	乔政远 娜仁花
二等	满足高密度高可靠要求的天舟系列货运飞船"一步正样"并行研制管理	北京空间飞行器总体设计部	周佐新 金 洋	冯 永 何 江	雷剑宇 王 松	骆成栋 刘立颖	赵文彦 高芫赫
二等	科研院所以自主安全为目标的工业控制核心技术体系建设	中国电子信息产业集团有限公司第六研究所	申志伟 朱肖曼	陈朋利	范 晶	时文丰	黄福平
二等	煤炭企业煤矿机器人集群建设与运营管理	陕煤集团神木柠条塔矿业有限公司	闫敬旺 谭 震	王树斌 马 亮 加保瑞	陈万胜 高永军 陈 菲	延光生 任长忠	王建文 徐 杰
二等	航天电子产品基于数据赋能的生产管理优化	上海航天电子技术研究所	秦 琨 陈江巍	金玉红 魏冬冬	贺 俭 莫 歧	鹿昌剑 胡明浩	沈皓馨 胡雪超
二等	有效盘活高速公路存量资产的出表型资产证券化管理	葛洲坝集团交通投资有限公司	胡永强 戴 端	廖光荣 汪 晨 李婧茹	姚 磊 廖小琴	杨荣煌 吴 淞	沈子祥 顾冰雪
二等	能源企业天然气套期保值数智化风控管理体系建设	新奥天然气股份有限公司	朱 海	张 洁 张孟闯 韩岳秀	李 茜 孙江涵 刘 帆	刘彬涛 陈 煜	暴文兴 高 雪
二等	船舶企业基于"一体四维"的防务装备建造快速响应体系构建	中船黄埔文冲船舶有限公司	聂黎军 瞿 刚	段显龙 姜云川 刘 铮	刘 昱 周高雨 苏金波	刘 松 黄东篱	郑乃坚 马 超
二等	城市有机固废处理企业基于技术与管理双驱动的业务协同运营管理	湖南仁和环境股份有限公司	易志刚 胡世梯	熊 杰 朱 霞	田小飞 祖 柱	尹常凯 谢 松	饶妍蕾 彭 星

续表

等 级	成果名称	申报单位	主要创造人	参与创造人			
二等	民航企业突破飞机维修关键技术的科技项目管理	中国南方航空股份有限公司；中国航空器材有限责任公司；中航大(天津)科技园有限公司	吴榕新 何晓群	李 欣 郭润夏 李 娜	彭 远 李国才 张春鹏	马鹏飞 苏龙龙	白 璐 张 俊
二等	老油田企业以提升综合效益为目标的市场资源配置管理	中国石油化工股份有限公司中原油田分公司	张庆生 刘 伟	蔡东清 王燕丽 任海科	王德宇 杨慧娟 王晓花	刘 兴 耿宪福	张赞武 陈世超
二等	汽车企业以"行业领先"为目标的研发管理变革	东风汽车集团有限公司	谈民强 魏 萍	张 劲 郑卿卿 李 萍	储 伟 占 锐 王文彬	陈 磊 刘洛川	董 楷 喻 飞
二等	提升核心竞争力的商用车桥研发创新体系构建	陕西汉德车桥有限公司	王占朝 丁炜琦	芦 鑫 张振华 吕宝殿	李海强 张 龙 王 勃	张新明 吴 斌	惠永勇 汪德彦
二等	军工院所基于数据驱动的自主可控体系化管理	中国电子科技集团公司第二十九研究所	杨建桥 魏方剑	孟 涛 王 菡 张永哲	刘 文 李书洋 蔡雪芳	钟 科 冯 兵	屈 杰 张续莹
二等	建筑企业贯穿项目全生命周期的"大双清"债权动态管理	中铁四局集团有限公司	李 峰	陈建藏 王 存 谢 晴	赵纯斌 雷 波 刘振邦	汪绍青 邓升升	李兴伟 赵 洁
二等	大型航空制造企业提高资源配置效率的重组整合管理	中航西安飞机工业集团股份有限公司	吴志鹏 雷阁正	袁春衡 郭林宏 孟 民	张志鹏 闫建明 李文静	袁 通 吴崇阳	刘 浩 高长宇
二等	以千万吨级为目标的智能采气厂建设管理	中国石油天然气股份有限公司长庆油田分公司第一采气厂	王 冰 范 州	黄义涛 李 阳 韩辛未	惠 鹏 柴雪梅 黄琛琛	何光宇 贾晓宁	谢文汇 巨敬莉
二等	电网企业科技创新智慧化管理体系构建	国网上海市电力公司	华 斌 宋 平	陆启宇 张琪祁 赵三珊	李 永 周 超 高 军	黄 华 罗 祾	黄兴德 张堰华
二等	国有资本运营公司战略性产业集群培育与发展	广东恒健投资控股有限公司	唐 军	李 彪 叶仲豪 欧阳才干	许泽群 冯 坚	肖大志 蓝志威	李一鸣
二等	中央企业内部审计数字化转型管理	中国石油审计服务中心有限公司	蒋尚军 饶瑞久	郑利岩 李 涵 周 浩	韦宝峰 熊 涛 杜虓龙	袁冬明 崔海涛	王 福 汪 旭
二等	军工集团适应研发变革的"穿透型"管理机制构建及实施	中国航空发动机集团有限公司	李宏新 徐 新	孙彦贵 郭 放 周昊翔	宫新华 杨慧赟 彭 婧	苏丽媛 程 嘉	杜力伟 薛树林
二等	全面提升发电效率的光伏电站智能化运营管理	华能国际电力股份有限公司河北清洁能源分公司	马聪永 张景旭	武建鑫 皇甫玮 孟雪鹏	姚红宾 孙志伟 田 元	钱 凯 武晓辉	乔少帅 李立龙
二等	通信企业"数改+人改"双轮驱动的高效运营管理	中国联合网络通信有限公司北京市分公司	霍海峰 秦 洋	胡淑芳 张江涛 肖 难	胡 滨 许建磊 林志鹏	桑 彤 王子君	陈 均 李旻容
二等	立足"三个服务"的央企集团国家级高端智库建设管理	中国石油集团经济技术研究院	李尔军 朱颖超	余 国 张珈铭	陆如泉 李欣怡	林东龙 李苏晓	张永峰
二等	工程勘察企业以提质增效为目标的全周期数智化管理体系构建	中冶成都勘察研究总院有限公司	彭 涛 罗先福	高晓峰 杨宗耀 陈冬梅	任东兴 邓 安 陈龙飞	刘 艳 何蕃民	薛 鹏 徐建骁

等级	成果名称	申报单位	主要创造人	参与创造人			
二等	能源装备研发企业以研转并重为导向的体制机制变革管理	兰州兰石能源装备工程研究院有限公司	王玉虎 杨云翔	杨 娜 缪淑萍 陈 璐	王震军 高 雯	叶 海 王 平	高晓勇 贾春芳
二等	轨道交通装备企业服务产业链的深度协同管理	中车永济电机有限公司	邢晓东 王 彬	贾 健 胡天召 孟 琦	牛志钧 荆卫锋 王艳芳	中军平 李宝恩	雷平振 王勇刚
二等	微电子企业突破关键核心技术的高效研发管理	华润微电子有限公司	方 浩	齐从明 潘效飞	葛 珏 梁晓黎	郑晨焱	王德进
二等	啤酒企业供应链智能决策平台的建设	青岛啤酒股份有限公司	员水源	季 岩 杨云龙	刘国华 庄 杰	韩洪刚	张克立
二等	供电企业以数字赋能推动电碳协同的城市降碳管理	国网福建省电力有限公司厦门供电公司	林国新 叶鎏芳	邱学军 陈可钰 欧阳小健	刘 应 黄东明 詹呈艳	张 颖 陈浩珲 徐铭伟	张 俊
二等	高端装备制造企业基于"多元同心"的全价值链质量管理	中车株洲电机有限公司	聂自强 罗崇甫	晋 军 郑 涛 易 恺	卢雄文 荣 军 刘明辉	臧苗苗 李 莹	薛长志 钟 艳
二等	基础设施投资企业以"五大工程"为核心的管理提升	中铁(上海)投资集团有限公司	张 超 李 宏	王春晖 寿浅仁 刘茂乾	代胜元 李世民 瞿舒杨	王 宇 刘增光	刘振邦 唐贵雄
二等	钢铁企业基于生命周期评价的碳减排管理	包头钢铁(集团)有限责任公司	孟繁英 王胜平	赵国庆 田 毅 刘艳蕾	陈 松 王 琦 忠 诚	班 华 王佳薇	曹晓明 孙佳政
二等	支撑石油企业集团提升勘探开发能力的一体化全流程科技咨询服务管理	中国石油天然气股份有限公司勘探开发研究院;中国国际工程咨询有限公司;中国石油天然气股份有限公司西南油气田分公司	马新华 陈佳鹏	鲍敬伟 张 宇 贾 桢	王凤江 任利明 初广震	陈水银 杨 帆	刘朝霞 徐立坤
二等	电子制造企业基于自主创新的数字化云工厂建设与运营管理	中国长城科技集团股份有限公司	徐建堂 袁建东	程 宏 叶雪萍 魏 柯	陈 健 王建宅	范 凯 肖新文	石 明 邓宗文
二等	炼化企业以要素为牵引的制度体系融合管理	中国石油化工股份有限公司北京燕山分公司	李 刚 曲宏亮	付 潇 王 晶 李昌昊	张建国 刘璎琴 张景姝	杨建勇 张 静	胡金玉 赵明亚
二等	军工院所面向价值创造的差异化工资激励体系构建与实施	西安微电子技术研究所	唐 磊 龙耀军	薛东凤 狄刘俊	钱 丹 张 颖	李玉香 范颖洁	任明波 陈 珺
二等	能源建设集团践行"东数西算"战略的"能源+数字"融合管理	中国电力工程顾问集团有限公司	罗必雄 陈继平	武彦婷 胡 烨	王永吉 李舒涛	顾 军 郭俸芮	瞿彦寿 周亦炘
二等	汽车行业服务企业以打造产品力为核心的科技创新体系构建	中国汽车工程研究院股份有限公司	万鑫铭 刘安民	张亚明 张振华	吴 瑜	陶 倩	唐淑花
二等	清洁能源企业实现高能效的智能工厂运营管理	济民可信(高安)清洁能源有限公司	李 桯 吴志红	王晓博 刘立新	孙 谨 胡利安	王 春 魏 强	胡治兵
二等	提升国有企业监督与服务能力的境外审计管理	首钢集团有限公司	郭丽燕 高 强	尚潞君 顾 瑞 王春红	李 蔚 李子琪 王德志	郝红梅 刘文玉	李沛环 张丽松
二等	以价值创造能力提升为目标的班组效能量化评价体系构建与实施	航天动力技术研究院	任全彬 王永杰	李爱红 班 莹	刘伟凯 张 翔	房 红 李青频	姜大帅 王绪涛

续表

等级	成果名称	申报单位	主要创造人	参与创造人			
二等	以提升能量可用率为目标的电网工程设备智慧管理	国网冀北电力有限公司	徐其春 张宝华	黄 波 安海清 李 研	李振动 杨 娜 宋 伟	贺俊杰 张晓飞	袁 俏 柳 杨
二等	以数字铁路为导向的生产实训一体化体系构建	邯黄铁路有限责任公司	左站峰 姜建民	吴会江 杨 涛 崔智昊	商 霖 范玉琪 刘 烨	赵 磊 左松松	金树桥 孙晨刚
二等	汽车企业集团基于数字化转型的运营管控变革	江铃汽车集团有限公司	肖隆建 廖三余	刘春来 胡全金 王继德	邓海青 龚顺根 伍文秀	涂维华 龚 皓	胡欣华 蔡云勋
二等	元器件研制企业以稳链强链为目标的流程管理	中航光电科技股份有限公司	李 森 王艳阳	寇 飞 陈晓龙 马昂扬	张宏剑 陈 明 赵娇妍	李昕 李游振文	赵 卉 王 佩
二等	轨道交通空调企业以提升决策水平为目标的数字化运营管理	石家庄国祥运输设备有限公司	张晁榕 周 艺	王 川 陈秀伟 吴 冰	王 英 石国新 张 鑫	刘 超 罗荣静	习建伟 岳晓飞
二等	电网企业助推区域经济低碳转型发展的清洁能源服务管理	国网浙江省电力有限公司宁波供电公司;国网浙江省电力有限公司嘉兴供电公司	陈 嵘 应 鸿	王 谊 任娇蓉 马丽军	郑怀华 张 捷 周 刚	翁格平 方建迪	郁家麟 钟伟东
二等	科研院所以推进玻璃产业升级为导向的关键技术创新管理	中建材玻璃新材料研究院集团有限公司	彭 寿 周 鸣	陈 勇 蒋荣英 吴佳伟	陶立纲 王 伟 陶天训	张 冲 胡华波	江龙跃 金望琳
二等	数据驱动的商用车轮胎智慧管理系统建设	中策橡胶集团股份有限公司	沈金荣 葛国荣	范达伟 林文浩 吴 豪	闫俊杰 廖发根 范 斌	朱斌斌 侯丹丹	葛 汉 江雪增
二等	多品种小批量零部件制造企业精益管理体系建设	中航重机股份有限公司	冉 兴 胡灵红	唐诚江 冯彦成 王志录	郭昱宏 黄伟东 赵军刚	吴 健 肖 笛	魏志坚 刘志嘉
二等	军工企业基于模型的预警信息系统需求管理	中国电子科技集团公司第十四研究所	江 涛 马艳琴	梁 华 朱特浩 吴志乾	魏 耀 吴久涛 闫小明	孙 伟 刘 律	晏靖靖 饶 洁
二等	发电企业以资源寻优为导向的燃料智慧运营体系建设	华能山东发电有限公司	王 栩 黄 涛	李彦彪 亓 新	李 进 丁顺昌	任 寒 李春晓	马 勇
二等	有色金属企业以数智驱动和管控升级为重点的智能财务管理	铜陵有色金属集团控股有限公司	龚华东 汪农生	解硕荣 童艳艳	王 志 吴雪霞	周龙兴 程琼英	周展翅 梅 燕
二等	汽车企业基于国内外双循环联动的国际散件组装业务核心能力建设	安徽江淮汽车集团股份有限公司	张 鹏 余 阳	黄福德 孙彦宏 解庆龙	钱海林 谢 放 郭晓坤	罗旺远 邓晶晶	丁志海 梁 廷
二等	精密制造企业适应国际竞争新形势的供应链战略管理	深圳长城开发精密技术有限公司	蔡 泊 张新虎	曾 卫 陈定林 姚锡勇	黄 卫 邱伏龙 邝剑华	冉红锋 王京军	秦献超 王少华
二等	家电企业提升市场竞争力的生产组织变革管理	珠海格力电器股份有限公司	董明珠 庄 培	王晓彬 伍玉行	唐望胜 张松柏	张智骞 戈 武	孙 凡
二等	电网企业基于价值挖掘的数据产品开发与管理	国网山西省电力公司	贺晋宏 冯 楠	薛泓林 焦丽婷 龙 云	谷 良 张海江 郝晓伟	李 娜 宫 鑫	冯经伦 高启东
二等	装备制造领军企业基于"两个导向、五大体系"的工匠人才管理机制变革	潍柴控股集团有限公司	马常海 姜宁涛	王延磊 苗庆峰	吴晓勇 毛晓燕	杨汉亮 钟建民	李 明 赵永昌

续表

等级	成果名称	申报单位	主要创造人	参与创造人			
二等	知名白酒酿造企业以"365"为核心的全员全域质量管理	中国贵州茅台酒厂（集团）有限责任公司	丁雄军 王莉	涂华彬 王汪中 刘元启	吴建霞 杨帆 温亚革	刘玄 陈希	杨婧 姚永会
二等	新能源发电企业实现数字技术与行业技术深度融合的数字化转型管理	龙源电力集团股份有限公司	唐坚	宫宇飞 张国珍	夏晖 张欣刚	贾克斌 于航	张敏 冯江哲
二等	大型水电站基于安全、质量、生态三位一体的工程建设管理	华电金沙江上游水电开发有限公司苏洼龙分公司	罗宗伟 王道荣	唐明武 张中文 吴雏音	刘勇 马武林 毛奇	褚云 王佳	李万银 黄隆志
二等	军工院所数字技术赋能的高效柔性供应管理体系构建与实施	中国兵器工业第二〇三研究所	陈毅平 孙文博	李刘晨 雷声远 丁挚	高勇 张锋 李端松	陈效全 杨楠	强金辉 孙赫
二等	供电企业基于政企协同的重大涉电工程建设管理	国网辽宁省电力有限公司大连供电公司	贾宏智 胡博	张健 曲云鹏 宫子明	吴国辉 林春华 于博文	董吉超 郭奉	高蔚 史程
二等	基于区块链技术的碳资产核证系统构建	河北建投融碳资产管理有限公司	余麟飞 宋少蓝	郝杨茜 李蒙纳 武佳楠	梁彦军 彭哲	张玲璐 尹	宋长安 杜子涵
二等	基于"互联网+安保"的安保服务管理优化	吉林市江城保安集团有限责任公司	马卓	王纯明			
二等	以"三维四化"为核心的冬奥火炬项目精细化流程管理	北京航天动力研究所	李晓峰 吴疆	李明帆 宋晓峰	文婷 刘悦	胡佰龙 吕正林	李康 张运龙
二等	高铁"四电"工程基于三维仿真模型的可视化施工管理	中铁建电气化局集团南方工程有限公司	熊秋龙 朱学辉	唐阳 洪宗浩 刘维生	李大建 杜伟生 陈涛	许雄 周小毛	周炳学 刘帅
二等	水净化工厂基于数字技术的智能建造管理	中交一航局生态工程有限公司	叶建州 韩斌武	平赛 王海涛 王建龙	刘立平 黄致凯 陈任	刘子健 李丽军	向峰 郭跃华
二等	供电企业契合"精致城市"发展的网城融合型电网建设与运营管理	国网山东省电力公司威海供电公司	陈志勇 王涛	单喜斌 范春磊 刘永明	刘伟 汤耀 丁超	刘帅 徐泽	孙源文 王青松
二等	航天企业基于"物联-数联-智联"的多环境多专业协同研发体系构建与实施	北京控制与电子技术研究所	郑莉 姚宏达	黄锴 刘聪聪 王朋朋	谢振鹏 谢艳	于龙海 张学伶	梁彪 李晓龙
二等	通信企业基于平衡理论的网络资源数智化管理	中国移动通信集团广东有限公司	崔志顺 孔轶	吕锦扬 吴威	左建 禤晓昭	许耀顺 陈卓	林文锋 张晓峰
二等	以零碳为目标的变电站全生命周期减碳管理	国网江苏省电力有限公司无锡供电分公司	完善 陈晟	顾志强 缪立恒 黄芬	惠峻栋 严栋 朱玥	钱洁 陆远	倪俊 李传洋
二等	建筑施工企业基于数据集成的业财一体化系统构建	湖南路桥建设集团有限责任公司	王术飞 刘迪祥	陈国初 张红国 李敏	李青 彭梦林 屈丽娟	胡志强 陈曦	魏波 刘爱荣
二等	融合中欧铁路法规规范的匈塞铁路贝诺段项目建设管理	中国铁路国际有限公司	鞠国江 高峰	周鑫 杨冠岭 邓可	齐丰然 李刚钰 刘菁蕊	宋剑 张小华	段伟 宋伟
二等	以支撑自主业务整合运营为目标的汽车零部件价格协同管理	东风汽车集团股份有限公司	陈枫 胡晓	张雁军 姜纤楚 江新伟	杨彦鼎 汤泽波	郑卿卿 张铁兵	杨兵 李晓波

续表

等 级	成果名称	申报单位	主要创造人	参与创造人			
二等	军工院所面向体系作战能力生成的重大任务管理	中国电子科技集团公司第二十八研究所	毛永庆 邵 静	傅 军 刘露迪	李苏宁 庄国献	余文伟 陆 超	叶 翔 万一棋 茅
二等	供电企业面向"双碳"目标的沿海新能源供给消纳体系建设	国网河北省电力有限公司沧州供电分公司；国网河北省电力有限公司衡水供电分公司	赵春雷 徐亚兵	高建为 刘 俊 张 博	方椿锋 马阳阳 王 倩	路 成 沈世林	边少辉 宋文乐
二等	高速公路企业以客户为中心的数字化运营服务管理	山东高速股份有限公司	赛志毅 张 军	李高帅 郭玉波 戚俊丽	常志宏 孙凌峰 韩金玲	周 亮 王树兴	崔 建 康传刚
二等	复杂地质条件下油气勘探提质增效管理	中国石油天然气股份有限公司新疆油田分公司	毛新军 刘国勇	宋 永 朱 卡 郑孟林	郭旭光 阿布力 柯贤贵	赵长永 米提·依明 卞保力	甘仁忠 张 翔
二等	煤炭港口企业智慧化生产调度系统建设与运行管理	国投曹妃甸港口有限公司	王书彬 赵世瑜	刘光涛 辛敏雪 陈晓磊	王京丰 王伟强 刘亚革	王添桥 姜 林	李春财 常 浩
二等	高端装备制造企业以提升效能为导向的人才价值链管理	四创电子股份有限公司	任小伟 袁 园	王家勤 武堂帝	胡 娟 王 玥	李国兰 唐立鸿	朱 洁
二等	铁路运输企业两万吨重载列车开发与运行管理	国能朔黄铁路发展有限责任公司机辆分公司	兰 力 李长生	王春毅 侯 冶 陶学亮	张 建 徐 桢 王大龙	王志毅 马 政	孙 云 周少游
二等	钢铁企业适应区域产业转移的绿色能源管理	邯郸欣和电力建设有限公司；邯郸钢铁集团有限责任公司	申国强 邓建军	徐庆华 卢建光 田志杰	刘 航 李巨辉 刘立灿	刘渝辉 卢思远	杨智龙 马明禹
二等	油田企业突出价值创造的劳动定员管理优化	中国石化集团胜利石油管理局有限公司	孙永壮 项习文	肖国连 苏永进 于 洋	姚 旭 李修伟 张 波	俞庆国 杜宝更	靳红兴 杜 磊
二等	电网企业服务川渝高竹新区的跨省域一体化供电管理	国网四川省电力公司广安供电公司；国网重庆市电力公司市北供电分公司	马 宇 薛 伟	赵 芳 柏海峰 张一凡	曹 刚 王 卫 柳 狄	唐 勇 陈 攀	谭书云 杨云莹
二等	民生企业数字生活消费生态平台的建设与运营	华润网络控股（深圳）有限公司	董坤磊 刘红兵	张华新 杨 挺 刘益江	魏守阳 曹 原 邓银银	刘 蒸 肖大为	刘 皓 卢烈远
二等	中小型科技服务企业以专精特新为导向的转型发展	河南油田工程科技股份有限公司	史传坤 李英豪	郜永军 张瑞玲 王向阳	宋 峰 王永坤 高平阳	谢朋文 梁 攀	潘 进 张晓明
二等	电网企业促进科技成果转化应用的科研项目价值评估管理	国网山东省电力公司	焦 敏 李雪亮	王 凯 肖 卫 毛 菲	李 勇 王 涛 袁海燕	曾 帅 张培杰	李 笋 马 帅
二等	央企集团基于标准工时的管理部门员工量化考核体系建设	中国核工业集团有限公司	杨朝东 李长瑜	王 豪 汪愉红 李 轩	李旭东 陈 璐 郑晨龙	章 彬 张明勇	孙珊珊 刘 萍
二等	国有能源企业集团以"双碳"目标为引领的绿色低碳转型发展管理	中国海洋石油集团有限公司	白晓辉 武正弯	杨晓滨 孙洋洲 张俊峰	张若玉 李 强 柴 维	邢力仁 章 焱	孙海萍 徐庆虎
二等	国有企业以"三支柱"为核心的人力资源优化配置管理	江西铜业集团有限公司	廖新庚 黄芳洪	刘 雨 陈华升	尹芳芳 李 强	舒 心 何 振	郑林元 刘国平
二等	软件企业立足金融行业数字基础设施建设的市场定制化服务管理	中电金信数字科技集团有限公司	冯明刚 况文川	胡汝道 张东蔚 马 晓	杜啸争 孙挺妹 廖文胜	陈书华 安馥卿	曲向阳 章 澜

续表

等级	成果名称	申报单位	主要创造人	参与创造人			
二等	大型港口集团助推"双一流"建设的一体化合规体系建设	浙江省海港投资运营集团有限公司	张建军	唐 剑 王文静	朱 健	李 超	王 倩
二等	核环保企业基于"最大的产品是安全"理念的工程运行管理	中核四川环保工程有限责任公司	马文军 常 宇	田春雨 吴 伟 张 威	陈永红 骞 德 刘 涛	王悦云 何昌盛	李正荣 邹禹萌
二等	电网企业提升一线班组业务承载力的"心-能-力"三维人力资源管理	国网重庆市电力公司	周 雄 李 良	李政良 李 炜 陈 涛	黄 静 张 强 谢丽娜	房 劲 龚玉华	陈霜玲 詹天义
二等	引领企业高质量发展的"一甲"文化体系构建与实施	山东中烟工业有限责任公司青州卷烟厂	孟庆华	李兴才 习立鹏 孙晓莹	董志燕 孙小明 王永超	房 强 李会平	李 威 蒋文凯
二等	港口企业集团基于数智化的业财一体化管控体系建设	天津港(集团)有限公司	鞠兆欣 马 洁	陶 力 陈 欣 韩 露	苏 静 王一凡 赵 杰	李晓琳 张宗炎	贾江东 王 婷
二等	军工总体单位面向"源头设计"的精益成本管控体系构建与实施	中国空间技术研究院遥感卫星总体部	黄 昕 肖 涛	邵 壮 吴延龙	李炳烈 罗 成	何 群 曹 瑞	王小岛 刘浩淼
二等	医药流通企业以价值创造为核心的审计数字化转型管理	重庆医药(集团)股份有限公司	吴洪伟	沈 方 杜梦媛	程玉娇 龙泓锦	陈贵福	田运全
二等	贯穿新能源发电项目全生命周期的"1+N+N"管控体系构建	华电新疆发电有限公司	韩 嵩	常家星 刘一民	田 亚 张兴荣	胡小梅	吴 镝
二等	矿山企业以生态与发展共生共赢为导向的绿色低碳管理	中铁资源集团有限公司	李夏初 鲁和友	孟庆胤 徐彦胜 赵兴华	李正山 马志伟	王雨龙 言海燕	李 莹 王 琦
二等	供电企业以高质量发展为导向的战略执行体系构建	国网河北省电力有限公司石家庄供电分公司	赵 宁 马伟强	王永朝 林晓乐 韩 力	李佳琪 李 响 薛 宁	江贤康 曹 培	程自强 王跃峰
二等	钒钛新材料企业基于产值量化的基层员工绩效管理	承德钒钛新材料有限公司	耿立唐 张振全	乔国平 邹 晶 姚维东	赵建东 张俊粉 董东涛	李正团 孙玉娟	石小艳 周海峰
二等	家电制造企业以用户全流程体验为核心的5G全连接工厂建设与管理	青岛海尔洗涤电器有限公司	梁海山 李华刚	舒 海 柳晓波	赵建华 王自强	郑子辉 曲 翔	张玉波
二等	军工院所以提升自主能力为导向的开放型共研管理	中国兵器工业第二〇四研究所	徐若千 魏 卫	蒋忠亮 姜 振 李梦玮	邵颖惠 安 亨 李念念	张俊林 梁 勇	谢 娟 刘芳莉
二等	中药企业"五位一体"绿色智造管理	华润江中制药集团有限责任公司	刘为权 罗小荣	钟志坚 张礼仲 韩宜川	刘协斌 邓麟凤	陈培武 陈水平	李德安 郭灵燕
二等	建筑企业集约化视角下的区域项目管理	中铁建工集团有限公司南京分公司	吉明军 强 鹏	朱秦勇 王 魏 丁少龙	李 静 韩朝永 崔 喜	曹 斌 张 楠	缪丽之 张晔敏
二等	建筑央企基于胜任力模型的优秀年轻干部培养选拔机制建设	中国铁路工程集团有限公司	陈 云 王士奇	王文吉 李巧娟 郭一家	黄建忠 杨云飞	胡丁旺 李 然	张晓明 靳占甲
二等	轻工企业以效益稳定增长为目标的"工贸融"联动经营管理	宜宾丝丽雅集团有限公司	邓 敏 邓 明	宋 伟 刘 刚	张志刚 文学金	范东林	邓 飞

续表

等级	成果名称	申报单位	主要创造人	参与创造人
二等	以高质量发展为引领的铁路多元化经营管理变革	中国铁路北京局集团有限公司	曹洪水 徐 昊	张宏伟 张 颖 唐景良 杨明波 陈 岩 王 磊 卫林楠 刘 儒 范 翔 张 鹏
二等	超硬材料企业以资源节约和循环利用为重点的绿色发展管理	中南钻石有限公司	郭世峰 刘建国	车 林 郭 浩 罗永波 周 飞 杨 阳 朱德栩 李延各 张 鑫 王楠楠 陈冬冬
二等	通信企业数字员工开发与运营管理	中国移动通信集团浙江有限公司	杨剑宇 朱华新	王晓征 黄 慧 钟志平 项 捷 郭 岳 张式勤 于祥兵 董 亮 郭海成 张 晶
二等	基于连锁经营的校园邮政服务业务开发与管理	中国邮政集团有限公司江苏省分公司	俞泽昕	王承东 莫志坚 郭晓苗 季 杰 彭秋收 薛 浪 杨 剑 王 昕
二等	新型采油作业区全流程智能化协同管理	延长油田股份有限公司吴起采油厂	马 涛 吴晓东	何文宝 刘国庆 翁邦红 张 宏 刘宇旗 袁建锋 高海楠 张 澎 刘 静 刘维华
二等	电网企业促进湘赣边区振兴的多元协同赋能管理	国网湖南省电力有限公司株洲供电分公司	王大强 朱翔宇	李爱元 廖丽萍 谌 彬 周彦尧 陈 雄 李晨煜 李 晋 李丽英 李 琪 罗凌云
二等	钢铁物流企业基于智慧管控系统的铁路物流管理优化	河钢集团国际物流有限公司	唐光明 邱战震	王彦祥 孟凡豹 吴 悠
二等	电缆企业贯穿产品全生命周期的绿色减碳管理	无锡江南电缆有限公司	储 辉 蒋永卫	夏亚芳 陈晓军 江 明 蒋 琪 苏艳文 高红阳 梁 鹏 訾 林 韩 杰 蒋云刚
二等	航空装备制造企业以准时交付为目标的数字化均衡生产管理体系	中国空空导弹研究院	陈 斌 晋严尊	严 飞 汪朝阳 张新波 卫青延 和明军 李文辉 罗 剑 廖 妍 姚长虹 汤 辉
二等	有色冶炼企业以创建世界一流专精特新企业为目标的战略管理	河南豫光金铅集团有限责任公司	孙兴雷 王有臣	杨安国 任文艺 张安邦 李飞燕
二等	高端装备企业面向大规模个性化定制的集成计划体系建设	株洲中车时代电气股份有限公司	王 彦 吴 鸿	王 玉 耶小方 何 稳 杨 莎 姚平刚 姚中红 杨 春 吴 双 段 宇 晏 滔
二等	铁路装备企业以世界一流为目标的战略实施体系构建	国能铁路装备有限责任公司	惠舒清 傅瑞珉	徐人弟 王 军 李权福 黄冬晓 杨二斌 李志鹏 王利波
二等	白酒企业基于工业互联网平台的数字化管理	安徽古井贡酒股份有限公司	梁金辉	周庆伍 闫立军 张立宏 高家坤 李安军 康 磊 朱家峰 杨义胜
二等	大型能源央企以"双提升"为核心的海外投资法人治理体系建设与管理	中油勘探开发有限公司	陈金涛 何文渊	张 宇 汪向东 冯 丹 韩 涛 黄海蓉 曹仁波 黄漱涵 何 峻 高晓妹 崔 宁
二等	航空维修企业以精准施修为目标的单机技术状态管理体系建设	长沙五七一二飞机工业有限责任公司	沈 斌 宁 敏	沈物灵 黄学良 刘晓辉 钟 鸣 白翌杨 梁 勇 龙小涛 杨 盼 谢艳妮 李 铭
二等	大型水电厂以世界一流为目标的全面管理提升	华能澜沧江水电股份有限公司糯扎渡水电厂	查荣瑞 杨 华	谢 军 武 莉 杨 凯 李 遥 邹 静 段月和 李秋云 郑海涛 郭佳睿 孙嘉棣
二等	基于项目全过程分析的农村电网精准投资管理	国网河南省电力公司	刘跃新 刘 强	孙才华 牛 鑫 李大鹏 李旭阳 郭 静 席小娟 李 勇 范 岩

等级	成果名称	申报单位	主要创造人	参与创造人			
二等	环保企业集团基于业财融合的智能化财务共享管理	中国环境保护集团有限公司	邓先柏	黄　珊	徐　曼	许大明	
二等	区域管网企业数字化驱动的集约式运维管理	中国石油天然气股份有限公司西南油气田分公司输气管理处	安建川 李红亮	杨　刚 陈　龙 李　进	刘力升 李清英 王小丹	李　明 曾云丽	张　勇 张　屹
二等	专精特新企业贯通全业务域的数字化运营管理	中航电测仪器股份有限公司	陈南峰 侯　玲	王　鹏 陈光阳 吕俐蓉	周新余 金　坤 卫晓梦	李晨曦 王奕胜	刘皓源 侯欣妍
二等	船厂系租赁公司以自身业务为特点的风险量化评估	中国船舶集团(香港)航运租赁有限公司	钟　坚 李　晴	丁唯淞 卢琳玲	王　濠	袁　超	王宇堃
二等	钢铁企业以降本增效为核心的对标管理	鞍钢集团朝阳钢铁有限公司	王　伟 胡德顺	王光伟 吴　优 李晓明	李亚娜 李　涛 闫喜英	刘继朝 刘子坤	吕宝栋 张　辉
二等	老油田企业以价值最大化为导向的油藏经营管理提升	中国石油化工股份有限公司胜利油田分公司	牛栓文 孙永壮	聂晓炜 马清彪 刘　鸣	韩　辉 杜　勇 孟　冬	肖国连 贺东旭	王跃刚 牛汝东
二等	电网企业营销业务风险的数字化内控体系建设	国家电网有限公司客户服务中心	李　明 王延芳	李树国 陈仕军 任海洋	张　全 马　亮 周　俊	赵郭燚 游　晟	张祥坤 王宗伟
二等	国有建筑企业体系化人才效能提升管理	中铁六局集团有限公司	龙燕强 汤鋆铭	徐　涛 张　笑 雷　辉	李伟民 赵金鹏 宋大伟	徐　静 杨兰钧	裴　涛 雷静波
二等	高速公路投资企业智能财务系统建设与运营管理	广东省南粤交通投资建设有限公司	陈子建 林　楠	陈　丽 左光梅	徐一辰 程馨瑶	朱葆洁 张焜彦	谢树平 肖凯文
二等	制药企业特殊药品全生命周期闭环管理体系的构建	宜昌人福药业有限责任公司	李　杰 杜文涛	钟丽君 付　蓉 周　放	宋　玉 胡　雯 彭清宜	田峦茑 田　军	吕金良 王顺建
二等	国有企业基于素质能力模型的管理人员数字化分类评价管理	中国建设银行股份有限公司常州培训中心；国网江苏省电力有限公司管理培训中心	屈建伟 张　强	侯　俊 程宝玉 王　朴	黄建宏 周　权 余　诚	康　淑 王存超	夏伟文 黄　珊
二等	施工企业以精管细算为目标的项目经费管控优化	中铁七局集团郑州工程有限公司	徐水龙 杨星辉	牛学忠 王　毅 王　锐	石军伟 邹栋佳 陈　光	王　立 张亚萍	宋立其 路　波
二等	能源化工企业以价值产出为导向的组织绩效分配改革	新疆中泰化学托克逊能化有限公司	王利国 祝存恩	黄小虎 杨玉才 魏虎杰	姚永军 朱　政 畅　蕾	杜雅婷 刘红雷	沈茂纲 代　斌
二等	成品油流通企业以引领行业规范发展为导向的经营管理提升	中国石化销售股份有限公司江苏石油分公司	韩雪岭 胡　珣	李玉杏 李嘉清 孔令江	张　刚 顾永康 谈逸蕾	张有根 及　非	卢叶春 周　进
二等	供电企业适应电力体制改革的代理购电价格管理	国网辽宁省电力有限公司	范士新 陈冬梅	许文达 李正栋 张　娜	纪永满 武志锴 胡雍伟	张明慧 李　理	王　阳 尹　悦
二等	有色金属矿山以员工效能提升为导向的多维度积分制管理	伊春鹿鸣矿业有限公司	鲁和友 孟庆胤	郝国强 陈荣健	安广曾 金　鑫	李　莹 闫兴国	赵春蕾 赵兴华
二等	以协同共赢为目标的新能源项目合作管理体系构建与实施	华能国际电力股份有限公司邯峰电厂；邢台兴力集团有限公司	王　宏 李国冀	刘兴晖 韩天华 李　征	鲍海滨 郑永强 张　涛	武建利 朱燕舞	李剑峰 陶　涛

续表

等 级	成果名称	申报单位	主要创造人	参与创造人			
二等	涉火企业以"零伤害"为目标的安全生产管理	西安北方庆华机电有限公司	李党屯 代五四	矫劲松 任正茂 乔伟民	刘海旭 牛高荣 段明军	刘伟国 武泽林	朱白璞 常 峰
二等	油气田以激发活力为目标的绩效考核分配体系建设	中国石油新疆油田分公司采油二厂	袁述武 张智勇	胡 松 王楚涵 王旭东	曹 震 鲁 静 胡 晨	尚千里 马永峰	吴卓玲 巨朋凯
二等	国有施工企业以可持续健康发展为目标的"心廉"文化体系建设	中铁五局集团有限公司	张建强 蒲青松	田 波 骆高发 熊锦阳	赵 昕 唐亚国 陈 明	姜永中 罗 丽	林锦祥 龚小标
二等	极寒天气下确保电力安全供应的高质量运维管理	国网黑龙江省电力有限公司	鲁海成 梁 岩	陈 铁 赵 钢	李海峰 张 健	于海峰 任 佳	王开成
二等	钛业企业对标世界一流的综合性改革管理	宝钛集团有限公司	雷让岐 王 俭	王建超 曹 震	陈战乾	张保生	耿爱武
二等	空调企业基于自主技术突破的焊接设备自动化改造升级管理	青岛海信日立空调系统有限公司	李 虎	张连荣 李金磊	刘伟强 刘春祥	黄宝东 徐晓龙	王 镇 王洪涛
二等	电热材料企业以高质量转型发展为目标的新产品开发与产业化管理	北京首钢吉泰安新材料有限公司	李 刚 陶 科	杨庆松 宁永顺 李新生	王 刚 肖晓锋 孙浩鑫	张德汉 席林涛	王志强 张志永
二等	发电企业燃料全过程数字化管理	华电国际电力股份有限公司邹县发电厂	刘 永 满昌平	张桂华 吕宗武 郑伟超	周洪利 范允峰	马奈良 王洪明	高 鹏 王学以
二等	供电企业基于"全覆盖、全过程"的厂站安全管理	国网新疆电力有限公司昌吉供电公司	温 刚 石新聪	杨 琳 刘长录 王 英	李 江 崔玮玮	徐 媚 马 龙	赵 闪 王孝超
二等	新能源商用车企业有效提升发展活力的混合所有制改革	德创未来汽车科技有限公司	王 钊	吕文雅 于瑞玲 姜 伟	晁鹏翔 王若愚 陈宏亮	李司光 袁 凯	党宪斌 田 方
二等	建筑施工企业以提升价值创造能力为目标的内部控制管理	中国铁建大桥工程局集团有限公司	芦 静 刘成涛	于德彬 安培清	刘 畅 李慧章	孙 磊 王正来	于槟炎
二等	油气田基于最终评估可采储量目标的产建一体化总包项目管理	大庆钻探工程公司	艾 鑫 刘文鹏	高 伟 王文军 孙玉群	范晓东 王建君 王桂友	步永伟 李 博	周照明 逄志坚
二等	地铁企业促进高质量发展的ESG量化评估管理	广州地铁集团有限公司	丁建隆 刘智成	吴 敏	方思源	李颖嘉	司乔娜
二等	珠宝老字号企业实现传承与创新有机结合的品牌管理体系构建	江苏宝庆珠宝股份有限公司	周立国 王 冰	李自选	许 倩	韩 劲	徐文康
二等	煤炭服务企业基于"五统一"的区域设备服务管理	陕煤集团神南产业发展有限公司	乔少波 吴文良	李亚安 孙 璐	马晓燕 赵米玉	杨 林 张海广	张 星 王 明
二等	改制企业激发活力的绩效考核体系变革	鞍钢矿业爆破有限公司	黄明健 阚洪生	杨 波 王晔晨 李 妍	吕凤柱 姜凤珍 翁尔夫	赵金先 董 楠	张耿城 万 鹏
二等	电网企业以"五全一经常"为核心的领导干部能力素质提升管理	国网天津市电力公司	赵 亮 刘 旭	石立桩 崔振辉 郭 伟	肖广宇 朱雅楠 徐 博	赵 同 刘炳焕	王 涛 刘哲然

续表

等 级	成果名称	申报单位	主 要 创造人	参与创造人			
二等	数据驱动的动力电池全生命周期质量管理	天能电池集团股份有限公司	张天任	杨建芬 余顺伟 李 蓓	张 昊 施 璐 李伯球	宋文龙 谈志农	鲁迎燕 施 映
二等	燃机发电企业基于三级联动的综合绩效考核体系建设	江苏大唐国际金坛热电有限责任公司	俞 伟 张冠一	吕凤彬 刘海斌 程 晖	曹广继 惠振宁 王 宇	韦 慧 高 翔	陈景标 刘 芳
二等	战略控股型产业集团"大合规"管理体系构建	北京电子控股有限责任公司	潘金峰 宋士军	陈勇利 金春梅 冯莉琼	王 谨 崔晋璇 焦 健	俞 铮 孙 阳	李 岩 刘思源
二等	国有投资运营公司基于"一核四强"的影视文化产业协同运营管理	青岛海发国有资本投资运营集团有限公司	管学锋	周玉晓 柴 巍 黄 晓	陈 超 管晓亮	张甲勇 杨贵琳	潘黎峰 张晓岳
二等	钢铁企业"三位一体"精益运营管理	唐山钢铁集团有限责任公司	谢海深 张 弛	么洪勇 罗少云 黄 燕	曹学征 范嫒嫒 施文林	李末卓 李 罗	高子磊 徐 博
二等	军工科研院所适应新时代需求的高效协同生产管理	北方激光研究院有限公司	龚赤坤 郭 航	向秋澄 孙 秋 于 剑	王 海 任 鹏 张建伟	吉 喆 蒋 放	杨 阳 郭延锦
二等	油气矿企业适应增储上产快速发展的运营管理能力提升	中国石油天然气股份有限公司西南油气田分公司蜀南气矿	李 海 刘孝锋	周 程 闫华嵋 邢 辉	朱 珠 程思宇 薛 东	胡 威 高嘉瑞	彭婧涵 周玉洪
二等	玻璃企业提高核心竞争力的"六化"精益管理	中国洛阳浮法玻璃集团有限责任公司	谢 军 何清波	胡 骥	张 伟	王 刚	
二等	以互补制衡为核心的医疗机构运营咨询服务管理	秦皇岛森源投资集团有限公司	黄文选 李永平	霍春利 黄志超 许 莹	李耀宾 房振东 陈玉荣	高志山 乔亚杰	徐国江 刘晓华
二等	煤矿企业全方位提升经营效能的精益管理体系构建	枣庄矿业(集团)有限责任公司	刘凤华 李毅伟	曹东京 邵长猛 耿 超	江兆刚 王二增 杨为缤	马胜银 张庆强	戚 亮 孙 岩
二等	境外上市公司国际化合规管理体系的构建与实施	北京能源国际控股有限公司	张 平 吕进儒	刘国喜 金 鑫 李 珲	朱 军 王晓瑞 苗春谊	刘东升 赵 立	王六虎 陶 炜
二等	钢铁企业以提升效率效益为中心的全面精益管理	鞍钢股份有限公司鲅鱼圈钢铁分公司	王义栋 张红军	费 鹏 王春利 蒋 益	王若钢 孙国宝 何士国	时立宝 刘 虹	秦 伟 原世军
二等	老火电厂以"六大管控体系"为重点的本质安全管理	贵州西电电力股份有限公司黔北发电厂	罗德海 颜绍霖	韩学波 王 毅	刘 爽 冷绪飞	杜 亚 陈高其	陈万宾
二等	驻疆石油央企全方位矿权保护管理	中国石油天然气股份有限公司塔里木油田分公司	王清华 杨海军	张丽娟 闵 磊 邱 斌	罗俊成 周 鹏 周 超	吉云刚 倪新锋	刘军平 吴培红
二等	国有化工企业以"五新"为目标的市场化经营机制构建	云南云天化股份有限公司	段文瀚 崔周全	钟德红 郑朝辉 李 强	师永林 张晓燕 李 林	李发光 蒋吉军	苏 云 陈明礼
二等	能源企业有效履行"一保障两优化"主体责任的转型升级管理	山东能源集团有限公司	李 伟 张宝才	岳宝德 田德凤 蒋学超	徐西超 宋瑞梅 郑 鑫	尹东凤 韩 嘉	李丑小 杨成良
二等	热力企业全面提升能效的热源建设全生命周期管理	天津市热力有限公司	张 巍 蔺 虹	陈桂群 任延波 潘国江	张 鹏 孙 韬 马云龙	王成文 韩 平	范敬桃 朱 琳

续表

等 级	成果名称	申报单位	主 要 创造人	参与创造人			
二等	核电企业生产领域标准化风险管控体系建设	海南核电有限公司	田雷雷 张 超	冯献灵 祖天龙	信彭皓 陈启启	杨恕非	常东旭
二等	地方金融企业基于风险共担理念的员工项目跟投管理	江西省金融控股集团有限公司	席文良	吴 敏 熊洁敏 杨 磊	罗红生 张 凡 芮正光	胡亚平 张余思思	罗建梅
二等	石油企业以提质增效为目标的效益风险管理	中国石油天然气股份有限公司辽河油田分公司	孙义新 杨立龙	黄 鹤 吴宇博 刘雪乔	胡龙飞 王禹心 徐 迟	陈 敏 孙思丹	杨 明 王 帅
二等	旅游零售企业以世界一流为目标的管理提升	中国旅游集团中免股份有限公司	王 轩	张 磊 吴燕辉 王家祺	高 岩 李俊锋 徐 静	邓立早 李 展	吴静涛 徐玉龙
二等	以创建拉美领先能源电力公司为目标的跨文化融合管理	国家电网巴西 CPFL 公司	文 博 陈道彪	潘月辉 柴继勇 陈新建	黄富涛 刘云威 张 昱	何大勇 刘明岩	张凯航 傅章彦
二等	工程设计企业有效贯通治理与经营管理的分类分级制度体系建设	中国铁路设计集团有限公司	方天滨 张利国	张春明 焦文涛 孙建发	李广厚 陈 珂 张 鑫	孙衍福 侯经文	李 杰 李 刚

注:多家企业联合申报的成果,申报单位排名不分先后。
资料来源:全国企业管理现代化创新成果审定委员会。

2023 中国跨国公司 100 大及其跨国指数

排 名	公司名称	海外资产/万元	企业资产/万元	海外营业收入/万元	营业收入/万元	海外员工/人	企业员工/人	跨国指数/%
1	中国石油天然气集团有限公司	108173516	447560258	122082534	298541055	69804	1026301	23.95
2	中国中化控股有限责任公司	88101705	158532371	7531173	101402951	99138	203727	37.22
3	中国石油化工集团有限公司	75139899	271624254	79414890	304194600	33964	513434	20.13
4	华为投资控股有限公司	69199396	126359700	23182874	70417400	45000	207200	36.47
5	腾讯控股有限公司	63106857	157724600	5797535	60901500	35730	105417	27.81
6	中国远洋海运集团有限公司	55614497	107563227	22517656	38178011	17083	106221	42.26
7	中国海洋石油集团有限公司	53119388	160298196	59394412	100335259	6174	82560	33.27
8	国家电网有限公司	42341052	554427738	10175092	386489168	19270	1442302	3.87
9	中国交通建设集团有限公司	34966664	256551917	19654774	96752434	67503	219034	21.59
10	联想控股股份有限公司	33095083	66573257	31685289	43601217	30640	89577	52.20
11	广州越秀集团股份有限公司	28563313	100575794	546766	12372199	2080	35976	12.87
12	复星国际有限公司	26601986	80838759	7086579	19820031	30755	108000	32.38
13	中国铝业集团有限公司	22750051	61657142	9619183	45020689	2818	127701	20.16
14	中国电力建设集团有限公司	19723805	141011127	10104692	68693274	11658	184567	11.67
15	中国建筑股份有限公司	18338101	290332252	11575951	226552924	32384	382894	6.63
16	蚂蚁科技集团股份有限公司	17145229	61813799	1297981	17845321	1025	29740	12.82
17	中国兵器工业集团有限公司	17066665	55841606	29659190	54161047	14461	219697	30.64
18	海尔集团公司	16486009	52156119	13671890	37182197	39512	122742	33.52
19	洛阳栾川钼业集团股份有限公司	16053202	17297453	11835329	18626897	6963	11995	71.46
20	潍柴控股集团有限公司	15845279	36569899	10686845	31050808	45310	105811	40.19
21	中国广核集团有限公司	14430068	100085384	3723764	14984906	3268	47109	15.40
22	紫金矿业集团股份有限公司	14430000	34300571	6161468	29340324	27948	55239	37.89
23	深圳市投资控股有限公司	12828422	115285973	2600185	29042736	8864	103928	9.54
24	国家电力投资集团有限公司	12524125	175347695	2151258	38570952	2225	127514	4.82
25	美的集团股份有限公司	10987000	48603818	15090568	37370980	35000	198613	26.87
26	中国能源建设集团有限公司	10887865	80129071	5612825	40852938	6725	119182	10.99
27	山东能源集团有限公司	10530173	100204140	26868723	86637961	4382	214409	14.52
28	中国华能集团有限公司	10167702	156084742	3577787	40982294	861	124623	5.31
29	北京嘀嘀无限科技发展有限公司	9937000	14382649	784215	19237992	2100	19300	28.02
30	上海汽车集团股份有限公司	9744173	100665028	11203868	74470513	27296	150670	14.28
31	中国铁道建筑集团有限公司	9739753	166781911	6030987	113867666	11226	336433	4.82
32	中国宝武钢铁集团有限公司	9575535	136252241	21741929	111297172	15025	235971	10.98
33	中国铁路工程集团有限公司	8919260	183703708	6225632	126408895	8663	317641	4.17
34	中国华电集团有限公司	8174573	109775214	2401911	32234637	2943	93459	6.02
35	中国移动通信集团有限公司	8041213	240151652	3202197	101114414	8795	453394	2.82
36	中粮集团有限公司	8023916	73065438	11529968	69210215	2312	111630	9.90

续表

排 名	公司名称	海外资产/万元	企业资产/万元	海外营业收入/万元	营业收入/万元	海外员工/人	企业员工/人	跨国指数/%
37	江苏沙钢集团有限公司	7317256	36672833	4886930	27779839	1031	44004	13.30
38	河钢集团有限公司	7124822	54559511	10142208	40159331	13592	97802	17.40
39	三一集团有限公司	6912000	27966735	4150410	11955604	6191	49504	23.98
40	中国有色矿业集团有限公司	6881000	11563130	7381612	12867231	15211	41924	51.05
41	中国电子信息产业集团有限公司	6599655	43359969	5165388	25054057	12509	183469	14.22
42	北京首都创业集团有限公司	6422177	40089435	59528	5753954	340	33395	6.02
43	中国国际海运集装箱(集团)股份有限公司	5969741	16176323	6103922	12780952	4366	68940	30.33
44	宁夏天元锰业集团有限公司	5966023	12809347	720733	6633537	1208	19869	21.17
45	浙江华友钴业股份有限公司	5868486	12552027	3716439	6630404	10255	29548	45.84
46	国家能源投资集团有限责任公司	5731867	209302206	1605498	79321897	662	309744	1.66
47	闻泰科技股份有限公司	5658644	7696795	3908477	6121280	12000	31497	58.49
48	青山控股集团有限公司	5578207	14654583	9305393	38213706	68275	107805	41.92
49	海信集团控股股份有限公司	5561690	20404885	8584434	20222566	24663	107647	30.87
50	浙江恒逸集团有限公司	5278240	13362876	4510723	40682953	1968	22147	19.82
51	光明食品(集团)有限公司	5081275	26796474	4522348	13274018	16961	89698	23.98
52	金川集团股份有限公司	4919914	15456904	1768523	35325909	4059	31025	16.64
53	山东魏桥创业集团有限公司	4810238	27912834	5347108	52021385	9586	97281	12.46
54	山东高速集团有限公司	4680900	151374345	1024707	26011809	5179	56432	5.40
55	京东方科技集团股份有限公司	4552627	41918710	9400147	17454345	3092	90563	22.71
56	万向集团公司	4529763	11565483	9634621	20237496	9715	34589	38.29
57	中国南方电网有限责任公司	4518309	122819788	433448	84110863	800	313062	1.48
58	中国中车集团有限公司	4331737	54370353	2863409	24437304	6808	161133	7.97
59	中国机械工业集团有限公司	4144745	32542123	3861227	32905848	9745	114730	10.99
60	中国建材集团有限公司	4144327	70509454	5080023	34751095	24105	199122	10.87
61	首钢集团有限公司	3926532	52700728	2952971	23801320	2318	83509	7.54
62	中联重科股份有限公司	3876500	13086239	1790512	4707485	3457	30563	26.32
63	云南省投资控股集团有限公司	3860775	58647128	774372	20980590	456	46756	3.75
64	厦门国贸控股集团有限公司	3776477	35662496	9889031	60753156	769	37208	9.64
65	上海德龙钢铁集团有限公司	3740962	15483494	3157127	24352182	10706	42843	20.70
66	广东小鹏汽车科技有限公司	3539875	6100124	175863	3100642	314	15112	21.93
67	宁波均胜电子股份有限公司	3508166	5688684	4216030	5572847	38389	43965	74.88
68	山东如意时尚投资控股有限公司	3484810	7227261	2964789	5461245	9663	39845	42.25
69	晶澳太阳能科技股份有限公司	3468968	10658947	4442776	8155618	3504	43559	31.69
70	中国化学工程集团有限公司	3452850	26744134	3537645	20093574	3805	56508	12.42
71	TCL实业控股股份有限公司	3446819	11962209	7092624	12032191	4304	42421	32.64
72	晶科能源股份有限公司	3199119	13211654	7274465	11868178	10000	57375	34.31
73	珠海华发集团有限公司	3096016	72964896	1763033	17568688	6569	43882	9.75
74	徐州工程机械集团有限公司	3078982	20483741	3762107	10270677	5835	30502	23.60
75	东方国际(集团)有限公司	3031835	5919503	1251904	7699275	45157	57745	48.56

排 名	公司名称	海外资产/万元	企业资产/万元	海外营业收入/万元	营业收入/万元	海外员工/人	企业员工/人	跨国指数/%
76	TCL科技集团股份有限公司	3011000	38285909	5442638	17444617	3869	75217	14.74
77	海亮集团有限公司	2893772	7316645	3230900	25274166	2621	26828	20.70
78	中国电信集团有限公司	2871121	107827456	1661606	62270012	5078	391691	2.21
79	北京控股集团有限公司	2846165	43794135	1581659	12885103	2357	126128	6.88
80	奇瑞控股集团有限公司	2710696	26507961	5502962	27673962	1265	56584	10.78
81	中国大唐集团有限公司	2677129	86864341	318607	25673816	1818	87991	2.13
82	厦门建发集团有限公司	2669838	88724752	12969972	78342822	232	62740	6.64
83	南山集团有限公司	2665488	22834315	1763342	17120433	3183	39729	9.99
84	宁波力勤资源科技股份有限公司	2598104	3067971	842382	2106841	14300	17358	69.02
85	中国东方航空集团有限公司	2572141	38316143	254795	13764119	1105	98786	3.23
86	双星集团有限责任公司	2566427	3844575	2281844	2660861	10128	16822	70.91
87	阳光电源股份有限公司	2520653	8287651	3336933	7225067	1423	13697	29.00
88	广东省广晟控股集团有限公司	2512485	18162307	4894079	12773109	5529	55949	20.68
89	中国联合网络通信集团有限公司	2420729	70281657	855619	37398581	1159	255353	2.06
90	云南省建设投资控股集团有限公司	2414402	82395804	320903	17221630	363	41129	1.89
91	天合光能股份有限公司	2410209	12031229	4687673	11339178	3488	43031	23.16
92	新疆广汇实业投资(集团)有限责任公司	2376674	24719285	1920679	21460318	228	69301	6.30
93	铜陵有色金属集团控股有限公司	2204998	10104739	4200447	24950389	1715	21443	15.55
94	亨通集团有限公司	2203083	10236221	1926732	17401914	4871	21050	18.58
95	鞍钢集团有限公司	2119763	48267392	2696698	28801572	520	135598	4.71
96	隆基绿能科技股份有限公司	2061800	16396920	4347233	12949767	8256	75006	19.05
97	万华化学集团股份有限公司	2059452	25304039	7920555	17536093	3654	29053	21.96
98	正泰集团股份有限公司	2053158	17499502	1949082	15501491	2282	48231	9.68
99	内蒙古伊利实业集团股份有限公司	2028193	15162025	662737	12617945	3378	64305	7.96
100	安徽海螺集团有限责任公司	1983967	29793207	834439	21696994	4289	64134	5.73
	合计	1236896251	7329133245	862054941	4452979428	1273583	12977888	

资料来源:中国企业联合会、中国企业家协会。

2023 中国企业 500 强

上年名次	排名	企业名称	营业收入/万元	净利润/万元	资产总额/万元	所有者权益/万元	从业人数/人
1	1	国家电网有限公司	386489168	6515936	554427738	244289786	1442302
3	2	中国石油化工集团有限公司	304194600	6649826	271624254	92273332	513434
2	3	中国石油天然气集团有限公司	298541055	15075005	447560258	219735440	1026301
4	4	中国建筑股份有限公司	226552924	5426417	290332252	42760989	382894
5	5	中国工商银行股份有限公司	161163000	36399300	4469707900	375688700	419252
6	6	中国建设银行股份有限公司	141402900	33265300	3832482600	315014500	376871
7	7	中国农业银行股份有限公司	136139300	26935600	3987298900	288924800	451003
10	8	中国铁路工程集团有限公司	126408895	1523820	183703708	14927549	317641
14	9	中国银行股份有限公司	121869900	23190400	3243216600	262951000	306931
12	10	中国铁道建筑集团有限公司	113867666	1204200	166781911	12929167	336433
13	11	中国宝武钢铁集团有限公司	111297172	1765430	136252241	29872410	235971
15	12	京东集团股份有限公司	108466200	2416700	62895800	23185800	517124
8	13	中国平安保险(集团)股份有限公司	103116700	8566500	1158341700	89901100	288751
9	14	中国中化控股有限责任公司	101402951	−2595247	158532371	−3590304	203727
17	15	中国移动通信集团有限公司	101114414	10798272	240151652	133387903	453394
11	16	中国海洋石油集团有限公司	100335259	10306775	160298196	82049413	82560
16	17	中国人寿保险(集团)公司	98837400	−595500	677142400	20122100	176625
18	18	中国交通建设集团有限公司	96752434	1183847	256551917	18815660	219034
19	19	中国五矿集团有限公司	93459851	542272	113287068	7153173	175524
30	20	中国中信集团有限公司	92909508	2919899	1148197539	44866936	213290
20	21	阿里巴巴(中国)有限公司	92749400	10028800	182096600	101059000	219260
23	22	中国华润有限公司	89318000	2688000	260513000	33660036	394112
22	23	山东能源集团有限公司	86637961	587318	100204140	10883913	214409
25	24	中国南方电网有限责任公司	84110863	1658065	122819788	45581642	313062
36	25	恒力集团有限公司	81173689	694332	37395704	6805955	173250
27	26	中国邮政集团有限公司	79838546	4165748	1639997697	52514858	728776
24	27	国家能源投资集团有限责任公司	79321897	4487584	209302206	52870689	309744
21	28	厦门建发集团有限公司	78342822	748730	88724752	6581440	62740
26	29	上海汽车集团股份有限公司	74470513	1410617	100665028	28631875	150670
32	30	华为投资控股有限公司	70417400	8689300	126359700	50742800	207200
28	31	中粮集团有限公司	69210215	899240	73065438	13016049	111630
31	32	中国电力建设集团有限公司	68693274	549277	141011127	10998601	184567
33	33	中国医药集团有限公司	68011791	813758	58646243	13325036	202426
38	34	中国第一汽车集团有限公司	63348535	2027654	67073934	26144183	102425
39	35	中国电信集团有限公司	62270012	1522590	107827456	40691111	391691
40	36	浙江荣盛控股集团有限公司	61260568	52831	41047249	4315914	23373

续表

上年名次	排名	企业名称	营业收入/万元	净利润/万元	资产总额/万元	所有者权益/万元	从业人数/人
44	37	腾讯控股有限公司	60901500	11521600	157724600	80859100	105417
29	38	厦门国贸控股集团有限公司	60753156	126656	35662496	4136234	37208
65	39	比亚迪股份有限公司	60231535	3004081	67954767	13881007	703504
45	40	中国航空工业集团有限公司	58968032	1163872	133056273	25357872	384000
41	41	物产中大集团股份有限公司	58016061	361705	16613481	3676554	26354
47	42	交通银行股份有限公司	55747700	9272800	1406047200	108803000	94275
52	43	江西铜业集团有限公司	55390197	262768	22112448	3447915	31925
35	44	中国人民保险集团股份有限公司	55309700	2277300	155715900	24235500	551179
43	45	中国兵器工业集团有限公司	54161047	1368398	55841606	15994132	219697
46	46	太平洋建设集团有限公司	54108735	3564608	41795888	24186922	293125
51	47	陕西煤业化工集团有限责任公司	52936203	788393	71586795	11219352	140142
66	48	盛虹控股集团有限公司	52882491	388300	22543729	4312565	56863
59	49	中国保利集团有限公司	52385301	699586	180398028	12213725	102834
53	50	山东魏桥创业集团有限公司	52021385	844063	27912834	9641147	97281
56	51	招商银行股份有限公司	50879000	14660200	1102848300	107637000	116529
49	52	广州汽车工业集团有限公司	50535930	244538	42060646	6486779	110847
68	53	浙江吉利控股集团有限公司	49807231	575227	66804667	11265394	143994
42	54	厦门象屿集团有限公司	49049816	10286	33158811	2957542	33214
61	55	北京汽车集团有限公司	48034175	232291	46672984	7334850	90000
54	56	万科企业股份有限公司	46573908	1216268	150485017	25012845	131097
48	57	晋能控股集团有限公司	45052098	703356	112919695	7564643	439051
50	58	中国铝业集团有限公司	45020689	620497	61657142	10980285	127701
55	59	招商局集团有限公司	44754508	5820494	280973545	51062027	276019
57	60	联想控股股份有限公司	43601217	-387428	66573257	5696457	89577
67	61	兴业银行股份有限公司	41877100	7711600	1015832600	79622400	66569
64	62	中国华能集团有限公司	40982294	1155402	156084742	15108373	124623
73	63	中国能源建设集团有限公司	40852938	424754	80129071	5301691	119182
58	64	东风汽车集团有限公司	40773516	-277219	50430973	13044830	122658
70	65	浙江恒逸集团有限公司	40682953	16648	13362876	1257952	22147
69	66	河钢集团有限公司	40159331	16779	54559511	6160646	97802
85	67	宁德时代新能源科技股份有限公司	40091704	3181445	71716804	19770805	116055
72	68	中国电子科技集团有限公司	39703034	1814419	65870305	24438684	241097
76	69	国家电力投资集团有限公司	38570952	1143896	175347695	22135197	127514
74	70	青山控股集团有限公司	38213706	1100276	14654583	6124157	107805
34	71	中国远洋海运集团有限公司	38178011	2537503	107563227	29023608	106221
77	72	中国联合网络通信集团有限公司	37398581	807933	70281657	20058428	255353
81	73	美的集团股份有限公司	37370980	3371994	48603818	16287883	198613
79	74	海尔集团公司	37182197	1162561	52156119	8108187	122742
78	75	陕西延长石油(集团)有限责任公司	36476432	706033	48547681	15577022	130202

续表

上年名次	排名	企业名称	营业收入/万元	净利润/万元	资产总额/万元	所有者权益/万元	从业人数/人
62	76	绿地控股集团股份有限公司	36024502	-955602	119392208	8033966	59970
75	77	上海浦东发展银行股份有限公司	36017900	3670200	900724700	72474900	63582
84	78	金川集团股份有限公司	35325909	962399	15456904	6279696	31025
71	79	中国建材集团有限公司	34751095	140310	70509454	4743150	199122
80	80	中国船舶集团有限公司	34610425	1704931	102001013	30239969	196309
88	81	敬业集团有限公司	34065252	176225	9489655	3702245	33000
82	82	中国机械工业集团有限公司	32905848	128539	32542123	6456048	114730
86	83	浙江省交通投资集团有限公司	32403094	540558	93529732	14413900	43266
60	84	中国太平洋保险(集团)股份有限公司	32394541	2725746	234396169	24958597	104270
89	85	中国华电集团有限公司	32234637	1351771	109775214	12123844	93459
87	86	苏商建设集团有限公司	32044451	808448	23595735	11312055	141256
92	87	中国兵器装备集团有限公司	31708012	804781	46394496	10219416	159837
90	88	中国民生银行股份有限公司	31175200	3582300	767496500	62460200	63742
156	89	潍柴控股集团有限公司	31050808	135720	36569899	1609588	105811
94	90	上海建工集团股份有限公司	30462765	155786	38207766	4104904	52286
102	91	广州市建筑集团有限公司	30018248	107566	21220106	1915821	50608
100	92	紫金矿业集团股份有限公司	29340324	2111942	34300571	10750594	55239
106	93	深圳市投资控股有限公司	29042736	999938	115285973	19268711	103928
83	94	鞍钢集团有限公司	28801572	-58860	48267392	9321633	135598
98	95	新希望控股集团有限公司	28308461	-65840	29648431	2352942	79066
103	96	中国核工业集团有限公司	28057060	918432	133842782	19965294	182750
116	97	泰康保险集团股份有限公司	27900403	1264386	166846871	13729976	55408
93	98	江苏沙钢集团有限公司	27779839	161192	36672833	7957353	44004
126	99	美团公司	27674495	1385583	29302963	15201321	114860
176	100	奇瑞控股集团有限公司	27673962	414661	26507961	1188657	56584
113	101	广州工业投资控股集团有限公司	27145473	106689	34749708	3962643	83649
97	102	小米集团	27097014	1747517	32424744	16399549	33627
152	103	杭州市实业投资集团有限公司	26474897	257779	8585521	2003837	4432
111	104	杭州钢铁集团有限公司	26117680	142118	10862050	3093632	12993
120	105	上海医药集团股份有限公司	26029509	376800	21197253	6852414	48164
121	106	山东高速集团有限公司	26011809	348006	151374345	20068900	56432
115	107	广东省广新控股集团有限公司	25916280	60876	12345743	1730367	44837
101	108	顺丰控股股份有限公司	25840940	823449	22149066	9279034	153125
114	109	广州医药集团有限公司	25704534	229397	8371529	1590614	35391
107	110	中国大唐集团有限公司	25673816	235648	86864341	9609935	87991
136	111	海亮集团有限公司	25274166	22809	7316645	2087369	26828
99	112	中国电子信息产业集团有限公司	25054057	18951	43359969	7529983	183469
105	113	蜀道投资集团有限责任公司	25045857	485562	133755327	30064953	55878
95	114	中国中煤能源集团有限公司	25035017	1525015	52520109	11199761	144531

续表

上年名次	排名	企业名称	营业收入/万元	净利润/万元	资产总额/万元	所有者权益/万元	从业人数/人
119	115	铜陵有色金属集团控股有限公司	24950389	42243	10104739	873772	21443
N.A.	116	拼多多控股公司	24763921	6002654	34807812	18724161	17403
118	117	中国中车集团有限公司	24437304	609866	54370353	9659334	161133
122	118	上海德龙钢铁集团有限公司	24352182	158069	15483494	2570483	42843
124	119	北京建龙重工集团有限公司	24118660	98331	18974428	4722107	57863
117	120	陕西建工控股集团有限公司	24112537	249667	43350540	1793404	41390
129	121	通威集团有限公司	23879171	420424	17811242	2976937	58329
110	122	首钢集团有限公司	23801320	243416	52700728	10799568	83509
96	123	山西焦煤集团有限责任公司	23738929	886639	52038542	6342243	210943
134	124	广西投资集团有限公司	23664534	48231	80588790	2697154	32241
125	125	湖南钢铁集团有限公司	23605602	590387	17370501	4307230	36114
132	126	中国航空油料集团有限公司	23350298	69913	7594630	3159451	14184
131	127	立讯精密工业股份有限公司	23190546	1095266	16199210	5631018	232585
158	128	辽宁方大集团实业有限公司	22520226	40535	41282420	3461141	124530
137	129	天能控股集团有限公司	22515144	336612	7218292	1967507	25776
123	130	安徽海螺集团有限责任公司	21696994	333733	29793207	7451832	64134
135	131	新疆广汇实业投资(集团)有限责任公司	21460318	82047	24719285	3923221	69301
139	132	云南省投资控股集团有限公司	20980590	46276	58647128	7776482	46756
143	133	珠海格力电器股份有限公司	20397927	2901739	36805390	11679372	72610
142	134	万向集团公司	20237496	421415	11565483	3847051	34589
146	135	海信集团控股股份有限公司	20222566	419909	20404885	2377126	107647
154	136	中国化学工程集团有限公司	20093574	305796	26744134	4081775	56508
155	137	复星国际有限公司	19820031	137910	80838759	12493679	108000
138	138	冀南钢铁集团有限公司	19386914	145398	18333682	5890223	35014
N.A.	139	北京嘀嘀无限科技发展有限公司	19237992	49351	14382649	9779474	19300
161	140	雅戈尔集团(宁波)有限公司	19159142	360408	10144470	4066553	21458
190	141	山东黄金集团有限公司	18678307	10289	20144376	875553	23451
159	142	洛阳栾川钼业集团股份有限公司	18626897	824971	17297453	7151319	11995
128	143	多弗国际控股集团有限公司	18561437	173018	13961867	7676102	18500
109	144	龙湖集团控股有限公司	18073658	1285001	70040688	15196671	29116
183	145	桐昆控股集团有限公司	18033065	84784	11669493	1214283	36082
149	146	协鑫(集团)控股有限公司	17917777	329972	19564033	7204423	32622
N.A.	147	蚂蚁科技集团股份有限公司	17845321	5050908	61813799	30835502	29740
140	148	北大荒农垦集团有限公司	17766320	15432	24983118	4554953	85038
141	149	河北新华联合冶金控股集团有限公司	17760122	72160	13683682	1420162	20157
172	150	四川省宜宾五粮液集团有限公司	17706062	869375	31350468	6070686	46137
153	151	陕西有色金属控股集团有限责任公司	17673498	212832	14303201	3926950	41386
169	152	珠海华发集团有限公司	17568688	176469	72964896	5176947	43882
165	153	万华化学集团股份有限公司	17536093	1681576	25304039	8865621	29053

续表

上年名次	排名	企业名称	营业收入/万元	净利润/万元	资产总额/万元	所有者权益/万元	从业人数/人
N. A.	154	京东方科技集团股份有限公司	17454345	254744	41918710	12942831	90563
163	155	TCL科技集团股份有限公司	17444617	221494	38285909	5292187	75217
171	156	亨通集团有限公司	17401914	41011	10236221	858443	21050
189	157	长城汽车股份有限公司	17321207	702155	20127028	6850878	82439
127	158	潞安化工集团有限公司	17300713	737640	29911772	2778907	112925
160	159	云南省建设投资控股集团有限公司	17221630	425857	82395804	17017257	41129
385	160	中国重型汽车集团有限公司	17131327	327982	14047649	2470904	33222
197	161	南山集团有限公司	17120433	505087	22834315	7759445	39729
164	162	湖南建设投资集团有限责任公司	17005775	327398	22572114	4928111	39620
162	163	浙江省能源集团有限公司	17000950	766578	33223475	9793972	27777
151	164	河北津西钢铁集团股份有限公司	16830377	9571	8731194	2564115	9312
112	165	新疆中泰(集团)有限责任公司	16374047	−372252	13491156	228069	49312
150	166	北京首农食品集团有限公司	16192714	116371	16776153	4299978	52550
278	167	中国南方航空集团有限公司	16163999	−140698	33936884	4847974	107983
167	168	中国平煤神马控股集团有限公司	16066135	275211	25824381	4022716	114064
179	169	卓尔控股有限公司	15731274	1051	10049709	3891012	15930
206	170	正泰集团股份有限公司	15501491	197143	17499502	2430485	48231
177	171	北京城建集团有限责任公司	15424605	218571	35885022	3771704	26754
188	172	山东省港口集团有限公司	15405858	379012	27255651	6789250	60542
147	173	甘肃省公路航空旅游投资集团有限公司	15244169	25187	72547416	20527254	55581
166	174	无锡产业发展集团有限公司	15175614	4609	14055273	1757547	32572
168	175	浙江省兴合集团有限责任公司	15026227	−16754	7420644	593977	17148
184	176	九州通医药集团股份有限公司	15013985	217404	9278910	2398317	30100
186	177	山东东明石化集团有限公司	15007876	81247	6618193	2273659	8510
191	178	中国广核集团有限公司	14984906	953581	100085384	16505551	47109
194	179	江苏银行股份有限公司	14955283	2875035	340336184	25040999	19597
181	180	传化集团有限公司	14516624	299091	8193608	1269570	13854
173	181	新奥天然气股份有限公司	14375398	709111	13457350	2365482	38321
174	182	上海电气控股集团有限公司	14295131	25657	38234299	2488056	65991
195	183	宁波金田投资控股有限公司	14266515	15724	2521510	259408	7803
193	184	山西建设投资集团有限公司	14210915	288063	19792789	3290944	36750
430	185	中国国际航空股份有限公司	14110023	−104638	33530268	3722997	102874
208	186	利华益集团股份有限公司	14065245	257265	5740704	2913945	7085
178	187	四川长虹电子控股集团有限公司	14028348	3406	11218256	233958	66270
175	188	中天钢铁集团有限公司	13927763	95234	6655004	1876997	15747
213	189	海澜集团有限公司	13830215	517713	11485121	8232643	17130
352	190	中国东方航空集团有限公司	13764119	44814	38316143	7579657	98786
216	191	河北普阳钢铁有限公司	13500344	91108	5853511	3072417	8700
200	192	上海均和集团有限公司	13469163	21682	4005653	1410269	4850

上年名次	排名	企业名称	营业收入/万元	净利润/万元	资产总额/万元	所有者权益/万元	从业人数/人
207	193	百度集团股份有限公司	13459800	2031500	40675900	24362600	39800
220	194	万达控股集团有限公司	13301726	99466	5547595	1676119	12676
187	195	光明食品(集团)有限公司	13274018	110531	26796474	6550902	89698
198	196	超威电源集团有限公司	13131800	96405	1974793	701435	18191
217	197	绿城房地产集团有限公司	13099819	386574	53685105	4058388	7398
199	198	北京建工集团有限责任公司	13001514	58113	23289869	4223787	33599
201	199	隆基绿能科技股份有限公司	12949767	1075142	16396920	7049231	75006
218	200	北京控股集团有限公司	12885103	42886	43794135	4463939	126128
185	201	中国有色矿业集团有限公司	12867231	260214	11563130	1444980	41924
182	202	中国国际海运集装箱(集团)股份有限公司	12780952	42125	16176323	4785781	68940
211	203	广东省广晟控股集团有限公司	12773109	161267	18162307	1253216	55949
209	204	内蒙古伊利实业集团股份有限公司	12617945	1042854	15162025	5353933	64305
223	205	中基宁波集团股份有限公司	12608513	21271	1921134	214944	2441
219	206	中国黄金集团有限公司	12538972	29067	10942515	1854274	37285
210	207	中兴通讯股份有限公司	12425088	932575	20095832	6800831	72093
235	208	广州越秀集团股份有限公司	12372199	189428	100575794	6023083	35976
227	209	江苏新长江实业集团有限公司	12311578	152582	5974553	2009481	6901
239	210	浪潮集团有限公司	12131132	159151	13232343	1298649	31937
251	211	湖北联投集团有限公司	12118796	77291	34964839	1774947	21313
241	212	富冶集团有限公司	12076934	140383	2376748	643939	3650
212	213	酒泉钢铁(集团)有限责任公司	12048884	227943	12187932	3127411	32956
234	214	TCL实业控股股份有限公司	12032191	110686	11962209	698897	42421
240	215	天津荣程祥泰投资控股集团有限公司	12023455	7967	3776088	1554386	9659
228	216	河南能源集团有限公司	12021680	28576	25461309	427579	118547
224	217	神州数码集团股份有限公司	11962389	117178	4488370	855698	6174
203	218	三一集团有限公司	11955604	263073	27966735	4594782	49504
229	219	晶科能源股份有限公司	11868178	744048	13211654	3436019	57375
231	220	内蒙古电力(集团)有限责任公司	11856209	274633	12696061	5365206	36557
276	221	河北鑫达钢铁集团有限公司	11829687	103168	8972599	2884937	22205
N. A.	222	冀中能源集团有限责任公司	11800464	6267	25396455	2218532	91542
204	223	云南省能源投资集团有限公司	11767108	368557	26050221	6120185	9162
238	224	广东海大集团股份有限公司	11611716	274125	4474673	1964710	38804
269	225	河南交通投资集团有限公司	11501596	333996	70904002	21026025	23991
202	226	牧原实业集团有限公司	11410056	-109631	21439467	1206962	135629
233	227	青岛海发国有资本投资运营集团有限公司	11383713	37668	13766062	2003764	15565
243	228	福建大东海实业集团有限公司	11352122	434172	6459180	5684763	21073
286	229	天合光能股份有限公司	11339178	553130	12031229	3152176	43031
225	230	包头钢铁(集团)有限责任公司	11289651	237835	21490717	3371589	51255

续表

上年名次	排名	企业名称	营业收入/万元	净利润/万元	资产总额/万元	所有者权益/万元	从业人数/人
242	231	唯品会控股有限公司	11285602	811662	7232259	3407304	20995
N. A.	232	江苏省苏豪控股集团有限公司	11266784	56855	8609860	2132807	19238
232	233	上海银行股份有限公司	11011928	2254479	308551647	23857883	14365
249	234	江铃汽车集团有限公司	10914250	29783	7017159	1178039	32159
252	235	四川华西集团有限公司	10859746	130558	15601364	1572347	21629
267	236	新凤鸣控股集团有限公司	10846026	110858	4788025	1696662	16709
257	237	云账户技术(天津)有限公司	10844964	1224	261052	6966	1005
255	238	广西柳州钢铁集团有限公司	10653769	-453913	11872102	2513988	29796
360	239	湖北交通投资集团有限公司	10550008	372583	69608701	16734665	23415
244	240	山西鹏飞集团有限公司	10519804	532697	15824206	7566707	23421
254	241	旭阳控股有限公司	10507392	110197	8426363	2611097	14037
300	242	广西盛隆冶金有限公司	10429861	99032	7395059	2425477	13638
N. A.	243	江苏交通控股有限公司	10365419	1153069	83435309	15043983	22483
260	244	网易股份有限公司	10346816	2941655	18592498	12428578	29128
215	245	中天控股集团有限公司	10343706	201702	16117843	3093505	17397
283	246	厦门路桥工程物资有限公司	10300931	54553	2360865	289419	542
253	247	北京能源集团有限责任公司	10276273	219617	46335345	10357461	34742
263	248	徐州工程机械集团有限公司	10270677	1821	20483741	1358652	30502
230	249	广西北部湾国际港务集团有限公司	10269779	-79004	15546077	2866092	31240
247	250	新疆特变电工集团有限公司	10143554	162487	20590022	1386624	28526
N. A.	251	陕西榆林能源集团有限公司	10135333	509418	10201342	2553700	9439
270	252	泸州老窖集团有限责任公司	10102563	390667	37385788	2362261	14911
284	253	日照钢铁控股集团有限公司	10053093	190173	14871930	4779448	11525
317	254	深圳市立业集团有限公司	9974960	273465	9509637	5379780	11200
261	255	江苏悦达集团有限公司	9938733	123617	8418413	1587076	52938
262	256	荣耀终端有限公司	9937190	821022	10733369	5392066	13389
237	257	歌尔股份有限公司	9857390	108808	7374440	3081059	81370
214	258	金地(集团)股份有限公司	9812534	88812	37384680	6505967	39750
277	259	重庆化医控股(集团)公司	9801539	-69758	10607196	389587	27781
N. A.	260	方同舟控股有限公司	9754720	65572	5859759	2704657	12208
258	261	浙江省国际贸易集团有限公司	9742753	123095	16171596	1918931	21991
271	262	中天科技集团有限公司	9582179	66474	5890835	1286061	16092
N. A.	263	河北太行钢铁集团有限公司	9554352	141559	4325017	1277596	13143
285	264	安徽建工集团控股有限公司	9542592	70941	18539507	556223	19915
281	265	南京银行股份有限公司	9512228	1850208	228827592	16956129	16342
266	266	中国铁塔股份有限公司	9400947	975019	32600626	19769497	23634
245	267	晨鸣控股有限公司	9294106	-128129	7948705	1669218	10634
256	268	浙江省建设投资集团股份有限公司	9260575	39171	12165045	781921	20624
268	269	深圳市爱施德股份有限公司	9216003	65528	1245681	596444	3450

续表

上年名次	排名	企业名称	营业收入/万元	净利润/万元	资产总额/万元	所有者权益/万元	从业人数/人
259	270	云天化集团有限责任公司	9186052	60771	10669167	1042301	22580
349	271	弘润石化(潍坊)有限责任公司	9052769	235477	5395317	1778363	3000
274	272	四川省能源投资集团有限责任公司	9015422	176960	25185430	4259019	24405
289	273	温氏食品集团股份有限公司	8992109	-638966	9289514	3306057	52858
295	274	天津泰达投资控股有限公司	8927747	34417	47331882	10960136	37162
311	275	山东京博控股集团有限公司	8904018	151720	5667700	860343	11809
272	276	广东省建筑工程集团控股有限公司	8900101	100258	17500130	2194261	23782
306	277	富海集团新能源控股有限公司	8796947	202029	2938941	1441075	5712
280	278	甘肃省建设投资(控股)集团有限公司	8789980	79125	16449821	2571391	61605
324	279	恒申控股集团有限公司	8725749	962477	6346928	3325808	8606
279	280	白银有色集团股份有限公司	8697115	8306	4796552	1493536	18387
321	281	广东省广物控股集团有限公司	8689740	58041	5990337	1583364	10037
331	282	上海闽路润贸易有限公司	8687030	31732	1384373	68403	227
287	283	双胞胎(集团)股份有限公司	8684219	-28713	3442694	1616084	20000
236	284	开滦(集团)有限责任公司	8654614	167271	9459105	1766147	45678
310	285	上海钢联电子商务股份有限公司	8631405	24034	1772023	198691	4344
298	286	奥克斯集团有限公司	8602936	253910	7261619	1582323	27652
318	287	浙江卫星控股股份有限公司	8595081	195762	6727811	1102276	4816
296	288	四川省川威集团有限公司	8572488	16013	4414715	724003	13521
264	289	华勤技术股份有限公司	8533848	270687	5150964	2086633	34900
302	290	云南省交通投资建设集团有限公司	8439552	191760	86397948	19442306	19951
282	291	武安市裕华钢铁有限公司	8427987	68290	4167003	3017161	11519
221	292	兰州新区商贸物流投资集团有限公司	8373142	4120	1611940	847566	1510
358	293	杭州市城市建设投资集团有限公司	8364442	193475	29751751	11812079	35239
316	294	广东省能源集团有限公司	8359363	304433	27611486	5987879	16234
329	295	永荣控股集团有限公司	8270890	44309	3733014	1234880	6006
301	296	汇通达网络股份有限公司	8243252	44828	2911007	777246	3900
299	297	蓝润集团有限公司	8231998	44266	9796945	4071450	21397
320	298	晶澳太阳能科技股份有限公司	8155618	703949	10658947	3511618	43559
N. A.	299	太平人寿保险有限公司	8152445	1070780	110493226	7395435	21192
305	300	淮北矿业(集团)有限责任公司	8126235	399855	10582502	2267613	48866
294	301	杭州锦江集团有限公司	8118445	203395	6613022	1494881	12850
384	302	武汉金融控股(集团)有限公司	8073964	78948	21094004	1679779	17228
407	303	河北鑫海控股集团有限公司	8065335	138575	2675058	724691	2600
336	304	远景能源有限公司	8057357	503323	15458078	4481562	3792
339	305	中景石化集团有限公司	8025315	172357	4576910	2536213	4175
340	306	重药控股股份有限公司	8011911	65496	6352368	1124586	14458
297	307	上海城建(集团)有限公司	8004861	95229	19667812	1782713	22486
303	308	恒信汽车集团股份有限公司	7962766	127392	2624488	1566425	20032

续表

上年名次	排名	企业名称	营业收入/万元	净利润/万元	资产总额/万元	所有者权益/万元	从业人数/人
293	309	三房巷集团有限公司	7912819	18366	3018040	1212102	6200
304	310	广西北部湾投资集团有限公司	7902155	262784	42115065	11834383	25844
273	311	永辉超市股份有限公司	7864217	-132905	5205204	593907	98513
308	312	红豆集团有限公司	7815652	8818	5242133	993578	19047
196	313	阳光保险集团股份有限公司	7791155	373790	51368633	6044618	50629
376	314	贝壳控股有限公司	7777693	588322	12033193	7209982	116344
312	315	远大物产集团有限公司	7770870	5284	485754	191882	374
357	316	齐成(山东)石化集团有限公司	7766856	64699	2785333	632873	3500
309	317	华泰集团有限公司	7739232	169948	3882080	1340906	8028
275	318	东方国际(集团)有限公司	7699275	82240	5919503	1768347	57745
399	319	宁波富邦控股集团有限公司	7638581	43765	5159775	1000904	12436
N. A.	320	中国农业生产资料集团有限公司	7635219	28987	5414175	1147569	6916
325	321	心里程控股集团有限公司	7586681	337042	2837928	1951249	2350
398	322	济宁能源发展集团有限公司	7582511	174258	3920756	748167	15001
356	323	东方润安集团有限公司	7519951	81048	1452817	825995	4613
370	324	山东寿光鲁清石化有限公司	7492754	313212	3448116	1413366	2982
330	325	河北省物流产业集团有限公司	7491429	5390	2645097	262909	2137
366	326	玖龙纸业(控股)有限公司	7480073	-70215	12891230	4473964	22072
N. A.	327	河北新金钢铁有限公司	7395037	1760226	4437022	1760226	4366
326	328	山东海科控股有限公司	7353033	168554	2563281	1126163	4410
319	329	山东金诚石化集团有限公司	7295496	123314	2061703	954321	2965
335	330	山东创新金属科技有限公司	7284749	99631	1925910	569264	10563
350	331	河南豫光金铅集团有限责任公司	7281187	35068	2517571	178060	6468
337	332	德力西集团有限公司	7258300	122968	2350064	677847	21365
N. A.	333	其亚集团有限公司	7255737	250230	5281308	1695319	6580
348	334	红狮控股集团有限公司	7236834	172422	8999568	2870138	19149
N. A.	335	阳光电源股份有限公司	7225067	943956	8287651	2770522	13697
332	336	山东太阳控股集团有限公司	7218017	295857	6039641	2957062	20406
288	337	陕西投资集团有限公司	7188574	326442	28087836	4800883	25371
307	338	弘阳集团有限公司	7170673	20108	10576008	2724201	5237
130	339	新华人寿保险股份有限公司	7154700	871200	140325700	10506700	30662
364	340	老凤祥股份有限公司	7143564	221440	2433385	1157398	4896
439	341	陕西泰丰盛合控股集团有限公司	7131072	62280	1155432	225849	210
333	342	河北新武安钢铁集团文安钢铁有限公司	7101635	90734	1645032	1505845	3850
313	343	唐山港陆钢铁有限公司	7100741	55387	2663567	1312858	9193
353	344	山东齐润控股集团有限公司	7066058	292765	3192809	1822569	3521
367	345	杉杉控股有限公司	7054728	23441	8754156	2225604	8581
248	346	新余钢铁集团有限公司	7042990	30482	6187249	1675047	17005
390	347	漳州市九龙江集团有限公司	7042132	198630	12459929	2964311	6534

续表

上年名次	排名	企业名称	营业收入/万元	净利润/万元	资产总额/万元	所有者权益/万元	从业人数/人
478	348	山东东方华龙工贸集团有限公司	7032329	87833	1664088	846861	1680
347	349	三河汇福粮油集团有限公司	6981322	49975	1558370	714868	1577
315	350	水发集团有限公司	6954543	−58622	15909211	1489613	17268
425	351	创维集团有限公司	6903098	56709	6716145	1813833	34008
351	352	渤海银行股份有限公司	6874788	508090	173273384	11440270	13862
354	353	兴华财富集团有限公司	6859313	2190235	2749413	2190235	6028
355	354	安徽省交通控股集团有限责任公司	6826300	555767	41114190	15224673	24002
328	355	内蒙古鄂尔多斯投资控股集团有限公司	6807550	398708	5603466	1001187	23868
346	356	淮河能源控股集团有限责任公司	6780817	437962	17358169	2704902	62252
322	357	福建省能源石化集团有限责任公司	6779420	20355	15354486	2389567	18404
N. A.	358	四川省港航投资集团有限责任公司	6773926	28168	8187505	2004058	4330
417	359	陕西交通控股集团有限公司	6700853	186656	59105930	17811326	32287
344	360	广西交通投资集团有限公司	6674313	81956	70762250	17951845	16706
387	361	中国东方电气集团有限公司	6650697	197654	13889500	2435285	20589
372	362	宁夏天元锰业集团有限公司	6633537	−752305	12809347	660491	19869
363	363	浙江华友钴业股份有限公司	6630404	335089	12552027	3427780	29548
N. A.	364	河南钢铁集团有限公司	6605175	−102855	6673615	916601	23790
338	365	青建集团	6601110	9098	4855605	1063655	13826
395	366	深圳前海微众银行股份有限公司	6579038	1081533	53557852	4622123	4028
345	367	福建省港口集团有限责任公司	6570297	45812	10807465	2239696	29726
334	368	申能(集团)有限公司	6532879	530892	21815945	9350996	19728
N. A.	369	大华(集团)有限公司	6518268	146594	17240756	3621824	4036
323	370	江苏国泰国际集团股份有限公司	6512028	160393	4313947	1524279	42262
375	371	南京新工投资集团有限责任公司	6510607	157668	8383558	2788475	34046
392	372	浙江东南网架集团有限公司	6510466	46880	3870410	618822	9825
463	373	陕西汽车控股集团有限公司	6496215	−18091	8801195	631600	25400
378	374	中华联合保险集团股份有限公司	6494091	1494	10638350	1832244	39136
447	375	三宝集团股份有限公司	6468161	21150	1723761	736483	5204
226	376	华阳新材料科技集团有限公司	6465046	−24752	19921757	2361174	57771
403	377	人民控股集团有限公司	6436292	266444	1613689	1196054	23507
393	378	武汉城市建设集团有限公司	6411377	62117	38885467	9531712	7398
418	379	山西建邦集团有限公司	6387837	68771	2243720	1440981	3615
359	380	大汉控股集团有限公司	6385064	60808	2172212	1029453	4184
N. A.	381	福州城市建设投资集团有限公司	6361884	152861	23753226	9803040	6146
361	382	南通四建集团有限公司	6356265	356067	4183742	2859119	118000
N. A.	383	永道控股集团股份有限公司	6301002	396115	2131715	1791985	4368
408	384	山西晋城钢铁控股集团有限公司	6297449	30254	3913793	1965026	9325
391	385	山东金岭集团有限公司	6283242	288840	2520502	1690627	5248
N. A.	386	苏宁易购集团股份有限公司	6262746	−408954	12174828	1137542	22198

续表

上年名次	排名	企业名称	营业收入/万元	净利润/万元	资产总额/万元	所有者权益/万元	从业人数/人
401	387	明阳新能源投资控股集团有限公司	6262489	202378	14252999	4795032	13832
N.A.	388	深圳传音控股股份有限公司	6229488	553705	4612100	1805520	17327
389	389	鲁丽集团有限公司	6185697	106756	2001790	725457	8109
450	390	山东渤海实业集团有限公司	6183682	65505	2563694	953099	2831
434	391	山东垦利石化集团有限公司	6158124	112877	1943293	1289276	2180
N.A.	392	江苏满运软件科技有限公司	6126622	-19470	549737	-41568	1328
388	393	南昌市政公用集团有限公司	6124036	35868	16200665	3583926	14020
394	394	闻泰科技股份有限公司	6121280	118125	7696795	3716616	31497
N.A.	395	荣盛控股股份有限公司	6104899	-44065	22255955	773427	16141
291	396	四川公路桥梁建设集团有限公司	6097812	344027	16816775	2917831	6876
379	397	稻花香集团	6091835	36756	1381469	408328	10002
342	398	天津友发钢管集团股份有限公司	6091822	56987	1765014	671317	11297
410	399	宜昌兴发集团有限责任公司	6079769	2699	5220250	467499	15138
467	400	华勤橡胶工业集团有限公司	6027134	304821	2817484	1486983	8500
416	401	双良集团有限公司	6024117	56939	5423635	1087427	10377
446	402	通鼎集团有限公司	6015593	161841	3115787	1306826	15740
480	403	彬县煤炭有限责任公司	6009044	45743	3111707	1236448	4879
381	404	广西南丹南方金属有限公司	6002672	171004	2978218	1173073	5921
433	405	深圳金雅福控股集团有限公司	6000410	26283	458797	238458	1705
N.A.	406	河南双汇投资发展股份有限公司	5989296	505274	3667537	2084279	43605
415	407	西部矿业集团有限公司	5911057	-136160	6711698	278000	8807
449	408	北京江南投资集团有限公司	5899090	1013209	16218818	4730015	498
468	409	济钢集团有限公司	5886496	56553	3538845	723991	7200
386	410	上海华谊控股集团有限公司	5882418	118873	10576709	2470184	18582
341	411	郑州瑞茂通供应链有限公司	5878607	11617	6195646	2389585	959
406	412	北京首都开发控股(集团)有限公司	5872270	-370596	30219308	1421681	13030
442	413	振石控股集团有限公司	5844037	286247	5303430	2075546	15018
462	414	洛阳国宏投资控股集团有限公司	5834685	1091457	10345789	3380947	16022
374	415	湖南博长控股集团有限公司	5821991	5934	1487346	356281	6458
383	416	广州产业投资控股集团有限公司	5793816	164303	15584070	3117135	17569
420	417	石横特钢集团有限公司	5789991	101478	3571650	2474951	10534
428	418	杭州东恒石油有限公司	5789509	84793	1414693	621537	556
441	419	三花控股集团有限公司	5780067	185993	4405134	1483762	36156
424	420	圆通速递股份有限公司	5768434	372254	4336703	2879918	17804
400	421	龙信建设集团有限公司	5763895	31551	1572603	861331	52988
419	422	福建省金纶高纤股份有限公司	5756369	181792	2494833	663957	10127
396	423	北京首都创业集团有限公司	5753954	30970	40089435	2297703	33395
373	424	物美科技集团有限公司	5742557	130618	11388742	3228305	100000
496	425	浙江升华控股集团有限公司	5735023	41445	1177358	437882	3354

续表

上年名次	排名	企业名称	营业收入/万元	净利润/万元	资产总额/万元	所有者权益/万元	从业人数/人
448	426	江苏阳光集团有限公司	5701471	283001	2287374	1267516	10000
474	427	重庆新鸥鹏企业(集团)有限公司	5688650	282828	7820332	675682	8132
471	428	广东省交通集团有限公司	5674693	202915	48503220	10629349	52020
437	429	浙江中成控股集团有限公司	5672421	102862	1690154	999414	52035
435	430	中铁集装箱运输有限责任公司	5652999	144180	3384263	1988179	1101
423	431	五得利面粉集团有限公司	5650576	53614	2370444	1477427	5736
421	432	重庆千信集团有限公司	5644597	8182	1624818	468473	572
499	433	宁波开发投资集团有限公司	5632258	403898	12147495	4034037	5138
409	434	天津渤海化工集团有限责任公司	5610152	69912	12978092	5531857	21122
377	435	山西晋南钢铁集团有限公司	5594810	-93924	3046617	805789	5956
N. A.	436	福佳集团有限公司	5583452	83291	8312569	5178102	1999
475	437	宁波均胜电子股份有限公司	5572847	108319	5688684	1357903	43965
427	438	恒丰银行股份有限公司	5572700	514529	143970411	13205499	12451
457	439	新疆生产建设兵团建设工程(集团)有限责任公司	5548284	56439	7935458	1290624	21027
N. A.	440	重庆市博赛矿业(集团)有限公司	5525521	100644	1988480	946628	6900
N. A.	441	胜星集团有限责任公司	5510366	30278	2896841	-278827	1650
459	442	宏旺控股集团有限公司	5501837	48594	1527522	472071	2658
456	443	远东控股集团有限公司	5501304	8806	2773707	413255	8757
443	444	通州建总集团有限公司	5491235	171605	702165	385218	72000
413	445	重庆农村商业银行股份有限公司	5479428	1090236	144108194	12173364	15017
405	446	山东招金集团有限公司	5470614	41711	6809226	294783	14273
426	447	山东如意时尚投资控股有限公司	5461245	204269	7227261	2211302	39845
453	448	江苏华西集团有限公司	5452565	-139547	3532800	1102850	7347
371	449	内蒙古伊泰集团有限公司	5448694	465496	10574168	3263111	6442
411	450	华峰集团有限公司	5429230	180226	8316607	2503953	19231
431	451	中国信息通信科技集团有限公司	5408393	113503	12846125	3637524	37102
464	452	安踏体育用品集团有限公司	5399559	762805	4321022	1716245	60000
486	453	金龙精密铜管集团股份有限公司	5382256	17027	1560754	196576	6180
485	454	青岛西海岸新区融合控股集团有限公司	5347815	12418	23490943	4699566	5100
489	455	金澳科技(湖北)化工有限公司	5315305	42045	1091426	691502	5160
429	456	山东汇丰石化集团有限公司	5306664	27919	1405414	309169	2097
N. A.	457	重庆智飞生物制品股份有限公司	5291777	806987	5023219	3150608	6545
343	458	云南锡业集团(控股)有限责任公司	5277357	-40578	5742808	388818	18627
440	459	山西交通控股集团有限公司	5277345	58110	63078007	13273458	40381
461	460	重庆小康控股有限公司	5269935	-270252	5416596	129170	17119
397	461	天元建设集团有限公司	5266764	57780	9242665	1784828	15260
451	462	山东泰山钢铁集团有限公司	5251017	9410	2362647	1126147	7541
482	463	四川省商业投资集团有限责任公司	5243942	20092	3267631	245931	4953
455	464	伊电控股集团有限公司	5222377	52055	6374663	1567434	6230

CHINA ENTERPRISE YEARBOOK

续表

上年 名次	排名	企业名称	营业收入/ 万元	净利润/ 万元	资产总额/ 万元	所有者 权益/万元	从业人 数/人
488	465	贵州磷化(集团)有限责任公司	5205414	200990	8915716	1560336	17207
N. A.	466	海南省农垦投资控股集团有限公司	5203928	52130	20448604	14107862	51706
432	467	江苏华宏实业集团有限公司	5188918	10501	888542	74861	2100
479	468	新华三信息技术有限公司	5185805	389466	4642005	935808	1800
N. A.	469	河南金利金铅集团有限公司	5185749	103765	1184175	401837	5308
498	470	卧龙控股集团有限公司	5180704	87435	3746179	1235883	18078
422	471	深圳海王集团股份有限公司	5178713	−46304	5345741	919068	33287
438	472	徐州矿务集团有限公司	5170872	189589	6485264	2160120	22841
494	473	四川德胜集团钒钛有限公司	5161717	57708	3081799	1189910	9978
N. A.	474	广西农村商业联合银行股份有限公司	5151743	513564	128588029	8734715	25751
487	475	上海农村商业银行股份有限公司	5141976	1214196	139221370	11242698	10565
N. A.	476	青岛西海岸新区海洋控股集团有限公司	5130384	13792	19184691	4427678	13505
497	477	河北建工集团有限责任公司	5112163	17684	2366528	176896	8006
N. A.	478	成都交子金融控股集团有限公司	5100764	262360	118761484	3127193	33648
N. A.	479	湖南省高速公路集团有限公司	5087280	264664	67979042	19906832	15639
470	480	江苏大明工业科技集团有限公司	5057075	−11995	1358937	207229	6830
N. A.	481	天津华北集团有限公司	5055541	11926	1438562	661484	1152
460	482	山东九羊集团有限公司	5034614	48340	2059633	1501055	5651
477	483	江西省投资集团有限公司	5021757	12117	16282140	3122073	27893
466	484	江苏省苏中建设集团股份有限公司	5021427	61578	2517096	1226938	127328
N. A.	485	福建广源再生资源回收有限公司	5001003	63954	458708	284631	10229
476	486	山东科达集团有限公司	4986999	161842	1841154	1513466	8630
N. A.	487	万通海欣控股集团股份有限公司	4985535	108748	3596842	2031066	2760
N. A.	488	国华人寿保险股份有限公司	4980014	−118109	29517776	2635129	2006
484	489	万基控股集团有限公司	4978773	24013	2453627	334572	11500
N. A.	490	江苏省华建建设股份有限公司	4915418	184189	2745414	416500	72532
492	491	深圳理士电源发展有限公司	4910750	50677	4270540	1239824	14411
N. A.	492	广西玉柴机器集团有限公司	4897673	58910	4355527	1370655	13367
N. A.	493	石药控股集团有限公司	4891577	912764	7319809	4659214	28119
436	494	福建省三钢(集团)有限责任公司	4829302	−56228	6089972	1605746	16408
N. A.	495	湖北文化旅游集团有限公司	4811267	1207	8497303	1472488	7589
N. A.	496	四川九洲投资控股集团有限公司	4807122	16360	4420980	743029	21567
N. A.	497	金发科技股份有限公司	4794059	224083	6157534	1381500	10629
N. A.	498	淄博鑫泰石化有限公司	4763578	−47763	3164511	173255	1590
N. A.	499	华鲁控股集团有限公司	4750802	142704	6947953	1396764	19910
N. A.	500	四川高速公路建设开发集团有限公司	4738062	301374	39802246	11571405	17719
		合计	11007050961	450915215	42885680909	5626550059	32333872

说 明

1. 2023中国企业500强是中国企业联合会、中国企业家协会参照国际惯例,组织企业自愿申报,并经专家审定确认后产生的。申报企业包括在中国境内注册、2023年实现营业收入达到380亿元的企业(不包括在华外资、港澳台独资、控股企业,也不包括行政性公司、政企合一的单位及各类资产经营公司、烟草公司,但包括在境外注册、投资主体为中国自然人或法人、主要业务在境内的企业),都有资格申报参加排序。属于集团公司的控股子公司或相对控股子公司,由于其财务报表最后能被合并到集团母公司的财务会计报表中,因此只允许其母公司申报。

2. 表中所列数据由企业自愿申报或属于上市公司公开数据,并经会计师事务所或审计师事务所等单位认可。

3. 营业收入是 2023 年不含增值税的收入,包括企业的所有收入,即主营业务和非主营业务、境内和境外的收入。商业银行的营业收入为 2023 年利息收入和非利息收入之和(不减掉对应的支出)。保险公司的营业收入是 2023 年保险费和年金收入扣除储蓄的资本收益或损失。净利润是 2023 年上交所得税的净利润扣除少数股东权益后的归属母公司所有者的净利润。资产是 2023 年度末的资产总额。所有者权益是 2022 年年末所有者权益总额扣除少数股东权益后的归属于母公司所有者权益。研究开发费用是 2023 年企业投入研究开发的所有费用。从业人数是 2023 年度的平均人数(含所有被合并报表企业的人数)。

4. 行业分类参照了国家统计局的分类方法,依据其主营业务收入所在行业来划分;地区分类是按企业总部所在地划分。

5. 资料来源:中国企业联合会、中国企业家协会。

2023 中国制造业排序前 100 名企业

名 次	企业名称	地 区	营业收入/万元	净利润/万元	资产/万元	所有者权益/万元	从业人数/人
1	中国石油化工集团有限公司	北 京	304194600	6649826	271624254	92273332	513434
2	中国宝武钢铁集团有限公司	上 海	111297172	1765430	136252241	29872410	235971
3	中国中化控股有限责任公司	北 京	101402951	-2595247	158532371	-3590304	203727
4	中国五矿集团有限公司	北 京	93459851	542272	113287068	7153173	175524
5	恒力集团有限公司	江 苏	81173689	694332	37395704	6805955	173250
6	上海汽车集团股份有限公司	上 海	74470513	1410617	100665028	28631875	150670
7	华为投资控股有限公司	广 东	70417400	8689300	126359700	50742800	207200
8	中国第一汽车集团有限公司	吉 林	63348535	2027654	67073934	26144183	102425
9	浙江荣盛控股集团有限公司	浙 江	61260568	52831	41047249	4315914	23373
10	比亚迪股份有限公司	广 东	60231535	3004081	67954767	13881007	703504
11	中国航空工业集团有限公司	北 京	58968032	1163872	133056273	25357872	384000
12	江西铜业集团有限公司	江 西	55390197	262768	22112448	3447915	31925
13	中国兵器工业集团有限公司	北 京	54161047	1368398	55841606	15994132	219697
14	盛虹控股集团有限公司	江 苏	52882491	388300	22543729	4312565	56863
15	山东魏桥创业集团有限公司	山 东	52021385	844063	27912834	9641147	97281
16	广州汽车工业集团有限公司	广 东	50535930	244538	42060646	6486779	110847
17	浙江吉利控股集团有限公司	浙 江	49807231	575227	66804667	11265394	143994
18	北京汽车集团有限公司	北 京	48034175	232291	46672984	7334850	90000
19	中国铝业集团有限公司	北 京	45020689	620497	61657142	10980285	127701
20	东风汽车集团有限公司	湖 北	40773516	-277219	50430973	13044830	122658
21	浙江恒逸集团有限公司	浙 江	40682953	16648	13362876	1257952	22147
22	河钢集团有限公司	河 北	40159331	16779	54559511	6160646	97802
23	宁德时代新能源科技股份有限公司	福 建	40091704	3181445	71716804	19770805	116055
24	中国电子科技集团有限公司	北 京	39703034	1814419	65870305	24438684	241097
25	青山控股集团有限公司	浙 江	38213706	1100276	14654583	6124157	107805
26	美的集团股份有限公司	广 东	37370980	3371994	48603818	16287883	198613
27	海尔集团公司	山 东	37182197	1162561	52156119	8108187	122742
28	金川集团股份有限公司	甘 肃	35325909	962399	15456904	6279696	31025
29	中国建材集团有限公司	北 京	34751095	140310	70509454	4743150	199122
30	中国船舶集团有限公司	北 京	34610425	1704931	102001013	30239969	196309
31	敬业集团有限公司	河 北	34065252	176225	9489655	3702245	33000
32	中国机械工业集团有限公司	北 京	32905848	128539	32542123	6456048	114730
33	中国兵器装备集团有限公司	北 京	31708012	804781	46394496	10219416	159837
34	潍柴控股集团有限公司	山 东	31050808	135720	36569899	1609588	105811
35	紫金矿业集团股份有限公司	福 建	29340324	2111942	34300571	10750594	55239
36	鞍钢集团有限公司	辽 宁	28801572	-58860	48267392	9321633	135598

续表

名次	企业名称	地区	营业收入/万元	净利润/万元	资产/万元	所有者权益/万元	从业人数/人
37	新希望控股集团有限公司	四川	28308461	-65840	29648431	2352942	79066
38	江苏沙钢集团有限公司	江苏	27779839	161192	36672833	7957353	44004
39	奇瑞控股集团有限公司	安徽	27673962	414661	26507961	1188657	56584
40	广州工业投资控股集团有限公司	广东	27145473	106689	34749708	3962643	83649
41	小米集团	北京	27097014	1747517	32424744	16399549	33627
42	杭州钢铁集团有限公司	浙江	26117680	142118	10862050	3093632	12993
43	上海医药集团股份有限公司	上海	26029509	376800	21197253	6852414	48164
44	广州医药集团有限公司	广东	25704534	229397	8371529	1590614	35391
45	海亮集团有限公司	浙江	25274166	22809	7316645	2087369	26828
46	中国电子信息产业集团有限公司	北京	25054057	18951	43359969	7529983	183469
47	铜陵有色金属集团控股有限公司	安徽	24950389	42243	10104739	873772	21443
48	中国中车集团有限公司	北京	24437304	609866	54370353	9659334	161133
49	上海德龙钢铁集团有限公司	上海	24352182	158069	15483494	2570483	42843
50	北京建龙重工集团有限公司	北京	24118660	98331	18974428	4722107	57863
51	通威集团有限公司	四川	23879171	420424	17811242	2976937	58329
52	首钢集团有限公司	北京	23801320	243416	52700728	10799568	83509
53	湖南钢铁集团有限公司	湖南	23605602	590387	17370501	4307230	36114
54	立讯精密工业股份有限公司	广东	23190546	1095266	16199210	5631018	232585
55	辽宁方大集团实业有限公司	辽宁	22520226	40535	41282420	3461141	124530
56	天能控股集团有限公司	浙江	22515144	336612	7218292	1967507	25776
57	安徽海螺集团有限责任公司	安徽	21696994	333733	29793207	7451832	64134
58	珠海格力电器股份有限公司	广东	20397927	2901739	36805390	11679372	72610
59	万向集团公司	浙江	20237496	421415	11565483	3847051	34589
60	海信集团控股股份有限公司	山东	20222566	419909	20404885	2377126	107647
61	复星国际有限公司	上海	19820031	137910	80838759	12493679	108000
62	冀南钢铁集团有限公司	河北	19386914	145398	18333682	5890223	35014
63	雅戈尔集团(宁波)有限公司	浙江	19159142	360408	10144470	4066553	21458
64	洛阳栾川钼业集团股份有限公司	河南	18626897	824971	17297453	7151319	11995
65	多弗国际控股集团有限公司	浙江	18561437	173018	13961867	7676102	18500
66	桐昆控股集团有限公司	浙江	18033065	84784	11669493	1214283	36082
67	协鑫(集团)控股有限公司	江苏	17917777	329972	19564033	7204423	32622
68	河北新华联合冶金控股集团有限公司	河北	17760122	72160	13683682	1420162	20157
69	四川省宜宾五粮液集团有限公司	四川	17706062	869375	31350468	6070686	46137
70	陕西有色金属控股集团有限责任公司	陕西	17673498	212832	14303201	3926950	41386
71	万华化学集团股份有限公司	山东	17536093	1681576	25304039	8865621	29053
72	京东方科技集团股份有限公司	北京	17454345	254744	41918710	12942831	90563
73	TCL科技集团股份有限公司	广东	17444617	221494	38285909	5292187	75217
74	亨通集团有限公司	江苏	17401914	41011	10236221	858443	21050
75	长城汽车股份有限公司	河北	17321207	702155	20127028	6850878	82439

续表

名　次	企业名称	地　区	营业收入/万元	净利润/万元	资产/万元	所有者权益/万元	从业人数/人
76	潞安化工集团有限公司	山　西	17300713	737640	29911772	2778907	112925
77	中国重型汽车集团有限公司	山　东	17131327	327982	14047649	2470904	33222
78	南山集团有限公司	山　东	17120433	505087	22834315	7759445	39729
79	河北津西钢铁集团股份有限公司	河　北	16830377	9571	8731194	2564115	9312
80	新疆中泰(集团)有限责任公司	新疆维吾尔自治区	16374047	-372252	13491156	228069	49312
81	北京首农食品集团有限公司	北　京	16192714	116371	16776153	4299978	52550
82	正泰集团股份有限公司	浙　江	15501491	197143	17499502	2430485	48231
83	无锡产业发展集团有限公司	江　苏	15175614	4609	14055273	1757547	32572
84	山东东明石化集团有限公司	山　东	15007876	81247	6618193	2273659	8510
85	上海电气控股集团有限公司	上　海	14295131	25657	38234299	2488056	65991
86	宁波金田投资控股有限公司	浙　江	14266515	15724	2521510	259408	7803
87	利华益集团股份有限公司	山　东	14065245	257265	5740704	2913945	7085
88	四川长虹电子控股集团有限公司	四　川	14028348	3406	11218256	233958	66270
89	中天钢铁集团有限公司	江　苏	13927763	95234	6655004	1876997	15747
90	海澜集团有限公司	江　苏	13830215	517713	11485121	8232643	17130
91	河北普阳钢铁有限公司	河　北	13500344	91108	5853511	3072417	8700
92	万达控股集团有限公司	山　东	13301726	99466	5547595	1676119	12676
93	光明食品(集团)有限公司	上　海	13274018	110531	26796474	6550902	89698
94	超威电源集团有限公司	浙　江	13131800	96405	1974793	701435	18191
95	隆基绿能科技股份有限公司	陕　西	12949767	1075142	16396920	7049231	75006
96	中国有色矿业集团有限公司	北　京	12867231	260214	11563130	1444980	41924
97	中国国际海运集装箱(集团)股份有限公司	广　东	12780952	42125	16176323	4785781	68940
98	内蒙古伊利实业集团股份有限公司	内蒙古自治区	12617945	1042854	15162025	5353933	64305
99	中国黄金集团有限公司	北　京	12538972	29067	10942515	1854274	37285
100	中兴通讯股份有限公司	广　东	12425088	932575	20095832	6800831	72093

说　明

1. 2023中国制造业企业500强是中国企业联合会、中国企业家协会参照国际惯例,组织企业自愿申报,并经专家审定确认后产生的。申报企业包括在中国境内注册、2023年实现营业收入达到120亿元的企业(不包括在华外资、港澳台独资、控股企业,也不包括行政性公司、政企合一的单位,以及各类资产经营公司、烟草公司,但包括境外注册、投资主体为中国自然人或法人、主要业务在境内的企业),都有资格申报参加排序。属于集团公司的控股子公司或相对控股子公司,由于其财务报表最后能被合并到集团母公司的财务会计报表中去,因此只允许其母公司申报。

2. 表中所列数据由企业自愿申报或属于上市公司公开数据,并经会计师事务所或审计师事务所等单位认可。

3. 营业收入是2023年不含增值税的收入,包括企业的所有收入,即主营业务和非主营业务、境内和境外的收入。净利润是2023年上交所得税的净利润扣除少数股东权益后的归属母公司所有者的净利润。资产是2023年度末的资产总额。所有者权益是2023年年末所有者权益总额扣除少数股东权益后的归属于母公司所有者权益。研究开发费用是2023年企业投入研究开发的所有费用。从业人数是2023年度的平均人数(含所有被合并报表企业的人数)。

4. 行业分类参照了国家统计局的分类方法,依据其主营业务收入所在行业来划分;地区分类是按企业总部所在地划分。

5. 因篇幅所限,本表只选取中国制造业排序前100名企业。

6. 资料来源:中国企业联合会、中国企业家协会。

2023 中国服务业排序前 100 名企业

名次	企业名称	地区	营业收入/万元	净利润/万元	资产/万元	所有者权益/万元	从业人数/人
1	国家电网有限公司	北京	386489168	6515936	554427738	244289786	1442302
2	中国工商银行股份有限公司	北京	161163000	36399300	4469707900	375688700	419252
3	中国建设银行股份有限公司	北京	141402900	33265300	3832482600	315014500	376871
4	中国农业银行股份有限公司	北京	136139300	26935600	3987298900	288924800	451003
5	中国银行股份有限公司	北京	121869900	23190400	3243216600	262951000	306931
6	京东集团股份有限公司	北京	108466200	2416700	62895800	23185800	517124
7	中国平安保险(集团)股份有限公司	广东	103116700	8566500	1158341700	89901100	288751
8	中国移动通信集团有限公司	北京	101114414	10798272	240151652	133387903	453394
9	中国人寿保险(集团)公司	北京	98837400	−595500	677142400	20122100	176625
10	中国中信集团有限公司	北京	92909508	2919899	1148197539	44866936	213290
11	阿里巴巴(中国)有限公司	浙江	92749400	10028800	182096600	101059000	219260
12	中国华润有限公司	广东	89318000	2688000	260513000	33660036	394112
13	中国南方电网有限责任公司	广东	84110863	1658065	122819788	45581642	313062
14	中国邮政集团有限公司	北京	79838546	4165748	1639997697	52514858	728776
15	厦门建发集团有限公司	福建	78342822	748730	88724752	6581440	62740
16	中粮集团有限公司	北京	69210215	899240	73065438	13016049	111630
17	中国医药集团有限公司	北京	68011791	813758	58646243	13325036	202426
18	中国电信集团有限公司	北京	62270012	1522590	107827456	40691111	391691
19	腾讯控股有限公司	广东	60901500	11521600	157724600	80859100	105417
20	厦门国贸控股集团有限公司	福建	60753156	126656	35662496	4136234	37208
21	物产中大集团股份有限公司	浙江	58016061	361705	16613481	3676554	26354
22	交通银行股份有限公司	上海	55747700	9272800	1406047200	108803000	94275
23	中国人民保险集团股份有限公司	北京	55309700	2277300	155715900	24235500	551179
24	中国保利集团有限公司	北京	52385301	699586	180398028	12213725	102834
25	招商银行股份有限公司	广东	50879000	14660200	1102848300	107637000	116529
26	厦门象屿集团有限公司	福建	49049816	10286	33158811	2957542	33214
27	万科企业股份有限公司	广东	46573908	1216268	150485017	25012845	131097
28	招商局集团有限公司	北京	44754508	5820494	280973545	51062027	276019
29	联想控股股份有限公司	北京	43601217	−387428	66573257	5696457	89577
30	兴业银行股份有限公司	福建	41877100	7711600	1015832600	79622400	66569
31	中国远洋海运集团有限公司	上海	38178011	2537503	107563227	29023608	106221
32	中国联合网络通信集团有限公司	北京	37398581	807933	70281657	20058428	255353
33	绿地控股集团股份有限公司	上海	36024502	−955602	119392208	8033966	59970
34	上海浦东发展银行股份有限公司	上海	36017900	3670200	900724700	72474900	63582
35	浙江省交通投资集团有限公司	浙江	32403094	540558	93529732	14413900	43266
36	中国太平洋保险(集团)股份有限公司	上海	32394541	2725746	234396169	24958597	104270

续表

名 次	企业名称	地 区	营业收入/ 万元	净利润/ 万元	资产/ 万元	所有者权益/ 万元	从业人数 /人
37	中国民生银行股份有限公司	北 京	31175200	3582300	767496500	62460200	63742
38	深圳市投资控股有限公司	广 东	29042736	999938	115285973	19268711	103928
39	泰康保险集团股份有限公司	北 京	27900403	1264386	166846871	13729976	55408
40	美团公司	上 海	27674495	1385583	29302963	15201321	114860
41	杭州市实业投资集团有限公司	浙 江	26474897	257779	8585521	2003837	4432
42	山东高速集团有限公司	山 东	26011809	348006	151374345	20068900	56432
43	广东省广新控股集团有限公司	广 东	25916280	60876	12345743	1730367	44837
44	顺丰控股股份有限公司	广 东	25840940	823449	22149066	9279034	153125
45	拼多多控股公司	上 海	24763921	6002654	34807812	18724161	17403
46	广西投资集团有限公司	广西壮族 自治区	23664534	48231	80588790	2697154	32241
47	中国航空油料集团有限公司	北 京	23350298	69913	7594630	3159451	14184
48	新疆广汇实业投资（集团）有限责任 公司	新疆维吾尔 自治区	21460318	82047	24719285	3923221	69301
49	云南省投资控股集团有限公司	云 南	20980590	46276	58647128	7776482	46756
50	北京嘀嘀无限科技发展有限公司	北 京	19237992	49351	14382649	9779474	19300
51	龙湖集团控股有限公司	重 庆	18073658	1285001	70040688	15196671	29116
52	蚂蚁科技集团股份有限公司	浙 江	17845321	5050908	61813799	30835502	29740
53	珠海华发集团有限公司	广 东	17568688	176469	72964896	5176947	43882
54	浙江省能源集团有限公司	浙 江	17000950	766578	33223475	9793972	27777
55	中国南方航空集团有限公司	广 东	16163999	-140698	33936884	4847974	107983
56	卓尔控股有限公司	湖 北	15731274	1051	10049709	3891012	15930
57	山东省港口集团有限公司	山 东	15405858	379012	27255651	6789250	60542
58	甘肃省公路航空旅游投资集团有限 公司	甘 肃	15244169	25187	72547416	20527254	55581
59	浙江省兴合集团有限责任公司	浙 江	15026227	-16754	7420644	593977	17148
60	九州通医药集团股份有限公司	湖 北	15013985	217404	9278910	2398317	30100
61	江苏银行股份有限公司	江 苏	14955283	2875035	340336184	25040999	19597
62	传化集团有限公司	浙 江	14516624	299091	8193608	1269570	13854
63	新奥天然气股份有限公司	河 北	14375398	709111	13457350	2365482	38321
64	中国国际航空股份有限公司	北 京	14110023	-104638	33530268	3722997	102874
65	中国东方航空集团有限公司	上 海	13764119	44814	38316143	7579657	98786
66	上海均和集团有限公司	上 海	13469163	21682	4005653	1410269	4850
67	百度集团股份有限公司	北 京	13459800	2031500	40675900	24362600	39800
68	绿城房地产集团有限公司	浙 江	13099819	386574	53685105	4058388	7398
69	北京控股集团有限公司	北 京	12885103	42886	43794135	4463939	126128
70	广东省广晟控股集团有限公司	广 东	12773109	161267	18162307	1253216	55949
71	中基宁波集团股份有限公司	浙 江	12608513	21271	1921134	214944	2441
72	广州越秀集团股份有限公司	广 东	12372199	189428	100575794	6023083	35976
73	湖北联投集团有限公司	湖 北	12118796	77291	34964839	1774947	21313
74	神州数码集团股份有限公司	北 京	11962389	117178	4488370	855698	6174

续表

名 次	企业名称	地 区	营业收入/万元	净利润/万元	资产/万元	所有者权益/万元	从业人数/人
75	内蒙古电力(集团)有限责任公司	内蒙古自治区	11856209	274633	12696061	5365206	36557
76	云南省能源投资集团有限公司	云 南	11767108	368557	26050221	6120185	9162
77	河南交通投资集团有限公司	河 南	11501596	333996	70904002	21026025	23991
78	青岛海发国有资本投资运营集团有限公司	山 东	11383713	37668	13766062	2003764	15565
79	唯品会控股有限公司	广 东	11285602	811662	7232259	3407304	20995
80	江苏省苏豪控股集团有限公司	江 苏	11266784	56855	8609860	2132807	19238
81	上海银行股份有限公司	上 海	11011928	2254479	308551647	23857883	14365
82	云账户技术(天津)有限公司	天 津	10844964	1224	261052	6966	1005
83	湖北交通投资集团有限公司	湖 北	10550008	372583	69608701	16734665	23415
84	江苏交通控股有限公司	江 苏	10365419	1153069	83435309	15043983	22483
85	网易股份有限公司	浙 江	10346816	2941655	18592498	12428578	29128
86	厦门路桥工程物资有限公司	福 建	10300931	54553	2360865	289419	542
87	北京能源集团有限责任公司	北 京	10276273	219617	46335345	10357461	34742
88	广西北部湾国际港务集团有限公司	广西壮族自治区	10269779	−79004	15546077	2866092	31240
89	金地(集团)股份有限公司	广 东	9812534	88812	37384680	6505967	39750
90	浙江省国际贸易集团有限公司	浙 江	9742753	123095	16171596	1918931	21991
91	南京银行股份有限公司	江 苏	9512228	1850208	228827592	16956129	16342
92	深圳市爱施德股份有限公司	广 东	9216003	65528	1245681	596444	3450
93	四川省能源投资集团有限责任公司	四 川	9015422	176960	25185430	4259019	24405
94	天津泰达投资控股有限公司	天 津	8927747	34417	47331882	10960136	37162
95	广东省广物控股集团有限公司	广 东	8689740	58041	5990337	1583364	10037
96	上海闽路润贸易有限公司	上 海	8687030	31732	1384373	68403	227
97	上海钢联电子商务股份有限公司	上 海	8631405	24034	1772023	198691	4344
98	兰州新区商贸物流投资集团有限公司	甘 肃	8373142	4120	1611940	847566	1510
99	杭州市城市建设投资集团有限公司	浙 江	8364442	193475	29751751	11812079	35239
100	汇通达网络股份有限公司	江 苏	8243252	44828	2911007	777246	3900

说 明

1. 2023 中国服务业企业 500 强是中国企业联合会、中国企业家协会参照国际惯例,组织企业自愿申报,并经专家审定确认后产生的。申报企业包括在中国境内注册、2023 年实现营业收入达到 50 亿元的企业(不包括在华外资、港澳台独资、控股企业,也不包括行政性公司、政企合一的单位,以及各类资产经营公司,但包括在境外注册、投资主体为中国自然人或法人、主要业务在境内的企业),都有资格申报参加排序。属于集团公司的控股子公司或相对控股子公司,由于其财务报表最能被合并到集团母公司的财务会计报表中去,因此只允许其母公司申报。

2. 表中所列数据由企业自愿申报或属于上市公司公开数据,并经会计师事务所或审计师事务所等单位认可。

3. 营业收入是 2023 年不含增值税的收入,包括企业的所有收入,即主营业务和非主营业务、境内和境外的收入。商业银行的营业收入为 2023 年利息收入和非利息营业收入与之和(不减掉对应的支出)。保险公司的营业收入是 2023 年保险费和年金收入扣除储备的资本收益或损失。净利润是 2023 年上交所得税的净利润扣除少数股东权益后的归属母公司所有者的净利润。资产是 2023 年度末的资产总额。所有者权益是 2023 年年末所有者权益总额扣除少数股东权益后的归属于母公司所有者权益。研究开发费用是 2023 年企业投入研究开发的所有费用。从业人数是 2023 年度的平均人数(含所有被合并报表企业的人数)。

4. 因篇幅所限,本表只选取中国服务业排序前 100 名企业。

5. 资料来源:中国企业联合会、中国企业家协会。

2023 中国企业按净利润排序前 100 名企业

排名	企业名称	净利润/万元	排名	企业名称	净利润/万元
1	中国工商银行股份有限公司	36399300	51	中国中煤能源集团有限公司	1525015
2	中国建设银行股份有限公司	33265300	52	中国铁路工程集团有限公司	1523820
3	中国农业银行股份有限公司	26935600	53	中国电信集团有限公司	1522590
4	中国银行股份有限公司	23190400	54	上海汽车集团股份有限公司	1410617
5	中国石油天然气集团有限公司	15075005	55	美团公司	1385583
6	招商银行股份有限公司	14660200	56	中国兵器工业集团有限公司	1368398
7	腾讯控股有限公司	11521600	57	中国华电集团有限公司	1351771
8	中国移动通信集团有限公司	10798272	58	龙湖集团控股有限公司	1285001
9	中国海洋石油集团有限公司	10306775	59	泰康保险集团股份有限公司	1264386
10	阿里巴巴(中国)有限公司	10028800	60	万科企业股份有限公司	1216268
11	交通银行股份有限公司	9272800	61	上海农村商业银行股份有限公司	1214196
12	华为投资控股有限公司	8689300	62	中国铁道建筑集团有限公司	1204200
13	中国平安保险(集团)股份有限公司	8566500	63	中国交通建设集团有限公司	1183847
14	兴业银行股份有限公司	7711600	64	中国航空工业集团有限公司	1163872
15	中国石油化工集团有限公司	6649826	65	海尔集团公司	1162561
16	国家电网有限公司	6515936	66	中国华能集团有限公司	1155402
17	拼多多控股公司	6002654	67	江苏交通控股有限公司	1153069
18	招商局集团有限公司	5820494	68	国家电力投资集团有限公司	1143896
19	中国建筑股份有限公司	5426417	69	青山控股集团有限公司	1100276
20	蚂蚁科技集团股份有限公司	5050908	70	立讯精密工业股份有限公司	1095266
21	国家能源投资集团有限责任公司	4487584	71	洛阳国宏投资控股集团有限公司	1091457
22	中国邮政集团有限公司	4165748	72	重庆农村商业银行股份有限公司	1090236
23	上海浦东发展银行股份有限公司	3670200	73	深圳前海微众银行股份有限公司	1081533
24	中国民生银行股份有限公司	3582300	74	隆基绿能科技股份有限公司	1075142
25	太平洋建设集团有限公司	3564608	75	太平人寿保险有限公司	1070780
26	美的集团股份有限公司	3371994	76	内蒙古伊利实业集团股份有限公司	1042854
27	宁德时代新能源科技股份有限公司	3181445	77	北京江南投资集团有限公司	1013209
28	比亚迪股份有限公司	3004081	78	深圳市投资控股有限公司	999938
29	网易股份有限公司	2941655	79	中国铁塔股份有限公司	975019
30	中国中信集团有限公司	2919899	80	恒申控股集团有限公司	962477
31	珠海格力电器股份有限公司	2901739	81	金川集团股份有限公司	962399
32	江苏银行股份有限公司	2875035	82	中国广核集团有限公司	953581
33	中国太平洋保险(集团)股份有限公司	2725746	83	阳光电源股份有限公司	943956
34	中国华润有限公司	2688000	84	中兴通讯股份有限公司	932575
35	中国远洋海运集团有限公司	2537503	85	中国核工业集团有限公司	918432
36	京东集团股份有限公司	2416700	86	石药控股集团有限公司	912764
37	中国人民保险集团股份有限公司	2277300	87	中粮集团有限公司	899240
38	上海银行股份有限公司	2254479	88	山西焦煤集团有限责任公司	886639
39	兴华财富集团有限公司	2190235	89	新华人寿保险股份有限公司	871200
40	紫金矿业集团股份有限公司	2111942	90	四川省宜宾五粮液集团有限公司	869375
41	百度集团股份有限公司	2031500	91	山东魏桥创业集团有限公司	844063
42	中国第一汽车集团有限公司	2027654	92	洛阳栾川钼业集团股份有限公司	824971
43	南京银行股份有限公司	1850208	93	顺丰控股股份有限公司	823449
44	中国电子科技集团有限公司	1814419	94	荣耀终端有限公司	821022
45	中国宝武钢铁集团有限公司	1765430	95	中国医药集团有限公司	813758
46	河北新金钢铁有限公司	1760226	96	唯品会控股有限公司	811662
47	小米集团	1747517	97	苏商建设集团有限公司	808448
48	中国船舶集团有限公司	1704931	98	中国联合网络通信集团有限公司	807933
49	万华化学集团股份有限公司	1681576	99	重庆智飞生物制品股份有限公司	806987
50	中国南方电网有限责任公司	1658065	100	中国兵器装备集团有限公司	804781
				中国企业 500 强平均数	901830

资料来源:中国企业联合会、中国企业家协会。

2023 中国企业按收入利润率排序前 100 名企业

排名	企业名称	收入利润率/%	排名	企业名称	收入利润率/%
1	兴华财富集团有限公司	31.93	51	内蒙古伊利实业集团股份有限公司	8.26
2	招商银行股份有限公司	28.81	52	荣耀终端有限公司	8.26
3	网易股份有限公司	28.43	53	安徽省交通控股集团有限责任公司	8.14
4	蚂蚁科技集团股份有限公司	28.30	54	申能(集团)有限公司	8.13
5	拼多多控股公司	24.24	55	宁德时代新能源科技股份有限公司	7.94
6	河北新金钢铁有限公司	23.80	56	贝壳控股有限公司	7.56
7	上海农村商业银行股份有限公司	23.61	57	中兴通讯股份有限公司	7.51
8	中国建设银行股份有限公司	23.53	58	新华三信息技术有限公司	7.51
9	中国工商银行股份有限公司	22.59	59	渤海银行股份有限公司	7.39
10	上海银行股份有限公司	20.47	60	紫金矿业集团股份有限公司	7.20
11	重庆农村商业银行股份有限公司	19.90	61	唯品会控股有限公司	7.19
12	中国农业银行股份有限公司	19.79	62	宁波开发投资集团有限公司	7.17
13	南京银行股份有限公司	19.45	63	龙湖集团控股有限公司	7.11
14	江苏银行股份有限公司	19.22	64	中国远洋海运集团有限公司	6.65
15	中国银行股份有限公司	19.03	65	太平洋建设集团有限公司	6.59
16	腾讯控股有限公司	18.92	66	淮河能源控股集团有限责任公司	6.46
17	洛阳国宏投资控股集团有限公司	18.71	67	小米集团	6.45
18	石药控股集团有限公司	18.66	68	圆通速递股份有限公司	6.45
19	兴业银行股份有限公司	18.41	69	中国广核集团有限公司	6.36
20	北京江南投资集团有限公司	17.18	70	四川高速公路建设开发集团有限公司	6.36
21	交通银行股份有限公司	16.63	71	永道控股集团股份有限公司	6.29
22	深圳前海微众银行股份有限公司	16.44	72	晶科能源股份有限公司	6.27
23	重庆智飞生物制品股份有限公司	15.25	73	远景能源有限公司	6.25
24	百度集团股份有限公司	15.09	74	中国中煤能源集团有限公司	6.09
25	珠海格力电器股份有限公司	14.23	75	内蒙古鄂尔多斯投资控股集团有限公司	5.86
26	安踏体育用品集团有限公司	14.13	76	国家能源投资集团有限责任公司	5.66
27	太平人寿保险有限公司	13.13	77	四川公路桥梁建设集团有限公司	5.64
28	阳光电源股份有限公司	13.07	78	南通四建集团有限公司	5.60
29	招商局集团有限公司	13.01	79	中国邮政集团有限公司	5.22
30	华为投资控股有限公司	12.34	80	湖南省高速公路集团有限公司	5.20
31	新华人寿保险股份有限公司	12.18	81	成都交子金融控股集团有限公司	5.14
32	中国民生银行股份有限公司	11.49	82	山西鹏飞集团有限公司	5.06
33	江苏交通控股有限公司	11.12	83	华勤橡胶工业集团有限公司	5.06
34	恒申控股集团有限公司	11.03	84	中国石油天然气集团有限公司	5.05
35	阿里巴巴(中国)有限公司	10.81	85	浙江华友钴业股份有限公司	5.05
36	中国移动通信集团有限公司	10.68	86	陕西榆林能源集团有限公司	5.03
37	中国铁塔股份有限公司	10.37	87	美团公司	5.01
38	中国海洋石油集团有限公司	10.27	88	比亚迪股份有限公司	4.99
39	上海浦东发展银行股份有限公司	10.19	89	重庆新鸥鹏企业(集团)有限公司	4.97
40	广西农村商业联合银行股份有限公司	9.97	90	江苏阳光集团有限公司	4.96
41	万华化学集团股份有限公司	9.59	91	中国船舶集团有限公司	4.93
42	恒丰银行股份有限公司	9.23	92	新奥天然气股份有限公司	4.93
43	美的集团股份有限公司	9.02	93	淮北矿业(集团)有限责任公司	4.92
44	深圳传音控股股份有限公司	8.89	94	四川省宜宾五粮液集团有限公司	4.91
45	晶澳太阳能科技股份有限公司	8.63	95	振石控股集团有限公司	4.90
46	内蒙古伊泰集团有限公司	8.54	96	天合光能股份有限公司	4.88
47	河南双汇投资发展股份有限公司	8.44	97	阳光保险集团股份有限公司	4.80
48	中国太平洋保险(集团)股份有限公司	8.41	98	立讯精密工业股份有限公司	4.72
49	中国平安保险(集团)股份有限公司	8.31	99	金发科技股份有限公司	4.67
50	隆基绿能科技股份有限公司	8.30	100	山东金岭集团有限公司	4.60
				中国企业 500 强平均数	4.10

资料来源:中国企业联合会、中国企业家协会。

2023 中国企业按资产排序前 100 名企业

排名	企业名称	资产/万元	排名	企业名称	资产/万元
1	中国工商银行股份有限公司	4469707900	51	华为投资控股有限公司	126359700
2	中国农业银行股份有限公司	3987298900	52	中国南方电网有限责任公司	122819788
3	中国建设银行股份有限公司	3832482600	53	绿地控股集团股份有限公司	119392208
4	中国银行股份有限公司	3243216600	54	成都交子金融控股集团有限公司	118761484
5	中国邮政集团有限公司	1639997697	55	深圳市投资控股有限公司	115285973
6	交通银行股份有限公司	1406047200	56	中国五矿集团有限公司	113287068
7	中国平安保险(集团)股份有限公司	1158341700	57	晋能控股集团有限公司	112919695
8	中国中信集团有限公司	1148197539	58	太平人寿保险有限公司	110493226
9	招商银行股份有限公司	1102848300	59	中国华电集团有限公司	109775214
10	兴业银行股份有限公司	1015832600	60	中国电信集团有限公司	107827456
11	上海浦东发展银行股份有限公司	900724700	61	中国远洋海运集团有限公司	107563227
12	中国民生银行股份有限公司	767496500	62	中国船舶集团有限公司	102001013
13	中国人寿保险(集团)公司	677142400	63	上海汽车集团股份有限公司	100665028
14	国家电网有限公司	554427738	64	广州越秀集团股份有限公司	100575794
15	中国石油天然气集团有限公司	447560258	65	山东能源集团有限公司	100204140
16	江苏银行股份有限公司	340336184	66	中国广核集团有限公司	100085384
17	上海银行股份有限公司	308551647	67	浙江省交通投资集团有限公司	93529732
18	中国建筑股份有限公司	290332252	68	厦门建发集团有限公司	88724752
19	招商局集团有限公司	280973545	69	中国大唐集团有限公司	86864341
20	中国石油化工集团有限公司	271624254	70	云南省交通投资建设集团有限公司	86397948
21	中国华润有限公司	260513000	71	江苏交通控股有限公司	83435309
22	中国交通建设集团有限公司	256551917	72	云南省建设投资控股集团有限公司	82395804
23	中国移动通信集团有限公司	240151652	73	复星国际有限公司	80838759
24	中国太平洋保险(集团)股份有限公司	234396169	74	广西投资集团有限公司	80588790
25	南京银行股份有限公司	228827592	75	中国能源建设集团有限公司	80129071
26	国家能源投资集团有限责任公司	209302206	76	中粮集团有限公司	73065438
27	中国铁路工程集团有限公司	183703708	77	珠海华发集团有限公司	72964896
28	阿里巴巴(中国)有限公司	182096600	78	甘肃省公路航空旅游投资集团有限公司	72547416
29	中国保利集团有限公司	180398028	79	宁德时代新能源科技股份有限公司	71716804
30	国家电力投资集团有限公司	175347695	80	陕西煤业化工集团有限责任公司	71586795
31	渤海银行股份有限公司	173273384	81	河南交通投资集团有限公司	70904002
32	泰康保险集团股份有限公司	166846871	82	广西交通投资集团有限公司	70762250
33	中国铁道建筑集团有限公司	166781911	83	中国建材集团有限公司	70509454
34	中国海洋石油集团有限公司	160298196	84	中国联合网络通信集团有限公司	70281657
35	中国中化控股有限责任公司	158532371	85	龙湖集团控股有限公司	70040688
36	腾讯控股有限公司	157724600	86	湖北交通投资集团有限公司	69608701
37	中国华能集团有限公司	156084742	87	湖南省高速公路集团有限公司	67979042
38	中国人民保险集团股份有限公司	155715900	88	比亚迪股份有限公司	67954767
39	山东高速集团有限公司	151374345	89	中国第一汽车集团有限公司	67073934
40	万科企业股份有限公司	150485017	90	浙江吉利控股集团有限公司	66804667
41	重庆农村商业银行股份有限公司	144108194	91	联想控股股份有限公司	66573257
42	恒丰银行股份有限公司	143970411	92	中国电子科技集团有限公司	65870305
43	中国电力建设集团有限公司	141011127	93	山西交通控股集团有限公司	63078007
44	新华人寿保险股份有限公司	140325700	94	京东集团股份有限公司	62895800
45	上海农村商业银行股份有限公司	139221370	95	中国铝业集团有限公司	61657142
46	中国宝武钢铁集团有限公司	136252241	96	陕西交通控股集团有限公司	59105930
47	中国核工业集团有限公司	133842782	97	云南省投资控股集团有限公司	58647128
48	蜀道投资集团有限责任公司	133755327	98	中国医药集团有限公司	58646243
49	中国航空工业集团有限公司	133056273	99	中国兵器工业集团有限公司	55841606
50	广西农村商业联合银行股份有限公司	128588029	100	河钢集团有限公司	54559511
				中国企业 500 强平均数	85771362

资料来源:中国企业联合会、中国企业家协会。

2023 中国企业按资产利润率排序前 100 名企业

排名	企业名称	资产利润率/%	排名	企业名称	资产利润率/%
1	兴华财富集团有限公司	79.66	51	金川集团股份有限公司	6.23
2	河北新金钢铁有限公司	39.67	52	紫金矿业集团股份有限公司	6.16
3	通州建总集团有限公司	24.44	53	广东海大集团股份有限公司	6.13
4	永道控股集团股份有限公司	18.58	54	浙江中成控股集团有限公司	6.09
5	安踏体育用品集团有限公司	17.65	55	杭州东恒石油有限公司	5.99
6	拼多多控股公司	17.25	56	山东金诚石化集团有限公司	5.98
7	人民控股集团有限公司	16.51	57	富冶集团有限公司	5.91
8	重庆智飞生物制品股份有限公司	16.07	58	山东垦利石化集团有限公司	5.81
9	网易股份有限公司	15.82	59	广西南丹南方金属有限公司	5.74
10	恒申控股集团有限公司	15.16	60	深圳金雅福控股集团有限公司	5.73
11	福建广源再生资源回收有限公司	13.94	61	晶科能源股份有限公司	5.63
12	河南双汇投资发展股份有限公司	13.78	62	东方润安集团有限公司	5.58
13	石药控股集团有限公司	12.47	63	河北新武安钢铁集团文安钢铁有限公司	5.52
14	江苏阳光集团有限公司	12.37	64	阿里巴巴(中国)有限公司	5.51
15	深圳传音控股股份有限公司	12.01	65	振石控股集团有限公司	5.40
16	心里程控股集团有限公司	11.88	66	小米集团	5.39
17	山东金岭集团有限公司	11.46	67	陕西泰丰盛合控股集团有限公司	5.39
18	阳光电源股份有限公司	11.39	68	鲁丽集团有限公司	5.33
19	唯品会控股有限公司	11.22	69	山东东方华龙工贸集团有限公司	5.28
20	华勤橡胶工业集团有限公司	10.82	70	新奥天然气股份有限公司	5.27
21	洛阳国宏投资控股集团有限公司	10.55	71	深圳市爱施德股份有限公司	5.26
22	山东齐润控股集团有限公司	9.17	72	华勤技术股份有限公司	5.26
23	老凤祥股份有限公司	9.10	73	德力西集团有限公司	5.23
24	山东寿光鲁清石化有限公司	9.08	74	通鼎集团有限公司	5.19
25	山东科达集团有限公司	8.79	75	河北鑫海控股集团有限公司	5.18
26	河南金利金铅集团有限公司	8.76	76	山东创新金属科技有限公司	5.17
27	圆通速递股份有限公司	8.58	77	重庆市博赛矿业(集团)有限公司	5.06
28	太平洋建设集团有限公司	8.53	78	百度集团股份有限公司	4.99
29	南通四建集团有限公司	8.51	79	陕西榆林能源集团有限公司	4.99
30	新华三信息技术有限公司	8.39	80	山东太阳控股集团有限公司	4.90
31	蚂蚁科技集团股份有限公司	8.17	81	贝壳控股有限公司	4.89
32	珠海格力电器股份有限公司	7.88	82	超威电源集团有限公司	4.88
33	荣耀终端有限公司	7.65	83	恒信汽车集团股份有限公司	4.85
34	青山控股集团有限公司	7.51	84	洛阳栾川钼业集团股份有限公司	4.77
35	腾讯控股有限公司	7.30	85	其亚集团有限公司	4.74
36	福建省金纶高纤股份有限公司	7.29	86	美团公司	4.73
37	内蒙古鄂尔多斯投资控股集团有限公司	7.12	87	天能控股集团有限公司	4.66
38	美的集团股份有限公司	6.94	88	中兴通讯股份有限公司	4.64
39	华为投资控股有限公司	6.88	89	天合光能股份有限公司	4.60
40	内蒙古伊利实业集团股份有限公司	6.88	90	海澜集团有限公司	4.51
41	富海集团新能源控股有限公司	6.87	91	中国移动通信集团有限公司	4.50
42	立讯精密工业股份有限公司	6.76	92	利华益集团股份有限公司	4.48
43	福建大东海实业集团有限公司	6.72	93	宁德时代新能源科技股份有限公司	4.44
44	江苏省华建建设股份有限公司	6.71	94	济宁能源发展集团有限公司	4.44
45	万华化学集团股份有限公司	6.65	95	比亚迪股份有限公司	4.42
46	晶澳太阳能科技股份有限公司	6.60	96	内蒙古伊泰集团有限公司	4.40
47	山东海科控股有限公司	6.58	97	华泰集团有限公司	4.38
48	隆基绿能科技股份有限公司	6.56	98	弘润石化(潍坊)有限责任公司	4.36
49	中国海洋石油集团有限公司	6.43	99	中铁集装箱运输有限责任公司	4.26
50	北京江南投资集团有限公司	6.25	100	三花控股集团有限公司	4.22
	中国企业 500 强平均数				1.05

资料来源:中国企业联合会、中国企业家协会。

2023 中国企业按净资产利润率排序前 100 名企业

排名	企业名称	净资产利润率/%	排名	企业名称	净资产利润率/%
1	河北新金钢铁有限公司	100.00	51	德力西集团有限公司	18.14
2	兴华财富集团有限公司	100.00	52	中国有色矿业集团有限公司	18.01
3	上海闽路润贸易有限公司	46.39	53	青山控股集团有限公司	17.97
4	通州建总集团有限公司	44.55	54	浙江卫星控股股份有限公司	17.76
5	安踏体育用品集团有限公司	44.45	55	海信集团控股股份有限公司	17.66
6	江苏省华建建设股份有限公司	44.22	56	山东京博控股集团有限公司	17.63
7	重庆新鸥鹏企业（集团）有限公司	41.86	57	淮北矿业（集团）有限责任公司	17.63
8	新华三信息技术有限公司	41.62	58	云账户技术（天津）有限公司	17.57
9	内蒙古鄂尔多斯投资控股集团有限公司	39.82	59	天合光能股份有限公司	17.55
10	奇瑞控股集团有限公司	34.88	60	山东创新金属科技有限公司	17.50
11	阳光电源股份有限公司	34.07	61	心里程控股集团有限公司	17.27
12	洛阳国宏投资控股集团有限公司	32.28	62	华为投资控股有限公司	17.12
13	拼多多控股公司	32.06	63	天能控股集团有限公司	17.11
14	深圳传音控股股份有限公司	30.67	64	山东金岭集团有限公司	17.08
15	新奥天然气股份有限公司	29.98	65	泸州老窖集团有限责任公司	16.54
16	恒申控股集团有限公司	28.94	66	蚂蚁科技集团股份有限公司	16.38
17	陕西泰丰盛合控股集团有限公司	27.58	67	金发科技股份有限公司	16.22
18	福建省金纶高纤股份有限公司	27.38	68	淮河能源控股集团有限责任公司	16.19
19	潞安化工集团有限公司	26.54	69	宁德时代新能源科技股份有限公司	16.09
20	河南金利金铅集团有限公司	25.82	70	山东齐润控股集团有限公司	16.06
21	重庆智飞生物制品股份有限公司	25.61	71	奥克斯集团有限公司	16.05
22	珠海格力电器股份有限公司	24.84	72	TCL 实业控股股份有限公司	15.84
23	河南双汇投资发展股份有限公司	24.24	73	金川集团股份有限公司	15.33
24	唯品会控股有限公司	23.82	74	隆基绿能科技股份有限公司	15.25
25	网易股份有限公司	23.67	75	荣耀终端有限公司	15.23
26	传化集团有限公司	23.56	76	山东海科控股有限公司	14.97
27	深圳前海微众银行股份有限公司	23.40	77	其亚集团有限公司	14.76
28	济宁能源发展集团有限公司	23.29	78	太平洋建设集团有限公司	14.74
29	福建广源再生资源回收有限公司	22.47	79	鲁丽集团有限公司	14.72
30	江苏阳光集团有限公司	22.33	80	广西南丹南方金属有限公司	14.58
31	人民控股集团有限公司	22.28	81	太平人寿保险有限公司	14.48
32	山东寿光鲁清石化有限公司	22.16	82	广州医药集团有限公司	14.42
33	永道控股集团股份有限公司	22.10	83	海尔集团公司	14.34
34	富冶集团有限公司	21.80	84	四川省宜宾五粮液集团有限公司	14.32
35	晶科能源股份有限公司	21.65	85	内蒙古伊泰集团有限公司	14.27
36	比亚迪股份有限公司	21.64	86	腾讯控股有限公司	14.25
37	北京江南投资集团有限公司	21.42	87	山东招金集团有限公司	14.15
38	美的集团股份有限公司	20.70	88	通威集团有限公司	14.12
39	华勤橡胶工业集团有限公司	20.50	89	江苏华宏实业集团有限公司	14.03
40	晶澳太阳能科技股份有限公司	20.05	90	富海集团新能源控股有限公司	14.02
41	陕西榆林能源集团有限公司	19.95	91	山西焦煤集团有限责任公司	13.98
42	河南豫光金铅集团有限责任公司	19.69	92	广东海大集团股份有限公司	13.95
43	紫金矿业集团股份有限公司	19.64	93	陕西建工控股集团有限公司	13.92
44	石药控股集团有限公司	19.59	94	振石控股集团有限公司	13.79
45	内蒙古伊利实业集团股份有限公司	19.48	95	超威电源集团有限公司	13.74
46	立讯精密工业股份有限公司	19.45	96	湖南钢铁集团有限公司	13.71
47	老凤祥股份有限公司	19.13	97	中兴通讯股份有限公司	13.71
48	河北鑫海控股集团有限公司	19.12	98	神州数码集团股份有限公司	13.69
49	万华化学集团股份有限公司	18.97	99	杭州东恒石油有限公司	13.64
50	厦门路桥工程物资有限公司	18.85	100	招商银行股份有限公司	13.62
	中国企业 500 强平均数				8.01

资料来源：中国企业联合会、中国企业家协会。

2023 中国企业按从业人数排序前 100 名企业

排名	企业名称	从业人数/人	排名	企业名称	从业人数/人
1	国家电网有限公司	1442302	51	中国中煤能源集团有限公司	144531
2	中国石油天然气集团有限公司	1026301	52	浙江吉利控股集团有限公司	143994
3	中国邮政集团有限公司	728776	53	苏商建设集团有限公司	141256
4	比亚迪股份有限公司	703504	54	陕西煤业化工集团有限责任公司	140142
5	中国人民保险集团股份有限公司	551179	55	牧原实业集团有限公司	135629
6	京东集团股份有限公司	517124	56	鞍钢集团有限公司	135598
7	中国石油化工集团有限公司	513434	57	万科企业股份有限公司	131097
8	中国移动通信集团有限公司	453394	58	陕西延长石油(集团)有限责任公司	130202
9	中国农业银行股份有限公司	451003	59	中国铝业集团有限公司	127701
10	晋能控股集团有限公司	439051	60	国家电力投资集团有限公司	127514
11	中国工商银行股份有限公司	419252	61	江苏省苏中建设集团股份有限公司	127328
12	中国华润有限公司	394112	62	北京控股集团有限公司	126128
13	中国电信集团有限公司	391691	63	中国华能集团有限公司	124623
14	中国航空工业集团有限公司	384000	64	辽宁方大集团实业有限公司	124530
15	中国建筑股份有限公司	382894	65	海尔集团公司	122742
16	中国建设银行股份有限公司	376871	66	东风汽车集团有限公司	122658
17	中国铁道建筑集团有限公司	336433	67	中国能源建设集团有限公司	119182
18	中国铁路工程集团有限公司	317641	68	河南能源集团有限公司	118547
19	中国南方电网有限责任公司	313062	69	南通四建集团有限公司	118000
20	国家能源投资集团有限责任公司	309744	70	招商银行股份有限公司	116529
21	中国银行股份有限公司	306931	71	贝壳控股有限公司	116344
22	太平洋建设集团有限公司	293125	72	宁德时代新能源科技股份有限公司	116055
23	中国平安保险(集团)股份有限公司	288751	73	美团公司	114860
24	招商局集团有限公司	276019	74	中国机械工业集团有限公司	114730
25	中国联合网络通信集团有限公司	255353	75	中国平煤神马控股集团有限公司	114064
26	中国电子科技集团有限公司	241097	76	潞安化工集团有限公司	112925
27	中国宝武钢铁集团有限公司	235971	77	中粮集团有限公司	111630
28	立讯精密工业股份有限公司	232585	78	广州汽车工业集团有限公司	110847
29	中国兵器工业集团有限公司	219697	79	复星国际有限公司	108000
30	阿里巴巴(中国)有限公司	219260	80	中国南方航空集团有限公司	107983
31	中国交通建设集团有限公司	219034	81	青山控股集团有限公司	107805
32	山东能源集团有限公司	214409	82	海信集团控股股份有限公司	107647
33	中国中信集团有限公司	213290	83	中国远洋海运集团有限公司	106221
34	山西焦煤集团有限责任公司	210943	84	潍柴控股集团有限公司	105811
35	华为投资控股有限公司	207200	85	腾讯控股有限公司	105417
36	中国中化控股有限责任公司	203727	86	中国太平洋保险(集团)股份有限公司	104270
37	中国医药集团有限公司	202426	87	深圳市投资控股有限公司	103928
38	中国建材集团有限公司	199122	88	中国国际航空股份有限公司	102874
39	美的集团股份有限公司	198613	89	中国保利集团有限公司	102834
40	中国船舶集团有限公司	196309	90	中国第一汽车集团有限公司	102425
41	中国电力建设集团有限公司	184567	91	物美科技集团有限公司	100000
42	中国电子信息产业集团有限公司	183469	92	中国东方航空集团有限公司	98786
43	中国核工业集团有限公司	182750	93	永辉超市股份有限公司	98513
44	中国人寿保险(集团)公司	176625	94	河钢集团有限公司	97802
45	中国五矿集团有限公司	175524	95	山东魏桥创业集团有限公司	97281
46	恒力集团有限公司	173250	96	交通银行股份有限公司	94275
47	中国中车集团有限公司	161133	97	中国华电集团有限公司	93459
48	中国兵器装备集团有限公司	159837	98	冀中能源集团有限责任公司	91542
49	顺丰控股股份有限公司	153125	99	京东方科技集团股份有限公司	90563
50	上海汽车集团股份有限公司	150670	100	北京汽车集团有限公司	90000
				中国企业 500 强平均数	64668

资料来源:中国企业联合会、中国企业家协会。

2023 中国企业按研发费用排序前 100 名企业

排名	企业名称	研发费用/万元	排名	企业名称	研发费用/万元
1	华为投资控股有限公司	16470000	51	北京嘀嘀无限科技发展有限公司	892390
2	阿里巴巴(中国)有限公司	5205100	52	潍柴控股集团有限公司	865417
3	中国建筑股份有限公司	4607357	53	东风汽车集团有限公司	863193
4	比亚迪股份有限公司	3957495	54	河钢集团有限公司	835338
5	中国移动通信集团有限公司	3683313	55	立讯精密工业股份有限公司	818877
6	中国石油天然气集团有限公司	3384983	56	山东能源集团有限公司	817236
7	中国铁路工程集团有限公司	3000004	57	中国联合网络通信集团有限公司	813048
8	中国交通建设集团有限公司	2965534	58	江苏沙钢集团有限公司	810694
9	中国兵器工业集团有限公司	2886898	59	长城汽车股份有限公司	805425
10	中国铁道建筑集团有限公司	2672545	60	奇瑞控股集团有限公司	789324
11	中兴通讯股份有限公司	2528921	61	隆基绿能科技股份有限公司	772106
12	中国电力建设集团有限公司	2498146	62	首钢集团有限公司	756606
13	百度集团股份有限公司	2419200	63	中国华润有限公司	755000
14	浙江吉利控股集团有限公司	2293054	64	湖南钢铁集团有限公司	747870
15	中国五矿集团有限公司	2270250	65	中国中信集团有限公司	744665
16	国家电网有限公司	2160492	66	中国信息通信科技集团有限公司	729490
17	蚂蚁科技集团股份有限公司	2119710	67	中国机械工业集团有限公司	716374
18	山东魏桥创业集团有限公司	1945600	68	中国化学工程集团有限公司	708717
19	中国石油化工集团有限公司	1923928	69	陕西煤业化工集团有限责任公司	690644
20	小米集团	1909770	70	晶科能源股份有限公司	689866
21	中国航空工业集团有限公司	1861470	71	海信集团控股股份有限公司	686766
22	上海汽车集团股份有限公司	1836541	72	中国铝业集团有限公司	682562
23	宁德时代新能源科技股份有限公司	1835610	73	珠海格力电器股份有限公司	676214
24	中国第一汽车集团有限公司	1661003	74	浪潮集团有限公司	663343
25	网易股份有限公司	1648491	75	浙江荣盛控股集团有限公司	661958
26	京东集团股份有限公司	1639300	76	上海电气控股集团有限公司	660679
27	国家电力投资集团有限公司	1572838	77	山西建设投资集团有限公司	660649
28	中国中车集团有限公司	1481022	78	北京建龙重工集团有限公司	618369
29	中国船舶集团有限公司	1478238	79	晋能控股集团有限公司	614818
30	联想控股股份有限公司	1471939	80	盛虹控股集团有限公司	591817
31	美的集团股份有限公司	1458331	81	陕西建工控股集团有限公司	580622
32	招商银行股份有限公司	1412600	82	北京汽车集团有限公司	577214
33	中国兵器装备集团有限公司	1388876	83	中国广核集团有限公司	567029
34	中国能源建设集团有限公司	1311478	84	包头钢铁(集团)有限责任公司	565886
35	中国宝武钢铁集团有限公司	1306026	85	天合光能股份有限公司	553046
36	中国华能集团有限公司	1274394	86	山东高速集团有限公司	546870
37	海尔集团公司	1171899	87	湖南建设投资集团有限责任公司	525669
38	中国电子信息产业集团有限公司	1140335	88	亨通集团有限公司	523236
39	荣耀终端有限公司	1135626	89	广州工业投资控股集团有限公司	518428
40	京东方科技集团股份有限公司	1131950	90	中国南方电网有限责任公司	501823
41	鞍钢集团有限公司	1118471	91	新疆特变电工集团有限公司	491814
42	国家能源投资集团有限责任公司	1093900	92	石药控股集团有限公司	485575
43	广州汽车工业集团有限公司	1088582	93	新华三信息技术有限公司	483728
44	中国海洋石油集团有限公司	1085302	94	歌尔股份有限公司	471596
45	上海建工集团股份有限公司	1081509	95	广东省广新控股集团有限公司	460278
46	中国建材集团有限公司	1073732	96	华勤技术股份有限公司	454753
47	中国核工业集团有限公司	998326	97	铜陵有色金属集团控股有限公司	454171
48	中国华电集团有限公司	989776	98	重庆小康控股有限公司	445678
49	TCL科技集团股份有限公司	952284	99	蜀道投资集团有限责任公司	445060
50	三一集团有限公司	906135	100	北京城建集团有限责任公司	442346
	中国企业 500 强平均数				391735

资料来源:中国企业联合会、中国企业家协会。

优 秀 企 业 风 采

（排序不分先后）

※ 东风汽车集团有限公司

※ 奇瑞控股集团有限公司

※ TCL实业控股股份有限公司

※ 三一集团有限公司

※ 中车株洲电力机车有限公司

※ 泸州老窖集团有限责任公司

※ 广东恒健投资控股有限公司

※ 无锡市国联发展（集团）有限公司

※ 广州农村商业银行股份有限公司

※ 阳光保险集团股份有限公司

※ 青岛经济技术开发区投资控股集团有限公司

※ 中建四局贵州投资建设有限公司

※ 盛世恒瑞建工集团

※ 天津港（集团）有限公司

※ 福建省港口集团有限责任公司

2023年，东风汽车集团有限公司（以下简称东风公司）加快转型升级，全面完成新能源品牌、平台及产品战略布局，全年销售汽车242万辆。其中，新能源汽车销售52.4万辆，较上年增长4.3%，销量规模在汽车央企中排名第一，销量占比同比提升4.4个百分点；商用车销售51万辆，同比增长14%；海外市场快速增长，出口汽车23.1万辆，同比增长15.4%。截至2023年年底，东风公司从业人员12.1万人，资产总额4110亿元。

经中国机械工业联合会组织鉴定，"东风C系列高效汽油机关键技术研究及应用"项目整体技术达到国际先进水平，其中基于机油、冷却液流量和温度控制架构的智能热管理技术及基于积碳模型的喷油器自清洁控制技术达到国际领先水平。2023年，"东风C系列高效汽油机关键技术研究及应用"荣获2023年度中国内燃机学会"科技进步奖"一等奖；东风公司智能驾驶、新能源汽车、商用车动力等方面关键技术的8项科技成果获"中国汽车工程学会科学技术奖"，其中1项成果获"科技进步奖"一等奖，3项成果获"科技进步奖"二等奖，4项成果获"科技进步奖"三等奖。

2023年11月，由中国社会责任百人论坛、责任云研究院主办的第六届北京责任展暨《企业社会责任蓝皮书（2023）》（以下简称《蓝皮书》）发布会在京召开。《蓝皮书》显示，东风公司社会责任发展指数综合评分88.4分，位列"国有企业100强指数"第5位，"中国企业300强指数"第7位；同年12月，中华人民共和国民政部发布《2023年全国性社会组织评估等级公告》，东风公益基金会获评"4A级社会组织"。

2023年4月18日，猛士汽车科技公司首款量产车型——猛士917全球首发

2023年12月5日，2023岚图科技日暨岚图追光PHEV全球上市发布会在海南博鳌举行

2023年12月28日，东风公司向甘肃地震捐款捐物1000万元

2023年10月12日，"梦想车之夜·2023"——第六届"东风梦想车"大赛成果发布暨颁奖仪式在武汉举行

东风启辰　VX6
2023年11月3日上市

东风启辰　大V DD-i
2023年7月8日上市

东风风神皓瀚
2023年8月12日上市

东风日产　第三代逍客
2023年8月16日上市

东风本田　CR-V（HEV/PHEV）
2023年3月10日和6月17日上市

东风风行雷霆
2023年3月25日上市

东风天龙KC纯电动工程车
2023年5月上市

乘龙HK牵引车
2023年8月上市

猛士917
2023年8月25日上市

岚图追光
2023年4月18日上市

东风天龙KL纯电动牵引车
2023年7月上市

东风凯普特混动轻卡（PHEV）
2023年12月上市

东风猛士MS600
2023年2月上市

东风天龙KX燃气牵引车
2023年11月上市

东风御风EM27/EM27L
2023年10月上市

郑州日产锐骐6 EV长续航
2023年6月上市

奇瑞控股集团有限公司

奇瑞控股集团有限公司（以下简称奇瑞集团）创始于1997年，从汽车制造业起家，旗下子公司奇瑞汽车是国内最早突破百万销量的汽车自主品牌。奇瑞集团围绕汽车主价值链布局上下游业务，是一家以汽车产业为核心的多元化企业集团和世界500强企业。

奇瑞集团秉持"创新 责任 共赢"的核心理念，始终以产业报国为己任，致力于成为具有全球影响力和竞争力的一流企业集团。集团通过整合全球资源，围绕汽车主业推进多元化发展，形成了汽车、汽车零部件、金融、地产、现代服务等业务，旗下拥有奇瑞汽车、奇瑞商用车、奇瑞汽金、奇瑞科技等300余家成员企业，业务遍布全球110多个国家和地区。2023年，集团销售汽车188.1万辆，其中出口93.7万辆，营业收入超过3100亿元。截至目前，奇瑞集团全球汽车用户累计突破1540万，其中海外用户超过440万，连续21年位居中国品牌乘用车出口第一。

奇瑞集团以自主创新为核心战略，建立了以技术研发为核心、致力于为全球消费者带来高品质用户体验的产品创新体系。集团布局了包括北美、欧洲和上海等八大研发中心在内的全球研发体系；累计申请专利32000余件，累计授权19000余件，其中发明授权专利占比37%，位居行业前列。在"安徽省发明专利百强排行榜"中，奇瑞汽车连续10年位居百强榜首。

奇瑞集团以用户为中心，加快布局新能源、智能网联、共享出行、平台与生态等新赛道，致力于从汽车制造商转型为全方位智慧出行服务提供商。集团目前拥有乘用车新能源、商用车新能源、专用车新能源、客车新能源等产品系列，掌握新能源汽车核心技术，推出了全球首创轻量化纯电动技术平台。

面向未来，奇瑞集团始终将打造世界一流品牌作为目标，坚持品牌向上、市场向外、技术向未来、产业向全价值链的"四向"发展，持续发扬奇瑞"小草房"精神，以用户思维和互联网思维，不断做大做强产业生态圈，为实现产业报国梦想、为人类创造精彩生活而不懈奋斗。

超值家用首选品牌
面向"全球主流大众消费者"的性价比之选

自主高端首选品牌
面向"精致中产"人群的豪华舒适之选

户外越野首选品牌
面向"热爱自由旅行家"人群的专业之选

潮酷玩伴首选品牌
面向"年轻人"的时尚、追新之选

智能出行科技公司

领 先 科 技　　和 合 共 生

BUILDING A SUSTAINABLE & CONNECTED
FUTURE WITH ADVANCED TECHNOLOGY

TCL 是具有全球竞争力的智能科技产业集团，以 " 领先科技 和合共生 " 为使命与愿景，致力于为用户带来前瞻性的科技体验和智慧健康生活。

经过 40 余年变革创新、转型升级，TCL 已形成 TCL 实业与 TCL 科技两大主体，布局智能终端、半导体显示、新能源光伏三大核心产业。目前拥有 13 万名员工，在全球布局 43 个研发中心和 32 个制造基地，业务遍及 160 多个国家和地区，全球累计服务用户超 9.6 亿。

TCL

奋斗新征程

THREE TRANSFORMA

三一集团的愿景是"品质改变世界"，这是基于"产业报国"的宏创新实现了跨越式发展。我们将继续坚守"自强不息、产业报国"为先进的装备制造企业和智能制造的先驱，力争早日实现"三个一

"三化"创未来

ONS CREATE THE NEW FUTURE

目标。多年来，从乡镇工厂到"全球建机三强"，三一集团用突破与
初心，全力实施好数智化、电动化、国际化"三化"战略，致力于成
的美好愿景。

中车株洲电力机车有限公司
CRRC ZHUZHOU LOCOMOTIVE CO., LTD.

中车株洲电力机车有限公司（以下简称株机公司）是中车旗下核心子公司、湖南千亿轨道交通产业集群龙头企业。公司建立了中国业内型谱最全、品种最多的产品体系，形成了以电力机车、城轨车辆、动车组等三大主业为核心，重要零部件、维保及机电总包服务等新产业协调发展的"3+X"产业格局。

株机公司坚持创新驱动发展，拥有3个"国家级"创新平台，在土耳其、奥地利等国建立了3家海外研发机构，掌握多项前沿技术。

株机公司是"一带一路"倡议的践行者和受益者，先后在新加坡、土耳其、马来西亚、塞尔维亚、德国、奥地利、巴西、墨西哥、瑞典、荷兰、韩国等52个国家和地区获得超90个项目订单。

面向"十四五"，株机公司将进一步加快数字化、智能化转型进程，建立更加智慧高效的运营体系，深入践行"七个新突破"要求，着力在"一核两商一流"战略中展现新担当，为加快建设世界一流中车贡献株机智慧。

开放创新的株机公司致力于成为全球领先的轨道交通系统解决方案供应商，为推动全球轨道交通产业进步不懈努力。

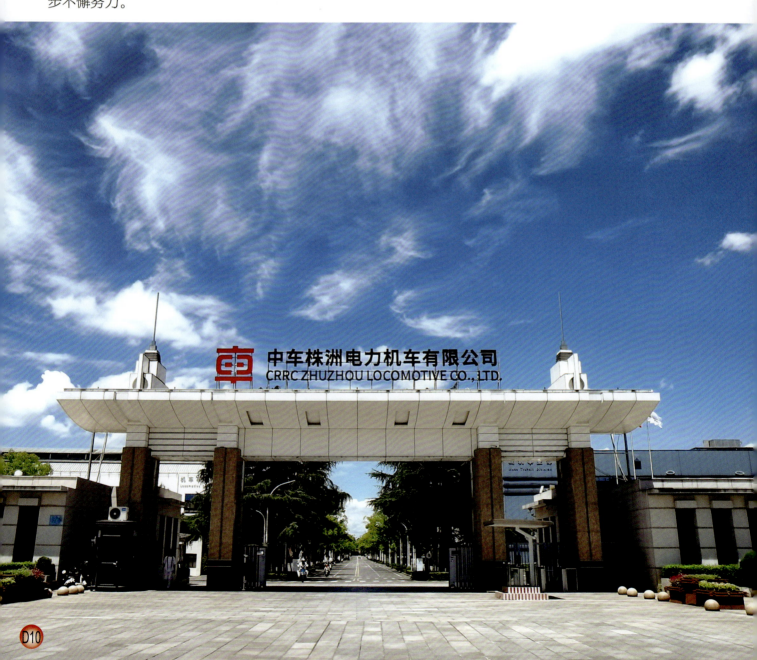

泸州老窖1573国宝窖池群

中国第一窖

泸州老窖黄舣酿酒生态园

LUZHOU

"浓香鼻祖"泸州老窖是在明清36家酿酒作坊群的基础上发展起来的国有大型酿酒企业,是浓香技艺的开创者、浓香标准的制定者和浓香品牌的塑造者。公司拥有从公元1324年传承至今、历经24代的"泸州老窖酒传统酿制技艺",入选首批"国家级非物质文化遗产名录";拥有从公元1573年连续使用至今的"1573国宝窖池群",是全球规模最大、保存最完整、连续使用时间最长的"活态酿酒文物",被列为"全国重点文物保护单位",入选"中国世界文化遗产预备名单"。

1952年,泸州老窖与茅台、汾酒、西凤酒被评为首届中国"四大名酒",并成为唯一蝉联五届"中国名酒"称号的浓香型白酒;1957年,中华人民共和国轻工业部在泸州老窖开启全国首次白酒酿造技艺查定总结,编制全国首部白酒酿造教科书《泸州老窖大曲酒》,构建起了中国白酒质量和工艺标准,并在泸州老窖开办20余期全国酿酒技术培训班,被行业誉为中国酒业"黄埔军校"。

1994年,泸州老窖股份有限公司在深交所上市,成为深市第一家白酒上市企业;2000年,泸州老窖集团有限责任公司成立,经过多年发展,老窖集团已发展成为跨行业、跨领域的大型企业集团。2023年,泸州老窖实现营收1010.26亿元,利润总额201.96亿元。

广东恒健投资控股有限公司成立于2007年8月20日，是经广东省人民政府批准设立，由广东省国资委履行出资人职责的国有独资公司，是广东省省级国有资本运营公司和省委、省政府重大战略投资平台，肩负着通过注入国有资本运营新动能，推动国有经济布局优化和结构调整，助力粤港澳大湾区腾飞的使命。

公司在省委、省政府和省国资委的正确领导和大力支持下，以习近平新时代中国特色社会主义思想为指导，全面贯彻落实党的二十大精神，贯彻落实省委、省政府关于深化粤港澳合作、突出制造业当家、建设科技创新强省、实施"百千万工程"等重要部署，加强与各地市联动，积极发挥平台作用，有效整合政策、资本、金融、科技等各类资源，建立新型基金架构体系，打造共生、共享、共赢的"恒健系"投资生态圈，共同促进广东省20个战略产业集群关键链条、关键环节、关键企业快速发展；以专业化多元化的资本运营手段，做强做优股权管理、基金投资、资本运营三大主业板块，提升资源整合和配置能力，引导和带动社会资本共同发展，助力广东省产业集聚和转型升级。

公司代表广东省政府持有中国南方电网有限责任公司、中国南方航空集团有限公司、中国广核集团有限公司、宝钢湛江钢铁有限公司、中航通用飞机有限责任公司等央企股权，拥有全资及控股企业30多家。境内信用等级ＡＡＡ级，境外获得三大国际评级机构高级别评级。截至2024年9月底，公司总资产4860亿元，净资产2209亿元，是广东省净资产规模最大、资本实力最雄厚的省属企业集团之一；累计发起及参与设立的基金超70只，累计总认缴规模超1850亿元。在推动产业转型升级、赋能优势企业发展的过程中，公司也实现了自身快速发展，资产质量优、信用评级高、持续投资能力和资源整合能力强等优势更加突出，经营业绩和资产规模均跻身全国省级国有资本运营公司前列。

激情创造担当共享

横琴粤澳开发投资有限公司揭牌仪式

广东省县域经济高质量发展基金签约仪式

广东战略性产业促进发展基
金暨广东上市公司高质量发
展基金签约仪式

恒健控股公司办公楼

国联集团
GUOLIAN GROUP

无锡市国联发展（集团）有限公司（以下简称国联集团）成立于1999年5月8日，是无锡市政府出资设立的国有资本投资运营和授权经营试点企业，注册资本83.91亿元。2023年，国联集团完成营业收入260亿元，实现利润总额40亿元。截至2023年年底，国联集团总资产2036亿元，净资产537亿元，位列"中国服务业企业500强"第247位。

历经20余年创新创业和转型发展，国联集团形成了金融服务、实业经营和投资运作三大领域，管理一级子企业19家，职工总数超13000人。围绕"千亿再出发　争当领跑者"要求，国联集团正秉承"奋发有为、开拓进取、勇往直前、永不言难"的国联精神，加快推进授权经营、市场化机制改革等举措落地见效，努力探索地方国有资本运营平台高质量发展的新道路，加快打造国内一流的地方综合性国企集团！

国联集团获批成为民生证券主要股东

国联集团入选"中国服务业企业500强"

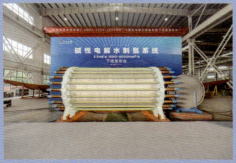

华光环能碱性电解水制氢系统下线

国联集团上海金融运营中心

国联集团助力远程电缆股份实现ST"摘帽"

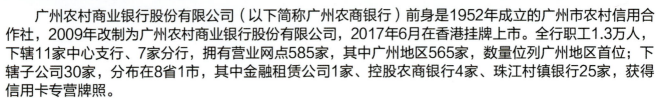

　　广州农村商业银行股份有限公司（以下简称广州农商银行）前身是1952年成立的广州市农村信用合作社，2009年改制为广州农村商业银行股份有限公司，2017年6月在香港挂牌上市。全行职工1.3万人，下辖11家中心支行、7家分行，拥有营业网点585家，其中广州地区565家，数量位列广州地区首位；下辖子公司30家，分布在8省1市，其中金融租赁公司1家、控股农商银行4家、珠江村镇银行25家，获得信用卡专营牌照。

　　广州农商银行始终坚守支农支小发展定位，坚定践行服务实体经济本职本分，以"成为国内一流商业银行"为愿景目标，逐步探索出了以营业网点为主阵地、以中小额资产业务为核心竞争力的特色化经营模式，持续为地方经济社会高质量发展提供有力金融支撑。

2023年年末，广州农商银行总资产13140亿元，同比增长6.5%，稳居全国农商行前列；客户存款9471.86亿元、贷款及垫资净额7089.09亿元，同比分别增长4.03%、5.95%；2023年圆满完成增资扩股工作，现注册资本达144.10亿元，综合实力排名全球银行第159位、中国银行业第31位，获得"乡村振兴突出贡献金融机构""卓越竞争力中小企业服务银行""年度财富管理奖"等荣誉。

广州农村商业银行股份有限公司

阳光保险集团
Sunshine Insurance Group

　　阳光保险集团股份有限公司（以下简称阳光保险）是中国一家完全按市场化机制成立和发展起来的民营保险服务集团。经过多年发展，目前已拥有财产保险、人寿保险、信用保证保险、资产管理、医疗健康等多家专业子公司。2022年12月9日，阳光保险在香港联交所挂牌上市。

　　自成立以来，阳光保险坚守主业发展定力，坚持以实业的心态做金融，以价值发展为主线，扎扎实实地积累打造企业核心竞争力，实实在在地履行社会责任，并以高质量的发展、专业的管理、优良的服务建立了自己的口碑与品牌，成立5年便跻身中国企业500强、中国服务业企业100强，已连续13年入选中国企业500强，连续12年被评为中国500最具价

2010
2011
2012
2013
2014
2015
2016

值品牌，成为中国金融业的新锐力量。

　　阳光保险秉承"一切为了客户"的核心价值追求，以"做专业领先的家庭保险保障服务提供商与值得信赖的企业风险管理伙伴"为商业追求，为客户提供贯穿全生命周期的、专业的风险保障及养老、健康、教育、财富管理、风险管理等综合服务解决方案。秉承"服从国家战略、造福社会民生、温暖客户员工、回报公司股东"的核心价值观，做一个有特色、有价值、有温度、有社会责任感的新时代企业，以实际行动践行"让人们拥有更多的阳光"的企业使命。

2017

2018

2019

2020

2021

2022

2023

2024

阳光保险集团股份有限公司

经控集团
JINGKONG GROUP

　　青岛经济技术开发区投资控股集团有限公司（以下简称青岛经控集团）是青岛西海岸新区国有投资平台，注册资本50亿元，拥有融发集团、开投集团、招商集团、园区运营管理集团、国际贸易集团、金融投资集团、中石大控股7个子集团，主营开发建设、靠前保障、金融投资、双招双引、园区运营、国际贸易、高端能源化工等业务，承担新区重大项目投资建设、招商引资、资本运作等任务，致力于市场化、专业化发展，打造全国一流国有资本投资公司；拥有胜华新材、融发核电2家A股上市公司。青岛经控集团位列中国服务业企业500强（第231名）、山东综合百强企业（第92名）、山东服务业企业50强（第19名）、青岛企业综合100强（第25名）、青岛企业收入100强（第16名）、青岛服务业企业收入50强（第9名）。同时，获评"中国企业改革发展优秀成果奖""全国诚信经营示范单位""全国优秀企业文化成果奖""山东社会责任企业""山东省诚信建设示范企业""青岛年度最具影响力企业""青岛年度最具创新力企业"等百余项荣誉。青岛经控集团主要负责人2022年2月被山东省委、省政府评为"山东省优秀企业家"。

建设运营国内首个海军主题公园

经控集团大厦

国际科研交流中心

山东省重点项目中科院海洋大科学研究中心

D23

中建四局贵州投资建设有限公司

CHINA CONSTRUCTION FOURTH DIVISION GUIZHOU INVESTMENT AND CONSTRUCTION CO.,LTD.

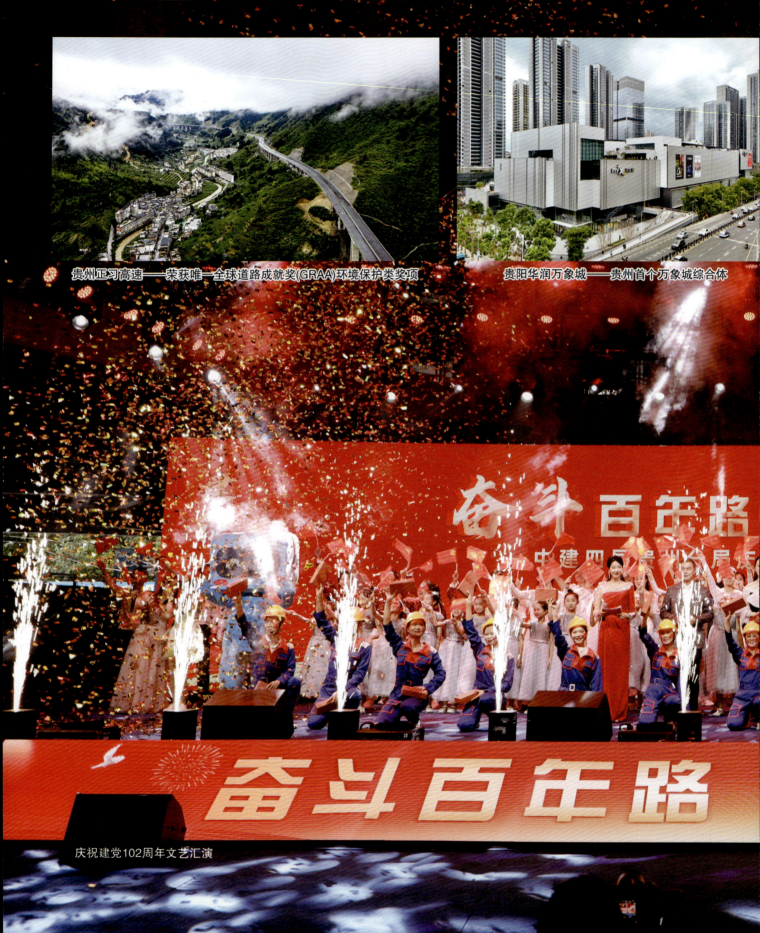

贵州正习高速——荣获唯一全球道路成就奖(GRAA)环境保护类奖项

贵阳华润万象城——贵州首个万象城综合体

庆祝建党102周年文艺汇演

中建四局贵州投资建设有限公司于2019年2月在贵州省贵阳市正式挂牌成立，是世界最大工程建设承包商中国建筑集团（世界500强）旗下唯一在黔三级法人总承包施工生产型单位，是中央在黔大型投资、建设综合性企业。

目前企业业务类型涵盖基础设施、高端房建、投资建造等领域，坚持深耕贵州、广西、山东的区域，并在云南、川渝、河南等多个省市大力开展经营。公司旗下设贵州分公司、总承包分公司、山东分公司3家机构，管理体系成熟，基本形成了基础设施、酿造类产业建筑、超大楼盘三大业务优势。公司建设了贵阳中天未来方舟项目、贵阳中天金融城项目等总计近4000万平方米等超大盘；修建了201大厦（201米）、花果园双子塔（334米）、401大厦（401米）等贵州省几乎所有的200米以上超高层，打造了贵州正习高速公路、贵州雷榕高速公路、贵州秀印高速公路、贵州瓮马铁路等重点民生工程，承建了贵州茅台、习酒等一大批知名酒类建筑。

C1会议中心——鲁班奖

201大厦——国家优质工程奖

盛世恒瑞建工集团

盛世恒瑞建工集团成立于2014年10月，具有房屋建筑施工总承包一级、建筑装修装饰工程专业承包一级、水利水电工程总承包二级、市政公用工程施工总承包二级、公路工程施工总承包二级等13项资质的施工企业，具备承揽大中型工业与民用建筑及与之配套的电子与智能化、消防、钢结构、建筑幕墙、古建筑、地基基础、公路路面、城市及道路照明工程等综合施工能力。集团技术力量雄厚，施工设备先进，企业管理科学，质量体系完善。公司以"因信念而来，为品质而生"的企业精神，实施优质品牌战略。构建覆盖工程建设项目全过程产业链条，以北京、兰州设立双总部的战略规划，推动旗下北京盛世慧建科技、甘肃盛世恒瑞水利水电工程有限公司、甘肃盛世职业培训学院、甘肃众合智汇建筑劳务有限公司等业务的高质量发展。凭借守正创新的管理理念稳步成长为一家集科技研发、数字孪生、城市建设、智慧水务、人才培训、材料销售六大业务板块于一体的集团化公司。

近年来集团不断加强和完善内部管理，参编国家建筑行业标准2项、甘肃省建筑行业标准3项，获得国家知识产权局专利16项，备案新工艺7项；并顺利通过质量、环境、职业健康安全管理体系认证，先后荣获各级部门荣誉称号：

◆ "双强六好"标准化党支部示范点

◆ 先进基层党组织

◆ 高新技术企业

◆ 全国水利建设市场主体信用评价AAA级单位

◆ 甘肃省巾帼文明岗

◆ 甘肃省建筑业先进企业

◆ 优秀施工企业

◆ 银行"AAA级信用客户"

◆ A类纳税信用单位

白银·金悦府住宅小区项目

常乐电厂2×1000MW燃煤机组
扩建工程厂前区建筑项目

高新技术企业

全国水利建设市场主体信用评价AAA级单位

黄羊河高标准农田为田间道路工程、农田防护与生态环境保护工程

甘肃省昌马大型灌区"十四五"续建配套与现代化改造项目

和政县城乡水源保障工程

天津港集团
TIANJIN PORT GROUP

天下港口

天津港(集团)有限公司
TIANJIN PORT(GROUP)CO.,LTD.

津通世界

福建省港口集团有限责任公司
FUJIAN PROVINCIAL PORT GROUP CO.,LTD.

港口集团大楼

福州港务集团福港集箱（江阴）

海润码头全智能化改造

漳州港务集团古雷石化码头

漳湾作业区

福州港江阴港区海侧夜景鸟瞰

China Enterprise Yearbook 2024